DIREITO DOS CONTRATOS COMERCIAIS

JOSÉ A. ENGRÁCIA ANTUNES

DIREITO DOS CONTRATOS COMERCIAIS

4.ª Reimpressão da edição de Outubro de 2009

ALMEDINA

DIREITO DOS CONTRATOS COMERCIAIS

AUTOR
JOSÉ A. ENGRÁCIA ANTUNES

EDITOR
EDIÇÕES ALMEDINA. SA
Rua Fernandes Tomás, n.ᵒˢ 76-80
3000-167 Coimbra
Tel.: 239 851 904
Fax: 239 851 901
www.almedina.net
editora@almedina.net

PRÉ-IMPRESSÃO
EDIÇÕES ALMEDINA. SA

IMPRESSÃO I ACABAMENTO
Papelmunde

Outubto, 2015

DEPÓSITO LEGAL
299488/09

Os dados e as opiniões inseridos na presente publicação
são da exclusiva responsabilidade do(s) seu(s) autor(es).

Toda a reprodução desta obra, por fotocópia ou outro qualquer
processo, sem prévia autorização escrita do Editor, é ilícita
e passível de procedimento judicial contra o infractor.

Biblioteca Nacional de Portugal – Catalogação na Publicação

ANTUNES, José Engrácia

Direito dos contratos comerciais
ISBN 978-972-40-3935-0

CDU   347

ALGUMAS OBRAS DO AUTOR
NO ÂMBITO DO DIREITO COMERCIAL

LIVROS

- *Les Groupes de Sociétés – La Crise du Modèle Légal Classique de la Société Anonyme*. EUI Working Papers, Florence, 1992.
- *Os Grupos de Sociedades – Estrutura e Organização Jurídica da Empresa Plurissocietária*. Almedina, Coimbra, 1993.
- *Liability of Corporate Groups – Autonomy and Control in Parent-Subsidiary Relationships in U.S., EU and German Law. An International and Comparative Law Perspective*. Kluwer Law International (Studies for Transnational Economic Studies, vol. 10), Boston/ Deventer, 1994.
- *Os Direitos dos Sócios da Sociedade-Mãe na Formação e Direcção dos Grupos Societários*. Publicações Universidade Católica, Porto, 1994.
- *A Supervisão Consolidada dos Grupos Financeiros*. Publicações Universidade Católica, Porto, 2000.
- *Direito das Sociedades Comerciais – Perspectivas do seu Ensino*. Almedina, Coimbra, 2000.
- *Participações Qualificadas e Domínio Conjunto*. Publicações Universidade Católica, Porto, 2000.
- *A Aquisição Tendente ao Domínio Total – Da Sua Constitucionalidade*. Coimbra Editora, Coimbra, 2001.
- *Os Grupos de Sociedades – Estrutura e Organização Jurídica da Empresa Plurissocietária*. 2.ª edição, revista, aumentada e actualizada, Almedina, Coimbra, 2002.
- *Os Contratos Comerciais – Noções Fundamentais*. "Direito e Justiça", volume especial, Lisboa, 2007.
- *Os Instrumentos Financeiros*. Almedina, Coimbra, 2009.
- *Os Títulos de Crédito – Uma Introdução*. Coimbra Editora, Coimbra, 2009.
- *Direito das Sociedades Comerciais*, em curso de publicação.
- *Direito Comercial*, em curso de publicação.

ARTIGOS

- *Structure and Organisation of Japanese Multinational Enterprises*. Comissão CEE, Bruxelas, 1988 (policopiado).
- *Die Gründung einer Tochtergesellschaft im Portugal*. In: Lutter, Marcus (Hrsg.), "Die Gründung einer Tochtergesellschaft im Ausland", 3.ª edição, 588--627, ZGR Sonderheft 3, Walter de Gruyter, New York/ Berlin, 1995.

Direito dos Contratos Comerciais

- *The Law of Affiliated Companies in Portugal.* In: "Rivista delle Società", Número Especial ("Monografie e Raccolte di Studi" – Nr. 17), vol. I, 355-388, Giuffrè, Milano, 1996.
- *The Liability of Polycorporate Enterprises.* In: 13 "The Connecticut Journal of International Law" (1999), 197-231.
- *Voting and Proxy Rights of Shareholders in Portugal.* In: Baums, Theodor/ Wymeersch, Eddy (eds.), "Shareholders Voting Rights and Practices in Europe and the United States", 231-256, Kluwer International Law, The Hague/ London/ Boston, 1999.
- *Wandel- und Optionsanleihen in Portugal.* In: Lutter, Marcus/ Hirte, Heribert (Hrsg.), "Wandel- und Optionsanleihen in Deutschland und Europa", 212-241, Sonderheft ZGR 16, Walter de Gruyter, New York/ Berlin, 2000.
- *Neue Wege im Konzernhaftungsrecht. Nochmals: Der "Amoco Cadiz"-Fall.* In: "Festschrift für Marcus Lutter zum 70. Geburtstag – Deutsches und europäisches Gesellschafts-, Konzern- und Kapitalmarktrecht", 995-1009, Verlag Otto Schmidt, Köln, 2000.
- *O Artigo 490.º do CSC e a Lei Fundamental – "Propriedade Corporativa", Propriedade Privada, Igualdade de Tratamento.* In: AAVV, "Estudos em Comemoração dos Cinco Anos (1995-2000) da Faculdade de Direito da Universidade do Porto", 147-276, Coimbra Editora, Coimbra, 2001.
- *The Portuguese Law on Takeover Bids.* In: Baums, Theodor/ Thoma, Georg (eds.), "Takeover Laws in Europe", RWS Verlag Kommunikationsforum GmbH, Köln, 2002.
- *O Direito de Oposição Judicial dos Sócios Livres.* In: AAVV, "Estudos Dedicados ao Professor Doutor Mário Júlio de Almeida Costa", 839-860, Universidade Católica Portuguesa, Lisboa, 2002.
- *O Poder nos Grupos de Sociedades – O Papel dos Accionistas e dos Administradores na Formação e na Direcção da Empresa de Grupo.* In: AAVV, "Problemas do Direito das Sociedades", 153-165, Almedina, Coimbra, 2002.
- *O Âmbito de Aplicação do Sistema das Sociedades Coligadas.* In: AAVV, "Estudos em Homenagem à Professora Doutora Isabel de Magalhães Colaço", volume II, 953-975, Almedina, Coimbra, 2002.
- *Autoparticipações e Cômputo das Participações Intersocietárias.* In: AAVV, "Estudos em Homenagem ao Professor Doutor Raúl Ventura", vol. II, 275-291, Faculdade de Direito da Universidade de Lisboa, Coimbra Editora, 2003.
- *O Direito à Informação nas Sociedades de Capitais.* In: AAVV, "Nos 15 Anos de Vigência do Código das Sociedades Comerciais", 45-55, Fundação Bissaya Barreto, Coimbra, 2003.
- *The Liability of Parent Corporations.* "Working Paper", Universidade Autónoma de Madrid, Facultad de Derecho, 2004.
- *Estrutura e Responsabilidade da Empresa – O Moderno Paradoxo Regulatório.* In: Cunha, Alexandre Santos (coord.), "O Direito da Empresa e das Obrigações e o Novo Código Civil Brasileiro", 18-64, Quartier Latin, São Paulo, 2005.
- *"Law & Economics" Perspectives of Portuguese Corporation Law – System and Current Developments.* In: II "European Company and Financial Law Review" (2005), n.º 3, 323-377.
- *O Problema da Responsabilidade nos Grupos de Sociedades.* In: Morles Hernández, Alfredo/ Valera, Irene (eds.), "Derecho de Grupos de Sociedades", 539-587, Academia de Ciencias Políticas y Sociales, Caracas, 2005.

Algumas Obras do Autor no Âmbito do Direito Comercial

- *Enterprise Forms and Enterprise Liability – Is There a Paradox in Modern Corporation Law?*. In: II "Revista da Faculdade de Direito da Universidade do Porto" (2005), 187-225.
- *The Portuguese East India Company (1628-1633)*. In: Gepken-Jager, E./ Van Solinge, G./ Timmerman, L. (eds.), "VOC 1602-2002 – 400 Years of Company Law", Series Law of Business and Finance, VI, 159-186, Kluwer Legal Publishers, Deventer, 2005 (em co-autoria com Nuno Pinheiro Torres).
- *As Sociedades em Formação: Sombras e Luzes*. In: 14 "Cadernos de Direito Privado" (2006), Abril/ Junho, 25-42.
- *Estrutura e Responsabilidade da Empresa – O Moderno Paradoxo Regulatório*. In: I "Revista da Escola de Direito de São Paulo" (2005), n.º 2, 29-67.
- *O Estabelecimento Individual de Responsabilidade Limitada: Crónica de uma Morte Anunciada*. In: III "Revista da Faculdade de Direito da Universidade do Porto" (2006), 401-442.
- *"Law & Economics" Perspectives of Portuguese Corporation Law*. In: Ventoruzzo, Marco (dir.), "Nuovo Diritto Societario e Analisi Economica del Diritto", 3-44, Collana di Diritto dell' Economia, Egea, Milano, 2006.
- *A "Consuetudo Mercatorum" como Fonte do Direito Comercial*. In: CXLVI "Revista de Direito Mercantil, Industrial, Econômico e Financeiro" (2007), 7-22.
- *Capitais Próprios, Reservas Legais Especiais e Perdas Sociais*. In: LVII "Scientia Ivridica" (2008), 93-116.
- *Executive Remuneration in Listed Companies – Portugal*. In: European Corporate Governance Institute, "ECGI Research into Executive Remuneration: Comparative Law and Practice", ECGI, Brussels, 2008.
- *The Law of Corporate Groups in Portugal*. Institute for Law and Finance, University of Frankfurt, Working Paper Series n.º 84, Frankfurt am Main, 2008.
- *A Empresa como Objecto de Negócios – "Asset Deals" versus "Share Deals"*. In: 68 "Revista da Ordem dos Advogados" (2008), 715-793.
- *A Lei-Modelo Europeia das Sociedades. Um Projecto Inovador*. In: 140 "O Direito" (2008), V, 981-997 (em co-autoria com Theodor Baums e Paul Krüger Anderson).
- *Os Derivados*. In: 30 "Cadernos do Mercado de Valores Mobiliários" (2008), 91-136.
- *Os Usos e o Costume no Direito Comercial – Algumas Breves Reflexões*. In: AAVV, "Estudos Comemorativos dos 10 Anos da Faculdade de Direito da Universidade Nova de Lisboa", vol. II, 215-239, Almedina, Coimbra, 2008.
- *O Direito Português dos Valores Mobiliários*. In: 25 "Revista de Direito Público da Economia" (2009), 149-195.
- *Fondos de Inversión Libre y Derecho de Sociedades*. In: 113 "Revista de Derecho Bancario y Bursátil" (2009), 7-54.
- *As Sociedades Gestoras de Participações Sociais*. In: I "Direito das Sociedades em Revista" (2009), n.º 1, 67-103.
- *The General Meeting in Portuguese Company Law (In a Nutshell)*. "Working Paper", Departamiento de Derecho Mercantil de la Faculdade de Derecho, Universidade Complutense, Madrid, 2009.
- *Cobertura de Prejuízos Sociais Transitados e Reserva de Prémios de Emissão*. In: AAVV, "Ars Iudicandi – Estudos em Homenagem ao Professor Doutor António Castanheira Neves", vol. II, Coimbra Editora, Coimbra, 2009, em curso de publicação.

Direito dos Contratos Comerciais

- *Os Contratos de Cooperação Empresarial.* In: LVIII "Scientia Ivridica" (2009), n.º 318, 249-279.
- *O Regime Jurídico dos Actos de Comércio.* In: "Themis – Revista da Faculdade de Direito da Universidade Nova de Lisboa" (2009), em curso de publicação.
- *O Estatuto do Comerciante: Alguns Problemas de Qualificação.* In: "Direito e Justiça" (2009), em curso de publicação.
- *Os "Hedge Funds" e o Governo das Sociedades.* In: AAVV, "Direito dos Valores Mobiliários", vol. IX, Coimbra Editora, Coimbra, em curso de publicação.
- *Os Contratos Bancários.* In: AAVV, "Estudos em Homenagem a Carlos Ferreira de Almeida", em curso de publicação.
- *An Economic Analysis of Portuguese Corporation Law.* In: AAVV, "Estudos em Homenagem ao Professor Doutor Manuel Henrique Mesquita", Coimbra Editora, Coimbra, em curso de publicação.
- *Les Minorités en Droit des Affaires.* In: "Travaux de l'Association Henri Capitant", Paris, em curso de publicação (em co-autoria com Armando Triunfante).
- *O Contrato de Seguro na nova LCS de 2008.* In: "Revista da Ordem dos Advogados" (2009), em curso de publicação.
- *Fondos de Inversión Libre y Derecho de Sociedades.* In: Guillermo Cabanellas (ed.)., "Mercado de Capitales", 483-525, Editorial Heliasta, Buenos Aires, 2009.
- *Os Contratos no Código Comercial Português.* In: AAVV, "Estudos em Homenagem ao Prof. Doutor Luís Carvalho Fernandes", em curso de publicação.
- *O Contrato de Transporte.* In: 141 "O Direito" (2009), III, 539-566.
- *Inovação Financeira e Produtos Derivativos.* In: 45 "Revista de Direito Bancário e do Mercado de Capitais" (2009), em curso de publicação.
- *Os Contratos de Distribuição Comercial.* In: "Revista de Ciências Empresariais e Jurídicas" (2009), em curso de publicação.
- *O "European Model Company Act" (EMCA).* In: "Revista de Direito da Fundação Getúlio Vargas" (2009), em curso de publicação.
- *Os Valores Mobiliários: Conceito, Regime e Espécies.* In: VI "Revista da Faculdade de Direito da Universidade do Porto" (2009), em publicação.
- *O Regimento do Órgão de Administração.* In: I "Direito das Sociedades em Revista" (2009), n.º 2, em curso de publicação.
- *A Analogia no Direito Comercial.* In: "Revista da Ordem dos Advogados" (2009), em curso de publicação.
- *Os Contratos de Intermediação Financeira.* In: "Boletim da Faculdade de Direito da Universidade de Coimbra" (2009), em curso de publicação.
- *A Transmissão da Empresa e seu Regime Jurídico.* In: "Revista da Faculdade de Direito da Universidade do Paraná" (2009), em curso de publicação.
- *Le Droit Portugais des Groupes de Sociétés.* In: 128 "Revue des Sociétés" (2009), n.º 3, em curso de publicação.

ESTUDOS DE REFORMA LEGISLATIVA

- *As Sociedades Coligadas no Direito Comercial e Financeiro.* Banco de Portugal, Lisboa, 1996.
- *A Fiscalização das Sociedades Comerciais (Estudo de Reforma Legislativa).* Banco de Portugal, Lisboa, 1997.

ABREVIATURAS

A&F	Amministrazione & Finanza
AAMN	Anales de la Academia Matritense del Notariado
AAVV	Autores Vários
ACE	Agrupamento Complementar de Empresas
AcP	Archiv für die civilistische Praxis
Act	Actualidad Jurídica Uría-Menéndez
ADC	Anuario de Derecho Civil
ADCom	Annales de Droit Commerciale
AEIE	Agrupamento Europeu de Interesse Económico
AER	American Economic Review
AG	Die Aktiengesellschaft – Zeitschrift für das gesamte Aktienwesen
AJBL	American Journal of Bankruptcy Law
AJCL	American Journal of Comparative Law
AktG	Aktiengesetz
APD	Archives de Philosophie du Droit
APIS	Actes Pratiques et Ingénierie Sociétaire
ArA	Arizona Attorney
Ass	Assicurazioni
B&D	Banque et Droit
BB	Der Betriebs-Berater
BBTC	Banca, Borsa e Titoli di Credito
BCE	Boletim de Ciências Económicas
BFDUC	Boletim da Faculdade de Direito da Universidade de Coimbra
BGB	Bürgerliches Gesetzbuch
BGH	Bundesgerichtshof
BIS	Banca, Impresa e Società
BJIBFL	Butterworths Journal of International Banking and Financial Law
BJS	Bulletin Mensuel d'Information des Sociétés ("Bulletin Joly Sociétés")
BL	The Business Lawyer
BMJ	Boletim do Ministério da Justiça
BP	Banco de Portugal

Direito dos Contratos Comerciais

BTAB	Boletín del Tribunal Arbitral de Barcelona
BTL	Bulletin des Transports et de la Logistique
CadMVM	Cadernos do Mercado de Valores Mobiliários
CAE	Classificação das Actividades Económicas
Cahiers DrEu	Cahiers de Droit Européen
CalLR	California Law Review
CB	Convenção Internacional para a Unificação de Certas Regras em Matéria de Conhecimentos de Carga ("Convenção de Bruxelas")
CCI	Câmara do Comércio Internacional
CCivil	Código Civil
CCom	Código Comercial
CCoop	Código Cooperativo
CCP	Código dos Contratos Públicos
CDA	Código do Direito de Autor e dos Direitos Conexos
CDC	Cuadernos de Derecho y Comercio
CDP	Cadernos de Direito Privado
CE	Comunidade Europeia
CeImp	Contratto e Impresa
CeImp/Eur	Contratto e Impresa – Europa
Cf.	Confrontar
CFP	Comptabilité et Fiscalité Pratiques
CH	Convenção das Nações Unidas sobre o Transporte de Mercadorias por Mar ("Convenção de Hamburgo")
CIRC	Código do Imposto sobre o Rendimento das Pessoas Colectivas
CIRE	Código da Insolvência e da Recuperação de Empresas
CIRS	Código do Imposto sobre o Rendimento das Pessoas Singulares
CIS	Código do Imposto de Selo
CJ	Colectânea de Jurisprudência
CJ/STJ	Colectânea de Jurisprudência – Acórdãos do Supremo Tribunal de Justiça
CJIL	Connecticut Journal of International Law
CLR	Columbia Law Review
CMF	Code Monétaire et Financier
CMR	Convenção Relativa ao Transporte Internacional de Mercadorias por Estrada
CMVM	Comissão do Mercado de Valores Mobiliários
CN	Código do Notariado
CNC	Comissão de Normalização Contabilística
CNUDCI	Comissão das Nações Unidas para o Direito do Comércio Internacional
CodMVM	Código do Mercado de Valores Mobiliários

Abreviaturas

CP	Código da Publicidade
CPA	Código do Procedimento Administrativo
CPCivil	Código de Processo Civil
CPen	Código Penal
CPEREF	Código dos Processos Especiais de Recuperação da Empresa e de Falência
CPI	Código da Propriedade Industrial
CRBM	Código do Registo de Bens Móveis
CRCom	Código do Registo Comercial
CRP	Constituição da República Portuguesa
CRPred	Código do Registo Predial
CrTr	Crónica Tributaria
CSC	Código das Sociedades Comerciais
CT	Código do Trabalho
CTF	Ciência e Técnica Fiscal
CV	Convenção para Unificação de Certas Regras Relativas ao Transporte Aéreo Internacional ("Convenção de Varsóvia")
CVM	Código dos Valores Mobiliários
D&F	Development and Finance
DA	Dalloz – Cahiers Droit des Affaires
DB	Der Betrieb
DBMF	Diritto della Banca e del Mercato Finanziario
DCI	Il Diritto del Commercio Internazionale
DCom	Il Diritto Commerciale e la Parte Generale delle Obbligazioni
DirFal	Il Diritto Fallimentare e delle Società Commerciali
Diss.	Dissertação
DJ	Direito e Justiça
DL	Decreto-Lei
DMIF	Directiva dos Mercados de Instrumentos Financeiros
DP	Droit et Patrimoine
DPaLR	De Paul Law Review
DPCI	Droit et Pratique du Commerce International
DR	Diário da República
DSoc-AP	Droit des Sociétés – Actes Pratiques
DTrasp	Diritto dei Trasporti
EBF	Estatuto dos Benefícios Fiscais
EBLR	European Business Law Review
ECFLR	European Company and Financial Law Review
Eco	O Economista
ECU-E	ECU-Euro
EDC	Estudos de Direito do Consumidor
EDP	Europa e Diritto Privato

Direito dos Contratos Comerciais

EIRL	Estabelecimento Individual de Responsabilidade Limitada
ElDer	El Derecho
ERPL	European Review of Private Law
ETL	European Transport Law
EuZW	Europäische Zeitschrift für Wirtschaftsrecht
FSMA	Financial Services and Markets Act
GATT	General Agreement on Tarifs and Trade
GCom	Giurisprudenza Commerciale
GiurI	Giurisprudenza Italiana
GJIL	Georgetown Journal of International Law
GRL	Gazeta da Relação de Lisboa
HGB	Handelsgesetzbuch
HLR	Harvard Law Review
IAS	International Accounting Standard
IBLJ	International Business Law Journal
ICCLR	International Company and Commercial Law Review
ICLQ	International and Comparative Law Quarterly
ICont	I Contratti – Rivista di Dottrina e Giurisprudenza
IECL	International Encyclopedia of Comparative Law
IFall	Il Fallimento e le Altre Procedure Concorsuali
IFRS	International Financial Report Standard
ImpCI	Impresa Commerciale Industriale
IRLE	International Review of Law & Economics
ISP	Instituto de Seguros de Portugal
IVA	Imposto sobre o Valor Acrescentado
JA	Juristische Arbeitsblätter
JAE	Journal of Accounting and Economics
JBF	Journal of Banking and Finance
JBL	Journal of Business Law
JBT	Journal of Bank Taxation
JC	Jornal de Contabilidade
JCL	Journal of Corporation Law
JCP	Jurisclasseur Périodique (desde 1971, "La Semaine Juridique")
JCP-EE	Jurisclasseur Périodique (Édition Entreprise)
JCP-EG	Jurisclasseur Périodique (Édition Générale)
JDer	Journal of Derivatives
JF	Jornal do Fôro
JIA	The Journal of International Arbitration
JIBLR	Journal of International Banking Law and Regulation
JL&E	Journal of Law and Economics
JME	Journal of Monetary Economics
JO	Jornal Oficial da União Europeia

Abreviaturas

JR	Juristische Rundschau
JT	Journal of Trading
JTI	Journal of Taxation of Investment
JurA	Juristische Ausbildung
JuS	Juristische Schulung
JZ	Juristenzeitung
LAP	Lei dos Atrasos de Pagamento nas Transacções Comerciais
LAV	Lei da Arbitragem Voluntária
LCC	Lei do Crédito ao Consumo
LCCG	Lei das Cláusulas Contratuais Gerais
LCS	Lei do Contrato de Seguro
LDC	Lei de Defesa do Consumidor
LGC	Lei Geral da Concorrência
LGT	Lei Geral Tributária
LIJ	Law Institute Journal
LL	La Ley
LMCLQ	Lloyds Maritime and Commercial Law Quarterly
LOBP	Lei Orgânica do Banco de Portugal
LOFTJ	Lei de Organização e Funcionamento dos Tribunais Judiciais
LRCP	Lei da Responsabilidade Civil do Produtor
LUC	Lei Uniforme Relativa ao Cheque
LULL	Lei Uniforme Relativa às Letras e Livranças
LVBC	Lei da Venda de Bens de Consumo
MarLR	Maryland Law Review
MDR	Monatsschrift für deutsches Recht
ModLR	Modern Law Review
NDI	Nuovo Digesto Italiano
NJW	Neue Juristische Wochenschrift
NssDI	Nuovissimo Digesto Italiano
NYLJ	New York Law Journal of International & Comparative Law
OCDE	Organização para a Cooperação e Desenvolvimento Económicos
ÖJZ	Österreichische Juristen-Zeitung
OMC	Organização Mundial do Comércio
OTC	Over-the-counter
PDir	Perspectivas do Direito
PLC	Practical Law Company
QRDP	Quadrimestre – Rivista di Diritto Privato
RA	Revue de l'Arbitrage
RB	Revista da Banca
RC	Relação de Coimbra
RCEA	Revista de la Corte Española de Arbitraje
RCEJ	Revista de Ciências Empresariais e Jurídicas

Direito dos Contratos Comerciais

RDAI	Revue de Droit des Affaires Internationales
RDBB	Revista de Derecho Bancario y Bursátil
RDBF	Revue de Droit Bancaire et Financier (ex "Revue de Droit Bancaire et Bourse")
RDBMC	Revista de Direito Bancário e do Mercado de Capitais
RDC	Rivista di Diritto Civile
RDCO	Revista de Derecho Comercial y de las Obligaciones
RDE	Revista de Direito e de Economia
RDES	Revista de Direito e de Estudos Sociais
RDIDC	Revue de Droit International et de Droit Comparé
RDIPP	Rivista di Diritto Internazionale Privato e Processuale
RDM	Revista de Derecho Mercantil
RDMIEF	Revista de Direito Mercantil, Industrial, Econômico e Financeiro
RDP	Rivista di Diritto Privato
RDPE	Revista de Direito Público da Economia
RdS	Revista de Derecho de Sociedades
RE	Relação de Évora
RecD	Recueil Dalloz
REDT	Revista Española de Derecho de Trabajo
REF	Revue d'Économie Financière
RESeg	Revista Española de Seguros
RevB	Revue Banque
RevEI	Revue d'Économie Industrielle
RevOD	Revista «O Direito»
RevS	Revue des Sociétés
RF	Revista «O Fisco»
RFDUL	Revista da Faculdade de Direito da Universidade de Lisboa
RFDUP	Revista da Faculdade de Direito da Universidade do Porto
RFS	Review of Financial Studies
RG	Relação de Guimarães
RGAS	Regime Geral da Actividade Seguradora
RGAT	Revue Générale des Assurances Terrestres
RGDA	Revue Générale du Droit des Assurances
RGIC	Regime Geral das Instituições de Crédito e Sociedades Financeiras
RIDC	Revue Internationale de Droit Comparé
RivDCom	Rivista del Diritto Commerciale e del Diritto Generale delle Obbligazioni
RIW	Recht der Internationalen Wirtschaft
RJ	Revista da Justiça
RJC	Revue de Jurisprudence Commerciale
RJCat	Revista Jurídica de Cataluña

Abreviaturas

RL	Relação de Lisboa
RLJ	Revista de Legislação e de Jurisprudência
ROA	Revista da Ordem dos Advogados
RP	Relação do Porto
RPDC	Revista Portuguesa de Direito do Consumo
RRNPC	Regime do Registo Nacional de Pessoas Colectivas
RS	Rivista delle Società
RT	Revista dos Tribunais
RTC	Revista do Tribunal de Contas
RTDC	Revue Trimestrielle de Droit Commercial et de Droit Économique
RTDCiv	Revue Trimestrielle de Droit Civil
RTDPC	Rivista Trimestrale di Diritto e Procedura Civile
RU-CIM	Regras Uniformes do Transporte Internacional Ferroviário de Mercadorias
RU-CIV	Regras Uniformes do Transporte Internacional Ferroviário de Passageiros e Bagagens
SI	Scientia Ivridica – Revista de Direito Português e Brasileiro
SJLBF	Stanford Journal of Law, Business and Finance
SLR	Stanford Law Review
STA	Supremo Tribunal Administrativo
STJ	Supremo Tribunal de Justiça
TCE	Tratado da Comunidade Europeia
Themis-UNL	Themis – Revista da Faculdade de Direito da Universidade Nova de Lisboa
TJ	Tribuna da Justiça
TransR	Transportrecht – Zeitschrift für das gesamte Recht der Güterbeförderung, Spedition, Versicherungen des Transports, Personenbeförderung und Reiseveranstaltung
Tras	Trasporti – Diritto, Economia, Politica
TUF	Testo Unico della Finanza
UCLR	University of Chicago Law Review
UE	União Europeia
UNIDROIT	Instituto Internacional para a Unificação do Direito Privado
VersR	Versicherungsrecht – Juristische Rundschau für die Individualversicherung
VJTL	Vanderbilt Journal of Transnational Law
VLR	Vanderbilt Law Review
WM	Wertpapier-Mitteilungen – Zeitschrift für Wirtschafts- und Bankrecht
WTO	World Trade Organisation
YLJ	Yale Law Journal

Direito dos Contratos Comerciais

ZBB	Zeitschrift für Bankrecht und Bankwirtschaft
ZBBP	Die Bank – Zeitschrift für Bankpolitik und Bankpraxis
ZBK	Zeitschrift für Bank- und Kapitalmarktrecht
ZEP	Zeitschrift für Europäisches Privatrecht
ZGR	Zeitschrift für Unternehmens- und Gesellschaftsrecht
ZHR	Zeitschrift für das gesamte Handelsrecht und Wirtschaftsrecht
ZIP	Zeitschrift für Wirtschaftsrecht und Insolvenzpraxis
ZVglRW	Zeitschrift für vergleichende Rechtswissenschaft

PARTE I
INTRODUÇÃO

PARTE 1
INTRODUÇÃO

CAPÍTULO I

Aspectos Gerais*

§1 O Contrato Comercial Hoje

I. O *contrato* constitui, não apenas uma das mais importantes invenções do espírito humano e jurídico, como verdadeiramente uma instituição sem a qual as sociedades e economias modernas não seriam pensáveis, ou, pelo menos, não seriam como hoje as conhecemos. Não surpreende assim que se trate de um instituto que atravessa de lés a lés o ordenamento jurídico: desde áreas tipicamente patrimoniais até pessoais (v.g., contratos de casamento) ou de áreas tipicamente privadas até públicas (v.g., contratos administrativos), os contratos continuam ainda hoje a constituir – apesar

---

* **Bibliografia Portuguesa:** ANTUNES, J. Engrácia, *Os Contratos Comerciais – Noções Fundamentais,* Direito e Justiça, Lisboa, 2007; MARTINEZ, P. Romano, *Contratos Comerciais,* Principia, Lisboa, 2001; NETO, Abílio, *Contratos Comerciais (Legislação, Doutrina e Jurisprudência),* 2.ª edição, Lisboa, Ediforum, 2004. **Bibliografia Estrangeira:** AAVV, *Contratti d'Impresa,* 2 volumes, Giuffrè, Milano, 1993; BULGARELLI, Waldirio, *Contratos Mercantis,* 13.ª edição, Atlas, São Paulo, 2000; CAGNASSO, Oreste/ COTTINO, Gastone, *Contratti Commerciali,* Cedam, Padova, 2000; DUTILLEUL, F. Collart/ DELEBECQUE, Philippe, *Contrats Civils et Commerciaux,* 7ème édition, Dalloz, Paris, 2004; GASTAMINZA, E. Valpuesta/ RUTE, J. Cuesta (dir.), *Contratos Mercantiles,* 3 volumes, Bosch, Barcelona, 2007; KOZOLCHYK, Boris, *La Contratación Comercial en el Derecho Comparado,* Dykinson, Madrid, 2006; MUKWIRI, Jonathan, *Commercial Contract Law,* Abramis, London, 2006; PFEIFFER, Thomas, *Handbuch der Handelsgeschäfte,* RWS, Köln, 1999; SAMBUCCI, Leopoldo, *Il Contratto dell'Impresa,* Giuffrè, Milano, 2002.

Introdução

de uma tão vaticinada "crise do contrato"[1] ou até "morte do contrato"[2] – uma das mais importantes fontes de relações jurídicas.

O Direito Comercial, enquanto ramo jurídico centrado na Empresa, não escapa a esta regra: *os contratos comerciais ou mercantis representam hoje o mais relevante instrumento jurídico da constituição, organização e exercício da actividade empresarial.*[3]

II. Na verdade, e desde logo, é frequentemente através do recurso a figuras contratuais que os empresários *constituem e organizam as suas empresas.* Basta assim lembrar que a forma jurídico-empresarial por excelência, a sociedade comercial, tem a sua origem comum num contrato (o contrato de sociedade), sendo ainda que é em figuras contratuais, típicas ou atípicas, que assenta a esmagadora maioria, quer dos actos constitutivos das demais formas de empresa (v.g., agrupamento complementar de empresas, agrupamento europeu de interesse económico, cooperativa, etc.), quer das relações de cooperação e concentração estabelecidas entre as próprias empresas (v.g., contrato de consórcio, contrato de "joint venture", contrato de subordinação, contrato de grupo paritário, etc.).

Por outro lado, e mais importante, os contratos consubstanciam o mais relevante instrumento de *criação e regulação das relações jurídicas pertinentes à actividade empresarial*, enquanto actividade económica profissional e organizada de produção, circulação e mediação de bens e serviços no mercado. Basta lembrar que algumas das mais proeminentes figuras contratuais dos nossos dias se encontram indissociavelmente ligadas ao exercício de determinadas actividades empresariais ("maxime", os contratos bancários às

---

[1] BATIFFOL, Henri, *La "Crise du Contrat" et sa Portée*, in: XIII APD (1968), 13-30.

[2] GILMORE, Grant, *The Death of Contract*, Ohio State University Press, Columbus, 1974.

[3] Sobre o Direito Comercial moderno como sistema pluridisciplinar, composto por um conjunto de unidades normativas autónomas polarizadas em torno da Empresa, vide ANTUNES, J. Engrácia, *Direito Comercial*, em curso de publicação.

Aspectos Gerais

empresas de crédito e financeiras, os contratos de seguro às empresas seguradoras, os contratos de intermediação financeira às empresas de investimento, ou os contratos de transporte às empresas transportadoras), além de que, já em via geral, é maioritariamente através de contratos que se criam e disciplinam as relações jurídicas estabelecidas entre os empresários e os terceiros adquirentes dos respectivos bens ou serviços, sejam estes últimos os "consumidores" ou outros empresários (incluindo contratos tipificados na lei, v.g., compra e venda mercantil, reporte, agência, ou os inúmeros negócios atípicos sedimentados na prática dos negócios, v.g., concessão comercial, franquia, cessão financeira, etc.).

§2 *Seu Relevo*

I. A importância do instituto contratual para o Direito Comercial – para além da atenção de que foi alvo por parte da *doutrina*[4-5] e da *jurisprudência*[6] – foi desde cedo reconhecida pelo próprio *legislador*, tanto dentro como fora de portas.

---

[4] A literatura portuguesa sobre o tema não é particularmente abundante. Entre os trabalhos monográficos, contam-se apenas os de ANTUNES, J. Engrácia, *Os Contratos Comerciais – Noções Fundamentais*, Direito e Justiça, Lisboa, 2007; MARTINEZ, P. Romano, *Contratos Comerciais*, Principia, Lisboa, 2001; NETO, Abílio, *Contratos Comerciais (Legislação, Doutrina e Jurisprudência)*, 2.ª edição, Lisboa, Ediforum, 2004; na doutrina mais antiga, com referência aos contratos do CCom de 1888, vide BENAVIDES, José, *Contratos Commerciaes (Actos Commerciais, Troca, Compra e Venda, Aluguer, Reporte, Transporte Terrestre)*, Derin e C.ª Editores, Lisboa, 1892. Além disso, são também escassas as obras gerais de Direito Comercial e de Direito dos Contratos que lhe fazem referência: entre estas, podem confrontar-se ALMEIDA, C. Ferreira, *Contratos*, vol. I, 40 e segs., Almedina, Coimbra, 2008; CORDEIRO, A. Menezes, *Manual de Direito Comercial*, 457 e segs., 2.ª edição, Almedina, Coimbra, 2007; CORREIA, M. Pupo, *Direito Comercial*, 485 e segs., 9.ª edição, Ediforum, Lisboa, 2005; FURTADO, J. Pinto, *Disposições Gerais do Código Comercial*, 269 e segs., Almedina, Coimbra, 1984.

[5] Bastante diferente é a situação no direito estrangeiro, onde abundam as monografias gerais sobre os contratos mercantis, além de estes constituírem parte integrante obrigatória de todos os manuais de referência de Direito Comercial. Apenas para

Introdução

Com efeito, é mister ter presente que uma boa parte dos *ordenamentos jurídicos europeus* consagrou expressamente, ao lado dos contratos civis, uma regulação autónoma dos contratos comerciais (vejam-se assim, por exemplo, os arts. 50.º e segs. do "Código de Comercio" espanhol, ou os §§ 343 e segs. do "Handelsgesetzbuch" alemão)[7]. Assim também aconteceu, e acontece ainda hoje, em *Portugal*, onde o Código Comercial

mencionar algumas das obras mais relevantes em certas ordens jurídicas da "Civil Law" e da "Common Law", e para além das referidas na nota inicial, vide na Alemanha, VOIT, Wolfgang, *Handelsgeschäfte – Allgemeine Bestimmungen*, Carl Heymanns, Köln, 1988; na Argentina, BARBIERI, Pablo, *Contratos de Empresa*, Editorial Universidad, Buenos Aires, 1998; ETCHEVERRY, R. Aníbal, *Obligaciones y Contratos Comerciales*, Astrea, Buenos Aires, 1994; na Áustria, GRUBER, Michael, *Handelsgeschäfte*, 6. Aufl., Orac Rechtsskripten, Wien, 2000; no Brasil, MARTINS, Fran, *Contratos e Obrigações Comerciais*, 12.ª edição, Forense, Rio de Janeiro, 1993; em Espanha, AAVV, *Contratos Mercantiles*, vol. I, Civitas, Pamplona, 2008; RODRÍGUEZ-CANO, A. Bercovitz/ CONDE, M. Calzada (dir.), *Contratos Mercantiles*, 3 volumes, Aranzadi, Pamplona, 2009; RICO, J. Cano/ MALLOL, A. Serra, *Manual Práctico de Contratación Mercantil*, 2 tomos, 2.ª edición, Tecnos, Madrid, 1987; YOLDI, J. Miranda/ VILLANUEVA, M. Taberna/ GARCÍA, F. Martinez (dir.), *Contratos Mercantiles*, 3 volumes, Thomson/ Aranzadi, Madrid, 2008 (colectânea de jurisprudência); em França, DELGRANGE, Olivier/ CORRADINO, Glani/ CIRONE, Romeo, *Formulaire Commenté de Contrats Commerciaux*, Litec, Paris, 1998; LECLERC, Xavier, *Les Contrats Commerciaux*, Chiron, Paris, 2001; em Itália, AAVV, *Contratti d'Impresa*, 2 volumes, Giuffrè, Milano, 1993; DALMARTELLO, Arturo, *I Contratti delle Imprese Commerciali*, Cedam, Padova, 1962; SAMBUCCI, Leopoldo, *Il Contratto dell'Impresa*, Giuffrè, Milano, 2002; na Suíça, SCHNEEBERGER, Ernst, *Kommerzielles Vertragsrecht*, Schulthess Polygraphischer, Zürich, 1976; na Inglaterra, ANDERSON, Mark/ WARNER, Victor, *Drafting and Negotiating Commercial Contracts*, 2nd edition, Tottel, West Sussex, 2008; CHRISTOU, Richard, *Drafting Commercial Agreements*, 3rd edition, Thomson/ Sweet & Maxwell, London, 2008; SINGLETON, Susan/ LAWSON, Richard, *Commercial Contracts: A Practical Guide to Standard Terms*, 2nd edition, Tottel Publishing, Sussex, 2006; nos Estados Unidos da América, GRUSON, Michael (ed.), *International Commercial Agreements*, Practising Law Institute, New York, 1994; MOSKIN, Morton (ed.), *Commercial Contracts*, Aspen Law & Business, New York, 2001; finalmente, numa perpectiva comparatística, KOZOLCHYK, Boris, *La Contratación Comercial en el Derecho Comparado*, Dykinson, Madrid, 2006, e para formulários contratuais, LÓPEZ, M. Ferrer/ SUSO, M. Barrenechea/ IRIATE, Ainoa, *Los Contratos más Utilizados en la Empresa – Modelos con Comentarios*, Deusto, Barcelona, 2008.

[6] A título de exemplo, vejam-se as reflexões do juiz britânico Robert GOFF, *Commercial Contracts and the Commercial Court*, in: X LMCLQ (1984), 382-393.

Aspectos Gerais

dedica à matéria um Livro inteiro, por sinal o mais extenso (Livro II, arts. 96.º a 484.º): intitulado justamente *"Dos Contratos Especiais do Comércio"*, nele se contém um conjunto de regras jurídicas aplicáveis à contratação mercantil em geral (arts. 96.º a 102.º do CCom) seguido de um elenco bastante vasto de contratos mercantis singulares (v.g., contratos de sociedade, de comissão, de transporte, de seguro, de compra e venda mercantil, de empréstimo mercantil, de depósito mercantil, de reporte, de conta-corrente, etc.).[8]

Não se pense, todavia, que o relevo dos contratos comerciais é apanágio exclusivo daquelas ordens jurídicas que os previram e disciplinaram expressamente como categoria legal autónoma. Ao invés, é curioso constatar que naquelas legislações europeias onde foi eliminada a distinção formal entre contratos civis e comerciais se assiste hoje a uma "redescoberta" da categoria dos contratos comerciais[9], e que mesmo nos *ordenamentos anglo-saxónicos*, que jamais conheceram tal distinção, os contratos já chegaram a

---

[7] Sobre esta categoria no contexto dos respectivos Códigos Comerciais, vide CALERO, F. Sánchez, *El Código de Comercio y los Contratos Mercantiles*, in: AAVV, "Centenário del Código de Comercio", vol. I, 211-260, Ministério de Justicia, Madrid, 1986; SCHMIDT, Karsten, *Münchener Kommentar zum Handelsgesetzbuch*, Band 5 ("Handelsgeschäfte"), Beck/ Vahlen, München, 2001.

[8] Sobre este elenco legal dos contratos mercantis, bem como a progressiva erosão do seu relevo prático, vide *infra* Parte III, Cap. I, §1.

[9] É o caso de Itália, onde, apesar da supressão da distinção entre contratos civis e comerciais operada pelo "Codice Civile" de 1942 (que existia no anterior "Codice Commerciale" de 1882), os comercialistas jamais deixaram de considerar os contratos comerciais ("contratti commerciali") como tema obrigatório do Direito Comercial (vejam-se assim as obras gerais de Gastone COTTINO, Giuseppe FERRI, ou Francesco GALGANO, entre muitas outras): a sua importância é tal que se fala mesmo hoje de um fenómeno de "redescoberta" (SAMBUCCI, Leopoldo, *Il Contratto dell'Impresa*, 10, Giuffrè, Milano, 2002) ou de "reemergência" (BUONOCORE, Vincenzo, *Contrattazione d'Impresa e Nuove Categorie Contrattuali*, 56, Giuffrè, Milano, 2000) destes contratos no âmbito do ordenamento privatístico. Sobre o ponto, vide ainda AAVV, *Contratti d'Impresa*, Giuffrè, Milano, 1993; CAGNASSO, Oreste/ COTTINO, Gastone, *Contratti Commerciali*, Cedam, Padova, 2000; DALMARTELLO, Arturo, *I Contratti delle Imprese Commerciali*, Cedam, Padova, 1962.

Introdução

ser reputados como "o elemento central do Direito Comercial" (Roy GOODE).[10]

II. Aliás, a evolução legislativa mais recente tem apenas confirmado e acentuado sobremaneira as estreitas relações existentes entre o Direito Comercial e o instituto do contrato[11], já que este tem sido justamente um dos sectores da Ordem Jurídica – senão porventura "o" sector da Ordem Jurídica – *que mais numerosos e rasgados horizontes tem aberto a este velho instituto jusprivatístico*[12]. Bastará para tal pensar na verdadeira profusão qualitativa e quantitativa de figuras contratuais geradas pela actividade comercial e empresarial, inteiramente novas e totalmente desconhecidas ainda há algumas décadas ou até anos atrás, que se foram sedimentando progressivamente na prática dos negócios ou mesmo sendo consagradas em legislação mercantil especial: apenas para citar alguns dos contratos mais difundidos, tal o caso dos contratos de agência, de concessão comercial, de cessão

---

[10] *Commercial Law in Next Millenium*, 49, Sweet & Maxwell, London, 1998 (tradução italiana, Giuffrè, Milano, 2003). No mesmo sentido, os britânicos L. SEALY e R. HOOLEY, para quem os contratos "estão em pleno coração do Direito Comercial" (*Commercial Law*, 21, 4th edition, Oxford University Press, Oxford, 2008), ou os norte-americanos Len SMITH e Gale ROBERSON, para quem "o contrato é um dos mais importantes tópicos de estudo do Direito dos Negócios" (*Business Law – Uniform Commercial Code*, 124, 5th edition, West Publishing, St. Paul, 1982). Por último, vide ainda Lord MILLET, *Contract: The Heart of Commercial Law,* in: Lowry, John/ Mistelis, Loukas (eds.), "Commercial Law: Perspectives and Practice", 1-14, Lexis Nexis/ Butterworths, London, 2006.

[11] Que, de resto, possui raízes históricas profundas: cf. ANGELIS, C. Nicola, *I Contratti Commerciale nel Periodo Medioevale Italiano*, Jovene, Napoli, 1940.

[12] Aliás, como nos recordam Rodrigo URÍA e Aurelio MENÉNDEZ, o direito dos contratos foi precisamente um dos sectores onde despontou a chamada "comercialização do Direito Civil", na qual alguns pretenderam entrever a unificação do Direito Privado (*El Contrato Mercantil*, 31, in: AAVV, "Curso de Derecho Mercantil", tomo II, 31-53, 2.ª edición, Thomson/ Civitas, Madrid, 2007). Sobre este jogo de influências e osmose recíprocos entre o Direito Comercial e o Direito Civil – para o qual, faz agora um século, o juscomercialista português Caeiro da MATTA chamava a atenção –, vide ANTUNES, J. Engrácia, *Direito Comercial*, em curso de publicação.

Aspectos Gerais

financeira ("factoring"), de locação financeira ("leasing"), de franquia ("franchising"), de patrocínio ("sponsoring"), de monetarização de créditos ("forfaiting"), de titularização de créditos ("securitization"), de "engineering", de "project finance", de "renting", de "merchandising", de "countertrade", de "know--how", de "management", de "futures", de "forwards", de "swaps", de "caps", de "floors", de "call" ou "put option", entre muitos e muitos outros.[13]

---

[13] Sobre estas e outras novas figuras contratuais, vide AMATO, Astolfo, *Impresa e Nuovi Contratti – Materiali per un Moderno Diritto Commerciale*, Ed. Scientifiche Italiane, Napoli, 1991; GALGANO, Francesco, *I Contratti del Commercio, dell'Industria e del Mercato Finanziario*, 4 volumes, Utet, Torino, 1995-1997; MARTINEK, Michael, *Moderne Vertragstypen*, 3 volumes, Beck, München, 1991-1993.

CAPÍTULO II
O Problema da Qualificação[*]

I. Constituindo o contrato um instituto geral, comum aos vários ramos do Direito, questão nodal que logo nos sai a caminho é a de saber *o que contradistingue os contratos comerciais no universo dos contratos em geral, muito em particular em face dos contratos civis.* Por outras palavras: quando é que um determinado contrato jurídico-privado se diz comercial, e não civil? quais são os critérios da mercantilidade ou da qualificação comercial de um contrato?

§1 A Posição Tradicional

1. Os Critérios Clássicos da Comercialidade

I. A generalidade da doutrina portuguesa sustenta que os critérios de qualificação dos contratos comerciais são os *critérios*

---

[*] **Bibliografia Portuguesa:** ANTUNES, J. Engrácia, *Os Contratos Comerciais – Noções Fundamentais,* Direito e Justiça, Lisboa, 2007; CORDEIRO, A. Menezes, *Manual de Direito Comercial,* 2.ª edição, Almedina, Coimbra, 2007. **Bibliografia Estrangeira:** BUONOCORE, Vincenzo, *Contrattazione d'Impresa e Nuove Categorie Contrattuali,* Giuffrè, Milano, 2000; DALMARTELLO, Arturo, *I Contratti delle Imprese Commerciali,* Cedam, Padova, 1962; SAMBUCCI, Leopoldo, *Il Contratto dell'Impresa,* Giuffrè, Milano, 2002; URÍA, Rodrigo/ MENÉNDEZ, Aurelio/ VERGÉZ, Mercedes, *El Contrato Mercantil,* in: AAVV, "Curso de Derecho Mercantil", tomo II, 31-53, 2.ª edición, Thomson/ Civitas, Madrid, 2007.

Introdução

clássicos da comercialidade dos actos jurídico-privados, consagrados no art. 2.º do CCom.[14]

II. Como é sabido, o preceito em apreço prevê duas categorias fundamentais de actos de comércio: os chamados *"actos de comércio objectivos"*, cuja comercialidade deriva da circunstância de tais actos se encontrarem especialmente previstos e regulados na lei comercial, independentemente de serem praticados por comerciantes ou não (art. 2.º do CCom, primeira parte); e os *"actos de comércio subjectivos"*, cuja comercialidade resulta da qualidade de comerciante do respectivo autor, desde que tais actos possuam uma conexão abstracta e concreta com o respectivo comércio profissional (art. 2.º do CCom, segunda parte).[15]

2. Contratos Comerciais Objectivos e Subjectivos

I. Transposto isto para o universo dos actos jurídicos em apreço ("contratos"), tal significa dizer que, de acordo com a citada doutrina, existem duas categorias ou *tipos fundamentais* de contratos comerciais.

---

[14] Neste sentido, entre outros, ABREU, J. Coutinho, *Curso de Direito Comercial*, vol. I, 44, 6.ª edição, Almedina, Coimbra, 2006; CORDEIRO, A. Menezes, *Manual de Direito Comercial*, 188, 2.ª edição, Almedina, Coimbra, 2007; CORREIA, L. Brito, *Direito Comercial*, vol. III, 144, AAFDL, Lisboa, 1986; SANTOS, F. Cassiano, *Transmissão e Cessação de Contratos Comerciais*, 284, in: AAVV, "Nos 20 Anos do Código das Sociedades Comerciais", vol. I, 283-303, Coimbra Editora, Coimbra, 2007. Essa também é a posição maioritariamente defendida pela doutrina nacional a propósito da qualificação de vários contratos comerciais singulares: cf. BRITO, M. Helena, *O Contrato de Concessão Comercial*, 186 e segs., Almedina, Coimbra, 1990; RIBEIRO, A. Paula, *O Contrato de Franquia (Franchising)*, 62, Tempus, Lisboa, 1994; VASCONCELOS, L. Pestana, *Dos Contratos de Cessão Financeira (Factoring)*, 124, Coimbra Editora, Coimbra, 1999.

[15] Sobre estes critérios clássicos da comercialidade, vide desenvolvidamente ANTUNES, J. Engrácia, *Direito Comercial*, em curso de publicação.

O Problema da Qualificação

II. Desde logo, serão comerciais todos aqueles contratos que preencham o critério objectivo da comercialidade previsto na primeira parte do art. 2.º CCom, ou seja, utilizando a terminologia da própria lei, todos aqueles *"que se acharem especialmente regulados neste Código"*.

Abrangem-se assim aqui genericamente os contratos previstos no Livro II do Código Comercial, englobando, quer os contratos que aí se encontrem exclusivamente previstos – onde incluem, por exemplo, os contratos de conta-corrente (art. 344.º do CCom) ou de reporte (art. 477.º do CCom) –, quer aqueles que se encontrem simultaneamente consagrados no Código Comercial e no Código Civil – onde se incluem, por exemplo, os contratos de mandato mercantil (art. 231.º do Com), de empréstimo mercantil (art. 394.º do CCom), de penhor mercantil (art. 397.º do CCom), de depósito mercantil (art. 403.º do CCom), de compra e venda mercantil (art. 463.º do CCom) ou de aluguer mercantil (art. 481.º do CCom) –, quer ainda os regulados em legislação mercantil extravagante – como é o caso, por exemplo, do contrato de agência (Decreto-Lei n.º 178/86, de 3 de Julho) ou do contrato de consórcio e de associação em participação (Decreto-Lei n.º 231/81, de 28 de Julho).

III. Por outro lado, seriam ainda comerciais todos aqueles contratos que satisfaçam o critério subjectivo da comercialidade da segunda parte do citado art. 2.º do CCom, ou seja, de novo recorrendo aos dizeres da lei, *"todos os contratos e obrigações dos comerciantes"*.

Estão aqui agora abrangidos todos os contratos em que uma ou ambas as partes possuam o estatuto de comerciante, com excepção daqueles contratos que sejam essencialmente civis (isto é, constituam contratos que, por definição e em abstracto, são insusceptíveis de ter qualquer conexão com o exercício do comércio em geral: v.g., casamento do comerciante) e ainda desde que o contrário não resulte desses mesmos contratos (isto é, não constituam negócios donde resulte, no caso concreto, serem alheios ao

Introdução

exercício do comércio do respectivo autor: v.g., dono de um "stand" de automóveis celebra compra e venda de determinado veículo para fins puramente pessoais ou familiares). Se ali o que decide da natureza ou relevância jurídico-comercial de um determinado contrato é a natureza do contrato em si mesmo, independentemente da qualidade do respectivo autor (comercialidade "in re"), aqui o que decide dessa natureza ou relevância é fundamentalmente o estatuto de comerciante de quem o pratica (comercialidade "in persona").

§2 *Posição Adoptada. Os Contratos Comerciais como Contratos de Empresa*

1. **O Ocaso dos Critérios Mercantis Clássicos**

I. Em nosso entender, esta visão tradicional *é de recusar*, a vários títulos. Em primeiro lugar, como explicamos detidamente noutro local, os critérios clássicos da comercialidade encontram-se hoje postos em causa, dado que os conceitos-chave centenários em que assentam – "acto de comércio" e "comerciante" –, forjados para realidades económicas que distam de nós em mais de um século e de há muito ultrapassadas, deixaram de conseguir retratar fielmente o universo do Direito Comercial actual[16]. Ora, *este anacronismo dos critérios tradicionais da mercantilidade não poderia deixar de se projectar também, e muito em particular, naquele que constitui o primordial tipo de acto jurídico-comercial ("lato sensu") – o contrato comercial.*

---

[16] Sobre o ocaso dos conceitos oitocentistas de acto de comércio e de comerciante, vide desenvolvidamente ANTUNES, J. Engrácia, *Direito Comercial*, em curso de publicação; ANTUNES, J. Engrácia, *O Regime Jurídico dos Actos de Comércio*, in: Themis-UNL (2009), em curso de publicação; ANTUNES, J. Engrácia, *O Estatuto Jurídico de Comerciante – Alguns Problemas de Qualificação*, in: DJ (2009), em curso de publicação.

O Problema da Qualificação

II. Relativamente à categoria dos contratos comerciais "objectivos", o elenco legal previsto no Código Comercial de 1888, decorrido mais de um século sobre a sua promulgação, representa hoje essencialmente uma *venerável relíquia do passado*, totalmente incapaz de reflectir a riqueza e complexidade do universo da contratação mercantil na actualidade.[17]

Para tanto bastará recordar, entre os muitos fundamentos dessa desactualização, que mais de metade das normas daquele elenco legal centenário foram revogados (dos originários 389 preceitos, apenas subsistem hoje em vigor cerca de 151)[18], que os tipos contratuais mais relevantes nele previstos foram entretanto objecto de uma regulação autónoma extremamente densa e complexa (é o caso do contrato de sociedade, dos contratos bancários e dos contratos de bolsa)[19], e, sobretudo, que ele submergiu completamente ante a massa verdadeiramente aluvional de novos contratos

---

[17] Esta vicissitude, aliás, não é um exclusivo lusitano, afectando também os elencos legais previstos em outros Códigos europeus congéneres: assim, para o direito espanhol, a doutrina enfatiza igualmente "a inadequação à realidade do tráfico actual de grande parte dos contratos contemplados no Código Comercial vigente" (UREBA, A. Alonso, *Contrato Mercantil,* 1651, in: "Enciclopedia Jurídica Básica", vol. I, 1646-1652, Civitas, Madrid, 1995).

[18] O que inclui Títulos inteiros, como por exemplo, os contratos de sociedade (Título II), de conta em participação (Título III), de bolsa (Título VIII), e de seguros (Título XV), devendo ainda levar-se em conta que esta contabilidade sobe quando se tenha presente a revogação parcial dos arts. 366.º a 393.º do CCom (Título X), relativos ao contrato de transporte, operada pelo Decreto-Lei n.º 239/2003, de 4 de Abril. Retenha-se, além disso, que o elenco legal do Livro II é tecnicamente deficiente, já que disciplina como "contratos especiais de comércio" determinadas realidades não especificamente contratuais (v.g., as empresas: cf. art. 230.º do CCom) ao mesmo tempo que já não abrange outros verdadeiros contratos mercantis ("maxime", os contratos marítimos, deslocados sistematicamente para os arts. 626.º e segs. do CCom).

[19] Em contrapartida, as figuras contratuais desse elenco que ainda hoje permanecem em vigor são, na sua quase totalidade, contratos comerciais meramente *acessórios* ou auxiliares, ou seja, contratos de direito comum cuja relevância jurídico-comercial resulta da sua mera conexão ou acessoriedade com actividades mercantis: exemplos são a fiança mercantil (art. 101.º do CCom), o mandato mercantil (art. 231.º do CCom), o empréstimo mercantil (art. 394.º do CCom), o penhor mercantil (art. 397.º do CCom) ou o depósito mercantil (art. 403.º do CCom).

Introdução

comerciais progressivamente forjados na prática dos "mercatore" ou consagrados em legislação mercantil extravagante (v.g., contratos de agência, concessão comercial, cessão financeira, locação financeira, franquia, "forfaiting", "engineering", "merchandising", "countertrade", "know-how", e um imenso "et caetera").[20]

III. E algo de semelhante se passa relativamente à categoria dos contratos comerciais "subjectivos". Não carecerá decerto de especial demonstração a circunstância, hoje visível a olho nu, de que a evolução da realidade económica posterior à aprovação do Código Comercial de 1888 conduziu paulatinamente a que a figura tradicional do comerciante tenha sido suplantada pela *figura do empresário*. De facto, ressalvados casos pontuais que têm tanto de residual quanto de pitoresco (remetendo-nos para tempos e lugares económicos que hoje nos fazem sorrir: v.g., vendedores ambulantes, feirantes, pequenos especuladores de bolsa, pequenos agentes comerciais), a exploração profissional de actividades económicas, sejam elas civis ou comerciais, é hoje sempre realizada através de uma organização empresarial, por mínima ou rudimentar que esta seja.[21]

---

[20] De resto, bem vistas as coisas, o critério objectivo da mercantilidade dos contratos é puramente formal e, em si mesmo, contraditório. Ao afirmar-se que os contratos consagrados no Código Comercial são comerciais pelo mero facto de aí se encontrarem previstos, tal significa centrar exclusivamente a sua mercantilidade num mero critério formal de localização sistemática: ora, assim sendo, qual então o sentido útil das diversas disposições legais que justamente prevêem as notas substantivas e distintivas da comercialidade de cada contrato mercantil em particular? (num sentido semelhante, para o direito espanhol, LASTRES, J. García-Pita, *Derecho Mercantil de las Obligaciones*, 349, Marcial Pons, Madrid/ Barcelona, 2003). Por outro lado, também parece fora de causa pretender salvar o elenco centenário do Livro II através do mero recurso à analogia: com efeito, tais operações analógicas sempre teriam que ser realizadas por referência a um conceito unitário e universal de "acto de comércio", que não só não existe, como não tem possibilidade de existir no quadro dos ordenamentos jurídico--comerciais da actualidade (cf. desenvolvidamente ANTUNES, J. Engrácia, *A Analogia no Direito Comercial*, em curso de publicação).

[21] Esta progressiva mas inexorável substituição da figura do comerciante pela do empresário no universo da contratação mercantil está bem patente, aliás, na circunstância

O Problema da Qualificação

2. O Protagonismo da Empresa na Contratação Mercantil Moderna

I. Nesta sequência, compreende-se já que o *centro de gravidade regulatório da contratação atinente ao mundo das relações comerciais se tenha vindo progressivamente a centrar na figura da empresa*: com efeito, não apenas "de facto" mas "de iure", a empresa constitui o protagonista central da esmagadora maioria dos contratos atinentes à vida económica hodierna.[22]

II. Esta asserção é verdadeira, desde logo, para uma boa parte dos contratos comerciais consagrados no próprio elenco oitocentista do Código Comercial.

Assim, os contratos bancários (arts. 362.º e segs. do CCom) são hoje um tipo de contratos mercantis exclusivamente celebrados por "empresas" constituídas sob a forma de instituições de crédito ou sociedades financeiras (arts. 2.º e 5.º do RGIC, aprovado pelo Decreto-Lei n.º 298/92, de 31 de Dezembro); os contratos de

---

de serem hoje cada vez mais numerosos os "velhos" institutos jurídicos, outrora reservados ou privativos dos comerciantes, que passaram a ser genericamente aplicáveis aos empresários comerciais e civis (assim aconteceu, nomeadamente, com o registo comercial, a insolvência, ou a contabilidade), a par da emergência de "novos" institutos jurídicos que visam precipuamente tutelar os interesses destes últimos (pense-se, por exemplo, na propriedade industrial ou na concorrência).

[22] Sobre o relevo central da empresa no quadro do Direito Comercial moderno, vide desenvolvidamente Antunes, J. Engrácia, *Direito Comercial*, em curso de publicação. Erigindo igualmente a empresa em matriz fundamental do Direito Comercial, vide, "ex multi", na Alemanha, Schmidt, Karsten, *Handelsrecht*, 6, 5. Aufl., Carl Heymanns, Köln, 1999; na Áustria, Bydlinski, Franz, *Handels- oder Unternehmensrecht als Sonderprivatrecht. Eine Modellbeispiel für die systematische und metodologische Grundlagendiskussion*, Walter de Gruyter, Berlin/ New York, 1990; na Bélgica, Ryn, Jean van/ Heenen, Jacques, *Principes de Droit Commercial*, tome I, 8 e seg., 2ème édition, Bruylant, Bruxelles, 1976; na Espanha, Calero, F. Sánchez/ Guilarte, J. Sánchez-Calero, *Instituciones de Derecho Mercantil*, vol. I, 62, 28.ª edición, Thomson/ / Aranzadi, Navarra, 2005; na Itália, Galgano, Francesco, *Diritto Commerciale – L'Imprenditore*, 7, 9.ª edizione, Zanichelli, Bologna, 2003; na França, Champaud, Claude/ / Paillusseau, Jean, *L'Entreprise et le Droit Commercial*, Armand Colin, Paris, 1970.

Introdução

bolsa (arts. 351.º e segs. do CCom) representam contratos mercantis obrigatoriamente celebrados, para além das já referidas empresas creditícias, por "empresas de investimento em instrumentos financeiros" (arts. 289.º e 293.º do CVM); os contratos de transporte (arts. 366.º e segs. do CCom) são contratos tipicamente concluídos por "empresas transportadoras" regularmente constituídas para o transporte rodoviário, fluvial, ferroviário, marítimo ou aéreo (v.g., art. 366.º, n.º 1 do CCom, art. 2.º, n.º 2 do Decreto-Lei n.º 239/93, de 4 de Outubro, art. 2.º, f) do Decreto-Lei n.º 58/2008, de 26 de Março); e os contratos de seguro (arts. 1.º e 16.º da LCS) são um apanágio exclusivo das "empresas de seguros" constituídas sob a forma de sociedades anónimas e mútuas de seguros (arts. 2.º, n.º 1, b), 7.º e 8.º do RGAS, aprovado pelo Decreto-Lei n.º 94-B/98, de 17 de Abril).[23]

III. Mas é sobretudo na enorme mole de figuras contratuais mercantis, típicas e atípicas, nominadas e inominadas, surgidas posteriormente à promulgação do Código Comercial de 1888, que o assinalado fenómeno de empresarialização da contratação mercantil se acabou por consolidar em definitivo.[24]

---

[23] Sobre o substrato empresarial das pessoas singulares ou colectivas que exercem as actividades pertencentes aos sectores financeiros regulamentados (banca, bolsa, seguros), vide, respectivamente, NUNES, F. Conceição, *Direito Bancário*, vol. I, 159 e segs., AAFDL, Lisboa, 1994; SILVA, P. Costa, *Direito dos Valores Mobiliários*, 160 e segs., Coimbra Editora, Lisboa, 2005; VASQUES, José, *Contrato de Seguro*, 179, Coimbra Editora, Coimbra, 1999.

[24] Da contratação mercantil e, em parte, da própria contratação civil – convém acrescentá-lo –, já que são vários os contratos tradicionalmente civis, consagrados no Código Civil, que passaram a ter actualmente uma conexão principal, embora não exclusiva, às empresas. Como sublinha Alonso UREBA, assiste-se actualmente a uma "substituição do tráfico contratual civil pelo tráfico contratual mercantil: hoje não existem seguros, depósitos, transportes... civis, mas sim seguros, depósitos, transportes comerciais, quedando a contratualidade civil confinada a sectores concretos e de relevo quantitativo reduzido" (*Contrato Mercantil*, 1648, in: "Enciclopedia Jurídica Básica", vol. I, 1646-1652, Civitas, Madrid, 1995); e existem mesmo autores que vão mais longe, considerando que "a totalidade dos contratos especiais disciplinados no Código Civil é utilizada em regra por empresários e excepcionalmente por não empresários"

O Problema da Qualificação

Com efeito, são vários os contratos mercantis em que o legislador erigiu expressamente a empresa como elemento constitutivo ou requisito subjectivo da sua própria noção legal: assim aconteceu, por exemplo, com os contratos de mediação (arts. 2.º e 3 do Decreto-Lei n.º 211/2004, de 20 de Agosto), os contratos de viagens e turismo (arts. 1.º e 2.º do Decreto-Lei n.º 209/97, de 13 de Agosto), ou os contratos de gestão empresarial (art. 1.º do Decreto-Lei n.º 82/98, de 2 de Abril), entre outros. São também vários os contratos mercantis legalmente tipificados ou nominados que, não obstante omitindo uma referência normativa expressa à figura da empresa, se encontram intimamente ligados à actividade empresarial: pense-se assim nos casos do contrato de agência (Decreto-Lei n.º 178/86, de 3 de Julho) – já o CCom de 1888 qualificava como comerciais as "empresas de agenciamento de negócios" (art. 230.º, 3.º) –[25], do contrato de consórcio (Decreto-Lei n.º 231/81, de 28 de Julho) – que constitui um instrumento típico de colaboração entre empresários singulares ou colectivos –[26], ou dos contratos de trespasse e de locação do estabelecimento comercial (arts. 1109.º e 1112.º do CCivil) – que têm precisamente

---

(BUONOCORE, Vincenzo, *I Contratti d'Impresa*, 28, in: AAVV, "Contratti d'Impresa", vol. I, 3-83, Giuffrè, Milano, 1993). Sirva aqui de exemplo o *contrato de empreitada* (arts. 1207.º e segs. do CCivil). Com efeito, exceptuado o caso romanesco do operário individual que ergue sozinho um pequeno muro com os materiais fornecidos pelo dono da obra, os empreiteiros são hoje maioritariamente pessoas singulares ou colectivas titulares de organizações empresariais de recursos produtivos (capital, trabalho, gestão): como enfatizava I. Galvão TELLES já há mais de meio século, sustentando coerentemente a natureza comercial deste contrato, "o empreiteiro é empresário; reúne e organiza os factores de produção e gere por sua conta essa combinação económica e técnica" *(Aspectos Comuns aos Vários Contratos*, 82, in: 23 BMJ (1950), 18-91).

[25] Sobre a matriz empresarial hodierna da agência – aliás, confortada expressamente pela exigência legal da autonomia e estabilidade (art. 1.º do Decreto-Lei n.º 178/86, de 3 de Julho) –, vide CAPO, Giovanni, *Il Contratto d'Agenzia,* in: AAVV, "Contratti d'Impresa", vol. I, 919-1051, Giuffrè, Milano, 1993.

[26] Justamente qualificado comumente pela doutrina como um contrato de cooperação interempresarial: cf. VASCONCELOS, P. Sousa, *O Contrato de Consórcio no Âmbito dos Contratos de Cooperação entre Empresas*, Coimbra Editora, Coimbra, 1999.

Introdução

por objecto a negociação de empresas[27]. E, mais importante, ninguém contestará decerto que a esmagadora maioria dos contratos mercantis legalmente atípicos, sedimentados na prática dos negócios, são o resultado da "vis creativa" das empresas – esses novos "mercatore" do séc. XXI –, funcionando como objecto precípuo ou instrumentos jurídicos ancilares da respectiva actividade: são os contratos de concessão comercial, de locação financeira, de franquia, de crédito documentário, de monetarização de créditos, de garantia financeira, de "saber-fazer", de consultoria empresarial, de futuros e opções, ...[28]

---

[27] Sobre o ponto, vide desenvolvidamente ANTUNES, J. Engrácia, *A Empresa como Objecto de Negócios – "Asset Deals" versus "Share Deals"*, in: 68 ROA (2008), 715-793.

[28] Sobre o impacto da empresa nos contratos mercantis atípicos, vide também FRIEDEMAN, Lawrence/ MACAULAY, Stewart/ REHBINDER, Manfred, *The Impact of Large Scale Business Enterprise upon Contract*, in: "International Encyclopedia of Comparative Law", vol. VII, Chapter 3, Mohr, Tübingen, 1997; MEO, Giorgio, *Impresa e Contratto nella Valutazione dell'Atipicità Negoziale*, Giuffrè, Milano, 1991. É certo que existem diversos contratos que, tendo sido expressamente qualificados como comerciais pelo legislador de 1888, não exigem nem pressupõem a intervenção de qualquer empresário, por influência da matriz objectivista da sua regulação: assim acontece, por exemplo, com a compra e venda mercantil, o contrato mercantil tradicional por excelência. Nos termos do artigo 463.º do CCom são consideradas comerciais "(1.º) as compras de coisas móveis para revender ou simplesmente para lhes alugar o uso; (...)": assim sendo, terá carácter comercial a compra e venda feita com uma intenção de revenda dos bens comprados, ainda que se trate de uma operação praticada por um mero particular. Mas é curioso verificar que, mesmo aqui, a figura da empresa não deixa de estar presente. Com efeito, como é reconhecido pela doutrina tradicional, o preceito em apreço parece repousar sobre o pressuposto lógico de que o comprador é uma pessoa singular ou colectiva que se dedica profissionalmente à revenda dos bens com fins lucrativos, já que só então se compreende e se aceita que a lei tenha presumido que a compra com finalidade de revenda lhe confere natureza mercantil, sem necessidade de esperar que um futuro acto de revenda venha confirmar essa intenção (cf. GONÇALVES, L. Cunha, *Da Compra e Venda no Direito Commercial Portuguez*, vol. I, 88, Imprensa da Universidade, Coimbra, 1909): ora, nos dias que correm, quem senão o empresário consubstancia a figura do profissional dedicado à actividade económica de revenda com fins lucrativos?

3. O Problema na "Civil Law" e na "Common Law"

I. Por último, merece também ser acentuado que *idêntico entendimento vem sendo perfilhado pela doutrina e jurisprudência de várias ordens jurídicas estrangeiras*: na verdade, são cada vez mais numerosos os jurisconsultos de ambos os lados do Atlântico que sustentam que a empresa constitui o verdadeiro princípio energético ou traço distintivo dos contratos comerciais na actualidade.

II. Isto é verdade, desde logo, para os ordenamentos jurídico--comerciais da *"Civil Law"* – e, o que é verdadeiramente sintomático da pujança deste vector evolutivo, qualquer que seja a sua matriz fundacional. Pense-se assim, entre os ordenamentos juscomerciais objectivistas, no caso de Espanha, onde, pese embora o vigente "Código de Comercio" de 1885 continue a assentar no conceito fundamental de "acto de comercio" (art. 2.º), a doutrina defende de há muito que os contratos comerciais ("contratos mercantiles") se definem essencialmente como aqueles que são celebrados pelo empresário no exercício da sua actividade empresarial: nas palavras de Joaquín GARRIGUES, "o contrato comercial é o contrato que se realiza no exercício da empresa – contrato comercial e contrato de empresa são termos equivalentes"[29].

---

[29] *Curso de Derecho Mercantil*, tomo II, 13, 8.ª edição, Aguirre, Madrid, 1983. Apontando a empresa como critério de qualificação dos contratos comerciais, vide ainda, entre muitos outros, F. Sánchez CALERO: "Os contratos de empresa podem ser qualificados como o instrumento necessário para constituir e regular as relações jurídicas originadas na actividade do empresário" (*Instituciones de Derecho Mercantil*, vol. II, 172, 29.ª edición, Thomson/ Aranzadi, Navarra, 2006); Rodrigo URÍA: "O contrato mercantil é um acto de empresa: é o acto jurídico realizado pelo empresário com o desígnio de servir ou executar a finalidade particular da empresa que exercita" (*Derecho Mercantil*, 625, 28.ª edición, Marcial Pons, Madrid/ Barcelona, 2002); CALERO, J. Gómez, *El Contrato Mercantil: Nociones Generales*, 225, in: AAVV, "Derecho Mercantil", tomo II, 224-245, 10.ª edición, Ariel, Barcelona, 2005; LASTRES, J. García-Pita, *Derecho Mercantil de las Obligaciones*, 360, Marcial Pons, Madrid/ Barcelona, 2003; RICO, J. Cano/ MALLOL, A. Serra, *Manual Práctico de Contratación Mercantil*, tomo I, 40, 2.ª edición, Tecnos, Madrid, 1987.

Introdução

O mesmo se diga, depois ainda, para os ordenamentos de matriz subjectivista, como é o caso da Alemanha, onde os contratos comerciais ("Handelsgeschäfte") são também perspectivados por alguns dos mais reputados comercialistas como os contratos concluídos no âmbito da exploração de uma empresa: como sublinha Karsten SCHMIDT, "apenas os negócios celebrados pelo titular de empresa são contratos comerciais"[30]. E até mesmo naqueles ordenamentos jurídicos que suprimiram a categoria dos "contratos comerciais", no âmbito da unificação da respectiva legislação civil e comercial, a doutrina maioritária jamais deixou de reconhecer a sua existência, reconstruindo-a justamente em torno da ideia de empresa: o caso paradigmático é o de Itália, onde Vincenzo BUONOCORE assevera mesmo que "a locução «contratos comerciais» ("contratti commerciali") deve ser substituída pela de «contratos de empresa» ("contratti d'impresa")"[31].

III. Mas uma linha não muito dissemelhante de evolução (se bem que menos explicitamente elaborada, em virtude do menor pendor dogmático da doutrina anglo-saxónica) se pode deparar nos ordenamentos jurídicos da *"Common Law"*. Bastará para tal

---

[30] *Handelsrecht*, 517, 5. Aufl., Carl Heymanns, Köln, 1999. A emergência do conceito de empresa no seio dos contratos comerciais resulta indirectamente do recentramento da noção tradicional de comerciante ("Kaufmann") em torno daquele conceito, operada pela reforma dos §§ 1 e 2 do "Handelsgesetzbuch" germânico: sobre o ponto, que encerra especialidades que aqui não podem ser desenvolvidas (mormente, a coexistência do conceito de empresário previsto no § 14 do "Bürgerliches Gesetzbuch"), vide ainda BAUMBACH, Adolf/ HOPT, Klaus (Hrsg.), *Handelsgesetzbuch*, 969 e segs., 30. Aufl., Beck, München, 2000; HORN, Norbert (Hrsg.), *Handelsgesetzbuch – Kommentar*, Band 4 ("Handelsgeschäfte"), 4 e segs., 2. Aufl., De Gruyter Recht, Berlin, 2005; SCHMIDT, Karsten (Hrsg.), *Münchener Kommentar zum Handelsgesetzbuch*, Band 5 ("Handelsgeschäfte"), 25, Beck/ Vahlen, München, 2001.

[31] *Contrattazione d'Impresa e Nuove Categorie Contrattuali*, 56, Giuffrè, Milano, 2000. No mesmo sentido, entre outros, vide ainda AAVV, *Contratti d'Impresa*, 2 volumes, Giuffrè, Milano, 1993; DALMARTELLO, Arturo, *I Contratti delle Imprese Commerciali*, Cedam, Padova, 1962; OPPO, Giorgio, *Note sulla Contrattazione d'Impresa*, in: XLI RDC (1995), 629-640; SAMBUCCI, Leopoldo, *Il Contratto dell'Impresa*, Giuffrè, Milano, 2002.

O Problema da Qualificação

compulsar alguns dos manuais de referência do Direito Comercial ("Commercial Law", "Mercantile Law", ou, mais vastamente, "Business Law") para rapidamente nos apercebermos, não apenas do papel verdadeiramente nuclear da contratação mercantil no seio deste ramo jurídico, mas também da matriz empresarial da esmagadora maioria dos contratos comerciais singulares aí tratados (contratos de seguro, contratos financeiros, contratos de crédito, contratos de venda comercial internacional, garantias bancárias)[32]. E de há muito, ao lado do direito geral ou comum dos contratos, o fenómeno da empresarialização das transacções comerciais num mundo económico globalizado foi acentuando o relevo decisivo de determinados direitos sectoriais e especiais, entre os quais justamente o Direito Comercial: ora, tomando emprestadas as palavras de Lawrence FRIEDMAN, "to a large extent, the most vital and large-scale agreements – the contracts of big business (of Esso, Phillips or Ford) – fall within the orbit of these «special» fields of law, rather than under the general law of contract".[33]

4. Conclusão

I. Resulta já, de todo o exposto, a seguinte tese fundamental: os contratos comerciais são hoje, essencialmente, *contratos de empresa.*

Os contratos representam um dos mais importantes, senão mesmo o mais importante, instrumento jurídico da actividade em-

---

[32] Entre outros, confronte-se BRADGATE, Robert, *Commercial Law,* 3rd edition, Butterworths, London, 2000; GOODE, Roy, *Commercial Law*, 3rd edition, Butterworths, London, 2004; KELLY, David/ HOLMES, Ann/ HAYWORT, Ruth, *Business Law*, 5th edition, R. Cavendish, London, 2005; SEALY, L. S./ HOOLEY, R. A., *Commercial Law*, 4th edition, Oxford University Press, Oxford, 2009.

[33] FRIEDEMAN, Lawrence/ MACAULAY, Stewart/ REHBINDER, Manfred, *The Impact of Large Scale Business Enterprise upon Contract*, 3, in: "International Encyclopedia of Comparative Law", vol. VII, Chapter 3, Mohr, Tübingen, 1997.

Introdução

presarial. É habitualmente através deles que os empresários dão vida e estruturam a respectiva organização de meios produtivos e patrimoniais, e é ainda inexoravelmente através deles que se processa posteriormente o exercício quotidiano da sua actividade económica em mercado: por outras palavras, o nascimento e a vida das empresas realizam-se essencialmente através de actos jurídicos que revestem a forma de contratos. Em termos gerais, e a benefício de precisões ulteriores, por contratos comerciais entenderemos assim aqui *os contratos que são celebrados pelo empresário no âmbito da sua actividade empresarial*: a intervenção de um empresário no contrato (designadamente, como uma das partes contratantes) e a pertinência desse contrato à constituição, organização ou exercício da respectiva actividade empresarial, são assim os elementos caracterizadores ou qualificadores da comercialidade de um contrato.[34]

---

[34] Sublinhe-se que a empresa, sendo o denominador comum actual dos contratos comerciais, *não o é, naturalmente, em termos absolutos ou exclusivos*. Assim, podem existir contratos comerciais que não são contratos de empresa: por exemplo, se um particular, a fim de aproveitar uma oportunidade de negócio, adquire e revende um andar, a compra e venda é mercantil (art. 463.º, §4 do CCom), apesar de o negócio não se inserir em qualquer empresa de mediação imobiliária. Inversamente, existem decerto contratos de empresa que não são contratos comerciais: falamos daqueles contratos que, conquanto destinados a criar ou disciplinar relações jurídicas atinentes à empresa, são regulados por outros ramos jurídicos autónomos ("maxime", contrato de trabalho).

CAPÍTULO III

Tipologias*

I. A classificação ou ordenação tipológica dos contratos comerciais, constituindo um empreendimento quase tão antigo quanto o próprio Direito Comercial[35], representa uma *tarefa particularmente complexa*, em virtude de vários factores.

Duma banda, o progressivo e inexorável envelhecimento do Código Comercial de Veiga Beirão transformou o elenco legal dos "Contratos Especiais do Comércio" numa base imprestável para tais finalidades tipológicas. Doutra banda, o dinamismo do tráfico económico-comercial e a criatividade dos novos "mercatore" ao longo do séc. XX foi responsável pela emergência massiva de novos modelos contratuais inominados e atípicos que dificilmente encontram lugar no quadro das tipologias jurídico-contratuais clássicas, quando não mesmo as vêm questionar. Enfim, tratando-se

---

* **Bibliografia Portuguesa:** ANTUNES, J. Engrácia, *Os Contratos Comerciais – Noções Fundamentais,* Direito e Justiça, Lisboa, 2007. **Bibliografia Estrangeira:** AAVV, *Contratti d'Impresa,* 2 volumes, Giuffrè, Milano, 1993; DUTILLEUL, F. Collart/ /DELEBECQUE, Philippe, *Contrats Civils et Commerciaux,* 7ème édition, Dalloz, Paris, 2004; PFEIFFER, Thomas, *Handbuch der Handelsgeschäfte,* RWS, Köln, 1999; RICO, J. Cano/ MALLOL, A. Serra, *Manual Práctico de Contratación Mercantil,* 2.ª edición, Tecnos, Madrid, 1987.

[35] Relembre-se a classificação proposta pelo jurista asturiano Juan Hevia BOLAÑOS há quatro séculos, na sua obra *Curia Philippica. Laberyntho del Comercio Terrestre y Naval,* que viu a luz do dia em 1603, e que distinguia entre contratos mercantis "principais" e contratos mercantis "acessórios" ou "auxiliares", enquanto negócios preparatórios dos primeiros.

Introdução

de um contexto dominado pelo primado da autonomia privada (art. 405.º, n.º 1 do CCivil) e onde vigora um "numerus apertus negotiorum", os contratos mercantis podem virtualmente multiplicar-se ao infinito, conferindo consequentemente a quaisquer classificações uma natureza aberta, exemplificativa e meramente provisória.[36]

II. Mesmo tendo em conta estas dificuldades, é possível adiantar aqui algumas *classificações ou tipologias fundamentais*, assentes em critérios de natureza jurídica, económica ou outra.

§1 *Contratos Normativamente e Naturalmente Empresariais*

I. "Ex expositis", os contratos comerciais são hoje essencialmente contratos de empresa. Natural é assim que uma primeira e fundamental classificação destes contratos assente no critério da *conexão entre o contrato e a empresa*: de acordo com tal critério, é possível distinguir entre contratos normativamente e naturalmente empresariais.[37]

---

[36] Acentuando este aspecto, entre nós, Cordeiro, A. Menezes, *Manual de Direito Comercial*, 549, 2.ª edição, Almedina, Coimbra, 2007. Trata-se igualmente de uma asserção comum na doutrina estrangeira: cf. Dutilleul, F. Collart/ Delebecque, Philippe, *Contrats Civils et Commerciaux,* 21 e segs., 4ème édition, Dalloz, Paris, 1998; Lastres, J. García-Pita, *Derecho Mercantil de las Obligaciones*, 401, Marcial Pons, Madrid/ Barcelona, 2003.

[37] Adoptando este critério, embora com diferentes alcances, vide Buonocore, Vicenzo, *Contrattazione d'Impresa e Nuove Categorie Contrattuali*, 38 e segs., Giuffrè, Milano, 2000; Cazet, L. Delfino, *Algunos Aspectos de los Contratos de Empresa,* in: 23 RDCO (1978), 153-177; Ledouble, Dominique, *L'Entreprise et le Contrat*, Litec, Paris, 1980; Luminoso, Angelo, *La Contrattazione d'Impresa*, 531 e seg., in: AAVV, "Istituzione di Diritto Commerciale", 527-626, Giappichelli, Torino, 2003.

Tipologias

1. Contratos Normativamente Empresariais

I. Dizem-se *contratos normativamente empresariais* (também ditos "necessariamente" empresariais) aquele conjunto de contratos típicos em que a empresa surge como pressuposto normativo ou necessário do próprio tipo legal, ou seja, em que o legislador elevou a empresa a requisito ou elemento constitutivo da própria "facti-species" normativa do contrato em questão.

II. Estão neste caso os *contratos bancários*, tais como o contrato de conta bancária, o contrato de depósito bancário, o contrato de abertura de crédito, o contrato de mútuo bancário, o contrato de desconto, o contrato de descoberto e antecipação, o contrato de "leasing", o contrato de crédito documentário, o contrato de cheque, e assim por diante: tais contratos são exclusivamente celebrados por "empresas" constituídas sob a forma de instituições de crédito ou sociedades financeiras (arts. 2.º e 5.º do RGIC); os *contratos financeiros*, "rectius", de intermediação financeira, tais como o contrato de comissão bolsista, o contrato de assistência, o contrato de colocação e tomada firme, o contrato de registo e depósito, o contrato de fomento de mercado, e o contrato de gestão de carteira, entre outros, são também contratos celebrados, além das empresas creditícias, por "empresas de investimento em instrumentos financeiros" (arts. 289.º e 293.º do CVM); os *contratos de transporte* são contratos celebrados por "empresas transportadoras" regularmente constituídas para o transporte rodoviário, ferroviário, marítimo ou aéreo (art. 366.º, n.º 1 do CCom, art. 8.º, n.º 1 do Decreto-Lei n.º 66/92, de 23 de Abril, art. 2.º, n.º 2 do Decreto-Lei n.º 239/93, de 4 de Outubro, art. 3.º do Decreto-Lei n.º 3/2001, de 10 de Janeiro, art. 2.º, h) e 3.º, n.º 1 do Decreto-Lei n.º 257/2007, de 16 de Julho, art. 2.º, f) do Decreto-Lei n.º 58/2008, de 26 de Março, art. 2.º, b) do Regulamento CE/2407/92, de 23 de Julho); e os *contratos de seguro*, sob qualquer das suas múltiplas modalidades (tais como, apenas para referir os obrigatórios,

Introdução

de responsabilidade civil automóvel ou de acidentes de trabalho) são contratos celebrados por "empresas de seguros" constituídas sob a forma de sociedades anónimas e mútuas de seguros (arts. 2.º, n.º 1, b), 7.º e 8.º do RGAS, arts. 1.º e 16.º da LCS).[38]

2. Contratos Naturalmente Empresariais

I. Designam-se *contratos naturalmente empresariais* (também denominados "funcionalmente" empresariais) aqueles contratos cujo tipo legal ou social, não pressupondo explicitamente ou forçosamente a existência de uma empresa, nasceu historicamente e encontra-se ainda hoje intimamente conexo à actividade empresarial. Ou seja, a empresa, conquanto não constituindo um pressuposto necessário, é o pressuposto normal ou comum da respectiva celebração: trata-se de negócios jurídicos que, em abs-

---

[38] De resto, a relação entre contrato e empresa reveste, neste primeiro grupo de contratos, uma natureza *bilateral ou biunívoca*, consubstanciando uma conexão técnico--jurídica indissociável entre os dois termos dessa relação. Pense-se, por exemplo, nos contratos de seguro. Se hoje não é verdadeiramente concebível a existência de contratos de seguro sem empresas seguradoras – por força do exclusivo legal de que beneficiam tais empresas (arts. 2.º, n.º 1, b), 7.º e 8.º do RGAS) e da nulidade dos contratos celebrados por quaisquer outras entidades (art. 16.º, n.º 2 da LCS), mas também em virtude da natureza profissional e organizada da actividade técnico-seguradora (cuja ausência sempre transformaria os eventuais seguros isolados ou clandestinos, outrossim que inválidos, em puros contratos de jogo e aposta) –, também não podem existir empresas seguradoras sem contratos de seguro, os quais constituem o cerne do respectivo objecto (art. 8.º do RGAS), património (essencialmente resultante do encaixe dos prémios correspondentes) e garantias prudenciais (art. 68.º, n.º 3 do RGAS) (cf. BLANC, J. Maria/ SÁNCHEZ, E. Caballero, *El Elemento Empresa en un Concepto Unitario del Contrato de Seguro,* in: AAVV, "Atti del I Congresso Internazionale di Diritto delle Assicurazioni", tomo II, 413-466, Giuffrè, Milano, 1963; FERRI, Giuseppe, *L'Impresa nella Struttura del Contratto di Assicurazione,* in: AAVV, "Studi sulle Assicurazioni", 111-130, Giuffrè, Milano, 1963). Naturalmente, esta relação entre contrato e empresa não é absoluta, existindo decerto excepções pontuais: tal poderá ser, por exemplo, o caso dos consultores autónomos em sede de determinados contratos de intermediação financeira (art. 294.º, n.º 1, b) do CVM).

Tipologias

tracto, podem também ser celebrados por simples particulares e para finalidades meramente civis, mas que, por norma ou "naturalmente", têm como (pelo menos uma) parte contratante um sujeito jurídico titular de uma empresa ou vão preordenados à constituição, organização ou desenvolvimento de actividades empresariais.

II. Este conjunto de contratos, legal ou socialmente típicos, é extremamente vasto, podendo ser subdividido em várias categorias. Entre estas, podem mencionar-se diversos *contratos de associação e cooperação económica*, que têm por objectivo fundamental proceder à organização jurídica das empresas, do seu funcionamento interno ou das suas relações externas: estão neste primeiro grupo os contratos de sociedade (art. 980.º do CCivil e art. 7.º do CSC), os contratos parassociais (art. 17.º do CSC), os contratos constitutivos de empresas não societárias (v.g., contratos de ACE, de AEIE, etc.: cf. Base II da Lei n.º 4/72, de 4 de Junho, arts. 5.º a 7.º do Regulamento CE/2137/85, de 25 de Julho), os contratos de consórcio e de associação em participação (Decreto-Lei n.º 231/81, de 28 de Julho), os contratos de subordinação (art. 493.º do CSC), ou os contratos de empresa comum ou "joint venture". Um outro grupo é constituído pelos *contratos de negociação de empresa*, que têm por objecto precípuo a transmissão empresarial, definitiva ou temporária, directa ou indirecta: é o caso do trespasse e locação de estabelecimento comercial (arts. 1109.º e 1112.º do CCivil), dos contratos de fusão e de cisão societária (arts. 94.º e 118.º do CSC), dos contratos de compra e venda de participações sociais, ou dos contratos de "management buy-out". Um terceiro grupo é representado pelos *contratos de distribuição comercial*, que têm por objectivo fundamental regular as relações entre os produtores e distribuidores em sentido amplo, tais como o contrato de agência ou representação comercial (Decreto-Lei n.º 178/86, de 3 de Julho), o contrato de comissão (arts. 266.º e segs. do CCom), o contrato de concessão comercial, o contrato de

Introdução

franquia, o contrato de mediação, e ainda outros contratos particulares (v.g., contratos de distribuição exclusiva, de distribuição autorizada, etc.). Mas outras categorias poderiam ainda ser enumeradas.

§2 *Outras Tipologias*

I. Os contratos comerciais, enquanto contratos de empresa, podem ainda ser objecto de outras subdivisões.

1. Contratos Comerciais Puros e Mistos

I. Desde logo, os contratos comerciais (sejam eles normativamente ou naturalmente empresariais) podem ser classificados em *puros ou mistos*, consoante revestem natureza comercial em relação a todas ou apenas a uma das partes contratantes.[39]

II. Dizem-se contratos comerciais puros (ou bilaterais) *aqueles que são celebrados entre empresários no exercício da sua actividade empresarial*: assim, por exemplo, se um fabricante de electrodomésticos contrai um empréstimo bancário para financiar o arranque da sua actividade, realiza um seguro de transporte de mercadorias para cobrir os riscos da respectiva distribuição, ou fecha contratos de fornecimento com empresários retalhistas que se dedicam à revenda dos mesmos, os contratos de empréstimo bancário, de seguro de transporte, e de compra e venda revestem natureza mercantil para ambas as partes contratantes. Inversamente, dizem-se contratos comerciais mistos (ou unilaterais) *aqueles em*

---

[39] Assim também Guido ALPA: "Commercial contracts may be divided into two categories: *unilaterally commercial*, where only one of the parties qualifies as an entrepreneur (or a professional, in EC law terminology) and *bilaterally commercial*, in which both parties are entrepreneurs (or professionals) (*"Commercial Contracts": Freedom, Practice and Rules in Italian Law*, 1555, in: XXVI EBLR (2005), 1555-1574).

Tipologias

que apenas uma das partes é empresário (no exercício da sua actividade empresarial), sendo a outra parte um consumidor, o Estado ou um outro empresário actuando fora do contexto da sua actividade profissional: assim, por exemplo, se um particular adquirir um televisor a um empresário dedicado à revenda a retalho de electrodomésticos, o contrato de compra e venda será comercial para o vendedor mas simultaneamente civil para o comprador.[40]

2. Contratos Comerciais Absolutos e Relativos

I. Os contratos comerciais podem ainda ser classificados em *absolutos ou relativos*, consoante o grau da sua conexão com a actividade empresarial do empresário.

II. Dizem-se contratos comerciais absolutos (ou por natureza) aqueles *que apresentam uma conexão necessária ou normal com a actividade da empresa*: são os chamados contratos normativamente e naturalmente comerciais, atrás vistos. Mas pode também falar-se de contratos comerciais relativos (ou por acessoriedade), para designar aqueles que apresentam uma *conexão meramente acessória ou ocasional com a actividade da empresa*: falamos dos contratos de direito comum meramente acessórios ("Hilfs- und Nebengeschäfte") ou ocasionais ("ungewöhnliche Geschäfte") da actividade empresarial, cuja mercantilidade resulta assim de uma mera relação pontual de instrumentalidade com esta.[41]

---

[40] Uma boa ilustração desta distinção pode ser encontrada a propósito do regime das cláusulas contratuais gerais, previsto na LCCG, aprovada pelo Decreto-Lei n.º 446/85, de 25 de Outubro: como veremos adiante, a estrutura do elenco legal das cláusulas proibidas (arts. 17.º a 22.º), assentando no critério do "status" das partes contratantes, distingue entre os contratos celebrados pelos empresários entre si (arts. 17.º a 19.º) e contratos celebrados entre empresários e consumidores (arts. 20.º a 22.º). Cf. *infra* Parte II, Cap. III, §2, 1.3.(III).

[41] Embora tenhamos vindo a falar exclusivamente de contratos, não vemos inconveniente em adoptar aqui alternativamente um conceito lato de negócio jurídico, por forma a

Introdução

3. Outras Classificações

I. Como é próprio das tipologias doutrinais, várias outras classificações têm sido elaboradas e ensaiadas na literatura especializada, com base nos mais diversos critérios de natureza jurídica ou económica.

II. Assim, com fundamento num critério de *natureza económica* (que atende às finalidades ou à função económica dos contratos), uma parte da doutrina estrangeira ordena os contratos comerciais em contratos de organização e cooperação empresarial – que têm por objecto proceder à constituição e organização jurídica das empresas ("maxime", sociedade) ou à sua recíproca colaboração (v.g., consórcio, "joint venture") –, contratos financeiros – que têm por objecto a contratação relativa ao exercício de actividades financeiras em sentido lato, "rectius", das actividades pertencentes aos mercados de crédito (contratos bancários), de capitais (contratos sobre instrumentos financeiros) e de risco (contratos de seguro) –, contratos de distribuição comercial – que têm por objecto assegurar os circuitos económicos de circulação dos bens e serviços (v.g., agência, concessão comercial, franquia) – e contratos de promoção de negócios – que visam promover a actividade negocial (v.g., mediação, publicidade, patrocínio).[42]

---

abranger igualmente os *negócios unilaterais*, v.g., a constituição de uma sociedade unipessoal (arts. 277.º-A e 488.º do CSC) ou a subscrição de uma letra de câmbio (art. 1.º da LULL). Mais duvidosa é a questão de saber se, ao lado dos negócios jurídicos bilaterais (contratos) e unilaterais, será igualmente de atribuir relevância aos chamados *actos ou omissões jurídicos quasi-negociais* ("rechtsgeschäftsahnliche Handlungen und Unterlassungen"), "maxime", o silêncio: num sentido afirmativo, vide CANARIS, Claus--Wilhelm, *Handelsrecht*, 331, 24. Aufl., Beck, München, 2006; LASTRES, J. García-Pita, *Derecho Mercantil de las Obligaciones*, 356, Marcial Pons, Madrid/ Barcelona, 2003.

[42] Como é típico das classificações da doutrina, as variantes existentes são numerosas. Veja-se assim a classificação proposta por Arturo DALMARTELLO, a qual divide os contratos comerciais em contratos de organização, de qualificação, de coordenação e de crise empresarial (*I Contratti delle Imprese Commerciali*, 292 e segs., Cedam, Padova, 1962); ou a de F. Collart DUTILLEUL e Philippe DELEBECQUE, que agrupam aqueles em

Tipologias

III. Outros, adoptando um critério de *natureza técnico-jurídica*, ordenam os contratos comerciais lançando essencialmente mão das classificações tradicionais desenvolvidas pela doutrina jusprivatista para os contratos em geral – por exemplo, distinguindo entre contratos mercantis formais e consensuais, contratos mercantis nominados e inominados, contratos mercantis típicos e atípicos, contratos mercantis simples e mistos, contratos mercantis de execução instantânea ou permanente, e assim por diante[43]. Ou, adoptando critérios de *natureza sistemática*, agrupam tais contratos com base nas próprias divisões gerais do ordenamento jusprivatístico – por exemplo, contradistinguindo os contratos comerciais (entendidos como contratos celebrados entre empresas) dos contratos de consumo (celebrados entre empresas e consumidores) e contratos civis (celebrados entre meros particulares).[44]

IV. Na Parte III desta obra, relativa aos *Contratos Comerciais em Especial*, procederemos a uma exposição propedêutica da colossal plêiade de espécies existentes no universo actual da contratação mercantil com base num critério *misto*, que atende simultaneamente aos elencos legais vigentes, à relevância prática dos tipos contratuais, e à teleologia própria de cada um deles.

---

contratos de colaboração e de integração (*Contrats Civils et Commerciaux*, 25, 4ème édition, Dalloz, Paris, 1998).

[43] Rico, J. Cano/ Mallol, A. Serra, *Manual Práctico de Contratación Mercantil*, tomo I, 43 e segs., 2.ª edición, Tecnos, Madrid, 1987; Schlesinger, Piero, *I Contratti d'Impresa e la Classificazione degli Atti Giuridici*, in: AAVV, "Il Diritto Europeo dei Contratti d'Impresa", 383-392, Giuffrè, Milano, 2006.

[44] Silva, J. Calvão, *Compra e Venda de Coisas Defeituosas*, 133, Almedina, Coimbra, 2001. Esta classificação, também corrente na doutrina germânica, tem a sua origem remota na divisão tripartida do ordenamento jurídico-privado, proposta por Norbert Reich, em direito da empresa ("Unternehmensrecht") – enquanto direito das relações entre as empresas no que concerne à propriedade dos meios de produção –, direito do consumidor ("Verbraucherrecht") – como direito das relações entre as empresas e os consumidores finais – e direito civil propriamente dito ("Bürgerrecht") – enquanto direito das relações entre os sujeitos privados não empresariais (*Markt und Recht – Theorie und Praxis des Wirtschaftsrechts in der Bundesrepublik Deutschland*, 195, Luchterhand, Neuwied/ Darmstadt, 1977).

Introdução

Nessa exposição, os contratos comerciais serão agrupados nas seguintes grandes famílias: os *contratos previstos e regulados no Código Comercial* (Cap. I) – incluindo a compra e venda mercantil, o mandato mercantil, o empréstimo mercantil, o penhor mercantil, o depósito mercantil, a troca mercantil, a locação mercantil, o reporte, e a conta-corrente –, os *contratos de cooperação empresarial* (Cap. II) – incluindo a "joint venture", o consórcio, a associação em participação, o agrupamento complementar de empresas, e o agrupamento europeu de interesse económico, além de outros (v.g., contratos de grupo paritário, aliança estratégica, etc.) –, os *contratos de distribuição comercial* (Cap. III) – incluindo a agência, a concessão comercial, a franquia, e a mediação, além de outros (comissão, distribuição selectiva, etc.) –, os *contratos bancários* (Cap. IV) – abrangendo o contrato de conta bancária, bem assim como a enorme mole de contratos de crédito (v.g., mútuo bancário, abertura de crédito, desconto bancário, crédito documentário), contratos de financiamento (v.g., locação financeira, cessão financeira, titularização de créditos), contratos de garantia (v.g., garantias bancárias autónomas, garantia financeira, penhor bancário), contratos de pagamento (v.g, convenção de cheque, transferência bancária, cartões bancários) e outros (v.g., contratos cambiais, contrato de cofre-forte) –, os *contratos financeiros* (Cap. V) – abrangendo os contratos de intermediação financeira (v.g., ordens sobre instrumentos financeiros, contratos de colocação, de gestão de carteira, de consultoria para investimento, de assistência, de registo e depósito de instrumentos financeiros, de empréstimo financeiro, de análise financeira, etc.) e os contratos derivados (v.g., futuros, opções, "swaps", derivados de crédito, contratos diferenciais, "caps", floors", "collars", "corridors", etc.) –, além ainda do *contrato de seguro* (Cap. VI) e do *contrato de transporte* (Cap. VII) – dois contratos comerciais clássicos que, pelo seu relevo prático e complexidade teórica, merecem uma análise autónoma.

Tipologias

Na próxima edição desta obra, já em preparação, incluir-se-á a análise de outras novas grandes famílias da contratação mercantil, com crescente relevo na actualidade: entre elas, merecem destaque os *contratos sobre bens imateriais* (Cap. VIII), os *contratos no comércio electrónico* (Cap. IX), e os *contratos no comércio internacional* (Cap. X).

CAPÍTULO IV
Fontes[*]

I. Os contratos comerciais são disciplinados por uma teia complexa e heterogénea de fontes, de natureza formal e material, as quais, de um modo esquemático, poderão ser agrupadas em dois conjuntos fundamentais: *fontes internas* e *fontes internacionais*.[45]

---

[*] **Bibliografia Portuguesa:** ALMEIDA, C. Ferreira, *Contratos,* vol. I ("Conceito – Fontes – Formação"), 4.ª edição, Almedina, Coimbra, 2008; ANTUNES, J. Engrácia, *Os Contratos Comerciais – Noções Fundamentais,* Direito e Justiça, Lisboa, 2007; ANTUNES, J. Engrácia, *A "Consuetudo Mercatorum" como Fonte do Direito Comercial,* in: 146 RDMIEF (2007), 7-22. **Bibliografia Estrangeira:** AAVV, *Il Diritto Europeo dei Contratti d'Impresa,* Giuffrè, Milano, 2006; BERGER, Klaus-Peter, *The Creeping Codification of the Lex Mercatoria,* Springer, Berlin, 1998; BONELL, M. Joachim, *Un «Codice» Internazionale del Diritto dei Contratti: I Principi Unidroit dei Contratti Commerciali Internazionali,* Giuffrè, Milano, 1995.

[45] Tal como a propósito do Direito Comercial no seu todo e das diferentes temáticas jusmercantis nucleares, o sistema das fontes da regulamentação dos contratos comerciais deve levar em conta, não apenas as fontes formais ou clássicas (enquanto modos de criação e manifestação de normas jurídicas objectivas: v.g., leis, tratados internacionais, regulamentos), mas também as fontes de *natureza material*, ou seja, as próprias realidades institucionais ou factuais que originaram ou influíram o processo de produção normativa ("maxime", normas produzidas por organismos de natureza corporativo-profissional, v.g., Câmaras de Comércio Internacional). Sobre o sistema das fontes jurídico-comerciais em geral, vide desenvolvidamente ANTUNES, J. Engrácia, *Direito Comercial,* em curso de publicação.

Introdução

§1 Fontes Internas

1. Autonomia Privada

I. Todo o direito dos contratos, como é bem sabido, encontra-se dominado pelo *princípio da autonomia privada*. Isso mesmo aparece logo consagrado no pórtico do edifício normativo dedicado pelo legislador português à matéria dos contratos, quando este dispõe que "dentro dos limites da lei, as partes têm a faculdade de fixar livremente o conteúdo dos contratos, celebrar contratos diferentes dos previstos neste código ou incluir nestes as cláusulas que lhes aprouver" (art. 405.º, n.º 1 do CCivil).[46]

II. Ora, semelhante liberdade jurígena tem desempenhado, da sua origem aos nossos dias, um *papel fundamental na génese e evolução dos contratos e da contratação mercantis.*

Por um lado, semelhante autonomia privada tem sido a principal responsável pelo *incessante movimento de renovação* do próprio quadro dos contratos comerciais singulares, seja através da modificação dos tipos contratuais consagrados na lei, seja sobretudo através da criação de novos modelos ou mesmo novos tipos contratuais: com efeito, são múltiplos os exemplos de contratos mercantis, entretanto transmutados em contratos social ou mesmo legalmente típicos, que tiveram a sua origem em contratos mistos, resultantes da combinação de elementos pertencentes a vários tipos legais (v.g., antecipação bancária, crédito documentário), ou em contratos atípicos, resultantes da pura criatividade dos agentes empresariais (v.g., "franchising", "forfaiting", "swaps", etc.)[47]. Por outro lado, não se pode perder de vista que a

---

[46] Sobre os princípios da autonomia privada e da liberdade contratual, vide RIBEIRO, J. Sousa, *O Problema do Contrato – As Cláusulas Contratuais Gerais e o Princípio da Liberdade Contratual*, 21 e segs., Almedina, Coimbra, 1999.

[47] Daqui resulta também outro importante corolário, já atrás referido: o de que vigora no direito dos contratos comerciais um princípio geral de "numerus apertus", que

Fontes

autonomia privada tem ainda o significado fundamental de que, no respeito das balizas fixadas pelos dispositivos imperativos da lei (em particular, da lei comercial), serão as próprias partes contratantes a estabelecer o concreto conteúdo das suas relações jurídicas, convertendo-se, por conseguinte, os direitos e as obrigações validamente constituídos ao abrigo dos acordos entre si celebrados em verdadeira *"lex inter partes"*.

2. Leis e Regulamentos

I. A regulamentação dos contratos comerciais, se bem que encontrando o seu princípio energético na autonomia privada, não pode naturalmente dispensar a consideração das *leis ordinárias* e dos *regulamentos*, de carácter imperativo e supletivo, pertinentes à interpretação, integração e aplicação do respectivo regime jurídico.[48]

II. Saber que normas legais e regulamentares são essas, é questão que só perante cada contrato em concreto poderá ser esclarecida em definitivo.

"In capite listae", e para a generalidade dos contratos jusmercantis, serão de ter presentes as normas do *Código Comercial* – incluindo as disposições gerais dos "contratos especiais de comércio" (arts. 96.º a 103.º) e as normas especiais estabelecidas a propósito de cada contrato comercial singular (arts. 231.º a 484.º)

---

torna assim virtualmente ilimitado o número e o tipo de contratos comerciais possíveis (cf. também CORDEIRO, A. Menezes, *Manual de Direito Comercial*, 460, 2.ª edição, Almedina, Coimbra, 2007).

[48] Num plano primordialmente programático, são ainda relevantes alguns preceitos da *lei constitucional* relativos aos "direitos e liberdades económicas", mormente as normas concernentes à livre iniciativa económica privada (art. 61.º da CRP) e aos direitos dos consumidores e às formas de publicidade (art. 60.º da CRP). Sobre o ponto em geral, vide RESCIGNO, Pietro, *I Contratti d'Impresa e la Costituzione*, in: AAVV, "Il Diritto Europeo dei Contratti d'Impresa", 27-35, Giuffrè, Milano, 2006.

Introdução

– e do *Código Civil* – mormente, os preceitos relativos aos "negócios jurídicos" (arts. 217.º a 294.º) e aos "contratos em especial" (arts. 824.º a 1250.º). Todavia, de maior importância, quer qualitativa, quer quantitativa, são hoje indubitavelmente as normas consagradas em *legislação mercantil extravagante* e em *regulamentos*.

III. De facto, é necessário ter presente que foi sobretudo através de normas previstas em *leis comerciais avulsas* que se processou a evolução jurídico-normativa da categoria dos contratos comerciais ao longo do último século, retirando-a assim da situação de limbo a que foi sendo votada pelo progressivo anquilosamento do Livro II do Código Comercial. Basta pensar na regulação legal autónoma, exaustiva e complexa que foram obtendo alguns dos principais contratos mercantis clássicos – inclusive, nalguns casos, através de Códigos sectoriais, v.g., o Código das Sociedades Comerciais de 1986 que substituiu as normas sobre o contrato de sociedade (arts. 104.º e segs. do CCom) ou o Código do Mercado dos Valores Mobiliários de 1991 que substituiu as normas sobre as operações de bolsa (arts. 351.º e segs. do CCom) –, ou na paulatina consagração em leis especiais de novos contratos mercantis socialmente típicos, que se foram sedimentando na prática dos negócios – figure-se o caso paradigmático do contrato de agência, o qual, bastante difundido na distribuição comercial e até reconhecido doutrinal e jurisprudencialmente durante muito tempo, acabaria por ser expressamente previsto e disciplinado pelo Decreto-Lei n.º 178/86, de 3 de Julho.[49]

---

[49] Sobre a natureza mercantil deste contrato, antes ainda da sua consagração legal, vide, na doutrina, Xavier, V. Lobo, *Direito Comercial – Sumários*, 66 e seg., Coimbra, 1977; na jurisprudência, Acórdão do STJ de 7-III-1969 (Torres Paulo), in: 103 RLJ (1970-71), 216-240 (com anotação de A. Vaz Serra).

Fontes

IV. E não se pode ainda perder de vista a crescente importância assumida pelas próprias *normas regulamentares*, emanadas de determinados organismos administrativos com especial projecção no domínio juscomercial, as quais revestem um relevo decisivo na conformação do regime jurídico de alguns dos mais relevantes contratos comerciais da actualidade[50]. Basta pensar nos numerosos *avisos* do Banco de Portugal em matéria de contratos bancários (v.g., Aviso BP n.º 1/97, de 21 de Abril, sobre o contrato de reporte, Aviso BP n.º 11/2001, de 20 de Novembro, sobre os contratos de utilização e emissão de cartões bancários, Aviso BP n.º 3/2003, de 16 de Dezembro, sobre os contratos cambiais, Aviso BP n.º 11/2005, de 21 de Julho, sobre os contratos de depósito bancário), nos *regulamentos* da Comissão do Mercado dos Valores Mobiliários (v.g., arts. 21.º e segs. do Regulamento CMVM n.º 2/2007, de 5 de Novembro, sobre os contratos electrónicos sobre instrumentos financeiros e valores mobiliários, Regulamento CMVM n.º 8/2007, de 15 de Novembro, sobre contratos de seguro ligados a fundos de investimento), e nas *normas regulamentares* do Instituto de Seguros de Portugal em matéria dos contratos de seguro (v.g., Norma Regulamentar ISP n.º 4/2004, de 24 de Agosto, sobre os contratos de seguro de colheitas, Norma Regulamentar ISP n.º 13/2005, de 18 de Novembro, sobre as apólices uniformes dos contratos de seguro, Norma Regulamentar

---

[50] Qualquer que seja a forma específica que revistam (Avisos, Regulamentos, Normas), tais regulamentos constituem leis em sentido amplo (art. 1.º, n.º 2 do CCivil), o que vale por dizer que contêm comandos gerais e abstractos criadores de direitos e obrigações para os respectivos destinatários, subordinados às regras gerais em matéria de interpretação e aplicação (arts. 5.º e segs. do CCivil). Sobre o relevo dos regulamentos no âmbito do Direito Comercial em geral, vide, entre nós, ANTUNES, J. Engrácia, *Direito Comercial*, em curso de publicação; noutros países, PÉDAMON, Michel, *Droit Commercial*, 10, Dalloz, Paris, 1994; VISENTINI, Gustavo, *Argomenti di Diritto Commerciale*, 99 e seg., Giuffrè, Milano, 1997.

Introdução

IPS n.º 6/2008, de 24 de Abril, sobre os contratos de seguro de vida com cobertura de morte e invalidez).[51]

3. Usos Mercantis

I. Fiel ao "pedigree" eminentemente consuetudinário do Direito Comercial, os *usos mercantis* ("trade usages", "Handelsgebräuche", "usages de commerce", "usi commerciali") – traduzidos em comportamentos ou práticas reiteradas no mundo dos negócios, reveladores da observância uniforme e generalizada de regras de conduta – são também uma fonte muito importante da regulação dos contratos comerciais.[52]

II. São assim extremamente frequentes as *remissões* para os "usos" feitas pelas normas legais sobre contratos comerciais. É o caso de inúmeros preceitos do próprio Código Comercial: entre tantos, vejam-se assim o art. 232.º, §1 sobre a remuneração a pagar ao mandatário no contrato de mandato mercantil, o art. 382.º sobre o prazo de entrega das coisas no contrato de transporte, ou o art. 399.º sobre o contrato de penhor de títulos de crédito. Mas não só. A demais legislação mercantil portuguesa (e até, ocasionalmente, a própria legislação civil) é também fértil em

---

[51] Sobre o relevo dos regulamentos no âmbito dos contratos comerciais em particular, vide ALPA, Guido, *I Contratti d'Impresa, I Regolamenti e Gli Usi Normativi*, in: AAVV, "Il Diritto Europeo dei Contratti d'Impresa", 37-65, Giuffrè, Milano, 2006. Para uma ilustração concreta, cf. GUIMARÃES, M. Raquel/ REDINHA, M. Regina, *A Força Normativa dos Avisos do Banco de Portugal – Reflexão a Partir do Aviso n.º 11/2001, de 20 de Novembro,* in: AAVV, "Nos 20 Anos do Código das Sociedades Comerciais", vol. III, 707-723, Coimbra Editora, Coimbra, 2007.

[52] Existem mesmo ordenamentos jurídicos estrangeiros que consagraram expressamente a relevância dos "usos de comércio" no âmbito da contratação mercantil: é o caso do § 346 do "Handelsgesetzbuch" germânico. Sobre o ponto, para maiores desenvolvimentos, vide ANTUNES, J. Engrácia, *A "Consuetudo Mercatorum" como Fonte do Direito Comercial,* in: 146 RDMIEF (2007), 7-22.

Fontes

referências aos usos mercantis: pense-se, por exemplo, no art. 317.º do CPI (disposição legal genérica que, contudo, não pode deixar de interessar aos contratos jusindustriais, v.g., contratos de licença de patente ou de marca) ou no art. 560.º, n.º 3 do CCivil (que consagra os "usos particulares de comércio" como circunstância legitimadora da prática do anatocismo, particularmente relevante no âmbito da contratação bancária)[53]. E a própria regulação internacional não deixa de lhes conferir um destaque muito especial, como sucede paradigmaticamente com o art. 1.8 dos "Princípios Relativos aos Contratos Comerciais Internacionais", adoptados pelo UNIDROIT, que expressamente consagrou os usos como uma das principais fontes da disciplina da contratação mercantil transnacional.[54]

III. Por outro lado, mesmo no silêncio da lei, não está excluído que os usos mercantis possam ter relevo jurídico como *elementos auxiliares de interpretação e integração* dos contratos comerciais, seja já em virtude de expressa remissão feita no respectivo clausulado contratual[55], seja já mesmo na falta desta (arts. 218.º, 236.º e 239.º do CCivil). Um exemplo desta relevância é a chamada

---

[53] Cf. Luís, Alberto, *O Anatocismo Bancário*, in: 61 ROA (2001), 1349-1366; noutras latitudes, Villa, Marco, *L'Anatocismo Bancario*, Diss., Milano, 2003.

[54] Sobre estes Princípios, vide *infra* Parte I, Cap. IV, §2, 2(II). Sobre o relevo dos usos na contratação mercantil internacional, vide Goode, Roy, *Usages and its Reception in Transnational Commercial Law*, in: Ziegel, Jacob (ed.), "Developments in International Commercial and Consumer Law", 3-36, Hart Publishing, Oxford, 1998.

[55] Especialmente na esfera da contratação mercantil internacional, sempre que as partes remetam expressamente para usos e costumes mercantis nos seus contratos, estes passam a formar parte integrante dos mesmos, convertendo-se em normas jurídicas reguladoras de tais relações negociais que o juiz deve investigar e conhecer. O conteúdo desses usos pode vir estabelecido em compilações escritas – como sucede, por exemplo, com os chamados "Incoterms", em sede de terminologia comercial uniforme, ou com as "Regras e Usos Uniformes" em variadas matérias mercantis, ambos elaborados pela Câmara de Comércio Internacional – ou em fórmulas abreviadas de contratação mercantil ("statutory trade usage") e respectiva interpretação ("adopted trade usage"). Cf. *infra* Parte I, Cap. IV, §2, 2(II).

Introdução

"cláusula de boa cobrança" no domínio da actividade bancária, que denomina a prática habitual das instituições de crédito de apenas considerarem definitivo o depósito de cheques ou outros valores negociáveis após os mesmos terem sido efectivamente cobrados: tal uso funciona hoje como uma verdadeira fonte autónoma da disciplina do contrato de depósito bancário, cuja recepção pela ordem jurídica não depende sequer do seu acolhimento convencional, expresso ou tácito, pelas partes contratantes.[56]

IV. Enfim, não se perca de vista a *origem consuetudinária* da maior parte das actuais figuras contratuais mercantis, legal ou socialmente típicas, as quais devem a sua existência e tipificação à progressiva sedimentação de regras de formação e acatamento espontâneos entre os agentes económicos envolvidos (v.g., contratos de cessão financeira, de locação financeira, de concessão comercial, etc.).[57]

---

[56] A "cláusula de boa cobrança" aparece por vezes referida, na doutrina e jurisprudência portuguesas, ora como uma cláusula tácita, ora como uma cláusula (expressa) contratual geral, dos contratos de depósito bancário: entre os autores, vide NUNES, F. Conceição, *Direito Bancário*, vol. I, 72, AAFDL, Lisboa, 1994; SIMÕES, J. Patrício, *Direito Bancário Privado*, 86, Quid Juris, Lisboa, 2004; entre os arrestos, Acórdão da RC de 16-III-1999 (NUNO CAMEIRA), in: XXIV CJ (1999), II, 21-24; Acórdão da RP de 22-III-2001 (ALVES VELHO), in: XXVI CJ (2001), II, 190-195; Acórdão da RL de 3-VI-2003 (PIMENTEL MARCOS), in: XXVIII CJ (2003), III, 101-105.

[57] Cf. DEVLIN, Patrick, *The Relation Between Commercial Law and Commercial Practice,* in: 14 ModLR (1951), 249-266; GOLDMAN, Berthold, *Le Rôle de la Pratique dans la Formation du Droit Commerciale et Économique (Rapport Général),* in: XXXIV "Travaux de l'Association Henri Capitant" (1983), 163-178; LELOUP, Jean-Marie, *La Création de Contrats par la Pratique Commerciale,* in: AAVV, "L'Évolution Contemporaine du Droit des Contrats", 167-189, PUF, Paris, 1986. Num contexto geral, também P. Pais de VASCONCELOS justamente sublinha que "os tipos contratuais sociais são direito consuetudinário" (*Os Contratos Atípicos*, 63, 2.ª edição, Almedina, Coimbra, 2009).

Fontes

§2 *Fontes Internacionais*

1. Direito Comercial Internacional e Europeu

I. Ilustração lídima da vocação cosmopolita e universal do Direito Comercial, que se perde na noite dos tempos, assistimos hoje a uma *internacionalização* e *globalização* sem precedentes das relações jusmercantis, mormente das de índole contratual: nas três últimas décadas, o volume do comércio internacional mais do que quadruplicou, processando-se hoje diariamente, em breves fracções de segundo, uma miríade de contratos no valor de biliões ou mesmo triliões de euros entre empresas localizadas em Nova Iorque, Londres, ou Pequim, separadas por milhares de quilómetros de distância.[58]

Não surpreende assim que uma das mais significativas linhas de evolução tenha justamente consistido no aumento exponencial de normas jurídicas de origem supra-estadual que visam a uniformização, coordenação ou aproximação do direito aplicável aos contratos mercantis – como sublinha F. Sánchez CALERO, a unificação dos mercados conduziu a uma unificação progressiva do Direito Comercial, sendo particularmente visível no terreno da contratação mercantil.[59]

---

[58] Sobre a globalização dos mercados, vide HILL, Charles, *Competing in the Global Marketplace*, 4th edition, McGraw-Hill, Boston, 2003; sobre o seu impacto na contratação mercantil, vide ASENSIO, P. Miguel, *Armonización Normativa y Régimen Jurídico de los Contratos Mercantiles Internacionales*, in: 12 DCI (1998), 859-883; BORTOLOTTI, Fabio, *Manuale di Diritto Commerciale Internazionale*, vol. I ("Diritto dei Contratti Internazionali"), 3.ª edizione, Cedam, Padova, 2009.

[59] *Instituciones de Derecho Mercantil*, vol. II, 172, 29.ª edición, Thomson/ Aranzadi, Navarra, 2006. No mesmo sentido, entre tantos, Vincenzo BUONOCORE: "as exigências de uniformização e de harmonização das legislações nacionais fazem sentir--se sobretudo no direito dos negócios e dos contratos" (*Contrattazione d'Impresa e Nuove Categorie Contrattuali*, 195, Giuffrè, Milano, 2000).

Introdução

II. Estão neste caso, desde logo, diversas *convenções internacionais* pertinentes aos mais variados contratos mercantis, de cuja esmagadora maioria Portugal é signatário. Apenas a título de exemplo, mencionem-se a Convenção de Haia de 1964 (contratos de venda internacional de coisas móveis corpóreas), as Convenções de Berna de 1890, Bruxelas de 1924, Varsóvia de 1929, Genebra de 1973 e Hamburgo de 1978 (contratos de transporte ferroviário, rodoviário, marítimo e aéreo), a Convenção de Viena de 1980 (contratos de compra e venda internacional de mercadorias), a Convenção de Roma de 1980 (lei aplicável às obrigações contratuais), a Convenção de Otawa de 1988 (contratos internacionais de "factoring" e "leasing"), ou a Convenção de Nova Iorque de 1988 (contratos cambiários internacionais). Ora, como é bem sabido, uma vez ratificadas e publicitadas pelo legislador português, as normas dessas e de outras convenções internacionais passam a fazer parte do direito comercial interno português (art. 8.º, n.º 2 da CRP).[60]

III. Porventura mais relevantes são ainda, em virtude da inserção portuguesa na União Europeia, as numerosíssimas *normas comunitárias* de harmonização dos direitos europeus, as quais, numa parte assaz substancial, são justamente dedicadas à matéria dos contratos mercantis[61]. Estão neste caso, por ordem cronológica, os *Regulamentos* CE/1983/83, de 22 de Junho (acordos de distribuição exclusiva), CE/2137/85, de 25 de Julho (contrato de

---

[60] FERRARI, Franco, *Le Convenzioni di Diritto del Commercio Internazionale*, Giuffrè, Milano, 2002. Recorde-se ainda que estas convenções internacionais são frequentemente celebradas sob os auspícios de organismos internacionais vocacionados à regulação do comércio internacional, mormente a "CNUDCI – Comissão das Nações Unidas para o Direito do Comércio Internacional" (na sigla inglesa, UNCITRAL), o "UNIDROIT – Instituto Internacional para a Unificação do Direito Privado", e a "OMC – Organização Mundial do Comércio".

[61] Sobre a relevância do direito europeu para a temática dos contratos comerciais, vide, por último, AAVV, *Il Diritto Europeo dei Contratti d'Impresa*, especialmente 67 e segs., Giuffrè, Milano, 2006.

Fontes

agrupamento europeu de interesse económico), CE/4056/86, de 22 de Dezembro, CE/3975/87 e CE/3976/87, de 14 de Dezembro (contratos de transporte marítimo e aéreo), CE/270/99, de 22 de Dezembro (contratos de franquia) ou CE/1287/2006, de 10 de Agosto (contratos sobre instrumentos financeiros). E, sobretudo, é mister ter presente as múltiplas *Directivas* aprovadas ao longo das últimas duas décadas, entre as quais as Directivas 84/450/CE, de 10 de Setembro (publicidade enganosa), 85/374/CE, de 25 de Julho (responsabilidade por produtos defeituosos), 85/577/CE, de 20 de Dezembro (contratos celebrados fora do estabelecimento comercial), 93/13/CE, de 5 de Abril (cláusulas contratuais abusivas), 97/7/CE, de 20 de Maio (contratos à distância), 99/93/CE, de 13 de Dezembro (assinaturas electrónicas), 2000/31/CE, de 8 de Junho (comércio e contratação electrónicos), 2000/35/CE, de 29 de Junho (atrasos de pagamento nas transacções comerciais), 2005/29/CE, de 11 de Maio (práticas comerciais desleais) e 2008/ /48/CE, de 23 de Abril (contratos de crédito ao consumo)[62]. Ora, é igualmente necessário não perder de vista que os princípios gerais da aplicabilidade directa e do primado do direito comunitário (arts. 10.º, n.º 1 e 249.º do TCE) transmutam efectivamente uma boa parte desse manancial legislativo, directa (no caso dos regulamentos) ou mediatamente (no caso das directivas), em fontes da regulação legal da contratação mercantil portuguesa.

---

[62] Além destas Directivas que respeitam à contratação mercantil em geral, há ainda que ter em conta aquelas outras que dispõem sobre vários contratos mercantis singulares: vejam-se assim, exemplificativamente, as Directivas 86/653/CE, de 18 de Dezembro (contrato de agência), 90/314/CE, de 13 de Junho (contratos de viagem e turismo), 2002/65/CE, de 23 de Dezembro (contratos financeiros à distância), 2002/47/CE, de 6 de Junho (contratos de garantia financeira), e 2003/71/CE, de 4 de Novembro (prospecto de ofertas públicas de valores mobiliários).

Introdução

2. "Lex Mercatoria"

I. A terminar, não poderia faltar uma referência àquela que constitui uma "fonte" emergente do Direito Comercial, verdadeiramente única e distintiva da sua natureza – a chamada *"lex mercatoria"*.

Com efeito, a referida internacionalização e globalização das transacções comerciais, registada nas últimas décadas do séc. XX, foi sendo acompanhada pela criação e sedimentação de um acervo estável de normas criadas pelas próprias empresas e aplicáveis às suas relações contratuais transnacionais. Ora, tais normas materiais, uniformes e objectivas, produto espontâneo da auto-regulação das partes contratantes à margem da mediação estadual (elaboradas por associações internacionais de comércio, pela arbitragem comercial internacional, ou por variados organismos internacionais de cariz corporativo ou profissional), representam hoje o típico "humus" em cujo seio germina e se desenvolve a contratação mercantil num mundo económico globalizado.[63]

II. Entre as componentes mais relevantes desta emergente "lei universal dos mercadores", destacam-se os *usos mercantis internacionais* coligidos e aprovados por organizações internacionais de comércio[64] – pense-se, por exemplo, nos "Incoterms" ("International Commercial Terms", regras internacionais de interpretação uniforme da terminologia contratual comercial)[65], nas

---

[63] Sobre a "lex mercatoria" em geral, vide BERGER, Klaus-Peter, *The Creeping Codification of the Lex Mercatoria*, Springer, Berlin, 1998; BONELL, M. Joachim, *Le Regole Oggetttive del Commercio Internazionale*, Giuffrè, Milano, 1976; OSMAN, Filali, *Les Principes Généraux de la «Lex Mercatoria». Contribution à l'Étude d'un Ordre Juridique Anationale*, LGDJ, Paris, 1998.

[64] DRAETTA, Ugo, *Gli Usi del Commercio Internazionale nella Formazione di Contratti Internazionali*, in: Draetta, Ugo/ Vaccà, Cesare (dir.), "Fonti e Tipi del Contratto Internazionale", 49-72, EGEA, Milano, 1991.

[65] Cf. *Incoterms 2000: ICC Official Rules for the Interpretation of Trade Terms*, ICC, Paris, 2000.

Fontes

"Regras e Usos Uniformes sobre Créditos Documentários" de 1993, nas "Regras Uniformes sobre Garantias Autónomas" de 1993, ou nas "Regras Uniformes sobre Cobranças" de 1995, todas elas elaboradas pela Câmara de Comércio Internacional (CCI)[66] –, os *princípios gerais* em matéria contratual elaborados por peritos nacionais reunidos sob a égide de organizações internacionais – de entre os quais se destacam os "Princípios Relativos aos Contratos Comerciais Internacionais" de 1994, elaborados pelo UNIDROIT[67] –, os diversos *modelos contratuais, leis-modelo* e *códigos de conduta* aprovados por organismos corporativos ou profissionais – é o caso dos vários contratos-modelo aprovados pela CCI (v.g., relativos ao contrato de agência, de concessão comercial, ou de franquia comercial)[68], das leis-modelo elaboradas pela CNUDCI (v.g., leis-modelo sobre arbitragem comercial

---

[66] Um exemplo. Ao abrigo das "Regras e Usos Uniformes sobre Créditos Documentários", a Câmara de Comércio Internacional reconhece expressamente determinados documentos elaborados pelos seus associados, extremamente divulgados na contratação mercantil internacional, tais como os chamados FCR ("Forwarders Certificate of Receipt"), FTC ("Forwarders Certificate of Transport") e FBL ("Negotiable Fiata Combined Transport Bill of Lading"). Cf. GOODE, Roy, *Commercial Law*, 566 e segs., Penguin, Middlesex/ New York, 1982. Sobre tais regras, vide ainda PINA, C. Costa, *Créditos Documentários – As Regras e Usos Uniformes da Câmara de Comércio Internacional e a Prática Bancária*, Coimbra Editora, Coimbra, 2000.

[67] UNIDROIT, *Principles of International Commercial Contracts*, Rome, 1994. Resultado do trabalho de juristas eminentes dos cinco continentes do mundo, estes Princípios dispõem hoje de uma indiscutível autoridade própria, funcionando como um equivalente aos "Restatements" norte-americanos no domínio dos contratos comerciais internacionais, com uma clara vocação expansiva para os próprios contratos internos: sobre o tema, vide BERGER, K. Peter, *The Lex Mercatoria Doctrine and the UNIDROIT Principles of International Commercial Contracts*, in: 28 GJIL (1997), 943-990; BONELL, M. Joachim, *Un «Codice» Internazionale del Diritto dei Contratti: I Principi Unidroit dei Contratti Commerciali Internazionali*, Giuffrè, Milano, 1995; BONELL, M. Joachim/ BONELLI, Franco, *Contratti Commerciali Internazionali e Principi Unidroit*, Giuffrè, Milano, 1997; VOGENAUER, Stefan/ KLEINHEISTERKAMP, Jan (eds.), *Commentary on the UNIDROIT Principles of International Commercial Contracts*, Oxford University Press, New York, 2008.

[68] Para exemplos relativos às cláusulas de alteração contratual, vide ainda *infra* Parte II, Cap. V, §3, 2. e 3.

Introdução

internacional de 1985, sobre transferência de créditos internacionais de 1992, sobre comércio electrónico de 1996, ou sobre assinaturas electrónicas de 2002), ou dos códigos de conduta elaborados por variados organismos (v.g., "Código de Conduta das Empresas Multinacionais", elaborado pela OCDE, e "Código de Conduta sobre as Práticas Restritivas da Concorrência", elaborado pela CNUDCI) –[69], e a própria *jurisprudência* formada no âmbito da arbitragem comercial internacional.[70]

III. Não obstante seja discutido se estaremos aqui diante de uma verdadeira fonte autónoma de Direito Comercial (não faltando mesmo quem conteste a sua própria existência)[71], tal corpo normativo e principiológico actua hoje decerto, no mínimo, como *direito dispositivo para o qual as empresas remetem frequentemente a regulação das suas relações contratuais plurilocalizadas*, sendo assim perfeitamente admissível, por exemplo, que as partes de um contrato jusmercantil internacional escolham o direito aplicável através de uma remissão, directa ou indirecta, para semelhante "lex mercatoria".[72]

---

[69] Cf. respectivamente BORTOLOTTI, Fabio, *The ICC Model Contracts: A New Approach to the Drafting of Model Forms for International Trade*, in: 8 IBLJ (2001), 969-988; HERRMANN, Gerold, *The Contribution of UNCITRAL to the Development of International Trade Law*, in: Horn, Nobert/ Schmitthoff, Clive (eds.), "The Transnational Law of International Commercial Transactions", vol. II, 35-53, Kluwer, Antwerp, 1982; DESBARAT, Isabelle, *Codes de Conduite et Chartes Éthiques des Entreprises Privées*, in: 9 JCP-EE (2003), I, 337-343.

[70] PARK, William, *Arbitration of International Business Disputes – Studies in Law and Practice*, Oxford University Press, New York, 2006.

[71] STÖCKER, Christoph, *The «Lex Mercatoria»: To What Extent Does It Exists?*, in: VII JIL (1990), 101-125.

[72] Sobre esta espinhosa questão, vide entre nós PINHEIRO, L. Lima, *Direito do Comércio Internacional*, 179 e segs., Almedina, Coimbra, 2005; noutros quadrantes, vide OSMAN, Filali, *Les Principes Généraux de la «Lex Mercatoria». Contribution à l'Étude d'un Ordre Juridique Anationale*, LGDJ, Paris, 1998.

CAPÍTULO V

A Contratação Mercantil em Perspectiva*

I. Esclarecida a noção, as fontes e os principais tipos dos chamados contratos comerciais ou mercantis, cabe agora – subindo um patamar – inquirir sobre a existência e o alcance de um *regime jurídico próprio ou geral da contratação mercantil.*

II. Dito de um outro modo. Já sabemos que, lado a lado com os contratos civis de direito comum, os contratos mercantis dispõem hoje de uma consagração legal própria no quadro do ordenamento jurídico-privado português. O que se pergunta agora é: será que, para lá das disposições específicas relativas aos diferentes contratos individualmente considerados, será possível identificar também um conjunto de disposições gerais ou comuns aplicáveis a todos eles (*existência* de um regime próprio da contratação mercantil)? em caso afirmativo, qual o grau de autonomização desse

---

* **Bibliografia Portuguesa:** ANTUNES, J. Engrácia, *Os Contratos Comerciais – Noções Fundamentais,* Direito e Justiça, Lisboa, 2007. **Bibliografia Estrangeira:** BUONOCORE, Vincenzo, *Contrattazione d'Impresa e Nuove Categorie Contrattuali,* Giuffrè, Milano, 2000; GASTAMINZA, E. Valpuesta, *Marco General de la Contratación Mercantil,* in: Gastaminza, E. Valpuesta/ Rute, J. Cuesta (eds.), "Contratos Mercantiles", tomo I, 25-109, Bosch, Barcelona, 2001; LASTRES, J. García-Pita, *Derecho Mercantil de las Obligaciones,* Marcial Pons, Madrid/ Barcelona, 2003; LLANOS, L. Suárez, *Bases para una Ordenación del Derecho de la Contratación Mercantil,* in: AAVV, "Jornadas sobre la Reforma de la Legislación Mercantil", 283-305, Civitas, Madrid, 1979; URÍA, Rodrigo/ MENÉNDEZ, Aurelio/ VÉRGEZ, Mercedes, *Especialidades de la Contratación Mercantil,* in: AAVV, "Curso de Derecho Mercantil", tomo II, 55-92, 2.ª edición, Thomson/ Civitas, Madrid, 2007.

Introdução

"corpus" normativo próprio em relação às regras gerais da contratação civil (*sentido e alcance* do regime próprio da contratação mercantil)?

§1 Seus Fundamentos

I. Quanto à primeira questão, a nossa resposta de princípio é indubitavelmente *afirmativa*, com base em várias ordens de razões. À semelhança do que sucedeu noutros ordenamentos jurídicos estrangeiros de ambos os lados do Atlântico[73], convém começar por recordar que o legislador português não se limitou a prever e regular um conjunto de contratos mercantis avulsos, tendo antecedido e encimado esse elenco legal por uma espécie de *"parte geral"* constituída por regras comuns da contratação mercantil: falamos do Título I do Livro II do Código Comercial, onde, justamente sob a epígrafe "Disposições Gerais", foi previsto um conjunto de regras gerais aplicáveis aos contratos especiais de comércio (arts. 96.º a 103.º).

II. É certo que tal circunstância não seria, por si só, suficiente para se poder falar de um verdadeiro regime geral da contratação mercantil: para além de as especialidades constantes de tais normas não serem em si mesmas particularmente numerosas ("maxime", língua, prova, solidariedade, e juros), é hoje visível a erosão nelas provocada por mais de cem anos de vigência, existindo mesmo algumas de entre elas que foram ultrapassadas pela "praxis" contratual mercantil hodierna (é o caso do art. 97.º do

---

[73] Prevendo igualmente uma "parte geral" dos contratos comerciais, encontramos – na Europa – as leis espanhola (arts. 50.º a 63.º do "Código de Comercio") e alemã (§§ 343 a 372 do "Handelsgesetzbuch") e – na América – as leis argentina (arts. 207.º a 220.º do "Código de Comercio") e mexicana (arts. 77.º a 88.º do "Código de Comercio").

CCom sobre o valor da correspondência telegráfica, hoje caída em desuso).[74]

Decisivo para a existência e afirmação de um regime próprio da contratação mercantil constitui, antes sim, um *conjunto de factores jurídicos e económicos* de ordem vária, ocorridos sobretudo nos finais do séc. XX, cujo concurso espontâneo foi responsável pela redescoberta e revivescência de um tema cuja actualidade se havia entretanto perdido. Entre esses factores, destacamos os seguintes quatro: a multiplicação massiva de novas figuras contratuais resultantes de legislação mercantil avulsa ou da criatividade dos empresários; a pressão harmonizadora da legislação mercantil comunitária e internacional; a emergência da problemática do consumidor; e a centralidade da empresa no actual tráfico contratual.

1. A Explosão da Contratação Mercantil Hodierna

I. Um primeiro factor consiste na *criação e multiplicação massivas de novos contratos comerciais*, através de leis mercantis avulsas ou da iniciativa dos próprios empresários.

II. Sem qualquer paralelo quantitativo ou qualitativo no passado legislativo português, assistiu-se nas últimas décadas ao surgimento de novos tipos de contratos mercantis através de uma *massa aluvional de legislação mercantil extravagante*: tal aluvião legislativo traduziu-se fundamentalmente, quer em contratos mercantis individuais consagrados por leis avulsas (v.g., o contrato de consórcio através do Decreto-Lei n.º 231/81, de 28 de Julho, o contrato de agência através do Decreto-Lei n.º 178/86, de 3 de

---

[74] Há mesmo quem sustente que tal preceito foi revogado tacitamente com a entrada em vigor do art. 379.º do CCivil (Ascensão, J. Oliveira, *Direito Comercial*, vol. I, 377, Lisboa, 1998/99). Sobre o ponto, vide, para mais desenvolvimentos, Antunes, J. Engrácia, *O Regime Jurídico dos Actos de Comércio*, in: Themis-UNL (2009), em curso de publicação.

Introdução

Julho, etc.), quer sobretudo em feixes de figuras contratuais que, atinentes a diferentes sectores merceológicos, foram sendo aprovadas por leis mercantis sectoriais (pense-se na expansão dos novos contratos previstos na actual legislação da banca, bolsa e seguros)[75]. Para além disso, não se pode perder de vista o relevo da *criatividade e inventiva negocial das empresas*, esses "mercatore" do novo milénio: semelhante "vis criativa" foi responsável por uma verdadeira explosão de novos instrumentos contratuais – que incluem, entre tantos e tantos outros, os contratos de "factoring", "leasing", "franchising", "sponsoring", "engineering", "project financing", "securitization", "forfaiting", "renting", "confirming", "merchandising", "countertrade", "know-how", "forwards", "swaps", "caps", "floors", e "contracts for differences" –, que rapidamente se transformou numa espécie de fonte autopoiética de produção normativa em matéria da contratação mercantil, especialmente internacional.[76]

Esta multiplicação das figuras contratuais atinentes à vida comercial e empresarial teve, sem dúvida, o mérito de fazer assim ressurgir a contratação mercantil da espécie de limbo em que progressivamente caíra mercê do ocaso de um Código Comercial

---

[75] Sobre a questão, noutras latitudes, vide OPPO, Giorgio, *I Contratti d'Impresa tra Codice Civile e Legislazione Speciale*, in: AAVV, "Il Diritto Europeo dei Contratti d'Impresa", 15-25, Giuffrè, Milano, 2006.

[76] Como sublinha Fabio BORTOLOTTI, pode hoje dar-se por adquirido que os contratos internacionais em matéria económica privada são, no essencial, contratos celebrados por empresários (*Le Tecniche di Redazione di un Contratto Internazionale*, 384, in: AAVV, "Nuovi Tipi Contrattuali e Tecniche di Redazione nella Pratica Commerciale", 381-395, Giuffrè, Milano, 1978). Sobre o relevo da "praxis" comercial na evolução do Direito Comercial, vide DEVLIN, Patrick, *The Relation Between Commercial Law and Commercial Practice,* in: 14 ModLR (1951), 249-266; e na evolução do próprio direito contratual, CABRILLAC, Michel, *Remarques sur la Théorie Générale du Contrat et les Créations Récentes de la Pratique Commerciale*, in: "Mélanges Dédiées à Gabriel Marty", 235-254, Université des Sciences Sociales, Toulouse, 1978; LELOUP, Jean-Marie, *La Création de Contrats par la Pratique Commerciale*, in: "L'Évolution Contemporaine du Droit des Contrats", 167-177, PUF, Paris, 1986.

A Contratação Mercantil em Perspectiva

centenário, recentrando os respectivos paradigmas normativos e lógicos em torno de novos conceitos jurídicos e económicos (mormente, o de empresa).

2. A Uniformização Europeia e Internacional

I. Depois ainda, um segundo "input" extremamente importante, senão mesmo decisivo, consistiu na *enorme pressão harmonizadora e uniformizadora resultante da legislação comunitária e internacional.*

II. Como atrás vimos, a imensa mole de Regulamentos e Directivas comunitárias, bem como de Convenções Internacionais, ocupa um lugar de destaque no actual sistema das fontes da regulação dos contratos mercantis[77]. Ora, encontramo-nos perante um *"corpus" normativo do maior relevo* que, nascido praticamente nos últimos três decénios, cobre vastas áreas pertinentes à contratação mercantil (v.g., contratos celebrados fora do estabelecimento comercial, contratos de crédito ao consumo, contratos do mercado de capitais, contratos de seguro, cláusulas contratuais abusivas, contratação e comércio electrónico, pagamento das transacções comerciais, práticas comerciais desleais, etc.) e tem determinado uma evolução inovadora das legislações nacionais, frequentemente ao arrepio de princípios e regras privatísticas seculares[78]. Como recorda Guido ALPA, relativamente ao relevo das normas comunitárias para as regulações nacionais em matéria de contratação mercantil, "o Direito Europeu é hoje, não um sector de heteroregulação externa, mas sim uma fonte do direito interno

---

[77] Cf. *supra* Parte I, Cap. IV, §2, 1.

[78] Cf. BENACCHIO, Gianantonio, *Diritto Privato della Comunità Europea*, 33 e segs., Padova, Cedam, 1998; MONATERI, P. Giuseppe, *I Contratti d'Impresa e il Diritto Comunitario*, in: AAVV, "Il Diritto Europeo dei Contratti d'Impresa", 73-94, Giuffrè, Milano, 2006.

Introdução

(dos contratos comerciais) cuja violação implica a responsabilidade do Estado-membro".[79]

3. A Emergência da Problemática do Consumidor

I. Em terceiro lugar, um outro factor determinante para o renascimento da temática da contratação comercial prende-se com a recente *emergência da problemática do consumidor*.[80]

II. Uma das projecções centrais do fenómeno do consumo nas ordens jurídicas modernas consistiu na progressiva autonomização dos chamados "contratos de consumo", subordinando estes a um conjunto de normas especiais que têm em vista a protecção do consumidor. Ora, não se pode perder de vista que os contratos de consumo têm como contraparte natural um empresário – representando por isso também, "ex definitione", verdadeiros e próprios contratos comerciais (no sentido da concepção, aqui defendida, de contratação relativa a empresários ou empresas). Com efeito, muito embora na maioria das legislações actuais a contraparte contratual seja construída com recurso ao conceito mais amplo de "profissional" (veja-se assim também, entre nós, o art. 10.º, n.º 1 do "Anteprojecto do Código do Consumidor"), constitui um dado insofismável que a esmagadora maioria dos contratos consumeristas correspondem hoje a negócios celebrados entre empresários e consumidores: como sublinha Leopoldo Sambucci, "é hoje claro que os contratos de consumo são, ao mesmo tempo, «contratos de empresa»"[81]. Esta asserção, de resto, é válida em pleno coração

---

[79] *"Commercial Contracts": Freedom, Practice and Rules in Italian Law*, 1563, in: XXVI EBLR (2005), 1555-1574.

[80] Sobre as relações entre o Direito Comercial e o Direito de Consumo em geral, vide Antunes, J. Engrácia, *Direito Comercial*, em curso de publicação.

[81] *Il Contratto dell'Impresa*, 65, Giuffrè, Milano, 2002. Esta proeminência natural (embora não necessária ou exclusiva) da figura do empresário ou, mais restritamente,

A Contratação Mercantil em Perspectiva

da contratação mercantil, como é o caso dos contratos bancários, de seguro e de investimento financeiro: como é bem sabido, a esmagadora maioria destes contratos são celebrados entre um contraente "forte" – uma empresa creditícia, seguradora ou de investimento – e um contraente "fraco" – o cliente, o segurado ou o investidor.

Semelhante ligação tendencial entre os contratos comerciais e de consumo – quase como se de duas faces de uma mesma moeda se tratasse –, torna assim directa ou indirectamente relevante para os primeiros a recente e copiosa regulação jurídica das

---

do comerciante, como contraparte contratual consumerista, é reconhecida pacificamente na generalidade da *doutrina*, nacional ou estrangeira. Assim, entre nós, C. Ferreira de Almeida afirma que "quase todos os textos (legais) caracterizam os contratos de consumo (...) como contratos celebrados entre um consumidor e uma empresa (ou profissional)" (*Direito do Consumo*, 87, Almedina, Coimbra, 2005), pelo que "a generalidade dos contratos de consumo corresponde, nas ordens jurídicas onde a classificação jurídica existe, ao perfil dos actos de comércio, quase sempre por força da qualidade de comerciante do fornecedor que confere ao contrato a qualificação de acto de comércio unilateral ou misto" (*op. cit.,* 200). Na literatura estrangeira, são abundantes os autores que salientam este aspecto: assim, segundo J. Gómez Calero, "em muitas relações contratuais mercantis intervêm como sujeitos, de um lado, os empresários, e do outro, os adquirentes dos produtos e serviços que aqueles colocam no mercado, isto é, os consumidores e utentes", dando lugar a "uma crescente projecção no regime dos contratos mercantis de uma nova e importante regulação destinada a tutelar estes últimos, tidos como a parte mais débil daquelas relações jurídicas" (*Las Obligaciones Mercantiles,* 212, in: AAVV, "Derecho Mercantil", tomo II, 211-223, 10.ª edición, Ariel, Barcelona, 2005); também Vincenzo Buonocore, para quem "os contratos de empresa e de consumo representam, e não apenas do ponto de vista lexical, o epílogo conjunto das transformações sofridas pela nossa economia e sociedade no curso dos últimos anos" (*Contrattazione d'Impresa e Nuove Categorie Contrattuali,* 99, Giuffrè, Milano, 2000). Existem mesmo *legislações* onde esta proeminência da figura do empresário nos contratos de consumo foi objecto de consagração expressa: assim, por exemplo, nos Estados Unidos da América, onde, nos termos da secção 2-103 (1) (c) do "Uniform Commercial Code", se define expressamente o contrato de consumo como "o contrato celebrado entre um comerciante ("merchant") e um consumidor". Para um confronto entre as duas figuras, vide ainda Buonocore, Vincenzo, *Contratti del Consumatore e Contratti d'Impresa*, in: XLI RDC (1995), 1-41; Zeno-Zenzcovich, Vincenzo, *Il Diritto Europeo dei Contratti (Verso la Distinzione fra "Contratti Commerciali" e "Contratti dei Consumatori"),* in: 147 GiurI (1993), IV, 57-73.

Introdução

relações contratuais consumeristas, cobrindo matérias tais como os deveres pré-contratuais ("maxime", dever de informação), a formação do contrato (v.g., forma, vícios), o conteúdo do contrato ("maxime", cláusulas contratuais abusivas), ou as suas vicissitudes ou efeitos (v.g., responsabilidade do produtor por produtos defeituosos, direito de desistência ou arrependimento).[82]

4. A Empresa e a Evolução do Instituto Contratual

I. Por último, mas não menos importante, é mister chamar a atenção para *o relevo que o fenómeno empresarial reveste para a evolução do próprio instituto contratual.*

II. Como logo de início se salientou, os contratos representam provavelmente o mais relevante instrumento jurídico de suporte da constituição, organização e exercício da actividade empresarial: a vida empresarial nasce e desenvolve-se em boa medida através de um conjunto de actos negociais celebrados pelos empresários com outros empresários ou consumidores[83]. Ora, se é verdade que o instituto do contrato constitui assim um dos momentos essenciais da actividade da empresa, *também o inverso é verdadeiro*, já que aquele instituto tem sido significativamente

---

[82] É verdade que o acento tónico deste vector evolutivo das ordens jurídicas modernas tem sido sobretudo colocado na figura do "consumidor" – circunstância inteiramente compreensível, não apenas pela áurea de modernidade que rodeia o próprio conceito, mas sobretudo pela própria "ratio" genérica inspiradora da referida regulação jurídica (protecção do contraente mais débil). Tal, todavia, não nos deve fazer obliterar as importantíssimas implicações que resultam para o Direito Comercial em geral, e para a contratação mercantil em particular, deste recentramento do direito contratual clássico em torno do "status" dos contraentes: com efeito, mais tarde ou mais cedo, a emergência da figura do consumidor, contraente "fraco", terá forçosamente como consequência lógica a "reemergência" da figura do empresário, contraente "forte", no quadro do Direito privado moderno – cujos contornos futuros, aliás, dependerão significativamente da forma como ambas essas figuras forem compatibilizadas.

[83] Cf. *supra* Parte I, Cap. I, §1, 1.

A Contratação Mercantil em Perspectiva

influenciado pelas características próprias ou específicas desta actividade: como melhor veremos adiante, são as características e os imperativos próprios da moderna actividade empresarial (celeridade, segurança, padronização, objectivização) que estão na origem de uma boa parte das transformações sofridas pelo modelo contratual clássico herdado do séc. XIX, "rectius", dos novos horizontes rasgados em matéria da negociação, formação, conteúdo e efeitos dos contratos. Na formulação de Leonardo Sambucci, "a conexão com a actividade organizada em forma de empresa repercute-se no contrato, modificando, frequentemente de modo marcante, a sua fisionomia".[84]

Para não irmos mais longe, sirva de exemplo o regime legal das cláusulas contratuais gerais. Na verdade, foram as exigências de celeridade, massificação e padronização próprias de numerosos domínios da actividade empresarial hodierna – justamente conducentes ao recurso intensivo às cláusulas contratuais gerais na contratação mercantil (por exemplo, nos contratos bancários, contratos de seguro, contratos de transporte, etc.) – que constituíram as principais responsáveis pela progressiva erosão da imagem clássica do contrato como produto do acordo de vontade entre partes livres e iguais, com a consequente introdução de mecanismos de controlo do seu conteúdo (entre nós, a LCCG, aprovada pelo Decreto-Lei n.º 446/85, de 25 de Outubro, que tipifica as cláusulas abusivas ou proibidas nos contratos celebrados por empresários, entre si ou com consumidores).[85]

---

[84] *Il Contratto dell'Impresa,* 34, Giuffrè, Milano, 2002. Salientando o impacto da actividade empresarial no figurino contratual, sob diferentes ângulos, vide Alessi, Ricardo, *Contrato e Mercato,* in: "Scintillae Iuris. Studi in Memoria di Gino Gorla", tomo III, 2339-2354, Giuffrè, Milano, 1994; Capo, Giovanni, *Attività d'Impresa e Formazione del Contratto,* Giuffrè, Milano, 2001; Meo, Giorgio, *Impresa e Contratto nella Valutazione dell'Atipicità Negoziale,* Giuffrè, Milano, 1991.

[85] Relembre-se ainda que, historicamente, as primeiras cláusulas contratuais gerais de que há notícia surgiram precisamente ligadas a uma actividade empresarial – a actividade

Introdução

§2 Suas Características

I. Apesar de estruturalmente os contratos no Direito Comercial e no Direito Civil não se diferenciarem, a verdade é que a "praxis" e o regime jurídico vigentes evidenciam a existência de determinadas *características especiais* dos contratos comerciais – especialidade essa que muito deve, em particular, à emergência da empresa como baricentro da moderna contratação mercantil: como nota José García-Pita y Lastres, "se não se questiona que a relação do Direito Comercial com o Direito Civil seja uma relação de "lex specialis" em face da "lex generalis", também é verdade que o direito dos contratos mercantis apresenta evidentes traços especiais, propiciados pela transcendência do fenómeno «Empresa», que não podem ser resolvidos optimamente pelo Direito Civil, mas requerem uma intervenção do Direito Comercial e um esgotamento das possibilidades que este proporciona".[86]

II. Não sendo este decerto o momento para analisar em profundidade semelhante temática, de indiscutível complexidade e alcance, limitar-nos-emos por ora a enunciar brevemente três dos principais traços ou manifestações da referida especialidade, mais comummente referenciados na doutrina: *objectivação*, *padronização* e *"mercadorização"* dos contratos comerciais.

---

bancária: cf. Raiser, Ludwig, *Das Recht der allgemeinen Geschäftsbedingungen*, 27, Hanseatische Verlag, Hamburg, 1935. Sobre as diferentes funções económico-empresariais deste processo de contratação (redução dos custos de transacção, especialização, coordenação, segurança), vide Águila-Real, J. Alfaro, *Función Económica y Naturaleza Jurídica de las Condiciones Generales de la Contratación*, 76 e segs., in: AAVV, "Comentarios a la Ley sobre Condiciones Generales de la Contratación", 75-93, Civitas, Madrid, 2002.

[86] *Derecho Mercantil de las Obligaciones*, 77, Marcial Pons, Madrid/ Barcelona, 2003. Sobre a unidade e diversidade das obrigações mercantis, no confronto das obrigações civis, vide ainda Calero, J. Gómez, *Las Obligaciones Mercantiles*, in: AAVV, "Derecho Mercantil", tomo II, 212-223, 10.ª edición, Ariel, Barcelona, 2005; Gastaminza, E. Valpuesta, *Marco General de la Contratación Mercantil*, in: Gastaminza, E. Valpuesta/ / Rute, J. Cuesta, "Contratos Mercantiles", tomo I, 25-109, Bosch, Barcelona, 2001.

A Contratação Mercantil em Perspectiva

1. Objectivização

I. Uma primeira característica consiste na acentuada *objectivação* dos contratos comerciais. Com efeito, a actividade empresarial é, por definição, uma actividade estável e continuada cujo sucesso depende em larga medida da sua autonomia face às vicissitudes pessoais dos empresários, singulares ou colectivos. Ora, é inegável que uma tal exigência intrínseca provinda do mundo económico da empresa tem, paulatina mas decisivamente, marcado a evolução da matriz e regime jurídicos dos contratos comerciais – falando aqui os autores, a este propósito, de um fenómeno de "insensibilidade"[87], "ambulatoriedade"[88] ou "despersonalização"[89] dos contratos mercantis, *destinados a permanecer indiferentes e sobreviver às vicissitudes do respectivo substrato pessoal, mormente do empresário contraente.*

Basta assim pensar, por exemplo, nos contratos de fusão societária (arts. 94.º e segs. do CSC) – precipuamente destinados a assegurar a "sucessão universal" de patrimónios de sujeitos jurídico-empresariais não obstante a extinção de um ou alguns deles –, nos contratos de mandato mercantil (arts. 231.º e segs. do CCom) – que subsistem após a morte do mandante (art. 261.º do CCom) –, nos contratos de seguro (art. 1.º da LCS) – que subsistem em caso de morte ou transmissão da empresa do respectivo tomador (arts. 95.º, n.º 5 e 96.º, n.º 1 da LCS) ou de transferência

---

[87] LUMINOSO, Angelo, *La Contrattazione d'Impresa*, 541, in: AAVV, "Istituzione di Diritto Commerciale", 527-626, Giappichelli, Torino, 2003.

[88] BUONOCORE, Vincenzo, *Contrattazione d'Impresa e Nuove Categorie Contrattuali*, 173, Giuffrè, Milano, 2000.

[89] LASTRES, J. García-Pita, *Derecho Mercantil de las Obligaciones*, 79, Marcial Pons, Madrid/ Barcelona, 2003. Tal não significa naturalmente que não existam determinados contratos mercantis que possam ser marcados por um forte "intuitus personae", tais como, por exemplo, os contratos bancários de crédito, onde a pessoa dos contratantes e a confiança mútua jogam um papel importante (sobre o ponto, vide FERREIRA, A. Pedro, *Direito Bancário*, 384 e seg., Quid Juris, Lisboa, 2005; SIMONETTO, Ernesto, *I Contratti di Credito*, 250 e segs., Cedam, Padova, 1953).

Introdução

da carteira do segurador (arts. 148.º e segs. do RGAS) –, ou ainda na generalidade dos contratos mercantis ligados à exploração da empresa no caso do respectivo trespasse ou locação – que se transmitem automaticamente sem necessidade de consentimento dos contraentes cedidos, como é o caso dos contratos de arrendamento (art. 1112.º, n.º 1, a) do CCivil), de locação financeira (art. 11.º, n.º 1 do Decreto-Lei n.º 149/95, de 24 de Junho), ou de seguro (art. 95.º, n.º 5 da LCS), bem como analogicamente todos os demais contratos exploracionais.[90]

II. Não surpreende assim que as obrigações mercantis emergentes destes contratos tendam também a objectivar-se. Ao passo que a visão tradicional de obrigação, de matriz civilista e romanista, possui um pendor marcadamente subjectivista, concebendo-a essencialmente como um vínculo entre dois sujeitos jurídicos determinados (credor e devedor), as obrigações mercantis testemunham uma acentuada tendência para a sua *impessoalidade* ou *patrimonialização*, saltando para o primeiro plano a ideia de "vínculo entre dois patrimónios" cujos titulares tendem a mudar indefinidamente sem afectar a subsistência e estrutura do vínculo obrigacional: ou seja, tendem a separar-se da pessoa do credor ou devedor para se converterem num valor patrimonial objectivo e autónomo (um activo ou um passivo, consoante os casos) vocacionado a circular no tráfico jusempresarial.[91]

---

[90] Sobre os fundamentos desta analogia, vide *infra* Parte II, Cap. V, §2, 2.

[91] Já Joaquín GARRIGUES sublinhava que uma tal feição objectiva e patrimonial da obrigação mercantil representou uma reacção contra o conceito romanista clássico, por ser aquela que melhor se adapta às exigências do tráfico mercantil: "No Direito Comercial, o que se destaca é o aspecto objectivo da obrigação e a sua modalidade económica. O que o credor procura, independentemente da conduta do devedor, é a utilidade patrimonial da obrigação: a actividade do devedor não é um fim, mas um meio para obter tal satisfação patrimonial" (*Curso de Derecho Mercantil*, tomo II, 4, 8.ª edición, Aguirre, Madrid, 1983). Num sentido semelhante, entre outros, vide BOY, Laurence, *Le Cadre Civil des Affaires*, 9, Economica, Paris, 1989; CALERO, J. Gómez, *Las Obligaciones Mercantiles*, 214 e seg., in: AAVV, "Derecho Mercantil", tomo II, 212-223, 10.ª edición,

2. Massificação e Padronização

I. Uma segunda característica dos contratos mercantis consiste na sua *massificação* e *padronização*. É bem sabido que o Direito Comercial foi sempre, da sua origem aos nossos dias, um ramo jurídico cuja existência está intimamente ligada à prática de actos económicos em massa ("Massenverkeher"): como recordava A. Ferrer CORREIA, se, ao lado do Direito Civil, se foi progressivamente afirmando este ramo jurídico especial, tal deveu-se às necessidades de regulação, não de actos comerciais individuais, mas antes de actos praticados em massa ou em série pelos "mercatore" ou "homens de negócios"[92]. A actividade da empresa, esse "mercatore" hodierno – sobretudo no advento da produção e distribuição em grande escala, da internacionalização do consumo e da globalização dos mercados – exibe hoje, mais do que nunca, uma tendência inexorável para a massificação, padronização, simplificação e velocidade da oferta.

Ora, este vector fundamental haveria de marcar indelevelmente a contratação mercantil, principal veículo jurídico dessa actividade. Hoje, a grande empresa, nascida para a produção e distribuição em massa de bens e serviços homogéneos, coloca estes no mercado primacialmente através de processos contratuais estandardizados e uniformizados, sendo impensável negociar caso a caso o conteúdo de milhares ou mesmo milhões de contratos que se sucedem ininterruptamente, seja com outras empresas ou com consumidores: dir-se-ia, pois, que *à massificação e normalização da oferta empresarial se sucedeu a massificação e padronização dos contratos mercantis.*

Ariel, Barcelona, 2005; SAVATIER, René, *Droit des Obligations en Droit Privé Économique*, 11 e seg., 4ème édition, Dalloz, Paris, 1979.

[92] *Lições de Direito Comercial*, 21, Lex, Lisboa, 1994.

Introdução

II. O exemplo mais eloquente deste vector evolutivo reside nos chamados *contratos de adesão*, prática típica de muitos sectores da contratação mercantil moderna (v.g., contratos bancários, contratos de seguro, contratos de investimento financeiro, contratos de transporte, etc.) – de resto, transversal às relações negociais dos empresários com os consumidores ou outros empresários ("battle of the forms") – que justamente esteve na origem do regime jurídico das cláusulas contratuais gerais aprovado pelo Decreto-Lei n.º 446/85, de 25 de Outubro.[93]

Mas muitos outros afloramentos, gerais ou pontuais, do mesmo vector, podem ser encontrados no ordenamento jurídico vigente: são igualmente tais exigências de uniformização dos procedimentos de formação ou conteúdo contratuais que estão na base, em maior ou menor medida, de fenómenos tais como os chamados *contratos comerciais "obrigatórios"* ("Zwangverträge") – caracterizados por impor ao empresário uma obrigação de contratar, como sucede nos contratos celebrados por empresas concessionárias de serviços públicos (v.g., empresas de transportes ferroviários, empresas de comunicações postais, empresas de fornecimento de energia, água, ou gás, etc.)[94] –, os *contratos comerciais "ditados"* ("diktierte Verträge") – caracterizados por impor o conteúdo ou os termos dos respectivos contratos, v.g., determinados tipos de contrato de seguro, de contratos sobre instrumentos financeiros, etc.[95] –, ou os *usos e costumes mercantis uniformes* coligidos e aprovados por organizações internacionais de comércio – pense--se, por exemplo, nos chamados "Incoterms" ("International Commercial Terms"), regras de interpretação e integração uniforme

---

[93] Sobre este regime jurídico, cujo cerne reside no controlo das cláusulas abusivas nos contratos celebrados pelos empresários ou entidades equiparadas, quer entre si, quer com consumidores, vide desenvolvidamente *infra* Parte II, Cap. III, §2.

[94] Sobre os contratos comerciais "obrigatórios", vide *infra* Parte II, Cap. II, §2, 1.

[95] Sobre os contratos comerciais "ditados", vide *infra* Parte II, Cap. III, §3, 4.

A Contratação Mercantil em Perspectiva

da terminologia contratual comercial para os quais remetem frequentemente os contratos comerciais internacionais.[96]

III. Uma vez mais, são visíveis as consequências no plano das obrigações mercantis: talqualmente a estabilidade da actividade empresarial foi reclamando uma evolução da tradicional visão subjectivista para uma progressiva objectivização e patrimonialização das obrigações, também agora a massificação dessa actividade vai forçando à transição do tradicional paradigma das obrigações específicas para o *novo protótipo das obrigações genéricas.* Na verdade, é necessário ter presente que na generalidade dos Códigos Civis novecentistas, incluindo o português, a teoria das obrigações foi concebida e desenvolvida tendo sobretudo em mente um mercado de pequenos comerciantes, profissionais liberais e agricultores, cujos negócios incidem primacialmente sobre prestações de coisas específicas e infungíveis. Ora, uma vez alteradas tais premissas económicas com o advento da grande empresa e da oferta em massa de produtos e serviços, não será talvez exagerado dizer que o protótipo actual da obrigação mercantil (ao menos, na contratação comercial em massa) corresponde à obrigação de conteúdo genérico, padronizado e fungível, só secundariamente se aproximando do clássico paradigma da obrigação específica.[97]

---

[96] Sobre estas regras – além do que já foi dito *supra* Parte I, Cap. IV, §2, 2 (II) –, vide PINHEIRO, L. Lima, *Incoterms – Introdução e Traços Fundamentais*, in: "Estudos de Direito Civil, Direito Comercial e Direito Comercial Internacional", 315-333, Almedina, Coimbra, 2006.

[97] Aliás, para quem os quisesse ler, os sinais já estavam presentes no Código Comercial de 1888, ainda que de forma muito embrionária e inarticulada. Pense-se, por exemplo, na relevância central das prestações de género e quantidade no quadro do contrato de compra e venda mercantil – é o caso das chamadas vendas sobre amostra, que remetem para a "qualidade conhecida no comércio" (art. 469.º do CCom) e, pela negativa, das compras sem padrão (art. 470.º do CCom) ou sujeitas a contagem, pesagem ou medição (art. 472.º do CCom) –, ou ainda no regime do contrato de mandato mercantil – que remete para "os preços correntes de mercado" a fixação da responsabilidade do comissário em caso de realização de operações acima do preço acordado com o comitente (art. 270.º, 1.º do CCom). Cf. ANTUNES, J. Engrácia, *Os Contratos no Código Comercial*

Introdução

3. "Mercadorização"

I. Uma terceira característica dos contratos mercantis consiste na sua *"mercadorização"*, ou seja, na sua profunda permeabilidade à regulação jurídica do mercado em sentido amplo.

Expressão polissémica, o mercado designa comummente o espaço organizado, físico ou virtual, onde os agentes económicos (produtores, distribuidores e prestadores, de um lado, consumidores do outro) realizam as suas transacções sobre produtos e serviços, sob a égide dos preços formados mediante o encontro da procura e oferta: o mercado, outrossim que realidade económica, é também uma realidade jurídica, na medida em que apenas existe enquanto é reconhecido e regulado pelo direito[98]. Ora, porventura de modo mais incisivo do que noutros domínios da contratação (mormente, da civil), *o mercado funciona como um verdadeiro "contexto de sentido" dos contratos comerciais*[99] no sentido em que o regime jurídico destes últimos tem sido altamente tributário da regulação jurídica do mercado, em particular daquelas intervenções regulatórias que procuram tutelar a posição dos protagonistas do jogo da oferta-procura e encontrar um ponto de equilíbrio entre os seus interesses conflituantes ("maxime", interesses dos empresários, interesses dos consumidores, interesses dos concorrentes, e interesse público geral)[100]. Para ilustrar tal tese, basta

---

Português, in: AAVV, "Estudos em Homenagem ao Prof. Doutor Luís Carvalho Fernandes", em curso de publicação.

[98] Sobre o conceito de mercado, Irti, Natalino, *L'Ordine Giuridico del Mercato*, Laterza, Roma, 2003; Reich, Norbert, *Markt und Recht*, Luchterhand, Neuwied/ /Darmstadt, 1977.

[99] A expressão é de Leopoldo Sambucci, *Il Contratto dell'Impresa,* 87, Giuffrè, Milano, 2002.

[100] Enfatizando igualmente a conexão entre os institutos do mercado e do contrato, vide Alessi, Ricardo, *Contrato e Mercato*, in: "Scintillae Iuris. Studi in Memoria di Gino Gorla", tomo III, 2339-2354, Giuffrè, Milano, 1994; Guizzi, Giuseppe, *Mercato Concorrenziale e Teoria del Contratto*, in: 97 RivDCom (1999), 67-131; Lipari, Nicolò, *Il Mercato: Attività Privata e Regole Giuridiche*, in: "Scritti in Onore de E. Romagnoli", 37-64, Giuffrè, Milano, 2000.

atentar no enorme impacto que sobre a contratação mercantil moderna tiveram duas das principais projecções da regulação jurídica do mercado: a disciplina jurídica da liberdade de concorrência e da tutela do consumidor.

II. Constituindo a concorrência o princípio fundamental dos modelos de organização económica de mercado assentes na liberdade de empresa e na iniciativa económica privada, todos os ordenamentos jurídicos modernos, incluindo o nosso (Lei Geral da Concorrência, abreviadamente LGC, aprovada pela Lei n.º 18/2003, de 11 de Junho), prevêem um conjunto de normas jurídicas precipuamente destinadas a assegurar a sobrevivência do próprio *sistema concorrencial* ("Rechts gegen Wettbewerbsbeschränkungen", "anti-trust laws", "derecho de defensa de la libre competencia", "protection de la liberté de concurrence"). Ora, esta disciplina, balizando a autonomia negocial das empresas, prevê normas que influenciam directamente a formação (v.g., proibição dos contratos subordinados: cf. art. 4.º, n.º 1, g)), o conteúdo (v.g., abuso de dependência económica: cf. art. 7.º) e os efeitos (v.g., celebração de contratos de domínio: cf. art. 8.º, n.º 3, c)) dos contratos mercantis.[101]

III. Doutra banda, assumindo o mercado actual crescentemente a fisionomia de um mercado de "massas" – onde uma oferta empresarial ilimitada (de produtos e serviços constantemente renovados) e altamente profissionalizada (servida por sofisticadas técnicas de comercialização e "marketing") se encontra com uma procura frequentemente vulnerável e impreparada (por parte do consumidor médio) –, também não surpreende que os mesmos ordenamentos jurídicos venham mais recentemente a desenvolver um acervo normativo cuja intencionalidade fundamental é a *protecção do consumidor,* enquanto sujeito contratual débil (embora

---

[101] Para uma ilustração da importância da legislação concorrencial em matéria da contratação mercantil, vide *infra* Parte II, Cap. III, §3, 1. e 2.

Introdução

não "débil mental", como um certo fundamentalismo consumerista parece por vezes sugerir) nas relações negociais de mercado. Uma vez mais, também ninguém ignora o relevo que estas normas possuem no plano dos contratos mercantis, aos quais são directamente aplicáveis na sua esmagadora maioria, incluindo, entre tantas outras, as leis sobre os contratos negociados fora do estabelecimento comercial (Decreto-Lei n.º 143/2001, de 26 de Abril), sobre os contratos de compra e venda de bens de consumo (Decreto-Lei n.º 67/2003, de 8 de Abril), sobre os contratos electrónicos (arts. 24.º e segs. do Decreto-Lei n.º 7/2004, de 7 de Janeiro), sobre práticas comerciais desleais (Decreto-Lei n.º 57/2008, de 26 de Março) ou sobre os contratos de crédito ao consumo (Decreto-Lei n.º 133/2009, de 2 de Junho).[102]

§3 Seu Alcance

1. Os Contratos Comerciais como Categoria Autónoma

I. Esta renovada importância da problemática jurídica dos contratos mercantis deve, todavia, ser matizada por algumas precisões complementares relativamente ao real alcance da especificidade da contratação mercantil no quadro da contratação privada em geral.

---

[102] Pense-se assim, por exemplo, no *direito de desistência* ou de arrependimento ("Widerrufsrecht", "withdrawal right", "droit de répentir", "derecho al desistimiento"), consistente na faculdade que a lei concede ao consumidor de, em prazo determinado e mediante mera declaração unilateral e discricionária, se desvincular dos contratos concluídos: tal direito, que constitui um denominador comum da referida disciplina (v.g., art. 17.º da LCC, arts. 6.º e 18.º do Decreto-Lei n.º 143/2001, de 26 de Abril), acaba por conformar decisivamente o regime da extinção dos contratos mercantis, reduzindo drasticamente o alcance do princípio geral civilístico "pacta sunt servanda" neste domínio. Cf. *infra* Parte II, Cap. V, §4, 3.

Os contratos comerciais constituem hoje, sem dúvida, uma *categoria autónoma* ou classe "sui generis" de contratos. Essa autonomia é formal – mormente, atenta a consagração legislativa de um elenco próprio e extenso de "contratos especiais de comércio" (arts. 96.º a 484.º do CCom) –, mas também substancial – sobretudo tendo em conta o crescimento exponencial das figuras contratuais mercantis, o seu relevo central no quadro da "praxis" contratual contemporânea, a densidade e a complexidade do respectivo quadro regulatório, bem assim como o actual recentramento do paradigma normativo e operativo de tais contratos em torno da empresa.[103]

II. Mas tal não significa dizer que os contratos comerciais representem um *tipo contratual em sentido próprio* – já que não lhes corresponde um modelo regulativo típico e uniforme (constituindo antes uma categoria que abrange tipos, v.g., contrato de seguro, e até subtipos contratuais, v.g., contrato de compra e venda mercantil) –, nem sequer uma *categoria contratual absolutamente estanque* – muitos contratos podem ser civis ou comerciais (ou até mistos), consoante o "status" das partes que neles intervêm e as finalidades económicas subjacentes à sua realização (basta pensar em vários contratos consagrados simultaneamente

---

[103] A doutrina estrangeira divide-se quanto à qualificação dos contratos comerciais como uma categoria autónoma. Num sentido afirmativo, entre muitos outros, vide ANGELICI, Carlo, *La Contrattazione d'Impresa*, 187, in: AAVV, "L'Impresa", 183-201, Giuffrè, Milano, 1985; BUONOCORE, Vincenzo, *Contrattazione d'Impresa e Nuove Categorie Contrattuali*, 171 e segs., Giuffrè, Milano, 2000; DALMARTELLO, Arturo, *I Contratti delle Imprese Commerciali*, 292 e segs., Cedam, Padova, 1962; LLANOS, L. Suárez, *Bases para una Ordenación del Derecho de la Contratación Mercantil*, in: AAVV, "Jornadas sobre la Reforma de la Legislación Mercantil", 283-305, Civitas, Madrid, 1979; OPPO, Giorgio, *Note sulla Contrattazione d'Impresa*, in: XLI RDC (1995), 629-640; RICO, J. Cano/ MALLOL, A. Serra, *Manual Práctico de Contratación Mercantil*, tomo I, 40, 2.ª edición, Tecnos, Madrid, 1987; num sentido negativo, DUTILLEUL, F. Collart/ DELEBECQUE, Philippe, *Contrats Civils et Commerciaux*, 22, 4ème édition, Dalloz, Paris, 1998; GALGANO, Francesco, *I Contratti di Impresa. I Titoli di Credito. Il Fallimento*, 1, Zanichelli, Bologna, 1980.

Introdução

no CCivil e no CCom, que poderão ser civis ou comerciais consoante as circunstâncias).[104]

2. Um Regime Jurídico da Contratação Mercantil?

I. Além disso, também se nos afigura ganhar hoje corpo e consistência aquilo que poderíamos denominar de um embrionário regime jurídico da *contratação mercantil*.

Com efeito, mercê das diversas metamorfoses jurídicas e económicas ocorridas nos finais do séc. XX, atrás referidas (complexificação das fontes nacionais e internacionais dos contratos mercantis, uniformização normativa europeia e internacional, emergência da problemática do consumidor, incessante renovação dos modelos contratuais pelos "mercatore")[105], é hoje possível identificar um conjunto de indícios normativos e extranormativos que, conferindo uma unidade e homogeneidade crescente às figuras contratuais conexas ou pertinentes à actividade empresarial, se distanciam em maior ou menor grau do direito comum dos contratos. Como melhor será visto detidamente na Parte II desta obra, são hoje abundantes e em número sempre crescente as normas legais que consagram uma disciplina jurídica especial em matéria da contratação empresarial: tais normas vão desde a *fase pré--contratual* – designadamente, em sede dos acordos pré-contratuais, de natureza contratual ("maxime", os chamados "pré-contratos mercantis" e os contratos mercantis complementares) e não

---

[104] Como notam Georges Ripert e René Roblot, "em rigor, não existem contratos comerciais: um contrato será civil ou comercial consoante as pessoas que os celebram e os objectivos que estas pretendem atingir" (*Traité de Droit Commercial*, tome II, 570, 14ème édition, LGDJ, Paris, 1994). Sublinhando também este aspecto, vide Dutilleul, F. Collart/ Delebecque, Philippe, *Contrats Civils et Commerciaux*, 21, 7ème édition, Dalloz, Paris, 2004; Lastres, J. García-Pita, *Derecho Mercantil de las Obligaciones*, 344, Marcial Pons, Madrid/ Barcelona, 2003.

[105] Cf. *supra* Parte I, Cap. V, §1.

A Contratação Mercantil em Perspectiva

contratual ("maxime", cartas de intenção), e dos deveres pré-
-contratuais, mormente de natureza informativa e publicitária –,
passam pelo regime da *formação* – com particular destaque para
os modelos de contratação alternativos (v.g., contratação conjunta,
cruzada, de facto, etc.) ou especiais (v.g., contratação à distância,
automática, electrónica, etc.) em face do modelo legal clássico,
além de outras importantes especialidades (v.g., forma, prova,
língua) – e do *conteúdo* dos contratos comerciais – onde ressalta
o controlo estabelecido sobre os termos contratuais, através de
limitações de ordem geral ("maxime", as cláusulas contratuais
gerais) e específica (v.g., abuso de dependência económica, contratos comerciais "ditados") –, para terminar no plano dos respectivos *efeitos* – incluindo matérias tão diversas e relevantes quanto
as obrigações mercantis (v.g., solidariedade passiva, juros, mora,
prescrição), e o cumprimento e incumprimento contratual (v.g., o
conceito de conformidade com o contrato, o regime especial em
matéria de incumprimento temporário de obrigações pecuniárias
emergentes de contratos comerciais, ou os novos horizontes do
cumprimento defeituoso nas cadeias contratuais de distribuição
comercial) – e das respectivas *transmissão, modificação e extinção* – onde se destacam as regras específicas em matéria da cessão
dos contratos exploracionais das empresas, as cláusulas em matéria
de adaptação e modificação superveniente dos contratos mercantis, além de especialidades várias no caso da sua cessação.[106]

---

[106] No mesmo sentido, Angelo LUMINOSO: "Na verdade, um exame sem preconcei-
tos da actual legislação permite a identificação de uma série de características gerais
comuns aos contratos de empresa, as quais não constituem senão o reflexo das exigências
próprias da actividade empresarial" (*La Contrattazione d'Impresa*, 540, in: AAVV,
"Istituzione di Diritto Commerciale", 527-626, Giappichelli, Torino, 2003); ou Rodrigo
URÍA/ Aurelio MENÉNDEZ/ Mercedes VÉRGEZ: "As novas circunstâncias em que se desenvolve o moderno direito da contratação mercantil determinam uma série de especialidades
cujo regime jurídico excede consideravelmente os limites dentro dos quais foram regulados no velho Código Comercial as particularidades próprias dos contratos e obrigações
comerciais" (*Especialidades de la Contratación Mercantil*, 55, in: AAVV, "Curso de
Derecho Mercantil", tomo II, 55-92, 2.ª edición, Thomson/Civitas, Madrid, 2007).

Introdução

II. Uma vez mais, *tal não significa afirmar a existência "hic et nunc" de um direito da contratação mercantil*, como ramo jurídico acabado e independente da contratação civil.

Na realidade, a referida disciplina especial, antes que representar uma espécie de "parte geral" uniforme e reguladora de todo e qualquer contrato mercantil, é composta por diversos *conjuntos normativos de aplicação sectorial*, isto é, cuja aplicação se circunscreve a grupos ou feixes de contratos mercantis que são específicos de determinados domínios merceológicos (v.g., contratos bancários, contratos financeiros, contratos de seguro, contratos de transporte)[107]. Por outro lado, semelhante disciplina especial, conquanto possuindo tendencialmente na empresa o seu princípio energético e centro de gravidade regulatório, *não se aplica exclusivamente aos contratos de empresa*, nem é impregnada unicamente (ou, por vezes até, primacialmente) por interesses de cariz empresarial: como veremos, são diversas as normas que, fixando um regime particular em matéria da formação, conteúdo e efeitos dos contratos comerciais, possuem um âmbito de aplicação, a um tempo, mais lato (v.g., as normas reguladoras dos contratos de consumo que tenham como contraparte um "profissional" não empresário) e menos lato (v.g., as normas reguladoras de alguns contratos mercantis acessórios ou instrumentais previstos no CCom, que vão referidos à figura mais restrita do "comerciante") do que os contratos de empresa. Finalmente, a disciplina especial a seguir estudada não conhece ainda uma aplicação transversal a toda a "praxis" da contratação mercantil moderna, tendo tido a sua génese histórica e possuindo ainda hoje o seu terreno de

---

[107] Identicamente, Guido ALPA, que sublinha que "a categoria dos contratos comerciais não implica necessariamente a existência de regras comuns aplicáveis a todos os contratos a ela pertencentes: uma análise da legislação especial revela que tais regras se aplicam antes a subsectores nos quais a categoria pode ser dividida" (*"Commercial Contracts": Freedom, Practice and Rules in Italian Law*, 1556, in: XXVI EBLR (2005), 1555-1574).

A Contratação Mercantil em Perspectiva

eleição em duas áreas fundamentais – a *contratação mercantil internacional* e a *contratação mercantil em massa*: evidentemente, a força gravitacional destes dois domínios nucleares, tanto em termos económicos como jurídicos, atribui à respectiva disciplina uma natural vocação expansiva, contribuindo para a transformar em modelo regulatório futuro dos demais sectores residuais da contratação mercantil ("maxime", pequena contratação mercantil doméstica ou local).[108]

---

[108] Naturalmente, semelhantes limitações poderão encontrar na *analogia* um relevante instrumento de extensão e integração da situação jurídico-positiva vigente, aperfeiçoando e completando este embrião de um direito da contratação mercantil. Sobre o sentido e alcance deste instrumento metodológico no Direito Comercial, vide ANTUNES, J. Engrácia, *A Analogia no Direito Comercial,* em curso de publicação.

PARTE II

DOS CONTRATOS COMERCIAIS EM GERAL

PARTE II

DOS CONTRATOS COMERCIAIS
EM GERAL

CAPÍTULO I
Fase Pré-Contratual[*]

§1 Generalidades

I. Como é sabido, no direito clássico dos contratos, os negócios jurídicos bilaterais ou plurilaterais são perspectivados como o produto do encontro ou casamento de vontades de dois ou mais sujeitos jurídicos numa pressuposta situação de igualdade. Tal significa dizer, de um lado, que o "iter contractus" apenas se inicia com a emissão das declarações negociais das partes (oferta e aceitação) – deixando assim na sombra toda a fase preliminar ou preparatória a estas conducente – e, do outro, que compete a cada uma das partes o ónus de, no seu próprio interesse, se inteirar de todos os aspectos necessários ou pertinentes ao objecto negocial ("caveat emptor") – não existindo qualquer obrigação legal de

---

[*] **Bibliografia Portuguesa:** ANTUNES, J. Engrácia, *Os Contratos Comerciais – Noções Fundamentais,* Direito e Justiça, Lisboa, 2007; JÚNIOR, E. Santos, *Acordos Intermédios: Entre o Início e o Termo das Negociações para a Celebração de um Contrato,* in: 57 ROA (1997), 565-604; LEITÃO, L. Menezes, *Negociações e Responsabilidade Pré-Contratual nos Contratos Comerciais Internacionais,* in: 60 ROA (2000), 49-71. **Bibliografia Estrangeira:** ANDERSON, Mark/ WARNER, Victor, *Drafting and Negotiating Commercial Contracts,* 2nd edition, Tottel, West Sussex, 2008; CHRISTOU, Richard, *Drafting Commercial Agreements,* 3rd edition, Thomson/ Sweet & Maxwell, London, 2008; HASE, Karl von, *Vertragsbindung durch Vorvertrag,* Verlag Wissenchaft und Forschung, Berlin, 1999; PEREA, A. Viguri, *Los Tratos Preliminares: las Cartas de Intenciones y otros Documentos Legales Precontractuales*, PPU, Barcelona, 1994; SCHMIDT, Joanna, *Négotiation et Conclusion de Contrats,* Dalloz, Paris, 1982; SPECIALE, Renato, *Contratti Preliminari e Intese Precontrattuali*, Giuffrè, Milano, 1990.

Dos Contratos Comerciais em Geral

informação recíproca entre ambas, ressalvadas as regras gerais da boa fé negocial.[109]

Esta perspectiva tradicional, todavia, mostra-se incapaz de retratar fielmente a "praxis" contratual atinente ao mundo do Direito Comercial moderno. Na verdade, semelhante paradigma ou modelo clássico, para vastos sectores da contratação mercantil – especialmente a contratação mercantil internacional e a contratação mercantil em massa – pura e simplesmente não funciona.

II. Desde logo, os contratos comerciais são frequentemente precedidos de um período, mais ou menos longo, de preparação, discussão e negociação entre as partes contratantes[110]. Ora, esta fase prévia ou preliminar, por vezes designada *pré-contratual*, assume um enorme relevo prático e jurídico no domínio da contratação mercantil dos nossos dias, especialmente internacional e de grande vulto.

Na verdade, mercê da enorme complexidade dos interesses em jogo, da crescente internacionalização e plurilocalização das partes contratantes, e da própria magnitude económica dos bens e serviços negociados, a celebração de numerosos contratos de empresa – v.g., contratos de reorganização societária (fusões, cisões, "management buy-out"), de consórcio, de franquia ("franchising"), de empreendimento comum ("joint venture"), de assistência técnica ("know-how"), de financiamento de projecto ("project finance"),

---

[109] Sobre esta perspectiva clássica, vide Costa, M. Almeida, *Direito das Obrigações,* 192 e segs., 8.ª edição, Almedina, Coimbra, 2000; Varela, J. Antunes, *Das Obrigações em Geral,* vol. I, 212 e segs., 10.ª edição, Almedina, Coimbra, 2000; em particular, falando também de um "ónus de auto-informação", vide Silva, E. Moreira, *Da Responsabilidade Pré-Contratual por Violação dos Deveres de Informação,* 75 e segs., Almedina, Coimbra, 2007. Sobre o princípio "caveat emptor" – específico do contrato de compra e venda, de acordo com o qual recai sobre o comprador o ónus de se inteirar sobre as qualidades e conformidade do objecto da compra –, vide especialmente *infra* Parte II, Cap. IV, §3, 1.2.(V).

[110] Sobre esta fase preliminar do "iter contractus", vide em geral Cordeiro, A. Menezes, *Tratado de Direito Civil Português,* vol. I ("Parte Geral"), tomo I, 307 e segs., Almedina, Coimbra, 1999.

Fase Pré-Contratual

de transferência de tecnologia, e muitos outros – é usualmente precedida por um longo e complexo período negocial, de meses ou até de anos, que reveste uma importância absolutamente decisiva para a conformação jurídica das relações entre os futuros contraentes, caso o contrato se venha a celebrar ou até mesmo independentemente dessa celebração.[111]

Esta fase pré-contratual é extremamente rica, envolvendo uma panóplia variada de actos preparatórios de natureza material (v.g., reuniões, estudos, testes, orçamentos, viagens, etc.) ou jurídica (v.g., minutas, actas de reuniões, correspondência, etc.). Especialmente importante é salientar a existência habitual de uma série de *acordos pré-contratuais* de carácter preliminar, instrumental ou complementar relativamente ao contrato mercantil principal: para os presentes efeitos, esses acordos podem ser agrupados em duas categorias fundamentais, que designaremos doravante por *acordos não contratuais* e *acordos contratuais*.[112]

---

[111] Para ilustrações dessa importância a propósito de concretos contratos mercantis, vide BENARDINI, Mauro, *Proposte e Preliminare di Contratto nei Modelli dei Mediatori,* in: Galgano, Francesco (dir.), "I Contratti del Commercio, dell'Industria e del Mercato Finanziario", vol. I, 103-129, Utet, Torino, 1995; CORSO, Elena, *Il Contratto Preliminare di Società,* in: LIX CeImp (1998), 363-397; FEUERRIEGEL, Stefan, *Die vorvertragliche Phase im Franchising,* Lit, Berlin, 2004; PERIS, J. Ruiz, *Los Tratos Preliminares en el Contrato de Franquicia,* Aranzadi, Navarra, 2000.

[112] Sobre o ponto, não especialmente estudado entre nós, merecem destaque JÚNIOR, E. Santos, *Acordos Intermédios: Entre o Início e o Termo das Negociações para a Celebração de um Contrato,* in: 57 ROA (1997), 565-604; LEITÃO, L. Menezes, *Negociações e Responsabilidade Pré-Contratual nos Contratos Comerciais Internacionais,* in: 60 ROA (2000), 49-71; SILVA, J. Calvão, *Negociação e Formação de Contratos,* in: "Estudos de Direito Civil e Processo Civil (Pareceres)", 29-75, Almedina, Coimbra, 1999. A literatura estrangeira, inversamente, é copiosa: apenas para referir alguns dos estudos de referência em várias ordens jurídicas, vide HASE, Karl von, *Vertragsbindung durch Vorvertrag,* Verlag Wissenchaft und Forschung, Berlin, 1999; PEREA, A. Viguri, *Los Tratos Preliminares: las Cartas de Intenciones y otros Documentos Legales Precontractuales,* PPU, Barcelona, 1994; SCHMIDT, Joanna, *Négotiation et Conclusion de Contrats,* Dalloz, Paris, 1982; SPECIALE, Renato, *Contratti Preliminari e Intese Precontrattuali,* Giuffrè, Milano, 1990.

Dos Contratos Comerciais em Geral

III. Mas o modelo legal clássico também entrou em crise perante um outro vector fundamental e característico da evolução da contratação mercantil moderna: a contratação em massa.

Na verdade, numa economia de mercado caracterizada pela produção e distribuição em série, os contratos celebrados entre os empresários e os consumidores dos respectivos bens e serviços sucedem-se a um ritmo vertiginoso, formando-se e executando-se consecutivamente (senão mesmo instantaneamente, graças aos modernos meios do "e-commerce"). Acresce a isto que, atenta a concorrência feroz entre os empresários, a disputa pelas preferências dos potenciais clientes se desenvolve num contexto publicitário intenso e cada vez mais sofisticado, que antecede e determina decisivamente a celebração desses contratos. Ora, esta natureza despersonalizada e propagandística da moderna contratação mercantil tem originado, essencialmente por mor da protecção da contraparte contratual (consumidor), um significativo reforço dos deveres e garantias pré-contratuais que oneram o empresário contratante – a ponto de ser legítimo afirmar, como melhor veremos adiante, que o velho aforismo "caveat emptor" (o comprador que se cuide) deu hoje lugar, no domínio em apreço, ao novo paradigma normativo "caveat venditor" (o vendedor que se cuide)[113]. Entre eles, merecem destaque os *deveres de informação pré--contratual* e a *integração publicitária contratual.*[114]

---

[113] Segundo Lord STEYN, no caso *"Slater v. Finning"* (1997), "a mudança do «caveat emptor» para o «caveat venditor» constitui uma característica notável do desenvolvimento do Direito Comercial". Cf. ainda BRADGATE, Robert, *Commercial Law,* 300, 3rd edition, Butterworths, London, 2000.

[114] Sobre o ponto em geral, apenas para citar alguns estudos na matéria, vide BESSONE, Mario, *Pubblicità Commerciale, Diritto all'Informazione e Statuto dei Diritto del Consumatore*, in: XXXIV RTDPC (1980), 1455-1464; GARCÍA, P. Pérez, *La Información en la Contratación Privada – En Torno al Deber de Informar en la Ley de Defensa de los Consumidores y Usuarios,* Ministério de Sanidad y Consumo, Madrid, 1990; LAUER, Jurgen, *Vorvertragliche Informationspflichten nach schweizerischem, deutschem und franzosischem Recht,* Stämpfli, Bern, 1983.

Fase Pré-Contratual

§2 Os Acordos Pré-Contratuais

1. Acordos Não Contratuais

1.1. Noção

I. Os *acordos não contratuais* (também por vezes designados "acordos intermédios"[115] ou "contratação mitigada"[116]) são *instrumentos jurídicos, destituídos de natureza contratual, auxiliares da negociação de um dado contrato mercantil*, que servem essencialmente para determinar a forma como as negociações entre as partes contratantes se processarão ou para cristalizar o estado dessas negociações em determinado momento.

1.2. Modalidades Fundamentais

I. No universo destes acordos preparatórios e ancilares da negociação, é possível divisar algumas modalidades socialmente típicas, que se vieram progressivamente a sedimentar na prática da contratação mercantil. Entre elas, destacam-se duas figuras essenciais: os *acordos de princípio* (ou cartas de intenção) e os *acordos de base*.

II. Desde logo, temos as chamadas *cartas de intenção* ou *acordos de princípio* ("letters of intent", "memorandum of understanding", "agreements in principle", "Absichtserklärungen", "accords de principe"): estes acordos, de conteúdo extremamente variável, consistem usualmente em pactos através dos quais as

---

[115] JÚNIOR, E. Santos, *Acordos Intermédios: Entre o Início e o Termo das Negociações para a Celebração de um Contrato*, in: 57 ROA (1997), 565-604.

[116] CORDEIRO, A. Menezes, *Manual de Direito Comercial*, 495, 2.ª edição, Almedina, Coimbra, 2007.

Dos Contratos Comerciais em Geral

partes, em determinado estádio das negociações em curso, manifestam a sua vontade em prosseguir estas de boa fé com vista a atingir o acordo final[117]. Tais acordos são muito frequentes no processo negocial de determinados tipos de contratos mercantis: sirvam de exemplo os contratos de compra e venda de empresa, onde é comum que as partes plasmem e reproduzam os resultados das conversações ou negociações empreendidas ("preliminary agreements", "pourparlers", "Verhandlungen", "trattative"), normalmente em documentos de natureza económica ("due diligence") e jurídica ("legal opinions") que visam fornecer uma informação exaustiva sobre os mais variados aspectos organizativos, técnicos, patrimoniais, financeiros e contabilísticos da empresa negociada de modo a permitir uma correcta e livre formação da vontade negocial das partes contratantes.[118-119]

---

[117] Sobre a figura, vide LAKE, Ralph, *Letters of Intent and other Precontractual Documents,* Butterworths, London, 1991; LUTTER, Marcus, *Der Letter of Intent – Zur rechtlichen Bedeutungen von Absichtserklärungen,* 3. Aufl., Carl Heymanns, Köln, 1998; PEREA, A. Viguri, *Los Tratos Preliminares: las Cartas de Intenciones y otros Documentos Legales Precontractuales,* PPU, Barcelona, 1994; RADICIONI, Chiara, *Le Lettere di Intenti,* in: Galgano, Francesco (dir.), "I Contratti del Commercio, dell'Industria e del Mercato Finanziario", vol. I, 67-101, Utet, Torino, 1995. Com as "cartas de intenção" não se podem confundir as *"cartas de conforto"* ou *"cartas de patrocínio"* ("lettres de patronage", "lettere di patrocinio", "comfort letters", "Patronatserklärungen"), as quais, no essencial, constituem declarações unilaterais pelas quais uma entidade (geralmente a sociedade-mãe de um grupo) visa assegurar à instituição financeira credora, em graus e formas variáveis, o cumprimento dos débitos de determinada entidade devedora (sociedade-filha). Sobre a figura, para maiores desenvolvimentos, vide ANTUNES, J. Engrácia, *Os Grupos de Sociedades – Estrutura e Organização Jurídica da Empresa Plurissocietária,* 595 e segs., 2.ª edição, Almedina, Coimbra, 2002; CORDEIRO, A. Menezes, *Das Cartas de Conforto no Direito Bancário,* Lex, Lisboa, 1993.

[118] Para maiores desenvolvimentos, vide ANTUNES, J. Engrácia, *A Empresa como Objecto de Negócios – "Asset Deals" versus "Share Deals",* 748 e segs., in: 68 ROA (2008), 715-793. Sobre a chamada "due diligence", vide, em geral, EGUIDAZU, J. Alemany, *Auditoría Legal – "Due Diligence" y Opiniones Legales en los Negocios Mercantiles,* Civitas, Madrid, 2008; KNÖFLER, Kathrin, *Rechtliche Auswirkungen der Due Diligence bei Unternehmensakquisitionen,* Peter Lang, Frankfurt, 2001; SCHMITZ, Winifried, *Due Diligence for Corporate Acquisitions,* Kluwer, London, 1996; sobre as "legal opinions" (que são também frequentemente abrangidas num conceito amplo de

Fase Pré-Contratual

Trata-se fundamentalmente, pois, no comum dos casos, de puros acordos de negociação ("agreement to negociate"), através dos quais as partes simplesmente "concordam em concordar" ("agreement to agree", "contrat de négotiation") – ou seja, se obrigam a envidar os seus melhores e mais leais esforços no sentido de levar as negociações a bom termo –, e já não de quaisquer contratos preparatórios ou preliminares do contrato mercantil definitivo (mormente, um contrato promessa), conservando as partes inteiramente intacta a sua liberdade de o celebrar ou não.

III. A outra modalidade fundamental é constituída pelos chamados *acordos de base* ("heads of agreement", "accords de base", "Grundvereinbarungen"): semelhante tipo de acordos – peça-chave em contratos mercantis com processos negociais complexos – visa essencialmente selar o consenso alcançado pelos contraentes relativamente a um determinado núcleo essencial de elementos contratuais, vinculando-se ainda a prosseguir as respectivas negociações quanto aos demais pontos secundários em aberto (por isso mesmo, também por vezes denominados "agreements with open terms").[120]

"due diligence"), vide GRUSON, Michael/ HUTTER, Stephan/ KUTSCHERA, Michael, *Legal Opinions in International Transactions*, 4th edition, Kluwer, London, 2003.

[119] DRAETTA, Ugo, *Documenti Precontrattuali nei Negozi Relativi a Mergers e Acquisitions – Rassegna della Prassi Internazionale*, in: AAVV, "Acquisizione di Società e di Pachetti Azionari di Riferimento", 97-115, Giuffrè, Milano, 1990; PERERA, A. Carrasco, *Las Cartas de Intenciones*, in: AAVV, "Régimen Jurídico de las Adquisiciones de Empresas", 84-133, Aranzadi, Pamplona, 2001; TERSILLA, Silvio, *La Lettera di Intenti nella Trattativa per l'Acquisizione di un Pacchetto Azionario di Riferimento*, in: 17 DCI (2003), 507-536. Mas os exemplos são muitos mais: vejam-se assim os contratos de "joint venture" (cf. *infra* Parte III, Cap. II, §2, 3.) ou os contratos de "franchising" (cf. VASCONCELOS, L. Pestana, *O Contrato de Franquia (Franchising)*, 59 e seg., Almedina, Coimbra, 2000).

[120] Sobre este tipo de acordos, vide JÚNIOR, E. Santos, *Acordos Intermédios: Entre o Início e o Termo das Negociações para a Celebração de um Contrato*, 592 e segs., in: 57 ROA (1997), 565-604.

Dos Contratos Comerciais em Geral

Encontramo-nos agora, pois, diante de acordos prévios surgidos no "iter" negocial que, para além de originar para as partes uma obrigação genérica de negociação, lhes podem ainda eventualmente criar determinadas obrigações específicas de alcance diverso relativamente à execução dos termos do próprio acordo intermédio ou parcial já atingido. Uma vez mais, todavia, pisamos um terreno fértil em variantes e tonalidades, onde se pode tornar particularmente ténue a linha de fronteira que separa este tipo de acordos não contratuais, pertencentes à fase de negociação, e os acordos contratuais preparatórios, que já se inserem no âmbito de uma verdadeira pré-celebração contratual. Se há casos em que nos encontraremos inequivocamente diante de acordos do primeiro tipo – nomeadamente, quando as partes hajam cuidado de afastar expressamente qualquer obrigação de celebração do contrato principal (v.g., mediante a aposição de uma cláusula "subject to contract")[121] – ou, inversamente, diante de acordos do segundo tipo – por exemplo, quando o acordo cristaliza já um consenso sobre todos os "essentialia negotii" do contrato mercantil definitivo, ficando a celebração deste último na dependência de determinadas condições, termos ou manifestações de vontade unilateral (v.g., contratos condicionais, contratos de opção) –, a "praxis" contratual conhece toda uma gama de situações intermédias cujo enquadramento tipológico apenas pode ser decidido, em definitivo, em sede de interpretação do próprio acordo em concreto e do apuramento da vontade das partes.

---

[121] Ou cláusulas similares ("subject to a formal contract", "not binding until final agreement").

Fase Pré-Contratual

1.3. *Regime Jurídico*

I. Os acordos preparatórios em referência, atenta a sua natureza não contratual, possuem, em princípio, um *regime jurídico tipicamente pré-contratual*.

Tal significa dizer, duma banda, que a eficácia de tais acordos se circunscreve unicamente ao plano pré-contratual, não sendo por isso geradores de obrigações contratuais: ou seja, os efeitos de tais acordos consubstanciam-se primacialmente em deveres pré-contratuais de negociação, de procedimento ou de diligência qualificada no contexto do "iter" negocial[122]. E tal significa ainda dizer, doutra banda, que a disciplina do seu eventual incumprimento tem consequentemente a sua sede própria no instituto da "culpa in contrahendo": tendo como raiz axiológica última o ditame da boa fé na formação dos contratos, a violação daqueles deveres, mormente traduzida na ruptura injustificada ou desleal das negociações em curso, pode originar para a parte faltosa uma obrigação de indemnização fundada em responsabilidade pré-contratual (art. 227.º do CCivil).[123]

---

[122] Sublinhe-se ainda que, frequentemente, os acordos (não contratuais e contratuais) atingidos nesta fase negocial são objecto de uma referência mais ou menos detalhada no Preâmbulo ou Considerandos do contrato mercantil definitivo: sobre a questão da relevância e eficácia jurídica dos preâmbulos contratuais, vide ABREU, C. Vasconcelos, *Algumas Considerações sobre os Preâmbulos dos Contratos*, in: AAVV, "Estudos Jurídicos e Económicos em Homenagem ao Prof. Doutor A. Sousa Franco", vol. III, 919-926, Coimbra Editora, Coimbra, 2006.

[123] Sobre a responsabilidade pré-contratual em geral, vide COSTA, M. Almeida, *Responsabilidade Civil pela Ruptura das Negociações Preparatórias de um Contrato*, Coimbra Editora, Coimbra, 1984; PRATA, Ana, *Notas Sobre a Responsabilidade Pré-Contratual*, Separata da Revista da Banca, Lisboa, 1991. Esta doutrina é mesmo seguida em ordens jurídicas que não consagraram legislativamente o instituto da responsabilidade pré-contratual, legitimando-se para tal no princípio geral da boa fé ou de "neminem laedere": cf. CALERO, J. Gómez, *El Contrato Mercantil: Nociones Generales*, in: AAVV, "Derecho Mercantil", tomo II, 224-245, 10.ª edición, Ariel, Barcelona, 2005. Sustentando a admissibilidade de execução específica de tais convenções pré-contratuais, vide CORDEIRO, A. Menezes, *Manual de Direito Comercial*, 497, 2.ª edição,

II. Isto posto, é mister enfatizar que, encontrando-nos em plena coutada da autonomia privada dos "mercatore", a prática contratual mercantil conhece *uma panóplia extremamente rica de acordos* que exibem as mais variegadas designações, conteúdos e efeitos.

Sirva de exemplo o citado caso das cartas de intenção ("letters of intent"): se, no comum dos casos, estas correspondem a acordos de negociação (através dos quais as partes assumem a obrigação de negociar), também não é raro encontrar acordos que, sob uma tal designação, ora se limitam a registar o início ou existência de negociações em curso (sem criar para as partes uma obrigação jurídica de contratar, negociar ou qualquer outra: "gentlemen's agreement")[124], ora, no extremo oposto, consubstanciam já um verdadeiro e próprio acordo sobre todos os elementos essenciais do contrato (constitutivo de um contrato final: "ultimate agreement")[125]. Daqui se retira a seguinte conclusão fundamental: a designação ou "nomen iuris" que as partes de um futuro contrato mercantil atribuem aos respectivos acordos pré-contratuais de modo algum pode ser considerada decisiva para a respectiva qualificação e regime jurídicos, os quais devem ser sempre determinados, em primeira linha, através da interpretação dos termos desses acordos e do apuramento da vontade das partes.

Almedina, Coimbra, 2007; em sentido oposto, LEITÃO, L. Menezes, *Negociações e Responsabilidade Pré-Contratual nos Contratos Comerciais Internacionais,* 62 e seg., in: 60 ROA (2000), 49-71.

[124] Sobre a questão da vinculatividade jurídica dos "gentlemen's agreements", vide em geral UGOLINI, Sonia, *I Gentlemen's Agreements sono Giuridicamente Vincolanti?*, in: XVII CeImp (2001), 1050-1078.

[125] Sublinhando também este aspecto, vide JÚNIOR, E. Santos, *Acordos Intermédios: Entre o Início e o Termo das Negociações para a Celebração de um Contrato,* 568, in: 57 ROA (1997), 565-604; LEITÃO, L. Menezes, *Negociações e Responsabilidade Pré-Contratual nos Contratos Comerciais Internacionais,* 54 e segs., in: 60 ROA (2000), 49-71.

Fase Pré-Contratual

2. Acordos Contratuais

2.1. *Noção*

I. Por *acordos contratuais* designamos aqui aqueles *instrumentos jurídicos de natureza contratual destinados a preparar ou coadjuvar a celebração de um dado contrato mercantil* – os quais, situando-se já no plano da formação e não da mera negociação deste último, representam em si mesmos contratos autónomos perfeitamente vinculativos e definitivos entre as partes.

2.2. *Modalidades Fundamentais*

I. O universo destes acordos preparatórios ou intercalares de natureza contratual é também extremamente variado, podendo ser também aqui agrupados em duas categorias fundamentais: os *pré-contratos comerciais* e os *contratos comerciais satélites*.

II. Por um lado, temos os chamados *pré-contratos comerciais* ("Vorverträge")[126], por vezes também denominados entre nós por contratos "preliminares" ou "preparatórios"[127], que designam aquele conjunto de figuras contratuais, típicas ou atípicas, de direito civil

---

[126] Tal a designação acolhida na doutrina estrangeira: cf. LASTRES, J. García-Pita, *Derecho Mercantil de las Obligaciones*, 417, Marcial Pons, Madrid/ Barcelona, 2003; SCHMIDT, Karsten, *Handelsrecht*, 597, 5. Aufl., Carl Heymanns, Köln, 1999.

[127] Sobre a figura em geral, vide ALMEIDA, C. Ferreira, *Contratos*, vol. I ("Conceito, Fontes, Formação"), 140, 4.ª edição, Almedina, Coimbra, 2008; CORDEIRO, A. Menezes, *Tratado de Direito Civil Português*, vol. I ("Parte Geral"), tomo I, 307 e segs., Almedina, Coimbra, 1999; LEITÃO, L. Menezes, *Direito das Obrigações*, vol. I, 203, 2.ª edição, Almedina, Coimbra, 2002; TELLES, I. Galvão, *Manual dos Contratos em Geral*, 245, 4.ª edição, Coimbra Editora, Coimbra, 2002. Noutros quadrantes, nem sempre com entendimentos coincidentes, vide GIUSTO, Alberto/ PALADINI, Mauto, *Il Contratto Preliminare*, Giuffrè, Milano, 1992; SCHMIDT, Joanna, *Négotiation et Conclusion de Contrats*, Dalloz, Paris, 1982.

Dos Contratos Comerciais em Geral

comum, que são justamente concluídos com vista à futura celebração de um contrato mercantil principal: entre estes, podem mencionar-se os contratos promessa (arts. 410.º e segs. do CCivil), os pactos de preferência (arts. 414.º e segs. do CCivil), os contratos condicionais (arts. 270.º e segs. do CCivil) ou os contratos de opção.

Encontramo-nos aqui perante acordos pré-contratuais que, tendo embora em comum com os anteriormente analisados a circunstância de se inserirem no quadro geral da gestação da contratação mercantil, se distinguem daqueles fundamentalmente por constituírem, em si mesmos, contratos autónomos (geradores de direitos e obrigações independentes) que dão precisamente tradução jurídica ao termo das negociações tendentes à celebração do contrato mercantil principal (e não constituindo uma vicissitude intermédia ou instrumental daquelas): assim, o contrato promessa cria já para uma ou ambas as partes a obrigação de celebrar o contrato mercantil prometido com um conteúdo predefinido; o contrato de preferência atribui ao preferente uma primazia na celebração do contrato principal que venha eventualmente a ser concluído no futuro; e o contrato de opção investe o optante num direito potestativo à formação futura e unilateral de um contrato mercantil principal cujo conteúdo se encontra de antemão fixado.[128]

Muito embora os "pré-contratos mercantis" se reconduzam no essencial a tais figuras jusprivatísticas comuns, estas possuem um *relevo muito particular no domínio da contratação mercantil.* Pense-se, a mero título de ilustração, no que sucede com os contratos de opção[129]: figura contratual preparatória de numerosos

---

[128] Sobre a contratação preliminar ou preparatória, vide em geral CORDEIRO, A. Menezes, *Tratado de Direito Civil Português*, vol. I ("Parte Geral"), tomo I, 307 e segs., Almedina, Coimbra, 1999. Noutros quadrantes, vide AAVV, *I Rapporti Giuridici Preparatori*, Giuffrè, Milano, 1996; HEINRICH, Dieter, *Vorvertrag, Optionsvertrag, Vorrechtsvertrag*, Walter de Gruyter, Berlin, 1965.

[129] Sobre o contrato de opção, que em Portugal reveste uma natureza atípica, confronte-se FONSECA, T. Soares, *Do Contrato de Opção – Esboço de uma Teoria Geral*,

Fase Pré-Contratual

contratos mercantis, vamos encontrá-la frequentemente associada, por previsão legal ou vontade das partes, aos contratos bancários (v.g., "leasing")[130], aos contratos financeiros (v.g., "call options" e "put options" relativas a instrumentos financeiros)[131], aos contratos parassociais (v.g., opções de compra e venda de participações sociais)[132], ao contrato de sociedade[133], e até mesmo a determinados contratos mercantis clássicos, como o contrato de compra e venda mercantil[134]. E não está mesmo excluído que alguns destes "pré--contratos", libertando-se das amarras das referidas figuras gerais, possam assumir *tonalidades exclusivamente juscomerciais*, cristalizando-se em institutos dotados de um regime mais ou menos próprio: atente-se assim, por exemplo, no caso do "pré-contrato de sociedade", que é objecto de uma disciplina jurídico-societária específica (arts. 36.º, 172.º e 173.º do CSC) relativa às chamadas

---

Lex, Lisboa, 2001. Não assim em todas as latitudes: veja-se o caso do direito italiano, onde o contrato de opção foi expressamente configurado como um tipo contratual autónomo (art. 1331.º do "Codice Civile"). Cf. ALIBRANTI, A. Sciarrone, *L'Opzione*, in: AAVV, "I Rapporti Giuridici Preparatori", 53-161, Giuffrè, Milano, 1996.

[130] Sobre a opção de compra nos contratos de locação financeira, vide MORAIS, F. Gravato, *Manual da Locação Financeira*, 47 e segs., Almedina, Coimbra, 2006.

[131] Enquanto contratos derivados, as opções designam genericamente contratos a prazo, padronizados e negociados no mercado de capitais, através dos quais o contraente adquire o direito de comprar ("call") ou vender ("put"), em data futura e a preço previamente fixado, um determinado activo financeiro subjacente (v.g., acções, obrigações, títulos de dívida pública, divisas, mercadorias). Cf. *infra* Parte III, Cap. V, §3, 3.

[132] A consagração de opções de compra ou de venda sobre as acções dos sócios outorgantes inadimplentes desempenha uma função de mecanismo de garantia do cumprimento das obrigações parassociais ("Erfüllung Nebenabreden", "deadlock agreements", "meccanismi di sblocco"). Cf. TRIMARCHI, Pietro, *Strumenti per Assicurare l'Adempimento dei Sindicati di Voto*, in: AAVV, "Sindicati di Voto e Sindicati di Blocco", 113-124, Giuffrè, Milano, 1993. Algo de semelhante se passa nos acordos horizontais de "joint-venture": cf. DAINO, Giuseppe, *Tecniche di Soluzione del "Deadlock": La Disciplina Contrattuale del Disaccordo tra Soci nelle Joint Ventures Paritarie*, in: 2 DCI (1988), 151-168.

[133] MACHADO, J. Baptista, *Parecer Sobre "Reserva de Opção" Emergente de Pacto Social*, in: "Obra Dispersa", 215-256, Scientia Ivridica, Braga, 1991.

[134] LOPES, A. Baptista, *Do Contrato de Compra e Venda no Direito Civil, Comercial e Fiscal*, 195, Almedina, Coimbra, 1971.

pré-sociedades ou sociedades em formação ("Vorgründungs-gesellschaften", "sociedades prefundacionales")[135]; ou no "pré--contrato de franquia" que, perfeitamente sedimentado na prática negocial desta figura, pode revestir inclusive vestes de todo em todo peculiares (v.g., o chamado contrato de "pilotage").[136]

III. Mais importante porventura, porquanto inequivocamente específicos da contratação mercantil, são ainda – e agora por outro lado – os *contratos mercantis satélites ou complementares* ("side agreements", "Zusatzvereinbarungen", "accords satellites"): estamos agora diante de convénios negociais destinados a disciplinar aspectos parcelares, secundários ou instrumentais do contrato mercantil principal.

Entre os mais divulgados na prática comercial, podem mencionar-se os "acordos de confidencialidade" ("confidenciality agreements", "patti di riservatezza"), através dos quais uma ou ambas as partes do contrato mercantil principal se comprometem a não divulgar as informações jurídicas e económicas a que tiveram acesso no quadro das negociações[137]; os "acordos de exclusividade"

---

[135] Sobre a problemática geral das pré-sociedades, vide ANTUNES, J. Engrácia, *As Sociedades em Formação: Sombras e Luzes*, in: 14 CDP (2006), 25-42.

[136] Contrato de conteúdo algo díspar, o pré-contrato de franquia designa um convénio preparatório ou preliminar da celebração de um contrato principal de franquia, destinado a testar a possibilidade dessa futura e eventual celebração durante um determinado período experimental (recebendo a designação de "pilotage" quando tal tarefa de experimentação é confiada a um terceiro). Cf. RIBEIRO, M. Fátima, *O Contrato de Franquia*, 237 e seg., Almedina, Coimbra, 2001; noutros quadrantes, FEUERRIEGEL, Stefan, *Die vorvertragliche Phase im Franchising,* Lit, Berlin, 2004.

[137] Estes acordos são especialmente frequentes no quadro dos contratos de fusão e aquisição empresarial, onde o potencial adquirente tem usualmente acesso a informações reservadas sobre a empresa objecto do negócio: cf. DUBOUT, Hubert, *Les Engagements de Confidentialité dans les Opérations d'Acquisition d'Entreprises*, in: 235 BJS (1992), 722-728; LESCHER, Rupert, *Negotiating Confidentiality Agreements and Letters of Intent*, in: AAVV, "International Joint Ventures, Mergers, and Acquisitions", 53-61, Transnational Publications, New York, 2000. Uma variante destes acordos são os *acordos de exclusão de ofertas públicas hostis* ("non hostile takeover agreements"), que visam prevenir o risco de lançamento pelo potencial adquirente de

Fase Pré-Contratual

("lock-out agreements", "standstill agreements", "Sperrverträge", "patti di blocco"), através dos quais as partes se vinculam, em determinadas condições e durante um certo período temporal, a não encetar negociações paralelas com terceiros com um objecto negocial idêntico ou similar[138]; os "acordos de gestão transitória" ("preclosing business management agreements", "patti di amministrazione interinale") e os "acordos de comunhão nos lucros" ("earning out agreements", "pactes d'intéressement"), característicos dos contratos aquisitivos de grandes empresas, através dos quais as partes, respectivamente, regulam os termos da actuação "medio temporae" dos órgãos sociais da empresa alienada antes da respectiva celebração[139] ou determinam o preço contratual por referência aos lucros futuros gerados por tal empresa[140]; os "acordos parassociais" ("shareholders' agreements", "Abstimmungsvereinbarungen", "conventions entre associés", "patti parasociali"), através dos quais todas ou algumas das partes

---

uma OPA sobre a empresa transaccionada à margem do processo negocial de aquisição: cf. DRAETTA, Ugo, *Documenti Precontrattuali ad Acquisti di Società: Confidentiality Agreements e Protezione Contro Hostile Takeovers*, in: 2 DCI (1988), 181-188.

[138] Sobre tais acordos, vide DRAETTA, Ugo, *Ancora in Tema di Documenti Precontrattuali: Gli "Standstill Agreements"*, in: 2 DCI (1988), 531-537; KNIEHASE, Christoph, *Standstill Agreements in Deutschland und den USA*, Peter Lang, Frankfurt, 2003.

[139] Sobre estes acordos – que podem incidir sobre as mais variadas matérias da gestão e governo societário, incluindo a alteração dos estatutos ou do capital social ("maxime", aumentos de capital), a realização de reorganizações da estrutura societária (fusões, cisões, dissoluções), a distribuição de dividendos, etc. –, vide JAEGER, P. Giusto, *Impegni Relativi all'Amministrazione Interinale della Società Fino al Closing*, 124 e segs., in: AAVV, "Acquisizione di Società e di Pachetti Azionari di Riferimento", 117-128, Giuffrè, Milano, 1990; IORIO, Giovanni, *Strutture e Funzione delle Clausole di Garanzia nella Vendita di Partecipazioni Sociali*, 16 e segs., Giuffrè, Milano, 2006; VÖLKER, Gregor, *Vorvertragliche Pflichten und Gefahrtragung beim Unternehmenskauf*, 262 e segs., WF Verlag, München, 2003.

[140] Sobre tais acordos, vide POITRINAL, François-Denis/ PAROT, Jean-Claude/ REIG, Phillipe, *Cessions d'Entreprise: Les Conventions d'Earn Out*, in: DSoc-AP (1998), 5-22; DE LA MORANDIÈRE, B. Porteau, *Ajustement de Prix et Transmission de Droits Sociaux: Les Pratiques Américaines des Clauses d'Earn Out et des Clauses de Ratchet*, Themis, Paris, 2003.

Dos Contratos Comerciais em Geral

de um contrato de sociedade disciplinam entre si, à margem deste, a respectiva conduta no seio ou em face da sociedade[141]; os "acordos de participação na gestão" ("management participation agreement"), através dos quais se regulam as relações entre os gestores adquirentes e as entidades financiadoras que derivam dos contratos de "management buy-out" ou "buy-in"[142]; os meros "acordos de distribuição de despesas", através dos quais as partes, no início ou decurso das respectivas negociações, convencionam as regras que presidirão à divisão das despesas ou gastos incorridos (v.g., honorários de advogados, serviços financeiros, quadros técnicos e peritos, custos de autorizações administrativas); ou ainda, finalmente, os "acordos compromissórios", através dos quais as partes se obrigam a que eventuais futuros litígios emergentes do contrato principal sejam resolvidos mediante o recurso a tribunal arbitral.[143]

---

[141] Sobre a figura, vide entre nós SANTOS, M. Leite, *Contratos Parassociais e Acordos de Voto nas Sociedades Anónimas*, Cosmos, Lisboa, 1996; TRIGO, M. Graça, *Os Acordos Parassociais sobre o Exercício do Direito de Voto*, UCP Editora, Lisboa, 1998. No direito comparado, entre muitos, podem confrontar-se FLORÈS, D. Velardocchio, *Les Accords Extra-Statutaires entre Associés*, Presses Universitaires, Aix-en-Marseille, 1993; NOACK, Ulrich, *Gesellschaftervereinbarungen bei Kapitalgesellschaften*, Mohr, Tübingen, 1994; TORINO, Raffaele, *I Contratti Parasociali*, Giuffrè, Milano, 2000; STEDMAN, Graham/ JONES, Janet, *Shareholders' Agreements*, FT Law & Tax, London, 1998.

[142] "Rectius", de contratos de "institutional buy-out", ou seja, de MBO ou MBI efectuados debaixo do comando das entidades financiadoras, que passam a deter a maioria do capital social, ficando os administradores com uma participação minoritária. Cf. MICHEL, Allen/ SHAKED, Israel, *The Complete Guide to Leveraged Buyout*, McGraw-Hill, Illinois, 1988; MONTALENTI, Paolo, *Il Leveraged Buyout*, Giuffrè, Milano, 1991.

[143] Muito embora o instituto da arbitragem seja transversal ao Direito Privado, "é no domínio mercantil que o instituto tem assumido maior relevo" (VICENTE, D. Moura, *Da Arbitragem Comercial Internacional*, 37, Coimbra Editora, Coimbra, 1990; no mesmo sentido, FREITAS, J. Lebre, *Introdução ao Processo Civil – Conceito e Princípios*, 67, Coimbra Editora, Coimbra, 1996). Conexa, embora não totalmente coincidente, se afigura a inserção sistemática dos contratos emergentes de um "contrato-quadro" ("Rahmensvertrag"), ou seja, daqueles contratos que instituem o quadro organizatório e programa normativo comum de um conjunto de múltiplos contratos futuros. Relembre-se

2.3. Regime Jurídico

I. Constituindo verdadeiros e próprios contratos, os referidos "pré-contratos" e "contratos satélite" possuem, por definição, um *regime tipicamente contratual*. No essencial, tal significa que, sendo fonte de direitos e obrigações autónomos para as partes neles envolvidas, o respectivo incumprimento definitivo pode constituir o contraente infractor em responsabilidade contratual pelos danos causados ao outro contraente, nos termos gerais (arts. 798.º e segs. do CCivil).

II. Esta asserção de princípio, todavia, não nos deve fazer esquecer as dificuldades que podem rodear a *qualificação jurídica* destes convénios, e consequente determinação do regime aplicável, nos casos concretos – a dirimir, em última análise, em sede de interpretação à luz das regras e cânones hermenêuticos aplicáveis. Exemplificando, o que se apresenta externamente como um pré--contrato mercantil (mormente, a partir do "nomen juris" escolhido pelas partes) representa, não raro, um contrato principal incompleto – já apto a produzir os seus efeitos próprios, e não meramente consubstanciando uma simples obrigação de o celebrar – ou, in-versamente, pode não passar afinal de um simples acordo pré--contratual de negociação – que não encerra qualquer obrigação de contratar, mas unicamente de negociar em boa fé.

---

que um significativo conjunto de contratos mercantis se reconduz a esta categoria contratual: assim sucede com os contratos de fornecimento (cf. *infra* Parte III, Cap. I, §2, 2.6), os contratos de concessão comercial (cf. *infra* Parte III, Cap. III, §3, 2), os contratos de franquia (*infra* Parte III, Cap. III, §4, 2), ou os contratos de cessão financeira (*infra* Parte III, Cap. IV, §4, 2), entre outros.

Dos Contratos Comerciais em Geral

§3 Os Deveres Pré-Contratuais

1. Deveres de Informação Pré-Contratual

I. O primeiro e mais representativo traço distintivo da densificação legislativa da fase pré-contratual da contratação mercantil reside na consagração e multiplicação de *deveres de informação pré-contratual.*

Na verdade, a disciplina legal dos contratos comerciais vai sendo hoje crescentemente permeada por um imperativo geral de "transparência negocial" ("Transparenzgebot"[144], "trasparenza nella contrattazione"[145]) que, visando fundamentalmente reforçar a protecção dos interesses das contrapartes dos mais variados tipos de contratos celebrados pelos empresários em face das assimetrias informativas existentes, se consubstancia em obrigações de informação prévia, de carácter genérico ou específico ("disclosure of terms"), a respeito dos respectivos sujeitos, termos, conteúdo e efeitos.[146]

---

[144] LOCHER, Horst, *Das Recht der Allgemeinen Geschäftsbedingungen*, 143, Beck, München, 1997. Sobre o actual relevo do princípio da transparência, vide RIBEIRO, J. Sousa, *O Princípio da Transparência no Direito Europeu dos Contratos*, in: "Direito dos Contratos – Estudos", 75-100, Coimbra Editora, Coimbra, 2007.

[145] LUMINOSO, Angelo, *La Contrattazione d'Impresa*, 534, in: AAVV, "Istituzione di Diritto Commerciale", 527-626, Giappichelli, Torino, 2003.

[146] A proeminência do valor da "informação" no quadro da regulação legal dos contratos mercantis não se esgota naturalmente no âmbito pré-contratual, projectando-se igualmente no contexto *contratual* propriamente dito – pense-se, por exemplo, nos elementos informativos que devem obrigatoriamente constar dos contratos celebrados fora do estabelecimento comercial (arts. 5.º e 16.º do Decreto-Lei n.º 143/2001, de 26 de Abril), dos contratos de seguro (art. 37.º da LCS), ou dos contratos de crédito ao consumo (art. 12.º da LCC) – e no contexto *pós-contratual* – vejam-se, por exemplo, os deveres informativos acessórios nos contratos de viagem organizada (art. 23.º do Decreto-Lei n.º 209/97, de 13 de Agosto). Sobre o ponto, vide também, por último, SILVA, E. Moreira, *da Responsabilidade Pré-Contratual por Violação dos Deveres de Informação*, Almedina, Coimbra, 2007.

Fase Pré-Contratual

1.1. Contratos Normativamente Empresariais

I. Esta asserção é verdadeira, desde logo, para o núcleo fundamental dos contratos mercantis hodiernos – os contratos normativamente empresariais, ou seja, aqueles contratos que, por força de imposição legal, são necessariamente celebrados por empresas.[147]

II. Estão neste caso os *contratos bancários*: vejam-se assim, por exemplo, para além dos deveres informativos gerais (arts. 77.º e 77.º-C do RGIC), os extensos deveres pré-contratuais relativos aos contratos de crédito ao consumo, que impõem à empresa bancária ou creditícia o dever de prestação prévia ao consumidor de um conjunto muito vasto de informações relativas à identificação, duração e montante total do crédito, à taxa anual efectiva geral, aos tipo e montante dos pagamentos devidos pelo consumidor, às consequências da falta de pagamento, aos encargos relativos à manutenção das contas bancárias acessórias, aos eventuais custos notariais, às garantias exigidas, à taxa de juros moratórios, aos direitos de livre revogação e ao reembolso antecipado, entre tantos outros (arts. 6.º e segs. da LCC)[148]. Estão ainda neste caso os *contratos financeiros*: vejam-se assim, por exemplo, os importantes elementos informativos que devem ser obrigatoriamente

---

[147] Sobre a classificação dos contratos comerciais em contratos normativa e naturalmente empresariais, vide *supra* Parte I, Cap. III, §1.

[148] Outro sector relevante é o dos contratos à distância relativos a serviços financeiros, regulados pelo Decreto-Lei n.º 95/2006, de 29 de Maio, que impõe ao prestador do serviço (designadamente, empresas bancárias e creditícias) amplos deveres informativos pré-contratuais. Este diploma transpôs a Directiva 2002/65/CE, de 23 de Setembro, relativa à comercialização à distância de serviços financeiros prestados a consumidores, a qual veio concretizar (porventura de modo parcialmente desnecessário) para o caso específico dos bens e serviços financeiros a disciplina da contratação à distância relativa aos bens e serviços em geral já contida na Directiva 97/7/CE, de 20 de Maio, acolhida entre nós pelo citado Decreto-Lei n.º 143/2001, de 26 de Abril. Cf. Bravo, Fabio, *Commercializzazione a Distanza dei Servizi Finanziari ai Consumatori*, Ipsoa, Milano, 2003.

Dos Contratos Comerciais em Geral

incluídos pelas empresas de intermediação financeira no âmbito dos respectivos contratos de intermediação sobre instrumentos financeiros (arts. 312.º-A e segs., 321.º-A, 322.º, 323.º e segs. do CVM), bem como pelas empresas oferentes no prospecto de ofertas públicas de valores mobiliários (arts. 136.º e segs. do CVM) ou nos anúncios preliminares de ofertas públicas de aquisição (art. 176.º do CVM)[149]. O mesmo se passa com os *contratos de seguro*: vejam-se assim os deveres informativos pré-contratuais que recaem tanto sobre a empresa seguradora – incluindo elementos obrigatórios tais como a identificação e estatuto legal da empresa, o âmbito do risco a cobrir, as exclusões e limitações da cobertura, o valor, modalidades e efeitos da falta de pagamento do prémio, a duração do contrato, ou o regime da sua renovação, denúncia, resolução e transmissão (art. 18.º da LCS)[150] – como sobre o tomador do seguro e segurado – mormente, através da chamada declaração inicial de risco (art. 24.º da LCS)[151]. E obrigações inspiradas por

---

[149] Para além destes deveres especiais, o art. 312.º do CVM consagra ainda um dever geral de recolha e fornecimento prévios de informação necessária à tomada de decisão por parte dos clientes investidores (v.g., risco dos contratos a realizar, conflitos de interesses, fundos de garantia), que será concretizado nos casos individuais ao abrigo da regra "know your customer", nos termos da qual a extensão e a profundidade da informação devem ser tanto maiores quanto menor for o grau de conhecimentos e de experiência do cliente (art. 312.º, n.º 2 do CVM). Sobre a informação jusfinanceira em geral, vide OGANDO, J. Avillez, *Os Deveres de Informação Permanente no Mercado de Capitais*, in: 64 ROA (2004), 201-256; PINA, C. Costa, *Dever de Informação e Responsabilidade pelo Prospecto no Mercado Primário de Valores Mobiliários*, Coimbra Editora, Coimbra, 1999.

[150] IHLE, Jörg, *Der Informationsschutz des Versicherungsnehmers*, V. Kovac, Hamburg, 2006. Atente-se ainda que, paralelamente a estes deveres informativos pré-contratuais das próprias partes, existem ainda outros que são impostos a terceiros com relevância na relação contratual de seguro – é o caso dos deveres de informação e aconselhamento dos mediadores de seguros, previstos no art. 29.º da LCS e nos arts. 29.º e segs. do Decreto-Lei n.º 144/2006, de 31 de Julho (cf. DOHMEN, Michael, *Informations- und Beratungspflichten vor Abschluss des Versicherungsvertrags*, Peter Lang, Frankfurt am Main, 2007).

[151] Cf. *infra* Parte III, Cap. VI, §3, 2(II). Dada a progressiva interpenetração dos diferentes segmentos ou tipos dos mercados financeiros (banca, investimentos, seguros),

Fase Pré-Contratual

um idêntico desiderato de transparência e informação são hoje crescentemente previstas para os *contratos de transporte*: vejam--se assim, a título de exemplo, as obrigações pré-contratuais de indicação dos preços e tarifas do transporte aéreo, a que estão sujeitas as empresas transportadoras e as empresas de viagem e turismo (Decreto-Lei n.º 173/2007, de 8 de Maio).

III. Idênticos deveres informativos prévios, no mesmo âmbito tipológico, vão sendo ainda consagrados pelo legislador a propósito de determinados contratos normativamente empresariais individuais ou avulsos. Sirva aqui de exemplo o *contrato de viagem organizada* (Decreto-Lei n.º 209/97, de 13 de Agosto), o qual, constituindo um contrato normativamente empresarial (isto é, necessariamente celebrado por empresas de viagem e turismo: cf. art. 1.º), obriga o empresário contratante a informar previamente o cliente de uma série de aspectos, incluindo o programa da viagem, as cláusulas a inserir no mesmo, a necessidade de passaporte e vistos (nas deslocações ao estrangeiro), etc. (arts. 18.º e 20.º).[152]

1.2. *Outros Contratos Comerciais*

I. Mas algo de muito semelhante se pode afirmar a respeito dos próprios contratos naturalmente empresariais, ou seja, daqueles contratos que, conquanto não de forma exclusiva ou necessária, são usualmente celebrados por empresários ou possuem o seu terreno de eleição no âmbito da actividade empresarial. À cabeça, tal o caso de numerosos contratos de consumo concluídos entre

---

o legislador português estendeu mesmo tais deveres informativos pré-contratuais aos próprios *contratos* ou *produtos financeiros complexos*, através do art. 2.º do Decreto-Lei n.º 211-A/2008, de 3 de Novembro (sobre o referido fenómeno de interpenetração operacional e institucional dos mercados financeiros, vide *infra* Parte III, Cap. IV, §1, 1(IV)).

[152] Sobre tais deveres especiais, vide MIRANDA, Miguel, *O Contrato de Viagem Organizada*, 137 e segs., Almedina, Coimbra, 2000.

Dos Contratos Comerciais em Geral

empresários e consumidores[153]: mencionem-se aqui, apenas a título de exemplo, os contratos celebrados fora do estabelecimento comercial e os contratos celebrados no âmbito do comércio electrónico.

II. São bem conhecidos os deveres de informação prévia nos *contratos celebrados fora do estabelecimento comercial*, incluindo os contratos à distância e os contratos ao domicílio (Decreto-Lei n.º 143/2001, de 26 de Abril, alterado pelo Decreto-Lei n.º 82/ 2008, de 20 de Maio).[154]

Assim, nos "contratos à distância", o empresário fornecedor do bem ou serviço deve colocar à disposição do outro contraente, em tempo útil e previamente à celebração do contrato, um conjunto variado de informações (art. 7.º, n.º 1), que incluem a sua identidade e, no caso de contratos que exijam pagamento adiantado, o respectivo endereço, as características essenciais do bem ou do serviço, o preço do bem ou do serviço (incluindo taxas e impostos), as despesas de entrega (caso existam), as modalidades de pagamento, entrega ou execução, a existência de um direito de

---

[153] Recorde-se, aliás, que, já nos termos gerais do art. 8.º da LDC, os empresários fornecedores de bens ou prestadores de serviços (bem como todos os demais participantes no circuito económico: v.g., produtor, fabricante, importador, distribuidor, embalador, armazenista) estão obrigados, tanto nas negociações como na celebração de um contrato com os consumidores, a informar estes de forma clara, objectiva e adequada, nomeadamente sobre as características, composição e preço do bem ou serviço, sobre o período de vigência do contrato, garantias, prazos de entrega e assistência pós--venda. E ainda que, nos termos dos arts. 3.º, d), 9.º e 10.º do Decreto-Lei n.º 57/2008, de 26 de Março, as propostas contratuais das empresas que contenham omissões informativas enganosas susceptíveis de levar o consumidor a contratar consubstanciam uma prática comercial desleal. Cf. GARCÍA, P. Pérez, *La Información en la Contratación Privada. En Torno al Deber de Informar en la Ley de Defensa de los Consumidores y Usuarios*, Ministério de Sanidad y Consumo, Madrid, 1990.

[154] GARCÍA, G. Botana, *Los Contratos Realizados Fuera de los Establecimientos Mercantiles y la Protección de los Consumidores,* Bosch, Barcelona, 1994; MACRI, Carmine, *I Contratti Negoziati Fuori dai Locali Commerciali*, Giappichelli, Torino, 1998; SERRANO, L. María, *Los Contratos Celebrados Fuera de los Establecimientos Mercantiles*, Marcial Pons, Madrid, 2001.

Fase Pré-Contratual

resolução do contrato, os custos de utilização da técnica de comunicação a distância (quando calculados através de tarifa que não seja a de base), o prazo de validade da oferta ou proposta contratual, e a duração mínima do contrato, sempre que necessário (no caso de contratos de fornecimento de bens ou prestação de serviços de execução continuada ou periódica).[155]

Do mesmo modo, nos "contratos ao domicílio" ou equiparados (v.g., celebrados no local de trabalho do consumidor, em reuniões ou deslocações promovidas pelo empresário ou seus colaboradores, etc.) incumbe aos empresários fornecedores um dever de identificação completa (art. 15.º), bem como um dever de inclusão de elementos informativos obrigatórios nos suportes publicitários utilizados (v.g., catálogos, revistas, etc.), entre os quais se incluem, para além dos dados identificativos da empresa fornecedora, a indicação das características essenciais do bem ou serviço objecto do contrato, a indicação do preço total, forma e condições de pagamento (no caso de pagamento em prestações, os seus montantes, datas do respectivo vencimento e demais elementos exigidos pela legislação que regula o crédito ao consumo), a indicação da forma, lugar e prazos de entrega dos bens ou da prestação dos serviços, o regime de garantia e de assistência pós-venda (quando a natureza do bem o justifique, com indicação do local para onde o consumidor pode dirigir as suas reclamações), e ainda a informação sobre o direito de resolução que assiste ao consumidor (bem como a indicação do nome e endereço do destinatário desse eventual exercício).

---

[155] Sobre os deveres de informação pré-contratuais nos contratos à distância, vide CARVALHO, J. Morais, *Prestação de Informações nos Contratos Celebrados à Distância*, 83 e segs., in: AAVV, "Direito Privado e Direito Comunitário – Alguns Ensaios", 13-144, Âncora Editora, Lisboa, 2007; sobre o quadro comunitário precedente e inspirador da regulação portuguesa (Directiva 97/7/CE, de 20 de Maio), vide PINTO, P. Mota, *Princípios Relativos aos Deveres de Informação no Comércio à Distância*, in: 5 EDC (2003), 183-206.

Dos Contratos Comerciais em Geral

III. Um outro exemplo ilustrativo é dado pelos contratos relativos ao *comércio electrónico* (Decreto-Lei n.º 7/2004, de 7 de Janeiro)[156]. Com efeito, nos termos do art. 28.º deste diploma, todo o empresário prestador de serviços em rede que celebre contratos electrónicos deve facultar às respectivas potenciais contrapartes, antes de ser dada a ordem de encomenda, informação mínima inequívoca sobre um variado naipe de aspectos, incluindo o processo de celebração contratual, o arquivamento ou não do contrato (bem como a respectiva acessibilidade pelo contraente), a língua ou línguas em que o contrato pode ser celebrado, os meios técnicos disponibilizados para a identificação e correcção de erros de digitação da ordem de encomenda (cf. ainda art. 27.º), os termos contratuais e as cláusulas gerais do contrato a celebrar, bem como os códigos de conduta de que o empresário em linha seja subscritor.

IV. Esclareça-se, entretanto, não poderem subsistir dúvidas sobre o carácter "naturalmente empresarial" dos referidos contratos, cujo sujeito activo é constituído em regra (embora não sempre ou necessariamente) por um empresário.

É verdade que a lei não elevou expressamente a empresa a elemento constitutivo do próprio tipo legal, preferindo falar genericamente em "fornecedores de bens ou serviços" (art. 1.º, n.º 3, b) do Decreto-Lei n.º 143/2001, de 26 de Abril) ou de "prestadores de serviços em rede" (art. 3.º, n.º 1 do Decreto-Lei n.º 7/2004, de 7 de Janeiro). Todavia, mostra a experiência que nos encontramos perante contratos que são, na esmagadora maioria dos casos, celebrados entre empresários e consumidores – circunstância esta que, de resto, transparece inequivocamente da

---

[156] GIL-DELGADO, M. Corripio, *Los Contratos Informáticos. El Deber de Información Precontratual*, Comillas, Madrid, 1991; MUSIO, Ivana, *Obblighi di Informazione nel Commercio Elettronico*, in: Sica, Salvatore/ Stanzione, Pasquale (eds.), *Commercio Elletronico e Categorie Civilistiche*, 117-136, Giuffrè, Milano, 2002.

Fase Pré-Contratual

própria disciplina legal. Assim, relativamente aos contratos celebrados "fora do estabelecimento comercial" – cuja designação logo inculca tratar-se de contratos próprios de empresas cuja particularidade reside em serem concluídos fora da sede da empresa ou das suas divisões –, o legislador por diversas vezes se refere às "empresas fornecedoras" (arts. 15.º, n.ºˢ 1 e 3, 16.º, n.º 1, b), 22.º, n.º 2, a) e b), 36.º do Decreto-Lei n.º 143/2001, de 26 de Abril), além de explicitamente erigir como finalidade da regulação, lado a lado com a protecção dos consumidores, a "transparência das práticas comerciais" (art. 1.º, n.º 2 do Decreto-Lei n.º 143/2001, de 26 de Abril)[157]. E algo de semelhante se poderá dizer a respeito dos contratos relativos ao comércio electrónico, onde, para além de algumas referências similares a "empresas prestadoras de serviços" (v.g., art. 38.º, n.ºˢ 2 e 3 do Decreto-Lei n.º 7/2004, de 7 de Janeiro), é entendimento doutrinal dominante que os sujeitos activos de tais contratos, mormente em virtude da exigência expressa da natureza económica da actividade desenvolvida (art. 3.º, n.º 1 do Decreto-Lei n.º 7/2004, de 7 de Janeiro), serão usualmente empresas.[158]

---

[157] Trata-se também da opinião dominante na doutrina nacional e estrangeira. Entre nós, vide CUNHA, Carolina, *Métodos de Venda a Retalho Fora do Estabelecimento: Regulamentação Jurídica e Protecção do Consumidor,* in: AAVV, "Direito Industrial", vol. IV, 255-330, Almedina, Coimbra, 2005. Noutros quadrantes, vide Vincenzo BUONOCORE: "A lei sobre contratos celebrados fora do estabelecimento comercial ("contratti stipulati fuori dei locali commerciali") aplica-se a todos os contratos entre um empresário e um consumidor, concluídos fora da sede da empresa tendo por objecto o fornecimento de bens ou a prestação de serviços" (*Contrattazione d'Impresa e Nuove Categorie Contrattuali,* 85, Giuffrè, Milano, 2000); F. Vicent CHULIÁ: "Os contratos celebrados fora do estabelecimento são contratos celebrados entre um empresário e um consumidor fora do estabelecimento mercantil do empresário, directamente por este ou por terceiro que actue por sua conta" (*Introducción al Derecho Mercantil,* 785, Tirant lo Blanch, Valencia, 2004).

[158] PIZARRO, S. Nóbrega, *Comércio Electrónico – Contratos Electrónicos e Informáticos,* 73, Almedina, Coimbra, 2005; TUPAN, S. Christoffoli, *Alguns Aspectos Jurídicos do Comércio Electrónico entre Empresas,* 58 e segs., Diss., Porto, 2004.

Dos Contratos Comerciais em Geral

V. Finalmente, idênticos deveres de informação pré-contratuais vão sendo hoje objecto de crescente aceitação e construção, por via doutrinal ou jurisprudencial, a respeito de diversos *contratos mercantis individuais*, inclusivamente atípicos: tal o caso do contrato de franquia ("franchising")[159] e do contrato de compra e venda de empresa ("Unternehmenskauf")[160], entre outros.

2. Deveres Publicitários

I. No universo da moderna contratação mercantil, a publicidade transformou-se num instrumento fundamental através do qual os empresários procedem à divulgação promocional das respectivas empresas, produtos e serviços. De facto, no contexto de uma economia caracterizada por uma concorrência feroz entre os agentes de mercado e uma massificação e internacionalização do consumo, a *"publicidade comercial"* representa hoje a primeira e incontornável fase do "iter" formativo dos contratos comerciais.[161]

II. Ora, a relevância económica da publicidade no quadro da actividade empresarial, mormente de natureza negocial, teve também importantes repercussões na disciplina jurídica da formação dos contratos comerciais, a dois níveis fundamentais: positivamente, através da *integração publicitária do contrato*; negativamente, através da *proibição da publicidade enganosa*.

---

[159] Sobre o problema da informação pré-contratual nos contratos de franquia, vide RIBEIRO, M. Fátima, *O Contrato de Franquia*, 64 e seg., Almedina, Coimbra, 2001. A questão recebeu mesmo foros de lei em certas ordens jurídicas estrangeiras: cf. PERIS, J. Ruiz, *Los Tratos Preliminares en el Contrato de Franquicia*, Aranzadi, Navarra, 2000.

[160] VÖLKER, Gregor, *Vorvertragliche Pflichten und Gefahrtragung beim Unternehmenskauf*, WF Verlag, München, 2003.

[161] Sobre a publicidade mercantil privada, vide desenvolvidamente ANTUNES, J. Engrácia, *Direito Comercial,* em curso de publicação.

Fase Pré-Contratual

2.1. *Integração Publicitária do Contrato*

I. Os contratos celebrados pelos empresários são quase sempre precedidos de mensagens publicitárias através das quais aqueles procuram justamente captar as preferências dos seus potenciais clientes. Neste contexto publicitário em que germina e se desenvolve a contratação mercantil em massa dos nossos dias, tornou-se assim inevitável que as decisões de celebração contratual por parte dos consumidores sejam tomadas frequentemente, senão quando exclusivamente, com base nos conteúdos veiculados nessas mensagens publicitárias dos produtos ou serviços em causa – podendo até dizer-se, num certo sentido, que tais contratos são como que "pré-celebrados" através da publicidade[162]. Ora, se assim é, tanto mais que nem sempre será fácil destrinçar entre o conteúdo informativo (objectivo) e promocional (persuasivo) dessas mensagens, impõe-se responsabilizar os empresários pelas informações e qualidades divulgadas através da publicidade: falamos da chamada *integração publicitária contratual*, que visa designar a inserção ou incorporação imperativa nos contratos comerciais das informações constantes de mensagens publicitárias.

II. A vinculatividade e a eficácia jurídico-contratuais das declarações publicitárias, que conflitua frontalmente com a teoria clássica do valor contratual das declarações negociais ("caveat emptor"), *encontram-se hoje expressamente acolhidas no direito português.*[163-164]

---

[162] Como sublinha Michael Lehmann, na prática os bens e serviços são como que "pré-comprados" ("Vorverkauft") pelos consumidores através da publicidade (*Informationsverantwortung und Gewährleistung für Werbeangaben beim Verbrauchsgüterkauf*, 287, in: 55 JZ (2000), 280-293).

[163] Sobre a temática, inaugurada com a Directiva 1999/44/CE, de 25 de Maio, vide, entre nós, Almeida, C. Ferreira, *Relevância Contratual das Mensagens Publicitárias*, in: 6 RPDC (1996), 9-25; Pinto, P. Mota, *Conformidade e Garantias na Venda de Bens de Consumo. A Directiva 1999/44/CE e o Direito Português*, in: 2 EDC (2000), 197-331. Noutros quadrantes, vide também Galán, J. Font, *La Integración*

Dos Contratos Comerciais em Geral

Assim, nos termos do art. 7.º, n.º 5 da Lei n.º 24/96, de 31 de Julho ("Lei de Defesa do Consumidor" ou abreviadamente LDC), "as informações concretas e objectivas contidas nas mensagens publicitárias de determinado bem, serviço ou direito, consideram-se integradas no conteúdo dos contratos que se venham a celebrar após a sua emissão, tendo-se como não escritas as cláusulas em sentido contrário"[165]. E o art. 2.º, n.º 2 do Decreto-Lei n.º 67/2003, de 8 de Abril (garantias na venda de bens de consumo), estabelece uma presunção de incumprimento contratual no caso de os bens entregues ao comprador "não serem conformes com a descrição que deles é feita pelo vendedor ou não apresentarem as qualidades que o vendedor tinha apresentado ao consumidor como amostra ou modelo" (alínea a)) ou "não apresentarem as qualidades e o desempenho habituais nos bens do mesmo tipo e que o consumidor pode razoavelmente esperar, atendendo à natureza do bem e, eventualmente, às declarações públicas sobre as suas características concretas feitas pelo vendedor, pelo produtor ou pelo seu representante, nomeadamente na publicidade e na rotulagem" (alínea d))[166]. Os exemplos ou concretizações deste

---

Publicitaria del Contrato: Un Instrumento de Derecho Privado contra la Publicidad Engañosa, in: IV CDC (1988), 7-48; LEHMANN, Michael, *Informationsverantwortung und Gewährleistung für Werbeangaben beim Verbrauchsgüterkauf*, in: 55 JZ (2000), 280-293; LÓPEZ, M. Marín, *El Carácter Vinculante de las Declaraciones Públicas en la Venta de Bienes de Consumo*, in: 7 EDC (2005), 211-243.

[164] O "Anteprojecto do Código do Consumidor" contém também disposições sobre a inserção e eficácia contratual das mensagens publicitárias (art. 185.º). Para um confronto entre o direito actual e tais disposições, vide PINTO, P. Mota, *O Anteprojecto de Código do Consumidor e a Venda de Bens de Consumo*, 274 e seg., in: 7 EDC (2005), 263-278.

[165] Um princípio algo semelhante aflorava já, antes desta disposição, no art. 2.º do Decreto-Lei n.º 446/85, de 25 de Outubro, onde se sujeitam expressamente ao controlo legal todas as cláusulas contratuais gerais "independentemente da forma da sua comunicação ao público".

[166] Sobre estas presunções legais de não conformidade, vide PINTO, P. Mota, *Conformidade e Garantias na Venda de Bens de Consumo. A Directiva 1999/44/CE e o Direito Português*, 235 e segs., in: 2 EDC (2000), 197-331; LEITÃO, L. Menezes,

Fase Pré-Contratual

vector geral vão-se multiplicando: veja-se assim, por exemplo, a integração das mensagens publicitárias do contrato de seguro, que primam sobre as próprias condições gerais ou especiais que as contrariem sempre que mais favoráveis ao tomador ou beneficiário do seguro (art. 33.º da LCS).

2.2. *Proibição da Publicidade Enganosa*

I. Embora não correspondendo "summo rigore" a qualquer garantia ou dever pré-contratual positivo, merece ainda referência, pela sua afinidade teleológica, a proibição da *publicidade enganosa* ("pubblicità ingannevole", "publicidad engañosa", "publicité trompeuse"): com efeito, o legislador português veio interditar e sancionar quaisquer formas de comunicação destinadas à promoção de bens e serviços por parte de empresas que, devido ao seu carácter enganador, sejam susceptíveis de induzir em erro os respectivos consumidores ou destinatários (art. 11.º, n.º 1 do CP).[167]

II. Esta proibição complementa e encerra assim o relevo jurídico do contexto publicitário no âmbito da contratação mercantil em massa: no âmbito dos contratos celebrados com consumidores, os empresários, além de (positivamente) ficarem vinculados pelas suas declarações publicitárias, estão ainda obrigados (nega-

---

O Novo Regime da Venda de Bens de Consumo, 47 e segs., in: AAVV, "Estudos do Instituto de Direito do Consumo", vol. II, 37-73, Almedina, Coimbra, 2005; SILVA, J. Calvão, *Venda de Bens de Consumo,* 59 e segs., Almedina, Coimbra, 2003.

[167] Sobre esta figura, que deve hoje ser construída em conjugação com a proibição genérica das práticas comerciais desleais instituída pelo Decreto-Lei n.º 57/2008, de 26 de Março (cf. em especial os arts. 7.º e 23.º), vide, entre nós, ALMEIDA, J. Moitinho, *A Publicidade Enganosa,* Arcádia, Lisboa, 1974; CARVALHO, M. Morais, *O Conceito de Publicidade Enganosa,* in: AAVV, "Nos 20 Anos do Código das Sociedades Comerciais", vol. III, 675-706, Coimbra Editora, Coimbra, 2007. Noutros quadrantes, vide FUSI, Maurizio/ TESTA, Paolina/ COTTAFAVI, Pierluigi, *La Pubblicità Ingannevole*, Giuffrè, Milano, 1993.

Dos Contratos Comerciais em Geral

tivamente) a observar um princípio de verdade e clareza relativamente aos conteúdos dessas mesmas declarações ("maxime", as características dos bens ou serviços publicitados, os respectivos preço e condições de fornecimento, bem como os direitos, deveres e garantias dos adquirentes), por forma a não induzir em erro as potenciais contrapartes desses contratos ou distorcer o seu comportamento negocial[168]. A infracção desse *"dever negativo"* é fonte de sanções contra-ordenacionais para os empresários infractores (art. 34.º, n.º 1, a) do CP e art. 21.º do Decreto-Lei n.º 57/2008, de 26 de Março), sem prejuízo de várias outras importantes consequências laterais (v.g., obrigação dos empresários apresentarem provas da exactidão material dos dados de facto contidos na publicidade, presumindo-se que tais dados são inexactos se aqueles não apresentarem as provas pedidas ou estas forem consideradas insuficientes: cf. art. 11.º, n.ºˢ 2 e 3 CP) ou acessórias (v.g., ordenação de medidas cautelares, obrigação de publicidade "correctora" a expensas dos empresários infractores: cf. art. 41.º do CP, arts. 20.º e 21.º, n.º 2 do Decreto-Lei n.º 57/2008, de 26 de Março).

---

[168] Saliente-se ainda que tal proibição, para além da protecção dos interesses das contrapartes contratuais dos empresários (consumidores), visa igualmente a tutela jurídica dos interesses dos próprios empresários concorrentes: prova inequívoca disso mesmo é a legitimidade destes para o exercício da acção inibitória, contemplada no art. 16.º do Decreto-Lei n.º 57/2008, de 26 de Março. Cf. SERENS, M. Nogueira, *A Proibição da Publicidade Enganosa: Defesa dos Consumidores ou Protecção (de Alguns) Concorrentes?*, in: AAVV, "Comunicação e Defesa do Consumidor", 229-256, Instituto Jurídico da Comunicação, Coimbra, 1996.

CAPÍTULO II
Formação*

§1 Generalidades

I. O *modelo clássico da formação do contrato*, herdado do séc. XIX[169], assenta em duas premissas fundamentais. Por um lado, os sujeitos jurídicos são inteiramente livres na sua decisão de celebrar ou não um contrato (liberdade de celebração: "Abschlußfreiheit") e de fixar os termos do respectivo conteúdo (liberdade de estatuição: "Inhaltsfreiheit"). Por outro lado, no uso desta liberdade contratual, os negócios jurídicos bilaterais ou

---

* **Bibliografia Portuguesa:** ALMEIDA, C. Ferreira, *Contratos,* vol. I ("Conceito – Fontes – Formação"), 4.ª edição, Almedina, Coimbra, 2008; ANTUNES, J. Engrácia, *Os Contratos Comerciais – Noções Fundamentais,* Direito e Justiça, Lisboa, 2007. **Bibliografia Estrangeira:** ANDERSON, Mark/ WARNER, Victor, *Drafting and Negotiating Commercial Contracts,* 2nd edition, Tottel, West Sussex, 2008; CAPO, Giovanni, *Attività d'Impresa e Formazione del Contratto,* Giuffrè, Milano, 2001; FARNSWORTH, E. Allan, *Contract Formation: Two Models Compared,* in: Bonell, M. Joachim/ Bonelli, Franco (eds.), "Contratti Commerciali Internazionali e Principi Unidroit", 171-181, Giuffrè, Milano, 1997; FRATERNALE, Antonio, *I Contratti a Distanza,* Giuffrè, Milano, 2002; MORENO, Á. Guisado, *Formación y Perfección del Contrato en Internet,* Marcial Pons, Madrid, 2004.

[169] A construção jurídica do contrato como produto do livre encontro de vontades, consubstanciadas numa proposta e na correspondente aceitação, era desconhecida no direito romano (cf. ZIMMERMANN, Reinhard, *The Law of Obligations – Roman Foundations of the Civilian Tradition,* 563 e segs., Juta/ Beck, Cape Town/ München, 1992), tendo sido apenas desenvolvida na Europa a partir dos finais do séc. XVIII (KÖTZ, Hein, *Europäisches Vertragsrecht,* Band 1, 24, Mohr, Tübingen, 1996).

Dos Contratos Comerciais em Geral

plurilaterais nascem e formam-se através do encontro de duas declarações de vontade distintas e sequenciais (proposta contratual e respectiva aceitação: "Konsensprinzip").[170]

II. Este modelo clássico estereotipado – cuja fictividade e limitações, de resto, têm sido sublinhadas pela doutrina em via geral[171] – não encontra uma plena correspondência na prática contratual do Direito Comercial moderno.

Desde logo, é verdade que a *liberdade contratual* e a liberdade de empresa – enquanto super-metáforas do primado da autonomia e da livre iniciativa privadas (art. 405.º, n.º 1 do CCivil e art. 61.º, n.º 1 da CRP) – se conjugaram durante décadas para permitir a emergência de uma profusão luxuriante de figuras negociais no tráfico mercantil. Todavia, numa época em que a contratação mercantil é frequentemente o palco de relações entre empresas gigantescas que negoceiam com uma massa impessoal de consumidores ou de pequenos empresários, compreende-se que o princípio geral da *liberdade contratual* tenha vindo progressivamente a sofrer numerosas excepções, seja ao nível da conclusão dos contratos comerciais (pense-se, por exemplo, nas frequentes obrigações de contratar) ou ao nível da conformação do respectivo conteúdo ("maxime", o controlo das cláusulas contratuais gerais).

---

[170] Sobre a formação dos contratos em geral, vide, entre nós, ALMEIDA, C. Ferreira, *Contratos,* vol. I, 93 e segs., 4.ª edição, Almedina, Coimbra, 2008; HÖRSTER, H. Ewald, *Sobre a Formação do Contrato Segundo os Arts. 217.º e 218.º, 224.º a 226.º, e 228.º a 235.º do Código Civil,* in: IX RDE (1983), 121-157; TELLES, I. Galvão, *Formação do Contrato,* in: VI CJ (1981), III, 5-14. Noutras latitudes jurídicas, vide FURMSTON, Michael/ POOLE, Jill, *Contract Formation – Law and Practice,* Oxford University Press, New York, 2007; GALLEGO, E. Martínez, *La Formación del Contrato a Través de la Oferta y Aceptación,* Marcial Pons, Madrid, 2000; GHESTIN, Jacques, *La Formation du Contrat,* 3ème édition, LGDJ, Paris, 1993; SCHLESINGER, Rudolf, *Formation of Contracts: A Study of the Common Core of Legal Systems,* 2 volumes, Oceana/ Steven & Sons, New York/ London, 1968.

[171] ALMEIDA, C. Ferreira, *Contratos,* vol. I, 111 e segs., 4.ª edição, Almedina, Coimbra, 2008.

Formação

Mais importante é porventura sublinhar que a contratação mercantil, em virtude dos imperativos próprios das empresas e das actividades empresariais, acabaria por estar na origem de uma progressiva *crise do modelo legal clássico da formação do contrato*, tipicamente assente no ritual proposta-aceitação: como melhor veremos adiante, a "vis creativa" da actividade negocial das empresas tem sido a grande responsável pela génese e difusão de novos modelos formativos contratuais (v.g., contratação conjunta, contratação de facto, contratação flexível, modalidades especiais da contratação em massa) que não se deixam compreender adequadamente à luz das categorias jusprivatísticas clássicas da proposta e aceitação, contribuindo assim, se não para a sua superação, ao menos para a sua densificação e renovação dogmáticas. É que, como bem sublinha Carlo ANGELICI, o contrato representa "um dos momentos fundamentais em que se concretiza a complexa actividade empresarial: daqui decorre que aquela figura seja influenciada pelo modo como esta actividade é programada pelos empresários, não apenas no plano do conteúdo dos contratos, mas também dos respectivos mecanismos de formação".[172]

§2 A Liberdade Contratual

I. O *princípio da liberdade contratual* – manifestação da autonomia privada no domínio dos contratos – constitui um prin-

---

[172] *La Contrattazione d'Impresa*, 190, in: AAVV, "L'Impresa", 183-201, Giuffrè, Milano, 1985. Em sentido algo semelhante, Len SMITH e Gale ROBERSON: "Every business enterprise, whether large or small, must necessarily enter into contracts with its suppliers and its customers in order to conduct its business operations. The study of contract law is therefore a most important subject for the student of Business Law" (*Business Law – Uniform Commercial Code*, 125, 5th edition, West Publishing, St. Paul, 1982). Vide ainda CAPO, Giovanni, *Attività d'Impresa e Formazione del Contratto*, Giuffrè, Milano, 2001.

Dos Contratos Comerciais em Geral

cípio fundamental do Direito Privado, expressamente consagrado no art. 405.º, n.º 1 do CCivil.[173]

1. A Liberdade de Celebração e suas Excepções: A Obrigação de Contratar

I. Tal princípio jusprivatístico geral possui, desde logo, uma primeira dimensão: a *liberdade de celebração dos contratos* ("Abschlußfreiheit", "freedom of contract"), consistente na faculdade de os sujeitos jurídicos livremente concluir contratos ou recusar a sua celebração.

II. Esta dimensão, que vale também naturalmente no Direito Comercial – havendo mesmo algumas ordens jurídico-mercantis estrangeiras que a consagraram expressamente (é o caso do direito norte-americano: cf. secção 1-201 (3) do "Uniform Commercial Code")[174] –, tem, todavia, vindo a sofrer crescentes e numerosas excepções neste particular domínio da ordem jurídica: como afirma Karsten SCHMIDT, "a obrigação de contratar desempenha no Direito Comercial um papel nada despiciendo"[175]. Tais excepções

---

[173] Este princípio tem evidentes consequências materiais no plano da actividade empresarial, ligando-se intimamente ao princípio da livre iniciativa económica (FRANCO, A. Sousa, *Nota sobre o Princípio da Liberdade Económica*, in: 355 BMJ (1986), 11-40).

[174] HYLAND, Richard/ PATTERSON, Dennis, *An Introduction to Commercial Law*, 28, West Group, St. Paul, Minnesota, 1999; SMITH, Len/ ROBERSON, G. Gale/ MANN, Richard/ ROBERTS, Barry, *Business Law – Uniform Commercial Code*, 125, 5th edition, West Publishing, St. Paul, 1982. Algo semelhante, se bem que sem expressa consagração legal, vale em Inglaterra, onde a doutrina reputa mesmo a autonomia negocial das partes ("party autonomy") como "o segundo princípio fundamental do Direito Comercial", logo depois da segurança jurídica das transacções comerciais (BRADGATE, Robert, *Commercial Law,* 6, 3rd edition, Butterworths, London, 2000).

[175] *Handelsrecht*, 541, 5. Aufl., Carl Heymanns, Köln, 1999. No âmbito internacional, vide BASSO, Maristela, *A Autonomia da Vontade nos Contratos Internacionais do Comércio*, in: AAVV, "Direito e Comércio Internacional: Tendências e Perspectivas", 42-66, São Paulo, LTr Editora, 1994.

Formação

consubstanciam-se essencialmente em *obrigações legais de contratar* ("Abschlußzwang") impostas por normas cogentes ou imperativas que, suprimindo a autonomia e liberdade negocial dos sujeitos de diversos contratos mercantis (usualmente, o seu sujeito activo, isto é, o empresário), fazem recair sobre estes um dever jurídico de os concluir.[176]

III. Os exemplos desta contratação mercantil forçosa ou obrigatória são inúmeros, multiplicando-se "ad nauseam usque".[177]

É o caso de numerosos contratos celebrados por *empresas concessionárias de serviços públicos*, as quais, independentemente de se tratar de empresa pública ou privada, estão impedidas de recusar a celebração de contratos com os utentes dos seus bens ou serviços que preencham os requisitos legais ou regulamentares exigidos, v.g., empresas de transportes ferroviários (art. 13.º do Decreto-Lei n.º 39 780, de 21 de Agosto de 1954), as empresas de comunicações postais (art. 15.º da Lei n.º 102/99, de 26 de Junho, Base VIII, n.º 1 do Decreto-Lei n.º 448/99, de 4 de Novembro), ou as empresas de fornecimento de energia, de água, ou de gás (v.g., arts. 40.º, n.º 3 e 42.º do Decreto-Lei n.º 30/2006,

---

[176] Sobre a obrigação de contratar no Direito Comercial, vide NIVARRA, Luca, *L'Obbligo a Contrattare e il Mercato*, Cedam, Padova, 1989; HACKL, Karls, *Vertragsfreiheit und Kontrahierungszwang – Eine rechtsvergleichende Studie zum Privat- und Wirtschaftsrecht*, Duncker & Humblot, Berlin, 1980. Ao lado das limitações legais, podem também existir *limitações convencionais* à liberdade de contratar com relevância para o Direito Comercial: é o caso das chamadas práticas comerciais agressivas, que justamente o legislador definiu como toda a prática (mormente negocial) que, mediante coacção ou influência indevida, limite significativamente a liberdade do consumidor, induzindo este a tomar uma decisão de contratar que não teria tomado de outro modo (cf. *infra* Parte II, Cap. III, §3, 3.3).

[177] Tratamos aqui fundamentalmente dos "contratos obrigatórios" ("Zwangverträge"), supressores da liberdade de conclusão contratual, muito embora também seja conhecido no Direito Comercial o fenómeno dos *"contratos ditados"* ("diktierte Verträge"), nos quais as partes, permanecendo livres na sua decisão de contratar ou não, vêem o conteúdo do contrato predeterminado por lei imperativa: sobre esta figura, vide mais desenvolvidamente *infra* Parte II, Cap. III, §3, 4.

Dos Contratos Comerciais em Geral

de 15 de Fevereiro)[178]; de numerosos tipos de contratos celebrados por *empresas de seguros*, v.g., os contratos de seguro obrigatório de responsabilidade civil automóvel, de construção, de acidentes de trabalho, de operadores portuários, da actividade prestamista, ou do transporte aéreo (cf., respectivamente, art. 18.º do Decreto--Lei n.º 291/2007, de 21 de Agosto e Norma Regulamentar ISP n.º 9/2006, de 24 de Janeiro, art. 1.º do Decreto-Regulamentar n.º 11/92, de 16 de Maio, art. 23.º do Decreto-Lei n.º 298/93, de 28 de Agosto, art. 37.º da Lei n.º 100/97, de 13 de Setembro, art. 17.º do Decreto-Lei n.º 321/89, de 25 de Setembro); de contratos celebrados por *empresas bancárias* no âmbito do sistema de acesso aos serviços bancários mínimos, que promove o chamado "direito à conta" dos cidadãos junto das empresas bancárias aderentes (Decreto-Lei n.º 27-C/2000, de 10 de Março)[179]; de contratos atinentes a *empresas de intermediação financeira*, v.g., o dever do intermediário executar ordens tendentes à celebração de contratos sobre instrumentos financeiros (art. 326.º, n.º 3 do CVM) ou os deveres potestativos de aquisição e alienação em determinadas ofertas públicas de aquisição (arts. 187.º, 194.º e 196.º do CVM); ou até mesmo de quaisquer tipos de contratos celebrados *por quaisquer tipos de empresas*, quando a recusa de contratar consubstancie uma prática anticoncorrencial (por força da proibição genérica, prevista no art. 4.º, n.º 1, f) da LGC, de as empresas concertarem práticas anticoncorrenciais que se traduzam em "recusar, directa ou indirectamente, a compra e venda de bens e a prestação de serviços", ainda extensível às empresas monopolistas por força do art. 7.º do mesmo diploma legal).[180]

---

[178] Mas idênticas obrigações podemos encontrar em contratos mercantis sem carácter de serviço público: veja-se assim a obrigação de contratar prevista no âmbito do transporte de táxi (art. 17.º do Decreto-Lei n.º 251/98, de 11 de Agosto).

[179] Sobre a figura, vide *infra* Parte III, Cap. IV, §1, 3(II).

[180] Sobre as relações entre as práticas restritivas da concorrência e o dever jurídico de contratar, vide também BELKE, Rolf, *Die Geschäftsverweigerung im Recht der Wettbewerbsbeschränkungen,* Mohr, Tübingen, 1966; GREINER, Hans-Peter,

Formação

2. A Liberdade de Estatuição e Suas Excepções. Remissão

I. O princípio da liberdade contratual possui ainda uma segunda dimensão fundamental: a *liberdade de modelação ou estatuição dos contratos* ("Inhaltsfreiheit"), consistente na faculdade conferida aos contraentes de fixar livremente o conteúdo ou os termos do contrato.

II. Semelhante dimensão encontra também hoje relevantes excepções no domínio da contratação mercantil, traduzidas em *regimes legais de controlo do conteúdo contratual* que visam essencialmente assegurar os pressupostos de uma efectiva autodeterminação e igualdade das partes contraentes: estão neste caso o regime das cláusulas contratuais gerais (LCCG, aprovada pelo Decreto-Lei n.º 446/85, de 25 de Outubro) e do abuso de dependência económica (art. 7.º da LGC). Dado que tais excepções se inserem sistematicamente na temática do conteúdo dos contratos mercantis, remetemos para essa oportunidade a sua análise.[181]

§3 Os Modelos de Formação

1. A Crise do Modelo Legal Clássico

I. O modelo legal clássico da formação do contrato, consagrado na generalidade dos ordenamentos jurídicos estrangeiros e

---

Kontrahierungszwang als Folge des kartellrechtlichen Diskriminierungsverbots, Diss., Regensburg, 1975. Sobre o abuso de dependência económica, vide ainda *infra* Parte II, Cap. III, §3, 1.

[181] Cf. *infra* Parte II, Cap. III. Mas existem outros regimes legais conducentes a um controlo idêntico ou movidos por desideratos semelhantes: pense-se, por exemplo, no regime proibitivo das cláusulas dos contratos de seguro e outros serviços financeiros (v.g., contratos bancários) discriminatórios em função do sexo (art. 15.º da LCS, art. 6.º da Lei n.º 14/2008, de 12 de Março).

129

Dos Contratos Comerciais em Geral

também acolhido em Portugal (arts. 228.º e segs. do CCivil), é um modelo altamente rígido, uniforme e estereotipado. De acordo com ele, todo e qualquer contrato é o produto do *consenso* ou acordo de vontades ("mutual assent", "rencontre de volontés", "Konsens") consubstanciado no casamento entre uma declaração negocial emitida pelo proponente – designada *proposta* ("offer", "offre", "Antrag") – e uma subsequente declaração negocial de conformidade que manifesta uma total concordância do destinatário – denominada *aceitação* ("acceptance", "acceptation", "Annahme"). A força deste arquétipo é de tal ordem que, como recorda E. Allan FARNSWORTH, "todos nós – sejamos juristas formados na "Common Law" ou na "Civil Law" – estamos condicionados a falar sempre em termos de proposta e aceitação".[182]

II. Este arquétipo legal clássico, todavia, tem vindo a sofrer no domínio mercantil a concorrência de *novos processos de contratação*, os quais têm justamente como denominador comum

---

[182] *Contract Formation: Two Models Compared,* 175, in: Bonell, M. Joachim/ Bonelli, Franco (eds.), "Contratti Commerciali Internazionali e Principi Unidroit", 171--181, Giuffrè, Milano, 1997. Assim, entre nós, J. Antunes VARELA: "Diz-se contrato o acordo vinculativo assente sobre duas ou mais declarações de vontade (oferta ou proposta, de um lado; aceitação, do outro) contrapostas mas perfeitamente harmonizáveis entre si" (*Das Obrigações em Geral,* 212, 10.ª edição, Almedina, Coimbra, 2000); de forma peremptória, E. Ewald HÖRSTER: "A conclusão do contrato pressupõe assim, sempre, uma proposta e a sua aceitação" (*Sobre a Formação do Contrato Segundo os Arts. 217.º e 218.º, 224.º a 226.º, e 228.º a 235.º do Código Civil,* 151, in: IX RDE (1983), 121-157). Para outras latitudes, podem ver-se igualmente John CALAMARI/ Joseph PERILLO: "Usually an essential prerequisite to the formation of a contract is an agreement: a mutual manifestation of the assenting of the same terms, established by a process of offer and acceptance" (*The Law of Contracts,* 25, 4th edition, West Group, St. Paul, Minn., 1998); Christian LARROUMET: "C'est la rencontre de l'offre et de l'acceptation qui constitue la conclusion du contrat" (*Droit Civil,* tome 3 ("Le Contrat"), 209, 4ème édition, Economica, Paris, 1998); Karl LARENZ: "Demanch erfordet der Vertrag grundsätzlich zwei Willenserklärung der beiden Vertragspartner, die hinsichtlich des Inhalts der vertraglichen Regelung übereinstimmen und beide besagen, dieses Regelung solle gelten (...). Das Gesetz unterscheidt die zum Vertragsschluss führenden Erklärungen als «Antrag» und «Annahme» des Antrags" (*Allgemeiner Teil des deutschen Bürgerlichen Rechts,* 516, Beck, München, 1989).

Formação

não serem reconduzíveis ou explicáveis, em maior ou menor grau, à luz do paradigma formativo tradicional. Para efeitos da exposição subsequente, esses processos de contratação serão agrupados em duas categorias fundamentais.

Por um lado, existem determinados processos de contratação característicos da vida mercantil que configuram verdadeiros *modelos formativos alternativos* ao modelo clássico, nos quais a génese e formação do contrato mercantil se processa à margem do quadro clássico do consenso derivado do jogo da proposta e aceitação. Estão neste grupo os casos da "contratação conjunta" – em que o consenso negocial se consubstancia num documento contratual unitário assinado por ambas as partes contraentes (tornando assim difícil, artificial, senão mesmo frequentemente impossível, individualizar uma proposta e uma aceitação) –, a "contratação cruzada" – em que o contrato se forma apesar de as partes trocarem reciprocamente entre si clausulados contratuais gerais conflituantes (onde pode ser mesmo difícil identificar um consenso negocial de todo em todo) –, a "contratação de facto" – em que o contrato resulta da mera conduta das próprias partes, independentemente de qualquer proposta e aceitação –, e a "contratação flexível" – em que o contrato se forma e conclui apesar da falta de conformidade da aceitação com a proposta.

Por outro lado, existem também determinados processos de contratação mercantil que encerram *modelos formativos especiais*, no sentido em que, pese embora entrocando teoricamente no paradigma legal tradicional, lhe introduzem especialidades extremamente relevantes – a ponto de, nalguns casos, só à custa de algum artificialismo conceitual se deixarem compreender à luz de tal matriz reducionista. Neste último sector cabem a maior parte dos processos específicos da contratação comercial em massa, característica das economias modernas, incluindo a "contratação à

Dos Contratos Comerciais em Geral

distância", a "contratação electrónica", a "contratação automática", e a "contratação em auto-serviço".[183]

III. O conjunto destes novos processos, alternativos e especiais, de contratação mercantil tem o significado de uma *crise do modelo legal clássico* da formação contratual previsto no Código Civil, tornando necessária uma reflexão sobre o verdadeiro alcance e actualidade dos paradigmas legais e dogmáticos tradicionais no âmbito do Direito Comercial: goste-se ou não da ideia, a verdade é que a formação e a celebração de uma parte significativa dos contratos mercantis – e seguramente a esmagadora maioria dos contratos mercantis mais relevantes e mais complexos – deixaram há muito de se realizar segundo o modelo único e arquetípico previsto pelo legislador civil.[184]

2. Modelos Alternativos de Contratação

2.1. *Contratação Conjunta*

I. Porventura de modo ainda mais nítido do que vai já sucedendo no domínio de alguns contratos civis, um dos modelos mais frequentes da formação dos contratos comerciais consiste na chamada "contratação conjunta", ou seja, *na formação contratual realizada através de declarações negociais de conteúdo idêntico inseridas num documento unitário subscrito por ambas as partes.*[185]

---

[183] Já Natalino IRTI colocara em destaque, em via geral, a progressiva perda de significado do acordo ou consenso das partes no âmbito dos contratos de empresa: *Scambi Senza Accordo*, in: LII RTDPC (1998), 347-364.

[184] Cf. ainda RIVOLTA, Giancarlo, *Proposte e Accettazioni Contrattuali nell'Esercizio dell'Impresa*, in: XXXVII RDC (1991), 1-19.

[185] Sobre este modelo formativo em geral, é fundamental a obra de ALMEIDA, C. Ferreira, *Texto e Enunciado na Teoria do Negócio Jurídico*, vol. II, 782 e segs., 850 e segs., Almedina, Coimbra, 1992. Noutros quadrantes, vide KÖTZ, Hein, *Europäisches Vertragsrecht*, Band 1, 25, Mohr, Tübingen, 1996.

Formação

II. Na verdade, a celebração de uma boa parte dos contratos comerciais, tanto clássicos como modernos, consubstancia-se hoje em documentos únicos cuja subscrição conjunta, dispensando o ritual clássico de oferta e aceitação, exprime em si mesma o acordo contratual entre as partes.

Assim sucede forçosamente com os contratos comerciais que se encontram sujeitos por lei à forma escrita: como adiante veremos, é extremamente vasta e sempre crescente a plêiade de contratos mercantis típicos subordinados à exigência legal de forma escrita ou equivalente, incluindo os contratos de sociedade, os contratos de organização e colaboração empresarial (v.g., contrato de consórcio), os contratos de seguro, ou uma boa parte dos contratos de intermediação financeira e dos contratos bancários[186]. E assim sucede também com vários outros contratos comerciais que, não obstante não subordinados por lei a qualquer forma especial, carecem frequentemente da unificação dos enunciados negociais em virtude da sua complexidade técnica ou relevo económico: é o caso de contratos mercantis atípicos de grande vulto, especialmente internacionais, tais como, por exemplo, os contratos de compra e venda de empresa ("sale of control", "Beteiligungskauf", "cessions de contrôle", "pachetti azionari di controllo") ou os contratos de empreendimento comum ("joint venture").[187]

---

[186] Cf. *infra* Parte II, Cap. II, §4, 1.2.

[187] Sobre a compra e venda de empresa mediante a aquisição de participações sociais, vide ANTUNES, J. Engrácia, *A Empresa como Objecto de Negócios – "Asset Deals" versus "Share Deals"*, 724 e segs., in: 68 ROA (2008), 715-793. No mesmo sentido, P. Pais de VASCONCELOS, que considera também que "este tipo de contratação é o que, na prática, corresponde geralmente aos contratos mais complexos e de maior importância económica" (*Teoria Geral do Direito Civil*, 480, 5.ª edição, Almedina, Coimbra, 2008).

2.2. Contratação Cruzada ("Battle of the Forms")

I. Um outro modelo formativo bastante difundido na prática comercial é a chamada "contratação cruzada", ou seja, *aquele peculiar processo de formação negocial em que ambos os contraentes trocam entre si as condições contratuais gerais, manifestando cada um deles a sua intenção de que as suas próprias condições sejam incorporadas no contrato com a consequente exclusão das da contraparte.*[188-189]

II. Este modelo de contratação está na origem do fenómeno comummente designado por *"guerra de clausulados contratuais gerais"* ("battle of the forms", "AGB-Kollisionen", "guerra de formularios").

Com efeito, sobretudo no domínio da contratação entre empresas (especialmente contratos de compra e venda), constata-se com frequência que cada uma das partes contratantes procura

---

[188] Sobre a figura, vide entre nós SOUSA, A. Frada, *Conflitos de Clausulados e Consenso nos Contratos Internacionais*, UCP Editora, Porto, 1999. Noutros ordenamentos estrangeiros, vide BÜHRER, Marc, *AGB-Kollisionen, "The Battle of the Forms" und weitere Probleme beim Verweis auf allgemeine Geschäftsbedingungen*, Schultess Polyg., Zürich, 1987; DRAETTA, Ugo, *La Battle of the Forms nella Prassi del Commercio Internazionale*, in: 22 RDIPP (1986), 319-340.

[189] Diferente da situação aqui referida é a do cruzamento de duas propostas contratuais de conteúdo idêntico ("cross-offer", "Kreuzofferten"), que constitui também um processo formativo característico de alguns contratos mercantis de primeira grandeza: tal é o caso dos contratos sobre futuros e opções negociados em mercado organizado (cf. ANTUNES, J. Engrácia, *Os Derivados*, 106, in: 30 CadMVM (2008), 91-136) e, segundo alguns, dos contratos sobre valores mobiliários negociados em bolsa (cf. ASCENSÃO, J. Oliveira, *A Celebração de Negócios em Bolsa*, 185, in: AAVV, "Direito dos Valores Mobiliários", vol. I, 177-199, Coimbra Editora, Coimbra, 1999). Apesar de estar aqui também ausente o esquema bilateral e sequencial "proposta-aceitação", a doutrina nacional e estrangeira vem admitindo que tal figurino operacional possa dar origem à formação de contratos (cf. ALMEIDA, C. Ferreira, *Texto e Enunciado na Teoria do Negócio Jurídico*, vol. II, 853 e seg., Almedina, Coimbra, 1992; NEUMAYER, Karl, *Vertragsschluss durch Kreuzofferten?*, 321 e segs., in: "Festschrift für Otto Riese", 309-328, Müller, Karlsruhe, 1964).

assegurar previamente a supremacia dos seus próprios clausulados gerais, através do envio recíproco de modelos contratuais gerais ou de cláusulas de remissão para estes (num movimento que a doutrina alemã designa sugestivamente de "Bedingungen Ping-Pong"). Ora, sendo relativamente raros os casos em que a existência ou a validade do contrato é posta em causa por qualquer das partes (dado que ambas dão início à sua execução apesar do conflito latente de clausulados), torna-se ostensivo que o processo formativo contratual teve aqui pouco que ver com o modelo tradicional: mais do que simplesmente ser impossível individualizar uma proposta e uma aceitação enquanto declarações negociais distintas (como sucedia na "contratação conjunta"), nestes casos pode mesmo duvidar-se se será possível falar de um consenso ou acordo de vontades de todo em todo, atenta a divergência ou desaguisado latente entre as próprias declarações negociais relativamente ao conteúdo contratual.

Como quer que seja, seguro é afirmar que constitui hoje entendimento cada vez mais predominante na doutrina e jurisprudência a inadequação da visão clássica do consenso contratual para lidar com os problemas gerados por este modelo formativo especial, traduzida na teoria – comummente conhecida por teoria da "última palavra" ("Theorie des letzen Wortes") ou do "último tiro" ("last shot rule") – segundo a qual, nas batalhas de clausulados, o contrato forma-se e conclui-se com o clausulado geral enviado em último lugar ("one who fires the last shot" ou "die Partei, die mit ihren AGB das lezte Wort hat")[190]. Em oposição a esta teoria, a maioria dos ordenamentos estrangeiros tem ensaiado diversas soluções alternativas que implicam entorses mais ou menos acentuadas ao modelo formativo clássico, entre as quais merece

---

[190] Não surpreende assim que, segundo alguns autores, a contratação com conflito de clausulados seja qualificada como "um «abalo» relativamente à estrutura clássica da formação do consenso contratual" (SOUSA, A. Frada, *Conflitos de Clausulados e Consenso nos Contratos Internacionais*, 24, UCP Editora, Porto, 1999).

referência a "teoria da anulação mútua" ("knock out"), de acordo com a qual, em caso de clausulados conflituantes e de falta de oposição expressa às mesmas por qualquer das partes, o contrato subsiste apenas com base nas condições contratuais que sejam comuns a ambos os clausulados.[191]

2.3. *Contratação de Facto*

I. Uma das rupturas mais claras com o modelo legal clássico pode ser encontrada na chamada "contratação de facto" ("factual bargain"), que visa designar genericamente *o processo de formação ou conclusão de contratos com fundamento exclusivo no comportamento das partes contraentes.*[192]

---

[191] Um exemplo. Imagine-se que A encomenda a B uma máquina fabricada por este, indicando o modelo pretendido, o preço e termos de pagamento, e a data e termos da entrega, utilizando uma ordem de encomenda em cujo verso constam "condições gerais de compra", respondendo B através de um documento de aceitação em cujo verso figuram "condições gerais de venda". Uma vez entregue a máquina e pago o preço nos termos acordados, não será possível a A ou B desfazer o negócio com fundamento na falta de acordo sobre quais as condições gerais aplicáveis, subsistindo aquele com base no consenso parcial consubstanciado nas cláusulas individualmente negociadas e nas cláusulas gerais comuns. Sobre esta teoria, que foi expressamente acolhida na secção 2-207 do "Uniform Commercial Code" norte-americano e no art. 2.22 dos "Princípios UNIDROIT Relativos aos Contratos Comerciais Internacionais", vide WHITE, James/ SUMMERS, Robert, *Uniform Commercial Code*, 29 e segs., 5th edition, West Publishing, St. Paul, Minn., 2000.

[192] Este processo de contratação possui evidentes afinidades – embora não se esgote nela – com a problemática das chamadas "relações contratuais de facto" ("faktische Vertragsverhältnisse"), categoria com que a doutrina habitualmente denomina aquelas relações jurídicas entre pessoas singulares ou colectivas que, conquanto não tendo a sua origem num acordo de declarações de vontade, seriam regidas pela disciplina dos contratos (SIMITIS, Spiros, *Die faktischen Vertragsverhältnisse als Ausdruck der gewandelten sozialen Funktion der Rechtsinstitute des Privatrechts*, Klostermann, Frankfurt, 1957; RICCA, Lucio, *Sui Cosiddetti Rapporti Contrattuali di Fatto*, Giuffrè, Milano, 1965). No sentido da admissão destas últimas como fonte das obrigações comerciais, vide CALERO, J. Gómez, *Las Obligaciones Mercantiles*, 212, in: AAVV, "Derecho Mercantil", tomo II, 212-223, 10.ª edición, Ariel, Barcelona, 2005.

Formação

II. Este processo de contratação encontra-se hoje directa e inequivocamente consagrado pelos *"Princípios Relativos aos Contratos Comerciais Internacionais"*, elaborados pelo UNIDROIT: nos termos do seu art. 2.1, "um contrato pode ser concluído, seja através de uma proposta e uma aceitação, seja através de conduta das partes que seja suficiente para mostrar o acordo".

A génese histórica deste modelo formativo alternativo encontra-se intimamente ligada ao desenvolvimento do comércio internacional, aí encontrando um dos seus terrenos de eleição: de facto, a sua consagração deve-se em grande medida ao progressivo fosso existente entre o modelo jurídico e a realidade económica na celebração dos contratos comerciais, visando assim restabelecer a unidade perdida ou realizar a ponte entre ambos os hemisférios. Exemplificando: se dois empresários encetam negociações tendentes à futura e eventual celebração de um contrato de "joint venture", o início da execução do empreendimento comum por parte de ambos os contraentes poderá ser suficiente para a formação do contrato, ainda que as partes não hajam trocado entre si formalmente quaisquer propostas ou aceitações, expressas ou tácitas, e ainda quando as mesmas posteriormente registem um dissenso relativamente a aspectos secundários do conteúdo contratual.[193]

III. Este modelo, de resto, está fazendo o seu caminho ao nível das próprias ordens jurídicas nacionais, sob a liderança da *legislação norte-americana*. Assim, nos termos da secção 2-204 (1) do "Uniform Commercial Code" dos Estados Unidos da América, "um contrato de compra e venda de mercadorias pode ser celebrado por qualquer modo que seja suficiente para a demonstração do acordo, incluindo a proposta e aceitação, a conduta

---

[193] Sobre este modelo alternativo, vide FARNSWORTH, E. Allan, *Contract Formation: Two Models Compared,* in: Bonell, M. Joachim/ Bonelli, Franco (eds.), "Contratti Commerciali Internazionali e Principi Unidroit", 171-181, Giuffrè, Milano, 1997.

Dos Contratos Comerciais em Geral

de ambas as partes que reconheça a existência de um tal contrato, a interacção de dois operadores electrónicos, ou de um operador electrónico e um indivíduo"[194]. Repousando claramente numa visão ampla da formação contratual – que substitui o paradigma formalista e unitário acolhido pelos Códigos Civis europeus por um paradigma material e aberto permeável à envolvente económico-comercial (cristalizada na máxima "deal is on philosophy") –, ele limita-se a reconhecer que existirá contrato ("the deal is on") sempre que, segundo o entendimento dominante na "praxis" mercantil, as condutas adoptadas pelas partes consubstanciem um consenso negocial juridicamente relevante.[195]

2.4. *Contratação Flexível*

I. Enfim, cabe referir ainda a chamada "contratação flexível", expressão que, à falta de outra melhor, utilizamos aqui para designar aquele *processo de contratação caracterizado por uma flexibilização ou elasticidade do regime jurídico da formação contratual.*

II. Como é bem sabido, de acordo com o modelo formativo tradicional, os contratos resultam do casamento perfeito entre uma proposta e subsequente aceitação ("mirror image rule"): esta última deve exprimir uma total e inequívoca concordância com o conteúdo

---

[194] Este modelo, relativo à formação do contrato de compra e venda mercantil, tem sido interpretado pela doutrina como extensível a outros tipos de contratos comerciais: cf. SMITH, Len/ ROBERSON, Gale/ MANN, Richard/ ROBERTS, Barry, *Business Law – Uniform Commercial Code*, 141 e seg., 5th edition, West Publishing, St. Paul, 1982.

[195] Os ecos do vanguardismo norte-americano já chegaram ao Velho Continente: fazendo um balanço do modelo na sua própria ordem jurídica, num juízo porventura transponível para outros países europeus, Lord WILBERFORCE confessa que "English law, having committed itself to a rather technical and schematic doctrine of contract, in application takes a practical approach, often at the cost of forcing the facts to fit uneasely into the marked slot of offer and acceptance" (na sentença "New Zealand Shipping C. Ltd. *v.* A. M. Satterthwaite & Co. Ltd.", citado por FURMSTON, Michael, *Cheshire, Fifoot & Furmston's Law of Contracts*, 29, 12th edition, Butterworths, London, 1991).

Formação

da primeira, sob pena de o contrato não se chegar a formar, valendo qualquer aceitação com aditamentos ou alterações como rejeição ou simples contraproposta (art. 233.º do CCivil)[196]. Ora, a contratação mercantil internacional diverge frequentemente deste modelo através da adopção – de há muito sedimentada na prática contratual e hoje reconhecida pelos próprios "Princípios UNIDROIT Relativos aos Contratos Comerciais Internacionais" – das figuras da "aceitação modificada" e das "cartas de confirmação".[197]

Assim, a formação de um contrato pode ser realizada com base numa *aceitação modificada* ("modified acceptance"). Desde que as partes hajam chegado a acordo sobre os "essentialia negotii" (mormente, natureza, quantidade e data de entrega dos bens transaccionados, e preço e condições de pagamento), o contrato considera-se celebrado ainda quando a aceitação contenha aditamentos ou modificações não essenciais relativamente à proposta, desde que o proponente não manifeste a sua objecção sem atraso injustificado (art. 2.11 dos citados "Princípios"): v.g., se o empresário A encomenda ao empresário B uma determinada máquina industrial sujeita a testes prévios, declarando este último, na notificação da ordem de encomenda enviada ao primeiro ("acknowledgment of order", "Auftragsbestätigung"), que aceita o negócio mas deseja estar presente no momento de realização daqueles testes, entende-se que semelhante modificação, não sendo

---

[196] CORDEIRO, A. Menezes, *Tratado de Direito Civil Português,* vol. I ("Parte Geral"), tomo I, 303, Almedina, Coimbra, 1999. Para uma visão comparatística da correspondência entre proposta e aceitação em diferentes ordens jurídicas, SCHLESINGER, Rudolf, *Formation of Contracts: A Study of the Common Core of Legal Systems,* vol. I, 125 e segs., Oceana/ Steven & Sons, New York/ London, 1968.

[197] Sobre estas especialidades, vide também, entre nós, LEITÃO, L. Menezes, *Negociações e Responsabilidade Pré-Contratual nos Contratos Comerciais Internacionais,* 55 e segs., in: 60 ROA (2000), 49-71.

Dos Contratos Comerciais em Geral

essencial, passa a integrar o conteúdo contratual excepto no caso de A a tal se opuser tempestivamente.[198]

Algo de muito semelhante, embora já em momento posterior à formação contratual, se passa com as chamadas *cartas de confirmação* ("writings in confirmation", "kaufmännische Bestätigungsschreiben"). Sempre que, decorrido um prazo razoável após a conclusão do contrato, uma das partes envie à outra uma comunicação escrita que, confirmando esta conclusão, contenha aditamentos ou modificações não essenciais aos termos contratuais, estes passam a integrar o conteúdo do contrato excepto quando o contraente destinatário manifeste a sua objecção sem atraso injustificado (art. 2.12 dos mesmos "Princípios"): v.g., se A encomenda por "fax" enviado a B uma determinada quantidade de cereal, aceitando este de imediato através de resposta também enviada por "fax" àquele, sendo ainda que, no mesmo dia, envia a A uma carta confirmando os termos do acordo mas aditando-lhe uma cláusula de arbitragem corrente no sector merceológico considerado, esta passará a fazer parte do contrato já celebrado excepto se A, após a recepção da carta, expressar a sua discordância.[199]

---

[198] Disposição praticamente idêntica se encontra também prevista no art. 19.º, n.º 2 da Convenção de Viena de 1980, relativa à compra e venda internacional de mercadorias: cf. SOARES, M. Ângela/ RAMOS, R. Moura, *Do Contrato de Compra e Venda Internacional – Análise da Convenção de Viena de 1980 e das Disposições Pertinentes do Direito Português*, 121 e segs., GDDC, Coimbra, 1981. Para maiores desenvolvimentos, vide em geral VISCASILLAS, P. Perales, *La Formación del Contrato en la Compraventa Internacional de Mercadorias*, Tirant lo Blanch, Valencia, 1996.

[199] Uma disposição semelhante, embora não idêntica, é prevista para a formação dos contratos mercantis em geral nos Estados Unidos da América: nos termos da secção 2-201 (2) do "Uniform Commercial Code", "between merchants if within a reasonable time a record in confirmation of the contract and sufficient against the sender is received and the party receiving it has reason to know its contents, it satisfies the requirements of subsection (1) against the recipient unless notice of objection to its contents is given in a record within 10 days after it is received" (cf. WHITE, James/ SUMMERS, Robert, *Uniform Commercial Code*, 74 e seg., 5th edition, West, St. Paul, Minnesota, 2000). Sobre a figura em geral – pouco estudada entre nós, com uma ou outra excepção (entre as quais

Formação

3. Modelos Especiais de Contratação: A Contratação em Massa

I. Uma das marcas distintivas do Direito Comercial, da sua origem aos nossos dias, foi a de ter por objecto a regulação jurídica de *actos económicos praticados em massa* – tendo havido mesmo autores que, há mais de cem anos, numa formulação que haveria de ficar célebre, identificaram o objecto e autonomia deste ramo justamente com a prática de "actos em massa" ou "em série" ("Massenverkeher")[200]. Mais de um século decorrido desde então, a evolução do centro de gravidade do Direito Comercial – essencialmente traduzido na ascensão fulgurante da figura da "Empresa" – não fez senão confirmar esta poderosa intuição, conferindo-lhe uma realidade e magnitude de que o seu próprio autor não teria suspeitado nem mesmo nos seus sonhos mais ousados.

II. De facto, num sistema económico baseado na produção e distribuição em grande escala, na internacionalização e uniformização do consumo, na globalização dos mercados e na revolução das técnicas de comunicação, os contratos comerciais, enquanto contratos celebrados por empresários, foram-se paulatinamente afeiçoando e adquirindo as características próprias da actividade económica massificada – ou seja, tornaram-se eles próprios *"contratos em massa"*. Ora, a inventiva negocial dos empresários, descendentes modernos dos "mercatore" medievais, tem sido justamente a grande mola impulsionadora da génese e desenvolvimento de novos procedimentos contratuais próprios do tráfego

---

merece destaque PINTO, P. Mota, *Declaração Tácita e Comportamento Concludente no Negócio Jurídico,* 682 e segs., Almedina, Coimbra, 1995) –, vide FUCHS, Tobias, *Kaufmännische Bestätigungsschreiben im englischen und französischen Recht im Vergleich zum deutschen Bestätigungsschreiben,* VVF, München, 1998.

[200] HECK, Phillip, *Weshalb besteht ein von dem bürgerlichen Recht gesonderter Handelsprivatrecht?,* 457, in: 92 AcP (1902), 434-466.

Dos Contratos Comerciais em Geral

contratual em massa: entre eles, merecem destaque a *contratação à distância, electrónica, automática* e em *auto-serviço*.[201]

3.1. *Contratação à Distância*

I. Designa-se genericamente por "contratação à distância" o *processo de contratação que utiliza exclusivamente uma ou mais técnicas de comunicação à distância.*[202]

II. Com efeito, sobretudo graças à padronização dos sistemas de distribuição comercial e à emergência de novas técnicas de comunicação e publicidade, verifica-se que os contratos intercedentes entre as empresas e os adquirentes dos respectivos produtos e serviços são frequentemente negociados e concluídos *sem qualquer relação de imediação física e simultânea das partes contratantes.* Hoje, vai sendo cada vez mais raro que a compra de

---

[201] Existem, naturalmente, diversos outros processos contratuais com relevância na prática mercantil – que, todavia, não abordaremos nesta oportunidade. Pense-se, por exemplo, na *contratação por leilão* ("auction", "subasta pública") – em que uma das partes organiza um sistema de negociação concentrada no tempo e espaço perante uma pluralidade de contrapartes, v.g., negócios de privatização de empresas públicas, negócios sobre instrumentos financeiros (Riutort, J. Flaquer, *El Contrato de Crédito Subasta*, Bosch, Barcelona, 1992) – ou na *contratação forçada ou por inércia* ("inertia selling") – processo de formação contratual, hoje banido pelo art. 13.º do Decreto-Lei n.º 57/2008, de 26 de Março, consistente no envio pelas empresas de bens ou serviços não encomendados, valendo o silêncio dos respectivos destinatários durante um determinado prazo como aceitação da proposta.

[202] Sobre este processo de contratação, vide Oliveira, A. Costa, *Contratos Negociados à Distância*, 78 e segs., in: 7 RPDC (1996), 52-96; Silva, F. Nicolau, *Dos Contratos Negociados à Distância*, 51, in: 5 RPDC (1996), 45-58. Para figura paralela noutros ordenamentos estrangeiros, vide Aparício, A. Arroyo, *Los Contratos a Distancia en la Ley de Ordenación del Comercio Minorista*, Aranzadi, Navarra, 2003; Fraternale, Antonio, *I Contratti a Distanza*, Giuffrè, Milano, 2002; Marzo, Giuseppe, *I Contratti a Distanza*, Giuffrè, Milano, 1999; Schmidt, Jörg, *La Conclusion du Contrat de Vente à Distance*, in: AAVV, "La Protection des Consommateurs Acheteurs à Distance", 187-211, Bruylant, Bruxelles, 1999; Teyssiere, J. Sola, *La Venta a Distancia en el Comercio Minorista*, Tirant lo Blanch, Valencia, 2002.

Formação

um livro, de um produto alimentar, de uma viagem turística, de acções de uma sociedade, e de tantos outros bens ou serviços no mercado, implique a deslocação física do adquirente à sede da empresa produtora, distribuidora ou fornecedora: de facto, a aplicação criativa de novas tecnologias de comunicação às transacções comerciais (v.g., carta normalizada, catálogos, telefone, telefax, videotexto, correio electrónico, rádio, televisão, "internet") vem tornando tal hipótese cada vez mais remota.[203]

III. Este processo alternativo de contratação foi objecto de *disciplina jurídica própria*, através dos arts. 2.º e segs. do Decreto-Lei n.º 143/2001, de 26 de Abril, sob o directo impulso da legislação comunitária (Directiva 97/7/CE, de 20 de Maio[204]).

Tal processo patenteia várias especificidades ao nível da formação contratual, que vão desde a cominação "ex lege" de deveres informativos pré-contratuais (art. 4.º) e pós-contratuais (art. 5.º) à consagração de um direito de desistência ou resolução (arts. 6.º a 8.º)[205]. Particularmente relevantes são, neste contexto, as chamadas *vendas por catálogo ou outros meios publicitários* (físicos ou virtuais), através dos quais as empresas promovem a venda dos seus bens e serviços junto do público, cuja qualificação jurídico-negocial como proposta contratual (ao público) ou mero convite

---

[203] Sublinhe-se que este processo contratual abrange todas as técnicas de comunicação à distância, inclusivamente a "internet", conquanto esta última origine uma temática específica – a chamada "contratação electrónica": quer isto dizer que a contratação electrónica se encontra simultaneamente sujeita, para além das suas regras próprias (Decretos-Lei n.º 290-D/99, de 2 de Agosto, e n.º 7/2004, de 7 de Janeiro: cf. *infra* Parte II, Cap. II, §3, 3.2.), às regras gerais em sede da contratação à distância (Decreto-Lei n.º 143/2001, de 26 de Abril), já a seguir brevemente referidas no texto.

[204] Sobre esta Directiva, vide Bernardeau, Ludovic, *La Directive Communautaire 97/7 en Matière de Contrats à Distance*, in: 36 Cahiers DrEu (2000), 117-140.

[205] Sobre estes deveres informativos, vide Carvalho, J. Morais, *Prestação de Informações nos Contratos Celebrados à Distância*, in: AAVV, "Direito Privado e Direito Comunitário – Alguns Ensaios", 13-144, Âncora Editora, Lisboa, 2007. Sobre os deveres informativos pré-contratuais, vide *supra* Parte II, Cap. I, §3, 1.; sobre o direito de desistência, vide *infra* Parte II, Cap. V, §4, 3.

Dos Contratos Comerciais em Geral

a contratar não é possível ser determinada, de modo abstracto e uniforme, para todos os casos: se são decerto muitos os casos em que os enunciados promocionais encerram verdadeiras propostas contratuais por parte do empresário (mormente, quando neles se indica a totalidade dos elementos essenciais dos contratos a celebrar, de modo a poderem ser aceites mediante o simples assentimento dos respectivos destinatários), outros poderão existir em que estaremos perante meras "invitatio ad offerendum" que se situam aquém do "iter" formativo contratual (v.g., preços meramente indicativos, reservas de "stock").[206]

3.2. *Contratação Electrónica*

I. Numa linha semelhante de considerações, mas reflectindo uma problemática de todo específica, temos a chamada "contratação electrónica", que designa *um processo de contratação no qual as declarações de vontade dos contraentes são produzidas e transmitidas por meios informáticos ("maxime", através de correio electrónico e da "internet").*[207]

II. Como é bem sabido, o *"comércio electrónico"* ("e--commerce") – que consiste genericamente na realização de transacções comerciais de bens e serviços por via electrónica, seja entre empresas (B2B ou "business-to-business"), seja entre estas e os consumidores (B2C ou "business-to-consumer") – representa um dos vectores primordiais de evolução da actividade comercial

---

[206] Sobre as vendas por catálogo, embora com conclusões não totalmente coincidentes, vide ALMEIDA, C. Ferreira, *Texto e Enunciado na Teoria do Negócio Jurídico*, vol. II, 820 e segs., Almedina, Coimbra, 1992.

[207] Sobre as acepções e as modalidades da contratação electrónica, vide PEREIRA, A. Dias, *Comércio Electrónico na Sociedade da Informação*, 14 e seg., Almedina, Coimbra, 1999; SILVA, P. Costa, *A Contratação Automatizada*, in: AAVV, "Direito da Sociedade da Informação", vol. IV, 289-305, Coimbra Editora, Coimbra, 2003.

Formação

e do próprio Direito Comercial no dealbar do séc. XXI[208]. Se, como vimos, já a partir de meados do século passado se tornou cada vez menos frequente que um indivíduo tivesse de esperar na fila do estabelecimento do empresário para negociar ou adquirir um determinado produto ou serviço (contratação à distância), nos inícios deste novo século uma boa parte destes produtos e serviços passaram a estar ao alcance de um simples "click" de computador, operando em micromilésimos de segundo: hoje, é mais fácil, mais rápido e mais barato a um cidadão português adquirir por via electrónica a uma empresa sedeada nos Estados Unidos da América ou na China um ficheiro digital contendo um determinado livro ou disco do que encomendar essas obras numa livraria ou discoteca da própria cidade onde vive. Não surpreende assim que a *contratação electrónica*, um dos expoentes desse vector evolutivo, constitua hoje uma das modalidades mais frequentes da negociação e conclusão de contratos comerciais (sobretudo pelas chamadas "empresas virtuais").

III. Este importantíssimo processo de contratação, que vai ganhando diariamente terreno às demais modalidades de contratação comercial[209], foi também objecto de uma *disciplina jurídica própria*, essencialmente constante dos Decretos-Lei n.º 290-D/99, de 2 de Agosto, e n.º 7/2004, de 7 de Janeiro – e uma vez mais, para não variar, em boa medida fruto do impulso comunitário (Directivas 1999/93/CE, de 13 de Dezembro, e 2000/31/CE, de 8 de Junho).

Uma análise geral e desenvolvida deste regime legal – que exibe algumas importantes especialidades relativamente ao clássico modelo formativo contratual – foi já realizada noutro estudo[210]:

---

[208] Sobre o relevo do comércio electrónico no âmbito do Direito Comercial moderno, vide ANTUNES, J. Engrácia, *Direito Comercial*, em curso de publicação.

[209] Sobre a redacção de contratos electrónicos mercantis, vide ANDERSON, Mark/ WARNER, Victor, *Drafting and Negotiating Commercial Contracts*, 175 e segs., 2nd edition, Tottel, West Sussex, 2008.

[210] ANTUNES, J. Engrácia, *Direito Comercial*, em curso de publicação.

Dos Contratos Comerciais em Geral

caberá agora aludir apenas, para além das referências já feitas relativamente à fase pré-contratual[211] e ao valor, forma e prova das declarações negociais[212], aos aspectos específicos da formação e perfeição dos contratos electrónicos, em especial a disciplina jurídica da oferta e da aceitação contratuais.[213]

IV. O regime legal – digamo-lo desde já – *não prima pela clareza.*

Por um lado, o legislador português qualificou expressamente como proposta contratual a oferta electrónica ou "on line" de bens e serviços sempre que esta contenha "todos os elementos necessários para que o contrato fique concluído com a simples aceitação do destinatário" (art. 32.º, n.º 1 do Decreto-Lei n.º 7/2004, de 7 de Janeiro), reservando a figura do "convite a contratar" apenas para os demais casos: nos termos gerais, tal deveria significar que o contrato electrónico, relativo a ofertas feitas por empresas virtuais e constituídas por enunciados contratuais completos, se considera logo concluído e perfeito com a simples aceitação da oferta pelo destinatário (a chamada "ordem de encomenda"), tornando assim desnecessário à formação contratual qualquer acto posterior de qualquer dos contraentes[214]. Todavia, e agora por outro lado, o

---

[211] Cf. *supra* Parte II, Cap. I, §3, 1.2.(III).

[212] Cf. *infra* Parte II, Cap. II, §4, 1.3. e 2.4.

[213] Sobre a temática, vide BARCELÓ, R. Juliá, *Comercio Electrónico entre Empresários – La Formación y Prueba del Contrato Electrónico,* Tirant lo Blanch, Valencia, 2000; DAVIES, Lars, *Contract Formation on the Internet: Shattering a Few Myths*, in: AAVV, "Law and the Internet – Regulating Cyberspace", 97-120, Hart, Oxford, 1997; LEHMANN, Michael (Hrsg.), *Rechtsgeschäfte im Netz – Electronic Commerce,* Schäffer--Poeschel, Stuttgart, 1999; MORENO, Á. Guisado, *Formación y Perfección del Contrato en Internet,* Marcial Pons, Madrid, 2004; SIMPSON, Andrew/ KINSELLA, Stephan, *Online Contract Formation*, Oceana Publications, New York, 2004.

[214] É bem sabido que a "proposta ao público" e o "convite a contratar" constituem modalidades com regime diferenciado em matéria da formação e perfeição negociais: no caso da proposta ao público, o proponente fica imediatamente colocado numa situação de sujeição perante o destinatário, o qual, enquanto titular de um direito potestativo à conclusão do contrato, tem nesta matéria a última palavra; inversamente, na "invitatio ad offerendum"

Formação

mesmo legislador veio simultaneamente exigir um acto posterior de confirmação por parte dos destinatários das ofertas "on line", ao determinar que "a encomenda torna-se definitiva com a confirmação do destinatário, dada na sequência do aviso de recepção, reiterando a ordem emitida" (art. 29.º n.º 5 do mesmo diploma): algo paradoxalmente, pois, a lei parece agora configurar implicitamente a oferta electrónica como uma mera "invitatio ad offerendum", cabendo assim ao destinatário formular as suas propostas ("ordem de encomenda") e à empresa ofertante aceitá-las (em regra, mediante o envio do correspondente "aviso de recepção": cf. art. 29.º, n.ºs 1 a 4), apenas se tendo o contrato por formado no momento em que o destinatário confirme a mesma (reiteração da ordem de encomenda).[215]

V. Para além deste aspecto nuclear, o regime legal encerra ainda *outras importantes especialidades*, entre as quais se destacam as regras relativas à determinação do momento relevante para a emissão das declarações negociais (art. 31.º, n.º 2) e a conclusão do contrato (art. 32.º, n.º 2), bem como a exclusão dos "contratos

---

existe um mero convite endereçado ao destinatário no sentido de este apresentar uma proposta, que o oferente poderá ou não aceitar, pelo que é agora a este (oferente) que cabe a última palavra quanto à conclusão do contrato. Sobre a distinção entre as duas figuras, ALMEIDA, C. Ferreira, *Contratos*, vol. I, 119 e segs., 4.ª edição, Almedina, Coimbra, 2008.

[215] A qualificação jurídica da oferta electrónica completa e do respectivo acto formativo final é discutida na doutrina portuguesa, havendo quem a qualifique como proposta contratual ao público (ALMEIDA, C. Ferreira, *Direito do Consumo*, 97, Almedina, Coimbra, 2005; PIZARRO, S. Nóbrega, *Comércio Electrónico – Contratos Electrónicos e Informáticos,* 82, Almedina, Coimbra, 2005), como convite a contratar (SILVA, J. Calvão, *Banca, Bolsa e Seguros*, tomo I, 100, Almedina, Coimbra, 2005), e nem uma coisa nem outra (OLIVEIRA, E. Dias, *A Protecção dos Consumidores nos Contratos Celebrados através da Internet*, 89, Almedina, Coimbra, 2002). A questão, de resto, não divide apenas os autores nacionais, sendo também bastante controvertida além-fronteiras: cf. LEHMANN, Michael (Hrsg.), *Rechtsgeschäfte im Netz – Electronic Commerce,* 83 e segs., Schäffer-Poeschel, Stuttgart, 1999; TURNER, Catrin/ BRENNAN, Sean, *Commercial Lawyers Guide to the Internet,* in: VIII ICCLR (1997), 120-123 e 382-386.

Dos Contratos Comerciais em Geral

de comércio electrónico directo" (art. 29.º, n.º 2) – caso em que é naturalmente dispensado o aviso de recepção da ordem da encomenda (art. 29.º, n.º 2) –[216], dos "contratos electrónicos individuais" – os quais, sendo celebrados exclusivamente através de correio electrónico ou outros meios de comunicação individual equivalente, representam, no fundo, contratos directos e individualizados sujeitos às regras gerais (art. 30.º) –, e ainda dos "contratos electrónicos automáticos" – os quais, sendo celebrados exclusivamente através de computadores e sem qualquer intervenção humana (v.g., aquisição de certos ficheiros digitais), se encontram sujeitos ao regime dos arts. 33.º, 25.º, e 26.º do diploma legal em referência.

3.3. Contratação Automática

I. Uma outra modalidade formativa frequente no domínio mercantil é a chamada "contratação automática", que designa genericamente *o processo de contratação realizado por intermédio de autómatos ou máquinas automáticas destinadas ao fornecimento de produtos ou à prestação de serviços.*[217]

---

[216] O processo formativo descrito apenas vale para a contratação atinente ao chamado comércio electrónico indirecto, em que a execução do contrato pelas partes se processa de forma tradicional fora da rede – isto é, o pagamento de preço mediante cobrança ou a entrega dos bens ou serviços por correio (v.g., a encomenda de um livro) –, já não valendo para o *comércio electrónico directo*, em que as prestações das partes são realizadas imediata e directamente "on line" (v.g., a compra de um "e-book" ou o acesso a uma base de dados). Sobre a distinção entre comércio electrónico directo e indirecto, vide ANTUNES, J. Engrácia, *Direito Comercial*, em curso de publicação.

[217] Sobre a figura, embora não exclusivamente, vide GAMBINO, A. Maria, *L'Accordo Telematico*, Giuffrè, Milano, 1997. Apesar de ser um fenómeno característico do comércio moderno, a doutrina já o conhece (em íntima ligação com a problemática das chamadas relações contratuais de facto) há mais de um século: cf. AUWERS, W. Gottfried, *Das Rechtsschutz der automatischen Wage nach gemeinen Recht*, Kästner, Göttingen, 1891; SCIALOJA, Antonio, *L'Offerta a Persona Indeterminata ed il Contratto Concluso mediante Automatico*, Lapi, Citta di Castello, 1902.

Formação

II. Manifestação peculiar da massificação das transacções comerciais e da "vis creativa" dos empresários, é o recurso a máquinas ou dispositivos automáticos que, colocados em locais de acesso público e mediante a introdução de dinheiro (moeda metálica ou cartões electrónicos), disponibilizam aos destinatários uma enorme variedade de mercadorias (v.g., bens alimentares, tabaco, jornais, etc.) e serviços (v.g., telefones, câmbios, reservas, bilhetes, etc.).

Apesar de aparentemente se tratar de meros actos materiais – em que o utente, mediante a inserção de moeda metálica, escritural ou electrónica, se limita a desencadear o acto de forneci-mento ou prestação do autómato –, a verdade é que nos encontramos diante de verdadeiros e próprios negócios jurídico-comerciais, em que o comportamento de uma das partes (empresário proprietário do autómato) se expressa através da programação do autómato e o da outra (utente) mediante o respectivo accionamento[218]. A única dúvida subsistente, sobre a qual a doutrina se encontra dividida e que ilustra bem a inadequação do paradigma legal clássico perante as novas formas de conclusão dos contratos mercantis, é relativa à qualificação jurídica da conduta das partes: se existem autores que consideram que a oferta feita pelos empresários através de autó-matos constitui uma proposta contratual ao público, pelo que a sua utilização pelo utente, enquanto aceitação dessa proposta, constituiria o acto final da formação do contrato (teoria da oferta automática), outros propendem a considerar ser o utente, accio-nando o mecanismo, quem emite a proposta contratual, cabendo

---

[218] Isso mesmo, aliás, foi reconhecido pelo legislador português, que lhe dedicou uma regulação específica sob a epígrafe genérica *"vendas automáticas"* (arts. 21.º a 23.º do Decreto-Lei n.º 143/2001, de 26 de Abril). Atente-se ainda que esta modalidade de contratação não se confunde com a contratação à distância: por força do art. 3.º, n.º 1, b) do mesmo diploma legal, estão excluídos do âmbito da disciplina dos contratos à distância os contratos celebrados "através de distribuidores automáticos ou de estabele-cimentos comerciais automáticos".

Dos Contratos Comerciais em Geral

ao autómato a aceitação e consequente conclusão do contrato (teoria da aceitação automática).[219]

3.4. *Contratação em Auto-Serviço*

I. Por fim, igualmente difundida é a chamada "contratação em auto-serviço" ("self-service", "cash and carry"), que designa o *processo de contratação realizado em locais de venda, físicos ou virtuais, onde os potenciais adquirentes dos bens ou serviços do empresário se servem a si mesmos destes.*[220]

II. Como é do conhecimento geral, uma das formas típicas do tráfego económico e negocial em massa consiste na montagem, por parte dos empresários, de espaços físicos ou virtuais de exposição dos respectivos bens ou serviços, servindo-se o utente a si próprio dos mesmos e efectuando o pagamento respectivo em caixa de balcão (v.g., hipermercados, postos de abastecimento de combustíveis, lojas dos estabelecimentos comerciais, "lojas virtuais", etc.). Também aqui, sendo incontroverso que nos encontramos perante verdadeiros contratos comerciais, a doutrina tem testemu-

---

[219] No primeiro dos sentidos, vide ALMEIDA, C. Ferreira, *Contratos*, vol. I, 122, 4.ª edição, Almedina, Coimbra, 2008; ASCENSÃO, J. Oliveira, *Direito Civil – Teoria Geral*, vol. II, 383, Coimbra Editora, Coimbra, 1999; CORDEIRO, A. Menezes, *Tratado de Direito Civil Português,* vol. I ("Parte Geral"), tomo I, 303, Almedina, Coimbra, 1999; FERNANDES, L. Carvalho, *Teoria Geral do Direito Civil*, vol. II, 124, 4.ª edição, UCP Editora, Lisboa, 2007; no último sentido, SILVA, J. Calvão, *Banca, Bolsa e Seguros*, tomo I, 72 e seg., Almedina, Coimbra, 2005. Aliás, não falta mesmo quem, não sem razão, sustente que a contratação automática não pode ser entendida e explicada convenientemente no quadro do modelo formativo tradicional constituído por proposta e aceitação (VASCONCELOS, P. Pais, *Teoria Geral do Direito Civil*, 482, 5.ª edição, Almedina, Coimbra, 2008).

[220] Sobre esta modalidade, vide CARLSSON, Otto, *Kaufabschluß im Selbstbedienungsladen*, in: JR (1954), 253-254; DI AMATO, Astolfo, *Impresa e Nuovi Contratti*, 218 e segs., Ed. Scientiche Italiane, Napoli, 1991; DIETRICH, Gerhard, *Der Kauf im Selbstbedienungsladen*, in: 25 DB (1972), 957-959.

Formação

nhado dificuldades associadas à qualificação jurídica dos actos integrantes do respectivo processo formativo: se, para uns, o método expositivo de comercialização tem o valor jurídico de uma proposta contratual ao público formulada pelo empresário titular do espaço, valendo o pagamento do preço feito pelo utente na caixa como aceitação daquela, outros, inversamente, consideram que é a apresentação pelo utente das mercadorias na caixa que encerra a proposta contratual, valendo a cobrança do preço pela caixa do estabelecimento como aceitação.[221]

4. Outras Vicissitudes Formativas

I. A formação de um contrato comercial, mesmo quando operando dentro do quadro formativo tradicional e sujeita às regras gerais dos contratos (arts. 217.º e segs. do CCivil), apresenta ainda várias outras vicissitudes próprias ou até, por vezes, verdadeiras regras especiais – para as quais, no âmbito do presente estudo, nos limitaremos a chamar fugazmente a atenção.

Para tal, sirvamo-nos, a mero título de ilustração, de um exemplo relativo à *natureza jurídica* dos contratantes – a questão das autorizações administrativas especiais –, outro relativo às respectivas *declarações de vontade* – a questão do valor negocial do silêncio – e de um último respeitante aos *vícios de vontade* – a existência de vícios novos ou "híbridos".

II. Desde logo, a formação de numerosos contratos comerciais está dependente do preenchimento de determinados *requisitos especiais* por parte dos seus sujeitos activos.

Com efeito, os contratos bancários, os contratos de seguro, os contratos sobre instrumentos financeiros, e tantos outros contratos

---

[221] Cf. também VASCONCELOS, P. Pais, *Teoria Geral do Direito Civil*, 484, 5.ª edição, Almedina, Coimbra, 2008.

Dos Contratos Comerciais em Geral

mercantis (v.g., contratos de mediação imobiliária, contratos de viagem organizada) apenas podem ser valida e eficazmente concluídos... por empresas creditícias, seguradoras, de intermediação financeira ou outras (v.g., mediadoras, de viagens e turismo) devidamente habilitadas por *autorização administrativa prévia* emanada pela entidade de supervisão do mercado ou actividade económica em causa (Banco de Portugal, Instituto de Seguros de Portugal, Comissão do Mercado de Valores Mobiliários, ou outros, v.g., Instituto dos Mercados de Obras Públicas e Privadas e do Imobiliário, Direcção-Geral do Turismo). Figure-se um exemplo: os contratos de seguro, núcleo fundamental da actividade seguradora. A constituição das empresas de seguros, bem como o acesso e o exercício de actividades seguradoras e resseguradoras, encontra-se sujeita a um conjunto de regras especiais (v.g., em matéria do tipo social, objecto, capital mínimo, idoneidade da estrutura accionista, viabilidade técnico-financeira, idoneidade dos titulares dos órgãos sociais: cfr. arts. 7.º e segs. do RGAS), bem como à tutela administrativa exercida pelo ISP (a quem compete a supervisão e o saneamento das empresas seguradoras: cf., designadamente, arts. 156.º e 157.º do RGAS e arts. 4.º e 5.º do Decreto-Lei n.º 251/97, de 26 de Setembro): daqui decorre que a celebração deste tipo de contrato comercial, núcleo fundamental da actividade destas empresas, está afinal dependente da observância das referidas regras especiais, cuja violação haverá de influenciar decisivamente o destino desses contratos (cf. ainda art. 16.º da LCS).[222]

Em suma, ao menos num sentido amplo, pode afirmar-se que pertencem à "facti-species" constitutiva dos contratos comerciais todas as normas que estabelecem requisitos especiais relativamente

---

[222] A autorização do ISP representa um pressuposto da celebração da escritura pública da constituição e registo comercial da empresa seguradora (art. 7.º, n.º 1 do CSC, arts. 3.º, a) e 35.º, n.º 1 do CRCom, art. 12.º, n.º 1 do RGAS), cuja falta acarreta, nos termos gerais, a nulidade da mesma (art. 280.º, n.º 1 do CCivil). O exercício de actividades seguradoras por empresas não autorizadas está ainda sujeito às sanções contra-ordenacionais previstas nos arts. 214.º, a) e 216.º do RGAS.

Formação

ao acesso e ao exercício das actividades empresariais a que os mesmos dizem respeito.[223]

III. Aspecto digno de nota na contratação mercantil é o da *relevância jurídico-negocial do silêncio*. É sabido que, nos termos gerais, o silêncio não vale como declaração de vontade negocial, excepto quando esse valor lhe seja atribuído por lei, uso ou convenção das partes (art. 218.º do CCivil). Ora, esta problemática, sendo decerto comum ao Direito Civil, ganha uma relevância e complexidade muito especial no contexto do Direito Comercial.[224]

Com efeito, tal como a propósito da celebração de contratos civis, o princípio geral em matéria dos contratos comerciais é o de que o silêncio do destinatário da proposta contratual não possui relevo jurídico-negocial, não valendo como aceitação nem tão--pouco como rejeição. Esta regra, todavia, tem vindo a sofrer crescentes *excepções*, sobretudo de natureza legal e costumeira.

Por um lado, existem múltiplos exemplos de contratos mercantis em que é a própria *lei* a conferir relevo ao silêncio negocial: basta pensar, entre muitos outros, no consentimento presumido dos cônjuges no caso do exercício profissional do comércio de um deles (cf. arts. 1678.º, n.º 3 e 1691.º, n.º 1, d) do CCivil), na falta de comunicação da recusa no contrato de mandato mercantil (art. 240.º do CCom), na recepção das mercadorias sem reclamação de vícios no contrato de compra e venda mercantil sobre amostra (art. 471.º do CCom), na omissão de comunicação tempestiva no contrato de seguro marítimo (art. 625.º, § 4 do CCom), na falta de oposição do principal ao negócio celebrado por agente sem poderes de representação (art. 22.º, n.º 2 do Decreto-Lei n.º 178/86, de 3 de Julho), no silêncio da empresa seguradora após recepção de

---

[223] Igualmente, BUONOCORE, Vincenzo, *I Contratti d'Impresa*, 75 e segs., in: AAVV, "Contratti d'Impresa", vol. I, 3-83, Giuffrè, Milano, 1993.

[224] Sobre o ponto, vide também BARNETT, Randy, *The Sound of Silence: Default Rules and Contractual Consent*, in: 78 VLR (1992), 821-882; SONH, Rike, *Das Schweigen im Rechtsverkehr*, Diss., Bremen, 2005.

Dos Contratos Comerciais em Geral

proposta contratual de seguro individual (art. 27.º, n.º 1 da LCS), ou na exoneração dos sócios livres que não se tenham oposto ao contrato de subordinação (art. 499.º, n.º 1 do CSC).

Porventura mais relevante, pela sua importância prática mas também pela sua complexidade, são – e agora por outro lado – os *usos*, verdadeira "sedes materiae" da relevância do silêncio como elemento de formação do negócio jurídico-comercial: como relembra Karsten SCHMIDT, "o princípio do relevo jurídico do silêncio teve a sua origem nos usos comerciais"[225]. Com efeito, os usos mercantis ("trade usages", "Handelsgebräuche", "usages de commerce", "usi commerciali") conservam ainda hoje uma importância real que não deve ser subestimada[226]: pese embora não constituindo "de per si" fonte autónoma de direito, tal não significa que o uso mercantil não se possa transmutar em norma jurídica actuante na disciplina das relações negociais juscomerciais sempre que a prática uniforme e estabilizada em determinado sector da contratação mercantil atribua ao silêncio o valor de meio declarativo. Trata-se de questão complexa, que não é susceptível de resposta uniforme. Se para um segmento muito significativo da contratação mercantil essa relevância se encontra excluída à partida – é o caso, por exemplo, dos contratos entre empresários e consumidores, onde o legislador expressamente baniu a prática comercial consistente em atribuir ao silêncio ou falta de resposta de um consumidor diante do envio de bens ou serviços não encomendados o valor de presunção da respectiva aceitação (13.º, n.º 2 do Decreto-Lei n.º 57/2008, de 26 de Março) –, outros haverá onde, ao invés, a máxima "qui tacet cum potuit et debiut, consentire videtur" se poderá ter sedimentado por força de usos mercantis – seja de usos gerais ou sectoriais de comércio (como

---

[225] *Handelsrecht*, 564, 5. Aufl., C. Heymanns, Köln, 1999.

[226] Sobre o ponto, além do que já foi visto *supra* Parte I, Cap. IV, §1, 3, vide em geral ANTUNES, J. Engrácia, *Os Usos e o Costume no Direito Comercial*, in: "Estudos Comemorativos dos 10 Anos da Faculdade de Direito da Universidade Nova de Lisboa", vol. II, 215-239, Almedina, Coimbra, 2008.

Formação

sucede na contratação mercantil internacional entre empresários, de que o exemplo do silêncio no âmbito das cartas de confirmação, já noutro ponto referido, constitui justamente uma eloquente ilustração[227]), seja mesmo de usos intersubjectivos (gerados no âmbito de relações comerciais ou de negócio duradouras entre dois contraentes[228]).

IV. Enfim, se bem que a formação e a exteriorização das declarações negociais integrantes dos contratos comerciais se rejam fundamentalmente pelas normas gerais dos arts. 240.º e segs. do CCivil, também não está excluída a existência de algumas especificidades em matéria dos *vícios objectivos e subjectivos da vontade jusmercantil.*[229]

Bastará assim atentar, a título de exemplo, nas disposições que conferem tonalidades próprias a determinados vícios clássicos – pense-se no *erro* na formação e na declaração da vontade no domínio da contratação associada ao comércio electrónico ("rectius", aos contratos electrónicos automatizados: cf. art. 33.º, n.os 2 e 3 do Decreto-Lei n.º 7/2004, de 7 de Janeiro) – ou que consagram mesmo novos vícios específicos ou "híbridos" – pense-se na figura da *"influência indevida"*, a qual, situada algures a meio caminho entre os tradicionais vícios do dolo e coacção, constitui um fundamento autónomo da invalidade dos contratos celebrados entre as empresas e os consumidores (arts. 3.º, j), 11.º, n.º 1, e 14.º, n.º 1 do Decreto-Lei n.º 57/2008, de 26 de Março).

---

[227] Sobre as "cartas de confirmação", vide *supra* Parte II, Cap. II, § 3, 2.4(II). Cf. HABERKORN, Lutz, *Schweigen auf kaufmännisches Bestätigungsschreiben*, in: 22 MDR (1968), 108-110.

[228] MÜLLER-GRAFF, Peter-Christian, *Rechtliche Auswirkungen einer laufenden Geschäftsverbindung im amerikanischen und deutschen Recht*, VVW, Karlsruhe, 1974.

[229] Para um confronto no domínio específico dos "Princípios Relativos aos Contratos Comerciais Internacionais", vide MENDES, A. Ribeiro, *Os Vícios de Consentimento na Formação do Contrato (Comparação da Regulamentação Constante dos "Princípios dos Contratos Comerciais Internacionais" do UNIDROIT com a Acolhida no Código Civil Português)*, in: I Themis-UNL (2000), 205-233.

Dos Contratos Comerciais em Geral

§4 A Forma e a Prova

I. O ordenamento jusprivatístico geral encontra-se dominado por um princípio substantivo da *liberdade de forma* ou do consensualismo, segundo o qual a validade das declarações negociais não depende da observância de forma especial (art. 219.º do CCivil), e por um princípio adjectivo da *livre admissibilidade da prova*, segundo o qual as partes se podem socorrer de todos os meios probatórios nos litígios emergentes da suas relações (art. 655.º do CPCivil).

II. Em homenagem aos interesses e valores distintivos que são tutelados pelo Direito Comercial[230], tais princípios gerais em matéria da forma e da prova dos negócios jurídicos assumem *tonalidades e alcances muito especiais* neste sector da Ordem Jurídica, em geral, e na contratação mercantil, em particular.

1. Forma dos Contratos Comerciais

1.1. *Aspectos Gerais*

I. O princípio do consensualismo, consagrado no art. 219.º do CCivil e aplicável aos contratos comerciais por força do art. 3.º do CCom, determina que *as partes de um contrato são livres de eleger qualquer tipo de forma*: em via geral, pois, dir-se-ia que a celebração dos contratos mercantis – tanto quanto os contratos civis – não está sujeita a qualquer forma especial, podendo a vontade das partes ser exteriorizada por qualquer via juridicamente relevante (oral ou escrita, física ou electrónica). De acordo com reputados comercialistas, este traço seria mesmo particularmente

---

[230] Sobre estes interesses distintivos, subjacentes às normas deste ramo jurídico, vide desenvolvidamente Antunes, J. Engrácia, *Direito Comercial*, em curso de publicação.

Formação

marcante e distintivo do próprio Direito Comercial no seu conjunto, que "tenderia a ser um direito isento de formalismo".[231]

II. A verdade, todavia, é que se assiste hoje a um inequívoco *"renascimento do formalismo"* no âmbito do Direito Comercial, bem patente no âmbito concreto da contratação mercantil.

Bem vistas as coisas, este fenómeno não nos deve surpreender demasiado se se tiver na devida conta que o Direito Comercial constitui um ramo que, além do interesse da celeridade das transacções comerciais, persegue ainda o interesse, de igual dignidade e por vezes antagónico, da segurança e certeza jurídica das mesmas[232]. Este antagonismo axiológico tem sido assim responsável, ao longo da história deste ramo jurídico, por uma oscilação cíclica entre regulações consensualistas e formalistas: se, por um lado, o ordenamento jusmercantil exibe tradicionalmente uma tendência para a simplificação do formalismo dos actos e relações jusmercantis (vejam-se os exemplos paradigmáticos da relevância jurídica da correspondência telegráfica, da força probatória especial da escrita comercial, ou do regime de determinados contratos mercantis especiais: cf. arts. 44.º, 97.º, 396.º, e 400.º do CCom), não menos verdade é que, por outro lado, se vem acentuando recentemente um fenómeno inverso de recrudescimento desse formalismo. Ora, como veremos melhor já a seguir, *este fenómeno*

---

[231] CORREIA, A. Ferrer, *Lições de Direito Comercial*, 25, Lex, Lisboa, 1994. Por vezes, fala-se também de um fenómeno de "funcionalização formal" para traduzir uma subalternização da forma à própria vitalidade das operações comerciais (BARROS, J. Joaquim, *Regime Geral dos Actos de Comércio*, 55, in: AAVV, "As Operações Comerciais", 11-92, Almedina, Coimbra, 1988).

[232] Sobre estes interesses antagónicos tutelados pelas normas do Direito Comercial, vide ANTUNES, J. Engrácia, *Direito Comercial*, em curso de publicação. Sublinhando também esta duplicidade axiológica, Georges RIPERT e René ROBLOT: "Il n'y a pas d'unité dans la conception de nos lois commerciales. Tantôt la règle applicable aux actes de commerce est une *règle de rigueur*, où le souci d'assurer la sécurité des transactions entraîne un renforcement des obligations des débiteurs commerçants (...), tantôt au contraire apparaît une *règle de faveur* destinée à faciliter le commerce" (*Traité de Droit Commercial*, tomo I, 237, 17ème édition, LGDJ, Paris, 1998).

é particularmente notório no domínio da contratação mercantil: semelhante formalismo pode ser de fonte jurídico-convencional, resultante da vontade dos próprios comerciantes (de que a prática dos contratos de adesão constitui uma eloquente ilustração) ou de fonte jurídico-legal, resultante de determinação do próprio legislador.[233]

III. A razão de ser, o alcance e a natureza deste formalismo negocial mercantil são bastante heterogéneos e complexos.

No que concerne aos seus *fundamentos*, a imposição de uma forma contratual obrigatória pode ter a si subjacente uma variedade de motivos consoante os diferentes contratos mercantis concretos, incluindo a segurança jurídica das transacções comerciais, a protecção da contraparte contratual contra a sua precipitação e debilidade negocial (v.g., "maxime", nos contratos celebrados entre empresários e consumidores, ou entre grandes e pequenos empresários), e a publicidade externa dos contratos com vista à tutela dos interesses de terceiros e do tráfico jurídico geral (v.g., contrato de sociedade). No que respeita ao seu *alcance*, a exigência de forma pode gerar diferentes tipos de consequências jurídicas, desde efeitos absolutos ou "ad substantiam" (requisito de validade negocial) – pense-se, "ex multi", em casos tão variados quanto os do contrato de sociedade (arts. 7.º, n.º 1, 41.º e 42.º, n.º 1 do CSC) ou dos negócios relativos a títulos de crédito (arts. 2.º, n.º 1 e 76.º, n.º 1 da LULL, art. 2.º, n.º 1 da LUC) – até efeitos relativos ou "ad probationem" (mero meio de prova negocial) –

---

[233] Por vezes, curiosamente, o Direito Comercial vai mesmo mais longe do que o próprio Direito Civil, introduzindo exigências especiais de forma aí onde este último nada previu em sede geral: é o que sucede, por exemplo, com o contrato de sociedade comercial – cuja celebração, ao invés do que sucede nas sociedades civis (art. 981.º, n.º 1 do CCivil), está sujeita obrigatoriamente a forma escrita ou equivalente (arts. 4.º-A e 7.º, n.º 1 do CSC) – ou com a convenção de juros nas obrigações comerciais – que está igualmente subordinada a forma escrita independentemente do montante da respectiva taxa (art. 102.º, § 1 do CCom), ao contrário do que sucede nas obrigações civis (art. 559.º, n.º 2 do CCivil).

Formação

v.g., é o caso da apólice nos contratos de seguro (arts. 32.º, n.º 2, 34.º, n.ºs 3 e 4 da LCS) e dos contratos de empréstimo mercantil e de penhor mercantil (arts. 396.º e 400.º do CCom)[234]. Por fim, relativamente à sua *natureza*, o formalismo negocial mercantil parece ser de um novo género, bastante diverso daquele que tradicionalmente se observa no direito civil comum, que vem sendo por vezes apelidado de "neoformalismo": na verdade, para alguns sectores da negociação mercantil, estamos frequentemente diante de um formalismo que sacrifica a realidade à aparência, ou a substância à forma, consubstanciando-se numa objectivização das obrigações e numa rigidez dos regimes jurídicos que lhe vão associados (veja-se assim, por exemplo, o caso dos negócios atinentes aos instrumentos financeiros, aos títulos de crédito, ou ao comércio electrónico).[235]

1.2. *Contratos Comerciais Formais*

I. Nos nossos dias, são extremamente numerosos os contratos mercantis relativamente aos quais o legislador prescreveu uma exigência de forma especial: a magnitude deste vector evolutivo é de tal ordem que é legítimo interrogarmo-nos se o princípio geral do consensualismo, no Direito Comercial moderno, não se terá já *transformado de regra em excepção*.

II. Desde logo, é mister salientar que os contratos normativamente empresariais, que pressupõem necessariamente a intervenção de um empresário, correspondem hoje, "ope legis" ou "ope voluntas", a verdadeiros contratos formais.

---

[234] Sobre a prova nos contratos mercantis, vide *infra* Parte II, Cap. II, §4, 2.

[235] Um exemplo entre muitos outros: o princípio da literalidade dos títulos de crédito, segundo o qual o conteúdo e a extensão dos direitos e obrigações cambiários são os que decorrem do teor literal ou das declarações objectivas constantes do título, sendo irrelevante a vontade real dos seus signatários (art. 375.º do CCom, arts. 6.º, 11.º, n.º 1, e 17.º da LULL).

Dos Contratos Comerciais em Geral

Estão neste caso os *contratos bancários*: uma exigência de forma escrita ou equivalente foi prevista para uma boa parte dos contratos bancários tipificados ou nominados pelo legislador, tais como os contratos de depósito bancário (art. 3.º do Aviso BP n.º 11/2005, de 21 de Julho), os contratos de mútuo bancário (artigo único do Decreto-Lei n.º 32 765, de 29 de Abril de 1943), os contratos de cessão financeira ou "factoring" (art. 7.º do Decreto-Lei n.º 171/95, de 19 de Julho), os contratos de locação financeira ou "leasing" (art. 3.º, n.º 1 do Decreto-Lei n.º 149/95, de 24 de Junho), ou os contratos de crédito ao consumo (art. 12.º, n.º 1 do Decreto-Lei n.º 133/2009, de 2 de Junho). Estão ainda neste caso os *contratos financeiros*: veja-se assim a generalidade dos contratos de intermediação financeira e contratos derivados celebrados com investidores não qualificados (v.g., contratos de comissão bolsista, de gestão de carteiras, de tomada firme, de colocação, de registo e depósito, de futuros, de opções, de "swap", etc.: cf. art. 321.º, n.º 1 do CVM), além da subcontratação de actividades de intermediação financeira (art. 308.º-B, n.º 6 do CVM)[236]. Finalmente, não obstante os *contratos de seguro e de transporte* não estejam sujeitos em geral à observância de forma especial (art. 32.º, n.º 1 da LCS, arts. 366.º e segs. do CCom), é hoje pacificamente reconhecido que estes revestem, na prática, uma natureza formal convencional ou voluntária, considerando que correspondem usualmente a contratos de adesão e coenvolvem, por definição, a obrigação de emissão de títulos específicos (apólice de seguro e documentos de transporte, v.g., conhecimento de embarque), além de tal exigência aparecer consagrada a propósito de certas modalidades contratuais especiais (v.g., contrato de trans-

---

[236] Cf. LENER, Raffaele, *Dalla Formazione alla Forma dei Contratti sui Valori Mobiliari (Prime Note sul "Neoformalismo Negoziale")*, in: LIII BBTC (1990), 777--804; MILIELLO, Cesare, *Contratti di Intermediazione Finanziaria: Forma, Nullità e Dintorni*, esp. 1639 e segs., in: XXII CeImp (2006), 1635-1645.

Formação

porte marítimo de mercadorias: cf. art. 3.º, n.º 1 do Decreto-
-Lei n.º 352/86, de 21 de Outubro).[237]

Tanto ou mais importante do que semelhante predomínio da forma (legal) dos contratos típicos ou nominados, é a forma voluntária, resultante da iniciativa das partes, especialmente no âmbito das figuras filiadas nestas categorias contratuais. Como é bem sabido, as exigências próprias de celeridade, simplicidade, massificação e uniformidade, que são características das actividades económicas em questão, implicou que a enorme mole de contratos atípicos ou inominados celebrados por empresas bancárias, seguradoras, transportadoras, e de intermediação financeira, representem hoje, no comum dos casos, *contratos de adesão consubstanciados em documentos formais padronizados e pré-redigidos* (mormente, formulários ou impressos, escritos ou electrónicos, destinados a servir de texto contratual principal ou de anexo a este)[238]. Este formalismo de raiz convencional, de resto, é de tal forma marcante nestes subsectores do universo juscomercialista que a doutrina vem falando com insistência de uma "reformalização" no âmbito do Direito Bancário[239] ou erige mesmo

---

[237] Com razão afirma F. Costeira da ROCHA que "o contrato de transporte caracteriza-se por uma paradoxal consensualidade, pois embora se afirme que é em geral um contrato consensual e que vale neste âmbito o princípio da liberdade de forma (art. 219.º CC), é também verdade que a ele surge quase sempre ligado um documento de transporte, seja no transporte de coisas, seja no de pessoas" (*O Contrato de Transporte de Mercadorias,* 34, Almedina, Coimbra, 2000).

[238] Sobre a natureza comum dos referidos contratos como contratos de adesão, vide ainda *infra* Parte II, Cap. III, §2, 1.1. Recorde-se, aliás, que as cláusulas contratuais gerais no âmbito da contratação electrónica devem ser passíveis de armazenamento e reprodução informáticas (arts. 28.º e 31.º, n.º 1 do Decreto-Lei n.º 7/2004, de 7 de Janeiro), o que importa indirectamente a imposição de um requisito de forma ("ad probationem") nos contratos de adesão associados ao comércio electrónico.

[239] CORDEIRO, A. Menezes, *Manual de Direito Bancário*, 389, Almedina, Coimbra, 1998; em sentido semelhante, SOARES, A. Quirino, *Contratos Bancários,* 110, in: 295 SI (2003), 109-128.

Dos Contratos Comerciais em Geral

"o formalismo" como um dos traços característicos do Direito dos Valores Mobiliários.[240]

III. Idênticas exigências de forma podem também ser observadas no âmbito dos *contratos naturalmente empresariais*, ou seja, dos contratos que são usualmente (embora não exclusiva ou necessariamente) celebrados por empresários ou conexos ao exercício de actividades empresariais.

A lista é bastante vasta, cobrindo de novo a grande maioria desta subcategoria dos contratos mercantis. A mero título de exemplo, mencionem-se o contrato de sociedade (art. 7.º do CSC), os contratos constitutivos de empresas não societárias – v.g., o contrato de ACE (Base II, n.º 1 da Lei n.º 4/72, de 4 de Junho), o contrato de AEIE (art. 2.º do Decreto-Lei n.º 148/90, de 9 de Maio), o contrato de cooperativa (art. 10.º do CCoop), o contrato de empresas públicas municipais, intermunicipais ou metropolitanas (arts. 8.º, n.º 1 e 33.º, n.º 1 da Lei n.º 53-F/2006, de 29 de Dezembro), etc. –, os contratos de colaboração ou concentração entre empresas – v.g., o contrato de consórcio (art. 3.º do Decreto-Lei n.º 231/81, de 28 de Julho), o contrato de grupo paritário e de subordinação (arts. 492.º, n.º 2 e 498.º do CSC), etc. –, os contratos de negociação de empresa – v.g., o trespasse e a locação de estabelecimento comercial (arts. 1109.º, n.º 1, "in fine" e 1112.º do CCivil), os contratos de fusão e de cisão (arts. 94.º e 118.º do CSC) –, entre vários outros.

IV. Sublinhe-se ainda, por último, que o formalismo negocial mercantil não é um exclusivo dos negócios bilaterais ou plurilaterais (contratos), possuindo também uma incidência significativa no âmbito dos *negócios unilaterais*. Para tanto basta pensar, por exemplo, nos negócios jurídicos relativos aos títulos de crédito (letras, livranças, cheques: cf. arts. 1.º e 75.º da LULL,

---

[240] FERREIRA, A. José, *Direito dos Valores Mobiliários*, 33 e segs., AAFDL, Lisboa, 1997.

Formação

art. 1.º da LUC), nos negócios constitutivos de empresas individuais (como é o caso do EIRL: cf. art. 2.º, n.º 1 do Decreto-Lei n.º 248/86, de 25 de Agosto), ou nos negócios constitutivos de sociedades comerciais unipessoais (cf. arts. 7.º, n.ᵒˢ 1 e 2, 270.º-A, n.º 3 e 488.º, n.º 2 do CSC).

1.3. *Forma Electrónica*

I. Aspecto particular, a merecer referência autónoma, é o da relevância da *"forma electrónica"*.

Como já foi sublinhado, o vertiginoso desenvolvimento do "e-commerce" em face do comércio tradicional trouxe para o primeiro plano a contratação mercantil por via electrónica, a qual implica, por definição, uma desmaterialização do suporte das declarações de vontade dos contraentes: não surpreende assim que os legisladores, um pouco por todo o mundo, venham consagrando uma equivalência dos documentos electrónicos aos documentos em papel, apontando consequentemente para uma progressiva neutralidade das formas (físicas ou electrónicas) dos negócios jurídicos.[241]

II. No direito português, são dois os diplomas fundamentais na matéria, sem prejuízo de vários outros aspectos particulares que agora não é possível abordar.[242]

---

[241] Sobre a forma dos contratos electrónicos, vide AAVV, *Leis do Comércio Electrónico*, 46 e segs., Centro Atlântico, Lisboa, 2000; CORREIA, M. Pupo, *Comércio Electrónico: Forma e Segurança*, in: "As Telecomunicações e o Direito na Sociedade da Informação", 223-258, IJC, Coimbra, 1999; PIZARRO, S. Nóbrega, *Comércio Electrónico – Contratos Electrónicos e Informáticos*, 76 e segs., Almedina, Coimbra, 2005. Noutros quadrantes, ORTIZ, R. Illescas, *Derecho de la Contratación Electrónica*, Civitas, Madrid, 2000; MOSCARINI, Lucio, *Formalismo Negoziale e Documento Informatico*, in: "Studi in Onore a Pietro Rescigno", vol. V, 1045-1070, Giuffrè, Milano, 1998; STALLONE, Francesco, *La Forma dell'Atto Giuridico Elettronico*, in: VI CeImp (1990), 756-778.

[242] Sobre o regime geral da contratação electrónica, vide ANTUNES, J. Engrácia, *Direito Comercial*, em curso de publicação.

Dos Contratos Comerciais em Geral

Por um lado, de modo relativamente pioneiro, o Decreto-Lei n.º 290-D/99, de 2 de Agosto (regime jurídico dos documentos electrónicos e da assinatura digital), veio estabelecer expressamente que "o documento electrónico satisfaz o requisito legal da forma escrita quando o seu conteúdo seja susceptível de representação como declaração escrita" (art. 3.º, n.º 1): tal significa que serão considerados documentos escritos, no sentido do art. 363.º, n.º 1 do CCivil, *quaisquer documentos gerados e conservados através de processamento electrónico de dados*[243]. Além disso, o mesmo diploma contém ainda disposições relevantes em sede da perfeição jurídico-negocial das declarações de vontade contidas em documentos electrónicos (no caso de existência de convenção, expressa ou tácita, de endereço electrónico: cf. art. 6.º, n.ºs 1 e 4), do valor jurídico da validação cronológica aposta nesses documentos (permitindo assim fixar com extrema precisão o momento da produção dos respectivos efeitos: cf. art. 6.º, n.º 2), e do valor formal da respectiva equiparação (permitindo integrar as normas, muito abundantes na lei positiva e em contratos duradouros, que exigem comunicações por carta registada sem ou com aviso de recepção: cf. art. 6.º, n.º 3).

Por outro lado, o Decreto-Lei n.º 7/2004, de 7 de Janeiro, determina que "as declarações emitidas por via electrónica satisfazem a exigência legal de forma escrita quando contidas em suporte que ofereça as mesmas garantias de fidedignidade, inteligibilidade e conservação" (art. 26.º, n.º 1): tal significa agora que as declarações contidas em documento electrónico que reúnam tais garantias ("maxime", documento com assinatura electrónica qualificada, certificada por entidade credenciada) *preenchem integralmente o requisito legal de forma escrita cominado para a formação contratual jusmercantil.*[244]

---

[243] Sobre a noção e as modalidades dos documentos electrónicos, vide ainda *infra* Parte II, Cap. II, §4, 2.4.

[244] Estas regras gerais, aliás, vão obtendo sucessivas confirmações legislativas a propósito de contratos comerciais individuais: pense-se, por exemplo, nos contratos de

Formação

2. Prova dos Contratos Comerciais

2.1. *Aspectos Gerais*

I. Forma e prova dos contratos são questões conexas, embora diferentes: ao passo que a forma representa frequentemente um pressuposto de validade do negócio jurídico, a prova concerne apenas à demonstração da existência deste negócio.

A prova dos contratos mercantis está sujeita às regras gerais na matéria, vigorando aqui também o princípio *da livre admissibilidade e apreciação da prova,* segundo o qual as partes se podem socorrer de todos os meios probatórios admitidos por lei e o julgador as aprecia livremente de acordo com a sua convicção (art. 655.º do CPCivil). Tal não significa, todavia, que o Direito Comercial não tenha consagrado, desde muito cedo, algumas importantes especialidades em matéria probatória com relevo no plano da contratação mercantil: falamos de um conjunto de *regimes probatórios especiais* que são aplicáveis, ora à generalidade dos contratos mercantis, ora apenas a determinados contratos individuais.[245]

2.2. *Regimes Probatórios de Aplicação Geral*

I. Entre os regimes ou regras probatórios de *aplicação transversal* à generalidade dos contratos mercantis, salientamos os

---

sociedade (art. 4.º-A do CSC) e nos contratos relativos a mercados e instrumentos financeiros (art. 4.º do CVM).

[245] Concentramo-nos aqui nas regras jusmercantis que consagram excepções concretas ao citado princípio jurídico-processual geral, sem desconhecer, naturalmente, que a regra da livre admissão e apreciação da prova sofre também as *excepções gerais* derivadas da lei substantiva que prescreve a observância, para a celebração de certos contratos comerciais, de formalidades "ad substantiam" (v.g., forma solene nos contratos de sociedade que envolvam a realização de entradas em bens imóveis: cf. art. 7.º, n.º 1 do CSC e art. 875.º do CCivil).

Dos Contratos Comerciais em Geral

seguintes: a força probatória especial da escrituração mercantil (art. 44.º do CCom), o valor probatório da correspondência telegráfica (art. 97.º do CCom), e a factura (art. 476.º do CCom).

II. O primeiro desses regimes, previsto no art. 44.º do CCom e que introduz desvios às regras gerais, consiste na *força probatória dos livros de escrituração mercantil.*[246]

Como é sabido, a escrituração mercantil designa genericamente o conjunto dos registos dos comerciantes e empresários relativos à sua actividade profissional, os quais incluem – para além dos livros de contabilidade, e de muitos outros tipos de arquivos, tais como actas, correspondência, documentação vária – justamente os contratos[247]. Ora, tal significa que, nos contratos celebrados entre empresários, a prova contratual deverá atender aos parâmetros probatórios diferenciados do art. 44.º do CCom, essencialmente determinados em função da credibilidade da respectiva escrituração (a qual é aferida consoante os livros se encontrem ou não "regularmente arrumados", isto é, organizados em observância aos preceitos legais aplicáveis)[248]. Refira-se que a circunscrição legal do âmbito subjectivo deste regime probatório às relações entre empresários não significa que ele seja destituído de relevância jurídica relativamente aos contratos concluídos entre empresários e consumidores: com efeito, o preceito em questão limita-se a conferir um valor probatório especial à escrituração

---

[246] Cf. COELHO, J. Pinto, *A Escrituração Comercial como Meio de Prova,* in: VIII RFDUL (1951), 26-70; noutros quadrantes, vide designadamente GARRIGUES, Joaquín, *Valor Probatorio de los Libros de Comercio,* in: 13 RDM (1948), 45-77.

[247] Sobre a escrituração mercantil em geral, vide ANTUNES, J. Engrácia, *Direito Comercial,* em curso de publicação.

[248] Se bem que dotada de valor probatório especial, a escrituração mercantil não parece possuir força de prova plena, já que à contraparte é lícito invocar outros meios de prova em contrário (cf. parte final dos n.ºˢ 2, 3 e § único do art. 44.º do CCom): sobre o ponto, vide OLAVO, Fernando, *Direito Comercial,* vol. I, 363, Coimbra Editora, Coimbra, 1978; na jurisprudência, Acórdão do STA de 23-VI-1971 (RUBEN DE CARVALHO), in: 156 CTF (1971), 191-195.

Formação

mercantil dos empresários nas respectivas relações, o que não implica dizer que o julgador não lhe possa conferir tal relevo no exercício da sua liberdade de apreciação e graduação das provas (art. 655.º, n.º 1 do CPCivil).[249]

III. Um outro regime especial respeita ao valor probatório da *correspondência telegráfica* (art. 97.º do CCom).[250]

Nele se consagra a admissibilidade e o valor desta forma de comunicação à distância em termos mais latos do que ainda hoje o faz a lei civil geral: assim, ao passo que o art. 379.º do CCivil apenas atribui força probatória de documento particular aos telegramas cujos originais tenham sido escritos e assinados, ou somente assinados pela pessoa em nome de quem são expedidos, o preceito da lei comercial basta-se com a prova de o telegrama ter sido expedido ou mandado expedir pela pessoa designada como expedidor, independentemente da escrita ou assinatura do original (art. 97.º, § 1 do CCom)[251]. Acresce ainda a isto que a

---

[249] Sobre o ponto, vide COELHO, J. Pinto, *Lições de Direito Comercial*, vol. I, 520 e segs., 3.ª edição, Lisboa, 1945; FURTADO, J. Pinto, *Disposições Gerais do Código Comercial*, 123, Almedina, Coimbra, 1984; OLAVO, Fernando, *Direito Comercial*, vol. I, 363, Coimbra Editora, Coimbra, 1978.

[250] Semelhante preceito era inovador já à época da sua promulgação. Muito embora os legisladores comerciais italiano de 1882 e espanhol de 1885 houvessem já regulado tal forma de correspondência, o legislador português de 1888 consagrou os seus efeitos jurídicos e valor probatório em termos bastante mais amplos: sobre o ponto, vide GONÇALVES, L. Cunha, *Comentário ao Código Comercial Português*, vol. I, 179, Ed. José Bastos, Lisboa, 1914.

[251] A vigência actual deste parágrafo do art. 97.º do CCom é posta em causa por alguns autores: assim, para J. Oliveira ASCENSÃO, ao fazer depender a força probatória documental do telegrama de uma prova exterior e sempre falível (a de que este foi efectivamente enviado ou mandado enviar pelo expedidor), este preceito deixou de se poder justificar com base nas necessidades do comércio, dado que "este exige precisão nos instrumentos com que trabalha: não é mais frouxo no que respeita a documentos do que qualquer outro ramo do direito" (*Direito Comercial*, vol. I, 544, Lisboa, 1988). Num sentido oposto, todavia, a maioria da doutrina portuguesa: CORDEIRO, A. Menezes, *Manual de Direito Comercial*, 478, 2.ª edição, Almedina, Coimbra, 2007; CORREIA, L. Brito, *Direito Comercial*, vol. III, 82, AAFDL, Lisboa, 1986; CORREIA, M. Pupo, *Direito Comercial*, 418, 9.ª edição, Ediforum, Lisboa, 2005; FURTADO, J. Pinto, *Disposições Gerais do Código Comercial*, 271, Almedina, Coimbra, 1984; OLAVO, Fernando, *Direito Comercial*, vol. I, 186 e segs., Coimbra Editora, Coimbra, 1978.

mesma norma atribui aos telegramas, em certos casos, a força probatória de documentos autenticados (art. 97.º, § 2 do CCom), os quais gozam, nos termos gerais, da força probatória plena dos documentos autênticos (arts. 377.º, 371.º do CCivil): a interpretação desta parte do preceito – o qual dispõe que "o mandato e toda a prestação de consentimento, ainda judicial, transmitida telegraficamente com a assinatura reconhecida autenticamente por tabelião são válidos e fazem prova em juízo" – tem também suscitado algumas divergências doutrinais, havendo quem entenda que nela se consagrou um princípio especial em matéria da forma de prestação de consentimento a transmitir telegraficamente (no sentido de bastar que a vontade se manifeste em documento autenticado e ainda quando para o acto se exigisse, em via geral, uma forma mais solene, "maxime", escritura pública).[252]

Trata-se de (mais) uma insofismável manifestação do pioneirismo jurídico e económico do Direito Comercial no contexto do ordenamento jurídico-privado. Não se perca de vista que a referida previsão legal permitia assim, ainda em pleno séc. XIX, a empresários separados por centenas ou milhares de quilómetros fazer chegar rapidamente às mãos dos respectivos destinatários declarações de vontade negocial, promovendo a contratação mercantil à distância. Ora, se é certo que a comunicação telegráfica caiu hoje em desuso, tendo vindo a ser substituída sucessivamente por mais sofisticadas e sempre renovadas formas de comunicação à distância (v.g., telefone, "fax", "internet"), não menos verdade é

---

[252] OLAVO, Fernando, *Direito Comercial*, vol. I, 194 e seg., Coimbra Editora, Coimbra, 1978. A maioria da doutrina, porém, propende a interpretar mais restritivamente o âmbito de aplicação deste preceito, sustentando que por ele jamais se poderão considerar abrangidos aqueles actos para os quais a lei comum exija documento autêntico (ALMEIDA, A. Pereira, *Direito Comercial*, 222 e seg., AAFDL, Lisboa, 1976/77; ASCENSÃO, J. Oliveira, *Direito Comercial*, vol. I, 547 e seg., Lisboa, 1988; BARROS, J. Joaquim, *Regime Geral dos Actos de Comércio*, 63, in: AAVV, "As Operações Comerciais", 11-92, Almedina, Coimbra, 1988; FURTADO, J. Pinto, *Disposições Gerais do Código Comercial*, 272, Almedina, Coimbra, 1984).

Formação

que àquele ramo continua a caber em boa medida, agora em pleno séc. XXI, a vanguarda dos avanços jurídicos neste domínio: um bom exemplo disto mesmo é o relevo das comunicações telemáticas no âmbito do comércio electrónico, de que falaremos mais adiante ("prova electrónica").[253]

IV. Um último exemplo diz respeito à *factura* (art. 476.º do CCom). Trata-se de um documento através do qual o empresário vendedor discrimina os bens ou serviços prestados ao comprador, bem como o preço e demais condições de entrega e pagamento.[254]

Tratando-se de contrato de compra e venda mercantil de mercadorias entre empresários, no acto da sua entrega, o comprador fica com a factura e o vendedor com um particular título de crédito – o chamado "extracto de factura"[255] –, após este ter sido conferido e aceite pelo primeiro. O extracto de factura foi objecto de disciplina legal através do Decreto n.º 19 490, de 21 de Março de 1930: por força da leitura conjugada dos seus arts. 3.º e 12.º, a exibição do extracto de factura era tida como um elemento indispensável da efectivação dos direitos do vendedor, importando a sua falta a inexistência jurídica do próprio contrato. Todavia, a nossa jurisprudência superior, estribando-se na revogação tácita daqueles preceitos operada com a entrada em vigor do CPCivil,

---

[253] Cf. *infra* Parte II, Capítulo II, §4, 2.4.

[254] Sobre a figura, vide, na doutrina, CARDOSO, J. Nunes, *Extracto de Factura: Legislação e Jurisprudência,* Minerva, Famalicão, 1936; COELHO, A. Ribeiro, *Extracto de Factura,* in: 19 RJ (1934), 4-6; SILVA, Eugénio, *Letras, Livranças, Cheques e Extractos de Factura,* 2.ª edição, Petrony, Lisboa, 1953; na jurisprudência, os Acórdãos do STJ de 29-II-1996 (MIRANDA GUSMÃO), in: IV CJ/STJ (1996), II, 13-15, e de 14--XII-1994 (MACHADO SOARES), in: II CJ/STJ (1994), III, 178-180, e ainda o Acórdão da RL de 21-IV-1994 (HENRIQUE CARVALHO), in: XIX CJ (1994), II, 128-129. Noutros ordenamentos, URÍA, Rodrigo, *Contribución al Estudio de la Factura de Compraventa Mercantil,* in: AAVV, "Estudios de Derecho Mercantil en Homenaje al Profesor Antonio Polo", 1153-1180, Edersa, Madrid, 1981.

[255] O *extracto de factura* constitui um título de crédito à ordem representativo do preço de mercadorias transmitidas no âmbito de um contrato de compra e venda mercantil a prazo, celebrado entre comerciantes: sobre este título, vide ANTUNES, J. Engrácia, *Os Títulos de Crédito – Uma Introdução,* 131 e segs., Coimbra Editora, Coimbra, 2009.

Dos Contratos Comerciais em Geral

tem sustentado que a falta de extracto não impede que, em acção declarativa comum, o vendedor exija o preço da venda e prove os seus direitos por quaisquer outros meios admitidos por lei.[256]

A factura representa, de um ponto de vista jurídico, uma declaração escrita de verdade ou ciência[257], decorrente de um contrato prévio mas com autonomia em relação a este, que, além das suas missões tradicionais (descrição da qualidade e quantidade dos objectos negociados, determinação da data da sua entrega ao comprador), reganhou recentemente uma importante *função probatória* com a entrada em vigor do regime legal dos atrasos de pagamento nas transacções comerciais, consagrado pelo Decreto--Lei n.º 32/2003, de 17 de Fevereiro: como veremos oportunamente, a contagem dos juros moratórios das obrigações emergentes de contratos comerciais toma por ponto de referência fundamental a data da expedição ou envio da factura (art. 4.º, n.º 2).[258]

2.3. *Regimes Probatórios Aplicáveis a Certos Contratos Comerciais*

I. Paralelamente a estes regimes probatórios aplicáveis à contratação mercantil em geral, existem também regras probatórias especiais que apenas se aplicam a determinados *contratos mercantis individuais.*

---

[256] Esta linha jurisprudencial – já dominante, aliás, ainda em plena vigência daqueles preceitos (para uma recensão, vide CAMPOS, R. Leite, *A Jurisprudência Portuguesa e o Cheque, o Extracto de Factura, a Letra e a Livrança*, 29 e segs., Ática, Lisboa, 1965) – pode hoje considerar-se pacífica: vejam-se, por exemplo, os Acórdãos do STJ de 14-XII-1994 (MACHADO SOARES), in: II CJ/STJ (1994), III, 178-180, e de 29-VIII-1998 (GARCIA MARQUES), in: 479 BMJ (1998), 509-518.

[257] Recorde-se ainda que a factura pode ser emitida em suporte de papel ou em suporte electrónico (sobre a factura electrónica, vide *infra* Parte II, Cap. II, §4, 2.4. (IV)) e que, quando emitida por sujeitos passivos de IVA, deve conter ainda determinadas menções e condições de elaboração obrigatórias (arts. 28.º e 35.º do Código do IVA).

[258] Sobre este regime, vide *infra* Parte II, Cap. IV, §3, 2.2(II).

Formação

II. Está neste caso o contrato de *empréstimo mercantil*. Ao passo que o art. 1143.º do CCivil prescreve para o mútuo civil a obrigatoriedade de forma solene ou de documento escrito assinado pelo mutuário (quando o seu valor for superior, respectivamente, a 25.000 e 2.500 euros), o art. 396.º do CCom estabelece que o empréstimo mercantil celebrado entre comerciantes *admite qualquer género de prova*.[259]

Cumpre, todavia, chamar aqui a atenção para algumas especialidades. Por um lado, o regime jusmercantil apenas é aplicável aos empréstimos mercantis celebrados *entre comerciantes*: significa isto que, em princípio, ficarão já sujeitos às regras gerais do CCivil os empréstimos civis celebrados entre comerciantes, bem assim como os empréstimos mercantis nos quais uma das partes não seja comerciante[260]. Por outro lado, há também que não perder de vista a existência de certos *tipos específicos* do empréstimo mercantil, ora disciplinados por regras especiais – como é o caso, por exemplo, das regras relativas aos contratos de mútuo celebrados por *instituições bancárias*[261] –, ora carecidos de tratamento autónomo – como é o caso, v.g., dos contratos de *crédito ao consumo*[262] e porventura dos contratos de *suprimento* nas sociedades comerciais.[263]

---

[259] Como é evidente, aqui o princípio geral da liberdade de prova tem também o significado de um princípio de liberdade de forma, já que não faria muito sentido admitir a prova de um empréstimo nulo por falta de forma. Cf. *infra* Parte III, Cap. I, § 3, 2.

[260] Para uma ilustração jurisprudencial, vide o Acórdão do STJ de 17-IX-1992 (RICARDO DA VELHA), in: 419 BMJ (1993), 741-746.

[261] O artigo único do Decreto n.º 32 765, de 29 de Abril de 1943, estabelece que tais contratos, independentemente do respectivo valor, "podem provar-se por escrito particular, ainda mesmo que a outra parte contratante não seja comerciante". Cf. *infra* Parte III, Cap. IV, §3, 1.

[262] O art. 13.º, n.º 1 da LCC, em matéria de contratos de crédito ao consumo, fere de nulidade os contratos que não hajam sido reduzidos a documento assinado pelos contraentes. Cf. *infra* Parte III, Cap. IV, §3, 6.

[263] Com respeito ao caso controvertido da aplicabilidade do art. 396.º do CCom aos suprimentos societários, vide PINTO, A. Mota, *Do Contrato de Suprimento*, 371, Almedina, Coimbra, 2002; SERRA, A. Vaz, *Anotação ao Acórdão do STJ de 19 de Setembro de 1975*, in: 110 RLJ (1977-78), 13-22.

Dos Contratos Comerciais em Geral

III. Algo de similar encontramos no contrato de *penhor mercantil*. Ao passo que o art. 669.º do CCivil faz depender a eficácia do penhor civil da entrega da coisa empenhada ou de documento que confira a sua exclusiva disponibilidade, o art. 400.º do CCom estabelece que o penhor entre comerciantes produz efeitos em relação a terceiros *mediante prova por documento escrito ainda quando aí se não confira ao credor a exclusiva disponibilidade da coisa*.[264]

De novo, cumpre sublinhar a existência de algumas importantes especialidades jusprobatórias deste regime mercantil[265]. Entre elas, a mais relevante consiste indubitavelmente na sua extensão a todos os penhores constituídos em garantia de créditos de instituições bancárias, ainda quando o titular da coisa empenhada não seja comerciante (artigo único do Decreto n.º 32 032, de 22 de Maio de 1942), impondo-se, porém, a obrigatoriedade de redução do penhor a documento autêntico ou autenticado sempre que aquele haja sido constituído com dispensa de entrega da coisa (art. 2.º do Decreto-Lei n.º 29 833, de 17 de Agosto de 1939)[266]. Registe-se ainda que idêntica preocupação de celeridade nas transacções contratuais comerciais informou o regime de alguns títulos de crédito a estas especificamente associados, cuja transmissibilidade opera por endosso ou simples entrega: confronte-se assim, por exemplo, a guia de transporte nos contratos de transporte (art. 374.º do CCom), os conhecimentos de depósito e as conexas

---

[264] Cf. *infra* Parte III, Cap. I, § 3, 3.

[265] Sobre as especialidades de natureza substantiva, no penhor mercantil de coisas e de direitos, vide ainda ANTUNES, J. Engrácia, *O Regime Jurídico dos Actos de Comércio*, in: Themis-UNL (2009), em curso de publicação.

[266] Sobre o ponto, além de *infra* Parte III, Cap. IV, §5, 5, vide ainda BARROS, Joaquim, *Regime Geral dos Actos de Comércio*, 54, in: AAVV, "As Operações Comerciais", 11-92, Almedina, Coimbra, 1988; MIRANDA, A. Souto, *A Autonomia do Direito Comercial*, 341, in: AAVV, "As Operações Comerciais", 291-348, Almedina, Coimbra, 1988; PIRES, J. Maria, *Direito Bancário*, vol. II, 448 e segs., Rei dos Livros, Lisboa, 1995.

Formação

cautelas de penhor nos contratos de depósito (art. 411.º do CCom), os conhecimentos de carga nos contratos de transporte marítimo (art. 11.º do Decreto-Lei n.º 382/86, de 21 de Outubro), e os extractos de factura nos contratos de compra e venda mercantil (art. 3.º, §1 do Decreto n.º 19 490, de 21 de Março de 1931).[267]

2.4. *Prova Electrónica*

I. Um último ponto, de relevo crescente (embora não exclusivo) para a contratação mercantil, é o da chamada *"prova electrónica"*.

Como é sabido, os documentos que plasmam as declarações negociais ou o acordo das partes de um contrato mercantil podem funcionar como pressuposto da respectiva validade (documento "ad substantiam") ou simplesmente como meio de prova da sua existência (documento "ad probationem"). Ora, ao lado das regras gerais relativas aos documentos escritos tradicionais (cf. arts. 362.º e segs. do CCivil), há que ter em conta a existência de regras próprias que regulam os tipos e a força probatória dos documentos electrónicos, hoje essencialmente constantes do Decreto-Lei n.º 290-D/99, de 2 de Agosto.[268]

---

[267] Sobre tais títulos de crédito, além de *infra* Parte III, Cap. I, §3, 4, e Cap. VII, §2, 2, vide ANTUNES, J. Engrácia, *Os Títulos de Crédito*, 131 e segs., Coimbra Editora, Coimbra, 2009.

[268] Sobre a questão, vide, entre nós, MENDES, A. Ribeiro, *Valor Probatório dos Documentos Emitidos por Computador*, in: 47/48 DDC (1991), 487-527. Noutros ordenamentos jurídicos, vide AAVV, *Empresa y Prueba Informatica*, Bosch, Barcelona, 2007; BARCELÓ, R. Juliá, *Comercio Electrónico entre Empresários – La Formación y la Prueba del Contrato Electrónico*, Tirant lo Blanch, Valencia, 2000; POULLET, Yves/ AMORY, Bernard, *Le Droit de la Preuve face à l'Informatique et à la Télématique*, in: 37 RIDC (1985), 331-352; GRAZIOSI, Andrea, *Premesse ad una Teoria Probatoria del Documento Informatico*, in: 50 RTDPP (1998), 481-529.

Dos Contratos Comerciais em Geral

II. Designa-se genericamente por *documento electrónico* todo aquele que foi gerado através do processamento electrónico de dados (art. 2.º, a)): para o comum dos casos, pode assim afirmar-se que o documento electrónico é basicamente o documento criado mediante o uso de um computador. Abrangem-se aqui quer os documentos electrónicos em *sentido estrito* – que são aqueles que, sendo criados através de computador, apenas são acessíveis através deste (v.g., ficheiros em memória RAM, em discos magnéticos ou ópticos) –, quer os documentos electrónicos *em sentido amplo* – também conhecidos por documentos informáticos, que são todos aqueles reproduzíveis pelos órgãos periféricos de saída do computador ("maxime", impressora ou "fax").[269]

III. A *disciplina jurídica* da força probatória dos documentos electrónicos consta essencialmente do art. 3.º do Decreto-Lei n.º 290-D/99, de 2 de Agosto.

Desde logo, importa deixar claro que os documentos electrónicos, em sentido estrito ou amplo, são verdadeiros *documentos*: ao afirmar que tais documentos satisfazem o requisito legal da forma escrita "quando o seu conteúdo seja susceptível de representação como declaração escrita" (art. 3.º, n.º 1), este preceito significa que as declarações negociais processadas através de um computador são documentos no sentido do art. 363.º, n.º 1 do CCivil em virtude da mera circunstância de serem acessíveis ao destinatário através do monitor do computador, independentemente da sua simultânea impressão em bases físicas.[270]

---

[269] Sobre os documentos electrónicos, vide ainda Finocchiaro, Giusella, *Documento Elettronico*, in: X CeImp (1994), 433-450; Taglino, Daniela, *Il Valore Giuridico del Documento Elettronico*, Diss., Roma, 1996.

[270] Tratamos aqui dos documentos escritos, directamente pertinentes à contratação mercantil, dado que os documentos não escritos, físicos (v.g., fotografias, registos fonográficos) ou electrónicos (v.g., ficheiros informáticos de áudio, de imagem), se encontram sujeitos a um regime próprio: cf. art. 368.º do CCivil e art. 3.º, n.º 3 do Decreto-Lei n.º 290-D/99, de 2 de Agosto.

Formação

Depois ainda, os documentos electrónicos assinados podem ter *força probatória plena*: com efeito, nos termos do n.º 2 do citado art. 3.º, "quando lhe seja aposta assinatura electrónica qualificada certificada por uma entidade certificadora credenciada, o documento electrónico com o conteúdo referido no número anterior tem força probatória de documento particular assinado, nos termos do artigo 376.º do Código Civil". Em via geral, como é sabido, a assinatura dos documentos constitui um requisito de enorme importância, já que os documentos assinados possuem uma força probatória material e plena quanto às declarações do seu autor (art. 376.º do CCivil)[271]. Ora isto é também verdade para os documentos electrónicos: a assinatura electrónica qualificada consiste numa espécie de "selo electrónico", a qual, uma vez preenchidos os requisitos cumulativos previstos na lei (aposição de assinatura electrónica qualificada, certificação por uma entidade certificadora credenciada), tem como consequência terem-se como plenamente provadas todas as declarações constantes do documento, sem prejuízo da arguição e prova da falsidade deste.[272]

Finalmente, em relação aos demais documentos electrónicos a que faltem todos ou algum desses requisitos legais (v.g., falta de assinatura electrónica, aposição de assinatura electrónica não qualificada, entidade certificadora não credenciada em conformidade com a lei portuguesa), valerá o princípio da *livre apreciação da prova pelo julgador*: com efeito, nos termos do n.º 5 do mencionado art. 3.º, o valor probatório destes documentos "é apreciado nos termos gerais do direito", remetendo assim para o regime

---

[271] Sobre o sentido e o alcance desta força probatória plena, vide VARELA, J. Antunes/ BEZERRA, J. Miguel/ NORA, Sampaio, *Manual de Processo Civil*, 523, 2.ª edição, Coimbra Editora, Coimbra, 1985.

[272] Este "selo electrónico" é criado através de um sistema criptográfico, que gera e atribui ao respectivo titular um par de chaves originais (privada e pública): o titular, ao pretender subscrever um documento electrónico, aplica-lhe a sua chave privada (única e secreta), e a sua assinatura assim criada será verificada pelo destinatário da transmissão telemática do documento através do uso da chave pública correspondente àquela.

Dos Contratos Comerciais em Geral

geral relativo aos documentos particulares não assinados, cuja força probatória é "apreciada livremente pelo tribunal" (art. 366.º do CCivil). Todavia, saliente-se que as partes têm a faculdade de incluir nos seus contratos convenções em matéria probatória, atribuindo assim valor de prova plena a documentos electrónicos que não preencham tais requisitos, mormente conferindo tal valor a outras modalidades de assinatura electrónica (v.g., mera assinatura digitalizada), a outras entidades certificadoras (v.g., entidades estrangeiras não reconhecidas oficialmente em Portugal) ou quaisquer outros meios de prova (v.g., acesso mediante "password" no âmbito de contratação bancária "on-line").

IV. Saliente-se, por último, o relevo crescente que a própria *lei* vem concedendo aos documentos electrónicos associados à contratação mercantil. Entre muitos outros, mencionem-se o caso da "factura electrónica" no âmbito dos *contratos de compra e venda mercantil* (Decretos-Lei n.º 375/99, de 18 de Setembro e n.º 196/2007, de 15 de Maio)[273], dos "conhecimentos de carga" e outros documentos similares relativos aos *contratos de transporte* (cf. art. 3.º, n.º 2 do Decreto-Lei n.º 352/86, de 21 de Outubro)[274], dos "documentos de prova" relativos aos *contratos de garantia financeira* (art. 7.º, n.º 2 do Decreto-Lei n.º 105/2004, de 8 de Maio), dos documentos em "suporte duradouro" nos *contratos de crédito ao consumo* (art. 12.º, n.º 1 do Decreto-Lei n.º 133/2009, de 2 de Junho) e das "ordens electrónicas" relativas aos *contratos*

---

[273] Cf. Rocha, M. Lopes, *A Factura Electrónica: Uma Reforma Ainda Necessária?*, in: AAVV, "As Telecomunicações e a Sociedade de Informação", 275-293, IJC, Coimbra, 1999; noutros quadrantes, vide Martos, J. Peláez, *La Factura Electrónica y Otras Obligaciones Telemáticas de Empresarios y Profesionales*, CISS, Valencia, 2008.

[274] Sobre a forma electrónica dos documentos de transporte (v.g., conhecimentos de embarque, declarações de expedição, cartas de porte aéreo, bilhetes), além de *infra* Parte III, Cap. VII, §2, 2, vide Busti, Silvio, *Nuovi Documenti del Contratto di Trasporto di Cose*, Cedam, Padova, 1983; Gehrke, Florian, *Das elektronische Transportdokument*, LIT, Münster, 2005; Yiannopoulos, Athanassios, *Ocean Bills of Lading: Traditional Forms, Substitutes, and EDI Systems*, Kluwer, Dordrecht/ Boston, 1995.

Formação

de intermediação financeira (arts. 21.º e segs. do Regulamento CMVM n.º 2/2007, de 5 de Novembro).

§5 A Língua

I. Aspecto igualmente importante é a consagração expressa do *princípio geral da liberdade da língua*: nos termos do art. 96.º do CCom, "os títulos comerciais são válidos qualquer que seja a língua em que forem exarados". Tal significa essencialmente, pois, que os contratos comerciais podem ser redigidos e celebrados em qualquer língua, independentemente da nacionalidade das partes contratantes ou do local da sua celebração: por exemplo, se dois empresários portugueses celebram em Lisboa um contrato mercantil redigido em língua inglesa, este será perfeitamente válido, salvo quando violem os limites gerais impostos pelo abuso de direito (art. 334.º do CCivil) e sem prejuízo daquelas normas que estabelecem o uso obrigatório da língua portuguesa em determinados casos específicos.

II. Trata-se, indubitavelmente, de uma disposição legal que espelha bem a vocação universalista milenária do Direito Comercial[275], a qual encontra, em pleno dealbar do séc. XXI, uma renovada e porventura suprema confirmação na característica internacionalização e globalização das relações mercantis. Nunca

---

[275] Se bem que idêntica liberdade linguística seja hoje também comum aos contratos civis, a verdade é que o legislador mercantil foi sempre, neste como em tantos outros aspectos, mais longe e mais cedo do que o legislador civil – corroborando assim exemplarmente o papel de ramo pioneiro ou de vanguarda que justamente é reconhecido ao Direito Comercial no domínio jusprivatístico (WAHL, Eduard, *Das Handelsverkeher als Schrittmacher des Zivilrechts*, in: "Festschrift für Wolfgang Hefermehl", 1-23, Beck, München, 1976). Relembre-se que, ao passo que a disposição legal em referência, datada de 1888, consagra a validade "ad substantiam" e geral dos documentos estrangeiros, o Código Civil vigente, surgido quase um século mais tarde, se limitou a reconhecer e disciplinar a sua validade "ad probationem" (art. 365.º do CCivil).

Dos Contratos Comerciais em Geral

será de mais recordar que a *língua inglesa* se transformou hoje já virtualmente na língua universal para vastos sectores da contratação mercantil hodierna[276]: para além de a esmagadora maioria dos contratos comerciais internacionais serem actualmente redigidos em inglês, constitui um facto incontornável que inúmeras expressões da terminologia jusmercantil anglo-saxónica (tais como "leasing", "factoring", "project finance", "swap", "know-how", "due diligence", "memorandum of understanding", "escrow account", e tantas outras) entraram definitivamente no jargão negocial do Velho Continente.[277]

III. A regra da liberdade da língua contratual conhece, todavia, *excepções* a respeito de determinados contratos comerciais: são exemplos as apólices dos contratos de seguro (art. 36.º, n.º 2 da LCS), o objecto estatutário dos contratos de sociedade comercial (art. 11.º, n.º 1 do CSC), ou os contratos celebrados com consumidores (cf. também o art. 26.º do "Anteprojecto do Código do Consumidor").

---

[276] Uma boa confirmação disto mesmo pode ser encontrada em pleno seio de uma instituição centenária do Direito Comercial: o registo comercial é hoje um instituto bilinge, sendo a informação solicitada sobre os dados registais disponibilizadas simultaneamente em língua portuguesa ou em língua inglesa, com efeitos jurídicos idênticos (art. 58.º, n.ºs 3 e 4 do CRCom, introduzido pelo Decreto-Lei n.º 73/2008, de 16 de Abril).

[277] Sobre o fenómeno em geral, vide KÖTZ, Hein, *Der Einfluss des Common Law auf die internationale Vertragspraxis,* in: "Festschrift für Andreas Heldrich", 771-780, Beck, München, 2005; para um apanhado deste jargão negocial, vide ANDERSON, Mark/ WARNER, Victor, *Drafting and Negotiating Commercial Contracts,* 134 e segs., 2nd edition, Tottel, West Sussex, 2008. As ilustrações concretas deste fenómeno no seio do direito português, como nos demais, são hoje múltiplas e variadas: para um exemplo, vide ANTUNES, J. Engrácia, *A Empresa como Objecto de Negócios – "Asset Deals" versus "Share Deals",* 748, in: 68 ROA (2008), 715-793.

CAPÍTULO III
Conteúdo*

§1 Generalidades

I. O mandamento geral da liberdade contratual, plasmado no art. 405.º do CCivil, reza que as partes "têm a faculdade de fixar livremente o conteúdo dos contratos" e "incluir nestes as cláusulas que lhes aprouver".

Este segmento do referido mandamento jusprivatístico fundamental – correntemente designado na doutrina como *princípio da liberdade de estatuição ou de modelação do conteúdo contratual* ("Gestaltungsfreiheit", "Inhaltsfreiheit") – visa significar que as partes dos contratos, outrossim que livres na sua decisão de contratar ou não contratar, são soberanas na escolha do tipo de negócio mais adequado aos seus interesses (selecção do tipo negocial) e na fixação dos termos concretos do mesmo negócio (fixação do conteúdo negocial).[278]

---

* **Bibliografia Portuguesa:** ALMEIDA, C. Ferreira, *Contratos,* vol. II ("Conteúdo"), Almedina, Coimbra, 2007; ANTUNES, J. Engrácia, *Os Contratos Comerciais – Noções Fundamentais,* Direito e Justiça, Lisboa, 2007; RIBEIRO, J. Sousa, *O Problema do Contrato – As Cláusulas Contratuais Gerais e o Princípio da Liberdade Contratual,* Almedina, Coimbra, 1999. **Bibliografia Estrangeira:** ROMAGNOLI, Gianluca, *Clausole Vessatorie e Contratti d'Impresa,* Cedam, Padova, 1977; ROPPO, Enzo, *Contratti Standard – Autonomia e Controlli nella Disciplina della Attività Negoziali di Impresa,* Milano, Giuffrè, 1989; YATES, John/ HAWKINS, David, *Standard Business Contracts,* Sweet & Maxwell, London, 1996.

[278] Sobre a noção e o alcance do princípio da livre estipulação contratual, vide COSTA, M. Almeida, *Direito das Obrigações,* 215 e segs., 8.ª edição, Almedina, Coimbra, 2000;

II. Este princípio nodal do Direito Civil – naturalmente também extensível ao Direito Comercial (art. 3.º do CCom) – sofre, todavia, numerosas e importantes limitações no domínio da contratação mercantil: tais limitações, no seu conjunto, têm o significado de *um controlo do conteúdo dos contratos comerciais*[279]. Tais limitações podem ser agrupadas em dois tipos fundamentais: limitações de ordem geral e de ordem específica.

III. Para começar, o conteúdo dos contratos comerciais é objecto de *limitações de ordem geral*. Constata-se frequentemente que, no lugar de ser o resultado de uma livre discussão e negociação entre os contraentes, uma boa parte dos contratos comerciais hodiernos corresponde antes a negócios jurídicos cujo conteúdo é determinado unilateralmente e de antemão por uma das partes (empresário), consubstanciado em cláusulas contratuais padronizadas às quais a contraparte (usualmente um consumidor) se limita pura e simplesmente a aderir ou rejeitar em bloco: são os chamados "contratos de adesão", cujo conteúdo é objecto do controlo decorrente do regime jurídico em matéria das *cláusulas contratuais gerais* (Decreto-Lei n.º 446/85, de 25 de Outubro).

IV. Paralelamente, o conteúdo dos contratos comerciais é também alvo de *limitações específicas*, de natureza sectorial e alcance diverso. Desde logo, é bem sabido que os empresários titulares de poderio económico no mercado estão frequentemente em posição de impor unilateralmente o teor dos contratos celebrados com outros empresários, seus clientes ou fornecedores: com vista a salvaguardar a estrutura concorrencial do mercado, o legislador regulou os contratos celebrados com *abuso de dependência*

FERNANDES, L. Carvalho, *Teoria Geral do Direito Civil*, vol. II, 392 e segs., 4.ª edição, UCP Editora, Lisboa, 2007; VARELA, J. Antunes, *Das Obrigações em Geral*, vol. I, 246 e segs., 10.ª edição, Almedina, Coimbra, 2000.

[279] Sobre as diferentes acepções de conteúdo contratual, vide ALMEIDA, C. Ferreira, *Contratos*, vol. II, 9 e segs., Almedina, Coimbra, 2007.

económica (art. 7.º da LGC, aprovada pela Lei n.º 18/2003, de 11 de Junho). Depois ainda, numa ordem semelhante de considerações, é também sabido que a liberdade de concorrência pode ser afectada por determinadas condutas individuais ou concertadas das empresas assumidas no plano das respectivas relações contratuais (imposição de preços mínimos, aplicação de preços discriminatórios, recusa de venda de bens ou serviços): com vista a acautelar tal liberdade, o legislador proibiu *as práticas restritivas da concorrência*, sejam individuais (Decreto-Lei n.º 370/93, de 29 de Outubro) ou concertadas (art. 4.º da LGC). Depois também, importa ter presente que as empresas recorrem frequentemente a práticas comerciais enganosas e agressivas susceptíveis de afectar a liberdade de contratação do consumidor: com vista a proteger o consumidor nas suas relações contratuais, o legislador proibiu as chamadas *práticas comerciais desleais* (Decreto-Lei n.º 57/2008, de 26 de Março). Enfim, reflexo do crescente intervencionismo económico do Estado, têm-se multiplicado os casos de contratos mercantis cujo conteúdo é modelado à partida por normas legais imperativas, que limitam ou mesmo, em certos casos, praticamente eliminam, a liberdade de estipulação dos contraentes: falamos dos chamados *contratos mercantis "ditados"*.[280]

---

[280] Os contratos comerciais exibem ainda *outras* importantes especificidades em matéria do seu conteúdo e respectivo controlo. Figure-se um singelo exemplo. O legislador mercantil, que outrora se bastava com o recurso aos princípios e conceitos gerais do Direito Civil (tais como a boa fé, os bons costumes, o homem médio, o "bom pai de família", e quejandos), sentiu hoje a necessidade de forjar *categorias próprias* de vocação genérica, destinadas a filtrar e controlar o conteúdo da contratação mercantil, que estão intimamente ligadas ao fenómeno empresarial: pense-se assim, v.g., nos conceitos de "gestor criterioso e ordenado", "equilíbrio concorrencial", "conflito de interesses", "interesse social", "deveres fiduciários", etc.

§2 Os Limites Gerais: As Cláusulas Contratuais Gerais

1. Noções Gerais

1.1. *Os Contratos de Adesão e a Empresa*

I. Na sua imagem tradicional, o contrato representa um negócio cujo conteúdo, sendo precedido de uma discussão e negociação entre partes pressupostamente iguais, é livremente determinado por estas.

A realidade da contratação mercantil, todavia, deixou há muito de ser fielmente retratada por tal imagem ideal: se existem decerto contratos mercantis cujo conteúdo é fruto de uma negociação livre, igualitária e individualizada entre os respectivos contraentes, são muitos mais aqueles em que sucede justamente o contrário. Hoje, constata-se a olho nu que, em numerosos domínios da contratação mercantil contemporânea marcados pela massificação (por exemplo, os contratos de seguro, os contratos bancários, os contratos de transporte aéreo, marítimo ou terrestre, de pessoas ou mercadorias, os contratos financeiros, os contratos de serviços de telecomunicações, de fornecimento de água, electricidade, ou gás, etc.), o paradigma teórico clássico foi substituído por uma prática negocial consistente no facto de uma das partes contratantes (a empresa) elaborar unilateral e previamente condições ou cláusulas contratuais padronizadas, uniformes ou estandardizadas, destinadas a uma massa indeterminada de potenciais contrapartes, de tal sorte que a estas últimas apenas é dada a opção de aderir em bloco se pretendem ter acesso aos bens ou serviços objecto do contrato: tais cláusulas são comummente conhecidas como *cláusulas contratuais gerais* ("allgemeine Geschäftsbedingungen") e os contratos concluídos na sua base *contratos de adesão* ("contrat d'adhésion", "standard form contract", "Standardvertrag").[281]

II. A ligação entre esta prática contratual e a emergência da empresa moderna é íntima – *a ponto de quase se poder falar de duas faces de uma mesma moeda.*[282]

Historicamente, os primeiros contratos de adesão tiveram a sua génese no tráfico contratual comercial, mais precisamente no domínio dos contratos bancários: surgidas em finais do séc. XIX, as primeiras cláusulas contratuais gerais correspondiam a um conjunto de "condições" ou termos negociais apostos nos livros de cheques dos clientes bancários[283]. A evolução posterior, ocorrida ao longo do séc. XX, não fez senão confirmar este ligame genético. Com efeito, a empresa moderna, sobretudo a grande empresa,

---

[281] Um breve esclarecimento terminológico. A expressão "contratos de adesão" designa um particular modo de formação dos contratos mediante a adesão de uma das partes a um conteúdo contratual predeterminado unilateralmente pela outra, abrangendo assim, em rigor, dois tipos de situações juridicamente relevantes: os contratos de adesão *padronizados*, em que o conteúdo contratual é constituído por cláusulas contratuais gerais – isto é, por cláusulas predispostas unilateralmente para uma generalidade de contratos e contratantes (também designados por contratos "standard" ou contratos-tipo) – e os contratos de adesão *individualizados*, em que o conteúdo contratual é composto por cláusulas contratuais individuais – isto é, predispostas unilateralmente para um específico contrato ou contratante (também designados contratos pré-formulados ou, como sucede no "Anteprojecto do Código do Consumidor", contratos de adesão "stricto sensu"). Sobre esta distinção, vide ainda *infra* Parte II, Capítulo IV, §3, 1.2.(III).

[282] Sobre esta correlação, vide em geral ROPPO, Enzo, *Contratti Standard – Autonomia e Controlli nella Disciplina della Attività Negoziali di Impresa*, 1 e segs., Milano, Giuffrè, 1989; URÍA, Rodrigo, *Reflexiones sobre la Contratación Mercantil en Série*, in: XXII RDM (1956), 221-242; YATES, John/ HAWKINS, David, *Standard Business Contracts*, Sweet & Maxwell, London, 1996.

[283] RAISER, Ludwig, *Das Recht der allgemeinen Geschäftsbedingungen*, 27, Hanseatische Verlag, Hamburg, 1935. A doutrina sublinha assim que "o fenómeno das condições gerais de contratação surgiu, historicamente, pela mão da Revolução Industrial" (LÓPEZ, J. Pagador, *Condiciones Generales y Clausulas Precontratuales Predispuestas*, 13, Marcial Pons, Madrid/ Barcelona, 1999), ou que se trata de "um fenómeno relativamente recente, cuja aparição se encontra ligada ao desenvolvimento da grande empresa moderna" (LASTRES, J. García-Pita, *Derecho Mercantil de las Obligaciones*, 625, Marcial Pons, Madrid/ Barcelona, 2003).

Dos Contratos Comerciais em Geral

nascida para a produção e distribuição económica em massa de bens e serviços homogéneos, rapidamente exigiria o desenvolvimento paralelo de instrumentos jurídicos aptos à contratação em massa ou em grande escala: tal como uma empresa automóvel ou bancária não produz automóveis ou fornece serviços bancários "por medida" aos seus potenciais clientes, também assim necessita de entrar em relação com estes através de processos estandardizados e uniformizados, estando fora de causa negociar caso a caso o conteúdo de milhares ou mesmo milhões de contratos que se sucedem ininterruptamente. Os contratos de adesão cumprem assim um conjunto de importantes funções de natureza tipicamente empresarial, tais como imperativos de racionalização económica (existindo mesmo sectores empresariais, como o segurador, onde a economia da contratação, assente na gestão colectiva de riscos agregados numa vertente técnico-actuarial, transforma a uniformidade das cláusulas contratuais, mais do que simplesmente numa vantagem económica, numa condição "sine qua non" da própria actividade seguradora), de redução de custos de transacção (economias de tempo, recursos e actividade associados à contratação individual, permitindo a adesão praticamente automática dos potenciais contraentes), de limitação do risco empresarial (através da demarcação antecipada da sua própria responsabilidade contratual e da previsão de garantias acessórias por parte do aderente), e de segurança nas transacções (providenciando uma regulação jurídica tendencialmente exaustiva das vicissitudes das relações contratuais ou prevenindo as lacunas do direito legal supletivo, o que é especialmente relevante no domínio dos contratos atípicos)[284]. Não surpreende assim que os principais e mais difundidos contratos de adesão sejam contratos atinentes ao exercício de acti-

---

[284] Vide também ÁGUILA-REAL, J. Alfaro, *Función Económica y Naturaleza Jurídica de las Condiciones Generales de la Contratación*, in: AAVV, "Comentarios a la Ley sobre Condiciones Generales de la Contratación", 75-93, Civitas, Madrid, 2002; KRONMAN, Anthony/ POSNER, Richard, *The Economics of Contract Law*, Little, Boston, 1979.

Conteúdo

vidades empresariais, sendo exemplos típicos os contratos de seguro[285], os contratos bancários[286], ou os contratos financeiros[287] – não faltando quem os repute como um dos aspectos mais relevantes da contratação empresarial moderna[288], ou até, porventura de forma exagerada, chegue mesmo a afirmar que "quase todos os contratos de empresa são concluídos na base de condições contratuais gerais".[289]

Isto posto, e a concluir, sublinhe-se ainda que a ligação umbilical entre o Direito Comercial e o fenómeno dos contratos de adesão vem sendo reconhecida tanto na *doutrina* – como afirma A. Menezes CORDEIRO, "as cláusulas contratuais gerais têm um papel fundamental no Direito Comercial dos nossos dias"[290] – como na própria *jurisprudência* – bem patente na circunstância de a esmagadora maioria dos arrestos judiciais na matéria respeitarem a contratos mercantis, sendo mesmo difícil "in rerum natura" encontrar exemplos de contratos padronizados que não provenham de empresários[291]. E seria afinal o próprio *legislador* que

---

[285] Cf. *infra* Parte III, Cap. VI, §2, 2(II).

[286] Cf. *infra* Parte III, Cap. IV, §1, 3(III).

[287] Cf. *infra* Parte III, Cap. V, §2, 1.4(II).

[288] CALERO, J. Gómez, *Especialidades más Relevantes de la Contratación Mercantil*, 251 e segs., in: AAVV, "Derecho Mercantil", tomo II, 246-262, 10.ª edición, Ariel, Barcelona, 2005.

[289] BUONOCORE, Vincenzo, *Contrattazione d'Impresa e Nuove Categorie Contrattuali*, 203, Giuffrè, Milano, 2000.

[290] *Manual de Direito Comercial*, 498, 2.ª edição, Almedina, Coimbra, 2007. Mais adiante, esta ideia é ainda reforçada: "No fundo, a temática das cláusulas contratuais gerais desenvolveu(-se) em torno do comércio e por via de valores tipicamente mercantis" (*op. cit.*, 499). Num sentido semelhante, L. Carvalho FERNANDES, que justamente aponta o Direito Comercial como um dos sectores jusprivatistas onde a liberdade de estipulação contratual conhece maiores limitações (*Teoria Geral do Direito Civil*, vol. II, 392, 4.ª edição, UCP Editora, Lisboa, 2007).

[291] Como veremos adiante, a análise da nossa jurisprudência demonstra que a maioria das controvérsias judiciais relativas às cláusulas contratuais gerais dizem respeito a contratos celebrados entre ou por empresários: para uma breve sinopse, vide NASCIMENTO, L. Noronha, *As Cláusulas Contratuais Gerais na Jurisprudência do Supremo Tribunal de Justiça*, in: 5 EDC (2003), 99-122.

acabaria por reconhecer semelhante ligação, circunstância sobremaneira relevante para quem, como nós, conceba o Direito
Comercial como um ramo jurídico multisectorial polarizado em
torno da empresa: como melhor veremos adiante, o núcleo do
regime jurídico das cláusulas contratuais gerais (arts. 15.º a 23.º
da LCCG) toma por sujeito activo ou eixo subjectivo central a
figura do empresário, sendo as cláusulas abusivas ou proibidas
ordenadas na base de uma divisão fundamental entre contratos
celebrados pelos empresários entre si (ou entidades equiparadas)
(arts. 17.º a 19.º) e contratos celebrados entre empresários (ou
entidades equiparadas) e consumidores (arts. 20.º a 22.º).[292]

III. Os contratos de adesão e as cláusulas contratuais gerais,
constituindo assim um fenómeno conatural do desenvolvimento
da actividade empresarial nos tempos modernos, encerram, todavia, *riscos e abusos* a que a Ordem Jurídica não poderia ficar
indiferente, atendendo à situação de precariedade em que coloca-
vam frequentemente os contraentes aderentes.

Por definição, tais contratos afastam o aderente de qualquer
intervenção na definição do conteúdo negocial: uma vez que os
potenciais clientes das empresas ficam apenas com a opção entre
aceitar ou rejeitar em bloco o contrato padronizado, tal tipo de
contratação coloca-os perante um verdadeiro dilema – celebrar o
negócio, aderindo de olhos fechados às cláusulas preestabelecidas, ou rejeitá-lo, ficando privados do bem ou serviço pretendido.
Se a isso somarmos a frequência com que este tipo de contratação
ocorre em sectores de mercado operando em regime de monopólio ou oligopólio mais ou menos assumido, onde escasseiam reais
ofertas alternativas aos utentes ou clientes (v.g., empresas de fornecimento de água, gás, ou electricidade, etc.), temos a versão
actualizada da velha máxima dos negócios *"pegar ou largar"* em
pleno coração da contratação mercantil. Além disso, não se pode

---

[292] Cf. *infra* Parte II, Cap. III, §2, 2. e 3.

Conteúdo

perder de vista que a *desigual posição das partes contratantes* ("inequality of bargaining power") acentua ainda mais o perigo de abusos: com efeito, se o proponente, assessorado de recursos financeiros, humanos e técnicos sofisticados, está em condições de assegurar uma regulamentação contratual exaustiva e adequada dos seus próprios interesses, o aderente, ao invés, encontra-se amiúde numa situação de desprotecção, já que, colocado diante modelos ou formulários contratuais supinamente minuciosos e técnicos, não dispõe frequentemente do tempo, da vontade ou até das competências necessárias para se aperceber do significado e do alcance de boa parte desse clausulado.[293]

1.2. *O Regime Legal: Conspecto Geral*

I. Enfileirando num extenso rol de legislações estrangeiras, tanto europeias como americanas, que decidiram intervir nesta matéria a partir do último quartel do séc. XX, o legislador português instituiu um *regime jurídico das cláusulas contratuais gerais*. Esse regime foi introduzido através do Decreto-Lei n.º 446/85, de 25 de Outubro (posteriormente alterado pelos Decreto-Lei n.º 220/95, de 31 de Agosto, n.º 249/99, de 7 de Julho, e n.º 323/2001, de 17 de Dezembro) – doravante designado por "Lei das Cláusulas Contratuais Gerais" ou abreviadamente LCCG –[294],

---

[293] Certos autores falam sugestivamente da situação de "inferioridade dos profanos perante os profissionais", distinguindo entre três modalidades fundamentais de desigualdade contratual: a contratação "empresário – trabalhador", "empresário produtor – empresário distribuidor" e "empresário – consumidor" (GHESTIN, Jacques, *La Formation du Contrat*, 53, 3ème édition, LGDJ, Paris, 1993). Sobre os fundamentos da disciplina e controlo legal das cláusulas abusivas gerais, veja-se desenvolvidamente RIBEIRO, J. Sousa, *O Problema do Contrato – As Cláusulas Contratuais Gerais e o Princípio da Liberdade Contratual*, especialmente 323 e segs., Almedina, Coimbra, 1999.

[294] Não é assim feliz a projectada inserção sistemática do regime dos contratos de adesão no "Anteprojecto do Código do Consumidor" (arts. 202.º e segs.), uma vez que, como melhor se verá adiante, as normas legais encontram verdadeiramente o seu centro

Dos Contratos Comerciais em Geral

regime esse que dá aplicação às orientações comunitárias decorrentes da Directiva 93/13/CE, de 5 de Abril.[295]

O núcleo fundamental desse diploma legal é constituído, sem dúvida, pelo seu Capítulo V, dedicado às "Cláusulas Contratuais Gerais Proibidas" (arts. 15.º a 23.º da LCCG)[296] – sobre o qual incidirá o essencial da nossa atenção. Ainda assim, para melhor enquadramento das posteriores reflexões, deixaremos aqui brevemente enunciadas as *linhas gerais* do regime legal no seu conjunto: noção e características gerais, âmbito de aplicação, inserção em contratos singulares, e interpretação e integração.[297]

II. A *noção* e as *características* das cláusulas contratuais gerais extraem-se do preceito inaugural da LCCG (art. 1.º, n.º 1).

Dizem-se cláusulas contratuais gerais *o conjunto de cláusulas negociais elaboradas sem prévia negociação individual que proponentes ou destinatários indeterminados se limitam a propor ou*

---

de gravidade regulatório (subjectivo) no conceito de empresário (ou entidade equiparada), aplicando-se, quer aos contratos de consumo, quer os contratos entre empresários: tem assim razão C. Ferreira de Almeida, ao advertir que "não há sobreposição entre o regime especial dos contratos de adesão e a protecção legal dos consumidores; nem esta se circunscreve àquele regime nem este tem as relações de consumo como limite necessário" (*Contratos*, vol. I, 177, 4.ª edição, Almedina, Coimbra, 2008).

[295] Sobre esta Directiva, vide Telles, I. Galvão, *Das Condições Gerais dos Contratos e da Directiva Europeia sobre Cláusulas Abusivas*, in: 127 RivOD (1995), 297-314.

[296] Assim também a generalidade da doutrina: "O cerne da LCCG reside na proibição de certas cláusulas" (Cordeiro, A. Menezes, *Tratado de Direito Civil Português*, vol. I ("Parte Geral"), tomo I, 375, Almedina, Coimbra, 1999).

[297] Anteriormente ao referido diploma legal, merece referência o trabalho pioneiro de C. Mota Pinto, *Contratos de Adesão – Uma Manifestação Jurídica da Moderna Vida Económica*, in: XXX RDES (1973), 119-148. Para maiores desenvolvimentos sobre o actual regime, vide Costa, M. Almeida, *Síntese do Regime Jurídico Vigente das Cláusulas Contratuais Gerais*, 2.ª edição, UCP Editora, Lisboa, 1999; Costa, M. Almeida/ Cordeiro, A. Menezes, *Cláusulas Contratuais Gerais: Anotação ao Decreto-Lei n.º 446/85, de 25 de Julho*, Almedina, Coimbra, 1986; Neto, C. Santos, *Cláusulas Contratuais Gerais: Decreto-Lei n.º 446/85, de 25 de Julho*, Porto, 1989; Ribeiro, J. Sousa, *Responsabilidade e Garantia em Cláusulas Contratuais Gerais (Decreto-Lei n.º 446/85, de 25 de Julho)*, Separata do Boletim da Faculdade de Direito, Coimbra, 1992.

a aceitar: os contratos que incorporem tais clausulados gerais passam a ficar subordinados ao regime legal, independentemente de o conteúdo negocial se esgotar em tais clausulados ou prever simultaneamente outras cláusulas particulares ou individuais, sendo uma das partes contratantes designada "proponente" e a outra "aderente".

Da noção legal resulta que as cláusulas contratuais gerais se identificam por um conjunto de *elementos essenciais* ou necessários (predisposição unilateral, generalidade, rigidez) e *elementos naturais*, frequentes embora não necessários (desigualdade dos contraentes, complexidade e estandardização): as cláusulas contratuais gerais devem consistir necessariamente em condições pré-elaboradas unilateralmente por um dos contraentes (predisposição unilateral) a fim de serem inseridas ou incorporadas numa pluralidade de contratos (generalidade) e serem acolhidas em bloco e imutavelmente por quem as subscreve ou aceite (imodificabilidade)[298]; além disso, as cláusulas contratuais gerais surgem usualmente, embora não forçosamente, no âmbito de contratos celebrados entre partes com diferente poderio económico (desigualdade das partes) e de conteúdo negocial particularmente intrincado (complexidade), aparecendo vertidas em documentos escritos ou electrónicos de natureza formulária (estandardização).[299]

---

[298] Sobre as características essenciais das cláusulas contratuais gerais, vide ALMEIDA, C. Ferreira, *Contratos*, vol. I, 178 e segs., 4.ª edição, Almedina, Coimbra, 2008; COSTA, M. Almeida/ CORDEIRO, A. Menezes, *Cláusulas Contratuais Gerais: Anotação ao Decreto-Lei n.º 446/85, de 25 de Julho*, 17, Almedina, Coimbra, 1986.

[299] A natureza jurídica das cláusulas contratuais gerais tem sido extensivamente discutida na doutrina, que oscila entre as concepções "normativas", que chegam a ver naquelas uma nova e verdadeira fonte de Direito objectivo, e as concepções "contratuais", que consideram que, enquanto fruto da autonomia privada, apenas podem ser fonte de uma disciplina contratual concreta – não faltando obviamente as famigeradas "concepções ecléticas". Sobre a questão, vide, entre nós, RIBEIRO, J. Sousa, *O Problema do Contrato – As Cláusulas Contratuais Gerais e o Princípio da Liberdade Contratual*, 278 e segs., Almedina, Coimbra, 1999.

III. Quanto ao *âmbito de aplicação* do regime legal, haverá que distinguir.[300]

Por um lado, o *âmbito objectivo* de aplicação da lei foi disciplinado de forma muito ampla e tendencialmente uniforme: em princípio, o regime legal considera-se aplicável a *todas e quaisquer cláusulas contratuais* que correspondam à noção legal, independentemente da sua forma de comunicação (v.g., formulários, catálogos, prospectos, anúncios ao público, "sites" electrónicos)[301], da sua extensão (v.g., totalidade ou parte do conteúdo negocial), do seu teor (v.g., elementos essenciais ou acessórios do contrato) ou da sua autoria (v.g., elaboradas pelo proponente ou terceiro) (art. 2.º da LCCG).[302]

Já no que se refere ao seu *âmbito subjectivo*, a aplicação da lei não obedece a um sistema uniforme, havendo que distinguir consoante os preceitos normativos em causa. Se o conjunto dos preceitos da LCCG é aplicável, em geral, aos contratos de adesão celebrados entre quaisquer tipos de pessoas, físicas ou colectivas (art. 1.º, n.ºˢ 1 e 2), já o cerne regulatório do regime legal (arts. 15.º a 34.º) possui um âmbito aplicativo de algum modo mais limitado, circunscrito primordialmente aos contratos de adesão

---

[300] Em linha com o que já atrás foi referido (cf. *supra* Parte II, Cap. III, §2, 1.1(I)), o legislador estendeu a aplicação do regime legal dos contratos de adesão mediante cláusulas contratuais gerais (contratos de adesão *padronizados*) aos contratos de adesão contendo cláusulas contratuais não gerais, ou seja, especificamente predispostas ou pré-formuladas de modo unilateral por uma das partes de determinado contrato (contratos de adesão *individualizados*) (cf. art. 1.º, n.ºˢ 1 e 2 da LCCG).

[301] Para uma forma de comunicação cada vez mais difundida, própria do chamado comércio electrónico, vide PARDO, J. Gato, *Las Páginas «Web» como Soporte de Condiciones Generales Contratuales,* Aranzadi, Cizur Menor, 2003.

[302] Esta regra geral, todavia, sofre várias excepções consignadas no art. 3.º do mesmo diploma, seja por razões formais (hierarquia das fontes de direito) – é o caso das cláusulas típicas aprovadas pelo legislador (art. 3.º, a)) e que resultem de tratados ou convenções internacionais (art. 3.º, b)) –, seja por razões substanciais (matérias reguladas) – é o caso dos "contratos submetidos a normas de direito público" (art. 3.º, c)), dos "actos do direito da família ou do direito das sucessões" (art. 3.º, d)), e das "cláusulas de instrumentos de regulamentação colectiva de trabalho" (art. 3.º, e)).

que tenham como sujeito activo, ou "proponente", um empresário (ou entidade equiparada) e como sujeito passivo, ou "aderente", um consumidor ou outro empresário (ou entidade equiparada)[303]. Como veremos adiante, o sistema de controlo das cláusulas proibidas foi construído na base do *"status"* dos sujeitos das relações jurídico-contratuais, distinguindo as "relações entre empresários ou entidades equiparadas" (arts. 17.º e 19.º) e as "relações com os consumidores finais" (arts. 20.º a 22.º): tal significa dizer que, ao menos para a esmagadora maioria das situações, a intervenção de um empresário (ou entidade equiparada) representa um elemento *necessário* da "facti-species" legal do primeiro tipo de contratos de adesão e ainda – atendendo à circunstância, já assinalada, de a grande maioria dos contratos de consumo terem como contraparte um empresário[304] – um elemento *natural* (embora não necessário ou exclusivo) do segundo tipo de contratos.[305]

IV. O regime legal em apreço visa fundamentalmente tutelar o aderente, realizando-se essa tutela a dois níveis fundamentais: no plano do controlo da formação e do conteúdo do negócio de adesão. Posto que o controlo do conteúdo das cláusulas será objecto de análise detida mais adiante (cláusulas contratuais proibidas), cabe aqui uma brevíssima referência ao *controlo na fase da formação contratual.*

---

[303] A lei não define o que entende por empresa, para efeitos da integração do conceito de empresário. Segundo M. Almeida Costa e A. Menezes Cordeiro, "parte-se da noção comum de empresa: consiste na organização de meios dirigida à prossecução de uma finalidade económica" (*Cláusulas Contratuais Gerais: Anotação ao Decreto--Lei n.º 446/85, de 25 de Julho*, 37, Almedina, Coimbra, 1986).

[304] Cf. *supra* Parte I, Cap. V, §1, 3.

[305] A formulação legal ampla do âmbito subjectivo dos arts. 20.º a 22.º da LCCG (cf. art. 20.º: "relações com consumidores finais e, genericamente, (...) todas as não abrangidas pelo artigo 17.º (...)") implica que tais preceitos são aplicáveis, não apenas aos contratos de consumo celebrados com empresários (ou entidades equiparadas), mas também, *residualmente*, a quaisquer contratos de adesão padronizados, independentemente do "status" das partes contratantes. Cf. ainda Romagnoli, Gianluca, *Clausole Vessatorie e Contratti d'Impresa*, Cedam, Padova, 1977.

Dos Contratos Comerciais em Geral

As cláusulas contratuais gerais constituem meros modelos contratuais padronizados e uniformes que, sendo pré-elaborados para uma pluralidade indeterminada de contratos, apenas adquirem relevância jurídica se e a partir do momento em que são inseridas em contratos de adesão singulares e concretos, mediante a aceitação ou adesão do destinatário. Justamente para assegurar a protecção do aderente logo na fase pré-contratual e de formação contratual, o legislador previu uma disciplina especial que fez depender a inserção das cláusulas contratuais gerais nos contratos singulares de um dever de comunicação ao aderente dessas cláusulas (art. 5.º da LCCG), de um dever de informação sobre o alcance destas (art. 6.º da LCCG) e da inexistência de cláusulas contratuais particulares prevalentes (art. 7.º da LCCG): a inobservância destes deveres é sancionada com a sua expurgação do contrato de adesão celebrado (art. 8.º da LCCG), o qual, em princípio, subsistirá mediante o recurso às normas supletivas e integradoras gerais (art. 9.º da LCCG).[306]

V. Por fim, refira-se ainda que o regime legal também se ocupou da *interpretação e integração* das cláusulas contratuais gerais, seja através de remissão genérica para as regras hermenêuticas dos arts. 236.º e segs. do CCivil (art. 10.º da LCCG), seja ressalvando expressamente que o risco da ambiguidade das cláusulas corre por conta do proponente, o que, de algum modo, já resultaria daquelas regras gerais ("ambiguitas contra stipolatorum") (art. 11.º, n.º 2 da LCCG).

---

[306] Sublinhe-se a diversidade das consequências no plano da formação e do conteúdo negociais: ao passo que as cláusulas que envolvam a violação das regras de inserção contratual são sancionadas com a sua *exclusão* do contrato, considerando-se liminarmente expurgadas do acordo e não produzindo quaisquer efeitos jurídicos, as cláusulas que envolvem a violação de regras relativas ao conteúdo do contrato (cláusulas contratuais "proibidas" ou abusivas: cf. arts. 15.º e segs. da LCCG) são feridas de *nulidade*, o que significa que, embora inválidas, não deixam de produzir efeitos práticos até à eventual declaração da sua nulidade.

Conteúdo

1.3. O Cerne do Regime Legal: As Cláusulas Contratuais Proibidas

I. O fulcro do regime jurídico dos contratos de adesão consta dos arts. 15.º a 23.º, relativo às *"Cláusulas Contratuais Gerais Proibidas"* (Capítulo V da LCCG)[307]. A centralidade deste conjunto de disposições legais para os efeitos da presente exposição resulta do facto – outrossim que representar o "cerne"[308] ou "aspecto nuclear"[309] da própria economia global do diploma legal – de ser nele que se consubstancia o *controlo do conteúdo dos contratos mercantis* celebrados em massa.

II. O sistema legal das cláusulas proibidas traduz-se, basicamente, num princípio geral de controlo (arts. 15.º e 16.º da LCCG) e num extenso catálogo de cláusulas proibidas concretas (arts. 17.º a 22.º da LCCG).

O *princípio geral de controlo* centra-se no mandamento da boa fé (art. 15.º da LCCG), ao qual acrescenta, como directiva concretizadora[310], a ponderação dos valores fundamentais do direito em face da situação considerada, designadamente a confiança suscitada nas partes e os objectivos negociais pretendidos (art. 16.º da LCCG)[311]. O controlo ou a sindicância efectiva das cláu-

---

[307] Intimamente conexo com ele, estão ainda o Capítulo IV, que prevê a disciplina da invalidade das cláusulas proibidas (arts. 12.º a 14.º), e o Capítulo VI, que prevê os meios processuais de reacção às cláusulas proibidas, em especial a acção inibitória (arts. 24.º a 34.º).

[308] CORDEIRO, A. Menezes, *Manual de Direito Comercial*, 519, 2.ª edição, Almedina, Coimbra, 2007.

[309] COSTA, M. Almeida/ CORDEIRO, A. Menezes, *Cláusulas Contratuais Gerais: Anotação ao Decreto-Lei n.º 446/85, de 25 de Julho*, 37, Almedina, Coimbra, 1986.

[310] Segundo alguns, aliás, de valor preceptivo duvidoso: cf. VASCONCELOS, P. Pais, *Teoria Geral do Direito Civil*, 631, 5.ª edição, Almedina, Coimbra, 2008.

[311] ASCENSÃO, J. Oliveira, *Cláusulas Contratuais Gerais, Cláusulas Abusivas e Boa-Fé*, in: 60 ROA (2000), 573-595. Sobre o relevo da boa fé no Direito Comercial em geral, vide MASCARENHAS, N. Luís, *A Boa Fé no Direito Comercial – Natureza e Algumas Incidências da "Cláusula Geral"*, in: AAVV, "Temas de Direito Comercial",

Dos Contratos Comerciais em Geral

sulas contratuais gerais seria, pura e simplesmente, impraticável caso assentasse exclusivamente num tal mandamento jusprivatístico de carácter genérico: por essa razão, o legislador consagrou um *catálogo extenso de cláusulas proibidas*, onde enuncia quase meia centena de condições contratuais gerais que reputou abusivas e vedadas (arts. 17.º a 22.º da LCCG). Visto no seu conjunto, pois, pode afirmar-se que o sistema de controlo do conteúdo dos contratos de adesão foi construído na base de uma articulação entre o princípio geral da boa fé e uma enunciação de proibições específicas, que funcionam como projecções concretas dessa intencionalidade normativa geral.[312]

III. Verdadeiramente decisivo para a compreensão do alcance prático do sistema em referência no plano do controlo do conteúdo dos contratos comerciais é, assim, a análise do catálogo das cláusulas constantes dos arts. 17.º e segs. da LCCG – ou seja, da *"lista negra" das cláusulas proibidas*, para utilizar aqui emprestada a feliz expressão de J. Cadarso PALAU.[313]

A estrutura básica do catálogo legal repousa numa distinção fundamental entre duas categorias de cláusulas proibidas, assente no critério do *"status"* das partes contratantes: cláusulas relativas a "relações entre empresários ou entidades equiparadas" (arts. 17.º a 19.º da LCCG) e cláusulas relativas a "relações com consumidores finais" (arts. 20.º a 22.º da LCCG). Transpondo isto para o nosso universo particular de preocupações, tal vale por dizer

---

177-205, Almedina, Coimbra, 1986; e nos contratos mercantis em particular, vide NAVARRETTA, Emanuela, *I Contratti d'Impresa e il Principio di Buona Fede*, in: AAVV, "Il Diritto Europeo dei Contratti d'Impresa", 507-545, Giuffrè, Milano, 2006.

[312] Tal significa, designadamente, que o catálogo legal é meramente *exemplificativo*, e não taxativo, podendo cláusulas contratuais gerais não previstas no elenco legal dos arts. 17.º e segs. da LCCG serem feridas de nulidade nos termos gerais do seu art. 15.º: neste sentido, na doutrina, SÁ, Almeno, *Cláusulas Contratuais Gerais e Directiva sobre Cláusulas Abusivas*, 256, 2.ª edição, Almedina, Coimbra, 2001; na jurisprudência, o Acórdão da RP de 21-X-1993 (CARLOS MATIAS), in: 430 BMJ (1993), 510-510.

[313] *La Lista Negra de Cláusulas Abusivas*, in: 20 LL (2000), 1690-1694.

que haverá que distinguir entre duas categorias fundamentais de contratos comerciais de adesão: os *contratos comerciais puros* ou bilaterais (concluídos entre empresários) e os *contratos comerciais mistos* ou unilaterais (concluídos entre empresários e consumidores).

2. Os Contratos Comerciais Puros

2.1. *Sentido e Alcance*

I. A primeira grande categoria de cláusulas proibidas relevantes, prevista nos arts. 17.º a 19.º da LCCG, diz respeito aos contratos de adesão bilateral e subjectivamente mercantis, "rectius", aos *contratos celebrados entre empresários.*[314]

À semelhança do que sucede em ordens estrangeiras congéneres[315], o legislador português considerou oportuno conceder protecção aos próprios empresários (ou entidades equiparadas).

---

[314] Abrangem-se aqui os contratos de adesão individualizados, que não incluem cláusulas contratuais gerais (sobre esta terminologia, vide já *supra* Parte II, Cap. III, §2, 1.1(I)): neste sentido, vide também ASCENSÃO, J. Oliveira, *Cláusulas Contratuais Gerais, Cláusulas Abusivas e Boa-Fé*, 593 e seg., in: 60 ROA (2000), 573-595; MONTEIRO, A. Pinto, *Contratos de Adesão – Cláusulas Contratuais Gerais*, 162, in: 3 EDC (2001), 131-163.

[315] Vejam-se assim a Alemanha (§24 da "Gesetz zur Regelung des Rechts der Allgemeine Geschäftsbedingungen" e §310 do "Bürgerliches Gesetzbuch"), a Áustria (§879, Abs. III, do "Allgemeines Burgerliches Gesetzbuch") e a Holanda (§240 do Título VI do "Burgerlijk Wetboek"). Saliente-se ainda que a extensão aos empresários do regime jurídico dos contratos de adesão é também sustentada, quer no direito comercial internacional (cf. o art. 2.19 dos "Princípios UNIDROIT Relativos aos Contratos Comerciais Internacionais" e o art. 4-110 dos "Princípios do Direito Europeu dos Contratos", que se aplicam indistintamente tenha o aderente a qualidade de consumidor ou de empresário), quer mesmo pela própria doutrina no contexto de direitos nacionais que não consagraram tal regime (é o caso de Inglaterra: cf. HONDIUS, Ewoud, *Unfair Contract Terms: Towards a European Law Introduction*, 125, in: 2 ERPL (1997), 121-134; WILLET, Chris, *Fairness in European Contracts – The Case of Unfair Terms*, Ashgate, Hampshire, 2007).

Dos Contratos Comerciais em Geral

Com efeito, é necessário ter presente que, sobretudo em determinados sectores ou fases do circuito económico (v.g., indústria automóvel, distribuição comercial), os contratos de adesão padronizados e individualizados são frequentemente utilizados pelas grandes empresas nas suas relações com pequenos e até médios empresários, sendo comum detectar situações de desigualdade de poder económico e negocial entre as partes contratantes: justifica-se assim instituir uma tutela paralela à prevista nos contratos de adesão celebrados com consumidores, muito embora uma tutela diferenciada e inferior atenta sobretudo a profissionalidade da actuação do aderente.[316]

II. A delimitação do âmbito objectivo e subjectivo desta primeira categoria carece de algumas precisões complementares.

Desde logo, as disposições legais têm como protagonista central o *empresário*, e não o comerciante: tal opção do legislador português, não apenas confirma a transição do centro de gravidade regulatório do Direito Comercial dos tradicionais paradigmas oitocentistas (comerciantes e actos de comércio) para o paradigma da empresa, como sobretudo corrobora a perspectiva actual dos contratos mercantis como contratos de empresa[317]. Depois ainda, há que referir que as normas em apreço se aplicam também aos contratos em que intervenham *profissionais liberais* (art. 17.º da

---

[316] Sobre os fundamentos e objectivos diferenciados desta tutela jurídica, vide COSTA, M. Almeida/ CORDEIRO, A. Menezes, *Cláusulas Contratuais Gerais: Anotação ao Decreto-Lei n.º 446/85, de 25 de Julho*, 38 e 43, Almedina, Coimbra, 1986. Noutros quadrantes, sobre a problemática em geral, vide MACARIO, Francesco, *L'Abuso dell'Autonomia Negoziale nei Contratti tra Imprenditori*, in: AAVV, "Il Diritto Europeo dei Contratti d'Impresa", 277-319, Giuffrè, Milano, 2006.

[317] Aliás, opção idêntica tem vindo a ser feita noutros ordenamentos jurídicos europeus: veja-se o caso da Alemanha, cuja lei sobre condições contratuais gerais erigiu igualmente a figura do empresário em personagem central desta categoria contratual (§ 24 da "Gesetz zur Regelung des Rechts der Allgemeinen Geschäftsbedingungen"). Sobre esta alteração de paradigma, vide PFEIFFER, Thomas, *Vom kaufmännischen Verkeher zum Unternehmensverkeher – Die Änderung des AGB-Gesetz durch das Handelsrechtsreformgesetz*, in: 50 NJW (1999), 169-174.

Conteúdo

LCCG): muito embora o empresário constitua o personagem central, as referidas normas também disciplinam os contratos celebrados, quer entre um empresário e um profissional liberal, quer pelos próprios profissionais liberais entre si[318]. Em terceiro lugar, tenha-se presente que o legislador não distinguiu consoante a natureza da *personalidade jurídica* dos empresários contratantes (ou entidades equiparadas): pode tratar-se de empresários singulares ou colectivos, contanto que intervenham nos contratos nessa qualidade e não em vestes meramente particulares (fora do âmbito do exercício da sua actividade empresarial).[319]

III. Finalmente, e mais importante, o legislador agrupou as proibições legais relativas a este tipo de contratos em duas classes ou tipos de cláusulas: as cláusulas *absolutamente proibidas* (art. 18.º da LCCG) e as cláusulas *relativamente proibidas* (art. 19.º da LCCG).

---

[318] A centralidade do empresário no quadro desta primeira categoria dos contratos de adesão – outrossim que transparecer da própria terminologia legal (que se refere aos profissionais liberais como "entidade equiparada") – resulta, quer da circunstância de a grande mole dos contratos com clausulados gerais ser na prática atinente ao mundo empresarial (sobre o ponto, vide já *supra* Parte II, Cap. III, §2, 1.1.), quer ainda da circunstância de um sector crescente das próprias profissões liberais ser hoje exercido no quadro de verdadeiras organizações empresariais (v.g., grandes empresas multinacionais de auditoria e de contabilidade, sociedades transnacionais de advogados, hospitais e clínicas médicas, laboratórios privados, etc.: sobre o ponto, vide ANTUNES, J. Engrácia, *O Estatuto do Comerciante – Alguns Problemas de Qualificação*, in: DJ (2009), em curso de publicação). No mesmo sentido, entre muitos, Vincenzo BUONOCORE, que sublinha "ser bastante difícil imaginar condições contratuais gerais predispostas por sujeitos não empresários: a predisposição unilateral para uma série indeterminada de contratos, a adesão «seca» sem intervenção nas negociações, e os perigos a que fica exposto o aderente, pressupõem naturalmente uma organização empresarial do predisponente" (*Contrattazione d'Impresa e Nuove Categorie Contrattuali*, 205, Giuffrè, Milano, 2000).

[319] Sempre que os empresários ou profissionais não intervenham nessa qualidade específica, poderão ficar sujeitos às normas dos arts. 20.º a 22.º da LCCG, surgindo então nas vestes de consumidores: cf. COSTA, M. Almeida/ CORDEIRO, A. Menezes, *Cláusulas Contratuais Gerais: Anotação ao Decreto-Lei n.º 446/85, de 25 de Julho*, 38, Almedina, Coimbra, 1986.

Dos Contratos Comerciais em Geral

A contraposição assenta fundamentalmente no critério do alcance ou efeitos da proibição: ao passo que as cláusulas do primeiro tipo são sempre vedadas em contratos de adesão (sendo a sua inclusão ou inserção sancionada com a nulidade da cláusula: cf. art. 12.º da LCCG)[320], as cláusulas do último tipo poderão ser ou não vedadas, consoante o juízo de valor que sobre elas for realizado à luz do quadro negocial no seu conjunto (ou seja, podendo ser nulas ou válidas consoante o "quadro negocial padronizado": cf. art. 19.º, proémio, da LCCG)[321]. Um exemplo. Se num contrato de compra e venda de mercadorias perigosas (por exemplo, explosivos), celebrado segundo um mecanismo de adesão, os formulários padronizados predispostos pelo empresário pirotécnico incluírem uma cláusula que exclua ou limite a responsabilidade por danos causados à vida ou à integridade física, tal cláusula será sempre proibida e nula, nos termos dos arts. 12.º e 18.º, a) da LCCG; todavia, se num contrato de compra e venda de imóveis, concluído pelo mesmo mecanismo, o empresário construtor ou mediador inserir uma cláusula que preveja um prazo de entrega dos andares muito dilatado, tal cláusula poderá ser ou não proibida e nula, nos termos do art. 19.º, b) da LCCG, consoante

---

[320] Uma vez declarada a nulidade, o aderente pode optar pela manutenção do contrato (art. 13.º, n.º 1 da LCCG), o que implica a vigência, na parte afectada, das normas legais supletivas aplicáveis, com recurso, se necessário, às regras de integração dos negócios jurídicos (art. 13.º, n.º 2 da LCCG). Caso o aderente não exerça a faculdade prevista pelo art. 13.º, ou o seu exercício originar um desequilíbrio de prestações gravemente lesivo da boa fé, passará a vigorar o regime geral da redução dos negócios jurídicos (art. 292.º do CCivil).

[321] Justamente em virtude da necessidade de realização de um juízo valorativo sobre o quadro negocial padronizado, numerosas proibições relativas constantes do elenco legal recorrem a conceitos indeterminados, como tais carecidos de concretização caso a caso: v.g., "prazos excessivos", "cláusulas penais desproporcionadas", "compensação adequada", "graves inconvenientes", ou "interesses sérios" (algo idêntico ocorre ainda no elenco paralelo do art. 22.º da LCCG: v.g., "pré-aviso adequado", "motivo adequado", "prazos manifestamente curtos", "antecipações exageradas", e outros semelhantes). Sobre o referido juízo valorativo, vide o Acórdão do STJ de 21-III-2006 (ALVES VELHO), in: XIV CJ/STJ (2006), I, 145-148.

a lógica do acordo negocial em causa (v.g., se se tratar de andares em planta, tal cláusula poderá ser aceitável e válida; ao contrário, tratando-se de andares já construídos, poderá ser excessiva e logo inválida).[322]

2.2. Cláusulas Absolutamente Proibidas

I. As cláusulas absolutamente proibidas encontram-se previstas no art. 18.º da LCCG, podendo ser classificadas, segundo o critério da sua natureza ou finalidades subjacentes, em três grupos fundamentais: cláusulas relativas à exclusão ou limitação de responsabilidade, cláusulas relativas ao cumprimento das obrigações contratuais, e cláusulas de finalidade heterogénea.[323]

II. O primeiro grupo é constituído por cláusulas relativas *à exclusão ou limitação de responsabilidade*: assim, nos termos do

---

[322] Cumpre advertir, a par do regime geral da LCCG, para a existência de *regimes especiais* que, embora fortemente inspirados naquele, consagram soluções matizadas ou mesmo desviantes. Pense-se, por exemplo, no regime jurídico dos atrasos de pagamento nas transacções comerciais, previsto no Decreto-Lei n.º 32/2003, de 17 de Fevereiro: este regime, de modo semelhante ao art. 18.º, c) da LCCG, prevê igualmente a proibição de cláusulas que "excluam ou limitem, de modo directo ou indirecto, a responsabilidade pela mora" (art. 5.º, n.º 1 do citado diploma legal), muito embora a configure como uma proibição relativa, e não absoluta ou automática, porque dependente da averiguação "in concreto" da inexistência de motivo atendível ou justificado (art. 5.º, n.º 1, proémio).

[323] Para citarmos apenas alguns exemplos da nossa jurisprudência relativa ao art. 18.º da LCCG, vide o Acórdão do STJ de 6-V-1993 (FIGUEIREDO DE SOUSA), a propósito de contrato de empresa de fornecimento de gás, que também incluía cláusulas proibidas pelo art. 22.º, n.º 1, d) da LCCG (in: 427 BMJ (1993), 509-515); o Acórdão do STJ de 14-II-2002 (FERREIRA DE ALMEIDA), a propósito dos contratos de utilização de cartão de crédito celebrados por empresas bancárias (in: X CJ/STJ (2002), I, 98-103); o Acórdão do STJ de 2-V-2002 (SOUSA INÊS), a propósito de contrato de locação financeira (in: X CJ/STJ (2002), II, 45-48); o Acórdão do STJ de 4-VII-2002 (GARCIA MARQUES), a respeito de contrato de seguro (in: X CJ/STJ (2002), II, 149-151); o Acórdão do STJ de 12-VI-2007 (MOREIRA CAMILO), a propósito de contrato de locação financeira (in: XV CJ/STJ (2007), II, 107-109); ou o Acórdão da RL de 27-VI-1995 (DINIS NUNES), a respeito de contratos celebrados por empresas de lavandaria (in: XX CJ (1995), III, 137-139).

Dos Contratos Comerciais em Geral

citado preceito, são inteiramente vedadas as cláusulas que excluam ou limitem, de modo directo ou indirecto, a responsabilidade "por danos causados à vida, à integridade moral ou física ou à saúde das pessoas" (alínea a)), "por danos patrimoniais extracontratuais, causados na esfera da contraparte ou de terceiros" (alínea b)), "por não cumprimento definitivo, mora ou cumprimento defeituoso, em caso de dolo ou de culpa grave" (alínea c)), ou "por actos de representantes ou auxiliares, em caso de dolo ou de culpa grave" (alínea d)). Trata-se indubitavelmente do conjunto mais relevante de proibições, a julgar pelo número de sentenças judiciais proferidas a seu respeito.

III. Um segundo feixe é composto por cláusulas relativas *à exclusão ou limitação de mecanismos gerais relativos ao cumprimento das obrigações contratuais*: assim, nos termos do mesmo preceito, são absolutamente interditas as cláusulas que "excluam a excepção de não cumprimento do contrato ou a resolução por incumprimento" (alínea f)), "excluam ou limitem o direito de retenção" (alínea g)), "excluam a faculdade de compensação, quando admitida na lei" (alínea h)), ou "limitem, a qualquer título, a faculdade de consignação em depósito, nos casos e condições legalmente previstos" (alínea i)). Todas as figuras previstas nestas cláusulas – excepção de não cumprimento (arts. 428.º e segs. do CCivil), direito de retenção (arts. 754.º e segs. do CCivil), compensação (arts. 847.º e segs. do CCivil) e consignação em depósito (arts. 841.º e segs. do CCivil) – constituem mecanismos gerais de garantia e extinção do cumprimento das obrigações, civis e mercantis, cuja exclusão convencional, de resto já duvidosa nos termos gerais da lei, destituiria o aderente dos instrumentos de coacção do cumprimento das obrigações do outro contraente mesmo quando, por factos a este imputáveis, fosse legítimo que aquele não permanecesse vinculado às suas próprias obrigações.

IV. Por fim, um último grupo de cláusulas persegue *finalidades heterogéneas*, não possuindo um denominador comum. Estão neste caso as demais cláusulas do elenco do preceito em referência em matéria de *interpretação do contrato* – sendo vedadas as cláusulas que "confiram, de modo directo ou indirecto, a quem as predisponha, a faculdade exclusiva de interpretar qualquer cláusula do contrato" (alínea e)) –, de *vinculações perpétuas* – sendo vedadas as cláusulas que "estabeleçam obrigações duradouras perpétuas ou cujo tempo de vigência dependa apenas da vontade de quem as predisponha" (alínea j)) –, e de *transmissão da posição contratual* – sendo proibidas as cláusulas que "consagrem, a favor de quem as predisponha, a possibilidade de cessão da posição contratual, de transmissão de dívidas ou de subcontratar, sem o acordo da contraparte, salvo se a identidade do terceiro constar do contrato inicial" (alínea l)).

2.3. *Cláusulas Relativamente Proibidas*

I. As cláusulas relativamente proibidas, cujo elenco consta do art. 19.º da LCCG, podem também ser ordenadas funcionalmente em três grupos principais: cláusulas relativas a prazos, cláusulas relativas à formação e efeitos contratuais, e cláusulas relativas à atribuição de poderes jurídicos.[324]

---

[324] Para algumas ilustrações jurisprudenciais de cláusulas proibidas pelo art. 19.º da LCCG, vide o Acórdão do STJ de 2-III-1994 (Costa Raposo), a respeito de cláusula inserta em contrato de venda a prestações (in: II CJ/STJ (1994), I, 133-136); o Acórdão do STJ de 6-X-1998 (Lemos Triunfante), a respeito de cláusula penal inserta em contrato de locação financeira (in: 480 BMJ (1998), 441-449); o Acórdão do STJ de 23-XI-2000 (Sousa Inês), a respeito de cláusula inserta em contrato bancário que permite a denúncia sem prévio aviso (in: VIII CJ/STJ (2000), III, 133-139); o Acórdão do STJ de 14-II-2002 (Ferreira de Almeida), relativo às condições de utilização de cartão de débito multibanco (in: X CJ/STJ (2002), I, 98-103); o Acórdão do STJ de 17-V-2007 (Oliveira Rocha), a respeito de cláusula inserta em contrato de utilização de cartão bancário que permite a denúncia livre por parte do banco (in: XV CJ/STJ (2007), II, 77-80); o Acórdão da RL

Dos Contratos Comerciais em Geral

II. Um primeiro grupo é constituído por cláusulas relativas *a prazos*: são assim vedadas, consoante o quadro negocial padronizado, as cláusulas que estabeleçam a favor de quem as predisponha "prazos excessivos para a aceitação ou rejeição de propostas" (alínea a)) ou "prazos excessivos para o cumprimento, sem mora, das obrigações assumidas" (alínea b)).

III. Um segundo grupo é constituído por cláusulas relativas *à formação e efeitos do contrato*: são assim banidas, nos mesmos termos, as cláusulas que "imponham ficções de recepção, de aceitação ou de outras manifestações de vontade com base em factos para tal insuficientes" (alínea d)) e "consagrem cláusulas penais desproporcionadas aos danos a ressarcir" (alínea c)).

IV. Enfim, um terceiro e último grupo, onde vai cair a maioria das situações elencadas, é composto por cláusulas relativas *à atribuição de poderes jurídicos*: são relativamente proibidas as cláusulas que "façam depender a garantia das qualidades da coisa cedida ou dos serviços prestados, injustificadamente, do não recurso a terceiros" (alínea e)), "coloquem na disponibilidade de uma das partes a possibilidade de denúncia, imediata ou com pré--aviso insuficiente, sem compensação adequada, do contrato, quando este tenha exigido à contraparte investimentos ou outros dispêndios consideráveis" (alínea f)), "estabeleçam um foro competente que envolva graves inconvenientes para uma das partes, sem que os interesses da outra o justifiquem" (alínea g)), "consagrem, a favor de quem as predisponha, a faculdade de modificar

---

de 19-X-2000 (SALAZAR CASANOVA), a propósito de cláusulas de aforamento insertas em contratos de utilização de cartão de crédito celebrados por empresas bancárias (in: XXV CJ (2000), IV, 124-127); o Acórdão da RL de 15-V-2003 (LÚCIA SOUSA), relativo a cláusulas de aforamento insertas em cartões de crédito e débito (in: XXVIII CJ (2003), III, 81-84); o Acórdão da RL de 7-IV-2005 (SALAZAR CASANOVA), relativo a cláusula penal inserta em contrato de crédito ao consumo (in: XXX CJ (2005), II, 82-86); e o Acórdão da RC de 13-X-1994 (CAMPOS OLIVEIRA), a respeito de cláusula penal inserta em contrato de aluguer de longa duração (in: 440 BMJ (1994), 531-532).

as prestações, sem compensação correspondente às alterações de valor verificadas" (alínea h)) ou "limitem, sem justificação, a faculdade de interpelar" (alínea i)). Se bem que dispondo sobre matérias diversas da regulação contratual, as cláusulas em apreço consubstanciam situações em que o predisponente é investido de antemão, de forma directa ou oblíqua, em poderes decisórios ou estatutos jurídicos excessivos, conferindo-lhe uma posição substantiva (v.g., denúncia sem pré-aviso, alteração das prestações) ou adjectiva (v.g., foro aplicável) injustificada perante o aderente.

3. Os Contratos Comerciais Mistos

3.1. *Sentido e Alcance*

I. Uma segunda classe ou categoria fundamental de cláusulas proibidas, prevista nos arts. 20.º a 22.º da LCCG, diz respeito aos contratos de adesão unilateralmente mercantis, "rectius", aos *contratos celebrados entre empresários e consumidores.*

II. Também aqui se justificam alguns esclarecimentos preliminares quanto ao âmbito subjectivo e objectivo da lei. Por uma banda, as disposições legais em apreço são aplicáveis *"às relações com os consumidores finais e, genericamente, (às) não abrangidas pelo artigo 17.º"* (art. 20.º, "ab initio", da LCCG): tal vale por dizer que a lei, dirigindo-se decerto centralmente aos contratos de adesão concluídos entre empresários (ou entidades equiparadas) e consumidores (contratos unilateralmente mercantis do ponto de vista subjectivo), abrange também vários outros tipos de relações contratuais, tais como os contratos de adesão celebrados entre empresários que actuem em vestes particulares (contratos civis entre empresários) ou mesmo celebrados entre quaisquer outras pessoas, singulares ou colectivas (contratos civis puros).

Dos Contratos Comerciais em Geral

Por outra banda, às cláusulas proibidas previstas nos arts. 21.º e 22.º da LCCG devem ainda acrescentar-se as *"proibições das secções anteriores"* (art. 20.º, "in fine", da LCCG): tal significa agora dizer que, relativamente aos contratos de adesão em apreço, consideram-se vedadas, quer as cláusulas especificamente elencadas a respeito de tais contratos (arts. 21.º e 22.º da LCCG), quer as cláusulas previstas a respeito dos contratos entre empresários (arts. 18.º e 19.º da LCCG)[325]. Finalmente, a exposição das cláusulas proibidas volta a assentar na contraposição entre *cláusulas absolutamente e relativamente proibidas*, nos termos já atrás referidos[326]: é delas que cabe agora tratar.

3.2. *Cláusulas Absolutamente Proibidas*

I. As cláusulas absolutamente proibidas, elencadas no art. 21.º da LCCG, podem ser classificadas em dois grupos: cláusulas relativas aos direitos e deveres contratuais e cláusulas relativas às garantias do consumidor.[327]

---

[325] A justificação para tal âmbito alargado de aplicação prende-se essencialmente com a natureza mais débil dos aderentes, que aqui são consumidores, e não empresários ou profissionais liberais agindo nessa qualidade. Atentas as necessidades acrescidas de protecção neste caso, compreende-se que às proibições específicas previstas na lei se aditem "ad fortiori" as proibições relativas aos casos em que o aderente é um empresário ou profissional liberal – as quais acabam assim por funcionar como uma espécie de *mínimo denominador comum* para a utilização de cláusulas contratuais gerais em qualquer tipo de contrato de adesão. Cf. também Costa, M. Almeida, *Síntese do Regime Jurídico Vigente das Cláusulas Contratuais Gerais,* 25, 2.ª edição, UCP Editora, Lisboa, 1999.

[326] Cf. *supra* Parte II, Cap. III, §2, 2.1(III).

[327] Para algumas ilustrações jurisprudenciais de cláusulas abrangidas pelo art. 21.º da LCCG, vide o Acórdão do STJ de 3-XII-1998 (Armando Lourenço), sobre condições gerais de utilização de cartões de crédito (in: VI CJ/STJ (1998), III, 140-145); o Acórdão do STJ de 17-VI-1999 (Abílio de Vasconcelos), sobre condições gerais de utilização de cartões de crédito (in: VII CJ/STJ (1999), II, 148-150); o Acórdão do STJ de 19-XI-2002 (Azevedo Ramos), sobre condições gerais de utilização de cartão eurocheque (in: X CJ/STJ (2002), III, 135-139); o Acórdão do STJ de 19-IX-2006 (Moreira Camilo), a propósito de contrato de aluguer de longa duração (in: XIV CJ/STJ (2006),

Conteúdo

II. Por um lado, temos cláusulas relativas *aos direitos e deveres contratuais*: são assim vedadas em qualquer caso as cláusulas que "limitem ou de qualquer modo alterem obrigações assumidas, na contratação, directamente por quem as predisponha ou pelo seu representante" (alínea a)), "confiram, de modo directo ou indirecto, a quem as predisponha, a faculdade exclusiva de verificar e estabelecer a qualidade das coisas ou serviços fornecidos" (alínea b)), "permitam a não correspondência entre as prestações a efectuar e as indicações, especificações ou amostras feitas ou exibidas na contratação" (alínea c)) ou "excluam os deveres que recaem sobre o predisponente, em resultado de vícios da prestação, ou estabeleçam, nesse âmbito, reparações ou indemnizações pecuniárias predeterminadas" (alínea d)). Trata-se, no essencial, de impedir que o predisponente, através de uma regulação contratual injustificada dos seus direitos e deveres – mormente, uma limitação das suas obrigações contratuais ou uma exclusão das garantias legais de prestação isenta de vícios – possa afectar a concreta obtenção, por parte dos consumidores finais, dos bens ou serviços que são objecto do contrato.

III. Por outro lado, temos ainda cláusulas relativas *às garantias do consumidor*: aqui se incluem as cláusulas que "atestem conhecimentos das partes relativos ao contrato, quer em aspectos jurídicos, quer em questões materiais" (alínea e)), "alterem as regras respeitantes à distribuição do risco" (alínea f)), "modifiquem os critérios de repartição do ónus da prova ou restrinjam a utilização de meios probatórios legalmente admitidos" (alínea g)), ou "excluam ou limitem de antemão a possibilidade de requerer tutela judicial para situações litigiosas que surjam entre os contratantes ou prevejam modalidades de arbitragem que não assegurem

---

III, 59-63); o Acórdão da RL de 9-VI-1994 (Flores Ribeiro), a propósito de contratos predispostos por empresa bancária relativos à utilização de eurocheques (in: XIX CJ (1994), III, 107-109); e o Acórdão da RL de 8-XI-2007 (Carla Mendes), sobre condições gerais de serviço de "internet" (in: XXXII CJ (2007), V, 84-87).

as garantias de procedimento estabelecidas na lei" (alínea h)). Trata-se agora de prevenir que a posição do consumidor possa ser afectada por expedientes destinados a diminuir as suas garantias, seja através de uma redistribuição do risco contratual, do risco em sede probatória ou do risco em sede de resolução de conflitos.

3.3. *Cláusulas Relativamente Proibidas*

I. As cláusulas relativamente proibidas, cujo elenco consta do art. 22.º, n.º 1 da LCCG, podem também ser ordenadas funcionalmente em vários grupos: cláusulas relativas à duração, vigência e termo do contrato, cláusulas relativas ao cumprimento do contrato, cláusulas relativas ao preço, e cláusulas relativas a matérias heterogéneas.[328]

II. Um primeiro grupo é composto por cláusulas relativas *à duração, vigência e termo contratuais*: aqui se incluem as que "prevejam prazos excessivos para a vigência do contrato ou para a sua denúncia" (alínea a)), "permitam, a quem as predisponha, denunciar livremente o contrato, sem pré-aviso adequado, ou resolvê-lo sem motivo justificativo, fundado na lei ou em convenção" (alínea b)), "atribuam a quem as predisponha o direito de alterar unilateralmente os termos do contrato, excepto se existir

---

[328] Para ilustrações jurisprudenciais de cláusulas proibidas pelo art. 22.º da LCCG, vide o Acórdão do STJ de 6-VI-1993 (FIGUEIREDO DE SOUSA), a propósito de contrato de empresa de fornecimento de gás, que também incluía cláusulas proibidas pelo art. 18.º, a) a d) da LCCG (in: 427 BMJ (1993), 509-515); o Acórdão do STJ de 23-XI-1999 (GARCIA MARQUES), a propósito de cláusulas de livre denúncia em contratos bancários de cartão de débito (in: 491 BMJ (1999), 241-257); o Acórdão do STJ de 19-IX-2006 (MOREIRA CAMILO), a propósito de contrato de aluguer de longa duração (in: XIV CJ/STJ (2006), III, 59-63); o Acórdão do STJ de 17-V-2007 (OLIVEIRA ROCHA), relativo a cláusula de livre denúncia inserta em contrato de utilização de cartão bancário (in: XV CJ/STJ (2007), II, 77-80); e o Acórdão da RL de 27-II-2003 (ROSA RIBEIRO COELHO), relativo a cláusula de livre redução e resolução em contrato de seguro (in: XXVIII CJ (2003), I, 118-122).

razão atendível que as partes tenham convencionado" (alínea c); cf., todavia, o n.º 2), "imponham a renovação automática de contratos através do silêncio da contraparte, sempre que a data limite fixada para a manifestação de vontade contrária a essa renovação se encontre excessivamente distante do termo do contrato" (alínea h)), ou "confiram a uma das partes o direito de pôr termo a um contrato de duração indeterminada, sem pré-aviso razoável, excepto nos casos em que estejam presentes razões sérias capazes de justificar semelhante atitude" (alínea i)).

III. Um segundo grupo é constituído por cláusulas relativas *ao cumprimento contratual*: aqui se abrangem as cláusulas que "afastem, injustificadamente, as regras relativas ao cumprimento defeituoso ou aos prazos para o exercício de direitos emergentes dos vícios da prestação" (alínea g)), "imponham antecipações de cumprimento exageradas" (alínea l)), ou "fixem locais, horários ou modos de cumprimento despropositados ou inconvenientes" (alínea n)).

IV. Um terceiro conjunto é representado por cláusulas relativas *ao preço*: aqui se abrangem as cláusulas que "estipulem a fixação do preço de bens na data da entrega, sem que se dê à contraparte o direito de resolver o contrato, se o preço final for excessivamente elevado em relação ao valor subjacente às negociações" (alínea d)), "permitam elevações de preços, em contratos de prestações sucessivas, dentro de prazos manifestamente curtos, ou, para além desse limite, elevações exageradas, sem prejuízo do que dispõe o artigo 437.º do Código Civil" (alínea e); cf., todavia, os n.ºs 3 e 4), e "impeçam a denúncia imediata do contrato quando as elevações dos preços a justifiquem" (alínea f)).

V. Por fim, uma última categoria residual respeita a cláusulas com *finalidades heterogéneas*: são exemplos as cláusulas que "impeçam, injustificadamente, reparações ou fornecimentos por terceiros" (alínea j)), "estabeleçam garantias demasiado elevadas ou excessivamente onerosas em face do valor a assegurar" (alínea m)), ou "exijam, para a prática de actos na vigência do contrato, formalidades que a lei não prevê ou vinculem as partes a comportamentos supérfluos, para o exercício dos seus direitos contratuais" (alínea o)).

§3 Os Limites Especiais

1. O Abuso de Dependência Económica

1.1. Noção e Sentido Geral

I. O abuso de dependência económica, figura prevista e proibida entre nós no art. 7.º da LGC, designa genericamente uma *prática anticoncorrencial consistente na exploração abusiva, por parte de uma ou mais empresas, de uma posição de poderio económico no mercado no confronto de outras empresas, suas clientes ou fornecedoras.*[329]

II. Nas economias modernas, caracterizadas pelo advento do consumismo e consequente relevo da grande distribuição comercial, tornou-se frequente observar que os grandes empresários retalhistas (v.g., grandes superfícies no sector dos electrodomésticos, mobiliário ou vestuário, centros comerciais, hipermercados, etc.) dispõem frequentemente de uma situação de poderio ou

---

[329] Sobre a figura, vide entre nós MORAIS, L. Branco, *Uma Nova Figura no Direito da Concorrência: O Abuso de Dependência Económica*, AAFDL, Lisboa, 2000; PEGO, J. Mariano, *A Posição Dominante Relativa no Direito da Concorrência*, Almedina, Coimbra, 2001. Noutros quadrantes, onde figura semelhante foi igualmente prevista, vide GLAIS, Michel, *L'Exploitation Abusive d'un État de Dépendance Économique*, in: 97 RevEI (1994), 81-98; KÖHLER, Helmut, *Nachfragewettbewerb und Marktbeherrschung*, Mohr, Tübingen, 1986; PHILIPP, Fabbio, *L'Abuso della Dependenza Economica*, Giuffrè, Milano, 2006.

ascendente económico-negocial em face das empresas suas clientes ou fornecedoras que lhes permite impor unilateralmente condições contratuais abusivas, desvirtuando assim o normal jogo concorrencial (por exemplo, impondo prazos dilatados de pagamento, descontos nos primeiros fornecimentos, ofertas gratuitas em ocasiões ou eventos especiais, contratação subordinada, e outras semelhantes). Se os abusos do poder económico se registaram tradicionalmente pelo lado da oferta e no plano das relações horizontais das empresas (a que a ordem jurídica reagiu mormente através da figura do "abuso da posição dominante"), este novo tipo de abuso anticoncorrencial surge caracteristicamente associado ao poder da procura no plano das relações empresariais verticais ("Nachfragemacht", "buying power", "puissance d'achat"): não se podendo falar com rigor de "posição dominante" no mercado (posto que tais empresários não dominam qualquer mercado relevante específico), nem por isso estão afastados os riscos para a estrutura concorrencial do mercado sempre que tais empresas *se prevaleçam abusivamente da sua posição de supremacia no circuito económico geral da produção e distribuição de bens ou serviços*, em sentido ascendente ("vis-à-vis" produtores, fabricantes ou fornecedores) ou descendente (clientes).

1.2. *Regime Legal*

I. Como atrás se referiu, o legislador português ocupou-se da matéria no seio do diploma fundamental da concorrência: falamos do *art. 7.º da LGC*, que consagrou e disciplinou a figura do "abuso de dependência económica".

Nos termos do seu n.º 1, "é proibida, na medida em que seja susceptível de afectar o funcionamento do mercado ou a estrutura da concorrência, a exploração abusiva, por uma ou mais empresas, do estado de dependência económica em que se encontre

Dos Contratos Comerciais em Geral

relativamente a elas qualquer empresa fornecedora ou cliente, por não dispor de alternativa equivalente". Além disso, estabelece ainda o n.º 2 do mesmo preceito que "pode ser considerada abusiva, designadamente: a) a adopção de qualquer dos comportamentos previstos no n.º 1 do artigo 4.º; b) a ruptura injustificada, total ou parcial, de uma relação comercial estabelecida, tendo em consideração as relações comerciais anteriores, os usos reconhecidos no ramo da actividade económica e as condições contratuais estabelecidas".

II. Não sendo este o local adequado para analisar o regime legal da figura[330], cumpre apenas salientar que ela não poderá deixar de interessar à temática do conteúdo dos contratos mercantis, posto que, muito justamente, o "abuso de dependência económica" se verifica ou projecta, a mais das vezes, no plano dos contratos celebrados entre os empresários em referência, consubstanciando-se na *imposição unilateral e vertical de determinadas condições contratuais.*[331]

Em termos muito genéricos, pode dizer-se que a relevância da figura como limitação à liberdade de estipulação negocial jusmercantil se concretiza fundamentalmente na proibição da conclusão de contratos comerciais que, em si mesmos ou nas cláusulas contratuais que incorporem, prefigurem uma *"exploração abusiva"* da posição de supremacia económica por parte de um contraente (o empresário ou empresários "dominantes") no confronto do outro contraente (o empresário "dependente"). Muito embora o legislador não tenha definido expressamente o que

---

[330] Para uma análise detalhada dos pressupostos e efeitos da figura, vide ANTUNES, J. Engrácia, *Direito Comercial*, em curso de publicação.

[331] Ganha aqui especial sentido a advertência de Giorgio OPPO, quando este se interrogava se "ao contrato de empresa como instrumento essencial da iniciativa económica não deverá ser imposto o respeito do bem económico comum, já não tanto como dever de actuá-lo, mas como dever de não o afrontar" (*Note sulla Contrattazione d'Impresa*, 639, in: XLI RDC (1995), 629-640).

Conteúdo

entende por "exploração abusiva", parece evidente que, por força da remissão constante do art. 7.º, n.º 2, a) da LGC, estão aqui abrangidos os contratos ou condições contratuais que tenham por objecto ou por efeito impedir, falsear ou limitar a estrutura concorrencial do mercado (art. 4.º, n.º 1, proémio), incluindo determinadas situações típicas que se possam subsumir nalguma das hipóteses contempladas no elenco aberto previsto na lei. Tal será o caso da celebração, por exemplo, de contratos que impliquem uma *fixação das condições de transacção* – ou seja, quando o conteúdo contratual, alterando o livre jogo concorrencial, induza artificialmente à determinação das condições de negociação de determinado produto ou serviço, independentemente do objecto das cláusulas contratuais em causa (v.g., preço, prazos de pagamento, modalidades e prazos de entrega, garantias), do seu carácter directo ou indirecto (v.g., sistemas colectivos de descontos para as empresas envolvidas) e obrigatório ou voluntário (v.g., fixação de preços meramente indicativos) (art. 4.º, n.º 1, a) e b)) –, de contratos que prevejam *condições de transacção discriminatórias* – ou seja, que, para transacções ou prestações equivalentes, prevejam condições desiguais, mormente de preço, para alguns fornecedores e clientes, sejam aquelas favoráveis ou desfavoráveis (v.g., preços, descontos a pronto pagamento, prazos nas vendas a crédito) (art. 4.º, n.º 1, e)) –, ou ainda de *contratos subordinados ou "encadeados"* – ou seja, que subordinem a respectiva celebração à aceitação de determinadas prestações ou obrigações suplementares que sejam injustificáveis à luz da natureza do próprio contrato ou dos usos mercantis vigentes (v.g., obrigação de encomenda de outros produtos irrelacionados, obrigação de compra em quantidades largamente superiores às necessidades do adquirente, etc.) (art. 4.º, n.º 1, g), todos da LGC).[332]

---

[332] Cf. também MÖHRING, Phillip, *Kontrahierungszwang nach neuem Kartellrecht*, in: 27 DB (1974), 223-227.

Dos Contratos Comerciais em Geral

2. As Práticas Restritivas da Concorrência

2.1. *Noção e Sentido Geral*

I. Numa linha semelhante de considerações, embora reflectindo uma problemática e tratamento jurídicos específicos, deve ainda ser mencionada a regulamentação das *práticas restritivas da concorrência.*

Ao contrário do que já chegou a suceder no direito pretérito, que regulava unitária e indistintamente todos os tipos de práticas concorrenciais restritivas, o direito concorrencial vigente estabelece uma distinção entre as *práticas individuais* (imposição de preços mínimos, aplicação de preços ou condições de venda discriminatórios, recusa de venda de bens ou prestação de serviços, práticas negociais abusivas) e as *práticas colectivas* (mormente, acordos, práticas concertadas e associações de empresas): as últimas, às quais ficou "summo rigore" reservada a qualificação de prática restritiva da concorrência, estão subordinadas ao regime jurídico geral da concorrência e à supervisão da Autoridade da Concorrência (arts. 2.º a 6.º, 14.º a 29.º da LGC); as primeiras, hoje denominadas "práticas individuais restritivas do comércio", foram relegadas para o domínio das infracções anti-económicas e sujeitas à competência da Inspecção Geral das Actividades Económicas (Decreto-Lei n.º 370/93, de 29 de Outubro).

2.2. *Práticas Individuais*

I. O *regime jurídico* das práticas restritivas de comércio, constante do Decreto-Lei n.º 370/93, de 29 de Outubro (com as alterações introduzidas pelos Decretos-Lei n.º 140/98, de 16 de Maio, e n.º 10/2003, de 18 de Janeiro), visa, no seu essencial, disciplinar a actividade dos empresários no mercado, por mor, não tanto ou apenas da estrutura concorrencial do mercado e dos interesses dos concorrentes, mas fundamentalmente da tutela dos interesses dos consumidores.[333]

II. Ora, não é difícil descortinar neste regime jurídico uma série de práticas proibidas que podem contender directamente com a celebração ou conformação dos contratos dos empresários, fixando-lhe balizas ou prevendo-lhe condicionamentos. Estão neste caso, designadamente, a previsão contratual de *condições de venda discriminatórias*, mormente aquelas práticas que, em relação a prestações equivalentes, se traduzam na aplicação de diferentes prazos de execução das encomendas ou de diferentes modalidades de entrega, transporte e pagamento, quando não justificadas por diferenças correspondentes no custo do fornecimento ou do serviço (art. 1.º), de *condições negociais abusivas*, consistentes na obtenção de preços, condições de pagamento, de venda ou de cooperação comercial exorbitantes relativamente às condições gerais de venda do respectivo fornecedor (art. 4.º-A), ou a prática de *contratos subordinados*, em que a conclusão do contrato fica dependente da aquisição de um outro bem ou serviço (art. 4.º, n.º 2).[334]

III. As práticas negociais restritivas individuais, sendo qualificadas como meras *infracções anti-económicas*, não acarretam, em princípio, a invalidade dos contratos comerciais a que digam respeito. Tal não significa, todavia, que não constituam uma baliza

---

[333] Sobre este regime, vide em geral Costa, Adalberto, *Práticas Individuais Restritivas do Comércio*, Vislis, Lisboa, 2000.

[334] A lei previa ainda outras modalidades entretanto deslocadas sistematicamente para a LDC (é o caso das vendas com prejuízo: cf. art. 3.º) e prevê ainda hoje outras que respeitam primacialmente à formação, que não ao conteúdo, dos contratos comerciais (é o caso da *recusa de celebração de contratos de venda de bens ou de prestação de serviços*, excepto quando existam causas justificativas especiais, v.g., manutenção dos "stocks" de segurança, satisfação de compromissos anteriores do vendedor, fundada falta de confiança na pontualidade de pagamento do adquirente nas vendas a crédito, etc.: cf. art. 4.º).

importante à liberdade de fixação do conteúdo de tais contratos por parte dos empresários em geral: para além de sujeitarem estes à aplicação de sanções específicas de natureza contra-ordenacional (art. 5.º), não se pode excluir que possam mesmo acarretar a nulidade dos contratos sempre que, sendo simultaneamente o resultado de práticas concertadas entre empresas, caiam sob a alçada da lei geral da concorrência (cf. art. 4.º, n.º 2, da LGC).

2.3. Práticas Concertadas

I. O *regime jurídico* das práticas concertadas anticoncorrenciais, previsto no art. 4.º da LGC, prossegue fundamentalmente o interesse geral do próprio sistema concorrencial, ainda que não deixando igualmente de oferecer protecção aos interesses particulares dos consumidores e das próprias empresas concorrentes.

II. Noção sobre a qual não é fácil discorrer, pode afirmar-se muito genericamente que as *práticas concertadas* entre empresas constituem uma modalidade de prática restritiva da concorrência caracterizada por dois tipos de elementos essenciais: é necessário que se verifique um paralelismo de comportamentos no mercado por parte de duas ou mais empresas (elemento material) e ainda que desse comportamento paralelo se possa deduzir ou inferir uma efectiva vontade de actuação comum por parte dessas empresas (elemento intelectual)[335]. Transposto isto para o nosso universo particular de preocupações, tal significa dizer que serão proibidos e nulos *os contratos celebrados entre empresários que sejam constitutivos ou instrumentais de uma concertação interempresarial jusconcorrencialmente relevante*, isto é, que fundem ou traduzam uma comum e voluntária cooperação ou concertação

---

[335] Sobre a noção de "prática concertada", vide ANTUNES, J. Engrácia, *Direito Comercial*, em curso de publicação.

interempresarial destinada a suprimir os riscos inerentes ao livre jogo concorrencial por parte das empresas contratantes[336]. Para além do parâmetro genérico contido no proémio do art. 4.º, n.º 1 da LGC, o legislador não estabeleceu quaisquer limitações especiais quanto à fisionomia concreta que devem revestir os contratos em apreço, seja no plano dos respectivos sujeitos – v.g., abrangendo indistintamente contratos verticais ou horizontais (isto é, celebrados entre empresas concorrentes ou situadas em diferentes estádios do circuito produtivo) –, do respectivo tipo – v.g., contratos de compra e venda, de propriedade industrial, de prestação de serviços –, ou do respectivo conteúdo – "maxime", contratos tendentes à fixação das condições de transacção, à limitação ou controlo da produção ou distribuição, à aplicação de condições negociais discriminatórias, ou à conclusão de contratos subordinados.

III. As práticas negociais concertadas acarretam, em princípio, a *nulidade* dos contratos ou cláusulas a que respeitam (arts. 4.º, n.º 2 e 5.º da LGC), sem prejuízo da responsabilidade contra-ordenacional (arts. 42.º e segs. da LGC) e da responsabilidade civil (nos termos gerais dos arts. 483.º e segs. do CCivil) a que haja porventura lugar. O regime procedimental dos processos relativos à identificação, qualificação, decisão e sancionamento dos contratos susceptíveis de serem considerados como práticas restritivas da concorrência encontra-se previsto nos arts. 22.º e segs. da LGC, sendo ainda de referir o procedimento de avaliação prévia (Regulamento da Autoridade da Concorrência n.º 9/2005, de 3 de Fevereiro), o regime especial de clemência em processos de contra-ordenação por infracção às normas concorrenciais (Lei n.º 39/2006, de 25 de Agosto), e a competência dos juízos de comércio para apreciar os recursos das decisões da Autoridade da

---

[336] Sobre a figura do acordo de empresa enquanto modalidade contratual de cooperação empresarial, vide *infra* Parte III, Cap. II, §7, 3.

Dos Contratos Comerciais em Geral

Concorrência em processos contra-ordenacionais (arts. 74.º, n.º 2, d) e 121.º, n.º 2 da LOFTJ, arts. 50.º e segs. da LGC).[337]

3. As Práticas Comerciais Desleais

3.1. *Noção e Sentido Geral*

I. A defesa do princípio fundamental da concorrência (arts. 81.º, f), 99.º, a) da CRP, art. 4.º do TCE) implica a proibição, não apenas das práticas empresariais que visam falsear ou limitar o livre jogo da oferta e procura no mercado (liberdade de concorrência), mas também daquelas práticas que tenham por objectivo permitir às empresas ganhar vantagem sobre os seus demais concorrentes e conquistar a preferência dos consumidores através do recurso a processos desleais e desonestos (lealdade de concorrência).[338]

É bem sabido que as empresas recorrem frequentemente a *práticas comerciais desleais* susceptíveis de afectar a liberdade de contratação dos consumidores ("unfair commercial practices", "unlautere Geschäftspraktiken", "pratiques commerciales déloyales", "pratiche commerciali sleali"): exibir marcas de confiança sem autorização necessária, promover a venda de um produto a preço inferior a fim de vender outro, criar a ilusão de ofertas gratuitas ou prémios associados ao acto da compra, envolver o consumidor em esquemas de pirâmide, e enviar-lhe bens ou serviços não encomendados, são apenas alguns exemplos de todos nós conhecidos.

---

[337] Para medidas cautelares e de clemência similares dos reguladores noutros ordenamentos estrangeiros, vide CINTIOLI, Fabio/ OLIVIERI, Gustavo, *I Nuovi Strumenti di Tutela Antitrust*, Giuffrè, Milano, 2007.

[338] Sobre o direito da liberdade da concorrência ("anti-trust law", "Rechts gegen Wettbewerbsbeschränkungen") e da lealdade da concorrência ("unfair competition law", "Recht des unlauteren Wettbewerbs") como dimensões fundamentais da disciplina jurídica da concorrência, vide ANTUNES, J. Engrácia, *Direito Comercial*, em curso de publicação.

Conteúdo

Tradicionalmente, a repressão destas práticas foi obtida exclusivamente através do instituto da concorrência desleal. Esta situação, todavia, mostrava-se duplamente insatisfatória: por um lado, este instituto visa classicamente a protecção dos interesses das empresas concorrentes e interesses gerais de organização do mercado, só reflexamente tutelando os interesses dos consumidores lesados por actos de concorrência desleal; por outro lado, as legislações nacionais em matéria de práticas comerciais desleais exibem diferenças significativas, criando assim um quadro regulatório deficiente no âmbito das relações comerciais transfronteiriças entre empresas e consumidores.

II. A fim de colmatar esta lacuna, o legislador português – sob a batuta directa do legislador comunitário (Directiva 2005/29/CE, de 11 de Maio)[339] – veio instituir um regime jurídico específico em matéria de *práticas comerciais desleais nas relações das empresas com os consumidores:* falamos do Decreto-Lei n.º 57/2008, de 26 de Março.[340]

É certo que este regime jurídico tem uma vocação genérica e transversal: com efeito, logo no seu preceito inaugural se esclarece expressamente que o referido regime é "aplicável às práticas comerciais desleais das empresas nas relações com os consumidores, ocorridas antes, durante ou após uma transacção comercial relativa a um bem ou serviço (...)" (art. 1.º). Tal significa que a proibição das práticas comerciais desleais (art. 4.º) vale para a

---

[339] Sobre esta Directiva, relativa às práticas comerciais desleais das empresas face aos consumidores no mercado interno, vide Koch, Eberhard, *Die Richtlinie gegen unlautere Geschäftspraktiken – Aggressives Geschäftsgebaren in Deutschland und England und die Auswirkungen der Richtlinie*, Kovac, Hamburg, 2006.

[340] Sobre a problemática, vide entre nós Leitão, L. Menezes, *A Protecção do Consumidor contra as Práticas Comerciais Desleais e Agressivas,* in: 5 EDC (2003), 163-181; Noutros quadrantes, vide Christofaro, Giovanni (dir.), *Le «Pratiche Commerciali Sleali» tra Imprese e Consumatori. La Direttiva 2005/29/CE e il Diritto Italiano*, Giappichelli, Torino, 2007; Minervini, Enrico/ Carleo, Liliana, *Le Pratiche Commerciali Sleali – Direttiva Comunitaria ed Ordinamento Italiano,* Giuffrè, Milano, 2007.

Dos Contratos Comerciais em Geral

totalidade do espectro das relações negociais entabuladas entre empresas e consumidores, desde o plano pré-contratual e da formação contratual até ao plano dos efeitos contratuais: nesta oportunidade, concentramo-nos exclusivamente naquelas disposições legais que, com vista a proteger o consumidor nas suas relações com as empresas, funcionam como limitações ao conteúdo dos contratos comerciais celebrados entre ambos[341]. Para efeitos da exposição subsequente, tomaremos aqui por referencial a divisão fundamental entre *práticas enganosas* e *práticas agressivas* (art. 6.°).

3.2. Práticas Enganosas

I. Em termos gerais, são consideradas enganosas as práticas comerciais adoptadas por uma empresa nas suas relações negociais com os consumidores dos respectivos bens e serviços que, *veiculando informações susceptíveis de induzir em erro ou omitindo informações substanciais para uma decisão negocial esclarecida*, conduzem ou são susceptíveis de conduzir um consumidor a tomar uma decisão de celebrar um contrato que este não teria tomado de outro modo (arts. 7.°, n.° 1 e 9.°, n.° 1, a)).

II. Desta cláusula geral decorrem assim *limitações positivas e negativas* ao conteúdo dos contratos comerciais celebrados entre empresas e consumidores: o clausulado contratual deve (positivamente) fazer menção expressa, e (negativamente) não conter informação inverídica ou falaz, relativamente aos vários aspectos substanciais da relação negocial estabelecida (v.g., características do bem ou serviço, seus riscos, seus acessórios, entrega, garantias de conformidade, preço e respectiva forma de cálculo, serviços

---

[341] Sobre o relevo destas normas no plano da negociação e formação contratual, em particular dos deveres pré-contratuais de informação, vide já *supra* Parte II, Cap. I, §3, 2.2. (II) e Cap. II, §3, 4 (III e IV).

pós-venda, obrigações da empresa, direitos do consumidor, etc.)[342]. Mas o legislador foi mais longe, consagrando expressamente uma *"lista negra"* de práticas negociais enganosas, de carácter meramente enumerativo: são assim proibidas e inválidas as cláusulas ou condutas que proponham ao consumidor-comprador a aquisição de determinado bem ou serviço, seguidas de alteração do preço respectivo, apresentação de amostra defeituosa ou recusa de fornecimento do mesmo, com a intenção de promover um bem ou serviço diferente ("isco-troca": cf. art. 8.º, f)), que envolvam o consumidor-comprador num sistema de promoção em que aquele dá a sua própria contribuição em troca da possibilidade de receber uma contrapartida que decorra essencialmente da entrada de outros consumidores no sistema (vendas em "pirâmide": cf. art. 8.º, r)), ou que apresente como característica distintiva da oferta do bem ou serviço vendido direitos do consumidor previstos na lei (art. 8.º, m), todos do Decreto-Lei n.º 57/2008, de 26 de Março).

3.3. *Práticas Agressivas*

I. Por seu turno, são reputadas agressivas as práticas comerciais adoptadas por uma empresa nas suas relações negociais com os consumidores dos respectivos bens e serviços que, *limitando ou sendo susceptíveis de limitar significativamente a liberdade de*

---

[342] Retenha-se ainda o disposto no art. 10.º, que contém um elenco dos aspectos negociais que devem necessariamente acompanhar a proposta contratual ou convite a contratar, tais como as características principais do bem ou serviço, o endereço geográfico, a identidade do profissional e sua designação comercial, preço (incluindo impostos e taxas) ou o modo como o preço é calculado (bem como, se for caso disso, todos os custos suplementares de transporte, expedição, entrega e serviços postais), as modalidades de pagamento, de expedição ou de execução e o mecanismo de tratamento das reclamações, ou existência dos direitos de resolução ou de anulação, qualquer que seja a denominação utilizada, sempre que resultem da lei ou do contrato.

escolha destes devido a assédio, coacção ou influência indevida, conduzam ou sejam susceptíveis de conduzir um consumidor a tomar uma decisão de celebrar um contrato que aquele não teria tomado de outro modo (art. 11.º, n.º 1).

II. Sem dúvida que a grande maioria das situações abrangidas por tal cláusula geral, bem assim como pela *"lista negra"* exemplificativa prevista no art. 12.º, dirão respeito ao processo de negociação e formação contratual, não se projectando desse modo, a não ser ocasional ou reflexamente, no teor dos contratos comerciais propriamente dito. Ainda assim, a proibição legal da agressividade comercial não é totalmente inóqua da perspectiva do conteúdo contratual: pense-se, por exemplo, na imposição contratual de uma obrigação a cargo de um tomador de seguro que pretenda solicitar a liquidação do sinistro a apresentar documentação irrelevante, designadamente com o fito de o dissuadir do exercício dos seus direitos contratuais (art. 12.º, d); cf. ainda os arts. 3.º e 19.º, n.º 2 da LCS).

III. Tanto as práticas enganosas como agressivas, para além de outras consequências de ordem vária – designadamente, a eventual responsabilização civil (art. 15.º) e contra-ordenacional (art. 21.º) da empresa –, podem dar origem à *invalidade* do contrato comercial: nos termos da lei, "os contratos celebrados sob a influência de alguma prática comercial desleal são anuláveis a pedido do consumidor, nos termos gerais do artigo 287.º do Código Civil" (art. 14.º, n.º 1). Esta invalidade, todavia, poderá não ter lugar por vontade do próprio consumidor, que poderá optar alternativamente, seja por uma modificação dos termos contratuais realizada segundo juízos de equidade (art. 14.º, n.º 2), seja pela manutenção do contrato expurgado da cláusula ou cláusulas inválidas (art. 14.º, n.º 3, todos do Decreto-Lei n.º 57/2008, de 26 de Março).

4. Os Contratos Comerciais Ditados

4.1. *Noção e Sentido Geral*

I. Paralelamente aos contratos obrigatórios ("Zwangverträge"), supressores da liberdade de conclusão contratual[343], é também conhecido no Direito Comercial o fenómeno dos *"contratos ditados"* ("diktierte Verträge"). Reflexo do crescente intervencionismo económico do Estado moderno, têm-se efectivamente multiplicado os casos de contratos mercantis cujo conteúdo é modelado à partida por normas legais imperativas, que limitam ou mesmo, em certos casos, praticamente eliminam, a liberdade de estipulação dos contratantes.

II. Com isto, em bom rigor, o legislador mercantil não dá senão aplicação à doutrina geral da autonomia privada, plasmada em pleno pórtico da disciplina juscivilista dos contratos: com efeito, antes mesmo de consagrar que "as partes têm a faculdade de fixar livremente o conteúdo dos contratos", o art. 405.º, n.º 1 do CCivil ressalva expressamente que tal liberdade de fixação do conteúdo contratual opera *"dentro dos limites da lei"*. Ora, tais limites legais incluem, não apenas as normas gerais relativas ao objecto dos negócios jurídicos (arts. 280.º e segs. do CCivil), mas também uma variedade de normas legais dispersas que, em homenagem a interesses diversos (interesses de terceiros, segurança jurídica, protecção do contraente mais débil), têm como denominador comum limitar ou até excluir aquela liberdade.

---

[343] Sobre este tipo de contratos, vide *supra* Parte II, Cap. II, §2, 1.

Dos Contratos Comerciais em Geral

4.2. *Modalidades e Regime*

I. As *modalidades* de contratos comerciais "ditados" são muito variadas, podendo as limitações legais da liberdade de estipulação contratual ir desde a imposição prévia de determinados tipos contratuais – v.g., a oferta pública de aquisição de valores mobiliários apenas pode revestir a forma de venda, de troca ou de ambos, com exclusão de quaisquer outros tipos contratuais (v.g., empréstimo, reporte, etc.) (art. 177.º do CVM)[344] – até à conformação directa dos respectivos termos – v.g., os contratos de seguro de acidentes de trabalho possuem obrigatoriamente uma apólice uniforme aprovada pelo ISP, autoridade de supervisão no sector (art. 38.º da Lei n.º 100/97, de 13 de Setembro).[345]

II. Tratando-se de normas imperativas, que "ex definitione" tutelam interesses superiores aos interesses particulares dos contraentes e que se encontram subtraídas à sua livre disponibilidade, o regime nelas contido vale assim independentemente ou apesar das estipulações previstas no contrato. Tal significa dizer, no essencial, que a conformação do conteúdo dos contratos mercantis em violação deste tipo de limitações legais cogentes ou injuntivas acarreta a *nulidade* do próprio contrato (art. 294.º do CCivil), sem prejuízo de, em certos casos, quando tal conduza a uma mais adequada composição dos interesses em jogo, se poder configurar uma mera invalidade parcial, sobrevivendo o contrato mediante a inserção automática da regulamentação imperativa em substituição da cláusula ou cláusulas nulas expurgadas.[346]

---

[344] Cf. Garcia, A. Teixeira, *OPA – Da Oferta Pública de Aquisição e seu Regime Jurídico*, 77 e segs., Coimbra Editora, Coimbra, 1995.

[345] Cf. Vasques, José, *Contrato de Seguro*, 31, Coimbra Editora, Coimbra, 1999.

[346] Sobre o papel positivo e negativo das normas imperativas na conformação do conteúdo contratual, vide Fernandes, L. Carvalho, *Teoria Geral do Direito Civil*, vol. II, 399 e segs., 4.ª edição, UCP Editora, Lisboa, 2007.

CAPÍTULO IV
Efeitos[*]

§1 Generalidades

I. Os contratos comerciais, uma vez válida e eficazmente celebrados, produzem os efeitos que lhes são próprios: tal significa dizer que os contratos comerciais regularmente nascidos e formados são destinados a produzir as consequências jurídicas estatuídas neles mesmos e nas previsões normativas relativas ao tipo negocial concreto.[347]

---

[*] **Bibliografia Portuguesa:** ANTUNES, J. Engrácia, *Os Contratos Comerciais – Noções Fundamentais,* Direito e Justiça, Lisboa, 2007; COELHO, J. Pinto, *Lições de Direito Comercial: Obrigações Mercantis,* 2 vols., Ed. Martins Souto, Lisboa, 1946; MORAIS, F. Gravato, *A Tutela do Credor Perante o Atraso no Pagamento de Transacções Comerciais,* in: 54 SI (2005), 271-295; PINTO, C. Mota, *Conformidade e Garantias na Venda de Bens de Consumo. A Directiva 1999/44/CE e o Direito Português,* in: 2 EDC (2000), 197-331; SILVA, J. Calvão, *Responsabilidade Civil do Produtor,* Almedina, Coimbra, 1990. **Bibliografia Estrangeira:** CALERO, J. Gómez, *Las Obligaciones Mercantiles,* in: AAVV, "Derecho Mercantil", tomo II, 212-223, 10.ª edición, Ariel, Barcelona, 2005; CUFFARO, Vicenzo (dir.), *La Disciplina dei Pagamenti Commerciali,* Giuffrè, Milano, 2004; HENSCHEL, R. Franz, *The Conformity of Goods in International Sales – An Analysis of Article 35 in the United Nations Convention on the International Sale of Goods (CISG),* Forlaget Thomson, Copenhagen, 2005; LASTRES, J. García-Pita, *Derecho Mercantil de las Obligaciones,* Marcial Pons, Madrid/ Barcelona, 2003; VALLEJO, A. Orti, *Los Defectos de la Cosa en la Compraventa Civil y Mercantil – El Nuevo Régimen Jurídico de las Faltas de Conformidad según la Directiva 1999/44/CE,* Comares, Granada, 2002.

[347] Sobre a temática genérica, vide, entre nós, SERRA, A. Vaz, *Efeitos dos Contratos (Princípios Gerais),* in: 74 BMJ (1958), 333-369. Para uma visão comparatística, vide AAVV, *Les Effets du Contrat dans les Pays du Marché Commun,* Institut de Droit Comparé, Paris, 1985.

Tal como sucede nos contratos civis, tais efeitos podem revestir a mais *variada natureza*: eles podem ser de cariz principal ou secundário – consoante correspondem aos efeitos essenciais do tipo negocial (v.g., a transferência do bem vendido e o pagamento do preço, na compra e venda mercantil) ou a efeitos meramente atípicos ou laterais (v.g., emissão da factura) –, podem possuir uma natureza obrigacional ou real – consoante deles resulta a vinculação das partes à execução de determinada prestação (v.g., contratos de cooperação empresarial, de distribuição comercial, de seguro, de mandato mercantil, etc.) ou a constituição, modificação ou extinção de direitos de propriedade (v.g., contratos de compra e venda mercantil, contratos de cessão de direitos privativos de propriedade industrial, contrato de empréstimo de instrumentos financeiros) ou outros direitos reais menores (v.g. contratos de garantia financeira, usufruto de participações sociais, penhor de empresa) –, e podem possuir um alcance "inter partes" ou "erga omnes" – consoante tais efeitos se projectam apenas sobre as respectivas partes contratantes ou também em face de terceiros (por exemplo, terceiros beneficiários nos contratos de seguro a favor de terceiros, accionistas das sociedades envolvidas nos contratos de fusão ou cisão societária, destinatários nos contratos de transporte, etc.).

II. Não obstante esta similitude de princípio, o regime jurídico dos efeitos dos contratos comerciais contém diversas e importantes *particularidades*, que é mister estudar.

Por um lado, no tocante às *obrigações mercantis*. Como veremos, a disciplina legal das obrigações emergentes de contratos comerciais apresenta relevantes desvios ao regime da lei civil comum, em matérias tais como a solidariedade passiva, os juros, e a prescrição das obrigações. Por outro lado, essencial é igualmente atentar no regime do *cumprimento e incumprimento* dos contratos comerciais. Como será também visto adiante, para além dos novos horizontes conceituais abertos pela contratação mercantil

Efeitos

em matéria do cumprimento contratual (com destaque para o conceito de conformidade com o contrato), são ainda relevantes os regimes especiais consagrados em matéria do incumprimento temporário (designadamente, em sede do vencimento e mora de obrigações comerciais pecuniárias) e do (in)cumprimento defeituoso (que incluem, entre outros, a responsabilidade do produtor, do vendedor, do financiador, e outros sujeitos de cadeias contratuais de comercialização).

§2 As Obrigações Comerciais

I. Em termos genéricos, entende-se por obrigação comercial *a relação jurídico-comercial em virtude da qual uma (ou mais) pessoa(s) pode exigir de outra(s) a realização de uma prestação.* Com efeito, dado que a lei comercial não apresenta um conceito específico de *obrigação comercial*, deverá valer aqui subsidiariamente o conceito geral previsto no art. 397.º do CCivil ("ex vi" do art. 3.º do CCom), segundo o qual "obrigação é o vínculo jurídico por virtude do qual uma pessoa fica adstrita para com outra à realização de uma prestação".

II. As obrigações comerciais, como as demais, podem resultar de uma variedade de *fontes* de natureza negocial (v.g., contratos, negócios unilaterais) e não negocial (v.g., responsabilidade civil por factos ilícitos e pelo risco).[348]

---

[348] Sobre o conceito e as fontes das obrigações em geral, vide VARELA, J. Antunes, *Das Obrigações em Geral*, vol. I, 51 e segs., 203 e segs., 10.ª edição, Almedina, Coimbra, 2000. Entre as parcas e primeiras referências doutrinais à problemática das obrigações mercantis, vide COELHO, J. Pinto, *Lições de Direito Comercial: Obrigações Mercantis*, 2 vols., Ed. Martins Souto, Lisboa, 1946; para uma ilustração jurisprudencial da variedade das fontes relevantes destas obrigações apenas para efeitos do art. 100.º do CCom, vide, por exemplo, o Acórdão do STJ de 20-VI-1972 (CORREIA GUEDES), relativo a obrigações de entrada em sociedade (in: 218 BMJ (1972), 284-291), o Acórdão do STJ de 15-V-1980 (COSTA SOARES), relativo a obrigações bancárias

Dos Contratos Comerciais em Geral

As reflexões posteriores tomarão por objecto primacial, naturalmente, as obrigações resultantes ou emergentes de um *contrato*. Isto não significa que sejam irrelevantes as demais fontes obrigacionais[349]: é o caso dos *negócios unilaterais* (arts. 457.º e segs. do CCivil) – em enorme número, variedade e relevância: pense-se, "ex multi", na constituição de sociedades unipessoais (arts. 277.º-A e 488.º do CSC), nos negócios cambiários (arts. 1.º, 11.º, e 30.º da LULL), na demissão dos cooperadores (art. 36.º do CCoop), ou no abandono marítimo (art. 616.º do CCom) –, da *gestão de negócios* (arts. 464.º e segs. do CCivil) – pense-se, por exemplo, nos actos de avarias grossas no comércio marítimo (art. 635.º, §1 do CCom) ou nos frequentes actos de gestão empresarial destituídos da correspondente autorização prévia ou válida (v.g., contrato de mandato mercantil, de comissão, ou de administração)[350] –, do *enriquecimento sem causa* (arts. 473.º e segs. do CCivil) – pense-se, por exemplo, nos actos de concorrência desleal e de violação de direitos de propriedade industrial, os quais podem

---

(in: 297 BMJ (1989), 359-367), e o Acórdão do STJ de 4-VII-1980 (Furtado dos Santos), relativo a obrigações em promessa de compra e venda mercantil (in: 299 BMJ (1980), 286-293).

[349] Como sublinha J. Pinto Coelho, "o contrato não é a única fonte das obrigações mercantis; estas provêm também de actos jurídicos unilaterais; provêm de factos ilícitos" (*Lições de Direito Comercial: Obrigações Mercantis*, vol. I, 2, Ed. Martins Souto, Lisboa, 1946).

[350] Tal poderá ser o caso, em certos eventos, dos actos de gestão social praticados pelo chamado "*administrador de facto*" ("dirigeant de fait", "shadow director", "administrador de hecho", "amministratore di fatto"). Acolhida expressamente no ordenamento jurídico português (veja-se, por exemplo, os arts. 49.º, n.º 2, c), 82.º, n.º 2, a), 86.º, n.os 1 e 2 do CIRE), tal figura designa genericamente toda a pessoa, física ou moral, que, não se encontrando formalmente investida no cargo de titular do órgão de administração de uma sociedade comercial, exerce materialmente, de modo continuado e soberano, o núcleo fundamental dos poderes de gestão que estão reservados pela lei ou pelos estatutos àquele órgão. Sobre a figura, vide Abriani, Niccolò, *Gli Amministratori di Fatto delle Società di Capitali*, Giuffrè, Milano, 1998; Echegaray, J. Díaz, *El Administrador de Hecho de las Sociedades*, Aranzadi, Navarra, 2002.

Efeitos

configurar actos de locupletamento ilícito à custa alheia[351] –, ou da *responsabilidade civil* (arts. 483.º e segs. do CCivil) – mormente da responsabilidade civil extracontratual ou aquiliana, bastando pensar, para não ir mais longe, na responsabilidade civil do produtor (Decreto-Lei n.º 383/89, de 6 de Novembro).[352]

III. Sem prejuízo dos demais aspectos já abordados noutros locais desta obra (v.g., objectivização e padronização das obrigações mercantis[353], prazo das obrigações mercantis[354]), mencionaremos aqui três dos traços fundamentais que o legislador português associou às obrigações emergentes de contratos comerciais: a *solidariedade* (passiva) das obrigações mercantis, a *onerosidade* (com especial relevo para um regime próprio em sede dos juros comerciais) das obrigações mercantis, e a *prescrição* (presuntiva e mais curta) das obrigações mercantis.

1. A Solidariedade nas Obrigações Comerciais

1.1. *Noção Geral: O "Favor Creditorii"*

I. Uma primeira característica distintiva consiste na *solidariedade passiva nas obrigações comerciais*, consagrada no art. 100.º do CCom: reza este preceito que "nas obrigações comerciais os co-obrigados são solidários, salva estipulação contrária".[355]

---

[351] RODRÍGUEZ, C. Fernández-Nóvoa, *El Enriquecimento Injustificado en el Derecho Industrial*, Marcial Pons, Madrid, 1998. Aflorando a questão, vide, entre nós, ASCENSÃO, J. Oliveira, *Direito Comercial*, vol. II ("Direito Industrial"), 373 e segs., Lisboa, 1994.

[352] Sobre o ponto, vide ainda *infra* Parte II, Cap. IV, §3, 3.2.

[353] Cf. *supra* Parte I, Cap. V, §2, 1. e 2.

[354] Cf. *infra* Parte II, Cap. IV, §3, 2.2. e 2.3.

[355] Sobre a solidariedade passiva no Direito Comercial comparado, vide DERRIDA, Fernand, *De la Solidarité Commerciale*, in: VI RTDC (1953), 329-372; ETCHEVERRY, R. Aníbal, *La Solidaridad en Materia Mercantil*, in: 103 ElDer (1981), 644-658.

Dos Contratos Comerciais em Geral

II. Com efeito, ao passo que o regime geral aplicável às obrigações civis plurais é o da conjunção (salvo se a lei ou as partes dispuserem em sentido contrário: cf. art. 513.º do CCivil), o regime geral aplicável às obrigações mercantis plurais é o da solidariedade passiva: vale isto por dizer que, em princípio, existindo uma pluralidade de sujeitos devedores de uma obrigação comercial, a parte credora poderá exigir de qualquer deles individualmente a totalidade da prestação em dívida, ficando liberados todos os restantes perante o credor comum (art. 512.º, n.º 1 do CCivil). Esta diversidade de regimes compreende-se: se relativamente às obrigações civis plurais o legislador se preocupou mais com a posição do (co-)devedor em detrimento do credor, já nas obrigações mercantis o legislador comercial, em homenagem ao interesse fundamental da tutela do crédito, procurou assegurar a posição do credor através de um reforço das garantias de cumprimento do seu crédito por qualquer dos devedores (*"favor creditorii"*).[356]

1.2. *Sentido e Alcance*

I. Este desvio juscomercial às regras gerais, todavia, *não é absoluto* – sendo mister precisar o seu exacto conteúdo e alcance.

II. Desde logo, cumpre sublinhar que o regime do art. 100.º do CCom apenas vale para a solidariedade *passiva*: quer isto dizer que, nas obrigações comerciais com uma pluralidade de credores, é aplicável a estes o regime-regra da conjunção, que só poderá ser afastado mediante estipulação expressa das partes (art. 513.º do CCivil).[357]

---

[356] Sobre o interesse da tutela do crédito, como característica distintiva geral do Direito Comercial, vide ANTUNES, J. Engrácia, *Direito Comercial*, em curso de publicação.

[357] O regime comercial, como de resto o civil, pressupõem sempre uma pluralidade de devedores *que actuam conjuntamente a título directo*. Diferente já é a situação em

Efeitos

III. Depois ainda, refira-se também que a regra daquele preceito é meramente *supletiva*: nada impede assim que, nas obrigações comerciais com uma pluralidade de devedores (v.g., um contrato de compra e venda mercantil com uma pluralidade de compradores), se haja convencionado a aplicação do regime da conjunção, competindo assim a cada um daqueles apenas uma parte do débito comum.[358]

Advirta-se, no entanto, que existem numerosas disposições nas quais o legislador comercial cominou imperativamente o regime da solidariedade passiva, tornando assim aquela numa verdadeira regra injuntiva, inarredável por mera vontade das partes: entre elas, podem referir-se as normas que consagram a responsabilidade solidária do fiador e do afiançado de uma obrigação comercial (art. 101.º do CCom), a responsabilidade solidária dos sacadores, endossantes e avalistas nos negócios cambiários (art. 47.º da LULL, art. 44.º da LUC)[359], a responsabilidade solidária dos sócios nos contratos de sociedade aparentes e irregulares (arts. 36.º, n.º 1, 37.º, n.º 1, 38.º, n.º 1, 39.º, n.º 1, e 40.º, n.º 1 do CSC), dos sócios em nome colectivo e comanditados nos contratos societários de pessoas (arts. 175.º, n.º 1, e 465.º, n.º 1 do CSC), das sociedades directoras nos contratos de subordinação (art. 501.º do CSC), dos membros singulares ou colectivos nos contratos

---

que dois ou mais sujeitos contraem, no âmbito ou por intermédio de uma outra pessoa jurídica (v.g., uma sociedade, um ACE, um AEIE), uma obrigação mercantil: neste caso, devedor singular será tal pessoa jurídica, sem prejuízo da responsabilidade subsidiária que possa porventura caber àqueles (art. 175.º, n.º 1 do CSC, Base II, n.º 3 da Lei n.º 4/73, de 4 de Junho, art. 24.º do Regulamento CE/2137/85, de 25 de Julho).

[358] Tal convenção pode ser firmada entre o credor e os co-devedores no momento da assunção da obrigação contratual ou em momento anterior ou posterior a este, nos termos gerais dos arts. 221.º e 222.º do CCivil: sobre este regime, vide LIMA, F. Pires/ VARELA, J. Antunes, *Código Civil Anotado*, vol. I, 211 e segs., 4.ª edição, Coimbra Editora, Coimbra, 1987.

[359] Cf. ANTUNES, J. Engrácia, *Os Títulos de Crédito*, 97, Coimbra Editora, Coimbra, 2009; LASTRES, J. Otero, *Reflexiones sobre la Solidaridad Cambiaria*, in: XXIX AAMN (1990), 30-52.

Dos Contratos Comerciais em Geral

de ACE ou de AEIE (Base II da Lei n.º 4/73, de 4 de Junho, art. 24.º do Regulamento CE/2137/85, de 25 de Julho), etc.[360]

IV. Por fim, ressalve-se ainda aqui o caso particular das *obrigações comerciais mistas*, emergentes de contratos mistos ou unilateralmente comerciais, relativamente às quais o regime especial da lei comercial cede de novo o seu lugar à regra geral da conjunção no confronto daqueles co-devedores em relação aos quais o contrato não reveste natureza comercial (§ único do art. 100.º do CCom).[361]

2. A Onerosidade das Obrigações Comerciais

2.1. *Noção Geral*

I. Outro aspecto importante consiste no princípio da *onerosidade das obrigações comerciais*, segundo o qual à prestação patri-

---

[360] Refira-se que, em várias das citadas normas, encontramo-nos perante formas de solidariedade passiva *imprópria* ou *imperfeita*: assim, por exemplo, ao passo que na solidariedade pura o co-devedor que pagou a totalidade da prestação em dívida intervém em via principal e só pode exigir dos restantes co-obrigados a parte que excede a sua parcela no débito comum, na fiança mercantil o fiador intervém em via secundária, embora sem o normal "beneficium excussionis", gozando de direito de regresso contra o afiançado pela totalidade do que pagou – falando aqui os autores de uma "obrigação secundária de garantia" (FURTADO, J. Pinto, *Disposições Gerais do Código Comercial*, 276, Almedina, Coimbra, 1984), de uma "obrigação solidária-subsidiária" (OLAVO, Fernando, *Direito Comercial*, vol. I, 204, Coimbra Editora, Coimbra, 1978), ou até de uma mera derrogação do "beneficium excussionis" (GOMES, M. Januário, *Assunção Fidejussória de Dívida: Sobre o Sentido e o Âmbito da Vinculação do Fiador*, 267 e segs., Almedina, Coimbra, 2000).

[361] Sobre a distinção entre contratos comerciais puros e mistos, vide *supra* Parte I, Cap. III, §2, 1. Nos termos gerais do art. 99.º do CCom, este tipo de contratos estão sujeitos ao regime da lei comercial com excepção daquelas disposições desta lei que auto-excluam a respectiva aplicabilidade ao sujeito ou sujeitos relativamente aos quais o contrato não possui natureza comercial: ora, tal é justamente o caso paradigmático da norma do art. 100.º do mesmo Código, a qual, no seu § único, determina expressamente que o regime da solidariedade não é extensivo "aos não comerciantes quanto aos contratos que, em relação a estes, não constituírem actos comerciais".

Efeitos

monial efectuada por uma das partes deve corresponder uma atribuição ou contraprestação equivalente da outra parte.

II. Sendo a actividade comercial, hoje como sempre, uma actividade precipuamente dirigida ao lucro ("intuitus pecuniae"), é curial que – como já Cesare VIVANTE sublinhava em finais do século XIX – nenhuma obrigação comercial se possa presumir contraída sem a respectiva contrapartida.[362]

Deste modo, ao passo que, no domínio juscivilístico, vigora em geral o princípio da liberdade do carácter oneroso ou gratuito dos negócios jurídicos (com profundos reflexos no respectivo regime jurídico)[363], no domínio jusmercantil existem inúmeras disposições legais onde emerge claramente a não gratuitidade dos negócios e actos comerciais: bastará para tanto atentar, por exemplo, que os contratos de mandato e de depósito mercantis se presumem remunerados (arts. 232.º e 404.º do CCom), que o contrato de conta-corrente estatui o vencimento de juros das quantias creditadas (art. 346.º, n.º 5 do CCom), que os contratos e operações bancárias retiram a sua comercialidade da circunstância de serem destinados a realizar "lucros sobre numerário" (art. 362.º do CCom), que o contrato de empréstimo mercantil é sempre retribuído (art. 395.º do CCom), que o contrato de depósito de mercadorias vence juros em caso de mútuo sobre penhor das mercadorias depositadas (art. 415.º do CCom), ou que os signatários de negócios cambiários à vista ou a certo termo de vista podem estabelecer cláusulas de juros (arts. 5.º e 77.º da LULL).[364]

---

[362] *Istituzioni di Diritto Commerciale*, 229, Ulrico Hoepli, Milano, 1891.

[363] Sobre a noção e o regime dos contratos onerosos e gratuitos, vide TELLES, I. Galvão, *Manual dos Contratos em Geral*, 479 e segs., 4.ª edição, Coimbra Editora, Coimbra, 2002.

[364] Repare-se que, em contraposição, os contratos civis de mandato e de depósito já se presumem gratuitos (excepto quando praticados profissionalmente: cf. arts. 1158.º e 1186.º do CCivil) e o contrato civil de mútuo apenas se presume oneroso em caso de dúvida (art. 1145.º, n.º 1 do CCivil). Porventura impressionados com estas diferenças entre os ordenamentos civilista e comercialista, alguns autores chegam mesmo a falar

2.2. Juros Comerciais

I. Uma das normas da lei comercial onde mais claramente aflora tal princípio é a do art. 102.º do CCom, que determina as regras em matéria do decurso e da contagem dos *juros relativos às obrigações comerciais*.

II. Em via geral, os *juros* ("interests", "Zinsen", "intérêts", "interés") podem definir-se como os frutos civis, constituídos por coisas fungíveis (em regra, mas não necessariamente, dinheiro), que representam o rendimento de uma obrigação de capital (isto é, uma obrigação que tem por objecto valores pecuniários ou outros bens fungíveis), vencível pelo simples decurso do tempo. Na acepção mais corrente, o juro é visto como uma soma pecuniária cujo cômputo se obtém mediante a aplicação da fórmula $J = C$ *(t) (p)*, em que "J" representa o montante dos juros, "C" representa o montante da obrigação de capital (expressa em moeda com curso legal, v.g., €, ¥, £), "(t)" representa a taxa percentual aplicável e "(p)" representa o prazo ou período temporal relevante.[365]

---

aqui de uma genérica *"presunção de onerosidade"* das obrigações comerciais, donde resultaria um princípio geral do Direito Comercial segundo o qual haverá sempre lugar à contagem de juros de obrigações de capital (BARROS, J. Joaquim, *Regime Geral dos Actos de Comércio*, 90, in: AAVV, "As Operações Comerciais", 11-92, Almedina, Coimbra, 1988). Não nos parece, porém, ser este o entendimento mais acertado. Com efeito, conquanto ninguém dispute que a onerosidade representa indubitavelmente "a regra das obrigações comerciais" (FURTADO, J. Pinto, *Disposições Gerais do Código Comercial*, 279, Almedina, Coimbra, 1984), já não se afigura possível pretender extrair daí uma presunção geral de vencimento de juros nestas obrigações: é que, no silêncio das partes, uma obrigação de juros apenas poderá resultar de imposição da própria lei, a qual, de resto, não apenas proíbe em certos casos semelhante forma de remuneração do capital (v.g., nas letras a certo termo de data ou pagáveis em dia fixo, nos cheques: cf. art. 5.º da LULL e art. 7.º da LUC), como prevê inclusivamente formas de remuneração alternativas em certos contratos comerciais (v.g., no contrato de comissão e no contrato de seguro: cf. art. 269.º, § 2 do CCom e art. 51.º da LCS).

[365] Sobre a noção, classificação, fontes e espécies de juros, confrontar, entre nós, NEVES, F. Correia, *Manual dos Juros – Estudo Jurídico de Utilidade Prática*, 14 e segs., Almedina, Coimbra, 1989. Noutros quadrantes, vide MANN, F. A., *The Legal*

Efeitos

III. Dado que a lei comercial lhes faz corresponder regimes diversos, convém começar por distinguir aqui entre vários tipos ou espécies de juros. Por um lado, atendendo à sua fonte imediata, os juros podem ser classificados em *juros legais* e *juros convencionais*: os primeiros são aqueles que resultam directamente da lei, ao passo que os últimos são aqueles que são fixados por vontade das partes. Por outro lado, atendendo agora à respectiva função, os juros (tanto legais como convencionais) podem, por sua vez, dividir-se em *juros remuneratórios* e *juros moratórios*: os primeiros são aqueles que constituem para o credor uma contrapartida pela cedência de capital ou valor pecuniariamente avaliável ao devedor, ao passo que os últimos representam para o credor uma indemnização pelos prejuízos causados pela mora do devedor no cumprimento da respectiva obrigação[366]. Finalmente, quanto ao seu pagamento, podem distinguir-se entre *juros postecipados* e *juros antecipados*: ao passo que os primeiros são pagos no termo do período legal ou contratual da respectiva contagem, os últimos

---

Aspects of Money, 5th edition, 70 e segs., Clarendon Press, Oxford, 1992; SPREMANN, Klaus/ GATENBEIN, Pascal, *Zinsen, Anleihen, Kredit*, 3. Aufl., Oldenburg, München, 2005; OTIS-RODNER, James, *El Dinero – Obligaciones de Dinero y de Valor*, 525 e segs., Anauco, Caracas, 2005. Sobre a natureza jurídica e económica dos juros, MUÑOZ, F. Jiménez, *Sobre la Naturaleza de los Intereses*, in: 113 RDBB (2009), 171-201; de um ponto de vista económico, a taxa de juros apropriada aplicável às obrigações de capital será equivalente à taxa do mercado monetário na qual tais obrigações devem ser cumpridas, taxa essa que, para além do resultado do encontro entre oferta e procura dos fundos disponíveis nessa moeda, é ainda função da inflação esperada (cf. WOODFORD, Michael, *Interest Prices: Foundations of a Theory of Monetary Policy*, 37, University Press, Princeton, 2003).

[366] É também corrente na doutrina falar-se ainda de *juros compensatórios* e *juros indemnizatórios*, para designar, respectivamente, os juros que se destinam a compensar o credor por uma privação temporária do capital que não deveria ter suportado (v.g., como sucede no caso do enriquecimento sem causa: cf. art. 480.º do CCivil) e os juros que se destinam a indemnizar o credor pelos prejuízos sofridos por outro facto que não a mora do devedor (v.g., o incumprimento da obrigação: cf. art. 798.º do CCivil). Cf. COSTA, M. Almeida, *Direito das Obrigações*, 686, 8.ª edição, Almedina, Coimbra, 2000.

Dos Contratos Comerciais em Geral

designam o caso excepcional dos juros que são pagos no início desse prazo ou cobrados "à cabeça".[367]

2.3. *Juros Comerciais Legais*

I. O regime em matéria de juros legais das obrigações comerciais vigora sempre que *haja lugar à contagem de juros por força da lei* (sejam estes remuneratórios ou moratórios) *e as partes contratantes nada tenham expressamente convencionado* (ou então, tendo acordado o vencimento de juros, hajam omitido a fixação da respectiva taxa ou quantitativo).

O corpo do art. 102.º do CCom[368] estabelece que, no silêncio das partes, haverá lugar à contagem dos juros em dois casos fundamentais: sempre que "for (...) de direito vencerem-se" e "nos mais casos especiais fixados no presente Código". O primeiro caso parece reportar-se àquelas hipóteses em que a própria *lei geral* ou comum comina uma obrigação de juros: haverá assim lugar à contagem de juros sempre que uma relação jurídico-mercantil se insira ou subsuma numa daquelas situações previstas na lei civil relativamente às quais haja lugar à contagem de juros, tais como, por exemplo, nas obrigações pecuniárias (art. 806.º do

---

[367] Tal como sucede com o desconto de letras, extractos de factura, ou "warrants", nos termos do art. 5.º, n.º 1 do Decreto-Lei n.º 344/78, de 17 de Novembro: cf. *infra* Parte II, Cap. IV, §2, 2.3(VII).

[368] Na nova redacção dada ao preceito, introduzida pelo Decreto-Lei n.º 32/2003, de 17 de Fevereiro, o legislador eliminou a referência ao art. 559.º do CCivil no seu §2 (relativo à remissão para as normas sobre juros civis), acrescentou uma referência aos juros convencionais sem determinação de taxa no contexto do §3 (relativo à taxa supletiva aplicável aos juros moratórios das empresas comerciais), e introduziu um novo §4 que fixa um limiar mínimo a esta taxa supletiva indexado à taxa de juro aplicada pelo Banco Central Europeu nas suas operações de refinanciamento. Sobre a nova redacção, vide AFONSO, A. Isabel, *A Obrigação de Juros Comerciais Depois das Alterações Introduzidas pelo Decreto-Lei n.º 32/2003, de 17 de Fevereiro*, in: 12 RCEJ (2007), 173-210.

CCivil), nos contratos de mútuo (art. 1145.º do CCivil), nos contratos de mandato (arts. 1164.º e 1167.º, c) do CCivil) ou nos contratos de depósito (art. 1199.º, b) do CCivil). Já o segundo dos casos referidos parece apontar para aquelas outras hipóteses em que é a própria *lei comercial* a cominar idêntica obrigação: para nos ficarmos aqui apenas pelo Código Comercial, haverá assim lugar à contagem de juros nas hipóteses contempladas nos contratos de mandato mercantil (art. 241.º, § único), de conta-corrente (arts. 346.º, n.º 5, e 348.º, § único), de empréstimo mercantil (art. 395.º, § único) ou de depósito de géneros e mercadorias (art. 415.º).

II. Qual o *regime* dos juros legais?

A norma central na matéria encontra-se prevista no §3 do art. 102.º do CCom, que reza o seguinte: "os juros moratórios legais e os estabelecidos sem determinação de taxa ou quantitativo, relativamente aos créditos de que sejam titulares empresas comerciais, singulares ou colectivas, são fixados em portaria conjunta dos Ministros das Finanças e da Justiça". De acordo com a interpretação que fazemos deste preceito, *os juros legais e os juros convencionais sem taxa, sejam moratórios ou remuneratórios, relativos às obrigações comerciais estão sujeitos a uma taxa de 8%*.[369]

Os fundamentos deste entendimento, bem como o âmbito, conteúdo e pressupostos do regime geral em apreço, justificam alguns esclarecimentos suplementares.

---

[369] A Portaria n.º 597/2005, de 19 de Julho (in: DR, I Série-B, n.º 137, de 19 de Julho) veio determinar que "a taxa supletiva de juros moratórios relativamente a créditos de que sejam titulares empresas comerciais, singulares ou colectivas, nos termos do n.º 3 do artigo 102.º do Código Comercial, é a taxa de juros aplicada pelo Banco Central Europeu à sua mais recente operação principal de refinanciamento efectuada antes do 1.º dia de Janeiro ou de Julho, consoante se esteja, respectivamente, no 1.º ou no 2.º semestre do ano civil, acrescida de 7%" (1.º), acrescentando ainda que o valor da taxa, assim determinado, *será fixado através de aviso da Direcção-Geral de Tesouro* até 15 de Janeiro e 15 de Julho de cada ano (2.º). Justamente em execução desta previsão, o Aviso da Direcção-Geral do Tesouro e Finanças n.º 12184/2009, de 1 de Julho (in: DR, II Série, n.º 132, de 10 de Julho), fixou a taxa actualmente em vigor em 8%.

Dos Contratos Comerciais em Geral

III. Desde logo, no que concerne ao âmbito subjectivo do regime legal, têm-se suscitado na doutrina e jurisprudência portuguesas algumas dúvidas sobre o sentido da expressão legal "empresas comerciais singulares e colectivas".

Não obstante existam autores e arrestos que consideram como aqui relevantes apenas as entidades que desenvolvam uma das actividades empresariais referidas no art. 230.º do CCom[370], propendemos a interpretar a expressão legal no sentido de considerar abrangidas *quaisquer pessoas físicas ou colectivas, titulares de uma empresa, no exercício da sua actividade empresarial*. Ou seja, em nosso entender, o regime em apreço é aplicável aos créditos (e débitos, como veremos) emergentes de contratos celebrados por quaisquer empresários singulares (v.g., empresários em nome individual, empresas "conjugais" ou "hereditárias", titulares de EIRL) ou colectivos ("maxime", sociedades, agrupamentos complementares de empresas, cooperativas, empresas públicas): ponto é que tais contratos possuam uma concreta conexão com o exercício da respectiva actividade empresarial (conexão essa que, de resto, é mesmo presumida já em via geral, nos termos dos arts. 2.º e 15.º do CCom), deixando assim de fora apenas aqueles outros que a esta actividade sejam alheios ou impertinentes (por exemplo, negócios pessoais ou familiares de um empresário em nome individual).[371]

IV. Depois ainda, quanto ao seu âmbito objectivo, o regime do art. 102.º, §3 do CCom deve considerar-se como indistinta-

---

[370] Cf. SANTOS, F. Cassiano, *Direito Comercial Português,* vol. I, 178 e seg., Coimbra Editora, Coimbra, 2007; VELHA, R. António, *Juros Moratórios de que são Titulares Empresas Comerciais,* in: 15 TJ (1986), 7-8; Acórdão da RL de 12-XI-1985 (RICARDO VELHA), in: 358 BMJ (1985), 598-598.

[371] Neste sentido, embora com matizes algo diferenciados, vide também, na doutrina, CORREIA, L. Brito, *Direito Comercial,* vol. III, 156 e segs., AAFDL, 1986; CORREIA, A. Ferrer, *Juros Moratórios,* in: XI CJ (1986), II, 7-13; na jurisprudência, Acórdão da RL de 26-III-1992 (RODRIGUES CODEÇO), in: 415 BMJ (1992), 709-710.

Efeitos

mente aplicável *aos créditos e débitos* emergentes de contratos comerciais para os referidos empresários.[372]

Muito embora a letra da lei possa inculcar ideia diversa (ao falar dos "créditos de que sejam titulares" estes sujeitos), justifica--se adoptar aqui uma interpretação extensiva dos dizeres legais, considerando como igualmente relevantes as obrigações contra-tuais jusmercantis nas quais aqueles sujeitos assumem a posição de devedor, tanto mais que, por força do Decreto-Lei n.º 32/2003, de 17 de Fevereiro, o regime especial dos juros moratórios passou a ser aplicável a todas as obrigações pecuniárias emergentes de transacções interempresariais (abrangendo assim, necessária e simultaneamente, os créditos e os débitos pecuniários de empre-sas). Vistas as coisas de um outro prisma, pode afirmar-se que o regime legal em causa se aplica aos juros relativos a obrigações de pagamento relativas a contratos bilateral ou unilateralmente comerciais, celebrados entre empresários ou celebrados entre um empresário e outras entidades públicas (v.g., Estado, autarquias locais) ou privadas ("maxime", consumidores).[373]

V. Depois também, quanto ao seu conteúdo, importa subli-nhar que o regime em referência é aplicável ao vencimento de *todos os tipos de juros legais e juros convencionais sem taxa*: ou seja, a taxa supletiva fixada ao abrigo dos §3 e §4 do art. 102.º do CCom vigorará relativamente a todas as obrigações pecuniárias

---

[372] Sobre a questão, vide ainda BARROS, J. Joaquim, *Regime Geral dos Actos de Comércio*, 83, in: AAVV, "As Operações Comerciais", 11-92, Almedina, Coimbra, 1988; CORREIA, L. Brito, *Direito Comercial*, vol. III, 158 e segs., AAFDL, 1986.

[373] Sobre o referido diploma legal – relativo aos atrasos de pagamento nas tran-sacções comerciais, abreviadamente "Lei dos Atrasos de Pagamento" (LAP) –, vide ainda *infra* Parte II, Cap. IV, §3, 2. A articulação entre o regime geral do CCom e o regime especial da LAP suscita a dúvida de saber se o art. 102.º, §3 CCom é ou não aplicável aos juros moratórios emergentes de contratos celebrados entre empresas e consumidores, atenta a exclusão prevista no art. 2.º, n.º 2, a) da LAP, não prejudicando já a sua aplicabilidade, todavia, aos respectivos juros remuneratórios e convencionais sem taxa.

Dos Contratos Comerciais em Geral

emergentes de créditos/débitos contratuais de empresários singulares ou colectivos relativamente às quais a lei determine (ou as partes convencionem, omitindo, contudo, o respectivo quantitativo ou percentual) a contagem de todo o tipo de juros, sejam eles moratórios ou compensatórios.

É certo que a letra do §3 do art. 102.º do CCom se refere exclusivamente aos juros legais "moratórios", parecendo assim excluir os juros remuneratórios: em face desta redacção legal, sempre seria possível sustentar que estes últimos juros estão sujeitos à taxa geral das obrigações civis, prevista no art. 559.º, n.º 1 do CCivil[374]. Esta solução, todavia, afigura-se-nos de recusar, por várias razões: "primus", porque a nova redacção do art. 102.º, §2 do CCom, introduzida pelo Decreto-Lei n.º 32/2003, de 17 de Fevereiro, justamente eliminou a anterior remissão para o citado preceito da lei civil; "secundus", porque o preenchimento da actual lacuna legal, de acordo com os cânones hermenêuticos gerais fixados no art. 3.º do CCom, deveria ser sempre obtido através do recurso prioritário à aplicação analógica dos regimes da lei comercial, e não da lei civil[375]; e "tertius", porque não se descortina razão bastante para a manutenção de taxas diferenciadas em matéria de juros legais das obrigações comerciais, apresentando-se como mais consistente a existência de um regime unitário.[376-377]

---

[374] Assim, Afonso, A. Isabel, *A Obrigação de Juros Comerciais Depois das Alterações Introduzidas pelo Decreto-Lei n.º 32/2003, de 17 de Fevereiro*, 198, in: 12 RCEJ (2007), 173-210. O art. 559.º do CCivil remete a fixação da taxa de juros legais para portaria conjunta dos Ministérios da Justiça e das Finanças, tendo a Portaria n.º 291/2003, de 8 de Abril, fixado em 4% a taxa actualmente em vigor.

[375] Sobre a primazia das normas comerciais sobre as normas civis na integração da lei comercial (art. 3.º do CCom), vide desenvolvidamente Antunes, J. Engrácia, *A Analogia no Direito Comercial*, em curso de publicação.

[376] E algo de semelhante se pode dizer a respeito dos juros convencionais. É verdade que os instrumentos normativos que fixaram o percentual da taxa supletiva prevista no art. 102.º, §3 do CCom – a Portaria n.º 597/2005, de 19 de Julho e o Aviso da Direcção-Geral do Tesouro e Finanças n.º 12184/2009, de 1 de Julho – se referem exclusivamente à "taxa supletiva de juros moratórios relativamente a créditos de que

Efeitos

VI. Uma palavra ainda sobre o *montante quantitativo ou percentual* da taxa de juro. Em cumprimento do comando da Directiva 2000/35/CE, de 29 de Junho[378], o §4 do art. 102.º do CCom veio determinar que a taxa supletiva fixada pelo legislador nacional, ao abrigo do §3 do mesmo preceito, não poderia ser inferior à taxa de referência do Banco Central Europeu (BCE) (ou seja, à taxa de juro aplicada à sua mais recente operação principal de refinanciamento) acrescida de sete pontos percentuais. Ora, ao contrário de muitos outros ordenamentos europeus, é mister frisar que o legislador português decidiu alinhar a taxa supletiva pelo limiar mínimo imperativo fixado pelo legislador comunitário: com efeito, recorde-se que a taxa de referência do BCE actualmente em vigor é de 1% (sendo periodicamente

---

sejam titulares empresas comerciais, singulares ou colectivas", permitindo assim sustentar que o seu regime apenas se aplicaria aos juros moratórios (legais ou convencionais), ficando consequentemente os *juros convencionais remuneratórios sem fixação de taxa* sujeitos ao regime da lei civil. Não nos parece ser essa a interpretação correcta, devendo a redacção restritiva da lei ser imputada a puro lapso do legislador, provavelmente devido a uma automática transposição da anterior redacção do § 3 que não levou em devida conta o inciso final introduzido pela nova redacção, que passou a fazer também referência aos juros convencionais. É que, para além de não se descortinar razão bastante para semelhante diferenciação, sempre seria esse forçosamente o resultado a que se haveria de chegar considerando que a norma legal habilitante do art. 102.º, §3 do CCom não a contempla: ora, representando a portaria uma manifestação do exercício do poder regulamentar do Governo, está fora de causa que aquela, em razão do próprio princípio geral da legalidade da actividade administrativa (art. 266.º da CRP e art. 2.º do CPA), pudesse introduzir um tal regime diferenciado (cf. AMARAL, D. Freitas, *Curso de Direito Administrativo*, vol. II, 180 e segs., Almedina, Coimbra, 2003).

[377] Questão diferente é a do regime jurídico aplicável aos próprios juros remuneratórios, mormente o da sua exigibilidade em caso de vencimento antecipado da obrigação de capital a que estão associados: cf. Acórdão do STJ n.º 7/2009, de 25-III-2009 (CARDOSO DE ALBUQUERQUE), in: DR, I série, n.º 86, de 5 de Maio de 2009.

[378] Nos termos do art. 3.º, n.º 1, d) desta Directiva, "a taxa praticada para os juros de mora («taxa legal») corresponde à taxa de juro da principal facilidade de refinanciamento aplicada pelo Banco Central Europeu (BCE) à sua principal operação de refinanciamento mais recente efectuada no primeiro dia do calendário do semestre em causa («taxa de referência»), acrescida de sete pontos percentuais («margem»), pelo menos, salvo especificação em contrário no contrato".

Dos Contratos Comerciais em Geral

comunicada ao mercado financeiro), o que, acrescida dos referidos 7% percentuais, explica o valor de 8% que se encontra actualmente em vigor em Portugal.[379]

VII. A concluir, a par do citado regime geral dos juros legais comerciais, haverá ainda que ter em atenção a existência de determinados *regimes específicos* aplicáveis a certas obrigações mercantis particulares. Especialmente relevantes são as normas sobre os chamados juros bancários, previstas genericamente no Decreto-Lei n.º 344/78, de 17 de Novembro: entre outras especialidades, tais disposições permitem – em sede de juros remuneratórios – a sua cobrança antecipada em operações de desconto de letras, extractos de factura e "warrants" (art. 5.º, n.º 1) bem assim como a capitalização de juros vencidos há mais de três meses (art. 5.º, n.º 6), além de prever – em sede de juros moratórios – a possibilidade de se convencionar a cobrança de uma sobretaxa supletiva de 2% (art. 7.º, n.º 1), não podendo nunca, porém, o montante total superar em 4% o valor das taxas compensatórias (art. 7.º, n.º 3).[380-381]

---

[379] É instrutivo verificar as diferentes posturas dos Estados membros da União Europeia perante aquele limiar mínimo. Se alguns (poucos) países, como é o caso português, se alinharam pressurosamente pela bitola mínima – esquecendo que tal limiar teve apenas por função evitar que eventuais baixas das taxas tornassem financeiramente compensador o incumprimento de obrigações pecuniárias comerciais, e não propriamente baixar os níveis de exigência –, a maior parte dos demais países europeu fixaram taxas de juro muito mais elevadas na sua legislação interna (mormente, os anglo-saxónicos e escandinavos, cujos juros moratórios chegaram a andar na casa dos 20%). Sobre outras manifestações da tradição lusitana de brandos costumes, agora em matéria de dívidas pecuniárias, vide ainda *infra* Parte II, Cap. IV, §3, 2.1. e 2.2.

[380] As taxas de juros remuneratórios encontram-se actualmente liberalizadas (Aviso do BP n.º 3/93, de 20 de Maio), sendo fixadas por acordo entre a instituição de crédito e o mutuário. Há, todavia, que ter em atenção que, nos termos do Decreto-Lei n.º 220/94, de 23 de Agosto, para além da chamada taxa nominal (ou seja, a taxa de juro aplicável a determinada operação de crédito sem impostos ou outros encargos), os bancos estão obrigados a prestar informação sobre a *taxa anual efectiva* (ou TAE, que engloba a totalidade dos encargos do crédito) e as *taxas representativas* (ou seja, as taxas básicas que praticam habitualmente para as diferentes operações creditícias), além de se encontrarem sujeitos a regras especiais em matéria do *arredondamento* da taxa

Efeitos

2.4. *Juros Comerciais Convencionais*

I. Em matéria de juros convencionais das obrigações comerciais, vigora o *princípio da liberdade da fixação* pelas partes, consagrado no corpo do art. 102.º do CCom. Tal princípio geral, todavia, encontra-se sujeito a algumas importantes restrições.

II. Desde logo, em homenagem aos interesses da segurança e certeza das transacções comerciais, a lei comercial tornou obrigatória a *forma escrita*, quer para a fixação convencional da taxa de juros (remuneratórios ou moratórios) de débitos comerciais, quer para a respectiva modificação posterior (§1 do art. 102.º do CCom).[382]

Porventura impressionada com o alcance desta exigência formal, uma parte da doutrina portuguesa chegou a sustentar uma interpretação restritiva do art. 102.º, §1 do CCom, de forma a considerar obrigatória a redução a escrito apenas no caso de a obrigação comercial resultar de acto para o qual se exigisse forma

---

dos juros relativos a determinado tipo de operações de crédito (Decretos-Lei n.º 240/2006, de 22 de Dezembro, n.º 171/2007, de 8 de Maio, e n.º 88/2008, de 29 de Maio) e em matéria de *contratos bancários especiais* (v.g., contratos de crédito à habitação, contratos de crédito ao consumo: cf. Decretos-Lei n.º 51/2007, de 7 de Março, n.º 88/2008, de 29 de Maio, e n.º 133/2009, de 2 de Junho). Sobre o regime dos juros bancários, que aqui não pode analisado desenvolvidamente, vide PATRÍCIO, J. Simões, *Direito Bancário Privado,* 302 e segs., Quid Juris, Lisboa, 2004. Cf. ainda *infra* Parte III, Cap. IV, §3, 6.

[381] Outro caso particular é o do regime dos juros moratórios de créditos comerciais titulados por letras, livranças e cheques: sobre este regime especial, vide ANTUNES, J. Engrácia, *Os Títulos de Crédito,* 97 e seg., Coimbra Editora, Coimbra, 2009; ANTUNES, J. Engrácia, *O Regime Jurídico dos Actos de Comércio,* in: Themis-UNL (2009), em curso de publicação.

[382] Sublinhe-se que, nos termos gerais do art. 221.º do CCivil, a convenção de juros poderá mesmo revestir *forma mais solene* caso o contrato comercial a esta estiver sujeito (v.g., escritura pública). Esta exigência de forma escrita corrobora a ideia, já noutro local expressa, do ressurgimento do formalismo na moderna contratação mercantil (cf. *supra* Parte II, Cap. II, §4, 1.1.): ao prescrever uma exigência de forma que o próprio Direito Civil não consagrou, o legislador comercial terá decerto assim pretendido evitar a insegurança potencialmente gerada pela fixação oral das taxas de juro de obrigações comerciais.

escrita[383], ou, em conjugação com o art. 559.º, n.º 2 do CCivil (que apenas exige tal forma quando a taxa de juro convencionada pelas partes for superior à taxa de juros legais), no caso de as partes da obrigação comercial pretenderem convencionar taxa de juros superior à legal. Tal entendimento, contudo, afigura-se de rejeitar: duma banda, ao preceituar que "a taxa de juros comerciais só pode ser fixada por escrito" (§1 do art. 102.º do CCom), a letra da lei é bastante clara em não estabelecer qualquer distinção quanto à forma do acto a que se reportam os juros, circunstância essa que, à luz da máxima hermenêutica consagrada "ubi lex non distinguit nec nos", logo parece desfavorecer semelhante interpretação restritiva dos dizeres legais[384]; doutra banda, o espírito da lei concorre na mesma direcção, dado que a própria celeridade e certeza do crédito comercial dificilmente se compaginaria com a instabilidade da sua fixação por mera via oral e com as morosas operações probatórias que aquela sempre suscitaria, abrindo ademais a porta à ocultação de juros usurários[385]. Em suma, pois, toda a estipulação ou modificação de uma taxa de juros comerciais, diversamente do que sucede para os juros civis, deverá constar de documento escrito, sob pena de ser nula por falta de forma e ser consequentemente suprida pela taxa legal.[386]

---

[383] GONÇALVES, L. Cunha, *Comentário ao Código Comercial Português*, vol. I, 193, Ed. José Bastos, Lisboa, 1914.

[384] Cf. também ALMEIDA, A. Pereira, *Direito Comercial*, 212, AAFDL, Lisboa, 1976/77. Aliás, não apenas do ponto de vista literal, mas também do ponto de vista sistemático, a questão acabou mesmo por perder sentido com a eliminação da anterior remissão do art. 102.º, §2 do CCom para o art. 559.º do CCivil.

[385] Sublinhando igualmente a necessidade de protecção do devedor contra os riscos da prova testemunhal, vide CORREIA, A. Ferrer, *Juros Moratórios*, 8 e 10, in: XI CJ (1986), II, 7-13.

[386] Neste sentido também, vide, na doutrina, ASCENSÃO, J. Oliveira, *Direito Comercial*, vol. I, 389, Lisboa, 1998/99; BARROS, J. Joaquim, *Regime Geral dos Actos de Comércio*, 75, in: AAVV, "As Operações Comerciais", 11-92, Almedina, Coimbra, 1988; FURTADO, J. Pinto, *Disposições Gerais do Código Comercial*, 281 e seg., Almedina, Coimbra, 1984; OLAVO, Fernando, *Direito Comercial*, vol. I, 200 e segs., Coimbra Editora, Coimbra, 1978; SANTOS, F. Cassiano, *Direito Comercial Português*,

Efeitos

III. Depois ainda, em homenagem a princípios de ordem pública, são proibidos os juros convencionais *usurários*. Assim, por força dos arts. 559.º-A e 1146.º do CCivil (aplicáveis ao abrigo do §2 do art. 102.º do CCom), jamais poderão as partes de uma obrigação comercial convencionar juros superiores em 3% ou 5% à taxa de juros legais, consoante respectivamente exista ou não garantia real que assegure o respectivo cumprimento, bem como convencionar cláusula penal que exceda aquela taxa, relativamente ao tempo da mora, em 7% ou 9%, consoante de novo exista ou inexista garantia real.[387]

IV. Finalmente, há ainda a considerar a proibição genérica do *anatocismo* estabelecida no art. 560.º do CCivil, ou seja, do vencimento de juros sobre juros (por isso também conhecida por "usura dobrada").[388]

---

vol. I, 177, Coimbra Editora, Coimbra, 2007; na jurisprudência, os Acórdãos do STJ de 15-XI-1983 (Joaquim Figueiredo), in: 331 BMJ (1983), 575-579, e de 15-III-1984 (Santos Silveira), in: 335 BMJ (1984), 299-306, e os Acórdãos da RL de 27-X-1992 (Afonso Melo), in: 420 BMJ (1992), 637-637, e de 17-III-1994 (Silva Paixão), in: 435 BMJ (1994), 889-890 (com a particularidade de, neste caso, o tribunal ter considerado suficiente documento escrito assinado por um dos contraentes, e aceite tacitamente pelo outro).

[387] O art. 559-A.º do CCivil, sob a epígrafe "juros usurários", veio permitir a aplicação dos mecanismos previstos no art. 1446.º do mesmo Código "a toda a estipulação de juros ou quaisquer outras vantagens em negócios de concessão, outorga, renovação, desconto ou prorrogação de prazo de pagamento de um crédito e em outros análogos": dada a amplitude desta previsão normativa, deve assim considerar-se que as regras fixadas no art. 1146.º, concernentes à usura nos contratos de mútuo, são aplicáveis às convenções de juros relativas a qualquer outro tipo de negócio jurídico (cf. Barros, J. Joaquim, *Regime Geral dos Actos de Comércio*, 81, in: AAVV, "As Operações Comerciais", 11-92, Almedina, Coimbra, 1988). Repare-se ainda que, por força do n.º 3 do art. 559.º-A do CCivil, a estipulação de taxa de juros ou cláusula penal superior aos limites máximos referidos, origina a redução "ope legis" daquela taxa ou cláusula para os valores legais máximos permitidos (para uma ilustração, vide o Acórdão da RL de 24-II-1994 (Cardona Ferreira), in: XX CJ (1994), I, 137-139). Sobre a usura na história jusmercantill, vide Sendim, P. Melero, *Usura. Letra de Câmbio e Direito Comercial*, in: AAVV, "Nos 20 Anos do Código das Sociedades Comerciais", vol. III, 851-914, Coimbra Editora, Coimbra, 2007.

[388] Sobre o ponto, vide Campos, D. Leite, *Anatocismo. Regras e Usos Particulares de Comércio*, in: 48 ROA (1988), 37-62; para maiores desenvolvimentos, Riccio, Angelo,

Dos Contratos Comerciais em Geral

Para as obrigações civis e comerciais, a regra é a de que a capitalização de juros é uma prática proibida[389]: os juros vencidos destas obrigações apenas poderão ser capitalizados quando exista convenção das partes nesse sentido posterior ao vencimento daqueles juros ou então quando o devedor haja sido notificado judicialmente para capitalizar os juros vencidos ou proceder ao respectivo pagamento, sob pena de capitalização (art. 560.º, n.º 1 do CCivil) – em qualquer dos casos, apenas poderão ser capitalizados os juros correspondentes a período igual ou superior a um ano (art. 560.º, n.º 2 do CCivil)[390]. Sublinhe-se, todavia, que estas restrições à prática do anatocismo poderão já não ser aplicáveis quando se puderem considerar como "contrárias a regras ou usos particulares do comércio" (art. 560.º, n.º 3 do CCivil): entre essas regras e usos estarão, por exemplo, os usos bancários, onde se tornou corrente a capitalização dos juros correspondentes a depósitos bancários independentemente de convenção e sem se atender ao prazo respectivo, inclusive para depósitos inferiores a um ano.[391-392]

L'Anatocismo, Cedam, Padova, 2002. Para o caso particular dos juros bancários, a cujo regime particular já acima nos referimos brevemente, vide, entre nós, CAMPOS, António, *Capitalização de Juros (Anatocismo) nas Operações de Concessão de Crédito por Instituições de Crédito*, in: 8 RB (1988), 148-150; LUÍS, Alberto, *O Anatocismo Bancário*, in: 62 ROA (2002), 1349-1366.

[389] Esta proibição genérica do anatocismo é indistintamente aplicável às obrigações civis e comerciais: assim, na doutrina, NEVES, F. Correia, *Manual dos Juros*, 217, Almedina, Coimbra, 1989; na jurisprudência, firmada já na vigência do art. 1642.º do anterior Código Civil, o Acórdão do STJ de 22-III-1960 (CAMPOS DE MIRANDA), in: 95 BMJ (1960), 298-306. Isto significa que as obrigações comerciais se devem, em princípio, considerar como estando também sujeitas às restrições constantes dos n.ᵒˢ 1 e 2 do art. 560.º do CCivil, sem prejuízo da possibilidade do seu afastamento nos termos do n.º 3.

[390] Pretende-se assim evitar que se possa chegar, por via oblíqua, a um aumento da taxa de juro, envolvendo inclusivamente juros usurários, além de – impondo a exigência de que qualquer eventual acordo relativo ao anatocismo seja posterior ao vencimento dos juros da obrigação – assegurar que o mutuante não possa subordinar a concessão do empréstimo a tal condição prévia. Cf. COSTA, M. Almeida, *Direito das Obrigações*, 690, 8.ª edição, Almedina, Coimbra, 2000.

[391] São fundamentalmente duas as diferenças entre o regime comum do art. 560.º do CCivil e o regime particular do anatocismo no caso dos juros bancários (cf. arts. 5.º,

Efeitos

3. A Prescrição das Obrigações Comerciais

3.1. *Noção Geral*

I. Muito embora as obrigações comerciais se encontrem sujeitas às causas gerais de extinção das obrigações (arts. 296.º e segs., 837.º e segs. do CCivil)[393], cumpre observar que as primeiras conhecem, em determinados casos, um regime próprio em matéria de *prescrição*.

---

n.º 6 e 7.º, n.º 3 do Decreto-Lei n.º 344/78, de 17 de Novembro): de um lado, podem ser capitalizados juros correspondentes a um período mínimo de 3 meses (e não 1 ano), e, do outro, a capitalização de juros para períodos situados entre 3 meses e 1 ano não carece de convenção ou notificação judicial. Sobre o ponto, em sentido algo divergente, vide, na doutrina, CORDEIRO, A. Menezes, *Manual de Direito Bancário*, 538, 3.ª edição, Almedina, Coimbra, 2006; PATRÍCIO, J. Simões, *Direito Bancário Privado*, 304, Quid Juris, Lisboa, 2004; PIRES, J. Maria, *Elucidário de Direito Bancário*, 574, Coimbra Editora, Coimbra, 2002; na jurisprudência, Acórdão da RL de 31-X-1996 (SILVA SALAZAR), in: XXI CJ (1996), IV, 147-149.

[392] Sobre os problemas colocados por esta excepção a propósito de várias operações comerciais (v.g., contrato de conta-corrente, empréstimo mercantil, títulos de crédito), os casos especiais de anatocismo real e aparente, bem assim como as consequências de convenções ilícitas de anatocismo, vide desenvolvidamente NEVES, F. Correia, *Manual dos Juros*, 217 e segs., Almedina, Coimbra, 1989. Refira-se ainda, por um lado, que a obrigação de juros está sujeita às respectivas *suspensão* e *extinção*, por estipulação das partes ou por força da lei, valendo aqui, em via de princípio, as causas modificativas e extintivas das obrigações em geral: a natureza acessória da obrigação de juros relativamente à obrigação de capital, todavia, não obsta à sua recíproca autonomização (art. 561.º do CCivil), podendo assim, designadamente, o crédito de juros persistir apesar da extinção da dívida principal ou vice-versa (cf. VARELA, J. Antunes, *Das Obrigações em Geral*, vol. I, 875 e seg., 10.ª edição, Almedina, Lisboa, 2000). Por outro lado, retenha-se que a *prescrição* da obrigação de juros, sujeita embora ao prazo geral de 5 anos previsto na lei civil (art. 310.º, e) do CCivil), poderá também cair sob a alçada de certos prazos prescricionais especiais previstos na própria lei comercial (v.g., art. 174.º do CSC, arts. 70.º e 77.º da LULL). Por fim, sobre os problemas colocados pelas convenções de pagamento antecipado (*praenumerando*) e postecipado (*postnumerando*) de juros, bem como as questões levantadas pela contagem de juros relativos a obrigações de capital ilíquidas ("maxime", em contratos de conta-corrente e obrigações de indemnização), vide FURTADO, J. Pinto, *Disposições Gerais do Código Comercial*, 286 e segs., Almedina, Coimbra, 1984.

[393] Sobre as causas de extinção das obrigações em geral, vide VARELA, J. Antunes, *Das Obrigações em Geral*, vol. II, 169 e segs., 7.ª edição, Almedina, Coimbra, 1997.

Dos Contratos Comerciais em Geral

3.2. *Obrigações na Compra e Venda Mercantil*

I. Para o mais clássico de todos os contratos comerciais (contrato de compra e venda mercantil), o art. 317.º, b), do CCivil prevê a *prescrição presuntiva no prazo de dois anos* dos "créditos dos comerciantes pelos objectos vendidos a quem não seja comerciante ou os não destine ao seu comércio, e bem assim os créditos daqueles que exerçam profissionalmente uma indústria, pelo fornecimento de mercadorias ou produtos, execução de trabalhos ou gestão de negócios alheios, incluindo as despesas que hajam efectuado, a menos que a prestação se destine ao exercício industrial do devedor".

II. A delimitação do âmbito subjectivo, objectivo e funcional deste regime prescricional especial suscita algumas precisões.

De uma perspectiva subjectiva, conquanto a doutrina e a jurisprudência portuguesas propendam tradicionalmente a considerar tal regime exclusivamente aplicável a comerciantes, justifica-se uma interpretação actualista do preceito no sentido da sua aplicação genérica aos *empresários*: tal extensão do âmbito subjectivo, não apenas se justifica à luz do recentramento do actual Direito Comercial em torno da figura da empresa, como está em linha com a concepção dos contratos comerciais como contratos de empresa, aqui defendida[394]. De uma perspectiva objectiva, o preceito tem em vista os *créditos emergentes de contratos de compra e venda unilateralmente comerciais*: quer isto dizer que caem no seu âmbito de aplicação os contratos de compra e venda

---

[394] Cf. *supra* Parte I, Cap. II, §2. Aliás, em abono deste entendimento, refira-se ainda que ele permite assim também ultrapassar as próprias imprecisões ínsitas na formulação legal, que fala simultaneamente de "comerciantes" e de "industriais", sendo que esta última expressão é tomada num sentido amplíssimo (e longe de inequívoco) que abrange o exercício de trabalhos e a gestão de negócios alheios. Sobre o sentido da expressão legal, vide, na doutrina, LIMA, F. Pires/ VARELA, J. Antunes, *Código Civil Anotado*, vol. I, 285, 4.ª edição, Coimbra Editora, Coimbra, 1987; na jurisprudência, o Acórdão da RE de 26-III-1987 (PEREIRA CARDIGOS), in: 366 BMJ (1987), 585-585.

Efeitos

mercantis celebrados, quer entre empresários e particulares, quer entre empresários e outros empresários que adquiriram os bens comprados para fins alheios à sua actividade empresarial[395]. Finalmente, de uma perspectiva funcional, o *prazo prescricional presuntivo de dois anos* tem o seu início na data em que o crédito se tornar exercitável (art. 306.º, n.º 1 do CCivil), implicando o respectivo decurso para o terceiro beneficiário a faculdade de recusa do cumprimento do crédito prescrito perante o empresário credor (art. 304.º, n.º 1 do CCivil), a não ser que a presunção legal seja ilidida nos termos dos arts. 313.º e 314.º do CCivil.

III. Em suma, o regime prescricional das obrigações comerciais variará consoante *a qualidade em que intervém o comprador-devedor* nos contratos de compra e venda mercantil. Se aquele for um particular (ou um empresário actuando em vestes civis), a lei entendeu proteger o devedor remisso: com efeito, nas relações entre empresários e consumidores, a existência de uma organização profissional por parte do credor permite pressupor a rapidez e eficiência da cobrança dos respectivos créditos, justificando assim que o devedor beneficie de uma prescrição presuntiva de cumprimento, isto é, fundada na presunção de que o débito foi pago, a qual só dentro de limites estreitos (cf. arts. 312.º a 314.º do CCivil) e do curto prazo de dois anos (art. 317.º, b) do CCivil) poderá ser ilidida. Mas se o devedor for ele próprio outro empresário que celebra o contrato em conexão com a sua actividade profissional, a lei já entendeu proteger o credor: nas relações entre empresários, para além de ser comum existirem outras circunstâncias

---

[395] Naturalmente, afigura-se também necessário que os bens vendidos estejam relacionados com a actividade profissional do próprio empresário vendedor, conexão essa que se presume em via geral (art. 2.º do CCom): neste sentido, cf. o Acórdão da RP de 23-V-1979 (LOPES NEVES), in: IV CJ (1979), III, 971-972. Para preceitos congéneres, todavia, um sector da doutrina no direito comparado tem sustentado a aplicabilidade deste especial regime prescricional indistintamente aos casos em que o empresário seja devedor ou credor dos créditos mencionados: cf. RIPERT, Georges/ ROBLOT, René, *Traité de Droit Commercial*, tomo I, 238, 17ème éd., LGDJ, Paris, 1998.

Dos Contratos Comerciais em Geral

concomitantes que podem influir no cumprimento dos respectivos créditos e débitos (v.g., contas-correntes, moratórias, compensações, etc.), os interesses da tutela do crédito no tráfico mercantil já reclamam a aplicação dos prazos gerais da prescrição ordinária (arts. 309.º e 310.º do CCivil).[396]

3.3. *Outras Obrigações Mercantis*

I. Paralelamente, a lei comercial prevê ainda numerosos *outros regimes prescricionais especiais*. Apenas a título exemplificativo, e sem preocupação de exaustividade, pense-se nos prazos de prescrição das obrigações emergentes de contratos de sociedade comercial (art. 175.º do CSC), de negócios cambiários e sobre outros títulos de crédito (arts. 70.º e 71.º da LULL, arts. 52 e 53.º da LUC, art. 423.º do CCom), de contratos de compra e venda de bens e serviços efectuados por "estabelecimentos de alojamento, comidas e bebidas" (art. 316.º do CCivil), ou de contratos de prestação de serviços públicos essenciais, v.g., água, electricidade, gás, comunicações, etc. (art. 10.º, n.º 1 da Lei n.º 23/96, de 26 de Julho).[397]

---

[396] Sobre as prescrições presuntivas, e os meios de defesa não admitidos, vide, na doutrina, RIBEIRO, J. Sousa, *Prescrições Presuntivas: Sua Compatibilidade com a Não Impugnação dos Factos Articulados pelo Autor*, in: V RDE (1979), n.º 2, 385-411; SERRA, A. Vaz, *Prescrições Presuntivas (Algumas Questões)*, in: 98 RLJ (1966-67), 241-242; na jurisprudência (com particular referência aos créditos "sub judice"), vide os Acórdãos do STJ de 19-VI-1979 (HERNÂNI LENCASTRE), in: 288 BMJ (1979), 364-368, e de 6-XII-1990 (JOAQUIM DE CARVALHO), in: 402 BMJ (1991), 532-536. Merece ainda ser acentuado que a jurisprudência portuguesa tem considerado que as prescrições presuntivas não têm cabimento no domínio das obrigações cambiárias – cf. Acórdão do STJ de 1-VII-1975 (ACÁCIO CARVALHO), in: 109 RLJ (1976-77), 241-250 – e não são aplicáveis à actividade específica das instituições bancárias – cf. Acórdão da RL de 23-II-1984 (MOREIRA MATEUS), in: IX CJ (1984), I, 141-142.

[397] Cf. SILVA, J. Calvão, *Aplicação da Lei n.º 23/96 ao Serviço Móvel de Telefone e Natureza Extintiva da Prescrição Referida no seu Art. 10.º*, 155, in: 132 RLJ (1999--2000), 135-160.

Efeitos

§3 Cumprimento e Incumprimento dos Contratos Comerciais

I. Os contratos comerciais, como quaisquer outros, *devem ser pontualmente cumpridos* (art. 406.º, n.º 1 do CCivil), ou seja, devem ser cumpridos ponto por ponto: de acordo com o princípio geral "pacta sunt servanda", cada um dos contraentes realiza a prestação de facto ou de coisa a que se obrigou, na data do vencimento e nas demais condições legal ou contratualmente aplicáveis. Todavia, aqui como nos outros casos, nem sempre assim acontece: por vezes, o contraente executa a prestação devida, mas executa-a *tardiamente*, continuando aquela a ser possível e subsistindo o interesse do outro contraente na mesma ("incumprimento temporário" ou mora); outras vezes, o contraente executa materialmente a prestação, mas executa-a *mal*, fora dos termos em que ela foi acordada (falando a doutrina tradicional em "cumprimento defeituoso").

II. O regime jurídico do *cumprimento e incumprimento* dos contratos comerciais é, fundamentalmente, o previsto para os contratos jurídico-civis em geral (arts. 790.º e segs. do CCivil).[398]

Tal não significa, contudo, que não existam algumas singularidades dignas de nota. Para além dos novos horizontes que o regime dos contratos comerciais abriram em sede do *cumprimento contratual* – mormente, com a concepção mais lata de cumprimento que foi pioneiramente adoptada nos contratos comerciais internacionais ("conformidade da prestação": cf. art. 35.º da Convenção de Viena de 1980 sobre a venda internacional de mercadorias) –, é ainda mister chamar a atenção para a existência de regimes especiais, seja em matéria do *incumprimento temporário*

---

[398] Sobre o regime geral, vide Costa, M. Almeida, *Direito das Obrigações*, 955 e segs., 8.ª edição, Almedina, Coimbra, 2000; Telles, I. Galvão, *Direito das Obrigações*, 299 e segs., 7.ª edição, Coimbra Editora, Coimbra, 1997; Varela, J. Antunes, *Das Obrigações em Geral*, vol. II, 7 e segs., 7.ª edição, Almedina, Coimbra, 1997.

Dos Contratos Comerciais em Geral

ou mora – mormente, os prazos supletivos de vencimento e juros moratórios nas obrigações comerciais pecuniárias (Decreto-Lei n.º 32/2003, de 17 de Fevereiro) –, seja em matéria de *(in)cumprimento defeituoso* – "rectius", como adiante se explicará, a responsabilidade civil do produtor, do vendedor, do financiador e outros intervenientes em cadeias contratuais de distribuição comercial (Decretos-Lei n.º 383/89, de 6 de Novembro, n.º 67/2003, de 8 de Abril, e n.º 133/2009, de 2 de Junho). De todas elas daremos agora breve notícia.

1. O Cumprimento: A Conformidade com o Contrato

1.1. *A Visão Tradicional*

I. Tradicionalmente, o cumprimento do contrato reconduz-se exclusivamente à realização, pelo contraente devedor, da prestação de coisa ou de facto a que este se obrigou (art. 762.º, n.º 1 do CCivil).

II. De acordo com esta concepção clássica estrita, predominante nos direitos romano-germânicos, o cumprimento esgota-se na *entrega da coisa ou na prestação do serviço nas condições de lugar e tempo convencionadas*, reconduzindo-se as eventuais situações de inobservância dos demais termos da prestação debitória ("maxime", a garantia da sua qualidade) ao regime do erro sobre o objecto (art. 251.º do CCivil) e da venda de coisas oneradas e defeituosas (arts. 905.º e segs., arts. 913.º e segs. do CCivil).

Efeitos

1.2. A Concepção Ampla Dominante: Sentido e Alcance

I. Seria precisamente pela mão do Direito Comercial, "rectius", das normas jurídicas atinentes ao comércio internacional e aos contratos comerciais internacionais, que esta visão tradicional, de cariz estrito ou minimalista, passou a dar progressivamente lugar a uma concepção ampla ou maximalista do cumprimento contratual: falamos, naturalmente, do conceito de *"conformidade com o contrato"*.

II. O conceito de conformidade com o contrato ("conformity with the contract", "Vertragsmässigkeit", "conformité au contrat") é fundamentalmente um *conceito relacional*: nas palavras de C. Ferreira de ALMEIDA, ele exprime abstractamente "a relação deôntica entre duas entidades, o referente (o objecto do acto executivo) e a referência (o contrato)"[399]. Apesar de faltar uma definição jurídico-positiva expressa, pode afirmar-se, de um modo muito genérico, que um tal conceito visa significar que as coisas entregues ou os serviços prestados, objecto de um determinado contrato, *devem possuir as características acordadas pelos contraentes (qualidade, quantidade, tipo específico de bem ou serviço, ou outras), servir as finalidades específicas a que se destinam, e serem funcionalmente adequados às utilizações habituais de coisas ou serviços idênticos.*[400]

---

[399] Sobre este conceito, merecem destaque, entre nós, as reflexões pioneiras de ALMEIDA, C. Ferreira, *Texto e Enunciado na Teoria do Negócio Jurídico*, vol. I, 635 e segs., Almedina, Coimbra, 1992. Para uma reflexão recente, vide GOMES, M. Januário, *Ser ou não ser Conforme, Eis a Questão – Em Tema de Garantia Legal de Conformidade na Venda de Bens de Consumo*, esp. 8 e segs., in: 21 CDP (2008), 3-20.

[400] Sobre o ponto, vide AMADIO, Giuseppe, *Diffeto di Conformità e Tutele Sinallagmatiche*, in: Fabrizio, Marco, "Il Nuovo Diritto dei Contratti", 295-350, Giuffrè, Milano, 2004; GHESTIN, Jacques, *Conformité et Garanties dans la Vente*, LGDJ, Paris, 1983; MAGNUS, Ulrich, *Die Vertragsmässigkeit der Leistung*, in: Schulte--Nölke, Hans/ Schulze, Reiner (Hrsg.), "Europäisches Vertragsrecht im Gemeinschaftsrecht", 113-125, Bundesanzeiger, Köln, 2002.

Dos Contratos Comerciais em Geral

III. Tal conceito – que surgiu originariamente com o "Uniform Commercial Code" norte-americano[401], tendo curiosamente aflorado já antes disso no próprio Código Comercial português de 1888[402] – ganhou relevo e difusão universal fundamentalmente graças à sua consagração nos arts. 35.º a 44.º da *Convenção de Viena de 1980*, relativa ao contrato de compra e venda internacional de mercadorias.[403]

Nos termos do art. 35.º, sobre a epígrafe geral «conformidade das mercadorias e direitos», "o vendedor deve entregar as mercadorias que, pela quantidade, qualidade e tipo, correspondem às previstas no contrato e que tenham sido embaladas e acondicionadas de acordo com a forma prevista no contrato" (n.º 1), enun-

---

[401] Para uma comparação, vide HYLAND, Richard, *Conformity of Goods under the United Nations Sales Convention and the Uniform Commercial Code*, in: Schlechtriem, Peter (Hrsg.), "Einheitliches Kaufrecht und national Obligationenrecht", 305-341, Nomos, Baden-Baden, 1987.

[402] Com efeito, o art. 469.º do CCom consagra um regime do cumprimento dos contratos de compra e venda mercantil de acordo com o qual, nas vendas sobre amostra, o negócio é celebrado sob "condição de a coisa ser conforme à amostra ou à qualidade convencionada" (sobre esta modalidade da compra e venda mercantil, cf. *infra* Parte III, Cap. I, §2, 2.3). Tal significa dizer que, para o mais clássico dos contratos mercantis – mas também para a troca mercantil (art. 480.º do CCom) ou mesmo outros contratos mercantis omissos onde a analogia se justificar (art. 3.º do CCom) –, o conceito de conformidade era já erigido como bitola central do cumprimento nos casos em que o objecto contratual consistisse em bem identificado por amostra ou qualidade, ficando a subsistência do negócio sujeito à condição de o comprador não invocar no prazo legal a *desconformidade* entre o bem entregue pelo vendedor e a amostra exibida por este no momento da celebração (art. 471.º do CCom).

[403] Sobre esta Convenção internacional, vide *supra* Parte I, Cap. IV, §2, 1. Sendo verdade que já antes disso tal conceito fora acolhido em outros instrumentos internacionais (é o caso da Convenção de Haia de 1964, relativa à compra e venda internacional de coisas móveis corpóreas) e em alguns ordenamentos jurídicos nacionais (mormente, Reino Unido, Suécia, e Dinamarca), certo é que apenas com a sua consagração na Convenção de Viena ele se transformou num novo paradigma ou modelo do cumprimento contratual (em matéria do contrato de compra e venda) que viria a inspirar várias iniciativas internacionais e nacionais futuras, mormente em matéria da compra e venda de bens de consumo. Sobre esta função modelar e pioneira, vide KRUISINGA, Sonja, *(Non-)Conformity in the 1980 UN Convention on Contracts for the International Sale of Goods: a Uniform Concept?*, Intersentia, Antwerp/ New York, 2004.

Efeitos

ciando-se depois um elenco de índices vários de aferição dessa conformidade contratual (n.º 2)[404]. Sublinhe-se que tal Convenção, enquanto reguladora dos contratos de compra e venda entre pessoas colectivas sedeadas em Estados diferentes (cf. art. 1.º, n.º 1), estabelece essencialmente, na prática, um regime uniforme da compra e venda comercial (internacional): apesar de o art. 1.º, n.º 3 referir expressamente que a Convenção se aplica independentemente do "carácter civil ou comercial das partes ou do contrato", a verdade é que, não apenas semelhante previsão se explica fundamentalmente pela intenção de salvaguardar o âmbito de aplicação da mesma em face das discrepâncias dos legisladores nacionais relativamente a tal distinção[405], como é hoje indesmentível que a esmagadora maioria das transacções contratuais abrangidas pela Convenção são de natureza comercial, no sentido em que são efectuadas entre empresas no exercício da sua actividade empresarial.

IV. Não se pense, todavia, que tal conceito permaneceu exclusivo dos contratos comerciais "internacionais" e de "compra e venda".

Por um lado, no domínio internacional, ele haveria de se estender progressivamente à generalidade *dos contratos comerciais internacionais*. Ilustrativo é o seu acolhimento pelos "Princípios Relativos aos Contratos Comerciais Internacionais" do UNIDROIT (arts. 7.2.2., 7.2.3., e 7.3.3.)[406] e pelos "Princípios do Direito

---

[404] Sobre o conceito na Convenção de Viena, vide entre nós SOARES, M. Bento/ RAMOS, R. Moura, *Do Contrato de Compra e Venda Internacional – Análise da Convenção de Viena de 1980 e das Disposições Pertinentes do Direito Português*, 145 e segs., Almedina, Coimbra, 1986. Para mais desenvolvimentos, vide HENSCHEL, R. Franz, *The Conformity of Goods in International Sales – An Analysis of Article 35 in the United Nations Convention on the International Sale of Goods (CISG)*, Forlaget Thomson, Copenhagen, 2005.

[405] SOARES, M. Bento/ RAMOS, R. Moura, *Do Contrato de Compra e Venda Internacional – Análise da Convenção de Viena de 1980 e das Disposições Pertinentes do Direito Português*, 93, Almedina, Coimbra, 1986.

[406] CASTRONOVO, Carlo, *Inadempimento ed Esato Adempimento nei Principi Unidroit*, in: Bonell, M. Joachim/ Bonelli, Franco, "Contratti Commerciali Internazionali e Principi Unidroit", 271-294, Giuffrè, Milano, 1997.

Dos Contratos Comerciais em Geral

Europeu dos Contratos" (arts. 8-103, 8-104, e 9-401)[407]. De resto, que o conceito de conformidade contratual não se esgota exclusivamente ao tipo contratual da compra e venda, é algo que é evidenciado no plano comunitário (recorde-se que o art. 1.º, n.º 4 da Directiva 1999/44/CE, de 25 de Maio, o estende igualmente aos contratos de fornecimento) e crescentemente no próprio plano nacional (veja-se assim, por exemplo, o art. 1.º-A, n.º 2 do Decreto- -Lei n.º 67/2003, de 8 de Abril, que o aplica também aos contratos de prestação de serviços e de locação).[408]

Por outro lado, no domínio interno, ele tende hoje a ser adoptado pelos próprios *legisladores nacionais.* Particular destaque merecem aqui os contratos de compra e venda de bens de consumo, cujo regime de cumprimento encontra também hoje o seu centro de gravidade regulatório na noção de conformidade com o contrato (art. 2.º do Decreto-Lei n.º 67/2003, de 8 de Abril, na sequência da Directiva 1999/44/CE, de 25 de Maio)[409]:

---

[407] Este acolhimento genérico tem, aliás, proporcionado subsídios interpretativos recíprocos: cf. HENSCHEL, R. Ranz, *Conformity of the Goods: Interpreting or Supplementing Article 35 CISG by using the UNIDROIT Principles of International Commercial Contracts and the Principles of European Contract Law*, in: Felemegas, John (ed.), "An International Approach to the Interpretation of the United Nations Convention on Contracts for the International Sale of Goods (1980) as Uniform Sales Law", 166-174, Cambridge University Press, New York, 2006.

[408] Cf. ainda CALAIS-AULOY, Jean, *Une Nouvelle Garantie de l'Acheteur: La Garantie de Conformité*, 704, in: 103 RTDCiv (2005), 701-712.

[409] Sobre esta Directiva e sua transposição para o direito português, PINTO, P. Mota, *Conformidade e Garantias na Venda de Bens de Consumo. A Directiva 1999/44/CE e o Direito Português*, in: 2 EDC (2000), 197-331; PINTO, P. Mota, *Cumprimento Defeituoso do Contrato de Compra e Venda. Anteprojecto de Diploma de Transposição da Directiva 1999/44/CE para o Direito Português – Exposição de Motivos e Articulado*, Instituto do Consumidor, Lisboa, 2002; sobre o regime da lei portuguesa, vide SILVA, J. Calvão, *Venda de Bens de Consumo*, Almedina, Coimbra, 2003. Noutros países, vide CRISTROFARO, Giovanni, *Difetto di Conformità al Contratto e Diritto del Consumatore – L'Ordinamento Italiano e la Direttiva 99/44/CE sulla Vendita e le Garanzie dei Beni di Consumo*, Cedam, Padova, 2000; VALLEJO, A. Orti, *Los Defectos de la Cosa en la Compraventa Civil y Mercantil – El Nuevo Régimen Jurídico de las Faltas de Conformidad según la Directiva 1999/44/CE*, Comares, Granada, 2002; ZEIGER, Carsten, *Die Verbrauchsgüterkaufrichtlinie 1999/44/EG: Vergleich der Umsetzung der Gewährleistungsvorschriften in deutsches und englisches Recht*, Grin, München, 2002.

Efeitos

apesar de estes regimes nacional e comunitário se inspirarem confessadamente no modelo da Convenção de Viena[410], os seus âmbitos de aplicação material são diferentes e até opostos, dado que, "grosso modo", ao passo que a última se aplica tendencialmente aos contratos de compra e venda celebrados entre empresários colectivos, excluindo-se os contratos com consumidores (art. 2.º, a) da Convenção), os primeiros aplicam-se apenas aos contratos concluídos entre empresários ou profissionais ("vendedores") e consumidores, excluindo-se assim os contratos entre empresários (cf. art. 1.º-A, n.º 1 do Decreto-Lei n.º 67/2003, de 8 de Abril)[411]. Uma vez mais, semelhante regime interessa fundamentalmente, embora não exclusivamente, ao Direito Comercial: conquanto o legislador adopte aqui em abstracto uma concepção ampla de vendedor ("qualquer pessoa singular ou colectiva que, ao abrigo de um contrato, vende bens de consumo no âmbito da sua actividade profissional": cf. art. 1.º-B, c) do Decreto-Lei n.º 67/2003, de 8 de Abril), a prática quotidiana da sua aplicação confirma que estes contratos terão usualmente como contraparte empresários, singulares ou colectivos (e só secundária ou residualmente outros profissionais não titulares de empresas), já que são aqueles que, por norma também, dispõem da organização de meios produtivos necessária à venda, fornecimento e locação de bens e serviços de consumo.

---

[410] Para um confronto entre os regimes da Directiva Comunitária de 1999 e da Convenção de Viena de 1980, vide Corapi, Diego, *La Direttiva 99/44/CE e la Convenzione di Vienna sulla Vendita Internazionale: Verso un Nuovo Diritto Comune nella Vendita?*, in 5 EDP (2002), 655-670; Kruisinga, Sonja, *What do Consumer and Commercial Sales Law Have in Common? A Comparison of EC Directive on Consumer Sales Law and the UN Convention on Contracts of International Sale of Goods*, in: 9 ERPL (2001), 177-188; Magnus, Ulrich, *Der Stand der internationalen Überlegungen: Der Verbrauchsgüterkauf-Richtlinie und das UN-Kaufrecht*, in: AAVV, "Europäisches Kaufgewährleistungsrecht: Reform und Internationalisierung des deutschen Schuldrechts", 79-91, C. Heymanns, Köln, 2000.

[411] Isto não significa que não possam existir zonas de sobreposição do âmbito de aplicação de ambos os regimes: cf. Vicente, D. Moura, *Desconformidade e Garantias na Venda de Bens de Consumo: A Directiva 1999/44/CE e a Convenção de Viena de 1980*, especialmente 141 e segs., in: II Themis-UNL (2001), n.º 4, 121-144.

Dos Contratos Comerciais em Geral

V. Apesar de se poder sempre afirmar que a doutrina da conformidade com o contrato já se encontrava de algum modo implícita no princípio tradicional "pacta sunt servanda", consagrado entre nós no art. 406.º, n.º 1 do CCivil[412], parece difícil não reconhecer, em todo caso, o alcance da inovação referida.

Com efeito, semelhante doutrina instituiu – para o mais clássico dos contratos comerciais em particular (a compra e venda mercantil) e, crescentemente, para a contratação comercial internacional em geral – uma *concepção lata e uniforme de incumprimento*, unificando debaixo de um conceito e regime comum aquilo que até então se encontrara disperso por uma variedade de noções ("defeito", "vício", "falta de qualidade"), regimes (cumprimento defeituoso, venda de coisas defeituosas e oneradas, erro sobre o objecto negocial) e preceitos jurídicos distintos (mormente, arts. 251.º, 799.º, n.º 1, 905.º, 913.º, e 1218.º do CCivil)[413]. Para além desta significativa renovação em termos dogmáticos, são igualmente evidentes os seus efeitos práticos: ao passo que o regime clássico do cumprimento se pautava pelo princípio "caveat emptor" (o comprador que se acautele), o regime assente na conformidade com o contrato inverte uma teleologia normativa centenária, que agora se inspira antes na máxima "caveat venditor" (o vendedor que se cuide)[414]. A falta de conformidade da prestação debitória

---

[412] Como sucede, respectivamente para a Convenção de Viena e a Directiva Comunitária, com RAMOS, R. Moura/ SOARES, M. Bento, *Contratos Internacionais*, 90, Almedina, Coimbra, 1980; PINTO, P. Mota, *Conformidade e Garantias na Venda de Bens de Consumo. A Directiva 1999/44/CE e o Direito Português*, 231, in: 2 EDC (2000), 197-331.

[413] Neste sentido, especialmente para os contratos de consumo, vide ALMEIDA, C. Ferreira, *Direito do Consumo*, 165 e segs., Almedina, Coimbra, 2005; SILVA, J. Calvão, *Compra e Venda de Coisas Defeituosas – Conformidade e Segurança*, 102, Almedina, Coimbra, 2001.

[414] Segundo Lord STEYN, no caso *"Slater v. Finning"* (1997), "a mudança do «caveat emptor» para o «caveat venditor» constitui uma característica notável do desenvolvimento do Direito Comercial" (cf. ainda BRADGATE, Robert, *Commercial Law,* 300, 3rd edition, Butterworths, London, 2000). Sobre o ponto, vide ainda, entre nós, LEITÃO, L. Menezes, *Caveat Venditor? A Directiva 1999/44/CE do Conselho e do Parlamento*

Efeitos

com o contrato investe o contraente afectado ("maxime", o comprador) numa série de medidas de tutela, que consistem essencialmente, ressalvadas algumas "nuances", num direito à reparação e substituição do bem desconforme, à redução do preço ou à resolução do contrato (arts. 45.° e segs. da Convenção de Viena, art. 3.° da Directiva 1999/44/CE, art. 4.° do Decreto-Lei n.° 67/2003, de 8 de Abril), cumulativamente com uma indemnização por perdas e danos (arts. 74.° e segs. da Convenção de Viena, art. 12.°, n.° 1 da LDC, na redacção que lhe foi dada pelo citado Decreto-Lei n.° 67/2003).[415]

Aliás, corroborando e acentuando ainda mais esta circunstância, merece ainda ser enfatizada a amplitude com que o instituto do incumprimento é hoje concebido à luz das regras que disciplinam usualmente, por determinação das próprias partes, os contratos comerciais internacionais: basta assim lembrar que, ao arrepio da teoria tradicional[416], o incumprimento do contrato ("non-performance") é aí definido latamente como a falta de realização por uma das partes de qualquer das suas obrigações, incluindo o cumprimento defeituoso ("defective performance") e o cumprimento tardio ("late performance") (cf. art. 7.1.1. dos "Princípios Relativos

---

Europeu sobre a Venda de Bens de Consumo e Garantias Associadas e Suas Implicações no Regime Jurídico do Contrato de Compra e Venda, in: AAVV, "Estudos em Homenagem ao Prof. Doutor I. Galvão Telles", vol. I, 263-303, Almedina, Coimbra, 2002.

[415] Cf. respectivamente HERBER, Rolf, *The Rules of Convention Relating to Buyer's Remedies in Cases of Breach of Contract*, especialmente 114 e segs., in: AAVV, "Problems of Unification of International Sales Law", 104-129, Oceana, New York/ London/ Rome, 1980; PINTO, P. Mota, *Conformidade e Garantias na Venda de Bens de Consumo. A Directiva 1999/44/CE e o Direito Português*, 252 e segs., in: 2 EDC (2000), 197-331; LEITÃO, L. Menezes, *O Novo Regime da Venda de Bens de Consumo*, 57 e segs., in: AAVV, "Estudos do Instituto de Direito do Consumo", vol. II, 37-73, Almedina, Coimbra, 2005.

[416] Que, como é sabido, distingue entre as modalidades do incumprimento definitivo, do incumprimento temporário (mora) e do cumprimento defeituoso: cf. VARELA, J. Antunes, *Das Obrigações em Geral*, vol. II, 63 e segs., 7.ª edição, Almedina, Coimbra, 1997.

aos Contratos Comerciais Internacionais" do UNIDROIT e art. 1-301 (4) dos "Princípios do Direito Europeu dos Contratos").[417]

2. O Incumprimento Temporário: Os Atrasos de Pagamento nas Transacções Comerciais

2.1. *Noção Geral*

I. O cumprimento tardio ou intempestivo das obrigações contratuais, constituindo uma vicissitude comum da vida de todo e qualquer contrato, assume um *relevo muito especial no Direito Comercial.*

Com efeito, a onerosidade típica dos contratos comerciais, especialmente em conjunturas de recessão económica, é susceptível de exponenciar os efeitos económicos e financeiros do retardamento da prestação debitória: de acordo com as autoridades comunitárias, a morosidade do adimplemento dos débitos comerciais foi apontada como responsável por um quarto do total dos casos de insolvência das empresas credoras ao nível da União Europeia, envolvendo a perda anual de 450 mil empregos, um valor superior a 23 biliões de euros de dívidas incumpridas, e um total anual de atrasos de pagamento de 90 biliões de euros[418]. Além disso, não se pode perder de vista que a actividade comercial moderna repousa fundamentalmente no crédito, elemento imprescindível que permite um movimento ininterrupto de circulação de

---

[417] Veja-se também LANDO, Ole/ BEALE, Hugh, *The Principles of European Contract Law. Parts I and II. Combined and Revised* (Hague, 2000), Capítulos 8 e 9.

[418] COMISSÃO EUROPEIA, *Guia para os Negócios – A Luta Contra o Atraso de Pagamento nas Transacções Comerciais*, Luxemburgo, 2001. Cf. também, por último, STANNARD, John, *Delay in the Performance of Contractual Obligations,* Oxford University Press, Oxford, 2007.

Efeitos

bens e serviços[419]: ora, a referida morosidade acaba por produzir um efeito de dominó sobre as empresas e a economia no seu conjunto, já que, agravando os custos do crédito comercial, exponencia as situações de incumprimento empresarial e conduz ao abrandamento da economia, originando assim um círculo vicioso.

II. Na sequência da Directiva 2000/35/CE, de 29 de Junho[420], o legislador português veio justamente consagrar um regime jurídico específico relativo aos *atrasos de pagamento nas transacções comerciais,* através do Decreto-Lei n.º 32/2003, de 17 de Fevereiro (doravante "lei dos atrasos de pagamento nas transacções comerciais" ou abreviadamente LAP)[421]. Trata-se de um regime

---

[419] Já J. Caeiro da MATTA, em expressão cunhada há quase cem anos, afirmava que o crédito é "a alma do commercio" (*Direito Commercial Português*, 7, Imprensa da Universidade, Coimbra, 1910): sem ele, os empresários sofreriam intermitências insustentáveis na sua actividade, sendo obrigados designadamente a esperar pela venda dos bens produzidos para poder realizar novos investimentos, comprar novas matérias-primas, ou até pagar despesas correntes. Sobre a tutela do crédito como valor máximo e traço distintivo do Direito Comercial, vide ANTUNES, J. Engrácia, *Direito Comercial*, em curso de publicação.

[420] In: JOCE n.º L200, de 8 de Agosto de 2000, 35-38. Apesar de tal directiva datar do ano 2000, as preocupações da Comissão Europeia na matéria começaram muito antes, tendo aquela instância comunitária apresentado sobre o tema a Recomendação 95/198/CE (in: JOCE n.º L217, de 10 de Junho de 1995, 19-22). Todavia, a verdade é que os Estados-membros praticamente ignoraram tal recomendação, como foi atestado pela própria Comissão em relatório posterior (in: JOCE n.º C216, de 17 de Julho de 1997, 10-11). Sobre o impacto da citada Recomendação ao nível dos Estados-membros, vide ainda SCHULTE-BRAUCKS, Reinhard/ ONGENA, Steven, *The Late Payment Directive – A Step Towards an Emerging European Private Law?*, 521 e seg., in: XI ERPL (2003), 519-544.

[421] Alterado pelo art. 5.º do Decreto-Lei n.º 107/2005, de 1 de Janeiro. A situação portuguesa em matéria de pagamentos intempestivos de débitos comerciais é, de acordo com a esmagadora maioria dos relatórios internacionais e comunitários em matéria dos desempenhos nacionais desde meados da década de 90, exactamente idêntica à sua situação geográfica – ou seja, o lugar da "cauda" da Europa: assim, sendo de 57 dias a média do espaço europeu em matéria de atrasos de pagamento, estima-se que em Portugal o prazo médio de atraso seja de 91 dias (valor apenas superado pela Grécia). Cf. COMISSÃO EUROPEIA, *Guia para os Negócios – A Luta Contra o Atraso de Pagamento nas Transacções Comerciais*, Luxemburgo, 2001.

fragmentário, e não de vocação global, do cumprimento tempestivo das obrigações comerciais, já que, como de algum modo resulta logo do preceito inaugural do diploma legal (art. 1.º da LAP), ele prevê essencialmente um mero acervo de *medidas avulsas* destinadas a incrementar a eficácia do regime geral em sede de cumprimento e cobrança dos créditos comerciais[422]. Antes de nos debruçarmos sobre as medidas ou regras particulares que aqui mais directamente nos interessam ("maxime", prazos de vencimento, juros moratórios, indemnização suplementar, cláusulas abusivas, injunção), existem alguns aspectos gerais dignos de menção prévia.[423]

III. Por um lado, no que concerne ao seu *âmbito objectivo*, o regime jurídico em apreço "aplica-se a todos os pagamentos efectuados como remunerações de transacções comerciais" (art. 2.º, n.º 1 da LAP): tal significa dizer, em suma, que ele tem por objecto exclusivo as *obrigações comerciais pecuniárias*.

Com efeito, e desde logo, apenas se abrangem aqui as obrigações *pecuniárias*, ou seja, as obrigações emergentes de contrato cuja prestação debitória consiste numa quantia em dinheiro ("pecuniae"): excluídas ficam assim as chamadas "dívidas de valor", emergentes de disposição legal, tais como, v.g., as obrigações de indemnização fundada em invalidade contratual, de restituição por enriquecimento sem causa, ou outras similares em que

---

[422] Sob a epígrafe "Objecto", reza este preceito inaugural: "O presente diploma transpõe para a ordem jurídica interna a Directiva 2000/35/CE, do Parlamento Europeu e do Conselho, de 29 de Junho, a qual estabelece medidas de luta contra os atrasos de pagamento nas transacções comerciais".

[423] Sobre este regime, vide MORAIS, F. Gravato, *A Tutela do Credor Perante o Atraso no Pagamento de Transacções Comerciais,* in: 50 SI (2005), 271-295. Para regimes estrangeiros congéneres, vide CUFFARO, Vicenzo (dir.), *La Disciplina dei Pagamenti Commerciali,* Giuffrè, Milano, 2004; SCHULTE-BRAUCKS, Reinhard, *Zahlungsverzug in der Europäischen Union,* in: 54 NJW (2001), 103-108; VISCASILLAS, M. Perales, *La Morosidad en las Operaciones Comerciales entre Empresas,* Civitas/ Thomson, Madrid, 2006.

Efeitos

o dinheiro funciona fundamentalmente como mecanismo de aferição do seu quantitativo ou liquidação[424]. Por outro lado, relevantes são apenas as obrigações pecuniárias *comerciais*, ou seja, as obrigações de pagamento que constituam a contrapartida remuneratória de uma transacção comercial: abrangidas ficam assim abstractamente as obrigações de pagamento de quaisquer tipos de contratos onerosos bilateral ou unilateralmente comerciais (celebrados entre ou por empresas) relativos ao fornecimento de mercadorias ou prestação de serviços, incluindo a obrigação de pagamento do preço e de todas as demais despesas acessórias incorridas pelos contratantes (v.g., preparação contratual, entrega, transporte, etc.).[425]

IV. Por outro lado, e mais importante, no que concerne ao seu *âmbito subjectivo*, o regime jurídico em apreço – num eloquente testemunho jurídico-positivo da progressiva centralidade da empresa no domínio do Direito Comercial em geral, e dos contratos comerciais em particular – tem por protagonista regulatório a *empresa*. Com efeito, nos termos da alínea a) do art. 3.º da LAP, por «transacção comercial» entende-se "qualquer transacção entre empresas ou entre empresas e entidades públicas (...)", sendo ainda que, nos termos da sua alínea b), por «empresa» deve entender-se aqui "qualquer organização que desenvolva uma actividade económica ou profissional autónoma, mesmo que exercida por pessoa singular": estão aqui assim genericamente

---

[424] Sobre a distinção entre dívidas pecuniárias e dívidas de valor, vide SERRA, A. Vaz, *Obrigações Pecuniárias*, 152 e segs., in: 52 BMJ (1956), 5-341.

[425] Inversamente, por já não se poderem considerar como contrapartida remuneratória da transacção, parecem ser de excluir as obrigações pecuniárias secundárias – isto é, as decorrentes do incumprimento ou outras vicissitudes contratuais, ainda que com conteúdo pecuniário – ou derivadas – isto é, que representem modos alternativos de extinção da obrigação primária de pagamento, v.g., letras de câmbio. Sobre o ponto, vide em geral CHINE, Giuseppe, *I Confini Oggettivi e Soggettivi di Applicazione della Disciplina sui Pagamenti nelle Transazioni Commerciali*, 62, in: Cuffaro, Vicenzo (dir.), "La Disciplina dei Pagamenti Commerciali", 55-113, Giuffrè, Milano, 2004.

Dos Contratos Comerciais em Geral

abrangidos todos os sujeitos jurídicos, singulares ou colectivos, que sejam titulares de uma organização empresarial que desenvolva um qualquer tipo de actividade económica (comercial, industrial, agrícola, artesanal, serviços, profissões liberais).

Daqui resulta que o diploma legal tem por objecto central as relações jurídico-negociais celebradas entre ou por empresários singulares ou colectivos: para o nosso universo particular de preocupações, tal significa dizer, nuclearmente, os *contratos comerciais puros* (celebrados entre empresários), abrangendo-se ainda certos contratos comerciais mistos ou unilateralmente comerciais (celebrados entre empresas e entidades públicas)[426]. Negativamente, de fora do âmbito de aplicação deste regime, ficam assim os débitos pecuniários emergentes de *contratos entre empresas e consumidores*[427], de juros relativos a pagamentos que *não constituam remuneração de transacções comerciais* ("maxime", derivados de obrigações cambiárias[428]) e de *responsabilidade civil* (art. 2.º, n.º 2 da LAP)[429]. Se a previsão legal das duas primeiras situações

---

[426] O atraso de pagamento é um problema que, paradoxalmente, encontra nos Estados um dos seus principais protagonistas – aquilo que as instâncias europeias designam eufemisticamente como a "cultura de pagamento retardado" dos entes públicos (cf. JOCE n.º C407, de 28 de Dezembro de 1998, 50-55). A expressão "entidade pública" deve ser aqui tomada no seu sentido mais amplo, designando "qualquer autoridade ou entidade contratante definida nas directivas relativas aos concursos públicos" (cf. art. 2.º, n.º 1, §1 da Directiva 35/2000/CE, de 29 de Junho), incluindo assim designadamente o Estado, as autarquias locais, e os organismos de direito público.

[427] Neste sentido também o Acórdão da RP de 26-IX-2005 (Sousa Lameira), onde justamente se decidiu pela não aplicabilidade do procedimento especial de injunção previsto no art. 7.º da LAP ao caso de dívidas de consumidores (in: XXX CJ (2005), IV, 177-178).

[428] Sobre os juros de créditos comerciais titulados por letras, livranças e cheques, vide Antunes, J. Engrácia, *Os Títulos de Crédito*, 97 e seg., Coimbra Editora, Coimbra, 2009; Antunes, J. Engrácia, *O Regime Jurídico dos Actos de Comércio*, in: Themis--UNL (2009), em curso de publicação

[429] O elenco legal do art. 2.º, n.º 2 tem carácter taxativo (cf. também Morais, F. Gravato, *A Tutela do Credor Perante o Atraso no Pagamento de Transacções Comerciais*, 280 e seg., in: 50 SI (2005), 271-295). Tal significa, designadamente, que as obrigações pecuniárias de devedor insolvente (cuja exclusão era permitida pelo art. 6.º, n.º 3 da

Efeitos

se pode considerar como algo redundante (uma vez que estas representam um corolário lógico do próprio âmbito geral de aplicação, desenhado no n.º 1 do art. 2.º da LAP)[430], já a última comporta um sentido autónomo relevante: o de circunscrever o perímetro legal aos pagamentos remuneratórios voluntários, com exclusão dos pagamentos indemnizatórios fundados em responsabilidade civil extracontratual (v.g., dever de indemnização resultante de facto ilícito) ou contratual (decorrente de incumprimento de obrigação contratual).[431]

2.2. *Prazos de Vencimento, Mora, Cláusulas Abusivas e Injunção*

I. O cerne do regime legal, da perspectiva que aqui nos ocupa, reside num conjunto de mecanismos jurídicos, de natureza substantiva e adjectiva, que visam reforçar *a tutela do credor empresarial*: tais mecanismos são relativos aos *prazos de vencimento*, ao *regime moratório* (juros e indemnização suplementar), ao controlo das *cláusulas abusivas*, e à *injunção*.

II. Nos termos gerais, o vencimento das obrigações puras exige a interpelação do devedor por parte do credor: ou seja, as

---

Directiva comunitária) ficam também abrangidas pelo regime legal: cf. CERCONE, Roberto, *I Pagamenti Commerciali e L'Insolvenza del Debitore nella Prospettiva Comunitaria*, in: Cuffaro, Vicenzo (dir.), "La Disciplina dei Pagamenti Commerciali", 41-53, Giuffrè, Milano, 2004.

[430] Relembre-se que este preceito se refere apenas aos pagamentos remuneratórios de transacções entre empresas, o que sempre implicaria, "a contrario sensu", que excluídos ficariam os pagamentos remuneratórios relativos a contratos entre empresas e consumidores e os pagamentos não remuneratórios de transacções.

[431] O inciso final da alínea c) do citado art. 2.º, n.º 2, que se refere genericamente aos pagamentos indemnizatórios "efectuados por companhias seguradoras", é susceptível de levantar algumas perplexidades, havendo doutrina que sustenta aqui a necessidade de uma interpretação restritiva (cf. CORREIA, M. Pupo, *Direito Comercial*, 426, 9.ª edição, Ediforum, Lisboa, 2005).

Dos Contratos Comerciais em Geral

obrigações sem prazo de vencimento, se é certo que se vencem logo que o credor assim o decida (art. 777.º, n.º 1 do CCivil), também é verdade que só constituem o devedor em mora após a competente interpelação judicial ou extrajudicial (art. 805.º, n.º 1 do CCivil).

Com vista a proteger os credores comerciais contra os riscos da omissão de previsão contratual de datas ou prazos de cumprimento, os inconvenientes da exigência de uma interpelação admonitória, e as incertezas de determinação do momento "a quo" do vencimento dos juros moratórios, a lei estabeleceu *prazos supletivos de vencimento automático* das obrigações comerciais pecuniárias (art. 4.º, n.º 2 da LAP). A fixação dos referidos prazos supletivos foi feita pelo legislador basicamente em função de determinadas variáveis substantivo-temporais: assim, nas transacções comerciais que sejam omissas relativamente à data ou ao prazo de vencimento da obrigação de pagamento, considera-se que tal obrigação *se vence "ex lege" e automaticamente no prazo de 30 dias* – ou seja, sem necessidade de qualquer aviso ou interpelação, constituindo assim o respectivo devedor em mora e iniciando-se a contagem dos juros moratórios no termo desse prazo – contado após a data em que o devedor tiver recebido a factura ou documento equivalente (art. 4.º, n.º 2, a) da LAP), após a data da recepção dos bens ou da prestação dos serviços quando seja incerta a data de recepção da factura ou quando o devedor haja recebido esta última antes do fornecimento daqueles bens ou serviços (art. 4.º, n.º 2, b) e c) da LAP), ou após a data de aceitação do devedor quando haja lugar a uma declaração de conformidade dos bens ou serviços recebidos por parte deste e ele haja já recebido a factura respectiva (art. 4.º, n.º 2, d) da LAP).[432]

---

[432] A redacção legal deixa algo a desejar, ao afirmar que "sempre que do contrato não conste a data ou prazo de pagamento, são devidos juros, os quais se vencem automaticamente, sem necessidade de novo aviso" (art. 4.º, n.º 2, proémio, da LAP). Por um lado, como é óbvio, são as obrigações de pagamento, e não as obrigações de juro

Efeitos

III. Uma outra medida de tutela diz respeito ao regime especial da *mora* aplicável aos atrasos de pagamento nas transacções comerciais, que inclui os juros de mora (art. 4.º, n.ºs 1 e 2 da LAP) e a chamada "indemnização suplementar" (art. 4.º, n.º 3 da LAP).[433]

Quanto aos *juros moratórios*, o legislador português optou por remeter genericamente a sua regulação para o quadro geral do art. 102.º do CCom (arts. 4.º, n.º 1 e 6.º da LAP). Tal remissão sempre seria desnecessária para quem, como nós, sustente que esta norma do Código Comercial constitui hoje o preceito fundamental em sede dos juros das obrigações comerciais, que abrange assim genericamente, à partida e salvo norma expressa em sentido contrário, todos os tipos de juros (legais ou convencionais sem taxa, remuneratórios ou moratórios, antecipados ou postcipados) relativos a créditos e débitos emergentes de contratos comerciais celebrados por empresários no exercício da sua actividade – sejam bilateralmente (entre empresários) ou unilateralmente comerciais (cobrindo assim também os contratos entre empresários e entidades públicas)[434]. Assim sendo, a existir, a única particularidade que parece resultar da remissão legal reveste carácter indirecto,

---

decorrentes, que são objecto do vencimento automático previsto na lei: as obrigações de juros são exigíveis nos termos gerais, ou seja, apenas na data de vencimento dos próprios juros moratórios e mediante a correspectiva interpelação do devedor. Por outro lado, ao referir-se à desnecessidade de um "novo aviso", o legislador inculca a ideia errónea de que terá existido um aviso anterior por parte do credor que desencadeou o vencimento: ora, o vencimento não requer qualquer acto de interpelação pelo credor, reportando-se a menção legal provavelmente às notificações entre as partes previstas nas alíneas do mesmo n.º 2.

[433] Com efeito, sendo hoje empiricamente observável que uma das razões fundamentais para a referida "praga" do incumprimento tempestivo resulta do facto de este se ter tornado financeiramente vantajoso para os devedores (mercê de factores vários, v.g., o nível historicamente baixo das taxas de juro, os conhecidos problemas de ineficácia e lentidão do aparelho estadual de justiça), impunha-se garantir aos credores uma protecção adequada relativamente ao regime comum existente, desincentivando simultaneamente os prevaricadores. Cf. também Considerando 16 da Directiva 2000/35/CE, de 29 de Junho.

[434] Sobre este preceito, vide já desenvolvidamente *supra* Parte II, Cap. IV, §2, 2.2.

Dos Contratos Comerciais em Geral

prendendo-se com a questão da articulação entre os âmbitos de aplicação do regime geral do CCom e do regime especial da LAP: com efeito, em face do elenco de exclusões previsto no art. 2.º, n.º 2 da LAP, é duvidoso se o regime juscomercial geral será aplicável aos juros moratórios relativos às obrigações pecuniárias emergentes de contratos celebrados entre comerciantes e consumidores.[435]

Além disso, é ainda mister atentar na possibilidade de o credor comercial exigir ao devedor uma *"indemnização suplementar"*, sempre que o montante dos prejuízos sofridos pelo primeiro excedam o montante dos juros devidos pelo último (art. 4.º, n.º 3 da LAP)[436]. Trata-se de uma medida relevante, já que se verifica amiúde que o incumprimento tempestivo das dívidas comerciais acarreta para os credores danos que os juros moratórios não chegam sequer a mitigar: pense-se, por exemplo, no caso dos empresários que caem numa situação de insolvência em virtude dos atrasos de pagamento dos seus devedores. Não obstante o legislador tenha assim alargado o âmbito da protecção que já resultava do mecanismo geral do art. 806.º, n.º 3 do CCivil (que apenas prevê tal possibilidade para os casos de responsabilidade civil extracontratual por facto ilícito e pelo risco), a verdade é que não aproveitou na plenitude os mecanismos de tutela dos credores comerciais previstos pelo legislador comunitário: com efeito, considerando que é sobre estes que recai o ónus da prova do montante

---

[435] Em contrapartida, já idênticas dúvidas não se parecem poder levantar a respeito dos demais tipos de juros relativos a contratos entre empresários e consumidores, incluindo, quer os juros remuneratórios e convencionais sem taxa, quer os juros relativos a outras obrigações de pagamento (v.g., dívidas cambiárias).

[436] Sustentando uma interpretação restritiva do preceito comunitário subjacente, no sentido de considerar como apenas indemnizáveis os custos relativos à cobrança da dívida (v.g., despesas administrativas, honorários de advogados), vide ROCHA, A. Catarina, *A Cláusula de Reserva de Propriedade na Directiva 2000/35/CE do Parlamento Europeu e do Conselho sobre as Medidas de Luta Contra os Atrasos de Pagamento*, 17, in: II RFDUP (2005), 9-78.

Efeitos

dos prejuízos sofridos (art. 4.º, n.º 3 da LAP), a fixação prévia de montantes indemnizatórios em função do valor das dívidas teria decerto contrabalançado os interesses em jogo e os interesses da própria administração da justiça (art. 3.º, n.º 1, e) da Directiva 2000/35/CE).[437]

IV. Um terceiro tipo de medida, largamente instrumental dos direitos e deveres substantivos atrás referidos, é a proibição expressa da estipulação negocial de *cláusulas abusivas* em sede do vencimento e da mora das obrigações comerciais de pagamento (art. 5.º da LAP).[438]

Assim, no âmbito de contratos comerciais abrangidos pela lei, serão proibidas aquelas cláusulas que "estabeleçam prazos excessivos de pagamento" (art. 5.º, n.º 1, a) da LAP) ou que "excluam ou limitem, de modo directo ou indirecto, a responsabilidade pela mora" (art. 5.º, n.º 1, b) da LAP). O preceito em questão, sendo inequivocamente tributário da lei geral em matéria do controlo dos contratos de adesão (mormente, os arts. 18.º, c) e 19.º, b) da LCCG)[439], exibe, todavia, algumas importantes especia-

---

[437] Como já vimos anteriormente (cf. *supra* Parte II, Cap. IV, §2, 2.3 (VI)), mesmo com a bengala comunitária, os poderes públicos lusitanos não perdem uma oportunidade para apadrinhar os transgressores da lei, numa lamentável reafirmação daquilo que uma certa geração equivocada denominou eufemisticamente por "tradição de brandos costumes". Sem surpresa, diferente é o caminho seguido por outros países europeus, cujo superior desenvolvimento cultural, social, e económico, aliás, ninguém parece contestar: assim, plenamente consciente do problema, o legislador inglês previu expressamente uma espécie de sanção pecuniária compulsória ("additional compensation"), fixada por escalões e que acresce à própria sanção dos juros moratórios, dispensando expressamente a prova dos prejuízos adicionais (cf. sections 5A e 9(2) da "Late Payment of Commercial Debts Regulation", na versão dada pelo "Statutory Instrument n.º 1674", de 7 de Agosto de 2002).

[438] Com isto, o legislador visou evitar que a eficácia do seu regime pudesse ser posta em causa através do abuso da autonomia privada e da liberdade contratual: cf. Considerando 19 da Directiva 2000/35/CE e Preâmbulo do Decreto-Lei n.º 32/2003, de 17 de Fevereiro.

[439] A alínea c) do art. 18.º da LCCG prevê, entre as cláusulas negociais absolutamente proibidas, as que "excluem ou limitem, de modo directo ou indirecto, a responsabilidade

Dos Contratos Comerciais em Geral

lidades que importa enunciar[440]. "Primus", quanto ao seu âmbito de aplicação, ao passo que o regime geral respeita apenas aos contratos de adesão padronizados ou individualizados celebrados entre empresários (ou entidades equiparadas) ou entre estes e consumidores (arts. 1.º, n.ºs 1 e 2, 3.º, c), 17.º e 20.º da LCCG), a proibição constante da LAP abrange virtualmente todos os tipos de negócios jurídicos – incluindo, pois, aqueles em que as cláusulas proibidas hajam sido objecto de negociação prévia entre os contraentes – e é aplicável aos casos de contratos celebrados entre empresários e o Estado ou outras entidades públicas (art. 3.º, a) da LAP). "Secundus", ao passo que o regime geral prevê sanções diferenciadas para as cláusulas em questão (absoluta e relativamente proibidas: cf. arts. 18.º, c) e 19.º, b) da LCCG), a proibição constante da LAP é sempre relativa, já que a nulidade das mesmas fica dependente de um juízo valorativo a efectuar nos casos concretos, mormente da inexistência de motivo injustificado ou atendível para a sua previsão contratual (cf. art. 5.º, n.º 1 da LAP)[441]. "Tertius", ao passo que o regime geral consagra a facul-

---

por não cumprimento definitivo, mora ou cumprimento defeituoso", e a alínea b) do seu art. 19.º, à cabeça do elenco das cláusulas relativamente proibidas, refere aquelas que "estabeleçam, a favor de quem as predisponha, prazos excessivos para o cumprimento, sem mora, das obrigações assumidas". Sobre estas normas, vide *supra* Parte II, Cap. III, §2, 2.2(II), e 2.3(II).

[440] Mas também alguns pontos comuns. Assim, do ponto de vista adjectivo, merece realce a extensão da tutela oferecida pela *acção inibitória*, prevista nos arts. 25.º e segs. da LCCG, permitindo assim aos credores de obrigações pecuniárias emergentes deste tipo de contratos suscitar o controlo judicial, a título preventivo, da legalidade dos respectivos clausulados (art. 5.º, n.º 5 da LAP): repare-se que esta previsão normativa tem relevo jurídico autónomo, já que, ao contrário do que resultaria da LCCG (cf. art. 3.º, c)), ela pode também abranger determinados contratos administrativos celebrados entre entidades públicas e empresas.

[441] É duvidoso o alcance a atribuir ao "carácter excessivo" dos prazos de pagamento contratualmente estabelecidos. Apesar de haver quem sustente que tal será o caso de todo e qualquer prazo contratual que ultrapasse os prazos supletivos legais (SANTOS, F. Cassiano, *Direito Comercial Português*, vol. I, 141, Coimbra Editora, Coimbra, 2007), propendemos a considerar que tal dependerá de um juízo valorativo a realizar por referência ao concreto contrato de adesão em causa: tal a leitura que, a um tempo, resulta

Efeitos

dade de optar pela manutenção ou extinção do contrato (art. 13.º, n.º 1 da LCCG), o regime especial em apreço origina apenas a nulidade da cláusula ou cláusulas proibidas, subsistindo o negócio integrado pelas normas supletivas pertinentes e pelas regras gerais de integração dos negócios jurídicos (art. 5.º, n.º 2 da LAP).[442]

V. Um quarto e último tipo de medidas consistiu na extensão da tutela conferida pelo procedimento da *injunção* ao cumprimento das obrigações emergentes de transacções comerciais (arts. 7.º e 10.º, n.º 2, g) do Regime Anexo ao Decreto-Lei n.º 269/98, de 1 de Setembro).

No essencial, tal significa dizer que a falta de cumprimento tempestivo confere ao credor comercial o direito de lançar mão de uma providência tendente à criação de um título executivo extrajudicial na sequência de uma notificação de pagamento ao devedor[443]. Trata-se mesmo de um desvio ao regime geral do

---

do recurso da lei a conceitos indeterminados ("prazos excessivos", "motivo atendível e justificado face às circunstâncias concretas"), da admissibilidade de fixação judicial de prazos diversos (art. 5.º, n.º 3 da LAP), e do próprio paralelismo com o regime geral do controlo dos contratos de adesão (cf. proémio do art. 19.º da LCCG). A natureza excessiva ou leonina dos prazos clausulados haverá assim de ser aferida no contexto do quadro negocial – tomando em linha de conta, designadamente, a dimensão empresarial dos contraentes, o tipo de bens ou serviços negociados, e, muito em particular, os usos comerciais (cf. em geral Antunes, J. Engrácia, *Os Usos e o Costume no Direito Comercial*, in: "Estudos Comemorativos dos 10 Anos da Faculdade de Direito da Universidade Nova de Lisboa", vol. II, 215-239, Almedina, Coimbra, 2008) –, sem prejuízo de os prazos supletivos do art. 4.º, n.º 2 da LAP possuírem aqui um valor de referência integrativo.

[442] Este regime especial está de acordo com o regime geral da redução do negócio jurídico previsto no art. 292.º do CCivil, embora o seu teor categórico pareça excluir a possibilidade de o credor lançar mão da ressalva contida no inciso final do preceito civilístico, que admite a invalidade total do negócio quando seja feita prova de que este não teria sido concluído sem a parte viciada: ou seja, dir-se-ia que as cláusulas nulas serão automaticamente substituídas pelas normas legais supletivas aplicáveis ou, na falta destas, pelos usos mercantis e pelas regras gerais de integração. Por outro lado, a nulidade da cláusula ou cláusulas de prazos de pagamento pode ser invocada judicial ou extrajudicialmente (art. 5.º, n.º 4), sendo aplicável o prazo supletivo legal pertinente (art. 4.º, n.º 2) ou o prazo fixado pelo juiz (art. 5.º, n.º 3).

[443] Costa, Salvador, *A Injunção e as Conexas Acção e Execução*, 153 e segs., 5.ª edição, Almedina, Coimbra, 2005.

procedimento injuntivo, o qual, como é sabido, apenas admite créditos pecuniários de valor não superior ao da alçada da Relação, ou seja, 30 mil euros (art. 11.º, n.º 1, g) do citado Regime Anexo e art. 1.º do diploma preambular do Decreto-Lei n.º 269/98, de 1 de Setembro, art. 31.º, n.º 1 da LOFTJ): tal não quer dizer que esse valor seja aqui irrelevante, uma vez que, se as acções tendentes ao cumprimento de obrigações pecuniárias de valor inferior ao referido limiar seguem os termos de acção declarativa especial para cumprimento de obrigações pecuniárias contratuais (art. 7.º, n.º 4), as acções cujo valor lhe sobrepuje já ficarão sujeitas à forma de processo comum (art. 7.º, n.ºs 2 e 3, ambos do Regime Anexo ao Decreto-Lei n.º 269/98, de 1 de Setembro).

VI. A fechar, cumpre ainda chamar a atenção para um mecanismo de tutela do credor empresarial contra o cumprimento tardio do devedor que, conquanto não plasmado na LAP, acabou por se projectar na ordem jurídica vigente por força da Directiva 2000/ /35/CE, de 29 de Junho, que lhe esteve na base – referimo-nos à *cláusula de reserva de propriedade.*[444]

Com efeito, nos termos do seu art. 4.º, "os Estados-Membros permitirão, em conformidade com as disposições nacionais aplicáveis e previstas no direito internacional privado, que o vendedor conserve os bens duradouros até terem sido totalmente pagos desde que tenha sido explicitamente acordada uma cláusula de reserva de propriedade entre comprador e vendedor antes da entrega dos bens duradouros estabelecendo em seu favor certos mecanismos especiais, de natureza substantiva e adjectiva". Ora, a ausência de

---

[444] Sobre a cláusula de reserva de propriedade em geral, vide PINHEIRO, L. Lima, *A Cláusula de Reserva de Propriedade – Algumas Reflexões sobre a sua Função, Regime e Natureza Jurídica,* Almedina, Coimbra, 1988. Sobre esta cláusula no quadro do regime jurídico dos atrasos de pagamento nas transacções comerciais, vide ROCHA, A. Catarina, *A Cláusula de Reserva de Propriedade na Directiva 2000/35/CE do Parlamento Europeu e do Conselho sobre as Medidas de Luta Contra os Atrasos de Pagamento,* in: II RFDUP (2005), 9-78.

Efeitos

uma disposição específica de transposição deste preceito no Decreto-Lei n.º 32/2003, de 17 de Fevereiro, apenas pode significar que o legislador português considerou que os normativos gerais vigentes na matéria (mormente, o art. 409.º do CCivil) eram já suficientes para assegurar o imperativo de harmonização comunitário: tal vale por dizer, no essencial, que os credores empresariais poderão ainda dispor de um ulterior instrumento de pressão sobre devedores relapsos, garantindo o cumprimento das suas obrigações pecuniárias a tempo e horas, mediante a estipulação de cláusulas contratuais que façam depender a transferência da propriedade dos bens transaccionados do pagamento integral do preço em dívida.[445]

2.3. *Outros Prazos Legais de Vencimento*

I. O Direito Comercial, em razão da especialidade dos interesses que lhe estão subjacentes (tutela do crédito, celeridade e segurança das transacções comerciais), demonstra uma particular atenção ao vencimento das obrigações comerciais, introduzindo numerosas entorses ao sistema geral do vencimento das obrigações civis (art. 777.º do CCivil)[446]: na verdade, consubstanciando-se a actividade empresarial num movimento ininterrupto de circulação de bens e serviços e na inerente contratação de suporte, compreende-se que a preocupação do legislador haja sido a de estabelecer regimes de vencimento das obrigações mercantis mais

---

[445] Sobre o reconhecimento das cláusulas de reserva de propriedade nas transacções comerciais internas e intracomunitárias, bem assim como os requisitos de validade e de eficácia de tais cláusulas, vide ROCHA, A. Catarina, *A Cláusula de Reserva de Propriedade na Directiva 2000/35/CE do Parlamento Europeu e do Conselho sobre as Medidas de Luta Contra os Atrasos de Pagamento*, 48 e segs., in: II RFDUP (2005), 9-78.

[446] Sobre a tutela do crédito, a celeridade e a segurança jurídica das transacções comerciais, como características distintivas das normas do Direito Comercial, vide ANTUNES, J. Engrácia, *Direito Comercial,* em curso de publicação.

céleres e flexíveis, mormente prevendo *prazos legais mais curtos e automáticos de vencimento* para essas obrigações.

II. Assim sendo, para além do regime em matéria de vencimento das obrigações comerciais pecuniárias resultantes de transacções entre empresas, atrás analisado, a lei comercial prevê ainda várias *outras disposições especiais semelhantes* a respeito de determinados tipos particulares de contratos mercantis.

É o caso do *contrato de seguro*. Nos termos da LCS, "o prémio, ou a fracção inicial deste, é devido na data da celebração do contrato" (art. 53.º, n.º 1) e "as fracções seguintes do prémio inicial, o prémio das anuidades subsequentes e as sucessivas fracções deste são devidos nas datas estabelecidas no contrato" (art. 53.º, n.º 2). Tal significa que o tomador do seguro está obrigado a cumprir a sua obrigação pecuniária de pagamento do prémio nas datas referidas, que lhe devem ser comunicadas previamente por escrito pela empresa seguradora (art. 60.º), originando o seu incumprimento tempestivo ou mora a não cobertura dos riscos (art. 59.º), bem como a resolução automática e imediata do contrato ou a sua não prorrogação, consoante os casos (art. 61.º, n.ºs 1 e 2).[447]

É ainda o caso do *contrato de agência*. Nos termos do art. 18.º, n.º 3 do Decreto-Lei n.º 178/86, de 3 de Julho, a comissão do agente "deve ser paga até ao último dia do mês seguinte ao trimestre em que o direito tiver sido adquirido". Tal vale por dizer que o vencimento das obrigações de pagamento no âmbito deste tipo de contrato mercantil (remuneração do agente pelo principal) está sujeito a um prazo máximo "ex lege": se o direito à retribuição do agente é exigível a partir do momento em que se verifique algumas das condições previstas no n.º 1 do preceito, ele vencer--se-á, ou com o acto de interpelação do principal (nos termos

---

[447] Cf. *infra* Parte III, Cap. VI, §4, 3.

Efeitos

gerais do art. 805.º do CCivil), ou, na falta deste, na data legalmente fixada.[448]

É também o caso dos contratos de *compra e venda mercantil* e de *troca mercantil*. Nas compras ou trocas de coisas à vista, "o vendedor deve pô-las à disposição do comprador dentro das vinte e quatro horas seguintes ao contrato" (arts. 473.º e 480.º do CCom). Tal implica que, ao contrário da regra geral do art. 882.º do CCivil, os negócios mercantis onerosos que tenham por objecto a transferência de propriedade de coisas que se encontram na disponibilidade do vendedor (como é, por definição, o caso das coisas à vista) devem ser cumpridos de imediato ou num curtíssimo prazo (contado nos termos gerais do art. 279.º do CCivil), sem necessidade de qualquer acto de interpelação ou outro por parte do comprador.[449]

III. Finalmente, é mister recordar ainda que o âmbito de aplicação destes regimes especiais de vencimento é tanto mais vasto quanto é certo que não se pode excluir a possibilidade da sua *extensão analógica* a outros contratos comerciais.

Com efeito, são concebíveis contratos mercantis cuja disciplina legal ou convencional seja omissa relativamente ao vencimento das respectivas obrigações – caso em que, sendo de concluir pela existência de uma lacuna de regulação, poderá fazer sentido integrar esta mediante o recurso à aplicação analógica de um dos

---

[448] Cf. *infra* Parte III, Cap. III, §2, 2(VI). A respeito deste prazo de vencimento, sobre o qual, aliás, a doutrina pouco elaborou, vide MONTEIRO, A. Pinto, *Contrato de Agência – Anotação ao Decreto-Lei n.º 178/86, de 3 de Julho*, 84, 4.ª edição, Almedina, Coimbra, 2000.

[449] Cf. *infra* Parte III, Cap. I, §2. 3.2. Muitos outros contratos mercantis poderiam ser ainda enumerados, em que o desiderato da celeridade e segurança das transacções comerciais, típico do Direito Comercial, levou o legislador a prever regimes especiais de vencimento das respectivas obrigações: assim, por exemplo, no contrato de conta-corrente, os juros do saldo contam-se imediata e automaticamente a partir da data da liquidação decorrente do encerramento da conta-corrente (art. 348.º do CCom). Cf. *infra* Parte III, Cap. I, §3, 8.

referidos regimes especiais no lugar de recorrer ao regime geral da lei civil. Um exemplo: no contrato de aluguer mercantil (art. 481.º do CCom), tendo o locador na sua disponibilidade o bem móvel alugado, deve entender-se que a obrigação da respectiva entrega, ao arrepio do regime geral (arts. 777.º, 1023.º e 1031.º, a) do CCivil e art. 482.º do CCom), se vence no prazo de 24 horas subsequente à celebração do contrato, automaticamente e sem necessidade de acto de interpelação por parte do locatário, por força da aplicação analógica do art. 473.º do CCom sobre a compra e venda comercial.[450]

3. O (In)Cumprimento Defeituoso: A Responsabilidade Objectiva dos Participantes no Circuito Económico

3.1. *Noção Geral*

I. Num mundo caracterizado pela produção em série de bens homogéneos, pela distribuição comercial em cadeia e pelo consumo de massas, o *circuito económico* é constituído por uma segmentação cada vez mais complexa e acentuada entre produção, distribuição e consumo.

Antes de um determinado produto ou serviço, por exemplo, um automóvel, chegar às mãos dos seus destinatários finais, ele atravessa uma longa cadeia de transmissões com significado jusnegocial: o veículo é criado, enquanto produto final ou acabado, por uma empresa dedicada ao fabrico de automóveis (*empresa produtora "stricto sensu"* ou fabricante); tal empresa produtora

---

[450] Em sentido idêntico, SANTOS, F. Cassiano, *Direito Comercial Português,* vol. I, 147, Coimbra Editora, Coimbra, 2007. Sobre as "lacunas de regulação" da lei comercial, e sobre os métodos da sua integração, vide ANTUNES, J. Engrácia, *A Analogia no Direito Comercial*, em curso de publicação.

viu-se forçada, para o processo de fabrico e montagem, a recorrer aos produtos fabricados ou fornecidos por outras empresas, tais como partes componentes, peças acessórias ou determinadas matérias-primas (*empresas produtoras "lato sensu" ou fabricantes periféricos*); uma vez pronto o automóvel, a empresa produtora raramente o venderá directamente ao cliente final, recorrendo então a uma cadeia mais ou mais longa de distribuição comercial, que pode incluir uma ou mais grandes empresas de importação, as quais, por sua vez, usualmente processam a comercialização dos veículos através de uma rede de concessionários, agentes, mediadores ou outros distribuidores a quem cabe a colocação do automóvel no mercado de venda ao público (*empresas distribuidoras "stricto sensu"*); além disso, é igualmente natural, a jusante, que os distribuidores se hajam socorrido de outros intermediários comerciais instrumentais, tais como empresas transportadoras, armazenistas, depositárias ou embaladoras, entrepostos comerciais, ou afins (*empresas distribuidoras "lato sensu"*) e ainda, a montante, que os mesmos distribuidores, a fim de promover a sua venda junto do público, garantam previamente junto de instituições de crédito a existência de linhas especiais de financiamento dos potenciais compradores (*empresas financiadoras*); por fim, pode até suceder que o adquirente final do automóvel (comprador) não seja sequer, afinal, o seu consumidor ou utente, o qual poderá destinar-se ao uso por terceiro (v.g., aquisição de uma frota de veículos por empresas de "rent-a-car").

II. Este intrincado circuito económico, inerente à crescente sofisticação dos bens oferecidos pelas empresas na moderna sociedade da abundância (veículos, computadores, televisores, electrodomésticos, brinquedos, produtos alimentares, medicamentos, bases de dados, etc., etc.), rapidamente veio tornar insuficiente e inadequado *o tradicional modelo legal do cumprimento defeituoso*.

Com efeito, é necessário ter presente que o referido circuito económico se traduz num complexo "continuum" entre produção,

Dos Contratos Comerciais em Geral

distribuição e consumo, constituído por uma multiplicidade de relações contratuais entre as empresas participantes, que culmina no contrato de compra e venda (ou similar) do produto entre o vendedor final e o comprador/consumidor: ora, a verdade é que, não obstante seja ostensiva a unidade económica e funcional da cadeia contratual que antecede este contrato final (contratos de distribuição, de concessão, de agência, de transporte, de depósito, de crédito, etc.), o legislador civil clássico apenas está preparado, no rigor dos princípios, para aí ver uma *pluralidade de negócios jurídicos formalmente autónomos e distintos*. As consequências deste divórcio entre direito e realidade – que, no limite, se podem projectar sobre todos e cada um dos sucessivos elos contratuais componentes da referida cadeia – tornaram-se particularmente evidentes no plano do último elo dessa cadeia, isto é, do referido contrato final. Como é bem sabido, o comprador de um produto defeituoso via-se tradicionalmente abandonado entre uma infrutífera responsabilidade contratual dos distribuidores ou do vendedor directo – que raramente funcionaria, por estes, no comum dos casos, ignorarem sem culpa os defeitos de fabrico da coisa vendida (arts. 798.º, 914.º e 915.º do CCivil) – e uma inoperante responsabilidade extracontratual do produtor – a mais das vezes, uma simples miragem, atentas as quase insuperáveis dificuldades de prova dos respectivos pressupostos legais, incluindo o ilícito, o dano, o nexo de causalidade e a culpa (art. 483.º do CCivil): por exemplo, o comprador de um computador pessoal que explodiu enquanto o utilizava, para além frequentemente de nada lhe valer recorrer ao pequeno revendedor onde o adquiriu (o qual, por regra, desconhece inteiramente os seus defeitos de fabrico, alienando-o tal como este lhe chegou às mãos do produtor ou do grande distribuidor, muitas vezes sem sequer o chegar a desembalar), também não dispõe usualmente das condições necessárias para accionar com sucesso o produtor ou fabricante, exposto que está a uma verdadeira "probatio diabolica" que incluiria a necessi-

Efeitos

dade de alegar e demonstrar qual o concreto defeito técnico do computador, que tal defeito foi causa adequada do acidente e dos danos sofridos (além de se ter de desembaraçar da mais que provável imputação do acidente, por parte do fabricante, à errónea utilização do mesmo, v.g., manuseamento perigoso, má instalação eléctrica), e ainda que o fabricante conhecia ou devia conhecer a existência do mesmo defeito em termos do mesmo lhe ser imputável.

III. Não surpreende assim que esta tradicional visão "atomística" ou jurídico-formal da estrutura pluricontratual constitutiva do moderno circuito económico tenha vindo a dar progressivamente lugar a uma *visão "unitária"* ou material dessa estrutura, que reconhece o ligâmen íntimo existente entre os vários contratos encadeados: tal visão tem-se traduzido essencialmente na substituição dos tradicionais mecanismos de tutela jurídica – profundamente tributários do princípio geral da relatividade dos contratos (segundo o qual estes não produzem efeitos em relação a terceiros: cf. art. 406.º, n.º 2 do CCivil) e assentes no primado da responsabilidade subjectiva ou com base na culpa (arts. 483.º e 798.º do CCivil) – por regimes jurídicos especiais de *responsabilidade objectiva ou pelo risco dos participantes no circuito económico*, característicos da moderna contratação mercantil em massa.

Esses regimes de responsabilidade, apesar da sua profunda similitude genética e teleológica, possuem conteúdos e alcances diferenciados: de um modo necessariamente sucinto, falaremos em seguida do regime jurídico da *responsabilidade civil do produtor* por danos causados por produtos defeituosos (Decreto-Lei n.º 383/89, de 6 de Novembro), da *responsabilidade directa do produtor* e da *responsabilidade em via de regresso* no âmbito de contratos de consumo (arts. 6.º e 7.º do Decreto-Lei n.º 67/2003, de 8 de Abril), e da *responsabilidade solidária do financiador* (art. 18.º, n.º 3 do Decreto-Lei n.º 133/2009, de 2 de Junho). Apesar de nos encontrarmos indiscutivelmente diante de casos de responsabilidade civil de natureza extracontratual, justifica-se aqui

Dos Contratos Comerciais em Geral

a sua alusão no âmbito do cumprimento contratual defeituoso, não apenas pelo seu relevo prático na economia da contratação mercantil massificada, mas também pela circunstância de se tratar de regimes que visam reconstituir juridicamente uma transacção económica unitária, fragmentada numa cadeia de contratos formalmente autónomos: como recorda João Calvão da SILVA, "responsabilizar directamente o produtor é fazer deste a *contraparte jurídica do consumidor*"[451], restituindo unidade a uma relação negocial entre dois sujeitos ("maxime", produtor e consumidor) estabelecida (também) através de interpostos sujeitos (distribuidores, transportadores, agentes, retalhistas, financiadores, etc.).[452]

3.2. *Responsabilidade Civil do Produtor*

I. Na sequência da Directiva 85/374/CE, de 25 de Julho, o legislador português, através do Decreto-Lei n.º 383/89, de 6 de Novembro, alterado pelo Decreto-Lei n.º 131/2001, de 24 de Abril (doravante "lei da responsabilidade civil do produtor" ou abreviadamente LRCP), consagrou entre nós a *responsabilidade civil do produtor*, independente de culpa, pelos danos causados por defeitos dos produtos que colocou em circulação.[453]

II. Este regime interessa fundamentalmente aos contratos comerciais, enquanto contratos de empresa, como resulta eloquentemente da própria concepção ampla de *produtor* e de *produto*

---

[451] *Responsabilidade Civil do Produtor*, 93, Almedina, Coimbra, 1990.

[452] Este "pecado" sistemático não é, de resto, original entre nós: vide VARELA, J. Antunes, *Das Obrigações em Geral*, vol. II, 131, 7.ª edição, Almedina, Coimbra, 1997.

[453] Sobre o tema, vide, entre nós, SILVA, J. Calvão, *Responsabilidade Civil do Produtor*, Almedina, Coimbra, 1990. Noutras latitudes, D'ARRIGO, Rosario, *La Responsabilità del Produttore*, Giuffrè, Milano, 2006; FISCHER, David/ GREEN, Michael/ / POWERS, William/ SANDERS, Joseph, *Product Liability: Cases and Materials*, 4th edition, West, St. Paul, 2006; SCHMIDT-SALZER, Joachim/ HERMANN, Hollmann, *Kommentar EG--Produkthaftung*, 2 volumes, RuW, Heidelberg, 2002.

Efeitos

adoptada pelo legislador (arts. 2.º e 3 da LRCP)[454]: no processo da produção industrial em massa, característico das sociedades contemporâneas, os "produtores" são forçosamente, pela própria natureza das coisas, titulares de empresas, cujos "produtos" chegam às mãos dos consumidores finais através de contratos de compra e venda celebrados com outros empresários dedicados à respectiva distribuição comercial.[455]

Relativamente ao seu âmbito subjectivo, tal responsabilidade civil abrange, desde logo, o *produtor real*, ou seja, todas as pessoas singulares ou colectivas que participaram na criação ou confecção do produto: aqui se incluem, quer a empresa fabricante do produto final ou acabado (v.g., automóvel), quer as empresas fabricantes das respectivas partes componentes (v.g., circuitos eléctricos, pneus) e matérias-primas (v.g., óleo, tintas) (art. 2.º, n.º 1, "ab initio", da LRCP). Depois, tal responsabilidade abrange ainda o

---

[454] Consagrando igualmente noções amplas de produtor e produto, confronte-se o Decreto-Lei n.º 69/2005, de 17 de Março, que veio transpor para a ordem jurídica nacional a Directiva 2001/95/CE, de 3 de Dezembro, relativa à obrigação geral de segurança na colocação de produtos e serviços no mercado.

[455] Esta matriz eminentemente comercial da regulação foi ainda confirmada pelo próprio legislador comunitário, o qual, no preâmbulo da citada Directiva 85/374/CE, expressamente esclareceu que o objectivo central do regime jurídico é, não tanto a defesa dos consumidores, quanto a *defesa da concorrência*: aí se lê que a harmonização dos direitos europeus na matéria se deveu ao facto de "a disparidade das legislações nacionais ser susceptível de falsear a concorrência, de prejudicar a livre circulação das mercadorias no mercado comum e de originar diferenças relativamente ao grau de protecção do consumidor" (Considerando 1, in: JOCE n.º L 210, de 7 de Agosto de 1985, 29-33). Sob outro ângulo, é também comum fundar-se o regime de responsabilidade objectiva pelo risco ("Gefährdungshaftung"), instituído pela Directiva, no *nexo entre poder e responsabilidade* ("Herrschaft und Haftung"), segundo o qual quem pratica em proveito próprio uma determinada acção ou omissão deverá suportar as consequências negativas daí decorrentes ("ubi commoda ibi incommoda") (assim também Silva, J. Calvão, *Responsabilidade Civil do Produtor*, 497, Almedina, Coimbra, 1990): ora, é bem sabido que semelhante nexo tem constituído o parâmetro fundamental dos regimes legais de responsabilidade das empresas e da disciplina do risco empresarial ("rischio d'impresa", "Unternehmensrisiko") (sobre o ponto, vide Antunes, J. Engrácia, *Estrutura e Responsabilidade da Empresa*, 21, in: AAVV, "O Direito da Empresa e das Obrigações e o Novo Código Civil Brasileiro", 18-64, Quartier Latin, São Paulo, 2006).

produtor aparente, isto é, aquelas pessoas que se apresentem ao público como tal, mediante a aposição no produto da sua firma, marca ou outro sinal distintivo do comércio (art. 2.º, n.º 1, "in fine", da LRCP): estão neste caso as grandes empresas de distribuição, as grandes empresas de venda à distância, ou os principais grossistas, que frequentemente, sobretudo relativamente a bens produzidos em série, se assumem no tráfico comercial e publicitário como se dos respectivos produtores se tratasse, deixando no anonimato o produtor real[456]. Finalmente, a responsabilidade directa alcança o próprio *produtor presumido*: aqui se incluem os "importadores comunitários" – isto é, aqueles empresários que, no exercício da sua actividade comercial, importam produtos de fora da União Europeia destinados à respectiva distribuição comercial (art. 2.º, n.º 2, a) da LRCP) – e até os próprios "fornecedores" de produtos anónimos – isto é, as empresas de venda ao público que comercializem bens cujo produtor ou importador não se encontre identificado (art. 2.º, n.º 2, b) da LRCP).[457]

Relativamente ao âmbito objectivo do regime legal, algo de semelhante se passa. Com efeito, o legislador considerou produto "qualquer coisa móvel, ainda que incorporada noutra coisa móvel" (art. 3.º da LRCP): cabem aqui *todos os tipos de bens produzidos* (com excepção dos imóveis), independentemente de se tratar de bens de consumo (v.g., electrodomésticos, brinquedos), bens de

---

[456] Atento o fundamento da extensão legal (aparência de produtor), já não será considerado "produtor aparente" aquele empresário que, distribuindo ou comercializando o produto debaixo do seu próprio sinal distintivo (firma, marca, logótipo, etc.), não oculte a identidade do produtor real. Cf. SILVA, J. Calvão, *Responsabilidade Civil do Produtor*, 553, Almedina, Coimbra, 1990.

[457] Daqui resulta, pela negativa, que não será considerado "produtor presumido", nem o importador intracomunitário, isto é, o empresário que importa produtos de um dos Estados membros da União Europeia – restando assim ao lesado accionar o produtor real, o produtor aparente ou o fornecedor (cf. Acórdão da RP de 4-XI-1999 (JOÃO BERNARDO), in: XXIV CJ (1999), IV, 177-179) –, nem o fornecedor de produtos de origem identificada ou origem anónima tempestivamente identificada em resposta a notificação do lesado.

Efeitos

produção (v.g., materiais de construção, elevadores), bens industriais (v.g., maquinaria, equipamento), ou até bens artesanais (v.g., preparado farmacêutico). Digno de nota – corroborando a concepção ampla da lei – é ainda a revogação da exclusão, prevista na versão original do diploma, de determinados bens do sector primário, como produtos agrícolas, pecuários, piscatórios ou cinegéticos não transformados (efectuada pelo Decreto-Lei n.º 131/2001, de 24 de Abril, por imposição da Directiva 1999/34/CE, de 10 de Maio).

III. No caso de o adquirente ou consumidor de um produto defeituoso[458] sofrer danos causados por este, a lei impõe, como se disse, a responsabilidade civil objectiva do produtor (art. 1.º da LRCP).

A disciplina dessa responsabilidade obedece a uma diversidade de pressupostos e parâmetros que aqui não é possível senão mencionar brevemente. Assim, o produtor pode afinal *não responder* perante o lesado caso prove alguma das circunstâncias excludentes da responsabilidade previstas na lei (art. 5.º da LRCP) ou, inversamente, pode *responder solidariamente* no caso de se apurar uma pluralidade de responsáveis (v.g., produtor real, aparente e presumido: cf. art. 6.º da LRCP). Por outra banda, os *danos ressarcíveis* são os danos causados à pessoa (morte ou lesão pessoal) e ao património (em coisa diversa do produto defeituoso, desde que normalmente e especificamente destinada ao consumo privado) do lesado (com a consequente exclusão dos chamados "danos patrimoniais puros", ou seja, sofridos pelo lesado com a inutilização do produto: cf. art. 8.º da LRCP), sendo *indemnizáveis* apenas quando excedam o valor de 500 euros (art. 9.º

---

[458] Diz-se defeituoso o produto que não oferece a segurança com que legitimamente se poderia contar, tendo em atenção todas as circunstâncias, designadamente a sua apresentação, a utilização que dele razoavelmente possa ser feita, e o momento da sua entrada em circulação (art. 4.º da LRCP). Sobre a noção legal, vide SILVA, J. Calvão, *Responsabilidade Civil do Produtor*, 633 e segs., Almedina, Coimbra, 1990.

da LRCP)[459]. Finalmente, sublinhe-se que esta responsabilidade não afasta a responsabilidade decorrente de outras disposições legais (art. 13.º da LRCP), permitindo assim ao lesado optar por outro ou outros regimes de responsabilidade porventura mais favoráveis.

3.3. *Responsabilidade Directa do Produtor*

I. Na sequência da Directiva 1999/44/CE, de 25 de Maio, o Decreto-Lei n.º 67/2003, de 8 de Abril (doravante "lei da venda de bens de consumo" ou abreviadamente LVBC) veio consagrar entre nós a *responsabilidade directa do produtor* perante o consumidor no âmbito dos contratos de compra e venda que tenham por objecto um produto de consumo defeituoso.

Com efeito, como acabamos de ver, o regime de responsabilidade previsto na LRCP, sendo decerto fundamental para a tutela jurídica dos contratantes mais débeis ou do "elo mais fraco" no âmbito da moderna contratação mercantil de massa, possui um âmbito de aplicação que, inspirado pelo valor da segurança dos produtos, é circunscrito a direitos absolutos típicos da responsabilidade delitual (danos causados à vida, integridade física ou propriedade do lesado pelo produto defeituoso). A verdade é que tal protecção se mostra insuficiente no domínio dos produtos defeituosos de consumo, onde o consumidor/comprador, outrossim que protegido extracontratualmente contra aquele tipo de danos, necessita ainda de ser tutelado no âmbito das suas próprias relações contratuais, reconhecendo a este um conjunto de direitos e garantias especiais, inspirados pelo valor da conformidade e qualidade

---

[459] Reafirmando que os danos no próprio produto defeituoso não estão abrangidos pelo regime legal, vide o Acórdão da RL de 23-V-1995 (AZADINHO LOUREIRO), in: XX CJ/STJ (1995), III, 113-117.

dos bens, exercitáveis indistintamente perante a sua contraparte contratual (vendedor) ou o produtor.[460]

II. Tal o objectivo que preside justamente ao art. 6.°, n.° 1 da LVBC: segundo este preceito, "sem prejuízo dos direitos que lhe assistam perante o vendedor, o consumidor que tenha adquirido coisa defeituosa pode optar por exigir do produtor a sua reparação ou substituição, salvo se tal se manifestar impossível ou despro-porcionado tendo em conta o valor que o bem teria se não existis-se falta de conformidade, a importância desta e a possibilidade de a solução alternativa ser concretizada sem grave inconveniente para o consumidor".

Já atrás se referiu "en passant" que, no âmbito dos contratos de compra e venda de bens de consumo, a desconformidade da prestação debitória com o contrato investe o consumidor/compra-dor numa série de garantias legais exercitáveis em face do empre-sário (ou profissional)/vendedor, incluindo o direito à reparação e substituição do bem desconforme, à redução do preço, ou à reso-lução do contrato (art. 4.° da LVBC), cumulativamente com uma indemnização por perdas e danos (art. 12.°, n.° 1 da LDC)[461]. Indo mais longe do que a própria Directiva 1999/44/CE o impu-nha, o legislador português veio alargar expressamente o âmbito subjectivo dessas garantias, ao consagrar uma *responsabilidade directa* (também) do produtor: na realidade, para a grande maioria dos produtos de consumo, o produtor é indubitavelmente a enti-dade em melhor posição para controlar a respectiva qualidade e para proceder à respectiva reparação ou substituição, sendo comum, ao invés, que o vendedor final desconheça inteiramente os seus eventuais defeitos (por não chegar sequer a desembalar os

---

[460] Reconhecendo expressamente que o Decreto-Lei n.° 383/89, de 6 de Novembro, relativo à responsabilidade do produtor, não regula a responsabilidade do empresário distribuidor, vide o Acórdão do STJ de 26-X-1995 (NASCIMENTO COSTA), in: III CJ/STJ (1995), III, 84-87.

[461] Cf. *supra* Parte II, Cap. IV, §3, 1.2(V).

produtos antes de os vender) e não possua os meios necessários à satisfação do consumidor (v.g., falta de recursos técnicos de reparação, casos de contratação electrónica, etc.); além de que, também por esta via, se beneficia o consumidor com uma protecção contratual suplementar, adveniente da multiplicação dos sujeitos jurídicos responsáveis pela prestação debitória.[462]

III. Entre os diversos aspectos relevantes deste regime especial de responsabilidade, mencionem-se os seguintes. No que concerne ao seu perímetro subjectivo, tal regime é aplicável, seja ao *produtor em sentido amplo* na acepção da LRCP (produtor real, produtor aparente e produtor presumido na forma de importador comunitário: cf. art. 1.º-B, d) da LVBC), seja ainda ao *representante do produtor* na zona do domicílio do consumidor ("maxime", distribuidor comercial próprio ou centro autorizado de serviços pós-venda: cf. arts. 1.º-B, e) e 6.º, n.º 3 da LVBC). Já no que respeita ao perímetro objectivo, a responsabilidade do produtor (alternativamente com o vendedor e solidariamente com o seu representante geográfico) abrange apenas os direitos à reparação e à substituição do bem defeituoso (art. 6.º, n.º 1 da LVBC), salvo em caso de impossibilidade ou desproporcionalidade (art. 6.º, n.º 1, "in fine", da LVBC) ou ocorrendo alguma das causas legais da sua exclusão (art. 6.º, n.º 2 da LVBC), não se estendendo, por conseguinte, aos demais direitos conferidos na lei (direitos à redução do preço, à resolução do contrato, e à indemnização), que permanecem assim exclusivamente exercitáveis perante o vendedor.

---

[462] Para uma fundamentação circunstanciada deste regime, vide PINTO, P. Mota, *Conformidade e Garantias na Venda de Bens de Consumo. A Directiva 1999/44/CE e o Direito Português*, 275 e segs., in: 2 EDC (2000), 197-331.

Efeitos

3.4. *Responsabilidade do Financiador*

I. Na sequência da Directiva 2008/48/CE, de 23 de Abril, o Decreto-Lei n.º 133/2009, de 2 de Junho (doravante "lei do crédito ao consumo" ou LCC), veio consagrar entre nós a *responsabilidade do financiador* perante o consumidor no âmbito dos contratos de crédito para consumo.[463]

Como é bem sabido, um dos traços característicos das actuais vendas de bens ou prestações de serviços de consumo consiste em os compradores recorrerem ao crédito para a sua aquisição. Tornou-se assim frequente que os vendedores finais proponham aos compradores o financiamento total ou parcial da aquisição por uma empresa financiadora, usualmente uma instituição de crédito ou uma sociedade financeira[464]: para tal efeito, no acto da aquisição, paralelamente ao contrato de compra e venda celebrado com o vendedor, o comprador subscreve uma proposta de contrato de mútuo (ou outras formas de crédito alternativas: v.g., locação financeira, aluguer de longa duração, etc.) que o vendedor enviará ao financiador com que habitualmente trabalha, a fim de obter a respectiva aprovação e conclusão. Ora, atenta a conexão íntima entre os dois empresários (empresas vendedora e financiadora) e os dois contratos (contratos de venda e de mútuo) no âmbito do circuito económico dos bens e serviços, compreende-se que o legislador, olhando para lá da autonomia formal das obrigações deles emergentes, tenda a ver antes a respectiva unidade funcional por mor da protecção dos consumidores.[465]

---

[463] Sobre os contratos de crédito ao consumo, vide *infra* Parte III, Cap. IV, §3, 7.

[464] No comum dos casos, tratar-se-á de uma sociedade financeira para aquisições a crédito (SFAC), cujo objecto consiste justamente em "financiar a aquisição ou fornecimento de bens ou serviços determinados" (art. 2.º, a) do Decreto-Lei n.º 206/95, de 14 de Agosto).

[465] Sobre esta problemática, entre nós, MORAIS, F. Gravato, *União de Contratos de Crédito e de Venda para Consumo. Efeitos para o Financiador do Incumprimento do Devedor*, 79 e segs., Almedina, Coimbra, 2004; numa perspectiva "de iure condendo",

Dos Contratos Comerciais em Geral

II. Tal o sentido da figura do *contrato de crédito coligado* e da inerente responsabilidade do concedente de crédito, prevista genericamente no art. 18.º da LCC.

Nos termos da lei, estamos perante um contrato de crédito coligado a um contrato de compra e venda ou de prestação de serviços específicos caso estejam preenchidos dois requisitos fundamentais: que entre os dois contratos exista objectivamente uma unidade económico-funcional (mormente, quando o bem vendido ou o serviço prestado estiverem expressamente previstos no contrato de crédito concedido por terceiro financiador) e que o crédito seja concedido exclusivamente para financiar o pagamento do preço da venda ou da prestação de serviço (art. 4.º, n.º 1, o) da LCC)[466]. Ora, dispõe o art. 18.º, n.º 3 da LCC o seguinte: "No caso de incumprimento ou de desconformidade no cumprimento de contrato de compra e venda ou de prestação de serviços coligado com contrato de crédito, o consumidor, que, após interpelação do vendedor, não tenha obtido deste a satisfação do seu direito ao exacto cumprimento do contrato, pode interpelar o credor para exercer qualquer uma das seguintes pretensões: a) a excepção do não cumprimento do contrato; b) a redução do montante do crédito em montante igual ao da redução do preço; c) a resolução do contrato".

DUARTE, Paulo, *A Posição Jurídica do Consumidor na Compra e Venda Financiada: Confronto entre o Regime em Vigor (RJCC) e o Anteprojecto do Código do Consumidor*, in: 7 EDC (2005), 379-408. Noutros quadrantes, vide também GORGONI, Marinela, *Il Credito al Consumo*, 203 e segs., Giuffrè, Milano, 1994; HEERMANN, Peter, *Drittfinanzierte Erwerbsgeschäfte: Entwicklung der Rechtsfigur der Trilateralen Synallagmas auf der Grundlage deutscher und U.S.-amerikanische Rechtsentwicklung*, Mohr, Tübingen, 1998; LÓPEZ, M. Marín, *La Compraventa Financiada de Bienes de Consumo*, Aranzadi, Navarra, 2000.

[466] Sobre este regime jurídico, embora à luz do direito pretérito (Decreto-Lei n.º 359/91, de 21 de Setembro), vide, na doutrina, MORAIS, F. Gravato, *Contratos de Crédito de Consumo*, 248 e segs., Almedina, Coimbra, 2007; na jurisprudência, o Acórdão do STJ de 5-XII-2006 (SOUSA LEITE), in: XIV CJ/STJ (2006), III, 148-152.

Efeitos

Deste preceito resulta assim o estabelecimento de uma *coligação ou dependência internegocial*, que investe a empresa financiadora numa responsabilidade perante o comprador pelo exacto e pontual cumprimento do contrato celebrado pela empresa vendedora: no caso de o bem vendido ou o serviço prestado ser desconforme ao contrato em causa (v.g., defeito do bem ou serviço, falta da qualidade ou quantidade acordadas, prestação de bem ou serviço diverso, etc.)[467], o comprador ou utente passa a poder exercer perante a primeira os direitos e garantias, legais ou contratuais, de que é titular perante a última (cf. art. 18.º, n.º 1 da LCC, arts. 3.º, 4.º, 5.º e 9.º da LVBC), incluindo os direitos à excepção do não cumprimento, à redução do preço, e à resolução contratual[468]. Esta responsabilidade possui uma natureza *"ex lege"* – decorrente de lei imperativa, não podendo ser afastada pelas próprias partes –, *objectiva* – independente de culpa – e *subsidiária* – no sentido em que pressupõe que o comprador apenas pode demandar o financiador após ter exigido junto do vendedor, sem sucesso, a satisfação dos respectivos direitos (cf. art. 18.º, corpo do n.º 3, da LCC).

3.5. *Responsabilidade dos Participantes na Cadeia Contratual*

I. Ilustração verdadeiramente inequívoca e eloquente da visão "unitária" do (in)cumprimento defeituoso, que perpassa no âmbito

---

[467] Sobre o conceito de conformidade ao contrato (cf. também o art. 2.º da LVBC), vide *supra* Parte II, Cap. IV, §3, 1.2.

[468] Esta interdependência contratual, aliás, é *recíproca* ou bilateral. Com efeito, não apenas o contrato de financiamento fica dependente das vicissitudes do contrato de venda (art. 18.º, n.º 2 da LCC), como, inversamente, este último fica também dependente das vicissitudes do primeiro contrato: nos termos do n.º 1 do mesmo art. 18.º, "a invalidade ou revogação do contrato de compra e venda repercute-se, na mesma medida, no contrato de crédito coligado". Sobre o sentido e regime desta última faceta da coligação contratual, embora com dados do direito pretérito, vide MORAIS, F. Gravato, *Contratos de Crédito de Consumo*, 234 e segs., Almedina, Coimbra, 2007.

Dos Contratos Comerciais em Geral

da moderna contratação mercantil em massa, é a consagração de *uma responsabilidade em via de regresso dos participantes na cadeia contratual* que precedeu a celebração de um contrato de compra e venda de bens de consumo (arts. 7.º e 8.º da LVBC).[469]

No comum dos casos, pode afirmar-se que são os vendedores finais dos bens de consumo que arcam com os custos económicos da eventual desconformidade contratual destes bens. Com efeito, sempre que o bem alienado por um pequeno ou médio empresário retalhista/vendedor é desconforme aos termos do contrato celebrado com um consumidor/comprador, aquele será o destinatário normal do exercício dos direitos e garantias legais por parte deste último, "maxime", do direito à sua reparação ou substituição (arts. 2.º e 4.º da LVBC): tal vale por dizer que – ainda quando tal desconformidade resulte de acto ou omissão imputável ao produtor do bem (v.g., defeito de fabrico), a um distribuidor do mesmo bem (v.g., acondicionamento impróprio do bem pelo importador ou revendedor), ou a qualquer outro tipo de intermediário comercial que o antecedeu na cadeia económico-contratual (v.g., deficiências imputáveis ao transportador, depositário, armazenista, ou embalador) – será sobre os ombros do vendedor final que recairá o fardo económico dos (in)cumprimentos defeituosos alheios situados a montante. E sucederá amiúde que este não tem como evitar semelhante externalidade negativa, já porque o defeito ou irregularidade não é imputável ao seu próprio vendedor ou fornecedor (o único com quem possui uma relação contratual), já porque, sendo-o, se convencionou entre ambos a exclusão da responsabilidade deste. Numa palavra, a combinação

---

[469] Como se verá melhor adiante, a expressão "direito de regresso" não foi aqui utilizada pelo legislador no seu sentido próprio ou estrito, habitualmente associado ao regime das obrigações plurais solidárias com uma pluralidade de condevedores (art. 524.º do CCivil): na maioria das situações abrangidas pelo preceito, as posições jurídicas activas e passivas decorrentes deste direito dizem respeito a obrigações singulares e autónomas, resultantes de diferentes e sucessivas relações jurídico-contratuais.

Efeitos

do regime jurídico dos contratos de venda de bens de consumo e da operação económica global que os antecede acaba por expor o vendedor final a uma verdadeira responsabilidade objectiva pelas vicissitudes da cadeia contratual.

II. A fim de evitar tal resultado, o art. 7.º da citada LVBC dispõe: "O vendedor que tenha satisfeito ao consumidor um dos direitos previstos no artigo 4.º, bem como a pessoa contra quem foi exercido o direito de regresso, gozam de direito de regresso contra o profissional a quem adquiriram a coisa, por todos os prejuízos causados pelo exercício daqueles direitos".[470]

Tal significa dizer que *a todos e cada um dos participantes numa cadeia económico-contratual relativa a produtos de consumo é assim reconhecido simultaneamente um direito e uma responsabilidade "de regresso" sobre a respectiva contraparte contratual.* Com efeito, não apenas o vendedor final de um determinado bem de consumo defeituoso poderá accionar em via de regresso o seu próprio vendedor ou fornecedor, como qualquer interveniente na cadeia contratual poderá exercer idêntico direito relativamente à respectiva contraparte (v.g., o retalhista em relação ao grossista, o depositário em relação ao transportador, o grossista em relação ao grande distribuidor comercial, o distribuidor em relação ao produtor): ou seja, todos os protagonistas contratuais do circuito económico são simultaneamente sujeitos activos e passivos do instituto jurídico do regresso[471]. Aliás, regime idêntico

---

[470] Sobre o tema, vide DUARTE, R. Pinto, *O Direito de Regresso do Vendedor Final na Venda para Consumo,* in: II Themis-UNL (2001), 173-194; PINTO, P. Mota, *O Direito de Regresso do Vendedor Final de Bens de Consumo,* in: "Estudos Dedicados ao Prof. Doutor M. J. Almeida Costa", 1177-1225, UCP Editora, Lisboa, 2002.

[471] Todos os participantes se encontram investidos nesta dupla veste activa e passiva, com excepção dos elos terminais da cadeia contratual: o vendedor final, a quem incumbe apenas um "direito", e o produtor real, a quem incumbe apenas uma "responsabilidade". De fora do alcance do instituto, ficam apenas as pessoas ou entidades estranhas à cadeia contratual, que tiveram um contacto meramente acidental ou delitual com o produto, a não ser quando a sua conduta possa ser imputada a um dos intervenientes

Dos Contratos Comerciais em Geral

vem hoje inspirando e enformando outros aspectos da disciplina legal: assim, nos termos do art. 8.º da LDC, o dever geral de informação que impende sobre os empresários fornecedores de bens ou prestadores de serviços nos contratos com os consumidores é também aplicável perante "o produtor, o fabricante, o importador, o distribuidor, o embalador, e o armazenista, por forma a que cada elo do ciclo produção-consumo possa encontrar-se habilitado a cumprir a sua obrigação de informar o elo imediato até ao consumidor, destinatário final da informação".

Esta conclusão possui um enorme alcance: ela demonstra inequivocamente que a visão "unitária" que enforma crescentemente o regime jurídico do incumprimento da contratação mercantil em massa, longe de se fundar num estrito objectivo de protecção dos consumidores, visa muito mais latamente a *própria cadeia económico-contratual no seu todo*, dirigindo-se assim nuclearmente à disciplina das relações negociais entre os próprios empresários (ou profissionais).[472]

III. Não é agora o momento de analisar em detalhe o conteúdo do regime deste direito de regresso, o qual, aliás, não é isento de dificuldades hermenêuticas. Sublinhe-se apenas que, no essencial, semelhante responsabilidade de regresso dos participantes na cadeia contratual é uma responsabilidade de natureza *"ex lege"* – imposta por lei, sem prejuízo de poder ser afastada convencional-

---

nessa cadeia: cf. PINTO, P. Mota, *O Direito de Regresso do Vendedor Final de Bens de Consumo*, 1194, in: "Estudos Dedicados ao Prof. Doutor M. J. Almeida Costa", 1177-
-1225, UCP Editora, Lisboa, 2002.

[472] Isto mesmo – que resulta directamente da referência legal aos "profissionais" como destinatários do exercício do direito de regresso (art. 7.º, n.º 1 da LVBC) – tem vindo a ser reconhecido pelos autores sob diferentes ângulos, havendo quem saliente que este regime tem por objectivo a protecção das pequenas e médias empresas (SCHMIDT-KESSEL, Martin, *Der Rückgriff des Leztzverkäufers*, 669, in: 18 ÖJZ (2000), 668-674) e quem prefira falar de "efeitos colaterais" sobre as regras jurídico-mercantis tradicionais (REICH, Norbert, *Die Umsetzung der Richtlinie 1999/44/EG in das deutsche Recht*, 2399, in: 33 NJW (1999), 2397-2403).

Efeitos

mente em casos contados (cf. art. 7.º, n.º 4 da LVBC) – e de natureza *objectiva* – independente de culpa, sem prejuízo de os demandados em via de regresso dela se poderem eximir mediante prova de que o defeito do produto não lhes é imputável (cf. art. 7.º, n.º 3 da LVBC).[473]

---

[473] Sobre o regime dos arts. 7.º e 8.º da LVBC, vide ainda, para além dos estudos referidos (anteriores à sua entrada em vigor), LEITÃO, L. Menezes, *O Novo Regime da Venda de Bens de Consumo*, 64 e segs., in: "Estudos do Instituto de Direito do Consumo", vol. II, 37-73, Almedina, Coimbra, 2005.

CAPÍTULO V
Transmissão, Modificação e Extinção[*]

§1 Generalidades

I. Os contratos, civis ou comerciais, são acordos dotados de força vinculativa própria, passando a constituir lei imperativa entre as partes ("lex privata vel lex contratus"): como refere o art. 406.º, n.º 1 do CCivil, "o contrato deve ser pontualmente cumprido, e só pode modificar-se ou extinguir-se por mútuo consentimento dos contraentes ou nos casos admitidos na lei". Pode assim afirmar-se que o mandamento da vinculatividade contratual se consubstancia nas regras gerais da *pontualidade* (os contratos devem ser cumpridos "ponto por ponto"), da *intangibilidade* (o conteúdo contratual deve permanecer estável e inalterado), e da *irrevogabilidade* (os vínculos contratuais são irretractáveis): por regra, os contratos não

---

[*] **Bibliografia Portuguesa:** ANTUNES, J. Engrácia, *Os Contratos Comerciais – Noções Fundamentais,* Direito e Justiça, Lisboa, 2007; SANTOS, F. Cassiano, *Transmissão e Cessação de Contratos Comerciais,* in: AAVV, "Nos 20 Anos do Código das Sociedades Comerciais", vol. I, 283-303, Coimbra Editora, Coimbra, 2007. **Bibliografia Estrangeira:** INZITARI, Bruno, *L'Impresa nei Rapporti Contrattuali,* in: Galgano, Francesco, "Trattato di Diritto Commerciale e di Diritto Pubblico dell'Economia", vol. II ("L'Impresa"), 309-425, Cedam, Padova, 1978; SCHMIDT, Karsten, *Übergang von Vertragsverhältnissen nach §§25, 28 HGB?,* in: "Festschrift für Dieter Medicus", 555-574, Carl Heymanns, Köln, 1999; VANZETTI, Adriano, *Osservazione sulla Successione nei Contratti Relativi all'Azienda Ceduta,* in: X RS (1965), 512-556.

podem ser incumpridos, alterados ou extintos, excepto quando exista acordo das partes ou previsão da lei.[474]

II. A contratação mercantil, se bem que alinhando no essencial por estes cânones juscivilistas gerais, conhece, todavia, algumas *especificidades* dignas de nota. Por um lado, os contratos comerciais, "rectius", as posições contratuais deles emergentes, são frequentemente objecto de *transmissão*: como veremos em seguida, os contratos comerciais são fenómenos jurídicos instrumentais, cuja vida está indissociavelmente ligada ao ciclo vital da própria actividade económica dos empresários, estando assim como que condenados a circular e mudar de mãos[475]. Por outro lado, como também veremos, a contratação mercantil é fértil em entorses mais ou menos originais aos princípios clássicos da intangibilidade e irrevogabilidade dos contratos, seja no plano da sua *modificação* (v.g., cláusulas de "force majeure", de "hardship", de revisão automática, etc.), seja no plano da sua *extinção* (com o chamado "direito de desistência" à cabeça, sem esquecer as importantes especialidades resultantes da eficácia pós-contratual e do regime jusinsolvencial dos contratos comerciais).

---

[474] Sobre este princípio, vide Costa, M. Almeida, *Direito das Obrigações*, 275 e segs., 8.ª edição, Almedina, Coimbra, 2000.

[475] Seria quase um exercício de estultícia lembrar aqui a natureza geral do instituto da cessão da posição contratual: todavia, como é reconhecido pelos próprios civilistas, "fora do giro comercial, é incomparavelmente menor, por óbvias razões, a importância prática do fenómeno jurídico da transmissão das obrigações" (Varela, J. Antunes, *Das Obrigações em Geral*, vol. II, 287, 7.ª edição, Almedina, Coimbra, 1997). Sobre a regra da pontualidade, e suas entorses no domínio da contratação mercantil, vide ainda *infra* Parte II, Cap. V, §4, 3.

§2 Transmissão dos Contratos Comerciais

1. Aspectos Gerais

I. Os contratos comerciais são objecto frequente de *transmissão*. Com efeito, o dinamismo próprio da actividade económica e mercantil explica que se verifique amiúde a necessidade dos empresários, ou suas contrapartes contratuais, transmitirem para terceiros os negócios firmados entre ambos: se, por exemplo, um empresário têxtil celebrou um contrato de fornecimento de seda com um produtor desta matéria-prima, para fazer face a uma encomenda que entretanto, por qualquer motivo, se veio a gorar, ambos os contraentes poderão ter interesse em aproveitar o contrato já firmado transmitindo a posição contratual do comprador para outro empresário têxtil carecido da mesma matéria-prima; ou se um empresário decide, em determinado momento, alienar a sua empresa para um terceiro, é compreensível o interesse de alienante e adquirente em, conjuntamente com os demais elementos componentes da empresa alienada, verem transmitidos os inúmeros contratos afectos à respectiva exploração (v.g., contratos de venda, de fornecimento, de distribuição comercial, de seguro, de transporte, de arrendamento comercial, etc.).[476]

II. Talqualmente sucede para os contratos em geral, a transmissão ou circulação do contrato comercial ("Vertragsübernahme", "cession du contrat", "cessione del contratto") pode operar através

---

[476] Sobre a transmissão dos contratos comerciais, vide, entre nós, SANTOS, F. Cassiano, *Transmissão e Cessação de Contratos Comerciais*, 297 e segs., in: AAVV, "Nos 20 Anos do Código das Sociedades Comerciais", vol. I, 283-303, Coimbra Editora, Coimbra, 2007. No estrangeiro, vide INZITARI, Bruno, *L'Impresa nei Rapporti Contrattuali*, in: Galgano, Francesco, "Trattato di Diritto Commerciale e di Diritto Pubblico dell'Economia", vol. II ("L'Impresa"), 309-425, Cedam, Padova, 1978; SCHMIDT, Karsten, *Übergang von Vertragsverhältnissen nach §§25, 28 HGB?*, in: "Festschrift für Dieter Medicus", 555-574, C. Heymanns, Köln, 1999.

de duas *modalidades transmissivas fundamentais*: a transmissão voluntária (resultante da vontade das partes) e a transmissão legal ou judicial (decorrente de imposição legal ou sentença judicial). Ao lado destas, haverá ainda que considerar a eventual relevância de *modalidades transmissivas impróprias*, funcionalmente equivalentes: está neste caso, designadamente, o subcontrato.[477]

2. A Transmissão da Empresa e dos Respectivos Contratos

I. Os contratos comerciais são hoje fundamentalmente contratos de empresa: como logo no início pusemos em destaque, os contratos constituem um dos mais relevantes instrumentos jurídicos da actividade empresarial, sendo através deles que as empresas criam e regulam juridicamente as suas relações com o mercado, as demais empresas e os consumidores. Assim sendo, questão fundamental que se coloca é a saber qual *o destino dos contratos comerciais exploracionais no evento da transmissão da própria empresa*: no caso de a empresa ser transmitida, os diversos contratos exploracionais permanecem na titularidade do empresário alienante ou transmitem-se para o terceiro adquirente conjuntamente com os demais elementos constitutivos da empresa?

II. O regime geral em matéria da transmissão dos contratos encontra-se previsto no art. 424.º, n.º 1 do CCivil: de acordo com este preceito, "no contrato com prestações recíprocas, qualquer das partes tem a faculdade de transmitir a terceiro a sua posição contratual, desde que o outro contraente, antes ou depois da celebração do contrato, consinta na transmissão"[478]. Transposta esta

---

[477] Sobre a figura do subcontrato, vide desenvolvidamente *infra* Parte III, Cap. II, §7, 4.

[478] Sobre o instituto da cessão da posição contratual, em particular o requisito legal do consentimento do contraente cedido, vide, por todos, PINTO, C. Mota, *Cessão da Posição Contratual*, 474 e segs., Almedina, Coimbra, 1982.

Transmissão, Modificação e Extinção

doutrina para o nosso universo de preocupações, tal significaria dizer que a transmissão da titularidade da empresa não implica a transmissão, "ipso jure" ou "ipso facto", dos contratos celebrados na respectiva exploração, excepto quando, para além de acordo nesse sentido entre transmitente e adquirente, exista *consentimento dos contraentes cedidos*: por outras palavras, a transmissão dos contratos comerciais exploracionais por parte do empresário (cedente) para o terceiro adquirente (cessionário) ficaria sempre dependente da vontade das contrapartes contratuais (cedidos).[479]

III. Este regime juscivilista geral, todavia, *mostra-se inadequado ao Direito Comercial* – a ponto de nos devermos questionar sobre se outro não deverá ser o regime aplicável em sede da transmissão da empresa. Várias são as razões deste entendimento.

Desde logo, razões de ordem teleológica. A empresa constitui uma organização jurídico-económica unitária de primeira grandeza[480], constituindo o centro de gravidade de um feixe complexo de inúmeros contratos que são concluídos na respectiva exploração, organização e funcionamento (v.g., contratos de venda, arrendamento, fornecimento, trabalho, "leasing", agência, concessão comercial, franquia, etc.). Ora, o regime juscivilista – pensado que foi essencialmente para o caso da cessão esporádica de posições contratuais avulsas por parte de meros particulares – revela-se particularmente insatisfatório para a tutela dos interesses aqui

---

[479] É este o entendimento dominante da doutrina e da jurisprudência portuguesas, que considera aqui aplicável o regime geral do art. 424.º do CCivil: entre os autores, vide ABREU, J. Coutinho, *Curso de Direito Comercial,* vol. I, 292 e segs., 6.ª edição, Almedina, Coimbra, 2006; CORDEIRO, A. Menezes, *Manual de Direito Comercial,* 293, 2.ª edição, Almedina, Coimbra, 2007; entre os arrestos, vide os Acórdãos do STJ de 7-X-1976 (MIGUEL CAEIRO), in: 110 RLJ (1977-78), 290-295, e de 30-IV-1996 (ARAGÃO SEIA), in: IV CJ/STJ (1996), II, 42-43.

[480] Sobre a empresa enquanto objecto unitário e autónomo de direitos natureza real ("maxime", propriedade e outros direitos reais menores) e negocial ("maxime", negócios de aquisição, alienação e oneração), vide desenvolvidamente ANTUNES, J. Engrácia, *Direito Comercial,* em curso de publicação.

Dos Contratos Comerciais em Geral

primacialmente em jogo: ao exigir o consentimento das contra-partes das relações contratuais da empresa, torna-se ostensivo que tal regime *torna os negócios de transmissão empresarial mais onerosos, inseguros, senão mesmo por vezes inviáveis*, forçando os potenciais alienantes e adquirentes a negociar caso a caso a cessão de todo e cada um dos contratos singulares exploracionais, sujeitando-os à eventual recusa das respectivas contrapartes ou às condições abusivas de aceitação impostas por estes, ou até condu-zindo à inviabilização do próprio negócio transmissivo "in toto" quando tais recusas ou condições leoninas tornarem o negócio económica ou financeiramente desvantajoso[481]. Desta perspectiva, apenas um regime de transmissão automática e universal dos con-tratos comerciais exploracionais se afigura susceptível de conferir uma verdadeira tutela ao valor de circulação da empresa como objecto unitário de negócios, assegurando a sua integridade e continuidade, ao mesmo tempo que garante a segurança jurídica das transacções empresariais e contratuais em jogo.[482]

---

[481] Recorde-se ainda, por outro ângulo, que tal regime contrasta abertamente com os interesses e vontade tácita das próprias partes do negócio transmissivo empresarial: constituindo os contratos exploracionais elementos indefectíveis da exploração da em-presa, que sentido terá, em caso de transmissão desta, que aqueles permaneçam com o antigo titular (a quem já não interessam) ao mesmo tempo que deles fica privado o novo titular (que deles necessita para assegurar a continuidade da exploração empresarial)? Além de que – exceptuados os casos de contratos "intuitus personae", de justa causa de denúncia contratual ou de transmissão faudulenta da empresa (adiante referidos no texto) –, tal regime também pode mesmo nem sequer corresponder aos interesses dos terceiros que são partes nos contratos exploracionais: pois não é evidente que, permane-cendo estes com o antigo titular, os terceiros deixam de poder agredir a massa patrimo-nial da empresa agora na titularidade do adquirente?

[482] Justamente por isso, alguma da melhor doutrina europeia fala aqui de um *princípio da continuidade da empresa* como um princípio geral do Direito Comercial, segundo o qual, constituindo a empresa uma unidade económica e funcional, a ordem jurídica deve assegurar a manutenção e estabilidade das respectivas relações jurídico--económicas exploracionais, sob pena de a empresa transmitida ser amputada de alguns dos seus elementos componentes fundamentais ou, no limite, não o ser de todo em todo (cf. SCHMIDT, Karsten, *Haftungskontinuität als unternehmensrechtliches Prinzip*, in: 145 ZHR (1981), 2-28). Outros autores, na mesma linha de considerações, formulam

Transmissão, Modificação e Extinção

Depois ainda, no mesmo sentido concorrem razões de ordem sistemática. Na verdade, não se pode perder de vista que o próprio legislador comercial *veio afastar expressamente o regime geral do art. 424.º do CCivil para um conjunto de contratos comerciais individuais*: assim, no evento de transmissão da empresa, transmitem-se automaticamente para o transmissário ou adquirente da mesma, sem necessidade de consentimento dos contrantes cedidos, os contratos de arrendamento comercial (art. 1112.º, n.º 1, a) do CCivil)[483], os contratos de trabalho (art. 285.º, n.ºs 1 e 3 do CT)[484], os contratos de locação financeira (art. 11.º do Decreto-Lei n.º 149/95, de 24 de Junho)[485], os contratos de seguro (art. 95.º, n.º 5 da LCS)[486] e os contratos de edição (arts. 100.º, n.º 1 e 145.º do CDA)[487]. Além disso, atente-se ainda que a extensão daquele regime civilístico geral ao domínio juscomercial

---

do seguinte modo a diferença entre os regimes civilístico e mercantil em sede de transmissão de posições contratuais: "ao passo que a sucessão dos contratos estipulados no exercício empresarial é uma decorrência do fenómeno mais amplo da transferência da empresa, representando um dos vários aspectos da relevância externa da organização produtiva (a cuja circulação estão necessariamente associados por um ligame económico funcional), a cessão da posição contratual representa o resultado de um acto de vontade solitário dirigido à substituição de um sujeito por outro numa concreta relação contratual" (INZITARI, Bruno, *L'Impresa nei Rapporti Contrattuali*, 366, in: Galgano, Francesco, "Trattato di Diritto Commerciale e di Diritto Pubblico dell'Economia", vol. II ("L'Impresa"), 309-425, Cedam, Padova, 1978).

[483] Sobre o regime do art. 1112.º, n.º 1, a) do CCivil, vide COSTA, Ricardo, *O Novo Regime do Arrendamento Urbano e os Negócios sobre a Empresa*, 485 e segs., in: AAVV, "Nos 20 Anos do Código das Sociedades Comerciais", vol. I, 479-523, Coimbra Editora, Coimbra, 2007.

[484] Sobre o regime do art. 285.º, n.ºs 1 e 3 do CT, vide REIS, João, *O Regime da Transmissão da Empresa no Código do Trabalho*, in: AAVV, "Nos 20 Anos do Código das Sociedades Comerciais", vol. I, 305-359, Coimbra Editora, Coimbra, 2007.

[485] Sobre o regime do art. 11.º do Decreto-Lei n.º 149/95, de 24 de Junho, vide MORAIS, F. Gravato, *Manual da Locação Financeira*, 99 e segs., Almedina, Coimbra, 2006.

[486] Sobre o regime da transmissão do seguro, vide ANTUNES, J. Engrácia, *O Contrato de Seguro na LCS de 2008*, in: ROA (2009), em curso de publicação.

[487] Sobre o regime dos arts. 100.º, n.º 1 e 145.º do CDA, vide ASCENSÃO, J. Oliveira, *Direito Civil – Direitos do Autor e Direitos Conexos*, 394 e seg., reimp., Coimbra Editora, Coimbra, 2008.

introduz uma contradição ou incoerência fundamental em pleno coração do sistema jurídico português relativo à transmissão da empresa: ao passo que nos negócios de transmissão empresarial indirecta ("share deals") a totalidade dos contratos da empresa são transferidos automaticamente para o adquirente, nos negócios de transmissão directa ("asset deals") a generalidade dos contratos permaneceriam, salvo consentimento dos contraentes cedidos, com o alienante.[488]

Finalmente, não é despicienda a lição do direito comparado. Com efeito, merece ser salientado que são diversos os legisladores de ambos os lados do Atlântico que consagraram expressamente nas suas ordens jurídico-comerciais uma *regra universal de transmissão automática das posições jurídicas contratuais, creditícias e debitórias ligadas à exploração da empresa* em caso de transmissão desta: assim sucede, por exemplo, com o legislador italiano – que prevê a sucessão do adquirente de uma empresa nos contratos celebrados (art. 2258.º), nos créditos obtidos (art. 2559.º) e nas dívidas contraídas (art. 2560.º, todos do "Codice Civile") pelo anterior titular na sua exploração[489] –, com o legislador alemão – que cominou a responsabilidade do adquirente da empresa pelas obrigações do anterior titular que tiveram como causa a exploração empresarial (§25, Abs. I, 1), além da transferência dos créditos exploracionais (§25, Abs. I, 3 e §28, Abs. II, 2, ambos do "Handelsgesetzbuch") –[490], ou ainda, para referir um país de língua

---

[488] Sobre o ponto, vide desenvolvidamente ANTUNES, J. Engrácia, *A Empresa como Objecto de Negócios – "Asset Deals" versus "Share Deals"*, 758 e segs., in: 68 ROA (2008), 715-793.

[489] Sobre o regime italiano, vide COLOMBO, Giovanni, *Il Trasferimento dell'Azienda e il Passagio dei Crediti e dei Debiti*, Cedam, Padova, 1972; INZITARI, Bruno, *L'Impresa nei Rapporti Contrattuali*, in: Galgano, Francesco, "Trattato di Diritto Commerciale e di Diritto Pubblico dell'Economia", vol. II ("L'Impresa"), 309-425, Cedam, Padova, 1978; VANZETTI, Adriano, *Osservazione sulla Successione nei Contratti Relativi all'Azienda Ceduta*, in: X RS (1965), 512-556.

[490] Sobre o regime alemão, vide BROCKMEIER, Susanne, *Die Haftung bei Geschäftsübernahme mit Firmenfortführung*, Diss., Münster, 1990; COMMANDEUR, Gert,

Transmissão, Modificação e Extinção

portuguesa, o legislador brasileiro – que estabeleceu a responsabilidade solidária do adquirente de empresa pelos débitos desta anteriores à transmissão (art. 1146.º), a sub-rogação do adquirente nos contratos concluídos na exploração da empresa (art. 1148.º), e a cessão automática ou tácita dos respectivos créditos (art. 1149.º, todos do "Código Civil").[491]

IV. Em face do exposto, temos para nós que o princípio geral aplicável em sede de transmissão dos contratos comerciais exploracionais deverá ser exactamente o inverso ao previsto no art. 424.º do CCivil: ou seja, o da *transmissão automática e universal de todos os contratos exploracionais da empresa em caso de transmissão desta, sem necessidade do consentimento dos contraentes cedidos.*[492]

É sabido que a ordem jurídica portuguesa não consagrou um regime jurídico próprio e global em matéria de transmissão da empresa: como já noutros locais propusemos, uma *reforma* do direito positivo português nessa direcção constituiria a "sedes materiae" ideal para a consagração expressa de uma regra de transmissão universal e automática dos elementos componentes da empresa que substituísse a actual e indesejável diversidade das

---

Betriebs, Firmen- und Vermögensübernahme, Beck, München, 1990; LIEB, Manfred, *Die Haftung für Verbindlichkeiten aus Dauerschuldverhältnissen bei Unternehmensübergang,* Müller, Heidelberg, 1992.

[491] Sobre o regime brasileiro, vide NETO, A. Gonçalves, *Direito da Empresa – Comentário aos Artigos 966 a 1195 do Código Civil,* 578 e segs., Ed. Revista dos Tribunais, São Paulo, 2007; REQUIÃO, Rubens, *Curso de Direito Comercial,* vol. I, 280 e segs., Ed. Saraiva, São Paulo, 2003.

[492] No sentido da solução aqui defendida, num plano "de iure condendo", vide CORREIA, A. Ferrer, *Sobre a Projectada Reforma da Legislação Comercial,* 42, in: 44 ROA (1984), 5-43; PINTO, J. Varela, *Transmissão do Estabelecimento Comercial – Reflexões sobre Créditos e Débitos,* 564, in: 45 ROA (1985), 535-565; sustentando a sua vigência "de iure constituto", vide ASCENSÃO, J. Oliveira, *Direito Comercial,* vol. I, 521 e segs., Lisboa, 1998/99; SANTOS, F. Cassiano, *Transmissão e Cessação de Contratos Comerciais,* 297 e segs., in: AAVV, "Nos 20 Anos do Código das Sociedades Comerciais", vol. I, 283-303, Coimbra Editora, Coimbra, 2007.

Dos Contratos Comerciais em Geral

regras específicas da sua circulação resultantes do direito civil – v.g., imóveis (art. 875.º do CCivil), contratos (art. 424.º, n.º 1 do CCivil), créditos (art. 577.º, n.º 1 do CCivil) e débitos (arts. 595.º e 596.º do CCivil).[493]

Todavia, tal não obsta a que se possa e deva considerar tal regra de transmissão como vigente no próprio plano do direito constituído, com fundamento na *analogia* retirada das diversas disposições consagradas na lei comercial (v.g., art. 1112.º, n.º 1, a) do CCivil, art. 11.º do Decreto-Lei n.º 149/95, de 24 de Junho, art. 95.º, n.º 5 da LCS, arts. 100.º, n.º 1 e 145.º do CDA)[494]. Com efeito, e duma banda, a inexistência de um regime próprio em matéria do destino dos contratos exploracionais da empresa configura em si mesma uma lacuna de regulação, a integrar nos termos gerais do art. 3.º do CCom: ora, como resulta expressamente da letra desta norma integradora, o preenchimento analógico das lacunas da lei comercial deve ser obtido, em primeira linha, através do recurso aos "casos análogos nela prevenidos", surgindo o direito civil apenas, na falta destes, "in extremum remedium legis"[495]. Por outra banda, nenhuma dúvida especial se poderá

---

[493] ANTUNES, J. Engrácia, *Direito Comercial*, em curso de publicação.

[494] Num sentido idêntico, entre nós, vide SANTOS, F. Cassiano, *Transmissão e Cessação de Contratos Comerciais*, 298, in: AAVV, "Nos 20 Anos do Código das Sociedades Comerciais", vol. I, 283-303, Coimbra Editora, Coimbra, 2007. O recurso à analogia tem também sido propugnado em ordens jurídicas estrangeiras perante problema similar: assim, muito embora o legislador alemão apenas tenha consagrado expressamente uma regra de transmissibilidade para débitos e créditos singulares (§§ 25 a 28 do "Handelsgesetzbuch"), um sector da doutrina e jurisprudência considera este regime analogicamente aplicável às relações jurídicas complexas emergentes de contratos (cf. LIEB, Manfred, *Die Haftung für Verbindlichkeiten aus Dauerschuldverhältnissen bei Unternehmensübergang*, 16 e seg., Müller, Heidelberg, 1992; KREJCI, Heinz, *Betriebsübergang und Arbeitsvertrag*, 278 e segs., Manz, Wien, 1972; SCHMIDT, Karsten, *Übergang von Vertragsverhältnissen nach §§25, 28 HGB?*, in: "Festschrift für Dieter Medicus", 555-574, C. Heymanns, Köln, 1999).

[495] Sobre a primazia das normas comerciais sobre as normas civis na integração das lacunas de regulação da lei comercial, vide desenvolvidamente ANTUNES, J. Engrácia, *A Analogia no Direito Comercial*, em curso de publicação.

Transmissão, Modificação e Extinção

suscitar sobre a circunstância de as normas legais supracitadas constituirem, ao menos em tese geral, verdadeiros casos análogos à esmagadora maioria dos demais contratos empresariais que não beneficiaram de idêntica previsão expressa: no essencial, os interesses mercantis tutelados por tais normas (tutela da empresa como organização jurídico-económica com valor de circulação no mercado) tanto são válidos para os contratos de arrendamento comercial ou "leasing" como o serão, por vezes até "a fortiori", para a generalidade dos demais contratos exploracionais da empresa transmitida (v.g., venda, fornecimento, distribuição comercial, transporte, etc.) – pelo que as soluções aplicáveis também deverão ser as mesmas.

A terminar, sublinhe-se que semelhante analogia, todavia, não deverá valer irrestritamente – o que vale dizer, por outras palavras, que se impõe um conjunto de *limites* à regra da transmissão universal e automática dos contratos empresariais exploracionais. Assim, designadamente, tal regra não prejudica a autonomia privada das partes no contrato de transmissão e nos contratos a transmitir – sendo sempre possível que as partes do negócio transmissivo convencionem por mútuo acordo a intransmissibilidade de um ou vários contratos exploracionais[496], além de se encontrarem naturalmente vinculadas pelos termos próprios destes últimos[497] –, não se aplica a contratos de natureza

---

[496] Uma tal regra da transmissão universal é, assim, uma regra *dispositiva*, podendo ser afastada por vontade das partes no negócio de transmissão empresarial: exceptuam-se apenas deste caso aqueles contratos que façam parte do chamado *âmbito mínimo de entrega*, ou seja, daquele conjunto de elementos componentes da empresa que lhe conferem a sua identidade própria e cuja transmissão é indispensável para que se possa sequer falar em transmissão da própria empresa (sobre a problemática dos âmbitos de entrega, no direito nacional e comparado, vide desenvolvidamente CARVALHO, Orlando, *Critério e Estrutura do Estabelecimento Comercial – O Problema da Empresa como Objecto de Negócios*, 476 e segs., Atlântida, Coimbra, 1967).

[497] Será esse frequentemente o caso, por exemplo, dos contratos de utilização de loja em centro comercial, os quais incluem, por regra, uma cláusula que exige o consentimento prévio e escrito da entidade gestora no caso de transmissão da empresa do

Dos Contratos Comerciais em Geral

pessoal – entendendo por tal genericamente os contratos "intuitus personae" que foram celebrados em atenção às qualidades pessoais ou empresariais do alienante (cf. também art. 577.º, n.º 1, "in fine", do CCivil)[498] –, e não impede os terceiros cedidos de impugnar o negócio de transmissão da empresa – sempre que provem que este constituiu um mero expediente fraudulento do empresário alienante destinado a impedir a satisfação dos créditos daqueles (art. 610.º e segs. do CCivil) – ou de denunciar os próprios contratos transmitidos com fundamento em justa causa – sempre que objectivamente tal provoque um desequilíbrio contratual ou uma diminuição das garantias de cumprimento contratual.[499]

---

lojista (na doutrina, vide ASCENSÃO, J. Oliveira, *Integração Empresarial e Centros Comerciais*, 67, in: XXXII RFDUL (1991), 29-70; na jurisprudência, vide o Acórdão do STJ de 20-I-1998 (LOPES PINTO), in: VI CJ/STJ (1998), I, 15-19).

[498] Por regra, os contratos concluídos pelo empresário no exercício da sua actividade empresarial serão instrumentais da exploração da respectiva empresa, não revestindo natureza "intuitus personae". Saber quando estaremos perante uma excepção a esta regra é questão a resolver mediante a interpretação de cada contrato concreto: em abstracto, constituem exemplos possíveis de tais excepções os contratos de cooperação empresarial (v.g., "joint-venture", consórcio, associação em participação pelo lado do associante), alguns contratos de distribuição comercial (v.g., distribuição selectiva, certos contratos de franquia e concessão comercial), os contratos de mandato mercantil, de licença, ou os contratos de serviços de advocacia e contabilidade (cf. COLOMBO, Giovanni, *Il Trasferimento dell'Azienda e il Passagio dei Crediti e dei Debiti*, 82 e segs., Cedam, Padova, 1972). Refira-se ainda, por outro lado, que a natureza "intuitus personae" dos contratos não pressupõe necessariamente a personalidade singular do empresário, valendo também no domínio dos empresários colectivos (VANZETTI, Adriano, *Osservazione sulla Successione nei Contratti Relativi all'Azienda Ceduta*, in: X RS (1965), 512-556).

[499] Como é próprio dos conceitos indeterminados ou "ius aequum", o preenchimento valorativo da "justa causa" apenas poderá ser realizado em definitivo caso a caso (MACHADO, J. Baptista, *Introdução ao Direito e ao Discurso Legitimador*, 114, Almedina, Coimbra, 1989). À partida, uma justa causa de denúncia poderá verificar-se, por exemplo, nos casos em que o adquirente se encontre objectivamente numa situação (jurídica, patrimonial, empresarial) que diminua as garantias do cumprimento contratual (v.g., devedor contumaz, subscritor em massa de títulos cambiários protestados, empresário notoriamente inidóneo ou inibido para o exercício de comércio, etc.) ou nos casos em que os contratos empresariais celebrados entre o alienante e o terceiro cedido gozem

Transmissão, Modificação e Extinção

3. Outras Modalidades Transmissivas

I. Ao lado da modalidade transmissiva atrás considerada (transmissão voluntária), os contratos comerciais podem ainda, naturalmente, ser objecto das demais formas de transmissão, próprias ou impróprias, admitidas para os contratos em geral.[500]

3.1. *Transmissão Legal*

I. Desde logo, os contratos comerciais podem ser objecto de *transmissão legal*. Ao passo que, na transmissão voluntária, a transferência do contrato opera por força da autonomia de vontade das partes – em virtude de negócio adrede celebrado para o efeito (na cessão da posição contratual) ou, como sucede, no evento de transmissão da empresa "in toto", como decorrência de outro negócio (v.g., trespasse)[501] –, existem casos em que a transfe-

---

de garantias fideijussórias de cumprimento (v.g., fiança, aval cambiário). Inversamente, já não constituirá justa causa, legitimadora da denúncia contratual, a mera substituição da outra parte contratante (a não ser relativamente a contratos de natureza pessoal) ou o incumprimento contratual por parte do adquirente (que representa uma vicissitude do contrato transmitido, a que o contraente "in bonis" sempre poderá reagir nos termos gerais dos arts. 428.º e 798.º do CCivil).

[500] Sobre as formas da transmissão contratual (cessão da posição contratual, subcontrato, sub-rogação legal, adesão ao contrato), vide TELLES, I. Galvão, *Manual dos Contratos em Geral*, 451 e segs., 4.ª edição, Coimbra Editora, Coimbra, 2002.

[501] À primeira vista, a transmissão universal dos contratos exploracionais da empresa, decorrente do negócio transmissivo da empresa, constituiria um caso de transmissão legal. Em rigor, assim não é. Como é salientado pela doutrina, a transmissão ou sub-rogação "ex lege" dos contratos configura uma transferência de posições contratuais que, além de resultar de disposição legal, se impõe com carácter necessitante ou forçoso aos próprios contraentes (cf. PINTO, C. Mota, *Cessão da Posição Contratual*, 84, Almedina, Coimbra, 1982; em sentido oposto, todavia, VARELA, J. Antunes, *Das Obrigações em Geral*, vol. II, 391, 7.ª edição, Almedina, Coimbra, 1997). Ora, tal não é o que sucede no caso vertente: como foi atrás sublinhado, o princípio geral da transmissão universal e automática dos contratos empresariais exploracionais, que aflora em diversas disposições da lei mercantil, deve considerar-se

Dos Contratos Comerciais em Geral

rência do contrato opera "ex lege", ou seja, em que o subingresso de terceiros nas posições contratuais se dá por mero efeito de disposição imperativa da lei que se impõe às próprias partes envolvidas.

II. Os casos de transmissão legal – também designados de "cessão forçada" ou "sub-rogação legal" – não são particularmente frequentes no Direito Comercial.

Um exemplo particular pode ser encontrado no domínio das chamadas *empresas hereditárias*, ou seja, das empresas em nome individual que, por morte do respectivo titular e existindo uma pluralidade de herdeiros, passam a integrar a respectiva herança ou património sucessório global[502]. Ora, com a partilha do património hereditário, os herdeiros a quem ficou atribuída a empresa do "de cujus" passam a ser considerados como sucessores únicos desta "desde a abertura da herança" (art. 2119.º do CCivil), sendo havidos retroactivamente como titulares jurídicos da empresa desde o momento da própria morte do autor da sucessão e subentrando em todos os contratos pertinentes à exploração empresarial, inclusive daqueles que hajam sido continuados ou até concluídos durante o período de jacência e de indivisão (arts. 2046.º e segs., 2050.º e segs. do CCivil).[503]

---

como meramente dispositivo, funcionando no silêncio das partes mas sendo susceptível de ser afastado por vontade destas manifestada no negócio transmissivo.

[502] Sobre a figura, vide ANTUNES, J. Engrácia, *Direito Comercial*, em curso de publicação. Para maiores desenvolvimentos, vide HOHENSEE, Wolfgang, *Die unternehmenstragende Erbengemeinschaft*, Nomos Verlag, Baden-Baden, 1994.

[503] Ao contrário do nosso ordenamento jurídico, existem ordens jurídicas que previram disposições legais específicas sobre a transmissão de posições jurídicas da empresa em caso de morte do empresário: cf. MÜLLER-FELDHAMMER, Ralf, *Die Erwerberhaftung bei rechtgeschäftlicher Unternehmensübertragung – Eine rechtsvergleichende Untersuchung zu Grundfragen des zivil- und handelsrechtlichen Gläubigerschutzes beim Wechsel des Unternehmensträgers*, Roderer Verlag, Regensburg, 2001.

Transmissão, Modificação e Extinção

3.2. *Transmissão Judicial*

I. Embora mais raramente, os contratos comerciais podem ser ainda objecto de *transmissão judicial*, operando a cessão das posições contratuais por efeito, directo ou indirecto, de sentença judicial transitada em julgado.

II. Estão neste caso as transmissões ocorridas no âmbito de *penhora de empresa* (art. 862.º-A do CPCivil)[504], de *alienação de empresa insolvente* (art. 162.º do CIRE) ou de *saneamento por transmissão* (art. 199.º do CIRE)[505]. No evento de processo executivo movido contra devedor titular de empresa, constituindo esta última objecto unitário de apreensão e execução judicial para satisfação dos direitos do credor exequente do empresário devedor, os contratos exploracionais da empresa penhorada seguem o destino desta, transmitindo-se para o comprador nos termos atrás vistos para a transmissão voluntária (arts. 886.º e segs., 901.º-A do CPCivil). No evento de processo insolvencial movido sobre empresário, na sequência de sentença judicial de declaração de insolvência (art. 36.º do CIRE), o administrador da insolvência deverá privilegiar a alienação "in totum" da empresa daquele relativamente à liquidação ou desmembramento empresarial, o que parece pressupor igualmente a transmissão dos contratos comerciais exploracionais para o adquirente (v.g., o art. 347.º do CT, relativo aos contratos de trabalho); e, na sequência de sentença judicial homologatória de plano de insolvência que contemple a constituição de nova sociedade que passará a deter e explorar a empresa

---

[504] Sobre a figura, vide DUARTE, R. Pinto, *A Penhora e a Venda Executiva do Estabelecimento Comercial,* in: 9 Themis-UNL (2004), 123-135.

[505] Sobre estas figuras, vide FERNANDES, L. Carvalho/ LABAREDA, João, *Código da Insolvência e da Recuperação de Empresas Anotado,* 387 e segs., Quid Juris, Lisboa, 2008.

insolvente (arts. 199.º e 217.º do CIRE), solução idêntica parece também dever valer.[506]

§3 Modificação dos Contratos Comerciais

1. Aspectos Gerais

I. Os contratos mercantis, como os demais, são actos de autonomia privada que envolvem a assunção de um risco por ambos os contraentes: ao contratar, as partes trocam um presente conhecido por um futuro desconhecido, instituindo entre ambas um quadro de regulação jurídica destinado a vigorar independentemente das vicissitudes de percurso, pelo que, em regra, a alteração da envolvente negocial ou económica não é causa de modificação das obrigações assumidas (*intangibilidade do conteúdo contratual*).

II. A singeleza desta proposição, todavia, não se compadece com a "praxis" da contratação mercantil, especialmente no âmbito do comércio internacional.

Na realidade, uma boa parte dos mais relevantes contratos comerciais internacionais – tais como, por exemplo, os contratos internacionais de consórcio, de "joint venture", de "leasing", de transferência de tecnologia, e outros semelhantes – são frequentemente contratos complexos, duradouros e voláteis: *complexos*, já que envolvem amiúde vários empresários ou até Estados, dando origem a um quadro regulatório das relações jurídicas entre as

---

[506] Sobre a transmissão de empresas em processo insolvencial de liquidação ou recuperação, vide ANTUNES, J. Engrácia, *A Empresa como Objecto de Negócios – "Asset Deals" versus "Share Deals"*, 743 e segs., in: 68 ROA (2008), 715-793. No plano comparado, vide em geral BUCHTA, Jens, *Unternehmenskauf in Krise und Insolvenz*, in: Hölters, Wolfgang (Hrsg.), "Handbuch des Unternehmens- und Beteiligungskauf", 1131-1175, 6. Aufl., Otto Schmidt, Köln, 2005; EHLERS, Harald, *Unternehmenssanierung nach der Insolvenzordnung*, 2. Aufl., Beck, München, 2000.

partes contratantes extremamente denso e intrincado, bem como a investimentos muito vultuosos; *duradouros*, já que são destinados a enquadrar relações negociais e económicas de longo prazo (por vezes superior a uma década), cuja ruptura ou divórcio acarretaria frequentemente custos astronómicos para qualquer das partes envolvidas; e *voláteis*, dado que a combinação da complexidade e longevidade do ciclo vital negocial os torna particularmente sensíveis às alterações da envolvente externa (económica, cambiária, política, social), aumentando substancialmente o risco de alteração superveniente e imprevista do equilíbrio das prestações contratuais.[507]

III. O *direito comparado*, que se debate de há muito com o problema, ensaiou uma variedade de soluções jurídicas. Lançando as suas raízes remotas na teoria romana cunhada na cláusula "rebus sic stantibus" (segundo a qual todos os contratos teriam uma cláusula implícita que faria depender a respectiva validade da manutenção do "status quo" negocial), tais soluções vão desde as teorias da pressuposição ("Voraussetzung") ou da base do negócio ("Geschäftsgrundlage") na Alemanha, da excessiva onerosidade da prestação ("eccessiva onerosità") em Itália, e da imprevisão ("imprévision") em França, até às teorias da frustração ("frustration") em Inglaterra ou da inviabilidade económica ("commercial impracticability") nos Estados Unidos da América. Nalguns casos, foi o próprio legislador a consagrar expressamente os mecanismos dessa solução: assim sucede, designadamente, no *direito português*, que previu um regime jurídico especificamente dedicado à modificação e resolução do contrato por alteração superveniente das circunstâncias (arts. 437.º a 439.º do CCivil).[508]

---

[507] Sobre o ponto, vide CAMELBEKE, Micheline van, *L'Adaptation du Contrat International aux Circonstances Nouvelles*, in: Rodière, René (ed.), "Les Modifications du Contrat au Cours de son Exécution en Raison des Circonstances Nouvelles", 169-184, A. Pedone, Paris, 1986.

[508] Por vezes, para certos contratos juscomerciais específicos, o mesmo legislador previu mesmo regras próprias especiais: cf. o Decreto-Lei n.º 171/2008, de 26 de Agosto, relativa à tutela do mutuário no âmbito da renegociação dos contratos de empréstimo à habitação.

IV. A verdade, porém, é que o alcance destes mecanismos legais e doutrinais da adaptação e modificação contratual às circunstâncias supervenientes é, no âmbito da contratação mercantil internacional, *bastante limitado*: o recurso aos tribunais raramente é perspectivado pelas partes contratantes como uma solução jurídica e economicamente viável, atento o risco resultante das discrepâncias entre as diferentes legislações nacionais e das incertezas associadas à diversidade dos entendimentos doutrinais e jurisprudenciais existentes. Daí que, de forma a prevenir conflitos e permitir assegurar a necessária flexibilidade dos seus contratos em face de eventos futuros imprevistos, a preferência dos contratantes se venha inclinando para outros tipos de soluções, de natureza convencional – falamos das chamadas *"cláusulas de adaptação"*, consistentes em cláusulas negociais adrede inseridas nos contratos com a finalidade de permitir e regular os termos da adaptação e alteração superveniente do conteúdo contratual[509]. Entre as cláusulas mais frequentes na prática da contratação mercantil, a que aludiremos muito brevemente, contam-se as cláusulas de *"force majeure"*, as cláusulas de *"hardship"*, as cláusulas de *revisão automática*, as cláusulas de *revisão concorrente*, e as cláusulas de *primeira recusa*.

---

[509] BERGER, Klaus-Peter, *Renegotiation and Adaptation of International Investment Contracts: The Role of Contract Drafters and Arbitrators*, in: 36 VJTL (2003), 1347-1380; CONSTANZA, Maria, *Claosole di Rinegoziazione e Determinazione Unilaterale del Prezzo*, in: AAVV, "Inadempimento, Adattamento, Arbitrato. Patalogie dei Contratti e Rimedi", 311-321, Giuffrè, Milano, 1992; FABRE, Régis, *Les Clauses d'Adaptation dans les Contrats*, in: 81 RTDCiv (1983), 1-30; FONTAINE, Marcel, *L'Adaptation des Contrats Internationaux au Changement de Circonstances*, in: AAVV, "Nuove Tendenze del Commercio Internazionale", vol. I, 450-458, Ed. Tirrenia-Stampatori, Torino, 1980.

Transmissão, Modificação e Extinção

2. Cláusulas de "Force Majeure"

I. Designam-se por cláusulas de "force majeure" aquelas *cláusulas que exoneram uma das partes contratuais do cumprimento das suas obrigações quando a execução destas se tornou impossível devido a determinado evento imprevisível, extraordinário e irresistível.*[510]

II. Tais cláusulas, bastante divulgadas nos contratos mercantis transnacionais, encontram-se hoje também previstas em diversas fontes internacionais do Direito Comercial, sejam elas de natureza legal (art. 79.º da Convenção de Viena de 1980[511]) ou autónoma (cf. o art. 7.1.7 (1) dos "Princípios UNIDROIT Relativos aos Contratos Comerciais Internacionais" de 1994[512] e o art. 8-108 (1)

---

[510] Sobre tais cláusulas, vide Bernardini, Piero, *Hardship e Force Majeure*, in: Bonell, M. Joachim/ Bonelli, Franco (eds.), "Contratti Commerciali Internazionali e Principi Unidroit", 193-214, Giuffrè, Milano, 1997; Costa, J. Fontoura/ Nusdeo, A. Oliveira, *As Cláusulas de Força Maior e de "Hardship" nos Contratos Internacionais*, in: 97 RDMIEF (1995), 76-103; Draetta, Ugo, *Les Clauses de Force Majeure et de Hardship dans les Contrats Internationaux*, in: 3 RDAI (2002), 347-358; Maskow, Dietrich, *Hardship and Force Majeure*, in: 3 AJCL (1992), 657-669; Ommeslaghe, Pierre, *Les Clauses de Force Majeure et d'Imprévision (Hardship) dans les Contrats Internationaux*, in: LVII RDIDC (1980), 7-59.

[511] De acordo com o seu n.º 1, "uma parte não é responsável pela inexecução de qualquer das suas obrigações se provar que tal inexecução se ficou a dever a um impedimento independente da sua vontade e que não era razoável esperar que ela o tomasse em consideração no momento da conclusão do contrato, o prevenisse ou o ultrapassasse, ou que prevenisse ou ultrapassasse as consequências respectivas". Sobre este regime, vide Soares, M. Ângela/ Ramos, R. Moura, *Do Contrato de Compra e Venda Internacional – Análise da Convenção de Viena de 1980 e das Disposições Pertinentes do Direito Português*, 243 e segs., GDDC, Coimbra, 1981.

[512] Dispõe esta norma: "Non-performance by a party is excused if that party proves that the non-performance was due to an impediment beyond its control and that it could not reasonably be expected to have taken the impediment into account at the time of the conclusion of the contract or to have avoided or overcome it or its consequences". Sobre tal norma, vide Fontaine, Marcel, *Les Dispositions Relatives au Hardship et à la Force Majeure*, in: Bonell, M. Joachim/ Bonelli, Franco (eds.), "Contratti Commerciali Internazionali e Principi Unidroit", 183-191, Giuffrè, Milano, 1997; Perillo, Joseph, *Force Majeure and Hardship under the Unidroit Principles of*

Dos Contratos Comerciais em Geral

dos "Princípios do Direito Europeu dos Contratos" de 1998[513]). A redacção, o conteúdo e os efeitos de tais cláusulas não é, todavia, inteiramente uniforme.[514]

Em teoria, a *redacção* de tais cláusulas pode seguir um modelo genérico, recorrendo a uma noção geral e abstracta de força maior ("force majeure", "Unmöglichkeit"), ou a um modelo casuístico, que enumera os casos concretos abrangidos pela mesma: na prática, conquanto não seja impossível topar contratos mercantis que contenham apenas um conceito de força maior, na esmagadora maioria dos casos as cláusulas em apreço são redigidas segundo um modelo casuístico ou misto, que contém um elenco tendencialmente exaustivo dos tipos de eventos ou factos concretos a que é atribuída tal natureza (v.g., guerra, insurreição civil ou militar, invasão, actos de terrorismo, sabotagem, epidemias, desastres naturais, greves e "lock-out", etc.)[515]. Relativamente ao respectivo *conteúdo*, é igualmente frequente que aos eventos de força maior seja associado o valor de uma presunção relativa ou "iuris tantum" de impedimento ou impossibilidade de cumprimento do contrato: tal vale por dizer que, verificado um dos referidos factos,

---

International Commercial Contracts, in: AAVV, "Contratación Internacional: Comentarios a los Principios sobre los Contratos Comerciales Internacionales del Unidroit", 111-133, Universidade Autónoma, México, 1998.

[513] Reza o preceito: "A party's non-performance is excused if it proves that it is due to an impediment beyond its control and that it could not reasonably have been expected to take the impediment into account at the time of the conclusion of the contract, or to have avoided or overcome the impediment or its consequences".

[514] Dada a sua proeminência na "praxis" da contratação mercantil internacional, sublinhe-se ainda a existência de uma significativa jurisprudência arbitral na matéria: cf. RIVKIN, David, *Lex Mercatoria and Force Majeure,* in: AAVV, "Transnational Rules in International Commercial Arbitration", 161-208, ICC, Paris, 1993; STROHBACH, Heinz, *Force Majeure and Hardship Clauses in International Commercial Contracts and Arbitration*, in: 1 JIA (1984), 39-51.

[515] A Câmara de Comércio Internacional dispõe de um modelo de cláusula de força maior, bastante utilizada nos contratos mercantis internacionais: a "ICC Force Majeure Clause 2003". Cf. INTERNATIONAL CHAMBER OF COMMERCE, *ICC Force Majeure Clause 2003 and ICC Hardship Clause 2003: Make Sure That Contract Protects You If Disaster Strikes*, Paris, 2003.

Transmissão, Modificação e Extinção

a parte devedora se considera exonerada do cumprimento da sua prestação, sem prejuízo de a outra parte poder ilidir a presunção, provando que, no caso concreto, o evento invocado não revestiu carácter imprevisível (isto é, era ou devia ser conhecido pela parte devedora) ou irresistível (isto é, se situava na esfera de controlo da parte devedora, não originando assim uma verdadeira impossibilidade de cumprimento da prestação mas tão-só tornando esta excessivamente difícil ou onerosa)[516]. Finalmente, relativamente aos seus *efeitos*, o accionamento da cláusula de força maior dá fundamentalmente lugar à suspensão do dever de execução das obrigações contratuais da parte devedora, exonerando esta da correspectiva responsabilidade, embora já seja diferenciada na "praxis" contratual a sua projecção relativamente aos demais direitos e obrigações contratuais (v.g., em matéria do direito de rescisão contratual das partes, do destino das prestações já realizadas em caso de extinção do contrato, etc.).[517]

3. Cláusulas de "Hardship"

I. Designam-se por cláusulas "hardship" – literalmente, "dificuldade" – aquelas *cláusulas que estabelecem a renegociação do contrato quando a execução das obrigações contratuais se tornou excessivamente onerosa para uma das partes devido a uma alteração substancial das circunstâncias susceptível de afectar o equilíbrio global do contrato.*[518]

---

[516] Cf. também proémio do parágrafo 3 do "ICC Force Majeure Clause 2003".

[517] Vejam-se assim também as diferenças existentes entre os instrumentos internacionais na matéria: por exemplo, ao passo que os arts. 7.1.7 (4) e 7.3.1 (1) dos "Princípios UNIDROIT Relativos aos Contratos Comerciais Internacionais" de 1994 conferem apenas o direito de resolução contratual ao contraente incumpridor, o parágrafo 3 do "ICC Majeure Clause 2003" atribui tal direito a ambos os contraentes.

[518] Sobre tais cláusulas, para além dos estudos já referidos *supra* (cf. Parte II, Cap. V, §3, 2), vide, entre nós, GOMES, Júlio/ MONTEIRO, A. Pinto, *A "Hardship Clause"*

Dos Contratos Comerciais em Geral

II. As cláusulas de "hardship" e de "force majeure", sendo figuras vizinhas, *não se podem confundir*. Tendo ambas em comum o facto de se tratar de cláusulas típicas da contratação comercial internacional que visam disciplinar convencionalmente a adaptação do contrato às alterações supervenientes e essenciais de circunstâncias, elas distinguem-se fundamentalmente em função da natureza e alcance destas alterações[519]: ao passo que as últimas respeitam a alterações consubstanciadas em eventos imprevisíveis e irresistíveis que tornam impossível a execução do contrato, as primeiras reportam-se a alterações substanciais do condicionalismo negocial envolvente que tornam esta execução particularmente onerosa para uma das partes, embora não impossível.[520]

---

e o Problema da Alteração das Circunstâncias (Breve Apontamento), in: AAVV, "Iuris et de Iure", 17-40, UCP Editora, Porto, 1998. Lá fora, onde a doutrina é abundante, CIRIELLI, S. Enrico, *Claosola di Hardship e Adattamento nel Contratto Commerciale Internazionale,* in: III CeImp (1998), 733-789; FRIGNANI, Aldo, *Hardship Clause,* in: "Factoring, Leasing, Franchising, Venture Capital, Leveraged Buy-Out, Hardship Clause, Countertrade, Cash-and-Carry, Merchandising", 391-437, 4.ª edizione, Giappichelli, Torino, 1991; HAERYNCK, Wouter den, *Drafting Hardship Clauses in International Contracts,* in: AAVV, "Structuring International Contracts", 231-245, Kluwer, London, 1996; MELO, J. Silva, *Contratos Internacionais e Cláusula de Hardship,* Aduaneiras, São Paulo, 2000; PERILLO, Joseph, *Hardship and its Impact on Contractual Obligations: A Comparative Analysis,* CSR, Roma, 1996; SCHMITTHOFF, Clive, *Hardship and Intervener Clauses,* in: JBL (1980), 82-91; ULLMANN, Harold, *Droit et Pratique des Clauses de Hardship dans le Système Juridique Américain,* in: 7 RDAI (1988), 889-904.

[519] Muito embora seja comum caracterizar tais cláusulas como excepções ao princípio "pacta sunt servanda" (HAERYNCK, Wouter den, *Drafting Hardship Clauses in International Contracts,* 234, in: AAVV, "Structuring International Contracts", 231-245, Kluwer, London, 1996), tal não é rigoroso: representando em si mesmas pactos ou estipulações contratuais, pode até afirmar-se que, ao invés, tais cláusulas justamente repousam em, e fazem uso de, um tal princípio.

[520] FRIGNANI, Aldo, *Hardship Clause,* 412, in: "Factoring, Leasing, Franchising, Venture Capital, Leveraged Buy-Out, Hardship Clause, Countertrade, Cash-and-Carry, Merchandising", 391-437, 4.ª edizione, Giappichelli, Torino, 1991. Outros autores referem que a diferença reside em que as cláusulas de "force majeure" têm por objecto a resolução do contrato, ao passo que as de "hardship" apenas a respectiva modificação

Transmissão, Modificação e Extinção

III. Tais cláusulas, igualmente conhecidas nos contratos comerciais internacionais, são objecto de regulação em diversas fontes jurídicas do comércio internacional – é o caso do art. 6.2. dos "Princípios UNIDROIT Relativos aos Contratos Comerciais Internacionais" de 1994[521] e do art. 6-111 dos "Princípios do Direito Europeu dos Contratos" de 1998[522] –, não faltando também aqui a existência de importantes modelos contratuais[523]. A redacção, os requisitos e os efeitos destas cláusulas exibem, de novo, significativas variações na "praxis" contratual.

(CONSTANZA, Maria, *Claosole di Rinegoziazione e Determinazione Unilaterale del Prezzo*, 314, in: AAVV, "Inadempimento, Adattamento, Arbitrato. Patalogie dei Contratti e Rimedi", 311-321, Giuffrè, Milano, 1992).

[521] É a seguinte a definição prevista no art. 6.2.2.: "There is hardship where the occurrence of events fundamentally alters the equilibrium of the contract either because the cost of a party's performance has increased or because the value of the performance a party receives has diminished, and (a) the events occur or become known to the disadvantaged party after the conclusion of the contract; (b) the events could not reasonably have been taken into account by the disadvantaged party at the time of the conclusion of the contract; (c) the events are beyond the control of the disadvantaged party; and (d) the risk of the events was not assumed by the disadvantaged party". Sobre esta noção e respective regime, vide PRADO, Maurício, *La Théorie du Hardship dans les Principes de L'Unidroit Relatifs aux Contrats du Commerce International: Une Approche Comparative des Principes et des Solutions Adoptées par le Droit Français et le Droit Américain*, in: AAVV, "Diritto del Commercio Internazionale", 323-373, Milano, Giuffrè, 1997.

[522] "(1) A party is bound to fulfil its obligations even if performance has become more onerous, whether because the cost of performance has increased or because the value of the performance it receives has diminished. (2) If, however, performance of the contract becomes excessively onerous because of a change of circumstances, the parties are bound to enter into negotiations with a view to adapting the contract or terminating it, provided that: (a) the change of circumstances occurred after the time of conclusion of the contract, (b) the possibility of a change of circumstances was not one which could reasonably have been taken into account at the time of conclusion of the contract, and (c) the risk of the change of circumstances is not one which, according to the contract, the party affected should be required to bear".

[523] INTERNATIONAL CHAMBER OF COMMERCE, *ICC Force Majeure Clause 2003 and ICC Hardship Clause 2003: Make Sure That Contract Protects You If Disaster Strikes*, Paris, 2003.

Dos Contratos Comerciais em Geral

No que concerne à sua *redacção*, e diferentemente das cláusulas de "force majeure", as cláusulas de "hardship" são frequentemente modeladas na base de uma cláusula geral e abstracta – o que se explica em virtude da sua própria finalidade precípua, que é assegurar a manutenção do equilíbrio global do contrato –, embora não seja incomum a combinação com uma enumeração casuística dos principais tipos concretos de alteração substancial das circunstâncias. Relativamente aos seus *pressupostos*, para além de requisitos de ordem genérica – "maxime", que estejamos diante de contratos bilaterais, de carácter duradouro e sem carácter aleatório –, o accionamento da figura está ainda dependente de determinados requisitos específicos cuja conformação e alcance variam bastante consoante os casos: de entre estes, deve ser destacada, naturalmente, a superveniência de uma alteração das circunstâncias (embora não necessariamente imprevisível, sendo apenas exigível que a mesma não pudesse ser razoavelmente prevista pelas partes ao momento da conclusão do contrato) que, pela sua importância ou gravidade, altere o equilíbrio ou a identidade global do contrato. Enfim, relativamente aos seus *efeitos*, tais cláusulas são essencialmente geradoras de um dever de renegociação do contrato: tal dever configura-se como uma mera obrigação de meios e não de resultado, traduzindo-se apenas, pois, no mero dever de as partes entabularem negociações sérias tendentes ao restabelecimento do equilíbrio originário das prestações contratuais, e não já de atingirem um acordo a todo o custo[524]. Os

---

[524] Questão complexa é a de saber quais as consequências do *insucesso da renegociação*: em termos muito genéricos, tal insucesso não originará responsabilidade para qualquer das partes, excepto se a falta de acordo se deveu ao incumprimento culposo do dever de renegociação, v.g., recusa de renegociar, propostas não sérias de modificação contratual, ou dilações artificiais ou má fé na renegociação. A fim de evitar estes escolhos, as cláusulas de "hardship" prevêem ocasionalmente sanções para ambas as partes pela falta de acordo (HAERYNCK, Wouter den, *Drafting Hardship Clauses in International Contracts,* 238 e 241, in: AAVV, "Structuring International Contracts", 231-245, Kluwer, London, 1996) ou a atribuição de poderes de renegociação a um

Transmissão, Modificação e Extinção

critérios específicos que orientam tal processo negocial são bastante variáveis – incluindo critérios objectivos (usualmente, o âmbito da renegociação é extremamente amplo, abrangendo o preço, o prazo, a quantidade ou a qualidade das coisas ou serviços, e vários outros itens negociais) e critérios temporais (que fixam o "dies a quo" do início da renegociação, que estabelecem um período mínimo e máximo para a obtenção do acordo, etc.) –, não sendo também isento de divergências a compatibilização do regime desta cláusula com os outros direitos contratuais – mormente, o direito de resolução por incumprimento do contraente "in bonis".[525]

4. Cláusulas de Revisão Automática

I. Designam-se cláusulas de revisão automática aquelas que *estabelecem a revisão ou modificação do conteúdo de um contrato comercial ou das suas prestações (mormente, das prestações pecuniárias) de forma mais ou menos automática, sem necessidade de qualquer negociação ou acordo posterior das partes a tal respeito.*[526]

---

terceiro ou a um tribunal arbitral (assim também o art. 6.2.3. dos "Princípios UNIDROIT Relativos aos Contratos Comerciais Internacionais" de 1994: cf. PRADO, Maurício, *La Théorie du Hardship dans les Principles de L'Unidroit relatifs aux Contrats du Commerce International: Une Approche Comparative des Principes et des Solutions Adoptées par le Droit Français et le Droit Américain*, in: AAVV, "Diritto del Commercio Internazionale", 323-373, Milano, Giuffrè, 1997).

[525] Com efeito, ao passo que os "Princípios do Direito Europeu dos Contratos" de 1998 fazem prevalecer o direito à renegociação sobre o direito à resolução do contraente "in bonis", já os "Princípios UNIDROIT Relativos aos Contratos Comerciais Internacionais" de 1994 parecem apontar no sentido inverso (FONTAINE, Marcel, *Droit des Contrats Internationaux. Analyse et Rédaction de Clauses*, 287, Feduci, Paris, 1989).

[526] Semelhantemente às cláusulas de "hardship", estas têm por objecto uma adaptação do contrato a novos circunstancialismos envolventes – só que agora realizada de forma automática e sem necessidade de novo acordo negocial das partes. Tal não significa,

Dos Contratos Comerciais em Geral

II. Exemplos são, entre muitas outras, as "cláusulas de estabilização" ("stabilization clauses"), que introduzem factores de correcção destinados a neutralizar as flutuações do preço decorrentes da inflação ou de alterações cambiais ("maxime", o vencimento de juros compensatórios)[527]; as "cláusulas de revisão de preço" ("price adjustment", "Preisanpassungsklauseln"), que permitem a revisão ou redução do preço em caso de violação de alguma das garantias contratualmente acordadas[528]; as cláusulas de "indexação" ou de "escala móvel", que permitem ajustar os montantes a restituir ou os juros a pagar por referência a uma determinada mercadoria (v.g., ouro, prata, trigo) ou índice ("Euribor", "Mibor")[529]; e as cláusulas de pagamento em ouro ou moeda determinada (v.g., divisas estrangeiras), que permitem adequar o pagamento em espécies monetárias mais estáveis.

---

note-se, que essas cláusulas dispensem uma intervenção dos contratantes, sendo até comum que elas atribuam a uma das partes uma faculdade de modificação unilateral do contrato, sempre que sobrevenha a alteração ou evento concretos nelas previstos, mediante mera notificação imediata à contraparte. Cf. FABRE, Régis, *Les Clauses d'Adaptation dans les Contrats*, in: 81 RTDCiv (1983), 1-30; FONTAINE, Marcel, *L'Adaptation des Contrats Internationaux au Changement de Circonstances*, in: AAVV, "Nuove Tendenze del Commercio Internazionale", vol. I, 450-458, Ed. Tirrenia-Stampatori, Torino, 1980.

[527] Sobre este tipo de cláusulas, particularmente frequentes nos contratos de compra e venda de empresas, vide ANTUNES, J. Engrácia, *A Empresa como Objecto de Negócios – "Asset Deals" versus "Share Deals"*, 772, in: 68 ROA (2008), 715-793. Noutros quadrantes, CEBRIÁ, L. Hernando, *El Contrato de Compraventa de Empresa*, 218, Tirant lo Blanch, Valencia, 2005; KÄSTLE, Florian/ OBERBRACHT, Dirk, *Unternehmenskauf – Share Purchase Agreement*, 43 e segs., Beck, München, 2005.

[528] DUBOUT, Hubert, *La Distinction des Clauses d'Ajustement de Prix et des Clauses de Garantie dans les Contrats d'Acquisition d'Entreprise*, in: BJS (2004), n.º 6, 891-903; IORIO, Giovanni, *Strutture e Funzione delle Clausole di Garanzia nella Vendita di Partecipazioni Sociali*, 334 e segs., Giuffrè, Milano, 2006.

[529] CONSTANZA, Maria, *Claosole di Rinegoziazione e Determinazione Unilaterale del Prezzo*, in: AAVV, "Inadempimento, Adattamento, Arbitrato. Patalogie dei Contratti e Rimedi", 311-321, Giuffrè, Milano, 1992.

Transmissão, Modificação e Extinção

5. Cláusulas de Revisão Concorrente

I. Denominam-se cláusulas de revisão concorrente aquelas *que prevêem a readaptação do contrato (desde a sua modificação até à sua extinção) quando uma das partes contratantes recebeu de, ou ofereceu a, um terceiro condições contratuais mais favoráveis do que relativamente à sua contraparte.*[530]

II. Tais cláusulas são também típicas e bastante frequentes no âmbito dos contratos mercantis, especialmente de carácter internacional e duradouro (v.g., contratos de transferência de tecnologia, de licença, de concessão comercial, etc.). Por vezes, elas estabelecem a possibilidade de adaptação contratual perante uma alteração das condições de mercado consubstanciada na superveniência de uma oferta formulada por um terceiro a um dos contraentes, cujas condições são mais vantajosas do que as oferecidas pelo outro contraente no âmbito do contrato vigente (cláusula de *"oferta concorrente"*): v.g., num contrato de concessão comercial de duração indeterminada, a previsão de tal cláusula permite ao concedente A optar pela modificação ou resolução do contrato celebrado com o concessionário B, caso um terceiro C lhe endereçe uma proposta contratual mais vantajosa. Outras vezes, alternativa ou simultaneamente, tais cláusulas prevêem idêntica faculdade no caso de conclusão superveniente de um contrato análogo com terceiro em condições contratuais mais vantajosas (cláusula do *"contratante mais favorecido"*): v.g., no exemplo anterior, se o concedente A celebrar com um terceiro D um contrato de concessão cujos termos são mais favoráveis, o concessionário B tem o direito de exigir um tratamento "pari passu" relativamente ao contratante mais favorecido.[531]

---

[530] FONTAINE, Marcel, *Droit des Contrats Internationaux. Analyse et Rédaction de Clauses*, 287 e segs., Feduci, Paris, 1989.

[531] Outro tipo de cláusulas que regulam o relevo jurídico das relações com terceiros no plano da adaptação do contrato mercantil – embora pela negativa agora – são as

Dos Contratos Comerciais em Geral

§4 Extinção dos Contratos Comerciais

1. Aspectos Gerais

I. Os contratos comerciais, como todos os restantes, estão condenados ao desaparecimento: mais tarde ou mais cedo, o complexo dos vínculos negociais criado pelo contrato será extinto, seja por disposição da lei, iniciativa das partes ou intervenção judicial[532]. Não obstante sejam aqui válidos os princípios gerais em matéria de cessação contratual, a verdade é que os contratos comerciais, enquanto contratos de empresa, exibem, também nesta sede, algumas *particularidades dignas de nota*.

II. Desde logo, começaremos por passar em revista os *fundamentos gerais da cessação dos contratos* e dos vínculos jurídicos deles emergentes (revogação, resolução, denúncia, caducidade), cotejando este regime geral com a disciplina dos contratos mercantis: para além de especialidades avulsas diversas, veremos que tal disciplina prevê mesmo eventos extintivos originais, como sucede eloquentemente com o chamado *direito de desistência*. Por outro lado, importa recordar que, em via geral, a extinção dos contratos implica a cessação dos seus efeitos, não produzindo ulteriores vinculações entre as partes: como veremos, ao invés, a *eficácia pós-contratual* está presente em alguns dos contratos mercantis mais típicos. Depois ainda, numa renovada confirmação da interacção recíproca existente entre os institutos da empresa e do contrato[533], não se podem perder de vista as importantes inci-

---

chamadas cláusulas de preferência ou de *"primeira recusa"*: de acordo com estas, cada uma das partes vincula-se a não celebrar um novo contrato, análogo ou semelhante, com um terceiro, sem previamente ter endereçado a respectiva proposta contratual à contraparte, que é livre de a aceitar ou não (FONTAINE, Marcel, *Droit des Contrats Internationaux. Analyse et Rédaction de Clauses*, 302, Feduci, Paris, 1989).

[532] Sobre a extinção dos contratos em geral, vide VARELA, J. Antunes, *Das Obrigações em Geral*, vol. II, 273 e segs., 7.ª edição, Almedina, Coimbra, 1997.

[533] Cf. *supra* Parte I, Cap. V, §1, 4.

Transmissão, Modificação e Extinção

dências que a crise dos empresários contratantes pode possuir sobre as respectivas relações contratuais em curso: referimo-nos à importante disciplina dos contratos comerciais em caso de *insolvência*. Enfim, por último, importa ainda sublinhar que a complexidade e a magnitude económica da moderna contratação mercantil, associada às limitações dos aparelhos jurisdicionais estaduais e aos imperativos de celeridade e segurança jurídica que são próprios da actividade empresarial, têm levado ao desenvolvimento e à adopção crescentes, por parte dos empresários contratantes, de métodos alternativos de resolução de conflitos emergentes dos seus contratos ("Alternative Dispute Resolution"), com particular relevo para a *arbitragem*.

2. Cessação Contratual

I. Os contratos comerciais estão sujeitos às *causas gerais de cessação dos negócios jurídicos*: tomando aqui esta expressão no seu sentido mais lato – e, reconhecêmo-lo sem rebuço, algo impróprio (que aqui adoptamos por razões meramente expositivas) –, os contratos mercantis e os respectivos efeitos podem cessar por força de eventos contemporâneos à sua formação (nulidade ou anulabilidade) ou de eventos posteriores à sua celebração (revogação, resolução, denúncia e caducidade).[534]

Esta subordinação ao regime geral não significa, todavia, que a disciplina legal da contratação mercantil, impregnada dos seus valores próprios, não exiba algumas *especialidades* que importa conhecer.

---

[534] Sobre esta matéria, vide em geral MARTINEZ, P. Romano, *A Cessação do Contrato*, 2.ª edição, Almedina, Coimbra, 2006; PINTO, C. Mota, *Teoria Geral do Direito Civil*, 3.ª edição, 605 e segs., Coimbra Editora, Coimbra, 1985.

Dos Contratos Comerciais em Geral

II. Assim, e desde logo, os contratos comerciais estão sujeitos à *invalidade* em virtude de vícios genéticos ou contemporâneos à sua formação, seja aquela uma invalidade absoluta e insanável (nulidade) ou relativa e sanável (anulabilidade). Todavia, existem vários negócios jusmercantis cujo regime de nulidade ou anulabilidade se distancia de forma muito significativa do regime civil geral (arts. 285.º e segs. do CCivil).

Sirva aqui o exemplo do *contrato de sociedade comercial*, cujo regime de invalidade se encontra previsto nos arts. 41.º e segs. do CSC. Desde logo, no que toca ao seu accionamento, ao invés do previsto na lei civil (invocabilidade a todo o tempo: cf. art. 286.º do CCivil), as acções de nulidade apenas podem ser propostas no *prazo* máximo de três anos a contar do registo comercial do contrato (art. 44.º, n.º 1 do CSC). Depois ainda, em matéria de sanação dos vícios, de novo ao invés da lei civil (insanabilidade absoluta: cf. art. 288.º do CCivil, "a contrario sensu"), o sistema da lei comercial aparece inteiramente dominado por um "favor societatis" que explica a possibilidade de sanação de determinados vícios contratuais (art. 42.º, n.os 2 e 3 do CSC), de regularização perante notificação do Ministério Público (art. 172.º do CSC), e ainda a previsão de um prazo suspensivo para a propositura de eventual acção (art. 44.º, n.º 1, "in fine", do CSC). Finalmente, e mais importante, as consequências jurídicas substantivas da invalidade societária são inteiramente diversas das decorrentes dos negócios jurídicos em geral: com efeito, ao invés do efeito retroactivo previsto na lei civil geral (art. 289.º do CCivil), a declaração judicial de nulidade ou anulação do contrato social tem apenas como efeito fundamental a entrada da sociedade em liquidação (art. 52.º, n.º 1 do CSC), mantendo-se intocada a eficácia dos negócios sociais até então concluídos (art. 52.º, n.º 2 do CSC).[535]

---

[535] Pode assim afirmar-se que a sociedade inválida liquidanda é, afinal, tratada praticamente como se de uma sociedade válida se tratasse, salvaguardando o respectivo

Transmissão, Modificação e Extinção

III. De resto, não se pode excluir liminarmente – e agora por outro lado – que outras especialidades sejam também encontradas relativamente aos eventos extintivos posteriores à celebração dos contratos mercantis, "rectius", às causas da sua extinção ou cessação: *revogação, resolução, denúncia e caducidade.*

Sirvam como exemplo os *contratos comerciais de duração longa ou mesmo indeterminada.* O carácter organizado e profissional do exercício das actividades empresariais explica a frequência com que os contratos comerciais possuem prazos de duração muito extensos ou mesmo não prevêem qualquer prazo de duração (v.g., contratos de sociedade, de empreendimento comum, de consórcio, de distribuição comercial, de fornecimento, etc.). Não podendo deixar de valer aqui o princípio geral de ordem pública segundo o qual são proibidas vinculações perpétuas ou excessivamente duradouras (cf. art. 280.º do CCivil), tal significa dizer que tais contratos comerciais poderão ser extintos mediante *denúncia*, a todo o tempo e sem causa justificativa especial, por qualquer das partes contratantes[536]. Ora, a integração do regime deste direito de denúncia não pode deixar de ser profundamente tributária das normas e valores específicos do Direito Comercial e da contratação mercantil. Assim, para além das normas gerais eventualmente

---

passado e futuro. A montante, mantêm-se intactos todos os efeitos jurídicos decorrentes das relações internas e externas da sociedade constituídas até ao trânsito em julgado da sentença judicial que declarou nulo o contrato de sociedade, "maxime", são plenamente eficazes os actos e negócios celebrados entre a sociedade e terceiros. E a jusante, a sociedade inválida mantém a sua personalidade jurídica para efeitos do seu processo de liquidação (art. 146.º, n.º 2 do CSC), em termos quase idênticos ao de qualquer outra sociedade (arts. 146.º e segs. do CSC, com as especialidades previstas no art. 165.º do CSC). Sobre o regime da invalidade do contrato de sociedade, vide mais desenvolvidamente ANTUNES, J. Engrácia, *Direito das Sociedades Comerciais*, em curso de publicação; falando igualmente de "desvios significativos perante o regime civil", vide MONTEIRO, A. Pinto, *Negócio Jurídico e Contrato de Sociedade Comercial*, 108, in: AAVV, "Nos 20 Anos do Código das Sociedades Comerciais", vol. I, 91-114, Coimbra Editora, Coimbra, 2007.

[536] Sobre tal princípio geral, vide MARTINEZ, P. Romano, *A Cessação do Contrato*, 229 e segs., 2.ª edição, Almedina, Coimbra, 2006.

Dos Contratos Comerciais em Geral

aplicáveis (vejam-se, por exemplo, os arts. 18.º, j) e f) e 22.º, n.º 1, a) e b) da LCCG), a determinação dos pressupostos e efeitos da denúncia contratual haverá de arrancar primacialmente das normas especiais previstas pelo legislador comercial: assim, nos contratos de sociedades comerciais de pessoas com duração indeterminada ou por período superior a trinta anos, em homenagem aos interesses da estabilidade empresarial, a "denúncia" dos sócios, que aí recebe a designação de exoneração sem justa causa ("appraisal right", "Abfindungsrecht", "droit de retrait", "diritto di recesso"), apenas pode ser exercida após o prazo de 10 anos a contar da data de aquisição da qualidade de sócio (art. 185.º, n.º 1, a) do CSC)[537]; do mesmo modo, nos contratos de associação em participação com duração indeterminada, idênticas razões explicam que associante e associado apenas disponham da faculdade de denunciar o contrato após o decurso de 10 anos de vigência (art. 30.º, n.º 3 do Decreto-Lei n.º 231/81, de 28 de Julho); nos contratos de agência por tempo indeterminado, o legislador consagra já a liberdade de denúncia "ad nutum" e a todo o tempo do principal e do agente, desde que observados determinados prazos mínimos de pré-aviso (que oscilam entre um e três meses, em função do período de vigência contratual); e assim sucessivamente.[538]

---

[537] Recorde-se que prazo idêntico se encontra previsto para as sociedades por quotas em que haja sido convencionada estatutariamente a proibição de cessão de quotas (art. 229.º, n.º 1 do CSC), e que nas demais sociedades por quotas, embora sem sujeição a prazo mínimo, o direito de exoneração jamais poderá proceder da vontade arbitrária do sócio (art. 240.º, n.º 8 do CSC) (cf. ainda MARIANO, J. Cura, *O Direito de Exoneração dos Sócios na Sociedades por Quotas*, 44 e segs., Almedina, Coimbra, 2005). Aliás, não se perca de vista que as sociedades comerciais gozam de "imortalidade": verdadeiro "corpus mysticum", a pessoa moral nascida do contrato social foi concebida para sobreviver às vicissitudes do respectivo substrato pessoal, presumindo-se mesmo, no silêncio do contrato constitutivo, a sua duração ilimitada (art. 15.º do CSC). Sobre esta "imortalidade" societária, vide ANTUNES, J. Engrácia, *Direito das Sociedades Comerciais*, em curso de publicação.

[538] Autores há mesmo que chegam a afirmar a existência de um princípio geral do direito mercantil, extraído de tais normas especiais, segundo o qual a denúncia dos contratos mercantis sem prazo está sempre condicionada por uma duração mínima de

3. Direito de Desistência

I. Por direito de desistência ou de arrependimento, também conhecido noutras ordens jurídicas por designações díspares ("Widerrufsrecht", "withdrawal right", "diritto di ripensamento", "droit de repentir", "derecho al desistimiento"), denominamos aqui genericamente *a faculdade que a lei atribui a uma das partes de um contrato mercantil já celebrado de, durante um determinado prazo e através de mera declaração unilateral e discricionária, se desvincular desse mesmo contrato.*[539]

II. O direito de desistência, numa revivescência do "ius poenitendi", constitui um traço típico do regime legal da contratação mercantil em massa, especialmente dos contratos comerciais celebrados com consumidores.[540]

Com efeito, a massificação da oferta das empresas vendedoras de bens e serviços, assistida por sofisticadas e agressivas técnicas de comercialização, envolve frequentemente a ausência de uma verdadeira ou plena liberdade contratual por parte dos compradores/consumidores, seja pela pressão psicológica exercida sobre a

---

vigência contratual ou pela observância de um pré-aviso (SANTOS, F. Cassiano, *Transmissão e Cessação de Contratos Comerciais,* 302, in: AAVV, "Nos 20 Anos do Código das Sociedades Comerciais", vol. I, 283-303, Coimbra Editora, Coimbra, 2007).

[539] Sobre a figura, intimamente ligada aos contratos de consumo, vide REBELO, F. Neves, *O Direito de Livre Resolução no Quadro Geral do Regime Jurídico de Protecção do Consumidor,* in: AAVV, "Nos 20 Anos do Código das Sociedades Comerciais", vol. II, 572-617, Coimbra Editora, Coimbra, 2007. Para diferentes paragens, vide FUCHS, Andreas, *Zur Disponibilität gesetzlicher Widerrufsrechte im Privatrecht,* in: 196 AcP (1996), 313-361; HOWELLS, Geraint, *The Right of Withdrawal in European Consumer Law,* in: Schulte-Nölke, Hans/ Schulze, Reiner (Hrsg.), "Europäisches Vertragsrecht im Gemeinschaftsrecht", 229-238, Bundesanzeiger, Köln, 2002; VICENTE, J. García, *Ley de Contratos Celebrados Fuera de los Establecimientos Mercantiles: El Derecho de Revocación,* Aranzadi, Pamplona, 1997.

[540] Segundo alguns autores, estaríamos aqui diante do "elemento central da estratégia de tutela do interlocutor do empresário em algumas categorias dos contratos de empresa" (BUONOCORE, Vincenzo, *Contrattazione d'Impresa e Nuove Categorie Contrattuali,* 153, Giuffrè, Milano, 2000).

Dos Contratos Comerciais em Geral

decisão de contratar, seja pela vulnerabilidade excessiva aos métodos promocionais da venda, seja ainda pela falta de informação suficiente sobre os produtos adquiridos. Justamente a fim de proteger o "elo fraco" nestes contratos mercantis contra o risco de precipitação na hora de contratar e de lhe permitir um período de reflexão e informação – mas também assegurar a lealdade e liberdade da concorrência em mercado –, *são hoje já bastante numerosas as disposições legais que consagram um tal direito de desistência ou de arrependimento*, embora sob designações muito variadas e também com âmbitos de aplicabilidade por vezes diversos: é o caso do "direito de resolução" nos contratos negociados fora do estabelecimento comercial (arts. 6.º e 18.º do Decreto-Lei n.º 143/2001, de 26 de Abril), do "direito à livre resolução" nos contratos financeiros comercializados à distância (arts. 19.º e segs. do Decreto-Lei n.º 95/2006, de 29 de Maio)[541], do "direito de revogação" nos contratos de crédito ao consumo (art. 17.º da LCC), do "direito à rescisão" nos contratos de viagem organizada (art. 29.º do Decreto-Lei n.º 209/97, de 13 de Agosto), do "direito de livre resolução" nos contratos de seguro (art. 118.º da LCS), do "direito de arrependimento" nos contratos de intermediação financeira (art. 322.º, n.º 2 do CVM), ou do "direito à retractação" nos contratos de consumo em geral (art. 9.º, n.º 7 da LDC).[542]

III. Como é evidente, a crescente consagração legal deste direito, permitindo a uma das partes contratantes retractar-se ou desistir do contrato, *desfere uma forte machadada no clássico princípio "pacta sunt servanda"*: aliás, a vocação expansiva de

---

[541] Sobre o art. 6.º da Directiva 2002/65/CE, de 23 de Setembro, que esteve na origem dos preceitos portugueses, vide Rodrigues, S. Nascimento, *O Direito de Resolução do Investidor na Contratação dos Serviços Financeiros à Distância*, in: AAVV, "Direito dos Valores Mobiliários", vol. VII, 233-273, Coimbra Editora, Coimbra, 2007.

[542] Sublinhe-se ainda a extensão de alguns destes direitos a outras formas típicas da contratação mercantil, tal como a contratação electrónica: cf. Oliveira, E. Dias, *A Protecção dos Consumidores nos Contratos Celebrados através da Internet*, 91 e segs., Almedina, Coimbra, 2002.

Transmissão, Modificação e Extinção

tais excepções é de tal modo marcante que não falta mesmo quem tenha considerado que o direito de desistência "se converteu num traço característico do actual direito dos contratos".[543]

Não é este o momento para analisar em profundidade a natureza, as características e os regimes legais deste novel direito que veio colocar em cheque, para um sector cada vez mais relevante da contratação mercantil hodierna, uma das "vacas sagradas" da doutrina contratualista tradicional[544]. Relativamente à sua *natureza jurídica*, que a flutuação terminológica vigente torna ainda mais nebulosa, tudo dependerá essencialmente do próprio regime que a lei associou à concessão desse direito: o mais que poderá ser dito, em termos genéricos, é que o accionamento de tal direito representa um evento relativo a contratos já formados, e não (ou só muito raramente) à sua formação[545]. Já no que concerne às suas *características* fundamentais, encontramo-nos perante um direito de carácter "ex lege" (embora nada impeça que as partes, em regra, o possam convencionar noutros contratos mercantis onde

---

[543] MORENO, M. Álvarez, *El Desistimiento Unilateral en los Contratos con Condiciones Generales*, 24, Edersa, Madrid, 2000.

[544] HOWELLS, Geraint, *The Right of Withdrawal in European Consumer Law*, 232, in: Schulte-Nölke, Hans/ Schulze, Reiner (Hrsg.), "Europäisches Vertragsrecht im Gemeinschaftsrecht", 229-238, Bundesanzeiger, Köln, 2002.

[545] Com efeito, na generalidade dos casos, o direito de desistência atribui ao titular um período de reflexão *posterior* à celebração do contrato, durante o qual lhe é permitido revogar um consentimento já dado – e só muito raramente configurando um período de reflexão adicional *anterior* à conclusão do contrato, que permite retardar ou adiar a prestação do próprio consentimento. Mesmo assentando neste aspecto, existe ainda espaço para ulteriores diferenciações, podendo o regime legal concreto emprestar a tal direito uma eficácia suspensiva (o contrato celebrado é originariamente ineficaz, apenas produzindo os seus efeitos após o termo do período de reflexão sem exercício do direito de desistência) ou uma eficácia extintiva (o contrato é eficaz, vendo todavia os seus efeitos cessar se, durante tal período, o direito for exercido). Sobre o ponto, vide entre nós ALMEIDA, C. Ferreira, *Direito do Consumo*, 110 e segs., Almedina, Coimbra, 2005; noutros quadrantes, distinguindo entre os modelos de eficácia suspensiva ("Unwirksamkeitsmodell") e de eficácia extintiva ("Wirksamkeitsmodell"), vide REINER, Günter, *Der verbraucherschützende Widerruf im Recht der Willenserklärung*, 3 e segs., in: 203 AcP (2003), 1-45.

não exista previsão legal), de carácter temporário (que caduca no termo do prazo fixado na lei para o seu exercício) e de carácter potestativo e arbitrário (que, semelhantemente às "conditio si voluerit", confere a um dos contraentes o poder de, mediante declaração unilateral e imotivada, determinar o início ou termo do negócio jurídico).

4. Eficácia Pós-Contratual

I. De acordo com a visão clássica dos contratos, os negócios jurídicos bilaterais ou plurilaterais nascem apenas com o encontro de vontades dos sujeitos jurídicos e morrem com a extinção das obrigações emergentes (por cumprimento, compensação, remissão, etc.) ou do negócio no seu todo (por resolução, revogação, caducidade, etc.).

Tal visão – que trata como uma espécie de "vazio jurídico" tudo aquilo que está antes da celebração e após a cessação do contrato – não reflecte com fidelidade o "status quo" da contratação mercantil: tal como assinalámos atrás que os contratos comerciais são frequentemente precedidos de uma fase pré--contratual de enorme relevo prático e negocial[546], é mister chamar agora a atenção para a existência e progressiva densificação da *fase pós-contratual* no domínio da contratação mercantil dos nossos dias.[547]

II. Dois singelos exemplos ilustram esta asserção fundamental.

Por um lado, atenta a sua instrumentalidade em relação à actividade empresarial, tornou-se extremamente frequente em alguns tipos de contratos mercantis a incorporação de *cláusulas*

---

[546] Cf. desenvolvidamente *supra* Parte II, Cap. I.

[547] FONTAINE, Marcel, *Droit des Contrats Internationaux. Analyse et Rédaction de Clauses*, 323 e segs., Feduci, Paris, 1989.

contratuais criadoras de direitos e obrigações cujo exercício e exigibilidade apenas se verifica justamente após e por causa da extinção do próprio contrato: é o caso das cláusulas de destino dos "stocks" (comuns nos contratos de concessão comercial, de franquia ou outros contratos de distribuição comercial)[548], das cláusulas de devolução de propriedade industrial (sobretudo no quadro dos contratos de transferência de tecnologia, que prevêem a restituição dos manuais, planos, fórmulas, e outros dados relativos ao "know-how", ou dos contratos de franquia, que estabelecem a restituição dos sinais distintivos e dos métodos comerciais do franquiador), as cláusulas de confidencialidade (difundidas nos contratos de fusão, cisão e venda de participações sociais, que estabelecem a proibição genérica de utilização das informações obtidas pelos contratantes em proveito pessoal ou a sua divulgação a terceiros após o fecho dos negócios)[549], ou as cláusulas de comunhão nos lucros sociais (que figuram por vezes nos contratos de compra e venda de empresa como método de determinação do preço, que é parcialmente calculado por referência aos lucros anuais futuros eventualmente gerados pela empresa alienada durante um certo período após a própria celebração do negócio aquisitivo).[550]

Por outro lado, o próprio legislador, a jurisprudência e a doutrina vêm admitindo esta eficácia póstuma ("Nachwirkung") dos contratos mercantis, mediante o reconhecimento de determi-

---

[548] Cf. *infra* Parte III, Cap. III, §3, 3(III).

[549] DRAETTA, Ugo, *Documenti Pre-Contrattuali ad Acquisti di Società: Confidentiality Agreements e Protezione Contro Hostile Takeovers*, in: 2 DCI (1988), 181-188; LESCHER, Rupert, *Negotiating Confidentiality Agreements and Letters of Intent*, in: AAVV, "International Joint Ventures, Mergers, and Acquisitions", 53-61, Transnational Publications, New York, 2000.

[550] ANTUNES, J. Engrácia, *A Empresa como Objecto de Negócios – "Asset Deals" versus "Share Deals"*, 773, in: 68 ROA (2008), 715-793. Noutros ordenamentos jurídicos estrangeiros, vide POITRINAL, François-Denis/ PAROT, Jean-Claude/ REIG, Phillipe, *Cessions d'Entreprise: Les Conventions d'Earn Out*, in: DSoc-AP (1998), 5-22.

nadas *obrigações e responsabilidades pós-contratuais à margem de qualquer previsão pelas partes.* Um caso eloquente é o da chamada "obrigação de não-concorrência" nos contratos de compra e venda de empresas, que impõe genericamente sobre o alienante o dever de, durante um determinado tempo e num certo espaço geográfico, não exercer uma actividade económica concorrente ou similar à da empresa alienada susceptível de perturbar a sua fruição plena por parte do adquirente: ora, como é reconhecido (quase) pacificamente pelos tribunais e autores, encontramo--nos perante uma obrigação de natureza implícita, que valerá mesmo na ausência de cláusula expressa das partes nesse sentido.[551]

5. Contratos Comerciais na Insolvência

I. Os contratos comerciais, enquanto instrumentos jurídicos de suporte da constituição, organização e exercício da actividade empresarial, são negócios jurídicos cujo nascimento, vida e morte se encontram intimamente ligados às vicissitudes do próprio empresário e respectiva empresa[552]. Ilustração lídima desta conexão íntima entre "contrato" e "empresa" são as relevantes repercussões que a chamada crise da empresa, consubstanciada na insol-

---

[551] Sobre tal obrigação, vide mais desenvolvimentos em ANTUNES, J. Engrácia, *A Empresa como Objecto de Negócios – "Asset Deals" versus "Share Deals"*, 768 e segs., in: 68 ROA (2008), 715-793. Em algumas ordens jurídicas, esta obrigação de não concorrência tem assento expresso na lei: é o caso da Itália (art. 2257.º do "Codice Civile") e do Brasil (art. 1147.º do "Código Civil"): tal não é o caso português, onde ela subsiste como cláusula implícita natural, embora não essencial, dos negócios transmissivos empresariais, directos (v.g., trespasse) ou indirectos (v.g., compra de participações sociais), sendo assim lícito às partes, no âmbito da respectiva autonomia privada e no respeito das normas legais imperativas, moldar os seus contornos concretos ou até excluí-la. Sobre os acordos de não concorrência no contexto geral dos contratos comerciais (v.g., distribuição comercial), vide GHIROTTI, Enrico, *Il Patto di non Concorrenza nei Contratti Commerciali*, Giuffrè, Milano, 2008.

[552] Cf. *supra* Parte I, Cap. V, §1, 4.

Transmissão, Modificação e Extinção

vência do empresário, produz sobre os contratos celebrados por este: falamos, de modo particular, no regime jurídico relativo aos *"efeitos sobre os negócios em curso" em caso de declaração de insolvência do empresário* (arts. 102.º a 119.º do CIRE).[553]

De um modo muito genérico, a estrutura do regime legal é composta por um princípio geral e por um conjunto de normas sobre diversos negócios jurídicos particulares.[554]

II. Por um lado, ao contrário do que sucedia no direito pretérito, o legislador estabeleceu um *princípio "geral"* regulador dos contratos em que seja parte o empresário insolvente (art. 102.º do CIRE): de acordo com o n.º 1 deste preceito, "em qualquer contrato bilateral em que, à data da declaração de insolvência, não haja total cumprimento nem pelo insolvente nem pela outra parte, o cumprimento fica suspenso até que o administrador da insolvência declare optar pela execução ou recusar o cumprimento".

Relativamente ao seu *âmbito de aplicação*, tal princípio aplica-se assim a todos os contratos que hajam sido celebrados pelo empresário insolvente (com exclusão dos negócios jurídicos unilaterais, salvo analogicamente: v.g., negócios cambiários, sociedades

---

[553] Sobre este regime, vide ASCENSÃO, J. Oliveira, *Insolvência: Efeitos sobre os Negócios em Curso,* in: Themis-UNL (2005), edição especial, 105-130; FERNANDES, L. Carvalho/ LABAREDA, João, *Código da Insolvência e da Recuperação de Empresas Anotado,* 387 e segs., Quid Juris, Lisboa, 2008; LEITÃO, L. Menezes, *Os Efeitos da Declaração de Insolvência sobre os Negócios em Curso,* in: Ministério da Justiça, "Código da Insolvência e da Recuperação de Empresas", 61-68, Coimbra Editora, Coimbra, 2004. Relativamente ao direito anterior, contido no CPEREF de 1993, vide EPIFÂNIO, M. Rosário, *Os Efeitos Substantivos da Falência,* 183 e segs., UCP Editora, Porto, 2000.

[554] Por motivos que se prendem com a presente exposição, optaremos por falar genericamente em empresário insolvente. Como é sabido, sujeito passivo da declaração de insolvência pode ser hoje qualquer pessoa jurídica singular ou colectiva, ainda que não titular de uma empresa (arts. 1.º, 2.º, n.º 1 e 3.º, n.º 1 do CIRE). Tal não significa, todavia, que a empresa não continue a ser, hoje como ontem, o verdadeiro protagonista do direito insolvencial (cf. art. 5.º do CIRE): o empresário é *o sujeito natural* dos processos de insolvência e é mesmo *o sujeito exclusivo* do plano de insolvência tendente à recuperação (art. 1.º, "in fine", do CIRE).

Dos Contratos Comerciais em Geral

unipessoais, ofertas públicas de aquisição), de natureza sina-lagmática (com exclusão dos que criam obrigações apenas para uma das partes), que estejam em curso à data da declaração de insolvência (com exclusão dos contratos passados, que se extin-guiram antes dessa data, ou futuros, que hajam sido concluídos após essa data: cf. ainda art. 81.º, n.º 6 do CIRE), e que não hajam sido ainda integral e bilateralmente cumpridos (com exclu-são dos que não foram cumpridos apenas por uma das partes). Já relativamente aos seus *efeitos*, decorre da aplicação de tal princí-pio "geral" que os contratos do empresário são, em princípio, suspensos até ao administrador da insolvência decidir pela sua execução ou inexecução, ressalvados os casos em que a lei deter-mina as respectivas manutenção automática (v.g., no caso dos contratos de agrupamentos complementares de empresas, que subsistem, podendo o membro insolvente exonerar-se deste: cf. art. 118.º do CIRE) ou extinção automática (v.g., no caso dos contratos de associação em participação, que terminam pela insol-vência do associante: cf. art. 117.º, n.º 1 do CIRE).[555]

III. Paralelamente, à semelhança do direito anterior, prevê-se ainda um conjunto extenso de normas que estabelecem efeitos especiais relativamente a *determinados contratos particulares* e outras situações jurídicas.

Estão neste grupo alguns contratos naturalmente comerciais – é o caso dos contratos constitutivos de agrupamentos comple-mentares de empresas, de agrupamentos europeus de interesse económico, e de associações em participação (arts. 117.º e 118.º do CIRE) –, embora a grande maioria seja relativa a contratos de

---

[555] Cf. *infra* Parte III, Cap. II, §4, 4 e §5, 5. Sobre este princípio "geral", com uma perspectiva bastante crítica, vide Ascensão, J. Oliveira, *Insolvência: Efeitos sobre os Negócios em Curso*, 111 e segs., in: Themis-UNL (2005), edição especial, 105-130; Leitão, L. Menezes, *Os Efeitos da Declaração de Insolvência sobre os Negócios em Curso*, 63 e seg., in: Ministério da Justiça, "Código da Insolvência e da Recuperação de Empresas", 61-68, Coimbra Editora, Coimbra, 2004.

Transmissão, Modificação e Extinção

direito comum que, todavia, não deixarão de ser frequentemente instrumentais da actividade empresarial – é o caso do contrato de compra e venda (arts. 104.º e 105.º do CIRE)[556], dos contratos a prazo (art. 107.º do CIRE)[557], dos contratos de locação (arts. 108.º e 109.º do CIRE)[558], dos contratos de mandato, de comissão e de gestão (art. 110.º do CIRE)[559], e dos contratos de conta--corrente (art. 116.º do CIRE).[560]

6. Resolução de Conflitos: A Arbitragem

I. A génese histórica do Direito Comercial está estreitamente associada a um modo específico de resolução de conflitos: falamos da chamada "jurisdição consular" (cujo exemplo mais célebre são os "consules mercatorum" de Florença instituídos no séc. XII), a quem competia o julgamento de litígios entre os mercadores medievais, e cujas decisões, fundadas na aplicação das regras consuetudinárias e corporativas, foram sendo gradualmente reduzidas a escrito e compiladas, constituindo assim o embrião longínquo deste

---

[556] Vasconcelos, L. Pestana, *O Novo Regime Insolvencial da Compra e Venda*, in: III RFDUP (2005), 521-559. Estes preceitos são também aplicáveis à compra e venda mercantil, questionando-se apenas a vigência actual do art. 468.º do CCom. Cf. *infra* Parte III, Cap. I, §2, 3.3.

[557] Incluindo aqueles que tenham estejam na base de instrumentos financeiros, v.g., contratos derivados (v.g., opções, futuros, "swaps", "forwards"): cf. Antunes, J. Engrácia, *Os Instrumentos Financeiros*, 20, Almedina, Coimbra, 2009. Cf. *infra* Parte III, Cap. V, §3, 1.4.

[558] Também aplicável aos contratos de "arrendamento comercial" (arts. 1108.º a 1113.º do CCivil), incluindo a locação de empresa (art. 1109.º do CCivil).

[559] Também aplicável aos contratos de mandato mercantil (art. 231.º do CCom: cf. Epifânio, M. Rosário, *Os Efeitos Substantivos da Falência*, 312, UCP Editora, Porto, 2000), aos contratos de comissão (ou mandato mercantil não representativo: cf. art. 266.º do CCom), e aos contratos de gestão (v.g., contratos de gestão de carteiras, de gestão de patrimónios, de gestão de empresas: cf. art. 110.º, n.º 4 do CIRE).

[560] Também aplicável às contas-correntes mercantis e bancárias (art. 344.º do CCom).

Dos Contratos Comerciais em Geral

ramo jurídico[561]. Decorrido quase um milénio sobre tal génese, é curioso verificar que, numa espécie de "retorno às origens", as empresas – esses novos "mercatore" do séc. XXI – recorrem frequentemente a meios próprios de resolução dos seus conflitos, diferenciados e alternativos relativamente aos tribunais estaduais comuns[562]: entre tais métodos, ressalta indubitavelmente a *arbitragem.*

II. A arbitragem consiste *num modelo de resolução jurisdicional de conflitos emergentes de relações jurídicas cuja decisão, por acordo das partes ou imposição da lei, é confiada a um terceiro.*[563]

Múltiplas e relevantes razões explicam o sucesso deste método: no confronto com a justiça estadual, a justiça arbitral é, em geral, mais expedita (não enfermando da morosidade típica da justiça estadual), mais competente (dado que os árbitros são usualmente juristas diferenciados, dotados de qualificações profissionais de excelência e de uma preparação especializada nas matérias em litígio), e mais segura (especialmente no domínio dos contratos internacionais, porque mais previsível, obtida na base na aplicação de um direito uniforme, escapando assim às idiossincrasias

---

[561] Sobre esta génese histórica, vide Antunes, J. Engrácia, *Direito Comercial*, em curso de publicação.

[562] Sobre tais processos alternativos (negociação, mediação ou conciliação, "ombudsmen", arbitragem), vide em geral Jarronsson, Charles, *Les Modes Alternatifs de Règlement des Conflits,* in: XLIX RIDC (1997), 325-357; Mackie, Karl/ Miles, David/ Marsch, William/ Allen, Tony, *The ADR Practice Guide – Commercial Dispute Resolution,* 3rd edition, Tottel, West Sussex, 2007; Nolan-Haley, Jacqueline/ / Abramson, Harold/ Chew, Pat, *International Dispute Resolution: Consensual ADR Processes,* West Group, St. Paul, 2005; Vilar, S. Barona, *Solución Extrajurisdiccional de Conflictos – "Alternative Dispute Resolution" (ADR) y Derecho Procesal,* Tirant lo Blanch, Valencia, 1999.

[563] Sobre a arbitragem comercial, vide, entre nós, Pinheiro, L. Lima, *Direito Comercial Internacional,* 343 e segs., Almedina, Coimbra, 2005; noutras latitudes, Straatmann, Kuno/ Ulmer, Peter, *Handelsrechtliche Schiedsgerichtsbarkeit*, O. Schmdit, Köln, 1982.

Transmissão, Modificação e Extinção

das construções legais e jurisprudenciais nacionais) em matéria da solução dos litígios atinentes à actividade das empresas em geral, e à contratação mercantil em particular.

III. Pode hoje afirmar-se, sem receio de faltar à verdade, que uma parte significativa, e sempre crescente, dos litígios emergentes de contratos comerciais vão sendo resolvidos mediante o recurso à arbitragem.[564]

Isso é incontestável, desde logo, no plano dos *contratos comerciais internacionais*, estimando-se que cerca de 90% destes contratos incluam convenções ou cláusulas arbitrais[565]: como refere Luís Lima PINHEIRO, "a arbitragem transnacional é o modo normal de resolução de litígios no comércio internacional, sendo o recurso aos tribunais estaduais, neste domínio, marginal"[566]. Mas igualmente no domínio dos *contratos comerciais internos* se verifica uma tendência crescente para o recurso à arbitragem. A par da importância que os poderes públicos lhe reconhecem (cf. Resolução do Conselho de Ministros n.° 175/2001, de 28 de

---

[564] Tal não significa que os demais modelos alternativos sejam desconhecidos na contratação mercantil: pense-se assim, por exemplo, na relevância da "*mediação*" no domínio da contratação bancária (com a figura do mediador de crédito, criada pelo Decreto-Lei n.° 144/2009, de 17 de Junho) e da "*conciliação*" no domínio da contratação marítima (Parte II do "Código de Conduta das Conferências Marítimas", aprovado pela Convenção de Genebra de 6 de Abril de 1974 no âmbito da CNUDCI).

[565] GOTTWALD, Peter (Hrsg.), *Internationales Schiedsgerichtsbarkeit: Generalbericht und Nationalberichte*, 3, Gieseking, Bielefeld, 1997.

[566] *Direito Comercial Internacional*, 180, Almedina, Coimbra, 2005. O legislador português previu expressamente o recurso a tribunais arbitrais com vista à resolução de questões "que põem em jogo interesses de comércio internacional" (art. 32.° da LAV, aprovada pela Lei n.° 31/86, de 29 de Agosto), permitindo assim às partes tornear os escolhos resultantes da diversidade dos direitos potencialmente aplicáveis (art. 33.°), suprimir as instâncias processuais de recurso (art. 34.°), e até evitar as elevadas custas judiciais em jurisdições estrangeiras. Sobre o relevo deste instituto, vide, entre nós, PINHEIRO, L. Lima, *Arbitragem Transnacional – A Determinação do Estatuto da Arbitragem*, Almedina, Coimbra, 2005; VICENTE, D. Moura, *Da Arbitragem Comercial Internacional – Direito Aplicável ao Mérito da Causa*, 17 e segs., Coimbra Editora, Coimbra, 1990; noutros quadrantes, PARK, William, *Arbitration of International Business Disputes – Studies in Law and Practice*, Oxford University Press, New York, 2006.

Dezembro), merece ser salientada a verdadeira multiplicação de procedimentos arbitrais especiais, pertinentes às relações e contratos de sectores jusmercantis concretos[567]: pense-se, entre outros, na *arbitragem de consumo* – bem patente nos centros de arbitragem de conflitos de consumo criados ao abrigo das leis da arbitragem voluntária institucionalizada[568] –, na *arbitragem de propriedade industrial* – que o legislador português expressamente consagrou como modalidade alternativa de recurso para todas as decisões do Instituto Nacional da Propriedade Industrial (cf. arts. 48.º a 50.º do CPI) ou dos despachos do Registo Nacional de Pessoas Colectivas (arts. 73.º-A e 73.º-B do RRNPC) –[569], na *arbitragem de seguros* – que o legislador elevou a elemento obrigatório da apólice de qualquer seguro, incentivando desse modo a difusão das cláusulas compromissórias nos contratos de seguros (arts. 37.º, n.º 2, l), e 122.º da LCS), além de disciplinar ainda a sua existência em certos tipos especiais de seguros (v.g., seguro automóvel, seguro de protecção jurídica: cf. art. 171.º da LCS) e prever a

---

[567] Em via geral, as partes de um qualquer contrato mercantil podem determinar, mediante *convenção de arbitragem* concluída ao abrigo da LAV (art. 1.º), que o litígio entre elas intercedente seja resolvido, no lugar dos tribunais judiciais, mediante o recurso a árbitros ou a um tribunal arbitral, trate-se de litígio actual que se encontre já afecto a um tribunal judicial (*compromisso arbitral*) ou de eventuais litígios futuros (*cláusula compromissória*).

[568] Dando cumprimento à previsão do art. 38.º da LAV, o Decreto-Lei n.º 425//86, de 27 de Novembro, veio definir o acesso e regime das entidades de arbitragem voluntária institucionalizada, cujo elenco consta da Portaria n.º 81/2001, de 8 de Fevereiro, sucessivamente alterada: usualmente, os referidos tribunais arbitrais têm um âmbito territorial de competência circunscrito, apenas conhecendo litígios de consumo de valor relativamente pequeno. Cf. CAPELO, M. José, *A Lei de Arbitragem Voluntária e os Centros de Arbitragem de Conflitos de Consumo*, in: 1 EDC (1999), 101-116; CARRAPIÇO, Joaquim (org.), *Arbitragem de Conflitos de Consumo*, Instituto do Consumidor, Lisboa, 1997.

[569] BOSCH, C. Tortras, *La Propiedad Industrial como Objeto de Arbitraje*, in: 11 BTAB (2002), 53-77; OPPETIT, Bruno, *L'Arbitrage em Matière de Brevets d'Invention*, in: XXIV RA (1979), 83-94.

Transmissão, Modificação e Extinção

perícia arbitral (art. 50.º da LCS) –[570], na *arbitragem de transportes* – incluindo transportes terrestres (rodoviários e ferroviários), marítimos e aéreos (cf. art. 25.º do Decreto-Lei n.º 239/2003, de 4 de Outubro, art. 31.º do Decreto-Lei n.º 58/2008, de 26 de Março, art. 33.º da CMR, art. 34.º da CV) –[571], na *arbitragem marítima* – em especial em matéria de contratos de exploração de navios (fretamento e transporte), avarias comuns, e determinados eventos marítimos (v.g., abandono, assistência) –[572], na *arbitragem societária* – que abrange actualmente uma enorme variedade de matérias societárias, em especial em sede dos acordos parassociais –[573], na *arbitragem financeira* – especialmente no âmbito da contratação relativa a instrumentos financeiros –[574], na *arbitragem da concorrência*[575], e assim por diante.

---

[570] *Conflitos no Seguro Automóvel – A Experiência da Arbitragem Independente na Caixa Seguros,* Caixa Seguros, Lisboa, 2008; HAGOPIAN, Mikaël, *De l'Arbitrage en Matière de Réassurance. À Propos de la Nouvelle Clause Compromissoire Anglaise,* in: LXIX RGAT (1992), 771-775.

[571] HERBER, Rolf, *Schiedsgerichtsbarkeit im Transportrecht,* in: 23 TransR (2000), 435-441.

[572] GAYÁN, E. Rodríguez, *El Arbitraje Internacional en la Pólizas de Fletamento y en los Conocimientos de Embarque,* in: XIII RCEA (1996), 10-28; JAMBU-MERLIN, Roger, *L'Arbitrage Maritime,* in: "Études Offertes à René Rodière", 401-408, Dalloz, Paris, 1981; LÓPEZ, M. Roca, *Arbitraje Marítimo en Londres,* Aranzadi/ Thomson, Pamplona, 2007.

[573] BIAVATI, Paolo/ CARPI, Federico/ GALLI, Zucconi/ FONSECA, Elena, *Arbitrato Societario,* Zanichelli, Bologna, 2004; BÖCKSTIEGEL, Karl-Heinz, *Schiedsgerichtbarkeit in gesellschaftsrechtlichen und erbrechtlichen Angelegenheiten,* C. Heymanns, Köln, 1996; LIÉBANA, M. Carazo, *El Arbitraje Societario,* Marcial Pons, Madrid, 2005.

[574] KRONKE, Herbert, *Entwicklungen des internationalen Kapitalmarktrechts und Schiedsgerichtsbarkeit,* in: "Liber Amicorum Karl-Heinz Böckstiegel", 431-442, C. Heymanns, Köln, 2001.

[575] ABDELGAWAD, Walid, *Arbitrage et Droit de la Concurrence,* LGDJ, Paris, 2001; FUGLSANG, Eric, *The Arbitrability of Domestic Antitrust Disputes: Where Does the Law Stands?,* in: XLVI DPaLR (1997), 779-822.

PARTE III

DOS CONTRATOS COMERCIAIS EM ESPECIAL

CAPÍTULO I
Os Contratos no Código Comercial[*]

§1 O Elenco Legal

1. Noção, Sentido e Relevo Actual

I. O Código Comercial português de 1888, tal como sucedeu com uma boa parte dos ordenamentos europeus da codificação mercantil oitocentista[576], consagrou uma regulação expressa e autónoma dos contratos comerciais.

---

[*] **Bibliografia Portuguesa:** ANTUNES, J. Engrácia, *Os Contratos no Código Comercial Português*, in: "Estudos em Homenagem ao Prof. Doutor Luís Carvalho Fernandes", em curso de publicação; BENAVIDES, José, *Contratos Commerciaes (Actos Commerciais, Troca, Compra e Venda, Aluguer, Reporte, Transporte Terrestre)*, Derin e C.ª Editores, Lisboa, 1892; GONÇALVES, L. Cunha, *Da Compra e Venda no Direito Comercial Portuguez*, Imprensa da Universidade, Coimbra, 1909. **Bibliografia Estrangeira:** CARO, E. Seco, *El Contrato Mercantil de Compraventa*, in: "Tratado de Derecho Mercantil", tomo XXIII, Marcial Pons, Madrid, 2009; HAMEL, Joseph (dir.), *La Vente Commerciale de Marchandises*, Dalloz, Paris, 1951; MCKENDRICK, Ewan (dir.), *Sale of Goods*, LLP, London, 2000; RABEL, Ernst, *Das Recht des Warenkaufs*, 2 vols., Walter de Gruyter/ Mohr, Berlin/ Tübingen, 1957.

[576] Assim sucedeu com os arts. 50.º e segs. do "Código de Comercio" espanhol e os §§ 343 e segs. do "Handelsgesetzbuch" alemão. Cf. respectivamente CALERO, F. Sánchez, *El Código de Comercio y los Contratos Mercantiles*, in: AAVV, "Centenario del Código de Comercio", vol. I, 211-260, Ministério de Justicia, Madrid, 1986; SCHMIDT, Karsten, *Münchener Kommentar zum Handelsgesetzbuch*, Band 5 ("Handelsgeschäfte"), Beck/ Vahlen, München, 2001.

Dos Contratos Comerciais em Especial

Na verdade, o legislador mercantil português dedicou à matéria um Livro inteiro, por sinal o mais extenso de todo o diploma (Livro II, arts. 96.º a 484.º do CCom). Intitulado justamente *"Dos Contratos Especiais do Comércio"*, nele foi previsto originariamente, para além de um conjunto de regras jurídicas aplicáveis à contratação mercantil em geral (arts. 96.º a 102.º), um elenco muito vasto de contratos mercantis singulares: "sociedades" (arts. 104.º a 206.º), "conta em participação" (arts. 224.º a 229.º), "empresas" (art. 230.º), "mandato" (arts. 231.º a 277.º), "letras, livranças e cheques" (arts. 278.º a 343.º), "conta corrente" (arts. 344.º a 350.º), "operações de bolsa" (arts. 351.º a 361.º), "operações de banco" (arts. 362.º a 365.º), "transporte" (arts. 366.º a 394.º), "empréstimo" (arts. 394.º a 396.º), "penhor" (arts. 397.º a 402.º), "depósito" (arts. 403.º a 407.º), "depósito de géneros e mercadorias em armazéns gerais" (arts. 408.º a 424.º), "seguro" (arts. 425.º a 462.º), "compra e venda" (arts. 463.º a 476.º), "reporte" (arts. 477.º a 479.º), "escambo ou troca" (art. 480.º), "aluguer" (arts. 481.º a 482.º) e "transmissão e reforma de títulos de crédito mercantil" (arts. 483.º a 484.º).

II. Decorrido mais de um século sobre a sua promulgação, o elenco legal do CCom representa hoje essencialmente uma *venerável relíquia do passado*, incapaz de reflectir a riqueza e complexidade do universo da contratação mercantil na actualidade.[577]

Entre os muitos fundamentos dessa desactualização, bastará recordar que tal elenco já nasceu tecnicamente deficiente, uma vez que qualifica como "contratos especiais de comércio" institutos de natureza não contratual (v.g., os títulos de crédito: cf. arts.

---

[577] Esta circunstância, aliás, não é um exclusivo lusitano, ocorrendo também com os elencos legais previstos em Códigos europeus congéneres: assim, para o direito espanhol, a doutrina enfatiza igualmente "a inadequação à realidade do tráfico actual de grande parte dos contratos contemplados no Código Comercial vigente" (UREBA, A. Alonso, *Contrato Mercantil,* 1651, in: "Enciclopedia Jurídica Básica", vol. I, 1646--1655, Civitas, Madrid, 1995).

278.º a 343.º, 483.º a 484.º do CCom) ao mesmo tempo que não o faz relativamente a outros verdadeiros contratos mercantis ("maxime", determinados contratos marítimos, deslocados sistematicamente para os arts. 626.º e segs. do CCom); que mais de metade dos preceitos daquele elenco centenário se encontram hoje revogados, o que inclui Títulos inteiros, tais como, apenas para exemplificar, os contratos de sociedade (Título II), de conta em participação (Título III), e de bolsa (Título VIII)[578]; que os tipos contratuais mais relevantes nele previstos foram entretanto objecto de uma disciplina legal autónoma e complexa (é o caso dos contratos de sociedade, dos contratos bancários, dos contratos de seguro, dos contratos de intermediação financeira, etc.), inclusive dando origem a Códigos sectoriais, v.g., o Código das Sociedades Comerciais de 1986, que substituiu as normas sobre o contrato de sociedade (arts. 104.º e segs. do CCom) ou o Código do Mercado de Valores Mobiliários de 1991, que substituiu as parcas normas sobre as operações de bolsa (arts. 351.º e segs. do CCom); mas, sobretudo, que tal elenco oitocentista submergiu completamente ante a massa verdadeiramente aluvional de novos contratos comerciais progressivamente consagrados em legislação mercantil extravagante ou sedimentados na prática negocial dos empresários, os "mercatore" do nosso tempo, ao longo dos sécs. XX e XXI (v.g., contratos de agência, consórcio, concessão comercial, cessão financeira, locação financeira, franquia, "forfaiting", "engineering", "merchandising", "countertrade", "know-how", "forwards", e assim por diante).

---

[578] Dos originários 389 preceitos, apenas subsistem hoje em vigor cerca de 151: atente-se que esta contabilidade sobe quando se tenham presentes algumas revogações parciais, v.g., a dos arts. 366.º a 393.º do CCom (Título X), relativos ao contrato de transporte, operada através do Decreto-Lei n.º 239/2003, de 4 de Abril (cf. ainda *infra* Parte III, Cap. VII, §1).

Dos Contratos Comerciais em Especial

2. Ordem de Sequência

I. Compreende-se assim que, da vintena de "contratos especiais de comércio" originariamente previstos no elenco legal, pouco mais de uma meia dúzia continue a justificar nos nossos dias o seu estudo autónomo à luz das regras fixadas no CCom: são eles os contratos de *compra e venda mercantil* (arts. 463.º a 476.º), de *mandato mercantil* (arts. 231.º a 277.º), de *conta-corrente* (arts. 344.º a 350.º), de *empréstimo mercantil* (arts. 394.º a 396.º), de *penhor mercantil* (arts. 397.º a 402.º), de *depósito mercantil* (arts. 403.º a 407.º), de *reporte* (arts. 477.º a 479.º), de *troca mercantil* (art. 480.º), e de *aluguer mercantil* (arts. 481.º e 482.º).

II. Antes de analisar tais contratos mais em detalhe, justificam-se algumas advertências metodológicas preliminares. "Primus", do elenco legal do Livro II do CCom fazem ainda formalmente parte integrante *outros contratos mercantis fundamentais* que, todavia, em virtude da sua importância prática mas também da sua regulação autónoma e complexidade técnica, serão objecto de estudo e tratamento autónomos ("maxime", os contratos de banca, de bolsa, de seguro, e de transporte)[579]. Por outro lado, é mister recordar que as espécies contratuais acima referidas constituem, na sua grande maioria, contratos comerciais meramente *relativos*, ou seja, contratos de direito comum aos quais acrescem determinadas notas específicas de comercialidade: assim sendo, o regime jurídico de tais contratos pressuporá usualmente, além das normas especiais do CCom, a consideração das normas gerais pertinentes do CCivil (v.g., mandato, penhor, empréstimo, depósito, aluguer). Finalmente, as figuras contratuais em apreço correspondem ainda a contratos comerciais *acessórios* ou auxiliares, ou seja, cuja relevância jurídico-comercial deriva geralmente da sua conexão com a prática de "actos de comércio"

---

[579] Sobre tais contratos, vide desenvolvidamente *infra* Parte III, Caps. IV, V, VI e VII.

Os Contratos no Código Comercial

("acessorium sequitur principale") (v.g., arts. 231.º, 394.º, 397.º, 403.º do CCom) ou com a actividade de "comerciantes" (v.g., arts. 396.º, 400.º do CCom)[580]: constituindo hoje os contratos comerciais fundamentalmente contratos de empresa, julgamos plenamente justificada uma substituição dos conceitos oitocentistas de acto de comércio e comerciante pelos conceitos de "actividade empresarial" e "empresário", interpretando actualisticamente a referida relação de acessoriedade no sentido de conexão ao exercício de actividades empresariais.[581]

§2 A Compra e Venda Mercantil

1. Generalidades

1.1. *Noção*

I. A compra e venda mercantil ("sale of goods", "Handelskauf", "vente commerciale", "vendita commerciale", "compraventa mer-

---

[580] Assim, no mandato mercantil, a comercialidade resulta de o mandante encarregar o mandatário "de praticar um ou mais actos de comércio" (art. 231.º do CCom), no empréstimo mercantil, de o bem cedido ser "destinado a qualquer acto mercantil" (art. 394.º do CCom), no penhor mercantil, de que "a dívida que se cauciona proceda de acto comercial" (art. 397.º do CCom), ou, no depósito mercantil, de este respeitar a "géneros ou mercadorias destinados a qualquer acto de comércio" (art. 403.º do CCom). Sublinhe-se que esta acessoriedade pode ser *directa* ou *indirecta*: ao passo que, no primeiro caso, o contrato deve a sua comercialidade à respectiva conexão com um acto de comércio absoluto (v.g., mandato para realizar uma compra e venda de mercadorias: cf. arts. 231.º e 463.º, n.º 1 do CCom), no último, aquela comercialidade deriva da conexão do contrato com actos de comércio também eles relativos ou acessórios (v.g., mandato para realizar um empréstimo destinado à compra para revenda de mercadorias ou para realizar um depósito das mesmas mercadorias: cf. arts. 231.º, 394.º, 403.º, e 463.º, n.º 1 do CCom). Sobre a noção e tipos dos actos de comércio acessórios, vide Antunes, J. Engrácia, *Direito Comercial*, em curso de publicação.

[581] Sobre esta concepção, vide já *supra* Parte I, Cap. II, §2.

Dos Contratos Comerciais em Especial

cantil") pode definir-se genericamente como aquele *contrato de compra e venda ao qual subjaz um intuito de lucro*.[582]

II. A figura encontra-se regulada no *Título XVI* do Livro II do CCom (arts. 463.º a 476.º). Como é sabido, diz-se compra e venda o contrato pelo qual alguém transmite a propriedade de uma coisa ou direito a outrem, mediante o pagamento de um preço (arts. 874.º a 939.º do CCivil): assim sendo, a compra e venda mercantil pode ser definida como aquele contrato que, para além destes requisitos gerais, preenche ainda *os requisitos específicos de comercialidade previstos nos arts. 463.º e 464.º do CCom.*

1.2. Requisitos

I. O *art. 463.º do CCom* delimita positivamente a figura, qualificando como mercantil os seguintes negócios de compra e de venda: a compra de bens móveis para revenda ou aluguer (1.º), a compra para revenda de fundos públicos e títulos de crédito (2.º), a venda de bens móveis, fundos públicos e títulos de crédito, que tivessem sido adquiridos para revenda (3.º), a compra, para revenda, de bens imóveis, bem como as respectivas revendas (4.º), e a compra e venda de participações de sociedades comerciais (5.º).

Deste conjunto de situações tipificadas, parece assim decorrer que a natureza comercial de uma compra e venda deriva funda-

---

[582] Sobre a figura, vide GONÇALVES, L. Cunha, *Da Compra e Venda no Direito Comercial Portuguez*, Imprensa da Universidade, Coimbra, 1909; LOPES, A. Baptista, *Do Contrato de Compra e Venda no Direito Civil, Comercial e Fiscal*, 385 e segs., Almedina, Coimbra, 1971. Para ordenamentos vizinhos, vide ainda, para além das referências contidas na nota introdutória deste Capítulo, DE MARTINI, Angelo, *Profili della Vendita Commerciale e del Contratto Estimatorio*, Giuffrè, Milano, 1950; RUBIO, E. Langle, *El Contrato de Compraventa Mercantil*, Bosch, Barcelona, 1958; SCHAEFFER, Marcus, *Der Handelskauf nach der Schuldrechtsreform*, Peter Lang, Frankfurt am Main, 2006; WHITE, James/ SUMMERS, Robert, *Uniform Commercial Code: Sales*, 4th edition, West Publishing, St. Paul, 2001.

mentalmente do *intuito de lucro* que presidiu ao negócio, já que as operações de aquisição ou de alienação das coisas são realizadas com vista a um emprego lucrativo ou especulativo (consistente mormente na sua revenda ou aluguer), e já não a comum finalidade de uso privado, doméstico ou familiar[583]: para estes efeitos, deve considerar-se indiferente se o intuito lucrativo se verifica pela parte do comprador (que adquire o bem para o vender posteriormente com lucro) ou do vendedor (que o havia adquirido anteriormente para revenda)[584], se tal intuito lucrativo é ou não conhecido da contraparte ou se foi ou não efectivamente concretizado (v.g., não deixa de ser comercial a compra de bem destinado a revenda em que o vendedor desconhece a intenção de revenda do comprador ou que este, por qualquer razão, não vem afinal a realizar)[585], ou ainda se o negócio se insere ou não numa actividade

---

[583] No mesmo sentido, na doutrina, Luis Cunha GONÇALVES afirma que "é mercantil toda a compra e venda de coisa móvel destinada a ser revendida ou alugada com lucro, ao passo que a compra e venda civil tem por fim normal o consumo ou o uso pessoal do comprador ou da sua família, ou qualquer outro emprego não lucrativo" (*Da Compra e Venda no Direito Comercial Portuguez*, 88, Imprensa da Universidade, Coimbra, 1909); na jurisprudência, vide os Acórdãos do STJ de 12-I-1984 (OCTÁVIO GARCIA) – segundo o qual "a diferença entre a compra e venda civil e comercial reside essencialmente na intenção das partes" (in: 333 BMJ (1984), 421-427) – ou de 26-VI--2001 (PINTO MONTEIRO) – segundo o qual "distingue-se assim da compra e venda civil, que tem por fim normal ou ordinário o consumo ou o uso pessoal do comprador ou qualquer outro emprego não lucrativo" (in: IX CJ/STJ (2001), II, 132-135).

[584] É evidente que a compra efectuada por um empresário para uso empresarial também não deixará ser comercial, embora com fundamento mais óbvio na segunda parte do art. 2.° do CCom (cf. ANTUNES, J. Engrácia, *Direito Comercial*, em curso de publicação; ABREU, J. Coutinho, *Curso de Direito Comercial*, vol. I, 75 e segs., 6.ª edição, Almedina, Coimbra, 2006; CORREIA, A. Ferrer, *Lições de Direito Comercial*, 58 e segs., Lex, Lisboa, 1994). Sobre a solução directa de outras legislações, vide, designadamente, PAZ-ARES, Cándido, *La Mercantilidad de la Compraventa para Uso o Consumo Empresarial*, in: 175 RDM (1985), 245-264.

[585] Assim também, ANTHERO, Adriano, *Comentario ao Código Commercial Portuguez*, vol. II, 240, Typographia Artes & Lettras, Porto, 1916; LOPES, A. Baptista, *Do Contrato de Compra e Venda no Direito Civil, Comercial e Fiscal*, 386, Almedina, Coimbra, 1971.

empresarial profissional ("maxime", é também comercial a compra para revenda esporadicamente efectuada por um particular).[586]

II. Por seu turno, o *art. 464.º do CCom* balizou negativamente a figura em apreço, indicando as situações em que uma compra e venda *não é considerada comercial*: assim, para além das compras destinadas ao fim ordinário de uso pessoal ou familiar do comprador ou, genericamente, qualquer outro fim ou emprego não lucrativo da coisa comprada (previstas no seu 1.º, que corroboram negativamente a doutrina geral do art. 463.º do CCom), excluem-se também, em princípio, as compras ou vendas relativas a actividades económicas agrícolas, pecuárias e artesanais (2.º a 4.º)[587]. A razão de ser desta última classe de exclusões prende-se com a divisão centenária das actividades económicas em civis e comerciais, adoptada pelo Código Comercial de 1888, que exclui tradicionalmente a agricultura e o artesanato do império da lei comercial (art. 230.º, §1 e §2 do CCom).[588]

---

[586] Apesar de o intuito de revenda não estar (necessariamente) presente na compra e venda de participações sociais (art. 463.º, 5.º do CCom), o legislador terá incluído aqui esta modalidade certamente por considerar que, sendo as sociedades comerciais entidades tipicamente mercantis (art. 13.º, n.º 2 do CCom), os negócios sobre o seu capital revestem também natureza comercial (cf. LOPES, A. Baptista, *Do Contrato de Compra e Venda no Direito Civil, Comercial e Fiscal*, 386, Almedina, Coimbra, 1971; Acórdão do STJ de 7-VII-1977 (RODRIGUES BASTOS), in: 269 BJM (1977), 169-173).

[587] Dizemos em princípio, porque também aqui não há regra sem excepções: por exemplo, muito embora sejam civis as compras e vendas de animais feitas pelos criadores ou engordadores (art. 464.º, 4.º do CCom), serão indubitavelmente comerciais as compras feitas por empresários ou negociantes de gado (LOPES, A. Baptista, *Do Contrato de Compra e Venda no Direito Civil, Comercial e Fiscal*, 386, Almedina, Coimbra, 1971).

[588] Tal divisão centenária é hoje inteiramente anacrónica, conduzindo a resultados práticos inconsistentes, artificiais, e discriminatórios: porque razão serão comerciais as vendas efectuadas por um pequeno empresário têxtil ou de restauração, e já não as de grandes empresários agrícolas? Sobre o ponto, ANTUNES, J. Engrácia, *A Distinção entre Actividades Económicas Comerciais e Civis*, em preparação.

1.3. Relevância

I. A compra e venda mercantil constitui provavelmente *o mais relevante contrato* do (que resta do) elenco legal do Livro II do CCom: na formulação centenária de Luiz Cunha GONÇALVES, ela "é o contrato máximo do comércio – é a sua mola impulsionadora".[589]

Com efeito, a compra e venda mercantil é, por assim dizer, um instituto jurídico nodal do chamado capitalismo mercantil, assente na intermediação de bens e serviços ("commutatio mercium")[590]: tal centralidade explica, a nível interno, que ela opere como figura matriz relativamente aos demais contratos mercantis – já que, nos termos do art. 939.º do CCivil ("ex vi" do art. 3.º do CCom), as suas normas são aplicáveis aos demais contratos onerosos de transmissão de bens – e, a nível internacional, que disponha de regulação própria (Convenção de Viena de 11 de Abril de 1980, relativa à compra e venda internacional de mercadorias).[591]

---

[589] *Da Compra e Venda no Direito Comercial Portuguez*, 13, Imprensa da Universidade, Coimbra, 1909.

[590] Como sublinha Robert BRADGATE, "o «comércio» tem que ver com comprar e vender, sendo assim a lei da venda mercantil ("law of sale of goods") um tópico central do Direito Comercial" (*Commercial Law*, 219, 3rd edition, Butterworths, London, 2000).

[591] Tal Convenção, reguladora dos contratos de compra e venda entre pessoas colectivas sedeadas em Estados diferentes (cf. art. 1.º, n.º 1), estabelece essencialmente um regime uniforme da compra e venda comercial internacional. Na verdade, apesar de o seu art. 1.º, n.º 3, dispor que a Convenção se aplica independentemente do "carácter civil ou comercial das partes ou do contrato", a verdade é que, não apenas semelhante previsão se explica fundamentalmente pela intenção de salvaguardar o âmbito de aplicação da mesma em face das discrepâncias dos legisladores nacionais relativamente a tal distinção, como é hoje indesmentível que a esmagadora maioria das transacções contratuais abrangidas pela Convenção são de natureza comercial, no sentido em que são efectuadas entre empresas no exercício da sua actividade empresarial (cf. SOARES, M. Bento/ RAMOS, R. Moura, *Do Contrato de Compra e Venda Internacional – Análise da Convenção de Viena de 1980 e das Disposições Pertinentes do Direito Português*, 93, Almedina, Coimbra, 1986; na doutrina estrangeira, BRIDGE, Michael, *The International Sale of Goods – Law and Practice*, 2nd edition, Oxford University Press, London, 2007; FERRARI, Franco, *La Vendita Internazionale*, Cedam, Padova, 2007).

Dos Contratos Comerciais em Especial

II. Apesar desta importância, o regime da compra e venda mercantil também *não escapou à usura do tempo*. Com efeito, é necessário recordar que tal regime surgiu historicamente em contraposição ao regime da compra e venda do anterior Código Civil de 1867, tendo por isso perdido hoje parte da sua originalidade e razão de ser com a entrada em vigor do actual Código Civil de 1966, que viria a adoptar em via geral as soluções dantes unicamente previstas no CCom, v.g., compra para pessoa a nomear (art. 465.º do CCom e arts. 452.º e segs. do CCivil), venda de bens futuros (art. 467.º, n.º 1 do CCom e arts. 880.º e seg. do CCivil), venda sobre amostra (art. 469.º do CCom e art. 919.º do CCivil).

III. De seguida, examinaremos brevemente os aspectos em que a singularidade originária da figura ainda hoje se mantém incólume: essencialmente, as *modalidades especiais* da compra e venda mercantil e os traços específicos do seu *regime jurídico*.

2. Modalidades

I. As *modalidades especiais* da compra e venda mercantil previstas no CCom são a compra e venda para pessoa a nomear (art. 465.º), de bens futuros, alheios e incertos (art. 467.º), sobre amostra (art. 469.º), a contento (art. 470.º), e por conta, peso e medida (art. 472.º).

2.1. *Compra e Venda para Pessoa a Nomear*

I. Uma primeira modalidade especial é a chamada *compra e venda para pessoa a nomear* ou "pro amico electo" (art. 465.º do CCom), consistente na compra e venda mercantil em que um dos

Os Contratos no Código Comercial

intervenientes designa um terceiro para assumir a sua posição no contexto do contrato.[592]

II. Esta figura, apesar de se encontrar também actualmente prevista no CCivil (arts. 452.º a 454.º), mantém uma *autonomia residual*[593]. Além de ser apenas aplicável a contratos que tenham por objecto bens móveis e estar sujeita ao registo comercial (art. 69.º, n.º 2, e) do CRCom), cumpre assinalar que a nomeação mercantil, ao contrário da civil (art. 452.º, n.º 1 do CCivil), tanto pode ser indirecta (o outorgante reserva para si o direito de designar um terceiro que assumirá posteriormente a posição de parte contratante) como directa (o outorgante designa logo como parte contratante um "amicus electus" não identificado no momento da celebração do contrato): esta diferença possui naturalmente relevância, mormente para efeitos da posição juscontratual de outorgante e terceiro (cf. art. 455.º, n.º 2 do CCivil) e do preenchimento dos requisitos gerais de comercialidade dos arts. 463.º e 464.º do CCom (v.g., na nomeação directa, o intuito de revenda deve ser aferido junto do terceiro designado).

2.2. *Compra e Venda de Bens Futuros, Alheios e Incertos*

I. Outra modalidade é a *compra e venda de bens futuros, alheios e incertos* (art. 467.º do CCom). Com efeito, é bastante frequente na actividade comercial que a compra e venda tenha

---

[592] Sobre esta modalidade, vide, na doutrina, GONÇALVES, L. Cunha, *Da Compra e Venda no Direito Comercial Portuguez*, 417 e segs., Imprensa da Universidade, Coimbra, 1909; na jurisprudência, vide o Acórdão do STJ de 23-I-1986 (TINOCO DE ALMEIDA), in: 353 BJM (1986), 429-439.

[593] Sobre a figura em geral, vide SERRA, A. Vaz, *Contrato para Pessoa a Nomear*, in: 79 BJM (1958), 163-199. Em sentido contrário, considerando redundante a figura mercantil, vide CORDEIRO, A. Menezes, *Manual de Direito Comercial*, 836, 2.ª edição, Almedina, Coimbra, 2007; LEITÃO, L. Menezes, *Direito das Obrigações*, vol. III, 90, 4.ª edição, Almedina, Coimbra, 2006.

por objecto bens absolutamente futuros (que não têm existência material no momento da celebração contratual: v.g., venda de bens a fabricar), relativamente futuros (que, existindo já, não pertencem ainda ao disponente nesse momento: v.g., venda de mercadorias alheias sobre os quais o vendedor assegurou a aquisição futura), e bens de existência e titularidade incerta ("emptio spei": v.g., venda do petróleo ou ouro que venha a ser extraído de uma determinada zona de prospecção, venda de lucros gerados por empresa em determinado exercício em curso, etc.).[594]

II. Uma vez mais, não obstante a profunda afinidade existente com o regime previsto na lei geral (arts. 880.º e 881.º do CCivil), a figura mercantil possui as suas particularidades, explicáveis em razão do especial interesse da celeridade das transacções comerciais: assim, do § único do art. 467.º do CCom retira-se que, para além de a venda de bens alheios ser válida independentemente de as partes a terem ou não considerado nessa qualidade (ao contrário do art. 893.º do CCivil)[595], o vendedor fica obrigado a *convalidar o negócio* e a *entregar a coisa* ao comprador sob pena incorrer em responsabilidade contratual (ao invés do art. 880.º do CCivil, que consagra uma mera obrigação de meios).[596]

---

[594] Sobre esta modalidade, vide GONÇALVES, L. Cunha, *Da Compra e Venda no Direito Comercial Portuguez*, 239 e segs., Imprensa da Universidade, Coimbra, 1909; na jurisprudência, vide o Acórdão do STJ de 18-XII-1970 (LUDOVICO DA COSTA), in: 202 BJM (1971), 194-201, e o Acórdão da RC de 19-II-2008 (HÉLDER ROQUE), in: XXXIII CJ (2008), I, 30-33.

[595] Cf. CUNHA, P. Olavo, *Venda de Bens Alheios*, 462, in: 47 ROA (1987), 419-772; na jurisprudência, Acórdão do STJ de 11-IV-2000 (MACHADO SOARES), in: VIII CJ/STJ (2000), II, 37-38.

[596] Saliente-se que a obrigação de convalidação prevista no art. 897.º do CCivil, cujo incumprimento é fonte de responsabilidade contratual (art. 900.º do CCivil), se aplica apenas num caso diverso – o da venda nula de bens alheios.

Os Contratos no Código Comercial

2.3. Compra e Venda sobre Amostra

I. Uma terceira modalidade especial é a *compra e venda sobre amostra* (art. 469.º do CCom)[597]. São também frequentes na actividade comercial os contratos em que, no momento da celebração, o vendedor se limita a identificar o produto mediante exibição de uma "amostra de fazenda" (v.g., empresário alimentar que exibe ao comprador de lotes de azeite ou óleo uma pequena garrafa do produto) ou através de "qualidade conhecida no comércio" (v.g., empresário de ourivesaria que vende a joalheiro artefactos fabricados em ouro assegurando que este possui determinado quilate).[598]

II. Apesar do seu parentesco funcional com as vendas sujeitas a prova e sobre amostra do CCivil (arts. 919.º e 925.º), esta modalidade encerra também particularidades. Assim, ao passo que a eficácia do negócio mercantil fica sujeita à *condição suspensiva* da conformidade do bem entregue com a amostra apresentada ou qualidade descrita, caindo assim no caso da sua

---

[597] Sobre esta modalidade, vide GONÇALVES, L. Cunha, *Da Compra e Venda no Direito Comercial Portuguez*, 455 e segs., Imprensa da Universidade, Coimbra, 1909; na jurisprudência, vide os Acórdãos do STJ de 11-XII-1970 (CAMPOS DE CARVALHO), in: 202 BJM (1971), 223-228, de 31-V-1990 (ALBERTO BALTAZAR), in: 397 BJM (1990), 512-517, e de 12-VI-1991 (TATO MARINHO), in: 408 BJM (1991), 603-607; para figuras estrangeiras congéneres, SÁNCHEZ, M. Vérgez, *Concepto y Particularidades de la «Venda sobre Muestras»*, in: "Estudios Jurídicos en Homenaje a Joaquín Garrigues", vol. III, 455-480, Tecnos, Madrid, 1971. Sustentando a possibilidade de extensão analógica deste regime a outros contratos mercantis, vide ainda SANTOS, F. Cassiano, *Direito Comercial Português*, vol. I, 152, Coimbra Editora, Coimbra, 2007.

[598] Existem assim dois tipos de amostras: a amostra individual (ou "amostra de fazenda"), em que se contrata uma coisa que deve corresponder às características gerais da amostra apresentada, e a amostra-tipo (ou "amostra por qualidade conhecida no comércio"), em que se contrata uma qualidade rigorosamente igual à amostra exibida (ANTHERO, Adriano, *Comentario ao Código Commercial Portuguez*, vol. II, 249, Typographia Artes & Lettras, Porto, 1916). Com a venda sobre amostra não se confunde a venda sob amostra: sobre o ponto, vide LOPES, A. Baptista, *Do Contrato de Compra e Venda no Direito Civil, Comercial e Fiscal*, 395 e segs., Almedina, Coimbra, 1971.

Dos Contratos Comerciais em Especial

não verificação (art. 469.º, "in fine", do CCom), o negócio civil equivalente permanece eficaz, aplicando-se-lhe as regras da venda de coisas defeituosas (arts. 913.º e segs. do CCivil). Além disso, em homenagem aos interesses da segurança das transacções comerciais, tenha-se em conta que o negócio mercantil se torna *perfeito* sempre que o comprador não tenha reclamado de eventual desconformidade da coisa vendida no acto da respectiva entrega (caso as tenha examinado nesse momento) ou no prazo de oito dias (no caso de falta de exame ou de exame posterior) (art. 471.º do CCom)[599]: apesar de a lei ser omissa sobre este aspecto, deve entender-se que o prazo legal é supletivo (podendo as partes convencionar um prazo de reclamação diverso)[600], além de se começar a contar, não na data da entrega ou recepção da coisa, mas apenas na data em que os defeitos da coisa vendida se tornaram conhecidos ou cognoscíveis do comprador de acordo com um padrão de diligência exigível no tráfico comercial.[601]

---

[599] Como refere A. Ferrer CORREIA, "ao impor ao comprador o ónus de analisar a mercadoria e de denunciar ao vendedor, no acto da entrega ou no prazo de oito dias, qualquer diferença em relação à amostra ou à qualidade tidas em vista ao contratar, sob pena de o contrato ser havido como perfeito, pretende a lei fundamentalmente tornar certa, num prazo muito curto, a compra e venda mercantil" (*Lições de Direito Comercial*, 21, Lex, Lisboa, 1994).

[600] GONÇALVES, L. Cunha, *Da Compra e Venda no Direito Comercial Portuguez*, 419, Imprensa da Universidade, Coimbra, 1909; LOPES, A. Baptista, *Do Contrato de Compra e Venda no Direito Civil, Comercial e Fiscal*, 402, Almedina, Coimbra, 1971; na jurisprudência, o Acórdão do STJ de 26-VI-2001 (PINTO MONTEIRO), in: IX CJ/STJ (2001), II, 132-135.

[601] Neste sentido também, vide o Acórdão do STJ de 23-XI-2006 (RODRIGUES DOS SANTOS), in: XIV CJ/STJ (2006), III, 132-136; o Acórdão da RC de 10-V-1994 (CUNHA GIL), in: 437 BJM (1994), 592-592; o Acórdão da RP de 15-I-2008 (MARIA DORES EIRÓ), in: XXXIII CJ (2008), I, 167-171; e o Acórdão da RG de 2-X-2008 (MARIA ROSA TCHING), in: XXXIII CJ (2008), IV, 286-291. Considerando que o art. 471.º do CCom apenas é aplicável à venda sobre amostra caso a natureza da mercadoria permita ao comprador a possibilidade de a examinar com segurança, vide o Acórdão do STJ de 19-VI-1973 (CAMPOS DE CARVALHO), in: 228 BMJ (1973), 228-232; que não é aplicável em caso de dolo do vendedor, vide o Acórdão do STJ de 26-VI-2001 (PINTO MONTEIRO), in: IX CJ/STJ (2001), II, 132-135; e ainda que é aplicável mesmo nos casos de venda com entregas parciais, ou em parcelas, vide o Acórdão do STJ de 7-VI-1966 (ALBUQUERQUE ROCHA), in: 158 BMJ (1966), 345-350.

2.4. *Compra e Venda a Contento*

I. Outra modalidade ainda é a *compra e venda a contento* (art. 470.º do CCom), que consiste numa compra e venda mercantil celebrada sob condição de o bem vendido agradar ao comprador.[602]

II. Semelhante modalidade não se confunde com a venda mercantil sobre amostra (art. 469.º do CCom), diferenciando-se desta fundamentalmente pelo tipo de condição negocial subjacente: ao passo que na venda sobre amostra o negócio fica sujeito à condição suspensiva e objectiva da não reclamação de desconformidade do bem (art. 471.º do CCom), na venda a contento o negócio encontra-se subordinado à *condição resolutiva e discricionária* da aprovação do comprador[603]. Por outro ângulo, ela também não é totalmente idêntica à venda civil a contento (arts. 923.º e 924.º do CCivil): com efeito, na figura comercial, quando esta tenha por objecto coisas não à vista ou não determináveis por qualidade conhecida no comércio, a condição vale automaticamente por *força da própria lei* (e não por vontade das partes, através da cláusula "ad gustum"), sendo ainda que o direito de resolução contratual se encontra sujeito ao regime do já citado art. 471.º do CCom.[604]

---

[602] Sobre esta modalidade, vide GONÇALVES, L. Cunha, *Da Compra e Venda no Direito Comercial Portuguez*, 428 e segs., Imprensa da Universidade, Coimbra, 1909; na jurisprudência, vide os Acórdãos da RC de 30-IV-2002 (TÁVORA VITOR), in: XXVII CJ (2002), II, 36-39, e de 25-IX-2007 (VIRGÍLO MATEUS), in: XXXII CJ (2007), 19-21. Diversamente, existe doutrina para quem a diferença entre as figuras civil e mercantil consiste em a primeira ser uma simples proposta de venda e a segunda uma venda condicional (RAMOS, R. Moura/ SOARES, M. Bento, *Contratos Internacionais*, 101, Almedina, Coimbra, 1986).

[603] Sustentando tratar-se de um puro direito de resolução contratual, vide LOPES, J. Baptista, *Do Contrato de Compra e Venda no Direito Civil, Comercial e Fiscal*, 196, Almedina, Coimbra, 1971.

[604] Para um evento de responsabilidade pré-contratual nas vendas mercantis a contento, vide o Acórdão da RC de 15-XI-1994 (EDUARDO ANTUNES), in: XIX CJ (1994), V, 41-43.

Dos Contratos Comerciais em Especial

2.5. *Compra e Venda por Conta, Peso e Medida*

I. Uma última modalidade especial é a *compra e venda de coisas sujeitas a contagem, pesagem e medição* (art. 472.º do CCom), consistente em compra e vendas mercantis de bens (usualmente, fungíveis ou genéricos) cuja determinação ocorre com a respectiva contagem, pesagem ou medição.[605]

II. Conquanto sujeita às normas previstas para a figura civil homónima (arts. 887.º a 891.º do CCivil), a principal especialidade desta modalidade da compra e venda mercantil reside na sua subordinação à disciplina das obrigações genéricas: considerando que a transferência da propriedade do bem apenas ocorre com a sua determinação decorrente das referidas operações (concentração: cf. arts. 408.º, n.º 2 e 541.º do CCivil), o *risco* corre por conta do vendedor até esse momento, salvo em caso de culpa do comprador ou em caso de tradição do bem (proémio do art. 472.º do CCom). Saliente-se ainda que esta modalidade de compra e venda mercantil, tendo embora o seu campo de eleição no domínio das coisas genéricas ou fungíveis, poderá também incidir sobre coisas específicas ou infungíveis.[606]

---

[605] Sobre esta modalidade, vide Gonçalves, L. Cunha, *Da Compra e Venda no Direito Comercial Portuguez*, 474 e segs., Imprensa da Universidade, Coimbra, 1909; na jurisprudência, vide o Acórdão do STJ de 10-IV-1997 (Sampaio da Nóvoa), in: 466 BMJ (1997), 477-484. Ao contrário da venda "ad corpus", prevista no §1 do art. 472.º do CCom sob a designação de "venda a esmo ou por partida inteira" (em que o preço é fixado independentemente de mensuração: v.g., compra de todo o trigo armazenado num silo por preço determinado), na venda "ad mensuram" o preço é fixado por unidade, ficando assim dependente dessa mensuração (v.g., compra de 10 toneladas de trigo).

[606] É o caso da compra e venda de bem específico que deve, posteriormente, ser contado, pesado ou medido: para uma ilustração, vide o Acórdão da RE de 30-III-1995 (Ribeiro Luís), in: XX CJ (1995), II, 257-259.

Os Contratos no Código Comercial

2.6. *Outras*

I. Ao lado destas modalidades especiais da compra e venda mercantil expressamente previstas no CCom, muitas outras modalidades decerto poderão existir. Algumas delas, embora previstas na lei comum, são frequentemente utilizadas na contratação mercantil, revestindo aí também natureza (subjectivamente) comercial[607]: pense-se, por exemplo, *na venda a prestações* (cf. arts. 934.º a 936.º do CCivil, Decreto-Lei n.º 351/91, de 21 de Setembro)[608]. Outras encontram-se previstas em lei especial, seja no sentido de as admitir – v.g., *vendas à distância, vendas ao domicílio, vendas electrónicas, vendas automáticas, vendas esporádicas*, etc. (Decreto-Lei n.º 143/2001, de 26 de Abril, arts. 24.º e segs. do Decreto-Lei n.º 7/2004, de 7 de Janeiro) –, seja de as vedar ou limitar – v.g., *vendas com prejuízo, vendas forçadas, vendas agressivas, vendas ligadas, vendas em saldo, vendas em liquidação*, etc. (cf. art. 30.º do Decreto-Lei n.º 143/2001, de 26 de Abril, arts. 24.º e segs. do Decreto-Lei n.º 7/2004, de 7 de Janeiro, arts. 7.º e segs. do Decreto-Lei n.º 57/2008, de 26 de Março).[609]

II. Enfim, outras ainda correspondem a modalidades atípicas de venda. Tal o caso do *contrato de fornecimento* ("Lieferungs-

---

[607] Sobre a questão noutros ordenamentos jurídicos congéneres, para maiores desenvolvimentos, vide Uría, Rodrigo/ Menéndez, Aurelio/ Vérgez, Mercedes, *Compraventas Especiales y Contratos Afines a la Compraventa*, in: AAVV, "Curso de Derecho Mercantil", vol. II, 125-162, 2.ª edición, Thomson/ Civitas, Madrid, 2007.

[608] Antunes, J. Engrácia, *A Compra e Venda a Prestações*, UCP, Lisboa, 1988 (inédito); Vaz, T. Anselmo, *Alguns Aspectos do Contrato de Compra e Venda a Prestações e Contratos Análogos*, Almedina, Coimbra, 1995; noutros ordenamentos, Sugrañes, M. Franquet, *La Mercantilidad de las Ventas a Plazos de Bienes Muebles*, in: 30 CDC (2000), 121-166.

[609] Sintomática da sua umbilical ligação ao universo da contratação mercantil, é a qualificação de algumas dessas modalidades especiais de venda como "práticas comerciais" proibidas (arts. 123.º do "Anteprojecto do Código do Consumidor") ou "práticas comerciais" enganadoras ou agressivas (Decreto-Lei n.º 57/2008, de 26 de Março). Sobre as chamadas práticas comerciais desleais, vide *supra* Parte II, Cap. III, §3, 3.

Dos Contratos Comerciais em Especial

vertrag", "supply contract", "contrat de fourniture", "somministrazione", "suministro"), referido no art. 230.º, 2.º e §2 do CCom, que pode assumir diferentes configurações que vão desde a execução de prestações periódicas e continuadas até verdadeiros contrato-quadro que dão lugar a sucessivas compras e vendas mercantis independentes que se prolongam no tempo (v.g., contratos de fornecimento de matérias-primas, electricidade, gás, etc.)[610]. Ou do *contrato de consignação*, que consiste naquele em que uma das partes ("tradens") entrega a outra ("accipiens") uma coisa com o encargo de a vender, ficando este último obrigado a, no prazo estipulado, pagar o preço ou restituir a coisa (v.g., produtos alimentares, livros, jornais e revistas).[611]

3. Regime Jurídico

I. O regime jurídico da compra e venda mercantil, apesar da sua já assinalada correspondência actual ao regime jusprivatístico

---

[610] Sobre a figura, NETO, Abílio, *Código Comercial e Contratos Comerciais*, 614 e segs., Ediforum, Lisboa, 2008; noutros ordenamentos, vide MOSSA, Lorenzo, *Il Contratto di Somministrazione*, Athenaeum, Roma, 1915; CANO, A. Rodriguez, *El Contrato de Suministro*, in: AAVV, "Contratos Mercantiles", 95-107, 2.ª edición, Thomson/Aranzadi, Madrid, 2004. Os organismos públicos recorrem frequentemente a esta modalidade, tradicionalmente designada "contrato de fornecimento contínuo" e hoje mais amplamente englobada na categoria dos "contratos de aquisição de bens móveis", que então assume a natureza de contrato administrativo (cf. art. 437.º do CCP): cf. AMARAL, D. Freitas, *Curso de Direito Administrativo*, vol. II, 550, 6.ª edição, Almedina, Coimbra, 2006; SILVA, J. Andrade, *Código dos Contratos Públicos Comentado e Anotado*, 1004, 2.ª edição, Almedina, Coimbra, 2009.

[611] De grande tradição histórica e de natureza jurídica controversa, esta modalidade contratual possui evidentes vantagens no tráfico comercial, já que permite a um empresário dispor de imediato de mercadorias ou produtos destinados à venda, apenas sendo obrigado a pagar o seu valor a prazo e na medida das vendas efectivamente realizadas. Cf. BÜCHER, Eugen, *Der Trödelvertrag*, in: "Festgabe für Walter Schluep", 95-113, Schulthess, Zurich, 1988; PLANAS, J. Muñoz, *El Contrato Estimatório*, RDP, Madrid, 1963; SARALE, Marcella, *Il Contratto Estimatorio – Tra Vendita e Atipicità*, Giuffrè, Milano, 1991.

geral (arts. 874.º e segs. do CCivil), apresenta diversas particularidades em matéria da obrigação de preço (art. 466.º do CCom), da obrigação de entrega (art. 473.º do CCom), do cumprimento contratual (arts. 468.º a 474.º do CCom), da factura (art. 476.º do CCom)[612], e dos efeitos sobre terceiros (art. 1331.º do CCivil).[613]

3.1. Preço

I. Desde logo, em matéria da *determinação do preço*. É sabido que na compra e venda, tanto comercial como civil, o preço é um elemento essencial ("nulla emptio sine pretio") e que este pode ser determinado ou meramente determinável, segundo critério fixado pelas partes ou por terceiro designado (art. 466.º do CCom, arts. 400.º e 883.º do CCivil).[614]

II. Todavia, ao passo que na venda civil a falta absoluta de um modo de determinação do preço não afecta a existência e a

---

[612] Sobre a factura, vide já *supra* Parte II, Cap. II, §4, 2.2(IV).

[613] Nos contratos de compra e venda mercantil mistos (que revestem simultaneamente natureza comercial para uma das partes e civil para a outra), este regime juscomercial apenas será aplicável nos termos do art. 99.º do CCom se e na medida em que a tal não se oponham outras regulações de natureza imperativa: um exemplo são as compras e vendas de bens de consumo (Decreto-Lei n.º 63/2003, de 8 de Abril), que poderão impor, em maior ou menor medida, uma redução teleológica do regime dos arts. 463.º e segs. do CCom. Neste sentido também, entre nós, ALMEIDA, C. Ferreira, *Direito do Consumo*, 200, Almedina, Coimbra, 2005; noutros quadrantes, SCHMIDT, Karsten, *BGB-Verbraucherrecht und Handelsrecht. Eine Skizze*, 148, in: Schulte-Nölke, Hans/ Schulze, Reiner (Hrsg.), "Die Schuldrechtsreform vor dem Hintergrund des Gemeinschaftsrechts", 143-153, Mohr, Tübingen, 2001; LASTRES, J. García-Pita, *Compraventa Mercantil y Derecho de los Consumidores*, in: 31 CDC (1994), 14-104.

[614] Sobre a obrigação de pagamento do preço na compra e venda mercantil, vide RABEL, Ernst, *Das Recht des Warenkaufs*, Band 2, 2 e segs., Walter de Gruyter/ Mohr, Berlin/ Tübingen, 1957. Para uma ilustração da relevância destas diversas modalidades de determinação do preço no âmbito dos contratos de compra e venda de participações sociais, vide ANTUNES, J. Engrácia, *A Empresa como Objecto de Negócios – "Asset Deals" versus "Share Deals"*, 771 e seg., in: 68 ROA (2008), 715-793.

Dos Contratos Comerciais em Especial

validade do contrato, sendo aquele obtido mediante recurso aos critérios previstos no art. 883.º, n.º 1 do CCivil (valendo como preço, em última instância, aquele que o tribunal fixar equitativamente), na venda mercantil a omissão de fixação do preço pelo terceiro árbitro designado tem como consequência supletiva a própria inexistência do contrato (art. 466.º, §2 do CCom).[615]

3.2. *Entrega*

I. Depois ainda, em matéria do *prazo de entrega*. Como é sabido, na venda civil, a coisa vendida deve ser entregue ao comprador na data acordada, sendo que, na falta desta, compete àquele interpelar o vendedor a todo o tempo (arts. 777.º, n.º 1 e 882.º do CCivil).

II. Dado que tal regime se mostraria particularmente inadequado às transacções comerciais, onde celeridade e segurança são regras de ouro, o legislador comercial estabeleceu disciplina diversa: as coisas compradas à vista devem ser entregues num prazo máximo de 24 horas após a celebração do contrato (art.

---

[615] Cf. Acórdão do STJ de 26-XI-1954 (Baltazar Pereira), in: 46 BMJ (1954), 481-485. Tenha-se ainda presente que, revestindo as regras legais um carácter predominantemente dispositivo, se tornou frequente a previsão de cláusulas contratuais com relevância em sede do preço e risco, sobretudo no âmbito do comércio internacional: é o caso das vendas *CIF* ("cost, insurance and freight"), em que o vendedor assume o risco de transporte e a responsabilidade pelos bens até ao momento em que estes chegam ao seu destino; das vendas *FOB* ("free on board"), em que é o comprador ao invés que assume tal responsabilidade; e das vendas *FAS* ("free alongside ship"), em que o comprador assume tal responsabilidade apenas a partir do momento do embarque dos bens. Sobre estas cláusulas, que correspondem a fórmulas normalizadas pela Câmara de Comércio Internacional ("incoterms"), vide Sassoon, David/ Honey, Damian, *CIF and FOB Contracts*, 5th edition, Sweet & Maxwell, London, 2007; Wörlen, Rainer/ / Metzler-Müller, Karin, *Handelsklauseln im nationalen und internationalen Warensverkeher*, Boorberg, Stuttgart, 2002; Zunarelli, Stefano/ Tellarini, Greta, *La Vendita a Condizione FOB*, Cedam, Padova, 1999; na jurisprudência portuguesa, cf. o Acórdão do STJ de 23-IV-1992 (Figueiredo de Sousa), in: 416 BJM (1992), 656-663.

Os Contratos no Código Comercial

473.º do CCom) e as coisas não à vista no prazo que for judicialmente fixado (art. 473.º, § único, do CCom). Corroborando esta
ideia de definição rápida das relações jurídicas emergentes da
compra e venda mercantil, acrescenta ainda o art. 475.º do CCom
que, nos casos de venda em feira ou mercado, aquela deve ser
cumprida no próprio dia ou, o mais tardar, no dia seguinte ao da
conclusão contratual, havendo-se o contrato sem efeito se os prazos
se expirarem sem que qualquer dos contratantes haja exigido o
seu cumprimento.[616]

3.3. Cumprimento

I. Depois também, encontramos especialidades no domínio
do *cumprimento do contrato*, "maxime", em caso de insolvência
(art. 468.º do CCom) e de falta de pagamento do preço (art. 474.º
do CCom) por parte do comprador.

II. A primeira das normas estabelece que, em contrato de
compra e venda mercantil no qual o vendedor se vinculou a cumprir primeiro, este considerar-se-á exonerado da respectiva obrigação
de entrega caso o comprador for entretanto declarado insolvente:
todavia, ao contrário da lei civil (arts. 428.º, n.º 2 e 429.º do
CCivil), o comprador pode evitar esse resultado mediante a prestação de caução[617]. O último daqueles preceitos dispõe sobre os

---

[616] GONÇALVES, L. Cunha, *Comentário ao Código Comercial Português*, vol. III,
44, Ed. José Bastos, Lisboa, 1918. Tais regras, todavia, são de natureza meramente
supletiva, não impedindo a existência de convenção contratual em sentido contrário
firmada por acordo entre as partes (cf. VENTURA, Raúl, *Contrato de Compra e Venda no
Código Civil*, 641 e seg., in: 43 ROA (1983), 259-318, 587-643). Sobre a questão
conexa da transferência do risco contratual, GARAU, A. Alcover, *La Transmisión del
Riesgo en la Compraventa Mercantil*, Civitas, Madrid, 1991.

[617] É controvertida na doutrina a questão de saber se tal preceito foi ou não
revogado com a entrada em vigor do CIRE: num sentido afirmativo, vide FERNANDES, L.
Carvalho/ LABAREDA, João, *Código da Insolvência e da Recuperação de Empresas*

Dos Contratos Comerciais em Especial

direitos do vendedor em caso de incumprimento da obrigação de preço: ao contrário da lei civil (que apenas admite a resolução contratual quando esta tenha sido convencionada: cf. art. 886.º do CCivil), a lei comercial confere ao vendedor o direito de colocar em depósito a coisa móvel vendida por conta do comprador (libertando-se assim aquele da respectiva obrigação: cf. art. 841.º do CCivil) ou, em alternativa, o direito de a revender nos termos previstos na lei (encaixando a eventual diferença: cf. § 1 e § 2 do art. 474.º do CCom).[618]

3.4. *Efeitos sobre Terceiros*

I. Enfim, um derradeiro aspecto a salientar diz respeito aos *efeitos sobre terceiros* da compra e venda mercantil: nos termos do art. 1301.º do CCivil, todo aquele que reivindicar de terceiro uma coisa por este comprada de boa-fé a um empresário, no exercício do comércio deste, fica obrigado a restituir ao comprador o preço pago por este, sem prejuízo do direito de regresso contra aquele empresário.

II. Trata-se de uma norma onde afloram claramente os interesses da segurança e da tutela da aparência no tráfico comercial[619]:

Anotado, 399, Quid Juris, Lisboa, 2008; VASCONCELOS, L. Pestana, *O Novo Regime Insolvencial da Compra e Venda,* 534, in: III RFDUP (2006), 521-559; em sentido oposto, LEITÃO, L. Menezes, *Código da Insolvência e da Recuperação de Empresas Anotado,* 122, 2.ª edição, Almedina, Coimbra, 2005; SANTOS, F. Cassiano, *Direito Comercial Português,* vol. I, 379 e segs., Coimbra Editora, Coimbra, 2007.

[618] Cf. ainda ALMEIDA, C. Ferreira, *A Execução Coactiva do Artigo 474.º do Código Comercial,* in: 22 JF (1958), 177-180. O enquadramento dogmático da figura é discutido, havendo quem fale aqui de resolução por falta de pagamento (CORDEIRO, A. Menezes, *Manual de Direito Comercial,* 837, 2.ª edição, Almedina, Coimbra, 2007) e de venda de bens alheios (LEITÃO, L. Menezes, *Direito das Obrigações,* vol. III, 91, 4.ª edição, Almedina, Coimbra, 2006).

[619] Sobre tais interesses distintivos do Direito Comercial, vide ANTUNES, J. Engrácia, *Direito Comercial,* em curso de publicação.

as compras e vendas subjectivamente mercantis que incidam sobre bens cuja titularidade pertence a terceiro atribuem ao comprador de boa-fé o direito legal a reaver directamente do titular o montante desembolsado, fazendo recair sobre este último o correspondente ónus financeiro transitório.[620]

§3 Os Outros Contratos

1. Mandato Mercantil

I. Designa-se por mandato mercantil ("agency", "Kommissionsgeschäft", "mandat commercial", "mandato mercantil") *o contrato pelo qual uma das partes se obriga a praticar um ou mais actos comerciais por conta da outra.*[621]

II. Apesar da sua vetustez, o mandato mercantil continua hoje a constituir um dos mais relevantes contratos comerciais do Livro II do CCom. É verdade que terá perdido o brilho de outros tempos no domínio do comércio tradicional, em especial com o

---

[620] Sobre a teleologia desta norma, vide LIMA, F. Pires/ VARELA, J. Antunes, *Código Civil Anotado*, vol. III, 83, 2.ª edição, Coimbra Editora, Coimbra, 1987. Alguma jurisprudência tem interpretado restritivamente esta disposição, considerando-a inaplicável a bens móveis sujeitos a registo ou que tenham saído fraudulentamente das mãos do dono: cf. os Acórdãos do STJ de 11-VI-1980 (AZEVEDO FERREIRA), in: 298 BMJ (1980), 142-149, e de 30-III-1982 (HENRIQUES SIMÕES), in: 315 BMJ (1982), 296-298.

[621] Sobre o mandato mercantil, vide FERREIRA, D. Fonseca, *Do Mandato Civil e Comercial*, Ed. de Autor, Lisboa, 1968; GOMES, M. Januário, *Contrato de Mandato Comercial – Questões de Tipologia e Regime*, in: AAVV, "Operações Comerciais", 465-565, Almedina, Coimbra, 1988; JORGE, F. Pessoa, *O Mandato sem Representação*, 64 e segs., 94 e segs., Almedina, Coimbra, 2001. Noutros países, com assináveis diferenças mormente em sede do fenómeno representativo, vide CAPEROCHIPI, J. Álvarez, *El Mandato y la Comisión Mercantil*, Comares, Granada, 1997; FRIDMAN, Gerald, *The Law of Agency,* 7th edition, Butterworths, London, 1996; PETEL, Phillipe, *Le Contrat de Mandat*, Dalloz, Paris, 1994; VOIT, Wolfgang, *Handelskauf und Kommission*, C. Heymanns, Köln, 1988.

Dos Contratos Comerciais em Especial

advento de novas figuras contratuais alternativas da representação e distribuição comercial (v.g., agência, mediação, etc.)[622]. Mas não menos verdade é que, numa invulgar demonstração de pujança das suas virtualidades intrínsecas, se multiplicam nos nossos dias as *projecções* desta figura contratual em variadíssimos segmentos do direito e "praxis" jusmercantis, incluindo a actividade bancária (v.g., operações bancárias realizadas sob instrução dos clientes, abertura de crédito documentário)[623], a actividade de intermediação financeira (v.g., ordens de bolsa, contratos de gestão de carteira, contratos de registo, etc.)[624], a actividade de transporte (v.g., contratos de expedição ou trânsito)[625], as actividades de gestão de empresas ou patrimónios autónomos (v.g., contratos entre sociedades gestoras de fundos de investimento e respectivos depositários e entidades comercializadoras)[626], etc.[627]

O *regime* do mandato mercantil, previsto no Título V do Livro II (arts. 231.º a 277.º do CCom), apresenta um conjunto muito variado de especialidades, que aqui não podem ser senão mencionadas: entre as principais, incluem-se a sua noção e carac-

---

[622] Para ilustrações jurisprudenciais do relevo do mandato mercantil naqueles domínios tradicionais, vide o Acórdão do STJ de 21-IV-1953 (ROCHA FERREIRA), in: 36 BMJ (1953), 375-376, o Acórdão da RL de 23-VI-1987 (BARBIERI CARDOSO), in: XII CJ (1987), III, 116-118, e o Acórdão da RP de 9-XI-1978 (PINTO GOMES), in: III CJ (1978), V, 1601-1603.

[623] Sobre o chamado mandato bancário, vide VASCONCELOS, P. Pais, *Mandato Bancário,* in: "Estudos em Homenagem ao Prof. Doutor I. Galvão Telles", vol. II, 131-155, Almedina, Coimbra, 2003.

[624] Sobre tais contratos, vide *infra* Parte III, Cap. V, §2, 2.1, 2.3. e 3.2.

[625] Sobre tais contratos, vide *infra* Parte III, Cap. VII, §1, 4.

[626] Aliás, como é sabido, existe mesmo doutrina que sustenta a natureza jurídica de mandato para a própria relação de administração, intercedente entre as sociedades comerciais e seus administradores ou gerentes (sobre o ponto, vide CORREIA, L. Brito, *Os Administradores de Sociedades Anónimas,* 293 e segs., Almedina, Coimbra, 1988).

[627] Por isso, não surpreende que o mandato não representativo surja mesmo como uma alternativa funcional a outras modalidades de organização e gestão de patrimónios, v.g., o "trust": cf. TOMÉ, M. Vaz, *Sobre o Contrato de Mandato sem Representação e o Trust,* in: 67 ROA (2007), 1091-1161.

Os Contratos no Código Comercial

terísticas gerais, as suas modalidades, os direitos e obrigações das partes, e a cessação do contrato.

III. Desde logo, no plano da sua *noção*, o mandato comercial contradistingue-se do civil fundamentalmente em virtude do objecto do mandato. O mandatário fica investido na obrigação de praticar um ou mais actos comerciais, e não civis (cf. art. 231.º do CCom e art. 1157.º do CCivil): abrangem-se aqui todos os actos jurídico-comerciais em sentido amplo (simples actos, negócios unilaterais, contratos), independentemente da sua natureza (material ou formal, absoluta ou acessória, pura ou mista, etc.).[628]

Além disso, o mandato mercantil assume inequivocamente a feição de um instituto profissional, no qual o mandatário constitui usualmente uma pessoa singular ou colectiva que exerce profissional ou empresarialmente o mandato: isso explica algumas das suas *características* distintivas, entre as quais merecem destaque a onerosidade do mandato mercantil (art. 232.º do CCom) – ao invés do mandato civil, que se presume sempre gratuito (art. 1158.º do CCivil) –, o relevo do silêncio na sua constituição – já que, ao contrário do mandato civil, em que se exige acordo entre mandante e mandatário, o mandato mercantil tem a sua origem numa declaração de vontade do mandante dirigida ao mandatário, consolidando-se perante o silêncio deste último (art. 234.º do CCom)[629] –, e ainda os interesses que lhe estão subjacentes –

---

[628] Naturalmente, ao lado dos actos jurídicos, nada impede – e será até normal – que o mandatário pratique também puros *actos materiais*, como coadjuvantes daquela actividade jurídica (considerando que o mandato mercantil teria por objecto actos comerciais, indistintamente jurídicos ou materiais, ao passo que o mandato civil tem caracteristicamente por objecto apenas actos jurídicos, vide CORREIA, L. Brito, *Direito Comercial,* vol. I, 197, AAFDL, Lisboa, 1987).

[629] É discutido na doutrina o sentido exacto a atribuir ao art. 234.º do CCom: ao passo que para uns autores o mandato mercantil continua a pressupor um acordo contratual entre mandante e mandatário, com a particularidade de o silêncio do mandatário valer como aceitação do mandato conferido pelo mandante (GOMES, M. Januário, *Contrato de Mandato Comercial,* 517 e seg., in: AAVV, "Operações Comerciais", 465-565, Almedina, Coimbra, 1988), para outros estaríamos perante um negócio unilateral,

Dos Contratos Comerciais em Especial

assumindo-se prevalentemente como um mandato de interesse comum de mandante e mandatário, e não no exclusivo interesse daquele, como é mais frequente no mandato civil (cf. arts. 244.º, 245.º e 246.º do CCom).[630]

IV. Depois, no que concerne às suas *modalidades* fundamentais, o mandato mercantil pode ser ou não acompanhado da atribuição de poderes de representação ao mandatário. Por um lado, temos o mandato mercantil "stricto sensu" (art. 231.º do CCom), em que o mandatário pratica os actos juscomerciais em nome e por conta do mandante: o legislador chegou mesmo a consagrar manifestações ou subespécies específicas desta modalidade fundamental, ao prever e regular a figura dos gerentes de comércio, dos auxiliares e dos caixeiros (arts. 248.º a 265.º do CCom)[631]. Por outro lado, temos o mandato mercantil não representativo: nesta outra modalidade, que o legislador autonomizou sob a designação de "contrato de comissão" (arts. 266.º a 277.º do CCom), o mandatário pratica aqueles actos em seu próprio nome, embora por conta do mandante, assumindo directamente perante terceiros os direitos e obrigações deles emergentes.[632]

consubstanciado na declaração do mandante, que vincularia o mandatário independentemente do respectivo acordo, com a particularidade de este poder recusar a vinculação (VASCONCELOS, P. Pais, *Mandato Bancário*, 132 e segs., in: "Estudos em Homenagem ao Prof. Doutor I. Galvão Telles", vol. II, 131-155, Almedina, Coimbra, 2003).

[630] O mandato, comercial ou civil, reveste uma natureza consensual (GOMES, M. Januário, *Contrato de Mandato Comercial*, 515 e segs., in: AAVV, "Operações Comerciais", 465-565, Almedina, Coimbra, 1988): todavia – e aqui reside outra particularidade –, o mandato mercantil, quando celebrado por escrito, fica sujeito a registo comercial (art. 10.º, a) do CRCom).

[631] Sobre a figura dos gerentes, auxiliares e caixeiros, como colaboradores dependentes dos empresários, vide ANTUNES, J. Engrácia, *Direito Comercial*, em curso de publicação; sobre a sua eventual qualidade de comerciante, vide ANTUNES, J. Engrácia, *O Estatuto Jurídico de Comerciante: Alguns Problemas de Qualificação*, in: DJ (2009), em curso de publicação.

[632] Sobre o contrato de comissão, vide *infra* Parte III, Cap. III, §6, 1. Sobre a figura do comissário, enquanto colaborador autónomo dos empresários, vide ANTUNES, J. Engrácia, *Direito Comercial*, em curso de publicação.

Os Contratos no Código Comercial

V. Outro plano a merecer referência é o da *posição jurídica dos contratantes*. No cômputo geral, pode afirmar-se que os direitos e obrigações das partes são bastante similares aos do mandato civil: quanto ao mandatário, destacam-se os deveres de execução do mandato (art. 238.º do CCom), de informação do mandante (arts. 239.º e 240.º do CCom), e de prestação de contas e pagamento de juros (art. 241.º do CCom); quanto ao mandante, ressaltam os deveres de provisionamento (art. 243.º do CCom) e de remuneração (art. 232.º do CCom) do mandatário. Tal não significa dizer, contudo, que não existam algumas especialidades: figurem-se, por exemplo, a obrigação de "del credere" do mandatário (que pode ter como fonte, para além do contrato, os próprios usos comerciais: cf. art. 269.º, §2 do CCom)[633], os deveres especiais de custódia (arts. 235.º a 237.º do CCom) e de escrituração mercantil do mandatário (arts. 276.º e 277.º do CCom), a possibilidade de celebração de negócios do mandante com o próprio mandatário que tenham por objecto a compra e venda de instrumentos juscomerciais, v.g., títulos de crédito, valores mobiliários, derivados (art. 274.º do CCom)[634], ou até os privilégios creditórios especiais (art. 247.º do CCom).[635]

---

[633] Sobre a figura do comissário "del credere" ("del credere agent", "delkredere Haftung", "commissionaire ducroire", "comisionista de garantía"), vide GONÇALVES, L. Cunha, *Comentário ao Código Comercial Português*, vol. II, 81 e segs., Ed. José de Bastos, Lisboa, 1916. Noutros quadrantes, vide CALERO, F. Sánchez, *Instituciones de Derecho Mercantil*, vol. II, 206 e seg., 29.ª edición, Thomson/Aranzadi, Navarra, 2006; GALGANO, Francesco, *Diritto Commerciale*, 216, 9.ª edizione, Zanichelli, Bologna, 2003; SCHMIDT, Karsten, *Handelsrecht*, 879 e segs., 5. Aufl., C. Heymanns, Köln, 1999; RIPERT, Georges/ ROBLOT, René, *Traité de Droit Commercial*, tomo II, 728 e segs., 14ème édition, LGDJ, Paris, 1994; SEALY, L. S./ HOOLEY, R. J., *Commercial Law*, 104, 4th edition, Oxford University Press, Oxford/ New York, 2009.

[634] Sobre a figura da "auto-entrada", regulada no art. 274.º do CCom, vide JORGE, F. Pessoa, *O Mandato sem Representação*, 342 e segs., Almedina, Coimbra, 2001; noutros quadrantes, vide MENDIZÁBAL, E. Leiñena, *Conflicto de Intereses y Comisión Mercantil*, Ed. Reus, Madrid, 2009.

[635] É discutido se tal preceito se deve ou não considerar revogado pelo art. 8.º do Decreto-Lei n.º 47 344, de 25 de Novembro de 1966, que determina o não reconhecimento

Dos Contratos Comerciais em Especial

VI. Por fim, é mister ainda atentar no regime da *cessação do contrato*. É verdade que tanto o mandato civil como mercantil estão sujeitos a um princípio geral de livre revogabilidade: todavia, ao invés do mandato civil, o mandato mercantil revogado sem justa causa por uma das partes implica sempre uma obrigação de indemnização para com a contraparte (art. 245.º do CCom), além da observância das eventuais obrigações registrais (art. 10.º, a) do CRCom).[636]

2. Empréstimo Mercantil

I. Designa-se por empréstimo mercantil ("commercial loan", "Handelsdarlehen", "prêt commercial", "préstamo mercantil") o *contrato pelo qual uma das partes entrega ou se obriga a entregar à outra dinheiro ou coisa fungível destinada a qualquer actividade comercial, ficando a última obrigada à respectiva restituição.*[637]

"dos privilégios que não sejam concedidos no novo Código Civil, mesmo quando conferidos em legislação especial". Num sentido afirmativo, vide GOMES, M. Januário, *Contrato de Mandato Comercial*, 525, in: AAVV, "Operações Comerciais", 465-565, Almedina, Coimbra, 1988; num sentido aparentemente inverso, sustentando que tal preceito respeita apenas aos privilégios previstos em lei civil especial, mas não em lei comercial especial, vide OLAVO, Fernando, *Privilégios Creditórios sobre o Navio*, in: IX CJ (1984), V, 13-17.

[636] Sobre o sentido e alcance desta revogabilidade, vide GOMES, M. Januário, *Contrato de Mandato Comercial*, 527 e segs., in: AAVV, "Operações Comerciais", 465-565, Almedina, Coimbra, 1988; para um caso de espécie jurisprudencial, vide o Acórdão do STJ de 28-II-2002 (ÓSCAR CATROLA), in: X CJ/STJ (2002), I, 119-126.

[637] Sobre a figura, vide GONÇALVES, L. Cunha, *Comentário ao Código Comercial Português*, vol. II, 457 e segs., Ed. José Bastos, Lisboa, 1916; MARTINS, J. Augusto, *Empréstimo Mercantil. Sua Prova*, in: 47 GRL (1933), 65-66. Para outros ordenamentos, vide FABRE, Régis, *Le Prêt à Usage en Matière Commerciale*, in: XXX RTDC (1977), 193-239; VÁZQUEZ, J. González, *Contrato de Préstamo Mercantil*, in: Gastaminza, E./ Rute, J. Cuesta (dir.), "Contratos Mercantiles", vol. II, 18-44, Bosch, Barcelona, 2007.

Os Contratos no Código Comercial

II. Este contrato rege-se pelas normas especiais previstas no Título XI do Livro II do CCom (arts. 394.º a 396.º), estando ainda sujeito subsidiariamente às normas juscivilistas gerais em sede de mútuo (arts. 1142.º e segs. do CCivil).

Além disso, é ainda de ter em conta a existência de diversas modalidades ou *subtipos específicos* de empréstimo mercantil, que se encontram disciplinados por regras próprias – como é o caso, por exemplo, dos contratos de empréstimo bancário (Decreto--Lei n.º 32 765, de 29 de Abril de 1943, Decreto-Lei n.º 344/78, de 17 de Dezembro)[638], dos contratos de empréstimo de instrumentos financeiros (art. 350.º do CVM)[639], dos contratos de crédito ao consumo (Decreto-Lei n.º 133/2009, de 2 de Junho)[640], dos contratos de suprimento societários (arts. 243.º e segs. do CSC)[641], dos chamados empréstimos obrigacionistas (arts. 348.º e segs. do CSC, art. 1.º, b) do CVM)[642], e assim por diante.

III. O empréstimo mercantil contradistingue-se por três traços fundamentais. Por um lado, a quantia ou coisa emprestada deve destinar-se genericamente a uma *actividade comercial* (art. 394.º do CCom). Não releva assim, em princípio, a qualidade das partes contratantes: um empréstimo destinado a uma actividade civil, ainda que celebrado entre dois comerciantes, não terá natureza

---

[638] Sobre a figura, vide *infra* Parte III, Cap. IV, §3, 1.

[639] Sobre a figura, vide *infra* Parte III, Cap. V, §2, 3.3.

[640] Sobre a figura, vide *infra* Parte III, Cap. IV, §3, 6.

[641] Sobre a controversa aplicabilidade do art. 396.º do CCom aos suprimentos societários, vide PINTO, A. Mota, *Do Contrato de Suprimento*, 371, Almedina, Coimbra, 2002; Acórdão do STJ de 19-XII-1975 (ARALA CHAVES), in: 252 BMJ (1976), 148-155.

[642] Sobre a figura, vide ANTUNES, J. Engrácia, *Os Instrumentos Financeiros,* 87 e segs., Almedina, Coimbra, 2009. Apesar de alguma doutrina apontar o contrato de mútuo como a causa exclusiva da subscrição de obrigações, falando sempre de "empréstimo obrigacionista" (VASCONCELOS, P. Pais, *As Obrigações no Financiamento da Empresa*, 321, in: AAVV, "Problemas do Direito das Sociedades", 321-329, Almedina, Coimbra, 2002), a verdade é que tal subscrição pode ter ainda o respectivo fundamento noutras causas negociais (v.g., dação em cumprimento).

Dos Contratos Comerciais em Especial

comercial, assim como um empréstimo destinado a uma actividade comercial não perderá essa natureza pelo facto de uma ou ambas as partes serem meros particulares[643]. Decisivo é, assim, o destino ou emprego comercial da quantia ou coisa emprestada: sublinhe-se que este destino pode ser real ou meramente potencial, não implicando, em regra, que o mutuante fique obrigado a aplicar tais quantias ou coisas numa operação comercial concreta[644]. Por outro lado, o empréstimo tem uma *natureza onerosa*, vencendo juros convencionados pelas partes ou, na falta de convenção ou de omissão de taxa, os juros legais em vigor (arts. 395.º e 102.º do CCom)[645]: como nota L. Cunha GONÇALVES, "sendo o empréstimo mercantil destinado a acto mercantil, isto é, a uma operação lucrativa, justo era que ele fosse também havido como acto naturalmente lucrativo ou oneroso"[646]. Finalmente, ao invés do mútuo civil (sujeito obrigatoriamente a forma solene ou escrito assinado pelo mutuário quando o seu valor for superior, respectivamente, a 25.000 e 2.500 euros: cf. art. 1143.º do CCivil), vigora no domínio

---

[643] Tal não significa que seja irrelevante a qualidade de comerciante: por força da presunção geral da comercialidade dos actos dos comerciantes (art. 2.º, 2.ª parte, do CCom), todos os empréstimos contraídos ou concedidos por comerciantes serão comerciais, excepto quando se prove que aqueles são alheios ou impertinentes ao comércio desenvolvido pelo seu autor. Assim também, GONÇALVES, L. Cunha, *Comentário ao Código Comercial Português*, vol. II, 458, Ed. José Bastos, Lisboa, 1916; para uma ilustração jurisprudencial, vide o Acórdão da RP de 5-I-1978 (PINTO GOMES), in: 275 BMJ (1978), 271-271.

[644] Salvo no caso de determinados subtipos específicos de empréstimo comercial, "maxime", no mútuo bancário, frequentemente um mútuo de escopo: cf. CORDEIRO, A. Menezes, *Manual de Direito Bancário*, 538, 3.ª edição, Almedina, Coimbra, 2006.

[645] Sobre o regime dos juros comerciais, vide *supra* Parte II, Cap. IV, §2, 2. Sublinhe-se que se trata de norma supletiva, que consagra uma presunção de onerosidade, nada impedindo que as partes acordem expressamente a gratuitidade do empréstimo mercantil: assim também, o Acórdão da RE de 1-III-1974, in: 235 BMJ (1974), 371-371.

[646] *Comentário ao Código Comercial Português*, vol. II, 458, Ed. José Bastos, Lisboa, 1916.

Os Contratos no Código Comercial

do empréstimo celebrado entre empresários um princípio geral de *liberdade de forma e de prova.*[647-648]

3. Penhor Mercantil

I. Designa-se por penhor mercantil ("commercial pledge", "handelsrechtliche Pfand", "gage commercial", "pegno commerciale", "prenda mercantil") *o contrato pelo qual uma das partes confere à outra, em garantia de um crédito comercial desta última e com preferência sobre os demais credores comuns, o direito a ser paga pelo valor de determinada coisa ou direito de que a primeira é titular.*[649]

---

[647] Na doutrina, vide BARROS, J. Joaquim, *Regime Geral dos Actos de Comércio*, 54, in: AAVV, "As Operações Comerciais", 11-92, Almedina, Coimbra, 1988; FURTADO, J. Pinto, *Disposições Gerais do Código Comercial*, 272, Almedina, Coimbra, 1984; MARTINS, J. Augusto, *Empréstimo Mercantil. Sua Prova*, in: 47 GRL (1933), 65-66; na jurisprudência, os Acórdãos do STJ de 19-XII-1975 (ARALA CHAVES), in: 252 BMJ (1976), 148-155, de 12-I-1993 (CURA MARIANO), in: I CJ/STJ (1993), I, 23-26, e de 19-III-1998 (LÚCIO TEIXEIRA), in: VI CJ/STJ (1998), I, 142-143.

[648] Questão muito controversa na doutrina é a de saber se o empréstimo mercantil, talqualmente o civil (art. 1114.º do CCivil), constitui um contrato real "quod constitutionem", cuja formação está dependente da entrega ou "traditio" do objecto mutuado ao mutuário: entre tantos, num sentido afirmativo, LEITÃO, L. Menezes, *Direito das Obrigações,* vol. III ("Contratos em Especial"), 389, 4.ª edição, Almedina, Coimbra, 2006; num sentido negativo, ALMEIDA, C. Ferreira, *Contratos*, vol. II, 156, Almedina, Coimbra, 2007.

[649] Sobre a figura, em língua portuguesa, vide MAGALHÃES, L. Teixeira, *Do Penhor Mercantil,* in: 9 Forum (1932), 133-144; YI, Zhao, *Características Jurídicas do Penhor Mercantil,* in: 2 PDir (2001), 95-110 (relativo ao penhor mercantil no Código Comercial de Macau). Noutros ordenamentos vizinhos, vide ALTMEPPEN, Holger, *Zur Rechtsnatur der handelsrechtlichen Pfandrechte,* in: 157 ZHR (1993), 541-558; D'AMELIO, Mario, *Di Alcuni Caratteri del Pegno Commerciale,* in: X RivDCom (1912), 672-681; HAMEL, Louis, *Le Gage Commercial,* Dalloz, Paris, 1953; KRITZINER, Konrad, *Principles of the Law of Mortgage, Pledge & Lien (Principles of Commercial Law),* 55 e segs., Juta & Co., Kenwyn, 1999.

Dos Contratos Comerciais em Especial

II. A figura encontra-se genericamente prevista e regulada no Título XII do Livro II do CCom (arts. 397.º a 402.º), muito embora sejam igualmente de ter em conta, quer a relevância subsidiária das normas gerais do CCivil (arts. 666.º e segs.), quer sobretudo a existência de numerosos *subtipos específicos* de penhor mercantil.

Estão neste caso, apenas para falar dos mais relevantes, o penhor de empresa[650], o penhor de estabelecimento individual de responsabilidade limitada (art. 21.º, n.º 2 do Decreto-Lei n.º 248/86, de 25 de Agosto)[651], o penhor de valores mobiliários (arts. 81.º e 103.º do CVM)[652], o penhor em garantia de créditos bancários (Decreto-Lei n.º 29 833, de 17 de Agosto de 1939, Decreto-Lei n.º 32 032, de 22 de Maio de 1942)[653], o penhor de partes sociais (arts. 23.º, n.ºs 3 e 4 do CSC, art. 3.º, n.º 1, f) do CRCom)[654], o penhor cambiário (art. 19.º da LULL)[655], ou o

---

[650] Cf. DUARTE, R. Pinto, *O Penhor de Estabelecimento Comercial,* 69 e segs., in: AAVV, "Comemorações dos 35 Anos do Código Civil", vol. III, 63-77, Coimbra Editora, Coimbra, 2007.

[651] Cf. ANTUNES, J. Engrácia, *O Estabelecimento Individual de Responsabilidade Limitada: Crónica de uma Morte Anunciada,* 424, in: III RFDUP (2006), 401-442.

[652] Cf., embora com dados do direito pretérito, vide MARTINS, J. Fazenda, *Direitos Reais de Gozo e Garantia sobre Valores Mobiliários,* in: AAVV, "Direito dos Valores Mobiliários", 99-119, Lex, Lisboa, 1997.

[653] Cf. *infra* Parte III, Cap. IV, §5, 5. A não confundir com o designado "penhor de conta bancária", prática bastante vulgarizada que consiste na cativação do saldo de depósitos bancários ao pagamento de obrigações do depositante-devedor (sobre este último, vide LEITÃO, L. Menezes, *Garantia das Obrigações,* 287 e seg., Almedina, Coimbra, 2006).

[654] Cf. FONSECA, T. Soares, *Penhor de Acções,* 2.ª edição, Almedina, Coimbra, 2007; GRALHEIRO, João, *Da Usucapibilidade das Quotas Sociais,* in: 59 ROA (1999), 1137-1152; SERENS, M. Nogueira, *Penhor de Quota,* in: XXI CJ (1996), I, 6-17; na literatura estrangeira, entre outros, vide APFELBAUM, Sebastian, *Die Verpfändung der Mitgliedschaft in der Aktiengesellschaft,* Duncker & Humblot, Berlin, 2005; COPO, A. Veiga, *La Prenda de Acciones,* Civitas, Madrid, 2002; DELEBECQUE, Philippe, *Nantissement et Saisie des Actions,* in: 117 RevS (1999), 599-605.

[655] O penhor cambiário, outrora regulado no art. 399.º do CCom, está hoje disciplinado através da figura do chamado "endosso em garantia" das letras de câmbio, que investe o endossado na posição de credor cambiário pignoratício (cf. ANTUNES, J. Engrácia, *Os Títulos de Crédito,* 79, Coimbra Editora, Coimbra, 2009).

penhor financeiro (arts. 9.º e segs. do Decreto-Lei n.º 105/2004, de 8 de Maio).[656]

III. O regime do penhor mercantil, previsto no CCom, é caracterizado por diversos traços próprios – de todo insuficientes, diga-se aliás, para fazer jus às necessidades específicas do tráfico comercial e empresarial hodierno.

Por um lado, quanto à sua própria *existência*, o penhor apenas se diz mercantil quando a dívida principal ou garantida proceda de uma actividade comercial (art. 397.º do CCom): de novo, tal como noutros contratos previstos no CCom (v.g., empréstimo, depósito, etc.), decisivo é a estirpe ou genealogia comercial da actividade subjacente ao contrato ("in casu", do débito garantido), não sendo relevante, em princípio, a qualidade das partes contratantes (v.g., um penhor para caucionar dívida civil de comerciante não possuirá natureza comercial, já sendo comercial um penhor concluído entre particulares para garantir dívida emergente de acto comercial esporádico ou ocasional praticado por qualquer deles)[657]. Por outro lado, quanto ao *penhor mercantil de coisas*, a lei comercial consagrou expressamente a relevância da entrega simbólica (art. 398.º do CCom): o negócio considera-se validamente constituído independentemente da entrega material da coisa empenhada ao credor pignoratício (que assim permanece em poder do devedor como fiel depositário), bastando a transmissão ou "traditio" das competentes declarações ou documentos comprovativos de titularidade (v.g., a entrega ou endosso de um

---

[656] Cf. *infra* Parte III, Cap. IV, §5, 4.

[657] O alcance deste requisito é, todavia, menor do que se possa pensar, considerando que a comercialidade do acto pode ser objectiva ou subjectiva (art. 2.º, 2.ª parte, do CCom), abrangendo-se assim a generalidade dos penhores realizados por comerciantes (GONÇALVES, L. Cunha, *Comentário ao Código Comercial Português*, vol. II, 461, Ed. José Bastos, Lisboa, 1916). Do mesmo modo, é indiferente se o penhor resulta de contrato ou negócio unilateral: cf. o Acórdão do STJ de 8-VII-1997 (MACHADO SOARES), in: V CJ/STJ (1997), II, 148-151.

Dos Contratos Comerciais em Especial

título de crédito representativo de mercadorias)[658]. Por outro lado ainda, quanto ao *penhor de direitos*, a regra geral do art. 681.º, n.º 1 do CCivil (segundo a qual a respectiva constituição está sujeita à forma e publicidade requeridas para a transmissão dos direitos empenhados) deve ser devidamente integrada pelas pertinentes disposições especiais da lei comercial: no penhor de títulos de crédito, o art. 19.º da LULL; no penhor de acções e obrigações, o art. 23.º, n.º 3 do CSC, os arts. 81.º, n.º 1 e 103.º do CVM, e o art. 3.º, n.º 1, f) do CRCom; e assim sucessivamente[659]. Por outro lado também, relativamente à sua *eficácia e regime probatório*, o penhor entre comerciantes produz efeitos em relação a terceiros mediante a sua mera redução a escrito[660]: ao passo que a lei civil faz depender sempre a eficácia pignoratícia ("inter partes" e "erga omnes") da entrega da coisa empenhada ou documento que confira a sua exclusiva disponibilidade (art. 669.º, n.º 1 do CCivil), a lei comercial bastou-se, em matéria de eficácia "erga omnes", com a mera exibição de documento escrito ainda quando este não confira a exclusiva disponibilidade da coisa empenhada, v.g., correspon-

---

[658] Sobre a validade do penhor mercantil com entrega simbólica, vide, na doutrina, Gonçalves, L. Cunha, *Comentário ao Código Comercial Português*, vol. II, 463, Ed. José Bastos, Lisboa, 1916; na jurisprudência, desde muito cedo, vide os Acórdãos do STJ de 26-VI-1953 (Jaime Tomé), in: 37 BMJ (1953), 423-426, de 25-I-1955 (Jaime Tomé), in: 47 BJM (1955), 480-482, e de 23-IV-1992 (Ricardo da Velha), in: 416 BMJ (1992), 664-670.

[659] O art. 399.º do CCom, relativo ao penhor de títulos de crédito e valores mobiliários, afigura-se assim hoje fundamentalmente revogado pelas disposições especiais citadas: cf. Duarte, R. Pinto, *Curso de Direitos Reais,* 236, Principia, Lisboa, 2007; Leitão, L. Menezes, *Garantia das Obrigações,* 287 e seg., Almedina, Coimbra, 2006. Ilustrando, e no essencial, tal significa dizer que o penhor de uma letra de câmbio implica a entrega do título ao credor pignoratício, juntamente com o respectivo endosso em garantia (art. 19.º da LULL); ou que o penhor de acções ou obrigações implica o mero registo em conta, excepto no caso de se tratar de valores titulados ao portador não depositados, em que se exige a sua entrega (arts. 80.º, n.º 1, 101.º e 102.º do CVM).

[660] Sobre a posição do penhor mercantil no quadro dos privilégios creditórios – mormente, em caso de concurso de créditos garantidos por penhor mercantil e créditos salariais –, vide os Acórdãos do STJ de 30-V-2006 (Lopes Dias), in: XIV CJ/STJ (2006), II, 111-113, e de 10-VII-2007 (Pinto Montes), in: XV CJ/STJ (2007), II, 61-62.

Os Contratos no Código Comercial

dência comercial, livros de escrituração mercantil (art. 400.º do CCom)[661]. Finalmente, entre os direitos do credor pignoratício, avulta o da *venda* do penhor: vencida a dívida garantida, o credor poderá promover a venda judicial ou extrajudicial da coisa empenhada, a qual poderá efectuar-se por intermédio de corretor, notificado o devedor (art. 401.º do CCom).[662]

4. Depósito Mercantil

I. Designa-se por depósito mercantil ("commercial bailment", "Lagergeschäft", "depôt commercial", "depósito mercantil") o *contrato pelo qual uma das partes entrega à outra uma coisa destinada a actividade comercial, para que esta a guarde e restitua quando for exigida.*[663]

II. A figura encontra-se genericamente prevista no Título XIII do Livro II do CCom (arts. 403.º a 407.º). De novo, é mister

---

[661] Dúvida que se pode colocar é a de saber qual a relevância a atribuir ao montante da dívida garantida (dado que a cifra "duzentos mil réis" jamais foi objecto de actualização legislativa), bem como o regime aplicável aos casos em tal montante é incerto (v.g., saldo de uma conta-corrente). Para o confronto entre o penhor mercantil e civil, vide ainda ANTUNES, J. Engrácia, *O Regime Jurídico dos Actos de Comércio*, in: Themis-UNL (2009), em curso de publicação.

[662] Sobre a interpretação de tal preceito – designadamente, a questão de saber se ele dispensa ou não a necessidade de convenção expressa das partes para a venda extrajudicial –, vide, em sentidos divergentes, DUARTE, R. Pinto, *Curso de Direitos Reais*, 236, Principia, Lisboa, 2007: MARTINS, J. Fazenda, *Direitos Reais de Gozo e Garantia sobre Valores Mobiliários*, 112, in: AAVV, "Direito dos Valores Mobiliários", 99-119, Lex, Lisboa, 1997.

[663] Sobre a figura, vide GONÇALVES, L. Cunha, *Comentário ao Código Comercial Português*, vol. II, 470 e segs., Ed. José Bastos, Lisboa, 1916; OLAVO, Carlos, *Depósito Mercantil de Mercadorias e Arresto*, in: 48 GRL (1935), 257-258. Para figuras congéneres, D'AMATO, Tomaso, *Il Contratto di Deposito*, in: AAVV, "Contratti d'Impresa", vol. II, 1169-1315, Giuffrè, Milano, 1993; CONTRERAS, P. Sierra, *El Contrato de Depósito Mercantil*, Marcial Pons, Madrid, 2003; KOLLER, Ingo, *Das Lagergeschäft*, Walter de Gruyter, Berlin, 1980.

Dos Contratos Comerciais em Especial

ter presente, quer a relevância subsidiária das normas gerais pertinentes do CCivil (arts. 1185.º e segs.), quer sobretudo a existência de regras especiais aplicáveis a determinados *tipos específicos* de depósito mercantil: pense-se, por exemplo, no depósito de mercadorias em armazéns gerais (arts. 94.º, 408.º a 424.º do CCom)[664], no depósito bancário (art. 407.º do CCom e Decreto-Lei n.º 430/91, de 2 de Novembro)[665], no depósito de títulos de crédito e instrumentos financeiros (art. 405.º do CCom, art. 343.º do CVM)[666], ou no depósito fiduciário ("escrow account").[667]

III. Quais as principais especialidades do regime do depósito mercantil? Desde logo, o legislador estabeleceu que a comercialidade do depósito pressupõe que este "seja de géneros ou de mercadorias destinados a qualquer acto de comércio" (403.º do CCom): uma interpretação actualista dos dizeres legais implica, pois, considerar como mercantil todo o depósito relativo ao *exercício de actividades empresariais,* sobretudo quando realizado por empresários que a ele se dedicam profissionalmente (v.g., bancos, entrepostos comerciais, armazenistas, etc.), embora não deixe de ter tal natureza aquele que seja efectuado esporadicamente por um particular em conexão com um outro acto mercantil (v.g., acessoriamente a uma operação de compra e venda mercantil, de comissão, de transporte, etc.)[668]. Depois ainda, ao contrário

---

[664] Sobre esta modalidade particular, que encontra na faculdade de emissão de títulos de crédito representativos das mercadorias (conhecimento de depósito e cautela de penhor) o traço distintivo do respectivo regime legal, vide ANTUNES, J. Engrácia, *Os Títulos de Crédito,* 134 e segs., Coimbra Editora, Coimbra, 2009.

[665] Cf. *infra* Parte III, Cap. IV, §2, 4.2.

[666] Cf. *infra* Parte III, Cap. V, §2, 3.2.

[667] Cf. *infra* Parte III, Cap. IV, §7, 2.3.

[668] O depósito pode ter por objecto coisas infungíveis ou fungíveis – configurando, neste último caso, um depósito irregular, em que o depositário fica obrigado a restituir outra coisa do mesmo género, qualidade e quantidade (GONÇALVES, L. Cunha, *Comentário ao Código Comercial Português,* vol. II, 470, Ed. José Bastos, Lisboa, 1916; IBÁÑEZ, Fernando, *Sobre el Depósito Mercantil Irregular,* in: LVIII RJCat (1959), 7-25) –, bem como coisas corpóreas ou até incorpóreas "sui generis" – por exemplo,

Os Contratos no Código Comercial

do regime comum do depósito não profissional (arts. 1186.º e 1158.º do CCivil), o depósito mercantil tem uma *natureza onerosa* (art. 404.º do CCom): como notava Adriano ANTHERO há quase cem anos, numa asserção igualmente válida para os demais contratos previstos no Código Comercial, "vai isso de harmonia com a natureza lucrativa do comércio"[669]. Trata-se de regime supletivo, pelo que, talqualmente é possível estipular uma retribuição no caso de depósito civil, assim também será lícito às partes de um depósito mercantil convencionar a gratuitidade do mesmo[670]. Finalmente, o depósito mercantil envolve ainda a previsão de *direitos e deveres especiais* para o depositário: assim, no caso de depósito de títulos de crédito, valores mobiliários ou outros instrumentos juscomerciais (v.g., acções, obrigações, unidades de participação, letras, cheques, etc.), o depositário está obrigado à respectiva cobrança e demais diligências necessárias à conservação do seu valor (art. 405.º do CCom); inversamente, no caso de o depositário estar autorizado a utilizar a coisa depositada, o contrato passa a ficar sujeito às regras do empréstimo mercantil, da comissão ou de outro contrato que ao caso couber (art. 406.º do CCom).[671]

---

participações sociais (qualificando de mercantil o depósito de acções, vide o Acórdão da RP de 10-XII-1992 (SILVA PEREIRA), in: XVII CJ (1992), V, 144-148).

[669] *Comentario ao Código Commercial Portuguez,* vol. II, 396, 2.ª edição, Companhia Portuguesa Editora, Porto, 1928.

[670] Sublinhe-se ainda o valor dos usos como mecanismo de integração do contrato de depósito mercantil em matéria da remuneração (§ único do art. 404.º do CCom): sobre o papel dos usos mercantis, vide ANTUNES, J. Engrácia, *Os Usos e o Costume no Direito Comercial,* 225 e segs., in: "Estudos Comemorativos dos 10 Anos da Faculdade de Direito da Universidade Nova de Lisboa", vol. II, 215-239, Almedina, Coimbra, 2008.

[671] Criticamente sobre esta novação "ex lege", vide GONÇALVES, L. Cunha, *Comentário ao Código Comercial Português,* vol. II, 473, Ed. José Bastos, Lisboa, 1916. Ao lado do contrato de depósito mercantil, é também concebível o depósito por imposição da lei comercial, o qual, todavia, fica sujeito à observância de regras próprias: pense-se, por exemplo, no depósito das contrapartidas previstas no art. 490.º, n.º 4 do CSC (cf. ANTUNES, J. Engrácia, *Os Grupos de Sociedades,* 878 e seg., 2.ª edição, Almedina, Coimbra, 2002).

Dos Contratos Comerciais em Especial

5. Troca Mercantil

I. Designa-se por troca mercantil ("Tausch", "échange commerciale", "permuta mercantil") *o contrato pelo qual as partes transferem reciprocamente a propriedade de coisas ou outros direitos destinados a uma actividade comercial ou com intuito lucrativo, inexistindo qualquer pagamento de um preço.*[672]

II. Esta figura contratual, também conhecida por "escambo" ou permuta, encontra-se hoje exclusivamente prevista no Título XVIII do Livro II do CCom (art. 480.º)[673]. O seu traço distintivo – além da finalidade comercial ou lucrativa subjacente (arts. 463.º e 464.º, "ex vi" do art. 480.º do CCom) – reside na *ausência de um preço*: com efeito, a troca ou escambo esgota-se na mera "permutação de utilidades"[674] sem qualquer objecto de natureza monetária (dinheiro) ou outra que desempenhe na economia contratual uma função de pagamento[675]. Tratando-se do mais antigo contrato conhecido, a troca mercantil, se bem que sem o fulgor de

---

[672] Sobre a troca mercantil, vide GONÇALVES, L. Cunha, *Comentário ao Código Comercial Português*, vol. III, 3, Ed. José Bastos, Lisboa, 1918; noutros quadrantes, BIANCO, Massimo, *La Vendita Commerciale e la Permuta*, 2.ª edizione, Utet, Torino, 1993; SOUSI-ROUBI, Blanche, *Le Contrat d'Échange*, in: 76 RTDCiv (1978), 257-274; VÉRGEZ, M. Sánchez, *Compraventa Mercantil y Contrato de Permuta*, in: Cano, A. Rodriguez (ed.), "Contratos Mercantiles", 87-94, 2.ª edición, Thomson/ Aranzadi, Madrid, 2004.

[673] A troca não é actualmente objecto de previsão no CCivil, embora seja um contrato atípico sujeito às regras gerais da compra e venda (art. 939.º do CCivil): cf. LEITÃO, L. Menezes, *Direito das Obrigações*, vol. III, 165 e segs., 4.ª edição, Almedina, Coimbra, 2006; LIMA, F. Pires/ VARELA, J. Antunes, *Código Civil Anotado*, vol. II, 236, 4.ª edição, Coimbra Editora, Coimbra, 1997.

[674] BENAVIDES, José, *Contratos Commerciaes (Actos Commerciais, Troca, Compra e Venda, Aluguer, Reporte, Transporte Terrestre)*, XXII, Derin e C.ª Editores, Lisboa, 1892.

[675] Como sublinha C. Ferreira de ALMEIDA, um contrato não perde a sua natureza de troca pela circunstância de ter um objecto monetário, sempre que o dinheiro constitua o objecto contratual e não funcione como meio de pagamento, v.g., troca de moedas entre coleccionadores (*Contratos,* vol. II, 133, Almedina, Coimbra, 2007).

Os Contratos no Código Comercial

outras épocas (mormente, as dominadas pela intermediação comercial clássica), continua a ser bastante utilizada no âmbito das actividades comerciais: *exemplos* disso mesmo são as operações de troca de valores mobiliários (mormente, a oferta pública de troca do art. 178.º do CVM)[676], de "swap" (também conhecido por permuta financeira, previsto no art. 2.º, n.º 1, e) do CVM)[677], de "switch" (especialmente na contratação transfronteiriça)[678], e algumas modalidades de "countertrade"[679]. Por outra banda, assinale-se ainda que o legislador omitiu um regime próprio para troca mercantil, limitando-se a mandar-lhe aplicar remissivamente as normas sobre a compra e venda mercantil (art. 480.º do CCom): são assim aplicáveis, "mutatis mutandis", as regras comuns que não pressuponham a contraprestação em dinheiro (arts. 874.º e segs. do CCivil), bem como, designadamente, as regras específicas relativas à obrigação de entrega (art. 473.º do CCom) e ao cumprimento contratual (arts. 468.º a 474.º do CCom).[680]

---

[676] SILVA, P. Costa, *Compra, Venda e Troca de Valores Mobiliários*, 263 e segs., in: AAVV, "Direito dos Valores Mobiliários", 243-266, Lex, Lisboa, 1997.

[677] CALHEIROS, M. Clara, *O Contrato de Swap*, 119 e segs., Coimbra Editora, Coimbra, 2000. Cf. ainda *infra* Parte III, Cap. V, §3, 4.

[678] DURAND-BARTHEZ, Pascal, *Le Troc dans le Commerce International et les Opérations de Switch*, in: VIII DPCI (1982), 195-208.

[679] Sobre o comércio de compensação ("countertrade"), vide NEVES, A. Costa, *Dos Contratos de Contrapartidas no Comércio Internacional ("Countertrade")*, Almedina, Coimbra, 2003. Além disso, a troca é um tipo contratual que integra frequentemente contratos mistos na negociação mercantil: para uma ilustração, no âmbito de negócio subjectivamente comercial, vide o Acórdão da RP de 4-III-2002 (SILVA GONÇALVES), in: XXVII CJ (2002), II, 180-183.

[680] Assinale-se ainda a possibilidade de existência de contratos mistos de venda e troca mercantil, sempre que o contrato, para além da troca de bens ou direitos, preveja ainda uma contrapartida parcial em dinheiro, v.g., o art. 490.º, n.º 5 do CSC (cf. ANTUNES, J. Engrácia, *A Aquisição Tendente ao Domínio Total*, 34, Coimbra Editora, Coimbra, 2001) ou o art. 177.º do CVM (cf. GARCIA, A. Teixeira, *A OPA – Da Oferta Pública de Aquisição e seu Regime Jurídico*, 82 e seg., Coimbra Editora, Coimbra, 1995).

6. Locação Mercantil

I. Designa-se por locação mercantil *o contrato pelo qual uma das partes se obriga a proporcionar à outra, mediante retribuição, o gozo temporário de uma coisa móvel, imóvel ou "sui generis" destinada ou afecta ao exercício de uma actividade comercial*.[681]

II. A figura da locação mercantil foi prevista no Título XIX do Livro II do CCom (arts. 481.º e 482.º). A previsão legal refere-se unicamente ao *aluguer mercantil*, tendo sido configurada de forma particularmente redutora: à uma, porque apenas se refere à locação de coisas móveis ("aluguer") e não de imóveis ("arrendamento"); à outra, porque aparece intimamente associada à compra e venda mercantil, na medida em que a mercantilidade do aluguer pressupõe que a coisa alugada tenha sido comprada com esse fim (cf. arts. 481.º e 463.º, 1.º, "in fine", do CCom); finalmente, porque não lhe foi tão-pouco associado um regime legal próprio, limitando-se o legislador comercial a remeter para as disposições gerais aplicáveis (art. 482.º do CCom), ressalvado o caso particular do fretamento de navios (Decreto-Lei n.º 191/87, de 29 de Abril)[682]. Tal visão redutora foi ultrapassada pela evolução económica e legal. Por um lado, paralelamente ao aluguer mercantil do art. 481.º do CCom, deve ter-se em conta a existência de um número crescente de contratos de aluguer atinentes ao tráfico comercial, sujeitos a regulação própria: pense-se, por exemplo, no aluguer de cofre-forte (art. 4.º, n.º 1, o) do RGIC), ou na locação

---

[681] Sobre a figura, GONÇALVES, L. Cunha, *Comentário ao Código Comercial Português*, vol. III, 2 e 57, Ed. José Bastos, Lisboa, 1918. O quadro comparado é demasiadamente complexo e variegado para traçar paralelismos, apenas ganhando algumas similitudes em matéria da chamada "locação de empresa" ("Unternehmenspacht", "affito d'azienda", "location-gérance du fonds de commerce", "arrendamiento del negocio").

[682] Criticamente, GONÇALVES, L. Cunha, *Comentário ao Código Comercial Português*, vol. III, 3 e segs., Ed. José Bastos, Lisboa, 1918.

Os Contratos no Código Comercial

financeira (embora consabidamente esta abranja também coisas imóveis: cf. Decreto-Lei n.º 149/95, de 24 de Junho), entre outros. Por outro lado, e mais importante, devem hoje considerar--se igualmente como formas relevantes da locação mercantil, para além do aluguer mercantil, o chamado *arrendamento comercial* – contrato pelo qual o titular de prédio urbano ou rústico, mediante retribuição, concede temporariamente ao titular de uma empresa o respectivo gozo para a exploração desta (arts. 1108.º a 1113.º do CCivil) – e a *locação empresarial* – contrato de transmissão temporária e onerosa do gozo de uma empresa (cf. art. 1009.º do CCivil).[683]

7. Reporte

I. Designa-se por contrato de reporte ("repurchase agreement", "Repogeschäft", "opération de réméré", "riporto", "contrato de doble") o *contrato de compra a contado de títulos de crédito, valores mobiliários ou outros instrumentos financeiros, e de revenda simultânea a termo desses títulos ou valores, por preço determinado ou determinável, sendo a compra e a revenda feitas à mesma entidade.*[684]

---

[683] Sobre o arrendamento comercial, vide MORAIS, F. Gravato, *Novo Regime do Arrendamento Comercial,* Almedina, Coimbra, 2006; GARCIA, M. Olinda, *Arrendamentos para Comércio e Fins Equiparados,* Coimbra Editora, Coimbra, 2006. Sobre a locação de empresa, vide ANTUNES, J. Engrácia, *A Empresa como Objecto de Negócios,* 720 e seg., in: 68 ROA (2008), 715-794; CARDOSO, Fernando, *Reflexões sobre o Estabelecimento Comercial ou Industrial e Respectivo Contrato de Aluguer,* Portugalmundo, Lisboa, 1991.

[684] Sobre a figura, vide ALVES, E. Sá, *Do Contrato de Reporte,* in: 26 RivOD (1894), 65-68; CORDEIRO, A. Menezes, *Do Reporte: Subsídios para o Regime Jurídico do Mercado de Capitais e da Concessão de Crédito,* in: "Banca, Bolsa e Crédito", 167-183, Almedina, Coimbra, 1990; ULRICH, R. Ennes, *Do Contrato de Reporte no Direito Comercial Portuguez,* Imprensa da Universidade, Coimbra, 1906. Noutros ordenamentos, onde a figura possui designações e alcances variados (veja-se, por exemplo, o chamado "Pensionsgeschäfte" germânico), vide DONADIO, Giuseppe, *Il Riporto,* Canfora, Bari, 1980;

Dos Contratos Comerciais em Especial

II. A figura encontra-se genericamente prevista no Título XVII do Livro II do CCom (arts. 477.º a 479.º). O reporte constitui um dos contratos comerciais do elenco legal oitocentista que conserva ainda hoje uma relevância significativa no plano na contratação mercantil nacional e internacional.[685]

O reporte pode revestir diferentes *modalidades* operacionais. Assim, quanto à sua natureza, o reporte pode ser bancário ou financeiro, consoante é realizado no mercado bancário por instituições creditícias (usualmente com vista à obtenção de disponibilidade temporária de fundos pecuniários) ou no mercado de capitais por intermediários financeiros, "maxime" em bolsa (usualmente com vista à exploração dos diferenciais de cotação dos títulos, valores ou instrumentos na data da compra e revenda)[686]; quanto à sua função, o reporte pode possuir finalidades creditícias (que o

---

GIOVANOLI, Laurent, *Rechtsprobleme von Repurchase Agreements (Repos)*, Schulthess Juristische Medien, Zürich, 2003; TREUBERG, Hubert/ SCHARPF, Paul, *Pensionsgeschäfte und deren Behandlung im Jahresabschluss von Kapitalgesellschaften nach § 340b HGB*, in: 44 DB (1991), 1233-1238.

[685] Sublinhe-se que, na gíria internacional, o reporte é frequentemente perspectivado em termos amplos por forma a abranger também os chamados *"repo"* (abreviatura de "sale and repurchase agreement", "Repogeschäft"): ao passo que o reporte clássico constitui um contrato de execução imediata, ocorrendo a compra e a revenda dos títulos simultaneamente no acto da conclusão contratual, o "repo" é, na verdade, um contrato a prazo, em que a execução da revenda fica diferida para data futura convencionada entre as partes. Cf. CHOUDHRY, Moorad, *The Repo Handbook*, Butterworths-Heinemann, London, 2002; KRÄHENMANN, Thomas, *Das Repo-Geschäft*, P. Haupt, Bern, 1998.

[686] Sobre o reporte bancário, atente-se no Aviso do BP n.º 1/97, de 8 de Março (que aprovou o contrato-tipo de reporte: cf. DR, II série, n.º 93, de 21 de Abril de 1997), bem como no papel instrumental desempenhado no âmbito dos contratos de garantia financeira (arts. 2.º, n.º 3 e 20.º do Decreto-Lei n.º 105/2004, de 8 de Maio) (cf. *infra* Parte III, Cap. IV, §5, 4(II)). Sobre o reporte financeiro (art. 284.º, n.º 3 do CVM), vide CRUZ, Ricardo, *O Desenvolvimento do Mercado de Operações de Reporte sobre Valores Mobiliários em Portugal*, in: 30 RB (1994), 25-74; LENCART, Sofia, *A Celebração de Contratos de Reporte por Sociedades Gestoras de Fundos de Investimento*, Almedina, Coimbra, 2000; RODRIGUES, S. Nascimento, *Os Contratos de Reporte e de Empréstimo no Código dos Valores Mobiliários*, esp. 309 e segs., in: VII CadMVM (2000), 289-327.

Os Contratos no Código Comercial

aproximam de um empréstimo garantido), especulativas (perseguindo o lucro resultante de eventuais diferenciais entre os preços de compra e revenda dos títulos, valores ou instrumentos) ou protectoras (visando a cobertura do risco de oscilações negativas do preço ou cotação destes)[687]; quanto ao prazo, o reporte pode ser diário ("overnight"), a termo certo ("term repo") ou aberto ("open repo"), consoante a revenda é feita no prazo de um dia, em prazo superior, ou renovada diariamente[688]; e quanto aos seus efeitos, a operação pode configurar-se com um reporte "stricto sensu" ou um deporte (consoante, respectivamente, o preço da retransmissão dos títulos é mais ou menos elevado do que o da sua transmissão, cabendo o diferencial ao reportador ou reportado)[689]. Enfim, o reporte deve ser devidamente distinguido de determinadas *figuras vizinhas*, tais como a venda a retro (art. 927.º do CCivil)[690], os derivados (especialmente, futuros e "forwards")[691], o empréstimo de fundos caucionado, o empréstimo de títulos, a antecipação bancária, ou determinadas operações em conta-margem.

---

[687] Vasconcelos, L. Pestana, *Do Reporte com Função de Crédito e Garantia*, in: AAVV, "Nos 20 Anos do Código das Sociedades Comerciais", vol. III, 9-59, Coimbra Editora, Coimbra, 2007.

[688] Cruz, Ricardo, *O Desenvolvimento do Mercado de Operações de Reporte sobre Valores Mobiliários em Portugal*, 40 e segs., in: 30 RB (1994), 25-74.

[689] Ulrich, R. Ennes, *Do Contrato de Reporte no Direito Comercial Portuguez*, 33 e segs., Imprensa da Universidade, Coimbra, 1906.

[690] Vasconcelos, L. Pestana, *A Venda a Retro como Instrumento de Concessão de Crédito Garantido*, in: IV RFDUP (2007), 223-264.

[691] Entre outras diferenças, ao contrário dos contratos de reporte, os derivados podem ter por objecto uma gama muito variada de activos financeiros (v.g., divisas), económicos (v.g., índices de inflação ou desemprego), materiais (v.g., mercadorias) ou até meramente virtuais, possuem uma natureza meramente consensual (cuja formação requer a simples declaração de vontade das partes contratantes), e podem ser negociados em mercados próprios (derivados de mercado organizado). Cf. Antunes, J. Engrácia, *Os Derivados*, 98, in: 30 CadMVM (2008), 91-136.

Dos Contratos Comerciais em Especial

III. O *regime legal* do contrato de reporte caracteriza-se por vários traços fundamentais[692]. Desde logo, o reporte representa um *negócio complexo e unitário* constituído por operações simultâneas de compra e venda a contado e a prazo em que uma das partes, designado "reportador" (aquele que dá o dinheiro e recebe os títulos), compra e revende firme a prazo, enquanto a outra, denominada "reportado" (que dá os títulos e recebe o dinheiro) vende a pronto e recompra a termo[693]. Depois, apesar da referência restritiva do legislador (corpo do art. 477.º do CCom), o *objecto* do reporte pode consistir em títulos de crédito, valores mobiliários ou mesmo outros instrumentos financeiros (v.g., acções, unidades de participação, obrigações de caixa, etc.), embora a respectiva revenda deva ser feita em títulos, valores ou instrumentos da mesma espécie. Depois ainda, o reporte é um *negócio real "quoad constitutionem"*: significa isto dizer que a respectiva validade está expressamente dependente da entrega real ou "traditio" dos títulos, valores ou instrumentos (art. 477.º, § único, do CCom), passando a caber ao reportador a titularidade efectiva, embora temporária, do direito de propriedade sobre estes – sendo-lhe, pois, lícito aliená-los, onerá-los ou dispor deles por qualquer forma até à data da revenda – e dos respectivos direitos acessórios – ou seja, direitos sociais ou mobiliários, juros, ou outras vantagens inerentes aos títulos, valores ou instrumentos reportados (art. 478.º do CCom), excepto quando exista convenção em contrário e ressalvados os limites gerais da lei (v.g., art. 1146.º

---

[692] Sobre a natureza jurídica do contrato de reporte, CORDEIRO, A. Menezes, *Do Reporte: Subsídios para o Regime Jurídico do Mercado de Capitais e da Concessão de Crédito*, 173 e segs., in: "Banca, Bolsa e Crédito", 167-183, Almedina, Coimbra, 1990. Referimo-nos aqui ao regime juscomercial, sem prejuízo de outras incidências jurídicas importantes: assim, de uma perspectiva justributária, vide PINTO, Rui, *Contratos de Reporte: Enquadramento Contabilístico-Fiscal*, in: VI RF (1994), 47-53.

[693] Sublinhe-se que o contrato de reporte, além da sua comum estrutura bilateral, pode ainda incluir uma terceira entidade que tem por missão monitorizar os fluxos financeiros e mobiliários emergentes do reporte (vulgarmente designado "tri-party repo").

do CCivil)[694]. Finalmente, há ainda que ter em conta as particularidades do regime aplicável em caso do *incumprimento* do contrato de reporte, bem assim como da eventual *insolvência* de reportador e de reportado.[695]

8. Conta-Corrente

I. Designa-se por conta-corrente ("Kontokorrentvertrag", "compte courant", "conto corrente", "cuenta curriente") *o contrato pelo qual as partes se obrigam a lançar a crédito e a débito os valores que entregam reciprocamente no âmbito de uma relação de negócios, exigindo apenas o respectivo saldo final apurado na data do respectivo encerramento.*[696]

II. A figura da conta-corrente encontra-se prevista no Título VIII do Livro II do CCom (arts. 344.º a 350.º). Tal como o reporte, trata-se de figura com largo relevo no âmbito da "praxis"

---

[694] Em sentido diverso, considerando que os direitos acessórios pertencem ao reportado, vide CORDEIRO, A. Menezes, *Do Reporte: Subsídios para o Regime Jurídico do Mercado de Capitais e da Concessão de Crédito*, 176 e segs., in: "Banca, Bolsa e Crédito", 167-183, Almedina, Coimbra, 1990; no sentido aqui sustentado, já ALVES, E. Sá, *Do Contrato de Reporte*, 66, in: 26 RivOD (1894), 65-68; GONÇALVES, L. Cunha, *Comentário ao Código Comercial Português*, vol. III, 54 e seg., Ed. José Bastos, Lisboa, 1918; ULRICH, R. Ennes, *Do Contrato de Reporte no Direito Comercial Portuguez*, 140 e segs., Imprensa da Universidade, Coimbra, 1906.

[695] Sobre o ponto, desenvolvidamente, VASCONCELOS, L. Pestana, *Do Reporte com Função de Crédito e Garantia*, 29 e segs., in: AAVV, "Nos 20 Anos do Código das Sociedades Comerciais", vol. III, 9-59, Coimbra Editora, Coimbra, 2007.

[696] Sobre a figura, vide, entre nós, FERRO, Mário, *Da Exigibilidade do Saldo da Conta Corrente*, in: 36 GRL (1922), 193-195; FIGUEIREDO, Mário, *Contrato de Conta Corrente*, Coimbra Editora, Coimbra, 1923; MAGALHÃES, J. Barbosa, *Da Conta Corrente*, in: 20 GRL (1907), 489-490. Noutros países, vide FIORENTINO, Adriano, *Il Conto Corrente*, in: Vassali, Filippo (dir.), "Tratatto di Diritto Civile Italiano", vol. 8, Utet, Torino, 1952; KRAPF, Georg, *Der Kontokorrentvertrag*, Bleichrode, Nieft, 1936; MIGUEL, S. Moll, *El Contrato de Cuenta Curriente – Una Concepción Unitária de Diferentes Tipos*, Faculdad de Ciencias Economicas y Empresariales, Bilbao, 1977; RIVES-LANGE, M. Thérèse, *Le Compte Courant en Droit Français*, Sirey, Paris, 1969.

Dos Contratos Comerciais em Especial

contratual mercantil dos nossos dias, em boa medida devido à sua generalização no âmbito da actividade bancária ("conta-corrente bancária")[697] e financeira ("contas de registo de valores mobiliários")[698]: o acordo de conta-corrente desempenha uma importante *função de simplificação, economia e certeza jurídica* no âmbito das relações de negócios entre dois indivíduos ou entidades, ao permitir a representação contabilística das operações entre as partes, a transformação das obrigações emergentes em lançamentos em rubricas de "deve" e "haver", e a compensação recíproca destes créditos e débitos.[699]

III. O *regime jurídico* da conta-corrente envolve a consideração da respectiva natureza, sujeitos, objecto, efeitos, e cessação.

Desde logo, relativamente à sua natureza, importa frisar encontrarmo-nos diante de um verdadeiro *negócio jurídico*: ao contrário da conta-corrente contabilística (que consiste num sistema especial diagráfico de escrituração em colunas de crédito e débito), a conta-corrente do art. 344.° do CCom pressupõe um acordo entre as partes destinado a produzir efeitos jurídicos próprios que transcendem a mera representação contabilística[700].

---

[697] Sobre a conta-corrente bancária, vide *infra* Parte III, Cap. IV, §2, 4.1.

[698] Sobre o paralelismo das contas de valores mobiliários escriturais (arts. 61.° e segs. do CVM) e a conta-corrente mercantil, vide ALMEIDA, C. Ferreira, *Registo de Valores Mobiliários*, 92 e segs., in: AAVV, "Direito dos Valores Mobiliários", vol. VI, 51-138, Almedina, Coimbra, 2006.

[699] Sobre as funções da conta-corrente, vide, entre nós, FIGUEIREDO, Mário, *Contrato de Conta Corrente*, Coimbra Editora, Coimbra, 1923; noutros países, CARNELUTTI, Francesco, *Note sulla Funzione del Conto Corrente*, in: "Studi di Diritto Commerciale", 215-234, Atheneum, Roma, 1917; CANARIS, Claus-Wilhelm, *Funktionen und Rechtsnatur des Kontokorrents*, in: "Festschrift für Hermann Hämmerle", 55-78, Leikam, Graz, 1972.

[700] Sobre esta distinção entre o sentido material (contabilístico) e jurídico (negocial) da conta-corrente, vide, na doutrina, GONÇALVES, L. Cunha, *Comentário ao Código Comercial Português*, vol. II, 355, Ed. José Bastos, Lisboa, 1916; na jurisprudência, entre muitos, o Acórdão do STJ de 12-VI-1986 (SOLANO VIANA), in: 358 BMJ (1986), 558-563, o Acórdão da RL de 15-IV-1999 (NUNES DA COSTA), in: 486 BMJ (1999), 357-358, e o Acórdão da RE de 14-III-1996 (PITA VASCONCELOS), in: XXI CJ (1996), II, 273-275.

Depois ainda, quanto os seus sujeitos e ao seu objecto, o acordo de conta-corrente será usualmente firmado por *empresários* e incidirá sobre as operações patrimoniais, pecuniárias ou em espécie, constitutivas de uma dada relação de negócios atinente ao exercício de uma *actividade empresarial* (art. 345.º do CCom): todavia, nada na lei impede que tal contrato possa ser exclusivamente celebrado entre particulares e recaia sobre relações negociais estranhas ao mundo empresarial[701]. Aspecto fundamental a ter em conta é o relativo aos efeitos deste contrato (art. 346.º do CCom): entre eles, avultam a *compensação recíproca* entre os contraentes até à concorrência dos respectivos créditos e débitos ao termo do encerramento da conta-corrente – por alguns justamente considerado "o efeito máximo" deste contrato mercantil[702] – e a *exigibilidade meramente terminal* do saldo da conta-corrente – de tal modo que nenhum dos contraentes pode ser havido como credor ou devedor durante a sua vigência, apenas com o encerramento daquela e o apuramento do saldo respectivo se fixando definitivamente a posição jurídica das partes[703]. Enfim, a conta--corrente não pode correr indefinidamente, devendo efectuar paragens destinadas a proceder ao respectivo *balanço*: tais balanços podem ser periódicos – que a lei designa por "encerramento da conta", a realizar no prazo fixado contratualmente ou no final de

---

[701] Encontramo-nos assim perante um contrato formalmente comercial, cuja relevância jurídico-comercial (à semelhança, por exemplo, da subscrição de uma letra de câmbio) deriva da sua mera celebração, independentemente do "status" das partes ou da finalidade económica subjacente àquela conclusão. Sobre a noção de actos de comércio formais, vide ANTUNES, J. Engrácia, *Direito Comercial,* em curso de publicação.

[702] GONÇALVES, L. Cunha, *Comentário ao Código Comercial Português*, vol. II, 349, Ed. José Bastos, Lisboa, 1916.

[703] Outros efeitos relevantes são ainda a transferência da propriedade dos créditos inscritos em conta-corrente (sujeita, todavia, à cláusula de boa cobrança no caso de títulos de crédito), o efeito novativo das obrigações donde emergem esses créditos (pressuposto fundamental do "modus operandi" deste negócio), e o vencimento de juros das quantias creditadas em conta-corrente desde o dia do efectivo recebimento (sendo que o saldo dos juros está sujeito a tributação, nos termos do art. 6.º, n.º 1, f) do CIRS).

Dos Contratos Comerciais em Especial

cada ano civil (art. 358.º do CCom), deles resultando um saldo terminal que a parte devedora pode liquidar a contado ou figurar como primeiro valor a lançar a crédito num novo ciclo de conta--corrente ("saldo de conta nova") – ou definitivos – que ocorrem aquando da cessação do próprio contrato (art. 349.º do CCom).[704]

---

[704] Sobre o encerramento periódico (geralmente anual) e definitivo (por cessação contratual) da conta-corrente, vide, na doutrina, FIGUEIREDO, Mário, *Contrato de Conta Corrente*, 136 e segs., Coimbra Editora, Coimbra, 1923; na jurisprudência, Acórdão do STJ de 22-VII-1960 (MORAIS CABRAL), in: 99 BMJ (1960), 771-775. Sobre a execução judicial singular e insolvencial da conta-corrente, vide HERZ, Günther, *Das Kontokorrent insbesondere in der Zwansgsvollstrekung und im Konkurs*, 122 e segs., Mohr, Tübingen, 1974.

CAPÍTULO II
Contratos de Cooperação[*]

§1 *Generalidades*

I. Por contratos de cooperação empresarial designamos gene-ricamente aqueles *acordos negociais, típicos ou atípicos, celebra-dos entre duas ou mais empresas jurídica e economicamente autónomas (singulares ou colectivas, públicas ou privadas, comer-ciais ou civis), com vista ao estabelecimento, organização e regu-lação de relações jurídicas duradouras para a realização de um fim económico comum.*

II. A vida económica actual é caracterizada por um forte desenvolvimento das *relações de cooperação entre as empresas*[705]. Os motivos da cooperação interempresarial são múltiplos e rele-

---

[*] **Bibliografia Portuguesa:** ANTUNES, J. Engrácia, *Os Contratos de Cooperação Empresarial*, in: LVIII SI (2009), n.º 318, 249-279; PINHEIRO, L. Lima, *Contrato de Empreendimento Comum ("Joint Venture") em Direito Internacional Privado*, Cosmos, Lisboa, 1998. **Bibliografia Estrangeira:** CUEVAS, G. Cabanellas/ KELLY, J. Alberto, *Contratos de Colaboración Empresaria*, Ed. Heliasta, Buenos Aires, 1987; DUBISSON, Michel, *Les Accords de Coopération dans le Commerce International*, Lamy, Paris, 1989; MARMO, L. Giaccardi, *I Contratti di Cooperazione tra Imprese*, in: AAVV, "I Contratti in Generale", tomo II ("Contratti Atipici"), 19-74, Utet, Torino, 1992; MERCADAL, Barthélémy/ JANIN, Philippe, *Les Contrats de Coopération Inter--Entreprises*, Éd. Lefebvre, Paris, 1974; SACARRERA, E. Guardiola, *Contratos de Colaboración en el Comercio Internacional*, Bosch, Barcelona, 1998.

[705] Sobre o tema, vide CONTRACTOR, Farok/ LORANGE, Peter (eds.), *Cooperative Strategies in International Business*, Pergamon, Oxford, 2002; HERMOSILLA, Angel/ / SOLÁ, Joaquín, *Cooperación entre Empresas*, IMPI, Madrid, 1989.

vantes: através dela, as empresas podem realizar economias de escala, racionalizar os seus métodos produtivos, reduzir o risco económico dos seus investimentos, obter recursos tecnológicos ou financeiros de outro modo inacessíveis, e competir num quadro económico cada vez mais globalizado[706]. Ora, os contratos de cooperação constituem justamente um dos principais instrumentos jurídicos de suporte e organização destas relações cooperativas entre empresas.[707]

III. A *delimitação* dos contratos de cooperação interempresarial é extremamente complexa. Por um lado, domínio profundamente tributário da autonomia privada, a lei e a prática desenvolveram uma multiplicidade insistematizável de figuras contratuais que podem servir a cooperação entre empresas (contratos de sociedade, de ACE, de AEIE, de consórcio, de associação em participação, de empreendimento comum, etc.). Por outro lado, a doutrina tem procurado sistematizar estas figuras através do recurso às mais diversas classificações jurídicas e económicas: assim, de acordo com o critério da matriz contratual ou organizativa da cooperação, é usual distinguir-se entre contratos que dão origem a

---

[706] Sobre os fundamentos económicos da cooperação entre empresas, vide CONTRACTOR, Farok/ LORANGE, Peter (eds.), *Cooperative Strategies in International Business*, 3 e segs., Pergamon, Oxford, 2002; MERCADAL, Barthélémy/ JANIN, Philippe, *Les Contrats de Coopération Inter-Entreprises*, 9 e segs., Éd. Lefebvre, Paris, 1974.

[707] DEAKIN, Simon/ MICHIE, Jonathan (eds.), *Contracts, Co-operation and Competition*, 19 e seg., Oxford University Press, Oxford, 1997; MARMO, L. Giaccardi, *I Contratti di Cooperazione tra Imprese*, 24, in: AAVV, "I Contratti in Generale", tomo II ("Contratti Atipici"), 19-74, Utet, Torino, 1992. Com a cooperação não se confunde a *concentração* de empresas. Esta última caracteriza-se pelo aumento da dimensão absoluta das células empresariais e a correlativa diminuição do seu número, implicando a perda da respectiva individualidade económica ("maxime", grupos societários) ou até jurídica (v.g., fusão, trespasse, transferência de activos, "split-off", "split-up"). Sobre a noção e as modalidades da concentração interempresarial, vide desenvolvidamente ANTUNES, J. Engrácia, *Os Grupos de Sociedades – Estrutura e Organização Jurídica da Empresa Plurissocietária*, 47 e segs., 2.ª edição, Almedina, Coimbra, 2002.

Contratos de Cooperação

uma nova entidade comum (v.g., contrato de sociedade, contrato constitutivo de um ACE, de um AEIE, ou de uma cooperativa) e aqueles em que a realização do fim comum se esgota num plano puramente negocial (v.g., contrato de associação em participação); de acordo com o critério da natureza ou intensidade da cooperação, fala-se em contratos de cooperação associativa ("maxime", contrato de sociedade) ou de cooperação auxiliar (v.g., contrato de agência); de acordo com o critério do âmbito e natureza das actividades económicas desenvolvidas, é possível distinguir entre contratos de cooperação horizontal e vertical, simples e complexos ("alianças estratégicas"); e assim por diante[708]. Finalmente, e à semelhança do que sucede com outros tipos de contratos comerciais (v.g., contratos de distribuição comercial, contratos bancários, determinados contratos de intermediação financeira, etc.), estaremos usualmente perante verdadeiros contratos relacionais, que as partes tratam mais como casamentos do que simples "encontros de uma noite".[709]

IV. Mais do que tomar partido sobre a questão geral da existência, fundamento e delimitação de uma categoria dos contratos de cooperação interempresarial, que nos levaria aqui demasiadamente longe, o nosso propósito mais modesto é antes o de estudar a noção, as características e o regime jurídico das diferentes

---

[708] Algumas destas classificações podem mesmo dar lugar a novas subdivisões: assim, por exemplo, os contratos cooperativos de matriz organizativa podem ainda distinguir-se consoante a entidade comum deles resultante revista personalidade jurídica própria (v.g., sociedade comercial, cooperativa, ACE, etc.) ou não (v.g., sociedade civil, sociedade comercial irregular, consórcio). Para uma classificação económica, vide Root, Franklin, *Some Taxinomies of International Cooperative Arrangements*, in: Contractor, Farok/ Lorange, Peter (eds.), "Cooperative Strategies in International Business", 69-80, Pergamon, Oxford, 2002.

[709] Sobre a noção de contrato relacional ("relational contract"), vide Macneil, Ian, *The New Social Contract: An Inquiry into Modern Contractual Relations*, Yale University Press, New Haven/London, 1980.

Dos Contratos Comerciais em Especial

figuras contratuais que a integram[710]. Dado que algumas destas figuras foram objecto de estudo autónomo noutros locais – tal o caso paradigmático do contrato de sociedade[711] –, a nossa atenção centrar-se-á em cinco figuras contratuais nodais da cooperação interempresarial – o contrato de *"joint venture"*, o contrato de *consórcio,* o contrato de *associação em participação,* o contrato de *agrupamento complementar de empresas,* e o contrato de *agrupamento europeu de interesse económico* –, sem prejuízo de uma breve referência complementar a outras figuras secundárias, alternativas ou emergentes (v.g., contratos de grupo paritário, alianças estratégicas, acordos de empresa, subcontratos).[712]

---

[710] A noção aqui adoptada desta categoria de contratos comerciais, inicialmente apresentada, é assim meramente operativa, não visando tomar posição sobre tal questão classificatória. Sobre o problema, vide, entre nós, Brito, M. Helena, *O Contrato de Concessão Comercial,* 205 e segs., Almedina, Coimbra, 1990; Pinheiro, L. Lima, *Contrato de Empreendimento Comum ("Joint Venture") em Direito Internacional Privado,* 62 e segs., Cosmos, Lisboa, 1998; Vasconcelos, P. Sousa, *O Contrato de Consórcio no Âmbito dos Contratos de Cooperação entre Empresas,* 135 e segs., Coimbra Editora, Coimbra, 1999.

[711] A literatura sobre a figura é, naturalmente, insistematizável. Da nossa autoria, seja-nos permitido remeter o leitor para Antunes, J. Engrácia, *Direito das Sociedades Comerciais – Perspectivas do seu Ensino,* Almedina, Coimbra, 2002; Antunes, J. Engrácia, *Direito das Sociedades Comerciais,* em curso de publicação.

[712] Num sentido muito amplo, existem naturalmente muitos outros contratos que poderiam ainda ser qualificados como de cooperação empresarial, tais como o contrato de agência – cf. Almeida, C. Ferreira, *Contratos,* vol. II, 128, Almedina, Coimbra, 2007; Acórdão da RP de 18-X-1994 (Araújo Barros), in: XIX CJ (1994), IV, 212--220) – e o contrato de concessão comercial – cf. Brito, M. Helena, *O Contrato de Concessão Comercial,* 212, Almedina, Coimbra, 1990; Acórdão da RL de 30-X-1997 (Salvador da Costa), in: XXII CJ (1997), IV, 129-134. Todavia, tratando-se de negócios cujo traço distintivo reside em fundar e disciplinar as relações jurídicas entre produtores e distribuidores com vista à comercialização dos produtos dos primeiros, tais contratos são hoje expoentes de um outro sector da contratação mercantil, justamente atinente à distribuição comercial, para aí se remetendo o seu estudo autónomo: cf. *infra* Parte III, Cap. III.

Contratos de Cooperação

§2 *"Joint Venture"*

1. Noção

I. Por contrato de "joint venture" – expressão oriunda do direito norte-americano que se generalizou na prática nacional e internacional dos negócios[713] – entende-se uma *extensa gama de acordos contratuais que, celebrados entre empresas jurídica e economicamente independentes entre si, visam a realização de um determinado empreendimento comum.*[714]

II. O *relevo* das "joint ventures" no mundo económico hodierno não carece de demonstração, representando um dos veículos jurídico-contratuais e organizativos clássicos da cooperação de empresas em numerosos sectores da actividade económica (indústria petrolífera, indústria automóvel, "media", mercados financeiros, construção, empreitadas públicas, etc.), devido às suas evidentes vantagens comerciais (v.g., penetração em mercados externos), financeiras (v.g., investimento estrangeiro) e técnicas (v.g., desenvolvimento tecnológico).

---

[713] Saliente-se que a expressão é por vezes utilizada impropriamente, inclusive para designar outros tipos de contratos mercantis (v.g., distribuição comercial): cf. o Acórdão do STJ de 3-V-2000 (SILVA PAIXÃO), in: VIII CJ (2000), II, 45-48.

[714] Sobre a figura, vide, entre nós, PINHEIRO, L. Lima, *Contrato de Empreendimento Comum ("Joint Venture") em Direito Internacional Privado*, Cosmos, Lisboa, 1998; MORAIS, L. Silva, *Empresas Comuns (Joint-Ventures) no Direito Comunitário da Concorrência*, Almedina, Coimbra, 2006. Noutros ordenamentos jurídicos, BAPTISTA, Luiz/ DURAND-BARTHEZ, Pascal, *Les Associations d'Entreprises ("Joint Ventures") dans le Commerce International*, Feduci/LGDJ, Paris, 1991; BONVICINI, Daniele, *Les "Joint Ventures": Tecnica Giuridica e Prassi Societaria*, Giuffrè, Milano, 1977; HEWITT, Ian, *Joint Venture*, 4th edition, Thomson/ Sweet & Maxwell, London, 2008; SCHULTE, Kurt/ SCHWINDT, Karl-Heinz, *Joint Ventures*, Beck, München, 2007.

2. Elementos Constitutivos

I. O contrato de "joint-venture" representa um contrato legalmente atípico, embora *socialmente típico*: com isto quer-se significar que, conquanto não tenha sido objecto de consagração e regulação expressas pelo legislador, tal figura desempenha uma função jurídico-económica unitária e exibe um conjunto de traços distintivos comuns, que a tornam inequivocamente individualizável no tráfico jusempresarial dos nossos dias.[715]

Os *elementos constitutivos* ou definidores desta categoria contratual são, essencialmente, os seguintes três: cooperação, empresa, empreendimento comum.

II. Por um lado, o conceito de "joint venture" respeita a acordos contratuais de *cooperação*. Trata-se assim de conjuntos de regras juridicamente vinculantes que, assumidas no quadro da autonomia de vontade das partes contratantes (art. 405.º do CCivil) e entroncando ou não num prévio modelo negocial legalmente típico (v.g., consórcio), visam regular e governar relações de carácter duradouro com vista à realização de um fim comum àquelas ("common business purpose", "gemeinschaftlichen Zweck"). A essencialidade deste fim comum arrasta consigo algumas outras notas distintivas deste contrato, como sejam a sua natureza "intuitus personae" (traduzida no relevo da identidade das partes e da confiança recíproca na economia contratual), a incompletude do contrato (já que, supondo uma execução duradoura e complexa, não é possível regular à partida de forma exaustiva o conteúdo das obrigações das partes), e a igualdade das partes contratantes (implicando o equilíbrio reforçado da

---

[715] Sobre a noção de tipo contratual "social", "real" ou "extralegal", vide DUARTE, R. Pinto, *Tipicidade e Atipicidade dos Contratos,* 33 e segs., Almedina, Coimbra, 2000; VASCONCELOS, P. Pais, *Contratos Atípicos,* 61 e segs., reimp., Almedina, Coimbra, 2008.

Contratos de Cooperação

participação patrimonial e organizativa destas no fim económico comum).[716]

III. Por outro lado, sujeitos do contrato são *empresários* dotados de autonomia jurídica e económica. Estes acordos são assim celebrados entre quaisquer tipos de sujeitos que sejam titulares de uma empresa ou desenvolvam uma actividade económico--empresarial, trate-se de pessoas singulares ou colectivas, de direito privado ou público, de objecto comercial ou civil.[717]

IV. Por fim, o objecto mediato ou último dos acordos em apreço consiste na realização de um determinado *empreendimento comum*. Tal empreendimento poderá ser levado a cabo, fundamentalmente, de forma concertada (isto é, mediante a concertação das actividades económicas individualmente exercidas pelas várias empresas contratantes) ou de forma comum ("maxime", mediante a criação de uma nova empresa comum, em cuja formação e

---

[716] Uma das consequências fundamentais da matriz cooperativa da "joint venture" consiste na obrigação de boa-fé e lealdade qualificadas das partes contratantes ("uberrima fides"), tanto na fase de negociação do contrato ("ex ante") como na da sua execução e eventual renegociação ("ex post"), o que envolve deveres específicos tais como, entre outros, o de fornecer toda a assistência e informação necessárias, o de envidar os melhores esforços para o cumprimento do contrato, o de observar sigilo e confidencialidade, e assim por diante. Sobre estas consequências, vide PEREIRA, Amorim, *O Contrato de "Joint-Venture"*, 19, ICEP, Lisboa, 1988; noutros quadrantes, DUBISSON, Michel, *Caractéres Juridiques du Contrat de Coopération en Matière Industrielle et Commerciale*, 302, in: X DPCI (1984), 297-311; MERCADAL, Barthélémy/ JANIN, Philippe, *Les Contrats de Coopération Inter-Entreprises*, 13, Éd. Lefebvre, Paris, 1974.

[717] No tocante a entidades públicas, embora seja mais frequente a participação de sujeitos de direito público que explorem actividades empresariais ("maxime", entidades públicas empresariais), não se pode excluir que existam "joint ventures" celebradas directamente com o Estado ou outra pessoa colectiva pública não empresarial: nesse sentido aponta, aparentemente, o regime jurídico das parcerias público-privadas (art. 2.°, n.° 2, a), e n.° 4, f) do Decreto-Lei n.° 86/2003, de 26 de Abril). Sobre o ponto, vide também BAPTISTA, Luiz/ DURAND-BARTHEZ, Pascal, *Les Associations d'Entreprises ("Joint Ventures") dans le Commerce International*, 37 e segs., Feduci/LGDJ, Paris, 1991; FRIEDMANN, Wolfgang/ KALMANOFF, George (eds.), *Joint International Business Ventures*, 8 e segs., Cambrige University Press, New York, 1961.

Dos Contratos Comerciais em Especial

governo todas as empresas contratantes participam em pé de igualdade).[718]

3. Modalidades e Estrutura Jurídico-Contratual

I. Os contratos de "joint venture" podem revestir *modalidades* concretas muitíssimo diversas. Assim, designadamente, eles podem consubstanciar-se em meras relações obrigacionais entre as partes ("unincorporated joint venture") ou dar ainda origem à criação de uma organização comum dotada de personalidade jurídica própria ("incorporated joint venture"); podem implicar a titularidade de participações de capital numa organização societária comum ("equity joint venture") ou não ("non equity joint venture"); podem ser celebrados entre empresas sedeadas num único país ("domestic joint venture") ou, como é mais frequente, em diferentes territórios nacionais ("international joint venture"); e podem ter por objecto um projecto económico específico (v.g., empreitada de obras públicas) ou abranger simultaneamente múltiplos sectores de actividade económica das empresas envolvidas (v.g., produção, "R&D", investimentos, tecnologia).[719]

---

[718] A figura da *filial comum* ("incorporated joint venture", "Gemeinsame Tochtergesellschaft", "filiale commune") designa assim o caso daquela empresa, usualmente sob forma societária, que é constituída ou controlada por duas (ou mais) outras empresas que são jurídica e economicamente independentes entre si, com a finalidade de atingir determinados objectivos económicos comuns: um exemplo nacional pode ser encontrado no acordo celebrado em 1992 entre as empresas "Ford" e "Volkswagen" do qual resultou a criação da empresa comum "Autoeuropa", sedeada em Portugal e destinada ao desenvolvimento e produção de veículos automóveis de fins múltiplos. Sobre a noção e o relevo desta figura no plano jurídico-societário, vide ANTUNES, J. Engrácia, *Os Grupos de Sociedades – Estrutura e Organização Jurídica da Empresa Plurissocietária*, 543 e segs., 2.ª edição, Almedina, Coimbra, 2002.

[719] Para uma panóplia das formas caleidoscópicas das "joint ventures", bem como das respectivas tipologias classificatórias, vide, entre nós, PINHEIRO, L. Lima, *Contrato de Empreendimento Comum ("Joint Venture") em Direito Internacional Privado*, 62 e segs., Cosmos, Lisboa, 1998; na doutrina estrangeira, BAPTISTA, Luiz/ DURAND-BARTHEZ,

Contratos de Cooperação

II. Apesar de nos encontrarmos num terreno dominado pela plasticidade e variedade, a *estrutura jurídico-contratual* das "joint ventures" de maior vulto consubstancia-se num "iter" negocial complexo usualmente composto por três diferentes tipos de acordos.[720]

Desde logo, é frequente a celebração de um *acordo de princípio* ("memorandum of understanding"), o qual, precedendo o acordo de base, se destina a consubstanciar o compromisso das partes relativamente à prossecução diligente das negociações, a estabelecer o cronograma da fase negocial preparatória, e a delimitar genericamente o fim ou objectivo económico comum a alcançar. Caso estas negociações cheguem a bom termo, tem lugar a celebração do chamado *acordo de base* ("head of agreement", "accord de base", "Grundvereinbarung"): peça-chave da relação jurídico-contratual de cooperação, tal acordo define o objecto ou fim económico comum, determina as formas ou modalidades da sua realização, enuncia e caracteriza os principais direitos e obrigações das partes contratantes, e contém ainda usualmente uma série de outras cláusulas diversas (v.g., cláusulas relativas à duração, resolução e extinção do contrato, cláusulas gerais de adaptação contratual e resolução de conflitos, etc.)[721]. Finalmente, igualmente característica é a celebração concomitante de *acordos*

Pascal, *Les Associations d'Entreprises ("Joint Ventures") dans le Commerce International*, 21 e segs., Feduci/LGDJ, Paris, 1991.

[720] Para efeitos da sedimentação e uniformização das práticas negociais, têm desempenhado um papel importante determinados modelos contratuais e guias elaborados por associações empresariais e organizações internacionais, tais como o chamado "Guia ORGALIME" (*Cooperation Agreements: A Short Guide to the Creation of a Joint-Venture*, Brussels, 2004).

[721] Tratando-se de "joint venture" que dá origem à formação de uma nova empresa comum, é também frequente que o acordo de base contenha regulação específica sobre a matéria, mormente a previsão de cláusulas através das quais as partes se vinculem à constituição de sociedade (contrato-promessa de sociedade), aprovem os respectivos estatutos sociais, ou prevejam já eventuais acordos parassociais destinados a disciplinar os termos do exercício coordenado dos direitos sociais.

Dos Contratos Comerciais em Especial

complementares ("side agreements", "Zusatzvereinbarungen", "accords satéllites"), convénios específicos e parcelares destinados a implementar ou concretizar determinadas vinculações jurídicas genéricas previstas no acordo de base, abrangendo usualmente contratos de sociedade, contratos parassociais, contratos de transferência de tecnologia, contratos de transmissão ou licença de direitos de propriedade industrial, contratos de fornecimento e distribuição, contratos de financiamento ou empréstimo, etc.[722]

§3 *Consórcio*

1. Noção

I. O consórcio – designação através da qual o Decreto-Lei n.º 231/81, de 28 de Julho, transplantou para a nossa ordem jurídica a "unincorporated joint venture" do mundo anglo--saxónico[723] – define-se como o contrato *através do qual duas ou mais empresas, singulares ou colectivas, se vinculam a realizar*

---

[722] Questão importante é a da harmonia, ou falta dela, entre o acordo de base e os acordos complementares. Pense-se, designadamente, nas eventuais contradições ou conflitos que possam emergir a propósito de matérias tais como a duração do contrato (v.g., no caso de acordos que dão origem a uma nova empresa comum, a caducidade ou extinção do primeiro origina a dissolução automática da última?) ou os direitos de participação das partes contratantes (v.g., no caso da empresa comum revestir forma societária, a conformação jurídica desses direitos revela-se incompatível com as normas imperativas do direito societário, impondo assim alterações ao nível dos convénios satélites).

[723] Com matizes muito próprios que, simultaneamente, a aproximam e a distinguem de outros institutos congéneres estrangeiros, típicos ou atípicos, tais como os "consorzi" italianos, os "groupements d'entreprises" franceses, as "associations momentanées d'entreprises" belgas, ou as "Arbeitgemeinschaften" e os "offene" e "stille Konsortium" germânicos. Pela proximidade relativa ao modelo legislativo português, merece destaque especial o direito italiano: cf. BORGIOLI, Alessandro, *Consorzi e Società Consortili*, Giuffrè, Milano, 1985; DAMMACO, Salvatore, *I Consorzi e Società Consortili*, Buffetti Editore, Roma, 1985; MOSCO, Domenico, *I Consorzi tra Imprenditori*, Giuffrè, Milano, 1988.

Contratos de Cooperação

concertadamente determinada actividade ou efectuar certa contribuição com vista a prosseguir um dos tipos de actividade expressamente previstos na lei.[724]

II. A figura contratual do consórcio constitui uma expressão legislativa concreta da necessidade geral sentida no mundo económico, já atrás assinalada, de instrumentos jurídicos aptos a organizar uma cooperação temporária e limitada entre empresas que lhes permita, a um tempo, criar vinculações mútuas para efeitos da realização de um determinado empreendimento, organizando flexivelmente o quadro de relações internas e externas, e libertar-se facilmente dessas amarras logo que tal objectivo tenha sido atingido. Esta flexibilidade é especialmente marcante no caso do contrato de consórcio, o qual, ao contrário de outras figuras contratuais de matriz cooperativa afim (v.g., sociedade, cooperativa, agrupamento complementar de empresas), *não dá origem ao nascimento de uma nova entidade com personalidade jurídica.*[725]

---

[724] Sobre o contrato de consórcio, vide MENDES, A. Ribeiro/ VELOZO, J. António, *Consórcios Internacionais*, in: XXX SI (1982), 138-218; PITA, M. António, *Contrato de Consórcio – Notas e Comentários*, in: XXX RDES (1988), 189-235; VASCONCELOS, P. Sousa, *O Contrato de Consórcio no Âmbito dos Contratos de Cooperação entre Empresas*, Coimbra Editora, Coimbra, 1999; VALLES, Edgar, *Consórcio, ACE e outras Figuras*, Almedina, Coimbra, 2007; VENTURA, Raúl, *Primeiras Notas sobre o Contrato de Consórcio*, in: 41 ROA (1981), 609-690. Especificamente sobre o seu regime fiscal, vide MORGADO, A. Almeida, *Regime Jurídico-Tributário do Consórcio, da Associação em Participação e da Associação à Quota*, in: 385 CTF (1997), 7-75.

[725] O consórcio é, enquanto tal, destituído de qualquer autonomia patrimonial ou personalidade jurídica própria (cf. Acórdão da RE de 25-VI-1998 (FONSECA RAMOS), in: XXIII CJ (1998), 278-281), faltando-lhe mesmo personalidade judiciária (cf. MENDES, A. Ribeiro/ VELOZO, J. António, *Consórcios Internacionais*, 186, in: XXX SI (1982), 138-218) ou fiscal (MORGADO, A. Almeida, *Regime Jurídico-Tributário do Consórcio, da Associação em Participação e da Associação à Quota*, 20 e segs., in: 385 CTF (1997), 7-75). Como veremos, tal não significa dizer que o mesmo não possa dar origem – e tal será mesmo a regra geral no caso dos chamados "consórcios externos" – a uma organização interempresarial ou mesmo a uma empresa consorcial autónoma não personificada, regida por normas legais próprias (arts. 7.º, 12.º a 17.º, e 19.º do Decreto-Lei n.º 231/81, de 28 de Julho): sobre o ponto, vide ANTUNES, J. Engrácia, *Direito Comercial*, em curso de publicação.

Dos Contratos Comerciais em Especial

Um exemplo. É aberto um concurso público para a concessão da construção, conservação e exploração de uma grande empreitada (v.g., auto-estrada, rede de metro, ponte), existindo três empresas da área da construção civil que estão interessadas em unir forças e concorrer em conjunto: no lugar de constituir uma nova sociedade comum que protagonizasse a preparação desse concurso ("maxime", a realização dos estudos prévios determinados no caderno de encargos da obra) ou a realização da empreitada adjudicada, com todas as formalidades constitutivas e de funcionamento inerentes, poderá revelar-se mais simples, eficaz e flexível para as empresas interessadas organizar o quadro de cooperação interempresarial através da celebração entre si de um contrato de consórcio.[726]

2. Sujeitos e Objecto

I. Os *sujeitos* do contrato de consórcio devem ser "duas ou mais pessoas singulares ou colectivas que exerçam uma actividade económica" (art. 1.º).

Tal contrato – além de revestir uma natureza formal (art. 3.º, n.º 1)[727] – representa assim necessariamente um negócio *bilateral*

---

[726] Esta flexibilidade ou plasticidade da figura contratual – corroborada pelo carácter supletivo de uma boa parte da disciplina legal (arts. 1.º e segs. do Decreto-Lei n.º 231/81, de 28 de Julho), bem como pelo princípio fundamental da liberdade de conformação contratual (art. 4.º, n.º 1 do mesmo diploma) – explica porventura a razão do seu sucesso prático, nas mais variadas áreas de actividade económica: para exemplos variados, cf. Auletta, Giuseppe, *Consorzi Commerciali*, in: III NDI (1938), 956-966; Bandini, Mario, *Consorzi Agrari*, in: IV NssDI (1959), 247-250; Guglielmetti, Giannantonio, *Consorzi Industriali*, in: IV NssDI (1959), 269-285; Stancanneli, Giuseppe, *Consorzi Stradale*, in: IV NssDI (1959), 247-250; Vitale, Antonino, *Consorzi Portuale*, in: III NDI (1938), 978-993.

[727] Os contratos de consórcio estão sujeitos à forma escrita ou, quando estejam envolvidos imóveis, a forma mais solene (art. 3.º, n.º 1), formas essas também aplicáveis, em princípio, no caso da sua alteração e resolução (art. 6.º, n.º 2). Sobre o ponto, vide o Acórdão do STJ de 23-X-1997 (Miranda Gusmão), in: V CJ/STJ (1997), III, 94-97.

Contratos de Cooperação

ou plurilateral (extinguindo-se logo que, por qualquer razão, desapareça a pluralidade das partes)[728], que é tipicamente celebrado entre *empresários* singulares ou colectivos personificados (sociedades comerciais, cooperativas, fundações, empresas públicas, etc.)[729] qualquer que seja o tipo de *actividade económica* por estes desenvolvida (que poderá ser comercial ou civil, conexa ou irrelacionada, etc.)[730]. Alguma doutrina, todavia, vem interpretando de modo lato a exigência legal no sentido de permitir que a qualidade de membro de um consórcio seja genericamente estendida a qualquer entidade com capacidade jusnegocial ainda que destituída de personalidade jurídica (v.g., sociedades civis, sociedades comerciais irregulares, comproprietários).[731]

II. Por outro lado, no que respeita ao seu *objecto*, o contrato de consórcio tem em vista a obrigação recíproca das partes contratantes "de forma concertada, realizar certa actividade ou efectuar

---

[728] Tal como a celebração de um negócio unilateral de consórcio seria nulo (art. 280.º do CCivil), também a redução à unipessoalidade de um consórcio originariamente plural conduzirá à sua automática cessação ou termo (art. 11.º, n.º 1, d)). Outras formas de cessação são a exoneração dos consortes (art. 9.º), a resolução do contrato (art. 10.º), e a extinção do contrato (por revogação, caducidade, etc.: art. 11.º): sublinhe-se que a duração supletiva do contrato de consórcio é de dez anos, sendo controvertida a possibilidade de convenção de prazo superior (VENTURA, Raúl, *Primeiras Notas sobre o Contrato de Consórcio*, 665 e seg., in: 41 ROA (1981), 609-690).

[729] Sintomática é a constante referência do Preâmbulo do diploma legal à natureza empresarial dos sujeitos (que fala amiúde de "forma de cooperação entre empresas"). Também assim na doutrina: cf. CORREIA, A. Ferrer, *Lições de Direito Comercial*, 215, Lex, Lisboa, 1994; VASCONCELOS, P. Sousa, *O Contrato de Consórcio no Âmbito dos Contratos de Cooperação entre Empresas*, 26, Coimbra Editora, Coimbra, 1999.

[730] Nalgumas legislações, exige-se que as empresas contratantes exerçam actividades idênticas ou conexas (assim o direito italiano pretérito: cf. MOSCO, Domenico, *I Consorzi tra Imprenditori*, 78 e segs., Giuffrè, Milano, 1988). Diferentemente entre nós, onde a selecção das actividades económicas resultará, quando muito, da própria natureza do objecto concreto do consórcio (VENTURA, Raúl, *Primeiras Notas sobre o Contrato de Consórcio*, 634, in: 41 ROA (1981), 609-690).

[731] Cf. PITA, M. António, *Contrato de Consórcio – Notas e Comentários*, 197, in: XXX RDES (1988), 189-235; VENTURA, Raúl, *Primeiras Notas sobre o Contrato de Consórcio*, 633, in: 41 ROA (1981), 609-690.

Dos Contratos Comerciais em Especial

certa contribuição" (fim imediato) "com o fim de prosseguir qualquer dos objectos referidos" na lei (fim mediato) (art. 1.º).

Relativamente ao seu *fim mediato*, o contrato de consórcio pode ter por finalidade a realização de um dos cinco tipos de actividades concretas previstas *no elenco legal* do art. 2.º: são elas a realização de actos preparatórios de um determinado empreendimento ou actividade contínua, a execução de um determinado empreendimento, o fornecimento a terceiros de bens produzidos por cada consorte, a pesquisa ou exploração de recurso naturais, e a produção de bens repartíveis em espécie entre os consortes[732]. Absolutamente central na economia do tipo contratual é, todavia, o seu *fim imediato* – "rectius", a obrigação de concertação em que este se consubstancia. Ao contrário do que sucede com outros contratos de cooperação (v.g., sociedade, agrupamento complementar de empresas), no contrato de consórcio a prossecução do objecto contratual não é realizada em comum mas de *forma concertada*, o que significa que cada um dos consortes desenvolve separadamente a respectiva actividade ou contribuição económicas, obrigando-se apenas a coordená-la ou harmonizá-la com as dos demais consortes no quadro de uma acção concertada ou articulada[733]: entre as consequências desta obrigação característica,

---

[732] A doutrina discute se se trata de uma tipologia taxativa (VENTURA, Raúl, *Primeiras Notas sobre o Contrato de Consórcio*, 644, in: 41 ROA (1981), 609-690), exemplificativa (LEITE, L. Ferreira, *Novos Agrupamentos de Empresas*, 37, Athena, Porto, 1982), ou delimitativa (ASCENSÃO, J. Oliveira, *Direito Comercial*, vol. I, 440, Lisboa, 1998). Enquanto isso, a lei lá segue impavidamente o seu curso: veja-se assim, por exemplo, o art. 5.º do Decreto-Lei n.º 72/95, de 15 de Abril, que admite os consórcios no domínio da actividade de "leasing", ou o art. 341.º do CVM, relativo aos consórcios de intermediários financeiros para colocação de oferta pública de distribuição.

[733] Sobre o sentido e o conteúdo desta obrigação fundamental de concertação, vide desenvolvidamente PITA, M. António, *Contrato de Consórcio – Notas e Comentários*, 197 e segs., in: XXX RDES (1988), 189-235; VASCONCELOS, P. Sousa, *O Contrato de Consórcio no Âmbito dos Contratos de Cooperação entre Empresas*, 36 e segs., Coimbra Editora, Coimbra, 1999; VENTURA, Raúl, *Primeiras Notas sobre o Contrato de Consórcio*, 641 e segs., in: 41 ROA (1981), 609-690.

Contratos de Cooperação

mencionem-se a inadmissibilidade de consórcios puramente passivos (em que um ou mais consortes se obrigue a meras prestações de "non facere", v.g., acordos restritivos de concorrência) e a natureza "intuitus personae" da relação contratual (assente na confiança recíproca e na igualdade das partes).[734]

3. Modalidades

I. Importante é também salientar a previsão legal de duas modalidades fundamentais de consórcio: o *consórcio externo* e o *consórcio interno* (art. 5.º), consoante aquele é ou não apresentado aos terceiros (ou seja, consoante os consortes invocam ou não a sua qualidade de membro consorcial nas relações externas estabelecidas com terceiros).[735]

II. Ao contrário do consórcio interno (cujas especificidades são muito escassas: cf. art. 18.º), o consórcio externo constitui a *modalidade mais relevante e complexa*, caracterizada por um inequívoco reforço da componente organizativa e patrimonial da

---

[734] Ilustrações desta natureza são a regra da unanimidade nas alterações do contrato (art. 6.º) e nas deliberações do conselho de fiscalização (art. 7.º, n.º 2, a)), a exigência de justa causa em sede da exoneração de membros do consórcio (art. 9.º), e os vários deveres dos consortes (v.g., deveres qualificados de colaboração, informação e lealdade: cf. art. 8.º). Sobre o relevo do "intuitus personae" e da "uberrima fides" nos consórcios, vide Dubisson, Michel, *Les Accords de Coopération dans le Commerce International*, Lamy, Paris, 1989; entre nós, Vasconcelos, P. Sousa, *O Contrato de Consórcio no Âmbito dos Contratos de Cooperação entre Empresas*, 31 e segs., Coimbra Editora, Coimbra, 1999; Ventura, Raúl, *Primeiras Notas sobre o Contrato de Consórcio*, 638 e seg., in: 41 ROA (1981), 609-690.

[735] Nos termos do art. 5.º, n.º 1, o consórcio interno, por seu turno, pode ainda revestir duas submodalidades, consoante todos os consortes podem estabelecer directamente relações com os terceiros ou (sem jamais invocar tal qualidade diante destes) apenas um dos membros o faz (designado por vezes chefe de consórcio "evidente"). Cf. Ventura, Raúl, *Primeiras Notas sobre o Contrato de Consórcio*, 667, in: 41 ROA (1981), 609-690.

Dos Contratos Comerciais em Especial

cooperação interempresarial de base consorcial[736]. Assim, robustecendo o papel da estrutura organizativa no seio dos consórcios, a lei previu a possibilidade de instituição de um "conselho de orientação e fiscalização" – composto por todos os consortes, cujo funcionamento e competências podem ser supletivamente convencionadas por estes (art. 7.º) – e a obrigatoriedade de designação de um "chefe do consórcio" – o qual, sendo necessariamente um consorte, é titular de poderes de natureza interna ("maxime", organização e implementação da cooperação consorcial: cf. art. 14.º) e externa ("maxime", poderes de representação no plano das relações com terceiros), sem prejuízo de outras atribuições contratualmente previstas –[737], além de diversas outras regras próprias, de natureza imperativa (v.g., em matéria da adopção de uma denominação própria: cf. art. 15.º)[738] ou facultativa (v.g., o caso das chamadas "comissões técnicas"[739]).

---

[736] Para espécies jurisprudenciais em matéria de consórcios externos, vide o Acórdão do STJ de 24-II-1999 (Silva Paixão), in: VII CJ/STJ (1999), I, 124-125; e em matéria de consórcios internos, vide o Acórdão da RL de 16-IV-1996 (Joaquim Dias), in: XXI CJ (1996), II, 94-96.

[737] Sobre a figura do chefe do consórcio (que também gira sob outras expressões mais ou menos felizes, v.g., "chefe de fila"), vide Vasconcelos, P. Sousa, *O Contrato de Consórcio no Âmbito dos Contratos de Cooperação entre Empresas*, 116 e segs., Coimbra Editora, Coimbra, 1999; na jurisprudência, o Acórdão do STJ de 24-II-1999 (Silva Paixão), in: VII CJ/STJ (1999), I, 124-125.

[738] Sobre a denominação do consórcio – consistente no aditamento às firmas ou denominações individuais dos consortes da expressão "consórcio de" ou "em consórcio" (art. 15.º, n.º 1) –, vide o Acórdão do STJ de 23-V-1991 (Pereira da Silva), in: 407 BMJ (1991), 571-577, e o Acórdão da RL de 8-V-1990 (Sousa Inês), in: XV CJ (1990), III, 110-112.

[739] As "comissões técnicas" (também conhecidas por "equipas comuns") são um tipo de órgão facultativo que a prática tem acolhido amiúde nos consórcios com objecto complexo (sobre a figura, Dubisson, Michel, *Les Groupements d'Entreprises pour les Marchés Internationaux*, 95 e segs., Feduci, Paris, 1979).

Contratos de Cooperação

4. Estrutura Patrimonial

I. Relevante é também, finalmente, a disciplina da sua estrutura patrimonial. Não se pode perder de vista que o legislador veio proibir expressamente a *constituição de fundos comuns* em qualquer tipo de consórcio (art. 20.°, n.° 1): aqui, de novo, uma diferença fundamental entre o contrato de consórcio e outros contratos de cooperação (designadamente, a sociedade ou a cooperativa), aos quais é congénita, por definição, a formação de um património comum entre as partes contratantes.[740]

II. Todavia, em contrapartida, merece ser salientada a possibilidade de, dentro de certos limites, os membros do consórcio procederem a uma regulamentação por via contratual da *repartição dos lucros e perdas* gerados pela actividade consorcial (v.g., redistribuição proporcional interna dos valores recebidos e prejuízos suportados no âmbito das relações com terceiros: cf. arts. 4.°, n.° 1, 16.° e 17.°), bem como da respectiva *responsabilidade* (a qual, sendo em regra puramente individual, admite o encabeçamento representativo na figura do chefe do consórcio, além de diversa disciplina contratual no plano das relações internas entre aqueles: cf. arts. 15.°, n.° 2 e 19.°).[741]

---

[740] Esta proibição legal é criticada por alguns autores, que alertam para as dificuldades operacionais de financiamento por ela gerados (cf. Ascensão, J. Oliveira, *Direito Comercial*, vol. I, 444, Lisboa, 1998; Ventura, Raúl, *Primeiras Notas sobre o Contrato de Consórcio*, 689, in: 41 ROA (1981), 609-690) e que sugerem vias alternativas para a sua superação (v.g., celebração de contratos acessórios, entrega de importâncias ao chefe do consórcio: cf. Pita, M. António, *Contrato de Consórcio – Notas e Comentários*, 209 e segs., in: XXX RDES (1988), 189-235).

[741] A ausência de personalidade jurídica e autonomia patrimonial do consórcio significa que ele não pode ser titular de débitos e créditos: sujeitos dos direitos e deveres emergentes das relações estabelecidas entre os membros do consórcio e os terceiros são os próprios consortes. Reforçando este entendimento, a lei afastou expressamente qualquer presunção de solidariedade activa e passiva entre os consortes (art. 19.°, n.° 1) e determinou que eventuais obrigações indemnizatórias fundadas em responsabilidade civil apenas afectam o consorte responsável (art. 19.°, n.° 3). Sobre o ponto, na doutrina,

Dos Contratos Comerciais em Especial

§4 Associação em Participação

1. Noção

I. A associação em participação – regulada nos arts. 21.º e segs. do Decreto-Lei n.º 231/81, de 28 de Julho – define-se como o *contrato pelo qual uma ou mais pessoas, singulares ou colectivas (ditos associados ou partícipes), se associam a uma actividade económica exercida por outra (dito associante ou titular), ficando as primeiras a participar nos lucros (ou, facultativamente, também nas perdas) que resultarem desse exercício para a última.*[742]

II. Esta figura contratual, cujas raízes históricas remontam ao direito romano ("commenda", "admissio", "participatio") e foi introduzida entre nós há quase dois séculos – então sob a designação de "associação em conta de participação" (arts. 571.º a 576.º do CCom de 1833) e, mais tarde, de "conta em participação" (arts. 224.º a 229.º do CCom de 1888)[743] –, tem a si subjacente uma enorme gama de *finalidades* possíveis, mormente a realização

---

vide PINHEIRO, L. Lima, *Breves Considerações sobre a Responsabilidade dos Consorciados Perante Terceiros*, in: "Estudos de Direito Civil, Direito Comercial e Direito Comercial Internacional", 299-313, Almedina, Coimbra, 2006; na jurisprudência, vide os Acórdãos do STJ de 22-V-1996 (ALMEIDA DEVESA), in: IV CJ/STJ (1996), II, 262-266, e de 24-II-1999 (SILVA PAIXÃO), in: VII CJ/STJ (1999), I, 124-125.

[742] Sobre a figura, vide CARVALHO, F. Martins, *A Conta em Participação não é Sociedade,* in: XVIII SI (1969), 79-106; GONÇALVES, L. Cunha, *Da Conta em Participação*, Coimbra Editora, Coimbra, 1923; PINHAL, A. Jorge, *Da Conta em Participação*, Petrony, Lisboa, 1981; MAGALHÃES, J. Barbosa, *Conta em Participação,* in: 42 GRL (1928), 241-243 (com continuação); NORA, J. Costa, *Do Contrato de Conta em Participação,* in: VI ROA (1946), 104-179; TELLES, I. Galvão, *Conta em Participação (Algumas Notas),* in: IV RivOD (1957), 3-9; VENTURA, Raúl, *Associação em Participação (Anteprojecto),* in: 189 BMJ (1969), 15-136 e 190 BMJ (1969), 5-106.

[743] GONÇALVES, L. Cunha, *Comentário ao Código Comercial Português*, vol. I, 557 e segs., Ed. José Bastos, Lisboa, 1914. O art. 32.º do Decreto-Lei n.º 231/81, de 28 de Julho, revogou apenas os arts. 224.º a 227.º do CCom: tratou-se decerto de um lapso do legislador, devendo por conseguinte considerar-se que a norma revogatória abrange a totalidade da disciplina outrora prevista naquele Código.

Contratos de Cooperação

de investimentos e financiamentos rápidos e simples (desprovidos de formalidades especiais)[744] e a preservação do secretismo negocial (mantendo oculta a identidade do partícipe)[745]. Do mesmo modo, a associação em participação poderá revestir uma multiplicidade de *configurações* concretas, podendo ter uma matriz plural ou singular (consoante haja ou não pluralidade de associados), recíproca ou unilateral (consoante exista ou não um cruzamento de associações entre associado e associante), comercial ou civil (consoante a natureza da actividade económica do associante), e típica ou atípica (consoante regida pelo modelo legal ou conformada pelas partes no que concerne ao regime supletivo).[746]

III. Conquanto se trate de uma figura amplamente conhecida no direito comparado, são bastante diversos os modelos regulatórios existentes: no essencial, é possível divisar um modelo societário (correspondente à "stille Gesellschaft" germânica, à "société en participation" francesa, e aos "sleeping partners" anglo-americanos)[747] e um modelo contratual (característico das "associazioni in partecipazione" italianas e das "cuentas en participación" espanholas)[748].

---

[744] E não apenas em empresas de pequena dimensão: pense-se, por exemplo, no recurso expresso da lei à figura da associação em participação como um dos instrumentos de realização das operações de capitalização com recurso a investimento público dos bancos e demais instituições de crédito (art. 4.º, n.º 2, d), da Lei n.º 63-A/2008, de 24 de Novembro).

[745] Parafraseando um autor alemão, as razões que animam os contraentes podem ser tantas e tão variadas que não faz sentido dar exemplos: para uma inventariação das vantagens e inconvenientes, vide PINHAL, A. Jorge, *Da Conta em Participação*, 16 e segs., Petrony, Lisboa, 1981.

[746] Esta plasticidade, de resto, está bem patente no facto de a associação em participação poder, em certas circunstâncias, aproximar-se mesmo de outros contratos, mormente do contrato de trabalho (cf. VIGORITA, L. Spagnuolo, *Lavoro Subordinato e Associazione in Partecipazione*, in: XI RDC (1965), 369-425).

[747] VALLANSAN, Jocelyne, *Société en Participation et Société Crée de Fait: Aspects Juridiques et Fiscaux*, Joly, Paris, 1988; WEIGL, Gerald, *Stille Gesellschaft und Unterbeteiligung*, Beck, München, 2004.

[748] BONDAVALLI, Danilo, *L'Associazione in Partecipazione*, Giuffrè, Milano, 2004; GÁNDARA, L. Fernandez, *Las Cuentas en Participación: Un Ensayo de Caracterización Dogmática y Funcional*, in: AAVV, "Estudios en Homenaje al Profesor Justino Duque", vol. I, 259-313, Univ. Valladolid/ Caja Duero, Valladolid, 1998.

Dos Contratos Comerciais em Especial

Como veremos adiante, o legislador português aderiu inequivocamente ao *modelo contratual*: ao contrário da sociedade, a associação em participação não dá origem a uma nova entidade ou organização autónoma, a actividade económica não é exercida conjuntamente pelos contraentes (mas individualmente pelo associante), e não existe formação de qualquer património autónomo ou sequer comum (já que as contribuições do associado ingressam no património individual ou empresarial do associante).[749]

2. Sujeitos

I. Em matéria dos sujeitos deste contrato – que reveste, em via de princípio, uma natureza consensual (art. 23.º)[750] –, *a lei não contém exigências especiais.*[751]

---

[749] Embora a maioria dos autores e arrestos portugueses negue matriz societária à figura – neste sentido, vide, na doutrina, ABREU, J. Coutinho, *Curso de Direito Comercial*, vol. II, 39, 3.ª edição, Almedina, Coimbra, 2009; na jurisprudência, o Acórdão do STJ de 11-VI-1991 (MENÉRES PIMENTEL), in: 408 BMJ (1991), 597-602, e o Acórdão da RL de 7-VI-1990 (SILVA PAIXÃO), in: XV CJ (1990), III, 134-137 –, é discutida a sua natureza jurídica, havendo quem a qualifique como um "contrato associativo" (VENTURA, Raúl, *Associação em Participação (Anteprojecto)*, 88 e segs., in: 189 BMJ (1969), 15-136), um "contrato organizativo" (CORDEIRO, A. Menezes, *Manual de Direito Comercial*, 636, 2.ª edição, Almedina, Coimbra, 2007), um "contrato parciário" (ASCENSÃO, J. Oliveira, *Direito Comercial*, vol. I, 466, Lisboa, 1998), ou até um mero "contrato comutativo" (FURTADO, J. Pinto, *Curso de Direito das Sociedades*, 85, 3.ª edição, Almedina, Coimbra, 2000). Embora de forma evidentemente mais mitigada do que no caso das "joint ventures" e dos consórcios, não está excluído que a associação em participação possa funcionar como um instrumento jurídico-contratual de cooperação interempresarial.

[750] O que não significa que não possa, ou mesmo deva em certos casos, ser celebrado através de escrito particular ou até escritura pública: relembre-se que a forma do contrato segue necessariamente a forma da transmissão do objecto da contribuição do associado (v.g., imóveis: arts. 23.º, n.º 1, "in fine", e 24.º, n.º 1), além de que o regime de exclusão ou ilimitação da responsabilidade do associado pelas perdas apenas pode ser provado por escrito (art. 23.º, n.º 2). Sobre a forma contratual, vide o Acórdão do STJ de 15-IV-1993 (SOUSA MACEDO), in: I CJ/STJ (1993), III, 70-73, e o Acórdão da RL de 18-IX-2008 (ANTÓNIO VALENTE), in: XXXIII CJ (2008), IV, 94-97.

Contratos de Cooperação

II. Quanto ao *associante*, tudo o que a lei impõe é que se trate de "uma pessoa" que exerça "actividade económica" (art. 21.º, n.º 1). Estão assim aqui abrangidos todos os tipos de entes individuais ou morais que sejam titulares de uma empresa desenvolvendo qualquer tipo de actividade económica (empresários individuais, sociedades, cooperativas, etc.).[752]

III. Quanto ao *associado* ou partícipe, a lei fala de novo simplesmente em "pessoas" singulares ou colectivas (arts. 21.º, n.º 1, e 22.º, n.º 1). Assinale-se que nada impede que sejam vários, e não apenas um, os contratantes que desempenhem tal papel (associações plurais)[753], bem assim que o associado ou associados figurem como associantes noutras relações contratuais idênticas paralelamente mantidas com terceiros ou com o próprio associante (associações recíprocas).[754]

---

[751] Tratamos agora do regime juscomercial da figura (arts. 21.º e segs. do Decreto-Lei n.º 231/81, de 28 de Julho), sem prejuízo de outras importantes incidências jurídicas, mormente tributárias: cf. Leitão, L. Menezes, *O Regime Fiscal da Associação em Participação,* in: "Estudos de Direito Fiscal", 145-160, Almedina, Coimbra, 1999.

[752] Muito embora corresponda a uma hipótese marginal na prática, a formulação lata da lei parece permitir, em rigor, que o associante possa ser qualquer indivíduo que exerça uma actividade económica, ainda que de forma não profissional ou fora do quadro de uma organização empresarial (cf., todavia, art. 25.º, n.º 6). Inequívoco, em qualquer caso, é que o associado não tem que ser comerciante (diferentemente do que sucedia no quadro do direito pretérito: cf. Pinhal, A. Jorge, *Da Conta em Participação,* 39 e segs., Petrony, Lisboa, 1981).

[753] Se nada obsta à existência de uma pluralidade de associados (caso em que não se presume a solidariedade para efeitos contributivos e participativos: cf. art. 22.º, n.º 1), já não se afigura possível uma pluralidade de associantes: neste último caso, haverá, quando muito, uma pluralidade de associações independentes, sem prejuízo da conformação por via negocial de relações entre elas (Ventura, Raúl, *Associação em Participação (Anteprojecto),* 109 e segs., in: 189 BMJ (1969), 15-136).

[754] Nos termos do art. 24.º, n.º 1, nos casos de associações recíprocas, as contribuições do associado numa das associações podem ser representadas pela sua participação, na qualidade de associante, no quadro da outra ou outras (mais dubitativo, todavia, Ventura, Raúl, *Associação em Participação (Anteprojecto),* 68 e segs., in: 189 BMJ (1969), 15-136).

3. Objecto

I. Relativamente ao objecto da associação em participação, encontramos dois elementos essenciais: a *contribuição patrimonial* (art. 24.º) e a *participação nos lucros e perdas* (art. 25.º) por parte do associado.

II. Desde logo, elemento constitutivo da figura contratual é a *obrigação de contribuição de natureza patrimonial* assumida pelo associado. Tal contribuição – que é normal mas não essencial (podendo ser afastada pelos contraentes no caso de o associado participar nas perdas: cf. art. 24.º, n.º 2) – pode consistir em qualquer tipo de prestação pecuniariamente avaliável, seja em dinheiro (a contado ou fiduciário), em espécie (v.g., direitos de propriedade ou usufruto de bens móveis ou imóveis, créditos, assunção de dívidas) ou em serviços ("maxime", trabalho[755]). Em qualquer caso, sempre que tal prestação consista na constituição ou transmissão de um direito (real ou creditício), o contrato tem por efeito a sua transmissão para o património do associante (art. 24.º, n.º 1, "in fine").

III. Absolutamente nodal, na economia da figura em apreço, é a participação do associado na *esfera de risco* da empresa do associante, traduzida na sua comunhão nos lucros e perdas. O âmbito, conteúdo e limites dessa partilha do risco empresarial podem variar, todavia, em função da vontade das partes: conquanto a partilha dos lucros seja elemento imperativo do contrato (art. 21.º, n.º 2), já pode ser convencionada a dispensa do associado comungar nas perdas (art. 25.º, n.º 2)[756]; o cômputo da participação

---

[755] Cf. Acórdão da RL de 12-XI-2002 (Pimentel Marcos), in: XXVII CJ (2002), V, 73-75.

[756] Sobre a essencialidade da partilha de lucros neste tipo contratual, vide o Acórdão da RL de 22-V-1992 (Silva Salazar), in: XVII CJ (1992), III, 188-191. Sobre a participação nas perdas, vide o comentário jurisprudencial de Corapi, Diego, *Sulla Partecipazione dell'Associato alle Perdite nella Associazione in Partecipazione*, in: LXIII RivDCom (1965), II, 267-283.

Contratos de Cooperação

nos lucros e perdas toma por base os resultados líquidos de exercício da empresa do associante (art. 25.º, n.º 6), sem prejuízo da relevância das perdas transitadas (art. 25.º, n.º 7) e das operações pendentes à data do início ou termo do contrato (art. 25.º, n.º 5); e o montante concreto dessa participação supletivamente fixado será proporcional à contribuição efectuada ou de metade dos lucros e perdas, consoante tenha ou não havido avaliação da mesma (art. 25.º, n.º 3), sem prejuízo de as partes poderem convencionar critérios diversos (art. 25.º, n.º 2) e de a participação nas perdas ter como limite máximo o valor da contribuição do associado (art. 25.º, n.º 4).

4. Direitos e Deveres Acessórios

I. Por fim, a lei prevê ainda diversos direitos e obrigações acessórios para ambos os contratantes. Particularmente relevante é aqui o *estatuto jurídico-passivo do associante*, o qual, se bem que permanecendo titular jurídico autónomo da propriedade, governo interno e representação externa da empresa, vê os seus poderes gerais de gestão limitados ou mitigados por mor da protecção dos interesses do associado.

II. Assim, para além de um dever geral de diligência na gestão empresarial (art. 26.º, n.º 1, a)) e de informação e prestação de contas ao associado (arts. 26.º, n.º 1, d), e 31.º)[757], o associante está impedido, sem autorização prévia do associado, de colocar em cheque as bases essenciais da associação (v.g., suspensão ou cessão da exploração empresarial, alteração da sua forma ou

---

[757] Dada a ausência de uma estrutura organizativa comum, a prestação de contas desempenha um papel fundamental na economia do contrato, constituindo mesmo, segundo alguns, o seu "centro de gravidade" (ASCENSÃO, J. Oliveira, *Direito Comercial*, vol. I, 459, Lisboa, 1998). Para uma espécie jurisprudencial, vide o Assento do STJ de 2-II-1984 (MENÉRES PIMENTEL), in: DR, I série, de 15 de Março de 1988, 1066-1070.

Dos Contratos Comerciais em Especial

objecto, exercício paralelo de actividade económica concorrente: cf. art. 26.º, n.º 1, b) a c)) ou de praticar determinados actos de gestão expressamente tipificados no contrato sob pena de responsabilidade civil (art. 26.º, n.ºˢ 2 e 3).[758]

§5 *Agrupamento Complementar de Empresas*

1. Noção

I. O contrato de agrupamento complementar de empresas (também designado abreviadamente ACE) define-se como aquele *através do qual duas ou mais empresas singulares ou colectivas constituem uma entidade, dotada de personalidade jurídica própria, que tem por finalidade principal o melhoramento das condições de exercício ou de resultado das respectivas actividades económicas individuais.*[759]

II. Esta figura foi regulada pelo legislador português através da Lei n.º 4/73, de 4 de Junho e do Decreto-Lei n.º 430/73, de 25

---

[758] As formas de cessação da associação em participação são a extinção do contrato (art. 27.º), a morte ou extinção das partes contratantes (embora não de forma automática no caso de associados ou associantes individuais, dependendo para isso da vontade do contraente sobrevivo ou dos herdeiros do contraente falecido: arts. 28.º e 29.º), a resolução do contrato, com fundamento em justa causa a todo o tempo ou por denúncia de qualquer das partes após dez anos de vigência (art. 30.º), e ainda a insolvência do associante (art. 117.º, n.º 1 do CIRE).

[759] Sobre esta figura, vide, no direito português, Leite, L. Ferreira, *Novos Agrupamentos de Empresas*, Athena, Porto, 1982; Lourenço, A. Príncipe, *O Impacto da Lei nos Custos de Transacção – Aplicação ao Agrupamento Complementar de Empresas*, UCP Editora, Porto, 2004; Ribeiro, J. Pinto/ Duarte, R. Pinto, *Dos Agrupamentos Complementares de Empresas*, in: 250/252 CTF (1980), 7-202; Ventura, Raúl, *Sociedades Complementares*, in: XXIV RFDUL (1972), 13-21. Noutros quadrantes, para figuras funcionalmente equivalentes, vide Durand, Patrick, *Le G.I.E. en Droit International et Comparé*, in: 96 RevS (1978), 53-71.

Contratos de Cooperação

de Agosto[760], tendo sido largamente inspirada no modelo francês do "groupement d'intérêt économique" (GIE).[761]

A sua consagração legal teve essencialmente em vista instituir uma nova forma jurídico-organizativa específica para as *relações de colaboração entre empresas*, a que os modelos clássicos da sociedade e da associação se mostravam incapazes de corresponder: com efeito, podem existir situações em que um conjunto de empresários individuais ou colectivos ("maxime", sociedades comerciais) pretendam juntar esforços com vista a aumentar a rentabilidade individual das suas próprias empresas – v.g., empresas transformadoras que criam frota transitária comum para assim reduzir os encargos com o transporte das respectivas matérias-primas, empresas tecnológicas que criam unidade de investigação ou pesquisa para desenvolvimento de projecto-piloto comum, etc. –, sem que, todavia, o façam com um fim primacialmente lucrativo (exclusivo da sociedade) nem, inversamente, com fim meramente interessado de onde o lucro esteja totalmente arredado (característico da associação).[762]

---

[760] Estes diplomas foram objecto de pequenas alterações posteriores. A Lei n.º 4/73 veio a ser alterada pelos Decreto-Lei n.º 157/81, de 11 de Junho, e Decreto-Lei n.º 36/2000, de 14 de Março, ao passo que o Decreto-Lei n.º 430/73, além das rectificações introduzidas pelo "Diário de Governo" de 6 de Novembro de 1973, foi também alterado pelo citado Decreto-Lei n.º 36/2000, de 14 de Março.

[761] COQUEREAU, Georges/ GUYON, Yves, *Le Groupement d'Intérêt Économique: Régime Juridique et Fiscal*, 2ème édition, Dalloz, Paris, 1973; GUYÉNOT, Jean, *Dix Ans de Pratique des Groupements d'Intérêt Économique*, in: AAVV, "Dix Ans de Droit de l'Entreprise", 335-372, Librairies Techniques, Paris, 1978. A figura do ACE – que foi objecto de dois projectos de lei (da autoria de Raúl VENTURA e Arala CHAVES) – inspirou-se confessadamente naquele modelo francês, introduzido pela "Ordonnance n.º 67-821", de 23 de Setembro de 1967, e hoje consagrado pelo art. L.251-1 do "Code de Commerce" de 2000, modelo esse que, de resto, encontrou posteriormente paralelo em outras figuras congéneres no plano nacional – v.g., o caso da *"Agrupación de Interés Económico"* espanhola de 1982 ou das *"no profit making companies"* anglo-saxónicas – e no plano internacional – é o caso do *"Agrupamento Europeu de Interesse Económico"* de 1985, mais adiante analisado.

[762] Daí também que a doutrina qualifique usualmente o ACE como uma pessoa jurídica de *natureza "sui generis"*, espécie de híbrido a meio caminho entre a associação

Dos Contratos Comerciais em Especial

III. Por fim, sublinhe-se que o contrato de ACE dá origem a uma *forma jurídica de organização empresarial*, embora de matriz cooperativa e não concentracionística: trata-se, como a sua própria designação logo inculca, de um agrupamento de empresários, o qual, podendo ou não dar origem a uma nova empresa em si mesma, de modo algum implica ou produz a união das empresas constituintes.[763]

2. Sujeitos e Objecto

I. O contrato constitutivo do ACE reveste, em princípio, *forma escrita*, apenas se exigindo forma mais solene caso existam entradas em bens para cuja transmissão tal seja necessário (Base III, n.º 1 da Lei n.º 4/73).[764]

Tal contrato deverá conter um conjunto de *menções obrigatórias* – de entre as quais se destacam a firma (que deve incluir o aditamento obrigatório "agrupamento complementar de empresas" ou a sigla ACE), o objecto, a sede, a duração, e as contribuições e

---

(arts. 167.º e segs. do CCivil) e a sociedade (arts. 980.º e segs. do CCivil). Neste sentido, vide, entre nós, Abreu, J. Coutinho, *Curso de Direito Comercial*, vol. II, 32, 3.ª edição, Almedina, Coimbra, 2009; Ascensão, J. Oliveira, *Direito Comercial*, vol. I, 435 e segs., Lisboa, 1998; Correia, L. Brito, *Direito Comercial*, vol. II, 66, AAFDL, Lisboa, 1992; em sentido oposto, atribuindo-lhe natureza societária, vide Correia, M. Pupo, *Direito Comercial*, 143, 9.ª edição, Ediforum, Lisboa, 2005; Furtado, J. Pinto, *Curso de Direito das Sociedades*, 157 e segs., 3.ª edição, Almedina, Coimbra, 2000.

[763] Como sublinha J. Pinto Furtado, "rigorosamente, o ACE é um agrupamento de empresários, não uma simbiose das suas organizações (empresas). (...) Cada membro preserva a sua individualidade e o novo sujeito de relações jurídicas não vai ocupar o espaço de qualquer deles nem sobrepor-se a nenhum deles, mas complementá-los a todos – e daí a designação de «complementar»" (*Curso de Direito das Sociedades*, 154 e seg., 3.ª edição, Almedina, Coimbra, 2000).

[764] Para uma ilustração jurisprudencial das consequências decorrentes da inobservância da forma solene do contrato constitutivo de um ACE, vide o Acórdão da RC de 19-III-1991 (Silva Graça), in: XVI CJ (1991), II, 82-83.

entradas dos membros (cf. Base III, n.º 2 da Lei n.º 4/73)[765] – e ser ainda objecto de *registo comercial e publicação obrigatórios* (art. 2.º, n.º 1 do Decreto-Lei n.º 430/73, arts. 6.º, a), 15.º, n.º 1, e 70.º, n.º 1, b), do CRCom) – apenas adquirindo o ACE a sua personalidade jurídica a partir da data de realização destas formalidades constitutivas (Base IV da Lei n.º 4/73, art. 2.º, n.ºs 1 e 4 do Decreto-Lei n.º 430/73).

II. *Sujeitos* de um contrato de agrupamento complementar de empresas são, naturalmente, *empresas*. Tal significa dizer que as partes contratantes, e membros do ACE, deverão ser pessoas singulares ou colectivas titulares de empresas (empresários), independentemente da respectiva natureza jurídica (privada ou pública, EIRL, sociedades, associações, etc.) ou da natureza da sua actividade económica (civil ou comercial): nesse sentido apontam, para além do "nomen iuris" da própria figura, múltiplas disposições integrantes do seu regime jurídico onde o legislador se refere expressamente aos contraentes e membros do agrupamento como "empresas" (cf. Base II, n.ºs 2 e 3 da Lei n.º 4/73, art. 11.º, n.º 2 do Decreto-Lei n.º 430/73)[766]. Aspecto importante, todavia, é que tais contraentes deverão ser entes jurídica mas também economicamente autónomos: vale isto por dizer que os membros do agru-

---

[765] Sem prejuízo dos limites decorrentes das normas imperativas constantes do Decreto-Lei n.º 430/73, o pacto constitutivo poderá ainda regular facultativamente um conjunto de outros aspectos relativos à vida e funcionamento do agrupamento, "maxime", direitos e obrigações dos agrupados, ingresso e saída de membros, administração e fiscalização, dissolução, liquidação e partilha do agrupamento (Base III, n.º 3 da Lei n.º 4/73).

[766] Neste sentido também, na doutrina, Ascensão, J. Oliveira, *Direito Comercial,* vol. I, 432, Lisboa, 1998; Furtado, J. Pinto, *Curso de Direito das Sociedades*, 154, 3.ª edição, Almedina, Coimbra, 2000; Ribeiro, J. Pinto/ Duarte, R. Pinto, *Dos Agrupamentos Complementares de Empresas*, 93, in: 250/252 CTF (1980), 7-202; na jurisprudência, o Acórdão da RC de 19-III-1991 (Silva Graça), in: XVI CJ (1991), II, 82-83. Divergentemente, considerando também admissível que possam ser membros de um ACE sujeitos jurídicos não empresariais, Abreu, J. Coutinho, *Curso de Direito Comercial*, vol. II, 30, 3.ª edição, Almedina, Coimbra, 2009.

Dos Contratos Comerciais em Especial

pamento, outrossim que dotados de personalidade jurídica, deverão também constituir entidades dotadas de um poder de autodeterminação e *independência económica* recíprocas, em homenagem à matriz cooperativa da própria figura.[767]

III. Particularmente relevante é a questão relativa ao *objecto* do ACE – cuja compreensão plena envolve uma perspectiva positiva e negativa.

Positivamente, o agrupamento deverá ter por objecto ou fim uma actividade *concreta* – ou seja, especificamente definida: v.g., aquisição de equipamento, realização de investigação, prospecção de mercados (cf. Base III, n.º 2 da Lei n.º 4/73) – e uma actividade *complementar* dos membros agrupados – ou seja, que visa auxiliar a exploração ou potenciar a rentabilidade das respectivas actividades económicas individuais (cf. Base I da Lei n.º 4/73), sem se confundir com estas (arts. 9.º, n.º 2 e 13.º, a) do Decreto-Lei n.º 430/73). Negativamente, o legislador *proibiu que o ACE possa ter por fim principal a realização e partilha de lucro*s: semelhante escopo lucrativo é apenas admitido a título acessório e mediante prévia autorização expressa do contrato constitutivo (Base II, n.º 1 da Lei n.º 4/73 e art. 1.º, n.º 1 do Decreto-Lei n.º 430/73), sob pena da sujeição do agrupamento às regras das sociedades em nome colectivo, à sua dissolução, e ainda a sanções contra-ordenacionais (arts. 15.º e 16.º, n.º 1, b) do Decreto-Lei n.º 430/73).[768]

---

[767] Apesar do contrato de ACE constituir teoricamente uma figura contratual de *cooperação interempresarial* – onde, por definição, e por oposição aos modelos de concentração empresarial, cada um dos membros conserva a sua individualidade enquanto autónomo centro de decisão e acção económica –, a prática encarrega-se frequentemente de esbater tal característica: assim, não raro, a formação dos ACE desagua na eliminação da pressuposta situação de paridade dos respectivos membros, com a consequente perda da autonomia económica de algumas das empresas agrupadas (para um "case-study" concreto, vide Lourenço, A. Príncipe, *O Impacto da Lei nos Custos de Transacção: Aplicação ao Agrupamento Complementar de Empresas*, 100 e segs., UCP Editora, Porto, 2004).

[768] Esta delimitação positiva e negativa do objecto do ACE entende-se: se a ideia de complementaridade da actividade que constitui o fim principal daquele é consistente

Contratos de Cooperação

3. Organização

I. O ACE, enquanto entidade com personalidade jurídica própria, está dotado de uma estrutura organizatória. A lei previu a existência de três órgãos fundamentais: a *assembleia geral* (órgão deliberativo), a *administração* (órgão de gestão e de representação) e a *fiscalização* (órgão de controlo).

II. A *assembleia geral* é composta pelos membros agrupados, sendo competente, entre outros assuntos, para nomear e exonerar os administradores não designados no contrato (art. 6.º, n.º 2), para designar as pessoas que fiscalizarão a administração e as contas do agrupamento (art. 8.º, n.º 2), ou para admitir ou excluir membros agrupados (arts. 10.º, 11.º, n.º 3 e 13.º). Espelho da natureza cooperativa deste modelo jurídico-empresarial, traduzindo a paridade dos membros no seu governo, é a regra segundo a qual cada membro tem um voto (art. 7.º): muito embora as deliberações sejam, em regra, tomada pela maioria dos votos (art. 7.º, "ab initio"), existem matérias que exigem uma maioria qualificada (v.g., modificações do contrato constitutivo: cf. art. 2.º, n.º 2) ou

---

com a matriz cooperacional da figura, a permissão excepcional de prossecução de finalidade lucrativa permite também evitar a situação de ilegalidade em que cairiam inevitavelmente aqueles agrupamentos que passassem a desenvolver uma actividade meramente secundária e acessória de produção de bens ou prestação de serviços externos (sobre os critérios de determinação dessa acessoriedade, vide RIBEIRO, J. Pinto/ DUARTE, R. Pinto, *Dos Agrupamentos Complementares de Empresas*, 66 e segs., in: 250/252 CTF (1980), 7-202). Assim, por exemplo, se um conjunto de empresas fabris constituem um ACE com vista à aquisição e exploração de uma frota de camiões destinada a reduzir os respectivos encargos de transporte de matérias-primas, será lícito mobilizar parte de tal frota para prestar serviços de transporte a terceiros a fim de aproveitar um momentâneo pico de procura no mercado ou de subutilização da frota pelos membros, repartindo-se entre estes os lucros daí resultantes, desde que tal tenha sido expressamente previsto no pacto constitutivo do ACE. Sobre a questão do destino a dar aos lucros gerados por um ACE, vide o Acórdão da RL de 8-VII-1999 (PROENÇA FOUTO), in: XXIV CJ (1999), IV, 104-107.

Dos Contratos Comerciais em Especial

mesmo a unanimidade (v.g., ingresso de novos membros: cf. art. 10.º, todos do Decreto-Lei n.º 430/73).[769]

III. O *órgão de administração* é composto por uma ou mais pessoas designadas no contrato constitutivo (art. 6.º, n.º 1) ou nomeados pela assembleia geral (art. 6.º, n.º 2), os quais tanto podem ser membros do agrupamento como terceiros a este estranhos (art. 6.º, n.º 3, todos do Decreto-Lei n.º 430/73). Este órgão, unipessoal ou pluripessoal, está investido genericamente em funções de administração e de representação do ACE (Base III, n.º 4 da Lei n.º 4/73): uma vez que a lei não regulou expressamente o conteúdo das competências, poderes e deveres dos administradores, devem aqui considerar-se aplicáveis em princípio, por força da remissão geral do art. 20.º do Decreto-Lei n.º 430/73, as disposições do CSC relativas aos gerentes das sociedades em nome colectivo (arts. 192.º e 193.º).[770]

IV. Finalmente, o *órgão de fiscalização*, ao contrário dos anteriores, é um órgão de natureza facultativa (excepto no caso de o ACE emitir obrigações: cf. Bases II, n.º 4, e V da Lei n.º 4/73):

---

[769] Sobre a natureza imperativa ou supletiva dos preceitos reguladores da atribuição do voto, vide, em sentido opostos, RIBEIRO, J. Pinto/ DUARTE, R. Pinto, *Dos Agrupamentos Complementares de Empresas,* 103, in: 250/252 CTF (1980), 7-202; SANTOS, J. Correia, *Agrupamentos Complementares de Empresas,* 16, Coimbra Editora, Coimbra, 1991. Aspecto relevante é ainda o dos direitos e deveres dos membros do ACE: cf. RIBEIRO, J. Pinto/ DUARTE, R. Pinto, *Dos Agrupamentos Complementares de Empresas,* 92 e segs., in: 250/252 CTF (1980), 7-202.

[770] Daqui decorrem, entre outras consequências, que os administradores do ACE exercem o seu cargo pessoalmente, que a regra supletiva de funcionamento do órgão é o método disjunto (art. 193.º, n.º 1 do CSC), que os administradores vinculam o agrupamento agindo nessa qualidade (embora sendo inoponíveis aos terceiros de boa-fé as eventuais limitações contratuais aos respectivos poderes de representação: cf. art. 192.º, n.º 1 do CSC e Base III, n.º 4 da Lei n.º 4/73), e que os administradores gerem as actividades do ACE no respeito das deliberações dos membros em assembleia geral (arts. 189.º e 259.º do CSC). Sobre os poderes de administração e de representação dos gerentes das sociedades em nome colectivo, vide VENTURA, Raúl, *Novos Estudos sobre Sociedades Anónimas e Sociedades em Nome Colectivo,* 327 e segs., Almedina, Coimbra, 1994.

Contratos de Cooperação

este órgão, que pode igualmente ser unipessoal ou pluripessoal, é composto por pessoas designadas no contrato ou nomeadas pela assembleia geral, tendo por competência a fiscalização das actividades de gestão e das contas de exercício do agrupamento (art. 8.º, n.º 2 do Decreto-Lei n.º 430/73).

4. Património e Responsabilidade

I. O património do ACE é constituído pelas contribuições realizadas pelos respectivos contraentes e membros. Pese embora aquele se possa constituir com ou sem capital próprio (Base II, n.º 1 da Lei n.º 4/73) e o legislador não tenha regulado a matéria das entradas (cf. arts. 176.º e 179.º do CSC, "ex vi" do art. 20.º do Decreto-Lei n.º 430/73), deve entender-se que o agrupamento, enquanto entidade dotada de personalidade jurídica própria e distinta dos membros agrupados, será, em princípio, *titular exclusivo de todos os bens, direitos e obrigações pertinentes à sua exploração* (ressalvadas algumas limitações legais: cf. art. 5.º, a) do Decreto-Lei n.º 430/73).

II. Questão importante é a da *responsabilidade pelas dívidas do ACE*. De forma semelhante ao que sucede nas sociedades em nome colectivo e em comandita, o legislador previu para cada um dos membros agrupados um regime de responsabilidade pessoal (com todos os bens do seu património), ilimitada (sem outro limite que não seja o do montante das dívidas), subsidiária (em face do agrupamento, sendo apenas exigível após a prévia excussão do património deste) e solidária (em face dos demais membros, sem prejuízo do eventual direito de regresso que lhe assista posteriormente no plano das relações internas) (Base II, n.º 2, "ab initio" e n.º 3 da Lei n.º 4/73).

Dos Contratos Comerciais em Especial

Todavia, este regime jurídico de responsabilidade – que conhece especialidades importantes no caso dos ACE em formação[771] e em situação de insolvência[772] – pode sofrer um importante desvio, já que se permitiu o seu afastamento mediante "cláusula em contrário do contrato celebrado por este com um credor determinado" (Base II, n.º 2, "in fine", da Lei n.º 4/73): tal significa que os membros do agrupamento poderão circunscrever o alcance da sua responsabilidade convencionando a renúncia expressa ao benefício da solidariedade passiva no quadro das relações negociais intercedentes entre o agrupamento e um ou mais credores concretos deste, sendo já totalmente ilícito o afastamento genérico do regime legal através de previsão do pacto constitutivo.

---

[771] Com efeito, pelas dívidas do ACE "irregular", contraídas antes da aquisição da respectiva personalidade jurídica – ou seja, com um processo constitutivo incompleto, por falta da forma legal exigida, registo comercial ou publicações – são aplicáveis, "ex vi" do art. 20.º do Decreto-Lei n.º 430/73, as normas gerais dos arts. 36.º, 38.º e 168.º do CSC.

[772] Destaque especial merecem as situações de *insolvência* do ACE e dos seus membros. Ao passo que o primeiro constitui indubitavelmente um sujeito passivo do processo insolvencial geral (art. 2.º, n.º 1, a) do CIRE, art. 9.º, i) do CRCom), deve sublinhar-se que a insolvência de qualquer dos seus membros não determina necessariamente, nem a respectiva exclusão (encontrando-se dependente de decisão da assembleia geral: cf. art. 13.º, n.º 2 do Decreto-Lei n.º 430/73), nem a dissolução do próprio agrupamento (excepto disposição diversa do contrato constitutivo: cf. art. 16.º, n.º 2 do Decreto-Lei n.º 430/73 e art. 118.º, n.º 1 do CIRE). Todavia, em homenagem aos interesses dos credores do membro insolvente, é lícito ao administrador da insolvência pedir a exoneração daquele do ACE (art. 118.º, n.º 2), estando excluído qualquer dever de indemnização, mormente de fonte pactícia, pelos prejuízos porventura daí decorrentes para o ACE ou os demais membros (art. 118.º, n.º 3, ambos do CIRE). Cf. EPIFÂNIO, M. Rosário, *Os Efeitos Substantivos da Falência*, 294 e segs., UCP Editora, Porto, 2000; FERNANDES, L. Carvalho/ LABAREDA, João, *Código da Insolvência e da Recuperação de Empresas Anotado*, 423 e seg., Quid Juris, Lisboa, 2008; LEITÃO, L. Menezes, *Direito da Insolvência,* 211, Almedina, Coimbra, 2009.

Contratos de Cooperação

5. Dissolução, Liquidação, e Extinção

I. A *dissolução* do ACE pode resultar de dois tipos fundamentais de causas: causas de dissolução imediata – que operam automaticamente, abrangendo, designadamente, os eventos dissolutivos previstos no contrato constitutivo (art. 16.º, n.º 1, a) do Decreto-Lei n.º 430/73) e na lei geral (arts. 141.º e segs., 184.º, n.º 6, 195.º, n.º 1 do CSC, aplicáveis por força da norma remissiva geral do art. 20.º do Decreto-Lei n.º 430/73) – e causas de dissolução diferida – que dependem de declaração judicial proferida a requerimento de qualquer interessado (em caso de violação das normas jurídico-concorrenciais ou de prossecução persistente de fins lucrativos) ou de um membro do agrupamento (em caso de haver respondido por dívidas do agrupamento) (art. 16.º, n.º 1, b) e c) do Decreto-Lei n.º 430/73).[773]

II. Em qualquer dos casos, uma vez verificada, a dissolução dará lugar à abertura das operações de *liquidação* do património do ACE (que poderá ser judicial ou extrajudicial), devendo o saldo positivo remanescente ser partilhado entre os membros proporcionalmente ao valor das suas entradas para o capital próprio e das contribuições realizadas (art. 17.º do Decreto-Lei n.º 430/73). Terminada a liquidação e efectuada a inscrição no registo comercial do encerramento respectivo, considerar-se-á *extinto* o agrupamento (art. 160.º, n.º 2 do CSC, "ex vi" do art. 20.º do Decreto--Lei n.º 430/73).

---

[773] Questão duvidosa é a da possibilidade de dissolução do ACE a requerimento dos credores particulares de um membro agrupado, nos termos dos arts. 183.º, n.º 4 e 188.º do CSC ("ex vi" do art. 20.º do Decreto-Lei n.º 430/73): sobre este regime, vide VENTURA, Raúl, *Dissolução e Liquidação de Sociedades,* 150 e segs., Almedina, Coimbra, 1987.

Dos Contratos Comerciais em Especial

§6 *Agrupamento Europeu de Interesse Económico*

1. Noção

I. O contrato de agrupamento europeu de interesse económico (abreviadamente conhecido pela sigla AEIE) designa aquele contrato pelo qual *duas ou mais pessoas singulares (que desenvolvam qualquer tipo de actividade profissional na União Europeia) ou colectivas (que aí possuam a sua sede) constituem uma entidade dotada de personalidade jurídica internacional tendo por finalidade exclusiva o melhoramento das condições de exercício ou de resultado das respectivas actividades económicas individuais.*[774]

II. Esta figura foi criada pelo legislador comunitário através do Regulamento 2137/85/CE, de 25 de Julho, tendo sido posteriormente regulada no direito interno português através dos Decreto-Lei n.º 148/90, de 9 de Maio (regime jurídico fundamental) e Decreto-Lei n.º 2/91, de 5 de Janeiro (regime sancionatório).[775]

---

[774] Sobre a figura, vide SOARES, M. Ângela, *Algumas Notas sobre o Agrupamento Europeu de Interesse Económico (AEIE)*, in: X RDE (1984/85), 389-400; MARTINS, J. Manuel, *O Agrupamento Europeu de Interesse Económico*, in: 19 RF (1990), 20-26; PITA, M. António, *Agrupamento Europeu de Interesse Económico (Um Meio de Integração das Empresas na CEE)*, in: 15 RF (1989), 6-8; TAVARES, M. Athaíde, *O Agrupamento Europeu de Interesse Económico*, in: 8 RB (1988), 151-168. Noutros quadrantes, vide ALBY, Eugenio/ MAIORCA, Sergio, *GEIE – Gruppo Europeo di Interesse Economico*, Giuffrè, Milano, 1998; ANDERSON, Margaret, *European Economic Interest Groupings*, Butterworths, London, 1990; MANZ, Gerhard/ SELBHERR, Paul, *Kommentar zum Europäischen wirtschaftliche Interessenvereinigung (EWIV)*, Nomos, Baden-Baden, 1995; PÉTELAUD, Annick, *La Construction de la Communauté Européenne et le Groupement Européen d'Intérêt Économique (G.E.I.E.)*, in: 104 RevS (1986), 191-218.

[775] O regime legal da figura assume, em Portugal como noutros países europeus, um cariz marcadamente *compósito*, já que o carácter fragmentário da lei interna nacional – os referidos Decretos-Lei n.º 148/90, de 9 de Maio, e n.º 2/91, de 5 de Janeiro (cujo número foi rectificado através da Declaração de Rectificação n.º 2/91, de 31 de Janeiro) – obriga frequentemente ao cotejo integrativo do Regulamento comunitário (publicado in: JO n.º L199, de 31 de Julho de 1985): isso explica também que se fale aqui frequentemente de uma aplicação limitada do direito interno (cf. GLEICHMANN, Karl, *Europäische Wirtschaftliche Interessenvereinigung*, 648, in: 149 ZHR (1985), 633-650).

Contratos de Cooperação

Os AEIE são um instrumento de cooperação interempresarial em tudo semelhante aos ACE – representando, por assim dizer, o seu equivalente funcional no plano europeu[776] –, sem prejuízo de destes se distinguirem por algumas importantes especialidades. Entre elas, sublinhe-se que os AEIE são *pessoas colectivas de direito internacional* (e não de direito nacional), têm como *finalidade exclusiva* o melhoramento das actividades económicas individuais dos seus membros (não podendo, mesmo a título acessório ou secundário, prosseguir fins lucrativos), e possuem obrigatoriamente um *substrato pessoal transnacional*, já que os seus membros devem ser pessoas singulares (desenvolvendo uma actividade profissional ou de prestação de serviços) ou colectivas (com sede legal ou estatutária) num dos Estados membros da União Europeia, não tendo, todavia, de ser forçosamente *titulares de uma empresa*.[777]

---

[776] O modelo comunitário, como já atrás se salientou, inspirou-se fundamentalmente nos "groupements d'intérêt économique" franceses, o que os torna, uns e outros, "parentes dos nossos ACE" (ABREU, J. Coutinho, *Curso de Direito Comercial*, vol. II, 33, 3.ª edição, Almedina, Coimbra, 2009): nesse sentido, concorre também o facto de o regime jurídico dos ACE ser supletivamente aplicável aos AEIE em caso de omissão dos diplomas legais que regulam este último (art. 12.º do Decreto-Lei n.º 148/90).

[777] Tal como no caso do ACE, encontramo-nos perante uma pessoa jurídica "sui generis", que poderá ser ou não comerciante consoante tenha por objecto a prática de actividades económicas comerciais ou civis (art. 3.º, n.º 2 do Decreto-Lei n.º 148/90: sobre a qualidade de comerciante dos AEIE, vide ainda ANTUNES, J. Engrácia, *O Estatuto Jurídico de Comerciante: Alguns Problemas de Qualificação*, in: DJ (2009), em curso de publicação). Recusando também natureza societária aos AEIE (para além expressamente do Considerando n.º 5 do próprio Regulamento comunitário em apreço), vide, entre nós, ABREU, J. Coutinho, *Curso de Direito Comercial*, vol. II, 34, 3.ª edição, Almedina, Coimbra, 2009; ASCENSÃO, J. Oliveira, *Direito Comercial*, vol. I, 454 e segs., Lisboa, 1998; SOARES, M. Ângela, *Algumas Notas sobre o Agrupamento Europeu de Interesse Económico (AEIE)*, 390, in: X RDE (1984/85), 389-400; em sentido oposto, CORDEIRO, A. Menezes, *Direito Europeu das Sociedades*, 853, Almedina, Coimbra, 2005; CORREIA, M. Pupo, *Direito Comercial*, 144, 9.ª edição, Ediforum, Lisboa, 2005.

Dos Contratos Comerciais em Especial

2. Sujeitos e Objecto

I. O contrato constitutivo do AEIE reveste a forma de *documento escrito* (art. 2.º do Decreto-Lei n.º 148/90), devendo conter um conjunto de *menções obrigatórias* – de entre as quais se destacam, para além de outras, a denominação (que deve incluir o aditamento obrigatório "agrupamento europeu de interesse económico" ou a sigla AEIE) e a sede (que deve ser fixada no lugar em que o agrupamento tem a sua administração efectiva) (cf. art. 5.º do Regulamento 2137/85/CE e art. 4.º do Decreto-Lei n.º 148/90) – e ser ainda objecto de *registo comercial e publicação obrigatórios* (arts. 6.º a 9.º do Regulamento 2137/85/CE, art. 1.º do Decreto--Lei n.º 148/90, arts. 7.º, a), 15.º, n.º 1, 17.º, n.º 2, e 70.º, n.º 1, b) do CRCom)[778]. Tratando-se de entidades cuja constituição se efectua através de contrato (arts. 5.º a 7.º do Regulamento 2137//85/CE), o AEIE é dotado de *personalidade jurídica internacional* a partir da data da inscrição desse contrato no registo comercial (art. 1.º do Decreto-Lei n.º 148/90).[779]

---

[778] Estes dois planos entrecruzam-se, na medida em que o AEIE deve ser registado no Estado em cujo território se situa a respectiva sede (art. 6.º), sendo que é ainda o critério da sede que decide da lei subsidiariamente aplicável ao contrato constitutivo e ao funcionamento do agrupamento (art. 2.º, ambos do citado Regulamento). Sobre o ponto, vide TAVARES, M. Athaíde, *O Agrupamento Europeu de Interesse Económico*, 161, in: 8 RB (1988), 151-168; noutras latitudes, cf. MANZ, Gerhard/ SELBHERR, Paul, *Kommentar zum Europäischen wirtschaftliche Interessenvereinigung (EWIV)*, 27 e segs., Nomos, Baden-Baden, 1995.

[779] Dizem-se *pessoas colectivas internacionais* aquelas cuja reconhecimento resulta da ordem jurídica internacional, e não apenas um Estado concreto: de acordo com Annick PÉTELAUD, este agrupamento terá mesmo representado "o primeiro instrumento jurídico de acção comum interempresarial, directamente constituído a nível europeu" (*La Construction de la Communauté Européenne et le Groupement Européen d'Intérêt Économique (G.E.I.E.)*, 191, in: 104 RevS (1986), 191-218). Saliente-se, todavia, que o atributo da personalidade jurídica não é um atributo necessário, tendo o Regulamento comunitário deixado essa decisão às leis internas (art. 1.º, n.º 3): assim, por exemplo, ao invés do português, o legislador italiano não reconhece o agrupamento como sujeito de direitos (cf. ALBY, Eugenio/ MAIORCA, Sergio, *GEIE – Gruppo Europeo di Interesse Economico*, 141, Giuffrè, Milano, 1998).

Contratos de Cooperação

II. Aspecto relevante é aquele que diz respeito aos *sujeitos* do AEIE. Por um lado, assumindo uma postura liberal, a lei permitiu que possam constituir e participar neste tipo de agrupamentos *quaisquer pessoas singulares ou colectivas ainda que não titulares de empresas*: tudo o que se exige é que, tratando-se de sujeitos individuais, estes exerçam um qualquer tipo de actividade profissional (económica ou não) no território de um Estado membro e, no caso de sujeitos colectivos, sejam entidades jurídicas (de direito privado ou público) que possuam aí também a sua sede legal, estatutária ou efectiva (art. 4.º, n.º 1 do Regulamento 2137/ /85/CE)[780]. Por outro lado, inversamente, a lei já cominou uma exigência especial da *transnacionalidade* do substrato do agrupamento, ao dispor que este deverá ser composto, pelo menos, por duas pessoas colectivas cuja sede efectiva, ou por dois indivíduos cuja actividade principal, se situe em Estados membros diferentes (art. 4.º, n.º 2 do Regulamento 2137/85/CE).[781]

III. Importante ainda é a questão do conteúdo e dos limites do *objecto* do AEIE: nos termos do art. 3.º do Regulamento 2137/ /85/CE, "o objectivo do agrupamento é facilitar ou desenvolver a

---

[780] Dado que o legislador português não aproveitou a possibilidade aberta pelo n.º 4 do art. 4.º do dito Regulamento, podem ser membros fundadores de um AEIE quaisquer tipos de pessoas colectivas, independentemente da natureza jurídica destas – que pode ser privada ou pública, incluindo sociedades, associações, fundações – ou da respectiva actividade ou objecto – que pode ser económica, civil ou comercial, mas também não económica (incluindo assim profissionais liberais, universidades, institutos, organismos públicos, etc.). Cf. Pita, M. António, *Agrupamento Europeu de Interesse Económico*, 7, in: 15 RF (1989), 6-8.

[781] Tal como no caso do ACE, o AEIE, quando constituído por empresas, constitui um mecanismo de *cooperação interempresarial*, cuja actividade "apenas pode constituir um complemento" às actividades económicas individuais dos seus membros (art. 3.º, n.º 1, "in fine", do Regulamento), os quais deverão ser sujeitos jurídica e economicamente autónomos: compreende-se que lhe esteja assim vedado, nomeadamente, exercer um poder de controlo sobre a gestão dos seus membros ou deter no capital destes qualquer participação (art. 3.º, n.º 2, a) e b) do Regulamento 2137/85/CE). Cf. também Tavares, M. Athaíde, *O Agrupamento Europeu de Interesse Económico*, 154, in: 8 RB (1988), 151-168.

actividade económica dos seus membros, melhorar ou aumentar os resultados desta actividade; não é seu objectivo realizar lucros para si próprio". Daqui resulta inequivocamente que o objecto do agrupamento, além de *concreto* (até por forma a possibilitar a sua qualificação como civil ou comercial: cf. art. 3.º do Decreto-Lei n.º 148/90), deverá ter como *finalidade exclusiva* o exercício de uma actividade de natureza ancilar ou complementar relativamente às actividades económicas individuais dos membros agrupados, jamais lhe sendo lícito prosseguir, ainda que acessoriamente, quaisquer finalidades lucrativas.[782]

3. Organização e Património

I. O AEIE possui uma *estrutura organizatória* muito simples, tendo-se previsto apenas a existência obrigatória de dois órgãos: o *colégio dos membros* e a *gerência* (art. 16.º do Regulamento 2137/85/CE).

II. O *colégio dos membros* constitui verdadeiramente o órgão supremo do agrupamento. Para além das suas múltiplas atribuições legais – que incluem a nomeação e exoneração dos gerentes não designados no contrato (art. 19.º, n.º 3 do Regulamento 2137//85/CE), a apreciação das contas de exercício e demais documentos de prestação de contas (art. 9.º do Decreto-Lei n.º 148/90), a alteração das cláusulas do contrato constitutivo (art. 17.º, n.º 2), a admissão ou exoneração de membros (arts. 26.º e 27.º, n.º 1), ou

---

[782] Esta proibição deve ser entendida habilmente, já que o art. 21.º do Regulamento 2137/85/CE determina que os lucros e as perdas provenientes das actividades do agrupamento serão considerados como lucros e perdas individuais dos membros, "sendo repartidos entre eles na proporção prevista no contrato de agrupamento e, se este for omisso, em partes iguais": tal justifica-se pela sujeição tributária do agrupamento ao regime *de transparência fiscal*, sendo os seus resultados directamente imputados aos respectivos membros (cf. art. 6.º, n.ᵒˢ 2 e 3 do CIRC e art. 40.º do Regulamento 2137/85/CE).

Contratos de Cooperação

a dissolução do agrupamento (art. 31.º) –, é mister salientar que tal colégio goza de uma espécie de competência decisória genérica sobre qualquer matéria da vida do AEIE (art. 16.º, n.º 2), o que inclui, naturalmente, o poder de dar instruções aos próprios gerentes (ou até, em certos casos, de lhe fixar as competências: cf. art. 19.º, n.º 3, todos do Regulamento 2137/85/CE).[783]

III. Por seu turno, a *gerência,* composta por uma ou mais pessoas singulares ou colectivas designadas no contrato constitutivo ou nomeadas pelo colégio dos membros (art. 19.º, n.ºˢ 1 e 2 do Regulamento 2137/85/CE e art. 8.º do Decreto-Lei n.º 148/90), está investida genericamente em funções de gestão e de representação do AEIE (arts. 19.º, n.º 1 e 20.º), sem prejuízo de o conteúdo e o âmbito concretos dos seus poderes funcionais poderem ser fixados pelo colégio dos membros (art. 19.º, n.º 3, "in fine", ambos do Regulamento 2137/85/CE).[784]

IV. O AEIE pode ser constituído com ou sem *capital* próprio, ou mesmo com ou sem *património* inicial, já que a lei omitiu a este propósito qualquer exigência específica. Todavia, enquanto sujeito jurídico independente, ele será titular exclusivo

---

[783] A natureza "intuitus personae" e o "animus cooperandi" característicos do AEIE exibem algumas especialidades curiosas: assim, se, por um lado, a regra geral segundo a qual *cada membro tem direito a um voto* admite desvios mediante a estipulação contratual de voto plural em favor de determinado membro (art. 17.º, n.º 1), por outro, prevê-se que as deliberações sejam, em via de regra, tomadas por *unanimidade* (art. 17.º, n.ºˢ 2 e 3, ambos do Regulamento 2137/85/CE). Cf. Soares, M. Ângela, *Algumas Notas sobre o Agrupamento Europeu de Interesse Económico (AEIE),* 396, in: X RDE (1984/85), 389-400.

[784] Todavia, merece ser salientado que os gerentes do AEIE têm o poder legal de, individual ou conjuntamente, vincular o agrupamento perante terceiros, desde que actuem em nome daquele e ainda quando os actos praticados se situem fora do objecto contratual (arts. 19.º, n.ºˢ 1 e 2, 20.º, n.º 1 do Regulamento 2137/85/CE): trata-se de uma diferença relativamente ao caso do ACE, onde o legislador, ao menos expressamente, não se pronunciou a favor do afastamento da doutrina "ultra vires" (sobre o ponto, vide Tavares, M. Athaíde, *O Agrupamento Europeu de Interesse Económico,* 164, in: 8 RB (1988), 151-168).

Dos Contratos Comerciais em Especial

de todos os direitos e obrigações contraídos a partir da data da sua constituição no desenvolvimento da respectiva actividade. Aspecto relevante é o da *responsabilidade ilimitada dos membros pelas dívidas do AEIE*. Semelhantemente ao previsto para os ACE, o legislador estabeleceu um regime de responsabilidade para os membros agrupados de natureza pessoal, ilimitada, subsidiária (em face do agrupamento) e solidária (em face dos demais membros) (art. 24.º do Regulamento 2137/85/CE)[785]: nota dissonante aqui é apenas a circunstância de o regime da subsidiariedade ser mais mitigado, já que os credores do agrupamento poderão agredir o património pessoal dos membros mesmo antes da prévia excussão do património do agrupamento, bastando para tal que este se haja constituído em mora por dívidas perante aqueles (art. 24.º, n.º 2 do mesmo Regulamento).[786]

4. Dissolução, Liquidação e Extinção

I. A *dissolução* do AEIE pode resultar de dois tipos fundamentais de causas: causas de *dissolução voluntária* – que operam mediante deliberação do colégio dos membros, tomada no exercício

---

[785] Sobre esta responsabilidade, vide, entre nós, TAVARES, M. Athaíde, *O Agrupamento Europeu de Interesse Económico*, 165, in: 8 RB (1988), 151-168; no direito europeu, MANZ, Gerhard/ SELBHERR, Paul, *Kommentar zum Europäischen wirtschaftliche Interessenvereinigung (EWIV)*, 116 e segs., Nomos, Baden-Baden, 1995. Semelhantemente ao ACE, o alcance deste regime da responsabilidade poderá ser circunscrito *caso a caso*, mediante a renúncia expressa ao benefício da solidariedade passiva por parte de credores concretos do AEIE no quadro das suas relações negociais com este (cf. Considerando n.º 10 do Regulamento 2137/85/CE).

[786] É mesmo duvidoso que se possa aqui falar de subsidiariedade, tratando-se antes de um caso que – de modo algo semelhante ao previsto no art. 501.º do CSC (responsabilidade da sociedade-mãe por dívidas das filiais) – tem antes a natureza jurídica de uma responsabilidade solidária *"sui generis"* ou *imperfeita*, sujeita a condição: sobre esta questão, vide desenvolvidamente ANTUNES, J. Engrácia, *Os Grupos de Sociedades – Estrutura e Organização Jurídica da Empresa Plurissocietária*, 798, 2.ª edição, Almedina, Coimbra, 2002.

Contratos de Cooperação

da sua liberdade de decisão (art. 31.º, n.º 1) ou em cumprimento dos eventos dissolutivos previstos no contrato constitutivo ou na própria lei (decurso do prazo de duração, realização completa do objecto contratual, impossibilidade superveniente de prossecução do objecto contratual, ilicitude superveniente da composição do agrupamento: cf. art. 31.º, n.º 2) – e causas *de dissolução judicial* – que dependem de declaração judicial proferida a requerimento de qualquer interessado (em caso de violação das regras em matéria do objecto, sede ou substrato pessoal do agrupamento) ou de um membro (com fundamento em justa causa) (cf. art. 32.º, n.ºs 1 e 2, todos do Regulamento 2137/85/CE).

II. A dissolução deliberada ou judicialmente declarada dará lugar à abertura imediata das operações de *liquidação* do património do AEIE (art. 35.º, n.º 1 do Regulamento 2137/85/CE), considerando-se este *extinto* com o registo comercial do encerramento daquela (art. 7.º, j) do CRCom).[787]

§7 Outros

1. Contrato de Grupo Paritário

I. Designa-se por contrato de grupo paritário ("paritätische Vertrag", "contract de groupe horizontal") *o contrato através do qual duas ou mais sociedades anónimas, por quotas ou em*

---

[787] No plano *insolvencial*, assinale-se que os AEIE estão sujeitos às disposições da lei portuguesa na matéria (arts. 28.º e 36.º do Regulamento 2137/85/CE, art. 10.º do Decreto-Lei n.º 148/90): podendo um agrupamento insolvente constituir objecto de uma declaração judicial de insolvência ou de um plano de insolvência (art. 2.º, n.º 1, a) do CIRE), já a insolvência dos seus membros não determina, por si mesma, nem a sua exclusão do agrupamento (dado que não se aproveitou a faculdade conferida no art. 28.º, n.º 1 do Regulamento 2137/85/CE), nem a dissolução do próprio agrupamento (excepto disposição diversa do contrato constitutivo: cf. art. 30.º do Regulamento 2137/ /85/CE e art. 118.º, n.º 1 do CIRE).

comandita por acções, que são independentes entre si, se subordinam a uma direcção económica unitária e comum.[788]

II. Este contrato, expressamente previsto entre nós no art. 492.º do CSC, constitui um dos instrumentos jurídicos de criação e organização de um grupo de sociedades. Todavia, ao contrário do que sucede nos grupos verticais ("Unterordnungskonzerne") formados com base no contrato de subordinação do art. 493.º do mesmo Código, nos grupos horizontais ou de coordenação ("Gleichordnungskonzerne") as sociedades agrupadas mantêm necessariamente a sua independência recíproca, participando em pé de igualdade na formação e execução da direcção económica comum do agrupamento (art. 492.º, n.º 1 do CSC) – razão pela qual se fala aqui de "grupos sem dependência" ("Konzerne ohne Abhängigkeit")[789]. Justamente por essa razão, antes que veículo da concentração de empresas, o contrato de grupo paritário pode ser integrado na grande família dos instrumentos jurídicos que estão ao serviço da cooperação interempresarial, embora com matizes muito particulares derivados da integração profunda que é susceptível de realizar entre as empresas contratantes.[790]

---

[788] Sobre a figura, vide entre nós ANTUNES, J. Engrácia, *Os Grupos de Sociedades – Estrutura e Organização Jurídica da Empresa Plurissocietária*, 911 e segs., 2.ª edição, Almedina, Coimbra, 2002. Noutros ordenamentos, BAYER, Wilhelm, *Horizontal Groups and Joint Ventures in Europe*, in: Hopt, Klaus (ed.), "Groups of Companies in European Laws", 3-17, Walter de Gruyter, Berlin, 1982; MILDE, Thomas, *Der Gleichordnungskonzern im Gesellschaftsrecht*, Duncker & Humblot, Berlin, 1996; SACRISTÀN, L. Marcos, *El Grupo de Estrutura Paritaria: Caracterización y Problemas*, in: 165 RDM (1982), 375-398.

[789] SCHMIDT, Karsten, *Gleichordnung im Konzern: "Terra Incognita"? – Vorstudien und Thesen zu einem Recht der Konzernschwestern*, 423, in: 155 ZHR (1991), 417-446.

[790] Cuja distinção em face de outras figuras cooperativas, de resto, nem sempre é linear: para uma ilustração, vide, entre nós, PINHEIRO, L. Lima, *Contrato de Empreendimento Comum ("Joint Venture") em Direito Internacional Privado*, 191 e segs., Cosmos, Lisboa, 1998; noutros quadrantes, SCHLEWING, Ulrich, *Das paritätische Gemeinschaftsunternehmen im Konzern- und Kartellrecht*, 30 e segs., C. Heymanns, Köln, 1993.

Contratos de Cooperação

2. Aliança Estratégica

I. Conceito proveniente do mundo da economia, designam-
-se genericamente por alianças estratégicas ("strategic alliances",
"strategische Allianzen", "alliances stratégiques") *os acordos de
longo prazo celebrados entre empresas que, partilhando os custos
e benefícios de uma determinada actividade ou projecto desenvolvidos em comum, são destinados a adquirir ou manter uma
vantagem competitiva face às demais empresas concorrentes.*[791]

II. A aliança estratégia, antes que uma figura contratual unitária ou monolítica, corresponde a um modelo genérico da cooperação interempresarial, particularmente difundido com a emergência
da internacionalização e globalização das empresas, que pode ser
estruturado através de múltiplos contratos concretos destinados a
regular as relações de partilha e convergência entre as partes, que
vão desde os contratos de cooperação "stricto sensu" (designadamente, "joint ventures") até outros contratos comerciais de vocação
matricial diversa (v.g., contratos de transferência de tecnologia).[792]

---

[791] BASEDOW, Jürgen/ JUNG, Christian, *Strategische Allianzen,* Beck, München,
1993; CONTRACTOR, Farok/ LORANGE, Peter (eds.), *Cooperative Strategies and Alliances,*
Pergamon, New York, 2002; GUTTERMAN, Alan, *The Law of Domestic and
International Strategic Alliances,* Quorum Books, Westport, 1995; GLOVER, Stephen/
CRAIG, Wasserman, *Partnership, Joint Venture, Strategic Alliances,* Law Journal Press,
New York, 2004.

[792] Assim, tomando a expressão num sentido amplíssimo, Farok CONTRACTOR e
Peter LORANGE definem aliança estratégica como "qualquer relação de cooperação entre
empresas de médio ou longo prazo, seja aquela baseada numa «joint venture», num
simples aperto de mão ou, de modo geral, em qualquer relação contratual que implique
uma interacção frequente entre as empresas aliadas" (*Cooperative Strategies and
Alliances,* XI, Pergamon, New York, 2002). Sobre o relevo do elemento contratual,
vide ainda RING, Peter, *The Role of Contract in Strategic Alliances,* in: Contractor,
Farok/ Lorange, Peter (eds.), "Cooperative Strategies and Alliances", 145-161,
Pergamon, New York, 2002.

Dos Contratos Comerciais em Especial

3. Acordo de Empresa

I. Designa-se por acordo de empresas ("collusion agreements", "Vereinbarungen", "ententes", "intese", colusión") *todo o tipo de convenções celebradas entre duas ou mais empresas jurídica e economicamente independentes que, mediante a articulação ou concertação dos respectivos comportamentos, tenham por finalidade ou efeito afectar a liberdade do jogo concorrencial no segmento de mercado relevante.*[793]

II. De novo, mais do que uma figura unitária de cooperação, encontramo-nos sim perante uma categoria genérica de acordos típicos e atípicos, de feição extremamente heterogénea. Considerando que a sua especificidade primordial reside nas projecções jusconcorrenciais da respectiva celebração e conteúdo[794], compreende-se também que tais acordos possam abranger indistintamente uma gama enorme de convénios, em termos jurídicos (que vão desde negócios jurídicos em sentido estrito até meros "gentlemen's agreements") ou em termos económicos (incluindo acordos relativos a vendas, preços, patentes, marcas, etc.).[795]

4. Subcontrato

I. Designa-se genericamente por subcontrato ("subcontract", "sous-traitance", "subcontratto") *o negócio jurídico celebrado entre*

---

[793] Sobre a figura, vide CORDEIRO, A. Robalo, *As Coligações de Empresas e os Direitos Português e Comunitário da Concorrência*, in: XXIX RDES (1987), 81-113. Noutros quadrantes, CORONA, E. Galán, *Acuerdos Restrictivos de la Competencia*, Montecorvo, Madrid, 1977; EMMERICH, Volker, *Kartellrecht*, 46 e segs., 11. Aufl., Beck, München, 2008; SLOT, Piet/ JOHNSTON, Angus, *An Introduction to Competition Law*, 56 e seg., Hart, Oxford/ Portland, 2006.

[794] Sobre tais projecções, vide *supra* Parte II, Cap. III, §3, 2.3.

[795] Para maiores desenvolvimentos, vide ANTUNES, J. Engrácia, *Direito Comercial*, em curso de publicação.

um sujeito, parte num outro contrato (designado "contrato-base"), e um terceiro com base na posição jurídica que lhe advém daquele.[796]

II. Num sentido amplo, a subcontratação representa uma operação pela qual uma empresa ("contratante") confia a outra ("subcontratada") a tarefa de executar para si, em termos previamente convencionados, uma parte ou todos os actos de produção ou distribuição de bens ou serviços, de que a primeira conserva a responsabilidade final: figura de vocação geral, ela pode consubstanciar-se juridicamente em diversas modalidades individuais, algumas das quais expressamente previstas na lei civil – v.g., sublocação (art. 1060.º do CCivil), subempreitada (art. 1213.º do CCivil) e submandato (art. 1165.º do CCivil) – ou mesmo comercial – v.g., a subcontratação na intermediação financeira (arts. 308.º e segs. do CVM) ou o subtransporte[797]. Trata-se de uma técnica contratual de cooperação interempresarial bastante frequente: entre as suas principais vantagens, contam-se a da desintegração vertical da actividade da empresa principal ("prime contractor"), a especialização técnica, economias de escola e transferência de risco inerentes ao "outsourcing", e a utilização intensiva dos recursos produtivos[798]. Inicialmente desenvolvida

---

[796] Sobre a figura em geral, vide MARTINEZ, P. Romano, *O Subcontrato*, Almedina, Coimbra, 1989. Sobre a sua relevância no domínio da cooperação interempresarial, vide MARQUES, M. Leitão, *Subcontratação e Autonomia Empresarial – Um Estudo sobre o Caso Português*, Edições Afrontamento, Porto, 1992; noutros países, AAVV, *La Sous-Traitance de Marchés de Travaux et de Services*, Economica, Paris, 1978; McGUINESS, John, *The Law and Management of Building Subcontracts*, 2nd edition, Blackwell, London, 2007; WEIMAR, Robert, *Der Subunternehmervertrag – Outsourcingvertrag*, 3. Aufl., RuW, Heidelberg, 2007.

[797] Sobre tais figuras, vide respectivamente *infra* Parte III, Cap. V, §2, 2.3(II) e Cap. VII, §2, 4(II).

[798] WEIMAR, Robert, *Der Subunternehmervertrag*, 13 e segs., 3. Aufl., RuW, Heidelberg, 2007. Uma das mais recentes modalidades de subcontratação, exibindo também afinidades com a franquia, consiste nos *acordos de parceira industrial* ("partenariat"), caracterizados por ligar a empresa contratante a um conjunto de empresas

por empresas japonesas ("Mitsubishi", "Sumitomo", "Mitsui", etc.), ela difundiu-se rapidamente nos mais diversos sectores de actividade económica (v.g., indústria de construção, marítima, automóvel, etc.), tanto a nível nacional como internacional[799], tanto a nível das grandes como pequenas empresas.[800]

---

subcontratadas ("partenaires") previamente seleccionadas em função das suas capacidades técnicas e dispondo de assinalável autonomia (LOUBÉRE, Michel/ PERROTIN, Roger, *Stratégies d'Achat: Sous-Traitance, Partenariat, Délocalisation*, 5ème édition, Éd. Organisation, Paris, 2005). A subcontratação, outrossim que contrato de cooperação, pode assumir frequentemente a feição de contrato de dependência e integração interempresarial (MARQUES, M. Leitão, *Subcontratação e Autonomia Empresarial – Um Estudo sobre o Caso Português*, 84 e segs., Edições Afrontamento, Porto, 1992).

[799] DRAETTA, Ugo, *Criteri per la Redazione di un Subcontratto Internazionale*, in: Galgano, Francesco (dir.), "I Contratti del Commercio, dell'Industria e del Mercato Finanziario", vol. II, 1419-1436, Utet, Torino, 1995; VETTER, Eberhard, *Subunternehmerverträge im internationalen Industrieanlagengeschäft*, in: 32 RIW (1986), 81-92.

[800] APOLINÁRIO, J. Marques, *Subcontratação: Uma Oportunidade para as PME*, Iapmei, Lisboa, 1986.

CAPÍTULO III
Contratos de Distribuição*

§1 Generalidades

I. Por contratos de distribuição comercial entendemos aqui genericamente *aqueles contratos, típicos ou atípicos, que disciplinam as relações jurídicas entre o produtor e o distribuidor "lato sensu" com vista à comercialização dos bens e serviços do primeiro.*

II. Os sistemas económicos contemporâneos são caracterizados por uma progressiva autonomização da função de *distribuição comercial*. Durante muito tempo, sobretudo em eras económicas mais recuadas, o produtor assegurava sozinho a comercialização dos seus próprios produtos ou serviços. Todavia, com o advento da produção industrial em série e do consumo em massa, o produtor foi confiando progressivamente a sujeitos especializados a tarefa de fazer chegar os seus bens e serviços às mãos do consumidor

---

* **Bibliografia Portuguesa:** ANTUNES, J. Engrácia, *Os Contratos de Distribuição Comercial*, in: RCEJ (2009), em curso de publicação; MONTEIRO, A. Pinto, *Contratos de Distribuição Comercial*, Almedina, Coimbra, 2004. **Bibliografia Estrangeira:** AAVV, *Commercial Agency, Franchise and Distribution Contracts*, Oxford University Press, Oxford/ New York, 2006; BEHAR-TOUCHAIS, Martine/ VIRASSAMY, Georges, *Les Contrats de la Distribution*, LGDJ, Paris, 1999; CASSANO, Giuseppe (ed.), *I Contratti di Distribuzione*, Giuffrè, Milano, 2006; MARTINEK, Michael/ SEMLER, Franz-Jörg/ HABERMEIER, Stefan, *Handbuch des Vertriebsrechts*, 2. Aufl., Beck, München; 2003; URQUIZA, C. Pellisé, *Los Contratos de Distribución Comercial*, Bosch, Barcelona, 1999.

Dos Contratos Comerciais em Especial

final, mormente a empresas especializadas na sua distribuição em mercado.[801]

III. A distribuição comercial pode assumir diferentes *modalidades*.

Desde logo, a distribuição pode ser *directa* ou *indirecta*. Ao passo que na primeira é o produtor que se encarrega da colocação dos seus próprios produtos ou serviços no mercado (usualmente recorrendo para tal a divisões orgânicas ou a pessoal dependente: v.g., filiais, sucursais, gerentes de comércio, auxiliares de comércio), na última o produtor concentra-se exclusivamente na função produtiva e renuncia à tarefa de comercialização, confiando esta a empresários ou intermediários autónomos especializados (v.g., transportadores, armazenistas, comissários, mediadores, agentes, concessionários, franquiados, etc.). Por seu turno, a própria distribuição indirecta pode ser *simples* ou *integrada*. Ao passo que na primeira, caracterizada pela ausência de coordenação entre a produção e a distribuição, o produtor concede uma grande autonomia aos seus distribuidores no exercício da respectiva actividade empresarial distributiva, na última, onde tal coordenação está sempre presente, o distribuidor surge aos olhos do público como um empresário integrado no âmbito da estratégia e rede de distribuição concebida pelo produtor, como tal sujeitando-se, em maior ou menor grau, às orientações e fiscalização genéricas deste último (será o caso comum dos agentes, concessionários, franquiados, ou distribuidores selectivos).[802]

---

[801] "A distribuição" – frisa Marie-Elisabeth ANDRÉ – "é filha da abundância" (*Les Contrats de la Grande Distribution*, 1, Litec, Paris, 1995). Sobre o relevo actual da distribuição comercial no mundo das empresas, vide BACCARINI, Claudio (ed.), *Imprese Commerciali e Sistema di Distribuzione*, Giappichelli, Torino, 1997; LANGE, K. Werner, *Das Rechts der Netzwerke. Moderne Fragen der Zusammenarbeit in Produktion und Vertrieb*, RuW, Heidelberg, 1998.

[802] Sobre as modalidades económicas da distribuição comercial, pode ver-se, com interesse, PARDOLESI, Roberto, *I Contratti di Distribuzione*, 10 e segs., Jovene, Napoli, 1979.

Contratos de Distribuição

IV. Os contratos são um dos *instrumentos jurídicos fundamentais de criação e organização da distribuição comercial*, qualquer que seja a modalidade económica que esta revista (directa ou indirecta, simples ou integrada)[803]. Na impossibilidade de analisarmos aqui todos esses contratos, concentraremos a nossa atenção nos modelos contratuais clássicos e mais relevantes da distribuição comercial indirecta: esses modelos são o *contrato de agência*, o *contrato de concessão comercial*, o *contrato de franquia*, o *contrato de mediação* e o *contrato de comissão*. Domínio marcado pela liberdade contratual e pela "vis creativa" dos empresários, a prática conhece ainda, todavia, muitos outros tipos de acordos negociais funcionalmente adstritos à distribuição comercial, a que se fará também breve alusão: pense-se, por exemplo, nos contratos de *distribuição selectiva* e de *distribuição autorizada*.[804]

V. Finalmente, uma palavra relativamente à *regulação jurídica* dos contratos de distribuição comercial – a qual releva de um conjunto variado de fontes[805]. Por um lado, dada a atipicidade

---

Por comodidade de exposição, falaremos doravante apenas do "produtor" como contraparte do distribuidor, embora caibam aqui consabidamente outros sujeitos, v.g., importadores, grossistas, grandes revendedores (MARTINEK, Michael/ SEMLER, Franz-Jörg/ HABERMEIER, Stefan, *Handbuch des Vertriebsrechts*, 5, 2. Aufl., Beck, München, 2003).

[803] Sobre a questão da existência ou não de uma categoria autónoma de contratos de distribuição, vide, na doutrina, MONTEIRO, A. Pinto, *Contratos de Distribuição Comercial*, 69 e segs., Almedina, Coimbra, 2004; na jurisprudência, os Acórdãos da RL de 2-XII-1999 (SILVA PEREIRA), in: XXIV CJ (1999), V, 112-114, de 8-VI-2004 (ABRANTES GERALDES), in: XXIX CJ (2004), III, 99-102, e de 14-II-2006 (PIMENTEL MARCOS), in: XXXI CJ (2006), I, 107-113. Noutras paragens, CASSANO, Giuseppe (ed.), *I Contratti di Distribuzione*, 5 e segs., Giuffrè, Milano, 2006; MARTINEK, Michael/ SEMLER, Franz-Jörg/ HABERMEIER, Stefan, *Handbuch des Vertriebsrechts*, 12 e segs., 2. Aufl., Beck, München, 2003; URQUIZA, C. Pellisé, *Los Contratos de Distribución Comercial*, 29 e segs., Bosch, Barcelona, 1999.

[804] Não está excluído, aliás, que as próprias espécies referidas se possam combinar entre si para dar origem a contratos de distribuição híbridos: cf. o Acórdão da RL de 2-XII-1999 (SILVA PEREIRA), in: XXIV CJ (1999), V, 112-114.

[805] Sobre o ponto, vide MONTEIRO, A. Pinto, *Regime Jurídico dos Contratos de Distribuição Comercial*, 567 e segs., in: "Estudos em Homenagem ao Prof. Doutor I. Galvão Telles", vol. I, 565-577, Almedina, Coimbra, 2002.

Dos Contratos Comerciais em Especial

legal de grande parte destes contratos, afigura-se que o seu regime jurídico relevará, em primeira linha, da *autonomia privada* das próprias partes contratantes, constituindo os direitos e obrigações contratualmente acordados verdadeira "lex inter partes"[806]. Por outro lado, considerando a relevância matricial da figura do contrato de agência neste sector particular da contratação mercantil, merece destaque o *Decreto-Lei n.º 178/86, de 3 de Julho*: trata-se de diploma legal de vocação integrativa da disciplina dos contratos de distribuição comercial, permitindo assim a aplicação analógica aos casos omissos da solução concreta prevista numa ou várias das suas normas, quando justificável à luz da respectiva "ratio legis"[807]. Finalmente, haverá ainda que ter em conta *outras fontes legais* pertinentes à sua disciplina, sejam de carácter geral – "maxime", as normas comuns sobre os negócios jurídicos (arts. 217.º e segs. do CCivil) e os contratos de adesão (LCCG)[808] – ou de carácter sectorial – v.g., as regras de defesa da concorrência (arts. 4.º e segs. da LGC de 2003, Regulamento CE/2790/1999, de 22 de Dezembro)[809], de propriedade industrial (arts. 31.º e 32.º

---

[806] Sobre a primazia da estipulação das partes nos contratos atípicos, vide DUARTE, R. Pinto, *Tipicidade e Atipicidade dos Contratos,* 17 e segs., Almedina, Coimbra, 2000; VASCONCELOS, P. Pais, *Contratos Atípicos*, 326 e segs., reimp., Almedina, Coimbra, 2009. Uma boa ilustração desta primazia pode ser encontrada no Acórdão do STJ n.º 3/ 2008, de 28-II-2008 (RODRIGUES DOS SANTOS), que veio uniformizar jurisprudência no sentido de reconhecer a prevalência dos pactos de jurisdição no âmbito dos contratos de agência, independentemente do conteúdo do direito substantivo aplicável ou das incidências práticas da cláusula de eleição do foro (in: DR, I série, n.º 66, de 3 de Abril de 2008, 2041-2048).

[807] Tratar-se-á assim tendencialmente de uma "analogia legis", referida à hipótese legal de normas individuais ou concretas, e não genericamente de uma "analogia iuris": para a distinção entre estas modalidades, vide ANTUNES, J. Engrácia, *A Analogia no Direito Comercial*, em curso de publicação. Sobre o ponto, vide ainda *infra* Parte III, Cap. III, §2, 1(II).

[808] Sobre os contratos de distribuição como contratos de adesão, vide GARCÍA, M. Domínguez, *Aproximación al Régimen Jurídico de los Contratos de Distribución. Especial Referencia a la Tutela del Distribuidor*, 431 e segs., in: 177 RDM (1985), 419-488.

[809] Sobre a relevância dos acordos verticais no âmbito da distribuição comercial, vide, para uma ilustração prática, SERENS, M. Nogueira, *Direito da Concorrência e*

Contratos de Distribuição

do CPI), de direito comercial internacional (arts. 41.º e 42.º do CCivil, Convenção de Roma de 1980)[810], além de outras regras juscomerciais avulsas (v.g., art. 2.º do Decreto-Lei n.º 383/89, de 6 de Novembro, sobre o conceito de produtor).

§2 *Agência*

1. Noção

I. O contrato de agência ("commercial agency", "Handelsvertretervertrag", "agence commerciale", "agenzia commerciale", "agencia mercantil") consiste no *contrato pelo qual uma das partes – o agente – se obriga a promover por conta da outra – o principal – a celebração de contratos, de modo autónomo, estável e remunerado.*[811]

Acordos de Compra Exclusiva (Práticas Nacionais e Comunitárias), espec. 53 e segs., Coimbra Editora, Coimbra, 1993; para maiores desenvolvimentos, cf. Wijckmans, Frank/ Tuytschaever, Filip/ Vanderelst, Alain, *Vertical Agreements in EC Competition Law*, Oxford University Press, Oxford, 2006.

[810] Sobre a regulação dos contratos internacionais de distribuição, vide Detzer, Klaus, *Verträge mit ausländischen Handelsvertretern und Vertragshändlern*, Luchterhand, Stuttgart, 1995; Diloy, Christel, *Le Contrat d'Agence Commerciale en Droit International de la Distribution*, LGDJ, Paris, 2000; Urquiza, C. Pellisé, *Los Contratos de Distribución Comercial*, Bosch, Barcelona, 1999. Recorde-se ainda a existência na matéria de princípios ou regras gerais – mormente, as elaboradas pelo "Study Group on a European Civil Code" (cf. AAVV, *Commercial Agency, Franchise and Distribution Contracts*, Oxford University Press, Oxford/ New York, 2006) – e de modelos contratuais internacionais – mormente, os elaborados pela CCI (v.g., o "ICC Model Commercial Agency Contract" e o "ICC Model International Franchising Contract"). Sobre estas manifestações da "lex mercatoria", vide já, em geral, *supra* Parte I, Cap. IV, §2, 2.

[811] Sobre a figura em geral, vide Barata, C. Lacerda, *Sobre o Contrato de Agência*, Almedina, Coimbra, 1991; Brito, M. Helena, *O Contrato de Agência*, in: AAVV, "Novas Perspectivas do Direito Comercial", 105-135, Almedina, Coimbra, 1988. Para figuras estrangeiras congéneres, com especialidades autóctones, vide Abrahamczik, Jürgen, *Handelsvertretervertrag*, 3. Aufl., Beck, München, 2007;

Dos Contratos Comerciais em Especial

II. O *regime legal* do contrato de agência encontra-se previsto no Decreto-Lei n.º 178/86, de 3 de Julho[812]. Sublinhe-se ainda, no plano comunitário, a Directiva 86/653/ CE, de 18 de Dezembro, que procedeu a uma harmonização relativa dos direitos europeus na matéria[813] e que foi transposta entre nós pelo Decreto-Lei n.º 118/93, de 13 de Abril[814]. Finalmente, como já atrás foi referido, este regime legal possui uma relevância que ultrapassa o próprio contrato que regula: constituindo a agência uma figura "paradigmática" ou "matriz" da distribuição comercial, compreende-se que a doutrina e a jurisprudência portuguesas venham admitindo a extensão analógica do seu regime aos demais contratos de distribuição legalmente atípicos.[815]

2. Características

I. A noção do contrato de agência, contida no art. 1.º do Decreto-Lei n.º 178/86, de 3 de Julho, é constituída por um conjunto de *elementos definidores essenciais*: promoção da celebração

---

LELOUP, Jean-Marie, *Les Agents Commerciaux*, 5ème édition, Delmas, Paris, 2001; TOFFOLETTO, Franco, *Il Contratto d'Agenzia*, Giuffrè, Milano, 2008; VIDAL, F. Mercadal, *El Contrato de Agencia Mercantil*, Real Colegio de España, Zaragoza, 1998.

[812] Para um comentário à lei, MONTEIRO, A. Pinto, *Contrato de Agência – Anotação ao Decreto-Lei n.º 178/86, de 3 de Julho*, 6.ª edição, Almedina, Coimbra, 2007.

[813] Sobre esta directiva, vide SCHMIDT, Jörg, *Vertragsfreiheit und EG-Handelsvertreterrichtlinie*, in: 156 ZHR (1992), 512-520. Para uma visão global do "estado da arte" legislativo na Europa, vide WESTPHALEN, F. Graf (Hrsg.), *Handbuch des Handelsvertreterrechts in EU-Staaten und der Schweiz*, V. Otto Schmidt, Köln, 1995.

[814] Cf. ainda BARATA, C. Lacerda, *Anotações ao novo Regime do Contrato de Agência*, Lex, Lisboa, 1994.

[815] Neste sentido, na doutrina, MONTEIRO, A. Pinto, *Contratos de Distribuição Comercial*, 64 e seg., Almedina, Coimbra, 2004; na jurisprudência, os Acórdãos do STJ de 3-V-2000 (SILVA PAIXÃO), in: VIII CJ/STJ (2000), II, 45-48, e de 21-IV-2005 (OLIVEIRA DE BARROS), in: VIII CJ/STJ (2005), II, 49-56.

Contratos de Distribuição

de contratos, actuação por conta do principal, autonomia, estabilidade, e onerosidade.[816]

II. O primeiro e mais relevante traço da agência consiste na *obrigação do agente de promover a celebração de contratos.* Trata-se de uma obrigação consubstanciada numa prestação de facto complexa que, devendo ser executada de boa-fé no respeito dos interesses do principal (art. 6.º), se traduz num conjunto variado de actos materiais que vão desde a prospecção do mercado, a difusão publicitária dos produtos e serviços do principal, até à angariação de novos clientes, ao estabelecimento de negociações, e à fidelização dos clientes já angariados. Aspecto importante é o de que os contratos não são celebrados pelo agente com os clientes, limitando-se aquele a promover e preparar a sua celebração futura pelo principal: todavia, por força de disposição contratual expressa, o agente pode ser autorizado a celebrar tais contratos na qualidade de representante do principal (art. 2.º) e a cobrar os créditos daqueles emergentes (art. 3.º).[817]

---

[816] Decisivo na qualificação contratual é a verificação de tais elementos, sendo irrelevante o "nomen iuris" dado pelas partes ao contrato: cf. Acórdão do STJ de 9-III--1993 (CARLOS CALDAS), in: 425 BMJ (1993), 554-563. Para além destas características essenciais, a lei enumera ainda duas outras que, todavia, constituem *elementos não essenciais* ou meramente eventuais da figura da agência: a atribuição ao agente de "certa zona" ou de "determinado círculo de clientes" (cf. art. 1.º do citado diploma). Finalmente, a *exclusividade recíproca* da relação de agência, seja do ponto de vista do agente ou do principal, depende de acordo escrito das partes (cf. art. 4.º): em sentido parcialmente diverso, cf. MONTEIRO, A. Pinto, *Contrato de Agência – Anotação ao Decreto-Lei n.º 178/86, de 3 de Julho,* 72, 6.ª edição, Almedina, Coimbra, 2007.

[817] Problema conexo é o da *tutela de terceiros* (mormente, clientes) que negociaram com um agente destituído de poderes de representação atribuídos pelo principal. Com vista a proteger a boa-fé desses terceiros, o legislador consagrou a *ratificação tácita* desses negócios caso o principal a eles se não tenha oposto no prazo de cinco dias após o seu conhecimento (art. 22.º, n.º 2) e ainda a relevância da chamada *representação aparente* (art. 23.º). Sobre o ponto, cf. PINTO, P. Mota, *Aparência de Poderes de Representação e Tutela de Terceiros. Reflexão a Propósito do Artigo 23.º do Decreto-Lei n.º 178/86, de 3 de Julho,* in: LXIX BFDUC (1993), 587-645; na jurisprudência, vide o Acórdão da RG de 15-XI-2007 (MARIA ROSA TCHING), in: XXXII CJ (2007), V, 271-279.

Dos Contratos Comerciais em Especial

III. Outro traço essencial do contrato de agência consiste na *actuação do agente por conta do principal*. Tal significa dizer que os efeitos dos actos que o agente pratica se destinam a ser projectados ou repercutidos na esfera jurídica do principal, verdadeiro "dominus negotii" – actuação por conta alheia – mas também que a actuação do agente deverá ser realizada em benefício ou em vantagem do principal, prosseguindo aquilo que sabe ser ou pensa ser o interesse deste último – actuação no interesse alheio[818]. Este traço, de resto, permite distinguir a agência de outros contratos de distribuição comercial integrada onde, como é o caso da concessão comercial e da franquia, o distribuidor actua por conta própria.[819]

IV. Em terceiro lugar, o contrato de agência envolve ainda a *autonomia do agente*. Muito embora actuando por conta e no interesse do principal, o agente exerce a sua actividade de modo independente, gozando de autonomia quanto à execução da sua obrigação de promoção contratual: um afloramento legal dessa característica é a possibilidade legal de recurso a subagentes (art. 5.º). Este traço permite distinguir o agente do trabalhador ou outros colaboradores dependentes do principal: muito embora o grau dessa autonomia possa variar em função da maior ou menor integração do agente na rede distributiva do principal, ela deverá sempre existir sob pena da descaracterização da própria relação contratual (art. 7.º, a)).[820]

---

[818] Sobre a noção de actuação por conta e no interesse alheios, vide JORGE, F. Pessoa, *O Mandato sem Representação*, 192 e segs., 242 e segs., Almedina, Coimbra, 2001.

[819] Sobre o agente enquanto colaborador autónomo dos empresários, vide ANTUNES, J. Engrácia, *Direito Comercial*, em curso de publicação.

[820] Não serão assim agentes aqueles indivíduos que, ostentando embora tal designação, se encontram ligados a um empresário através de um contrato laboral ou outras figuras congéneres (gerentes do comércio, auxiliares, caixeiros). Sobre a distinção entre os contratos de agência, de trabalho e de prestação de serviços, nem sempre linear, vide BOTÍA, A. Cámara, *Contrato de Trabajo y Agencia Mercantil,* in: 77 REDT (1996), 449-490; entre nós, na jurisprudência, vide os Acórdãos do STJ de 3-II-1999 (QUIRINO SOARES),

Contratos de Distribuição

V. Outra característica distintiva do contrato de agência é a *estabilidade da relação*. O contrato de agência pode ser de duração indeterminada (no silêncio das partes) ou determinada (inclusive para prazos curtos ou períodos sazonais): ponto é que o agente exerça a sua actividade de uma forma estável e continuada, tendo em vista, não uma operação esporádica, mas uma pluralidade de operações que se prolongam no tempo. Este traço permite, em regra e entre outros factores, distinguir o contrato de agência (bem como outros contratos distributivos, como a concessão comercial e a franquia) do contrato de mediação: conquanto o mediador exerça também uma actividade de intermediação negocial semelhante à do agente, a verdade é que ela se traduz numa intermediação isolada ou pontual, quando solicitado para a preparação de determinado negócio em concreto.[821]

VI. Um derradeiro traço essencial da agência reside na sua *onerosidade*. Em contrapartida da sua actividade, o agente deve ser remunerado pelo principal: essa remuneração consistirá usualmente numa comissão, calculada em função do volume de negócios angariados para o principal (arts. 16.º a 18.º)[822], sendo determinada, na falta de convenção das partes, segundo os usos mercantis ou a equidade (art. 15.º).[823]

---

in: VII CJ/STJ (1999), I, 70-72, e de 15-X-1980 (SANTOS VICTOR), in: 300 BMJ (1980), 244-251.

[821] Sobre a distinção entre os contratos de agência e de mediação, vide, na doutrina, SALVADOR, Manuel, *Contrato de Mediação*, 237 e segs., Petrony, Lisboa, 1964; na jurisprudência, o Acórdão do STJ de 31-III-1998 (RIBEIRO COELHO), in: 475 BMJ (1998), 680-688.

[822] Sobre a prescrição dos créditos provenientes das comissões do agente, vide o Acórdão da RC de 1-VII-2008 (DIAS MARTINS), in: XXXIII CJ (2008), III, 39-40.

[823] Embora não tenha sido erigido em traço essencial do tipo legal, o contrato de agência constitui um contrato naturalmente empresarial, no sentido em que é, por regra ou em princípio, celebrado entre *empresários*. Se tal não suscita dúvidas particulares relativamente ao principal (por regra, uma sociedade comercial ou outro tipo de empresário colectivo), o mesmo também valerá para o próprio agente comercial, cuja actividade de angariação de clientes e promoção de negócios por conta do principal se realiza, ao

Dos Contratos Comerciais em Especial

3. Regime Jurídico

I. O regime jurídico do contrato de agência é constituído por dois grupos fundamentais de disposições: normas relativas às *posições das partes* e à *cessação do contrato*.

II. Por um lado, o legislador desenvolve com minúcia os *direitos e obrigações* dos contraentes – os quais podem ser descritos sucintamente, dada a sua normal reciprocidade, tomando aqui por referência o agente.

Assim, relativamente às *obrigações*, incumbe ao agente, para além da sua obrigação principal de promoção negocial (art. 1.º), um feixe de deveres coadjuvantes desta (tais como os deveres de acatamento das instruções do principal, de prestação de informação, e de prestação de contas: cf. art. 7.º), um dever de sigilo (art. 8.º), um dever de avisar o principal de qualquer impossibilidade de cumprimento (art. 14.º), um dever de informação perante terceiros (art. 21.º), bem assim como, quando convencionados, um dever de não-concorrência (art. 9.º) e um dever de garantia do cumprimento das obrigações de terceiros (art. 10.º). Já relativamente aos seus *direitos*, para além do seu direito principal à retribuição (arts. 13.º, e), 15.º a 18.º), o agente está ainda investido num feixe de prerrogativas funcionalmente associadas ao respectivo desempenho (tal como a de receber do principal os elementos e a informação necessários ao exercício da sua actividade: cf. art. 13.º, a) a d)), num eventual direito a prestações retributivas suplementares (no caso de convenções especiais de cobrança, de "del credere" e de não-concorrência: cf. art. 13.º, f) e g)) e prestações indemnizatórias (art. 33.º), e ainda outros direitos secundários (arts. 20.º e 35.º).

---

menos no comum dos casos, no quadro de uma organização empresarial própria, por rudimentar ou mínima que esta seja. Sobre a qualidade de comerciante do agente, vide ANTUNES, J. Engrácia, *O Estatuto Jurídico do Comerciante: Alguns Problemas de Qualificação*, in: DJ (2009), em curso de publicação.

Contratos de Distribuição

III. Por outro lado, *a cessação do contrato de agência* está sujeita aos modos gerais da extinção dos contratos (art. 24.º) – mútuo acordo, caducidade, denúncia, resolução –, que o legislador, fundamentalmente em homenagem aos interesses do agente, rodeou de um conjunto de cautelas especiais (arts. 24.º a 36.º).[824]

Aspecto particularmente relevante e delicado é o relativo à chamada *indemnização de clientela*, prevista no art. 33.º, que visa fundamentalmente compensar o agente, no evento da cessação contratual, pelos benefícios de que o principal continuará a usufruir graças à clientela por aquele angariada. Este direito indemnizatório do agente está, todavia, dependente da verificação cumulativa de vários pressupostos no caso concreto: para além da cessação do contrato, é necessário que a actividade do agente tenha aumentado a clientela ou o volume de negócios do principal, que este último venha a beneficiar consideravelmente dos efeitos daquela actividade, e que o agente não receba quaisquer atribuições patrimoniais pós-contratuais relativas a essa actividade anterior.[825]

---

[824] Sobre a temática, vide, entre nós, MACHADO, J. Baptista, *Denúncia-Modificação de um Contrato de Agência*, in: 120 RLJ (1987/88), 183-192; noutros quadrantes, de uma perspectiva geral, GONZÁLEZ, R. Lara, *Las Causas de Extinción del Contrato de Agencia*, Civitas, Madrid, 1998. Para outros aspectos distintivos da cessação contratual da agência, vide já *supra* Parte II, Cap. V, §4, 2(III).

[825] Sobre esta figura, que concitou considerável atenção entre nós, vide, na doutrina, CUNHA, Carolina, *A Indemnização de Clientela do Agente Comercial*, Coimbra Editora, Coimbra, 2003; LEITÃO, L. Menezes, *A Indemnização de Clientela no Contrato de Agência*, Almedina, Coimbra, 2006; VASCONCELOS, Joana, *Cessação do Contrato de Agência e Indemnização de Clientela – Algumas Questões Suscitadas pela Jurisprudência Relativa ao DL n.º 178/86,* in: XVI DJ (2002), 243-263; na jurisprudência, os Acórdãos do STJ de 7-III-2006 (ALVES VELHO), in: XIV CJ/STJ (2006), I, 106-110, de 27-X-1994 (SOUSA MACEDO), in: II CJ/STJ (1994), III, 101-105, e de 9-XI-1999 (SILVA PAIXÃO), in: 491 BMJ (1999), 293-297.

Dos Contratos Comerciais em Especial

§3 Concessão Comercial

1. Noção

I. O contrato de concessão comercial ("Vertragshändler-vertrag", "concession commerciale", concessione di vendita", "concesión mercantil") define-se como *o contrato pelo qual um empresário – o concedente – se obriga a vender a outro – o concessionário –, ficando este último, em contrapartida, obrigado a comprar ao primeiro, certos produtos, para revenda em nome e por conta próprios numa determinada zona geográfica, bem assim como a observar determinados deveres emergentes da sua integração na rede de distribuição do concedente.*[826]

II. O contrato de concessão comercial permanece ainda hoje como um contrato atípico e inominado, ou seja, destituído de uma disciplina legal e de um "nomen iuris". Apesar da sua atipicidade legal, trata-se indubitavelmente de um *contrato socialmente típico*, perfeitamente sedimentado na prática dos negócios, correspondendo mesmo a uma das modalidades mais difundidas da distribuição comercial de bens ou serviços de marca ou grande qualidade (v.g, automóveis, bens de luxo, material informático, moda, etc.)[827]:

---

[826] Sobre a figura, vide BRITO, M. Helena, *O Contrato de Concessão Comercial*, Almedina, Coimbra, 1990; VIEIRA, J. Coelho, *O Contrato de Concessão Comercial*, AAFDL, Lisboa, 1991. Para figuras estrangeiras congéneres, CAGNASSO, Oreste, *La Concessione di Vendita*, Giuffrè, Milano, 1983; GUYÉNOT, Jean, *Les Contrats de Concession Commerciale,* Sirey, Paris, 1968; GRONSTEDT, Sebastian, *Vertragshändlervertrag,* 3. Aufl., RuW, Heidelberg, 1997; MENÉNDEZ, I. Morlejo, *El Contrato Mercantil de Concesión*, Aranzadi, Pamplona, 2007. Reputando expressamente o contrato de concessão comercial como uma modalidade dos contratos de distribuição comercial, vide os Acórdãos da RL de 8-VI-2004 (ABRANTES GERALDES), in: XXIX CJ (2004), III, 99-102, e de 14-II-2006 (PIMENTEL MARCOS), in: XXXI CJ (2006), I, 107-113.

[827] Sobre a questão da tipicidade da concessão comercial, com perspectivas algo diferenciadas, vide BRITO, M. Helena, *O Contrato de Concessão Comercial*, 155 e segs., Almedina, Coimbra, 1990; VIEIRA, J. Coelho, *O Contrato de Concessão Comercial*, 91 e segs., AAFDL, Lisboa, 1991. Na jurisprudência, qualificando-o também

Contratos de Distribuição

mediante tal contrato, o produtor, fabricante ou importador (concedente) assegura o controlo da distribuição dos seus produtos por um número limitado de revendedores qualificados sem suportar o risco da respectiva comercialização, ao mesmo tempo que o distribuidor (concessionário) goza de uma posição concorrencialmente privilegiada na venda desses produtos em determinada zona.[828]

2. Características

I. Antes do mais, o contrato de concessão comercial constitui um *contrato-quadro* ("Rahmenvertrag", "contrat-quadre") no sentido em que visa criar e disciplinar uma relação jurídica de colaboração estável e duradoura entre as partes, cuja execução se traduz na celebração futura entre estas de sucessivos contratos de compra e venda[829]. Além desta natureza fundamental, a concessão comercial representa ainda um contrato *consensual* (art. 219.º do

---

como contrato atípico, vide o Acórdão do STJ de 15-IV-2004 (SALVADOR DA COSTA), in: XII CJ/STJ (2004), II, 25-28.

[828] Tal como a generalidade dos demais contratos de distribuição, a concessão comercial é um contrato naturalmente comercial, cujas partes contratantes são, em regra, empresários (sobre os contratos naturalmente comerciais, vide *supra* Parte I, Cap. III, §1, 2.). Sobre a qualidade de comerciante do concessionário, vide ANTUNES, J. Engrácia, *O Estatuto Jurídico do Comerciante: Alguns Problemas de Qualificação*, in: DJ (2009), em curso de publicação.

[829] Sobre a natureza jurídica da concessão comercial como contrato-quadro, vide, na doutrina, BRITO, M. Helena, *O Contrato de Concessão Comercial*, 190 e segs., Almedina, Coimbra, 1990; na jurisprudência, o Acórdão do STJ de 7-IV-2005 (LOPES PINTO), in: XIII CJ/STJ (2005), II, 30-34, e os Acórdãos da RL de 21-IV-2005 (URBANO DIAS), in: XXX CJ (2005), II, 107-114, e de 8-VI-2004 (ABRANTES GERALDES), in: XXIX CJ (2004), III, 99-102. Saliente-se ainda que esta característica é de tal modo marcante que alguma jurisprudência já chegou mesmo a qualificar o contrato de concessão como "uma das espécies de contrato de cooperação empresarial, que tem por essência uma relação contratual duradoura entre produtor e distribuidor" (cf. Acórdão da RL de 30-X-1997 (SALVADOR DA COSTA), in: XXII CJ (1997), IV, 129-134).

CCivil), *oneroso* (originando vantagens patrimoniais para os contraentes), *"intuitus personae"* (celebrado em atenção às especiais qualidades da outra parte, gerando deveres reforçados de lealdade e boa-fé) e de *adesão* (regra geral, elaborado mediante o recurso a cláusulas contratuais gerais).

São quatro as *características essenciais* ou elementos distintivos desta figura contratual: obrigações recíprocas de compra e venda, actuação em nome e por conta próprios, autonomia e estabilidade.

II. Em primeiro lugar, a concessão comercial é um contrato que envolve *obrigações de venda e de compra para revenda*. O concedente obriga-se a vender ao concessionário os seus produtos, ficando este último obrigado a adquiri-los àquele e, sobretudo, a revendê-los aos terceiros: o contrato de concessão serve justamente para fixar os principais termos destas obrigações recíprocas (v.g., quantitativos mínimos de aquisição, quota de revenda).[830]

III. Um segundo traço da concessão comercial consiste na *actuação do concessionário em nome e por conta próprios*. O concessionário, ao revender os produtos adquiridos ao concedente, fá-lo em seu próprio nome e por sua exclusiva conta, assumindo assim inteiramente os riscos da comercialização: será ele a actuar no mercado, sujeitando-se aos seus ditames, e será ele o único interlocutor dos terceiros consumidores dos produtos vendidos, suportando as respectivas vicissitudes (v.g., incumprimento, responsabilidade por vícios dos bens).[831]

---

[830] Sobre estas obrigações, vide BRITO, M. Helena, *O Contrato de Concessão Comercial*, 54 e segs., Almedina, Coimbra, 1990; VIEIRA, J. Coelho, *O Contrato de Concessão Comercial*, 28 e segs., AAFDL, Lisboa, 1991.

[831] Este traço permite, simultaneamente, distinguir a concessão comercial da agência (o agente, ao contrário do concessionário, actua por conta alheia) e aproximá-la da franquia (tal como o concessionário, o franquiado actua em nome e por conta próprios). Cf. MONTEIRO, A. Pinto, *Contratos de Agência, de Concessão e de Franquia (Franchising)*, 319 e segs., in: "Estudos em Homenagem ao Prof. Doutor Eduardo Correia", vol. III, 303-327, Separata do Boletim da Faculdade de Direito, Coimbra, 1984.

Contratos de Distribuição

IV. Em terceiro lugar, a concessão comercial pressupõe também a *autonomia (relativa) do concessionário*. O concessionário deve constituir uma pessoa física ou colectiva distinta do concedente, sendo usualmente titular de uma empresa própria dedicada à revenda e comercialização de bens e serviços. Esta autonomia jurídica e económica, todavia, é meramente relativa: com efeito, nota relevantíssima deste contrato é a sujeição do concessionário a certas obrigações destinadas a assegurar a sua integração na rede de distribuição do concedente, em matérias várias tais como a organização empresarial, a política promocional e comercial, e a assistência pós-venda a clientes.[832]

V. Finalmente, a relação contratual de concessão comercial é caracterizada pela sua *estabilidade*. Trata-se usualmente de contratos celebrados por tempo indeterminado ou que permitem a sua renovação automática, o que facilmente se explica pela sua própria natureza de contrato-quadro: não será assim de qualificar como concessão comercial o contrato celebrado entre um produtor e um empresário revendedor para a execução de uma operação pontual de revenda.[833]

---

[832] Cf. Acórdãos do STJ de 15-IV-2004 (Salvador da Costa), in: XII CJ/STJ (2004), II, 25-28, e de 3-V-2000 (Silva Paixão), in: VIII CJ/STJ (2000), II, 45-48. É mister salientar que estas obrigações, entre outros factores, podem descaracterizar a independência económica e empresarial do concessionário a ponto de, sob a capa de uma autonomia formal e de uma relação de colaboração, a poder aproximar de uma situação de dependência económica e uma relação de controlo interempresarial: cf. Antunes, J. Engrácia, *Os Grupos de Sociedades – Estrutura e Organização Jurídica da Empresa Plurissocietária*, 517, 2.ª edição, Almedina, Coimbra, 2002.

[833] Estabilidade não implica *exclusividade*: embora seja possível e até frequente que as partes acordem simultaneamente uma cláusula de exclusividade (unilateral ou até recíproca), um contrato de concessão comercial não perde a sua natureza pela falta dessa previsão. Neste sentido, na doutrina, Brito, M. Helena, *O Contrato de Concessão Comercial*, 174 e segs., Almedina, Coimbra, 1990; na jurisprudência, o Acórdão do STJ de 22-XI-1995 (Mário Cancela), in: III CJ/STJ (1995), III, 115-118, e o Acórdão da RL de 23-IX-2003 (Tomé Gomes), in: XXVIII CJ (2003), IV, 90-98.

Dos Contratos Comerciais em Especial

3. Regime Jurídico

I. Em sede geral, tratando-se de um contrato (legalmente) atípico, o regime jurídico da concessão comercial será primordialmente fixado pelas próprias partes contratantes (concedente e concessionário)[834], sem prejuízo da relevância das regras legais pertinentes, gerais (v.g., arts. 217.º e segs. do CCivil, LCCG) ou sectoriais (v.g., regras da concorrência: cf. arts. 4.º e segs. da LGC de 2003, Regulamento da Autoridade da Concorrência n.º 9/2005, de 3 de Fevereiro, Regulamento CE/2790/1999, de 22 de Dezembro).[835]

II. Relativamente às lacunas do regime jurídico-contratual predisposto pelas partes, a doutrina e a jurisprudência portuguesas – como, de resto, o próprio legislador (cf. n.º 4 do Preâmbulo do Decreto-Lei n.º 178/86, de 3 de Julho) – têm admitido o recurso à *analogia* com o regime legal do contrato de agência[836]: quase escusado seria dizê-lo, este recurso não é automático mas casuístico, apenas sendo legítimo recorrer à aplicação de uma

---

[834] Sobre a primazia da estipulação das partes, vide BRITO, M. Helena, *O Contrato de Concessão Comercial*, 216 e segs., Almedina, Coimbra, 1990; na jurisprudência, Acórdão do STJ de 10-V-2001 (ARAÚJO DE BARROS), in: IX CJ/STJ (2001), II, 62-71.

[835] Cf., na doutrina, SILVA, J. Calvão, *Concessão Comercial e Direito da Concorrência*, in: "Estudos Jurídicos (Pareceres)", 185-231, Almedina, Coimbra, 2001; na jurisprudência (mormente, em sede de cláusulas de exclusividade e de quotas mínimas de aquisição de um determinado produto), o Acórdão da RP de 9-III-2004 (ALBERTO SOBRINHO), in: XXIX CJ (2004), II, 160-164. Mas não só: pense-se, por exemplo, nas regras em matéria de determinação da lei e tribunais competentes (cf. Acórdão do STJ de 12-X-2006 (SALVADOR DA COSTA), in: XIV CJ/STJ (2006), III, 77-81).

[836] Cf. MONTEIRO, A. Pinto, *Contrato de Agência – Anotação ao Decreto-Lei n.º 178/86, de 3 de Julho*, 64, 6.ª edição, Almedina, Coimbra, 2007; entre a abundante jurisprudência, vide os Acórdãos do STJ de 23-IV-1998 (ARAGÃO SEIA), in: 476 BMJ (1998), 379-388, de 18-XI-1999 (NORONHA DO NASCIMENTO), in: 491 BMJ (1999), 297--301, e de 15-IV-2004 (SALVADOR DA COSTA), in: XII CJ/STJ (2004), II, 25-28. Solução idêntica, de resto, havia já sido anteriormente fixada pela doutrina estrangeira sobre a matéria: cf. EVANS-V.KRBEK, Franziska, *Die analoge Anwendung der Vorschriften des Handelsvertreterrechts auf der Vertragshändler*, Gieseking, Saarbrücken, 1973.

Contratos de Distribuição

dada norma, injuntiva ou supletiva, daquele regime legal quando, à luz da respectiva "ratio", seja de concluir pela sua identidade ou analogia com o caso omisso. Particularmente relevantes são aqui as normas em matéria da cessação do contrato[837] e da indemnização de clientela.[838]

III. Naturalmente, nem sempre o recurso à extensão analógica da disciplina legal da agência constituirá panaceia para as eventuais lacunas contratuais. Basta assim pensar, por exemplo, no problema do destino dos produtos guardados em "stock" pelo concessionário em caso de cessação contratual – sendo discutida, na ausência de cláusula contratual expressa, a atribuição ao concedente de uma obrigação de retoma desses produtos e ao concessionário de um direito de indemnização.[839]

§4 *Franquia*

1. Noção

I. O contrato de franquia ("franchising", "Franchise-Vertrag", "franchise", "franquicia") pode ser definido como *o contrato pelo qual um empresário – o franquiador – concede a outro empresário*

---

[837] Cf. MONTEIRO, A. Pinto, *Denúncia de um Contrato de Concessão Comercial*, Coimbra Editora, Coimbra, 1998; na jurisprudência, vide os Acórdãos da RL de 8-VI--2004 (ABRANTES GERALDES), in: XXIX CJ (2004), III, 99-102, e de 11-VII-2002 (TOMÉ GOMES), in: XXVII CJ (2002), IV, 71-75.

[838] Cf. VIEIRA, J. Coelho, *O Contrato de Concessão Comercial*, 151 e segs., AAFDL, Lisboa, 1991; na jurisprudência, o Acórdão do STJ de 3-V-2000 (SILVA PAIXÃO), in: VIII CJ/STJ (2000), II, 45-48, e o Acórdão da RL de 14-II-2006 (PIMENTEL MARCOS), in: XXXI CJ (2006), I, 107-113. Sobre tal questão noutros ordenamentos jurídicos, vide PAETZOLD, Veronika, *Ausgleichsanspruch des Vertragshändlers nach deutschem und schweizerischem Recht*, 2. Aufl., Handelskammer DS, Berlin, 2006.

[839] Sobre a questão, vide o Acórdão da RC de 25-I-2005 (HELDER ROQUE), in: XXX CJ (2005), I, 11-18.

– o franquiado – o direito de exploração e fruição da sua imagem empresarial e respectivos bens imateriais de suporte (mormente, a marca), no âmbito da rede de distribuição integrada do primeiro, de forma estável e a troco de uma retribuição.[840]

II. O contrato de franquia representa o mais relevante, heterogéneo e complexo contrato de distribuição comercial. Técnica contratual nascida nos Estados Unidos da América ainda no séc. XIX, rapidamente adquiriria um *relevo central* no panorama económico mundial, nela repousando a expansão de inúmeras empresas a nível internacional (v.g., "Coca-Cola", "McDonald's", "Hilton", "Holiday Inn", "Benetton", "Aviz") e nacional (v.g., "Optivisão", "Loja dos Trezentos"): como sublinha Walter Skaupy, "tudo é franchisável"[841]. Figura negocial legalmente atípica e dotada de grande flexibilidade operacional, ela presta-se a uma enorme variedade de *modalidades*: assim, tornou-se costume distinguir entre a franquia de distribuição (em que o franquiado se limita a vender na sua empresa os produtos fabricados ou comercializados pelo franquiador sob os sinais distintivos e controlo deste último: v.g., "Benetton", "Pronuptia"), a franquia de serviços (em que o franquiado presta serviços a terceiros debaixo

---

[840] Sobre a figura, entre outros, vide Ribeiro, A. Paula, *O Contrato de Franquia (Franchising) – No Direito Interno e Internacional,* Tempus Ed., Lisboa, 1994; Ribeiro, M. Fátima, *O Contrato de Franquia,* Almedina, Coimbra, 2001; Vasconcelos, L. Pestana, *O Contrato de Franquia (Franchising),* Almedina, Coimbra, 2000. Noutros ordenamentos, vide Leloup, Jean-Marie, *La Franchise: Droit et Pratique,* 4ème édition, Éd. Delmas, Paris, 2004; Skaupy, Walter, *Franchising – Handbuch für die Betriebs und Rechtspraxis,* 2. Aufl., Vahlen, München, 1995; Toledano, M. Mayorga, *El Contrato Mercantil de Franquicia,* Comares, Granada, 2007. Enquadrando expressamente o contrato de franquia no âmbito dos contratos de distribuição comercial, vide o Acórdão do STJ de 21-IV-2005 (Neves Ribeiro), in: XIII CJ/STJ (2005), II, 57-64.

[841] *Franchising – Handbuch für die Betriebs und Rechtspraxis,* 46, 2. Aufl., Vahlen, München, 1995; Gasset, J. Rigol, *La Franquicia: Una Estrategia de Expansión,* Einia, Barcelona, 1992. Sobre a origem histórica e o relevo económico do "franchising", vide Vasconcelos, L. Pestana, *O Contrato de Franquia (Franchising),* 11 e segs., Almedina, Coimbra, 2000.

Contratos de Distribuição

dos sinais distintivos e controlo do franquiador: v.g., "Aviz", "Hertz", "Novotel"), e a franquia de produção (em que o próprio franquiado fabrica produtos que vende sob os sinais do franquiador: v.g., "Coca-Cola", "McDonald's")[842]. Finalmente, trata-se de contrato socialmente típico dotado de significativa *complexidade*: esta decorre fundamentalmente da enorme gama de conteúdos contratuais que resultam da referida multiplicidade pluriforme das suas configurações negociais, de resto bem patente na profusão e disparidade das noções doutrinais existentes sobre a figura.[843]

2. Características

I. O contrato de franquia pode ser caracterizado como um contrato *atípico* (que não dispõe de uma disciplina legal própria)[844], *inominado* (que não dispõe de um "nomen iuris": cf., todavia, o agora revogado art. 1.º, n.º 3, b) do Regulamento CE/4087/88, de 30 de Novembro)[845], *consensual* (excepto quando envolva, como é aliás comum, a licença de exploração de direitos privativos de propriedade industrial: cf. arts. 31.º, n.º 6 e 32.º, n.º 3 do CPI), *"intuitus personae"* (gerador de "uberrima fides")[846] e, finalmente, um *contrato-quadro* (na medida em que

---

[842] Sobre estas e outras modalidades (v.g., "package" e "product franchising"), vide Pardolesi, Roberto, *Tipologie Prevalenti dei Contratti di Franchising: Aspetti Giuridici e Economiche*, in: AAVV, "I Contratti di Franchising", 99-114, Egea, Milano, 1990.

[843] Weber, Hansjörg, *Franchising – Ein Neuer Vertragstyp im Handelrecht*, in: 15 JA (1983), 347-353. Para uma panóplia de noções na doutrina, vide Ribeiro, M. Fátima, *O Contrato de Franquia*, 144 e segs., Almedina, Coimbra, 2001.

[844] Todavia, sustentando a natureza legalmente típica, vide Perfetti, Ubaldo, *La Tipicità del Contratto di Franchising*, in: I RDP (1991), 29-59.

[845] Leloup, Jean-Marie, *Le Règlement Communautaire Relatif à Certaines Catégories d'Accords de Franchise*, in: 13 JCP-EE (1989), 205-217.

[846] Malaurie-Vignal, Marie, *"Intuitus Personae" et Liberté de Concurrence dans les Contrats de Distribution*, in: JCP-EE (1998), 260-263.

Dos Contratos Comerciais em Especial

prevê e regula a obrigação das partes concluírem subsequentemente contratos futuros, geralmente de compra e venda, entre si ou com terceiros).[847]

À caracterização de tal contrato é essencial, todavia, a indicação dos *elementos distintivos* do tipo social da franquia[848]: são eles a fruição da imagem empresarial do franquiador, a transmissão do "know-how" e assistência técnica, o controlo e fiscalização do franquiado, e a onerosidade.

II. Um primeiro e fundamental traço característico da franquia consiste na *atribuição ao franquiado da prerrogativa ("franchise" ou privilégio) de fruição da imagem empresarial do franquiador*, consubstanciada num direito e dever de utilização dos respectivos elementos estruturantes: usualmente, ao franquiado é concedido o direito de utilizar a marca do franquiador, podendo, nos casos concretos, ser igualmente postos à sua disposição os demais direitos privativos de propriedade industrial (v.g., logótipos, recompensas, patentes, modelos de utilidade, etc.) ou outros elementos colectores de clientela (v.g., "slogans" publicitários)[849]. Com efeito, o contrato de franquia constitui o veículo negocial sobre o qual assenta a criação e organização da

---

[847] Sobre a natureza da franquia como contrato-quadro, vide VASCONCELOS, L. Pestana, *O Contrato de Franquia (Franchising)*, 49 e seg., Almedina, Coimbra, 2000. Assimilando a franquia a um contrato de licença de exploração da empresa, vide PEREIRA, A. Dias, *Da Franquia de Empresa ("Franchising")*, in: LXXIII BFDUC (1997), 251-278.

[848] Relembre-se ainda que, paralelamente a um contrato de franquia principal, podem existir ainda *contratos de subfranquia* celebrados entre o franquiado e terceiros, cujo conteúdo é determinado por aquele: cf. Acórdão da RP de 13-XI-2003 (PINTO DE ALMEIDA), in: XXVII CJ (2003), V, 181-185.

[849] Dada a sua relevância, merece destaque a licença de marca (arts. 32.º e 264.º do CPI) (cf. também DVORAK, Jenny, *Der Lizenzvertrag im Franchising*, Peter Lang, Frankfurt am Main, 2006). Sobre as diferenças entre os contratos de franquia e de licença de marca, vide OLAVO, Carlos, *Contrato de Licença de Exploração de Marca*, 377 e segs., in: AAVV, "Direito Industrial", vol. I, 349-383, Almedina, Coimbra, 2001; VASCONCELOS, L. Pestana, *O Contrato de Franquia (Franchising)*, 26 e seg., Almedina, Coimbra, 2000.

Contratos de Distribuição

rede distributiva do franquiador no mercado: ora, a unidade da imagem empresarial externa do franquiado e franquiador funciona assim, aos olhos do público, como um pressuposto da integração do primeiro nessa rede.

III. Outra característica da franquia reside na *transmissão do "know-how" e na prestação de assistência técnica*. Por forma a permitir ao franquiado uma efectiva fruição da referida imagem empresarial unitária, mas também como forma de preservar a integridade desta imagem (mormente, a reputação dos sinais distintivos de comércio partilhados), essencial é também que o franquiador transmita ao franquiado o seu "saber-fazer" industrial, organizativo ou comercial, bem como lhe forneça a assistência técnica necessária durante a execução do contrato.[850]

IV. Um terceiro elemento característico da franquia consiste na *subordinação do franquiado ao controlo e fiscalização do franquiador*. Trata-se de outra projecção ou pressuposto do objectivo de conservação da integridade da imagem comercial do franquiador: se o franquiado vai surgir aos olhos do consumidor como uma extensão da empresa do franquiador, natural é que fique sujeito ao controlo e fiscalização da respectiva actividade (v.g., controlo da qualidade dos produtos vendidos, aprovação de operações publicitárias, fiscalização de inventários e contabilidade, etc.).[851]

---

[850] Sobre o conceito (jusindustrial) de "know-how", vide MAGNIN, François, *Know-How et Propriété Industrielle*, Litec, Strasbourg, 1974; sobre a sua dimensão contratual, vide, entre nós, DIAS, G. Figueiredo, *A Assistência Técnica nos Contratos de Know-How*, 35 e segs., Coimbra Editora, Coimbra, 1995. Sobre o relevo da prestação do "saber-fazer" e da assistência técnica nos contratos de franquia, REMORIQUET, Jack, *Le Savoir-Faire dans le Contrat de Franchise*, LIO, Université Haute-Alsace, 1998.

[851] A ingerência do franquiador na empresa do franquiado é, regra geral, mais acentuada do que a do concedente na empresa do concessionário, criando amiudadamente aos olhos do público a convicção de se tratar de divisões de uma mesma empresa unitária: como se refere no Acórdão do STJ de 21-IV-2005 (NEVES RIBEIRO), "o contrato de franquia é um desenvolvimento do contrato de concessão mediante o qual

Dos Contratos Comerciais em Especial

V. Por último, a franquia é um contrato *oneroso*. Em contrapartida das prestações do franquiador, o franquiado fica vinculado ao pagamento de determinadas prestações pecuniárias, usualmente consistentes numa prestação inicial e fixa ("front money", "droit d'entrée") e prestações periódicas ulteriores proporcionais ao volume de negócios ("royalties", "redevances").[852]

VI. Para além destes elementos essenciais, o carácter pluriforme deste contrato é ainda compatível com a existência de um conjunto significativo de *elementos secundários*, de estipulação mais ou menos frequente: é o caso, designadamente, das cláusulas de exclusividade, de aquisição de "stocks" mínimos, de assistência financeira e contabilística, e de não-concorrência.[853]

---

o distribuidor (franqueado) aparece como integrado na rede do franqueador (fabricante) em termos daquele (distribuidor) aparecer ao público como se fosse o próprio franqueador" (in: XIII CJ/STJ (2005), II, 57-64); ou no Acórdão da RL de 3-XI-2005 (GRAÇA AMARAL), segundo o qual "o contrato de franquia constitui um avanço qualitativo em relação ao contrato de concessão, no esforço do produtor se aproximar da fase da distribuição, controlando-a e dirigindo-a por intermédio de empresas independentes" (in: XXX CJ (2005), V, 71-79). Sobre o ponto, vide ainda MANARESI, Angelo/ MARCATI, Alberto, *Controllo delle Attività e dell'Immagine nel Franchising*, in: AAVV, "I Contratti di Franchising", 263-274, Egea, Milano, 1990. Sobre a qualidade de comerciante do franquiado, vide ANTUNES, J. Engrácia, *O Estatuto Jurídico do Comerciante: Alguns Problemas de Qualificação*, in: DJ (2009), em curso de publicação.

[852] Sobre as contrapartidas contratuais, vide PILLOTI, Luciano/ POZZANA, Roberto, *Sistemi di Incentivo nei Contratti di Franchising*, in: AAVV, "I Contratti di Franchising", 197-248, Egea, Milano, 1990. Para uma ilustração jurisprudencial, vide o Acórdão da RE de 13-XII-2001 (MARIA LAURA LEONARDO), in: XXVI CJ (2001), V, 270-274.

[853] A existência ou inexistência destas cláusulas não é inócua do ponto de vista da economia do contrato. Pense-se, por exemplo, na problemática do *"encroachment"*, consistente na perda de clientela de uma empresa franquiada originada pela abertura nas proximidades de uma outra empresa no âmbito da mesma rede de distribuição nos casos em que os contratos de franquia não incluem cláusulas de exclusividade (PERIS, J. Ruiz, *Intromisión en la Clientela Ajena y Redes de Distribución*, Aranzadi, Pamplona, 2007).

Contratos de Distribuição

3. Regime Jurídico

I. De modo semelhante à concessão comercial, o regime jurídico do contrato de franquia decorre, em primeira linha, das *estipulações contratuais* das partes, podendo as respectivas lacunas ser integradas mediante o recurso à *"analogia legis"* com a disciplina do contrato de agência[854]: entre as normas legais mais relevantes, sobressaem também aqui as relativas à cessação do contrato, à indemnização de clientela, e à compensação por não-concorrência.[855]

II. Além disso, são ainda de ter em conta as *demais regras legais* pertinentes à disciplina do conteúdo e incidências do contrato de franquia, entre as quais se destacam, além das regras civis gerais ("maxime", arts. 217.º e segs. do CCivil)[856], as regras em matéria dos contratos de adesão (LCCG)[857], as regras jusindustriais (v.g., licença de marca ou outros direitos privativos de propriedade industrial: cf. arts. 31.º e 32.º, 262.º e segs. do CPI)[858], as regras jusconcorrenciais (arts. 4.º e segs. da LGC, Regulamento

---

[854] Cf. *supra* Parte III, Cap. III, §1. e §2, 1.

[855] Sobre a questão da indemnização de clientela do franquiado, vide Sequeira, E. Vaz, *Contrato de Franquia e Indemnização de Clientela*, 460 e segs., in: "Estudos Dedicados ao Prof. Doutor M. J. Almeida Costa", 439-485, UCP Editora, Lisboa, 2002.

[856] Para espécies jurisprudenciais, vide os Acórdãos do STJ de 29-IV-2003 (Lopes Pinto), in: XI CJ/STJ (2003), II, 29-34 (resolução contratual), e de 7-II-2008 (Oliveira Rocha), in: XVI CJ/STJ (2008), I, 69-71 (erro sobre o objecto do negócio).

[857] Para espécies jurisprudenciais, cf. o Acórdão da RC de 2-XI-2004 (Custódio Costa), in: XXIX CJ (2004), V, 7-13, e o Acórdão da RE de 13-XII-2001 (Maria Laura Leonardo), in: XXVI CJ (2001), V, 270-274. Para mais desenvolvimentos, vide Ekkenga, Jens, *Grundfragen der AGB-Kontrolle von Franchise-Verträgen*, in: 34 AG (1989), 301-316; Liesegang, Helmut, *Die Bedeutung des AGB-Gesetzes für Franchiseverträge*, in: 46 BB (1991), 2381-2385.

[858] Burst, Jean-Jacques, *Droits de Propriété Industrielle et Franchise*, in: "Mélanges Offerts à Albert Chavanne", 203-211, Litec, Paris, 1990; García, R. Vásquez, *El Contrato de Franquicia, Propiedad Industrial y Competencia Economica*, in: AAVV, "Derecho de Propiedad Industrial", 219-260, C. Corredores de Comercio, Madrid, 1993.

Dos Contratos Comerciais em Especial

da Autoridade da Concorrência n.º 9/2005, de 3 de Fevereiro, Regulamento CE/2790/1999, de 22 de Dezembro)[859] e as próprias regras jusinsolvenciais.[860]

§5 *Mediação*

1. Noção

I. O contrato de mediação ("broker agreement", "Maklervertrag", "mediazione", "courtage", "corretaje") consiste no contrato pelo qual *uma parte – o mediador – se vincula para com a outra – o comitente ou solicitante – a, de modo independente e mediante retribuição, preparar e estabelecer uma relação de negociação entre este último e terceiros – os solicitados – com vista à eventual conclusão definitiva de negócio jurídico.*[861]

II. O contrato de mediação é hoje, tal como dantes[862], um *contrato atípico*, embora nominado[863]. Não dispondo de um regime

---

[859] CUNHA, M. Gorjão-Henriques, *Da Restrição da Concorrência na Comunidade Europeia: A Franquia de Distribuição*, especialmente 333 e segs., Almedina, Coimbra, 1998. Noutros quadrantes, EPP, Wolfgang, *Franchising und Kartellrecht*, C. Heymanns, Köln, 1994.

[860] GIMALAC, Laurent, *Le Contrat d'Intégration Révélé par les Actions en Comblement et en Extension du Passif*, in: LII RTDC (1999), 601-628; MAGGIORE, G. Ragusa, *Il Contratto di Franchising e le Procedure Concorsuali*, in: 44 RTDPP (1990), 15-32.

[861] Sobre a figura, vide, entre nós, BARATA, C. Lacerda, *O Contrato de Mediação*, in: "Estudos do Instituto de Direito do Consumo", vol. I, 185-231, Almedina, Coimbra, 2002; SALVADOR, Manuel, *Contrato de Mediação*, Petrony, Lisboa, 1964. Noutros quadrantes, vide DEVESA, Philippe, *L'Opération de Courtage*, Litec, Paris, 1993; LUMINOSO, Angelo, *La Mediazione*, 2.ª edizione, Giuffrè, Milano, 2006; SCHWERDTNER, Peter/ HAMM, Christoph, *Maklerrecht*, 5. Aufl., Beck, München, 2008; SERRANO, L. Gásquez, *El Contrato de Mediación o Corretaje*, La Ley, Madrid, 2007.

[862] Recorde-se que o CCom de 1833 (arts. 102.º a 140.º) e o CCom de 1888 (arts. 64.º a 81.º) consagraram e regularam a figura do "corretor", antecedente histórico do actual mediador: as suas normas, todavia, antes que visar o contrato propriamente dito,

Contratos de Distribuição

geral próprio e unitário, tudo o que existe são conjuntos de normas que regulam o exercício de determinadas actividades profissionais de mediação: entre elas, destacam-se os mediadores financeiros (arts. 289.º e segs. do CVM), os mediadores de emprego (Decreto-Lei n.º 124/89, de 14 de Abril), os mediadores monetários (Decreto-Lei n.º 110/94, de 28 de Abril), os mediadores imobiliários (Decreto-Lei n.º 211/2004, de 20 de Agosto), e os mediadores de seguros (Decreto-Lei n.º 144/2006, de 31 de Julho). Não obstante a mediação possua uma grande proximidade com os contratos de distribuição comercial[864], ela ostenta evidentes diferenças com as suas demais congéneres contratuais: ao contrário do agente, que actua por conta do principal na sua actividade de intermediação negocial, o mediador é um profissional independente, que actua por conta própria e com imparcialidade relativamente aos

---

ocupavam-se primacialmente das condições de exercício de tal actividade (SALVADOR, Manuel, *Contrato de Mediação*, 15, Petrony, Lisboa, 1964).

[863] No sentido da atipicidade legal do contrato, vide, na doutrina, BARATA, C. Lacerda, *O Contrato de Mediação*, 208, in: "Estudos do Instituto de Direito do Consumo", vol. I, 185-231, Almedina, Coimbra, 2002; SALVADOR, Manuel, *Contrato de Mediação*, 17, Petrony, Lisboa, 1964; na jurisprudência, os Acórdãos do STJ de 9-XII-1993 (JOSÉ MAGALHÃES), in: 432 BMJ (1993), 332-341, e de 31-V-2001 (ABEL FREIRE), in: IX CJ/STJ (2001), II, 108-111. Em sentido oposto, todavia, reputando-o um contrato típico, vide o Acórdão do STJ de 17-I-1995 (MARTINS DA COSTA), in: 443 BMJ (1995), 353-365.

[864] O contrato de mediação consubstancia frequentemente uma relação jurídico-contratual de distribuição "lato sensu" – sendo o mediador investido numa função ancilar da colocação dos bens e serviços de um empresário no mercado –, embora de modo algum a tal se esgote necessariamente. Assim, por exemplo, no âmbito do art. 4.º, n.º 1, j) do RGIC, os bancos desenvolvem frequentemente actividades de mediação em operações de compra e venda de empresas (cf. ROZIJN, Michael, *Der Unternehmensmaklervertrag: Zur Anwendung des allgemeinen Maklervertragsrechts auf Mergers-&-Acquisitions-Dienstleistungen*, Peter Lang, Frankfurt am Main, 2001); e recorde-se ainda que, ao invés de outros ordenamentos estrangeiros, a mediação pode referir-se entre nós a qualquer tipo de actividade económica, inclusive sem licenciamento e regulação legal, v.g., os mediadores marítimos ("shipbrokers", "Schiffsmakler"), que intermedeiam a celebração de contratos marítimos (cf. ZANDER, Erich, *Die rechtliche Stellung des Schiffsmaklers*, Diss., Tübingen, 1932).

Dos Contratos Comerciais em Especial

contraentes que aproxima[865]; e ao contrário do concessionário e do franquiado, que possuem uma relação orgânica e duradoura com o concedente e o franquiador no quadro da rede distributiva destes últimos, o mediador possui relações individuais e pontuais com o solicitante.[866]

2. Características

I. O contrato de mediação é caracterizado por um conjunto de *elementos distintivos*: são eles a convenção expressa ou tácita de mediação, a actividade pontual e independente de intermediação, e a onerosidade.

II. Desde logo, para que haja contrato de mediação, necessário se torna a existência de um *acordo* entre mediador e solicitante no sentido de o primeiro servir de intermediário num ou mais contratos a celebrar pelo último com terceiros, preparando e aproximando as respectivas partes: a convenção de mediação, todavia, pode ser expressa ou tácita[867], oral ou escrita[868], celebrada por

---

[865] Sobre a distinção entre os contratos de agência e de mediação, vide, na doutrina, SALVADOR, Manuel, *Contrato de Mediação*, 237 e segs., Petrony, Lisboa, 1964; na jurisprudência, os Acórdãos do STJ de 9-XII-1993 (JOSÉ MAGALHÃES), in: 432 BMJ (1993), 332-341, e de 31-III-1998 (RIBEIRO COELHO), in: 475 BMJ (1998), 680-688, e o Acórdão da RC de 26-V-1998 (NUNO CAMEIRA), in: XXIII CJ (1998), III, 25-28.

[866] Sobre a distinção entre a concessão comercial e a mediação, BRITO, M. Helena, *O Contrato de Concessão Comercial*, 113 e segs., Almedina, Coimbra, 1990.

[867] Neste sentido, na doutrina, SALVADOR, Manuel, *Contrato de Mediação*, 48, Petrony, Lisboa, 1964; na jurisprudência, Acórdão do STJ de 12-VI-1964 (SIMÕES DE CARVALHO), in: 138 BMJ (1966), 334-336.

[868] Como qualquer contrato atípico, trata-se de um contrato consensual (art. 219.º do CCivil), sem prejuízo de a forma escrita ser exigida em determinadas modalidades de mediação, cuja falta de resto, gera frequentemente uma nulidade atípica por não ser invocável pelo mediador (v.g., mediação imobiliária: cf. art. 19.º, n.ᵒˢ 1 e 8 do Decreto-Lei n.º 211/2004, de 20 de Agosto). Em sentido aparentemente oposto – ao menos, em virtude da sua formulação generalizadora –, vide os Acórdãos do STJ de 17-I-1995 (MARTINS DA COSTA), in: 443 BMJ (1995), 353-365, e de 3-IV-2008 (SANTOS BERNARDINO), in: XVI CJ/STJ (2008), II, 14-18.

profissionais ou simples particulares[869], podendo os contratos a celebrar ter por objecto bens presentes ou futuros.[870]

III. Depois ainda, a actividade do mediador é geralmente uma *actividade pontual e independente de intermediação*, isto é, o mediador é tipicamente um profissional que actua na base de operações de intermediação para negócios concretos e de forma equidistante relativamente aos interesses das respectivas partes[871]. Todavia, refira-se que o nosso ordenamento jurídico conhece formas impuras ou impróprias de mediação, onde o mediador exerce a sua actividade no quadro de uma relação de colaboração duradoura e orgânica com o solicitante: assim sucede, por exemplo, com os "agentes de seguros" e os "mediadores de seguros ligados" (art. 8.º, a) do Decreto-Lei n.º 144/2006, de 31 de Julho), ou os "angariadores imobiliários" (art. 4.º do Decreto-Lei n.º 211/2004, de 20 de Agosto).[872]

---

[869] O mediador é, usualmente, um empresário ou profissional, que é ainda titular, no caso de actividades de mediação reguladas, de uma licença concedida por entidade pública: sobre a qualidade de comerciante do mediador, vide ANTUNES, J. Engrácia, *O Estatuto Jurídico do Comerciante: Alguns Problemas de Qualificação*, in: DJ (2009), em curso de publicação. Sublinhe-se, todavia, que nada impede que um contrato de mediação seja esporadicamente celebrado por um mero particular, além de que a conclusão de contratos em determinadas áreas reguladas por mediadores não licenciados não acarreta a invalidade do contrato, dando antes origem a sanções de outra natureza. Cf. o Acórdão do STJ de 18-III-1987 (MACHADO SOARES), in: V CJ/STJ (1997), I, 158-160, e o Acórdão da RL de 16-XI-1989 (LOPES PINTO), in: XIV CJ (1989), V, 116-118.

[870] Cf. Acórdão da RC de 8-VI-2004 (CUSTÓDIO COSTA), in: XXIX CJ (2004), III, 25-28.

[871] Sobre este dever específico de independência e imparcialidade, como traço característico da mediação, vide o Acórdão da RP de 29-V-2003 (PINTO DE ALMEIDA), in: XXVIII CJ (2003), III, 177-182, e o Acórdão da RC de 16-X-2007 (JORGE ARCANJO), in: XXXII CJ (2007), IV, 33-36. Sobre a actividade de intermediação ("Vermittlung") em geral, vide desenvolvidamente SCHWERDTNER, Peter/ HAMM, Christoph, *Maklerrecht*, 63 e segs., 5. Aufl., Beck, München, 2008.

[872] Diferente é a situação noutros ordenamentos estrangeiros: assim, por exemplo, em Itália (art. 1754 do "Codice Civile": cf. LUMINOSO, Angelo, *La Mediazione*, 28 e segs., 2.ª edizione, Giuffrè, Milano, 2006).

Dos Contratos Comerciais em Especial

IV. Finalmente, o contrato de mediação é *oneroso*, sendo a retribuição do mediador ("comissão") usualmente calculada sobre uma percentagem do valor do contrato definitivo. Aspecto importante é que, salvo acordo em sentido contrário, a comissão apenas é devida com a conclusão do contrato promovido pela sua intervenção, ainda quando este venha a ser porventura posteriormente incumprido pelo terceiro solicitado.[873]

3. Regime Jurídico

I. O regime do contrato de mediação releva, em primeira linha, das *estipulações das partes*. Além disso, no caso das actividades de mediação licenciadas, são ainda relevantes as normas avulsas pertinentes à relação jurídico-negocial de mediação consagradas na competente *lei especial* (por exemplo, o art. 19.º do Decreto-Lei n.º 211/2004, de 20 de Agosto, relativo ao contrato de mediação imobiliária).

II. Na economia do contrato, particular importância reveste a disciplina dos *direitos e deveres do mediador* ("maxime", da sua retribuição) e da *cessação do contrato* ("maxime", denúncia e resolução)[874]. Na falta ou insuficiência das referidas estipulações

---

[873] Na doutrina, SALVADOR, Manuel, *Contrato de Mediação*, 121, Petrony, Lisboa, 1964; na jurisprudência, os Acórdãos do STJ de 31-III-1998 (RIBEIRO COELHO), in: 475 BMJ (1998), 680-688, e de 19-I-2004 (MOREIRA CAMILO), in: XII CJ/STJ (2004), I, 27-29; os Acórdãos da RL de 27-I-2004 (PIMENTEL MARCOS), in: XXIX CJ (2004), I, 87-91, e de 11-XI-2004 (SALAZAR CASANOVA), in: XXIX CJ (2004), V, 83-89; e o Acórdão da RE de 24-III-1994 (RIBEIRO LUÍS), in: XX CJ (1994), II, 260-262. Em sentido oposto, todavia, cf. o Acórdão da RL de 18-XII-2001 (PAIS DO AMARAL), in: XXVI CJ (2001), V, 115-117.

[874] Sobre estas questões, vide desenvolvidamente SALVADOR, Manuel, *Contrato de Mediação*, 71 e segs., Petrony, Lisboa, 1964. Na jurisprudência, relativamente à retribuição do mediador, vide os arrestos indicados na nota anterior; sobre a cessação do contrato, vide o Acórdão da RL de 11-XI-2004 (SALAZAR CASANOVA), in: XXIX CJ (2004), V, 83-89, e o Acórdão da RC de 8-VI-2004 (CUSTÓDIO COSTA), in: XXIX CJ (2004), III, 25-28.

Contratos de Distribuição

contratuais ou normas legais, alguma doutrina e jurisprudência vem defendendo a aplicação subsidiária das regras do contrato de prestação de serviços.[875]

§6 Outros

1. Comissão

I. Designa-se por comissão ("Kommissionsvertrag", "commission", "commissione", "comisión mercantil") o *contrato pelo qual uma das partes – o comissário – se obriga a praticar um ou mais actos comerciais em nome próprio e por conta da outra – o comitente.*[876]

II. A comissão, constituindo um dos mais antigos contratos comerciais (com raízes na "commenda" romana), foi perdendo gradualmente terreno para outras modalidades mais recentes de intermediação e distribuição comercial ("maxime", agentes, concessionários e franquiados): com efeito, sobretudo devido à crescente importância da imagem da empresa e da marca dos produtores, foi-se acentuando a necessidade de estas aparecerem directamente

---

[875] Neste sentido, CORDEIRO, A. Menezes, *Manual de Direito Comercial*, 618, 2.ª edição, Almedina, Coimbra, 2007; Acórdão do STJ de 9-XII-1993 (JOSÉ MAGALHÃES), in: 432 BMJ (1993), 332-341. Em sentido oposto, afastando a mediação da prestação de serviços ou do mandato, vide o Acórdão do STJ de 4-III-1980 (AQUILINO RIBEIRO), in: 295 BMJ (1980), 356-360.

[876] Sobre a figura, vide GOMES, M. Januário, *Contrato de Mandato Comercial – Questões de Tipologia e Regime,* in: AAVV, "Operações Comerciais", 465-565, Almedina, Coimbra, 1988. Noutros países, vide CAPEROCHIPI, J. Álvarez, *El Mandato y la Comisión Mercantil,* Comares, Granada, 1997; CAMMILETTI, Francesco, *Il Contratto di Commissione,* in: AAVV, "Contratti d'Impresa e Restrizioni Verticali", 311-347, Giuffrè, Milano, 2004; HAMEL, Louis, *Le Contrat de Commission*, Dalloz, Paris, 1949; VOIT, Wolfgang, *Handelskauf und Kommission,* C. Heymanns, Köln, 1988.

Dos Contratos Comerciais em Especial

aos olhos dos consumidores[877]. Sublinhe-se, todavia, que se assiste hoje a um certo recrudescimento da figura, seja no estrito domínio mercantil (mormente, no âmbito do comércio internacional)[878], seja no domínio financeiro (v.g., contratos de gestão de carteira).[879]

III. A comissão constitui, "brevitatis causa", um *mandato comercial não representativo*[880]. Contrato típico e nominado, previsto nos arts. 266.° e segs. do CCom, ele rege-se assim fundamentalmente pelas normas do mandato mercantil: tal significa dizer que, com ressalva das regras sobre a representação e sem prejuízo de outras especialidades pontuais, comitente e comissário se encontram investidos nos mesmos direitos e obrigações de mandante

---

[877] Para um excurso histórico, vide LANDWEHR, Torsten, *Das Kommissionsgeschäft in Rechtswissenschaft, Gesetzgebung und Rechtspraxis vom 16. bis zum Ende des 18. Jahrhunderts*, Peter Lang, Frankfurt am Main, 2003. Relembre-se que os agentes actuam em nome próprio e, no caso dos concessionários e franquiados, até por conta própria: sobre a distinção entre comissão e agência, MONTEIRO, A. Pinto, *Contrato de Agência*, 60, 6.ª edição, Almedina, 2007; e entre comissão e concessão comercial, BRITO, M. Helena, *O Contrato de Concessão Comercial*, 104 e segs., Almedina, Coimbra, 1990.

[878] Pense-se, por exemplo, no contrato de expedição ou trânsito, referido no Decreto-Lei n.° 255/99, de 7 de Julho, que a jurisprudência vem sintomaticamente designando por "comissão de transporte" (cf. Acórdão do STJ de 6-III-2003 (MOITINHO DE ALMEIDA), in: XI CJ/STJ (2003), I, 114-116). Sobre a figura, vide *infra* Parte III, Cap. VII, §1, 4.

[879] Cf. *infra* Parte III, Cap. V, §2, 2.3. A comissão pode ainda combinar-se, no âmbito da liberdade contratual, com outras figuras da distribuição comercial: pense-se, por exemplo, na figura híbrida do "agente comissionista" ("Kommissionsagent"), que retrata a situação daqueles indivíduos que vendem ou compram mercadorias por conta de um empresário, embora em nome próprio, na base de uma relação de estabilidade (VOLLRATH, Heinz, *Der Kommissionsagent*, Adler, Greifswal, 1992).

[880] Sobre o mandato mercantil em geral, consagrado nos arts. 231.° e segs. do CCom, vide *supra* Parte III, Cap. I, §3, 1. Sobre a questão de saber se a comissão representa um tipo autónomo em face do mandato mercantil, vide GOMES, M. Januário, *Contrato de Mandato Comercial – Questões de Tipologia e Regime*, 484, in: AAVV, "Operações Comerciais", 465-565, Almedina, Coimbra, 1988; sobre a natureza de comerciante do comissário, vide ANTUNES, J. Engrácia, *O Estatuto Jurídico do Comerciante: Alguns Problemas de Qualificação*, in: DJ (2009), em curso de publicação.

e mandatário (art. 267.º do CCom)[881]. Assim, o comissário está obrigado a retransmitir para o comitente os bens que tenha adquirido ou os efeitos dos negócios que tenha celebrado por conta deste (art. 268.º do CCom), não respondendo pelo cumprimento das obrigações de terceiro, salvo convenção expressa ou uso mercantil, tendo então direito a uma comissão "del credere" (art. 269.º do CCom). Além disso, o comissário deve agir dentro dos limites contratuais e legais dos seus poderes, sob pena de responsabilidade (arts. 270.º e 271.º do CCom), estando ainda sujeito a outros deveres especiais em matéria de contratos a prazo (art. 272.º do CCom), de títulos de crédito (art. 274.º do CCom) e de escrituração mercantil (arts. 273.º, 275.º a 277.º do CCom).

2. Distribuição Selectiva

I. Designa-se por distribuição selectiva ("selektiven Vertrieb", "distribution sélective", "distribuzione selettiva") *o contrato mediante o qual um empresário se vincula a fornecer os seus produtos, geralmente de marca, luxo ou qualidade, exclusivamente a um conjunto de revendedores especialmente seleccionados, que os revendem em nome e por conta própria.*[882]

II. Negócio atípico e inominado, o contrato de distribuição selectiva, enquanto peça negocial básica de um sistema de distri-

---

[881] Cf. o Acórdão do STJ de 15-III-1968 (OLIVEIRA CARVALHO), in: 175 BMJ (1968), 290-295, o Acórdão da RL de 23-VI-1987 (BARBIERI CARDOSO), in: XII CJ (1987), III, 116-118, e o Acórdão da RP de 2-VI-1999 (SOUSA LEITE), in: 488 BMJ (1999), 410-410.

[882] Sobre a figura, especialmente relevante no plano jusconcorrencial, vide BORTOLOTTI, Fabio, *I Sistemi di Distribuzione Selettiva nel Diritto Antitrust Comunitario*, in: I CeIm/Eur (1996), 127-153; MEIER-SCHATZ, Christian, *Der selektive Vertrieb im EWG-Kartellrecht*, Ruegger, Diessenhofen, 1979; VIENNOIS, Jean-Pierre, *La Distribution Sélective*, Litec, Paris, 1999. Na jurisprudência nacional, vide o Acórdão da RL de 9-IV-2002 (TOMÉ GOMES), in: XXVII CJ (2002), II, 94-98.

buição comercial homónimo, representa fundamentalmente, à semelhança da concessão comercial e da franquia, um *contrato--quadro* criador e regulador de futuros contratos de compra e venda entre produtor e distribuidor selectivo. Entre as *características distintivas* deste contrato, destacam-se a obrigação de exclusividade de fornecimento assumida pelo produtor, importador ou fornecedor (que se vincula a vender os seus produtos a um lote fechado de revendedores por si seleccionados), a maior especialização ou exigência dos critérios de selecção dos distribuidores, e a acrescida autonomia por estes usufruída no âmbito da rede distributiva do produtor: trata-se, todavia, de traços meramente tendenciais, que a prática se encarrega frequentemente de esbater, tornando as fronteiras algo fluidas.

3. Distribuição Autorizada

I. Designa-se por distribuição autorizada ("autorizierte Handlung", "distribution agrée") *o contrato através do qual um empresário vende os seus produtos a um conjunto de revendedores seleccionados que não usufruem de um exclusivo de venda.*[883]

II. Este acordo tem evidentes semelhanças com os contratos de distribuição selectiva, deles se diferenciando essencialmente por duas ordens de razões. Por um lado, ao invés do distribuidor selectivo, o distribuidor autorizado não goza de qualquer exclusivo de venda: o produtor ou importador mantêm a faculdade de fornecer os seus produtos a outros revendedores ou distribuidores

---

[883] Sobre a figura, vide Pigassou, Paul, *La Distribution Intégrée*, 478 e segs., in: XXXIII RTDC (1980), 473-544; Ulmer, Peter, *Der Vertragshändler*, 29, Beck, München, 1969. Entre nós, distinguindo os contratos de distribuição autorizada dos contratos de concessão comercial, vide o Acórdão do STJ de 10-V-2001 (Araújo de Barros), in: IX CJ/STJ (2001), II, 62-71.

não autorizados. Por outro lado, muito embora surgindo aos olhos do público como um empresário especializado na comercialização dos bens do produtor, o distribuidor autorizado apresenta uma ainda menor integração na rede distributiva deste último, aproximando-se por vezes de um revendedor independente.

CAPÍTULO IV
Contratos Bancários[*]

§1 Generalidades

1. Os Mercados Financeiros e seus Intermediários

I. Em sentido amplo, o *mercado financeiro* designa o espaço físico ou virtual onde se processa, segundo o jogo da oferta e procura, a negociação relativa ao dinheiro ou capital, assegurando desse modo a canalização das disponibilidades financeiras dos aforradores (oferta de capital) para os investidores (procura de capital).

II. Durante muito tempo, sobretudo em economias primitivas, os agentes económicos, mormente os empresários, proveram satisfatoriamente às suas necessidades de financiamento recorrendo às suas próprias poupanças (auto-financiamento) ou a fundos

---

[*] **Bibliografia Portuguesa:** ANTUNES, J. Engrácia, *Os Contratos Bancários,* in: "Estudos em Homenagem a Carlos Ferreira de Almeida", em curso de publicação; CORDEIRO, A. Menezes, *O «Contrato Bancário Geral»,* in: AAVV, "Estudos de Direito Bancário", 11-19, Coimbra Editora, Coimbra, 1999; NETO, Abílio, *Operações Bancárias (Legislação – Doutrina – Jurisprudência),* Ediforum, Lisboa, 2008; SOARES, A. Quirino, *Contratos Bancários,* in: LII SI (2003), 109-128. **Bibliografia Estrangeira:** CANARIS, Claus-Wilhelm, *Bankvertragsrecht,* Walter de Gruyter, Berlin, 1975; GRUA, François, *Contrats Bancaires,* Economica, Paris, 1990; MOLLE, Giacomo, *Contratti Bancari,* 2 volumes, 4.ª edizione, Giuffrè, Milano, 1981; SEQUEIRA, Adolfo/ GADEA, Enrique/ BERGIA, F. Sacristán, *La Contratación Bancaria,* Dykinson, Madrid, 2007.

directamente emprestados por terceiros (financiamento directo). As economias contemporâneas rapidamente tornaram insuficientes ou mesmo inviáveis estas técnicas tradicionais de financiamento empresarial, substituindo-as pelo financiamento indirecto ou intermediado: dada a magnitude dos recursos financeiros requeridos pelos actuais processos produtivos das empresas, tornou-se imperiosa a existência de instituições especializadas – os chamados *intermediários financeiros* em sentido lato – cuja função consiste justamente em colocar em contacto agentes superavitários (que são titulares de capital aforrado) e deficitários (que necessitam de financiar-se para o desenvolvimento das suas actividades). Tais intermediários financeiros são, pois, entidades – também elas tipicamente empresas – vocacionadas a um processo de transformação de fluxos financeiros, ou seja, à emissão de passivos financeiros resultantes da captação de recursos monetários junto dos agentes aforradores que são posteriormente transformados em activos financeiros postos à disposição dos agentes investidores.[884]

III. O mercado financeiro é tradicionalmente dividido em três grupos ou segmentos fundamentais – *mercado de crédito*, *mercado de capitais*, e *mercado de risco* –, dotados dos seus intermediários próprios.

Por um lado, as *instituições de crédito* ("maxime", os bancos) são os protagonistas da intermediação no *mercado de crédito* (art. 2.º do RGIC). Tais entidades desenvolvem uma função de intermediação que consiste tradicionalmente na captação de poupanças monetárias do público em geral, "maxime", as famílias (sob a forma de depósitos ou outros fundos reembolsáveis), e na respectiva transferência por conta própria para outros agentes eco-

---

[884] Sobre a teoria económica da intermediação financeira, vide ALLEN, Franklyn/ SANTOMERO, Anthony, *The Theory of Financial Intermediation*, in: 21 JBF (1997), 1461-1485; GREEBAUM, Stuart/ THAKOR, Anjan, *Contemporary Financial Intermediation,* esp. 42 e segs., 2nd edition, Elsevier, Amsterdam, 2007; SCHOLTENS, Bert/ WENSVEEN, Dick, *The Theory of Financial Intermediation*, Suerf, Vienna, 2003.

nómicos, "maxime", as empresas (sob a forma de concessão de crédito, financiamento, garantias, ou outros instrumentos): numa palavra, uma *função de intermediação creditícia*, caracterizada pela interposição entre agentes excedentários (depositantes) e agentes deficitários (empresas carecidas de crédito).[885]

Por outro lado, as *empresas de investimento* (ou, mais genericamente, os intermediários financeiros "stricto sensu") são os protagonistas da intermediação no *mercado de capitais* (arts. 206.°, n.° 2 e 293.° do CVM). Tais entidades desenvolvem essencialmente uma actividade de prestação de serviços de investimento em instrumentos financeiros, tais como valores mobiliários (acções, obrigações, etc.), derivados (futuros, opções, etc.) e outros produtos negociados no mercado de capitais, por conta dos investidores ou por conta própria: numa palavra, uma função de *intermediação financeira*, caracterizada pela interposição entre agentes superavitários (investidores) e deficitários (empresas emitentes ou negociadoras de instrumentos financeiros).[886]

Finalmente, *as empresas de seguros* são os protagonistas do *mercado de risco* (arts. 2.°, n.° 1, b), 7.° e 8.° do RGAS, arts. 1.° e 16.° da LCS). Tais entidades desenvolvem fundamentalmente

---

[885] Sobre a intermediação bancária e creditícia, vide, do ponto de vista económico, FAMA, Eugene, *Banking and the Theory of Finance*, in: 10 JME (1980), 10-19; RUHLE, Ian, *Why Banks? Microeconomics Foundations of Financial Intermediaries*, in: 3 D&F (1997), 10-99; do ponto de vista jurídico, GIORGIANNI, Francesco/ TARDIVO, Carlo--Maria, *Manuale di Diritto Bancario*, 4 e segs., Giuffrè, Milano, 2005.

[886] Cf. ANTUNES, J. Engrácia, *Os Contratos de Intermediação Financeira*, in: BFDUC (2009), em curso de publicação. Muito embora a lei fale genericamente de "intermediário financeiro" (art. 293.° do CVM), referir-nos-emos em seguida prevalentemente às empresas de investimento para designar os sujeitos da intermediação no mercado de capitais, de modo a diferenciá-los mais agilmente no contexto dos intermediários dos mercados financeiros em geral. Sobre a intermediação no mercado de capitais, na sua dimensão económica, vide MAYER, Colin/ VIVES, Xavier, *Capital Markets and Financial Intermediation*, Cambrige University Press, New York, 1995; PACCES, Alessio, *Financial Intermediation in the Securities Market*, in: XX IRLE (2000), 479-510; numa dimensão jurídica, COSTI, Renzo/ ENRIQUES, Luca, *Il Mercato Mobiliare*, 1 e segs., Cedam, Padova, 2004.

Dos Contratos Comerciais em Especial

uma actividade de cobertura remunerada de riscos e compromissos alheios, que permite aos indivíduos e às organizações gerir os riscos económicos inerentes à sua existência e actuação mediante a respectiva externalização total ou parcial contra o pagamento de um prémio: numa palavra, uma função de *intermediação da álea*, caracterizada pela transferência pelos agentes do risco (segurados) do respectivo custo económico para agentes especializados na respectiva mutualização e tratamento técnico-actuarial (empresas de seguros).[887]

IV. A disciplina jurídica destes três tipos de mercados e intermediários financeiros deu origem, no seio do Direito Comercial, ao nascimento e desenvolvimento de três unidades normativas que ganharam progressivamente o estatuto de disciplinas jurídicas autónomas – respectivamente, o *Direito Bancário*, o *Direito do Mercado de Capitais*, e o *Direito dos Seguros*[888]. Esta compartimentação clássica, todavia, está actualmente em curso de evolução.

Por um lado, é necessário sublinhar que a distinção tradicional do mercado financeiro em diversos segmentos (mercado da banca, de capitais, e de seguros) tem hoje sobretudo um valor convencional, atenta a crescente *interpenetração recíproca das actividades financeiras*. Hoje, os bancos, para além da sua actividade nuclear típica (intermediação creditícia), exercem a quase totalidade das actividades de investimento – v.g., negócios de

---

[887] Cf. ANTUNES, J. Engrácia, *O Contrato de Seguro na LCS de 2008,* in: ROA (2009), em curso de publicação. A actividade seguradora, não coenvolvendo tradicionalmente um objectivo de intermediação entre o público aforrador e as empresas, apresenta-se hoje crescentemente como uma modalidade alternativa aos instrumentos bancários e financeiros graças ao desenvolvimento de produtos que permitem a canalização da poupança para as empresas e actividades produtivas (v.g., os "instrumentos de captação de aforro estruturado" e as "operações de capitalização" dos arts. 206.º e 207.º da LCS). Sobre o ponto, vide CAGNASSO, Oreste/ COTTINO, Gastone/ IRRERA, Maurizio, *L'Assicurazione: L'Impresa e il Contratto*, 221 e segs., Cedam, Padova, 2001.

[888] Sobre a filiação genética destas disciplinas(-filhas) no âmbito geral do Direito Comercial, vide ANTUNES, J. Engrácia, *Direito Comercial*, em curso de publicação.

bolsa, assistência e colocação de valores mobiliários, consultoria e gestão de investimento (o chamado "investment banking": cf. art. 4.º, n.º 1, f) e g) do RGIC, art. 293.º, n.º 1, a) do CVM) –, bem assim como algumas actividades seguradoras – "maxime", a mediação de seguros (a chamada "bancassurance": cf. art. 4.º, n.º 1, n) do RGIC)[889]. Inversamente, assiste-se ao desenvolvimento progressivo de produtos ou serviços de matriz bancária ou mista por parte das empresas de investimento – v.g., concessão de crédito e empréstimo mobiliário, titularização de créditos, instrumentos do mercado monetário (cf. arts. 2.º, n.º 1, b) e 291.º, b) do CVM)[890] – e das empresas seguradoras e de fundos de pensões – v.g., seguros de capitalização, contratos de seguro associados a fundos de investimento ou apólices "unit" e "index linked", contratos de adesão individual a fundos de pensões abertos (a chamada "assurfinance" e "assurbanque": cf. art. 2.º, n.º 3 do CVM e Regulamento CMVM n.º 8/2007, de 15 de Novembro)[891]. Por outro lado, a esta

---

[889] Com efeito, os clientes de uma instituição bancária dispõem hoje da possibilidade de negociar de uma assentada, num mesmo balcão ou através de "home-banking", um empréstimo para compra de habitação, um seguro de vida ou de doença, ou a compra ou venda de acções em bolsa. Sobre a actividade dos bancos no domínio do investimento e intermediação financeira, vide MORRINSON, Alan, *Investment Banking – Institutions, Politics, and Law*, Oxford University Press, Oxford, 2007; RICCI, Marco, *L'Attività di Intermediazione Finanziaria Svolta delle Banche*, Diss., Roma, 2003; e no domínio dos seguros, vide DRURY, Susan, *Bankassurance in the 21th Century: Global Opportunities*, Lafferty, London, 2005; SCHRIERENBECK, Henner/ HÖLSCHER, Reinhold, *Bankassurance – Institutionelle Grundlagen der Banks- und Versicherungsbetriebslehre*, 4. Aufl., Schäffer-Poeschel, Stuttgart, 1998.

[890] Para alguns desses produtos e serviços, vide *infra* Parte III, Cap. IV, §4, 3, e Cap. V, §2, 3.3. Sobre a relação entre o mercado bancário e de capitais, vide ANNUNZIATA, Filippo, *La Disciplina del Mercato Mobiliare*, 7 e segs., 4.ª edizione, Giappichelli, Torino, 2008; COSTI, Renzo, *Mercato Finanziario e Attività Bancaria*, in: LII BBTC (1989), 321-347; PARRELA, Filippo, *L'Intermediazione Finanziaria e Strumenti Finanziari*, 31 e segs., in: Amorosino, Sandro/ Bedogni, Carla (dir.), "Manuale di Diritto dei Mercati Finanziari", 29-53, Giuffrè, Milano, 2004.

[891] Sobre este fenómeno, vide *infra* Parte III, Cap. VI, §1, 1(III). Noutros quadrantes, CONSUELO, Carlevale, *I Produtti Finanziari Assicurativi*, in: LXXIV Ass (2006), 651-675; KAISER, Dirk, *Finanzintermediation durch Banken und Versicherung*, Gabler, Wiesbaden, 2006; GALGANO, Francesco, *Il "Prodotto Misto" Assicurativo-Finanziario*,

Dos Contratos Comerciais em Especial

integração progressiva dos mercados e das actividades financeiras, soma-se ainda a concentração dos próprios intermediários financeiros entre si: outrora actuando separadamente, as empresas bancárias, de investimento e seguradoras congregam-se hoje crescentemente no seio de *conglomerados financeiros*, ou seja, de grupos empresariais que prestam serviços globais nos três mercados financeiros tradicionais ("Allfinance", "Allfinanz").[892]

Esta progressiva interpenetração operacional, funcional e institucional dos mercados e intermediários financeiros é certamente prenhe de consequências no plano da Ordem Jurídica: entre elas, merece destaque a questão da eventual emergência futura de *Direito do Mercado Financeiro*, enquanto disciplina unitária e global relativa às normas e princípios jurídicos que dizem respeito aos sujeitos que constituem o sistema financeiro e à actividade por estes desenvolvida.[893]

in: LI BBTC (1988), 91-99; GRYSE, Bernard, *Le Monde Changeant des Assurances*, Larcier, Paris, 2007; NIGRO, Alessandro, *L'Integrazione fra l'Attività Bancaria e l'Attività Assicurativa: Profili Giuridici*, in: 2 DBMF (1997), 187-199.

[892] Sobre os conglomerados financeiros, vide BERHGE, Louis/ VERWEIRE, Kurt, *Creating the Future with All Finance and Financial Conglomerates*, Kluwer, Boston, 1998; DINAUER, Joseph, *Allfinanz – Grundzüge des Finanzdienstleistungsmarkts*, Oldenbourg, München, 2001. O relevo central do grupo financeiro, ou empresa financeira plurissocietária, está bem patente na evolução sofrida em matéria da supervisão das empresas da banca, bolsa e seguros – onde o tradicional modelo tripartido de supervisão (Banco de Portugal, Comissão do Mercado de Valores Mobiliários, Instituto de Seguros de Portugal) deu já lugar, na maior parte das principais ordens jurídicas (embora não ainda inteiramente em Portugal: cf. todavia, Decreto-Lei n.º 228/2000, de 23 de Novembro, alterado pelo Decreto-Lei n.º 211-A/2008, de 3 de Novembro, arts. 373.º e segs. do CVM), a um modelo de supervisão integrada: sobre a questão, vide ANTUNES, J. Engrácia, *A Supervisão Consolidada dos Grupos Financeiros*, UCP Editora, Porto, 2000; MWENDA, Kenneth, *Legal Aspects of Financial Services Regulation and the Concept of a Unified Regulator*, World Bank, New York, 2006.

[893] Por esse caminho, se têm orientado progressivamente alguns legisladores – vejam-se os "Code Monétaire et Financier" francês de 2000 e o "Financial Services and Market Act" inglês de 2000 –, sendo significativa também a adesão doutrinal em vários países: sobre tal questão, embora com alcances bastante diferenciados, vide AMOROSINO, Sandro/ BEDOGNI, Carla, *Manuale di Diritto dei Mercati Finanziari*, Giuffrè, Milano, 2004; BONNEAU, Thierry/ DRUMMOND, France, *Droit des Marchés Financiers*,

V. Dado o objectivo das nossas presentes reflexões (contratos comerciais), adoptaremos aqui a tripartição tradicional como fio condutor da exposição subsequente, tratando separadamente os *contratos bancários* (mercado de crédito), os *contratos financeiros* em sentido estrito (mercado de capitais) e os *contratos de seguro* (mercado de risco).[894]

2. Direito Bancário e Mercado de Crédito

I. De acordo com uma noção tradicional, o *Direito Bancário* ("Banking Law", "Bankrecht", "Droit Bancaire", "Diritto Bancario") consiste no conjunto de normas jurídicas que têm por objecto nuclear a regulação dos intermediários creditícios e da respectiva actividade.[895]

II. O objecto desta disciplina jurídica desdobra-se assim, essencialmente, em duas grandes partes ou sectores. Por um lado, as normas jurídicas que definem os tipos legais de intermediários (instituições de crédito e sociedades financeiras) e determinam o respectivo estatuto jurídico (constituição, organização e funcionamento, supervisão) – o chamado *Direito Bancário Institucional*. Por outro lado, as normas jurídicas reguladoras da actividade desenvolvida por aqueles sujeitos, incluindo o conjunto diversifi-

---

Economica, Paris, 2005; Kümpel, Siegfried, *Bank- und Kapitalmarktrecht*, 3. Aufl., Otto Schmidt, Köln, 2004; Zunzunegui, Fernando, *Derecho del Mercado Financiero*, Marcial Pons, Madrid, 2005.

[894] Sobre as duas últimas categorias, vide desenvolvidamente *infra* Parte III, Capítulos V e VI.

[895] Trata-se de uma noção puramente formal ou operativa, existindo naturalmente outras que já reflectem na delimitação do objecto deste ramo o referido fenómeno de interpenetração dos mercados financeiros: é o caso da definição de Hans-Peter Schwintowsky e Frank Schäfer, segundo a qual o direito bancário é o direito relativo à circulação do dinheiro, abrangendo simultaneamente a banca comercial ("commercial banking") e de investimento ("investment banking") (*Bankrecht*, 4, Carl Heymanns, Köln, 1997).

Dos Contratos Comerciais em Especial

cado de actos e operações que estes se encontram legalmente habilitados a desenvolver (operações de crédito, de financiamento, de garantia, de pagamento, ou outras) – o chamado *Direito Bancário Material*.[896]

III. No presente momento, é especialmente relevante o último dos sectores – o direito bancário material. Como já foi salientado, o núcleo tradicional da actividade das instituições de crédito, "maxime" os bancos, consiste numa actividade de intermediação no *mercado do crédito*: tais instituições interpõem-se entre aqueles que dispõem de fundos disponíveis (aforradores) e aqueles que deles carecem para as suas actividades (designadamente, as empresas, os particulares e o Estado), desempenhando assim uma função vital de canalização da poupança para o investimento empresarial e produtivo. Compreende-se assim a disposição fundamental do art. 2.º, n.º 1 do RGIC: "são instituições de crédito as empresas cuja actividade consiste em receber do público depósitos ou outros fundos reembolsáveis, a fim de os aplicarem por conta própria mediante a concessão de crédito".

Destaque especial neste contexto merece o art. 4.º do mesmo diploma, que contém um elenco extenso e aberto das diferentes categorias ou *tipos de operações bancárias* em que se pode consubstanciar a referida actividade de intermediação creditícia[897].

---

[896] Sobre esta noção e suas tradicionais bipartições, vide, entre outros, CORDEIRO, A. Menezes, *Manual de Direito Bancário*, 21 e segs., 3.ª edição, Almedina, Coimbra, 2006; FERREIRA, A. Pedro, *Direito Bancário*, 20 e segs., Quid Juris, Lisboa, 2005; SILVA, J. Calvão, *Direito Bancário*, 11 e segs., Almedina, Coimbra, 2001.

[897] No lugar de adoptar uma noção geral e abstracta de operação bancária (cf. contudo o art. 362.º do CCom), a lei optou por um sistema de enumeração casuística, seguindo assim o modelo da lista anexa à 2.ª Directiva Bancária (89/646/CE, de 15 de Setembro): por *operação bancária* entendemos aqui genericamente o conjunto unitário e concatenado de actos materiais e jurídicos (contratos, negócios unilaterais, simples actos jurídicos) através dos quais uma entidade bancária leva a cabo a sua actividade de intermediação própria. Sob o conceito e os tipos de operações bancárias, vide FERREIRA, A. Pedro, *Direito Bancário*, 549 e segs., Quid Juris, Lisboa, 2005; PIRES, J. Maria, *Direito Bancário*, vol. II ("Operações Bancárias"), 40 e segs., Rei dos Livros, Lisboa, 1995.

Contratos Bancários

Dada a sua enorme multiplicidade qualitativa e quantitativa, a doutrina tem vindo a propor várias *classificações* que visam ordenar tipologicamente tais operações bancárias: assim, segundo o critério do respectivo objecto, fala-se de *operações comerciais* ("commercial banking") e *de investimento* ("investment banking"), consoante respeitam ao núcleo tradicional da actividade bancária (v.g., conta bancária, concessão de crédito, pagamentos, etc.) ou ao desenvolvimento de actividades próprias do mercado de capitais (v.g., operações de bolsa, consultoria e administração de patrimónios financeiros, derivados de balcão, etc.); segundo o critério da sua relevância, fala-se de *operações fundamentais* e *acessórias*, consoante cumprem funções cruciais da intermediação creditícia (v.g., depósito bancário, concessão de crédito, garantias, pagamentos, etc.) ou funções meramente secundárias (v.g., serviços de cofre-forte, etc.); segundo o critério dos respectivos efeitos, fala-se de *operações passivas* e *activas*, consoante o banco assume uma posição de devedor no contexto das obrigações jurídicas daquelas emergentes ("maxime", depósito bancário) ou, inversamente, a posição de credor (é o caso da generalidade das operações de crédito, financiamento e garantia); e a lista poderia continuar.

IV. Por último, assinale-se que, do ponto de vista da respectiva natureza jurídica, a grande maioria das designadas "operações bancárias" reconduzem-se a contratos – são os *contratos bancários*, justamente o objecto precípuo da nossa atenção.

Justificam-se aqui, todavia, três precisões suplementares. Por um lado, as operações bancárias *não se confundem com os negócios jurídicos subjacentes* (cf. também art. 363.º do CCom): assim, por exemplo, uma operação bancária pode ser realizada através de uma pluralidade de diferentes negócios (a concessão de garantias pode ser efectuada, por exemplo, através de contratos de fiança bancária, de penhor bancário, ou de garantia bancária autónoma) e vice-versa (o contrato de mútuo pode servir de base, por

Dos Contratos Comerciais em Especial

exemplo, a operações de crédito, de financiamento ou de investimento em instrumentos financeiros). Por outro lado, nem todas as operações descritas *se reconduzem forçosamente a um figurino contratual*, envolvendo algumas delas negócios jurídicos unilaterais (v.g., aval bancário) e mesmo meros factos jurídicos voluntários (v.g., protesto de letra) ou até involuntários (v.g., prescrição de direitos cambiários)[898]. Finalmente, apenas nos ocuparemos em seguida do *núcleo tradicional da contratação bancária*, ou seja, dos contratos relativos à actividade bancária típica (intermediação no mercado de crédito) – deixando para momento posterior a análise de contratos relativos ao mercado de capitais (intermediação no investimento em instrumentos financeiros), os quais, como é sabido, também podem ser hoje celebrados pelos bancos (art. 293.º do CVM).[899]

3. Os Contratos Bancários

I. Por contratos bancários entendemos genericamente *os negócios jurídicos destinados à criação, modificação, regulação ou extinção de relações jurídicas entre um banco e um cliente no âmbito da respectiva actividade de intermediação creditícia.*[900]

---

[898] Não acompanhamos, pois, aqueles autores que consideram que as operações bancárias se reconduzem forçosamente a contratos: cf. PATRÍCIO, J. Simões, *Direito Bancário Privado*, 133, Quid Juris, Lisboa, 2004.

[899] Sobre estes contratos, vide *infra* Parte III, Cap. V. Questão importante, que não será aqui aflorada senão a respeito de alguns contratos bancários em concreto, é a da responsabilidade bancária contratual: sobre o tema em geral, vide CARATOZZOLO, Roberto, *La Responsabilità delle Banche per la Violazione degli Obblighi Contrattuali*, Giuffrè, Milano, 2007.

[900] Por mera comodidade de exposição – e sem prejuízo da consabida diferença, quer entre instituições de crédito e sociedades financeiras, quer das próprias instituições de crédito entre si (arts. 3.º, 5.º a 8.º do RGIC) –, referir-nos-emos doravante simplesmente a tais entidades como "banco". Por outro lado, tomamos aqui a expressão "cliente" no seu sentido amplo de toda a pessoa singular ou colectiva que possui uma relação jurídica ou negocial com um banco no exercício da actividade económica própria deste (actividade bancária).

Contratos Bancários

II. Os contratos bancários são dominados pela *autonomia privada*: em via de princípio, as partes são livres de celebrar e fixar o conteúdo das suas relações contratuais bancárias. Tal liberdade jurígena, todavia, está longe de ser absoluta[901]. No respeitante à liberdade de celebração contratual, há que atender ao chamado "direito à conta" instituído pelo sistema de acesso aos serviços bancários mínimos (Decreto-Lei n.º 27-C/2000, de 10 de Março, Instrução do BP n.º 3/2008, de 17 de Março): tal sistema visa garantir a qualquer cidadão o direito a ser titular de uma conta bancária, escolhida por aquele de entre as instituições de crédito que hajam aderido ao sistema (art. 1.º, n.º 3 do diploma legal)[902]. No respeitante à liberdade de estipulação contratual, para além de outros limites gerais a que fizemos já referência (mormente, o controlo legal dos clausulados contratuais gerais)[903], ela encontra-se fundamentalmente delimitada pelos exclusivos institucionais e operacionais previstos na lei (arts. 2.º e segs. do RGIC).

---

[901] Em sentido aparentemente oposto, considerando que o "direito bancário material é totalmente dominado pela autonomia privada", vide CORDEIRO, A. Menezes, *Manual de Direito Bancário*, 233, 3.ª edição, Almedina, Coimbra, 2006. Sobre as limitações à autonomia privada na contratação mercantil em geral, vide *supra* Parte II, Cap. II, §2 e Cap. III.

[902] Sobre a figura, vide PATRÍCIO, J. Simões, *Serviços Mínimos Bancários*, in: AAVV, "Direito dos Valores Mobiliários", vol. IV, 219-249, Coimbra Editora, Coimbra, 2003; noutros quadrantes, BACHMANN, Gregor, *Kontrahierungspflichten im privaten Bankrecht*, in: 18 ZBB (2006), 257-269; KOCH, Jens, *Das Girokonto für jedermann – ein altes Problem im neuen Licht*, in: 60 WM (2006), 2242-2249. Mas existem outros exemplos: vejam-se assim o art. 63.º-C da LGT, que impõe aos sujeitos tributários com contabilidade organizada o dever de abrirem uma conta bancária exclusivamente afecta à actividade empresarial desenvolvida (PIRES, Manuel, *Direito Fiscal,* 388, 3.ª edição, Almedina, Coimbra, 2008); ou o art. 87.º do RGIC, que sujeita as entidades bancárias à proibição da recusa de contratar sempre que tal constitua uma prática anticoncorrencial (art. 4.º, n.º 1, f) da LGC e art. 81.º, n.º 1, a) e e) do TCE) (cf. em geral LOBO, C. Baptista, *Concorrência Bancária?*, 388 e segs., Almedina, Coimbra, 2001).

[903] Cf. *supra* Parte II, Cap. III, §2.

Dos Contratos Comerciais em Especial

III. Os contratos bancários são, da sua origem aos nossos dias, *contratos de adesão*[904]. Tal como sucede em muitos outros domínios da contratação mercantil em geral, os bancos são hoje empresas que actuam para um universo vastíssimo de clientes, estando fora de causa negociar caso a caso o conteúdo de milhares ou mesmo milhões de contratos que se sucedem diária e ininterruptamente: ao invés, a grande maioria dos contratos bancários são celebrados com base em cláusulas contratuais padronizadas ou uniformes, prévia e unilateralmente elaboradas pelo banco e destinadas a uma massa indeterminada de potenciais contrapartes, às quais é apenas dada a opção de aderir ou rejeitar em bloco[905]. As cláusulas contratuais gerais bancárias constituem assim tópico particularmente relevante neste sector dos contratos comerciais, seja pelo seu papel como fonte mediata da contratação bancária[906], seja pelo relevo das normas que visam controlar a sua licitude, em geral (particularmente, a LCCG) ou em especial (v.g., Avisos do BP n.º 11/2001, de 20 de Novembro, n.º 11/2005, de 13 de Julho, etc.).[907]

---

[904] BASCUÑANA, L. Salazar, *Condiciones Generales y Cláusulas Abusivas en los Contratos Bancarios,* Ecidip, Cádiz, 2002; MARTORANO, Federico, *Condizioni Generali di Contratto e Rapporti Bancari,* in: XLVII BBTC (1994), 125-136. Relembre-se aliás que, historicamente, as primeiras cláusulas contratuais gerais de que há notícia surgiram justamente ligadas à actividade bancária: cf. RAISER, Ludwig, *Das Recht der allgemeinen Geschäftsbedingungen,* 27, Hanseatische Verlag, Hamburg, 1935.

[905] Como nota Almeno de SÁ, "é hoje inquestionável que o universo empresarial bancário só funciona, na imensa maioria das suas relações, com base nas condições negociais gerais do sector, elaboradas pelo correspondente organismo de representação de interesses, ou com base em cláusulas predispostas por cada instituição financeira" (*Direito Bancário,* 10, Coimbra Editora, Coimbra, 2008).

[906] Ao contrário de outros países, não existe em Portugal um regime comum de cláusulas contratuais bancárias, possuindo cada banco ou grupo bancário o seu próprio clausulado. Cf. WERHAHN, Jürgen/ SCHEBESTA, Michael, *AGB und Sonderbedingungen der Banken,* Gabler, Wiesbaden, 1993.

[907] Sobre o relevo da LCCG no controlo do conteúdo dos contratos comerciais em geral, vide já *supra* Parte II, Cap. III, §2. Saliente-se que a maior parte da casuística jurisprudencial relativa à referida lei respeita justamente a cláusulas gerais de contratos bancários: para uma ilustração, vide GUIMARÃES, M. Raquel, *Os Cartões Bancários e as*

Contratos Bancários

IV. Ao contrário do que é por vezes afirmado, os contratos bancários são hoje predominantemente *contratos formais*. Na verdade, o princípio geral do consensualismo (art. 219.º do CCivil) possui no domínio da contratação bancária um alcance assaz residual, tendo porventura passado já, "ope legis" ou "ope voluntas", de regra a excepção. Assim, a lei previu uma exigência de forma escrita ou electrónica para vários contratos bancários, tais como o depósito bancário (art. 3.º do Aviso do BP n.º 11/2005, de 13 de Julho), o mútuo bancário (artigo único do Decreto-Lei n.º 32 765, de 29 de Abril de 1943), a antecipação bancária (art. 11.º do Decreto-Lei n.º 365/99, de 17 de Abril), a cessão financeira (art. 7.º do Decreto-Lei n.º 171/95, de 19 de Julho), a locação financeira (art. 3.º, n.º 1 do Decreto-Lei n.º 149/95, de 24 de Junho), ou o crédito ao consumo (art. 12.º, n.º 1 do Decreto-Lei n.º 133/ /2009, de 2 de Junho). Mais importante, a forma resulta frequentemente imposta pela vontade das partes para as demais espécies contratuais (a começar pelo contrato nuclear de conta bancária), por força da sua assinalada natureza de contratos de adesão e da "praxis" e usos bancários.[908]

V. Por fim, os contratos bancários são indubitavelmente *contratos comerciais*. Desde logo, é relativamente consensual na doutrina, portuguesa e estrangeira, que o próprio Direito Bancário no seu conjunto constitui uma disciplina(-filha) nada e criada no universo geral do Direito Comercial[909]. Depois ainda, os contratos

---

Cláusulas Contratuais Gerais na Jurisprudência Portuguesa e Espanhola, in: XLIII RDES (2002), 55-91.

[908] Sobre a "reformalização" em curso no domínio geral da contratação mercantil, cf. *supra* Parte II, Cap. II, §4, 1.1. Outro traço importante dos contratos bancários é a sua frequente natureza transnacional: sobre o seu regime jurídico, vide PINHEIRO, L. Lima, *Direito Aplicável às Operações Bancárias Internacionais*, in: 67 ROA (2007), 573-627.

[909] Assim, entre muitos, A. Menezes CORDEIRO, para quem o Direito Bancário material se pode considerar "em bloco, como Direito Comercial" (*Manual de Direito Bancário*, 123, 3.ª edição, Almedina, Coimbra, 2006); A. Saraiva MATIAS, para quem "o Direito Bancário tem, no mínimo, grande afinidade com o Direito Comercial" (*Direito*

Dos Contratos Comerciais em Especial

bancários permaneceram sempre, da origem aos nossos dias, integrados no elenco legal dos "contratos especiais de comércio" previstos no CCom de 1888 (Título IX, arts. 362.º a 364.º, sob a epígrafe "operações de banco")[910], constituindo assim tradicionalmente matéria comercial (art. 2.º do CCom)[911]. Finalmente, os contratos bancários são ainda contratos comerciais no sentido moderno, aqui adoptado, de "contratos de empresa": com efeito, como vimos oportunamente, trata-se mesmo de contratos normativamente ou necessariamente comerciais no sentido em que a empresa surge como pressuposto normativo ou necessário da própria categoria contratual, já que são exclusivamente celebrados por "empresas" constituídas sob a forma de instituições de crédito ou sociedades financeiras (arts. 2.º e 5.º do RGIC).[912]

Bancário, 13, Coimbra Editora, Coimbra, 1998); F. Conceição NUNES, que afirma que "as normas de Direito Bancário pertencem quase todas ao Direito Comercial" (*Direito Bancário,* 42, AAFDL, Lisboa, 1994); J. Simões PATRÍCIO, que fala da "incontornável natureza comercial de toda a actividade bancária" (*Direito Bancário Privado,* 29, Quid Juris, Lisboa, 2004); J. Calvão da SILVA, para quem o "o direito da banca, como o da bolsa e dos seguros, enquanto direito privado, constitui direito comercial" (*Direito Bancário,* 333, Almedina, Coimbra, 2001); ou V. Soares da VEIGA, para quem "tradicionalmente o Direito Bancário era considerado como um ramo de Direito Comercial" (*Direito Bancário,* 30, Almedina, Coimbra, 1997). Na jurisprudência, vide o Acórdão do STJ de 12-VI-1996 (NASCIMENTO COSTA), que considera que "o direito bancário é um ramo especial dentro do Direito Comercial" (Processo n.º JSTJ00030433, in: www.dgsi.pt).

[910] É verdade que aí vamos encontrar uma disciplina muito incipiente dos contratos bancários – facto que se explica, designadamente, pela circunstância de o sistema bancário apenas se ter começado a desenvolver em Portugal no virar do século, datando apenas de 1894 o primeiro quadro normativo geral regulador da actividade bancária entre nós (para uma visão histórica, vide CASTRO, Armando, *Bancos,* in: Serrão, Joel (dir.), "Dicionário da História de Portugal", vol. I, 283-288, Liv. Figueirinhas, Porto, 1979).

[911] Qualificando também os contratos bancários como contratos comerciais, vide CORDEIRO, A. Menezes, *Manual de Direito Bancário,* 31, 3.ª edição, Almedina, Coimbra, 2006; SOARES, A. Quirino, *Contratos Bancários,* 109, in: LII SI (2003), 109-128. Noutros quadrantes, com idêntica qualificação, SÁNCHEZ, J. Bonet, *El Contrato Bancario,* 100, in: Carol, U. Nieto (dir.), "Contratos Bancarios y Parabancarios", 79-103, Lex Nova, Valladolid, 1998.

[912] Cf. *supra* Parte I, Cap. III, §1, 1. Salientando também o relevo central da dimensão empresarial dos sujeitos e contratos bancários, vide NUNES, F. Conceição,

VI. Expostas muito brevemente as características gerais dos contratos bancários, importa agora proceder à análise dos *contratos bancários em especial*. Para efeitos da presente exposição, dividiremos essa análise em seis categorias principais: o *contrato de conta bancária*, os *contratos de crédito*, os *contratos de financiamento*, os *contratos de garantia*, os *contratos de pagamento*, e *outros contratos*.

§2 *Contrato de Conta Bancária*

1. Noção Geral

I. Designa-se por contrato de conta bancária, também designado correntemente "contrato de abertura de conta" ("bank-costumer agreement", "Kontovertrag", "convention de compte", "cuenta bancaria"), *o contrato celebrado entre um banco e um cliente através do qual usualmente se constitui, disciplina e baliza a respectiva relação jurídica bancária*.[913]

II. O contrato de conta bancária representa o primeiro e o mais relevante dos contratos bancários. Por um lado, ele constitui, por regra, o *contrato bancário primogénito*. Com efeito, é normalmente (embora não necessariamente) através de um contrato

---

Direito Bancário, 159, AAFDL, Lisboa, 1994; PATRÍCIO, J. Simões, *Direito Bancário Privado*, 63, Quid Juris, Lisboa, 2004. Noutros quadrantes, cf. PORZIO, Mario, *Le Imprese Bancarie*, Giappichelli, Torino, 2007.

[913] Sobre a figura, vide, entre nós, CORDEIRO, A. Menezes, *Manual de Direito Bancário*, 411 e segs., 3.ª edição, Almedina, Coimbra, 2006; FERREIRA, A. Pedro, *Direito Bancário*, 559 e segs., Quid Juris, Lisboa, 2005; PATRÍCIO, J. Simões, *Direito Bancário Privado*, 133 e segs., Quid Juris, Lisboa, 2004; SOARES, A. Quirino, *Contratos Bancários*, 116, in: LII SI (2003), 109-128. Noutros países, vide GRUA, François, *Les Contrats de Base de la Pratique Bancaire*, Litec, Paris, 2000; MÜLBERT, Peter, *Der Kontovertrag als bankgeschäftlicher Vertragstyp*, in: "Festschrift für Siegfried Kümpel", 395-416, E. Schmidt, Berlin, 2003.

Dos Contratos Comerciais em Especial

de abertura de conta que é instituída a chamada "relação bancária": tal relação caracteriza-se por ser uma relação económico-
-social e jurídica duradoura (destinada a prolongar-se no tempo) e multifacetada (consubstanciada numa pluralidade de negócios jurídicos individuais e subsequentes) que é estabelecida entre um banco e o respectivo cliente[914]. Por outro lado, ele é o *contrato bancário matriz*. Mais do que simplesmente um entre os diversos negócios concluídos entre banco e cliente, aquele constitui a convenção bancária nuclear ou básica no sentido em que estabelece o quadro geral de regulação da maioria dos futuros negócios que venham eventualmente a ser celebrados entre as partes: será na órbita da conta bancária instituída por tal contrato – enquanto "eixo fundamental do comércio bancário"[915] – que gravitarão usualmente os contratos de depósito, cheque, emissão de cartões bancários, empréstimo, crédito ao consumo, e de todos e cada um dos demais contratos bancários individuais que venham porventura a existir subsequentemente.[916]

---

[914] É extremamente controversa a natureza, caracterização e efeitos da "relação bancária", enquanto relação banco-cliente, oscilando a doutrina, tanto nacional como estrangeira, entre as teorias da relação de negócios, da relação obrigacional legal, e da relação contratual (sobre o ponto, cuja construção dogmática se reveste de significativa complexidade, vide, entre nós, FERREIRA, A. Pedro, *A Relação Negocial Bancária – Conceito e Estrutura*, espec. 591 e segs., Quid Juris, Lisboa, 2005; noutros quadrantes, SCHWINTOWSKY, Peter/ SCHÄFER, Frank, *Bankrecht*, 45 e segs., Carl Heymanns, Köln, 1997). Um sector da doutrina portuguesa, claramente influenciado por uma corrente da doutrina germânica, vem sustentando a natureza contratual desta relação, falando a este respeito de um "contrato bancário geral" ("allgemeiner Bankvertrag") (CORDEIRO, A. Menezes, *O «Contrato Bancário Geral»*, in: "Estudos de Direito Bancário", 11-19, Coimbra Editora, Coimbra, 1999; FERREIRA, A. Pedro, *Direito Bancário*, 377, Quid Juris, Lisboa, 2005; SÁ, Almeno, *Direito Bancário*, 16, Coimbra Editora, Coimbra, 2009).

[915] "Das Bankkonto ist das Kernstück des Bankverkehers" (CLAUSSEN, Hans-
-Peter, *Bank- und Börsenrecht – Handbuch für Lehre und Praxis*, 59, Beck, München, 1996). Num sentido algo semelhante, a própria jurisprudência: assim, considerando que "a abertura de conta é, normalmente, a génese da relação bancária complexa entre o banqueiro e o seu cliente", vide o Acórdão do STJ de 19-XII-2006 (PAULO SÁ), in: Processo n.º 06A3629, www.dgsi.pt.

[916] Assim se explica também que a abertura de conta seja normalmente aproveitada pelos bancos, através de um quadro de cláusulas contratuais gerais, para fixar as regras

Contratos Bancários

III. Importa não confundir o contrato de conta bancária com outros contratos que, na linguagem corrente ou até jurídica, lhe andam indiscriminadamente associados, designadamente a *conta- -corrente bancária*[917] e o *depósito bancário*[918]. A razão de ser desta confusão recorrente radica na circunstância de o contrato de conta bancária – enquanto contrato nuclear instituinte do tronco comum sobre o qual repousarão todas as relações jurídicas entre banco e cliente, inclusive contratuais – possuir um conteúdo negocial complexo do qual fazem parte, necessária ou usualmente, outras convenções acessórias embora autónomas: tal o caso do contrato de conta-corrente bancária (convenção que tem por objecto o registo contabilístico das operações reciprocamente realizadas entre os contraentes e respectivo saldo) e do contrato de

---

genéricas que regerão materialmente muitos desses futuros e eventuais negócios bancários subsequentes, ainda quanto complementadas por regras específicas aquando da efectiva celebração de cada negócio em concreto. Quando assim suceda, o contrato de abertura de conta revestirá usualmente a natureza de um contrato-quadro ou normativo, através do qual banco e cliente fixam a *moldura geral da futura contratação bancária*: aspecto importante é que, não apenas fica em aberto o "como" dessa contratação (o tipo e o conteúdo dos negócios bancários futuros), mas também o seu "se" (já que daquele não resulta qualquer dever de contratar ulterior para qualquer das partes). Para diferentes entendimentos sobre a natureza nuclear do contrato de abertura de conta, em vários quadrantes, vide GRUA, François, *Les Contrats de Base de la Pratique Bancaire*, 49 e segs., Litec, Paris, 2000 ("convention-cadre"); PAGET, John/ HAPGOOD, Mark, *Paget's Law of Banking*, 145, 13th edition, Butterworths, London/ Edinburg, 2007 ("general contract").

[917] Assim também HÜFFER, Uwe/ LOOK, Frank, *Rechtsfragen zum Bankkonto*, 2, 4. Aufl., RWS, Köln, 2000. Todavia, falando ocasionalmente de "conta corrente bancária" no sentido de conta bancária, vide, na doutrina, BRANCO, L. Baptista, *Conta Corrente Bancária: Da Sua Estrutura, Natureza e Regime Jurídico*, 35, in: 39 RB (1996), 35-85; na jurisprudência, o Acórdão da RL de 19-VI-1997 (PESSOA DOS SANTOS), in: XXII CJ (1997), II, 121-126.

[918] Utilizando a expressão "depósito bancário" na acepção de conta bancária, vide, na doutrina, VARELA, J. Antunes, *Depósito Bancário – Depósito a Prazo em Regime de Solidariedade*, 49, in: 21 RB (1992), 41-75; na jurisprudência, Acórdão do STJ de 5-III-1987 (ALMEIDA RIBEIRO), in: 365 BMJ (1987), 621-627; e na própria legislação, o Decreto-Lei n.º 430/91, de 2 de Novembro, relativo ao "regime geral das contas de depósito".

depósito (convenção que tem por objecto o depósito de dinheiro na conta do titular).[919]

2. Regime Jurídico

I. O contrato de conta bancária é um *contrato atípico*, destituído de regime legal próprio. Apesar disso, a sua disciplina jurídica encontra-se perfeitamente sedimentada na prática dos negócios, assentando nas *cláusulas contratuais gerais* e nos *usos bancários*, sendo ainda de ter presente as regras contidas no *Aviso do BP n.º 11/2005*, de 13 de Julho, relativo às condições gerais de abertura de contas.

Como atrás se assinalou, o contrato de conta bancária constitui o normal ponto de partida da relação jurídico-bancária entre banco e cliente, a qual, todavia, apenas ganhará sentido económico e densidade negocial através da celebração futura e sequencial dos diferentes contratos bancários especiais (v.g., depósito, cheque, empréstimo, crédito ao consumo, etc.). Mas nem por isso tal contrato perde a sua fisionomia de negócio autónomo, dotado de objecto, regime e efeitos jurídicos próprios: em termos sintéticos, o regime do contrato de conta bancária abrange fundamentalmente a disciplina da sua *criação* ("abertura de conta"), do seu *funcionamento* ("movimentação da conta") e da sua *extinção* ("encerramento da conta").

II. O contrato de conta bancária é celebrado mediante o preenchimento pelo cliente de um *formulário negocial de adesão*, do qual constam, entre outros, os diversos elementos para a sua cabal identificação (v.g., bilhete de identidade, cartão de contribuinte, acto constitutivo no caso de pessoas colectivas) e a assinatura do cliente (que passa a ser válida para todos os futuros actos do

---

[919] Sobre estas convenções acessórias, vide *infra* Parte III, Cap. IV, §2, 4.

cliente na relação bancária, v.g., assinatura de cheques)[920]. Especialmente relevante, com vista aos serviços de que passa a dispor o cliente ("maxime", transferências electrónicas interbancárias), é o chamado "número de identificação bancário" ou NIB, estrutura normalizada composta por 21 algarismos relativos ao código do banco, código do balcão, número da conta e dígitos de controlo (cf. Aviso do BP n.º 12/2007, de 25 de Maio).

III. Uma vez celebrado o contrato e "aberta a conta", o contrato produz um conjunto de importantes efeitos jurídicos. Desde logo, o contrato de conta bancária leva a si associado diversos outros contratos, satélites mas autónomos, com carácter necessário (é o caso da conta-corrente bancária), usual (v.g., depósito bancário) e eventual (v.g., convenção de cheque, cartões bancários): a sua natureza nuclear ou matricial implica que o respectivo regime jurídico (fundamentalmente assente em cláusulas contratuais gerais) constitua uma importante fonte de integração destes outros contratos. Além disso, a relação jurídica entre banco e cliente instituída por aquele contrato nuclear vai-se renovando sucessivamente mediante a *movimentação da conta*. Com efeito, a dinâmica própria desta relação, e dos sucessivos contratos bancários singulares germinados no seu seio, originará créditos e débitos para ambos os contraentes que terão o seu reflexo contabilístico na conta do cliente, através de um mecanismo de conta-corrente: tal movimentação realiza-se fundamentalmente, a crédito, mediante a realização de actos de depósito de fundos (v.g., entregas de dinheiro legal ou escritural, transferências, rendimentos líquidos de operações diversas, etc.) e, a débito, mediante actos de disposição

---

[920] Sobre os dados que devem constar deste formulário – habitualmente designado "ficha de abertura de conta" –, vide os arts. 9.º e segs. do Aviso do BP n.º 11/2005, de 13 de Julho. Não são assim admitidas entre nós, ao contrário do que sucede noutros países (v.g., Suíça), as contas "confidenciais" ou anónimas, identificadas por mero número de ordem: cf. também o art. 23.º, n.º 3, da Lei n.º 25/2008, de 25 de Junho, em matéria de branqueamento de vantagens de natureza ilícita.

Dos Contratos Comerciais em Especial

de fundos (v.g., levantamentos de caixa, saques de cheques, transferências, pagamentos domiciliados, liquidação de operações cambiais, etc.).[921]

IV. Finalmente, o contrato de conta bancária pode ser *suspenso* ou *extinto*. Por vezes, a conta bancária pode ser bloqueada temporariamente, mercê de vicissitudes legais ou judiciais que impedem o seu normal funcionamento (v.g., arresto, arrolamento[922], penhora[923], insolvência, morte ou dissolução do cliente[924])[925]. Outras vezes, porém, a conta bancária é definitivamente encerrada ou cancelada, com a consequente extinção da relação jurídica entre banco e cliente e a cessação dos demais contratos bancários existentes entre estes (v.g., contratos de depósito, de cheque): tal encerramento pode ter a sua origem por caducidade (no caso de contas com prazo determinado), por morte ou dissolução do titular, ou, mais frequentemente, por iniciativa das partes, seja do banco (cf. Anexo à Instrução do BP n.º 25/2003, de 15 de Outubro), seja do cliente (que se pode manifestar tacitamente no caso da chamada "conta a zero" prolongada, ou seja, do levantamento integral do saldo e inexistência duradoura de movimentação).

---

[921] Sobre a conta-corrente bancária, que é assim o reflexo contabilístico da relação entre banco e cliente que toma por referência a conta aberta em nome deste, vide *infra* Parte III, Cap. IV, §2, 4.1.

[922] Cf. Acórdão do STJ de 31-X-1995 (CARDONA FERREIRA), in: III CJ/STJ (1995), III, 88-90.

[923] Cf. Acórdão do STJ de 8-IV-1997 (MARTINS DA COSTA), in: V CJ/STJ (1997), II, 37-39.

[924] Cf. Acórdão da RG de 9-II-2005 (MANSO RAINHO), in: XXX CJ (2005), I, 291-294.

[925] Diferente é o chamado *cativo bancário*, que consiste na colocação em regime de indisponibilidade de uma parte ou a totalidade do saldo de uma conta bancária, em resultado de acordo, expresso ou tácito, entre banco e cliente (cf. Acórdão do STJ de 8-XI-2001 (QUIRINO SOARES), in: IX CJ/STJ (2001), III, 115-118).

3. Modalidades

I. As contas bancárias podem revestir várias *modalidades*, consoante o critério de classificação adoptado: entre as mais divulgadas, citem-se as distinções entre contas singulares e colectivas e entre contas gerais e especiais.[926]

II. Se adoptarmos o critério do número dos titulares, as contas podem ser classificadas em *singulares* ou *colectivas*, consoante se trate de contas abertas no nome de um ou de dois ou mais titulares[927]. Por seu turno, as contas colectivas podem ainda subdividir-se em *solidárias* ou *conjuntas*, em função do regime jurídico da sua movimentação: ao passo que as primeiras (conhecidas na gíria bancária como "contas e")[928] podem ser livremente movimentadas

---

[926] Sobre as modalidades de contas bancárias, vide PIRES, J. Maria, *Direito Bancário*, vol. II, 143 e segs., Rei dos Livros, Lisboa, 1995; SILVA, J. Calvão, *Direito Bancário*, 344 e seg., Almedina, Coimbra, 2001.

[927] PLANAS, J. Muñoz, *Cuentas Bancarias con Varios Titulares,* Civitas, Madrid, 2003. Os titulares da conta podem ser pessoas singulares ou colectivas, admitindo-se também, observadas determinadas condições legais e contratuais, entidades colectivas destituídas de personalidade jurídica (v.g., sociedades em formação, condomínios) ou de capacidade de exercício (v.g., menores). Saliente-se que a unicidade das contas individuais não impede que uma mesma pessoa possa ser titular, simultaneamente, num mesmo banco ou em bancos diferentes, de uma pluralidade de contas bancárias: todavia, salvo convenção expressa em sentido contrário (v.g., convenção especial de compensação, de garantia), as diferentes contas abertas pelo mesmo indivíduo ou ente colectivo são independentes entre si (KERORGUEN, J. Bouetiez, *La Pluralité des Comptes Ouvertes à un Même Client,* in: RevB (1955), 689-694).

[928] A terminologia nem sempre é uniforme, sendo frequente que as contas solidárias sejam também indistintamente designadas como contas conjuntas ou colectivas (para um exemplo, cf. Acórdão do STJ de 17-VI-1999 (FERREIRA DE ALMEIDA), in: VII CJ/STJ (1999), II, 152-153). Além disso, sublinhe-se que a nossa jurisprudência tem entendido integrar no crime de abuso de confiança (art. 205.º do CPen) o levantamento de uma conta bancária solidária, efectuado por um contitular sem autorização do outro ou outros, que não possua qualquer direito de (com)propriedade sobre os fundos depositados (cf. Acórdão do STJ de 6-I-1993 (SÁ NOGUEIRA), in: 423 BMJ (1993), 146-156). Sobre o regime jurídico da titularidade e movimentação das contas solidárias, vide, entre outros, os Acórdãos do STJ de 27-I-1998 (MARTINS DA COSTA), in: VI CJ/STJ (1998), I, 42-44, de 17-VI-1999 (FERREIRA DE ALMEIDA), in: VII CJ/STJ (1999), II, 152-153,

Dos Contratos Comerciais em Especial

a débito por qualquer um dos titulares, as últimas ("contas ou") apenas podem sê-lo simultaneamente por todos os titulares.[929]

III. Já de acordo com o critério da natureza dos titulares, as contas podem ser classificadas em *gerais* ou *especiais*. Ao passo que as primeiras são aquelas de que pode ser titular qualquer pessoa singular ou colectiva e que são reguladas pelo regime jurídico geral aplicável à abertura, funcionamento e encerramento da conta bancária, as últimas possuem destinatários e finalidades específicas, sendo criadas e disciplinadas por lei ou convenção especial: entre elas, refiram-se as "contas poupança-reformados" (Decreto-Lei n.º 138/86, de 14 de Junho), as "contas poupança--emigrante" (Decreto-Lei n.º 323/95, de 29 de Novembro), as "contas poupança-condomínio" (Decreto-Lei n.º 269/94, de 26 de Outubro) e as "contas poupança-habitação" (Decretos-Lei n.º 27/2001, de 3 de Fevereiro, e n.º 54/2008, de 26 de Março).[930]

4. Negócios Associados

I. Já atrás fizemos notar que a celebração do contrato de conta bancária, enquanto convenção "troncal" da relação banco-

---

e de 14-II-2006 (ALVES VELHO), in: XIV CJ/STJ (2006), I, 65-69; e os Acórdãos da RL de 26-V-1994 (SOUSA DINIS), in: XIX CJ (1994), III, 105-106, e de 12-V-1998 (PEREIRA DA SILVA), in: XXXIII CJ (1998), III, 94-96.

[929] Dado que o regime jurídico-obrigacional aplicável é livremente acordado entre o banco e os titulares da conta plural, nada impede que se convencione a existência de *contas colectivas mistas*, nas quais alguns titulares ficam sujeitos ao regime da conjunção e outros ao da solidariedade (cf. FERREIRA, A. Pedro, *Direito Bancário*, 583, Quid Juris, Lisboa, 2005; PIRES, J. Maria, *Direito Bancário*, vol. II, 148 e seg., Rei dos Livros, Lisboa, 1995); assim como também nada obsta a que o titular de uma conta bancária possa movimentar esta através da designação de um mandatário para o efeito (cf. ANDRADE, M. Gouveia, *Da Autorização para Movimentação de Contas de Depósito à Ordem,* 17 e seg., Elcla, Porto, 1991).

[930] Outra classificação possível atende ao tipo de depósito bancário associado (contas à ordem, com pré-aviso, a prazo): cf. *infra* Parte III, Cap. IV, §2, 4.2.

-cliente, leva a si associada outros *contratos satélites mas autónomos*: alguns desses contratos são necessários (conta-corrente bancária), outros são usuais embora não necessários (depósito bancário) e outros são simplesmente eventuais (v.g., convenção de cheque, cartões bancários). Pela sua importância, cabe fazer aqui referência separada aos negócios necessários e naturais, deixando para mais tarde a análise dos demais.

4.1. *Conta-Corrente Bancária*

I. Designa-se por conta-corrente bancária ("current account", "Kontokorrent", "compte courant", "conto corrente bancario", "cuenta corriente bancaria") *a convenção acessória do contrato de conta bancária pela qual as partes se obrigam a inscrever e registar os seus créditos e débitos recíprocos através do mecanismo contabilístico da conta-corrente.*[931]

II. Tal como a conta-corrente mercantil (art. 344.° do CCom), a conta-corrente bancária desempenha uma função primordial de simplificação, economia e certeza jurídica no âmbito da relação negocial entre banco e cliente, sendo mesmo condição da própria actividade bancária "in toto": caso contrário, cada uma das inúmeras operações intercedentes entre banco e cliente (v.g., depósitos, empréstimos, descobertos em conta, fianças), teriam de ser registadas, contabilizadas e saldadas isoladamente, tornando pura e simplesmente inviável o actual sistema bancário de

---

[931] Sobre a figura, vide BRANCO, L. Baptista, *Conta Corrente Bancária. Da Sua Estrutura, Natureza e Regime Jurídico*, in: 39 RB (1996), 35-85. Noutros ordenamentos, ETTER, Laurent, *Le Contrat de Compte Courant*, Schulthess Polyg., Zürich, 1994; IRUJO, J. Embid, *Contrato Bancario y Cuenta Corriente Bancaria*, in: AAVV, "Contratos Bancarios", 91-114, Civitas, Madrid, 1992; PECKERT, Joachim, *Das Girokonto und der Kontokorrentvertrag*, Wire, Göttingen, 1985; TARZIA, Giorgio, *Il Contratto di Conto Corrente Bancario*, Ipsoa, Milano, 2001.

Dos Contratos Comerciais em Especial

contratação em massa. Sublinhe-se, todavia, que *a conta-corrente mercantil e bancária são figuras distintas*, exibindo decerto semelhanças mas sobretudo diferenças[932]. Entre as primeiras, destaque-se que ambas pressupõem a existência de um acordo de vontades, o recurso ao mecanismo contabilístico de lançamentos a crédito e débito, e a compensação sucessiva de créditos e débitos[933]. Contudo, são mais numerosas e relevantes as últimas: entre outras, saliente-se que o contrato de conta-corrente bancária tem por objecto exclusivamente créditos e débitos pecuniários (com exclusão de outros valores patrimoniais), assegura uma disponibilidade permanente do saldo da conta-corrente (e não meramente terminal no encerramento desta), regista apenas saldos neutros ou credores a favor do cliente (salvo convenção em contrário, v.g., descoberto em conta), e proporciona a este um conjunto de serviços vários de crédito, pagamento e cobranças ("serviço de caixa").[934]

4.2. *Depósito Bancário*

I. Designa-se por depósito bancário ("banking deposit", "Einlagengeschäft", "dêpot de monnaie", "deposito di fondi", "depósito bancario de dinero") *a convenção acessória do contrato de conta bancária através da qual o cliente (depositante) entrega uma quantia pecuniária ao banco (depositário), ficando este investido no direito de dela dispor livremente e no dever de*

---

[932] Sobre a conta-corrente mercantil, vide *supra* Parte III, Cap. I, §3, 8.

[933] Sobre a eventual natureza de título executivo da conta-corrente, vide o Acórdão da RL de 14-IV-1994 (FREITAS CARVALHO), in: XIX CJ (1994), II, 120-121.

[934] Dadas estas e outras diferenças, é controversa a sua natureza jurídica, sendo discutido na doutrina se nos encontramos perante uma modalidade do contrato mercantil do art. 344.º do CCom ou perante um novo contrato atípico: entre nós, em sentidos opostos, vide FERREIRA, A. Pedro, *Direito Bancário*, 563 e segs., Quid Juris, Lisboa, 2005; SILVA, J. Calvão, *Direito Bancário*, 341, Almedina, Coimbra, 2001.

Contratos Bancários

restituir outro tanto da mesma espécie e qualidade nos termos acordados.[935]

II. O depósito bancário[936] caracteriza-se por dois *elementos* essenciais: por um lado, a entrega material ou electrónica pelo depositante de uma quantia em dinheiro ao banco depositário, o qual passa a ser assim titular da propriedade e risco das disponibilidades monetárias depositadas; por outro lado, a restituição de igual quantia nos termos acordados, usualmente acrescida de juros[937]. Por outra banda, o depósito bancário pode revestir dife-

---

[935] Sobre a figura, bastante estudada entre nós, vide Abudo, J. Ibraim, *Do Contrato de Depósito Bancário*, Almedina, Coimbra, 2004; Barata, C. Lacerda, *Contrato de Depósito Bancário*, 10 e segs., in: "Estudos em Homenagem ao Prof. Doutor I. Galvão Telles", 7-66, Almedina, Coimbra, 2002; Camanho, P. Ponces, *Do Contrato de Depósito Bancário*, reimpressão, Almedina, Coimbra, 2005; Patrício, J. Simões, *A Operação Bancária de Depósito*, Elcla, Porto, 1994. Noutros países, Campobasso, G. Franco, *I Depositi Bancari*, in: LI BBTC (1988), 163-184; Chapoutot, Maurice, *Les Dépôts de Fonds en Banque*, Sirey, Paris, 1928; Leal, J. Madrazo, *El Depósito Bancario a la Vista*, Civitas, Madrid, 2001; Ruhl, Alexander, *Das Einlagengeschäft nach dem Kreditwesengesetz*, Nomos, Baden-Baden, 2005 (embora sob uma perspectiva eminentemente institucional e de supervisão).

[936] A expressão "depósito bancário" vai aqui utilizada no seu sentido estrito e tradicional de depósito de dinheiro ou disponibilidades monetárias. Num sentido amplo, como é sabido, o depósito bancário pode ter por objecto outros bens, como sucede com a chamada *guarda de valores*, os depósitos em *cofre-forte* (jóias, valores: cf. art. 4.°, n.° 1, p) do RGIC), os *depósitos de instrumentos financeiros,* incluindo valores mobiliários (art. 4.°, n.° 1, h) do RGIC, art. 343.° do CVM), etc. (sobre algumas destas figuras, vide *infra* Parte III, Cap. IV, §7, 2.1. e 2.2.). Atente-se ainda que, para além dos depósitos, os bancos possuem ainda o monopólio da recepção de "outros fundos reembolsáveis" (arts. 2.°, n.° 1 e 9.°, n.° 1 do RGIC), v.g., certificados de depósito, obrigações hipotecárias ou obrigações de caixa (Nunes, F. Conceição, *Recepção de Depósitos e/ou Outros Fundos Reembolsáveis*, in: AAVV, "Direito Bancário", 43-65, Suplemento da RFDUL, Coimbra Editora, Lisboa, 1997).

[937] Os depósitos bancários constituem assim negócios reais "quod constitutionem" (que exigem, além do acordo das partes, um acto material de entrega dos fundos monetários) e "quod effectum" (que implicam uma transferência da propriedade dos fundos para o banco, vendo o cliente o seu direito real ser substituído por um puro direito creditício à restituição de outro tanto). Neste sentido também, na doutrina, Cordeiro, A. Menezes, *Manual de Direito Bancário*, 481, 3.ª edição, Almedina, Coimbra, 2006; Matias, A. Saraiva, *Direito Bancário*, 98, Coimbra Editora, Coimbra, 1998; Silva, J. Calvão,

Dos Contratos Comerciais em Especial

rentes *modalidades*. Nos termos do Decreto-Lei n.º 430/91, de 2 de Novembro (relativo ao "regime geral das contas de depósito"), que os classifica segundo o respectivo regime de exigibilidade, os depósitos podem ser *à ordem* (exigíveis a todo o tempo), com *pré-aviso* (exigíveis apenas mediante comunicação escrita ao banco feita com determinada antecedência), *a prazo* (exigíveis no fim do prazo acordado, os quais podem admitir ou não convenção de mobilização antecipada) e em *regime especial* (categoria residual a que pertencem todos os demais depósitos não enquadráveis nalguma das modalidades anteriores, previstos em normas legais, v.g., os depósitos titulados por certificados de depósito, previstos no Decreto-Lei n.º 372/91, de 8 de Outubro, ou criados livremente, v.g., as chamadas "contas-ordenado").[938]

III. O *regime* do contrato releva de um conjunto de fontes: atenta a natureza acessória do depósito em face do contrato de conta bancária, esse regime deverá ser fundamentalmente integrado mediante o recurso à disciplina juscontratual deste último ("maxime", as respectivas cláusulas contratuais gerais), sem prejuízo da eventual relevância das normas gerais sobre o depósito comum e mercantil (arts. 1185.º e segs. do CCivil, art. 407.º do CCom) e, sobretudo, de determinadas normas especiais (v.g., art. 155.º, n.º 3 do RGIC, art. 861.º-A do CPCivil, Decreto-Lei n.º 430/91, de 2 de Novembro, Decreto-Lei n.º 18/2007, de 22 de Janeiro, Aviso do BP n.º 7/2003, de 12 de Fevereiro)[939]. Quanto

---

Direito Bancário, 348, Almedina, Coimbra, 2001; na jurisprudência, os Acórdãos do STJ de 14-VI-1984 (Licurgo dos Santos), in: 338 BMJ (1984), 432-434, e de 3-X-1995 (Herculano Lima), in: 450 BMJ (1995), 416-423, o Acórdão da RC de 4-V-1999 (Coelho de Matos), in: XXIV CJ (1999), III, 14-16, e o Acórdão da RE de 4-IV-1989 (Matos Canas), in: XIV CJ (1989), II, 279-282. Noutros quadrantes, vide Canaris, Claus-Wilhelm, *Bankvertragsrecht*, 602, Walter de Gruyter, Berlin, 1975.

[938] Sobre os certificados de depósito enquanto espécie particular de título de crédito, vide Antunes, J. Engrácia, *Os Títulos de Crédito*, 133 e seg., Coimbra Editora, Coimbra, 2009.

[939] Sobre o depósito mercantil, vide *supra* Parte III, Cap. I, §3, 4.

à sua *forma*, a "praxis" e os usos bancários de há muito transformaram o depósito bancário num contrato sujeito à forma escrita convencional (cf. também o art. 3.º do Aviso do BP n.º 11/2005, de 13 de Julho)[940]. Quanto aos seus *efeitos*, ressaltam os deveres de restituição integral das disponibilidades monetárias por parte do banco (cf. também o Aviso do BP n.º 5/2000, de 8 de Setembro, sobre a intangibilidade das quantias depositadas), de remuneração do saldo do depósito (que produz usualmente juros nos termos acordados, sujeitos a imposto: cf. Avisos do BP n.º 5/2000, de 16 de Dezembro, relativo à remuneração dos depósitos, e n.º 7/2003, de 7 de Janeiro, relativo à chamada data-valor dos créditos e débitos dos depósitos à ordem), e de prestação de informação clara e precisa aos clientes sobre o saldo disponível (Aviso do BP n.º 3/2008, de 18 de Março), além da relevante questão da compensação de créditos ("rectius", a compensação de créditos do banco sobre o cliente com o saldo credor do depósito bancário de que este é titular).[941]

IV. Tal como a conta-corrente bancária, o depósito bancário é hoje fundamentalmente uma convenção *acessória* do contrato de conta bancária: como é crescentemente salientado pela doutrina mais recente, este contrato foi perdendo a sua tradicional primazia, passando assim de negócio principal a mera convenção anexa ou associada ao negócio de abertura de conta[942]. Todavia, ao

---

[940] Sobre a relevância da prova testemunhal no plano das alterações ao documento contratual, vide o Acórdão da RP de 21-XI-2005 (FONSECA RAMOS), in: XXX CJ (2005), V, 188-191.

[941] Sobre a questão, vide, na doutrina, CORDEIRO, A. Menezes, *Da Compensação no Direito Civil e no Direito Bancário*, 247 e segs., Almedina, Coimbra, 2003; na jurisprudência, entre muitos, os Acórdãos do STJ de 11-III-1999 (MIRANDA GUSMÃO), in: 485 BMJ (1999), 446-453, e de 19-IV-2001 (DIONÍSIO CORREIA), in: IX CJ/STJ (2001), II, 25-28, o Acórdão da RC de 3-XII-1996 (EDUARDO ANTUNES), in: XXI CJ (1996), V, 35-38, o Acórdão da RL de 12-V-1998 (PEREIRA DA SILVA), in: XXXIII CJ (1998), III, 94-96, e o Acórdão da RP de 14-I-1998 (SALEIRO DE ABREU), in: XXIV CJ (1998), I, 183-186.

[942] Ou seja: se é possível existir um contrato de conta bancária sem a concomitante ou posterior celebração de um contrato de depósito bancário, o inverso já

Dos Contratos Comerciais em Especial

invés da conta-corrente, assinale-se que o depósito bancário é apenas uma convenção acessória *normal* ou natural, embora não necessária, daquele contrato: com efeito, a abertura de conta bancária implica habitualmente, embora não forçosamente, a realização de depósitos (v.g., quando a conta aberta funciona na base de concessão de crédito e de domiciliação de cobranças).[943]

§3 *Contratos de Crédito*

I. O *crédito* – elemento central do Direito Comercial[944] – consiste genericamente na prestação actual de um bem em troca da contraprestação futura de bem análogo, usualmente mediante remuneração.[945]

---

não é verdadeiro, não havendo depósito sem prévia abertura de conta. Assim, entre nós, NUNES, F. Conceição, *Depósito e Conta*, 73 e 79, in: "Estudos em Homenagem ao Prof. Doutor I. Galvão Telles", vol. II, 67-88, Almedina, Coimbra, 2002; PATRÍCIO, J. Simões, *A Operação Bancária de Depósito*, 35 e segs., Elcla, Porto, 1994.

[943] Extremamente controvertida, na doutrina e na jurisprudência, é a questão da sua *natureza jurídica*, havendo quem o qualifique como um depósito irregular (por exemplo, SILVA, J. Calvão, *Direito Bancário*, 347 e segs., Almedina, Coimbra, 2001; Acórdão do STJ de 9-II-1995 (COSTA SOARES), in: III CJ/STJ (1995), II, 75-77), um mútuo (por exemplo, CAMANHO, P. Ponces, *Do Contrato de Depósito Bancário*, 140 e segs., reimpressão, Almedina, Coimbra, 2005; Acórdão do STJ de 21-V-1996 (MIGUEL MONTENEGRO), in: 448 BMJ (1995), 371-374), ou um contrato inominado, autónomo ou "sui generis" (por exemplo, PATRÍCIO, J. Simões, *A Operação Bancária de Depósito*, 29 e segs., Elcla, Porto, 1994; Acórdão da RP de 21-X-1993 (SOUSA LEITE), in: 430 BMJ (1993), 513-513), não faltando mesmo quem lhe recuse uma natureza jurídica unitária (cf. BARATA, C. Lacerda, *Contrato de Depósito Bancário*, 28 e seg., in: "Estudos em Homenagem ao Prof. Doutor I. Galvão Telles", 7-66, Almedina, Coimbra, 2002).

[944] Sobre o relevo do crédito no âmbito do Direito Comercial, vide ANTUNES, J. Engrácia, *Direito Comercial*, em curso de publicação.

[945] Sobre o conceito e as modalidades do crédito bancário, vide PATRÍCIO, J. Simões, *Direito do Crédito – Introdução*, 15 e segs., Lex, Lisboa, 1994. Noutros ordenamentos, ANCEL, Pascal, *Manuel du Droit du Crédit*, Litec, Paris, 1997; DE BES, X. Trias, *Las Operaciones Bancarias de Activo*, in: AAVV, "Tratado de Derecho Mercantil", tomo 39 ("Las Entidades de Crédito y sus Operaciones"), vol. II, Marcial Pons,

Contratos Bancários

A concessão de crédito bancário, que integra o núcleo tradicional da actividade bancária (binómio depósito-crédito: cf. arts. 2.º, n.º 1 e 4.º, n.º 1, b) do RGIC), pode assumir diversas modalidades – v.g., crédito privado ou público (consoante o critério dos destinatários), crédito à produção ou ao consumo (segundo o critério de afectação), crédito de curto, médio e longo prazo (segundo o critério de vencimento), etc. – e pode também concretizar-se através de uma assinalável diversidade de mecanismos – v.g., empréstimo, abertura de crédito, desconto, etc.

II. Num sentido estrito ou próprio, os contratos de crédito bancário designam aqueles negócios que têm por objecto a prestação de dinheiro ou disponibilidades monetárias pelos bancos aos seus clientes. O contrato de *empréstimo bancário* constitui, sem dúvida, o mais clássico e elementar deste sector de contratos. Todavia, ao lado desta técnica clássica, a progressiva sofisticação da actividade bancária conduziu a uma multiplicação de técnicas negociais autónomas de concessão de crédito bancário: entre elas, contam-se os contratos de *abertura de crédito,* de *desconto bancário,* de *descoberto bancário,* de *antecipação bancária,* de *crédito ao consumo* e de *crédito documentário.*

1. **Empréstimo Bancário**

I. Designa-se por empréstimo ou mútuo bancário ("bank loan", "Darlehensvertrag", "prêt bancaire", "mutuo bancario", "prestamo bancario") *o contrato pelo qual o banco (mutuante) entrega ou se obriga a entregar uma determinada quantia em dinheiro ao cliente (mutuário), ficando este obrigado a restituir*

Madrid, 2007; Rizzardo, Arnaldo, *Contratos de Crédito Bancário,* Revista dos Tribunais, São Paulo, 2003; Simonetto, Ernesto, *I Contratti di Credito,* Cedam, Padova, 1953.

outro tanto do mesmo género e qualidade ("tantundem"), acrescido dos correspondentes juros.[946]

II. O contrato de empréstimo bancário constitui uma *modalidade especial do contrato de empréstimo* (arts. 1142.º e segs. do CCivil, arts. 394.º e segs. do CCom)[947]. Essa especialidade reside essencialmente no plano dos sujeitos contratantes (o mutuante é uma empresa bancária), do objecto contratual (que consiste em dinheiro legal ou escritural, investindo fundamentalmente o cliente mutuário na propriedade da quantia mutuada)[948] e da sua finalidade (ficando frequentemente o mutuário obrigado a utilizar a quantia mutuada apenas para fins legais ou contratuais predeterminados).[949]

III. O *regime* deste contrato encontra-se disperso por um conjunto heterogéneo de normas legais. Assim, quanto à sua *formação*, os empréstimos bancários estão sujeitos a mera forma escrita qualquer que seja o seu valor (artigo único do Decreto-Lei

---

[946] Sobre a figura, vide MADEIRA, J. Luís, *Mútuo Bancário*, in: AAVV, "Temas de Direito Bancário", 505-552, Ed. Autor, Maputo, 1999. Noutras latitudes, DERLEDER, Peter, *Darlehensvertrag*, in: Derleder, Peter/ Knops, Kai-Oliver/ Bamberg, H. Georg, "Handbuch zum deutschen und europäischen Bankrecht", 191-227, Springer, Berlin, 2004; GONZÁLEZ, J. Prada, *Algunos Aspectos de los Préstamos Bancarios,* in: IV RDBB (1984), 309-344; GORTON, Gary/ KAHN, James, *The Design of Bank Loan Contracts*, in: 13 RFS (2000), 331-364.

[947] Sobre o empréstimo mercantil, vide *supra* Parte III, Cap. I, §3, 2.

[948] Talqualmente a respeito do mútuo civil e mercantil, é muito controverso na doutrina se o mútuo bancário constitui ou não um contrato real "quod constitutionem", cuja formação está dependente da entrega do dinheiro ao cliente (entre muitos, veja-se, num sentido afirmativo, CORDEIRO, A. Menezes, *Manual de Direito Bancário*, 527, 3.ª edição, Almedina, Coimbra, 2006; num sentido oposto, PATRÍCIO, J. Simões, *Direito Bancário Privado,* 309, Quid Juris, Lisboa, 2004). Saliente-se que, tratando-se em regra de um mútuo de moeda escritural, e não de moeda legal (notas, moedas), o banco só raramente entregará fisicamente o dinheiro ao cliente (entrega material), limitando-se a creditar-lhe a soma mutuada na respectiva conta bancária (entrega electrónica ou simbólica).

[949] O mútuo bancário é assim, frequentemente (embora não necessariamente), um "mútuo de escopo", ou seja, afecto a determinada finalidade do mutuário fixada por lei ou pelo contrato (v.g., crédito ao consumo): sobre a questão, vide ALLEGRI, Vicenzo, *Credito di Scopo e Finanziamento Bancario delle Imprese*, Giuffrè, Milano, 1984.

Contratos Bancários

n.º 32 765, de 29 de Abril de 1943)[950], sem prejuízo da exigência de forma especial em determinadas modalidades especiais de mútuo (v.g., escritura pública ou documento particular autenticado nos mútuos garantidos com consignação de rendimento ou hipoteca imobiliária voluntária, nos termos dos arts. 660.º e 714.º do CCivil: cf., todavia, arts. 1.º e 2.º do Decreto-Lei n.º 255/93, de 15 de Julho)[951]. Quanto ao seu *conteúdo*, os empréstimos podem revestir diferentes modalidades, algumas das quais com relevância na sua disciplina jurídica: segundo o critério do seu vencimento, os empréstimos podem ser de curto, médio e longo prazo, consoante, respectivamente, se vencem em prazo inferior a um ano, entre um e cinco anos, ou superior a cinco anos (Decreto-Lei n.º 344/78, de 17 de Dezembro); segundo o critério das suas garantias, os empréstimos podem ser caucionados ou a descoberto, consoante o seu cumprimento é ou não assegurado por garantias pessoais ou reais; e segundo o critério do número dos mutuantes, os empréstimos podem ser simples ou sindicados, consoante são negociados por um ou por vários bancos consorciados, no caso de montantes particularmente elevados ("syndicated loans", "Konsortialkredite")[952].

---

[950] Pode assim dizer-se que, no confronto com o empréstimo mercantil (art. 396.º do CCom), o empréstimo bancário fica simultaneamente aquém – já que agora se exige redução a forma escrita – e além – já que agora não se exige que o mutuário seja empresário nem que a coisa mutuada seja destinada a uma actividade empresarial – da desformalização e simplificação características daquele.

[951] É controverso na jurisprudência se tal exigência se trata de mera formalidade "ad probationem" ou "ad substantiam": em sentidos aparentemente divergentes, vide os Acórdãos do STJ de 6-XII-1978 (COSTA SOARES), in: 282 BMJ (1978), 118-123, e de 22-X-1981 (MÁRIO DE BRITO), in: www.dgsi.pt.

[952] HINSCH, L. Christian/ HORN, Norbert, *Der Vertragsrecht der internationale Konsortialkredite*, Walter de Guyter, Berlin/ New York, 1985; MUGASHA, Agasha, *The Law of Multi-Bank Financing*, Oxford University Press, New York/ Oxford, 2007. Uma modalidade especial de empréstimo sindicado é o chamado *empréstimo "cristal"*, acrónimo resultante das iniciais da expressão crédito ("cr") ao investimento ("i"), sindicado ("s") por tranches ("t") afectadas ("a") aos leilões ("l"): trata-se fundamentalmente de um empréstimo concedido por um conjunto de bancos, organizado segundo um sistema de leilão de forma a ser escolhido como mutuante o banco licitante que

Dos Contratos Comerciais em Especial

Por outro lado, tal como o empréstimo mercantil, o empréstimo bancário é tipicamente um negócio oneroso, vencendo *juros*: as taxas de juro encontram-se actualmente liberalizadas, sendo fixadas por acordo entre a instituição de crédito e o mutuário (Aviso do BP n.º 3/93, de 20 de Maio)[953], podendo ser fixas ou variáveis ("maxime", por referência a índices, v.g., "Euribor", "Ribor") e podendo ser pagas numa única ou em várias prestações (v.g., periodicamente, no termo do contrato, por desconto no capital, etc.). Outras especialidades relevantes incluem a permissão de se convencionar – em sede de juros remuneratórios – a sua cobrança antecipada em operações de desconto de letras, extractos de factura e "warrants", e a capitalização de juros vencidos há mais de três meses (art. 5.º, n.os 1 e 6)[954], e ainda – em sede de juros moratórios – a cobrança de uma sobretaxa supletiva de 2% (art. 7.º, n.os 1 e 3, ambos do Decreto-Lei n.º 344/78, de 17 de Novembro)[955]. Final-

---

oferecer a taxa de juro mais baixa, sem prejuízo do regime de tomada firme no caso de insucesso do leilão (na doutrina, TELLES, I. Galvão, *Empréstimo Cristal (Uma Nova Realidade Bancária)*, in: 125 RivOD (1993), 177-192; na jurisprudência, Acórdão do STJ de 8-II-2001 (CUNHA LOPES), in: 133 RLJ (2000), 319-337).

[953] Saliente-se, todavia, que, nos termos do Decreto-Lei n.º 220/94, de 23 de Agosto, para além da chamada taxa nominal (ou seja, a taxa de juro aplicável a determinada operação de crédito sem impostos ou outros encargos), os bancos estão obrigados a prestar informação sobre a *taxa anual efectiva* (ou TAE, que engloba a totalidade dos encargos do crédito) e as *taxas representativas* (ou seja, as taxas básicas que praticam habitualmente para as diferentes operações creditícias), além de se encontrarem sujeitos a regras especiais em matéria do *arredondamento* da taxa de juros relativos a determinado tipo de operações de crédito (Decretos-Lei n.º 240/2006, de 22 de Dezembro, n.º 171/2007, de 8 de Maio, e n.º 88/2008, de 29 de Maio) e em matéria de *contratos bancários especiais* (v.g., contratos de crédito à habitação: cf. Decretos-Lei n.º 51/2007, de 7 de Março, n.º 88/2008, de 29 de Maio, e n.º 192/2009, de 17 de Agosto).

[954] Saliente-se que, nos mútuos bancários liquidáveis em prestações, o vencimento imediato destas ao abrigo do art. 781.º do CCivil não implica a obrigação de pagamento dos juros remuneratórios nelas incorporados: cf. Acórdão do STJ n.º 7/2009, de 25-III-2009 (CARDOSO DE ALBUQUERQUE), in: DR, I série, n.º 86, de 5 de Maio de 2006.

[955] Sobre o regime dos juros comerciais em geral, vide *supra* Parte II, Cap. IV, §2, 2.; sobre os juros bancários em especial, vide PATRÍCIO, J. Simões, *Direito Bancário Privado*, 302 e segs., Quid Juris, Lisboa, 2004. Conexa e relevante é ainda a questão do *anatocismo bancário* (capitalização de juros): sobre o anatocismo no Direito Comercial,

Contratos Bancários

mente, no que concerne à sua *extinção*, retenha-se ainda que a revogação do empréstimo bancário por parte do cliente mutuário pressupõe a restituição da quantia mutuada ao banco mutuante.[956]

2. Abertura de Crédito

I. Designa-se por abertura de crédito ("line credit facility", "Krediteröffnungsvertrag", "ouverture de credit", "apertura di credito") *o contrato pelo qual o banco (creditante) se obriga a colocar à disposição do cliente (creditado) uma determinada quantia pecuniária (acreditamento ou "linha de crédito"), por tempo determinado ou não, ficando este obrigado ao reembolso das somas utilizadas e ao pagamento dos respectivos juros e comissões.*[957]

II. Este contrato desempenha uma importante *função prática*, servindo os interesses de ambas as partes. Para o creditado, ele assegura de antemão a disponibilização dos fundos necessários para concretizar um determinado negócio em vista em condições financeiras e operacionais mais vantajosas do que no caso de um empréstimo bancário (que implicaria o pagamento imediato de juros, além de lhe permitir mobilizar o montante disponibilizado

---

vide *supra* Parte II, Cap. IV, §2, 2.4(IV); no domínio bancário, vide LUÍS, Alberto, *O Anatocismo Bancário*, in: 61 ROA (2001), 1349-1366; noutras latitudes, VILLA, Marco, *L'Anatocismo Bancario*, Diss., Milano, 2003.

[956] Cf. Acórdão do STJ de 6-XI-2007 (SOUSA CRUZ), in: XV CJ/STJ (2007), III, 127-129.

[957] Sobre a figura, vide COELHO, J. Pinto, *Operações de Banco – Depósito – Abertura de Crédito*, 133 e segs., 2.ª edição, Lisboa, 1962; PEREIRA, S. Gouveia, *O Contrato de Abertura de Crédito Bancário*, Principia, Lisboa, 2000. Noutros ordenamentos, MENDIZÁBAL, C. Amesti, *Consideraciones sobre el Concepto de Contrato de Apertura de Crédito*, in: 21 RDBB (1985), 169-190; STAUDER, Bernd, *Der bankgeschäftliche Krediteröffnungsvertrag*, Gieseking, Bielefeld, 1968; JAMIN, Christoph, *L'Incertaine Qualification de l'Ouverture de Crédit*, in: 16 DA (2004), 1149-1152; TETI, Raffaele, *Dell'Apertura di Credito Bancario*, Giuffrè, Milano, 2005.

Dos Contratos Comerciais em Especial

na estrita medida das suas necessidades). Para o creditante, ele assegura o encaixe de uma remuneração sem risco, consistente na comissão de abertura de crédito (também designada comissão de reserva) acrescida, relativamente aos fundos disponibilizados não utilizados, de uma comissão de imobilização.

III. Este contrato pode revestir diferentes *modalidades*. De acordo com o critério da sua realização, a abertura pode ser simples ou em conta-corrente (consoante o crédito disponibilizado é mobilizável de uma só vez ou em tranches, incluindo a faculdade de renovação automática do "plafond" de crédito mediante entradas)[958]; segundo o critério das suas garantias, a abertura pode ser caucionada ou a descoberto (consoante o cumprimento das obrigações do cliente creditado seja ou não assegurado por garantias reais ou pessoais, v.g., livranças).

IV. O contrato de abertura de crédito constitui um contrato *atípico* (sem regime legal próprio), embora nominado (art. 362.º do CCom)[959]: trata-se, todavia, de um contrato socialmente típico, sedimentado na "praxis" comercial e bancária (mormente, cláusulas contratuais gerais e usos bancários)[960]. Assim, quanto à sua *formação*, muito embora não sujeito a qualquer exigência legal especial (art. 219.º do CCivil), a prática bancária subordina a sua celebração invariavelmente a documento escrito ou mesmo, em

---

[958] É a chamada cláusula de crédito "revolving", que permite que o montante do acreditamento se renove continuamente sem necessidade de consentimento do banco, desde que o cliente, uma vez esgotado esse montante, realize entradas que o reponham ou reconstituam: nestes casos, por seu turno, a abertura de crédito pode ser em "standby" (que permite saques e reembolsos sucessivos) ou "term-loan" (que separa temporalmente os saques e reembolsos).

[959] Sobre o carácter objectiva e subjectivamente comercial deste contrato, vide o Acórdão do STJ de 13-XII-2000 (Sousa Dinis), in: VIII CJ/STJ (2000), III, 174-176.

[960] É discutida na doutrina e jurisprudência a sua natureza jurídica, havendo quem o qualifique como um mútuo, um contrato-promessa, um contrato-quadro ou um contrato "sui generis": sobre a questão, vide Pereira, S. Gouveia, *O Contrato de Abertura de Crédito Bancário,* 81 e segs., Principia, Lisboa, 2000.

Contratos Bancários

certos casos especiais, a forma mais solene (v.g., abertura de crédito associada a garantias hipotecárias)[961]. Quanto ao seu *conteúdo*, o contrato é fonte de determinados direitos e deveres: entre estes, destacam-se a obrigação de disponibilização da soma pecuniária por parte do banco creditante[962] – a qual pode ser cumprida através de prestações de tipo diverso (v.g., entrega directa de dinheiro, descontos bancários, pagamento de cheques sacados pelo creditado), podendo as partes estipular livremente pressupostos ou limites à sua realização (v.g., aplicação das verbas disponibilizadas a determinadas finalidades exclusivas)[963] – e a obrigação de pagamento de comissões e juros pelo cliente creditado (cf. art. 5.º, n.º 2 do Decreto-Lei n.º 344/78, de 17 de Novembro), não sendo inusual a prestação de garantias de reembolso do crédito por parte deste (v.g., através de livranças).[964]

3. Desconto Bancário

I. Designa-se por desconto bancário ("Diskontgeschäft", "escompte", "sconto bancario", "descuento") *o contrato pelo qual*

---

[961] Cf. na doutrina, SILVA, J. Calvão, *Direito Bancário*, 365, Almedina, Coimbra, 2001; na jurisprudência, o Acórdão da RP de 9-XI-1992 (ALVES CORREIA), in: XVII CJ (1992), V, 209-211. Sublinhe-se que a abertura de crédito é um contrato meramente consensual também no sentido em que a sua validade e perfeição não se encontra dependente de qualquer acto de entrega do montante pecuniário: ao invés do empréstimo bancário (em se pode estipular a efectiva entrega do dinheiro pelo banco ao cliente), a abertura de crédito fica perfeita com o mero acordo tendente à disponibilização daquele montante, o qual, de resto, poderá nem sequer vir a ser movimentado pelo cliente creditado (cf. também Acórdão do STJ de 13-XII-2000 (SOUSA DINIS), in: VIII CJ/STJ (2000), III, 174-176).

[962] Sublinhando tratar-se de uma obrigação de "facere", enquanto tal insusceptível de ser objecto de acção executiva, vide o Acórdão do STJ de 8-VI-1993 (CARDONA FERREIRA), in: I CJ/STJ (1993), III, 5-8.

[963] Cf. Acórdão da RC de 26-XI-2002 (TÁVORA VICTOR), in: XXVII CJ (2002), V, 21-22.

[964] Cf. Acórdão da RL de 15-II-2001 (LINO PINTO), in: XXVI CJ (2001), I, 121-122.

503

Dos Contratos Comerciais em Especial

um banco (descontante) se obriga a entregar ao cliente (descontário) a importância de um crédito pecuniário não vencido sobre terceiro, em troca da transferência da titularidade do crédito e do pagamento das competentes comissão e juros compensatórios.[965]

II. Intimamente ligado aos créditos titulados, a sua *função* primacial reside em permitir ao portador de um título de crédito ainda não vencido ("maxime", uma letra de câmbio pagável em dia fixo) antecipar o recebimento da respectiva quantia pecuniária junto de um banco: o cliente transfere a propriedade do título para o banco mediante endosso, e em contrapartida este entrega-lhe o valor nominal do crédito titulado deduzido da competente comissão bancária e dos juros correspondentes ao tempo a decorrer até ao vencimento ("desconto")[966]. O desconto pode assumir diferentes *modalidades*: de acordo com a natureza dos créditos descontados, podemos falar em descontos cambiários (v.g., letras, livranças, cheques, extractos de factura, "warrants") ou não cambiários (v.g., crédito ordinário); de acordo com a natureza da operação, podemos falar em descontos simples ou mistos, consoante a operação de desconto é isolada ou combinada com outra operação bancária (v.g., abertura de crédito)[967]. Outrora um mecanismo

---

[965] Sobre a figura, vide Olavo, Fernando, *Desconto Bancário – Introdução, Descrição, Estrutura e Natureza Jurídica*, Lisboa, 1955; Olavo, Carlos, *O Contrato de Desconto Bancário*, in: "Estudos em Homenagem ao Prof. Doutor I. Galvão Telles", vol. II, 427-486, Almedina, Coimbra, 2002. Noutros países, Lastres, J. García-Pita, *El Contrato Bancario de Descuento*, CDBB, Madrid, 1991; Minervini, Gustavo, *Lo Sconto Bancario*, Jovene, Napoli, 1949; Rives-Lange, Jean-Louis, *Les Problèmes Juridiques Posés par l'Opération d'Escompte*, LGDJ, Paris, 1962.

[966] O desconto bancário pode ter ainda semelhanças e afinidades funcionais com outros contratos bancários, mormente o contrato de monetarização de créditos ou "forfaiting" (Vasconcelos, L. Pestana, *O Contrato de Forfaiting (ou de Forfaitização)*, 564, in: "Estudos em Memória do Prof. Doutor J. Dias Marques", 537-570, Almedina, Coimbra, 2007). Sobre este contrato, vide *infra* Parte III, Cap. IV, §4, 4.

[967] Dado o protagonismo das letras de câmbio neste terreno, o desconto pode depois ter por objecto uma variedade de títulos deste tipo, tais como as letras de favor

Contratos Bancários

relevante, o desconto tem perdido muito da sua importância prática em favor de outras figuras bancárias alternativas, mormente a abertura de crédito e o "factoring".

III. Tal como a abertura de crédito, o desconto bancário constitui um contrato *atípico* embora nominado (art. 362.º do CCom, art. 35.º, n.º 1, a) da LOBP). Relativamente à sua *formação*, não obstante a inexistência de exigência legal expressa de forma especial (art. 219.º do CCivil), é comum a sua redução a documento escrito (consubstanciado em formulário bancário próprio), geralmente acompanhada dos títulos a descontar (v.g., letras, extractos)[968]. Relativamente ao seu *conteúdo*, o desconto implica um conjunto de direitos e deveres: entre eles, mencionem--se o dever do cliente descontário entregar e transferir os títulos para o banco descontante ("maxime", através de endosso) e pagar as comissões e impostos devidos ("maxime", comissão de cobrança, imposto de selo)[969], e o dever deste último entregar àquele o montante pecuniário líquido do desconto[970]. Aspectos relevantes deste conteúdo são ainda a comum "cláusula de boa cobrança" – que condiciona o desconto à efectiva cobrança futura do crédito

(emitidas sem qualquer transacção mercantil subjacente), as letras de mobilização (emitidas na sequência de créditos reais concedidos pelo banco ao cliente), ou as letras com aceite bancário (em que o banco aceita letra sacada sobre si próprio pelo seu cliente). Sobre a relação entre o desconto bancário e os negócios cambiários, vide ANTUNES, J. Engrácia, *Os Títulos de Crédito,* 53, Coimbra Editora, Coimbra, 2009; FURTADO, J. Pinto, *Obrigação Cartular e Desconto Bancário,* 142 e segs., in: AAVV, "Temas de Direito Comercial", 89-175, Almedina, Coimbra, 1986.

[968] Sobre a natureza formal do desconto bancário, vide o Assento do STJ n.º 17/94, de 11-X-1994 (FIGUEIREDO DE SOUSA), in: DR, I-A, n.º 279, de 3 de Dezembro de 1994.

[969] Sobre a responsabilidade subsidiária do descontário pelo pagamento da letra, vide o Acórdão do STJ de 12-I-1994 (FIGUEIREDO DE SOUSA), in: II CJ/STJ (1994), I, 40-41.

[970] Em contrapartida, não parece dever entender-se constituir obrigação do banco descontante a de praticar os actos necessários à conservação dos direitos cambiários do cliente descontário contra os demais co-obrigados (cf. Acórdão do STJ de 24-I-1984 (SANTOS CARVALHO), in: 333 BMJ (1984), 483-489). Questão particular é a do risco de perda do título descontado: cf. DIAS, G. Figueiredo, *Desconto Bancário e Responsabilidade do Descontário pelo Extravio do Título de Desconto*, in: 57 RB (2004), 31-54.

Dos Contratos Comerciais em Especial

pelo banco descontante, sob pena da responsabilidade de devedor e descontário – e a faculdade de "redesconto" – que permite ao banco efectuar um desconto de segundo grau do mesmo crédito junto de outra instituição de crédito ou do Banco de Portugal.[971]

4. Descoberto Bancário

I. Designa-se por descoberto bancário, também conhecido por "descoberto em conta" ou "facilidades de caixa" ("overdraft", "Dispositionskredit", "découvert", "scoperto di conto", "descubiertos en cuenta corriente"), *o contrato pelo qual o banco autoriza, dentro de certos limites, a existência de saldo negativo na conta do cliente.*[972]

II. A *função* primacial deste contrato consiste em fazer face a necessidades ocasionais e passageiras de tesouraria do cliente. Como vimos, a conta bancária em conta-corrente apenas admite, por definição, a existência de saldos positivos ou neutros[973]: ao tolerar ou consentir que o cliente efectue levantamentos, emita cheques ou realize outras operações passivas que o saldo disponível não permite, deixando assim temporariamente a respectiva conta "a descoberto", o banco está a praticar uma forma especial de concessão de crédito de curto-prazo. Esta concessão creditícia pode, todavia, revestir diferentes *modalidades*: assim, ela pode ter

---

[971] Para não variar, a doutrina e a jurisprudência não se entendem sobre a natureza jurídica a atribuir a este contrato, oscilando entre a qualificação de empréstimo garantido, de misto de empréstimo e dacção "pro solvendo", de venda de título de crédito, ou de contrato autónomo e "sui generis": sobre a questão, vide, na doutrina, OLAVO, Fernando, *Desconto Bancário*, 187 e segs., Lisboa, 1955; na jurisprudência, Acórdão do STJ de 14-II-1995 (CARDONA FERREIRA), in: III CJ/STJ (1995), I, 84-88.

[972] Sobre a figura, sobre a qual não conhecemos estudo monográfico em Portugal, vide HÄNSEL, Fritz, *Privatkundenschutz beim Dispositionskredit*, Nomos, Baden-Baden, 1995; TARTRE, Marcel, *Les Facilités de Caisse*, Diss., Lille, 1975.

[973] Cf. *supra* Parte III, Cap. IV, §2, 4.1.

Contratos Bancários

na sua origem um acordo prévio e expresso – autorizando "ex contractu" a movimentação a débito da conta com saldo negativo (correntemente designado "descoberto em conta-corrente" ou "Dispositionskredit") – ou antes um mero acordo tácito – resultante de actos de consentimento de descobertos em conta pontuais para fazer face a necessidades momentâneas ou imprevistas, v.g., para execução de uma dada ordem de transferência ou de pagamento domiciliado (usualmente denominado "crédito de tesouraria", "facilidade de caixa" ou "Überbeziehungskredit").[974]

III. Como muitos outros contratos de crédito, o descoberto bancário constitui um contrato atípico, embora nominado (cf. art. 2.º, a) do Decreto-Lei n.º 220/94, de 23 de Agosto) e perfeitamente consolidado na "praxis" negocial bancária. O seu *regime* deve ser colhido, em primeira linha, nas cláusulas contratuais gerais constantes do contrato nuclear de conta bancária, aplicando-se ainda, no demais, as regras do empréstimo bancário com as necessárias adaptações[975]: assim, quanto à *forma*, não se exige qualquer forma especial (art. 219.º do CCivil), embora, no caso de resultar de acordo prévio, este seja usualmente reduzido a escrito[976]; quanto ao seu *conteúdo*, saliente-se que o cliente está

---

[974] Sobre tais modalidades, vide também o Acórdão do STJ de 2-II-1993 (RAMIRO VIDIGAL), in: I CJ/STJ (1993), I, 121-123. Mas repare-se que já não parece haver descoberto em conta se este é meramente acidental, resultando de erro do banco ou do cliente: cf. CAMANHO, P. Ponces, *Contrato de Depósito – Descoberto em Conta – Direito do Banco que Paga o Cheque não Provisionado*, in: "Estudos em Homenagem ao Prof. Doutor I. Galvão Telles", vol. II, 103-130, Almedina, Coimbra, 2002.

[975] O recurso subsidiário às normas do mútuo bancário é geralmente admitido entre nós: na doutrina, vide SOARES, A. Quirino, *Contratos Bancários,* 115, in: LII SI (2003), 109-128; na jurisprudência, os Acórdãos do STJ de 15-XI-1995 (SÁ COUTO), in: 451 BMJ (1995), 440-444, e de 16-III-2000 (MIRANDA GUSMÃO), in: 495 BMJ (2000), 329-333.

[976] Cf. Acórdão da RL de 30-X-2007 (ANA RESENDE), in: XXXII CJ (2007), III, 71-73; considerando o descoberto uma operação de empréstimo, à qual é aplicável o princípio da liberdade de forma do art. 396.º do CCom, vide ainda o Acórdão da RL de 3-VI-1980 (SANTOS SILVEIRA), in: V CJ (1980), III, 182-184.

Dos Contratos Comerciais em Especial

obrigado a pagar os juros e demais encargos inerentes ao saldo negativo, embora o banco, ressalvados os limites impostos pela boa fé, goze do direito de exigir a todo o momento o provisionamento da conta (inexistindo o benefício de prazo que é típico do empréstimo bancário).[977]

5. Antecipação Bancária

I. Designa-se por antecipação bancária ("advance or collateral loan", "Lombardkreditgeschäft", "avance en banque", "anticipazione bancaria", "préstamo con garantía") *o contrato pelo qual o banco concede ao cliente um crédito contra penhor equivalente de títulos, mercadorias ou outros bens.*[978]

II. A *função* primacial da antecipação bancária é a de permitir ao cliente (antecipado pignoratício) obter um crédito para fazer face a necessidades de liquidez de curto prazo, ao mesmo tempo que possibilita ao banco (antecipante pignoratício) o encaixe de um lucro (proveniente da remuneração do crédito, "maxime" juros) assegurado por penhor: a sua particularidade essencial reside, assim, na íntima conexão do crédito bancário a uma garantia real, uma vez que os valores adiantados pelo banco têm por contrapartida directa, necessária e proporcional a prestação de um penhor de valor equivalente.

III. Contrato nominado (designado por empréstimo sobre penhor: cf. art. 402.º do CCom) – para cuja disciplina jurídica são

---

[977] Assim, na doutrina, PATRÍCIO, J. Simões, *Direito Bancário Privado*, 317, Quid Juris, Lisboa, 2004; na jurisprudência, Acórdão da RP de 16-III-1998 (GONÇALVES FERREIRA), in: XXIII CJ (1998), II, 206-208.

[978] Sobre a figura, vide POÇAS, Luís, *Antecipação Bancária e Empréstimo Sobre Penhor no Âmbito das Operações Bancárias*, Almeida & Leitão, Porto, 2008. No estrangeiro, vide MOSKRIC, Elisabeth, *Der Lombardkredit*, Schulthess, Zürich, 2003; PORZIO, Mario, *L'Anticipazione Bancaria*, Jovene, Napoli, 1964.

Contratos Bancários

relevantes as normas do Decreto-Lei n.º 365/99, de 17 de Abril (sobre a actividade prestamista), além, subsidiariamente, das normas gerais sobre o empréstimo e o penhor (onde a analogia o justifique) –, a antecipação bancária, mais do que simplesmente um contrato misto de mútuo e penhor, representa um tipo contratual unitário e autónomo que se contradistingue pela essencialidade da interdependência entre crédito (mútuo bancário ou abertura de crédito) e garantia (penhor)[979]. Relativamente à sua *celebração*, o contrato de antecipação bancária deve revestir forma escrita (cf. art. 11.º do Decreto-Lei n.º 365/99, de 17 de Abril), tornando-se perfeito, por parte do banco, com a entrega das importâncias mutuadas (no caso de mútuo) ou a mera disponibilização dos fundos (no caso de abertura de crédito), não se exigindo, em via de regra, a entrega material ou sequer simbólica das coisas dadas em penhor (bens móveis ou imóveis, mercadorias, patentes, títulos de crédito, etc.)[980]. Quanto ao seu *conteúdo*, ressalta a existência de uma relação orgânica e estável de proporcionalidade

---

[979] Neste sentido, na doutrina, Poças, Luís, *Antecipação Bancária e Empréstimo Sobre Penhor no Âmbito das Operações Bancárias*, 26, Almeida & Leitão, Porto, 2008; na jurisprudência, o Acórdão do STJ de 23-X-2008 (Custódio Montes), in: Processo n.º 08B3146, www.dgsi.pt. Existe doutrina que nega autonomia à antecipação bancária, qualificando-a de simples variante de outros contratos bancários, mormente do mútuo bancário ou da abertura de crédito caucionada por penhor (Spinelli, Michele, *Contributo allo Studio della Anticipazione Bancaria*, in: XII BBTC (1949), 205-242): tal entendimento, todavia, afigura-se de recusar, já que, ao passo que o mútuo ou penhor bancários podem ser celebrados um sem o outro (desempenhando o penhor no mútuo pignoratício um papel meramente acessório), a antecipação bancária é um negócio cuja identidade própria ou eixo estrutural assenta justamente na coexistência e interdependência desses termos, que é determinante, também, no conteúdo das prestações e posições contratuais.

[980] Usualmente, a antecipação bancária tem por garantia títulos de crédito, "maxime" letras de câmbio ("advance against pledged bills", "avance sur effects"). Ora, por força da ressalva contida no art. 3.º do Decreto-Lei n.º 29 833, de 17 de Agosto de 1939 (que sujeita o penhor bancário de títulos de crédito ao regime geral do CCom), tal implica a entrega dos títulos ao banco credor, juntamente com o respectivo endosso em garantia (art. 19.º da LULL). Sobre o penhor bancário, vide *infra* Parte III, Cap. IV, §5, 5.; sobre o penhor mercantil em geral, vide *supra* Parte III, Cap. I, §3, 3.

Dos Contratos Comerciais em Especial

entre os valores da garantia dada pelo cliente e do crédito concedido pelo banco: tal significa, não apenas que o valor da antecipação é fixado na base do valor do penhor (deduzido da competente comissão bancária), mas ainda que tal rácio assim deve permanecer durante toda a vigência do contrato (v.g., autorizando o cliente a solicitar a restituição parcial das coisas penhoradas na medida da devolução simétrica de fundos recebidos).[981]

6. Crédito ao Consumo

I. Designa-se por contrato de crédito ao consumo ("consumer credit loan", "Verbraucherkreditgeschäft", "contrat de consommation de crédit", "contratto de credito al consumo") *o contrato pelo qual um banco concede ou promete conceder um crédito a um consumidor.*[982]

II. Este contrato bancário desempenha uma *função* primordial nas modernas economias de produção em série e consumo em massa, caracterizadas pela aquisição financiada de bens de consumo:

---

[981] A complexidade operacional da figura é significativa, não sendo assim surpreendente a existência de tipologias doutrinais terminologicamente idênticas com significados diversos: apenas a título de ilustração, ao passo que na doutrina alemã se fala por vezes de antecipação própria e imprópria para designar a antecipação associada, respectivamente, ao mútuo e à abertura de crédito ("echte und unechte Lombardkredit": cf. Bitterich, Anna, *Das bankmässige Lombardgeschäft,* Böcker, Wittenberge, 1932), a doutrina italiana utiliza a mesma distinção para denominar a antecipação com penhor regular e irregular ("antecipacione propria e impropria": cf. Porzio, Mario, *L'Anticipazione Bancaria,* 161 e segs., Jovene, Napoli, 1964).

[982] Sobre a figura, vide Morais, F. Gravato, *Contratos de Crédito ao Consumo,* Almedina, Coimbra, 2007. Noutros países, Chardin, Nicole, *Le Contrat de Consommation de Crédit et l'Autonomie de la Volonté,* LGDJ, Paris, 1988; Gorgoni, Marinela, *Il Credito al Consumo,* Giuffrè, Milano, 1994; Ibáñez, I. Escuin, *Las Adquisiciones Financiadas nel Crédito al Consumo,* Comares, Granada, 2002; Reifner, Udo, *Handuch der Verbraucherkredit,* 2. Aufl., Beck, München, 2003; Smith, Julia/ McCalla, Sandra, *Consumer Credit Act 2006: A Guide to the New Law,* The Law Society, London, 2007.

após um período originário em que os consumidores adquirentes eram financiados directamente pelos próprios vendedores (v.g., venda a prestações), tornou-se frequente a intervenção de empresas especializadas no financiamento, usualmente uma instituição de crédito ou uma sociedade financeira.[983]

III. Os contratos de crédito ao consumo são contratos *típicos*, cujo regime jurídico se encontra previsto na Lei do Crédito ao Consumo (abreviadamente LCC), constante do Decreto-Lei n.º 133/2009, de 2 de Junho. Tais contratos podem assumir diferentes *modalidades* jurídico-operacionais (arts. 4.º, n.º 1, c), 8.º, 15.º, 23.º da LCC): com efeito, eles podem ser realizados através de figuras negociais tão variadas quanto a venda a prestações, o mútuo bancário, a abertura de crédito, o descoberto bancário, a emissão de cartão bancário, a locação financeira, ou o aluguer de longa duração[984]. O regime legal é bastante complexo, sendo profundamente marcado pelo objectivo central de tutela do consumidor. Quanto à sua *formação*, ressalta a existência de um conjunto vasto de deveres pré-contratuais de informação, de assistência e de avaliação de solvabilidade do consumidor (arts. 5.º a 11.º da LCC), a obrigatoriedade de redução a documento escrito ou electrónico, assinado pelas partes (art. 12.º, n.ºs 1 e 2 da LCC)[985] – cuja inobservância acarreta a nulidade do contrato (art. 220.º do CCivil, art. 13.º, n.º 1 da LCC), a qual, todavia, apenas é

---

[983] Por via de regra, tratar-se-á de uma sociedade financeira para aquisições a crédito (SFAC), cujo objecto consiste justamente em "financiar a aquisição ou fornecimento de bens ou serviços determinados" (art. 2.º, a) do Decreto-Lei n.º 206/95, de 14 de Agosto).

[984] Em contrapartida, o referido regime legal tem a sua aplicação excluída ou limitada em determinadas situações, v.g., financiamento de aquisição imobiliária, créditos de montante muito baixo ou elevado, créditos garantidos por hipoteca imobiliária, créditos resultantes de transacção judicial, etc. (arts. 2.º e 3.º da LCC).

[985] Tal exigência de forma existe nos contratos de crédito ao consumo celebrados entre presentes ou ausentes: cf. Acórdão da RL de 29-I-2008 (ARNALDO SILVA), in: XXXIII CJ (2008), I, 85-87.

Dos Contratos Comerciais em Especial

invocável pelo consumidor (art. 13.º, n.º 5 da LCC)[986] –, e ainda a necessidade de entrega da quantia mutuada para a perfeição do contrato – que assim se afigura revestir uma natureza real "quod constitutionem"[987]. Quanto aos seus *conteúdo e efeitos*, para além do controlo decorrente da LCCG, devem salientar-se a obrigatoriedade de inclusão de um conjunto vasto de menções essenciais (de entre as quais se destaca a relativa à taxa anual de encargos efectiva global ou TAEG: cf. arts. 6.º, n.º 3, g), 12.º e 24.º da LCC), as normas relativas ao cumprimento do contrato (com particular relevo para o direito de revogação do consumidor: cf. art. 17.º da LCC)[988] e ainda as regras relativas à conexão entre o contrato de crédito e o contrato de venda ao consumo (que investe o banco numa responsabilidade subsidiária perante o consumidor pelo exacto e pontual cumprimento do contrato celebrado pela empresa vendedora, uma vez preenchidos determinados pressupostos: cf. art. 18.º, n.º 3 da LCC, arts. 3.º, 4.º, 5.º e 9.º do Decreto-Lei n.º 67/2003, de 8 de Abril).[989]

---

[986] Tenha-se presente que tal documento contratual pode possuir força executiva, nos termos do art. 46.º, c) do CPCivil (cf. Acórdão da RP de 12-X-2000 (COELHO DA ROCHA), in: XXV CJ (2000), IV, 208-210).

[987] Esta natureza real deve ser habilmente entendida, tanto no sentido que se basta com a mera entrega electrónica da quantia mutuada (de modo algum pressupondo a sua entrega física), como no sentido em que se considera satisfeita com a entrega realizada à empresa vendedora do bem (de modo algum se pressupondo que ela seja feita directamente ao consumidor). Cf. Acórdão do STJ de 22-VI-2005 (OLIVEIRA BARROS), in: XIII CJ/STJ (2005), II, 134-140.

[988] MORAIS, F. Gravato, *O Direito de Revogação nos Contratos de Crédito ao Consumo: Confronto entre os Regimes Jurídicos Português e Alemão*, in: 307 SI (2006), 457-491. Sobre o "direito de desistência" na contratação mercantil em geral – que a lei aqui designa de "direito de revogação" (art. 17.º, n.º 1 da LCC) –, vide *supra* Parte II, Cap. V, §4, 3.

[989] Sobre o ponto, vide desenvolvidamente *supra* Parte II, Cap. IV, §3, 3.4.

7. Crédito Documentário

I. Designa-se de crédito documentário ("documentary credit", "Dokumentenakkreditivgeschäft", "crédit documentaire", "credito documentario") *o contrato pelo qual um banco (emitente), a pedido de um cliente (ordenante), se obriga, mediante negócio unilateral (carta de crédito), a pagar ou mandar pagar uma dada quantia pecuniária a um terceiro (beneficiário) contra a apresentação de documentos.*[990]

II. O crédito documentário (ou crédito contra documentos) desempenha uma *função* relevantíssima na contratação mercantil internacional, reforçando as garantias e segurança das transacções comerciais: assim, por exemplo, no âmbito de uma compra e venda de mercadorias entre empresários sedeados em diferentes países, o comprador ou importador ordena ao seu banco que abra crédito documentário a favor do vendedor ou exportador, na sequência do que o banco emite uma carta de crédito comercial em favor deste último, nos termos da qual o emitente procederá ao pagamento ao vendedor contra a entrega por este àquele de documentação que titule a existência e conformidade contratual das ditas mercadorias[991]. Este contrato pode assumir diferentes *modalidades*: de acordo com o critério do poder do ordenante anular a ordem de pagamento, o crédito documentário diz-se revogável ou irrevogável (o qual constitui a regra, já que apenas

---

[990] Sobre a figura, vide CASTRO, G. Andrade, *O Crédito Documentário Irrevogável,* UCP Editora, Porto, 1999; OLAVO, Fernando, *Abertura de Crédito Documentário,* Livraria Moraes, Lisboa, 1952. Noutros países, COSTA, L. Maura, *Le Crédit Documentaire: Étude Comparative,* LGDJ, Paris, 1999; PONTIROLI, Luciano, *Il Credito Documentario,* Giuffrè, Milano, 2000; RAYMOND, Jack/ MALEK, Ali/ QUEST, David, *Documentary Credit,* 4th edition, Tottel Publishing, West Sussex, 2007; SCHÜTZE, Rolf, *Dokumentenakkreditiv im internationalen Handelsverkeher,* 5. Aufl., RuW, Heidelberg, 1999.

[991] Sobre as funções jurídicas e económicas do crédito documentário, vide SCHÜTZE, Rolf, *Dokumentenakkreditiv im internationalen Handelsverkeher,* 7 e segs., 5. Aufl., RuW, Heidelberg, 1999.

Dos Contratos Comerciais em Especial

neste último caso funciona como uma garantia de pagamento)[992]; de acordo com o critério do tipo de utilização do crédito documentário, este pode ser à vista, por aceite, por pagamento diferido ou por negociação.[993]

III. Contrato atípico e inominado, o *regime* do crédito documentário encontra-se fundamentalmente previsto nas chamadas "Regras e Usos Uniformes Relativos aos Créditos Documentários", elaboradas pela CCI[994]: ilustração lídima do relevo da "lex mercatoria" enquanto fonte juscomercial emergente, tais normas consubstanciam hoje uma verdadeira disciplina jurídica uniforme e de vocação universal sobre a matéria[995]. Esse regime é complexo,

---

[992] No crédito documentário irrevogável, ao compromisso do banco emitente (mediante a carta de crédito) pode ainda juntar-se o compromisso de outro banco (banco confirmador), o qual, também por negócio jurídico unilateral (carta de confirmação), se obriga em termos idênticos perante o beneficiário (cf. Acórdão do STJ de 17-IV-1997 (SOUSA INÊS), in: 466 BMJ (1997), 526-544): a responsabilidade dos bancos emitente e confirmador não é, todavia, cumulativa, pelo que o cumprimento efectuado por qualquer um deles extingue a obrigação do outro (cf. Acórdão da RP de 23-VI-2003 (FONSECA RAMOS), in: XI CJ (2003), III, 195-200).

[993] O crédito documentário pode ainda surgir associado a garantias bancárias, como sucede com as chamadas *cartas de crédito "standby"* ("standby letter of credit"), que funcionam primacialmente como uma garantia da execução do pagamento por parte do ordenador: ao passo que o crédito documentário é um instrumento de pagamento, a carta de crédito é um instrumento de garantia (ficando justamente em "standby" até se e quando exista incumprimento da obrigação garantida). Sobre a figura, vide WUNNICKE, Brooke, *Standby and Commercial Letters of Credit*, 3rd edition, Aspen, New York, 2000.

[994] Estas regras foram editadas pela primeira vez em 1933, sendo correntemente designadas, na sua última versão em vigor desde 1 de Julho de 2007, por "UCP600", que substituíram as "UCP500" de 1993. Cf. BYRNE, James, *The Comparison Between UCP500 and UCP600*, Institute of Banking Law and Practice, Montgomery, 2007; DURÁ, R. Marimón, *La Nueva Edición de las Reglas de la CCI para los Créditos Documentarios*, in: 263 RDM (2007), 7-68.

[995] EBERTH, Rolf, *Zur Rechtnatur der Einheitlichen Richtlinien und Gebräuche für Dokumentenakkreditive*, in: "Festschrift für Karl-H. Neumayer", 199-216, Nomos, Baden-Baden, 1986. Entre nós, vide, na doutrina, PINA, C. Costa, *Créditos Documentários – As Regras e Usos Uniformes da CCI e a Prática Bancária*, Coimbra Editora, Coimbra, 2000; na jurisprudência, Acórdão do STJ de 16-VI-1970 (RUI GUIMARÃES), in: 198 BMJ (1970), 163-172. Sobre a noção e o relevo actual da "lex mercatoria" na contratação mercantil em geral, vide *supra* Parte I, Cap. IV, §2, 2.

Contratos Bancários

não podendo aqui ser abordado[996]. No essencial, quanto à sua *celebração*, o crédito documentário tem sempre na sua origem um contrato comercial de base, usualmente internacional ("maxime", compra e venda), que estipula a vontade das partes de a ele recorrerem como forma de pagamento e garantia ("payment against documentary credit")[997]. Relativamente ao seu *conteúdo*, o contrato abrange uma tríplice ordem de relações jurídicas: a relação entre comprador (ordenante) e vendedor (beneficiário), a relação entre comprador e banco (emitente), e a relação entre banco e vendedor.[998]

§4 Contratos de Financiamento

I. Os *contratos de financiamento* são aqueles contratos que têm por objecto o financiamento dos clientes pelo banco. Num sentido amplo, os negócios de financiamento são também contratos de crédito bancário: todavia, ao passo que nos contratos de

---

[996] Tal como complexa é a sua natureza jurídica: cf. PINA, C. Costa, *Conceito, Estrutura e Natureza dos Créditos Documentários*, 111 e segs., in: "Estudos Jurídicos e Económicos em Homenagem ao Prof. Doutor João Lumbrales", 95-117, Coimbra Editora, Coimbra, 2000; noutros quadrantes, vide UREBA, A. Alonso, *Naturaleza y Régimen del Crédito Documentario,* in: AAVV, "Contratos Bancarios", 437-490, Civitas, Madrid, 1992.

[997] Saliente-se que o crédito documentário pode ser objecto de cessão por parte do beneficiário a terceiro, nos termos gerais do art. 577.º do CCivil: cf. Acórdão da RG de 19-I-2005 (ANTÓNIO GONÇALVES), in: XXX CJ (2005), I, 279-282.

[998] Sobre esta tríplice relação, vide desenvolvidamente CASTRO, G. Andrade, *O Crédito Documentário Irrevogável,* 117 e segs., UCP Editora, Porto, 1999. Sublinhe--se que podem existir vários ordenantes, não sendo necessário, salvo cláusula em contrário, que todos eles figurem conjuntamente como compradores no negócio jurídico para cuja satisfação de preço o crédito documentário foi aberto (cf. Acórdão do STJ de 3-V-1974 (RODRIGUES BASTOS), in: 237 BMJ (1974), 260-265); e ainda que o banco emitente deve verificar diligentemente a conformidade formal da documentação exibida pelo vendedor com os termos da carta de crédito, embora não esteja obrigado a curar das relações emergentes do negócio causal (cf. Acórdão da RL de 5-XI-2002 (PIMENTEL MARCOS), in: XXXVII CJ (2002), V, 63-65).

Dos Contratos Comerciais em Especial

crédito "stricto sensu" o banco adianta dinheiro ou disponibilidades monetárias ao cliente, assumindo a posição de credor, nos contratos de financiamento o banco limita-se a disponibilizar determinados serviços ou operações financeiras sem disponibilização monetária, não assumindo assim qualquer posição credora.[999]

II. Entre os contratos de financiamento contam-se os contratos de *locação financeira* ("leasing"), de *cessão financeira* ("factoring"), de *titularização de créditos* ("securitization"), de *monetarização de créditos* ("forfaiting") e de *financiamento de projecto específico* ("project finance").[1000]

1. Locação Financeira ("Leasing")

I. Designa-se locação financeira – também vulgarmente conhecido como "leasing" dentro e fora de portas ("Leasing--Vertrag", "locazione finanziaria", "crédit-bail", "arrendamiento financiero") –[1001] *o contrato pelo qual uma das partes (locador)*

---

[999] Esta distinção, no seio do crédito bancário geral, entre contratos de crédito em sentido estrito e contratos de financiamento, é também acolhida por alguma doutrina nacional e estrangeira: entre nós, SILVA, J. Calvão, *Direito Bancário*, 359, Almedina, Coimbra, 2001; noutras latitudes, vide GHIA, Lucio, *I Contratti di Finanziamento dell'Impresa*, vol. II, espec. 225 e segs., Giuffrè, Milano, 2005. Sobre estes contratos no plano internacional, vide CRUCELAEQUI, J. Juan, *Los Contratos para la Financiación y Garantías en el Comercio Internacional*, Civitas, Madrid, 2008.

[1000] Referimo-nos aqui apenas a algumas das principais espécies contratuais, sem prejuízo da existência de muitas outras. Um exemplo são as chamadas *convenções de "portage"*, contratos pelos quais um banco ("porteur") adquire a título temporário uma participação no capital de uma sociedade, por indicação do seu cliente ("donneur d'ordre"), comprometendo-se a retransmiti-la a este ou a terceiro, por um preço superior e em data futura predeterminados: tais contratos inominados, sendo multifacetados, surgem frequentemente como modalidades operacionais de financiamento bancário, de mútuo com garantia real ou até de intermediação financeira (SOURANI, Patrick, *Le Portage d'Actions*, LGDJ, Paris, 1996).

[1001] Por comodidade de exposição, utilizaremos em seguida indistintamente as expressões "locação financeira" e "leasing", muito embora descrevam, em bom rigor,

se obriga, mediante remuneração, a ceder à outra (locatário) o gozo temporário de uma coisa, móvel ou imóvel, adquirida para o efeito pelo primeiro a um terceiro (fornecedor), ficando o último investido no direito de a adquirir em prazo e por preço determinados.[1002]

II. A locação financeira é um instrumento de financiamento bancário com *vantagens* evidentes: para o locador, o qual, conservando a propriedade da coisa durante a vigência contratual, beneficia de uma garantia superior àquelas que usufrui por regra nas demais operações creditícias activas; para o locatário, já que representa uma forma de financiamento integral da coisa utilizada sem endividamento directo, além das diversas vantagens contabilísticas e fiscais associadas; e para o fornecedor, uma forma suplementar particularmente eficaz de escoamento dos bens que produz ou comercializa. Entre os seus *inconvenientes*, saliente-se o custo mais elevado em face de outras modalidades alternativas de crédito e financiamento bancário ("maxime", empréstimo bancário).

III. O contrato de locação financeira é um *contrato nominado e típico*, previsto e regulado no Decreto-Lei n.º 149/95, de 24 de Junho, sendo igualmente relevante o Decreto-Lei n.º 72/95, de 15 de Novembro (relativo às sociedades de locação financeira)

---

operações jusmercantis apenas parcialmente coincidentes: relembre-se que, na prática dos negócios, o "leasing" pode ser financeiro ou operacional (sobre a distinção, vide MORAIS, F. Gravato, *Manual da Locação Financeira*, 44 e segs., Almedina, Coimbra, 2006).

[1002] Sobre a figura, cuja literatura é relativamente abundante, vide CAMPOS, D. Leite, *A Locação Financeira*, Lex, Lisboa, 1994; DUARTE, R. Pinto, *Escritos sobre "Leasing" e "Factoring"*, Principia, Cascais, 2001; MORAIS, F. Gravato, *Manual da Locação Financeira*, Almedina, Coimbra, 2006; PIZARRO, S. Nóbrega, *O Contrato de Locação Financeira*, Almedina, Coimbra, 2004. No estrangeiro, vide BUONOCORE, Vicenzo, *La Locazione Finanziaria*, Giuffrè, Milano, 2008; GARRIDO, Eric, *Le Crédit--Bail: Outil et Financement Structurel et d'Ingénierie Commerciale*, Éd. Revue Banque, Paris, 2002; VIGUERA, M. Gutiérrez, *El "Leasing" como Institución Financiera*, APD, Madrid, 1977; WESTPHALEN, F. Graf, *Der Leasing-Vertrag*, 5. Aufl., Otto Schmidt, Köln, 1998.

Dos Contratos Comerciais em Especial

e a Convenção de Otawa de 1988 (para os contratos internacionais).[1003]

No que concerne à sua *noção*, este contrato constitui uma operação que, celebrada entre um banco ou instituição creditícia especializada (sociedade de locação financeira: cf. arts. 3.º, g) e 4.º, n.º 1, b) do RGIC) e uma pessoa singular ou colectiva, é caracterizado pelos seguintes elementos definidores fundamentais: a obrigação do locador adquirir ao fornecedor a coisa imóvel ou móvel indicada pelo locatário (mediante celebração do contrato de compra e venda), concedendo temporariamente a este último o gozo da mesma; a obrigação do locatário pagar ao locador uma "renda", que funciona simultaneamente como retribuição pelo serviço financeiro e amortização do financiamento prestados; e o direito do locatário comprar a coisa pelo respectivo preço residual no termo do contrato.[1004]

Este contrato tem um alcance assaz extenso, podendo revestir numerosas *modalidades*. Assim, designadamente, a locação financeira pode ser imobiliária ou mobiliária (tendo por objecto bens imóveis ou móveis, v.g., aviões, navios, automóveis, equipamento), material ou imaterial (incidindo sobre bens corpóreos ou incorpóreos, v.g., empresas, marcas, acções, sistemas informáticos)[1005],

---

[1003] A que Portugal, contudo, não aderiu: cf. DUARTE, R. Pinto, *A Convenção Unidroit Sobre a Locação Financeira Internacional – Tradução e Notas*, in: "Escritos sobre «Leasing» e «Factoring»", 111-136, Principia, Cascais, 2001.

[1004] Com a locação financeira não se confundem outros contratos vizinhos mas distintos, mormente porquanto destituídos de natureza bancária ou financeira (podendo o locador ser qualquer entidade): é o caso dos chamados *contratos de locação operacional* ("operating leasing"), cuja renda não incorpora uma parcela da amortização e em que o locatário não dispõe de um direito potestativo à compra final, e dos *contratos de aluguer de longa duração ("ALD")*, exclusivamente incidentes sobre bens móveis ("maxime", automóveis) e em que também o locatário não goza do direito de opção, dado que, no termo do contrato, por definição, já o pagou na totalidade (cf. DUARTE, Paulo, *Algumas Questões sobre o ALD,* in: 3 EDC (2001), 301-327; Acórdão do STJ de 28-X-2003 (NUNO CAMEIRA), in: XI CJ/STJ (2003), II, 119-121).

[1005] Sobre a locação financeira de participações sociais, vide ANDRADE, M. Costa, *A Locação Financeira de Acções e o Direito Português*, Coimbra Editora, Coimbra, 2007;

Contratos Bancários

empresarial ou consumista (consoante celebrada por empresa ou entidade em conexão com a sua actividade profissional ou por consumidor), total ou parcialmente amortizada (consoante a soma dos pagamentos realizados pelo locatário cobre a integralidade ou apenas parte do "preço" da operação de financiamento), e normal ou restitutiva (consoante o bem objecto do contrato foi adquirido a um fornecedor ou ao próprio locatário).[1006]

Finalmente, é também significativamente vasto o seu *regime jurídico*. Entre os aspectos mais relevantes, sublinhe-se que o contrato de locação financeira está sujeito à forma escrita (exigindo-se o reconhecimento presencial das assinaturas das partes no caso de bens imóveis, excepto se estas forem realizadas diante de oficial do registo) e à competente publicidade registral (na locação financeira de bens imóveis e móveis registáveis) (art. 3.º do Decreto-Lei n.º 149/95, de 24 de Junho, art. 2.º, n.º 1, l) do CRPred, art. 11.º, n.º 1, d) do CRBM); que o prazo supletivo de duração contratual é de 18 meses ou 7 anos, consoante se trate de bens móveis ou imóveis, jamais podendo ser convencionado prazo superior a 30 anos (art. 6.º); que o conteúdo contratual abrange diversos direitos e deveres, que se encontram exemplificativa-

---

sobre a locação financeira de sistemas informáticos, vide PEREIRA, A. Dias, *Programas de Computador, Sistemas Informáticos, e Comunicações Electrónicas: Alguns Aspectos Jurídico-Contratuais,* 951 e segs., in: 59 ROA (1999), 915-1000; sobre a locação financeira de empresa, vide MORAIS, F. Gravato, *Locação Financeira de Estabelecimento Comercial,* in: AAVV, "Nos 20 Anos do Código das Sociedades Comerciais", vol. II, 619-635, Coimbra Editora, Coimbra, 2007.

[1006] A locação financeira restitutiva, comummente conhecida como *"lease-back"*, designa a operação pela qual o proprietário de um bem o vende a uma instituição creditícia ou financeira, a qual, seguidamente, mediante um contrato de locação financeira, cede o respectivo gozo ao vendedor. Sobre a figura, vide ANTUNES, A. Morais, *O Contrato de Locação Financeira Restitutiva,* UC Editora, Lisboa, 2008; CAMPOS, D. Leite, *Notas sobre a Admissibilidade da Locação Financeira Restitutiva ("Lease--Back") no Direito Português,* in: 42 ROA (1982), 775-793; noutros quadrantes, CANETO, M. Pacheco, *El Contrato de "Lease-Back",* Marcial Pons, Madrid, 2004; FANAN, Lavinia, *Lease-Back,* in: Galgano, Francesco (dir.), "I Contratti del Commercio, dell'Industria e del Mercato Finanziario", vol. I, 779-817, Utet, Torino, 1995.

Dos Contratos Comerciais em Especial

mente enunciados na lei (arts. 9.º e 10.º); e que o contrato se pode extinguir por caducidade e resolução, bem como nos casos de dissolução, liquidação e insolvência do locatário (arts. 17.º, n.º 1 e 18.º), sendo de assinalar que, em caso de resolução com fundamento em incumprimento do locatário ("maxime", por incumprimento da obrigação de pagamento da renda), o legislador se bastou com a mera prova da respectiva comunicação para efeitos do cancelamento do registo (art. 17.º, n.º 2, todos do Decreto-Lei n.º 149/95, de 24 de Junho) e a "praxis" contratual consagra frequentemente, com o beneplácito da jurisprudência portuguesa maioritária, e para além do dever de restituição do bem locado, a obrigação de pagamento das rendas vencidas até à efectiva restituição e ainda de 20% do valor das rendas vincendas.[1007]

2. Cessão Financeira ("Factoring")

I. Denomina-se de cessão financeira – correntemente conhecido por "factoring" – *o contrato pelo qual uma das partes (cedente financeiro ou aderente) cede ou se obriga a ceder a outra (cessionário financeiro ou "factor"), mediante remuneração, a totalidade ou parte dos créditos de curto prazo de que é titular sobre um ou mais terceiros (devedor cedido)*.[1008]

[1007] Neste sentido, vide, respectivamente, os Acórdãos do STJ de 9-III-1993 (Cura Mariano), in: I CJ/STJ (1993), II, 8-11, e de 21-V-1998 (Garcia Marques), in: 477 BMJ (1998), 489-504. Constituindo tipicamente um contrato de adesão, a locação financeira está sujeita ao controlo da LCCG, recusando dominantemente a jurisprudência portuguesa a admissibilidade de cláusulas penais que permitam ao locador cumular a restituição do bem locado com o recebimento da totalidade das prestações vincendas, ou seja, ganhar mais com o incumprimento do que com o normal cumprimento do locatário (Acórdão do STJ de 2-V-2002 (Sousa Inês), in: V CJ/STJ (2002), II, 43-44).

[1008] Sobre a figura, entre outros, vide CARVALHO, S. Mota, *O Contrato de Factoring*, UCP Editora, Lisboa, 2007; CORDEIRO, A. Menezes, *Da Cessão Financeira (Factoring)*, Lex, Lisboa, 1994; SANTANA, J. Caboz, *O Contrato de Factoring*, Cosmos, Lisboa, 1995; VASCONCELOS, L. Pestana, *Dos Contratos de Cessão Financeira (Factoring)*,

Contratos Bancários

II. Tal como a locação, a cessão financeira é um mecanismo jurídico de financiamento bancário extremamente divulgado, já que, pese embora alguns *inconvenientes* (designadamente, os custos inerentes às comissões de cobrança e garantia e a perda de autonomia da gestão financeira e comercial do aderente), apresenta algumas importantes *vantagens* para o aderente, desempenhando simultaneamente uma função de financiamento (ao permitir a transformação imediata de créditos em fundos líquidos), de segurança (mormente no "factoring" próprio ou sem recurso, ao permitir a transferência para o "factor" do risco do incumprimento ou insolvência dos devedores) e de simplificação (libertando-o de tarefas e custos acessórios relacionados com a gestão e cobrança dos créditos).[1009]

III. O contrato de cessão financeira é um contrato *legalmente atípico*, embora nominado e socialmente típico[1010]. Na verdade, o legislador português, no âmbito da disciplina das chamadas sociedades de "factoring" prevista no Decreto-Lei n.º 179/95, de 18 de Julho, limitou-se, outrossim que atribuir-lhe um "nomen iuris", a delimitar genericamente o objecto (mediante a definição de actividade de cessão financeira ou "factoring": cf. art. 2.º, n.º 1) e a estabelecer alguns aspectos mínimos de regime jurídico daquele contrato (arts. 7.º e 8.º).

Coimbra Editora, Coimbra, 1999. Noutros quadrantes, GARCIA-CRUCES, José A., *El Contrato de Factoring*, Tecnos, Madrid, 1990; GERBIER, Jean, *Le Factoring*, Éd. Dunod, Paris, 1970; TEUBNER, Gunther, *Der Factoring-Vertrag*, in: 12 JuS (1972), 261-264; ZUDDAS, Goffredo, *Il Contratto di Factoring*, Jovene, Napoli, 1983.

[1009] Diferente, embora vizinho, é o chamado *"confirming"*, negócio atípico mediante o qual uma instituição bancária ou financeira especializada providencia um serviço consistente na gestão do pagamento das dívidas de um empresário perante os respectivos fornecedores (GARCÍA, M. Grimaldos, *La Gestión de Tesorería Empresarial: Aproximación al Significado Jurídico del Contrato de «Confirming»*, in: 267 RDM (2008), 61-117).

[1010] Qualificando-o como um contrato atípico misto, vide o Acórdão da RL de 27-V-2001 (SALVADOR DA COSTA), in: XXVI CJ (2001), III, 102-108.

Dos Contratos Comerciais em Especial

Conquanto assente sobre a figura geral da cessão de créditos – cujas regras lhe são, em princípio, supletivamente aplicáveis (arts. 577.º e segs. do CCivil)[1011] –, este contrato exibe características distintivas próprias: no essencial, encontramo-nos predominantemente diante de um *contrato-quadro*, celebrado entre um banco ou instituição creditícia especializada (sociedade de "factoring": cf. arts. 3.º, h) e 4.º, n.º 1, b) do RGIC) e uma empresa, que regula e baliza a celebração futura de uma multiplicidade de contratos individuais de cessão de créditos entre cedente e cessionário financeiros[1012]. A cessão financeira ou "factoring" pode revestir diferentes *modalidades*: fala-se assim em cessão financeira doméstica ou internacional (consoante o aderente se obriga a ceder ao "factor" créditos decorrentes de contratos celebrados com um sujeito do mesmo ou de outro Estado)[1013], incompleta ou completa (também designada "maturity" e "conventional factoring", consoante o "factor" apenas se dispõe a prestar ao aderente os seus serviços de cobrança e gestão de créditos, ou também um serviço de financiamento, concedendo-lhe antecipações sobre o valor nominal dos créditos cedidos), própria ou imprópria (também designada sem ou com recurso, consoante o "factor" assume o risco de incumprimento dos deve-

---

[1011] Atribuindo a este contrato a natureza de uma cessão de créditos, vide os Acórdãos do STJ de 1-VI-2000 (SIMÕES FREIRE), in: VIII CJ/STJ (2000), II, 87-89, e de 27-IV-2004 (AZEVEDO RAMOS), in: XII CJ/STJ (2004), II, 75-77.

[1012] Em abstracto, a operação de cessão financeira pode ser estruturada segundo um modelo monista (cessão global de créditos presentes e futuros) ou dualista (celebração de um negócio inicial pelo qual o aderente se obriga a ceder ao "factor" os créditos de que venha a ser titular sobre certos clientes seus): sobre a predominância deste último modelo em Portugal, vide VASCONCELOS, L. Pestana, *Dos Contratos de Cessão Financeira (Factoring)*, 133 e segs., Coimbra Editora, Coimbra, 1999.

[1013] A crescente importância do "factoring" no seio das transacções internacionais levou mesmo à elaboração da "Convenção sobre o Factoring Internacional" de 1988, a qual, no essencial, contém um conjunto de regras materiais uniformes directamente aplicáveis ao contrato em apreço. Cf. BRITO, M. Helena, *O Factoring Internacional e a Convenção do Unidroit*, Cosmos, Lisboa, 1998.

Contratos Bancários

dores cedidos ou não), e aberta ou fechada (consoante postula ou não a notificação do devedor cedido pelo aderente)[1014]. Finalmente, no que concerne ao seu *regime jurídico*, são múltiplos os aspectos a considerar, que aqui não podem ser analisados exaustivamente: quanto à sua formação, os contratos de cessão financeira devem revestir forma escrita (art. 7.º, n.º 1, "ab initio"), consistindo caracteristicamente em contratos de adesão sujeitos ao controlo da LCCG; quanto ao seu conteúdo, eles devem integrar a disciplina do conjunto das relações entre o "factor" e o aderente (art. 7.º, n.º 1, "in fine"), de entre as quais merecem destaque, por parte do aderente, as obrigações de exclusividade (apenas pode ter um único "factor"), de notificação (dos devedores cedidos) e de remuneração ("maxime", comissões de cobrança), e, por parte do "factor", as obrigações de prestação de serviços de cobrança, gestão de créditos e outros, de creditação em conta-corrente do aderente dos montantes dos créditos vencidos, de antecipação de pagamentos de créditos não vencidos (art. 8.º, n.ºs 2 e 3, todos do Decreto-Lei n.º 179/95, de 18 de Julho), e de assunção do risco de incumprimento do devedor cedido (salvo cláusula de cessão com recurso ou "pro solvendo").[1015]

[1014] Sobre estas e outras modalidades, vide VASCONCELOS, L. Pestana, *Dos Contratos de Cessão Financeira (Factoring)*, 27 e segs., Coimbra Editora, Coimbra, 1999; no estrangeiro, RUOZI, Renato/ ROSSIGNOLI, Bruno, *Manuale del Factoring*, 24 e segs., Giuffrè, Milano, 1985; SCHEPERS, Georg, *Die Spielarten des Factoring*, in: AAVV, "Factoring-Handbuch", 63-69, 3. Aufl., Fritz Knapp Verlag, Frankfurt a. M., 1997.

[1015] Atente-se ainda na relevante jurisprudência existente, relativa à oponibilidade da compensação (cf. Acórdão do STJ de 6-X-1998 (FERNANDES DE MAGALHÃES), in: 480 BMJ (1998), 435-440), às cessões sucessivas do mesmo crédito (cf. Acórdão do STJ de 25-V-1999 (TORRES PAULO), in: 487 BMJ (1999), 299-302), e à natureza jurídica (cf. Acórdão do STJ de 1-VI-2000 (SIMÕES FREIRE), in: VIII CJ/STJ (2000), II, 87-89) dos contratos de "factoring".

Dos Contratos Comerciais em Especial

3. Titularização de Créditos ("Securitization")

I. Designa-se genericamente por titularização de créditos – tradução lusa possível da expressão anglo-saxónica "securitization" (que também conhece outros neologismos nacionais: "Verbriefung", "titrisation", "cartolarizzazione", "titulación") – *a operação complexa consistente na transformação massiva de créditos em valores ou títulos negociáveis em mercado.*[1016]

II. A titularização de créditos, exemplo lídimo do progressivo esbatimento das tradicionais fronteiras entre o mercado de crédito e de capitais[1017], representa *um inovador e criativo mecanismo de financiamento*[1018] de entidades públicas ou privadas titulares de créditos ou outros activos de dívida ("financial assets") mediante a sua conversão em valores mobiliários garantidos por tais créditos ("asset-backed securities"). As entidades titulares de direitos de crédito em massa aptos a gerar fluxos financeiros futuros e estáveis ("originators": mormente aquelas que lidam regularmente com um universo amplo e estável de devedores, v.g., bancos, seguradoras, Estado) transmitem tais créditos para uma outra entidade especialmente constituída para o efeito ("special purpose vehicle": entre nós, fundo de titularização de créditos ou sociedade

---

[1016] Sobre a figura, vide AAVV, *Titularização de Créditos*, Instituto de Direito Bancário, Lisboa, 2000; CAMPOS, D. Leite/ PINTO, C. Saavedra, *Créditos Futuros, Titularização e Regime Fiscal*, Almedina, Coimbra, 2007; SILVA, J. Calvão, *Titul(ari)zação de Créditos: Securitization*, 2.ª edição, Almedina, Coimbra, 2005. Noutros países, BERTL, Andreas, *Verbriefung von Forderung*, Deutscher Universitätsverlag, Wiesbaden, 2004; GOMEZ, A. Almoguera, *La Titulación Crediticia. Un Estudio Interdisciplinario*, Civitas, Madrid, 1995; GRANIER, Thierry, *La Titrisation: Aspects Juridique et Financier*, Economica, Paris, 2004; LEDERMANN, Jess, *Handbook of Asset-Backed Securities*, Institute of Finance, New York, 1990; TROIANO, Vincenzo, *Le Operazioni di Cartolarizzazione: Profili Generali*, Cedam, Padova, 2003.

[1017] Sobre este aspecto fundamental, vide *supra* Parte III, Cap. IV, §1, 1.

[1018] KOTHARI, Vinod, *Securitization: The Financial Instrument of the Future*, J. Wiley & Sons, New York, 2006. De "alquimia financeira" fala ainda Steven SCHWARCZ (*The Alchemy of Asset Securitization*, 134, in: 1 SJLBF (1994), 133-154).

de titularização de créditos), a qual emitirá valores mobiliários (unidades de titularização, obrigações titularizadas) destinados a serem transaccionados no mercado de capitais e caracteristicamente garantidos por tais créditos ("asset-backed securities").[1019]

III. A titularização de créditos encontra-se prevista e disciplinada no Decreto-Lei n.º 453/99, de 5 de Novembro[1020], devendo ainda ter-se presente a existência de um regime fiscal próprio (Decreto-Lei n.º 219/2001, de 4 de Agosto). Em rigor, conforme já foi aventado, encontramo-nos perante uma operação jusfinanceira unitária e complexa constituída por uma multiplicidade de contratos interligados.

Desde logo, no que concerne aos seus *sujeitos*, a lei consagrou um leque amplo de entidades cedentes, públicas e privadas, do sector financeiro ou não (v.g., Estado, instituições de crédito, empresas de seguros, fundos de pensões, pessoas colectivas com contas auditadas: cf. art. 2.º)[1021], ao mesmo tempo que estabeleceu um monopólio legal a favor de um leque restrito de entidades cessionárias (fundos de titularização de créditos e sociedades de titularização de créditos: cf. arts. 3.º, 9.º e segs., 39.º e segs.).

Por outro lado, no que concerne ao seu *conteúdo*, avultam os contratos de cessão de créditos, os contratos de gestão de créditos, e a emissão de valores mobiliários. Na verdade, os créditos dos cedentes são transmitidos às entidades cessionárias, veículos da

---

[1019] LEDERMANN, Jess, *Handbook of Asset-Baked Securities*, Institute of Finance, New York, 1990; WILLBURGER, Andreas, *Asset-Backed Securities im Zivil- und Steuerrecht*, Otto Schmidt, Köln, 1997.

[1020] Para um comentário à lei, CAMPOS, D. Leite/ MONTEIRO, Manuel, *Titularização de Créditos – Anotações ao Decreto-Lei n.º 453/99, de 5 de Novembro*, Almedina, Coimbra, 2001; VALE, A. Lucena, *O Decreto-Lei n.º 453/99, de 5 de Novembro: Trabalho Preparatório e Notas sobre o Regime Jurídico da Titularização de Créditos*, in: 50 RB (2000), 37-143.

[1021] Sobre a cessão dos créditos estaduais e públicos, de especial relevo entre nós, vide PESSANHA, Alexandra, *Cessão de Créditos do Estado e da Segurança Social para Efeitos de Titularização*, in: 4 RTC (2004), 25-63.

Dos Contratos Comerciais em Especial

titularização, mediante a celebração de contratos de cessão de créditos: tais contratos podem ser celebrados por documento particular (art. 7.º, n.º 1), e os créditos a titularizar podem ser privados (v.g., créditos bancários) ou públicos (v.g., créditos de impostos), presentes ou futuros (v.g., receitas de portagens: cf. art. 4.º, n.º 3), sujeitos a determinados requisitos gerais (livre transmissibilidade, natureza pecuniária, não subordinados a condição ou garantia: cf. art. 4.º, n.º 1) e especiais (v.g., créditos públicos, hipotecários, seguradores, etc.: cf. art. 4.º, n.ºs 2 a 5)[1022]. Além disso, a gestão dos créditos titularizados tanto pode ser assegurada pelo cessionário (fundo ou sociedade de titularização) como por terceiro ou pelo próprio cedente (art. 5.º, n.º 2): quando este último seja uma instituição creditícia, financeira, ou seguradora, o legislador impõe mesmo que seja celebrado um contrato de gestão de créditos pelo qual os créditos titularizados continuem a ser geridos por tais instituições cedentes, que assim mantêm, para esse efeito, as suas relações com os devedores cedidos (art. 5.º, n.º 1). Finalmente, os cessionários responsáveis pela montagem das operações de titularização emitem, mediante oferta privada ou pública, valores mobiliários negociáveis em mercado organizado cuja característica distintiva consiste em serem garantidos pelos créditos cedidos ("assets-backed securities"): é o caso das unidades de participação (arts. 31.º e segs.) e das obrigações titularizadas (arts. 60.º e segs., todos do Decreto-Lei n.º 453/99, de 5 de Novembro).[1023]

[1022] Tais cessões de créditos, portanto, apresentam alguns desvios às regras gerais dos arts. 577.º e segs. do CCivil: para além das referidas, veja-se ainda o regime dos efeitos da cessão, cuja eficácia não fica dependente em certos casos, ao invés do previsto no art. 583.º do CCivil, da notificação ou aceitação dos devedores cedidos (art. 6.º, n.º 4). Sobre o ponto, vide CÂMARA, Paulo, *A Operação de Titularização*, 85 e seg., in: AAVV, "Titularização de Créditos", 63-94, Instituto de Direito Bancário, Lisboa, 2000; SILVA, J. Calvão, *Titul(ari)zação de Créditos: Securitization*, 101 e segs., 2.ª edição, Almedina, Coimbra, 2005.

[1023] Sobre as obrigações titularizadas e as unidades de participação como valores mobiliários, vide ANTUNES, J. Engrácia, *O Direito Português dos Valores Mobiliários*,

4. Monetarização de Créditos ("Forfaiting")

I. Designa-se por monetarização de créditos – ou, mais correntemente, por "forfaiting" ("Forfaitierung", "forfaitage", "forfeitizzazione") – *o contrato pelo qual uma entidade (usualmente empresa) transmite a um banco ou instituição financeira determinados créditos pecuniários a prazo de que é titular sobre um terceiro (geralmente, incorporados em títulos de crédito e emergentes de contratos celebrados com este), recebendo em contrapartida uma quantia em dinheiro.*[1024]

II. O "forfaiting" constitui um importante *instrumento de liquidez ou monetarização de créditos pecuniários a prazo* – ou seja, permite trocar dinheiro a prazo por dinheiro a pronto –, tendo-se desenvolvido no comércio internacional como um mecanismo de financiamento do crédito à exportação: assim, por exemplo, o vendedor ou exportador de determinados bens ou serviços, tendo aceite que o comprador ou importador lhe pague em títulos de crédito de médio ou longo prazo (letras, livranças, etc.) mas querendo obter liquidez imediata ou evitar o risco do incumprimento, acorda com este último o recurso a um banco

---

178 e seg., 182 e segs., in: 25 RDPE (2009), 149-195. Especialmente relevantes são ainda as normas que visam assegurar um adequado grau de tutela dos créditos titularizados e dos investidores mobiliários, designadamente em matéria da insolvência de cedentes e cessionários e da sua separação ("fire wall"): sobre o ponto, vide MONTEIRO, Manuel, *O Recente Regime Português da Titularização de Créditos*, 211 e segs., in: AAVV, "Titularização de Créditos", 191-233, Instituto de Direito Bancário, Lisboa, 2000.

[1024] Sobre a figura, vide FERREIRA, A. Pedro, *Um Caso Especial de Cessão de Créditos sem Garantia – O Denominado "Forfaiting"*, in: AAVV, "Nos 20 Anos do Código das Sociedades Comerciais", vol. II, 337-378, Coimbra Editora, Coimbra, 2007; VASCONCELOS, L. Pestana, *O Contrato de Forfaiting (ou de Forfaitização)*, in: "Estudos em Memória do Prof. Doutor J. Dias Marques", 537-570, Almedina, Coimbra, 2007. Noutros países, DEUBER, Andreas, *Rechtliche Aspekte der Forfaitierung*, Paul Haupt, Bern, 1993; PITTALIS, Margherita, *Forfaiting*, in: Galgano, Francesco (dir.), "I Contratti del Commercio, dell'Industria e del Mercato Finanziario", vol. I, 555-604, Utet, Torino, 1995.

Dos Contratos Comerciais em Especial

("forfaiter") a quem tais títulos serão transmitidos a título definitivo contra o seu pagamento imediato[1025]. Figura atípica e inominada, com a natureza de contrato de compra e venda de títulos de crédito com função de financiamento e garantia, o "forfaiting" aproxima-se de outros *contratos bancários afins* com os quais, todavia, não se confunde – tais como o contrato de cessão financeira (que tem por objecto a disciplina-quadro de um conjunto de contratos de cessão de créditos de curto prazo, e não um determinado crédito concreto de médio ou longo prazo), a titularização de créditos (que tem por objecto a cessão de uma massa de créditos ordinários com vista à sua transformação em valores mobiliários), o desconto bancário (que, tendo também por objecto a transmissão de créditos pecuniários de médio ou longo prazo, não garante o transmitente, ao invés do "forfaiting", contra o incumprimento do devedor do crédito transmitido), ou outros negócios atípicos (v.g. "buyer's credit").[1026]

[1025] GUILD, Ian/ HARRIS, Rhodri, *Forfaiting – An Alternative Approach to Export Finance Trade*, Universe, New York, 1986; PITTALIS, Margherita, *Credito all'Esportazione e Forfaiting*, Cedam, Padova, 1994.

[1026] O contrato de *"buyer's credit"* designa uma complexa operação de financiamento concedido a um importador estrangeiro destinado ao pagamento do preço de contratos de compra e venda celebrados com exportadores nacionais – distinguindo-se do "forfaiting", fundamentalmente, pelo facto de o crédito a prazo ser concedido, não pelo exportador mas pelo próprio banco, que se torna credor originário do importador (BAULI, C., *Buyer's Credit*, in: Cendon, Paolo (a cura), "I Nuovi Contratti nella Prassi Civile e Commerciale", vol. XII, 342-377, Utet, Torino, 2005). O "forfaiting" pode também ser utilizado no âmbito interno, tendo então por objecto créditos ordinários, caso em que a sua distinção em face de algumas das referidas figuras (mormente, a cessão financeira e o desconto) se torna bastante mais esbatida: sobre a noção e regime desta modalidade especial, vide VASCONCELOS, L. Pestana, *O Contrato de Forfaiting (ou de Forfaitização)*, 560 e segs., in: "Estudos em Memória do Prof. Doutor J. Dias Marques", 537-570, Almedina, Coimbra, 2007.

5. "Project Finance"

I. Designa-se correntemente por "project finance" – expressão do jargão negocial anglo-saxónico que se vulgarizou também entre nós, aparentemente sem neologismos ou equivalentes nacionais – *a operação de financiamento de um projecto de investimento individual e auto-financiado.*[1027]

II. Tradicionalmente, os bancos ou outras instituições creditícias e financeiras concedem financiamento às empresas tendo fundamentalmente em consideração a respectiva solidez e solvabilidade económico-financeira geral. A técnica do "project finance", operando aquilo que já alguém denominou pomposamente de "revolução coperniciana" no financiamento bancário[1028], arranca de um pressuposto oposto: através dela, *financiam-se projectos concretos*, e não empresas em geral, sendo a decisão de financiamento tomada com base no equilíbrio e auto--suficiência económico-financeira do próprio projecto em si mesmo, visto como capaz de gerar rendimentos aptos a reembolsar os custos respectivos e produzir lucros. Tal técnica tem especial relevo no plano do comércio internacional[1029] e das grandes obras e infra-estruturas públicas (v.g., pontes, auto-estradas, aeroportos, caminhos de ferro)[1030]: entre as suas vantagens, avulta a de instru-

---

[1027] Sobre a figura, vide DIAS, G. Figueiredo, *Project Finance (Primeiras Notas)*, in: "Miscelâneas do IDET", 113-160, Almedina, Coimbra, 2004. Para maiores desenvolvimentos, vide DE SURY, Paul/ MICALI, Mario, *Il Project Finance*, Egea, Milano, 1995; NICKLISCH, Fritz, *Nationale und internationale private finanzierter Projekte*, Beck, München, 2003; VANÓ, M. Vanó, *El Contrato de "Project Finance"*, Tirant lo Blanch, Valencia, 2002; VINTER, Graham, *Project Finance,* Sweet & Maxwell, London, 2006.

[1028] MICALI, Mario, *Il Project Financing,* 733, in: Galgano, Francesco (dir.), "I Contratti del Commercio, dell'Industria e del Mercato Finanziario", vol. II, 729-761, Utet, Torino, 1995.

[1029] HOFFMANN, Scott, *The Law and Business of International Project Finance*, Kluwer, The Hague, 2001.

[1030] MAINO, Renato, *Il Contributo del Project Financing al Finanziamento degli Interventi Infrastrutturali*, in: AAVV, "Il Finanziamento degli Enti Locali nella Unione

Dos Contratos Comerciais em Especial

mento de suporte de investimentos complexos de capital intensivo e de parcerias público-privadas, embora não seja isenta de riscos (dado que a principal garantia, embora não exclusiva[1031], do financiador reside no mérito do projecto).

III. O "project finance", antes que um simples contrato bancário, representa uma operação complexa de financiamento, de natureza *inominada e atípica*, que se desdobra numa multiplicidade de contratos, relações jurídicas e sujeitos. O seu regime jurídico não pode ser aqui analisado, sequer perfunctoriamente. Sublinhe-se apenas, desde logo, que a operação envolve uma pluralidade de *sujeitos*: entre eles, devem mencionar-se os promotores do projecto ("sponsors"), autores da iniciativa; a sociedade especialmente constituída para o efeito da realização do projecto ("special purpose vehicle"), indubitavelmente o centro de gravidade das relações negociais e financeiras àquele associadas (celebrando, em nome próprio, todos os contratos envolvidos na operação, v.g., de concessão, construção, financiamento, garantias, e gestão), a qual assegura ainda a autonomização jurídico-económica do projecto em face das empresas promotoras e respectivos balanços ("ring fence"); e os financiadores ("lenders"), que providenciam os recursos financeiros necessários ao mesmo (v.g., empréstimos típicos, obrigações, outros instrumentos de dívida), para além de outras entidades envolvidas (v.g., projectistas, construtores, etc.). Por outra banda, a operação pode revestir diferentes *objectos* ou modalidades operacionais: entre os mais relevantes, refiram-se o "project finance BOT" ("build, operate, transfer"), típico do

---

Economica Europea", 75-104, Giuffrè, Milano, 1993. Em Portugal, esta técnica de financiamento tem estado particularmente associada a projectos de infra-estruturas públicas rodoviárias (por exemplo, o projecto da Ponte Vasco da Gama, do consórcio "Lusoponte"), sendo frequentes as referências legais à mesma nesta área (v.g., Decreto-Lei n.º 142-A/ 2001, de 24 de Julho).

[1031] LOBUONO, Michele, *Le Garanzie nel Project Finance*, in: 51 RDC (2006), 127-157.

financiamento de obras públicas, em que a sociedade acima referida, após realizar e gerir a obra projectada durante o período de concessão, se obriga a transferir a mesma para o Estado ou ente público, e o "project finance BOO" ("built, operate, owened"), em que não se prevê a transferência final da propriedade da obra.[1032]

§5 Contratos de Garantia

I. Os *contratos de garantia bancária* designam uma vasta panóplia de negócios jurídicos celebrados por instituições bancárias que têm por objecto a constituição e regulação de garantias especiais e suplementares do cumprimento de obrigações, relativamente à garantia geral (património do devedor).[1033]

Neste sentido amplo, tais contratos podem revestir características extremamente diversas, que variam em função da sua índole jurídica – abrangendo negócios de direito comum (v.g., fiança) e exclusivos da "praxis bancária" (v.g., acordos de garantia financeira) –, da sua tipicidade legal – abrangendo negócios típicos (v.g., penhor bancário) e atípicos (v.g., cartas de conforto) –, dos

---

[1032] DELMON, Jeffrey, *Project Finance, BOT and Risk,* Aspen, New York, 2005.

[1033] Este tipo de contratos bancários, porque consubstancia um compromisso assumido pelo banco perante terceiros de cumprimento das obrigações dos seus clientes (devedores), são também por vezes qualificados nalguma doutrina nacional e estrangeira como contratos de *crédito por assinatura* ("credito di firma", "crédit par signature", "préstamo di firma"): ou seja, o banco, no lugar de emprestar dinheiro directamente (contratos de crédito: v.g., empréstimo, abertura de crédito) ou prestar serviços financeiros sem disponibilização monetária directa (contratos de financiamento: v.g., "leasing", "factoring"), limita-se aqui a "emprestar a sua assinatura" ao cliente, pelo que uma efectiva mobilização de recursos apenas ocorrerá na hipótese de incumprimento deste último. Sobre esta qualificação, com âmbitos nem sempre coincidentes, vide GARRIGUES, Joaquín, *Contratos Bancarios,* 237 e segs., 2.ª edición, Aguirre, Madrid, 1975; GIORGIANNI, Francesco/ TARDIVO, Carlo-Maria, *Manuale di Diritto Bancario,* 215, Giuffrè, Milano, 2005; RIVES-LANGE, J. Louis/ CONTAMINE-RAYNAUD, Monique, *Droit Bancaire,* 556 e segs., 6ème édition, Dalloz, Paris, 1995.

seus sujeitos – abrangendo os seus clientes (o caso normal) ou até entidades congéneres (v.g., garantias a bancos comerciais ou centrais) –, do seu objecto – abrangendo garantias pessoais (v.g., fiança bancária, aceite bancário, aval bancário, cartas de conforto) e garantias reais (v.g., penhor bancário, garantias financeiras) –, da sua autonomia – abrangendo garantias autónomas (v.g., garantia bancária autónoma ou "stricto sensu") ou acessórias (v.g., fiança bancária) –, ou dos seus efeitos – abrangendo garantias passivas (o caso comum em que o banco assume a posição de garante) e activas (v.g., prestadas por clientes ao banco como colaterais de créditos ou financiamentos por este concedidos àqueles).[1034]

II. Vamos aqui concentrar-nos exclusivamente sobre alguns dos mais relevantes contratos bancários de garantia: são eles a *fiança, aceite e aval bancários*, as *cartas de conforto*, a *garantia bancária autónoma*, a *garantia financeira*, e o *penhor bancário*, sem prejuízo de uma referência final às *garantias das operações activas* do próprio banco.

1. Fiança, Aceite e Aval Bancários

I. Designa-se por fiança bancária ("Bürgschaft", "cautionnement", "fideiussione", "afianzamiento") *o contrato pelo qual um banco (fiador) garante, em regra sem benefício da prévia excussão, o cumprimento de um direito de crédito que um terceiro tem sobre um seu cliente (devedor principal ou afiançado). Igual-*

[1034] Sobre o ponto, vide CORREIA, A. Ferrer, *Notas para o Estudo do Contrato de Garantia Bancária,* in: VII RDE (1982), 247-258; MARTINEZ, P. Romano, *Garantias Bancárias,* Almedina, Coimbra, 2002; MATIAS, A. Saraiva, *As Garantias Bancárias Activas e Passivas,* Scritpo, Lisboa, 1999. Para outros desenvolvimentos, KLEINER, Beat, *Bankgarantie – Die Garantie unter besonderer Berücksichtigung des Bankgarantiegeschäftes,* 4. Aufl., Schulthess Polygraphischer, Zürich, 1990; VIALE, Mirella, *Le Garanzie Bancarie,* Cedam, Padova, 1994.

Contratos Bancários

mente comuns no domínio das garantias bancárias tradicionais são o *aceite* e o *aval bancários*, consistentes, respectivamente, no aceite de uma letra de câmbio sacada pelo cliente ou no aval de uma obrigação cambiária nela assumida por este.[1035]

II. Trata-se fundamentalmente de *garantias pessoais*, que exibem entre si algumas semelhanças e diferenças – que aqui cabe apenas enunciar exemplificativamente. Assim, entre as primeiras, saliente-se a circunstância de serem garantias decalcadas de figuras clássicas do direito civil ou comercial – a saber, a fiança (arts. 627.º e segs. do CCivil)[1036], o aceite (arts. 21.º e segs. da LULL) e o aval (arts. 30.º e segs. da LULL, arts. 25.º a 27.º da LUC)[1037] –, corresponderem, em regra, a garantias acessórias – caracterizadas pela existência de uma relação de acessoriedade mais ou menos acentuada face à obrigação garantida (art. 627.º,

---

[1035] Sobre a fiança bancária, vide BYDLINSKY, Peter, *Die Bürgerschaft im österreichischen und deutschen Handels-, Gesellschafts- und Wertpapierrecht*, Springer, Berlin, 1998; DE MARCO, Massimo/ SPARANO, Ernesto, *La Fideiussione Bancaria*, Giuffrè, Milano, 1995; SIMLER, Philippe, *Cautionnement et Garanties Autonomes*, Litec, Paris, 2000.

[1036] Tenha-se ainda presente o regime especial do art. 101.º do CCom, relativo à fiança mercantil, que estabelece a solidariedade (imprópria) do fiador e devedor no caso de a obrigação afiançada revestir natureza mercantil. Sobre a figura, vide TAVARES, José, *A Fiança no Direito Commercial*, F. Amado, Coimbra, 1896; sobre o citado preceito, vide ainda GOMES, M. Januário, *Assunção Fidejussória de Dívida*, 267 e segs., Almedina, Coimbra, 2000.

[1037] Sobre o regime juscambiário do aceite e do aval, vide ANTUNES, J. Engrácia, *Os Títulos de Crédito*, 72 e segs., 81 e segs., Coimbra Editora, Coimbra, 2009. O *aceite bancário*, enquanto letra de câmbio sacada por um cliente sobre o banco e por este aceite, pode revestir duas modalidades fundamentais: a letra de câmbio destina-se a ser mobilizada pelo cliente nas suas próprias relações comerciais (obrigando-se o banco a pagá-la no vencimento nos termos juscambiários gerais) ou antes a ser objecto de desconto no próprio banco (a quem o cliente endossa a letra, encaixando de imediato o produto do desconto, sendo-lhe esta apresentada a pagamento na data de vencimento). Sobre o aceite e o aval enquanto garantias bancárias, vide FERREIRA, D. Veloso, *Aceite Bancário – Garantia Bancária Autónoma*, 11 e segs., Rei dos Livros, Lisboa, 1988; MOLINA, P. Piedrabuena, *El Aval en la Letra de Cambio como Garantía*, in: AAVV, "Instituciones del Mercado Financiero", vol. IV, 2011-2079, La Ley, Madrid, 1999.

Dos Contratos Comerciais em Especial

n.º 2 do CCivil, arts. 2.º e 32.º da LULL, art. 27.º da LUC) –, e revestirem carácter oneroso – implicando uma remuneração do banco garante ("comissões de garantias, de aceites ou de avales"). Entre as últimas, refiram-se a distinta natureza jurídica – contrato, no caso da fiança, negócio unilateral no do aceite e aval[1038] – e objecto negocial – ao contrário da fiança, o aceite e aval incidem exclusivamente sobre dívidas tituladas por letras, livranças ou cheques – das garantias referidas.[1039]

2. Cartas de Conforto

I. As cartas de conforto, também por vezes designadas "cartas de patrocínio" ("comfort letters", "Patronatserklärung", "lettres de patronage", "lettere di patronage") constituem *documentos de conteúdo e efeitos jurídicos heterogéneos através dos quais uma entidade (patrocinante), que possui uma influência ou interesses significativos numa outra entidade devedora (patrocinada), visa reiterar ao banco credor a segurança de determinada operação de crédito ou financiamento.*[1040]

[1038] Cf. Acórdão do STJ de 21-IX-1993 (MACHADO SOARES), in: I CJ/STJ (1993), III, 24-26.

[1039] Além disso, a fiança, outrossim que poder incidir sobre qualquer tipo de dívida, pode ainda incidir sobre a totalidade das dívidas de um devedor para com um determinado credor – é a denominada fiança geral ou *fiança "omnibus"*, bastante vulgarizada na prática bancária. Sobre a figura – que foi objecto do Acórdão Uniformizador de Jurisprudência n.º 4/2001, de 23-I-2001 (in: DR, I-A, de 8 de Março de 2001) –, vide GOMES, M. Januário, *O Mandamento da Determinabilidade na Fiança Omnibus e o AUJ n.º 4/2001,* in: "Estudos de Direito das Garantias", vol. I, 109-137, Almedina, Coimbra, 2004; MENDES, Evaristo, *Fiança Geral,* in: 37 RDES (1995), 126-158; noutros quadrantes, MARASCIULO, Domenico, *La Fideiussione Omnibus nella Giurisprudenza*, Giuffrè, Milano, 1999.

[1040] Sobre a figura, vide CORDEIRO, A. Menezes, *Das Cartas de Conforto no Direito Bancário*, Lex, Lisboa, 1993; NORONHA, A. Navarro, *As Cartas de Conforto*, Coimbra Editora, Coimbra, 2005. Noutros quadrantes, vide KOCH, Jens, *Die Patronatserklärung*, Mohr, Tübingen, 2005; MAZZONI, Alberto, *Le Lettere di Patronage*,

Contratos Bancários

II. As cartas de conforto, que se generalizaram na prática bancária predominantemente no âmbito de grupos de sociedades[1041], representam uma garantia pessoal e atípica que encerra, a um tempo, *vantagens e inconvenientes* comparativamente às garantias típicas ("maxime", fiança): se, por um lado, ela oferece às partes indiscutivelmente a vantagem da autonomia, informalidade e discrição (evitando assim, v.g., a acessoriedade da dívida principal, os custos fiscais, a publicidade nas contas), já acarreta, por outro, o risco da ambiguidade e imprecisão das vinculações nela contidas. Figura a que pode corresponder na "praxis" uma enorme variedade de conteúdos, efeitos e graus de vinculatividade jurídica, as cartas de conforto podem revestir essencialmente *duas modalidades* fundamentais[1042]: as cartas de conforto "fracas" ("weiche Patronatserklärungen"), em que a entidade patrocinante se limita perante o banco destinatário a declarar o seu conhecimento e aprovação da operação de crédito em jogo, a confirmar o seu controlo sobre a entidade financiada ou patrocinada, ou a assumir outras garantias não relacionadas com o cumprimento

---

Giuffrè, Milano, 1986; Naharro, M. Fuentes, *Cartas de Patrocinio: Algunas Reflexiones sobre la Construcción Jurisprudencial del Fenómeno*, in: 110 RDBB (2008), 49-86. Apesar da sua similitude terminológica, com as cartas de conforto não se podem confundir as *cartas de intenção* ("letters of intent", "memorandum of understanding", "Absichtserklärungen"), as quais consistem usualmente em pactos através dos quais as partes, em determinado estádio das negociações de um contrato comercial, manifestam a sua vontade em prosseguir estas de boa fé com vista a atingir o acordo final: sobre a distinção, vide já *supra* Parte II, Cap. I, §2, 1.2(II).

[1041] Sobre as cartas de conforto nos grupos societários, pelas quais uma sociedade-mãe visa certificar a instituição financeira credora do cumprimento dos compromissos e débitos das respectivas sociedades-filhas devedoras, vide Antunes, J. Engrácia, *Os Grupos de Sociedades – Estrutura e Organização Jurídica da Empresa Plurissocietária*, 595 e segs., 2.ª edição, Almedina, Coimbra, 2002; para uma ilustração, vide os Acórdãos do STJ de 19-XII-2001 (Ferreira Ramos), in: IX CJ/STJ (2001), III, 157-161, e de 18-III-2003 (Reis Figueira), in: XI CJ/STJ (2003), I, 128-131.

[1042] Alguma doutrina e jurisprudência prefere distinguir entre três modalidades de cartas de conforto ("fracas", "médias", "fortes"): cf. os Acórdãos da RL de 7-VI-2005 (Maria Amélia Ribeiro), in: XXX CJ (2005), III, 92-96, e de 1-IV-2008 (Maria Rosário Barbosa), in: XXXIII CJ (2008), II, 90-92.

Dos Contratos Comerciais em Especial

desta; e as cartas de conforto "fortes" ("harte Patronatserklärungen"), em que o emitente vai mais longe, assumindo ainda um conjunto de deveres que vão de uma mera obrigação de meios (v.g., vinculando-se a envidar todos os esforços no sentido de fazer com que a entidade patrocinada cumpra as suas dívidas perante o banco) a uma verdadeira obrigação de resultado ("maxime", assegurando que a patrocinada saldará os seus compromissos em qualquer caso, mormente adiantando-lhe os fundos necessários ao pagamento).[1043]

3. Garantia Bancária Autónoma

I. Denomina-se por garantia bancária autónoma ("demand guarantee", "Garantievertrag", "garantie autonome", "contratto autonomo de garanzia", "contrato autónomo de garantía") *o contrato celebrado entre um banco (garante) e um seu cliente (devedor e mandante), pelo qual o primeiro se obriga por ordem do último a pagar determinada soma pecuniária a um terceiro credor (garantido ou beneficiário), sem que a este possam ser opostas quaisquer excepções fundadas nas suas relações negociais com o mandante.*[1044]

[1043] Sobre a distinção, vide FRIED, Jörg, *Die weiche Patronatserklärungen*, Duncker & Humblot, Berlin, 1998; LA CORTE, Nicola, *Die harte Patronatserklärungen – Zugleich ein Plädoyer für eine geänderte Anlaßrechtsprechung*, Duncker & Humblot, Berlin, 2006. Diferente já será o caso de o "patronus", no lugar de prometer que a patrocinada pagará, se vincular a pagar directamente ao banco a dívida incumprida da patrocinada – caso em que estaremos perante uma verdadeira e própria *fiança*, sujeita como tal ao respectivo regime jurídico (arts. 627.º e segs. do CCivil, art. 101.º do CCom). Sobre as fianças encapotadas ou dissimuladas, cf. SILVA, J. Calvão, *Cartas de Conforto*, 393 e seg., in: "Estudos de Direito Comercial", 363-394, Almedina, Coimbra, 1996; Acórdão do STJ de 18-III-2003 (REIS FIGUEIRA), in: XI CJ/STJ (2003), I, 128-131.

[1044] Sobre a figura, para além de abundantes artigos, vide JARDIM, Mónica, *A Garantia Autónoma*, Almedina, Coimbra, 2002. No estrangeiro, BERENSMANN, Wolfgang, *Bürgschaft und Garantievertrag im englischen und deutschen Recht*,

Contratos Bancários

II. As garantias bancárias autónomas – que já chegaram a ser reputadas de "sangue da vida comercial internacional"[1045] – devem a sua difusão essencialmente à *eficácia e segurança* conferidas aos direitos dos terceiros beneficiários: o garante obriga-se a pagar ao terceiro garantido logo que para tanto solicitado, independentemente da sorte da obrigação principal – isto é, independentemente de saber se esta obrigação é válida ou inválida, ou se foi ou não cumprida.[1046]

Figura jurídica de natureza atípica (destituída de regime legal próprio)[1047], causal (cuja causa é garantir a satisfação do direito pecuniário do garantido), executiva (cujo documento negocial representa título executivo)[1048], e autónoma (não acessória ou

Duncker & Humblot, Berlin, 1988; GUILARTE, J. Sánchez-Calero, *El Contrato Autónomo de Garantía. Las Garantías a Primera Demanda*, CDBB, Madrid, 1995; LAUDISA, Luciana, *Garanzia Autonoma e Tutela Giurisdizionale*, Giuffrè, Milano, 1993; MARTIN, Claude/ DELIERNEUX, Martine, *Les Garanties Bancaires Autonomes*, Bruylant, Bruxelles, 1991; PIERCE, Anthony, *Demand Guarantees in International Trade*, Sweet & Maxwell, London, 1993.

[1045] Pelo juiz britânico John KERR, na decisão "R.D. Harbottle v. Westminster Ltd.", citado por MOENS, Gabriël/ GILLIES, Peter, *International Trade and Business: Law, Policy and Ethics*, 388, Routledge Cavendish, New York, 1998.

[1046] Além destas vantagens comparativas relativamente à fiança (caracterizada pela sua natureza acessória da obrigação principal), a garantia autónoma sobrepuja ainda em face de outros mecanismos alternativos, tais como as cartas de conforto (em virtude do carácter inequívoco da sua vinculatividade jurídica), o aval (restrito a dívidas cambiárias), ou o próprio depósito de dinheiro (que implica uma imobilização de capital). Sobre as diferenças entre a garantia bancária autónoma e a fiança bancária, vide o Acórdão do STJ de 23-III-1995 (MIRANDA GUSMÃO), in: III CJ/STJ (1995), I, 137-141.

[1047] Embora atípica, trata-se de uma figura *nominada* na lei portuguesa (v.g., art. 106.º, n.º 1 do Decreto-Lei n.º 405/93, de 10 de Dezembro, art. 4.º, n.º 1, c) do Decreto-Lei n.º 69/2004, de 25 de Março) e objecto de regulação internacional, mormente através das "Uniform Rules for Contract Guarantees" de 1978 (elaboradas pela CCI) e a "Convention on Independent Guarantees and Standby Letters of Credit" de 1995 (elaborada pela CNUDCI). Em sentido oposto, todavia, reputando-a de contrato inominado, vide o Acórdão da RP de 13-X-2000 (EMÉRICO SOARES), in: XXV CJ (2000), IV, 214-217.

[1048] Cf. Acórdão da RP de 2-XI-2000 (LEONEL SERÔDIO), in: XXV CJ (2000), V, 177-180.

Dos Contratos Comerciais em Especial

dependente da obrigação garantida, salvo em eventos de fraude ou abuso)[1049], as garantias bancárias autónomas podem revestir diferentes *modalidades*: de acordo com o critério da sua automaticidade, as garantias bancárias podem ser simples ou automáticas, consoante o direito do beneficiário está dependente da prova do incumprimento da obrigação do devedor ou da mera interpelação do banco garante (sendo estas por isso também designadas garantias "à primeira solicitação")[1050]; de acordo com o critério da sua finalidade, as garantias dizem-se de oferta, de boa execução, ou de reembolso de pagamentos antecipados, consoante se destinam a assegurar a honorabilidade de uma proposta contratual, o adequado cumprimento de obrigações contratuais, ou o reembolso de quantias dispendidas pelo beneficiário[1051]. Por fim, apesar das similitudes existentes, importa não confundir as garantias autónomas com outras figuras híbridas ou afins, tais como a *carta de crédito "standby"* ("standby letter of credit") – instrumento conexo com o crédito documentário, destinado a garantir a execução dos pagamentos no âmbito de transacções comerciais internacionais –[1052] e o *seguro-caução* – modalidade especial do seguro

---

[1049] Sobre as características fundamentais da figura, vide, na doutrina, EPIFÂNIO, M. Rosário, *Garantias Bancárias Autónomas*, 329 e segs., in: AAVV, "Iure et de Iure – Nos Vinte Anos da Faculdade de Direito da UCP", 319-365, UCP Editora, Porto, 1998; na jurisprudência, o Acórdão do STJ de 21-XI-2002 (AZEVEDO RAMOS), in: X CJ/STJ (2002), III, 148-152.

[1050] Sobre as garantias bancárias autónomas "à primeira solicitação" ("on first demand", "auf ersten Anfordern", "à première demande", "alla prima richiesta"), vide GOMES, M. Fátima, *Garantia Bancária à Primeira Solicitação*, in: VIII DJ (1995), 119-210; RIBEIRO, A. Sequeira, *Garantia Bancária Autónoma à Primeira Solicitação*, in: "Estudos em Homenagem ao Prof. Doutor I. Galvão Telles", vol. II, 289-426, Almedina, Coimbra, 2002; na jurisprudência, vide o Acórdão do STJ de 14-X-2004 (ARAÚJO BARROS), in: XII CJ/STJ (2004), III, 55-58, e o Acórdão da RC de 27-I-2004 (TÁVORA VICTOR), in: XXIX CJ (2004), I, 17-21.

[1051] Sobre as garantias de oferta ("tender guarantee", "Bietungsgarantie"), de boa execução ("performance guarantee", "Leitungsgarantie") e de reembolso ("advance guarantee", "Anzahlungsgarantie"), vide PIERCE, Anthony, *Demand Guarantees in International Trade*, 5 e segs., Sweet & Maxwell, London, 1993.

[1052] Sobre a figura, vide *supra* Parte III, Cap. IV, §3, 7(II).

Contratos Bancários

de créditos contratado entre uma empresa seguradora e um devedor (tomador) a favor do respectivo credor (beneficiário ou segurado), pelo qual a primeira se obriga, contra o pagamento de um prémio pelo segundo, a pagar ao último em caso de incumprimento ou mora das dívidas seguradas.[1053]

4. Garantia Financeira

I. Designa-se de garantia financeira ("financial collateral arrangement", "Finanzsicherheiten", "contrat de garantie financière", "contratto di garanzia finanziaria") *o contrato celebrado entre determinadas entidades legalmente elegíveis, "maxime" bancos, que tem por objecto a constituição de uma garantia real, sob a forma de penhor, alienação fiduciária ou reporte, incidente sobre instrumentos financeiros ou numerário, com vista a reforçar os direitos do credor relativamente ao cumprimento pelo devedor das obrigações de entrega desses instrumentos ou de liquidação em numerário.*[1054]

[1053] Sobre a figura (art. 162.º da LCS), vide, na doutrina portuguesa, SALVADOR, M. Gonçalves, *Seguro-Caução*, in: 100 RevOD (1968), 305-331, e, na doutrina estrangeira, RIOS, J. Camacho, *El Seguro de Caución. Estudio Crítico*, Ed. Mapfre, Madrid, 1994; na jurisprudência, aliás abundante, onde reina alguma controvérsia sobre a sua natureza jurídica, vide o Acórdão do STJ de 12-III-1996 (SOUSA INÊS), in: IV CJ/STJ (1996), I, 143-146.

[1054] Sobre a figura, vide JARDIM, Alexandre, *Acordos de Garantia Financeira: O Respectivo Regime Jurídico face ao Decreto-Lei 105/2004, de 8 de Maio (Algumas Questões)*, in: 62 RB (2006), 141-169; VASCONCELOS, L. Miguel, *Os Contratos de Garantia Financeira – O Dealbar do Direito Europeu das Garantias,* in: "Estudos em Honra do Prof. Doutor J. Oliveira Ascensão", vol. II, 1275-1305, Almedina, Coimbra, 2008. Noutros países, para maiores desenvolvimentos, GUCCIONE, A. Valerio, *I Contratti di Garanzia Finanziaria*, Giuffrè, Milano, 2008; KEIJSER, Thomas, *Financial Collateral Arrangements,* Kluwer Law International, Deventer, 2006; ZAHRADNIK, Andreas/ KRUMHUBER, Thomas, *Finanzsicherheiten-Gesetz: Kurzkommentar*, Verlag Österreich, Wien, 2004.

Dos Contratos Comerciais em Especial

II. O contrato de garantia financeira foi introduzido e disciplinado entre nós através do *Decreto-Lei n.º 105/2004, de 8 de Maio*, que veio transpor para a ordem jurídica portuguesa a Directiva 2002/47/CE, de 6 de Junho.[1055]

No que toca ao seu âmbito subjectivo, exige-se que as *partes contratantes*, "rectius", os prestadores e os beneficiários da garantia, sejam instituições financeiras supervisionadas (bancos, empresas de investimento, empresas de seguros, fundos de investimento e respectivas entidades gestoras, etc.), entidades públicas, bancos centrais, contrapartes centrais, agentes de liquidação, câmaras de compensação, ou outras pessoas colectivas em certas condições particulares (art. 3.º). No que concerne ao seu âmbito objectivo, há que distinguir vários aspectos: por um lado, o *objecto da garantia* deve necessariamente consistir em numerário ("maxime", saldo de contas bancárias) ou certos instrumentos financeiros ("maxime", valores mobiliários e instrumentos do mercado monetário) (art. 5.º)[1056]; por outro lado, as *obrigações garantidas*, ou seja, as obrigações principais que são cobertas pelos contratos de garantia financeira, devem ter por objecto uma prestação consistente numa liquidação em numerário (v.g., dinheiro, letras, cheques)

[1055] Sobre esta Directiva, e sua transposição (nalguns casos, quase mera transcrição) para os direitos nacionais, vide BORGES, S. Leite, *A Transposição em Portugal da Directiva dos Acordos de Garantia Financeira*, in: 13 ActUM (2006), 83-86; GROSSI, Alessandra, *La Direttiva 2002/47/CE sui Contratti di Garanzia Finanziaria*, in: 1 EDP (2004), 249-272; SCHLAEGEL, Marco, *Die Finanzsicherheiten-Richtlinie (2002/47/EG) und ihre Umsetzung in das deutsche Recht*, Peter Lang, Frankfurt am Main, 2008. Como sublinha Eugenio MASTROPAOLO, o modelo instituído pelo legislador europeu é o de um contrato em que as partes garantem reciprocamente não tanto o cumprimento das obrigações emergentes de outros contratos financeiros quanto uma "imunização" face aos efeitos negativos decorrentes de um eventual incumprimento (*La Nuova Normativa Europea sui Contratti di Garanzia Finanziaria*, 519, in: 101 RivDCom (2003), 519-536).

[1056] Sobre a noção e as espécies de instrumentos financeiros, vide desenvolvidamente ANTUNES, J. Engrácia, *Os Instrumentos Financeiros*, Almedina, Coimbra, 2009. Saliente-se que aqui se incluiram aparentemente as acções próprias do prestador da garantia, dado que o legislador português não se prevaleceu da faculdade de exclusão aberta pelo art. 1.º, n.º 4, b), da Directiva 2002/47/CE.

Contratos Bancários

ou na entrega de instrumentos financeiros (v.g., empréstimos de valores mobiliários, etc.: cf. art. 4.º)[1057]. No que respeita às suas modalidades, a *garantia real* pode revestir a forma de alienação fiduciária em garantia ou de penhor financeiro (art. 2.º), consoante exista ou não transferência da propriedade ou direito sobre o objecto da garantia para o beneficiário: quanto ao penhor financeiro, regulado nos arts. 9.º a 13.º, destacam-se a consagração da possibilidade de atribuição ao beneficiário da garantia de um direito de disposição sobre o objecto desta (art. 9.º, n.º 1) e da admissibilidade do pacto comissório (art. 11.º); e quanto à alienação fiduciária em garantia, regida nos arts. 14.º e 15.º do citado diploma, avulta a obrigação de restituição do objecto da garantia (art. 14.º)[1058]. Por último, importa ainda chamar a atenção para a previsão de importantes *especialidades* do regime deste contrato. Entre outros aspectos, e para além de exigências particulares em matéria de forma e prova contratual (arts. 7.º e 8.º) e de desapossamento do objecto das garantias em favor do beneficiário (art. 6.º), destacam-se as regras em sede da validade, eficácia e destino contratuais em caso de liquidação ou saneamento dos sujeitos do contrato: no essencial, os contratos de garantia financeira não se encontram abrangidos pelas disposições gerais da lei insolvencial (art. 16.º, n.º 2 do CIRE), sendo regidos por um conjunto de disposições excepcionais inspiradas pelo desígnio da protecção máxima dos credores e beneficiários da garantia (arts. 16.º a 20.º, todos do citado Decreto-Lei n.º 105/2004, de 8 de Maio).[1059]

[1057] Veja-se assim, para um exemplo previsto na própria lei, a caução que deve ser prestada pelos membros compensadores das contrapartes centrais dos mercados regulamentados de instrumentos financeiros (art. 261.º, n.º 4, a) do CVM).

[1058] Refira-se ainda que a garantia poderá também assumir a forma de *reporte* (art. 2.º, n.º 3), que foi aqui configurado pelo legislador como um subtipo da alienação fiduciária que implica a compra e revenda simultânea de títulos negociáveis. Sobre o reporte (arts. 477.º a 479.º do CCom), vide *supra* Parte III, Cap. I, §3, 7.

[1059] Sobre este regime insolvencial específico, vide Vasconcelos, L. Miguel, *Os Contratos de Garantia Financeira – O Dealbar do Direito Europeu das Garantias,*

Dos Contratos Comerciais em Especial

5. Penhor Bancário

I. Designa-se por penhor bancário ("security agreement", "bankmässige Pfand", "pegno bancario", "prenda bancaria") *o contrato pelo qual um banco (credor pignoratício), em garantia de crédito concedido a um cliente (devedor) e com preferência sobre os seus demais credores comuns, passa a gozar do direito a ser pago pelo valor de determinada coisa ou direito na titularidade do último.*[1060]

II. O penhor bancário – modalidade particular do penhor mercantil cujo regime reflecte essencialmente as necessidades da actividade bancária[1061] – encontra-se regido pelos Decreto-Lei n.º 29 833, de 17 de Agosto de 1939, e Decreto-Lei n.º 32 032, de 22 de Maio de 1942. São duas as especialidades principais do regime legal. Por um lado, de forma ainda mais marcada do que no penhor mercantil, os contratos de penhor bancário produzem os seus *efeitos* "inter partes" e "erga omnes" sem qualquer neces-

---

1290 e segs., 1299 e segs., in: "Estudos em Honra do Prof. Doutor J. Oliveira Ascensão", vol. II, 1275-1305, Almedina, Coimbra, 2008. Aspecto relevante, previsto nos arts. 12.º, 15.º e 20.º, é a chamada *cláusula de compensação* ("close-out netting"), relativa ao vencimento antecipado das obrigações contratuais e respectiva execução mediante compensação. Sobre estas cláusulas, vide PERRONE, Andrea, *Gli Accordi di Close-Out Netting*, in: 51 BBTC (1998), 51-76; na perspectiva comunitária (art. 7.º, n.º 1 da Directiva 2002/47/CE), ANNUNZIATA, Filippo, *Verso una Disciplina Comune delle Garanzie Finanziarie*, 208 e segs., in: LVI BBTC (2003), 177-223.

[1060] Sobre a figura, sobre a qual não se conhece estudo específico em Portugal, também não abundam os estudos monográficos no estrangeiro, facto a que não é estranho a diversidade da regulação jurídica comparada na matéria (existindo mesmo ordens jurídicas onde aquela é desconhecida enquanto figura autónoma, reconduzindo-se às regras gerais do penhor mercantil ou às regras especiais do penhor financeiro): com alcances muito diversos, vide BADIA, S. Garcigoy, *Prenda sin Desplazamiento en Garantía de Préstamo Bancario*, in: 26 CrTr (1978), 281-286; BRUNELLI, John, *Security Agreement and Financing Statements*, MCLE, Boston, 1992; GHIA, Lucio, *Il Pegno Bancario*, in: LXVII DirFal (1992), 180-184; LWOWSKI, Hans-Jürgen/ WEBER, Ahrend, *Pfändung von Ansprüchen auf Kreditgewährung*, in: I ZIP (1980), 609-617.

[1061] Sobre o penhor mercantil, vide *supra* Parte III, Cap. I, §3, 3.

Contratos Bancários

sidade de tradição, efectiva ou meramente simbólica, da coisa empenhada para o credor pignoratício (proémio do art. 1.º do Decreto-Lei n.º 29 833)[1062]: todavia, caso o bem permaneça na posse do devedor, este será considerado como um mero detentor ou possuidor em nome alheio (art. 1.º, §1 do Decreto-Lei n.º 29 833), vigorando ainda uma regra de prioridade cronológica no caso de constituição de penhores bancários sucessivos (art. 1.º, §2 do Decreto-Lei n.º 29 833)[1063]. Por outro lado, relativamente à respectiva *forma*, tais contratos devem ser celebrados através de documento autêntico ou autenticado sempre que se trate de penhor sem desapossamento (art. 2.º do Decreto-Lei n.º 29 833), bastando, porém, a forma de documento particular nos demais casos para que aqueles produzam efeitos relativamente a terceiros (artigo único do Decreto-Lei n.º 32 032). Por fim, saliente-se ainda a existência de *penhores bancários especiais* ou atípicos:

[1062] Esta dispensa de tradição do bem empenhado – explicada pelo facto de os bancos raramente terem o interesse ou possibilidade de ficar na posse dos bens, cujas necessidades de armazenamento ou custódia tornariam inviável a sua exequibilidade prática – é confirmada unanimemente pela nossa jurisprudência: "ex multi", vide os Acórdãos do STJ de 29-XI-2001 (OLIVEIRA BARROS), in: I CJ/STJ (2001), III, 125-128, e de 16-IV-1997 (PIRES SALPICO), in: V CJ/STJ (1997), II, 181-186, bem como o Acórdão da RL de 10-X-1991 (PIRES SALPICO), in: XVI CJ (1991), IV, 185-176, e o Acórdão da RC de 22-VI-1999 (ARAÚJO FERREIRA), in: XXIV CJ (1999), III, 42-43. Sublinhe-se, todavia, que, por força do art. 3.º do Decreto-Lei n.º 29 833, a mesma doutrina já não vale para o penhor bancário de títulos de créditos, quotas e bens imateriais, que assim continuarão subordinados ao regime geral (arts. 388.º e 399.º do CCom): assim sendo, por exemplo, no caso de a garantia do crédito bancário ser constituída por uma letra de câmbio, o penhor implica a entrega ao banco credor da mesma, juntamente com o respectivo endosso em garantia (art. 19.º da LULL). Sobre questão paralela noutros ordenamentos, cf. GARCÍA, E. Santa, *Prenda de Valores en Garantía de Operaciones Crediticias,* espec. 107 e segs., Marcial Pons, Madrid, 2002.

[1063] É controversa a constitucionalidade das incriminações previstas no art. 1.º, §1 e sua revogação tácita pelo CPen de 1982: sobre o ponto, na doutrina, DIAS, J. Figueiredo (dir.), *Comentário Conimbricense do Código Penal,* "Parte Especial", vol. II, 111 e segs., Coimbra Editora, Coimbra, 1999; na jurisprudência, o Acórdão n.º 573/95 do Tribunal Constitucional de 18-X-1995 (BRAVO SERRA), e o Acórdão de STJ de 6-XII-2001 (PEREIRA MADEIRA), in: IX CJ/STJ (2001), III, 232-235.

Dos Contratos Comerciais em Especial

um exemplo é o penhor de depósito bancário, modalidade pignoratícia bastante difundida que consiste na afectação do saldo da conta de que é titular um cliente à garantia de pagamento de um crédito que lhe foi concedido pelo banco, ficando este autorizado a debitar, na conta garante, os montantes da dívida vencidos e não pagos.[1064]

6. Mandato de Crédito

I. Designa-se por mandato de crédito ("Kreditauftrag", "mandat de crédit", "mandato di credito") *o contrato pelo qual um banco se vincula perante um cliente a conceder crédito a um terceiro em nome e por conta própria, ficando usualmente o cliente a garantir esse crédito como fiador.*[1065]

II. O mandato de crédito consiste numa garantia pessoal comum das obrigações, prevista no art. 629.º do CCivil: naturalmente, a sua natureza de garantia bancária pressupõe que, pelo menos, uma das partes (por regra, o "mandatário") seja um banco ou instituição de crédito[1066]. Entre os *traços essenciais* da figura,

---

[1064] Sobre esta modalidade especial, vide ADELANTADO, C. Salinas, *La Prenda de Saldos*, in: AAVV, "Instituciones del Mercado Financiero", vol. IV, 2117-1255, La Ley, Madrid, 1999.

[1065] Sobre a figura, vide ALVES, H. Ramos, *Mandato de Crédito,* Almedina, Coimbra, 2007; SILVA, J. Calvão, *Mandato de Crédito e Carta de Conforto*, in: "Estudos em Homenagem ao Prof. Doutor I. Galvão Telles", vol. II, 245-264, Almedina, Coimbra, 2002. Noutros ordenamentos, vide PARRA, M. Torres, *El Mandato de Crédito como Garantía Personal,* Dykinson, Madrid, 1998; MAGNI, Francesco, *Il Mandato di Credito,* in: AAVV, "Le Garanzie Rafforzate del Credito", 636-542, Utet, Torino, 2000; WELMMAN, Manfred, *Der Kreditauftrag nach BGB unter Berücksichtigung seiner geschichtlichen Entwicklung*, Diss., Greifswald, 1919.

[1066] Ao contrário do que a terminologia legal poderia inculcar, o mandato de crédito não constitui uma modalidade especial de mandato civil ou mercantil – pois que, em bom rigor, não se trata de um mandato: é que este último pressupõe que o mandatário actue por conta da outra parte (art. 1157.º do CCivil, arts. 231.º e 266.º do CCom), quando é certo que, na figura prevista no art. 629.º do CCivil, o "mandatário" actua

destacam-se a obrigação do banco celebrar um contrato de crédito com o terceiro beneficiário (v.g., mútuo, abertura de crédito, descoberto bancário, crédito documentário, etc.), a actuação do banco em nome e por conta próprios (projectando-se os efeitos decorrentes desse contrato exclusiva e directamente na sua esfera jurídica própria), e a responsabilidade fidejussória do cliente (excepto quando exista convenção expressa em contrário).

7. Garantias das Operações Bancárias

I. Por último, importa ainda considerar um conjunto vasto de figuras contratuais que visam funcionar como *garantias das operações activas dos bancos*, mormente dos contratos de crédito e financiamento celebrados com os respectivos clientes.

II. Tais garantias podem ser de dois tipos fundamentais. Por um lado, *garantias de direito comum*: assim, para além naturalmente do património geral do cliente devedor (art. 601.º do CCivil), os bancos podem recorrer às garantias pessoais (v.g., fiança) ou reais (v.g., hipoteca, consignação de rendimentos) previstas na lei privada geral[1067]. Por outro lado, e talvez mais importante, os bancos fazem usualmente rodear os contratos por si celebrados de uma panóplia variada de *cláusulas especiais* que visam limitar o risco do incumprimento das suas contrapartes ou mitigar as suas consequências: é o caso das cláusulas de vencimento

---

sempre e exclusivamente por conta própria. Sobre o mandato mercantil, vide *supra* Parte III, Cap. I, §3, 1.

[1067] AAVV, *Le Garanzie Reali e Personali nei Contratti Bancari*, Giuffrè, Milano, 1976; CERVERA, M. Munõz, *Garantías en la Contratación Bancaria – Garantías Reales Mobiliarias*, in: Carol, U. Nieto (dir.), "Contratos Bancarios y Parabancarios", 1258-1313, Lex Nova, Valladolid, 1998. Um exemplo do relevo destes mecanismos tradicionais – para além do já referido caso do "penhor bancário", analisado autonomamente (cf. *supra* Parte III, Cap. IV, §5, 5.) – é o chamado crédito hipotecário, v.g., crédito à habitação (art. 23.º do Decreto-Lei n.º 349/98, de 11 de Novembro).

antecipado ("acceleration clauses"), que prevêem o vencimento imediato da dívida e respectivos juros em caso de incumprimento ainda que parcial; das cláusulas de cumprimento cruzado ("cross--default"), que implicam o cumprimento antecipado da dívida bancária em caso de incumprimento perante quaisquer outros credores; das cláusulas de garantia negativa ("negative pledge"), que proíbem ao devedor onerar o seu património com outras garantias reais ou pessoais; das cláusulas de estabilização ("pari passu"), que garantem o banco credor com a manutenção da prioridade do seu crédito relativamente aos demais credores do cliente devedor; das cláusulas de auto-liquidação ("self-liquidating"), que permitem o pagamento da dívida bancária com o produto da operação económica que beneficiou do crédito; ou das cláusulas penais ("penalty clauses"), fixando um determinado montante indemnizatório em caso de incumprimento contratual.[1068]

§6 *Contratos de Pagamento*

I. Os *contratos de pagamento* constituem uma categoria dos contratos bancários que vem assumindo uma crescente importância na actualidade. Com efeito, ao lado da tradicional função de intermediação creditícia, os bancos desempenham uma importante função de intermediação nos pagamentos – a ponto de hoje se poder considerá-la como parte integrante do "core banking"[1069].

[1068] Sobre o ponto, embora não circunscrito aos contratos bancários, vide entre nós DIAS, J. Pereira, *Contributo para o Estudo dos Actuais Paradigmas das Cláusulas de Garantia e/ou Segurança*, in: AAVV, "Estudos em Homenagem ao Prof. Doutor I. Galvão Telles", vol. IV, 879-1029, Almedina, Coimbra, 2003. Para maiores desenvolvimentos, GOODE, Roy, *Legal Problems of Credit and Security*, 47 e segs., 3rd edition, Sweet & Maxwell, London, 2003.

[1069] Esta circunstância, hoje visível a olho nu na "praxis" bancária, tem sido reiteradamente confirmada pela doutrina de vários países: cf. BRINDLE, Michael/ COX, Raymond, *Law of Bank Payments*, 3rd edition, Sweet & Maxwell, London, 2004;

Contratos Bancários

Será desnecessário encarecer que, nas actuais sociedades dominadas pela moeda escritural ("cashless society"), a vida das empresas e até dos cidadãos em geral, em sede dos pagamentos das respectivas transacções económicas, já não é concebível sem a intervenção das instituições creditícias e financeiras, mormente dos bancos: são estes que, da forma mais célere, segura e económica, asseguram hoje a prestação de serviços relativos à movimentação de fundos mediante os mais variados tipos de instrumentos (v.g., cheques, transferências bancárias, cartões de crédito e débito, etc.)[1070]. Este relevo, de resto, foi reconhecido pelo legislador nacional – que incluiu expressamente as "operações de pagamento" e a "emissão e gestão de meios de pagamento" entre o elenco legal das operações bancárias (art. 4.º, n.º 1, c) e d) do RGIC) – e até pelo legislador europeu – que erigiu a "promoção do bom funcionamento dos sistemas de pagamentos" num dos objectivos cruciais do Sistema Europeu dos Bancos Centrais (art. 105.º, n.º 2 do TCE).

II. Entre tais contratos e instrumentos bancários, serão aqui referidos os *contratos de cheque*, as *transferências bancárias*, os *contratos de emissão de cartões bancários*, o *porta-moedas electrónico*, os *"traveller's checks"* e *"eurochecks"*, e a *cobrança documentária*.

Santoro, Vittorio, *Il Diritto dei Sistema di Pagamenti,* Giuffrè, Milano, 2007; Stoufflet, Jean/ Gavalda, Christian, *Instruments de Paiement et de Crédit*, 6ème édition, Litec, Paris, 2006. Para uma visão comparada, vide Effros, Robert, *Payment Systems of the World,* 2 vols., Oceana Pub., New York/ London/ Rome, 1994.

[1070] Lasky, Harold, *The Cashless Society – Reality and Myth*, in: 58 LIJ (1984), 1206-1210. Recorde-se que, ao lado da moeda legal (notas e moedas metálicas), assume hoje um relevo central a *moeda escritural*, também designada moeda bancária, constituída primordialmente pelos saldos de contas bancárias: ora, ao passo que a circulação da moeda legal se processa de mão em mão entre pessoas, a moeda escritural circula de conta em conta, mediante movimentações de fundos realizadas entre contas bancárias.

Dos Contratos Comerciais em Especial

1. Convenção de Cheque

I. Denomina-se por convenção de cheque, também designado contrato de cheque ("Scheckvertrag", "contrat de chèque", "convenzione di assegno bancario"), *o acordo celebrado entre um banco e um cliente titular de uma conta bancária que investe o último no direito de dispor, por meio de cheque, de uma provisão de fundos previamente existente no primeiro.*[1071]

II. Como vimos detidamente noutro local, o cheque é um título de crédito que permite a um cliente bancário proceder a levantamentos ou efectuar pagamentos a terceiros à custa de fundos que se encontram disponíveis para o efeito no seu banco: a convenção de cheque é justamente o acordo que subjaz juridicamente a tal instrumento bancário de pagamento.[1072]

Negócio atípico, embora nominado (art. 3.º da LUC), o regime da convenção de cheque é caracterizado por diversos traços fundamentais[1073]. Assim, quanto à sua *celebração*, a convenção não reveste forma especial, podendo ser expressa ou, como sucede

---

[1071] Sobre a figura, vide CUNHA, P. Olavo, *Cheque e Convenção de Cheque*, Diss., Lisboa, 2008; GALVÃO, Sofia, *Contrato de Cheque: Um Estudo Breve*, Lex, Lisboa, 1992. Noutros ordenamentos, DUPICHOT, Jacques/ GUÉVEL, Didier, *Effets de Commerce et Chéque*, 289 e segs., 5ème édition, Montchrestien, Paris, 1996; GRAZIADEI, Gianfranco, *La Convenzione d'Assegno,* Morano, Napoli, 1970; HILDERBRAND, Georg, *Scheckvertrag – Guthaben und Widerruf*, Schauberg, Strasbourg, 1910.

[1072] Sobre o cheque enquanto título de crédito, vide ANTUNES, J. Engrácia, *Os Títulos de Crédito,* 111 e segs., Coimbra Editora, Coimbra, 2009. Sobre a relação entre o cheque e a convenção de cheque – em particular, no plano da tutela jurídica cambiária da circulação do cheque –, vide CUNHA, P. Cunha, *Cheque e Convenção de Cheque*, 719 e segs., Diss., Lisboa, 2008.

[1073] Sobre a natureza jurídica da convenção de cheque (mandato, contrato a favor de terceiro, prestação de serviços, negócio "sui generis", etc.), vide, na doutrina, CUNHA, P. Cunha, *Cheque e Convenção de Cheque*, 735 e segs., Diss., Lisboa, 2008; GALVÃO, Sofia, *Contrato de Cheque: Um Estudo Breve,* 58 e segs., Lex, Lisboa, 1992; na jurisprudência, o Acórdão do STJ de 19-X-1993 (CARDONA FERREIRA), in: 430 **BMJ** (1993), 466-476.

Contratos Bancários

frequentemente, tácita (v.g., entrega ao cliente de caderneta de cheques): no comum dos casos, ela constituirá uma decorrência do contrato de conta bancária, cujo clausulado, por norma, prevê e regula já os respectivos termos[1074]. Já quanto ao seu *conteúdo*, a convenção implica direitos e obrigações diversos para ambas as partes: pelo lado do cliente, refiram-se o direito de dispor dos fundos disponibilizados mediante a emissão de cheques ou o exercício das demais faculdades legais (v.g., revogação do cheque, pagamento do cheque), bem assim como os deveres de manutenção de saldo disponível de fundos disponibilizados (dado que o pagamento do cheque pelo banco sacado supõe a existência de uma provisão da conta do cliente sacador, "maxime", de um depósito à ordem)[1075] e de diligência no uso dos cheques (mormente, em sede da guarda dos cheques)[1076]; pelo lado do banco, para além dos direitos de cobrar o serviço prestado e de inscrever em conta o cheque sob condição de boa cobrança[1077], avultam um

---

[1074] Não obstante esta conexão habitual, os contratos de conta bancária e de cheque devem considerar-se contratos autónomos: neste sentido, CUNHA, P. Cunha, *Cheque e Convenção de Cheque*, 377 e segs., Diss., Lisboa, 2008; GALVÃO, Sofia, *Contrato de Cheque: Um Estudo Breve,* 35 e seg., Lex, Lisboa, 1992.

[1075] Por forma a assegurar a confiança do tráfico neste instrumento de pagamento, a emissão do cheque sem provisão é tutelada pela ordem jurídica, através do Decreto-Lei n.º 454/91, de 28 de Dezembro, tanto no plano civil (restrições ao uso de cheque, "maxime", rescisão da convenção de cheque: cf. arts. 1.º a 7.º) como no plano penal (crime de emissão de cheque sem provisão: cf. arts. 11.º a 13.º-A). Sobre o ponto, embora anteriormente à Lei n.º 48/2005, de 29 de Agosto, vide BAIRRADAS, G. Dinis, *O Cheque sem Provisão – Regime Jurídico Civil e Penal,* Almedina, Coimbra, 2003.

[1076] Sobre os deveres de guarda e a falsificação de cheques, vide, na doutrina, GOMES, F. Correia, *A Responsabilidade Civil dos Bancos pelo Pagamento de Cheques Falsos ou Falsificados*, Vislis, Porto, 2004; na jurisprudência, entre tantos, os Acórdãos do STJ de 21-V-1996 (MIGUEL MONTENEGRO), in: 457 BMJ (1996), 343-349, de 9-XI-2000 (FERREIRA DE ALMEIDA), in: VIII CJ/STJ (2000), III, 108-113, e de 3-VII-2008 (OLIVEIRA ROCHA), in: XVI CJ/STJ (2008), II, 155-158.

[1077] Cf. Acórdão da RC de 16-III-1999 (NUNO CAMEIRA), in: XXIV CJ (1999), II, 21-24. Sobre a cláusula de boa cobrança, enquanto costume mercantil, vide ANTUNES, J. Engrácia, *Os Usos e o Costume no Direito Comercial*, 235, in: "Estudos Comemorativos dos 10 Anos da Faculdade de Direito da Universidade Nova de Lisboa", vol. II, 215-239, Almedina, Coimbra, 2008.

Dos Contratos Comerciais em Especial

conjunto de deveres, entre os quais o dever de pagamento do cheque, o dever de diligência (v.g., verificação cuidadosa da assinatura do cliente sacador), e o dever de sigilo[1078]. Por fim, quanto à sua *cessação*, e para além de eventos extintivos comuns (morte, liquidação ou insolvência do titular, caducidade, mútuo acordo, etc.), ressalta a rescisão da convenção do cheque, que se traduz no poder-dever do banco sacado privar o cliente do direito a emitir cheques sempre que este, pela respectiva utilização indevida (mormente, emissão de cheques sem provisão), quebre o espírito de confiança que subjaz e preside à sua circulação (art. 1.º do Decreto-Lei n.º 454/91, de 28 de Dezembro).[1079]

2. Transferência Bancária

I. A transferência bancária, também denominada ordem de transferência ("transfer order", "Banküberweisung", "virement", "giroconto"), *designa a convenção pela qual o titular de uma conta bancária (ordenador) ordena ao seu banco que transfira um determinado montante pecuniário para outra conta de um terceiro ou do próprio (beneficiário), aberta nesse ou noutro banco.*[1080]

[1078] Para uma análise exaustiva dos direitos e obrigações emergentes deste contrato, vide CUNHA, P. Cunha, *Cheque e Convenção de Cheque*, 416 e segs., Diss., Lisboa, 2008.

[1079] Sobre a rescisão da convenção de cheque, vide, na doutrina, CUNHA, P. Olavo, *Cheque e Convenção de Cheque*, 664 e segs., Diss., Lisboa, 2008; na jurisprudência, os Acórdãos do STJ de 8-II-2001 (SILVA SALAZAR), in: IX CJ/STJ (2001), I, 107-110, e de 21-II-2006 (URBANO DIAS), in: XIV CJ/STJ (2006), I, 80-82.

[1080] Sobre a figura, vide ANASTÁCIO, C. Gentil, *A Transferência Bancária*, Almedina, Coimbra, 2004. Noutros países, BUIS, Eric, *Die Banküberweisung und der Bereicherungsausgleich bei fehlgeschlagenen Banküberweisungen*, Schulthess Polyg., Zürich, 2001; CABRILLAC, Henry, *Le Cheque et le Virement,* 5ème édition, Litec, Paris, 1980; CAMPOBASSO, G. Franco, *Il Bancogiro – Profili Strutturali*, in: AAVV, "Le Operazioni Bancarie", vol. II, 631-694, Giuffrè, Milano, 1978; PENA, M. Vázquez, *La Transferencia Bancaria de Crédito*, Marcial Pons, Madrid, 1998.

Contratos Bancários

II. A transferência bancária constitui um importantíssimo instrumento de movimentação de fundos pecuniários, processando-se mediante meras anotações a débito e crédito realizadas em contas bancárias: ela permite a circulação de fundos mediante um processo meramente escritural, com evidentes ganhos de segurança, rapidez e eficácia no sistema de pagamentos.

Trata-se de figura que pode revestir uma pluralidade de *modalidades*: ela pode ser intrabancária ou interbancária (consoante ordenador e terceiro têm conta no mesmo banco ou em bancos diferentes), nacional ou internacional (consoante os bancos envolvidos têm ou não sede no mesmo país), e a débito ou a crédito (consoante a movimentação dos fundos se faz por débito ou crédito do ordenador)[1081]. Por outro lado, saliente-se que a ordem de transferência não se encontra sujeita a qualquer forma específica, podendo ser dada por escrito ("maxime", impresso normalizado), por via oral, através de cheque, ou qualquer outro meio[1082]: neste contexto, assumem hoje particular relevo as chamadas *transferências electrónicas de fundos* ("electronic fund transfers"), que consistem na movimentação de fundos entre contas bancárias realizada

---

[1081] Saliente-se que as transferências bancárias internacionais foram objecto de regulação especial pelo Decreto-Lei n.º 41/2000, de 17 de Março, na sequência da Directiva 97/5/CE, de 27 de Janeiro: este diploma, cujo regime foi também estendido às transferências domésticas, aplica-se apenas às transferências em euros de valor inferior a 50.000 euros. Sobre o ponto, vide SILVA, J. Calvão, *Responsabilidade Bancária por Transferências de Créditos,* in: "Estudos em Homenagem à Prof. Doutora I. Magalhães Collaço", vol. II, 3-24, Almedina, Coimbra, 2002; para outros desenvolvimentos, BERNT, Isabella, *Der Überweisungsvertrag im deutschen und im französischen Recht – Eine Untersuchung zur Stellung des Kunden gegenüber der überweisenden Bank nach Umsetzung der Richtlinie 97/5/EG*, Peter Lang, Frankfurt am Main, 2007; DEVOS, Diego, *Les Virements Transfrontaliers: Analyse de la Directive Européenne 97/5 du 27 janvier 1997*, in: 1 RevB (1998), 43-48.

[1082] Neste sentido também, vide, na doutrina, ANASTÁCIO, C. Gentil, *A Transferência Bancária,* 168 e seg., Almedina, Coimbra, 2004; na jurisprudência, o Acórdão da RL de 30-X-2005 (AZADINHO LOUREIRO), in: XXX CJ (2005), IV, 126-128. Sobre a responsabilidade do banco nas transferências bancárias, vide ainda o Acórdão da RC de 14-VI-2005 (JORGE ARCANJO), in: XXX CJ (2005), III, 28-32.

Dos Contratos Comerciais em Especial

em execução de ordens transmitidas por meios electrónicos, v.g., telefone, "fax", computador ("home banking"), caixas automáticas ("ATM"), terminais de pagamento, etc.[1083]. Por fim, merece ainda referência particular nesta sede o *sistema de débitos directos*: este sistema, regulado pelo Aviso do BP n.º 1/2002, de 27 de Fevereiro (cf. ainda os Avisos do BP n.º 10/2003, de 17 de Setembro, e n.º 10/2005, de 24 de Junho), visa fundamentalmente fazer face a ordens de transferências permanentes, e não meramente pontuais, pelas quais os clientes mandatam o banco para executar operações regulares ou periódicas de débito em conta para pagamento ou cobrança dos mais variados serviços (v.g., fornecimento de água, luz, telefone, etc.).[1084]

3. Emissão de Cartões Bancários

I. Designa-se por contrato de emissão de cartão bancário ("payment card", "Bankkarte", "carta bancaria", "tarjeta bancaria") *o contrato celebrado entre um banco ou outra entidade autorizada (emitente) e o cliente (aderente) através do qual se*

[1083] Para além destas operações, podem também aqui incluir-se outras modalidades de transferência electrónica em que não existe uma intervenção directa de ordenador ou beneficiário, tais como, por exemplo, a truncagem de cheques, as câmaras de compensação electrónicas, e as transferências por rede telemática (com destaque para a rede SWIFT). Sobre este tipo de transferências, por todos, vide GUIMARÃES, M. Raquel, *As Transferências Electrónicas de Fundos e os Cartões de Débito*, 11 e segs., Almedina, Coimbra, 1999; numa perspectiva internacional, GEVA, Benjamin, *The Law of Electronic Funds Transfers*, Bender, New York, 1992.

[1084] BANCO DE PORTUGAL, *Débitos Directos*, Cadernos do Banco de Portugal, Lisboa, 2002. Tenha-se ainda em conta os deveres de informação do ordenador em sede de transferências de fundos por parte de prestadores de serviços de pagamentos, previstos no Regulamento CE/1781/2006, de 15 de Novembro, e no Decreto-Lei n.º 125/2008, de 21 de Julho.

atribui a este um direito de acesso ao sistema operativo especial de pagamentos criado e gerido pela entidade emitente.[1085]

II. Os cartões bancários – o tipo social e economicamente mais divulgado dos chamados "cartões de plástico"[1086] – são instrumentos de pagamento, usualmente corporizados em documentos normalizados em suporte de plástico, emitidos por bancos ou outras instituições financeiras autorizadas (individualmente ou em associação com outras entidades emitentes), que permitem ao seu detentor efectuar movimentações escriturais de fundos a crédito e débito ("maxime", pagamentos e levantamentos), bem como outras operações e serviços bancários.

Merecem aqui destaque especial os cartões de crédito e de débito. Os *cartões de crédito* ("credit cards", "Kreditkarten", "cartes de crédit", "carte di credito") são instrumentos de pagamento que permitem ao seu titular a utilização de crédito outorgado pelo emitente, em especial para a aquisição de bens e serviços: este tipo de cartão assenta numa relação tripartida entre o banco (que concede crédito a curto prazo), o cliente (que efectua o pagamento diferido de bens ou serviços) e o terceiro empresário

---

[1085] Sobre a figura, vide VASCONCELOS, Joana, *O Contrato de Emissão de Cartão de Crédito*, in: "Estudos Dedicados ao Prof. Doutor M. J. Almeida Costa", 723-752, UCP Editora, Lisboa, 2002. No estrangeiro, sobre os cartões bancários em geral, vide CUBILLAS, M. Castilla, *La Tarjeta de Crédito*, Marcial Pons, Madrid, 2007; GAVALDA, Christian, *Les Cartes de Paiement et de Crédit*, Dalloz, Paris, 1994; JONES, Sally, *The Law Relating to Credit Cards*, BSP, Oxford, 1989; PÜTTHOFF, Heinz-Helmer, *Die Kreditkarte im rechtsvergleichender Sicht Deutschland-USA*, Diss., Münster, 1974; RESTUCCIA, Giuseppe, *Le Carta di Credito nell'Ordinamento Giuridico Italiano e Comunitario*, Giuffrè, Milano, 1999.

[1086] AGUIAR, A. Lopes, *O Dinheiro de Plástico. Cartões de Crédito e de Débito. Novos Meios de Pagamento*, Rei dos Livros, Lisboa, 1990. Com efeito, também podem existir cartões não bancários, usualmente designados "cartões privativos", os quais são emitidos por empresas e outras entidades (v.g., hotéis, petrolíferas, hipermercados, estabelecimentos comerciais, aluguer automóvel) e funcionam como um instrumento de pagamento (v.g., cartão "Galp", "Corte Inglês", "Avis", etc.). Sobre estes cartões, vide o Anexo à Recomendação da Comissão 88/590/CE, de 17 de Novembro.

Dos Contratos Comerciais em Especial

(fornecedor desses bens ou serviços, a quem o preço é pago pelo banco)[1087]. Os *cartões de débito* ("debit cards", "ec-Karte", "carte de paiement", "carte di debito"), na gíria designados "cartões de levantamento" ou "Multibanco", são instrumentos de pagamento que permitem ao titular a utilização do respectivo saldo de depósito bancário, mormente para efeitos de levantamentos automáticos de numerário nos caixas automáticos ("ATM") ou de pagamentos automáticos de bens ou serviços em terminais de venda ("POS")[1088]. Saliente-se, todavia, que os cartões de crédito e débito proporcionam crescentemente uma gama diversificada de outros serviços bancários e não bancários – por exemplo, depósito de fundos, consulta de saldos, transferências bancárias, requisição de cheques, operações cambiais, seguros, etc. –, que podem existir ainda outros tipos de cartões bancários – por exemplo, os cartões de garantia de cheque (que permitem ao seu titular sacar cheques cujo pagamento é garantido até determinado montante) –, e que a tendência actual vai inequivocamente no sentido da sua polivalência funcional – designadamente, através dos chamados cartões universais ou de despesa ("charge cards", "Universalkreditkarten"),

---

[1087] PEREIRA, C. Gonçalves, *Cartões de Crédito*, in: 52 ROA (1992), 355-416; VASCONCELOS, Joana, *Cartões de Crédito*, in: XXXIV RDES (1992), 305-347.

[1088] GUIMARÃES, M. Raquel, *As Transferências Electrónicas de Fundos e os Cartões de Débito*, 55 e segs., Almedina, Coimbra, 1999; MARQUES, J. Garcia, *Das Condições Contratuais Gerais para a Emissão e Utilização de Cartões de Débito*, in: "Estudos em Homenagem a J. Cunha Rodrigues", vol. II, 259-290, Coimbra Editora, Coimbra, 2001. Os ATM ("automated teller machine") são terminais de computador que permitem aos utentes realizar por via electrónica as operações bancárias tradicionalmente efectuadas ao balcão, mormente o levantamento de fundos (MONTEIRO, L. Miguel, *A Operação de Levantamento Automático de Numerário*, in: 52 ROA (1992), 123-168). Os POS ("point of sale service") são terminais de computador instalados em estabelecimentos que permitem ao utente efectuar o pagamento de bens e serviços adquiridos mediante débito electrónico e automático em conta (VELOSO, J. António, *Electronic Banking: Uma Introdução ao EFTS*, 133 e segs., in: XXXVI SI (1987), 77-155).

Contratos Bancários

que podem servir simultaneamente várias funções (v.g., crédito, levantamento, transferência).[1089]

III. Contrato socialmente típico, ao qual não corresponde uma disciplina legal própria, o *regime jurídico* do contrato de emissão de cartões bancários releva hoje fundamentalmente das próprias cláusulas gerais nele insertas, sujeitas ao controlo da LCCG[1090], devendo ainda ter-se presente um conjunto de outras regras legais, regulamentares e corporativas: de entre elas, destacam-se o Decreto-Lei n.º 166/95, de 15 de Julho (emitentes de cartões de crédito)[1091], o Decreto-Lei n.º 133/2009, de 2 de Junho (crédito ao consumo), o Aviso do BP n.º 11/2001, de 6 de Novembro (condições de utilização de cartões de crédito e débito)[1092], e o "Código de Conduta dos Bancos Europeus sobre Sistemas de Pagamentos através de Cartões".

[1089] Estes cartões – que correspondem usualmente aos cartões dourados ou de platina emitidos pelos bancos em favor dos seus melhores clientes (em regra, associados às redes "Visa" e "Mastercard") – contradistinguem-se pelo reembolso do crédito outorgado ser necessariamente feito pelo valor integral do extracto de factura periodicamente enviado ao cliente.

[1090] Trata-se mesmo de um dos domínios de maior aplicação da LCCG, onde existe abundante jurisprudência: vide GUIMARÃES, M. Raquel, *Os Cartões Bancários e as Cláusulas Contratuais Gerais na Jurisprudência Portuguesa e Espanhola*, in: XLIII RDES (2002), 55-91; MARQUES, J. Garcia, *Das Condições Contratuais Gerais para a Emissão e Utilização de Cartões de Débito*, in: "Estudos em Homenagem a J. Cunha Rodrigues", vol. II, 259-290, Coimbra Editora, Coimbra, 2001.

[1091] VASCONCELOS, Joana, *Emissão de Cartões de Crédito*, in: AAVV, "Estudos de Direito do Consumidor", vol. I, 165-183, Almedina, Coimbra, 2002.

[1092] GUIMARÃES, M. Raquel, *Algumas Considerações sobre o Aviso n.º 11/2001 do Banco de Portugal, de 20 de Novembro, Relativo aos Cartões de Crédito e de Débito*, in: I RFDUP (2004), 247-276; GUIMARÃES, M. Raquel/ REDINHA, M. Regina, *A Força Normativa dos Avisos do Banco de Portugal – Reflexão a Partir do Aviso n.º 11/2001, de 20 de Novembro*, in: AAVV, "Nos 20 Anos do Código das Sociedades Comerciais", vol. III, 707-723, Coimbra Editora, Coimbra, 2007.

4. Porta-Moedas Electrónico

I. Designa-se por porta-moedas electrónico, também conhecido como porta-moedas automático ("digital cash card", "Geldbörse", "porte monnaie électronique"), *o documento emitido pelos bancos ou instituições de moeda electrónica que, mediante fundos pecuniários previamente nele carregados por via electrónica, permite a transferência de tais fundos para terceiros com vista a liquidar a aquisição de bens ou serviços.*[1093]

II. A figura foi objecto de regulamentação através da Instrução do BP n.º 54/96, de 17 de Junho, devendo ainda ter-se presente as normas relativas à moeda electrónica previstas no Decreto-Lei n.º 42/2002, de 2 de Março. Trata-se de uma modalidade particular de cartão bancário concebido para o pagamento de bens e serviços de baixo valor (v.g., jornais, restauração, transportes públicos), que, todavia, possui uma escassa expressão no contexto dos instrumentos bancários de pagamento. A sua principal particularidade reside no facto de, ao contrário dos cartões de crédito e débito (que efectuam pagamentos, diferidos ou imediatos, por intermédio de transferências bancárias), os porta-moedas electrónicos serem um *meio de criação de "moeda electrónica"*, ou seja, de moeda armazenada em suporte electrónico que funciona como um substituto da moeda física.[1094]

[1093] Sobre a figura, vide NUNES, F. Conceição, *O Porta-Moedas Electrónico*, in: AAVV, "Estudos de Direito Bancário", 213-240, Almedina, Coimbra, 1999. Noutros quadrantes, KÜMPEL, Siegfried, *Rechtliche Aspekte der neuen Geldkarte als elektronische Geldbörse*, in: 51 WM (1997), 1037-1045; HUBERT, Jacquet, *Porte Monnaie Électronique: Des Avancées*, in: VIII ECU-E (1995), 55-63; REED, Chris/ DAVIES, Louis, *Digital Cash – The Legal Implications*, CCLS, London, 1995.

[1094] Figura afim são os chamados *cartões pré-pagos*, emitidos por empresas e destinados ao pagamento de bens e serviços determinados, v.g., cartões telefónicos, de abastecimento de gasolina, etc. (PIRES, Florbela, *Moeda Electrónica e Cartões de Pagamento Restrito,* in: 15 CadMVM (2002), 353-362). Sobre a moeda electrónica, vide, para maiores desenvolvimentos, ANTUNES, J. Engrácia, *Direito Comercial,* em publicação.

5. "Traveller's Checks" e "Eurochecks"

I. Designa-se por cheque de viagem, vulgo "traveller's check", *o título emitido por um banco nacional à ordem de um cliente, que permite ao beneficiário obter a quantia pecuniária fixa e predeterminada nele inscrita no estrangeiro, mediante mera assinatura, junto de instituição financeira correspondente do banco sacado*[1095]. Tal instrumento – a que alude expressamente o art. 4.º, n.º 1, d) do RGIC, aliás impropriamente, já que não se trata de um verdadeiro cheque – ganhou relevo em meados do século XX, por constituir um meio seguro de transporte de dinheiro, tendo vindo progressivamente a perder expressão com a emergência dos cartões bancários.

II. Designa-se por "eurocheck" *o cheque normalizado aceite por bancos e instituições de crédito de um conjunto de países aderentes que permite ao respectivo beneficiário adquirir divisas locais ou efectuar pagamentos garantidos no estrangeiro até um determinado montante*[1096]. Instrumento de pagamento surgido justamente para fazer face à hegemonia dos cartões bancários, acabaria por ser "canibalizado" por estes, tendo hoje praticamente caído em desuso.

[1095] BORGES, J. Marques, *Cheques, Travellers's Cheques e Cartões de Crédito*, Rei dos Livros, Lisboa, 1981. Noutros ordenamentos, ARRILLAGA, J. Ignacio, *El Cheque Turístico: Travellers Cheque*, in: XIV ADC (1961), 59-119; HEINICHEN, Otto-Raban, *Die Rechtsgrundlagen des Reisescheckverkehers*, Duncker & Humblot, Berlin, 1964.

[1096] Sobre a figura, vide VASCONCELOS, P. Pais, *Garantias Extracambiárias do Cheque e Negócios Unilaterais: O Cheque Visado e o Eurocheque*, espec. 285 e seg., in: AAVV, "Estudos de Direito Bancário", 277-300, Almedina, Coimbra, 1999; na jurisprudência, vide o Acórdão da RP de 21-X-1993 (CARLOS MATIAS), in: XVIII CJ (1993), IV, 237-240. Noutros países, BÜLOW, Peter, *Grundprobleme des Euro-Schecks und der Scheckkarte*, in: 6 JurA (1984), 340-357.

Dos Contratos Comerciais em Especial

6. Cobrança Documentária

I. Designa-se por cobrança documentária, também por vezes denominada "remessa documentária" ou "remessa à cobrança" ("documentary collection", "Dokumenteninkasso"), *o serviço de cobrança de documentos comerciais ou financeiros prestado pelo banco em execução de mandato conferido por um cliente.*[1097]

II. Figura bancária difundida no âmbito do comércio internacional, ela visa fundamentalmente *reduzir o risco de incumprimento* das partes nas transacções internacionais de compra e venda de mercadorias: através dela, o vendedor ou exportador entrega a um banco os documentos comerciais relativos ao negócio celebrado (facturas, conhecimento de embarque ou de trânsito, apólices de seguro, etc.) ou os documentos financeiros acompanhados daqueles (letras, livranças, cheques, etc.), encarregando o banco de apenas os entregar ao comprador ou importador contra o pagamento ou aceite por parte deste último. As cobranças documentárias são objecto de "Regras Uniformes Relativas às Cobranças" de 1956, elaboradas pela CCI, as quais também contemplam as cobranças simples ("clean collections"), que têm por objecto documentos financeiros desacompanhados de documentos comerciais.[1098]

[1097] Sobre a figura, que não foi objecto de estudo autónomo em Portugal, aparecendo tratada usualmente como figura afim do crédito documentário (cf. OLAVO, Fernando, *A Abertura do Crédito Documentário*, 86 e segs., Livraria Moraes, Lisboa, 1952), vide MENKHAUS, Heinrich, *Kreditsicherung beim Dokumenteninkasso: Die Stellung der kreditgebenden Bank im Konkurs des Dokumenteneinreichers,* Diss., Wien, 1984; WARD, Thomas, *Letters of Credit and Documentary Collections – An Import and Export Guide,* Ex Libris, Philadelphia, 2009.

[1098] A última versão é de 1979: cf. *ICC Uniform Rules for Collections,* ICC, Paris, 1995.

Contratos Bancários

§7 Outros Contratos

1. Contratos Cambiais

I. Designam-se por contratos cambiais ("exchange currency agreements", "Divisengeschäfte", "contrats de change") *os negócios jurídicos realizados pelos bancos ou outras entidades, por conta própria ou dos seus clientes, que têm por objecto a troca de uma quantia em dinheiro, expressa numa determinada moeda, por outra quantia pecuniária expressa numa outra moeda com curso legal num sistema monetário.*[1099]

II. O regime das operações cambiais encontra-se previsto no Decreto-Lei n.º 295/2003, de 21 de Novembro, sendo ainda de ter presente os Avisos do BP n.º 1/99, de 15 de Janeiro, e n.º 13/ /2003, de 16 de Dezembro: estão aqui abrangidas a compra e venda de moeda estrangeira, as transferências expressas em moeda estrangeira para liquidação de operações económicas e financeiras com o exterior, e outras operações equiparadas (relativas a contas nacionais de não residentes e contas no estrangeiro de residentes). Não obstante a liberalização do mercado cambial, o comércio profissional de câmbios continua reservado às instituições de crédito e às agências de câmbios (arts. 4.º, n.º 1, f) e 6.º, n.º 1, i) do RGIC, arts. 9.º e 10.º do Decreto-Lei n.º 295/2003, de 21 de Novembro, Decreto-Lei n.º 3/94, de 11 de Janeiro, Aviso do BP n.º 13/2003, de 16 de Dezembro) – o que se compreende, dado afinal ser um comércio relativo à "matéria-prima" da própria actividade bancária, o dinheiro.[1100]

[1099] Para uma visão geral dos mercados e operações cambiais, vide COYLE, Brian, *Foreign Exchange Markets*, Glen Lake Publishing, Chicago, 2000; CALAMANTI, Andrea, *Il Mercato dei Cambi*, Edibank, Milano, 1994; EBKE, Werner, *Internationales Devisenrecht*, RuW, Heidelberg, 1991; PRISSERT, Pierre, *Le Marché des Changes*, Sirey, Paris, 1977.

[1100] MATTOUT, Jean-Pierre, *Droit Bancaire International*, 272, 2ème édition, RB, Paris, 1996.

Dos Contratos Comerciais em Especial

Entre as principais modalidades de contratos cambiais, refiram-se os *contratos à vista* e *a prazo*, com especial relevo para os *futuros*, as *opções* e os *"swaps" cambiais*.

1.1. *Contratos à Vista e a Prazo*

I. Os *contratos cambiais à vista* ("spot exchange agreements") e *a prazo* ("forward exchange agreements") são contratos de compra e venda ou permuta de moeda estrangeira, celebrados entre um banco e os seus clientes residentes ou não residentes, a contado (à vista) ou num prazo superior a dois dias úteis (a prazo), a uma taxa de câmbio previamente determinada.[1101]

II. Os contratos cambiais à vista e a prazo perseguem, em regra, diferentes *finalidades*. Ao passo que os primeiros visam usualmente a conversão imediata de moeda nacional (com curso legal em Portugal) por divisas (moeda estrangeira), ou de uma divisa por outra, os últimos perseguem primacialmente uma finalidade de cobertura do risco de variação da taxa de câmbio de uma divisa ("hedging"), além de finalidades especulativas e arbitragistas: por exemplo, se um empresário português adquirir um frota de veículos a um fabricante automóvel norte-americano a ser entregue em data futura, pode logo fixar o montante do preço em dólares e a correspondente taxa de câmbio relativamente ao euro ("forward rate"), apesar de o pagamento ao vendedor ocorrer apenas na data da referida entrega – assim renunciando a eventuais

---

[1101] Borgia, R. Cavallo, *Le Operazioni su Rischio di Cambio*, in: Galgano, Francesco (dir.), "I Contratti del Commercio, dell'Industria e del Mercato Finanziario", vol. III, 2395-2439, Utet, Torino, 1995; Calamanti, Andrea, *Il Mercato dei Cambi*, 10 e segs., Edibank, Milano, 1994. Modalidade especial, a meio caminho entre os contratos bancários de crédito e de câmbio, é o contrato de empréstimo de divisas: cf. García, J. Lorquera, *Los Préstamos en Divisas*, in: Carol, U. Nieto (dir.), "Contratos Bancarios y Parabancarios", 501-536, Lex Nova, Valladolid, 1998.

mais-valias (se a cotação do dólar subir) mas também protegendo-
-se contra quaisquer perdas (no caso oposto).[1102]

1.2. *Futuros, Opções e "Swaps" Cambiais*

I. Os *futuros cambiais* ("exchange futures") são contratos padronizados e negociáveis em mercado organizado através dos quais as partes se obrigam, por uma taxa de câmbio neles convencionada, a comprar e vender uma determinada divisa em data futura previamente fixada. As *opções cambiais* ("exchange options") são contratos negociados em mercado organizado ou ao balcão dos bancos pelos quais uma das partes fica investida no direito potestativo de comprar ou vender uma determinada divisa, por uma taxa de câmbio convencionada e durante um determinado tempo. Finalmente, os *"swaps" cambiais* ("foreign exchange swaps") são contratos individualizados de compra e venda simul-tâneas de uma determinada divisa, sendo uma das transacções realizada a pronto e a outra a prazo.[1103]

II. Os futuros e as opções cambiais são, no fundo, modalida-des específicas dos contratos cambiais a prazo – contradistin-guindo-se, fundamentalmente, pelo carácter padronizado e orga-nizado da contratação, que se processa através de intermediários autorizados no quadro de mercados regulamentados (arts. 3.º e 9.º, n.º 2, b) do Decreto-Lei n.º 250/2000, de 13 de Outubro),

---

[1102] FONTAINE, Patrice, *La Gestion du Risque de Change*, Economica, Paris, 1996; GHOSCH, Dili/ CLARCK, Ephraim, *Arbitrage, Hedging, and Speculation: The Foreign Exchange Market*, Praeger, New York, 2004.

[1103] Sobre os futuros e opções cambiais, vide COYLE, Brian/ GRAHAM, Alastair, *Currency Futures,* Amacom, Boston, 2000; LOMBART, Odile/ MARTEAU, Didier, *Les Options de Change*, Eska, Paris, 1988 Sobre os "swaps" cambiais – que não devem ser confundidos com os "swaps" de divisas (cf. *infra* Parte III, Cap. V, §3, 4) –, vide NASSETTI, F. Caputo, *I Contratti Derivati Finanziari,* 331 e segs., Giuffrè, Milano, 2007.

e não de forma individualizada e directa entre as partes ("over-
-the-counter", "marché de gré à gré") –, ao passo que os "swaps"
cambiais representam uma modalidade mista ou híbrida, a meio
caminho entre os contratos à vista e prazo.

2. Serviços Acessórios

I. O universo da contratação bancária é hoje extraordinaria-
mente amplo: a centralidade das empresas bancárias na vida económica actual, a consagração do princípio da "banca universal" e
a interpenetração dos mercados da banca, bolsa e seguros[1104], são
alguns dos factores responsáveis por uma profusão contratual que
aqui não é – nem nunca será – possível esgotar.

II. A fechar esta viagem pelo universo da contratação bancária, referiremos alguns contratos que têm por objecto determinados
serviços acessórios prestados pelos bancos e instituições de crédito:
os contratos de *guarda de valores*, de *aluguer de cofre-forte* e de
depósito "escrow".

2.1. *Guarda de Valores*

I. Designa-se por contrato de guarda de valores ("safe
deposit agreement", "Verwahrungsgeschaft", "deposito a
custodia") *o contrato pelo qual o banco se encarrega, por conta
do cliente, da guarda e conservação de valores diversos de
dinheiro e instrumentos financeiros (ouro, prata, jóias, obras de
arte, escrituras, documentos, cartas, etc.).*[1105]

[1104] Cf. *supra* Parte III, Cap. IV, §1, 1.

[1105] Sobre esta figura, que veio a perder progressivamente relevo na prática bancária em detrimento do contrato de cofre-forte, vide Camanho, Paula, *O Contrato de
Depósito Bancário*, 71, reimp., Almedina, Coimbra, 2005. Noutros quadrantes, embora

Contratos Bancários

II. Este contrato – que se diferencia dos chamados depósito bancário em sentido estrito (depósito de disponibilidades monetárias) e depósito financeiro (depósito de instrumentos financeiros)[1106] – constitui um contrato de depósito regular, podendo revestir duas modalidades fundamentais: *depósito fechado* e *depósito aberto*. No primeiro caso, o cliente entrega ao banco os valores em caixas ou envelopes cintados ou selados, obrigando-se aquele a garantir a guarda ou inviolabilidade externa destes últimos e a restituí-los intactos ao cliente, sem assumir responsabilidade pelo seu conteúdo (cf. ainda art. 1191.º do CCivil); já no último, o cliente entrega ao banco os valores para que aquele os guarde directamente, assumindo assim o banco a responsabilidade pela sua conservação e integridade.

2.2. *Cofre-Forte*

I. Designa-se por contrato de cofre-forte ("safe deposit boxes", "Schrankfach", "coffre-fort", "cassette di sicurezza", "caja de seguridad") *o contrato pelo qual o banco coloca à disposição do cliente cacifos blindados existentes nas instalações bancárias especificamente destinados à guarda, em segurança e segredo, de quaisquer coisas móveis (dinheiro, títulos, metais preciosos, documentos, etc.)*.[1107]

---

com alcances muito diversos, ITZEL, Peter, *Verwahrungsgeschäfte*, in: AAVV, "Handbuch zum deutschen und europäischen Bankrecht", 1335-1356, Springer, Berlin, 2004; MOLLE, Giacomo, *I Depositi a Custodia*, in: "I Contratti Bancari", 751-786, 4.ª edizione, Giuffrè, Milano, 1981.

[1106] Sobre o contrato de depósito de dinheiro, vide *supra* Parte III, Cap. IV, §2, 4.2. (ao contrário do que sucede no depósito bancário de dinheiro, no contrato de guarda de valores os bens depositados continuam na propriedade do depositante); sobre o depósito de instrumentos financeiros, vide *infra* Parte III, Cap. V, §2, 3.2.

[1107] Sobre a figura, pouco estudada em Portugal, vide as referências incidentais de GONÇALVES, J. Cunha, *Comentário ao Código Comercial Português*, vol. II, 385, Ed. José de Bastos, Lisboa, 1916. Para maiores desenvolvimentos, ARTIZZU, Cristiano,

Dos Contratos Comerciais em Especial

II. O contrato de cofre-forte, referido expressamente no art. 4.º, n.º 1, p) do RGIC, constitui um *negócio que combina elementos dos negócios de depósito e de locação*, que não está sujeito a forma especial, e cujo conteúdo se caracteriza essencialmente pelas obrigações do banco ceder o uso do cofre alugado e garantir a sua inviolabilidade, mediante remuneração pelo cliente[1108]. Tais cofres são anónimos e numerados, desconhecendo o banco, em regra, os objectos neles depositados: o seu acesso é feito de diferentes formas, usualmente mediante o accionamento simultâneo de duas chaves diferentes, uma na posse do cliente e outra do banco, estando ainda a sua abertura dependente de um código secreto conhecido unicamente pelo primeiro, não podendo os funcionários do banco assistir às operações de colocação ou levantamento dos objectos do cofre pelo cliente.

2.3. *Depósito "Escrow"*

I. Designa-se por depósito "escrow" *o contrato pelo uma das partes (depositante) confia a guarda de determinados bens móveis (v.g., dinheiro, títulos, documentos) a um banco ou outra entidade (depositário) que se obriga, de acordo com as instruções irrevogáveis acordadas, a restituir os bens ao depositante ou a entregar estes a um terceiro (beneficiário).*[1109]

Cassete di Sicurezza e Responsabilità della Banca, Giuffrè, Milano, 2006; DESCHANEL, Jean-Pierre, *Le Contrat de Coffre-Fort*, in: 317 RevB (1973), 344-360; ROESLE, Max, *Der Schrankfachvertrag der Banken*, Schulthess Polyg., Zürich, 1982; RUBIO, J. Álvarez, *El Contrato Bancario de Cajas de Seguridad*, Thomson/ Civitas, Madrid, 2007.

[1108] Sobre a natureza deste contrato, bem como o regime jurídico subsidiariamente aplicável, vide, na doutrina, ALMEIDA, C. Ferreira, *Contratos*, vol. II, 190, Almedina, Coimbra, 2007; na jurisprudência, os Acórdãos da RL de 10-VII-1990 (JOAQUIM DIAS), in: XV CJ (1990), IV, 125-127, e de 1-X-2002 (AZADINHO LOUREIRO), in: XXVII CJ (2002), IV, 79-81, e o Acórdão da RC de 21-V-1996 (NUNO CAMEIRA), in: XXI CJ (1996), III, 16-20.

[1109] Sobre a figura, vide ANTUNES, J. Morais, *Do Contrato de Depósito "Escrow"*, Almedina, Coimbra, 2007. Noutros quadrantes, DELIERNEUX, Martine/ HAMBENNE, Jacques,

II. O depósito "escrow" é uma figura extremamente importante no tráfico comercial moderno, sendo utilizado como *instrumento jurídico coadjuvante* do mais variado tipo de operações, tais como os contratos de compra e venda de empresas, de transferência de tecnologia, de derivados financeiros, e vários outros contratos juscomerciais: por exemplo, ancilarmente à compra e venda de uma empresa societária ("rectius", à aquisição de uma participação social de controlo), o comprador deposita a quantia devida junto de um banco, ficando este último obrigado a entregá-la ao vendedor (ou, inversamente, a restituí-la ao comprador) uma vez verificadas as condições convencionadas no contrato (v.g., quando as acções tenham sido entregues e todas as demais obrigações e garantias contratuais hajam sido cumpridas). Contrato atípico e inominado, de origem anglo-saxónica, o depósito "escrow" é um negócio que combina elementos do depósito, mandato e fidúcia: maugrado não seja necessariamente um contrato bancário, a "praxis" demonstra abundantemente que o depositário ("escrowee" ou "escrow holder") é, por regra, uma instituição bancária ou financeira.

La Place de l'Escrow Account dans le Cadre des Sûretés Issues de la Pratique, in: AAVV, "Le Juriste dans l'Entreprise", 153-196, Bruylant, Bruxelles, 1989; GERSTER, Stefan, *Das Escrow Agreement als obligationenrechtlicher Vertrag,* Schulthess Polyg., Zurich, 1991; PROVAGGI, Gabriella, *Agency Escrow,* in: AAVV, "Fiducia, Trust, Mandato ed Agency", 291-308, Giuffrè, Milano, 1991.

CAPÍTULO V

Contratos Financeiros[*]

§1 Generalidades

1. Direito dos Valores Mobiliários e Mercado de Capitais

I. Em termos muito genéricos, o Direito dos Valores Mobiliários ("Securities Law", "Droit des Valeurs Mobilières", "Diritto del Mercato Mobiliario", "Derecho del Mercado de Valores") – ou, como julgamos mais correcto chamar-lhe hoje, o *Direito do Mercado de Capitais*[1110] – pode definir-se como o conjunto de

---

[*] **Bibliografia Portuguesa:** ANTUNES, J. Engrácia, *Os Contratos de Intermediação Financeira,* in: BFDUC (2009), em curso de publicação; ANTUNES, J. Engrácia, *Os Derivados,* in: 30 CadMVM (2008), 91-136; DUARTE, R. Pinto, *Contratos de Intermediação no Código dos Valores Mobiliários,* in: 7 CadMVM (2000), 351-372; GOMES, M. Fátima, *Contratos de Intermediação Financeira,* in: "Estudos Dedicados ao Prof. Doutor M. J. Almeida Costa", 565-599, UCP Editora, Lisboa, 2000. **Bibliografia Estrangeira:** CABALLERO, J. Sanz, *Derivados Financieros,* Marcial Pons, Madrid, 2000; CARBONETTI, Francesco, *I Contratti di Intermediazione Mobiliare,* Giuffrè, Milano, 1992; HUDSON, Alastair, *The Law on Financial Derivatives,* 3rd edition, Sweet & Maxwell, London, 2002; JÍMENEZ, J. Íbañez, *La Contratación en el Mercado de Valores,* in: "Tratado de Derecho Mercantil", tomo XXXIV, Marcial Pons, Madrid, 2001; NASSETTI, F. Caputo, *I Contratti Derivati Finanziari,* Giuffrè, Milano, 2007; REINER, Günter, *Derivative Finanzinstrumente im Recht,* Nomos, Baden-Baden, 2002.

[1110] Tal designação afigura-se-nos duplamente justificada. Juridicamente, tenha-se presente que este ramo jurídico encontra hoje o seu eixo regulatório central no conceito de *"instrumento financeiro"* (art. 2.º, n.º 2 do CVM), que assim substitui nesse papel ecuménico o tradicional conceito de valor mobiliário; economicamente, este ramo tende

normas jurídicas que regulam os sujeitos (emitentes, investidores, entidades gestoras, intermediários financeiros, autoridades de supervisão), os objectos (instrumentos financeiros, incluindo valores mobiliários, derivados e instrumentos do mercado monetário), e o funcionamento e organização do mercado de capitais (mormente, as actividades de intermediação nesse mercado, as estruturas de negociação e os sistemas relativos à liquidação, compensação e supervisão das operações nele realizadas).[1111]

II. Como vimos oportunamente, as economias e as empresas contemporâneas estão estreitamente dependentes do funcionamento de mercados financeiros onde entram em contacto agentes excedentários (aforradores) e deficitários (mormente, empresas) em liquidez.[1112]

Ora, o *mercado de capitais* constitui hoje um fundamental mecanismo de financiamento das empresas[1113]. Com efeito, no

---

hoje a estender-se ao *mercado de capitais em sentido lato*, o qual abrange, para além do mercado de valores mobiliários (capitais de médio e longo prazo com funções de financiamento empresarial), o mercado de derivados (capitais com funções de cobertura de risco, especulação e arbitragem) e parcialmente o próprio mercado monetário (capitais de curto prazo). Sobre o ponto, vide ANTUNES, J. Engrácia, *Os Instrumentos Financeiros*, espec. 44 e segs., Almedina, Coimbra, 2009; num sentido diverso, sustentando a designação tradicional, vide CÂMARA, Paulo, *Manual de Direito dos Valores Mobiliários*, esp. 227 e segs., Almedina, Coimbra, 2009.

[1111] Trata-se de uma noção puramente operatória, para os fins limitados do presente estudo, que não desconhece as dificuldades existentes na delimitação do objecto deste ramo jurídico – o qual, segundo alguns estudiosos, não é mesmo passível de formulação unitária mas tão-somente descrição (KÜMPEL, Siegfried, *Bank- und Kapitalmarktrecht*, 1245, 3. Aufl., Otto Schmidt, Köln, 2004). Sobre a noção e o objecto do Direito dos Valores Mobiliários, vide, entre nós, CÂMARA, Paulo, *Manual de Direito dos Valores Mobiliários*, Almedina, Coimbra, 2009; FERREIRA, A. José, *Direito dos Valores Mobiliários*, AAFDL, Lisboa, 1997; SILVA, P. Costa, *Direito dos Valores Mobiliários – Relatório*, Coimbra Editora, Lisboa, 2005.

[1112] Sobre o conceito e os principais segmentos dos mercados financeiros (de banca, de capitais, e de seguros), vide já *supra* Parte III, Cap. IV, §1, 1.

[1113] Sobre o conceito, sentido e evolução do mercado de capitais, vide, entre nós, FERREIRA, A. José, *Direito dos Valores Mobiliários*, 17 e segs., AAFDL, Lisboa, 1997; noutros países, BONNEAU, Thierry/ DRUMMOND, France, *Droit des Marchés Financiers*, 13,

Contratos Financeiros

mercado bancário, o financiamento das empresas ocorre de modo indirecto mediante a interposição dos bancos: os aforradores (depositantes) confiam o seu dinheiro ao banco, que se obriga à restituição da quantia depositada usualmente majorada pela taxa de juro convencionada, sendo o banco que posteriormente o administrará sob a forma de concessão de crédito às empresas que necessitam de fundos (devedoras)[1114]. Ao invés, o mercado de capitais permite às empresas *financiar-se directamente* junto do público aforrador mediante a emissão ou negociação de instrumentos financeiros próprios: os aforradores (investidores) aplicam as suas poupanças em acções, obrigações ou outros valores mobiliários colocados em mercado organizado pelas próprias empresas (emitentes) – subscrevendo-os no momento da sua emissão (mercado primário) ou transaccionando-os em momento posterior (mercado secundário) – ou negoceiam em futuros, opções ou outros derivados, bem assim como instrumentos monetários, em mercado organizado ou de balcão[1115]. Fundamental é, assim, um fenómeno de *metamorfose financeira* ou *titularização* dos capitais ("securitization"), traduzido na transformação de dinheiro ou riqueza em títulos, valores ou instrumentos susceptíveis de negociação em mercado. Este traço distintivo é prenhe de consequências no plano da distinção entre os mercados bancário (intermediação

---

Economica, Paris, 2005; Costi, Renzo/ Enriques, Luca, *Il Mercato Mobiliare*, 1 e segs., Cedam, Padova, 2004; Kümpel, Siegfried, *Bank- und Kapitalmarktrecht*, 1279, 3. Aufl., Otto Schmidt, Köln, 2004. Para uma visão histórica, dos mercados de capitais da Veneza medieval até às actuais praças de Nova Iorque e de Tóquio, vide Michie, Ranald, *The Global Securities Market – A History*, Oxford University Press, New York/ Oxford, 2006.

[1114] Cf. *supra* Parte III, Cap. IV, §1, 2.

[1115] Por essa razão se fala também, a este propósito, de *"desintermediação financeira"*, justamente para sublinhar que, neste segmento dos mercados financeiros em geral, a captação e a obtenção de fundos alheios se processa sem o tradicional recurso ao crédito bancário, pedra de toque da intermediação bancária. Sobre este aspecto, vide Quelhas, J. Manuel, *Sobre a Evolução Recente do Sistema Financeiro (Novos «Produtos Financeiros»)*, 16 e segs., Separata do BCE, Coimbra, 1996.

Dos Contratos Comerciais em Especial

creditícia) e de capitais (intermediação financeira): ao passo que, no primeiro caso, o financiamento empresarial coenvolve duas relações jurídicas autónomas (do banco com o aforrador depositante e com a empresa financiada), no último existe, sem prejuízo de algumas excepções (v.g., futuros e opções padronizadas), apenas uma única relação jurídica (da empresa emitente dos valores mobiliários com o aforrador investidor); e ao passo que, no primeiro, o risco do aforrador se concentra na insolvência do banco, no último, ressalvadas de novo certas excepções, o risco deriva fundamentalmente da insolvência da empresa emitente e financiada.

III. O mercado de capitais é, característicamente, um mercado "intermediado"[1116]. Enquanto segmento particular dos mercados financeiros onde se cruzam entidades que carecem de fundos (emitentes) e que aplicam as suas poupanças (investidores), ele apenas poderia funcionar correctamente mediante a existência de instituições especializadas em assegurar o respectivo contacto – aquilo que o legislador designou por *intermediários financeiros* em sentido estrito.

A intermediação financeira designa assim o conjunto de actividades destinadas a mediar o encontro entre oferta e procura no mercado de capitais, assegurando o seu regular e eficaz funcionamento. As chamadas *"actividades de intermediação financeira"* encontram-se previstas no art. 289.º, n.º 1 do CVM, dividindo-se em três tipos fundamentais: os serviços e actividades de investimento em instrumentos financeiros (arts. 289.º, n.º 1, a) e 290.º do CVM), os serviços auxiliares de serviços e actividades de investimento (arts. 289.º, n.º 1, b) e 291.º do CVM), e a gestão de instituições de investimento colectivo, incluindo o exercício de funções de depositário dos respectivos valores (art. 289.º, n.º 1, c)

[1116] BONNEAU, Thierry/ DRUMMOND, France, *Droit des Marchés Financiers*, 195, 2ème édition, Economica, Paris, 2005; cf. também GANDINI, Carla, *La Nozione di Intermediazione Mobiliare*, 139, in: VII CeImp (1992), 131-197.

Contratos Financeiros

do CVM)[1117]. Ora, em via geral, tais actividades apenas podem ser realizadas profissionalmente por entidades legalmente autorizadas para tal (art. 289.º, n.ºs 2 e 3 do CVM): são os *"intermediários financeiros"*, que assim se definem como aquelas entidades (usualmente empresas) cujo objecto consiste no exercício profissional de uma ou mais das actividades de intermediação em instrumentos financeiros no mercado de capitais. Finalmente, talqualmente o legislador consagrou os tipos de actividades de intermediação, assim também estabeleceu os tipos de intermediários financeiros, ou seja, as entidades que beneficiam do referido exclusivo ou monopólio legal (art. 293.º, n.º 1 do CVM): são eles as instituições de crédito (art. 293.º, n.º 1, a) do CVM, arts. 2.º e 3.º do RGIC), as empresas de investimento (art. 293.º, n.º 1, a) e n.º 2 do CVM, arts. 199.º-A e segs. do RGIC), as entidades gestoras de instituições de investimento colectivo (art. 293.º, n.º 1, b) do CVM, arts. 29.º e segs. do RJOIC), e as instituições com funções correspondentes às anteriores que estejam autorizadas a exercer em Portugal uma actividade de intermediação (art. 293.º, n.º 1, c) do CVM).[1118]

[1117] Sobre as actividades de intermediação financeira, vide ALMEIDA, C. Ferreira, *As Transacções de Conta Alheia no Âmbito da Intermediação no Mercado de Valores Mobiliários,* in: AAVV, "Direito dos Valores Mobiliários", 291-309, Lex, Lisboa, 1997; FARIA, J. Manuel, *Regulando a Actividade Financeira: As Actividades de Intermediação Financeira,* in: 15 CadMVM (2002), 263-286. É mister ter presente neste ponto a Directiva 2004/39/CE, de 21 de Abril, relativa aos mercados de instrumentos financeiros (abreviadamente conhecida por "Directiva DMIF"): sobre esta directiva, vide FERREIRA, Elsa, *A Directiva Relativa a Mercados de Instrumentos Financeiros: Um Marco Regulatório e seus Desafios para os Agentes de Mercado,* in: 25 CadMVM (2006), 28-42; noutros quadrantes, desenvolvidamente, SKINNER, Chris, *The Future of Investing in Europe's Markets after MiFID,* J. Wiley & Sons, London, 2007.

[1118] Sobre os intermediários financeiros e seu estatuto jurídico, vide LEITÃO, L. Menezes, *Actividades de Intermediação e Responsabilidade dos Intermediários Financeiros,* in: AAVV, "Direito dos Valores Mobiliários", vol. II, 129-156, Coimbra Editora, Coimbra, 2000; MARTINS, J. Fazenda, *Deveres dos Intermediários Financeiros,* in: 7 CadMVM (2000), 330-349; NUNES, F. Conceição, *Os Intermediários Financeiros,* in: AAVV, "Direito dos Valores Mobiliários", vol. II, 91-128, Coimbra Editora, Coimbra, 2000; SANTOS, G. Castilho, *A Responsabilidade Civil do Intermediário Financeiro perante o Cliente,* 19 e segs., Almedina, Coimbra, 2008.

Dos Contratos Comerciais em Especial

2. Os Contratos Financeiros

I. Designamos genericamente por contratos financeiros *os negócios jurídicos relativos ao mercado de capitais*: entre eles, destacam-se os *contratos de intermediação financeira* e os *contratos derivados*.

II. O estudo da contratação relativa ao mercado de capitais envolve hoje dois núcleos fundamentais de contratos.

Por um lado, os *contratos de intermediação financeira*. Previstos e regulados nos arts. 321.º e segs. do CVM, encontramo-nos perante negócios jurídicos celebrados entre um intermediário financeiro e um cliente (investidor) relativos à prestação de actividades de intermediação financeira: incluem-se aqui, designadamente, os contratos relativos a ordens sobre instrumentos financeiros, de colocação, de gestão de carteira, de consultoria para investimento, de assistência, de registo e depósito de instrumentos financeiros, de empréstimo de instrumentos financeiros, de consultoria empresarial e de análise financeira. Por outro lado, os *contratos derivados*. Previstos genericamente no art. 2.º, n.º 1, c) a f) do CVM, encontramo-nos perante uma categoria de contratos financeiros típica do mercado de capitais a prazo: entre eles, mencionem-se os contratos de futuros, de opções, de "swap", de "forward", de "caps", floor" e "collars", de derivados de crédito, e os contratos diferenciais.

III. Evidentemente, constituindo embora o núcleo fundamental caracterizador da contratatação atinente ao mercado de capitais, os contratos de intermediação financeira e os contratos derivados não esgotam este universo. Por uma banda, não se pode perder de vista que o fenómeno de interpenetração dos diferentes segmentos dos mercados financeiros (mercado de crédito, de capitais, de risco), já atrás assinalado[1119], vem sendo responsável pela criação

---

[1119] Cf. *supra* Parte III, Cap. IV, §1, 1.

e desenvolvimento progressivo de *contratos de matriz híbrida* (v.g., contratos de seguro associados a fundos de investimento). Por outra banda, o universo dos contratos relativos ao mercado de capitais abrange ainda os chamados *contratos financeiros acessórios*, ou seja, aqueles contratos de direito civil ou comercial comum que são utilizados pelos intermediários financeiros e investidores no desenvolvimento das suas actividades (v.g., reporte, penhor, usufruto de instrumentos financeiros, etc.).

§2 *Contratos de Intermediação Financeira*

1. Aspectos Gerais

1.1. *Noção*

I. Denominam-se contratos de intermediação financeira *os negócios jurídicos celebrados entre um intermediário financeiro e um cliente (investidor) relativos à prestação de actividades de intermediação financeira.*[1120]

II. Estes contratos encontram-se previstos e regulados autonomamente no *Capítulo II do Título VI do CVM*, sob a epígrafe

---

[1120] Sobre a figura, vide ANTUNES, J. Engrácia, *Os Contratos de Intermediação Financeira*, in: BFDUC (2009), em curso de publicação; ALMEIDA, J. Queirós, *Contratos de Intermediação Financeira enquanto Categoria Jurídica*, in: 24 CadMVM (2006), 291-303; DUARTE, R. Pinto, *Contratos de Intermediação no Código dos Valores Mobiliários*, in: 7 CadMVM (2000), 351-372; GOMES, M. Fátima, *Contratos de Intermediação Financeira*, in: "Estudos Dedicados ao Prof. Doutor M. J. Almeida Costa", 565-599, UCP Editora, Lisboa, 2000. Noutros quadrantes, BONFILS, Sébastien/ FRISON-ROCHE, Anne-Marie, *Le Droit des Obligations dans l'Intermédiation Financière*, LGDJ, Paris, 2005; CARBONETTI, Francesco, *I Contratti di Intermediazione Mobiliare*, Giuffrè, Milano, 1992; JÍMENEZ, J. Íbañez, *La Contratación en el Mercado de Valores*, in: "Tratado de Derecho Mercantil", tomo XXXIV, Marcial Pons, Madrid, 2001.

geral "contratos de intermediação" (arts. 321.º a 343.º)[1121]. O seu estudo coenvolve duas ordens de considerações fundamentais – os contratos de intermediação em geral e em especial. Antes de passarmos à análise dos vários tipos contratuais singulares, cumpre deixar aqui brevemente anotados alguns traços gerais e comuns a todos eles.

1.2. Características

I. Desde logo, os contratos de intermediação financeira constituem uma *categoria contratual* autónoma: com efeito, os diferentes tipos contratuais individuais previstos nos arts. 325.º e segs. do CVM representam um conjunto ou classe de contratos financeiros que se encontram subordinados a um regime jurídico mínimo comum[1122]. Importa sublinhar, além disso, que se trata indubitavelmente de *contratos comerciais*: não apenas os contratos jusfinanceiros em geral tiveram a sua origem histórica no Código Comercial ("operações de bolsa": cf. arts. 351.º a 361.º)[1123], como

---

[1121] Na verdade, todo o Título VI do CVM é relevante para este sector de contratos, já que o seu Capítulo I, intitulado "disposições gerais", contém algumas regras aplicáveis à generalidade dos contratos de intermediação financeira, e o seu Capítulo III, relativo à "negociação por conta própria", prevê afinal alguns negócios de intermediação relevantes (v.g., contratos de fomento de mercado e estabilização de preços).

[1122] ALMEIDA, J. Queirós, *Contratos de Intermediação Financeira enquanto Categoria Jurídica,* 293, in: 24 CadMVM (2006), 291-303. Trata-se, bem entendido, de uma categoria jurídica aberta e não fechada ("numerus clausus"), no sentido em que os tipos ou espécies contratuais que foram objecto de previsão legal não esgotam as modalidades de contratos de intermediação existentes na "praxis" (neste sentido também, DUARTE, R. Pinto, *Contratos de Intermediação no Código dos Valores Mobiliários,* 372, in: 7 CadMVM (2000), 351-372).

[1123] ULRICH, R. Ennes, *Da Bolsa e suas Operações,* Imprensa da Universidade, Coimbra, 1906. Além disso, como é reconhecido pela doutrina nacional e estrangeira, o próprio Direito do Mercado de Capitais no seu conjunto constitui uma disciplina-filha do Direito Comercial, germinada no seio deste: cf. ALMEIDA, C. Ferreira, *As Transacções de Conta Alheia no Âmbito da Intermediação no Mercado de Valores Mobiliários,* 296,

Contratos Financeiros

os contratos de intermediação em particular representam hoje verdadeiros "contratos de empresa" na medida em que são (quase) exclusivamente celebrados por "empresas" constituídas sob a forma de instituições de crédito (art. 2.º do RGIC), de empresas de investimento (art. 293.º, n.º 2 do CVM) e de sociedades gestoras de fundos de investimento mobiliário (art. 29.º do RJOIC).[1124]

II. Quanto aos respectivos *sujeitos*, estes contratos caracterizam-se por ser necessariamente concluídos, em regra, entre intermediários financeiros (art. 289.º, n.º 2 do CVM) – sem prejuízo da possibilidade da sua representação por "agentes vinculados" em determinadas actividades (arts. 292.º, b), 294.º-A a 294.º-D do CVM)[1125] e da sua conclusão excepcional por outras pessoas singulares ou colectivas ("maxime", as contempladas no art. 289.º, n.º 3 do CVM)[1126] – e investidores ou clientes – os quais se podem agrupar "grosso modo" em duas grandes categorias, os

---

in: AAVV, "Direito dos Valores Mobiliários", 291-309, Lex, Lisboa, 1997; Silva, P. Costa, *Direito dos Valores Mobiliários*, 104, Coimbra Editora, Lisboa, 2005.

[1124] Sobre a concepção dos contratos comerciais como contratos de empresa – aliás, confirmada pela própria terminologia (que fala de "empresas de investimento": cf. art. 293.º, n.º 2 do CVM) e pelos dados da lei (v.g., art. 305.º, n.º 1 do CVM) –, vide desenvolvidamente *supra* Parte I, Cap. II, §2, e Cap. III, §1. Salientando também o relevo central da dimensão empresarial dos sujeitos e contratos jusfinanceiros, vide Hirte, Heribert/ Möllers, Thomas (Hrsg.), *Kölner Kommentar zum WpHG*, 131, Carl Heymanns, Köln, 2007; Principe, Angela, *L'Impresa Finanziaria,* Giuffrè, Milano, 1998; Zunzunegui, Fernando, *Derecho del Mercado Financiero*, 331 e segs., Marcial Pons, Madrid, 2005.

[1125] Sobre a figura do agente vinculado ("tied agent"), vide Vidal, Isabel, *Do Prospector ao Agente Vinculado*, in: 27 CadMVM (2007), 107-119.

[1126] Falamos aqui naturalmente da celebração a título profissional, nada impedindo que qualquer entidade, nos termos gerais do art. 405.º do CCivil, possa concluir de forma ocasional ou esporádica um dos tipos contratuais previstos nos arts. 325.º e segs. do CVM. Sobre a celebração profissional de contratos de intermediação por parte de entidades não legalmente habilitadas nos termos do art. 289.º, n.os 2 e 3 do CVM, vide Almeida, J. Queirós, *Contratos de Intermediação Financeira enquanto Categoria Jurídica,* 296 e segs., in: 24 CadMVM (2006), 291-303; Duarte, R. Pinto, *Contratos de Intermediação no Código dos Valores Mobiliários,* 359 e seg., in: 7 CadMVM (2000), 351-372.

Dos Contratos Comerciais em Especial

investidores qualificados e não qualificados (art. 30.º do CVM)[1127], sem prejuízo da possibilidade excepcional de serem celebrados com outras contrapartes (v.g., entidades gestoras de mercado, no caso de contratos de fomento de mercado, de derivados padronizados, etc.).

III. Quanto ao seu *objecto*, estes contratos exibem duas notas comuns fundamentais. De um lado, enquanto veículos instrumentais do exercício da intermediação financeira, tais contratos têm por objecto imediato a *prestação de serviços de intermediação*, sendo por isso reconduzíveis, na sua maioria, ao mesmo "macrotipo" negocial (prestação de serviços)[1128] e profundamente tributários da disciplina geral da intermediação financeira (arts. 289.º e segs. do CVM). De outro lado, em linha com a alteração do baricentro operativo do CVM, tais contratos têm por objecto mediato, não apenas os tradicionais valores mobiliários (acções, obrigações, unidades de participação, direitos destacados, etc.), mas genericamente *qualquer tipo de instrumento financeiro*, incluindo ainda instrumentos monetários (v.g., bilhetes do tesouro, papel comercial, obrigações de caixa) e instrumentos derivados (v.g., futuros, opções, "swaps", "forwards", "caps", "floors", "collars", etc.) (cf. art. 2.º, n.º 2 do CVM).[1129]

[1127] Sobre a distinção, e seus efeitos jurídicos, vide ROCHA, Rafaela, *Categorização de Investidores no Âmbito da Intermediação Financeira*, in: 27 CadMVM (2007), 97-106. Noutros quadrantes, vide MANIN, Frédéric, *Les Investisseurs Institutionnels*, Diss., Paris, 1996.

[1128] DUARTE, R. Pinto, *Contratos de Intermediação no Código dos Valores Mobiliários*, 355, in: 7 CadMVM (2000), 351-372.

[1129] ANTUNES, J. Engrácia, *Os Instrumentos Financeiros*, Almedina, Coimbra, 2009. Num sentido idêntico, vide GONÇALVES, Renato, *Nótolas Comparatísticas sobre os Conceitos de Valor Mobiliário, Instrumento do Mercado Monetário e Instrumento Financeiro na DMIF e no Código de Valores Mobiliários*, 95, in: 19 CadMVM (2004), 94-103; noutras latitudes, ASSMANN, Heinz-Dieter/ SCHNEIDER, Uwe (Hrsg.), *Wertpapierhandelsgesetz – Kommentar*, 121, 4. Aufl., Otto Schmidt, Köln, 2006.

1.3. *Espécies*

I. Servindo-nos da própria classificação legal das actividades de intermediação financeira (art. 289.º, n.º 1 do CVM) – que distingue, "grosso modo", entre serviços e actividades de investimento em instrumentos financeiros ("investment services", "Wertpapierdienstleistungen", "services d'investissement", "servici di investimento") e os respectivos serviços auxiliares ("ancillary services", "Wertpapiernebendienstleistungen", "servici accessori", "services connexes") –, poderemos agrupar os contratos de intermediação financeira em dois grandes conjuntos: os contratos de investimento e os contratos auxiliares.

II. Os *contratos de investimento* têm por objecto a prestação de serviços de investimento em instrumentos financeiros (art. 290.º do CVM): entre eles, incluem-se os contratos relativos a ordens para realização de operações sobre estes (arts. 325.º a 334.º do CVM), de colocação (arts. 338.º, 340.º a 342.º do CVM) e tomada firme (art. 339.º do CVM), de gestão de carteira (arts. 335.º e 336.º do CVM), e de consultoria para investimento (arts. 294.º, 301.º e 320.º do CVM, Decreto-Lei n.º 357-B/2007, de 31 de Outubro), além dos negócios por conta própria (v.g., arts. 348.º e 349.º do CVM).

III. Os *contratos auxiliares* têm por objecto a prestação de serviços auxiliares dos anteriores (art. 291.º do CVM), incluindo os contratos de assistência (art. 337.º do CVM), de recolha de intenções de investimento (art. 342.º do CVM), de registo e depósito (art. 343.º do CVM), de empréstimo (art. 350.º do CVM), de consultoria empresarial (art. 291.º, d) do CVM) e de análise financeira (arts. 12.º-A e segs., 304.º-D do CVM).

Dos Contratos Comerciais em Especial

1.4. *Regime Jurídico*

I. Os contratos de intermediação financeira encontram-se, desde logo, balizados pelo *regime geral do exercício da actividade de intermediação financeira*, incluindo os variados deveres gerais que impendem sobre os intermediários financeiros: entre estes, refiram-se os deveres de categorização dos investidores (arts. 30.º, 110.º-A, 317.º a 317.º-D do CVM), os deveres de boa-fé, diligência, lealdade, transparência e segredo profissional (art. 304.º do CVM), os deveres de organização empresarial, incluindo a obrigatoriedade de sistemas de "compliance", gestão de risco e auditoria interna (arts. 305.º e segs. do CVM), os deveres de segregação profissional (arts. 306.º e segs. do CVM), os deveres de prevenção de conflitos de interesse (arts. 309.º e segs. do CVM), os deveres de defesa do mercado (arts. 310.º e segs. do CVM), e os deveres de informação e publicidade (arts. 312.º a 316.º do CVM).[1130]

II. Por outra banda, estes contratos estão ainda sujeitos a um *regime específico ou próprio*, de aplicação mais ou menos transversal[1131]. Assim, no que concerne aos contratos de intermediação celebrados com investidores não qualificados, o legislador prescreve a forma escrita (sendo a respectiva inobservância apenas invocável por aqueles: cf. ainda arts. 4.º e 321.º, n.º 1 do CVM),

---

[1130] Sobre estes deveres, vide MARTINS, J. Fazenda, *Deveres dos Intermediários Financeiros,* espec. 331 e segs., in: 7 CadMVM (2000), 330-349; SANTOS, G. Castilho, *A Responsabilidade Civil do Intermediário Financeiro perante o Cliente*, 71 e segs., Almedina, Coimbra, 2008. Para outros desenvolvimentos, vide SATORI, Filippo, *Le Regole di Condotta degli Intermediari Finanziari. Disciplina e Forme di Tutela*, Giuffrè, Milano, 2004.

[1131] Sobre estas regras, para maiores desenvolvimentos, vide DUARTE, R. Pinto, *Contratos de Intermediação no Código dos Valores Mobiliários*, 360 e segs., in: 7 CadMVM (2000), 351-372; GOMES, M. Fátima, *Contratos de Intermediação Financeira*, 571 e segs., in: "Estudos Dedicados ao Prof. Doutor M. J. Almeida Costa", 565-599, UCP Editora, Lisboa, 2000. Para questão paralela noutros ordenamentos, vide ANNUNZIATA, Filippo, *La Disciplina del Mercato Mobiliare*, 143 e segs., 4.ª edizione, Giappichelli, Torino, 2008.

Contratos Financeiros

impõe a existência de um conteúdo contratual mínimo (art. 321.º-A do CVM), e consagra a admissão de contratos de adesão (com a equiparação daqueles a consumidores para efeitos da aplicação da LCCG: cf. art. 321.º, n.ºs 2 a 4 do CVM)[1132]. Já no que concerne aos contratos de intermediação celebrados fora do estabelecimento, consagrou-se um direito de arrependimento ou desistência contratual dos investidores não qualificados durante um prazo de três dias após a conclusão de contrato de gestão ou ordem de execução, no caso de inexistir anterior relação de clientela (art. 322.º do CVM)[1133]. Enfim, relativamente à generalidade dos contratos e clientes, foram ainda previstas regras próprias em sede de informação (arts. 323.º a 323.º-C do CVM), de responsabilidade contratual (cominando-se a nulidade das cláusulas de exclusão da responsabilidade do intermediário pelos actos praticados por representantes: cf. art. 324.º, n.º 1 do CVM) e de prescrição (art. 324.º, n.º 2 do CVM).[1134]

[1132] Sobre a distinção entre investidores qualificados e não qualificados (art. 30.º do CVM), cf. já *supra* Parte III, Cap. V, §2, 1.2(IV). Sobre o ponto, vide RODRIGUES, S. Nascimento, *A Protecção dos Investidores nos Contratos sobre Valores Mobiliários*, in: AAVV, "Jornadas – Sociedades Abertas, Valores Mobiliários e Intermediação Financeira", 145-162, Almedina, Coimbra, 2007; mais desenvolvimentos em LENER, Raffaele, *Forma Contrattuale e Tutela del Contraente "Non" Qualificato nel Mercato Finanziario*, Giuffrè, Milano, 1996; MILLIELO, Cesare, *Contratti di Intermediazione Finanziaria: Forma, Nullità Virtuale e Dintorni*, 1639 e segs., in: XXII CeImp (2006), 1635-1645.

[1133] Sobre os contratos celebrados fora do estabelecimento (Decreto-Lei n.º 143/ /2001, de 26 de Abril) e o chamado "direito de desistência", vide em geral *supra* Parte II, Cap. II, §3, 3.1 e Cap. V, §4, 3. Em especial no âmbito dos contratos de intermediação financeira, vide RODRIGUES, S. Nascimento, *O Direito de Resolução do Investidor na Contratação dos Serviços Financeiros à Distância*, 239 e segs., in: AAVV, "Direito dos Valores Mobiliários", vol. VII, 233-273, Coimbra Editora, Coimbra, 2007; COMPORTI, Carlo, *L'Offerta Fuori Sede di Strumenti Finanziari nel Diritto Comunitario: Situazione Attuale e Prospettive di Riforma*, in: XVII DBMF (2003), 52-93.

[1134] Sobre a responsabilidade civil dos intermediários, vide SANTOS, G. Castilho, *A Responsabilidade Civil do Intermediário Financeiro perante o Cliente*, 189 e segs., Almedina, Coimbra, 2008; noutras latitudes, LOBUONO, Michele, *La Responsabilità degli Intermediari Finanziari*, Ed. Scientifiche Italiane, Milano, 1999.

Dos Contratos Comerciais em Especial

2. Contratos de Investimento

2.1. *Ordens sobre Instrumentos Financeiros*

I. As ordens relativas a instrumentos financeiros, vulgarmente denominadas "ordens de bolsa" ("Effektenkommissionsgeschäfte", "exchange orders", "ordres de bourse", "ordini di borsa", "ordenes sobre valores"), *constituem declarações negociais tendentes à celebração de contratos de comissão, de mandato ou de mediação entre um intermediário financeiro e um investidor para a realização de negócios sobre instrumentos financeiros.*[1135]

II. A *execução* pelos intermediários financeiros de ordens emitidas por investidores relativas a operações sobre instrumentos financeiros (art. 290.º, n.º 1, b) do CVM) constitui o núcleo histórico e ainda hoje uma dimensão fundamental da actividade de intermediação financeira – como já alguém lhe chamou, "o motor da negociação em bolsa"[1136] ou "o mais relevante serviço de investimento".[1137]

Como é sabido, as operações sobre instrumentos financeiros podem ser realizadas pelos intermediários financeiros por *conta alheia* (dos clientes ou investidores: cf. art. 290.º, n.º 1, a) e b) do CVM) ou ainda por conta própria (actuando aqueles como contraparte destes: cf. arts. 290.º, n.º 1, e) e 346.º do CVM)[1138].

[1135] Sobre a figura, vide Ferreira, A. José, *Ordem de Bolsa*, in: 52 ROA (1992), 467-511. Noutros ordenamentos, vide Burattelli, Silvano, *Ordini e Contratti di Borsa*, Il Sole, Milano, 1999; Carol, U. Nieto, *El Contrato di Comisión Bursátil*, in: "Instituciones del Mercado Financiero", vol. VIII, 4979-5021, La Ley, Madrid, 1999; Lichtenfels, R. Dalwigk, *Das Effektenkommissionsgeschäft*, C. Heymanns, Köln, 1975.

[1136] Ascensão, J. Oliveira, *A Celebração de Negócios em Bolsa*, 178, in: AAVV, "Direito dos Valores Mobiliários", vol. I, 177-199, Coimbra Editora, Coimbra, 1999.

[1137] Hirte, Heribert/ Möllers, Thomas (Hrsg.), *Kölner Kommentar zum WpHG*, 132, Carl Heymanns, Köln, 2007.

[1138] Almeida, C. Ferreira, *As Transacções de Conta Alheia no Âmbito da Intermediação no Mercado de Valores Mobiliários*, 293 e segs., in: AAVV, "Direito dos Valores Mobiliários", 291-309, Lex, Lisboa, 1997. Sobre a chamada negociação

Contratos Financeiros

Relativamente ao primeiro dos casos, que agora nos interessa, podem ainda distinguir-se entre *negócios de cobertura* – os quais, celebrados entre intermediário e cliente, têm por objecto conceder ao primeiro os poderes necessários para celebrar negócios de execução –[1139] e *negócios de execução* – os quais, celebrados entre intermediário e terceiro por conta do cliente, têm por objecto a aquisição, alienação ou outros negócios sobre instrumentos financeiros: o negócio jurídico de cobertura, celebrado entre intermediário e investidor com vista à concretização dos negócios de execução, constituirá usualmente um *contrato de comissão*, regido pelas normas do CVM adiante referidas e, subsidiariamente, pelas regras gerais do contrato de comissão (arts. 266.º e segs. do CCom) e do mandato não representativo (arts. 1178.º e segs. do CCivil).[1140-1141]

---

por conta própria, que constitui um serviço de investimento autónomo, vide *infra* Parte III, Cap. V, §2, 2.5.

[1139] Outros autores falam aqui de um "contrato-quadro" (neste sentido, aparentemente, Ferreira, A. José, *Ordem de Bolsa*, 505, in: 52 ROA (1992), 467-511; criticamente, todavia, Galgano, Francesco, *Il Contratto di Intermediazione Finanziaria Davanti alle Sezioni Unite della Cassazione*, 3, in: XXIV CeImp (2008), 1-10). Irrelevantes para os presentes efeitos devem considerar-se as operações realizadas no âmbito dos organismos de investimento colectivo, mormente as compras e vendas de instrumentos financeiros realizadas pelas sociedades gestoras dos fundos de investimento mobiliário (arts. 31.º, n.º 2, a) e b), 45.º e segs. do RJOIC). Cf. também Assmann, Heinz-Dieter/ Schneider, Uwe (Hrsg.), *Wertpapierhandelsgesetz – Kommentar*, 123, 4. Aufl., Otto Schmidt, Köln, 2006.

[1140] Sobre a natureza dos negócios de cobertura como contratos de comissão ou mandato mercantil não representativo, vide, na doutrina, Ferreira, A. José, *Ordem de Bolsa*, 506, in: 52 ROA (1992), 467-511; na jurisprudência, os Acórdãos da RL de 7-X-1993 (Silva Pereira), in: XVIII CJ (1993), IV, 128-133, de 28-IX-1995 (Almeida e Sousa), in: XX CJ (1995), IV, 89-91, e de 3-VII-1997 (Dário Rainho), in: XXII CJ (1997), IV, 75-77; noutros quadrantes, em sentido similar, vide Carbonetti, Francesco, *I Contratti di Intermediazione Mobiliare*, 71, Giuffrè, Milano, 1992; Ekkenga, Jens, *Effektengeschäft*, 1235, in: "Münchener Kommentar zum Handelsgesetzbuch", Band 5, 1197-1438, Beck, München, 2001; Galgano, Francesco, *I Contratti di Investimento e Gli Ordini dell'Investitore all'Intermediario*, 892 e seg., in: XXI CeImp (2005), 889-895. Assinale-se que uma parte da doutrina portuguesa, em sede da natureza jurídica das ordens em si mesmas, sustenta tratar-se de negócios jurídicos unilaterais (Cordeiro, A. Menezes, *Transmissão em Bolsa de Acções Depositadas*, 155, in: "Banca, Bolsa e

Dos Contratos Comerciais em Especial

III. Paralelamente, há ainda que considerar *a recepção e a transmissão* de ordens por conta alheia (art. 290.º, n.º 1, a) do CVM). Actividade prodrómica relativamente à negociação de instrumentos financeiros propriamente dita, situada a montante desta, ela consubstanciar-se-á, por via de regra, num contrato de *mandato mercantil* (com ou sem poderes de representação) concluído entre o investidor, emissor da ordem, e o intermediário, receptor da mesma, que se vincula a retransmiti-la a um outro intermediário financeiro que a executará[1142]. Mas ela pode também assumir a forma de um contrato de *mediação*, já que, nos termos do n.º 2 do art. 290.º do CVM, tal actividade "inclui a colocação em contacto de dois ou mais investidores com vista à realização de uma operação".[1143]

IV. O regime legal das ordens relativas a instrumentos financeiros encontra-se previsto nos *arts. 325.º a 334.º do CVM*, sendo ainda de ter presente o art. 4.º, n.º 1, e) do RGIC e os arts. 21.º a 31.º do Regulamento CMVM n.º 2/2007, de 5 de Novembro (relativos às "ordens electrónicas").[1144]

Crédito", Almedina, Coimbra, 1990) ou actos jurídicos unilaterais (ALMEIDA, C. Ferreira, *Relação de Clientela na Intermediação de Valores Mobiliários,* 134, in: AAVV, "Direito dos Valores Mobiliários", vol. III, 121-136, Coimbra Editora, Coimbra, 2001).

[1141] Sobre o contrato de comissão, ou mandato mercantil não representativo, vide *supra* Parte III, Cap. III, §6, 1.

[1142] Sobre figuras internacionais congéneres ("introducing brokers", "remise", "Botenbanken"), vide ASSMANN, Heinz-Dieter/ SCHNEIDER, Uwe (Hrsg.), *Wertpapierhandelsgesetz – Kommentar,* 127, 4. Aufl., Otto Schmidt, Köln, 2006; DE FABIANI, Carlos, *Il Remisier di Borsa,* in: VII QRDP (1991), 569-578.

[1143] Sobre o serviço de mediação de investimento em instrumentos financeiros ("Anlagevermittlung", "mediazione di ordini"), vide HIRTE, Heribert/ MÖLLERS, Thomas (Hrsg.), *Kölner Kommentar zum WpHG,* 137 e seg., Carl Heymanns, Köln, 2007. Sobre o contrato de mediação em geral, vide *supra* Parte III, Cap. III, §5.

[1144] Apesar de a figura aparecer tradicionalmente associada às compras e vendas em bolsa, é mister salientar que, nem a compra e venda é o único negócio possível (pense-se assim, por exemplo, no empréstimo de instrumentos financeiros: cf. ASSMANN, Heinz-Dieter/ SCHNEIDER, Uwe (Hrsg.), *Wertpapierhandelsgesetz – Kommentar,* 122, 4. Aufl., Otto Schmidt, Köln, 2006), nem a bolsa é naturalmente o único mercado

Contratos Financeiros

Entre os numerosos aspectos deste regime, saliente-se, a mero título de exemplo, que as ordens dos clientes podem ser dadas por *via oral ou escrita* (art. 327.º, n.º 1 do CVM) e estão sujeitas a um *prazo de validade* (art. 327.º-A do CVM)[1145]; que a *recepção* das ordens pelo intermediário financeiro deve ser imediatamente seguida da verificação da legitimidade do ordenador e da adopção de procedimentos que permitam fixar o exacto momento dessa recepção (art. 325.º do CVM); que o intermediário tem em regra um dever de *aceitação* das ordens recebidas, sem prejuízo de estar investido num poder e até dever de *recusa* dessa aceitação em determinadas situações previstas na lei (art. 326.º do CVM); que o cliente ordenador pode proceder à *revogação* ou *modificação* das ordens dadas em certos termos (art. 329.º do CVM); que o intermediário está vinculado a um conjunto de regras em matéria de *tratamento* das ordens dos seus clientes, que incluem a observância da prioridade cronológica da recepção (art. 328.º, n.º 2 do CVM) e a adopção de uma política de agregação e afectação de ordens (arts. 328.º-A e 328.º-B do CVM); que o intermediário assume uma *"obrigação del credere"* perante o cliente, garantindo o cumprimento das obrigações assumidas pelas contrapartes dos negócios realizados em execução das ordens daquele (art. 334.º do CVM); e, particularmente relevante, que o *cumprimento* das ordens deve ser realizado segundo um princípio de execução nas melhores condições ("best execution"), no quadro de uma política de execução de ordens adoptada pelo inter-

---

relevante de transacção (abrangendo em geral qualquer mercado primário ou secundário de negociação, v.g, ordens de subscrição, ordens de aceitação em oferta pública: cf. ANNUNZIATA, Filippo, *La Disciplina del Mercato Mobiliare,* 91, 4.ª edizione, Giappichelli, Torino, 2008; HIRTE, Heribert/ MÖLLERS, Thomas (Hrsg.), *Kölner Kommentar zum WpHG,* 133, Carl Heymanns, Köln, 2007).

[1145] Desde que reduzidas a escrito pelo receptor ou, se presenciais, subscritas pelo ordenador (art. 327.º, n.º 2 do CVM). Sobre o dever de redução a escrito das ordens de bolsa dadas oralmente, vide o Acórdão do STJ de 15-XI-2007 (SANTOS BERNARDINO), in: XV CJ/STJ (2007), III, 148-152.

Dos Contratos Comerciais em Especial

mediário e comunicada atempadamente ao ordenador (arts. 330.º a 333.º do CVM).[1146]

2.2. *Colocação*

I. Designam-se genericamente por contratos de colocação ("Emissionsgeschäft", "contrat de placement", "contratto de collocamento", "contrato de colocación") *os contratos celebrados entre um ou vários intermediários financeiros e um emitente, pelo qual aquele ou aqueles se obrigam, mediante remuneração, a colocar determinados instrumentos financeiros ("maxime", valores mobiliários) no âmbito de uma oferta pública de distribuição.*[1147]

II. Como é sabido, as ofertas públicas de distribuição encontram-se subordinadas a um princípio geral de *intermediação financeira obrigatória*: trate-se de ofertas de subscrição ou de venda, o emitente dos valores mobiliários está vinculado a recor-

---

[1146] CASAL, Nuno, *"Best Execution" – Execução nas Melhores Condições,* in: 27 CadMVM (2007), 130-148; para algumas espécies jurisprudenciais em matéria da responsabilidade do intermediário financeiro em sede do cumprimento diligente das ordens de compra, vide o Acórdão do STJ de 1-X-2002 (GARCIA MARQUES), in: X CJ/STJ (2002), III, 65-71, e os Acórdãos da RL de 6-XI-2001 (PONCE LEÃO), in: XXVI CJ (2001), V, 76-81, e de 23-V-2002 (GONÇALVES RODRIGUES), in: XXVII CJ (2002), III, 88-90. Sobre o relevo deste princípio no plano da tradicional qualificação jusdogmática dos negócios de cobertura, vide KÖNDGEN, Johannes, *Preis- und Vergütungsgestaltung im Wertpapierhandel – Zur Obsoleszenz des Kommissionsrechts,* in: "Festschrift für Claus-Wilhelm Canaris", 183-207, Beck, München, 2007.

[1147] Sobre a figura, vide entre nós BARROSO, H. Tapp, *Subscrição de Acções através de Intermediários Financeiros – O Caso Especial da Tomada Firme,* espec. 117 e segs., Diss., UCP, Lisboa, 1994; lá fora, com discrepâncias assinaláveis, cf. ÁLVAREZ-MANZANEDA, C. Rojo, *El Contrato de Colocación Bancario en el Mercado de Valores,* Comares, Granada, 2005; BOSCH, Ulrich/ GROSS, Wolfgang, *Die Emissionsgeschäft,* Bank Verlag, Köln, 2006; CABRILLAC, Henri, *La Responsabilité Civile des Banques dans le Placement et l'Émission des Titres,* in: X RTDC (1931), 313-332; EROLI, Massimo, *I Consorzi di Collocamento di Valori Mobiliari,* Ed. Scientifiche Italiane, Milano, 1989.

Contratos Financeiros

rer aos serviços de um intermediário financeiro para a respectiva colocação (art. 113.º, n.º 1, a) do CVM)[1148]. Este serviço de colocação pode assumir três modalidades fundamentais (todas elas expressamente qualificadas pelo legislador português como serviços de investimento: cf. art. 290.º, n.º 1, d) do CVM), das quais resultam outras tantas *modalidades contratuais*: a colocação simples, a colocação com garantia, e a colocação com tomada firme.[1149]

No contrato de *colocação simples* ("best effort underwriting", "Begebungsübernahme", "placement", "collocamento"), o intermediário financeiro assume perante o emitente a obrigação de desenvolver os seus melhores esforços tendentes à distribuição dos valores mobiliários (art. 338.º, n.º 1 do CVM): estamos, portanto, fundamentalmente diante de uma obrigação de meios ou de diligência do intermediário na colocação dos valores, que não se responsabiliza pelo respectivo resultado ou sucesso, correndo assim o risco da colocação da emissão por conta do emitente[1150].

[1148] Afastando a natureza de contrato de garantia, considerando tratar-se antes de obrigação sujeita a condição, vide FERREIRA, A. José, *Direito dos Valores Mobiliários*, 327 e seg., AAFDL, Lisboa, 1997.

[1149] Em regra, os contratos de colocação têm por objecto uma emissão de acções resultantes de aumento do capital dos emitentes. Todavia, embora mais raro na prática, nada impede, nos termos gerais, que tais contratos possam ter por finalidade a colocação do capital do emitente no próprio do momento da respectiva constituição (cf. DU BUISSON, Joachim, *Die Reichweite der Erlaubnistatbestände Emissionsgeschäft und Eigenhandel für andere in §1 Kreditwesengesetz (KWG)*, 1402, in: 57 WM (2003), 1401-1412), possam ter em vista diferentes modalidades de emissão, singulares ou colectivas (da iniciativa de um ou vários emitentes), instantâneas, em série e contínuas (v.g., tranches predeterminadas, "resale") (sobre os tipos de emissão de valores mobiliários, cf. ANTUNES, J. Engrácia, *O Direito Português dos Valores Mobiliários*, 161 e segs., in: 25 RDPE (2009), 149-195), e possam até ter por objecto outros tipos de instrumentos financeiros – já que, ao contrário do que a lei inculca (ao falar exclusivamente de "valores mobiliários"), tais contratos podem incidir sobre instrumentos do mercado monetário, v.g., papel comercial (art. 15.º do Decreto-Lei n.º 69/2004, de 25 de Março) ou obrigações de caixa (art. 3.º do Decreto-Lei n.º 408/91, de 17 de Outubro).

[1150] Por essa razão, nalguns ordenamentos jurídicos estrangeiros o serviço de simples colocação é reconduzido ao contrato de comissão relativo à execução de ordens sobre instrumentos financeiros (ASSMANN, Heinz-Dieter/ SCHNEIDER, Uwe (Hrsg.), *Wertpapierhandelsgesetz – Kommentar*, 128, 4. Aufl., Otto Schmidt, Köln, 2006).

Dos Contratos Comerciais em Especial

No *contrato de colocação com garantia* ("Übernahme gleichertiger Garantien", "placement garanti", "collocamento con garanzia", "aseguramiento"), o intermediário, para além da obrigação anterior, vincula-se ainda a adquirir, para si ou outrem, a totalidade ou parte dos valores mobiliários que não hajam sido subscritos pelo público (art. 340.º do CVM): aqui, pois, diferentemente do caso precedente, o intermediário assume o risco de colocação da emissão, variando apenas a sua extensão em função do alcance da garantia (total ou parcial) e da percentagem dos valores mobiliários não colocados. Por último, no *contrato com tomada firme* ("underwriting", "feste Übernahme", "prise ferme", "acquisto a fermo") o intermediário obriga-se a subscrever e adquirir de imediato os valores mobiliários e, posteriormente, a colocar estes junto do público por sua própria conta e risco nos termos acordados (art. 339.º, n.º 1 do CVM)[1151]: também aqui o intermediário assume o risco da emissão, só que adquirindo logo "a priori" e necessariamente os valores mobiliários antes da própria colocação e não, como sucede no caso anterior, "a posteriori" e eventualmente após tal colocação, caso tais valores não viessem a ser integralmente colocados.[1152]

[1151] A titularidade do intermediário é, pois, directa e não meramente fiduciária (contra, todavia, ALBUQUERQUE, Pedro, *O Direito de Preferência dos Sócios em Aumentos de Capital nas Sociedades Anónimas e por Quotas*, 370, Almedina, Coimbra, 1993). Sobre a natureza e o regime jurídicos desta última modalidade – que a lei configurou aparentemente como um tipo contratual autónomo –, vide BARROSO, H. Tapp, *Subscrição de Acções através de Intermediários Financeiros – O Caso Especial da Tomada Firme*, Diss., UCP, Lisboa, 1994; GOMES, M. Fátima, *Subscrição Incompleta e Tomada Firme*, in: VIII DJ (1994), 201-292.

[1152] Uma variante híbrida de tomada firme é o chamado *contrato "equity line"*, que abrange genericamente um conjunto de modalidades sofisticadas de emissão "a conta gotas" no quadro de uma colocação global, mormente através do recurso a aumentos de capital fraccionados em tranches sucessivas, a obrigações com "warrant", etc. (BORDE, Dominique/ LAPRADE, Frank, *L'Equity Line à la Française*, in: 4 RDBF (2001), 267-277). Além disso, tenha-se ainda em conta que finalidades semelhantes às subjacentes aos contratos de tomada firme podem ser levadas a cabo mediante contratos bancários inominados, tais como, por exemplo, as *convenções de "portage"* (cf. *supra* Parte III, Cap. IV, §4 (II)).

Contratos Financeiros

III. Reflexo da complexidade operacional e financeira das ofertas públicas de distribuição, o legislador prevê também como obrigatória a celebração de um contrato de assistência (arts. 113.º, a) e 337.º, n.º 2 do CVM) – que dá origem a um contrato autónomo, adiante estudado no âmbito dos contratos relativos a serviços auxiliares (art. 291.º, e) do CVM) – e, numa disposição de especial relevo, consagra expressamente a possibilidade de formação de *consórcios de colocação*: tais consórcios são constituídos com base num contrato de consórcio celebrado entre dois ou mais intermediários financeiros, mediante acordo prévio do emitente, cabendo ao chefe do consórcio um papel fundamental na organização da colocação e na representação dos consortes (art. 341.º do CVM).[1153]

2.3. *Gestão de Carteira*

I. Designa-se por contrato de gestão de carteira ("investment management service", "Finanzportfolioverwaltungsvertrag", "contrat de gestion de portefeuille", "contratto di gestione di portafogli di investimento", "contrato di gestión de cartera de inversión") *o contrato celebrado entre um intermediário financeiro (gestor) e um investidor (cliente) através do qual o último, mediante retribuição, confia ao primeiro a administração de um património*

[1153] Problema particular, que o legislador não resolveu, é o da *responsabilidade dos membros do consórcio* por actos do seu líder ou de qualquer dos consortes (sobre a disciplina geral da responsabilidade no contrato de consórcio, vide *supra* Parte III, Cap. II, §3, 4.). Sobre a figura dos sindicatos ou consórcios de colocação, vide HOPT, Klaus, *Emissionsgeschäft und Emissionskonsortium*, in: "Festschrift für Alfred Kellermann", 181-199, Walter de Gruyter, Berlin, 1991; SALVATORE, Erika, *I Consorzi di Collocamento*, in: XXIII CeImp (1997), 719-764; TCHERNOFF, Jacques, *Syndicats Financiers*, Sirey, Paris, 1930.

financeiro de que é titular com vista a incrementar a respectiva rentabilidade.[1154]

II. O contrato de gestão de carteira, instrumento central de outro dos serviços de investimento (art. 290.º, n.º 1, c) do CVM), encontra-se fundamentalmente previsto e regulado nos *arts. 335.º e 336.º do CVM.*

Economicamente, tal contrato representa – a par de outras figuras alternativas afins com as quais não se pode confundir (v.g., contratos de consultoria, fundos de investimento, clubes de investidores, depósitos em administração, etc.) – um mecanismo através do qual o proprietário de uma "carteira" de activos financeiros, impossibilitado de a gerir pessoalmente (por falta de preparação técnica, disponibilidade, ou outra razão), opta por mandatar uma entidade profissional especialmente habilitada para a tarefa da respectiva conservação e rentabilização. *Juridicamente*, ele representa um negócio de natureza típica, sinalagmática, onerosa, formal, de adesão, e duradouro: particularmente relevante, a gestão de carteiras encontra o seu eixo operatório num mandato mercantil (usualmente representativo), como é confirmado, não apenas pela "praxis" contratual (tal a qualificação expressamente adoptada na esmagadora maioria dos formulários contratuais), como pelos próprios dados legais nacionais e europeus (v.g., art. 199.º-A, 1.º,

---

[1154] Sobre a figura, vide AFONSO, A. Isabel, *O Contrato de Gestão de Carteiras: Deveres e Responsabilidades do Intermediário Financeiro*, in: AAVV, "Jornadas – Sociedades Abertas, Valores Mobiliários e Intermediação Financeira", 55-86, Almedina, Coimbra, 2007; MASCARENHAS, M. Vaz, *O Contrato de Gestão de Carteiras: Natureza, Conteúdo e Deveres*, in: 13 CadMVM (2002), 109-128; GONZALEZ, P. Boullosa, *Gestão de Carteiras – Deveres de Informação*, in: 30 CadMVM (2008), 147-166. Noutros quadrantes, vide COSSU, Monica, *La "Gestione di Portafogli di Investimento" tra Diritto dei Contratti e Diritto dei Mercati Finanziari*, Giuffrè, Milano, 2002; ESSOMBE-MOUSSIO, Jean-Jacques, *La Gestion de Portefeuille*, in: AAVV, "La Modernisation des Activités Financières", 141-154, Joly, Paris, 1996; HERMIDA, A. Tapia, *El Contrato de Gestión de Carteras de Inversión*, CDB, Madrid, 1995; GUTZWILLER, Christoph, *Der Vermögensverwaltungsvertrag*, Schulthess, Zürich, 1989.

Contratos Financeiros

d) do RGIC, art. 1.º, n.º 3 do Decreto-Lei n.º 163/94, de 4 de Junho, art. 4.º, n.º 9 da Directiva 2004/39/CE, de 21 de Abril).[1155]

III. No tocante ao respectivo *regime jurídico*, existem diversos aspectos a considerar. Desde logo, a celebração de um contrato de gestão de carteira obedece, por regra, à *forma escrita* (art. 321.º, n.º 1 do CVM, art. 1.º, n.º 3 do Decreto-Lei n.º 163/94, de 4 de Junho), devendo ainda, atenta a sua habitual natureza de contrato de adesão, as respectivas cláusulas contratuais gerais ser comunicadas previamente à CMVM (art. 321.º, n.º 4 do CVM)[1156]. Depois, relativamente aos respectivos *sujeitos*, são partes do contrato de gestão de carteira um intermediário financeiro – "maxime", um banco ou uma sociedade gestora de patrimónios (cf. art. 293.º, n.º 1, a) e n.º 2 do CVM, art. 1.º, n.º 1 do Decreto-Lei n.º 163/94,

---

[1155] Neste sentido, vide, entre nós, AFONSO, A. Isabel, *O Contrato de Gestão de Carteiras: Deveres e Responsabilidades do Intermediário Financeiro*, 58, in: AAVV, "Jornadas – Sociedades Abertas, Valores Mobiliários e Intermediação Financeira", 55-86, Almedina, Coimbra, 2007; MASCARENHAS, M. Vaz, *O Contrato de Gestão de Carteiras: Natureza, Conteúdo e Deveres,* 123, in: 13 CadMVM (2002), 109-128; também no estrangeiro, COSSU, Monica, *La "Gestione di Portafogli di Investimento" tra Diritto dei Contratti e Diritto dei Mercati Finanziari*, 25 e segs., Giuffrè, Milano, 2002; HERMIDA, A. Tapia, *El Contrato de Gestión de Carteras de Inversión*, 128 e segs., CDB, Madrid, 1995; RIVES-LANGE, Jean/ CONTAMINE-RAYNAUD, Monique, *Droit Bancaire*, 767, Dalloz, Paris, 1995. Apesar desta relevância, cumpre salientar que o contrato de gestão de carteira não se reconduz plenamente ao figurino tradicional do mandato mercantil, particularmente da comissão (arts. 266.º e segs. do CCom): ao passo que este último visa usualmente disciplinar relações temporárias de causa económico-social muito variada que têm por objecto a prática pelo mandante de um conjunto delimitado de actos jurídico--comerciais concretos debaixo das instruções do mandatário, aquele contrato visa instituir e disciplinar uma relação duradoura que desempenha uma função económico-social específica, que tem por objecto imediato o desenvolvimento de uma actividade complexa de administração de bens alheios levada a cabo em regime de significativa autonomia por um mandatário profissional (administração essa frequentemente caracterizada pelo seu carácter individualizado e discricionário) e por objecto mediato um acervo patrimonial "financeiro" do mandante dotado de uma unidade de fim (constituído por uma carteira de instrumentos financeiros).

[1156] Sobre o conteúdo típico destes formulários contratuais, vide BENICKE, Christoph, *Wertpapiervermögensverwaltung*, 66 e segs., Mohr, Tübingen, 2006.

de 4 de Junho) – e um investidor – ou seja, qualquer pessoa, singular ou colectiva, que seja titular ou pretenda vir a sê-lo de um conjunto de instrumentos financeiros nos quais investiu as suas poupanças[1157]. Depois ainda, relativamente ao respectivo *objecto*, o contrato vai endereçado fundamentalmente ao desenvolvimento de uma actividade complexa de administração de bens alheios levada a cabo por um intermediário financeiro, por conta e no interesse do cliente (objecto imediato), que incide sobre uma "carteira individualizada de instrumentos financeiros" (art. 335.º, n.º 1 do CVM) (objecto mediato)[1158]. Por último, o contrato é fonte de um conjunto de *direitos e deveres* diversos

---

[1157] Usualmente, o cliente ("client", "Vermögensinhaber", "inversor") corresponderá a um investidor não qualificado (art. 30.º do CVM) e médio ou grande (tanto mais que os intermediários fixam normalmente "plafonds" mínimos às carteiras geridas): segundo uma estimativa, apenas se torna rentável a actividade de gestão para carteiras de valor superior a cerca de 100 mil euros (HERMIDA, A. Tapia, *El Contrato de Gestión de Carteras de Inversión*, 26, CDB, Madrid, 1995). Na sequência da DMIF de 2004, os clientes são classificados pelos intermediários financeiros em "investidores não profissionais", "investidores profissionais" e "contrapartes elegíveis", em função da sua experiência, capacidade de avaliar o risco do investimento e grau de protecção conferido, aferidos usualmente através de prévio questionário sobre o perfil de cada investidor concreto ("teste de adequação").

[1158] Semelhante "património financeiro" – que pode ser constituído por todo o tipo de instrumentos financeiros, incluindo acções, obrigações, instrumentos derivados, instrumentos do mercado monetário, ou mesmo dinheiro ou outros bens (cf. ainda art. 335.º, n.º 2 do CVM) – representa assim um acervo unitário de bens homogéneos afectos a um destino comum e unitário de administração, embora não um verdadeiro "património autónomo": é que, muito embora gozando da referida autonomia funcional, faltam-lhe algumas das características próprias da autonomia ou separação patrimonial, mormente, a consagração legal expressa (art. 601.º do CCivil) e a autonomia passiva (responsabilidade por dívidas próprias). Sobre o ponto, vide AFONSO, A. Isabel, *O Contrato de Gestão de Carteiras: Deveres e Responsabilidades do Intermediário Financeiro*, 64, in: AAVV, "Jornadas – Sociedades Abertas, Valores Mobiliários e Intermediação Financeira", 55-86, Almedina, Coimbra, 2007; lá fora, BALZER, Peter, *Vermögensverwaltung*, 1141, in: AAVV, "Handbuch zum deutschen und europäischen Bankrecht", 1139-1164, Springer, Berlin, 2004; COSSU, Monica, *La "Gestione di Portafogli di Investimento" tra Diritto dei Contratti e Diritto dei Mercati Finanziari*, 42 e segs., Giuffrè, Milano, 2002; HERMIDA, A. Tapia, *El Contrato de Gestión de Carteras de Inversión*, 263 e segs., CDB, Madrid, 1995.

Contratos Financeiros

para ambas as partes. Do lado do gestor, avultam as obrigações de execução diligente da prestação gestória, que se configura como uma mera obrigação de meios, e não de resultado (art. 335.º, n.º 1 do CVM)[1159], de acatamento das instruções do cliente (art. 336.º, n.º 1 do CVM), de prestação de informação mínima (art. 312.º-D do CVM) e obtenção de informação junto do cliente por forma a realizar o juízo da adequação das operações de gestão (art. 314.º-A do CVM), de envio de um extracto periódico sobre a composição, saldo e movimentos de gestão de carteira (art. 323.º-A do CVM), e de observância de regras especiais em caso de subcontratação (art. 308.º-C do CVM)[1160]. Do lado do cliente, avulta a obrigação de remuneração ("Entgelt", "fee payment"), que tanto pode abranger em sentido amplo as remunerações principais – que representam a contrapartida da actividade nuclear de gestão de carteira propriamente dita (a chamada "comissão de gestão")[1161] – como as remunerações acessórias – que visam corresponder a determinados serviços complementares ou conexos (v.g., comissões de constituição e reforço da carteira, comissão de envio de extracto de conta, comissões bancárias relativas às contas de depósito de dinheiro e de títulos).

[1159] Daqui se retira também que, salvo nos casos em que as partes hajam expressamente disposto em sentido contrário ("maxime", através de cláusulas de garantia de rentabilidade mínima de carteira: cf. art. 336.º, n.º 2 do CVM) ou nos casos de responsabilidade do gestor por incumprimento contratual, quaisquer aumentos ou diminuições do valor do património financeiro administrado correrão por conta e risco do seu próprio titular, não respondendo o gestor pelas eventuais perdas decorrentes dessa gestão.

[1160] O acesso do gestor a uma parte significativa do património geral do titular da carteira implica – em linha, de resto, com idêntico dever profissional que impende sobre as instituições bancárias e os intermediários financeiros em geral (art. 78.º do RGIC, art. 304.º, n.º 4 do CVM) – que aquele se encontre ainda sujeito a uma *obrigação de segredo,* mantendo uma rigorosa confidencialidade sobre as informações obtidas no âmbito da gestão, seja perante terceiros, seja em benefício próprio (v.g., abuso de informação privilegiada, conflitos de interesse).

2.4. *Consultoria para Investimento*

I. Designa-se de consultoria para investimento ("investment advisory agency", "Anlageberatung", "conseil en investissements financiers", "consulenza di investimento") *o contrato celebrado entre um intermediário financeiro ou um consultor em investimento mobiliário (consultor) e um cliente (consulente ou investidor) através do qual o primeiro se obriga perante o último, mediante remuneração, à prestação de um aconselhamento personalizado relativo a transacções respeitantes a instrumentos financeiros.*[1162]

II. O contrato de consultoria para investimento – que integra hoje *o "núcleo duro" dos contratos de investimento* graças à recente promoção desta actividade, outrora qualificada de meramente auxiliar, através da DMIF de 2004 (cf. art. 290.º, n.º 1, f) do CVM)[1163] – encontra-se genericamente previsto no art. 294.º do CVM, para além de outras disposições contidas no mesmo diploma (arts. 301.º, 314.º-A e 320.º do CVM), em leis avulsas

---

[1161] As "comissões de gestão" podem revestir duas espécies fundamentais, as quais podem ser, por seu turno, alternativas ou cumulativas. Numa delas (*comissão fixa*), dominante na "praxis" contratual nacional e estrangeira, a remuneração do gestor é correspondente a um quantitativo monetário previamente acordado pelas partes ou calculado por referência a uma percentagem sobre o valor anual da carteira (independentemente, pois, da sua valorização ou desvalorização relativamente ao património financeiro inicial). Noutra (*comissão variável*), usualmente denominada "comissão de desempenho" ("performance fee"), o gestor é remunerado em função da efectiva rentabilidade da gestão efectuada, aferida mediante a comparação desta com um determinado "benchmark" ou outro referencial objectivo de mercado.

[1162] Sobre a figura, vide VALE, A. Lucena, *Consultoria para Investimento em Valores Mobiliários*, in: AAVV, "Direito dos Valores Mobiliários", vol. V, 343-403, Coimbra Editora, Coimbra, 2004. Noutros quadrantes, STAFFLAGE, Axel, *Die Anlageberatung der Banken*, E. Schmidt, Berlin, 1999.

[1163] AZEVEDO, M. Luísa, *DMFI – Desafios*, 36, in: AAVV, "Jornadas – Sociedades Abertas, Valores Mobiliários e Intermediação Financeira", 31-53, Almedina, Coimbra, 2007; FERREIRA, Elsa, *A Directiva Relativa a Mercados de Instrumentos Financeiros: Um Marco Regulatório e seus Desafios para os Agentes de Mercado*, 31, in: 25 CadMVM (2006), 28-42.

Contratos Financeiros

(Decreto-Lei n.º 357-B/2007, de 31 de Outubro) ou em regulamentos administrativos (arts. 8.º a 10.º, e 20.º do Regulamento CMVM n.º 2/2007, de 5 de Novembro). Figura que consubstancia, no essencial, uma prestação de serviços profissionais individualizados de aconselhamento no âmbito dos produtos negociados no mercado de capitais, ela distingue-se de outras *figuras contratuais afins*, designadamente os contratos de gestão de carteira (art. 335.º do CVM), de mediação de investimento (art. 290.º, n.º 2 do CVM), de análise financeira ou "research" (art. 291.º, c) do CVM), e de consultoria empresarial (art. 291.º, d) do CVM).[1164]

III. Importa ainda referirmo-nos brevemente a alguns aspectos essenciais do respectivo *regime jurídico*. Desde logo, no que respeita aos seus *sujeitos*, o contrato de consultoria para investimento, ao invés do que sucede com a maioria dos demais contratos de intermediação, pode ser celebrado, além dos intermediários financeiros, por outro tipo de entidades: são os *consultores para investimento* (art. 294.º, n.º 4, b) do CVM), pessoas singulares ou colectivas devidamente autorizadas e registadas junto da CMVM para o exercício exclusivo e independente de uma actividade de consultoria para investimento em valores mobiliários (arts. 294.º, n.ºs 5 e 6, 301.º, 320.º do CVM, arts. 8.º a 10.º do Regulamento CMVM n.º 2/2007, de 5 de Novembro)[1165]. Por outro lado, no

---

[1164] Esta distinção nem sempre será fácil relativamente a algumas figuras híbridas, como sucede com os *contratos de gestão assistida* ("gestión asesorada", "gestion conseillée", "fixed investment trust", "investment advisory agency"), nos quais o gestor de uma carteira de activos financeiros se limita a sugerir ou aconselhar ao cliente as operações a realizar no plano da administração da mesma e a executá-las na sequência de instruções prévias e expressas deste último. Cf. HERMIDA, A. Tapia, *Los Contratos Bancarios de Depósito, Administración, Llevanza del Registro Contable y Gestión de Valores*, 1038, in: Carol, U. Nieto (dir.), "Contratos Bancarios y Parabancarios", 1003--1059, Lex Nova, Valladolid, 1998.

[1165] Aspecto igualmente relevante é o de que a actividade de consultoria para investimento em instrumentos financeiros passou a dispor recentemente de um tipo societário especial ou próprio: tal actividade pode agora ser exercida, para além das empresas creditícias (art. 293.º, n.º 1, a) do CVM), pelas *"sociedades de consultoria*

Dos Contratos Comerciais em Especial

que tange ao seu *objecto*, a prestação de serviços de consultoria abrangerá, em princípio, toda a gama de modalidades previstas no art. 485.º do CCivil (conselhos, recomendações, informações)[1166], efectuada numa base individual (tendo em vista investidores determinados, efectivos ou potenciais, e não numa base geral ou pública, como sucede com as recomendações de investimento e a actividade de "research": cf. arts. 12.º-A e segs., 294.º, n.os 2 e 3, 309.º-D do CVM)[1167], e relativa à tomada de decisões de investimento ou desinvestimento em instrumentos financeiros (via de regra, a respectiva aquisição, subscrição ou alienação, não abrangendo outros objectos, v.g., consultoria empresarial)[1168]. Finalmente, quanto ao seu *conteúdo*, o legislador previu expressamente, para além da subordinação do consultor aos princípios e deveres gerais integradores do estatuto jurídico e contratual dos intermediários financeiros (arts. 304.º e segs., 312.º e segs., 321.º e segs. do CVM), um conjunto de deveres especiais de informação, seja perante o consulente (destinados a permitir a este avaliar o carácter adequado das transacções financeiras aconselhadas: cf. art. 314.º-A

---

para investimento", um novo tipo de intermediário financeiro e empresa de investimento criado pelo Decreto-Lei n.º 357-B/2007, de 31 de Outubro (cf. ainda art. 293.º, n.º 2, e) do CVM). Sobre o anteprojecto deste diploma, vide TEIXEIRA, Glória/ PEDRO, Rute, *Sociedades de Consultoria para Investimento: Breves Notas Interpretativas*, in: "Estudos em Honra do Prof. Doutor J. Oliveira Ascensão", vol. II, 1265-1274, Almedina, Coimbra, 2008.

[1166] Usualmente, o contrato de consultoria corresponderá a um verdadeiro contrato de aconselhamento, pelo qual o intermediário se obriga a propor ao seu cliente aquilo que ele deve fazer ou não deve fazer em matéria de operações de investimento no mercado de capitais (cf. REBOUL, Nadège, *Les Contrats de Conseil*, Diss., Paris, 1996).

[1167] Por maioria de razão, não são aqui relevantes as "dicas de investimento" ("Anlagetipps") fornecidas pelos membros ou profissionais dos intermediários financeiros, que cairão, quando muito, na actividade de análise financeira e recomendações de investimento (ASSMANN, Heinz-Dieter/ SCHNEIDER, Uwe (Hrsg.), *Wertpapierhandelsgesetz – Kommentar,* 135, 4. Aufl., Otto Schmidt, Köln, 2006).

[1168] Sobre as actividades de análise financeira ("research") e de consultoria empresarial ("corporate strategic planning"), enquanto serviços auxiliares prestados por intermediários financeiros, vide *infra* Parte III, Cap. V, §2, 3.4 e 3.5.

Contratos Financeiros

do CVM), seja perante a autoridade de supervisão (art. 20.º do Regulamento CMVM n.º 2/2007, de 5 de Novembro).[1169]

2.5. *Negócios por Conta Própria*

I. Dizem-se negócios por conta própria ("Eigenhändlergeschäfte", "negotiation pour compte propre", "negoziazione per conto proprio") *os negócios sobre instrumentos financeiros, mormente contratos, que são concluídos por um intermediário financeiro como contraparte de um seu cliente.*[1170]

II. A actividade negocial dos intermediários financeiros no âmbito do mercado de capitais pode ser realizada por conta alheia ou própria: no primeiro caso, o intermediário *("broker")* actua por ordem e conta dos seus clientes (destinando-se os benefícios e riscos dos negócios jusfinanceiros celebrados a projectar-se exclusivamente na esfera destes), assumindo aquele a sua função primordial de mediação entre oferta e procura no mercado de capitais; no segundo caso, pelo contrário, o intermediário *("dealer")* actua por sua própria conta e risco, repercutindo-se os efeitos jurídicos e económicos dos negócios sobre o seu próprio património, com vista à realização de uma pluralidade de finalidades (v.g., especulação, "market maker", estabilização de mercado, etc.).[1171]

[1169] Conexa, e muito relevante, é a questão da responsabilidade do consultor: cf. Schäfer, Frank/ Müller, Jorg, *Haftung für fehlerhafte Wertpapierdienstleistungen. Anlageberatung, Vermögensverwaltung, Börsentermingeschäfte*, 2. Aufl., RWS, Köln, 2007.

[1170] Sobre estes negócios, pouco estudados entre nós, vide Annunziata, Filippo, *La Disciplina del Mercato Mobiliare*, 88 e segs., 4.ª edizione, Giappichelli, Torino, 2008; Kümpel, Siegfried, *Bank- und Kapitalmarktrecht*, 1577 e segs., 3. Aufl., Otto Schmidt, Köln, 2004; Vauplane, Hubert/ Bornet, Jean-Pierre, *Droit des Marchés Financiers*, 87 e segs., Litec, Paris, 1998.

[1171] Para esta distinção, vide Almeida, C. Ferreira, *As Transacções de Conta Alheia no Âmbito da Intermediação no Mercado de Valores Mobiliários*, 293 e seg., in: AAVV, "Direito dos Valores Mobiliários", 291-309, Lex, Lisboa, 1997. Para uma tentativa de distinção entre a figura do "dealer" e a do simples "trader", vide Enriques, Luca,

III. A negociação por conta própria traduz-se usualmente no cruzamento de ordens dos clientes com a carteira própria do intermediário ou "dealer", intervindo assim este como *contraparte* nos negócios sobre instrumentos financeiros dos seus próprios clientes.[1172]

Trata-se de uma prática bem conhecida e enraizada no mercado de capitais, permitida por lei – desde que com o acordo ou confirmação escrita dos clientes (excepto tratando-se de investidor qualificado: cf. art. 346.º do CVM) e no respeito das regras em matéria de conflitos de interesse (sob pena de ineficácia da operação: cf. art. 347.º do CVM), além da necessidade de observância de determinados deveres gerais e especiais de informação (arts. 312.º-C e segs., e 350.º-A do CVM) –, perseguindo frequentemente finalidades especulativas e de arbitragem – ou seja, a obtenção de mais-valias resultantes dos diferenciais de preço de compra e venda dos instrumentos financeiros negociados –, e podendo revestir diferentes intensidades – de acordo com a respectiva duração, os intermediários podem manter as suas posições de compra ou venda durante alguns minutos ou mesmo segundos ("scalpers"), uma sessão diária ("day dealers"), ou várias sessões sucessivas ("day-to-day dealers")[1173]. Esta prática, de resto,

---

Dalle Attività di Intermediazione Mobiliare ai Servizi di Investimento, 1027 e segs., in: 43 RS (1998), 1013-1038.

[1172] Além do arquétipo da negociação por conta própria (compra e venda de valores mobiliários), são aqui ainda relevantes, em abstracto, quaisquer outros tipos negociais, v.g., empréstimo (cf. HEIDEL, Thomas, *Aktienrecht und Kapitalmarktrecht,* 2411, 2. Aufl., Nomos, Baden-Baden, 2007). Inversamente, já não parece que se possa falar de negociação por conta própria ("Eigenhändlergeschäfte") mas sim de meros negócios próprios ("Eigengeschäfte"), como tal irrelevantes para os estritos efeitos em apreço, no caso de negócios sobre instrumentos financeiros realizados pelo intermediário com terceiros que não sejam clientes ou independentes da execução de ordens dadas por estes (ASSMANN, Heinz-Dieter/ SCHNEIDER, Uwe (Hrsg.), *Wertpapierhandelsgesetz – Kommentar,* 124, 4. Aufl., Otto Schmidt, Köln, 2006; EKKENGA, Jens, *Effektengeschäft,* 1235, in: "Münchener Kommentar zum Handelsgesetzbuch", Band 5, 1197-1438, Beck, München, 2001).

[1173] POSER, Norman/ FANTO, James, *Broker-Dealer Law and Regulation,* 4th edition, Aspen, New York, 2007.

Contratos Financeiros

ganhou um novo e poderoso estímulo com a recente consagração expressa da "internalização sistemática" como forma organizada de negociação (arts. 198.º, n.º 1, c) e 201.º do CVM): tal significa dizer que os intermediários financeiros de maior dimensão podem negociar por conta própria em instrumentos financeiros, mediante o cruzamento de ordens dos seus clientes com a sua carteira própria, seja num quadro de multilateralidade, regular ou não (que é própria dos mercados regulamentados ou sistemas multilaterais de negociação), seja numa base de exclusividade (em que o intermediário financeiro, que internaliza as ordens dos clientes, actua como única contraparte de todas as compras e vendas resultantes da execução destas).[1174]

IV. Além disso, o legislador português tipificou ainda alguns contratos jusfinanceiros especificamente associados à negociação por conta própria. É o caso do *contrato de fomento de mercado*, previsto no art. 348.º do CVM, que designa o contrato celebrado entre um intermediário financeiro e a entidade gestora do mercado que tem por objecto e finalidade a criação de condições para a comercialização regular num mercado de determinada categoria de instrumento financeiro (cf. ainda art. 351.º do CVM e arts. 22.º a 25.º do Regulamento CMVM n.º 3/2007, de 9 de Novembro)[1175].

[1174] Nesse sentido também, PEREIRA, C. Dias, *Internalização Sistemática – Subsídios para o Estudo de uma Nova Forma Organizada de Negociação*, 159, in: 27 CadMVM (2007), 150-160. Corroborando esta asserção, estima-se que, do total da carteira de negociação própria, os intermediários financeiros tenham recorrido à internalização em mais de 80% das transacções efectuadas (cf. CMVM, *Relatório Trimestral de Intermediação Financeira (2.º Trimestre de 2008)*, 35, Lisboa, 2008).

[1175] Ou, no caso específico de valores mobiliários, celebrado com o respectivo emitente (art. 348.º, n.º 3 do CVM). Trata-se da consagração da conhecida figura do *"market maker"*, característica de mercados pouco líquidos ou voláteis, que assegura aos investidores a possibilidade de encontrar uma contraparte negocial com carácter contínuo (comprador ou vendedor). Sobre a figura, também prevista no art. 4.º, n.º 1, 8) da Directiva 2004/39/CE, de 21 de Abril, vide BLANCO, J. Cáchon, *Las Relaciones Jurídicas y Contrapartida del Mercado de Valores y, en Particular, el Contrato Bursátil de Liquidez*, in: AAVV, "Instituciones del Mercado Financiero", vol. VIII, 5213-5241, La Ley, Madrid, 1999; LUKEMANN, Joseph, *The Market Maker's Edge*, McGraw-Hill, New York, 2003.

Dos Contratos Comerciais em Especial

Outro exemplo é o *contrato de estabilização de preços*, previsto no art. 349.º do CVM, que denomina o contrato celebrado entre um intermediário financeiro e o oferente no âmbito de oferta pública de distribuição de determinada categoria de valores mobiliários, com vista à realização de operações exclusivamente destinadas a reduzir flutuações excessivas dos preços dos valores oferecidos e autorizadas pela entidade de supervisão.[1176]

2.6. *Outros*

I. Não existindo propriamente um "numerus clausus" dos contratos de intermediação financeira (mas tão somente um elenco legal de actividades de intermediação financeira), são ainda naturalmente possíveis *outros contratos de investimento atípicos*, ou seja, contratos celebrados por intermediários financeiros que, embora não subsumíveis em nenhum dos tipos legais elencados no Capítulo II do Título VI do CVM, configurem modelos negociais socialmente típicos desenvolvidos no exercício de serviços e actividades de investimento.[1177]

II. Um exemplo. A recente revisão dos espaços de negociação dos instrumentos financeiros, operada pela DMIF de 2004, veio introduzir, a par dos tradicionais mercados regulamentados (v.g., "Euronext", "MAB – Mercado Alternativo Bursátil", "MEFF –

[1176] SANTOS, R. Martins, *Estabilização de Preços e Manipulação de Mercado – O Síndroma da Ilha*, in: AAVV, "Direito dos Valores Mobiliários", vol. IV, 395-435, Coimbra Editora, Coimbra, 2003. O regime deste contrato encontra-se hoje densificado nos arts. 7.º a 11.º do Regulamento CE/2273/2003, de 22 de Dezembro: aspecto relevante é a possibilidade de celebração paralela de um *contrato de opção de distribuição de lote suplementar* ("greenshoe option"), que atribui ao intermediário a faculdade de este requerer ao oferente um aumento da quantidade dos valores mobiliários a oferecer ao público originariamente fixada.

[1177] Sobre os contratos de intermediação como categoria jurídica aberta, vide ainda *supra* Parte III, Cap. V, §2, 1.2(I).

Contratos Financeiros

Mercado de Productos Financieros", "Eurex", etc.), dois sistemas alternativos de negociação (arts. 198.º e segs. do CVM)[1178]: os *sistemas de negociação multilateral* ("multilateral trading facilities", "multilaterales Handelssystem", "plateforme multilatérale de négotiation"), que se definem como sendo aqueles que, mediante o confronto de múltiplos interesses de compra e venda de instrumentos financeiros, permitem a conclusão de negócios sobre tais instrumentos (v.g., "PEX", "NYSE Arca Europe", "Nasdaq OMX Europe", "Project Turquoise", "Chi-X", etc.)[1179]; e a chamada *internalização sistemática* ("systematic internaliser", "Systematischer Internalisierer", "internalisation systématique"), consistente na actividade organizada e sistemática de negociação por conta própria, realizada em execução de ordens de clientes, fora de um mercado regulamentado ou de sistema de negociação multilateral[1180]. Erigidas agora em serviços de investimento (cf.

[1178] Questão em aberto é a de saber se serão admissíveis outros sistemas de negociação não contemplados na lei (negativamente, RODRIGUES, S. Nascimento, *Cabimento da Figura dos "Mercados não Regulamentados" no âmbito da DMIF e na Consequente Revisão do CVM*, in: AAVV, "Direito dos Valores Mobiliários", vol. VIII, 319-335, Coimbra Editora, Coimbra, 2008).

[1179] Sobre os sistemas de negociação multilateral – que giraram também sobre outras designações (sistemas alternativos de negociação, "property trading systems", "bulletin boards", "electronic communication networks", "internal broker-dealer systems", "single-price auction systems", etc.) –, vide, entre nós, SOUSA, Rita/ VIDAL, Isabel/ RODRIGUES, S. Nascimento, *Aspectos Jurídicos dos Sistemas Alternativos de Negociação*, in: 12 CadMVM (2001), 187-214; para maiores desenvolvimentos, cf. CARLSSON-SWEENY, Alarna, *Multilateral Trading Facilities: Risking More Regulation?*, in: 19 PLC (2008), 11-12; DAIGRE, Jean-Jacques, *Les ATS (Alternative Trading Systems)*, in: AAVV, "Droit Bancaire et Financier", vol. I, 425-445, Éd. Banque, Paris, 2001; FRASE, Dick/ PERRY, Helen (eds.), *Exchanges and Alternative Trading Systems,* Sweet & Maxwell, London, 2002; KRAUSE, Nils, *Alternative Wertpapierhandelssysteme unter besonderer Berücksichtigung von Regulierungs- und Aufsichtsproblemen in Internet*, Peter Lang, Frankfurt am Main, 2005.

[1180] Sobre a internalização sistemática, vide PEREIRA, C. Dias, *Internalização Sistemática – Subsídios para o Estudo de uma Nova Forma Organizada de Negociação*, in: 27 CadMVM (2007), 150-160. Para outros desenvolvimentos, vide FERRARINI, Guido/ RECINE, Fabio, *The MiFID and Internalisation*, in: Ferrarini, Guido/ Wymeersch, Eddy, "Investor Protection in Europe: Corporate Law Making, the MiFID

art. 290.º, n.º 1, g) do CVM) e conferindo reconhecidamente uma maior margem de manobra à criatividade dos intermediários financeiros, é de esperar que tais sistemas alternativos de negociação ("trading avenues") venham alargar os horizontes em matéria da contratação financeira, favorecendo o nascimento ou desenvolvimento de novos modelos negociais.

3. Contratos Auxiliares

3.1. *Assistência*

I. Designa-se por contrato de assistência *o contrato celebrado entre um intermediário e um oferente que tem por objecto a prestação de serviços técnicos, económicos e financeiros necessários à preparação, lançamento e execução de uma oferta pública de instrumentos financeiros, mormente valores mobiliários.*[1181]

II. A figura encontra-se genericamente prevista no *art. 337.º do CVM.* É bem sabido que as ofertas públicas sobre valores mobiliários são regidas por um princípio geral de intermediação financeira obrigatória: ao exigir que o lançamento e a organização de uma oferta pública sejam realizadas através de um intermediário financeiro, o legislador pretendeu assim evitar uma relação directa entre oferente e destinatários da oferta, garantindo a trans-

---

and Beyond", 235-267, Oxford University Press, Oxford, 2006; GOMBER, Peter/ ROLAND, Wittner, *Systematic Internalisers – The New Trading Animals in Europe*, in: 1 JT (2006), n.º 4, 104-110.

[1181] Sobre a figura, pouco estudada dentro e fora de portas (a que não é alheio o facto de ser destituída de autonomia na maior parte das legislações estrangeiras), vide GOMES, M. Fátima, *Contratos de Intermediação Financeira*, 589 e segs., in: "Estudos Dedicados ao Prof. Doutor M. J. Almeida Costa", 565-599, UCP Editora, Lisboa, 2000; numa perspectiva integrada, BLANCO, J. Cachón, *Los Contratos de Dirección, Colocación y Asesoramiento de Emisiones y Ofertas Públicas de Valores*, Dykinson, Madrid, 1996.

Contratos Financeiros

parência, a segurança e a rigorosa conformidade legal da operação no seu conjunto[1182]. Ora, algo semelhantemente ao que vimos suceder com o contrato de colocação[1183], o emitente ou adquirente de valores mobiliários está *obrigado* a celebrar um contrato de assistência com um intermediário financeiro nas ofertas públicas de distribuição e de aquisição (salvo quando aquele seja, ele próprio, um intermediário financeiro habilitado: cf. art. 113.º do CVM), para efeitos da elaboração do prospecto e anúncio de lançamento, da preparação e apresentação do pedido de aprovação do prospecto ou registo prévio na CMVM, e do apuramento das declarações de aceitação (art. 337.º, n.º 2 do CVM)[1184]. Particularmente relevantes são os *deveres do intermediário financeiro* emergentes do contrato, que incluem, para além de um dever geral de aconselhamento sobre os termos da oferta e das eventuais repercussões em sede da responsabilidade pelo prospecto (art. 149.º, n.º 1, g) do CVM), a obrigação de assegurar a observância dos preceitos legais e regulamentares vigentes, mormente em sede

---

[1182] Sobre a intermediação obrigatória nas ofertas públicas de valores mobiliários, vide KÜMPEL, Siegfried, *Bank- und Kapitalmarktrecht,* 1227 e segs., 2. Aufl., Otto Schmidt, Köln, 2000.

[1183] Cf. *supra* Parte III, Cap. V, §2, 2.2. Ao contrário do que sucedia no direito nacional pretérito (art. 125.º do CódMVM de 1991) e sucede ainda hoje em vários ordenamentos estrangeiros (onde a assistência é vista como fase preliminar ou integrante do contrato de colocação), o legislador português optou por autonomizar os contratos de assistência (art. 337.º do CVM) e de colocação (arts. 338.º a 340.º do CVM): não obstante a sua inegável complementaridade funcional, relembre-se que os serviços de assistência e colocação podem ser prestados por intermediários diversos (art. 338.º, n.º 2 do CVM).

[1184] Recorde-se que os contratos de assistência podem ter por objecto a oferta pública de outros instrumentos financeiros, que não valores mobiliários – por exemplo, o papel comercial (art. 15.º do Decreto-Lei n.º 69/2004, de 25 de Março) (cf. ANTUNES, J. Engrácia, *Os Instrumentos Financeiros,* 221, Almedina, Coimbra, 2009). Além disso, muito embora a lei se refira exclusivamente às ofertas públicas, não vemos porque razão, ao abrigo da autonomia privada, não poderão ser celebrados contratos de assistência relativamente a ofertas particulares de valores mobiliários (cf. também DUARTE, R. Pinto, *Contratos de Intermediação no Código dos Valores Mobiliários,* 372, in: 7 CadMVM (2000), 351-372).

Dos Contratos Comerciais em Especial

da qualidade da informação fornecida aos destinatários (art. 337.º, n.º 3 do CVM).[1185]

III. Finalmente, destaque especial merece ainda, neste contexto, o *contrato de recolha de intenções de investimento*. No essencial, trata-se de um contrato que tem por finalidade apurar a viabilidade de uma eventual e futura oferta pública de distribuição, sondando os investidores no mercado sobre as respectivas intenções de aquisição (arts. 164.º a 167.º do CVM e arts. 7.º a 14.º do Regulamento CMVM n.º 3/2006, de 11 de Maio). Apesar de a lei ter autonomizado nominalmente tal figura no seio dos contratos de intermediação financeira (art. 342.º do CVM), a verdade é que ele constituirá, por via de regra, uma mera convenção acessória integrante de um contrato de assistência ou de colocação, cuja qualificação e regime jurídicos são assim, em último termo, determinados remissivamente por estes últimos.

3.2. *Registo e Depósito*

I. Designa-se por contrato para registo e depósito ("Depotgeschäft", "tenue de compte-conservation", "custodia e amministrazione", "depósito, administración, y llevanza del registro contable") *o contrato celebrado entre um intermediário financeiro e o titular de determinados instrumentos financeiros, pelo qual aquele se obriga perante este a registar e/ou a manter em depósito*

[1185] Sobre a responsabilidade do intermediário financeiro em sede dos serviços de assistência, mormente em sede informativa, vide (embora legislativamente desactualizado) PINA, C. Costa, *Dever de Informação e Responsabilidade pelo Prospecto no Mercado Primário de Valores Mobiliários*, 68 e segs., 208 e segs., Coimbra Editora, Coimbra, 1999; para uma visão comparatística, HOPT, Klaus, *Die Verantwortlichkeit der Banken bei Emissionen – Recht und Praxis in der EG, in Deutschland und in der Schweiz*, Beck, München, 1991.

tais instrumentos, bem assim como a prestar determinados serviços relativos aos direitos a eles inerentes.[1186]

II. Este contrato – que, tendo por objecto um serviço auxiliar das actividades de investimento (art. 291.º, a) do CVM), não se pode confundir com os contratos homónimos celebrados ao abrigo do sistema de controlo obrigatório dos valores mobiliários[1187], nem muito menos, apesar de frequentemente celebrado por bancos, com o chamado depósito bancário[1188] – encontra-se previsto no *art. 343.º do CVM*, sendo ainda subsidiariamente regido pelas disposições gerais aplicáveis ao depósito e ao mandato mercantis.[1189]

[1186] Sobre a figura, vide PEREIRA, M. Rebelo, *Contratos de Registo e Depósito de Valores Mobiliários – Conceito e Regime*, in: 15 CadMVM (2002), 317-332. Noutros quadrantes, com significativas diferenças, DECKER, Ernst/ KÜMPEL, Siegfried (Hrgs.), *Der Depotgeschäft*, 2. Aufl., Bank-Verlag, Köln, 2007; HERMIDA, A. Tapia, *Los Contratos Bancarios de Depósito, Administración, Llevanza del Registro Contable y Gestión de Valores*, esp. 1321 e segs., in: "Instituciones del Mercado Financiero", vol. III, 1305-1380, La Ley, Madrid, 1999; LIBCHACHER, Remy, *Le Dépot d'Instruments Financiers*, in: 82 DP (2000), 89-95; PERASSI, Marino, *Il Deposito di Titoli in Amministrazione*, in: AAVV, "La Banca: L'Impresa e I Contratti ", VI, 582-601, Cedam, Padova, 2001.

[1187] O CVM prevê igualmente a celebração de contratos de "registo" e "depósito" entre o emitente de valores mobiliários e um intermediário financeiro (arts. 61.º, n.º 1, b) e c), 63.º, 64.º, n.º 2, 99.º, n.ᵒˢ 2, b) e 5 do CVM): tais contratos visam essencialmente a prestação de um serviço de controlo dos valores mobiliários, por forma a salvaguardar a identidade e coincidência entre a quantidade dos valores emitidos e circulantes (ALMEIDA, C. Ferreira, *Registo de Valores Mobiliários*, espec. 97 e segs., in: AAVV, "Direito dos Valores Mobiliários", vol. VI, 51-138, Almedina, Coimbra, 2006; VEIGA, A. Brandão, *Sistemas de Controlo de Valores no Novo Código dos Valores Mobiliários*, in: 7 CadMVM (2000), 105-128).

[1188] Sobre o depósito bancário em sentido estrito, enquanto depósito de dinheiro ou disponibilidades monetárias, vide *infra* Parte III, Cap. IV, §2, 4.2.

[1189] A doutrina portuguesa inclina-se maioritariamente para qualificar este contrato como um negócio misto de mandato e depósito (DUARTE, R. Pinto, *Contratos de Intermediação no Código dos Valores Mobiliários,* 370, in: 7 CadMVM (2000), 351--372; PEREIRA, M. Rebelo, *Contratos de Registo e Depósito de Valores Mobiliários – Conceito e Regime*, 322, in: 15 CadMVM (2002), 317-332), devendo, todavia, ter-se presente a amplitude que o tipo contratual hoje pode revestir na prática. Sobre o mandato e o depósito mercantis, vide *supra* Parte III, Cap. I, §3, 1. e 4.

Dos Contratos Comerciais em Especial

No que concerne à sua *forma*, o contrato para registo e depósito encontra-se sujeito à forma escrita (no caso de o titular ser um investidor não qualificado) – sob pena da respectiva nulidade, a qual, todavia, apenas é invocável por este (cf. art. 220.º do CCivil e arts. 30.º e 321.º, n.º 1 do CVM) –, assumindo habitualmente a natureza de um contrato de adesão cujas cláusulas padronizadas devem ser comunicadas à CMVM (art. 321.º, n.º 4 do CVM) e ficam sujeitas ao controlo da LCCG (art. 321.º, n.º 3 do CVM). Já no que concerne ao respectivo *conteúdo*, e sem prejuízo de determinadas obrigações de carácter geral (arts. 304.º e segs. do CVM) e particular (v.g., os deveres especiais previstos no art. 306.º-A do CVM em caso de registo ou depósito junto de terceiros) que impendem sobre o intermediário financeiro, a lei limitou--se a referir que "o contrato deve determinar o regime relativo ao exercício dos direitos inerentes aos instrumentos registados ou depositados" (art. 343.º, n.º 1 do CVM), parecendo assim deixar às partes uma ampla liberdade de conformação contratual. Em termos abstractos, o depósito de instrumentos financeiros, "maxime", valores mobiliários, pode assim assumir duas modalidades fundamentais. Por um lado, o *"depósito de simples custódia"*, consistente na mera guarda dos instrumentos financeiros depositados e na cobrança dos respectivos rendimentos (cf. art. 405.º do CCom, art. 1187.º, c) do CCivil): neste, o intermediário financeiro obriga-se fundamentalmente a manter o registo e o depósito dos instrumentos e valores por conta do titular, restituin-do-os logo que este assim o exija (obrigação essa que se concretiza fundamentalmente na prática do conjunto de actos referidos nos arts. 68.º e 85.º do CVM, v.g., lançamento a crédito e débito dos instrumentos adquiridos e alienados)[1190], bem assim como a

---

[1190] Dado que o contrato para registo e depósito origina uma relação de clientela entre intermediário e titular, devem considerar-se vinculativas as ordens relativas à realização de operações sobre instrumentos financeiros (art. 326.º, n.º 3 do CVM). Cf. SILVA, C. Martins, *Cláusulas de Venda de Valores Mobiliários no Âmbito de Contratos*

Contratos Financeiros

prestar um conjunto mínimo de serviços relativos à conservação e frutificação corrente daqueles (designadamente, creditação na conta do titular de dividendos, juros, reembolsos, acções resultantes de aumentos de capital por incorporação de reservas e outros rendimentos inerentes aos instrumentos e valores). Por outro lado, o chamado *"depósito de administração"*, no qual o intermediário financeiro se vinculou ainda, acessoriamente, a uma obrigação de administração dos valores depositados, de conteúdo extremamente variável, que pode incluir a subscrição e aquisição de novos instrumentos financeiros, a gestão de tesouraria e de garantias, o exercício ou mobilização de direitos preferentes de subscrição, "warrants" e direitos destacáveis, etc. (cf. ainda art. 291.º, a), "in fine", do CVM).[1191]

3.3. *Empréstimo*

I. Designa-se por contrato de empréstimo ("securities lending", "Wertpapierleihe", "prêts de titres", "préstamo de valores") *o con-*

---

de Registo e Depósito de Valores Mobiliários e de Recepção e Execução de Ordens por Conta de Outrem, in: 12 CadMVM (2001), 255-258.

[1191] Trata-se obviamente de modalidades prodrómicas e teóricas de um espectro de variantes e combinações práticas que só caso a caso será possível, em definitivo, determinar (sobre a tradicional distinção entre chamados depósitos bancários de custódia e de administração de títulos, vide CAMANHO, P. Ponces, *O Contrato de Depósito Bancário*, 88 e segs., Almedina, Coimbra, 2005; noutros quadrantes, MARTÍNEZ, I. Rodriguez, *El Contrato Bancario de Administración de Valores Anotados en Cuenta*, 25 e segs., Marcial Pons, Madrid, 2004; RIVES-LANGE, Jean/ CONTAMINE-RAYNAUD, Monique, *Droit Bancaire*, 760 e segs., Dalloz, Paris, 1995; GIORGIANNI, Francesco/ TARDIVO, Carlo-Maria, *Manuale di Diritto Bancario*, 384 e segs., Giuffrè, Milano, 2005). Saliente-se, por outra banda, que as fronteiras entre a modalidade do "depósito de administração" de instrumentos e valores ("Wertpapierdepotsgeschäft", "deposito de titoli in amministrazione", "dépôt de titres") e o contrato de gestão de carteira (art. 335.º do CVM) podem tornar-se tanto mais esbatidas quanto maior for o alcance da obrigação de administração assumida pelo intermediário depositário (sobre a distinção, vide COSSU, Monica, *La "Gestione di Portafogli di Investimento" tra Diritto dei Contratti e Diritto dei Mercati Finanziari*, 158, Giuffrè, Milano, 2002).

trato pelo qual um intermediário financeiro coloca à disposição de um investidor ou cliente determinados instrumentos financeiros, "maxime", valores mobiliários, por um certo período de tempo, ficando este último obrigado a pagar uma contrapartida, usualmente a prestar uma garantia, e a restituir ao primeiro aqueles instrumentos ou valores.[1192]

II. As *fontes* legais deste contrato constam genericamente dos arts. 291.º, b) e 350.º do CVM: tenha-se em atenção, todavia, que, tratando-se de uma modalidade especial do empréstimo mercantil, lhe são aplicáveis as normas deste último com as necessárias adaptações (arts. 394.º a 396.º do CCom, arts. 1142.º e segs. do CCivil).

Desde logo, é mister sublinhar a *ambivalência tipológica* do contrato de empréstimo no domínio jusfinanceiro. Com efeito, tal contrato constitui um negócio por conta própria dos intermediários financeiros, actividade essa que, como sabemos, é qualificada "hoc sensu" como um serviço de investimento (arts. 290.º, n.º 1, e) e 350.º do CVM)[1193], mas também pode consubstanciar uma operação enquadrável nos serviços auxiliares (art. 291.º, b) do

---

[1192] Sobre a figura, vide RODRIGUES, S. Nascimento, *Os Contratos de Reporte e de Empréstimo no Código dos Valores Mobiliários*, in: VII CadMVM (2000), 289--327. Noutros países, ACKER, Georg, *Die Wertpapierleihe. Grundlagen, Abwicklung und Risiken*, Gabler, Wiesbaden, 1995; BLANCO, J. Cáchon, *El Contrato de Préstamo de Valores Negociables*, in: "Estudios Jurídicos en Homenaje al Prof. Aurelio Menéndez", vol. III, 3163-3201, Civitas, Madrid, 1996; FABOZZI, Frank, *Securities Lending and Repurchase Agreements*, J. Wiley & Sons, New York, 1996; JEANTIN, Michel, *Les Prêts de Titres*, in: 110 RevS (1992), 465-483.

[1193] Entre as funções económicas do empréstimo financeiro, destaca-se a prática de *"short selling"*: no essencial, trata-se de tomar de empréstimo determinado instrumento financeiro (v.g., um lote de acções sobrevalorizadas) a fim de o vender de imediato e esperar que a sua cotação desça, para então recomprar outro tanto do mesmo instrumento a um preço mais baixo, devolvê-lo ao mutuante, e encaixar o diferencial positivo da venda e compra líquido da comissão de empréstimo e dos juros. Cf. STALEY, Kathryn, *The Art of Short Selling*, J. Wiley & Sons, New York, 1997; entre nós, com uma concepção mais ampla, vide REIS, Célia/ SOUSA, Rita/ VIDAL, Isabel/ WILTON, Pedro, *Operações de Short Selling*, in: 12 CadMVM (2001), 159-185.

Contratos Financeiros

CVM): neste último caso, estamos perante um mero contrato através do qual um intermediário financeiro coloca à disposição de um investidor os meios pecuniários necessários para que este realize uma determinada operação sobre instrumentos financeiros em que intervém o próprio intermediário[1194]. Por outro lado, retenha--se que o empréstimo constitui apenas uma (embora porventura a mais relevante) das modalidades dos *contratos de crédito* relativos a operações sobre instrumentos financeiros (cf. também art. 291.º, b) do CVM): significa isto dizer, "inter alia", que são configuráveis outros tipos contratuais no âmbito deste serviço auxiliar sempre que a concessão de crédito vise permitir aos investidores efectuar uma operação que tenha por objecto instrumentos financeiros e nela intervenha a entidade concedente de crédito (v.g., abertura de crédito, descoberto bancário, antecipação bancária, constituição de garantias) (cf. art. 32.º do Regulamento CMVM n.º 2/2007, de 5 de Novembro).[1195]

III. O *regime jurídico* da figura envolve especialidades numerosas, que aqui não é possível analisar em detalhe. Desde logo, no que concerne aos respectivos *sujeitos*, o contrato de empréstimo postula necessariamente a intervenção de um intermediário financeiro (mutuante) e um cliente (mutuário) (arts. 289.º, n.º 2, 291.º, b) do CVM)[1196]. No que respeita ao seu *objecto*, apesar do carácter restrito da formulação legal (que se refere apenas

---

[1194] Inversamente, já não constituirão empréstimos no sentido do art. 291.º, b) do CVM os financiamentos em espécie (ASSMANN, Heinz-Dieter/ SCHNEIDER, Uwe (Hrsg.), *Wertpapierhandelsgesetz – Kommentar,* 134, 4. Aufl., Otto Schmidt, Köln, 2006) ou os financiamentos de operações sobre instrumentos financeiros em que não seja parte o intermediário financeiro mutuante (HIRTE, Heribert/ MÖLLERS, Thomas (Hrsg.), *Kölner Kommentar zum WpHG,* 146, Carl Heymanns, Köln, 2007).

[1195] Para questão paralela, cf. ARÓSTEGUI, J. Endemaño, *Las Operaciones Bursátiles a Credito en las Bolsas Españolas*, Marcial Pons, Madrid, 1993.

[1196] Sublinhe-se que o empréstimo já não será havido como um contrato de intermediação no caso de visar a liquidação de operações de mercado regulamentado e for efectuado pela entidade gestora de mercado ou de sistema de liquidação (art. 350.º, n.º 2 do CVM).

a "empréstimos sobre valores mobiliários": cf. 350.º do CVM), o contrato poderá incidir, quer sobre valores mobiliários (acções, obrigações, "warrants"), quer mesmo sobre outros instrumentos financeiros (designadamente, instrumentos monetários, v.g., bilhetes do tesouro, papel comercial), pertençam estes ao intermediário ou a terceiros clientes (desde que com o acordo escrito destes: cf. art. 306.º, n.º 3 do CVM). Quanto à respectiva *forma*, importa salientar que ele deverá ser reduzido a escrito (no caso de o mutuário ser um investidor não qualificado: cf. arts. 30.º e 321.º, n.º 1 do CVM) – revestindo habitualmente a natureza de contrato de adesão, caso em que as respectivas cláusulas padronizadas são objecto de comunicação prévia à CMVM e do controlo da LCCG (art. 321.º, n.ᵒˢ 3 e 4 do CVM) –, e, quanto ao seu *conteúdo*, ressalta a exigência de um conteúdo mínimo obrigatório, onde se incluem elementos tais como a taxa de juro implícita, o eventual reforço ou execução das garantias, ou o tipo de instrumentos financeiros objecto da aplicação dos fundos mutuados (art. 32.º do Regulamento CMVM n.º 2/2007, de 5 de Novembro). Finalmente, relativamente aos seus *efeitos*, este contrato envolve a transferência da titularidade dos activos financeiros (art. 350.º, n.º 1 do CVM), salvo convenção em contrário (ao invés do regime geral do art. 1144.º do CCivil): significa isto que o mutuário passa a ser titular da propriedade, embora temporária[1197], dos instrumentos e valores objecto do negócio, com todos os respectivos direitos patrimoniais e organizativos conexos (v.g., voto, dividendos e cupões, direitos de alienação ou oneração, etc.).[1198]

[1197] O empréstimo representa assim uma das modalidades possíveis de transmissão temporária de valores mobiliários, a qual implica, "ex definitione", uma nova e futura retransmissão ao transmitente ou a terceiro: outras modalidades possíveis são o reporte (art. 284.º, n.º 3 do CVM), a venda a retro (art. 927.º do CCivil), as convenções de partilha de lucros sobre valores, etc. (XAVIER, François, *Les Transferts Temporaires de Valeurs Mobilières*, 4 e segs., LGDJ, Paris, 1997).

[1198] Semelhante transferência temporária da titularidade dos instrumentos objecto do mútuo explica também, quando estes consistam em acções, o frequente recurso ao

3.4. *Consultoria Empresarial*

I. Designa-se por contrato de consultoria empresarial ("corporate planning", "Unternehmensberatung", "ingénierie financière", "consulenza alle impresa") *o contrato celebrado entre um intermediário financeiro e uma empresa, pelo qual o primeiro se obriga, mediante remuneração, à prestação de conselhos, recomendações e informações relativos às estrutura, estratégia e organização da última.*[1199]

II. A consultoria ou "engenharia empresarial" constitui um dos domínios abrangidos pelo monopólio ou exclusivo legal consagrado em favor dos intermediários financeiros, em particular os bancos: nos termos do art. 291.º, d) do CVM, são qualificados como serviços auxiliares de investimento "a consultoria sobre a estrutura de capital, a estratégia industrial e questões conexas, bem como a fusão e a aquisição de empresas" (cf. também art. 4.º, n.º 1, j) do RGIC). O legislador português, à semelhança de outros estrangeiros (v.g., art. 1.º, n.º 6, d) do TUF italiano, art. L321, n.º 4 do CMF francês), veio assim consagrar uma *noção relativamente ampla* de consultoria empresarial para estes efeitos: aqui se abrangem, designadamente, as montagens relativas à *estrutura de capital* da empresa, mormente aquelas que visam reestruturar a respectiva situação financeira (v.g., reforço de capitais próprios, reporte de acções, gestão de tesouraria, reestruturação do passivo social, reorganização da estrutura accionista)[1200], à

---

empréstimo financeiro como expediente de dissociação entre propriedade jurídica e propriedade económica do capital das sociedades anónimas cotadas, especialmente por parte de "hedge funds" (cf. ANTUNES, J. Engrácia, *Fondos de Invérsion Libre y Derecho de Sociedades*, espec. 50 e segs., in: 113 RDBB (2009), 7-54).

[1199] Sobre a figura, vide BERTREL, Jean-Pierre/ JEANTIN, Michel, *Droit de l'Ingénierie Financière*, Litec, Paris, 1990.

[1200] Uma das mais difundidas montagens de engenharia empresarial-financeira neste domínio é a chamada *"reestruturação do passivo"*. Trata-se de uma operação de gestão do passivo social, que visa assegurar o reequilíbrio do balanço mediante a

Dos Contratos Comerciais em Especial

estratégia da empresa (v.g., entrada e saída de mercados, investimentos, diferenciações de produto) e às mais relevantes operações de *reorganização* da superestrutura jurídica da empresa (v.g., fusões, cisões, ofertas públicas de aquisição, relações de cooperação interempresarial).[1201]

3.5. *Análise Financeira*

I. Designa-se por contrato de análise financeira ("research", "Finanzanalyse", "analyse financière") *o contrato celebrado entre um intermediário financeiro e um cliente (tipicamente um investidor institucional) que tem por objecto a pesquisa e estudo técnico-financeiro de determinado(s) emitente(s) ou de determinado tipo ou categoria de instrumento(s) financeiro(s).*[1202]

II. A análise financeira constitui um *serviço auxiliar de investimento*, com importância crescente no funcionamento do mercado de capitais: através dela, são produzidos relatórios fundamentados sobre as empresas que actuam neste mercado e aí colocam os respectivos produtos (designadamente, valores mobi-

---

expurgação de determinadas dívidas de longo prazo ("maxime", empréstimos obrigacionistas), realizada através da constituição de um novo veículo societário para o qual é transferido o serviço de dívida, acompanhada usualmente da transferência, a título de activos, de uma carteira de valores mobiliários e financeiros (FERRY, Jean-Marc, *Le Fondement Juridique de l'Effet Comptable de la "Défaisance Économique"*, in: 92 JCP-EE (1991), 471-473).

[1201] Para uma visão de conjunto das chamadas "montagens" ou "mezaninas" empresariais em sentido amplo, no caso de empresas sob forma societária, vide DOM, Jean-Philippe, *Les Montages en Droit des Sociétés*, Joly, Paris, 1998.

[1202] Sobre a actividade de análise financeira ou "research", vide RODRIGUES, S. Nascimento, *Aspectos Jurídicos da Actividade e dos Relatórios de Análise Financeira*, in: 14 CadMVM (2002), 100-104. Noutros ordenamentos, vide JACOB, John/ LYS, Thomas/ NEALE, Margareth, *Expertise in Forecasting Performance of Security Analysts*, in: 28 JAE (2000), 51-82; FABRIZIO, Stefano, *Gli "Studi" Prodotti dagli Analisti Finanziari. Conflitti di Interessi, Prime Evidenze Empiriche*, in: XIX BIS (2000), 187-212; ZIMMERMANN, Jean-Pierre, *Les Analystes Financiers*, in: 121 RevS (2003), 741-764.

Contratos Financeiros

liários), realizando um juízo de prognose quanto à sua evolução futura e uma recomendação genérica aos investidores nessa matéria (v.g., "comprar", "vender", "manter", "neutral").

Durante muito tempo, tal actividade encontrou-se liberalizada, sendo exercida, para além dos departamentos de "research" dos intermediários financeiros, por uma vasta série de outras entidades (v.g., jornalistas económicos, associações de consumidores, professores, profissionais liberais, etc.)[1203]. O impacto significativo desta actividade no mercado e no público investidor, e bem assim a necessidade de reforçar a credibilidade, competência e independência do estatuto do analista financeiro[1204], explica que o legislador português tenha vindo a incluí-la no elenco legal dos serviços auxiliares (art. 291.º, c) do CVM): tal actividade tanto pode dar origem a um contrato autónomo (usualmente celebrado entre o intermediário financeiro e um investidor institucional) como ser desenvolvida de forma instrumental relativamente a um outro contrato ou actividade de intermediação financeira (v.g., contrato de gestão de carteira).

III. A actividade de análise financeira encontra-se hoje enquadrada por um conjunto de preceitos de natureza vária. Desde logo, e em termos gerais, recorde-se que a *informação relativa a instrumentos financeiros e a emitentes deve ser completa, verdadeira, actual, clara, objectiva e lícita*, incluindo a informação contida em relatórios de análise financeira, de notação de risco ou

---

[1203] Até recentemente, não existia qualquer disciplina legal ou regulamentar específica da actividade de análise financeira, sendo de referir apenas a existência de um "Código de Conduta do Analista Financeiro", aprovado pela associação do sector em 1999, e das Recomendações da CMVM sobre relatórios de análise financeira, de 20 de Dezembro de 2001.

[1204] MONTEIRO, M. Alves, *Análise Financeira: Ética e Performance Exigem-se, Formação e Certificação Recomendam-se*, in: 14 CadMVM (2002), 39-48. Sobre a necessidade e o sentido de uma harmonização europeia na matéria, CERVONE, Elisabeta, *EU Conduct of Business Rules and the Liberalization Ethos: The Challenging Case of Investment Research*, in: 16 EBLR (2005), 421-456.

recomendações (art. 7.º, n.ºˢ 1 e 2 do CVM). Depois ainda, relevantes para estes efeitos são as normas em matéria de *recomendações de investimento* (arts. 12.º-A a 12.º-E, 309.º-D do CVM). Em via geral, são consideradas como tais os relatórios de análise financeira ou qualquer outro tipo de informação que se destine ao público ou a canais de distribuição, que formulem directa ou indirectamente recomendações ou sugestões de investimento e desinvestimento sobre um emitente de valores mobiliários ou sobre instrumentos financeiros (quando produzida por analistas independentes, empresas de investimento, instituições de crédito ou entidades que tenham por objecto principal tal actividade: cf. art. 12.º-A, n.º 1 do CVM) ou que formulem directamente uma recomendação de decisão de investimento e desinvestimento relativamente a um concreto instrumento financeiro (quando produzida por outras pessoas singulares ou colectivas: cf. art. 12.º-A, n.º 2 do CVM). As recomendações de investimento estão sujeitas a um apertado regime legal, incluindo o processo e conteúdo da respectiva emissão (art. 12.º-B do CVM), a divulgação dos conflitos de interesse dos emitentes (arts. 12.º-C e 309.º-D do CVM), e a sua reprodução ou utilização por parte de terceiros (art. 12.º-D do CVM)[1205]. Por fim, tenham-se ainda presentes as *Recomendações da CMVM sobre Relatórios de Análise Financeira sobre Instrumentos Financeiros ("Research"),* de 12 de Agosto de 2008: tais recomendações estabelecem um conjunto de orientações dirigidas aos emitentes, aos intermediários financeiros e outros analistas, aos jornalistas, e aos investidores relativamente ao exercício e projecções de semelhante actividade.

[1205] Sobre os requisitos a que estão sujeitos as entidades que elaboram ou difundem recomendações de investimento, vide ainda os arts. 35.º e segs. do Regulamento CMVM n.º 2/2007, de 5 de Novembro.

Contratos Financeiros

IV. Vizinha, embora distinta, da actividade de análise financeira é a *notação de risco* ("rating"), que consiste genericamente numa actividade de avaliação da solvabilidade financeira de operações, indivíduos, empresas ou Estados, ou seja, do risco de não cumprimento pontual das respectivas obrigações de capital e juros[1206]. Semelhante actividade, que é desenvolvida por sociedades de notação de risco obrigatoriamente sujeitas à autorização, registo e supervisão da CMVM (art. 12.º do CVM e Regulamento CMVM n.º 7/2000, de 8 de Fevereiro), não pode deixar de se considerar como também abrangida no âmbito do art. 291.º, c) do CVM sempre que estejam em causa entidades ou operações relativas ao mercado de capitais: assim, designadamente, o contrato celebrado entre uma entidade de "rating" e um emitente de valores mobiliários será, em princípio, de qualificar como um contrato auxiliar, sem prejuízo, naturalmente, de ele próprio poder constituir parte integrante ou acessória de outros contratos (v.g., as chamadas "rating trigger clauses", que prevêem o reembolso antecipado, a prestação de garantias suplementares, o aumento da taxa de juro, ou outras consequências similares, em caso de descida da notação).

[1206] Como é sabido, essa análise conduz à atribuição de uma "nota" de C a AAA à entidade avaliada (cf. as escalas de agências internacionais de notação "Moody", "Standard & Poor", "Fitch", e "Dominion Bond"), que determina "grosso modo" o risco e custo do crédito a ela concedido por bancos, accionistas, obrigacionistas, fornecedores ou outros credores. Sobre a figura – que representa crescentemente um "gatekeeper" dos mercados financeiros e que tem estado, após a crise de 2008, debaixo de um intenso escrutínio internacional –, vide LANGOHR, Herwig/ LANGOHR, Patricia, *The Rating Agencies and Their Credit Ratings*, J. Wiley & Sons, New York, 2009; EISEN, Mathias, *Haftung und Regulierung internationaler Rating-Agenturen*, Peter Lang, Frankfurt am Main, 2007; PASCUAL, J. López, *El Rating y las Agencias de Calificación*, Dykinson, Madrid, 1996; RAIMBOURG, Philippe, *Les Agences de Rating*, Economica, Paris, 1990.

3.6. *Outros*

I. Tal como vimos suceder a respeito dos contratos de investimento[1207], são naturalmente concebíveis *outros contratos auxiliares*, nominados ou inominados, típicos ou atípicos: nesse sentido concorre, quer a natureza complexa das próprias actividades auxiliares de serviços de investimento (v.g., os contratos de aluguer de cofre-forte e os contratos cambiais, decorrentes do art. 291.º, f) do CVM)[1208], quer a natureza aberta de alguns dos tipos contratuais previstos no Cap. II do Título VI (v.g., o contrato de assistência do art. 337.º do CVM, que poderá ou não abranger o contrato de recolha de intenções de investimento do art. 342.º do CVM).

II. Um exemplo disto mesmo pode ser encontrado no art. 291.º, g) do CVM, preceito segundo o qual são também considerados serviços auxiliares "os serviços e actividades de investimento enumerados no n.º 1 do artigo 290.º, quando se relacionem com os activos subjacentes aos instrumentos financeiros derivados mencionados nas subalíneas ii) e iii) da alínea e) e f) do n.º 1 do artigo 2.º'". Tal significa dizer, no essencial, que poderão constituir assim contratos auxiliares os diferentes tipos de operações de investimento (v.g., colocação, gestão de carteira, consultoria para investimento) que tenham por objecto futuros, opções, "swaps", contratos diferenciais, ou quaisquer outros contratos derivados relativos a mercadorias, variáveis climáticas, tarifas de fretes, indicadores financeiros e económicos, licenças de emissão ou outros

---

[1207] Cf. *supra* Parte III, Cap. V, §2, 2.6.

[1208] Sobre os contratos cambiais e os contratos de cofre-forte, vide já *supra* Parte III, Cap. IV, §7, 1 e 2.1. Sublinhe-se, todavia, que a relevância jusfinanceira destes tradicionais contratos bancários depende do seu carácter acessório ou instrumental relativamente a outros serviços ou actividades de investimento (cf. também HIRTE, Heribert/ / MÖLLERS, Thomas (Hrsg.), *Kölner Kommentar zum WpHG*, 148, Carl Heymanns, Köln, 2007).

Contratos Financeiros

elementos análogos indicados no art. 39.º do Regulamento CE//1287/2006, de 10 de Agosto.[1209]

§3 Contratos Derivados

1. Aspectos Gerais

1.1. *Noção*

I. Designam-se por contratos derivados ("derivative contracts", "Derivatverträge", "contrats dérivés", "contratti derivati") os *contratos a prazo que, celebrados entre investidores, intermediários financeiros e/ou entidades gestoras de mercado por referência a um determinado activo subjacente, são geradores de instrumentos financeiros negociáveis no mercado de capitais.*[1210]

II. Estes contratos encontram-se genericamente previstos no art. 2.º, n.º 1, c) a f) do CVM[1211]. A sua *origem histórica* perde-se

---

[1209] Sobre tais contratos derivados, vide *infra* Parte III, Cap. V, §3, 9.

[1210] Sobre os derivados, vide, entre nós, ANTUNES, J. Engrácia, *Os Derivados*, in: 30 CadMVM (2008), 91-136; ANTUNES, J. Engrácia, *Inovação Financeira e Produtos Derivativos*, in: RDBMC (2009), em curso de publicação; ASCENSÃO, J. Oliveira, *Derivados*, in: AAVV, "Direito dos Valores Mobiliários", vol. IV, 41-68, Coimbra Editora, Coimbra, 2003; MONTEIRO, M. Alves, *O Mercado Português dos Derivados,* in: 12 Econ (1999), 119-127; PEIXOTO, J. Paulo, *Funcionamento da Bolsa de Derivados*, McGraw-Hill, Lisboa, 2000. Noutros quadrantes, vide CABALLERO, J. Sanz, *Derivados Financieros*, Marcial Pons, Madrid, 2000; HUDSON, Alastair, *The Law on Financial Derivatives,* 3rd edition, Sweet & Maxwell, London, 2002; NASSETTI, F. Caputo, *I Contratti Derivati Finanziari*, Giuffrè, Milano, 2007; REINER, Günter, *Derivative Finanzinstrumente im Recht,* Nomos, Baden-Baden, 2002; RUTTIENS, Alain, *Manuel des Produits Dérivés*, Eska, Paris, 1997.

[1211] A fonte próxima do preceito português é a Directiva 2004/39/CE, de 21 de Abril, vulgarmente conhecida por "Directiva dos Mercados de Instrumentos Financeiros" ou DMIF (cf. pontos 4) a 10) da Secção C do Anexo I), sendo ainda relevante o Regulamento CE/1287/2006, de 10 de Agosto (cf. arts. 37.º a 39.º).

na noite dos tempos: é sabido que os mercadores gregos negociavam futuros sobre azeite (através dos quais fixavam no presente o preço do litro de azeite a ser comprado em determinada quantidade e data futura) e os mercadores holandeses ajustavam opções sobre tulipas (através das quais concediam ao beneficiário a faculdade de adquirir, por preço prefixado e durante um certo período de tempo, uma determinada quantidade dessas flores)[1212]. Apesar destas raízes longínquas, pode afirmar-se que a massificação dos contratos derivados está intimamente ligada ao movimento de *"inovação financeira"* que anima e caracteriza os mercados de capitais das últimas décadas[1213], constituindo uma das principais categorias dos contratos nestes negociados: de acordo com um estudo recente, o mercado organizado de derivados movimentou em 2008 cerca de 5,5 biliões de futuros (de valor superior a 1,5 trilião de dólares) e 4,8 biliões de opções (de valor superior a 670 biliões de dólares), sendo ainda que o volume de derivados negociados fora do mercado organizado ascendeu a quase 600 biliões de dólares.[1214]

[1212] JAMES, Simon, *The Law of Derivatives*, 1, LLP, London, 1999. Sobre esta origem histórica, vide SWAN, Edward, *Building the Global Market – A 4000 Year History of Derivatives*, 30 e segs., Kluwer, The Hague, 2000.

[1213] Sobre a chamada inovação financeira, vide CAVANNA, Henri (ed.), *Financial Innovation*, I. Thomson Business, Routledge, 1992; COURET, Alain, *Innovation Financière et Règle de Droit*, IAE, Paris, 1990; WIELAND, Aglaia, *Finanzinnovationen – Analyse von Erfolgsfaktoren für die Etablierung neuer Finanzinstrumente*, Diplomica, Hamburg, 2001.

[1214] Bank of International Settlements, *Semiannual OTC Derivatives Statistics at the End-December 2008*, Basel, 2009. Assinale-se a primazia dos derivados sobre taxas de juro (418 biliões, representativos de mais de ¾ do total dos derivados OTC), seguidos dos derivados sobre taxas de câmbio (50 biliões), derivados de crédito (41 biliões), "forwards", "swaps" e opções ligados a capital (7 biliões), e derivados sobre mercadorias (4 biliões) (optamos aqui pela escala curta americana, e não pela escala longa europeia: cf. ALMEIDA, Guilherme, *Sistema Internacional de Unidades*, 3.ª edição, Plátano, 2002).

Contratos Financeiros

III. Os contratos derivados desempenham essencialmente uma *função económica* de cobertura de risco ("hedging"), de especulação ("trading") e de arbitragem ("arbitrage").[1215]

Desde logo, os contratos derivados são essencialmente *um meio de salvaguarda das empresas em face dos riscos inerentes à sua actividade económica*, incluindo os riscos de mercado (v.g., oscilações das taxas de câmbio, taxas de juro, cotações bolsistas, inflação), o risco de crédito (v.g., incumprimento, insolvência, iliquidez do devedor), o risco regulatório ("maxime", limites prudenciais à aquisição de acções), e outros riscos económicos análogos. Assim, por exemplo, um industrial que necessite regularmente de uma determinada matéria-prima sujeita a uma enorme volatilidade de preço no mercado (v.g., combustível) pode prevenir-se contra subidas inopinadas dos custos produtivos através da celebração de futuros que fixem hoje o preço a pagar amanhã; um comerciante europeu que seja titular de créditos denominados em dólares, temendo uma futura evolução desfavorável da taxa de câmbio euro/dólar, pode prevenir-se contra tal risco celebrando um "swap" de divisas; um banqueiro que projecte adquirir a prazo uma carteira de acções ou outros valores mobiliários pode acautelar-se face os riscos inerentes às subidas ou descidas das respectivas cotações através da conclusão de uma opção de compra sobre esses valores.[1216]

Além dessa função económica protectiva, os contratos derivados servem ainda concomitantemente *finalidades de especula-*

[1215] Sobre as funções económicas dos derivados, vide em geral GIRINO, Emilio, *I Contratti Derivati*, 16 e segs., Giuffrè, Milano, 2001; HUDSON, Alastair, *The Law on Financial Derivatives*, 15 e segs., 3rd edition, Sweet & Maxwell, London, 2002; REINER, Günter, *Derivative Finanzinstrumente im Recht*, 4 e segs., Nomos, Baden--Baden, 2002.

[1216] Esta função de cobertura pode revestir duas modalidades fundamentais, consoante seja realizada por parte de quem, não sendo titular do activo, deseja precaver-se contra uma subida do seu valor no futuro ("long hedge"), ou de quem, sendo titular do activo no mercado a pronto, prevê uma diminuição futura do seu valor ("short hedge").

Dos Contratos Comerciais em Especial

ção – permitindo aos investidores realizar aplicações lucrativas que visam jogar na antecipação do sentido da evolução do valor dos activos subjacentes aos contratos – e *de arbitragem* – permitindo aos investidores realizar aplicações lucrativas que visam tirar partido das imperfeições dos mercados ou preços dos activos subjacentes. [1217]

IV. O termo "derivado" é um termo juridicamente *polissémico*. Não existindo uma definição legal e geral da figura, ele vem sendo utilizado pelo legislador, jurisprudência e doutrina em sentidos diversos, designando, ora uma categoria especial de instrumentos financeiros, ora os contratos negociáveis em que assentam, ora ainda as posições jurídicas em que investem os respectivos titulares. [1218]

Na exposição subsequente, concentrar-nos-emos obviamente, em primeira linha, na dimensão contratual ou negocial dos derivados, sem prejuízo da relativa indissociabilidade da respectiva dimensão puramente financeira [1219]. Sublinhe-se ainda que a expressão "contrato", utilizada nas leis portuguesa (art. 2.º, n.º 1, e) do CVM) e estrangeiras ("contrats financiers", "Termingeschäfte",

---

[1217] A dimensão especulativa é, hoje como ontem, fundamental no mercado de negociação de derivados, já que cobertura do risco e especulação são duas faces da mesma moeda, só abstractamente sendo cindíveis: com efeito, um empresário só pode cobrir um determinado risco da sua actividade económica se encontrar no mercado um investidor ou especulador disposto a assumi-lo, sendo os derivados justamente um mecanismo de contratualização massificada dessa transferência de risco. Por isso mesmo, faz sentido afirmar que os contratos de derivados "can be used either to reduce risks or to take risks" (HULL, John, *Options, Futures and Other Derivatives*, 15, 6th edition, Prentice Hall, Englewood Cliffs, 2005).

[1218] Sobre esta polissemia, vide ANTUNES, J. Engrácia, *Os Derivados*, 96, in: 30 CadMVM (2008), 91-136; ASCENSÃO, J. Oliveira, *Derivados*, 49, in: AAVV, "Direito dos Valores Mobiliários", vol. IV, 41-68, Coimbra Editora, Coimbra, 2003. Noutros quadrantes, salientando igualmente este aspecto, GIRINO, Emilio, *I Contratti Derivati*, 7 e segs., Giuffrè, Milano, 2001; HUDSON, Alastair, *The Law on Financial Derivatives*, 12, 3rd edition, Sweet & Maxwell, London, 2002; SERNETZ, Julia, *Derivate und Corporate Governance*, 48, Peter Lang, Frankfurt am Main, 2006.

Contratos Financeiros

"contratti a termine"), é aqui por vezes empregue, não no seu sentido tradicional ou técnico, mas no sentido amplíssimo de modelo negocial abstracto apto a gerar vinculações jurídicas: se existem derivados que correspondem efectivamente a verdadeiros negócios jurídicos bilaterais (v.g., "swaps", "caps", "floors"), existem outros que, como melhor veremos adiante, têm a sua origem remota em "contratos-tipo" ou "produtos contratuais", construídos na base de condições negociais padronizadas adequadas à constituição futura e massificada de direitos e deveres em mercado pelos investidores interessados (como é o caso típico dos futuros e opções negociados em mercado organizado).[1220]

1.2. Características

I. Os contratos derivados são, desde logo, *contratos a prazo* ("Termingeschäfte", "contrats à terme", "contratti a termine")[1221].

[1219] Trata-se de "communis opinio": os derivados "nascem de contratos" (NEJMAN, Gilles, *Les Contrats de Produits Dérivés: Aspects Juridiques*, 15, Larcier, Bruxelles, 1999), os derivados "são contratos" (REINER, Günter, *Derivative Finanzinstrumente im Recht*, 13, Nomos, Baden-Baden, 2002), os derivados representam "contratos que geram um instrumento financeiro" (GIRINO, Emilio, *I Contratti Derivati*, 169, Giuffrè, Milano, 2001), ou "o denominador comum dos instrumentos derivados negociados no mercado organizado ou fora dele é, indiscutivelmente, um contrato" (PELTIER, Frédéric, *Marchés Financiers et Droit Commun*, 156, Banque Éditeur, Paris, 1997).

[1220] DRUMMOND, France, *Le Contrat comme Instrument Financier*, in: "Mélanges en Hommage à François Terré", 661-675, Puf, Paris, 1999. Sintomático é também que, na "praxis" financeira germânica, os negócios sobre derivados sejam designados "Kontrakte" e não "Verträge" (REINER, Günter, *Derivative Finanzinstrumente im Recht*, 3, Nomos, Baden-Baden, 2002).

[1221] Sobre os derivados como operações a prazo – e sobre a essencialidade do elemento temporal –, vide ASCENSÃO, J. Oliveira, *Derivados*, 47, in: AAVV, "Direito dos Valores Mobiliários", vol. IV, 41-68, Coimbra Editora, Coimbra, 2003; noutros quadrantes, CAPRIGLIONE, Francesco, *Essenzialità del Termine ed Usi di Borsa nelle "European Call Options"*, 501, in: LVII BBTC (1994), 498-504; CORDIER, Jean, *Les Marchés à Terme*, Puf, Paris, 1992; ELLER, Roland (Hrgs.), *Handbuch Derivativer Instrumente*, 9, Schäffer-Poeschel, Stuttgart, 1996.

Dos Contratos Comerciais em Especial

Tal significa dizer que constituem negócios que, no lugar de serem objecto de execução imediata (operações a contado ou "spot"), se caracterizam pela existência de um período de tempo mais ou menos longo, que pode ir de alguns meses a algumas semanas ou dias apenas, entre a data da sua celebração e a data da execução dos direitos e obrigações deles emergentes (operações a prazo ou "forward")[1222]. Esse prazo, porém, poderá ter uma natureza firme ou condicional, "rectius", o prazo ou lapso de tempo intercorrente poderá configurar juridicamente um "termo" ou uma "condição". Se existem derivados cuja execução tem lugar necessariamente numa data de vencimento pré-determinada – funcionando o prazo como uma espécie de termo inicial certo ("dies certus an certus quando"): é o caso dos futuros –, outros existem em que aquela execução poderá ter ou não lugar nessa (ou até essa) data consoante a vontade do respectivo titular ou beneficiário – pelo que ao prazo vai acoplada uma verdadeira condição incerta ("dies incertus an incertus quando"): é o caso das opções, respectivamente, de estilo europeu e americano.[1223]

[1222] A distinção entre operações a prazo ("forward transactions", "Termingeschäfte") e a contado ("spot transactions", "Kassageschäfte") nem sempre será fácil (cf. ainda os arts. 15.º e segs. do Regulamento CMVM n.º 3/2007, de 9 de Novembro). Muito embora as operações a prazo impliquem usualmente um prazo de execução superior a dois dias (cf. art. 38.º, n.º 2 do Regulamento CE/1287/2006, de 10 de Agosto), é necessário advertir para a possibilidade de existência de operações financeiras híbridas a meio caminho entre o mercado a prazo e à vista (MELZER, Philipp, *Zum Begriff des Finanztermingeschäfts*, 370 e segs., in: 3 ZBK (2003), 366-372).

[1223] Esta essencialidade do factor "tempo" é, não apenas inteiramente consistente com a função primacial de cobertura de risco dos derivados – já que, consistindo o risco na oscilação das variáveis económicas no futuro, apenas uma operação a prazo, executável em data futura, lhe poderá fazer face –, como também determinante de vários aspectos do respectivo regime jurídico – mormente, conformando o conteúdo das prestações contratuais. Assim, por exemplo, num contrato de futuros é sempre aposto um termo certo inicial ou suspensivo – que assume natureza de termo essencial –, o qual lhe confere justamente a sua fisionomia típica de negócio cujos efeitos jurídicos principais (entrega de activo subjacente, pagamento do preço acordado, pagamento do saldo diferencial) se produzem apenas em data futura pré-determinada.

Contratos Financeiros

II. Em segundo lugar, os contratos derivados são celebrados e valorados por referência a uma realidade primária, ou "de primeiro grau", que a lei designa por *"activo subjacente"* ("underlying asset", "Basiswert").[1224]

Os activos subjacentes (ou derivantes) são hoje praticamente ilimitados, podendo revestir natureza corpórea ou incorpórea, real ou virtual, industrial ou financeira, jurídica ou económica – ponto é que se trate de realidades tipicamente sujeitas a risco de variação do respectivo valor. Entre os mais conhecidos nos dias de hoje, incluem-se os valores mobiliários – de natureza real ou meramente nocional (por exemplo, uma acção ou obrigação hipotética de determinada empresa, que nunca foi realmente emitida) –, os instrumentos monetários – v.g., certificados de aforro, papel comercial, obrigações de caixa –, as taxas de juros – v.g., "Euribor", "Libor", "Mid", "Ribor", "overnight", etc. –, as divisas – v.g., o câmbio euro/dólar, dólar/iene, etc. –, os índices financeiros – sobre valores mobiliários, taxas de juro, divisas, e outros (v.g., "PSI20", "S&P500", "Eurostoxx 50", "MSCI World", "Dow Jones", "CAC", "Nikkey 255", "Dax30") –, os índices económicos – sobre taxas de inflação, de desemprego, de crescimento, de produto nacional interno, e outros (v.g., "U.S. gross domestic product", "Eurozone HICP inflation index", etc.) –, as mercadorias – desde produtos agrícolas (v.g., café, cacau, açúcar) até recursos naturais (v.g., ouro, prata, aço, platina) ou fontes energéticas (v.g., electricidade, gás natural) –, as variáveis climáticas (v.g., "degree day", "weather index"), as tarifas de transporte (v.g., "Worldscale Tanker Nominal Freight"), e ... os próprios derivados – ou seja,

---

[1224] Trata-se de um aspecto comummente referido na literatura internacional. Por exemplo: "Si definiscono «contratti derivati» quei contratti il cui valore deriva dal prezzo di una «attività finanziaria sottostante»" (NASSETTI, F. Caputo, *Profili Civilistiche dei Contratti Derivati Finanziari*, 2, Giuffrè, Milano, 1997); "Derivative Finanzinstrumente sind gegenseitige Verträge deren Wert vom Betrag einer zugrunde liegenden marktabhängigen Basiswert abgeleitet ist" (REINER, Günter, *Derivative Finanzinstrumente im Recht*, 1, Nomos, Baden-Baden, 2002).

Dos Contratos Comerciais em Especial

derivados de segundo grau, cujo activo subjacente é constituído por um outro derivado (v.g., "swaptions" de divisas). Em suma, a gama dos activos subjacentes é tal que não falta quem defina os derivados como contratos "that are based on the price of *something else*".[1225]

III. Em terceiro lugar, os contratos derivados são *contratos aleatórios*. Tal significa dizer que, no momento da celebração do contrato, reina um estado de incerteza quanto à existência ("an") e ao montante ("quantum") das atribuições patrimoniais resultantes do negócio para uma ou ambas as partes contratantes – ficando dependente de um evento futuro de natureza estocástica, apenas determinável em definitivo no momento da respectiva execução. Mas significa mais: trata-se de negócios em que o "risco" fornece a razão de ser do próprio contrato, no sentido em que as partes contratantes, mais do que simplesmente celebrá-lo num estado de défice informativo, visam justamente negociar sobre tal incerteza, fazendo desta a verdadeira causa e objecto negociais.[1226]

[1225] EASTERBROOK, Frank, *Derivative Securities and Corporate Governance*, 734, in: 69 UCLR (2002), 733-747. O legislador português consagrou um extensíssimo elenco de activos relevantes (art. 2.º, n.º 1, e) e f) do CVM), que reveste natureza fechada (ANTUNES, J. Engrácia, *Os Derivados,* 100, in: 30 CadMVM (2008), 91-136): sublinhe-se que a natureza dos activos, podendo ser extremamente heterogénea, não é, todavia, indiferente para efeitos do regime jurídico dos contratos derivados (por exemplo, os derivados cujo activo subjacente seja de natureza meramente teórica ou virtual, v.g., valores mobiliários nocionais, índices financeiros, índices económicos, apenas admitem liquidação financeira, estando obviamente excluída a liquidação física).

[1226] Com efeito, pode dizer-se que a condicionalidade estocástica é, de certo modo, própria de qualquer contrato, já que nestes sempre as partes trocam um presente certo por um futuro incerto: assim, por exemplo, num simples contrato de compra e venda, o perecimento das coisas sem culpa do devedor pode acarretar a extinção da obrigação, por impossibilidade objectiva (art. 790.º do CCivil). Todavia, ao contrário dos contratos comuns, nos contratos aleatórios – de que os contratos derivados são um exemplo – o risco e a incerteza ("Unsicherheitfaktor") funcionam, não como vicissitude colateral e não desejada, mas, verdadeiramente, como as próprias causa e objecto do acordo entre as partes. Sobre o ponto, vide também HENSSLER, Martin, *Risiko als Vertragsgegenstand*, 14, Mohr, Tübingen, 1994.

Contratos Financeiros

Sublinhe-se, porém, que pode ser diferenciada a distribuição do risco contratual: ao passo que uma boa parte dos derivados possuem uma estrutura simétrica de risco – já que, implicando deveres recíprocos de liquidação física ou pecuniária para ambas as partes, envolvem uma concomitante distribuição mútua de ganhos e perdas (v.g., futuros, "swaps") –, outros existem que se caracterizam por um perfil de risco assimétrico, em que uma das partes sabe de antemão qual o seu risco ou perda máximos (v.g., é o caso das opções, cujo comprador ou beneficiário sabe à partida que incorre numa perda máxima correspondente ao respectivo prémio).[1227]

IV. Finalmente, os contratos derivados revestem ainda algumas *outras características*. Entre elas, saliente-se possuírem em princípio uma natureza consensual – não estando sujeitos a forma legal obrigatória (excepto nos casos em que se insiram em serviços de intermediação financeira com o público investidor: cf. art. 321.º, n.º 1 do CVM)[1228] –, não real – cuja formação requer a mera declaração de vontade das partes contratantes –[1229],

---

[1227] GROUP OF THIRTY, *Derivatives: Practices and Principles,* 30 e segs., Washington, 1993. No quadro das tradicionais distinções da dogmática civilística, poder-se-ia afirmar então que existem contratos derivados em que a álea é bilateral ou unilateral, consoante envolva a posição de ambos ou apenas de um dos contraentes (COSTA, M. Almeida, *Direito das Obrigações,* 331, 8.ª edição, Almedina, Coimbra, 2000).

[1228] Apesar desta natureza consensual, trata-se de contratos que revestem usualmente uma forma escrita voluntária (art. 222.º do CCivil), atenta a sua habitual padronização pela via de cláusulas contratuais gerais ou da remissão para modelos contratuais ("master agreements") formulados por organizações nacionais e internacionais especializadas, com destaque para a "ISDA – International Swaps and Derivatives Association". Sobre este fenómeno de estandardização, bem como para modelos contratuais vários de derivados, vide GOOCH, Anthony/ KLEIN, Linda, *Documentation for Derivatives,* 157 e segs., Euromoney, London, 1993; HARDING, Paul, *Mastering the ISDA Master Agreements (1992 and 2002): A Practical Guide for Negotiation,* 2nd edition, FT Prentice Hall, London, 2003.

[1229] Excepto no caso das opções, que constituem contratos reais "quoad constitutionem", uma vez que o pagamento do prémio pelo beneficiário ou optante constitui um requisito constitutivo da formação do próprio contrato. Sobre a distinção entre contratos

Dos Contratos Comerciais em Especial

sinalagmática – sendo fonte para ambas as partes de obrigações ligadas entre si por um nexo de reciprocidade –[1230], patrimonial – onde está em regra afastado qualquer "intuitus personae", sendo irrelevante a pessoa ou qualidades dos contratantes –[1231], e onerosa – envolvendo atribuições patrimoniais para ambas as partes.

1.3. *Espécies*

I. O mercado de derivados é um mercado em contínuo crescimento desde os finais dos anos 80, sendo essa expansão caracterizada por uma tal profusão de modalidades e variantes, em quantidade e qualidade, que inviabiliza a formulação de classificações estáveis na matéria: não surpreende assim que haja mesmo quem considere que "a instabilidade e a aversão à sistematização são características institucionais dos derivados"[1232]. Isso mesmo, aliás,

---

obrigacionais e reais, vide TELLES, I. Galvão, *Manual dos Contratos em Geral,* 463 e segs., 4.ª edição, Coimbra Editora, 2002.

[1230] Tal sinalagma funcional entre as prestações das partes é, todavia, compatível com múltiplas variantes: por exemplo, pode tratar-se de uma prestação única (v.g., no caso dos "forwards") ou prestações sucessivas (v.g., no caso dos "swaps"), de prestações simétricas (v.g., futuros) ou assimétricas (v.g., é o caso das opções, em que uma das partes, o beneficiário, sabe de antemão qual o valor máximo da sua prestação, o prémio), ou mesmo de estruturas negociais bilaterais (v.g., derivados de balcão) ou trilaterais (v.g., derivados de mercado organizado). Sobre tal sinalagma, vide REINER, Günter, *Derivative Finanzinstrumente im Recht,* 13 e segs., Nomos, Baden-Baden, 2002.

[1231] Ao menos, nos derivados de mercado organizado: cf. NASSETTI, F. Caputo, *Profili Civilistiche dei Contratti Derivati Finanziari,* 197, Giuffrè, Milano, 1997. Por outro lado, os sujeitos dos contratos derivados podem dividir-se em três grandes categorias: entidades gestoras de mercado, intermediários financeiros ou "dealers" (entre os quais se destacam as instituições de crédito, as empresas de investimento, e as empresas seguradoras), e investidores ou "end-users" (entre os quais se destacam as empresas, os Estados, e os investidores institucionais) (KRAWIECK, Kimberly, *More Than Just "New Financial Bingo": A Risk-Based Approach to Understanding Derivatives,* 14 e segs., in: 23 JCL (1997), 1-62).

[1232] GIRINO, Emilio, *I Contratti Derivati,* 44, Giuffrè, Milano, 2001. Assim, por exemplo, é impossível afirmar com segurança se uma "swaption" deve ser classificada

acabou por ser reconhecido de alguma forma pelo próprio legislador português, que expressamente consagrou o carácter aberto e não taxativo do elenco legal previsto no CVM ao abranger genericamente "quaisquer outros contratos derivados" relativos aos activos subjacentes legalmente relevantes (art. 2.º, n.º 1, f)).[1233]

Sem prejuízo desta advertência, a literatura jurídica e económica especializada tem procurado agrupar os contratos derivados em diferentes espécies ou tipologias, de acordo com uma *diversidade de critérios ordenadores*.[1234]

II. O critério mais divulgado classifica os derivados de acordo com o *conteúdo da posição jurídico-contratual*. Segundo este critério, podemos distinguir entre três espécies fundamentais de derivados: os *futuros* (que conferem a ambas as partes posições recíprocas de compra e venda sobre o activo subjacente em data e por preço previamente fixados), as *opções* (que conferem a uma das partes direitos potestativos de compra ou de venda do activo subjacente em ou até data futura, por preço previamente fixado), e os *"swaps"* (que conferem às partes posições jurídicas permutáveis relativas a determinadas quantias pecuniárias em data ou datas futuras previamente fixadas).

Os futuros, opções e "swaps" são assim comumente qualificados na doutrina como os "arquétipos"[1235], "grupos"[1236],

---

como um "swap" ou uma opção, tal como não é possível distinguir claramente entre um futuro sobre um índice de acções e um "domestic currency swap" construído sobre um tal índice.

[1233] Sublinhe-se que o aspecto agora referido – natureza aberta ou exemplificativa do elenco legal dos contratos derivados – é distinto da (embora conexo com a) questão da natureza aberta ou fechada dos activos subjacentes previstos na lei. Sobre tal questão, cf. já *supra* Parte III, Cap. V, §3, 1.2(II).

[1234] Sobre as diferentes tipologias dos contratos derivados, vide NASSETTI, F. Caputo, *I Contratti Derivati Finanziari*, 21 e segs., Giuffrè, Milano, 2007.

[1235] GIRINO, Emilio, *I Contratti Derivati*, 47, Giuffrè, Milano, 2001.

[1236] HUDSON, Alastair, *The Law on Financial Derivatives*, 15, 3rd edition, Sweet & Maxwell, London, 2002.

Dos Contratos Comerciais em Especial

"formas"[1237], ou "categorias"[1238] essenciais dos derivados. Estas espécies de derivados – também por vezes designados "core derivatives" (Henry Hu)[1239] – são relevantes na medida em que fornecem a base estrutural fundamental de todos os contratos derivados, sendo as demais espécies e subespécies resultantes da respectiva combinação ou articulação. Os derivados são, como o sabemos, contratos a prazo, mediando um intervalo de tempo entre os momentos da respectiva celebração e execução: ora, também já o vimos, os derivados, ou bem que são a "prazo firme" ou negócios a termo (futuros), ou bem que são a "prazo condicional" ou negócios condicionais (opções), ou bem que são variantes ou combinações entre tais elementos firmes e condicionais[1240]. Muito embora os "swaps" não escapem verdadeiramente a esta regra, o seu enorme relevo prático e complexidade operacional têm justificado que, na literatura especializada, eles venham sendo autonomizados como um terceiro tipo fundamental.[1241]

III. Mas existem várias outras *tipologias*. Assim, de acordo com o critério da sua concepção ou gestação financeira, é usual distinguir entre contratos derivados de *"primeira geração"* (futuros, opções simples, "swaps"), de *"segunda geração"* (que compreendem variantes ou modalidades especiais daqueles tipos primogénitos, v.g., "forwards", "caps", "floors", derivados de

---

[1237] Gottsfield, Robert/ Lopez, Michael/ Hicks, William, *Derivatives: What They Are, What They Cause, What's The Law*, 34, in: 32 ArzA (1996), 33-47.

[1238] Ascensão, J. Oliveira, *Derivados*, 52, in: AAVV, "Direito dos Valores Mobiliários", vol. IV, 41-68, Coimbra Editora, Coimbra, 2003.

[1239] *Hedging Expectations: "Derivative Reality" and the Law and Finance of the Corporate Objective*, 13, in: 21 JCL (1995), 3-51.

[1240] Neste sentido, em diferentes ordenamentos jurídicos, vide Group of Thirty, *Derivatives: Practices and Principles,* 29 e seg., Washington, 1993; Hirte, Heribert/ Möllers, Thomas (Hrsg.), *Kölner Kommentar zum WpHG,* 94 e segs., Carl Heymanns, Köln, 2007; Nejman, Gilles, *Les Contrats de Produits Dérivés: Aspects Juridiques,* 17, Larcier, Bruxelles, 1999.

[1241] Reiner, Günter, *Derivative Finanzinstrumente im Recht,* 1, Nomos, Baden--Baden, 2002.

crédito) e de *"terceira geração"* (que designam uma classe de novos produtos financeiros de estrutura híbrida e complexa, v.g., opções sobre "forwards", "swaptions", "two strike interest rate caps"); de acordo com o critério da sua previsão legal, distingue-se entre contratos derivados *nominados* e *inominados*, consoante se encontram expressamente previstos na lei ("maxime", futuros, opções, "swaps") ou são fruto da pura inventiva da autonomia privada (v.g., "caps", "floors", "swaptions", derivados exóticos e híbridos, etc.); de acordo com o critério do activo subjacente, distingue-se entre contratos derivados *financeiros* e *mercadológicos*, consoante lhes subjazem entidades de natureza puramente financeira ("financial derivatives": v.g., uma acção, uma divisa, uma taxa de juro, um índice financeiro) ou de natureza agrícola, comercial ou industrial ("commodities derivatives": v.g., um metal precioso, um tipo de cereal, cabeças de gado); e assim por diante.

1.4. *Regime Jurídico*

I. Os contratos derivados estão genericamente sujeitos ao regime jurídico do CVM (cf. art. 2.º, n.º 2 do CVM), exibindo, todavia, algumas importantes especialidades no que concerne à respectiva *criação, negociação,* e *extinção*, que importa brevemente assinalar.[1242]

Antes de as analisar, cumpre ainda advertir que, para além do seu regime jusfinanceiro, estes contratos possuem hoje *outras importantes incidências jurídicas*, que vêm merecendo uma crescente atenção por parte do legislador e da doutrina: como sublinha Steven EDWARDS, "derivatives encapsulate a plethora of legal

---

[1242] Essas especialidades são particularmente nítidas no caso dos chamados derivados de mercado organizado – razão pela qual a estes nos referiremos prevalentemente em seguida.

issues"[1243]. Apenas a título de exemplo, recorde-se o relevo que os derivados possuem hoje no direito societário – especialmente no plano da governação das sociedades[1244] e da responsabilidade dos órgãos de administração e de fiscalização[1245] –, no direito da contabilidade – sobretudo, após o acolhimento dos IAS 32 e 39 e do IFRS 7, na sequência do Regulamento CE/1606/2002, de 19 de Julho, que veio determinar a obrigatoriedade da adopção das normas internacionais de contabilidade[1246] –, no direito da insolvência – mormente, tendo em conta o regime jusinsolvencial especial dos contratos a prazo (art. 107.º do CIRE)[1247] –, no direito

---

[1243] *Legal Principles of Derivatives*, 1, in: JBL (2002), 1-32.

[1244] Especialmente por força do efeito de dissociação entre a propriedade económica e jurídica do capital social, que os derivados são susceptíveis de criar: um exemplo disto mesmo pode ser encontrado no chamado fenómeno do esvaziamento do voto ("emptying vote"), consistente na dissociação entre propriedade de capital e titularidade do voto emergente do recurso a derivados (sobre o fenómeno, vide ANTUNES, J. Engrácia, *Fondos de Inversión Libre y Derecho de Sociedades,* 51 e seg., in: 113 RDBB (2009), 7-54).

[1245] Episódios como o colapso do britânico "Barings Bank" em 1995 (na sequência de perdas no valor de 900 milhões de euros resultantes de derivados sobre divisas) ou o rombo sofrido pela francesa "Société Générale" em 2008 (estimado em 3,6 biliões de euros, resultante de operações de futuros) ilustram bem esta importância. Sobre o tema, vide EASTERBROOK, Frank, *Derivative Securities and Corporate Governance*, in: 69 UCLR (2002), 733-747; RANDOW, Philipp von, *Derivate und Corporate Governance*, in: 25 ZGR (1996), 594-641; SERNETZ, Julia, *Derivate und Corporate Governance – Kompetenzen und Pflichten des Vorstands von Aktiengesellschaften beim Einsatz von Derivaten*, Peter Lang, Frankfurt am Main, 2006.

[1246] Sobre as incidências juscontabilísticas dos derivados, vide entre nós CORREIA, M. Anacoreta, *Instrumentos Financeiros Derivados – Enquadramento Contabilístico e Fiscal,* 17 e segs., UCP Editora, Lisboa, 2000; noutros quadrantes, para maiores desenvolvimentos, vide ALSHEIMER, Constantin, *Die Rechtsnatur derivativer Finanzinstrumente und ihre Darstellung im Jahresabschluß*, Peter Lang, Frankfurt am Main, 2000.

[1247] Sobre as incidências jusinsolvenciais dos derivados, vide, entre nós, FERNANDES, L. Carvalho/ LABAREDA, João, *Código da Insolvência e da Recuperação de Empresas Anotado*, 403, Quid Juris, Lisboa, 2008. Para maiores desenvolvimentos, cf. BOSCH, Ulrich, *Differenz- und Finanztermingeschäfte nach der Insolvenzordnung*, in: Karlhans, Fuchs (Hrsg.), "Kölner Schrift zur Insolvenzordnung: Das neue Insolvenzrecht in der Praxis", 2. Aufl., 1009-1042, ZAP Verlag, Berlin, 2000; RANDHANIE, Karen, *Derivatives Contracts of Insolvent Companies*, in: 18 NWLJ (1999), 269-302.

Contratos Financeiros

fiscal – mormente, atento o tratamento fiscal dos rendimentos e gastos dos derivados, hoje expressamente previsto em sede de IRC (art. 45.°-A do CIRC)[1248] –, no direito internacional privado – mormente, atenta a frequente dimensão transnacional da contratação de derivados (arts. 3.° e segs. da Convenção de Roma sobre a Lei Aplicável às Obrigações Contratuais)[1249] –, além de outros ramos jurídicos.[1250]

II. Desde logo – no plano da respectiva *criação* –, os contratos derivados podem ser de *mercado organizado* ("exchange-listed derivatives", "börslich Derivate") ou de *mercado de balcão* ("over--the-counter", "ausserbörslichen Markt", "marché gré à gré").[1251]

Os contratos derivados *de mercado organizado* correspondem a contratos padronizados – assentes em condições contratuais estandardizadas, elaboradas pela entidade gestora do mercado e aprovadas pelas autoridades de supervisão, aptas a fundar vinculações jurídicas por parte dos investidores interessados com um mínimo de custos de transacção (art. 207.° do CVM, art. 4.°, n.° 1, e) do Decreto-Lei n.° 357-C/2007, de 31 de Outubro, art. 17.° do

---

[1248] Sobre as incidências justributárias dos derivados, vide entre nós CORREIA, M. Anacoreta, *Instrumentos Financeiros Derivados – Enquadramento Contabilístico e Fiscal*, 143 e segs., UCP Editora, Lisboa, 2000; noutros quadrantes, MAY, Gregory, *Taxing Derivative Contracts*, in: 12 JTI (1995), 115-129; KRAUSE, Haiko, *Die Besteuerung hybrider Finanzinstrumente*, Peter Lang, Frankfurt am Main, 2006.

[1249] PINHEIRO, L. Lima, *Direito Aplicável às Operações Bancárias Internacionais*, 607 e segs., in: 67 ROA (2007), 573-627.

[1250] Pense-se assim no direito dos seguros: cf. BURGHARD, Peter, *Einsatz und Risiken derivativer Finanzinstrumente in Versicherungsunternehmen*, Verlag Versicherungswirtschaft, Karlsruhe, 1995.

[1251] Sobre o ponto, vide BAIR, Sheila, *Regulatory Issues Presented by the Growth of OTC Derivatives*, in: AAVV, "The Handbook of Derivatives & Synthetics", 699--713, Probus Publishing, Chicago/ Cambridge, 1994; CLOUTH, Peter, *Rechtsfragen der ausserbörslichen Finanz-Derivate*, Beck, München, 2001; MEDJAOUI, Khadija, *Les Marchés à Terme Derivés et Organisés d'Instruments Financiers – Étude Juridique*, LGDJ, Paris, 1996; RUIZ, E. Díaz/ ABADIN, E. Abril/ LARRAGA, Pablo, *Productos Financieros Derivados y Mercados Organizados*, Civitas, Madrid, 1997.

Dos Contratos Comerciais em Especial

Regulamento CMVM n.º 3/2007, de 9 de Novembro)[1252] –, de estrutura plurilateral complexa – que contam necessariamente com a intervenção da entidade gestora do mercado como contraparte central, além dos intermediários financeiros e clientes ou investidores –, e negociados de forma massificada – dispondo de oferta permanente no mercado, além de sistema informático de negociação e câmara de compensação próprios. Tal é o caso típico dos futuros e das opções padronizadas[1253]: trata-se de assim de "produtos contratuais" dotados de uma ficha técnica, que define a natureza do produto, o activo subjacente, o valor nominal de contrato, os limites mínimos e máximos de variação de preço, as modalidades de liquidação, o primeiro e último dia de negociação, e demais condições negociais estandardizadas previamente definidas pela entidade gestora (arts. 17.º e 18.º do Regulamento CMVM n.º 3/2007, de 9 de Novembro); uma vez colocados à negociação, os investidores interessados procedem a ofertas de "compra" e "venda" que darão origem a operações de abertura de posições de compra ou de posições de venda, as quais são objecto de liquidações diárias (ajuste diário de ganhos e perdas) e de liquidação final no termo do prazo contratual.[1254]

[1252] Sobre a "estandardização" como característica dos derivados, vide também RUDOLPH, Bernd, *Derivative Finanzinstrumente: Entwicklung, Risikomanagement und bankaufsichtrechtliche Regelung,* 6 e seg., in: AAVV, "Derivative Finanzinstrumente", 3-41, Schäffer-Poeschel, Stuttgart, 1995.

[1253] Tais derivados encontram-se subordinados às regras gerais aplicáveis à negociação nos mercados regulamentados e nos sistemas de negociação multilateral (arts. 202.º e segs. do CVM), devendo ainda ter-se presente as regras especiais previstas nos arts. 17.º e segs. do Regulamento CMVM n.º 3/2007, de 9 de Novembro, e no art. 37.º do Regulamento CE/1287/2006, de 10 de Agosto.

[1254] NYSE/ EURONEXT, *Regulamento I – "Regras de Mercado Harmonizadas",* de 29 de Fevereiro de 2008. Entre os mercados organizados, são exemplos conhecidos a "Chicago Mercantile Exchange" (CME) e a "Chicago Board of Options Exchange" (CBOE), destacando-se actualmente na Europa os mercados de derivados da Euronext ("Euronext.Liffe"), que dispõem de uma plataforma de negociação ("Liffe Connect") e uma câmara de compensação ("LCH. Clearnet").

Contratos Financeiros

Por seu turno, os contratos derivados *de mercado de balcão* consistem em contratos individualizados – adaptados às necessidades específicas do investidor concreto, o que não exclui a normalização mínima das suas condições –[1255], de estrutura tipicamente bilateral – de que são apenas partes os investidores, o que não exclui a intervenção de intermediários financeiros especializados –[1256], e negociados caso a caso – o que não exclui a existência de modelos de compensação uniformes, v.g., "netting by novation", "close-out netting", "set-off"[1257]. Tal é o caso, designadamente, dos derivados de crédito, "forwards", "caps", "floors", e "collars": trata-se de contratos derivados que apresentam a vantagem de uma acrescida flexibilidade negocial e moldabilidade substantiva, embora com a desvantagem de uma menor fungibilidade, além do risco de incumprimento das contrapartes.[1258]

[1255] Os derivados de balcão não excluem o recurso a cláusulas contratuais gerais, sendo até frequente a sua negociação assentar em modelos contratuais ou contratos estandardizados formulados por organizações internacionais de agentes de mercado, como a "ISDA – International Swaps and Derivatives Association" (cf. FRANZEN, Dietmar, *Design of Master Agreements for OTC Derivatives*, Springer, Berlin, 2000). Sobre os derivados de balcão em geral, vide KLINGNER-SCHMIDT, Ulrike, *Ausserbörsliche Finanztermingeschäfte (OTC-Derivative),* in: AAVV, "Handbuch zum deutschen und europäischen Bankrecht", 1213-1233, Springer, Berlin, 2004; MCLAUGHLIN, Robert, *Over-The-Counter Derivatives,* McGraw-Hill, New York, 1998.

[1256] Tais contratos são geralmente precedidos da celebração de um contrato estandardizado ("Master Agreement"), que vai funcionar como uma espécie de "contrato--quadro" no seio do qual as partes irão concluir futuramente sucessivas e periódicas transacções contratuais, geralmente por telefone ou por via electrónica, sendo posteriormente reduzidas a escrito mediante a "confirmation" (BEIKE, Rolf/ BARCKOW, Andreas, *Risk-Management mit Finanzderivaten,* 8, 3. Aufl., Oldenburg, München, 2002; EDWARDS, Steven, *Legal Principles of Derivatives,* 2, in: JBL (2002), 1-32).

[1257] Cf. MACHADO, S. Santos, *Close-Out Netting e Set-Off – Da Validade e Eficácia das Cláusulas de Close-Out Netting e Set-Off nos Contratos sobre Instrumentos Financeiros,* in: 17 CadMVM (2003), 9-17.

[1258] CLOUTH, Peter, *Rechtsfragen der ausserbörslichen Finanz-Derivate,* 9, Beck, München, 2001.

Dos Contratos Comerciais em Especial

III. Em segundo lugar – no plano da respectiva *negociação* –, os contratos derivados nem sempre são objecto de uma transmissão em sentido técnico-jurídico.

Os derivados de mercado organizado investem os seus titulares em posições juscontratuais que não são "tale quale" passíveis de transmissão para terceiros: os titulares actuais podem desfazer-se das suas posições mediante a realização de *operações de sinal contrário* às posições detidas (extinguindo-se as posições através de compensação: cf. art. 259.º, n.º 3 do CVM), sendo que aos terceiros interessados sempre será possível abrir novas posições contratuais no mercado (tornando assim desnecessária a transmissão das posições já existentes)[1259]. Já os derivados de mercado de balcão, encontrando-se em teoria sujeitos às regras gerais em matéria da cessão da posição contratual (arts. 424.º e segs. do CCivil) e da transmissão singular de créditos e dívidas (arts. 577.º e segs., 595.º e seg. do CCivil), estão usualmente sujeitos a regras transmissivas próprias, decorrentes da sua já assinalada estandardização. Assim, nos termos do art. 7.º do contrato-quadro da "ISDA – International Swaps and Derivative Association", nenhum direito ou obrigação contratual poderá ser transferido por qualquer das partes sem acordo prévio e escrito da contraparte, excepto em caso de transmissão universal do património ou de insolvência da contraparte.[1260]

IV. Por último – no plano da sua *extinção* –, os contratos derivados podem ser fundamentalmente objecto de uma *liquidação física ou financeira*. Tal significa dizer que a execução das presta-

---

[1259] Em sentido semelhante, vide Ascensão, J. Oliveira, *Derivados*, 64, in: AAVV, "Direito dos Valores Mobiliários", vol. IV, 41-68, Coimbra Editora, Coimbra, 2003; noutros quadrantes, Cotret, Laurent, *La Négociabilité des Instruments Financiers*, 185 e segs., Diss., Reims, 2004; Girino, Emilio, *I Contratti Derivati*, 280, Giuffrè, Milano, 2001; Sernetz, Julia, *Derivate und Corporate Governance,* 58, Peter Lang, Frankfurt am Main, 2006.

[1260] Sobre a transmissão dos derivados OTC, vide Nejman, Gilles, *Les Contrats de Produits Dérivés: Aspects Juridiques,* 105 e segs., Larcier, Bruxelles, 1999.

Contratos Financeiros

ções contratuais na data do seu vencimento pode ser realizada segundo duas modalidades: uma modalidade física ("physical settlement"), consistente na entrega do activo subjacente contra o pagamento do preço respectivo, ou uma modalidade puramente financeira ("cash settlement"), consistente no mero desembolso do saldo ou diferencial pecuniário entre o preço do activo fixado na celebração do contrato ("strike price" ou preço de exercício) e apurado no vencimento do mesmo ("spot price" ou preço de referência).

2. Futuros

I. Designam-se por futuros ("futures", "Festgeschäfte", "contrats à terme ferme") *os contratos a prazo padronizados, negociados em mercado organizado, que conferem posições de compra e de venda sobre determinado activo subjacente por preço e em data futura previamente fixados, a executar mediante liquidação física ou financeira.*[1261]

II. Os futuros constituem fundamentalmente um mecanismo jurídico-financeiro de cobertura ou redução da exposição ao risco, ao conferir às empresas o direito de comprar ou vender no mercado a prazo um determinado activo (acções, divisas, mercadorias, etc.) por preço antecipadamente conhecido[1262]. Suponha-se que o investidor A projecta adquirir um milhão de acções da sociedade

---

[1261] Sobre a figura, vide AAVV, *Futuros e Opções,* McGraw-Hill, Lisboa, 1995; CUNHA, Miguel, *Os Futuros de Bolsa: Características Contratuais e de Mercado,* in: AAVV, "Direito dos Valores Mobiliários", vol. I, 63-132, Coimbra Editora, Coimbra, 1999; FERREIRA, A. José, *Operações de Futuros e Opções,* in: AAVV, "Direito dos Valores Mobiliários", 121-188, Lex, Lisboa, 1997; MONTEIRO, A. Mafalda, *O Contrato de Futuros no Direito Português,* Diss., UCP, Lisboa, 1997. Noutros quadrantes, vide HULL, John, *Fundamentals on Futures and Options Markets,* 6th edition, Prentice Hall, London, 2007; VALLE, Laura, *Il Contratto «Future»,* Cedam, Padova, 1996; VILCHES, A. Contreras, *El Contrato de Futuros Financieros,* Marcial Pons, Madrid, 2006.

aberta X no prazo de três meses, prevendo que a sua actual cotação bolsista (€ 10) poderá entretanto subir (por exemplo, para € 12), sendo que existe no mercado um accionista B com perspectiva exactamente oposta, que pretende especular na descida desse título (por exemplo, para € 9). Mediante a celebração de um futuro, A vincula-se a comprar a B e este a vender àquele a quantidade desejada de acções em data (prazo de 3 meses) e por preço (por exemplo, € 10,5) predeterminados: se na data de vencimento contratual a cotação do título for superior (por exemplo, € 13), o investidor A ter-se-á protegido eficazmente contra o risco de subida, já que terá adquirido o pretendido lote de acções ao preço unitário de € 10,5, suportando o accionista B a perda correspondente (€ 2,5 por acção); se inversamente a cotação for inferior nessa data (por exemplo, € 9), A terá acabado por realizar a compra em perda, a que corresponderá agora um ganho para B (€ 1,5 por acção).

III. Os futuros – segundo alguns, o "arquétipo primogénito" dos derivados[1263] – são um contrato derivado *nominado*, expressamente previsto no art. 2.º, n.º 1, e) do CVM[1264]. Entre os seus traços distintivos, saliente-se serem contratos *a prazo* – no sentido em que existe um intervalo de tempo entre o momento da sua celebração e a data da respectiva execução ou vencimento –, *padronizados* – cujo conteúdo contratual se encontra total e previa-

---

[1262] Sobre os futuros como instrumento de gestão do risco empresarial, vide WILLIAMS, Jeffrey, *The Economic Function of Futures Markets*, CUP, Cambridge, 1986.

[1263] GIRINO, Emilio, *I Contratti Derivati*, 49, Giuffrè, Milano, 2001.

[1264] Tenha-se ainda presente a Directiva da CNC n.º 17, de 29 de Maio de 1996, relativa ao tratamento contabilístico dos contratos de futuros (in: DR, II série, n.º 179, de 5 de Agosto de 1997). Sobre as suas projecções tributárias e contabilísticas, vide ABREU, M. Teixeira, *Futuros e Opções: Que Tratamento Fiscal?*, in: 70/71 RF (1995), 55-72; BANDEIRA, Luís/ FERREIRA, J. Manuel, *Contabilidade e Fiscalidade de Futuros e Opções*, Instituto do Mercado de Capitais, Porto, 1997; CORREIA, M. Anacoreta, *A Contabilização de Ganhos e Perdas Gerados com Contratos de Futuros – Implicações Fiscais*, in: XIX JC (1995), 129-145.

Contratos Financeiros

mente determinado mediante um conjunto de cláusulas contratuais gerais próprias elaboradas pela entidade gestora do mercado onde são transaccionados (cf. ainda art. 207.º, n.º 2 do CVM)[1265] – e negociados em *mercado organizado* – cujas operações têm lugar num mercado próprio que obedece a sistemas organizados de negociação, ficando assim também sujeitos às suas regras próprias (v.g., intervenção de intermediários financeiros, registo obrigatório de todas as operações).[1266]

IV. Os contratos de futuros apresentam diversas particularidades.[1267]

Desde logo, no que concerne aos seus *sujeitos*, os futuros apresentam uma estrutura plurilateral típica, que envolve simultaneamente a intervenção dos investidores, dos intermediários financeiros, e da entidade gestora do mercado. Iniciada a negociação de cada contrato, de acordo com as condições gerais formuladas pela entidade gestora, os investidores interessados realizam as

---

[1265] Tais cláusulas gerais constam da respectiva ficha técnica, que incluem o activo subjacente, o método de cotação, as variações mínima e máxima da cotação, o preço de referência, o ajuste diário de perdas e ganhos, e os vencimentos, entre vários outros elementos. Sobre a padronização ou estandardização típica dos contratos de futuros, que funciona como um pressuposto fundamental da fungibilidade, liquidez e negociabilidade massificada destes contratos, vide FERREIRA, A. José, *Operações de Futuros e Opções,* 178 e segs., in: AAVV, "Direito dos Valores Mobiliários", 121-188, Lex, Lisboa, 1997; MONTI, Ernesto, *Manuale di Finanza per l'Impresa,* 302 e segs., Utet, Torino, 2000.

[1266] Entre os mercados internacionalmente mais conhecidos, contam-se a "Chicago Mercantile Exchange" nos Estados Unidos da América e a "Euronext.Liffe" na Europa. Esta característica permite justamente distinguir os futuros de outros derivados estruturalmente similares que são negociados fora de mercado organizado: tal é o caso dos "forwards", contratos a prazo construídos sobre activos subjacentes que são negociáveis em mercado de balcão (sobre esta figura, cf. *infra* Parte III, Cap. V, §3, 7.).

[1267] Sobre a complexa e plurifacetada questão da natureza jurídica (compra e venda, jogo e aposta, contrato atípico, etc.) dos futuros, vide CUNHA, Miguel, *Os Futuros de Bolsa: Características Contratuais e de Mercado,* 103 e segs., in: AAVV, "Direito dos Valores Mobiliários", vol. I, 63-132, Coimbra Editora, Coimbra, 1999; MENNINGER, Jutta, *Börsen- und Zivilrechtlicher Charakter von Financial Futures,* in: 46 WM (1994), 970-974.

Dos Contratos Comerciais em Especial

respectivas ofertas de compra e venda, que são necessariamente lançadas em sistema informático de negociação (v.g., o "Liffe Connect" no mercado de derivados da "Euronext") através de intermediários financeiros[1268]; do encontro ou casamento dessas ofertas resultam para os investidores envolvidos a aquisição ou "abertura" de posições contratuais de compra e de venda por determinado preço; enfim, esse encontro é mediado pela entidade gestora do mercado, contraparte central e obrigatória de todas as operações neste realizadas ("central counterparty", "Zentrale Gegenpartei"), que assumirá a qualidade de "compradora" perante o investidor que adquiriu a posição vendedora e de "vendedora" perante o investidor com a posição compradora.[1269]

Depois ainda, no que concerne ao seu *objecto*, é fundamental distinguir entre o objecto imediato (activo subjacente) e o objecto mediato do contrato (prestações contratuais propriamente ditas). Ao passo que o primeiro constitui um mero referencial ancilar do cálculo das prestações contratuais, o último exprime o

---

[1268] Vide os arts. 14.º e segs. do Regulamento CMVM n.º 2/2007, de 5 de Novembro, relativo à informação a prestar pelos intermediários financeiros aos investidores não qualificados em operações sobre instrumentos financeiros derivados, bem como a Instrução CMVM n.º 2/2007, de 5 de Novembro, relativa à actuação dos intermediários financeiros em operações sobre instrumentos financeiros derivados admitidos à negociação em mercado regulamentado.

[1269] Pode assim dizer-se que cada contrato de futuros, constituindo uma operação unitária de um ponto de vista económico, implica juridicamente a existência de uma pluralidade de negócios autónomos e sucessivos (entre investidores e intermediários, intermediários e entidade gestora, entidade gestora e investidores). Especial relevo colhe naturalmente a intervenção da entidade gestora do mercado, a qual figura necessariamente como contraparte comum de dois contratos finais com o mesmo objecto mas de sinal antagónico com cada um dos investidores ofertantes: tal implica, entre outras consequências, que no contrato de futuros inexiste uma relação jurídica directa entre os próprios investidores comprador e vendedor (CUNHA, Miguel, *Os Futuros de Bolsa: Características Contratuais e de Mercado*, 92, in: AAVV, "Direito dos Valores Mobiliários", vol. I, 63-132, Coimbra Editora, Coimbra, 1999; sobre as funções gerais da contraparte central, vide ALFES, André, *Central Counterparty – Zentraler Kontrahent – Zentrale Gegenpartei*, 59 e segs., Duncker & Humblot, Berlin, 2005).

Contratos Financeiros

verdadeiro cerne substancial deste derivado enquanto instrumento gerador de direitos e obrigações: entre estes, destacam-se os direitos e deveres fundamentais recíprocos de compra do activo e de pagamento do preço (no caso de liquidação física) e de desembolso do saldo pecuniário diferencial (no caso de liquidação financeira)[1270], além de várias outras obrigações perante a entidade gestora do mercado, seja por parte dos investidores (pagamento de margens iniciais, comissões, ajuste diário de ganhos e perdas) ou dos intermediários financeiros (prestação de garantias permanentes e adicionais de compensação).[1271]

Depois também, no que concerne ao seu *conteúdo*, os termos dos contratos de futuros encontram-se prévia e integralmente determinados pela entidade gestora do mercado, através de cláusulas gerais adrede elaboradas (relativas à natureza do produto, ao activo subjacente, aos prazos, aos métodos de cotação e suas variações máximas e mínimas ou "ticks", às margens iniciais, ao preço de referência, ao vencimento, às formas de liquidação e demais condições negociais): a negociação real dos investidores é assim mínima, limitando-se praticamente ao preço (e, por vezes, nem neste particular, por força dos "ticks" pré-estabelecidos). Semelhante estandardização total assegura uma maior eficiência e

---

[1270] Como sublinha Carlos Ferreira de ALMEIDA, os futuros podem assim revestir uma diferente natureza da perspectiva do seu objecto mediato: o de contratos de compra e venda a prazo (no caso de liquidação física) ou de contratos diferenciais (no caso de liquidação financeira, "rectius", de ter por objecto uma prestação pecuniária diferencial): cf. *Contratos*, vol. II, 154, Almedina, Coimbra, 2007. Sobre os contratos diferenciais, vide *infra* Parte III, Cap. V, §3, 6.

[1271] Os contratos de futuros envolvem, durante a vida do contrato, um mecanismo de ajustes diários de ganhos e perdas que visa salvaguardar o equilíbrio do mercado e garantir a solvência dos seus intervenientes (cf. também art. 259.º, n.º 1, c) do CVM): enquanto as posições permanecem "abertas", os titulares das posições contratuais de compra e venda ficam sujeitos a uma liquidação diária das oscilações do respectivo valor, calculados mediante a comparação entre o preço contratado e o preço de referência ("mark-to-market").

Dos Contratos Comerciais em Especial

liquidez do mercado, eliminando os custos de transacção e acelerando drasticamente a velocidade de negociação.[1272]

Finalmente, no que respeita à respectiva *extinção*, o modo normal de cessação contratual consiste no seu cumprimento na data do respectivo vencimento, seja mediante a entrega pelo "vendedor" do activo subjacente contra o pagamento pelo "comprador" do respectivo preço, seja mediante o desembolso por qualquer das partes (consoante o caso) do montante pecuniário correspondente ao diferencial entre os valores do activo na celebração (preço de exercício) e no vencimento (preço de referência)[1273]. Esta modalidade extintiva não constitui, todavia, a modalidade mais frequente de cessação: para além de outros eventos extintivos ("maxime", resolução por incumprimento dos deveres perante a entidade gestora, v.g., falta de pagamento das garantias ou dos ajustes diários), verifica-se que, na maior parte dos casos, os futuros se extinguem antes do respectivo vencimento graças à abertura de novas posições contratuais de sentido inverso por parte dos investidores contratantes, que assim anulam ou "fecham" por compensação a sua anterior posição no mercado ("closing-out").[1274]

[1272] ENNA, Giovanni, *Attività Finanziaria e Copertura dei Rischi sui Tassi di Interesse. Contratti a Termine Futures, Profili Civili, Contabili e Fiscali*, 1520, in: ImpCI (1999), 1520-1527. Para um exemplo recente, vide as cláusulas contratuais gerais do *"single stock future"*, aprovadas pela "Euronext Lisbon" em 23 de Junho de 2008, relativas a contratos de futuros sobre acções representativas de sociedades abertas admitidas à negociação em mercado regulamentado português.

[1273] Na prática, a liquidação financeira é de longe a mais frequente: como sublinha Laura VALLE, "o «cash-settlement» caracteriza os contratos de futuros na medida em que a função de tal mercado não é tanto uma função de aprovisionamento, mas antes de cobertura de risco, especulação e arbitragem" (*Contratti Futures*, 307, in: XII CeImp (1996), 307-357).

[1274] Como é típico dos derivados de mercado organizado, os contratos de futuros nascem e morrem no mercado respectivo, não sendo susceptíveis de circulação em vida: uma vez adquirida ou "aberta" uma posição contratual (de compra ou venda) relativamente a dado futuro, essa posição não é passível de transmissão ou cessão para terceiros, obtendo-se resultado económico equivalente mediante a abertura de nova posição de sentido contrário (FERREIRA, A. José, *Operações de Futuros e Opções,* 182, in: AAVV,

V. Por último, assinale-se a existência de uma pluralidade de *modalidades* de futuros. Entre as mais importantes, podem referir--se os futuros sobre valores mobiliários (tais como acções ou obrigações) – para um exemplo, vejam-se, entre nós, os "Single Stock Futures BCP" ou "Single Stock Futures Portugal Telecom" –, os futuros sobre mercadorias – v.g., "Corn Futures", "Robusta Coffee Futures", "Raw Sugar Futures", "Feed Wheat Futures" –[1275], os futuros sobre taxas de juro – v.g., "Three Month Euribor Futures" –[1276], os futuros sobre divisas – v.g., "US Dollar-Euro Futures" –[1277], e os futuros sobre índices – incluindo índices nacionais (v.g., "PSI 20 Futures", "CAC 40 Index Futures", "AEX Index Futures") ou internacionais (v.g., "MSCI Pan-European Index Futures"), globais (v.g., "Euronext 100", "FTSEurofirst 100") ou sectoriais (v.g., "Energy Commodities Index").[1278]

"Direito dos Valores Mobiliários", 121-188, Lex, Lisboa, 1997; noutros quadrantes, vide PARRA, A. Madrid, *Contratos y Mercados de Futuros y Opciones*, 91, Tecnos, Madrid, 1994; ROMANO, Roberta, *A Thumbnail Sketch of Derivative Securities and Their Regulation*, 12, in: MarLR (1996), 1-83).

[1275] Sobre os futuros de mercadorias, vide LAMANDINI, Marco/ MOTTI, Cinzia, *Scambi di Merci e Derivati su Commodities*, espec. 581 e segs., Giuffrè, Milano, 2006. Sobre os derivados de mercadorias em geral, vide ainda *infra* Parte III, Cap. V, §3, 9.

[1276] ANDERLE, Stefan/ KAUFMANN, Karl-Wilhelm, *Grundlagen derivatives Zinsprodukte*, 3. Aufl., Deutscher Sparkassen Verlag, Stuttgart, 2000; KOLB, Robert, *Interest Rate Futures: Concepts and Issues*, Richmond, Virginia, 1982. A não confundir com contratos a prazo idênticos celebrados no mercado de balcão, tais como os FRA ("forward rate agreements"): sobre estes últimos, vide *infra* Parte III, Cap. V, §3, 7(III).

[1277] LOOSIGIAN, Alan, *Foreign Exchange Futures*, Homewood, Illinois, 1980. A não confundir com contratos a prazo semelhantes, típicos do mercado de balcão, como os FXA ("forward exchange agreements"): sobre estes últimos, vide *infra* Parte III, Cap. V, §3, 7(III).

[1278] GAUDIO, Vicenzo, *I Future su Indice Azionari*, in: 7 A&F (1991), 365-371; GIRINO, Emilio, *Stock Index Financial Future*, in: 5 A&F (1989), 1413-1417; LAMM, R. MacFall, *A Pan-European Stock Index Futures Contract*, in: AAVV, "The Handbook of Derivatives & Synthetics", 589-601, Probus Publishing, Chicago/ Cambridge, 1994.

Dos Contratos Comerciais em Especial

3. Opções

I. Designam-se por opções ("options", "Optionsgeschäfte", "contrats d'option", "opzioni") *os contratos a prazo que atribuem a uma das partes um direito potestativo de compra ou de venda de certo activo subjacente por preço e em (ou até) data predeterminados, a executar mediante liquidação física ou financeira, contra a obrigação de pagamento de um prémio.*[1279]

II. Tal como sucede com os demais contratos derivados, as opções têm geralmente a si subjacentes finalidades protectivas (cobertura de risco), especulativas (assunção de risco com objectivo de lucro) e arbitragistas (exploração das ineficiências dos mercados). Retomando o exemplo atrás referido a propósito dos futuros, suponhamos que o investidor A não está inteiramente convicto da subida da cotação das acções da sociedade X, preferindo conservar alguma margem de decisão que lhe permita acompanhar a evolução do título durante os referidos três meses, sendo que o accionista B está disposto a conceder-lhe esse "spatium decidendi" a troco de uma determinada contrapartida pecuniária: no lugar de celebrar um futuro, as partes podem acordar alternativamente uma opção através da qual B ("writer") concede a A ("holder") o direito, mas não a obrigação, de adquirir a três meses a quantidade acordada das acções X ao preço unitário de € 10,5 mediante o pagamento de um prémio (por exemplo, € 0,5). Na data do venci-

---

[1279] Sobre a figura, entre nós, vide AAVV, *Futuros e Opções*, McGraw-Hill, Lisboa, 1995; FERREIRA, A. José, *Operações de Futuros e Opções*, in: AAVV, "Direito dos Valores Mobiliários", 121-188, Lex, Lisboa, 1997. Noutros quadrantes, CLARIZIA, Renato, *Le Opzioni tra Disciplina Codicistica e Regolamentazione Pattizia*, in: AAVV, "I Derivati Finanziari", 119-144, Edibank, Milano, 1993; FIGLEWSKY, Stephen/ SILBER, William/ SUBRAHMANYAM, Marti, *Financial Options: From Theory to Practice*, McGraw-Hill, New York, 1992; HARTUNG, Klaus-Joachim, *Das Wertpapieroptionsgeschäft in der Bundesrepublik Deutschland*, Duncker & Humblot, Berlin, 1989; VALETTE, Didier, *Les Marchés d'Options Négociables – Aspects Juridiques*, Diss., Clermont--Ferrant, 1991.

Contratos Financeiros

mento trimestral, uma de três: se o valor da cotação do título ou "spot price" for superior (por exemplo, € 13) ao preço de exercício acordado ou "strike price", a opção diz-se "dentro do valor" ("in the money"), pelo que A terá vantagem em exercê-la, obtendo assim um ganho de € 2 por acção (correspondente ao diferencial entre aquele preço de exercício e a soma do preço acordado e prémio); se, inversamente, o preço de exercício for inferior (por exemplo, € 9), a opção diz-se "fora do valor" ("out of the money"), pelo que A não terá qualquer benefício em exercitá-la, incorrendo numa perda correspondente ao prémio (€ 0,5); se o preço de exercício for idêntico à soma do preço acordado e prémio (€ 11), a opção diz-se ao par ("at the money"), sendo em princípio indiferente para A o respectivo exercício.[1280]

III. As opções são, tal como os futuros, um contrato derivado *nominado*, previsto expressamente no art. 2.º, n.º 1, e) do CVM. Apesar dos seus traços comuns (contratos a prazo, assentes em técnicas de derivação, e liquidáveis em forma física ou financeira), as *opções distinguem-se dos futuros* em vários aspectos.

Desde logo, no que concerne à sua *criação*: ao passo que os futuros são necessariamente contratos padronizados de mercado organizado, as opções podem corresponder ainda a contratos

---

[1280] É importante sublinhar que, outrossim que finalidades protectivas, as opções constituem um dos mais eficientes instrumentos de especulação em valores mobiliários, graças ao efeito de alavancagem financeira, à limitação da proporção entre ganho e perda, e à poupança dos custos (organizativos, registrais, etc.) de um investimento directo nesses valores: num exemplo extremo, um investidor que, apostando na valorização das acções X, adquira uma opção de compra sobre um lote dessas acções por 100 mil euros pelo prazo de um ano, vindo estas a valer 1 milhão de euros ao fim desse ano, terá incorrido num risco dez vezes menor do que se tivesse adquirido tais acções directamente. Tendencialmente, as opções de compra são apetecíveis para investidores optimistas, que apostam na alta das cotações ("bullish"), e as de venda para investidores pessimistas ("bearish"), que temem a sua descida (cf. CORTI, C. Lorenzo, *Esperienze in Tema di Opzioni*, 127, in: AAVV, "I Derivati Finanziari", 125-132, Edibank, Milano, 1993).

Dos Contratos Comerciais em Especial

individualizados negociados em mercado de balcão[1281]. Depois ainda, no que concerne à *posição* das partes contratantes: ao passo que os futuros correspondem a operações firmes (cujos direitos e obrigações devem ser cumpridos em data de vencimento predeterminada), as opções são operações condicionais no sentido em que, estando a sua execução dependente de manifestação de vontade do optante, os efeitos correspectivos podem nem sequer chegar a ocorrer[1282]. Depois também, no que concerne ao *conteúdo* das prestações contratuais: enquanto os futuros atribuem a ambas as partes meros direitos de crédito, as opções investem apenas um dos contraentes num direito potestativo (que coloca a outra parte na correspondente situação de sujeição), além de pressuporem o pagamento de um determinado montante a título de prémio[1283].

[1281] As opções OTC ou de balcão apresentam vantagens e inconvenientes no confronto com as opções de mercado organizado. Entre as primeiras, avulta a de permitir uma negociação individualizada adaptada às necessidades dos investidores em concreto: isto mesmo está bem patente na recente proliferação de opções híbridas e exóticas, resultantes da combinação com outros derivados ou mesmo outros instrumentos financeiros, v.g., as "swaptions", resultado do cruzamento entre opções e "swaps". Em contrapartida, as opções de balcão são geralmente destituídas da liquidez, segurança e anonimato próprias das transaccionadas em mercado organizado, com particular destaque para o facto de cada uma das partes contratantes assumir em pleno o risco de incumprimento ou insolvência da respectiva contraparte. Cf. BECKER, Brandon, *Regulation of Exchange-Traded Options,* in: AAVV, "The Handbook of Derivatives & Synthetics", 679-697, Probus Publishing, Chicago/ Cambridge, 1994; HÄUSER, Franz, *Ausserbörslicher Optionsgeschäfte (OTC-Optionen) aus der Sicht des novellierten Börsengesetzes,* in: 4 ZBB (1992), 249-263.

[1282] No essencial, as opções asseguram ao beneficiário a possibilidade de um ganho ilimitado e a certeza de uma perda limitada, implicando para o concedente a certeza de um ganho limitado e o risco de uma perda ilimitada. Sobre a distinção entre negócios a termo e sob condição, em geral, vide VASCONCELOS, P. Pais, *Teoria Geral do Direito Civil,* 606 e segs., 5.ª edição, Almedina, Coimbra, 2008; sobre a distinção entre negócios financeiros firmes e condicionais, em particular, vide ASSMANN, Heinz-Dieter/ SCHÜTZE, Rolf, *Handbuch des Kapitalanlagerechts,* 553, Beck, München, 1997.

[1283] Também sob esta perspectiva, resulta uma ulterior diferença: ao passo que os futuros são meros contratos obrigacionais, as opções são contratos reais "quoad constitutionem", uma vez que o pagamento do prémio constitui um requisito da formação do próprio contrato. Sobre a distinção entre contratos obrigacionais e reais, vide TELLES, I. Galvão, *Manual dos Contratos em Geral,* 463 e segs., 4.ª edição, Coimbra Editora, 2002.

Contratos Financeiros

Finalmente, no que concerne aos *efeitos* das operações: ao passo que os futuros são sempre contratos principais e definitivos, as opções podem funcionar, no caso de liquidação física, como meros contratos preliminares ou preparatórios da celebração de novos contratos (v.g., de compra e venda, de futuros, etc.).[1284]

IV. Procurando agora caracterizar brevemente os contratos de opção, há que referir os sujeitos, conteúdo e extinção dos mesmos.[1285]

Relativamente aos seus *sujeitos*, tais contratos podem apresentar uma estrutura plurilateral no caso das opções de mercado organizado – envolvendo a intervenção simultânea das partes contratantes (beneficiário e concedente), de intermediários financeiros, e da entidade gestora do mercado – ou uma estrutura bilateral no caso das opções OTC – envolvendo exclusivamente o beneficiário e o concedente da opção, sem prejuízo da mediação negocial de intermediários financeiros.[1286]

[1284] Já no caso das opções com liquidação financeira, "rectius", que conferem ao beneficiário ou optante um mero direito potestativo ao recebimento de uma prestação pecuniária diferencial (entre os valores de partida e de chegada do activo subjacente), estaremos perante verdadeiros contratos diferenciais. Sobre os contratos diferenciais, vide *infra* Parte III, Cap. V, §3, 6.

[1285] Tal como a respeito dos futuros, é extremamente controvertida a questão da natureza jurídica das opções (v.g., pacto de opção, compra e venda, jogo e aposta, contrato diferencial, etc.), não faltando mesmo quem lhes negue natureza contratual ou quem, inversamente, sustente a existência de dois contratos autónomos acoplados ("Trennungstheorie"). Sobre tal questão, vide FERREIRA, A. José, *Operações de Futuros e Opções*, 165 e segs., in: AAVV, "Direito dos Valores Mobiliários", 121-188, Lex, Lisboa, 1997; noutros países, HENSSLER, Martin, *Risiko als Vertragsgegenstand*, 545 e seg., Mohr, Tübingen, 1994; SZTAJN, Rachel, *Sobre a Natureza Jurídica das Opções Negociadas em Bolsa*, in: 105 RDMIEF (1997), 53-69; WALTER, Karl, *Die Rechtsnatur des Börsenoptionsgeschäfts*, Peter Lang, Frankfurt am Main, 1990.

[1286] Desta diferente estrutura subjectiva decorrem importantes consequências práticas. Assim, ao passo que no primeiro tipo de opções o risco de incumprimento é assumido pela entidade gestora de mercado, contraparte obrigatória dos contratos optativos aí negociados, no último tal risco recai directamente sobre os próprios contraentes, justificando por isso a conclusão concomitante de mecanismos destinados a reforçar as garantias de cumprimento: exemplo relevante são os mecanismos de *compensação*

Relativamente ao seu *conteúdo*, destacam-se o direito de opção e a obrigação do prémio. O direito de opção representa o elemento central do conteúdo contratual. Este direito – que se constitui na esfera jurídica de uma das partes (optante ou beneficiário), e cujo exercício depende da sua exclusiva vontade, colocando a outra parte (concedente) numa situação de absoluta sujeição – pode revestir diferentes modalidades: no comum dos casos, ele consistirá num direito de compra ("call option") ou de venda ("put option") sobre o activo subjacente[1287] e será exercitável na data do vencimento do contrato ("opções europeias") ou até essa data ("opções americanas"). A obrigação de pagamento de um prémio ("option price") funciona, por seu turno, como a contrapartida da vantagem concedida ao beneficiário pelo concedente: sublinhe-se que o beneficiário é sempre obrigado a pagar o "preço" da opção ainda quando não venha, afinal, a exercer esta última.[1288]

---

instituídos negocialmente entre partes de derivados celebrados em massa, entre os quais se destaca o "netting by novation", o "close-out netting" e o "set-off" (MACHADO, S. Santos, *Close-Out Netting e Set-Off – Da Validade e Eficácia das Cláusulas de Close-Out Netting e Set-Off nos Contratos sobre Instrumentos Financeiros*, in: 17 CadMVM (2003), 9-17; lá fora, BENZLER, Marc, *Nettingvereinbarungen im ausserbörsliche Derivatehandel*, 59 e segs., Nomos, Baden-Baden, 1999; PERRONE, Andrea, *La Riduzione del Rischio di Credito degli Strumenti Finanziari Derivati*, 85 e segs., Giuffrè, Milano, 1999).

[1287] Um direito, e *não um dever* – é importante salientá-lo (ou, nas palavras de Alastair HUDSON, trata-se de um "right-without-obligation": cf. *The Law on Financial Derivatives*, 25, 3rd edition, Sweet & Maxwell, London, 2002). Como é próprio dos pactos de opção em geral, o beneficiário ou optante é inteiramente livre de exercer, rejeitar, ou deixar caducar o seu direito potestativo de compra ou venda (FONSECA, T. Soares, *Do Contrato de Opção – Esboço de uma Teoria Geral*, 21, Lex, Lisboa, 2001).

[1288] O prémio, também por vezes chamado "preço da opção", é objecto de cotação no mercado onde as opções são negociadas, não se devendo confundir com o "preço de exercício" ("striking price"), que corresponde ao preço pelo qual o beneficiário poderá exercer o seu direito de compra ou venda do activo – se se quiser, em termos muito genéricos, ao passo que o primeiro representa o preço do contrato (preliminar) de opção, o último constitui o preço do contrato (principal) de compra e venda. Cf. KOLLER, Ingo, *Die Klagbarkeit von Prämienforderungen aus Aktienoptionen*, in: 39 WM (1985), 593-596.

Contratos Financeiros

Enfim, relativamente à respectiva *extinção*, os contratos de opção podem cessar pelo exercício tempestivo do direito de compra ou venda ou pelo decurso do prazo contratual sem tal exercício, além de, no caso das opções padronizadas, mediante o "encerramento" voluntário das posições contratuais durante a vigência do contrato (por assunção de posições de sinal inverso) ou o incumprimento dos deveres perante a entidade gestora (v.g., falta de pagamento das garantias ou dos ajustes diários). Tal como nos futuros, o exercício do direito opcional pode dar lugar a uma liquidação contratual de natureza física ou financeira: no primeiro caso, o beneficiário, titular da opção, recebe (no caso de opção de compra) ou entrega (no caso de opção de venda) o activo subjacente pelo preço previamente acordado[1289]; no último caso, o beneficiário recebe apenas o saldo pecuniário eventualmente resultante da diferença entre o valor do activo previamente acordado (preço de exercício) e o valor apurado no momento do exercício da opção (preço de referência).[1290]

[1289] Sublinhe-se que, salvo quando as partes nisso hajam expressamente acordado ("maxime", convenção de retroactividade), as opções são destituídas de eficácia translativa da propriedade do activo subjacente, pelo que o beneficiário não se poderá considerar titular das acções, obrigações, divisas, ou de qualquer outro activo subjacente até ao momento em que exerça o seu direito de compra. Neste sentido, Hudson, Alastair, *The Law on Financial Derivatives,* 77, 3rd edition, Sweet & Maxwell, London, 2002.

[1290] Esta distinção tem ainda relevância para efeitos da natureza jurídica deste contrato derivado, distinguindo-o dos tradicionais contratos de opção do direito civil e comercial comum enquanto contratos preliminares (sobre o ponto, vide *supra* Parte II, Cap. I, §2, 2.2.). É que, ao passo que os contratos de opção com liquidação física funcionam como contratos preparatórios ou preliminares da celebração de um outro contrato (mormente, a compra e venda de determinado lote de valores mobiliários, instrumentos monetários ou outro activo real subjacente), os contratos com liquidação financeira são, em si mesmos, contratos definitivos de natureza diferencial: como refere E. Diáz Ruiz, "o contrato de opção financeira nem sempre é equiparável a um contrato de opção de compra e venda normal, já que, muito frequentemente, não se acaba comprando ou vendendo efectivamente algo ainda quando o titular exerce o direito de opção" (*Los Mercados de Opciones y Futuros Financieros,* 4541, in: AAVV, "Instituciones del Mercado Financiero", vol. VII, 4521-4570, La Ley, Madrid, 1999; em sentido semelhante, Almeida, C. Ferreira, *Contratos,* vol. II, 155, Almedina, Coimbra, 2007).

Dos Contratos Comerciais em Especial

V. As opções são um tipo de derivado extremamente elástico, podendo revestir uma enorme variedade de *modalidades*[1291]. De acordo com o critério ordenador, tornou-se assim frequente distinguir entre opções de compra ("call options") e de venda ("put options") – consoante conferem ao beneficiário um direito de comprar ou vender o activo se e quando tal direito for exercido –, entre opções europeias ("european options") e americanas ("american options") – consoante conferem um direito de opção exercitável apenas na data do vencimento do contrato ou a qualquer momento até essa data –, entre opções de mercado organizado ("exchange-listed options") e mercado de balcão ("over-the--counter options") – consoante constituídas e transaccionadas em mercados regulamentados ou directamente entre os contraentes ("front to front") –, entre opções acima do par ("in the money"), abaixo do par ("out of the money") e ao par ("at the money") – consoante o exercício da opção seja pecuniariamente favorável, desfavorável ou indiferente para o beneficiário tomando por base o confronto entre os preços de exercício e de referência do activo subjacente –, entre opções garantidas ("covered options") e descobertas ("naked options") – consoante o concedente é ou não titular da propriedade do activo subjacente –, entre opções sobre acções ("stock options"), obrigações ("bond options"), índices bolsistas ("index options"), divisas ("currency options"), ou taxas de juros ("interest rate options") – consoante o tipo de activo subjacente –, e assim por diante.[1292]

[1291] Ao lado das modalidades, igualmente diversas e relevantes são as *estratégias* subjacentes. No essencial, tais estratégias podem consistir na compra de opções de compra ("long call"), na compra de opções de venda ("long put"), na venda de opções de compra ("short call") e na venda de opções de venda ("short put"), podendo ainda haver lugar a estratégias intermédias ou híbridas ("straddle", "strangle", "spread" e "risk reversal"). Cf. SCHÄFER, Klaus, *Einsatz und Bewertung von Optionen und Futures,* 61 e seg., in: AAVV, "Derivative Finanzinstrumente", 45-130, Schäffer-Poeschel, Stuttgart, 1995.

[1292] Estas modalidades especiais, de resto, não são estanques, assistindo-se à sua frequente combinação: são assim comuns, por exemplo, as opções "call" sobre acções

4. "Swaps"

I. Designa-se por "swap" (literalmente, troca ou permuta) *o contrato pelo qual as partes se obrigam ao pagamento recíproco e futuro de duas quantias pecuniárias, na mesma moeda ou em moedas diferentes, numa ou várias datas predeterminadas, calculadas por referência a fluxos financeiros associados a um activo subjacente, geralmente uma determinada taxa de câmbio ou de juro.*[1293]

II. À semelhança dos demais contratos derivados, os "swaps" são fundamentalmente um instrumento de cobertura de risco, que permite às empresas, em particular, salvaguardar-se das consequências adversas das oscilações desfavoráveis das taxas de juro e de câmbio[1294], embora também sejam ocasionalmente utilizados para finalidades arbitragistas, especulativas, e até puramente contabilísticas[1295]. Suponhamos duas empresas que negoceiam

---

de tipo americano não garantidas negociadas directamente entre os investidores. Sobre estas e outras modalidades de opções, vide desenvolvidamente GIRINO, Emilio, *I Contratti Derivati*, 51 e segs., 76 e segs., Giuffrè, Milano, 2001.

[1293] Sobre a figura, vide, entre nós, CALHEIROS, M. Clara, *O Contrato de Swap*, Coimbra Editora, Coimbra, 2000. Noutros países, vide BOULAT, Pierre-Antoine/ / CHABERT, Pierre-Yves, *Les Swaps – Technique Contractuelle et Régime Juridique*, Masson, Paris, 1992; ERNE, Roland, *Die Swapgeschäfte der Banken: eine rechtliche Betrachtung der Finanzswaps unter besonderer Berücksichtigung des deutschen Zivil-, Börsen-, Konkurs- und Aufsichtsrechts*, Duncker & Humblot, Berlin, 1992; GORIS, Paul, *The Legal Aspects of Swaps: An Analysis Based on Economic Substance*, Graham & Trotman/ Martinus Nijhoff, London, 1994; RIVELLINI, Flavio, *La Disciplina Giuridica dei Contratti Swap*, Diss., Napoli, 2002; ROLDÁN, S. Zamorano, *El Contrato de Swap como Instrumento Financiero Derivado*, V. Tuells, Zaragoza, 2003.

[1294] Sobre esta função de "hedging" empresarial, vide AAVV, *Las Operaciones Swap como Instrumento para Mejorar la Financiación de la Empresa*, Ed. Instituto de Empresa, Madrid, 1985; MORI, Margherita, *Swap – Una Tecnica Finanziaria per l'Impresa*, Cedam, Padova, 1990.

[1295] Sobre a utilização dos "swaps" como mecanismo de cosmética das contas sociais, mormente para efeitos de maximização fiscal, vide NABBEN, Stefan, *Financial Swaps. Instrument des Bilanzstrukturmanagements in Banken*, Gabler, Wiesbaden, 1991.

financiamentos idênticos no mercado bancário a taxas diversas: a empresa A contrai uma dívida de 1 milhão de euros por cinco anos e à taxa de juros fixa de 5%, e a empresa B possui um débito de igual montante e prazo a taxa Euribor a 6 meses. A fim de anular o risco que a evolução da respectiva taxa de juros representa para ambas, as empresas A e B podem celebrar um contrato de permuta de taxa de juros ("interest rate swap") através do qual, mantendo as suas posições creditícias originárias, invertem as condições do respectivo endividamento gerando assim fluxos financeiros compensatórios: no termo quinquenal, A vincula-se a pagar a B o montante pecuniário correspondente à aplicação da taxa de juros fixa e B pagará a A o montante correspondente à taxa de juros variável.[1296]

III. Tal como os futuros e opções, os "swaps" são um tipo de contrato derivado *nominado*, previsto no art. 2.º, n.º 1, e) do CVM. Todavia, ao contrário dos futuros e das opções padronizadas, os "swaps" são tipicamente derivados de mercado de balcão: encontramo-nos perante o mais relevante contrato negociado ao balcão dos intermediários financeiros ("over-the-counter"), que reveste uma estrutura tipicamente bilateral (envolvendo apenas as empresas contratantes) e individualizada (cujos termos são ajustados caso a caso, embora não excluam uma padronização mínima, aliás habitual).[1297]

[1296] Usualmente, os "swaps" são assim contratos derivados celebrados entre sujeitos com posições simetricamente opostas, ou seja, portadores de necessidades ou de previsões exactamente inversas sobre a evolução de determinado activo ou parâmetro financeiro – embora nada impeça que também possam ser celebrados por sujeitos arbitragistas ou especuladores a fim de tirar partido das imperfeições temporárias dos mercados ("mispricing"). Neste sentido, BRANCADORO, Gianluca, *Strumenti Finanziari e Mercato Mobiliari*, 252, Giuffrè, Milano, 2005.

[1297] Tal como a respeito dos futuros e das opções, é discutida a natureza jurídica dos "swaps" (v.g., contratos de troca, de compra e venda, atípicos), não faltando quem considere que os "swaps" são, estruturalmente, contratos derivados que se reconduzem aos próprios futuros e opções. Sobre tal questão, vide CLOUTH, Peter, *Rechtsfragen der*

Contratos Financeiros

IV. Os contratos de "swap" ou permuta financeira têm como *sujeitos* apenas os investidores ou partes contratantes (usualmente empresas, mas também indivíduos singulares, entidades públicas), embora, na esmagadora maioria dos casos, a sua celebração seja mediada pela intervenção de um intermediário financeiro ("maxime", bancos)[1298]. Relativamente à sua *forma*, estamos diante de contratos consensuais que, todavia, revestem usualmente forma escrita voluntária (art. 222.º do CCivil) uma vez que remetem frequentemente para modelos contratuais padronizados ("master agreements") que contêm um conjunto de condições gerais que virão a enquadrar e regular os diferentes contratos individuais de permuta financeira celebrados entre as partes: tais contratos-modelo são elaborados por organizações internacionais, com particular destaque para a "ISDA – International Swap Dealers Association"[1299]. Relativamente os seus *efeitos*, os "swaps" constituem contratos sinalagmáticos (dos quais resultam obrigações para ambas as partes unidas por um nexo de reciproci-

---

ausserbörslichen Finanz-Derivate, 22 e segs., 43 e segs., Beck, München, 2001; GROUP OF THIRTY, *Derivatives: Practices and Principles*, 31, Washington, 1993.

[1298] Sublinhe-se que, crescentemente, os intermediários financeiros, eles próprios, têm vindo a intervir como contraparte contratual. Com efeito, as operações de "swap" cedo confrontaram os intermediários financeiros com o problema de encontrar e aproximar no mercado duas empresas ou investidores com posições simétricas opostas – o que nem sempre se revela fácil e ágil: a forma de ultrapassar este escolho, e simultaneamente explorar um negócio rentável, consistiu então em o intermediário financeiro passar a funcionar como uma espécie de "swaper" profissional, contraindo empréstimos no mercado interbancário e actuando directamente como contraparte contratual dos seus próprios clientes. Cf. ANTL, Boris, *The Role of a Bank in Structuring Currency Swap Transactions*, in: AAVV, "Las Operaciones Swap como Instrumento para Mejorar la Financiación de la Empresa", 103-115, Ed. Instituto de Empresa, Madrid, 1985.

[1299] Entre tais condições gerais, incluem-se regras relativas às notificações entre as partes, à cessão da posição contratual, às causas e efeitos da resolução do contrato, à lei aplicável, e ao foro competente. Cf. BROZOLO, L. Radicati, *Il Contratto Modello di Swap dell'International Swap Dealers Association*, in: 2 DCI (1988), 539-559; ZOBL, Dieter/ WERLEN, Thomas/ GIOVANOLI, Mario/ HARTIG, Gérard, *1992 ISDA-Master Agreement: Unter besonderer Berücksichtigung der Swapgeschäfte*, Schulthess, Zürich, 1995.

Dos Contratos Comerciais em Especial

dade) e de execução diferida (a cumprir no futuro), sendo, porém, discutida por alguns a sua natureza comutativa ou aleatória.[1300]

Particularmente relevante é o *objecto* dos contratos de permuta financeira: tratando-se de um dos expoentes dos derivados de balcão, é compreensivelmente difícil dizer o que seja um "swap" no seu estado elementar ou puro, tal a diversidade das variantes originadas pela "praxis" financeira e bancária internacional. Ainda assim, é possível distinguir aqui em abstracto duas modalidades fundamentais: os "swaps" de divisas e de juros[1301]. Nos "swaps" de divisas ("currency swaps", "Währungsswap") – a forma historicamente primogénita deste tipo de derivado –[1302], as partes acordam permutar ou trocar entre si quantias pecuniárias expressas em duas moedas diferentes, calculadas mediante a aplicação de uma taxa de câmbio predeterminada: estes contratos podem implicar meramente a troca do capital ("currency swaps" simples) ou envolver simultaneamente a troca de juros periódicos ("cross-currency swaps"), a qual pode ser realizada a taxa fixa para ambas as partes ("fix to fix swap"), a taxa fixa para uma das

---

[1300] Cf. ainda FÜLBIER, Andreas, *Zivilrechtliche Einordnung von Zins- und Währungsswaps*, in: 11 ZIP (1990), 544-547.

[1301] Sobre estas modalidades fundamentais, vide desenvolvidamente BROWN, Keith/ SMITH, Donald, *Interest Rate and Currency Swaps*, J. Wiley & Sons, New York, 2005; DE IULIIS, Carmelo, *Lo Swap d'Interessi o di Divise nell'Ordinamento Italiano*, in: LVII BBTC (2004), 391-410; LASSAK, Günter, *Zins- und Währungsswaps*, Knapp, Frankfurt, 1998; MATTOUT, Jean-Pierre, *Opérations d'Échange de Taux d'Intérêt et de Devises: Qualification et Régime Juridique en Droit Français*, in: 468/ 469 RevB (1987), 24-34 e 128-136. Outras modalidades conhecidas são os "commodities swaps" (que tomam por parâmetro os preços de mercadorias) e os "equity swaps" (em que a obrigação de pagamento de uma ou ambas as partes toma por referência a cotação de acções ou índices de acções: cf. COOPERS & LYBRAND, *Equity Swaps,* McGraw-Hill, London, 1994).

[1302] Os "swaps" nasceram historicamente como um método para ultrapassar e iludir os controlos cambiais nacionais em voga nos anos 70, tendo o primeiro "swap" de divisas ocorrido em 1981 entre a IBM e o Banco Mundial (BOCK, David, *Fixed-to--Fixed Currency Swap: The Origins of the World Bank Swap Programm,* in: AAVV, "Swap Finance", vol. II, 218-233, Euromoney, London, 1986).

Contratos Financeiros

partes e taxa variável para a outra ("circus swap"), ou a taxas variáveis, embora indexadas a diferentes referenciais, para ambas as partes ("floating to floating swap")[1303]. Já nos "swaps" de juros ("interest rate swaps", "Zinssatzswap") – aliás, hoje bastante mais frequentes e relevantes –[1304], as partes contratantes acordam trocar entre si quantias pecuniárias expressas numa mesma moeda, representativas de juros vencidos sobre um determinado capital hipotético, calculados por referência a determinadas taxas de juro fixas e/ou variáveis: estes contratos podem também, por seu turno, revestir duas variantes fundamentais, consoante o cálculo dos juros de uma das partes se realiza a taxa fixa e o da outra a taxa variável ("coupon swap") ou mediante a aplicação a ambas de taxas variáveis definidas em bases distintas ("basis rate swap").[1305]

[1303] Sobre a noção e variantes dos "swaps" de divisas, vide BEIDLEMAN, Carl, *Cross Currency Swaps,* Irwin Professional Publishers, Chicago, 1991; DECKER, Ernst, *Zinssatz und Währungsswaps unter rechtliche Aspekten,* in: 44 WM (1990), 1001--1015; KAZEMZADEH, Kamrad, *Der Kapitalmarktswap,* 29 e segs., V. Österreich, Wien, 1998. Advirta-se que os "swaps" de divisas não se confundem com os impropriamente designados *"swaps" cambiais* ("Divisenswap"), que consistem, não em trocas, mas antes em contratos de compra e venda realizados simultaneamente a contado e a prazo: sobre tal distinção, vide também FLECKNER, Andreas, *Finanztermingeschäfte in Devisen,* in: 16 ZBB (2005), 96-111; KAZEMZADEH, Kamran, *Der Kapitalmarktswap,* 36 e segs., V. Österreich, Wien, 1998.

[1304] Sobre a noção e variantes dos "swaps" de taxas de juros, vide NASSETTI, F. Caputo, *Profili Legali degli "Interest Rate Swap" e "Interest Rate and Currency Swap",* in: 6 DCI (1992), 69-93; LUDWIG, Mary, *Understanding Interest Rate Swaps,* McGraw-Hill, New York, 1993; KOPP, Thomas, *Der Zinsswap: ein deutsch-US--amerikanischer Rechtsvergleich,* Nomos, Baden-Baden, 1995. Sublinhe-se que este tipo de "swap" corresponde a mais de 80% do volume total actual dos negócios de "swap" (cf. ERNE, Roland, *Modernes Zinsmanagement durch Einsatz von Zinssatzswaps – viele Chancen kaum Risiken,* in: 36 DB (1994), 1809-1812), sendo dominante a doutrina que sustenta a sua natureza atípica (DECKER, Ernst, *Zinssatz und Währungsswaps unter rechtliche Aspekten,* 1004, in: 44 WM (1990), 1001-1015; ERNE, Roland, *Die Swapgeschäfte der Banken,* 50, Duncker & Humblot, Berlin, 1992; MAULSHAGEN, Almut/ MAULSHAGEN, Olaf, *Rechtliche und bilanzielle Behandlung von Swapgeschäften,* 245, in: 55 BB (2000), 243-249).

[1305] Assim sendo, ao passo que nos "swaps" de divisas existe um fluxo financeiro de capital e juros, nos "swaps" de juros existe apenas um fluxo de juros, não sendo o

Dos Contratos Comerciais em Especial

Por fim, sublinhe-se que, em qualquer dos casos, as operações de "swap" podem dizer respeito a fluxos pecuniários negativos ou positivos – consoante tais fluxos são gerados por passivos financeiros ("liability swaps") ou decorrentes dos juros vencidos por activos das partes ("asset swaps")[1306] –, e podem ser objecto de liquidação física ou meramente financeira – consoante envolvem obrigações recíprocas de pagamento por ambas as partes ou apenas uma única obrigação de pagamento do diferencial pecuniário para uma delas.[1307]

V. A flexibilidade estrutural e operacional dos "swaps", bem ilustrada no enorme sucesso que granjeou no seio dos contratos derivados, conduziu a uma significativa proliferação de *modalidades especiais*, resultantes da criação de variantes negociais ("swaps" complexos) ou da combinação com outros derivados ("swaps" híbridos).[1308]

Entre as primeiras, podem referir-se os "swaps" com taxas alternativas ("roller-coaster swaps") – que conferem às partes a faculdade de eleger uma de entre um conjunto de taxas fixas e variáveis preestabelecidas –, os "swaps" com prazo condicional ("putable swap" e "callable swap") – que conferem a um dos contraentes o direito unilateral de prolongar ou reduzir o prazo do contrato –, ou os "swaps" com intervenção de terceiro ("double swaps") – que permitem introduzir no contrato originário um ter-

---

capital de base objecto de qualquer permuta (ERNE, Roland, *Die Swapgeschäfte der Banken,* 20, Duncker & Humblot, Berlin, 1992). Ainda que possíveis, são extremamente raros os "swaps" baseados em duas taxas fixas (ROFFLER, Sylvie, *Quelques Aspects des Nouveaux Instruments Financiers,* 37, in: CFP (1996), 31-48).

[1306] REINER, Günter, *Derivative Finanzinstrumente im Recht,* 3, Nomos, Baden-Baden, 2002.

[1307] Os "swaps", como sucede com muitos outros derivados (futuros, opções, etc.), podem assim constituir contratos diferenciais: sobre a figura, vide *infra* Parte III, Cap. V, §3, 6.

[1308] Para uma panóplia geral destas e outras modalidades especiais, vide MORI, Margherita, *Swap – Una Tecnica Finanziaria per l'Impresa,* 37 e segs., Cedam, Padova, 1990.

Contratos Financeiros

ceiro, geralmente um banco, que passará a ser contraparte de dois novos contratos com os contraentes primitivos. Entre as últimas, merecem destaque especial as chamadas "swaptions" – híbrido resultante do cruzamento de um "swap" e uma opção, que confere a uma das partes (beneficiário) o direito potestativo de realizar uma operação de permuta financeira cujos termos estão previamente definidos, durante um determinado período de tempo –[1309], embora sejam igualmente conhecidos outros exemplos de modalidades mistas, v.g., os "collar swaps" (que, mediante a combinação de um "collar" e um "swap", visam prevenir uma excessiva volatilidade das taxas de juro mediante a fixação de tectos máximo e mínimo)[1310] e os "embedded swaps" (que designam aqueles "swaps" que estão como que associados ou "embutidos" no próprio activo subjacente).[1311]

5. Derivados de Crédito

I. Designam-se derivados de crédito ("credit derivative", "Kreditderivate", "dérivés de crédit", "derivati di credito") *os*

[1309] O principal objectivo deste híbrido é permitir a um investidor lançar mão de um "swap" no caso de, durante o período de vigência da opção, a evolução das taxas de câmbio ou de juro tornarem aquele vantajoso. Cf. BUETOW, Gerald/ FABOZZI, Frank, *Valuation of Interest Rate Swaps and Swaptions*, J. Wiley & Sons, New York, 2000.

[1310] GIRINO, Emilio, *Collar Swaps*, in: 19 A&F (1993), 1210-1215.

[1311] É o caso, por exemplo, de um "swap" de juros sobre uma obrigação. Suponha-se, por exemplo, uma empresa que se financia no mercado através da emissão de obrigações mas que, em virtude do seu baixo "rating", é forçada a oferecer um juro alto: a empresa emitente poderá mitigar este problema, contratando um "swap" de juros com um banco pelo qual este se compromete a pagar o juro fixo obrigacionista e aquela a pagar um juro variável (HUDSON, Alastair, *The Law on Financial Derivatives*, 52, 3rd edition, Sweet & Maxwell, London, 2002). Inversamente, existem outras modalidades especiais que ganharam uma tal relevância prática e autonomia operativa que é a própria lei a qualificá-las hoje como uma espécie autónoma de derivado: é o caso dos "credit default swaps", que melhor se enquadram hoje na categoria dos derivados de crédito (cf. *infra* Parte III, Cap. V, §3, 5(IV)).

Dos Contratos Comerciais em Especial

contratos através dos quais uma das partes, compradora de protecção ("protection buyer"), transfere para a outra, vendedora de protecção ("protection seller"), um determinado risco de crédito, mediante o pagamento de uma contrapartida.[1312]

II. Os derivados de crédito são um contrato derivado *nominado*, directamente previsto na lei (art. 2.º, n.º 1, c) do CVM)[1313]. Apesar de muito recente (datando o seu aparecimento de meados da década de 90), esta nova categoria de derivados assumiu hoje um tal relevo que foi já mesmo considerada como "a mais significativa inovação financeira dos últimos anos".[1314]

[1312] Sobre a figura, vide Borges, S. Leite/ Magalhães, S. Torres, *Derivados de Crédito – Algumas Notas Sobre o Regime dos Valores Mobiliários Condicionados por Eventos de Crédito*, in: 15 CadMVM (2002), 115-146. Noutros quadrantes, vide AAVV, *Kreditderivate – Handbuch für die Bank- und Anlagepraxis*, 2. Aufl., Schäffer-Poeschel, Stuttgart, 2005; Gauvain, Alain, *Droit des Dérivés de Crédit*, Éd. Revue Banque, Paris, 2003; Nassetti, F. Caputo/ Fabbri, Andrea, *Trattato sui Contratti Derivati di Credito*, Egea, Milano, 2000; Parker, Edmund, *Credit Derivatives – Documenting and Understanding Credit Derivative Products*, Globe Business Publishing, London, 2007.

[1313] Apesar de nominados, os derivados creditícios são fundamentalmente contratos *atípicos*, insusceptíveis de se reconduzir a algum dos tipos negociais tradicionais com os quais guardam afinidades, tais como o contrato de seguro – o qual supõe necessariamente a existência de um risco puro determinado e de um interesse (sob pena de nulidade: cf. arts. 1.º e 43.º, n.º 1 da LCS e art. 294.º do CCivil), ao contrário do derivado de crédito, que admite causas contratuais puramente especulativas e arbitragistas –, a fiança – a qual supõe a acessoriedade da obrigação do fiador à obrigação principal garantida (art. 627.º do CCivil), ao invés do que sucede com a obrigação do vendedor de protecção, que permanece autónoma face à obrigação de referência –, o negócio condicionado – cuja eficácia fica subordinada à verificação de evento futuro (art. 270.º do CCivil), ao passo que o derivado de crédito produz a plenitude dos seus efeitos desde o momento da conclusão contratual, com a particularidade da prestação de uma das partes ser referenciada a um "credit event" –, ou até a "emptio rei" – que sempre supõe a transferência da propriedade de bens futuros contra o pagamento de um preço (art. 880.º, n.º 2 do CCivil), que inexiste como tal no derivado creditício.

[1314] Tron, Flavio, *Il Mercato dei Credit Derivatives*, 1, Diss., Bergamo, 2000. No mesmo sentido, o antigo governador da Reserva Federal norte-americana, Alan Greenspan, que qualificou estes derivados como "o mais importante instrumento visto nas últimas décadas" (*The Economist*, de 1 de Julho de 2006).

Contratos Financeiros

Como é sabido, de entre as diversas componentes de incerteza dos negócios e mercados (v.g., risco de país, operativo, legal, de liquidez, de oscilação de preços, taxas de juro ou câmbios, etc.), o risco de crédito representa porventura um dos mais relevantes: tal risco consiste genericamente no deterioramento da qualidade creditícia do devedor, usualmente consubstanciado na falta de cumprimento pontual da respectiva obrigação[1315]. Ao permitir isolar o risco de crédito da actividade ou instrumento subjacentes (v.g., um empréstimo, uma obrigação ou outro título de dívida, etc.), autonomizando-o para efeitos de negociação como se de um novo activo se tratasse (à semelhança de qualquer outro, v.g., divisas, taxas de juro, mercadorias, índices, valores mobiliários, etc.), compreende-se facilmente o sucesso alcançado junto das empresas por este tipo de derivados como instrumento de gestão, cobertura e transferência do risco creditício. Na sua ausência, as empresas interessadas em transferir ou mitigar o risco da exposição creditícia inerente às suas relações jurídico-económicas apenas dispunham dos instrumentos clássicos (tipicamente complexos e custosos: v.g., cessão de créditos, novação, sub-rogação) ou modernos (que implicam a transferência dos próprios activos subjacentes: "maxime", titularização de créditos): o derivado creditício, ao permitir separar o risco de crédito ("default" ou "downgrading") do respectivo activo subjacente ("reference obligation") e negociar aquele a troco de uma contrapartida ("premium"), traz consigo um conjunto significativo de vantagens, seja para o comprador de protecção – designadamente, a gestão e a externalização parcial do seu risco exploracional sem transferência dos activos subjacentes, a redução do nível dos riscos agregados e libertação de capitais próprios (especialmente relevante no caso dos bancos,

---

[1315] Sobre o risco de crédito, vide em geral DE LAURENTIS, Giacomo, *Il Rischio di Credito*, Egea, Milano, 1994. Para uma tipologia dos riscos cobertos pelos derivados, vide em geral NASSETTI, F. Caputo, *I Contratti Derivati Finanziari*, 4 e segs., Giuffrè, Milano, 2007.

sujeitos a limites regulamentares à concentração de riscos e ao rácio de solvabilidade), e a manutenção ou até aumento das relações de clientela (pela economia de garantias colaterais de outro modo necessárias) –, seja para o vendedor de protecção – para quem o risco de crédito se torna assim num bem fungível susceptível de "trading", para objectivos de arbitragem e especulação, além da optimização decorrente de se tratar frequentemente de transacções não contabilizadas no balanço ("off-balance-sheet").[1316]

III. Os derivados de crédito são contratos para a transferência do risco de crédito[1317]. Através deles, uma das partes, compradora de protecção ("protection buyer"), transfere para a outra, vendedora de protecção ("protection seller"), um determinado risco de crédito mediante o pagamento de uma contrapartida. O risco de crédito ("credit risk") tem a sua fonte remota numa obrigação ou débito subjacente ("reference asset" ou "reference obligation") de que um terceiro ("reference entity") é devedor perante o comprador de protecção (v.g., empréstimos, obrigações, títulos de dívida, garantias pessoais ou reais, posições debitórias emergentes de outros derivados): tal risco consubstancia-se na exposição

---

[1316] Os derivados de crédito são prevalentemente negociados por grandes bancos e sociedades financeiras (JP Morgan, Deutsche Bank, Chase Manhattan, Citybank, Merrill Lynch), sendo também utilizados pelas empresas seguradoras, fundos de investimento, "hedge funds", e, por vezes, empresas comerciais e industriais. Cf. BURGHOF, Hans-Peter/ HENKE, Sabine/ RUDOLPH, Bernd, *Kreditderivate als Instrumente eines aktiven Kreditrisikomanagements*, in: 10 ZBB (1998), 277-286; CHAPLIN, Geoof, *Credit Derivatives: Risk Management, Trading and Investing*, J. Wiley & Sons, New York, 2005; MATHIEU, Pierre/ D'HÉROUVILLE, Patrick, *Les Dérivés de Crédit – Une Nouvelle Gestion du Risque de Crédit*, Economica, Paris, 1998; SIRONI, Andrea (dir.), *I Derivati per la Gestione del Rischio di Credito*, Giuffrè, Milano, 1999.

[1317] RUGGERI, Luca, *I "Credit Derivatives" Quali Strumenti Finanziari Derivati*, in: 11 ICont (2003), 839-844. Num sentido amplo ou impróprio, os derivados de crédito abrangem ainda instrumentos financeiros de natureza mobiliária – como é o caso dos valores mobiliários condicionados por eventos de crédito (Regulamento CMVM n.º 16/2002, de 21 de Novembro): sobre a figura, vide ANTUNES, J. Engrácia, *O Direito Português dos Valores Mobiliários*, 194 e seg., in: 25 RDPE (2009), 149-195.

Contratos Financeiros

genérica a eventos futuros e incertos associados à deterioração da "qualidade creditícia" ("creditworthiness") do devedor ou entidade de referência ("credit events"), v.g., insolvência, liquidação, falta de cumprimento tempestivo de obrigações, recusa de pagamento, moratórias, reestruturação do passivo, depreciação do "rating", etc.[1318]. Finalmente, em caso de ocorrência do evento de crédito, o cumprimento do contrato ("rectius", da obrigação do vendedor de protecção) realiza-se usualmente mediante o pagamento de uma soma pecuniária calculada por referência a tal evento nos termos contratualmente acordados ("cash settlement"), podendo ocasionalmente dar lugar à entrega do activo subjacente ("physical settlement").[1319]

Entre as principais características destes contratos, saliente-se serem tipicamente contratos de balcão ou OTC (dotados de uma reduzida liquidez e padronização, dominados por um escasso número de "dealers" nas praças financeiras de Londres e Nova Iorque)[1320], de carácter consensual (embora por regra sujeitos a

---

[1318] Como nota Alastair HUDSON, "a precisa delimitação do «evento de crédito» é assim central no funcionamento deste tipo de derivado" (*The Law on Financial Derivatives,* 77, 3rd edition, Sweet & Maxwell, London, 2002). Para uma lista dos eventos de crédito relevantes, elaborada pela "ISDA - International Swaps and Derivatives Association", vide HARDING, Paul, *A Practical Guide to the 2003 ISDA Credit Derivatives Definitions,* Euromoney Pub., London, 2004.

[1319] NELKEN, Israel, *Implementing Credit Derivatives,* 73 e segs., McGraw-Hill, New York, 1999. Por seu turno, no caso de liquidação financeira, alguns derivados de crédito admitem ainda a alternativa entre o pagamento de uma quantia pecuniária variável (igual à diferença entre o valor da obrigação de referência na data da celebração contratual e do seu "recovery value" na data do evento creditício) ou fixa (obtida segundo um percentual aplicado sobre o valor nocional, sobretudo nos casos em que inexiste um mercado secundário para a obrigação de referência) (cf. TAKAVOLI, Janet, *Credit Derivatives. A Guide to Instruments and Applications,* 96, J. Wiley & Sons, Toronto, 1998).

[1320] Para uma ilustração, vide *The J.P. Morgan Guide to Credit Derivatives,* London, 1999. Advirta-se, todavia, que é possível que a importância crescente dos derivados de crédito os leve em breve à negociação em mercados organizados (SCOTT-QUINN, Brian/ WALMSLEY, Julian, *The Impact of Credit Derivatives on Securities Markets,* ISMA, Zurich, 1998).

Dos Contratos Comerciais em Especial

forma escrita voluntária: cf. art. 222.º do CCivil)[1321], sinalagmático (fonte de obrigações recíprocas para ambas as partes, bem
como no plano das respectivas excepções: cf. art. 428.º do
CCivil), e de execução diferida (a cumprir no futuro).[1322]

IV. Os derivados de crédito revestem uma grande diversidade de *modalidades*, que podem ser agrupadas em duas categorias
fundamentais: os derivados de crédito simples ("credit derivative
products") – que visam exclusivamente transferir o risco de crédito
relativo ao activo subjacente, originando pagamentos cuja existência e montante são aferidos pelo evento de crédito – e os
derivados de crédito sintéticos ("replication products") – que permitem transferir simultaneamente o risco de mercado, originando
fluxos de pagamento que dependem, não apenas do evento de
crédito, mas também da evolução do valor da obrigação subjacente.[1323]

Entre os primeiros, destacam-se os "credit default swaps",
contratos através dos quais uma das partes (vendedor de protecção) se obriga perante a outra parte (comprador de protecção) a
efectuar o pagamento de montante pecuniário predeterminado ou
predeterminável em caso de ocorrência de um evento futuro e
incerto associado à posição creditícia do devedor durante o prazo
contratualmente definido (evento de crédito), contra o pagamento
de uma contrapartida pecuniária única ou periódica (prémio)[1324]; e

---

[1321] À semelhança de outros derivados de balcão, também os derivados de crédito
são hoje contratos estandardizados, celebrados usualmente segundo o modelo ou contrato-tipo elaborado pela "ISDA – International Swaps and Derivatives Association" –
o *"2003 ISDA Credit Derivatives Definitions"*. Cf. HARDING, Paul, *A Practical Guide
to the 2003 ISDA Credit Derivatives Definitions*, Euromoney Pub., London, 2004.

[1322] Especialmente complexas são as projecções insolvenciais deste tipo de derivados: para uma perspectiva do direito norte-americano, vide LUBBEN, Stephen, *Credit
Derivatives and the Future of Chapter 11*, in: 81 AJBL (2007), 405-430.

[1323] DAS, Satyajit, *Credit Derivatives*, 10 e seg., John Wiley & Sons, Singapore, 1998.

[1324] Ao lado desta modalidade simples, podem existir modalidades complexas,
tais como os "basket default swaps" (que se contradistinguem essencialmente pela
obrigação de referência ser relativa, não a uma única, mas a um lote de várias entidades

Contratos Financeiros

as "credit default options", contratos que atribuem ao comprador de protecção um direito potestativo à conclusão de um outro contrato sobre determinado activo subjacente (compra e venda de obrigação ou outro título de dívida, cessão de créditos, "subparticipation", etc.) por preço e num prazo predeterminados, em caso de ocorrência de um evento de crédito, mediante o pagamento de um prémio ao vendedor de protecção[1325]. Já entre os últimos, devem mencionar-se os "credit spread derivatives", contratos através dos quais o comprador de protecção se previne genericamente contra o risco de degradação do valor da obrigação de referência aferido por variações do chamado "credit spread", correspondente a diferenciais de valor entre tal obrigação e outros activos financeiros predeterminados (v.g., taxas de juros, índices, títulos do tesouro), os quais podem, por seu turno, assumir diversas submodalidades ("credit spread forwards", "credit spread options", "credit spread swaps")[1326]; e os "total rate of return swaps", também conhecidos pelo acrónimo "tror swaps", contratos através dos quais o comprador de protecção ("total return payer") se obriga

---

de referência) e os "credit default exchange swaps" (em que ambas as partes actuam simultaneamente como compradores e vendedores de protecção, permutando os respectivos riscos de crédito). Cf. NASSETTI, F. Caputo, *I Contratti Derivati di Credito – Il Credit Default Swap*, in: 11 DCI (1997), 103-136.

[1325] Esta modalidade pode ainda subdividir-se em "credit default put options" (em que o comprador de protecção fica investido no direito de vender ou ceder o activo subjacente) e "credit default call options" (em que fica investido no direito de adquirir originária ou derivadamente o mesmo). Modalidade híbrida, extremamente frequente, são as chamadas "credit default swaptions" (HULL, John/ WHITE, Alan, *The Valuation of Credit Default Swap Options*, in: 10 JDer (2003), 40-50).

[1326] Particularmente relevantes são os "credit spread swaps": nestes, o vendedor de protecção obriga-se a efectuar o pagamento de montante pecuniário ao comprador de protecção no caso de aumento do diferencial entre o valor do débito de referência e o índice que representa o perfil creditício da entidade de referência, assumindo o último perante o primeiro idêntica obrigação no caso inverso de diminuição do referido referencial. Para mais desenvolvimentos, vide LUMMEN, Arnaud, *Contribution à l'Étude des Dérivés de Crédit*, 15, in: 75 B&D (2001), 12-19; TRON, Flavio, *Il Mercato dei Credit Derivatives*, 33 e segs., Diss., Bergamo, 2000.

Dos Contratos Comerciais em Especial

a pagar um montante pecuniário equivalente à soma dos pagamentos realizados pela entidade de referência em relação à obrigação de referência e dos diferenciais positivos entre o valor de mercado e o valor de partida dessa obrigação, ao passo que, por seu turno, o vendedor de protecção ("total return receiver") se obriga a pagar um montante pecuniário periódico correspondente ao produto do valor da obrigação de referência por uma taxa de juros predeterminada (fixa ou, mais frequentemente, variável), acrescido dos eventuais diferenciais negativos da correlação acima referida.[1327]

6. Contratos Diferenciais

I. Designam-se por contratos diferenciais ("contracts for differences", "Differenzverträge", "contrats sur différences", "contratti differenziali", "contratos por diferencias") *aqueles contratos a prazo que têm por objecto o pagamento de soma pecuniária correspondente ao saldo diferencial entre o valor do activo subjacente no momento da celebração e da execução do contrato.*[1328]

[1327] Deste modo, esta modalidade de derivado de crédito permite obter uma dupla protecção em face do risco da contraparte e do risco do mercado: como notam S. Leite BORGES e S. Torres MAGALHÃES, "na prática os «total return swap» são mais do que um derivado de crédito, no sentido de que asseguram, ao comprador de protecção, a protecção contra qualquer risco inerente ao activo subjacente e não apenas protecção relativamente a risco de crédito" (*Derivados de Crédito – Algumas Notas Sobre o Regime dos Valores Mobiliários Condicionados por Eventos de Crédito*, 123, in: 15 CadMVM (2002), 115-146).

[1328] Sobre a figura, vide entre nós ALMEIDA, C. Ferreira, *Contratos Diferenciais,* in: AAVV, "Estudos Comemorativos dos 10 Anos da Faculdade de Direito da Universidade Nova de Lisboa", vol. II, 81-116, Almedina, Coimbra, 2008. Noutros quadrantes, vide ALLMENDINGER, Stefan/ TILP, Andreas, *Börsentermin- und Differenzgeschäfte: Unverbindlichkeit, Aufklärungspflichten,* Rws, Köln, 1998; FERRARINI, Guido, *I Derivati Finanziari tra Vendita a Termine e Contratto Differenziale,* in: AAVV, "Derivati Finanziari", 24-44, Edibank, Milano, 1993; FERRERO, Emma, *Contratto Differenziale,* in: VIII CeImp (1992), 475-489; KÜMPEL, Siegfried, *Zur*

Contratos Financeiros

II. Os contratos diferenciais são um contrato derivado *nominado*, expressamente previsto no art. 2.º, n.º 1, d) do CVM. A sua origem histórica é longínqua e o seu percurso sinuoso e acidentado[1329]. Com efeito, durante muito tempo, os contratos diferenciais foram assimilados aos contratos de jogo e aposta ("gaming", "Spiel und Wette", "paris", "scomessa"), sendo relegados para o domínio das obrigações naturais, quando não mesmo considerados inválidos (cf. arts. 1245.º e segs. do CCivil): assim, rotulando-os abertamente de "jogatinas", L. Cunha GONÇALVES considerava tais operações de bolsa inadmissíveis à face da ordem juscomercial portuguesa.[1330]

Esta situação, todavia, viria a sofrer uma inflexão significativa na maior parte das ordens jurídicas europeias, sobretudo a partir dos finais do séc. XX, ganhando terreno o entendimento segundo o qual os negócios diferenciais ("causa speculandi") podem desempenhar uma função económico-financeira legítima que os distingue da pura aposta ("causa ludica"). Com efeito, talqualmente sucede com outros tipos de derivados, também os contratos diferenciais perseguem finalidades protectivas (cobertura do risco) e

---

Neugestaltung des Termin-, Differenz- und Spieleinwandes für den Bereich der Derivate, in: 51 WM (1997), 49-55; PREITE, Disiano, *Recenti Sviluppi in Tema di Contratti Differenziali Semplici (in Particolare Caps, Floors, Swaps, Index Futures)*, in: 6 DCI (1992), 171-194; ROTONDI, Mario, *Marchés Différentiels et Marchés à Terme dans les Bourses de Valeurs*, in: 12 RTDC (1959), 19-39.

[1329] Recorde-se que os contratos diferenciais podiam já ser encontrados em plenos sécs. XVI e XVII (SUPINO, D., *La Questione Ultrasecolare dei Contratti Differenziali*, in: XIX DCom (1927), 212-215). Para uma perspectiva histórico--comparatística, vide ALMEIDA, C. Ferreira, *Contratos Diferenciais*, 81 e segs., in: AAVV, "Estudos Comemorativos dos 10 Anos da Faculdade de Direito da Universidade Nova de Lisboa", vol. II, 81-116, Almedina, Coimbra, 2008.

[1330] *Comentário ao Código Comercial Português*, vol. II, 371, Editora José de Bastos, Lisboa, 1916. Em sentido idêntico, ULRICH, Ruy, *Da Bolsa e suas Operações*, 486, Imprensa da Universidade, Coimbra, 1906; noutros quadrantes, vide BACHI, Aldo, *Il Contratto Differenziale di Borsa nella Pratica e nella Legge*, Torino, 1907; WIENER, Heinrich, *Das Differenzgeschäft vom Standpunkt der jetzigen Rechtsprechung*, C. Heymanns, Berlin, 1893.

Dos Contratos Comerciais em Especial

especulativas (assunção de risco na perspectiva de lucro), com a particularidade fundamental de a respectiva execução ser realizada, não fisicamente (através das prestações contratuais propriamente ditas) mas financeiramente (através da diferença expressa em termos pecuniários dos respectivos valores). Além disso, a especulação e a álea com intuito lucrativo sempre estiveram no epicentro do Direito Comercial – "mercatores consueverunt futura prognosticari", asseverava já Sigismondo SCACCIA[1331]: ora, não se pode ignorar a diferença entre o caso de dois jogadores que apostam uma certa soma de dinheiro numa partida de dados e de dois investidores que, com vista a prevenir perdas ou incrementar lucros, acordam entre si pagar a diferença entre o valor de partida e de chegada de uma taxa de juro, de uma divisa, de um índice de acções, ou qualquer outro activo subjacente com base numa análise geral macro e microeconómica.[1332]

[1331] *Tractatus de Commerciis et Cambio*, Genova, 1618. O mais clássico dos negócios juscomerciais, o "contrato de compra e venda mercantil" (art. 463.º do CCom), encontra consabidamente o seu traço distintivo no facto de o comprador a realizar com o fito de obter um lucro com a respectiva revenda futura: a generalização deste intuito especulativo, do mundo dos sujeitos juscomerciais para os próprios particulares, originou mesmo aquilo que alguns denominaram de "comercialização do direito civil" (PONTON-GRILLET, Dominique, *La Spéculation en Droit Privé*, in: RecD (1990), Chr., 157-162).

[1332] Como há quase um século atrás acentuava Giuseppe VALENZANO, "a especulação é a alma do comércio e nada tem que ver com o jogo: a especulação não transforma a bolsa numa bisca" (*I Contratti Differenziali di Borsa su Divisa Estera*, 23, Roma, 1929). Mas também não se pode ignorar que, por vezes, a linha de fronteira entre ambos não será propriamente nítida (assim, ASCENSÃO, J. Oliveira, *Derivados*, 46, in: AAVV, "Direito dos Valores Mobiliários", vol. IV, 41-68, Coimbra Editora, Coimbra, 2003). Este carácter bifronte da especulação foi bem descrito por Frédéric PELTIER: "A especulação possui com o Direito uma relação antagonista. A especulação é agiotagem, sendo banida de há muito como um enriquecimento sem causa – dela desconfiando assim o Direito. Mas a especulação é a base do comércio, sendo justamente o critério especulativo que traça habitualmente as fronteiras entre o direito civil e o direito comercial – pelo que o Direito também a reconhece" (*Marchés Financiers et Droit Commun*, 197, Banque Éditeur, Paris, 1997).

Contratos Financeiros

Tudo isto levou a uma progressiva legitimação da figura dos contratos diferenciais no domínio do mercado de capitais: assim, entre nós, o CodMVM de 1991 previu expressamente a sua admissibilidade ao regular a celebração de "operações a prazo liquidáveis por compensação" (art. 418.º)[1333]; lá fora, ressalta, por exemplo, a revogação do § 764 do BGB germânico (que equiparava ao jogo os contratos diferenciais sobre títulos e mercadorias) e a previsão expressa dos "contracts for differences" em Inglaterra (sec. 19 da Schedule 2, Chap. 8 do FSMA de 2000) ou dos "contratti differenziali" em Itália (art. 1.º, "comma" 2, i) do TUF de 1998)[1334]. Hoje, a sua validade deve ter-se por incontroversa face à sua expressa consagração no elenco do art. 2.º, n.º 1 do CVM.[1335]

III. Os contratos diferenciais são contratos a prazo que conferem às partes um direito e/ou obrigação a uma mera prestação pecuniária diferencial. A sua grande maioria é constituída por aqueles outros contratos derivados que prevêem, exclusiva ou alternativamente, uma liquidação financeira ("cash settlement") –

[1333] Esta posição foi também adoptada já pelo actual CVM, cuja versão originária previa igualmente, para futuros (art. 253.º) e opções (art. 254.º), a possibilidade de o respectivo objecto consistir num pagamento por diferenças (cf. CASTRO, C. Osório/ TORRES, N. Pinheiro, *Leis dos Mercados de Valores Mobiliários*, 132, UCP Editora, Porto, 2000).

[1334] O mesmo se diga daqueles países onde tal figura não foi acolhida expressamente: assim sucede em França, onde "a álea própria dos «jogos de bolsa» é aceite pelo direito dos mercados financeiros, que assim funcionam como uma excepção à proibição do jogo e aposta" (MAYER, Huguette, *Jeux et Exception de Jeu*, in: JCP (1984), doc., 3141).

[1335] Ainda quando se reconduzam genericamente os contratos diferenciais aos contratos de jogo e aposta, a verdade é que o regime da nulidade cominado no art. 1245.º do CCivil ressalva expressamente a legislação especial sobre a matéria (art. 1247.º do CCivil) – de que o art. 2.º, n.º 1, d) do CVM constitui justamente um exemplo. Considerando que a ressalva legal apenas abrange os contratos diferenciais celebrados no quadro de uma actividade de intermediação financeira, vide ALMEIDA, C. Ferreira, *Contratos Diferenciais,* 110 e segs., in: AAVV, "Estudos Comemorativos dos 10 Anos da Faculdade de Direito da Universidade Nova de Lisboa", vol. II, 81-116, Almedina, Coimbra, 2008.

Dos Contratos Comerciais em Especial

sendo assim uma espécie "transversal" no universo dos derivados. Ao contrário dos derivados com liquidação física – que implicam um cumprimento em espécie da operação financeira ou prestação contratual, mediante o pagamento do preço e a transmissão da propriedade dos activos ("physical settlement", "Termingeschäft mit Erfüllung in Natur", "marché à livrer") –, os derivados com liquidação financeira impõem ou permitem um cumprimento mediante o pagamento do mero saldo pecuniário de curso, consistente na diferença entre os preços do activo no momento de celebração (preço de exercício) e de execução contratuais (preço de referência): assim, por exemplo, um futuro sobre acções reveste natureza diferencial caso as partes se vinculem unicamente a pagar ou receber a diferença entre o valor da cotação acordado ("strike price") e corrente ("spot price") dos títulos na data de vencimento[1336]. Outro sector importante dos contratos diferenciais é o dos derivados sobre activos teóricos, nocionais ou virtuais (v.g., futuros sobre índices de acções, opções sobre taxas de inflação, "swaps"

[1336] É mister salientar que a maioria dos derivados permite atingir as finalidades económicas subjacentes (cobertura de risco, especulação) por qualquer uma das vias. Suponha-se um empresário A que necessita de uma determinada mercadoria dentro de 6 meses, cujo preço actual é de 10 € por unidade. Temendo uma subida do preço até essa data (v.g., 15 €), ele poderá celebrar um contrato de futuros a 6 meses e ao preço unitário de 10 € com B, que tem uma expectativa oposta de evolução dos preços (v.g., uma descida para 7 €), o qual funcionará assim como uma verdadeira compra e venda mercantil a prazo: na data do vencimento, o vendedor do futuro deverá entregar a mercadoria e o comprador pagar o preço unitário de 10 €, encaixando ainda as partes as eventuais perdas ou ganhos decorrentes da valorização ou desvalorização da mercadoria (v.g., se o preço de mercado for de € 13, B terá tido uma perda de € 3 por unidade). Mas o empresário poderá também atingir a mesma finalidade protectiva através de um "forward" de natureza puramente diferencial, sem qualquer entrega física de mercadoria ou pagamento do preço – acordando pura e simplesmente o pagamento do eventual diferencial existente entre o valor da mercadoria acordado contratualmente e o valor da mesma na data de vencimento contratual ("in casu", A receberia de B o montante correspondente ao produto resultante do número de unidades de mercadoria por € 3, obtendo o mesmo efeito de cobertura do risco de aumento do preço das mercadorias).

e "forwards" sobre taxas de juro, "caps" e "floors")[1337], bem como toda uma variada panóplia de derivados ditos de terceira geração, tais como os "non deliverable forwards"[1338], as "non deliverable currency options"[1339], ou as "cash settled interest rate swaptions".[1340]

IV. Os contratos diferenciais podem revestir *características* diversas, que aqui não é possível analisar detidamente.[1341]

Assim, quanto à natureza dos activos subjacentes, os contratos diferenciais têm primacialmente em vista acções ("CFD on equity"), devendo-se o seu recente recrudescimento, além dos benefícios fiscais, às vantagens de alavancagem financeira e de dissociação entre titularidade jurídica e económica do capital social que lhe são inerentes[1342]: todavia, nada impede que tais contratos

---

[1337] Em sentido semelhante, ALMEIDA, C. Ferreira, *Contratos Diferenciais,* 94, in: AAVV, "Estudos Comemorativos dos 10 Anos da Faculdade de Direito da Universidade Nova de Lisboa", vol. II, 81-116, Almedina, Coimbra, 2008. Sobre os "forwards rate agreements", vide *infra* Parte III, Cap. V, §3, 7; sobre os "caps" e "floors", vide *infra* Parte III, Cap. V, §3, 8.

[1338] Sobre esta figura, vide *infra* Parte III, Cap. V, §3, 7(IV).

[1339] FRANKEN, Kai, *Das Recht des Terminhandels – OTC-Optionen als Grenzfälle des Börsentermingeschäfts,* 96, 187 e segs., Duncker & Humblot, Berlin, 1997.

[1340] Sobre a figura, vide HAUSER, Heinz, *Pricing und Risk-Management von Caps, Floors, Swap-Optionen,* 191, in: AAVV, "Handbuch Derivativer Instrumente", 187-222, Schäffer-Poeschel, Stuttgart, 1996. Questão duvidosa – atendendo à essencialidade do prazo nos derivados – é a questão de saber se e em que circunstâncias serão também de qualificar como diferenciais determinados contratos de liquidação puramente financeira realizados no mercado a contado: cf. MÜLLER-DEKU, Tobias, *Day Trading zwischen Termin- und Differenzeiwand,* in: 54 WM (2000), 1029-1039.

[1341] Bem assim como problemas de regime jurídico. Pense-se, por exemplo, nas incidências jusinsolvenciais dos contratos diferenciais: cf. DE BIASI, Pierluigi, *Il Netting nei Contratti Derivati,* in: XIII DBMF (1999), 232-256; BOSCH, Ulrich, *Differenz- und Termingeschäfte nach der Insolvenzodnung,* in: Karlhans, Fuchs (Hrsg.), "Kölner Schrift zur Insolvenzordnung: Das neue Insolvenzrecht in der Praxis", 2. Aufl., 1009--1042, ZAP Verlag, Berlin, 2000.

[1342] Os "CFD on equity" ("contracts for differences on equity") representam actualmente cerca de 30% do volume total de transacções sobre acções, sendo a sua criação recente, como instrumento derivado transaccionável, atribuída a Brian KEELAN e Jon WOOD, no âmbito da operação de oferta pública de aquisição da empresa "Trafalgar

possam ter por base qualquer outro activo relevante à luz do art. 2.º, n.º 1, e) e f) do CVM, incluindo outros valores mobiliários (v.g., obrigações, "warrants"), divisas, taxas de juro, índices económicos ou financeiros, variáveis climatéricas, ou mercadorias (com liquidação financeira).

Por outra banda, quanto à natureza da sua negociação, os contratos diferenciais são tradicionalmente derivados de mercado de balcão, concebidos e celebrados por intermediários financeiros especializados (v.g., "First Prudential Markets"), conquanto tenham muito recentemente começado a ser também objecto de transacção em mercado organizado.[1343]

Finalmente, quanto ao seu conteúdo, estes contratos podem revestir diferentes modalidades. A distinção mais comum respeita ao critério da sua pureza, distinguindo-se então entre contratos diferenciais próprios ou puros ("echete Differenzgeschäfte", "contratti differenziali semplice") e impróprios ou impuros ("unechete Differenzgeschäfte", "contratti differenziali complessi"): ao passo que, nos primeiros, as partes acordam directamente que a execução e liquidação do contrato será realizada através de um puro pagamento diferencial, nos últimos o mesmo objectivo é perseguido pelas partes indirectamente ou por vias travessas, mormente através da conclusão de contratos a prazo sucessivos com liquidação física sobre o mesmo activo e de sinal oposto, entre si e com terceiros, destinados a produzir indirectamente um efeito semelhante de liquidação diferencial[1344]. Mas outros critérios têm

---

House" em 1991. Cf. WALMSLEY, Julian, *New Financial Instruments,* 491, 2nd edition, John Wiley & Sons, New York, 1998.

[1343] Em finais de 2007, os contratos diferenciais foram pela primeira vez admitidos à negociação no mercado de bolsa australiana ("Australian Securities Exchange"): é o caso dos "ASX Equity CFDs", "ASX Index CFDs", e "ASX Commodity CFDs" (cf. http://www.asx.com.au/products/cfds/index.htm).

[1344] A terminologia é variada: assim, preferindo falar de contratos diferenciais directos e indirectos, ALMEIDA, C. Ferreira, *Contratos Diferenciais,* 90, in: AAVV, "Estudos Comemorativos dos 10 Anos da Faculdade de Direito da Universidade Nova de Lisboa",

Contratos Financeiros

sido também propostos: assim, de acordo com o critério da natureza da declaração negocial, é possível distinguir entre contratos diferenciais patentes ("offenes Differenzgeschäfte") e ocultos ("verdecktes Differenzgeschäfte") – consoante a finalidade de liquidação diferencial transparece expressamente do acordo negocial das partes ou não[1345] –, ou ainda, de acordo com o critério da própria finalidade negocial, entre contratos diferenciais lícitos e ilícitos – consoante a finalidade de liquidação diferencial é tutelável ou não pela ordem jurídica.[1346]

7. "Forwards"

I. Designam-se por "forwards" *os contratos a prazo negociados em mercado de balcão que conferem posições de compra e de venda sobre determinado activo subjacente por preço e em data futura previamente fixados.*[1347]

---

vol. II, 81-116, Almedina, Coimbra, 2008. Sobre esta distinção, vide ainda Blanco, J. Cáchon, *Derecho del Mercado de Valores,* vol. II, 277, Dykinson, Madrid, 1993; Ferrero, Emma, *Contratto Differenziale,* 483, in: VIII CeImp (1992), 475-489; Reiner, Günter, *Derivative Finanzinstrumente im Recht,* 104 e segs., Nomos, Baden-Baden, 2002.

[1345] Um exemplo de contrato diferencial oculto é fornecido por aqueles contratos a prazo em que uma das partes, com o desconhecimento da outra, tenciona proceder futuramente a uma liquidação por diferenças (Medicus, Dieter, *Schuldrecht,* Band II, 247, 10. Aufl., Beck, München, 2000).

[1346] A este propósito, considera assim um sector da doutrina e jurisprudência estrangeiras que apenas serão admissíveis aqueles contratos diferenciais que possam desempenhar uma função "economicamente legítima" ("wirtschaftlich berechtigten") (Reiner, Günter, *Derivative Finanzinstrumente im Recht,* 107, Nomos, Baden-Baden, 2002) ou que correspondam a uma "especulação produtiva" ("speculazione produttiva") (Girino, Emilio, *I Contratti Derivati,* 186, Giuffrè, Milano, 2001). Sobre o relevo dos contratos diferenciais no âmbito das ofertas públicas de aquisição, vide Lamontagne--Defriez, Jean-Marc, *The Use of Derivative Contracts (In Particular, Contracts for Differences) as Impacted by Changes to the Takeover Code and the Code of Market Conduct,* in: 21 JIBLR (2006), 24-28.

[1347] Sobre a figura, vide Quelhas, J. Santos, *Sobre a Evolução Recente do Sistema Financeiro (Novos "Produtos Financeiros"),* 83 e segs., Separata do BCE, Coimbra, 1996;

II. Os "forwards" são um contrato derivado *inominado* (reconduzível genericamente à figura dos "contratos a prazo", prevista no art. 2.º, n.º 1, e) do CVM) que exibe profundas similitudes com os futuros: em ambos os casos estamos diante de contratos que são fonte de direitos e obrigações de compra e de venda de determinados activos subjacentes, financeiros (v.g., valores mobiliários, divisas, taxas de juro, taxas de câmbio) ou não financeiros (v.g., mercadorias) a executar por um preço, em data futura e através de um modo de liquidação previamente definidos. Todavia, os "forwards" e os "futures" distinguem-se em vários aspectos, em especial no plano da sua natureza (padronizada ou individual) e negociação (mercado organizado ou de balcão): ao passo que os futuros são contratos a prazo firme negociados em mercado organizado, os "forwards" são contratos a prazo firme *negociados no balcão* dos intermediários financeiros; e ao passo que os futuros são contratos totalmente padronizados, os "forwards" são contratos cujo conteúdo é passível de livre *negociação caso a caso*, permitindo operações de cobertura de risco individualizadas e adaptadas às necessidades particulares dos contratantes (mormente, em termos do montante do activo subjacente, prazos, e taxas aplicáveis).[1348]

Rodrigues, A. Lopes, *FRA – Um Mercado em Evolução,* in: 13 RB (1990), 13-18. Noutros quadrantes, vide Mazzalovo, Giuseppe/ Papa, Franco, *Forward Rate Agreement,* in: 20 A&F (1988), 1153-1159; Gastaminza, E. Valpuesta, *Las Operaciones "Forward Rate Agreement" (FRA),* in: AAVV, "Contratos Internacionales", 1079-1102, Tecnos, Madrid, 1997; Mercier, Paul, *Le Forward Rate Agreement,* in: RevB (1990), 35-38; Ruiz, E. Díaz, *Contratos sobre Tipos de Interés a Plazo (FRAs) y Futuros Financieros sobre Intereses,* Civitas, Madrid, 1993.

[1348] Além destas diferenças fundamentais, os "forwards" distinguem-se ainda pela gama mais limitada de activos subjacentes (circunscritos essencialmente a taxas de juro e de câmbio), pelo risco de incumprimento da contraparte (mercê da inexistência de câmara de compensação), e pela ausência de liquidações diárias (mercê da inexistência de um sistema "mark-to-market"). Cf. Ruiz, E. Díaz, *Contratos sobre Tipos de Interés a Plazo (FRAs) y Futuros Financieros sobre Intereses,* Civitas, Madrid, 1993.

Contratos Financeiros

III. Os "forwards" podem agrupar-se em *duas categorias principais*: os contratos a prazo sobre taxas de juro e taxas de câmbio.

Os *contratos a prazo sobre taxas de juro* (FRA ou "forward rate agreements") são aqueles em que as partes acordam o pagamento recíproco dos juros relativos a um depósito a prazo hipotético, calculados por referência a taxas de juro contratualmente previstas e a liquidar financeiramente em data futura[1349]. Tais contratos assentam num depósito a prazo de cariz meramente fictício ou hipotético ("nominal capital amount"), com início e vencimento no futuro, e de prazo, montante e taxa predeterminados: uma das partes (designada "compradora") compromete-se a pagar os juros resultantes da aplicação de uma taxa fixa previamente estabelecida, e a outra (designada "vendedora") a pagar os juros correspondentes à aplicação de uma taxa variável, indexada a determinada taxa de referência também previamente acordada (v.g., "Euribor", "Libor", "Mid", "Ribor", etc.), realizando-se a liquidação mediante o mero desembolso do respectivo saldo líquido diferencial[1350]. Os *contratos a prazo sobre taxas de câmbio* (FXA ou "forward exchange agreements", também por vezes denominados "outright forward currency transactions") são aqueles em que as partes acordam o pagamento recíproco de um determinado montante pecuniário expresso em diferentes moedas ou divisas, calculado por referência a uma taxa de câmbio contra-

---

[1349] Apesar de negociados ao balcão, os "forwards" são frequentemente celebrados com base em modelos negociais estandardizados, designadamente os chamados "Frabba Terms" elaborados pela "British Banker's Association" (para o texto deste modelo, vide NASSETTI, F. Caputo, *Profili Civilistici dei Contratti "Derivati" Finanziari*, apêndice 8, Giuffrè, Milano, 1997).

[1350] Os FRA são assim contratos muito similares aos "interest rate futures" (com a diferença de não serem negociados em mercado organizado) e aos "interest rate swaps" (com a subtilíssima diferença de o cômputo dos juros ter como termo inicial a data do depósito nocional e não da celebração do contrato). Cf. GIRINO, Emilio, *Forward Rate Agreement*, in: 5 A&F (1993), 317-323.

Dos Contratos Comerciais em Especial

tualmente prevista e a liquidar financeiramente em data futura[1351]. Tais contratos, que visam assim a negociação de divisas em data futura a câmbio predeterminado, podem ter por objecto quaisquer divisas convertíveis (habitualmente, dólares) e qualquer prazo (usualmente, não ultrapassando os cinco anos).[1352]

IV. Além destas modalidades fundamentais, os "forwards" podem ainda revestir outras variantes especiais. Pense-se nos *contratos a prazo contra prazo* (FFA ou "forward-forward agreement"), em que as partes acordam emprestar reciprocamente determinadas somas pecuniárias, a taxas de juro e prazos distintos, cujo desembolso e reembolso ocorrerá em datas futuras predeterminadas[1353]; nos *contratos a prazo suspensíveis* (BFA ou "break forwards agreements"), que incluem uma cláusula acessória atribuindo a uma das partes o direito de resolução do contrato durante a pendência deste logo que a taxa de referência (de juro ou câmbio) desça abaixo de um determinado valor ("break rate") ou, alternativamente, de cumprir imediatamente a sua obrigação a esse valor[1354]; nos *contratos a prazo flexíveis* (BRF, MRF ou

---

[1351] Os FXA são também similares aos "swaps" de divisas, com a diferença de estes últimos implicarem, além do pagamento terminal, vários pagamentos periódicos e intermédios antes da data de vencimento. Cf. Fleckner, Andreas, *Finanztermingeschäfte in Devisen,* in: 16 ZBB (2005), 96-111; Vosshenrich, Burkhard, *Devisentermingeschäft: Kurssicherungsinstrument und Spekulationsvehikel,* in: 27 ZBBP (1987), 447-452.

[1352] Eilenberger, Guido, *Währungsrisiken, Währungsmanagement und Devisenkurssicherung,* 35, 2. Aufl., F. Knapp, Frankfurt am Main, 1986.

[1353] Os FFA têm inegáveis similitudes com a prática dos empréstimos paralelos ("parallel loans") e dos empréstimos cruzados ("back-to-back loans"), operações através das quais as partes, geralmente sediadas em países diferentes, acordam emprestar entre si quantias idênticas, em divisas diferentes, resultantes de empréstimos domésticos. Cf. Meruzzi, Giovanni, *Back to Back Loans*, in: XI CeImp (1995), 841-864.

[1354] Sobre a figura, também conhecida como "cancellable forward" ou "forward with optional exit", vide Girino, Emilio, *Break Forward Contract,* in: 1 A&F (1994), 53-55. Tal como vimos suceder com os demais contratos derivados, também os "forwards" podem combinar-se com outras espécies de derivados: é o caso dos "contingent forwards" (CF), que integram uma opção de celebração para uma das partes, ou das "interest rate guarantees" (IRG), que constituem basicamente opções sobre FRA.

Contratos Financeiros

"bonus/ malus range forwards"), que permitem a uma ou ambas as partes aceder a uma taxa de juro ou câmbio mais favorável do que a contratualmente fixada caso a taxa de mercado se venha a situar, ou não, num dado intervalo; ou ainda nos *contratos a prazo com liquidação financeira* (NDF ou "non deliverable forwards"), que se contradistinguem por serem contratos "forwards" que não admitem a entrega física do activo subjacente, sendo exclusivamente liquidáveis mediante o pagamento do seu saldo pecuniário diferencial (v.g., assim sucede necessariamente com os FRA).[1355]

8. "Caps", "Floors", "Collars"

I. Os "caps", "floors" e "collars" são *contratos a prazo sobre taxas de juro que conferem a uma das partes o direito e/ou obrigação de receber e/ou efectuar o pagamento do diferencial entre a taxa de referência e um determinado limite percentual máximo e/ou mínimo previamente fixado, contra o pagamento e/ ou recebimento de um prémio.*[1356]

[1355] Os NDF são assim uma modalidade de contrato diferencial (cf. *supra* Parte III, Cap. V, §3, 6(III)). Neste sentido também, embora com incidências autóctones especiais, vide BOSCH, Ulrich, *Finanztermingeschäfte in der Insolvenz*, 370, in: 49 WM (1995), 365-375 e 413-428.

[1356] Sobre as figuras, vide ABGAYISSAH, Sena/ LEPAGE, M.-A., *Les "Caps", "Floors" et "Collars" à l'Épreuve d'une Qualification en Opération d'Assurance*, in: 58 RDBF (1996), 224-239; KLEIN, Linda, *Interest Rate Caps, Floors, and Collars,* in: JBT (1988), 57-63; CHIOMENTI, Filippo, *I Contratti Cap, Floor e Collar: Contratti di Somministrazione di Denaro*, in: LXXXVII RivDCom (1987), 37-58; GÓMEZ- -JORDANA, Iñigo, *Contratos Mercantiles Atípicos. Floors, Caps, Collars*, in: XLV RDBB (1992), 187-240; PREITE, Disiano, *Recenti Sviluppi in Tema di Contratti Differenziali Semplici (in Particolare Caps, Floors, Swaps, Index Futures)*, in: 6 DCI (1992), 171-194; WINTER, Oliver, *Der wirtschaftliche und rechtliche Charakter von Zinsbegrenzungsverträgen*, in: 49 WM (1995), 1169-1176.

Dos Contratos Comerciais em Especial

II. Os "caps", "floors" e "collars" são contratos derivados *inominados*, enquadráveis genericamente na figura dos "contratos a prazo" sobre taxas de juro (art. 2.º, n.º 1, e), i) do CVM). Usualmente, trata-se de derivados associados a empréstimos e "swaps", utilizados na limitação dos riscos decorrentes da variação das taxas de juro.[1357]

Em termos gerais, um *"cap"* designa o contrato pelo qual uma das partes ("vendedora"), mediante o pagamento de um prémio e por determinado período, se compromete perante a outra parte ("compradora") a cobrir ou suportar o eventual diferencial existente entre a taxa de juro variável aplicável ao empréstimo contraído por esta e uma taxa limite garantida que tenha sido ultrapassada no mercado ("cap" ou tecto): desta forma, os "caps" constituem derivados que asseguram aos mutuários uma taxa máxima de endividamento, externalizando por via contratual o risco de eventuais subidas da taxa de juro para além de determinada fasquia. O *"floor"* designa o contrato pelo qual uma das partes ("vendedora"), mediante contrapartida pecuniária (prémio), se compromete perante a outra parte ("compradora") a pagar a esta última o eventual diferencial entre a taxa de juro variável aplicável a montante de capital de que seja credora e uma taxa de mercado que haja descido abaixo de determinado patamar mínimo garantido ("floor" ou base): contratos em tudo semelhantes aos "caps", os "floors" asseguram aos mutuantes ou investidores um rendimento mínimo de capital, garantindo-os contra eventuais descidas de juros abaixo de certo nível durante o período de

---

[1357] Financeiramente, os "caps" e "floors" estruturam-se como uma série de opções de estilo europeu, com liquidação financeira e exercício automático perante a taxa referencial (FLACH, Uwe/ SOMMER, Daniel, *Caps*, 5, in: AAVV, "Handbuch Corporate Finance", Deutscher Wirtschaftsdienst, Köln, 1997). Juridicamente, a sua natureza é discutida, havendo quem os qualifique como opções, como seguros, e como contratos atípicos (CLOUTH, Peter, *Rechtsfragen der ausserbörslichen Finanz-Derivate,* 52, Beck, München, 2001; HUDSON, Alastair, *The Law on Financial Derivatives,* 66, 3rd edition, Sweet & Maxwell, London, 2002).

vigência contratual. Finalmente, o *"collar"* (também denominado "tunnel") designa o contrato pelo qual uma das partes vende à outra um "cap" (comprometendo-se a pagar o eventual diferencial pecuniário existente entre os juros calculados à taxa variável e à taxa de mercado superior ao limite máximo fixado) e esta vende àquela um "floor" (comprometendo-se a pagar-lhe o eventual diferencial entre os juros calculados à taxa variável e à taxa de mercado inferior ao limite mínimo fixado), ou vice-versa – também conhecidos, respectivamente, como "passive collar" e "active collar": os "collars" são, por conseguinte, contratos que resultam da combinação ou cruzamento de um "cap" e um "floor", relativamente aos quais, por conseguinte, não se pode falar propriamente de partes "compradora" e "vendedora".[1358]

III. Ao lado destas modalidades principais, existem ainda outras *variantes especiais* resultantes da respectiva miscigenação ou complexificação. Tal é o caso dos chamados *"corridors"*, produto financeiro que se contradistingue pelo facto de o montante pago pelo vendedor de um "cap" ou "floor" ser, ele próprio, limitado a um determinado valor máximo: por exemplo, uma empresa A, titular de um empréstimo a taxa variável Euribor (à data da sua realização, situada nos 5%), compra ao banco B um "cap" de 10% mas com o limite máximo de 13%, de tal forma que, em caso de subida da taxa de juro, o vendedor apenas desembolsará pagamentos no "corredor" entre 10% e 13% ainda quando a taxa

---

[1358] Suponha-se um empresário A que contraiu um empréstimo de 10 milhões de euros a cinco anos, a taxa de juro variável (Euribor a 6 meses), sendo de 5% o valor da taxa em vigor no momento da celebração do empréstimo. Caso o referido empresário pretenda proteger-se contra os riscos da subida da taxa de juro (admita-se que a máxima taxa de endividamento suportável pela sua empresa é de 10%) mas esteja convicto que essa taxa jamais descerá abaixo de um determinado nível (por exemplo, 7%), poderá conseguir mitigar o custo total da sua operação de cobertura de risco comprando um "cap" a 10% e simultaneamente vendendo um "floor" a 7% contra a Euribor a 6 meses: dessa forma, ao mesmo tempo que contratualiza uma garantia de nível máximo de endividamento, poderá diminuir o custo da garantia mediante o encaixe de um prémio.

Dos Contratos Comerciais em Especial

Euribor ultrapasse este valor (v.g., se a taxa atingir 15%, A apenas receberá o diferencial correspondente à aplicação de uma taxa de 13%). Tal é ainda o caso dos *"participating rate agreements"* (PRA), cuja particularidade reside no facto de o prémio pago pelo comprador, no lugar de fixo e determinado no momento da celebração contratual, consistir num montante variável aferido por um determinado percentual aplicado aos diferenciais entre um "cap" ou "floor" e as taxas em vigor ("rate participation").

9. Outros

I. Como já se sublinhou, os contratos derivados constituem uma categoria contratual aberta, caracterizada por uma profusão de espécies e subespécies insusceptíveis de serem elencadas exaustivamente: isto mesmo foi reconhecido pelo legislador português que, após enumerar genericamente no art. 2.º, n.º 1, c) a e) do CVM as diversas espécies de contratos derivados atrás analisadas (futuros, opções, "swaps", derivados de crédito, contratos diferenciais, etc.), menciona expressamente várias outras espécies relativas a activos subjacentes específicos (v.g., derivados sobre mercadorias, variáveis climáticas, tarifas de fretes, licenças de emissão, etc.: cf. art. 2.º, n.º 1, e), i) a iii) do CVM) e consagra ainda – qual válvula de escape de um sistema legal que vive debaixo da constante pressão da incessante inovação financeira – uma espécie residual e aberta que abrange genericamente "quaisquer outros contratos derivados" (art. 2.º, n.º 1, f) do CVM).

II. Estão neste caso, entre muitos, os *contratos derivados sobre mercadorias* ("commodity derivatives"), cuja negociação profissional confere às entidades negociadoras a natureza de investidor qualificado (art. 30.º, n.º 1, h) do CVM) e carece de autorização nos termos a fixar em portaria conjunta do Ministro das Finanças e do Ministro responsável pela área do respectivo

Contratos Financeiros

sector, sob parecer prévio da CMVM e do BP (art. 207.º, n.º 3 do CVM)[1359]; os *derivados sobre variáveis climáticas* ("weather derivatives"), que tomam as variáveis climáticas por activo subjacente, v.g., temperatura ("degree days") e índices meteorológicos ("weather index")[1360]; os *derivados sobre tarifas de fretes* ("freight derivatives"), que tomam por referente as tarifas transportadoras (v.g., "Worldscale Tanker Nominal Freight")[1361]; os *derivados sobre indicadores económicos e financeiros* ("economic derivatives"), que tomam por parâmetro taxas de inflação, de desemprego, de crescimento, de produto nacional interno, e outras (v.g., "U.S. gross domestic product", "Eurozone HICP inflation index", etc.)[1362]; os *derivados sobre licenças de emissão* ("emission allowance transaction derivatives"), que têm a sua origem remota no regime de comércio de licenças de emissão de gases com efeito de estufa (Directiva 2003/87/CE, de 13 de Outubro), o qual fez despontar um mercado de transferências de quotas ou licenças de emissão[1363]; e inúmeros *outros contratos derivados* que assentam em activos subjacentes tão diversos quanto a largura

---

[1359] Cf. LAMANDINI, Marco/ MOTTI, Cinzia, *Scambi su Merci e Derivati su Commodities*, Giuffrè, Milano, 2006; PUDERBACH, Frank/ ZENKE, Ines, *Der Handel mit Warenderivaten in Europa und Deutschland,* in: 3 ZBK (2003), 360-366; SCHOFIELD, Neil, *Commodity Derivatives: Markets and Applications*, J. Wiley & Sons, New York, 2008.

[1360] Cf. HEE, Christian/ HOFMANN, Lutz, *Wetterderivate Grundlagen, Exposure, Anwendung und Bewertung*, Gabler, Wien, 2006; JEWSON, Stephen/ BRIX, Anders/ ZIEHMANN, Christine, *Weather Derivative Valuation*, CUP, Cambridge, 2005; OSSOLA, Giovanni, *Derivati Meteorologici (Weather Derivatives)*, Giuffrè, Milano, 2003.

[1361] Cf. KAVUSSANOS, Manolis/ VISVIKIS, Ilias, *Derivatives and Risk Management in Shipping*, Whiterbys, London, 2006. Sobre o contrato de transporte, em geral, e a obrigação de pagamento do frete, em particular, vide *infra* Parte III, Cap. VII, §3, 3.

[1362] De entre estes, destacam-se os derivados sobre taxas de inflação ("inflation derivatives"), que foram objecto de consagração legal autónoma (cf. art. 2.º, n.º 1, e), ii) do CVM). Cf. EACON, Mark/ DERRY, Andrew/ MIRFENDERESKI, Daniush, *Inflation-Indexed Securities – Bonds, Swaps and Other Derivatives*, J. Wiley & Sons, West Sussex, 2004.

[1363] BARSI, Guy, *Les "Permis d'Émission Négociables" – De Nouveaux Produits Financiers?*, in: APIS (2003), 3-9; HIMMER, Richard, *Energiezertifikate in den Mitgliedstaaten der Europäischen Union,* 109 e segs., Nomos, Baden-Baden, 2005.

Dos Contratos Comerciais em Especial

de banda de telecomunicações, a capacidade de armazenamento, transmissão ou transporte de mercadorias, os direitos ou activos análogos directamente relacionados com o fornecimento, distribuição ou consumo de energias renováveis, as variáveis físicas (tais como variáveis geológicas e ambientais), os direitos ou activos fungíveis (que não um direito a receber um serviço susceptível de ser transferido), ou os índices ou medidas relativos ao preço, valor, ou volume de transacções (art. 39.º do Regulamento CE/1287/2006, de 10 de Agosto, "ex vi" do art. 2.º, n.º 1, f) do CVM).

CAPÍTULO VI
Contrato de Seguro[*]

§1 Generalidades

1. Direito dos Seguros e Mercado de Risco

I. O *Direito dos Seguros* ("Insurance Law", "Versicherungs-recht", "Droit des Assurances", "Diritto delle Assicurazioni") constitui o conjunto de normas jurídicas que regem a actividade seguradora e o contrato de seguro.[1364]

---

[*] **Bibliografia Portuguesa:** ALMEIDA, J. Moitinho, *O Contrato de Seguro no Direito Português e Comparado*, Sá da Costa, Lisboa, 1971; ALMEIDA, J. Moitinho, *O Contrato de Seguro – Estudos,* Coimbra Editora, Coimbra, 2009; ANTUNES, J. Engrácia, *O Contrato de Seguro na LCS de 2008,* in: ROA (2009), em curso de publicação; MARTINS, J. Valente, *Contrato de Seguro – Notas Práticas*, Quid Juris, Lisboa, 2006; REGO, M. Lima, *Contrato de Seguro e Terceiros – Estudo de Direito Civil,* Diss., Lisboa, 2008; VASQUES, José, *Contrato de Seguro – Notas para Uma Teoria Geral*, Coimbra Editora, Coimbra, 1999. **Bibliografia Estrangeira**: BECKMANN, Roland/ MATUSCHE-BECKMANN, Annemarie, *Versicherungsrechts-Handbuch*, 2. Aufl., Beck, München, 2008; CALERO, F. Sánchez (dir.), *Ley de Contrato de Seguro,* Aranzadi, Pamplona, 1999; LA TORRE, Antonio, *Le Assicurazioni,* Giuffrè, Milano, 2007; CLARKE, Malcom, *The Law of Insurance Contracts,* 4th edition, LLP, London/ Hong Kong, 2002; NICOLAS, Véronique, *Essai d'une Nouvelle Analyse du Contrat d'Assurance*, LGDJ, Paris, 1998.

[1364] Para definições do direito segurador, vide, entre nós, MARTINEZ, P. Romano, *Direito dos Seguros*, 18, Principia, Lisboa, 2006; VASQUES, José, *Direito dos Seguros*, 13, Coimbra Editora, Coimbra, 2005. Para outros quadrantes, com perspectivas assaz variadas, vide BIRDS, John, *Modern Insurance Law,* 3 e segs., 7th edition, Thomson/ Sweet & Maxwell, London, 2007; HERMIDA, A. Tapia, *Manual de Derecho de Seguros y*

Dos Contratos Comerciais em Especial

II. A actividade humana, social e económica é, por natureza, uma actividade de risco. Ora, semelhante actividade não seria hoje concebível sem mecanismos de gestão e distribuição do risco, existindo segmentos inteiros da vida económica e social hodierna cujo funcionamento apenas é possível graças justamente à existência de entidades especificamente dedicadas à exploração empresarial da cobertura de risco – as empresas de seguros[1365]. Tais empresas desenvolvem fundamentalmente uma *actividade de cobertura remunerada de riscos alheios*, que permite assim aos indivíduos e às organizações gerir os riscos decorrentes das respectivas acções ou omissões, através da transferência ou externalização do custo económico associado a tais riscos mediante o pagamento de um prémio: através do seguro, as pessoas compram a sua "paz de espírito" na existência quotidiana e as organizações compram alguma "segurança" que lhes permite desenvolver de forma mais estável e previsível as suas actividades[1366]. O relevo económico do sector segurador é hoje enorme: o mercado mundial de seguros movimenta actualmente mais de 4.000 biliões de dólares,

---

Fondos de Pensiones, 28 e segs., Thomson/Civitas, Navarra, 2006; HOFMANN, Edgar, *Privatversicherungsrecht,* 38 e segs., 4. Aufl., Beck, München, 1998; LAMBERT-FAIVRE, Yvonne, *Droit des Assurances,* 1 e segs., 10ème édition, Dalloz, Paris, 1998.

[1365] Como refere P. Romano MARTINEZ, a importância da actividade seguradora é tal que "praticamente todos os aspectos da vida económica e social se encontram relacionados – eventualmente, cobertos – por seguros" (*Direito dos Seguros,* 24, Principia, Lisboa, 2006). A ligação umbilical entre a actividade mercantil e seguradora perde-se na noite dos tempos, bastando recordar o papel decisivo que o comércio marítimo medieval teve na evolução histórica dos seguros – os primeiros seguros organizados foram, de facto, seguros do comércio marítimo (cf. ainda a obra de Pedro de SANTARÉM, *Tractatus de Assecurationibus er Sponsionibus Mercatorum,* datada de 1552).

[1366] Isto é especialmente verdade para as empresas, para quem o seguro cumpre uma relevantíssima função económica de gestão do risco (ao lado de outras de cariz diverso, v.g., derivados, garantias bancárias autónomas, cláusulas de exclusão e limitação da responsabilidade), além de funções de liquidez e de eficiência produtiva (incentivando a inovação, favorecendo a exploração de novas actividades económicas ou produtos de elevado risco, etc.). Sobre a transferência do risco como cerne típico da actividade seguradora, vide ALBRECHT, Peter, *Zur Risikotransformationstheorie der Versicherung: Grundlage und ökonomische Konsequenzen,* V. Versicherungswirtschaft, Karlsruhe, 1992.

Contrato de Seguro

sendo as empresas de seguros responsáveis por cerca de 8% do PIB nos Estados Unidos da América e na Europa.[1367]

III. Como já atrás assinalamos, o "mercado do risco" e as empresas seguradoras devem ser hoje crescentemente vistos como parte integrante dos mercados financeiros em sentido lato. Forçando um pouco a nota, poderíamos dizer que, se as empresas bancárias são os intermediários típicos do mercado de crédito, e as empresas de investimento são os intermediários fulcrais do mercado de capitais, as empresas seguradoras são os protagonistas ou intermediários centrais do referido *mercado de risco*: a elas cabe uma função de intermediação da álea, caracterizada pela exploração empresarial e em termos técnico-actuais da mutualização (compensação e redistribuição dos riscos no seio da comunidade).[1368]

Desta perspectiva também, compreende-se que sejam cada vez mais estreitas as ligações entre os Direito Bancário e Direito do Mercado de Capitais e o próprio Direito dos Seguros – não faltando quem os considere como três sectores jurídicos componentes de um "Direito Financeiro" em sentido geral[1369]. Ora, sendo inegável a especificidade própria de cada um destes ramos jusmercantis, são também incontestáveis as suas crescentes interrelações e até sobreposições. Institucionalmente, as actividades seguradoras, talqualmente as actividades bancárias e mobiliárias,

---

[1367] Para mais dados estatísticos, vide *Relatório do Sector Segurador e de Fundos de Pensões (2007)*, 50 e segs., ISP, Lisboa, 2008.

[1368] Sobre os mercados financeiros em geral (bancário, de investimento, segurador), vide *supra* Parte III, Cap. IV, §1, 1.

[1369] Neste sentido, os próprios cultores do Direito dos Seguros: veja-se assim, por exemplo, A. Javier Tapia HERMIDA, que sintomaticamente abre o seu manual com a afirmação segundo a qual "o Direito dos Seguros é um dos três ramos que conformam – juntamente com o Direito Bancário e o Direito do Mercado de Valores – o Direito do Mercado Financeiro" (*Manual de Derecho de Seguros y Fondos de Pensiones*, 28, Thomson/ Civitas, Navarra, 2006). Entre nós, vide SILVA, J. Calvão, *Banca, Bolsa, Seguros*, tomo I, 17 e segs., Almedina, Coimbra, 2005.

Dos Contratos Comerciais em Especial

constituem hoje actividades económicas regulamentadas, realizadas profissionalmente por empresas legalmente autorizadas para tal – as empresas de seguros, incluindo sociedades anónimas de seguros, mútuas de seguros, ou empresas públicas de seguros (arts. 2.º e 7.º do RGAS): sem surpresa, pois, o "direito institucional" dos seguros, enquanto direito regulador do acesso, exercício, organização e supervisão da actividade seguradora, apresenta evidentes semelhanças estruturais com o direito institucional da banca e do mercado de capitais[1370]. E, operacionalmente, multiplicam-se os exemplos de interpenetração entre o "direito material" dos seguros e o dos demais segmentos jusfinanceiros: se de há muito os bancos se expandiram para o negócio segurador ("bancassurance"), designadamente mediando a celebração de contratos de seguro (cf. art. 4.º, n.º 1, n) do RGIC)[1371], é também verdade que são cada vez mais numerosos os produtos desenvolvidos pelas empresas seguradoras que, funcionando como uma alternativa aos tradicionais instrumentos bancários e mobiliários, visam precipuamente a canalização da poupança para as empresas e actividades produtivas ("assurfinance" e "assurbanque"), como sucede com os "instrumentos de captação de aforro estruturado" (v.g., seguros de vida ligados a fundos de investimento ou apólices "unit" e "index linked": cf. art. 206.º da LCS) ou com as

---

[1370] Uma boa ilustração disto mesmo pode ser encontrada no fenómeno dos "conglomerados financeiros", resultante do agrupamento de empresas da banca, de investimento e de seguros, bem como na progressiva implantação de modelos de supervisão integrada (cf. Decreto-Lei n.º 228/2000, de 23 de Novembro): vide ANTUNES, J. Engrácia, *A Supervisão Consolidada dos Grupos Financeiros*, UCP Editora, Porto, 2000; da perspectiva seguradora em particular, SCHNEYDER, Anton, *Europäisches Banken- und Versicherungsrecht*, 131 e segs., Müller, Heidelberg, 2005.

[1371] Sobre esta relevantíssima dimensão actual da actividade seguradora, vide AAVV, *Bancassurfinance,* Bruylant, Bruxelles, 2005; DRURY, Susan, *Bankassurance in the 21th Century: Global Opportunities*, Lafferty, London, 2005; SCHRIERENBECK, Henner/ HÖLSCHER, Reinhold, *Bankassurance – Institutionelle Grundlagen der Banks- und Versicherungsbetriebslehre*, 4. Aufl., Schäffer-Poeschel, Stuttgart, 1998.

Contrato de Seguro

chamadas "operações de capitalização" (arts. 207.º e segs. da LCS, art. 124.º, n.º 4 do RGAS).[1372]

2. O Contrato de Seguro em Geral

I. O cerne fundamental do Direito (material) dos Seguros é o *contrato de seguro*: a benefício de ulteriores precisões, entendemos por tal o contrato pelo qual uma pessoa transfere para outra o risco económico da verificação de um dano, na esfera jurídica própria ou alheia, mediante o pagamento de uma remuneração.

II. O contrato de seguro é caracteristicamente um *contrato comercial*. Desde logo, é geralmente admitido na doutrina, portuguesa e estrangeira, que o próprio Direito dos Seguros no seu conjunto constitui uma disciplina(-filha) nada e criada no âmbito do Direito Comercial[1373]. Depois ainda, os contratos de seguro nasceram historicamente, aí tendo permanecido mais de um século, no seio do elenco legal dos "contratos especiais de comércio" previsto no CCom de 1888 (Título XV, arts. 425.º a 562.º, sob a

---

[1372] Cf. também Poças, Luís, *Estudos de Direito dos Seguros,* 11 e segs., Almeida & Leitão, Porto, 2008. Sobre a autonomia e integração do sector segurador no seio dos mercados financeiros actuais, vide Briys, Éric/ Varenne, François, *Assurance et Marchés Financiers: Concurrence ou Complementarité,* in: Ewald, François/ Lorenzi, Jean-Hervé (dir.), "Encyclopédie de l'Assurance", 1664-1681, Economica, Paris, 1988; Kaiser, Dirk, *Finanzintermediation durch Banken und Versicherung*, Gabler, Wiesbaden, 2006.

[1373] Assim, entre muitos, José Vasques, segundo o qual "o Direito dos Seguros configura uma disciplina autónoma, resultante da desagregação do Direito Comercial" (*Contrato de Seguro,* 16, Coimbra Editora, Coimbra, 1999); P. Romano Martinez, segundo o qual "o Direito dos Seguros insere-se entre as matérias de índole comercial que têm autonomia sistemática" (*Direito dos Seguros*, 22, Principia, Lisboa, 2006); ou A. Menezes Cordeiro, que fala deste ramo como "um Direito Comercial especializado" (*Direito dos Seguros: Perspectivas de Reforma*, 22, in: "I Congresso Nacional do Direito dos Seguros", 19-29, Almedina, Coimbra, 2000). Trata-se, aliás, de um entendimento centenário: cf. Gonçalves, L. Cunha, *Comentário ao Código Comercial Português*, vol. II, 510, Ed. José Bastos, Lisboa, 1916.

Dos Contratos Comerciais em Especial

epígrafe "Dos Seguros"), continuando ainda hoje a lei comercial a constituir a sua lei subsidiária geral (art. 2.º do CCom, art. 4.º da LCS) – falando mesmo alguns autores, a seu propósito, de um "sólido contrato comercial"[1374]. Finalmente, os contratos de seguro são ainda comerciais no sentido moderno, por nós adoptado, de "contratos de empresa"[1375]: de facto, encontramo-nos diante de contratos normativamente comerciais no sentido em que a empresa surge como pressuposto normativo ou necessário da própria categoria contratual, já que tais contratos apenas podem ser celebrados por "empresas" constituídas sob a forma de sociedades anónimas de seguros, mútuas de seguros, ou empresas públicas de seguros devidamente autorizadas (arts. 2.º, n.º 1, b) e 7.º do RGAS), sob pena da respectiva nulidade (art. 16.º da LCS).[1376]

III. Enfim, em matéria das respectivas *fontes*, o contrato de seguro dispõe actualmente de uma lei própria, a *"Lei do Contrato de Seguro"* (doravante abreviadamente LCS), aprovada pelo Decreto-Lei n.º 72/2008, de 16 de Abril[1377]. Para além deste regime

---

[1374] CORDEIRO, A. Menezes, *Manual de Direito Comercial*, 773, 2.ª edição, Almedina, Coimbra, 2007.

[1375] Sobre esta concepção, vide *supra* Parte I, Cap. II, §2 e Cap. III, §1.

[1376] Salientando também o relevo central da dimensão empresarial dos sujeitos e contratos seguradores – o qual, outrossim que juridicamente, é também imposto economicamente pela própria natureza da actividade seguradora, que implica uma exploração profissional ou empresarial do mercado de risco assente em métodos técnico-actuariais –, vide, entre muitos, ALMEIDA, J. Moitinho, *O Contrato de Seguro no Direito Português e Comparado*, 20 e segs., Sá da Costa, Lisboa, 1971; MARTINEZ, P. Romano, *Direito dos Seguros,* 52 e seg., Principia, Lisboa, 2006; num sentido diverso, reputando a empresarialidade apenas um elemento de admissibilidade e não de qualificação do contrato de seguro, vide REGO, M. Lima, *Contrato de Seguro e Terceiros,* 245 e segs., Diss., Lisboa, 2008. Noutros quadrantes, BLANC, J. Maria/ SÁNCHEZ, E. Caballero, *El Elemento Empresa en un Concepto Unitario del Contrato de Seguro,* in: AAVV, "Atti del I Congresso Internazionale di Diritto delle Assicurazioni", tomo II, 413-466, Giuffrè, Milano, 1963; FERRI, Giuseppe, *L'Impresa nella Struttura del Contratto di Assicurazione,* in: AAVV, "Studi sulle Assicurazioni", 111-130, Giuffrè, Milano, 1963.

[1377] Para os trabalhos de reforma, o diploma preambular, e o texto da nova lei, vide MARTINEZ, P. Romano, *Novo Regime do Contrato de Seguro,* in: 140 RevOD (2008), 23-117; para uma perspectiva assaz crítica da nova regulação, vide ALMEIDA, J. Moitinho,

Contrato de Seguro

geral, há ainda que ter presente outros diplomas especiais aplicáveis a determinados contratos de seguro dotados de regime específico – tais como, v.g., o seguro marítimo (arts. 595.º e segs. do CCom), o seguro automóvel (Decreto-Lei n.º 291/2007, de 21 de Agosto) ou o seguro de crédito e caução (Decreto-Lei n.º 31//2007, de 14 de Fevereiro) –, bem assim como as demais normas relevantes da lei seguradora ("maxime", o RGAS, aprovado pelo Decreto-Lei n.º 94-B/98, de 17 de Abril), e, subsidiariamente, a lei comercial e civil comum (art. 4.º da LCS).[1378]

§2 Noção e Caracterização

1. Noção Geral. Elementos Fundamentais

I. Por contrato de seguro ("insurance contract", "Versicherungsvertrag", "contrat d'assurance", contratto di assicurazione") designa-se *o contrato pelo qual uma pessoa singular ou colectiva (tomador de seguro) transfere para uma empresa especialmente habilitada (segurador) um determinado risco económico próprio ou alheio, obrigando-se a primeira a pagar uma determinada*

O Contrato de Seguro – Estudos, 11, 34 e segs., Coimbra Editora, Coimbra, 2009. Saliente-se ainda a importância do vector comunitário (as chamadas 3 gerações de directivas de coordenação da actividade seguradora) e internacional (mormente, os "Principles of European Insurance Contract Law"), responsável por uma progressiva aproximação das legislações europeias na matéria (cf. BASEDOW, Jürgen/ FOCK, Till/ JANZEN, Dorothee, *Europäische Versicherungsvertragsrecht*, Mohr, Tübingen, 2002; ROIANO, Onofrio (a cura de), *Verso una Disciplina Europea del Contratto di Assicurazione?*, Giuffrè, Milano, 2006).

[1378] Sublinhe-se ainda que ao contrato de seguro se aplicam as normas jusprivatísticas internacionais em matéria de obrigações comerciais (art. 5.º do Decreto-Lei n.º 72/2008, de 16 de Abril), com particular destaque para o Regulamento CE/593/2008, de 17 de Junho (cf. PINHEIRO, L. Lima, *O Novo Regulamento Comunitário sobre a Lei Aplicável às Obrigações Contratuais – Uma Introdução*, 626 e segs., in: 68 ROA (2008), 575-650).

Dos Contratos Comerciais em Especial

contrapartida (prémio) e a última a efectuar uma determinada prestação pecuniária em caso de ocorrência do evento aleatório convencionado (sinistro).[1379]

II. O contrato de seguro é assim constituído, simultaneamente, por *elementos fundamentais* de natureza subjectiva e objectiva.

Desde logo, o contrato de seguro é celebrado entre determinados *sujeitos*: a empresa de seguros ou simplesmente "segurador" – que revestirá necessariamente a forma de uma "sociedade anónima de seguros", "mútua de seguros" ou "empresa pública de seguros": cf. arts. 2.º, n.º 1, b), 7.º, 11.º e segs., 22.º e segs. do RGAS) – e o "tomador do seguro" – a pessoa singular ou colectiva, pública ou privada, que visa transferir o risco a troco do pagamento de um prémio[1380]. Depois ainda, o contrato de seguro possui determinados *pressupostos*: a existência de um "risco", ou seja, a possibilidade de ocorrência de evento futuro gerador de perdas no património próprio ou alheio – elemento essencial do contrato de seguro cuja inexistência, no momento da respectiva conclusão, acarreta a sua nulidade, ou cujo desaparecimento, durante a vigência do mesmo, conduz à sua caducidade (arts. 44.º, n.ºs 1 e 3 e 110.º da LCS) –, e a existência de um "interesse", ou seja, uma relação económica entre o sujeito do risco e os bens ou pessoas que beneficiam da cobertura do seguro – igualmente elemento essencial cuja ausência originária ou superveniente acarreta, respectivamente, a nulidade ou caducidade do contrato (arts. 43.º, n.º 1 e 110.º, n.º 1 da LCS)[1381]. Finalmente, o contrato de seguro

---

[1379] Sublinhe-se que a actual LCS portuguesa não contém uma definição geral do contrato de seguro, optando, à semelhança de outras leis congéneres (mormente, da alemã), por consagrar apenas o seu conteúdo típico, com o propósito confesso de assim conferir maior flexibilidade e adequação material à sua aplicação (cf. ponto V do Preâmbulo do Decreto-Lei n.º 72/2008, de 16 de Abril). Sobre o ponto, vide igualmente AAVV, *Lei do Contrato de Seguro Anotada*, 37 e seg., Almedina, Coimbra, 2009.

[1380] Sobre as partes do contrato de seguro e os demais terceiros, vide desenvolvidamente *infra* Parte III, Cap. VI, §3, 1.

[1381] Sobre os conceitos de risco e de interesse, vide desenvolvidamente *infra* Parte III, Cap. VI, §4, 1. e 2.

Contrato de Seguro

caracteriza-se ainda por possuir um determinado *conteúdo* típico, onde se destacam as obrigações recíprocas das partes contratantes: o segurador, que assume a cobertura do risco, tem o dever fundamental de "liquidar o sinistro", ou seja, realizar a prestação convencionada em caso de verificação, total ou parcial, dos eventos compreendidos no risco coberto pelo contrato (arts. 1.º, 99.º, e 102.º da LCS); e o tomador do seguro tem o dever fundamental de "pagar o prémio", ou seja, realizar a prestação pecuniária convencionada que representa a contrapartida daquela cobertura (arts. 1.º e 51.º da LCS).[1382]

2. Características

I. Neste esforço de caracterização preliminar do presente contrato, é mister fazer referência a um conjunto de traços ou *características distintivas* que lhe são comummente apontados pela doutrina e pela jurisprudência: no essencial, o contrato de seguro, para além da já assinalada natureza jurídico-comercial, é um contrato típico, consensual, de adesão, sinalagmático, oneroso, aleatório, e de boa-fé.

II. O contrato de seguro é um *contrato típico e nominado*, uma vez que é dotado de um "nomen iuris", de uma realidade sócio-económica inequívoca (tipicidade social) e de uma disciplina legal própria (tipicidade legal). É também um contrato *consensual*, no sentido em que a sua celebração e validade não está sujeita à observância de qualquer forma especial, sem prejuízo da obrigação do segurador emitir e entregar ao tomador um documento escrito designado apólice de seguro (art. 32.º da LCS)[1383].

[1382] Sobre os conceitos de sinistro e de prémio, vide desenvolvidamente *infra* Parte III, Cap. VI, §4, 3. e 4.

[1383] Rompendo assim com a tradição anterior, o contrato de seguro passa a estar sujeito à regra geral da liberdade de forma (art. 219.º do CCivil) e a apólice de seguro

Dos Contratos Comerciais em Especial

É ainda um *contrato de adesão*, já que, por via de regra (sobretudo nos seguros de massa), o tomador do seguro dispõe apenas da possibilidade de aderir ou rejeitar em bloco um conjunto de cláusulas contratuais padronizadas prévia e unilateralmente elaboradas pela empresa seguradora (cf. art. 3.º da LCS)[1384]. É depois um *contrato sinalagmático e oneroso* – donde resultam obrigações para ambas as partes, consubstanciadas em atribuições e custos patrimoniais recíprocos (o segurador assume um risco alheio mas encaixa um preço, e o tomador paga um prémio alijando um risco) – mas também um *contrato aleatório* – caracterizado por uma álea intrínseca, onde reina um estado de incerteza quanto ao significado patrimonial do contrato para os contraentes (sendo impossível saber, à partida, quais os ganhos ou perdas dele decorrentes para estes)[1385]. É, enfim, um *contrato de boa-fé*, no sentido

---

deixa de constituir um requisito "ad substantiam" (requisito de validade) para se transformar assim num mero requisito "ad probationem" (requisito de eficácia probatória). Sobre o ponto no direito pretérito, vide, na doutrina, MARTINS, J. Valente, *Contrato de Seguro,* 23, Quid Juris, Lisboa, 2006; VASQUES, José, *Contrato de Seguro,* 106 e seg., Coimbra Editora, Coimbra, 1999; na jurisprudência, os Acórdãos do STJ de 16-XII--1980 (AQUILINO RIBEIRO), in: 302 BMJ (1980), 273-276, e de 9-III-1995 (ROGER LOPES), in: 445 BMJ (1995), 552-568.

[1384] Saliente-se, todavia, que tais cláusulas contratuais padronizadas, outrossim que dever conformar-se com a própria disciplina geral do contrato de seguro (v.g., arts. 19.º, 33.º, 118.º da LCS) e com a disciplina especial em matéria dos contratos de adesão e afins (mormente, a LCCG, a LDC, etc.), estão ainda sujeitas a um controlo administrativo ("maxime", as apólices uniformes de seguro elaboradas pelo ISP). Sobre a questão, vide entre nós OLIVEIRA, A. Costa, *Contratos de Seguro face ao Regime das Cláusulas Contratuais Gerais,* in: 448 BMJ (1995), 69-85; para maiores desenvolvimentos, BENITO, J. Barrón, *Condiciones Generales de Contratación y Contrato de Seguro,* Dykinson, Madrid, 1999; PRÄVE, Peter, *Versicherungsbedingungen und AGB-Gesetz,* Beck, München, 1998.

[1385] Sobre estas características de sinalagmaticidade, onerosidade e aleatoriedade, vide desenvolvidamente REGO, M. Lima, *Contrato de Seguro e Terceiros – Estudo de Direito Civil,* 288 e segs., Diss., Lisboa, 2008; noutros quadrantes, vide GAMBINO, Agostino, *L'Assicurazione nella Teoria dei Contratti Aleatori,* Giuffrè, Milano, 1964; HAYMANN, Franz, *Leistung und Gegenleistung im Versicherungsvertrag,* De Gruyter, Berlin/Leipzig, 1933. Sublinhe-se que semelhante aleatoriedade é meramente unilateral – no sentido estrito em que diz respeito apenas à posição de uma das partes (apenas o "se"

Contrato de Seguro

em que ambas as partes estão vinculadas a actuar, na formação e execução do contrato, de acordo com um padrão particularmente qualificado ou de máxima boa fé ("uberrimae bona fidei").[1386]

3. Tipos e Ramos

I. A LCS classifica os contratos de seguro à luz de uma divisão fundamental: os seguros de danos (arts. 123.º a 174.º) e os seguros de pessoas (arts. 175.º a 217.º). Dizem-se *seguros de danos* ("Schadenversicherungen", "assurances de dommage") aqueles contratos de seguro que têm por finalidade a cobertura de riscos relativos a coisas, bens imateriais, créditos e outros direitos patrimoniais (art. 123.º da LCS): entre eles, a lei prevê expressamente determinados subtipos, tais como o seguro de responsabilidade civil (art. 137.º), de incêndio (art. 149.º), de colheitas e pecuário (art. 152.º), de transporte de coisas (art. 155.º), de crédito (art. 161.º), de caução (art. 162.º), de protecção jurídica (art. 167.º) e de assistência (art. 173.º). Dizem-se *seguros de pessoas* ("Personenversicherungen", "assurances de personnes") os con-

---

e "quanto" da prestação do segurador fica dependente do evento futuro e incerto, sabendo o tomador de seguro de antemão qual o valor do prémio que desembolsará) – e é apenas relativa aos contratos singulares – já que a actividade seguradora no seu conjunto, assente na análise estatística ou actuarial do risco, visa justamente superar semelhante aleatoriedade, permitindo a sua exploração empresarial estável e lucrativa.

[1386] Um afloramento desta característica fundamental pode ser encontrado nos amplos deveres de informação a cargo de segurador e tomador de seguro (arts. 18.º e segs. da LCS), reputando-se inválidos os contratos de seguro celebrados com base em declarações omissas ou inexactas (cf. *infra* Parte III, Cap. VI, §3, 2.). Sobre o princípio da máxima boa fé no âmbito segurador ("utmost good faith"), vide MARTINS, M. Costa, *Contributo para a Delimitação da Boa-Fé no Contrato de Seguro*, in: "III Congresso Nacional do Direito dos Seguros", 169-198, Almedina, Coimbra, 2003; maiores desenvolvimentos em EGGERS, Peter/ PICKEN, Simon/ FOSS, Patrick, *Good Faith and Insurance Contracts*, 2nd edition, LLP, London, 2004; MONTI, Alberto, *Buona Fede e Assicurazione*, Giuffrè, Milano, 2002; SARGOS, Pierre, *L'Obligation de Loyauté de l'Assureur et de l'Assuré*, in: RGDA (1997), 988-994.

Dos Contratos Comerciais em Especial

tratos de seguro que têm por finalidade a cobertura de riscos relativos à vida, saúde e integridade física de uma pessoa ou grupo de pessoas (art. 175.º da LCS): entre os subtipos previstos na lei, assoma o seguro de vida (art. 183.º), além dos seguros de acidentes pessoais (art. 210.º) e de saúde (art. 213.º).[1387]

II. Para além desta distinção legal entre os tipos de contratos de seguro, própria do direito material segurador, importa ainda ter presente a divisão legal entre os *ramos* de seguros, desenvolvida pelo direito institucional dos seguros: os ramos "não vida" e os ramos "vida", os quais, por sua vez, compreendem diversas modalidades e submodalidades consoante o tipo específico de risco coberto (arts. 123.º e 124.º do RGAS).

Os *ramos "vida"*, parcialmente correspondentes ao seguro de pessoas (art. 123.º do RGAS), abrangem os seguros de vida, de natalidade e nupcialidade, de fundos de investimento, de capitalização, e de gestão de fundos colectivos de reforma. Os *ramos "não vida"*, que abarcam hoje a grande maioria dos tipos de seguro existentes (art. 124.º do RGAS), abrangem quase duas dezenas de ramos, incluindo os seguros de acidentes, doença, veículos terrestres, veículos ferroviários, aeronaves, embarcações, mercadorias transportadas, incêndio, outros danos em coisas, responsabilidade civil de veículos terrestres a motor, aeronaves, embarcações, responsabilidade civil geral, crédito, caução, perdas pecuniárias diversas, protecção jurídica e assistência.[1388]

[1387] Para uma crítica certeira à "summo divisio" da lei portuguesa, propondo em alternativa a distinção entre seguros de danos e seguros de capitais, vide REGO, M. Lima, *Contrato de Seguro e Terceiros – Estudo de Direito Civil,* 194 e segs., Diss., Lisboa, 2008.

[1388] Como foi referido, cada um destes ramos pode abranger diversas modalidades e submodalidades: assim, por exemplo, nos termos do art. 123.º, 1) do RGAS, o ramo "acidentes" inclui as modalidades de "acidentes de trabalho", "acidentes pessoais" e "pessoas transportadas", sendo que, por seu turno, a modalidade "acidentes pessoais" inclui as submodalidades de "prestações convencionadas", "prestações indemnizatórias" e "combinação de ambas".

Contrato de Seguro

III. Ao lado destas classificações legais fundamentais, os seguros são naturalmente passíveis de *outras classificações*, de cariz legal ou doutrinal. Assim, de acordo com o critério da sua obrigatoriedade, fala-se de *seguros facultativos e obrigatórios* (consoante são celebrados livremente pelo tomador de seguro ou por imposição legal, v.g., seguros de responsabilidade civil automóvel, de acidentes de trabalho, etc.); de acordo com o critério do número dos seus sujeitos, distingue-se entre *seguros individuais e colectivos* (consoante as partes contratantes sejam individuais ou correspondam a uma pluralidade de pessoas, seja do lado do tomador do seguro, v.g., seguros de grupo, ou do segurador, v.g., co-seguro); de acordo com o critério da titularidade do interesse no seguro, distingue-se entre *seguros por conta própria e por conta de outrem* (consoante o tomador do seguro celebra o contrato por conta própria ou por conta de um terceiro); de acordo com o critério do objecto da prestação do segurador, distingue-se entre *seguros de prestações indemnizatórias ou convencionadas* (consoante o segurador se obriga a prestar o valor correspondente aos danos resultantes do sinistro ou um valor previamente fixado no contrato); de acordo com a dimensão do tomador e do risco coberto, distingue-se entre *seguros de grandes riscos e de riscos de massa* (consoante o tomador é uma entidade colectiva de certa dimensão, mormente uma média ou grande empresa que cobre os riscos da sua actividade, ou se trata de pessoas singulares para a generalidade dos riscos quotidianos); e muitas outras distinções têm sido ensaiadas, gravitando em torno dos mais variados critérios, contrapondo seguros privados e sociais, temporários e renováveis, especulativos e mútuos, etc.[1389]

[1389] Um primeiro e curioso exercício taxinómico foi realizado por CASANOVA, Manuel, *Classificações de Seguros*, in: 28/29 RJ (1943), 305-309 e 17-20, 49-50, 113-115. Para tipologias recentes diversas vide, entre nós, VASQUES, José, *Contrato de Seguro*, 37 e segs., Coimbra Editora, Coimbra, 1999; noutros quadrantes, BIRDS, John, *Modern Insurance Law*, 3 e segs., 7th edition, Thomson/ Sweet & Maxwell, London, 2007;

Dos Contratos Comerciais em Especial

§3 Formação

1. Sujeitos

I. Como mais atrás foi já referido, são *partes* do contrato de seguro o segurador e o tomador do seguro.[1390]

De um lado, temos o *segurador* ("insurer", "Versicherer", "assureur", "assicuratore"), que é aquela parte no contrato que se vincula a cobrir um determinado risco económico, obrigando-se a efectuar a prestação devida em caso de sinistro (art. 1.º da LCS). Constituindo a actividade seguradora uma actividade cujo acesso e exercício está sujeita a reserva legal (art. 2.º, n.º 1, b) do RGAS), o segurador deverá constituir empresa de seguros legalmente autorizada – a qual revestirá em regra a forma de "sociedade anónima de seguros" ou de "mútua de seguros" (arts. 7.º, 11.º e segs., 22.º e segs. do RGAS) –[1391], sob pena da nulidade do contrato (art. 16.º, n.º 1 da LCS): esta parte poderá ser singular,

---

HOFMANN, Edgar, *Privatversicherungsrecht*, 38 e segs., 4. Aufl., Beck, München, 1998; LAMBERT-FAIVRE, Yvonne, *Droit des Assurances*, 43 e segs., 10ème édition, Dalloz, Paris, 1998. Uma outra classificação, por sinal historicamente a mais antiga mas cujo relevo jurídico se foi progressivamente esbatendo, diz respeito à distinção entre *seguros terrestres e marítimos*: sublinhe-se, todavia, que o seguro marítimo, conquanto enquadrável genericamente nos seguros de danos, é ainda hoje objecto de um tratamento legal autónomo (arts. 595.º e segs. do CCom), situando-se assim a meio caminho entre o Direito dos Seguros e o Direito Marítimo. Cf. ESTEVES, J. Vasconcelos (coord.), *Direito Marítimo*, vol. IV ("Seguro Marítimo – Sua Problemática Actual"), Petrony, Lisboa, 1988; MATA, João, *Seguro Marítimo*, 3.ª edição, Rei dos Livros, Lisboa, 1990.

[1390] Num sentido amplo, serão também sujeitos de um contrato de seguro, para além das partes originárias (segurador e tomador que o celebraram), aquelas pessoas singulares ou colectivas a quem as posições contratuais hajam sido transmitidas na vigência do contrato, v.g., por sucessão "mortis causa" (art. 96.º da LCS, art. 2024.º do CCivil), por cessão da posição contratual (art. 95.º da LCS), ou por transferência da carteira do segurador (arts. 148.º e segs. do RGAS). Sobre algumas destas vicissitudes contratuais, vide *infra* Parte III, Cap. VI, §5, 1.

[1391] Sobre a empresa de seguros, sua noção e disciplina, vide FORNI, Simone, *Assicurazione e Impresa*, 5 e segs., Giuffrè, Milano, 2009.

Contrato de Seguro

mas também plural, composta simultaneamente por uma pluralidade de empresas seguradoras ("co-seguro": cf. arts. 62.º e segs. da LCS, arts. 132.º e segs. do RGAS)[1392]. Do outro lado, temos o *tomador do seguro* ("policyholder", "Versicherungsnehmer", "preneur d'assurance", "contraente assicurato"), que é aquela parte que se vincula a pagar o prémio correspondente (art. 1.º da LCS). O tomador pode ser, em princípio, qualquer pessoa, singular ou colectiva, pública ou privada: este pode corresponder a uma parte singular ou a uma pluralidade de pessoas ("seguro de grupo": arts. 76.º e segs. da LCS), bem como celebrar o contrato de seguro directamente por si próprio ou através de representante (art. 17.º da LCS).[1393]

II. Ao lado destes sujeitos ou partes contratuais – que celebraram o acordo negocial e assumiram os correspondentes deveres

---

[1392] Sobre a figura e regime do co-seguro, vide PAREDES, J. Muñoz, *El Coaseguro*, Civitas, Madrid, 1996; em particular sobre o co-seguro comunitário (arts. 70.º e 71.º da LCS), vide JENSSEN, Hans, *Die europäische Mitversicherung: Ein Beitrag zur Dienstleistungsfreiheit in Europa*, Verl. Versicherungswirtschafts, Karlsruhe, 1990. Diferente é o chamado *resseguro* (arts. 72.º e segs. da LCS), que configura um contrato autónomo celebrado entre empresas seguradoras através do qual uma delas (ressegurador) assume a obrigação de cobrir os riscos da outra, vinculando-se a reembolsar esta da totalidade ou parte das prestações devidas perante os respectivos segurados. Sobre esta última figura, vide *infra* Parte III, Cap. VI, §5, 1(III).

[1393] Os *seguros de grupo*, ao contrário do comum seguro individual, caracterizam-se por permitir a cobertura dos riscos de um conjunto ou pluralidade orgânica de segurados (v.g., trabalhadores de uma empresa, membros de uma associação, etc.). Embora não se possa falar aqui numa verdadeira parte plural, estes seguros contradistinguem-se por ser celebrados por um tomador por conta de uma pluralidade de terceiros segurados (seguro de grupo em sentido estrito) ou, como é mais frequente, por se limitar a enquadrar a celebração futura de uma pluralidade de contratos de seguro individuais pelos próprios tomadores-segurados (seguro de grupo em sentido lato). Sobre a figura, desenvolvidamente, vide, na doutrina, ALVES, P. Ribeiro, *Intermediação de Seguros e Seguro de Grupo – Estudos de Direito dos Seguros*, 243 e segs., Almedina, Coimbra, 2007; REGO, M. Lima, *Contrato de Seguro e Terceiros,* 635 e segs., Diss., Lisboa, 2008; na jurisprudência, o Acórdão do STJ de 4-IV-1995 (MARTINS DA COSTA), in: III CJ/STJ (1995), I, 151-153, e o Acórdão da RP de 31-I-2007 (AMARAL FERREIRA), in: XXXII CJ (2007), I, 167-171. Noutros quadrantes, ORTIZ, R. Illescas, *El Seguro Colectivo o de Grupo*, COC, Sevilla, 1975.

Dos Contratos Comerciais em Especial

típicos do seguro (cobertura de risco e pagamento do prémio) –, é mister referir a existência de outros terceiros no perímetro da relação contratual de seguro[1394]. Entre eles, devem referir-se o *segurado* ("insured", "Versichten", "assuré", "assicurato") – que designa fundamentalmente o sujeito que está coberto pelo seguro, o qual tanto pode ser o próprio tomador (seguro por conta própria: art. 47.º da LCS) como um terceiro determinado ou determinável (seguro por conta de outrem: art. 48.º da LCS) –, a *pessoa segura* – que designa, nos seguros de pessoas, a pessoa singular cuja vida, saúde ou integridade física representa o objecto material do seguro realizado (a qual pode ou não coincidir com o segurado) –, e os *terceiros beneficiários* ("beneficiary", "Begünstigten", "bénéficiaires", "beneficiarios") – que designam primordialmente aquelas pessoas singulares ou colectivas que são titulares do direito de exigir a prestação do segurador em caso de liquidação do sinistro.[1395]

III. Finalmente, assinale-se que com os sujeitos contratuais (segurador e tomador de seguro) e os terceiros (segurado, pessoa segura, beneficiários) não se confundem os *mediadores de seguros* (arts. 28.º e segs. da LCS): podendo revestir diferentes modalidades (agentes de seguros, angariadores de seguros, corretores de seguros), trata-se genericamente de pessoas singulares ou colectivas que, mediante remuneração, intervêm na fase de preparação, negociação e execução de contratos de seguro.[1396]

[1394] Para o estudo aprofundado destes terceiros, que aqui seguimos, veja-se a obra de REGO, M. Lima, *Contrato de Seguro e Terceiros,* Diss., Lisboa, 2008.

[1395] Muito embora estas diferentes qualidades jusseguradoras possam concentrar-se todas numa mesma pessoa, será frequente que elas apareçam cindidas e associadas a diferentes indivíduos: assim, por exemplo, se a minha mulher, com vista a acautelar o futuro da família, segurar a minha vida em benefício dos nossos filhos, serão diferentes as pessoas do tomador (mulher), do segurado e pessoa segura (eu) e dos beneficiários da prestação do segurador em caso da minha morte (filhos).

[1396] Sobre a mediação de seguros (Decreto-Lei n.º 144/2006, de 31 de Julho), vide, na doutrina, ALVES, P. Ribeiro, *Intermediação de Seguros e Seguro de Grupo – Estudos*

Contrato de Seguro

2. Fase Pré-Contratual: Os Deveres de Informação

I. Aspecto primordial da formação do contrato de seguro são os amplos deveres de informação pré-contratuais que recaem sobre as partes contratantes[1397]. Por um lado, a lei consagra um *dever geral de informação do segurador* que tem por objecto a prestação de elementos informativos e esclarecimentos necessários à compreensão das condições do contrato de seguro por parte do tomador (art. 18.º da LCS).[1398]

Assim, e para além dos elementos informativos prévios que são próprios de determinadas modalidades especiais de contratação mercantil – mormente, dos contratos de seguro celebrados à distância (art. 7.º, n.º 1 do Decreto-Lei n.º 143/2001, de 26 de Abril) e por meios electrónicos (art. 28.º do Decreto-Lei n.º 7/2004, de 7 de Janeiro) ("ex vi" do art. 19.º, n.º 1 da LCS)[1399]– e

---

de Direito dos Seguros, 67 e segs., Almedina, Coimbra, 2007; na jurisprudência, o Acórdão da RL de 22-V-2007 (Isabel Salgado), in: XXXII CJ (2007), III, 84-86, e o Acórdão da RC de 27-II-2007 (Serra Baptista), in: XXXII CJ (2007), I, 30-33; noutros quadrantes, Stieber, Rainer, *Versicherungsvermittlerrecht*, Beck, München, 2008. Sobre o contrato de mediação, cf. *supra* Parte III, Cap. III, §5; sobre os mediadores ("Handelsmakler", "mediatore", "courtier") como colaboradores dos empresários, vide Antunes, J. Engrácia, *Direito Comercial*, em curso de publicação; e como comerciantes, vide Antunes, J. Engrácia, *O Estatuto Jurídico de Comerciante – Alguns Problemas de Qualificação*, in: DJ (2009), em curso de publicação.

[1397] Atente-se que, para além destes deveres informativos pré-contratuais das próprias partes, existem ainda outros que são impostos a determinados terceiros com relevância na relação contratual de seguro – é o caso dos deveres de informação e aconselhamento dos mediadores de seguros, previstos no art. 29.º da LCS e nos arts. 29.º e segs. do Decreto-Lei n.º 144/2006, de 31 de Julho (cf. Dohmen, Michael, *Informations- und Beratungspflichten vor Abschluss des Versicherungsvertrags*, Peter Lang, Frankfurt am Main, 2007).

[1398] Sobre a temática em geral, vide Ihle, Jörg, *Der Informationsschutz des Versicherungsnehmers*, V. Kovac, Hamburg, 2006; Yawaga, Spéner, *Les Obligations Précontractuelles de l'Assureur*, in: 1 RGDA (1997), 83-98.

[1399] Sobre estes deveres especiais, vide já *supra* Parte II, Cap. II, §3, 3.1. e 3.2. No caso dos contratos à distância em que, como será o caso normal, o tomador seja considerado consumidor, acrescem ainda, por força do art. 19.º, n.º 2 da LCS, onde aplicáveis, os deveres de informação resultantes dos regimes de defesa do consumidor

Dos Contratos Comerciais em Especial

que são relativos a determinados tipos especiais de seguros – v.g., seguros de grupo (arts. 78.º e 87.º da LCS), seguros de riscos relativos à habitação (art. 135.º da LCS) ou seguros de vida (art. 185.º da LCS) –, o segurador está obrigado a informar previamente o tomador, de forma clara e por escrito (art. 21.º, n.º 1 da LCS), de uma enorme variedade de elementos, tais como a identificação e o estatuto legal da empresa (v.g., sociedade anónima, mútua de seguros, sociedade europeia), o tipo do risco a cobrir (incluindo as exclusões e limitações da cobertura), o valor, modalidades, alterações (agravamentos e bónus) e efeitos da falta de pagamento do prémio, a duração do contrato e o regime das suas diversas vicissitudes (renovação, denúncia, resolução, transmissão), o montante de capital mínimo legal (nos seguros obrigatórios), e o regime de determinação da lei aplicável ao contrato, entre outros (art. 18.º da LCS)[1400]. O incumprimento destes deveres informativos pré-contratuais pode ser fonte de responsabilidade

---

(por exemplo, art. 8.º, n.º 1 da LDC, arts. 13.º a 15.º do Decreto-Lei n.º 95/2006, de 29 de Maio, arts. 7.º e segs. do Decreto-Lei n.º 57/2008, de 26 de Março) (sobre a figura do tomador e segurado como "consumidor", vide SÁNCHEZ, E. Caballero, *El Consumidor de Seguros: Protección y Defensa,* Ed. Mapfre, Madrid, 1997). Além disso, dada a progressiva interpenetração dos diferentes segmentos ou tipos de mercados financeiros (bancário, de investimento, segurador), não se perca de vista que o legislador português estende hoje tais deveres informativos pré-contratuais aos próprios *contratos* ou *produtos financeiros complexos,* através do art. 2.º do Decreto-Lei n.º 211-A/2008, de 3 de Novembro (para uma ilustração, ANTUNES, J. Engrácia, *Os Instrumentos Financeiros,* 49, Almedina, Coimbra, 2009).

[1400] Paralelamente a estes deveres informativos pré-contratuais, a lei consagrou ainda um *dever especial de esclarecimento* a cargo do segurador (art. 22.º da LCS). Inspirado no "Beratungspflicht" da lei germânica congénere, trata-se de uma espécie de afloramento do princípio geral "know your costumer", que vai fazendo o seu caminho noutros domínios da contratação mercantil (mormente, da bancária e financeira), impondo genericamente ao segurador o dever de, em função da complexidade e relevância económica de cada cobertura, prestar uma informação e aconselhamento acerca das diversas modalidades alternativas de seguro atendendo ao "perfil" concreto de cada tomador do seguro. Cf. ARMBRÜSTER, Christian/ BAUMANN, Frank/ EHLERS, Dirk, *Aktuelle Rechtsfragen der Beratungspflichten von Versicherern und Vermittlern (§§ 6, 61 VVG),* Verl. Versicherungswirtschaft, Karlsruhe, 2009.

Contrato de Seguro

civil para o segurador pelos danos causados ao tomador (art. 23.º, n.º 1 da LCS, arts. 227.º, n.º 1, 562.º e segs. do CCivil), independentemente da celebração do contrato ou da sua validade, conferindo ainda a este último, em certos casos, um direito de resolução do contrato (art. 23.º, n.ºs 2 e 3 da LCS).

II. Por outro lado, o legislador fez igualmente recair obrigações informativas pré-contratuais sobre o tomador de seguro ou o segurado, consubstanciadas na chamada *declaração inicial de risco* (art. 24.º da LCS).

Designa-se genericamente por "declaração do risco" ("disclosure of risk", "vorvertragliche Anzeigepflicht", "déclaration des risques", "descrizione del rischio") o conjunto de informações e declarações unilateralmente prestadas pelo subscritor de uma proposta de seguro ou pelo segurado, que se destinam a permitir ao segurador, mediante uma correcta avaliação do risco a cobrir, do cálculo do prémio correspondente e dos termos contratuais em geral, aceitar ou recusar tal proposta[1401]. Como facilmente se compreende, tendo o contrato de seguro por objecto um determinado risco e sendo ele um contrato enformado pela máxima boa fé, "o tomador do seguro ou o segurado está obrigado, antes da celebração do contrato, a declarar com exactidão todas as circunstâncias que conheça e razoavelmente deva ter por significativas para a apreciação do risco pelo segurador" (art. 24.º, n.º 1 da LCS). No âmbito deste dever informativo pré-contratual, abrangem-se assim, quer as *declarações inexactas* – consistentes

---

[1401] Sobre a figura, vide GOMES, Júlio, *O Dever de Informação do Tomador de Seguro na Fase Pré-Contratual*, in: AAVV, "II Congresso de Direito dos Seguros", 73-114, Almedina, Coimbra, 2001. Para maiores desenvolvimentos, noutros quadrantes, vide HARTEN, Carlos, *El Deber de Declaración del Riesgo en el Contrato de Seguro*, Ed. Ratio Legis, Salamanca, 2007; KRUSE, Julia, *Die vorvertragliche Anzeigepflicht in der Reform des Versicherungsvertragsgesetz*, V. Kovac, Berlin, 2008; PARK, Semin, *The Duty of Disclosure in Insurance Contract Law*, Dartmouth, Aldershot, 1996.

Dos Contratos Comerciais em Especial

na comunicação de elementos falsos, erróneos ou incompletos (v.g., num seguro automóvel, o proponente declara ser ele o condutor habitual do veículo, quando na realidade é o seu filho recentemente encartado[1402]) –, quer as *declarações omissas* ou "reticências" – traduzidas na omissão de elementos relevantes para a determinação do risco (v.g., num seguro de vida, o proponente omite o seu historial clínico ou o conhecimento de doença da qual virá a morrer[1403]). O incumprimento deste dever informativo, cujo ónus de prova compete ao segurador[1404], pode ser fonte de anulabilidade do contrato (em caso de inexactidões ou omissões dolosas: cf. art. 25.º da LCS)[1405] ou de um mero direito

---

[1402] Acórdão da RC de 20-IV-2004 (FERREIRA BARROS), in: XXVIII CJ (2004), II, 28-31.

[1403] Acórdão do STJ de 11-VI-2006 (AFONSO CORREIA), in: VII CJ/STJ (2006), II, 151-157, e Acórdão da RE de 13-II-2003 (CONCEIÇÃO BENTO), in: XXVIII CJ (2003), I, 246-248. Atente-se que esta doutrina vale, quer para a declaração inicial de risco, no momento da formação contratual, quer para as declarações de agravamento do risco, no decurso da vigência contratual (art. 93.º da LCS). Sobre o ponto, vide, entre nós, CALDAS, L. Filipe, *Direitos e Deveres de Informação: Sanção das Declarações Inexactas do Tomador*, in: "III Congresso Nacional de Direito dos Seguros", 279-289, Almedina, Coimbra, 2003; na jurisprudência, Acórdão da RP de 14-I-1997 (ARAÚJO BARROS), in: XXII CJ (1997), I, 204-208; para outros desenvolvimentos, vide GAMBELLA, Piergiacomo, *Le Dichiarazioni Inesatte e Reticenti Rese all'Assicuratore*, Diss., Cagliari, 2006; LANDEL, James, *Fausses Déclarations et Reticences*, L'Argus, Paris, 1982; SCHIAVO, Carlos, *Contrato de Seguro – Reticencia y Agravación del Riesgo*, Ed. Hamurabi, Buenos Aires, 2006.

[1404] Sobre este ónus probatório, vide os Acórdãos do STJ de 4-III-2004 (SANTOS BERNARDINO), in: XII CJ/STJ (2004), I, 102-104, e de 17-XI-2005 (SALVADOR DA COSTA), in: XIII CJ/STJ (2005), III, 120-125.

[1405] Essa era já a solução maioritariamente propugnada pela doutrina e jurisprudência portuguesas na vigência do art. 429.º do CCom. Neste sentido, entre os autores, ALMEIDA, J. Moitinho, *O Contrato de Seguro no Direito Português e Comparado*, 61, Sá da Costa, Lisboa, 1971; MARTINEZ, P. Romano, *Direito dos Seguros*, 71, Principia, Lisboa, 2006; VASQUES, José, *Contrato de Seguro*, 380, Coimbra Editora, Coimbra, 1999; entre os arrestos, o Acórdão do STJ de 3-III-1998 (SILVA PAIXÃO), in: VI CJ/STJ (1998), I, 103-107, o Acórdão da RL de 28-II-1991 (SILVA SALAZAR), in: XVI CJ (1991), I, 172-175, o Acórdão da RC de 3-V-2005 (TÁVORA VICTOR), in: XXX CJ (2005), III, 5-8, e o Acórdão da RP de 6-XI-2007 (GUERRA BANHA), in: XXXII CJ (2007), V, 163-168.

Contrato de Seguro

potestativo do segurador propor a alteração do contrato ou provocar a sua cessação (em caso de inexactidões ou omissões negligentes: cf. art. 26.º da LCS).

3. Formação Contratual: A Proposta de Seguro

I. Designa-se por proposta de seguro ("insurance form proposal", "Antragsmodell", "proposition d'assurance", "proposta d'assicurazione") *o formulário que é fornecido pelo segurador aos seus potenciais tomadores, com vista à celebração de um contrato de seguro.*[1406]

II. Usualmente, o processo de formação de um contrato de seguro tem o seu início na apresentação pelo segurador, directamente ou através de mediadores, aos seus clientes, potenciais futuros tomadores de seguro, de um documento ou impresso de natureza formulária (também denominado "minuta de seguro"): este documento deverá ser preenchido pelo cliente com todos os elementos essenciais necessários à avaliação do risco, ao cálculo do prémio e à determinação dos demais parâmetros negociais por parte do segurador[1407]. Encontramo-nos assim perante um *ele-*

[1406] Sobre a figura, vide, entre nós, na doutrina, CAETANO, Marcelo, *Valor da Minuta do Contrato de Seguro,* in: 64 RevOD (1932), 34-41; na jurisprudência, o Acórdão da RL de 22-IV-2008 (ESPÍRITO SANTO), in: XXXIII CJ (2008), II, 116-121, o Acórdão da RC de 13-V-2008 (HÉLDER ROQUE), in: XXXIII CJ (2008), III, 8-10, e o Acórdão da RE de 17-VI-2004 (FERNANDO BENTO), in: XXIX CJ (2004), III, 252-255. Noutros quadrantes, vide CLARKE, Malcom, *The Law of Insurance Contracts,* 411 e segs., 4th edition, LLP, London/ Hong Kong, 2002; EDO, V. Cuñat, *La Función de la Proposición de Seguro en Nuestro Derecho,* in: 6 RESeg (1976), 101-136.

[1407] Sendo usualmente o contrato de seguro um contrato de adesão (cf. *supra* Parte III, Cap. VI, §2, 2.), assume uma especial relevância o controlo proveniente da LCCG em numerosos aspectos do seu regime jurídico, o que, aliás, é demonstrado pela abundante jurisprudência existente na matéria: entre alguns arrestos recentes, especialmente em sede de cláusulas negociais ambíguas, vide os Acórdãos do STJ de 17-II-2005 (NORONHA DO NASCIMENTO), in: XIII CJ/STJ (2005), I, 75-77, e de 10-I-2008

mento fundamental do processo formativo contratual: a celebração do contrato de seguro pressupõe a aceitação por parte do segurador de uma proposta de seguro devidamente preenchida e entregue pelo cliente-proponente, sendo ainda com base nesta proposta que aquele emitirá a competente apólice de seguro, documento escrito que titula o contrato (art. 32.º, n.º 2 da LCS).[1408]

III. Uma vez recebida a proposta por parte do segurador, competirá a este, nos termos gerais, aceitá-la ou recusá-la. Esta *aceitação* pode ser realizada de forma expressa (mediante carta, "fax", "e-mail" ou outro meio) mas também de forma tácita: especialmente importante neste aspecto é a relevância negocial do silêncio do segurador, já que, no domínio dos seguros individuais em que o proponente seja uma pessoa física, se considera aceite a proposta de seguro se o segurador nada disser num prazo de 14 dias após a recepção da mesma (art. 27.º, n.º 1 da LCS)[1409].

(SALVADOR DA COSTA), in: XVI CJ/STJ (2008), I, 39-42, o Acórdão da RC de 20-III-2007 (CARDOSO DE ALBUQUERQUE), in: XXXII CJ (2007), II, 13-16, e o Acórdão da RP de 21-XI-2005 (SOUSA LAMEIRA), in: XXX CJ (2007), V, 191-195.

[1408] Sobre a figura da apólice, vide *infra* Parte III, Cap. VI, §3, 5. Estamos a considerar aqui o processo formativo tradicional ou comum correspondente à generalidade dos chamados seguros de riscos de massa. Ao lado deste, existem igualmente outras modalidades especiais de formação, mormente no caso dos *seguros de grandes riscos* (em que a formação contratual pode ser realizada através da subscrição conjunta de documentos unitários negociados caso a caso entre as partes), dos seguros impostos por *lei* (que prescindem de qualquer acordo das partes relativamente aos termos contratuais, v.g., nos seguros obrigatórios), das chamadas *apólices pré-assinadas* (que carecem apenas de um acto de aceitação do tomador, v.g., seguros de acidentes pessoais de viagem), ou dos contratos celebrados por *meios electrónicos* (Decreto-Lei n.º 7/2004, de 7 de Janeiro: cf. LEVERENZ, Kent/ LORENZ, Egon, *Rechtliche Aspekte zum Versicherungsgeschäft im Internet*, VVW, Kalsruhe, 2001; ORTIZ, R. Illescas, *El Comercio Electrónico y su Proyección en el Seguro y Reaseguro: Visión Internacional*, in: 111 RESeg (2002), 385-410).

[1409] Trata-se de mais um afloramento do relevo crescente que, ao arrepio do princípio juscivilístico geral do art. 218.º do CCivil, o silêncio possui no domínio da contratação mercantil (sobre este relevo, cf. *supra* Parte II, Cap. II, §3, 4(III)). Sublinhe-se que tal prazo-regra poderá ser mais curto, seja por força de disposição legal especial (veja-se assim, por exemplo, o art. 8.º da apólice uniforme dos seguros de

Contrato de Seguro

Naturalmente, o segurador é também livre, em princípio, de *recusar* a proposta, com fundamento na sua autonomia negocial – excepto no domínio de alguns seguros obrigatórios em certas circunstâncias (art. 18.º do Decreto-Lei n.º 291/2007, de 21 de Agosto, e Norma Regulamentar ISP n.º 9/2006, de 24 de Janeiro) – ou até em disposição legal – por exemplo, quando o risco a cobrir seja ilícito (art. 14.º da LCS).

4. Celebração Contratual. Forma e Vigência.

I. Tal como sucede com os demais contratos em geral (art. 405.º do CCivil), o contrato de seguro rege-se pelo princípio da *liberdade contratual* (art. 11.º da LCS): tal significa, no essencial, que seguradores e tomadores são livres na sua decisão de celebrar ou não um contrato de seguro, bem como de escolher as respectivas contrapartes (liberdade de celebração) e de fixar os termos do respectivo conteúdo (liberdade de estatuição). Tal não prejudica, todavia, a existência de numerosas disposição legais de natureza imperativa de que as partes não se podem afastar (arts. 12.º e 13.º da LCS), de determinados seguros obrigatórios (v.g., seguros de responsabilidade civil automóvel ou de acidentes de trabalho), e até de incentivos à contratação seguradora (art. 15.º do EBF, art. 43.º, n.ᵒˢ 2 e 4 do CIRC, art. 86.º do CIRS).

II. O contrato de seguro não *está sujeito a qualquer forma especial* (art. 32.º, n.º 1 da LCS): assim sendo, nos termos gerais do art. 219.º do CCivil, o consenso das partes pode ser validamente plasmado em instrumento escrito ou por via meramente

---

colheitas, aprovada pela Norma do ISP n.º 4/2004-R, de 24 de Agosto, que fixa o prazo de 8 dias), seja por força da autonomia das partes (uma vez que, tratando-se de uma norma relativamente imperativa nos termos do art. 13.º, n.º 1 da LCS, admitirá a fixação de prazos mais favoráveis ao tomador do seguro).

Dos Contratos Comerciais em Especial

oral, em suporte físico ou electrónico (v.g., telefone, carta, "fax", "e-mail", "on-line"), sem prejuízo do já assinalado relevo negocial do silêncio (v.g., arts. 27.º, n.º 1, 88.º, n.ºˢ 1 e 2 da LCS)[1410]. Tal como veremos já em seguida, a apólice de seguro, documento escrito que titula e formaliza o contrato de seguro, deixou de constituir um requisito de validade ("ad substantiam"), passando a possuir um mero relevo no plano da sua prova ("ad probationem") e da consolidação e oponibilidade do respectivo conteúdo.

III. No que concerne à *vigência* do contrato de seguro, há que distinguir entre o início da eficácia contratual, a sua duração e a sua prorrogação. Relativamente à *eficácia* do contrato, dispõe o art. 39.º da LCS que este começa a produzir os seus efeitos no dia seguinte ao da respectiva celebração, salvo acordo das partes em sentido contrário: tenha-se presente, todavia, que o início da produção dos efeitos contratuais pode ser distinto do início da cobertura de risco, seja por força de convenção entre as partes – a quem é lícito convencionar que a cobertura do seguro ocorra em momento diverso ao da celebração, inclusive abrangendo riscos anteriores a esta (art. 42.º da LCS) –, seja por força de disposição legal – já que, na generalidade dos seguros de riscos de massa, a cobertura do risco fica dependente do prévio pagamento do prémio (art. 59.º da LCS). Relativamente às respectivas *duração e prorrogação*, o legislador fixou as regras gerais da anuidade do contrato de seguro (art. 40.º da LCS) e da prorrogação automática e sucessiva por iguais períodos anuais (art. 41.º, n.º 1 da LCS): tratando-se de regras supletivas, podem as partes prever diferentes prazos de vigência e modalidades de prorrogação (art. 11.º da LCS).

[1410] Sobre o relevo jurídico da forma no contrato de seguro, vide CANDIAN, A. Donato, *Forma e Assicurazione – Un Contributo in Tema di Contratti a Prova Formale*, Giuffrè, Milano, 1988.

Contrato de Seguro

5. Apólice de Seguro

I. Designa-se por apólice de seguro ("policy of insurance", "Versicherungsschein", "police d'assurance", "polizza d'assicurazione") *o documento escrito, físico ou electrónico, que formaliza e titula o contrato de seguro celebrado entre segurador e tomador, de onde constam as respectivas condições gerais, especiais e particulares.*[1411]

II. Como já atrás foi assinalado, o contrato de seguro é hoje um contrato meramente consensual cuja validade não está sujeita a forma especial (art. 32.º, n.º 1 da LCS, art. 219.º do CCivil). Assim sendo, ao invés do que sucedia no direito pretérito[1412], a apólice de seguro deixou de constituir uma formalidade "ad substantiam" para passar a cobrar relevo exclusivamente em dois planos. Por um lado, no plano da *prova* do contrato (formalidade "ad probationem"), beneficiando da força probatória própria dos documentos escritos particulares (arts. 362.º e segs. do CCivil). Por outro, no plano da *oponibilidade* dos efeitos contratuais, já que, antes da emissão e entrega tempestiva da apólice, o segurador apenas pode opor ao tomador cláusulas que constem de outro documento escrito assinado, além de este passar a dispor de um

---

[1411] Sobre a figura, vide, entre nós, GOMES, M. Maia, *O Contrato de Seguro. Condições Gerais da Apólice*, Diss., Coimbra, 1990; noutros quadrantes, vide GONZÁLEZ, J. Pérez-Serrabona, *La Póliza y la Documentación del Contrato de Seguro*, Comares, Granada, 2003; LANGENBERG, Hans, *Versicherungspolice. Eine rechtsvergleichende Darstellung*, V. Versicherungswirtschaft, Karlsruhe, 1972; KISCH, Wilhelm, *Der Versicherungsschein*, V. Akademie u. Wiss., Berlin, 1953; SCALONE, Giuseppe, *La Polizza di Assicurazione all'Ordine o al Portatore*, Giuffrè, Milano, 1953.

[1412] Desde muito cedo: "O contrato de seguro é bilateral e formal, constando as suas cláusulas de uma apólice e só podendo ser alteradas por escrito, mediante acordo entre seguradora e segurado" (Acórdão do STA de 5-I-1960, in: "Diário do Governo", n.º 92, de 21 de Abril de 1961). Sublinhe-se que, excepcionalmente, alguns tribunais dispensavam, já na vigência do direito anterior, a forma escrita para certos eventos de alteração ou extinção contratual: cf. Acórdão do STJ de 10-III-1977 (JOÃO MOURA), in: 265 BMJ (1977), 257-259.

direito à resolução contratual com efeitos retroactivos (art. 34.º, n.ºs 4 e 6 da LCS); e, após a sua entrega, apenas são oponíveis entre as partes as cláusulas que constem da apólice, ressalvada a invocação de desconformidades contratuais resultantes de erro negocial (no caso do segurador: cf. art. 34.º, n.º 3 da LCS) ou de documento escrito (no caso do tomador do seguro: cf. art. 35.º da LCS).[1413]

III. A forma, o conteúdo e a representação da apólice de seguro encontram-se genericamente disciplinados nos arts. 36.º a 38.º da LCS. Do ponto de vista da sua *forma*, a apólice deve ser redigida em língua portuguesa de forma compreensível, concisa, rigorosa e legível (art. 36.º, n.ºs 1 e 2 da LCS) e deve ser datada e assinada pelo segurador (art. 32.º, n.º 3 da LCS), podendo ser entregue ao tomador em suporte físico (documento de papel) ou suporte electrónico duradouro (art. 34.º, n.º 2 da LCS). O *conteúdo* da apólice deve reproduzir os termos do contrato celebrado entre as partes, podendo ser reconduzido, em abstracto, a três grandes grupos de condições contratuais (art. 37.º, n.º 1 da LCS): as "condições gerais" (cláusulas contratuais padronizadas aplicáveis a todos os seguros de um determinado ramo ou modalidade), as "condições especiais" (que concretizam, delimitam ou completam as condições gerais relativamente a certa submodalidade ou tipo de contrato de seguro) e, se as houver, as "condições particulares" (que respeitam especificamente a cada concreto contrato de seguro, mormente adaptando-o às particulares características do risco coberto ou das pessoas ou coisas seguras). Advirta-se, todavia, para a existência de um conteúdo mínimo imperativo: assim, toda e qualquer apólice de seguro deverá conter obrigatoriamente

---

[1413] A elaboração e a entrega da apólice de seguro representam assim uma obrigação do segurador (art. 32.º, n.º 2 da LCS), a que corresponde um direito do tomador do seguro, que pode ser exercido mesmo após a cessação do contrato (art. 34.º, n.º 5 da LCS). Sobre esta obrigação, CANDIAN, A. Donato, *Forma e Assicurazione – Un Contributo in Tema di Contratti a Prova Formale*, 74 e segs., Giuffrè, Milano, 1988.

Contrato de Seguro

a menção da palavra "apólice", a identificação completa das partes, a natureza do seguro, os riscos cobertos, o âmbito territorial e temporal do contrato, os direitos e obrigações das partes, segurados e beneficiários, o capital seguro ou o modo da sua determinação, o prémio ou a fórmula do seu cálculo, o início da vigência do contrato, o conteúdo da prestação do segurador em caso de sinistro, e a lei aplicável ao contrato e as condições de arbitragem (art. 37.º, n.º 2 da LCS). Finalmente, quanto à sua *representação*, as apólices de seguro podem ser títulos nominativos, à ordem ou ao portador: por regra, as apólices revestem uma natureza nominativa, a qual constitui a modalidade supletiva nos seguros de danos (art. 38.º, n.º 1, "in fine", da LCS) e mesmo imperativa nos seguros de pessoas (art. 182.º da LCS).[1414]

IV. Com a apólice não se confunde, nem a *acta adicional*, documento que titula uma alteração da apólice de seguro, nem a *nota de cobertura* ("binder", "interim cover", "vorläufige Deckung", "note de couverture", "nota di copertura"), documento provisório emitido pela empresa seguradora que pode revestir duas funções. Numa delas, o documento é emitido após a celebração do contrato de seguro entre as partes, destinando-se simplesmente a substituir provisoriamente a apólice enquanto esta não for emitida e entregue ao tomador. Noutra, o documento é emitido antes da conclusão definitiva do contrato, caso em que, até por força do princípio geral do art. 59.º da LCS, parece ser de entender que se estará diante de um mero contrato-promessa ou preliminar de seguro, do qual resulta para uma ou ambas as partes uma obrigação de celebração futura do contrato definitivo.[1415]

[1414] Sobre as apólices de seguro enquanto títulos de crédito (impróprios), vide ANTUNES, J. Engrácia, *Os Títulos de Crédito,* 141 e segs., Coimbra Editora, Coimbra, 2009.

[1415] Cf. as escassas referências à figura contidas no Acórdão da RL de 22-IV-2008 (ESPÍRITO SANTO), in: XXXIII CJ (2008), II, 116-121, e no Acórdão da RP de 24-V-1994 (PAZ DIAS), in: XIX CJ (1994), III, 219-221. Noutros quadrantes, com cambiantes diversas, vide LA TORRE, Antonio, *La Copertura Provvisoria nell'Assicurazione*, in:

§4 *Pressupostos e Conteúdo*

I. O contrato de seguro é caracterizado por dois *pressupostos* essenciais: a existência de um *risco* a cobrir através do contrato (art. 1.º da LCS) e de um *interesse* legítimo nessa cobertura (art. 43.º da LCS). Tais elementos, outrossim que "essentialia" do próprio tipo legal do contrato de seguro, funcionam como requisitos ou condições necessárias da respectiva validade e eficácia na ordem jurídica.

II. Por outra banda, o contrato de seguro validamente celebrado é igualmente caracterizado dois *efeitos* jurídicos fundamentais: a sua celebração origina para o tomador a obrigação de pagamento de um *prémio* (arts. 1.º e 51.º da LCS) e para o segurador a obrigação de liquidação do *sinistro* em caso da respectiva ocorrência (arts. 1.º, 99.º e 102.º da LCS). Tais obrigações consubstanciam assim o conteúdo obrigacional típico do contrato de seguro, sem prejuízo de outros deveres legais secundários ou contratualmente estipulados.

1. Risco

I. O *risco* ("risk", "Gefahr", "risque", "rischio") é um *elemento essencial do contrato de seguro* (art. 1.º da LCS): um contrato de seguro será nulo se, no momento da sua celebração, o risco não existir ou tiver cessado (art. 44.º, n.º 1 da LCS), e caducará se, no decurso da sua vigência, o risco tiver desaparecido (art. 110.º da LCS).

XXIV RTDPP (1970), 829-865; JABORNEGG, Peter, *Die vorläufige Deckung. Studien zum provisorischen Versicherungsvertrag*, V. Österreich, Wien, 1992.

Contrato de Seguro

II. Apesar da sua aparente singeleza, o conceito de risco é um conceito complexo[1416]: para efeitos jusseguradores, entende-se tradicionalmente por risco *a possibilidade de um evento futuro e danoso*[1417]. A possibilidade traduz-se no estado de incerteza quanto à ocorrência ou não do evento ("incertus an"), ao momento dessa ocorrência ("incertus quando") e/ou às consequências dela resultantes ("incertus quanto"): com efeito, "ninguém procura segurar acontecimentos impossíveis ou acontecimentos certos"[1418]. Por outro lado, o risco há-de dizer respeito a eventos futuros: tal significa que o seguro não poderá cobrir riscos relativos a factos passados, excepto quando desconhecidos das partes ao momento da celebração do contrato (art. 44.º, n.º 2 da LCS)[1419]. Finalmente, o risco consubstancia-se num evento danoso, "rectius", em factos cuja ocorrência seja susceptível de provocar perdas ou ter um

---

[1416] Sobre o risco como objecto dos contratos em geral, vide HENSSLER, Martin, *Risiko als Vertragsgegenstand*, Mohr, Tübingen, 1994; entre nós, por último, AURELIANO, Nuno, *O Risco nos Contratos de Alienação*, espec. 20 e segs., Almedina, Coimbra, 2009.

[1417] Sobre o conceito de risco no direito dos seguros, vide VELOSO, J. António, *Risco, Transferência de Risco, Transferência de Responsabilidade na Linguagem dos Contratos e da Supervisão de Seguros*, 315 e segs., in: "Estudos em Homenagem ao Prof. Doutor José Dias Marques", 277-354, Almedina, Coimbra, 2007; noutros quadrantes, GREENE, Mark/ TRIESCHMANN, James/ GUSTAVSON, Sandra, *Risk and Insurance*, 8th edition, Thomson South-Western, Mason, 1991; KULLMANN, Jérôme, *Y-a-t-il un Risque Juridique en Assurance?*, in: 80 REF (2005), 297-316; MORANDI, J. Félix, *El Riesgo en el Contrato de Seguro*, Astrea, Buenos Aires, 1974.

[1418] GARRIGUES, Joaquín, *Contrato de Seguro Terrestre*, 13, 2.ª edición, Madrid, 1983. A possibilidade ou incerteza pode assim ser absoluta, mas também meramente relativa: por exemplo, num seguro de vida em caso de morte, é certo que o evento ocorrerá mas ignora-se quando ele ocorrerá (GAMBINO, Agostino, *L'Assicurazione nella Teoria dei Contratti Aleatori*, 71 e segs., Giuffrè, Milano, 1964).

[1419] A lei portuguesa veio assim consagrar a admissibilidade dos seguros de "riscos putativos", isto é, de riscos subjectivamente incertos, resultantes da ignorância ou desconhecimento das partes (ALMEIDA, J. Moitinho, *O Contrato de Seguro no Direito Português e Comparado*, 83, Sá da Costa, Lisboa, 1971; na jurisprudência, Acórdão da RL de 26-V-1987 (SANTOS MONTEIRO), in: XII CJ (1987), III, 92-93), e dos "seguros retroactivos", isto é, de seguros em que as partes estendem a cobertura de risco a factos anteriores à data da celebração (mas, naturalmente, delas desconhecidos) (AAVV, *Lei do Contrato de Seguro Anotada*, 184 e seg., Almedina, Coimbra, 2009).

Dos Contratos Comerciais em Especial

impacto patrimonial negativo no segurado: desta forma, excluídos parecem estar os seguros de riscos especulativos (ganhos e perdas) e os seguros de danos morais (v.g., seguro contra mau tempo nas férias).[1420]

Naturalmente, nem todo e qualquer risco poderá constituir objecto de um contrato de seguro: os riscos seguráveis deverão ser enquadráveis num dos ramos ou modalidades previstos na lei (arts. 123.º e 124.º do RGAS), não sendo assim válidos os seguros atípicos (sobre riscos não abrangidos pelo elenco legal: cf. art. 125.º do RGAS)[1421] nem os seguros proibidos (sobre riscos relativos a responsabilidade criminal, rapto, sequestro, posse ou transporte de estupefacientes, morte de crianças com idade inferior a 14 anos, e outros expressamente excluídos por disposição legal: cf. art. 14.º da LCS)[1422]. Do mesmo modo, atente-se ainda que o âmbito do risco coberto deve ser delimitado relativamente a cada contrato de seguro em concreto pelas próprias partes, constituindo um elemento obrigatório de qualquer apólice de seguro (art. 37.º, n.º 2, d) da LCS): tal implica, quer uma delimitação primária da respectiva "cobertura de base" – mediante a enumeração do con-

---

[1420] Sobre a distinção entre risco especulativo e risco puro, bem como entre risco primário e risco de seguro, vide, com outros desenvolvimentos, REGO, M. Lima, *Contrato de Seguro e Terceiros,* 65 e segs., 119 e segs., Diss., Lisboa, 2008.

[1421] Sobre os seguros atípicos, vide VELOSO, J. António, *Risco, Transferência de Risco, Transferência de Responsabilidade na Linguagem dos Contratos e da Supervisão de Seguros,* 329 e segs., in: "Estudos em Homenagem ao Prof. Doutor José Dias Marques", 277-354, Almedina, Coimbra, 2007.

[1422] Sobre a insegurabilidade de riscos que envolvam a ofensa de princípios fundamentais da ordem pública portuguesa e de normas legais imperativas, vide o Acórdão do STJ de 15-I-2008 (AZEVEDO RAMOS), in: XVI CJ/STJ (2008), I, 46-49. Para ilustrações das cláusulas de limitação e exclusão em sede do risco seguro, vide, na doutrina, VASQUES, José, *Contrato de Seguro,* 327 e segs., Coimbra Editora, Coimbra, 1999; na jurisprudência, o Acórdão do STJ de 10-I-2008 (SALVADOR DA COSTA), in: XVI CJ/STJ (2008), I, 39-42, e o Acórdão da RP de 11-II-1999 (ALVES VELHO), in: XXIV CJ (1999), I, 224-225; sob o ponto, noutros quadrantes, GARRIDO, J. Ballesteres, *Cláusulas Lesivas, Limitativas y Delimitadoras del Riesgo en el Contrato de Seguro,* in: 256 RDM (2005), 501-596.

Contrato de Seguro

junto dos factos ou circunstâncias cuja ocorrência origina o dever de liquidação do sinistro por parte do segurador, realizada em função do objecto seguro (v.g., saúde, edifício, automóvel), da causa do sinistro (v.g., morte ou doença, incêndio, acidente), do momento ou local da sua verificação (v.g., território nacional), etc. –, quer uma delimitação secundária ou pela negativa das respectivas "exclusões" e "limitações" – v.g., actos dolosos do segurado, guerra, insurreição, terrorismo, greves, desastres nucleares (arts. 45.º e 46 da LCS).[1423]

III. O risco constitui porventura o elemento-chave ou central do tipo legal do contrato de seguro (art. 1.º da LCS)[1424]. Não surpreende por isso a relevância qualitativa e quantitativa dos *efeitos jurídicos* que a lei lhe associou na economia deste contrato: assim, para além de pressuposto da validade do contrato no momento do seu nascimento (art. 44.º, n.º 1 da LCS) e no decurso de toda a sua vigência (art. 110.º da LCS), o risco integra o conteúdo mínimo obrigatório das apólices de seguro (art. 37.º, n.º 2, d) da LCS), sendo decisivo em numerosos aspectos da disciplina contratual que vão desde a sua formação – especialmente, no plano dos deveres informativos pré-contratuais das partes (arts. 18.º, b), 22.º, n.º 3, e 24.º da LCS) e do início da sua vigência (art. 42.º da LCS) –, o seu conteúdo – mormente, em sede do interesse (art. 43.º, n.º 1 da LCS), das condições especiais e particulares (art. 45.º da LCS), do cálculo do prémio (arts. 51.º, n.º 1,

---

[1423] Sobre a distinção entre delimitação primária ("Primäre Risikoabgrenzungen") e secundária ("Sekundäre Risikoausschlüsse") do risco seguro, vide HOFMANN, Edgar, *Privatversicherungsrecht,* 109 e segs., 4. Aufl., Beck, München, 1998.

[1424] Como refere Yvonne LAMBERT-FAIVRE, "no mundo dos seguros, o risco é um conceito-chave: dos três elementos do seguro – risque, prémio, sinistro – o risco é o mais fundamental, determinando os outros dois, já que o cálculo do prémio e a liquidação do sinistro são função do risco seguro" (*Droit des Assurances,* 223, 10ème édition, Dalloz, Paris, 1998). Em sentido idêntico, entre nós, VASQUES, José, *Contrato de Seguro,* 127, Coimbra Editora, Coimbra, 1999; REGO, M. Lima, *Contrato de Seguro e Terceiros,* 57, Diss., Lisboa, 2008.

52.º, n.º 2 da LCS), da cobertura contratual, em especial do dever de prestação do segurador (art. 59.º da LCS) –, a sua execução – constituindo as alterações do risco, seja no sentido da sua diminuição ou agravamento, uma das mais relevantes vicissitudes contratuais (arts. 91.º e segs. da LCS) –, e a sua extinção – para além da caducidade já referida em caso de desaparecimento superveniente do risco (art. 110.º da LCS), em sede da resolução do contrato (art. 118.º, n.º 6, a) da LCS) –, até aos diferentes tipos e modalidades especiais de seguro – por exemplo, o co-seguro (arts. 63.º e 64.º da LCS), o resseguro (arts. 72.º e 74.º da LCS), o seguro de danos (com especial relevo no plano do princípio indemnizatório: cf. art. 133.º da LCS) e o seguro de pessoas (arts. 188.º e segs. da LCS).

2. Interesse

I. O *interesse* ("interest", "Interesse", "intérêt", "interesse") constitui igualmente um *elemento essencial do contrato de seguro*: um contrato de seguro será nulo se o segurado não for titular de um interesse digno de protecção legal no momento da sua celebração (art. 43.º, n.º 1 da LCS), e caducará se, durante a sua vigência, tal interesse tiver desaparecido (art. 110.º, n.º 1 da LCS).

II. O conceito de interesse, tal como o de risco, é um conceito jurídico complexo[1425]: para efeitos jusseguradores, ele pode ser definido genericamente como *a relação de conteúdo económico*

[1425] Sobre o relevo e o significado do conceito de interesse no Direito Civil – veja-se assim, designadamente, o art. 398.º, n.º 2 do CCivil, segundo o qual a prestação do devedor "deve corresponder a um interesse do credor, digno de protecção legal" –, vide, por todos, PINTO, P. Mota, *Interesse Contratual Negativo e Interesse Contratual Positivo*, vol. I, 481 e segs., Coimbra Editora, Coimbra, 2009.

entre um sujeito e um bem de que este necessita[1426]. O sujeito do interesse pode ser qualquer pessoa singular ou colectiva, privada ou pública, determinada ou determinável (no caso do seguro por conta de quem pertencer: cf. art. 48.º, n.º 6 da LCS), e o objecto do interesse pode ser qualquer bem em sentido amplo, seja material ou imaterial, móvel ou imóvel, simples ou complexo, presente ou futuro (v.g., imóvel, navio, empresa, patente, meios de subsistência no caso de morte da pessoa segura, etc.): a relação entre o sujeito e objecto do interesse, por seu turno, deverá ser *específica* – já que, sobre um mesmo bem, podem incidir diferentes interesses (por exemplo, sobre um imóvel, os interesses do proprietário, do usufrutuário, do arrendatário, do credor hipotecário) –, *legítima* – ou seja, na terminologia legal, "digno de protecção legal" (art. 43.º, n.º 1 da LCS), excluindo-se assim os casos em que o interesse seguro seja contrário à lei, ordem pública ou bons costumes ("maxime", nas hipóteses do art. 14.º da LCS) –, e de *natureza económica* – destinada a satisfazer necessidades de carácter patrimonial ou económica, excluindo-se os seguros de danos morais ou afectivos (v.g., seguro contra mau tempo em férias).[1427]

O princípio tradicional do interesse – segundo o qual sem interesse não há seguro ("Ohne Interesse keine Versicherung") – tem a si subjacente duas *finalidades* primordiais: ao cominar a essencialidade de uma necessidade económica do interessado no seguro, visou-se evitar a transformação destes contratos em puros

---

[1426] Sobre o ponto, vide, entre nós, REGO, M. Lima, *Contrato de Seguro e Terceiros,* 142 e segs., Diss., Lisboa, 2008; noutros quadrantes, BUTTARO, Luca, *L'Interesse nell'Assicurazione,* Giuffrè, Milano, 1954; KRAUSE, M. Nobert, *Der Begriff des versicherten Interesses und seine Auswirkungen auf die Versicherung,* Vel. Versicherungswirtschaft, Karlsruhe, 1997.

[1427] Neste sentido também, realçando que o conceito do art. 43.º, n.º 1 da LCS é mais restrito do que o previsto no art. 398.º, n.º 2 do CCivil (que admite expressamente que o interesse do credor não tenha valor pecuniário), vide AAVV, *Lei do Contrato de Seguro Anotada,* 187, Almedina, Coimbra, 2009; REGO, M. Lima, *Contrato de Seguro e Terceiros,* 228, Diss., Lisboa, 2008.

negócios de jogo ou aposta (que a lei reputou inválidos: cf. art. 1245.º do CCivil) e prevenir o risco de "moral hazard" (fomento de sinistros negligentes ou intencionais com objectivo de lucro, v.g., segurar a vida de um terceiro e provocar a sua morte, a fim de encaixar o capital seguro)[1428]. Trata-se, além disso, de um *princípio geral*, aplicável a todos os contratos de seguro, embora com diferentes alcances (art. 43.º, n.os 2 e 3 da LCS): ao passo que, nos seguros de danos, o interesse funciona como medida da prestação pecuniária do segurador em caso de sinistro (já que este deverá corresponder ao valor da lesão sofrida por aquele interesse: cf., por exemplo, art. 130.º, n.º 1 da LCS), nos seguros de pessoas, onde a prestação do segurador está previamente fixada (sendo assim irrelevante o valor da lesão desse interesse no momento do sinistro), o interesse funciona simplesmente como garantia contra a transformação do seguro em puro negócio especulativo ou fraudulento, por isso se exigindo ainda o consentimento da pessoa segura no caso de esta não ser beneficiária do seguro (arts. 43.º, n.º 3, e 212.º, n.º 2 da LCS).

III. A essencialidade deste requisito explica, por outra banda, a relevância do seu regime e dos seus efeitos jurídicos. Assim, no que concerne à sua *titularidade*, o titular do interesse seguro deve

---

[1428] É duvidosa, todavia, a efectiva valia prática deste princípio tradicional e da sua fundamentação. Com efeito, tratando-se consabidamente de um conceito indeterminado e funcionando como um requisito de validade do contrato de seguro, o princípio do interesse, no lugar de reduzir o perigo de "moral hazard" por parte dos segurados, pode ser um factor de incremento desse risco por parte dos seguradores. Como observa argutamente Jacob Loshin, "the most startling consequence of the insurable interest requirement is the perverse incentive it creates for insurers to accept higher levels of moral hazard than they would tolerate in the absence of the doctrine. Counterintuitively, the insurable interest doctrine actually creates its own moral hazard – an incentive for the insurer to overinsure. This incentive, in turn, increases the likelihood that insurers will issue risky policies with higher levels of moral hazard. The insurable interest doctrine's result thus tends to undermine its very purpose" (*Insurance Law's Hapless Busybody: A Case Against the Insurable Interest Requirement*, 490, in: 117 YLJ (2007), 474-509).

ser sempre o segurado (art. 43.º, n.º 2 da LCS): todavia, ao passo que, nos seguros por conta própria, o segurado será o próprio tomador (art. 47.º, n.º 1 da LCS), nos seguros por conta de outrem ou de quem pertencer, o segurado será um terceiro determinado ou determinável (art. 48.º da LCS)[1429]. Por seu turno, são múltiplos os *efeitos* que a lei associou a este conceito fundamental: assim, para além de constituir um requisito de validade (art. 43.º, n.º 1 da LCS) e manutenção (art. 110.º, n.º 1 da LCS) do contrato de seguro, o interesse pode funcionar como requisito de eficácia contratual – no caso de interesses futuros, "rectius", interesse sobre riscos futuros que não venham a existir (art. 44.º, n.º 3 da LCS) – e como medida da relação entre a coisa segura e o capital seguro – que está justamente na origem das figuras do sobresseguro (art. 132.º da LCS), do subseguro (art. 134.º da LCS), e da pluralidade de seguros (art. 133.º da LCS).[1430]

[1429] Sobre os seguros por conta própria e por conta de outrem, vide BRITO, J. Miguel, *Contrato de Seguro por Conta de Outrem. O Seguro por Conta de Outrem nos Seguros de Danos,* Diss., Lisboa, 2005; noutros quadrantes, BATTEN, George, *Third Party Insurance,* 4th edition, Stone & Cox, London, 1960 ; MICHY, Henri, *L'Assurance pour Compte d'Autrui et l'Assurance Complementaire de Responsabilité contre les Risques d'Incendie: Étude Théorique et Pratique,* LGDJ, Paris, 1911; NIESSEN, Nicole, *Die Rechtswirkungen der Versicherung für fremde Rechnung unter besonderer des Innenverhältnisses zwischen Versichertem und Versicherungsnehmer,* V. Versicherungswirtschaft, Karlsruhe, 2004.

[1430] Sobre o sobresseguro, o subseguro e o seguro plural, que são também tradicionalmente vistos como corolários do princípio indemnizatório, vide VASQUES, José, *Contrato de Seguro,* 146 e seg., Coimbra Editora, Coimbra, 1999; noutros quadrantes, vide CALERO, F. Sánchez (dir.), *Ley de Contrato de Seguro,* 429 e segs., Aranzadi, Pamplona, 1999; CLARKE, Malcom, *The Law of Insurance Contracts,* 933 e seg., 4th edition, LLP, London/ Hong Kong, 2002; HOFMANN, Edgar, *Privatversicherungsrecht,* 216 e segs., 4. Aufl., Beck, München, 1998; LAMBERT-FAIVRE, Yvonne, *Droit des Assurances,* 364 e segs., 10ème édition, Dalloz, Paris, 1998.

Dos Contratos Comerciais em Especial

3. Prémio

I. Denomina-se genericamente por prémio de seguro ("premium", "Prämien", "prime", "prima") *a prestação a que se obrigou o tomador do seguro.*[1431]

II. O prémio constitui o *reverso* ou contrapartida da cobertura de risco: se a obrigação fundamental do segurador consiste no dever de liquidar do sinistro, a obrigação fundamental do tomador do seguro traduz-se no dever de pagar o prémio[1432]. A expressão "prémio" é uma noção polissémica, assumindo diferentes sentidos nas leis e "praxis" seguradoras, onde aparece utilizada para designar, quer apenas o custo técnico médio da cobertura do contrato ("prémio actuarial"), quer ainda os demais custos associados à respectiva emissão, gestão e cobrança, incluindo gastos com a emissão da apólice, as operações de comercialização, etc. ("prémio bruto") ou até mesmo os próprios custos fiscais ou parafiscais ("prémio total")[1433]. O nosso direito actual parece ter acolhido a

---

[1431] Sobre a figura, embora com dados do direito pretérito, vide, na doutrina, CADILHE, Carla/ PINTO, Mário, *O Regime Jurídico do Pagamento dos Prémios de Seguros*, Dislivro, Lisboa, 2007; MARTINS, M. Costa, *Regime Jurídico do Pagamento dos Prémios de Seguro,* in: "III Congresso Nacional de Direito dos Seguros", 295-307, Almedina, Coimbra, 2003; na jurisprudência, o Acórdão do STJ de 10-II-2005 (LUCAS COELHO), in: XIII CJ/STJ (2005), I, 71-73. Noutras latitudes, desenvolvidamente, CUETO, J. Vasquez, *La Obligación de Pago de la Prima en la Ley de Contrato de Seguro*, Tirant lo Blanch, Valencia, 2007; GASPERONI, Nicola, *Il Pagamento del Premio di Assicurazione,* in: XXVI Ass (1959), 188-218; GANSTER, Bastian, *Die Prämienzahlung in Versicherungsrecht*, V. Versicherungswirtschaft, Karlsruhe, 2008; GOOVAERTS, Marc/ VIJDLER, F. Etienne/ HAEZENDONCK, Jan, *Insurance Premiums. Theory and Applications*, North-Holland, Amsterdam, 1984.

[1432] Como já atrás sublinhamos (cf. *supra* Parte III, Cap. VI, §2, 2), o contrato de seguro possui natureza sinalagmática: sobre este sinalagma contratual, para maiores desenvolvimentos, REGO, M. Lima, *Contrato de Seguro e Terceiros,* 288 e segs., Diss., Lisboa, 2008.

[1433] Sobre estas e outras acepções do conceito de prémio ("prémio líquido", "prémio de risco", etc.), vide GANSTER, Bastian, *Die Prämienzahlung in Versicherungsrecht*, 60 e segs., 80 e segs., V. Versicherungswirtschaft, Karlsruhe, 2008. Advirta-se que,

Contrato de Seguro

acepção de "prémio bruto" no art. 51.º da LCS, ao englobar no conceito de prémio "tudo aquilo que seja devido pelo tomador do seguro" (n.º 1) ao mesmo tempo que dele excluiu "os encargos fiscais e parafiscais" (n.º 2): assim sendo, o prémio designa *o preço total, líquido de impostos, a pagar pelo tomador* em contrapartida da cobertura do risco prestada pelo segurador.[1434]

III. O *regime jurídico do prémio* encontra-se hoje previsto nos arts. 51.º e segs. da LCS, sendo ainda relevantes os comandos regulamentares emanados da autoridade de supervisão ("maxime", a Norma do ISP n.º 12/2005-R, de 18 de Novembro), além de várias disposições particulares a respeito de seguros em especial (v.g., arts. 578.º, n.º 14, e 609.º do CCom, nos seguros marítimos, arts. 12.º e 19.º do Decreto-Lei n.º 291/2007, de 21 de Agosto, nos seguros obrigatórios de responsabilidade civil automóvel, etc.). Uma vez mais, são numerosos e complexos os aspectos desse regime, que aqui não é possível senão sumariamente elencar: especialmente importante é a *obrigação de pagamento do prémio* ("duty of payment of premium", "Prämienzahlungspflicht", "obligation au payement de la prime").

Desde logo, quanto ao seu *âmbito subjectivo*, o dever de pagamento de prémio tem como sujeitos activo e passivo o tomador do seguro e a empresa seguradora, sem prejuízo de poder ser efectuado através de representante (art. 17.º da LCS) ou mesmo por qualquer terceiro nos termos de disposição legal ou contratual (art. 55.º da LCS)[1435]. Depois ainda, quanto ao seu *âmbito objectivo*,

---

coerentemente com a sua natureza puramente financeira, a lei designou já por "prestações" as contrapartidas entregues pelo subscritor das operações de capitalização (art. 208.º, n.º 1, c) da LCS).

[1434] Entre os encargos fiscais e parafiscais, que acrescem ao prémio pago pelo tomador, inclui-se o imposto de selo (arts. 2.º, n.º 1, e), 5.º, b) e 7.º do CIS, ponto 22 da Tabela Geral anexa). Para uma resenha do regime fiscal, vide Vasques, José, *Contrato de Seguro*, 320 e segs., Coimbra Editora, Coimbra, 1999.

[1435] É o caso dos *mediadores de seguros*, cujo pagamento tem efeitos liberatórios para o tomador (cf. art. 42.º do Decreto-Lei n.º 144/2006, de 31 de Julho, arts. 24.º a 26.º da Norma do ISP n.º 17/2006, de 29 de Dezembro).

Dos Contratos Comerciais em Especial

a lei consagra o carácter unitário do prémio – que é assim devido por inteiro, sem prejuízo de o seu pagamento poder ser fraccionado nos termos previstos em disposição legal (v.g., art. 107.º da LCS) ou na apólice (art. 52.º, n.º 3 da LCS) –, permite que o mesmo seja pago em numerário ou outras formas de pagamento, tais como cheque, transferência bancária, vale postal, ou cartão bancário (art. 52.º da LCS) – ficando o segurador obrigado, após a recepção, a emitir e entregar o competente recibo ao tomador (art. 56.º da LCS) –, e impõe a comunicação escrita e tempestiva ao tomador da data, forma, lugar e montante do pagamento do prémio ou respectivas fracções, bem como das consequências em caso de não pagamento (art. 60.º da LCS) – com excepção dos seguros de vida, de colheitas e pecuário, e de cobertura de grandes riscos (art. 58.º da LCS). Finalmente, no tocante aos *efeitos* do pagamento ou falta dele, o regime legal está genericamente assente sobre o princípio "no premium, no cover", segundo o qual o pagamento do prémio é um pressuposto necessário da cobertura do risco (art. 59.º da LCS)[1436]: assim, a falta de pagamento do prémio ou fracção inicial na data do seu vencimento (art. 53.º, n.º 1 da LCS) determina a resolução automática do contrato desde a data da sua celebração (art. 61.º, n.º 1 da LCS)[1437]; a falta de pagamento de fracções ulteriores do prémio,

---

[1436] Trata-se de norma imperativa (art. 12.º da LCS), insusceptível de ser afastada pelas partes, excepto para os seguros indicados no art. 58.º da LCS: nestes últimos, a regulação dos efeitos da falta de pagamento do prémio foi deixada à livre vontade das partes, que assim, afastando-se do regime dos arts. 57.º e 59.º e segs. da LCS, poderão convencionar o regime que lhes aprouver. Criticamente, ALMEIDA, J. Moitinho, *O Contrato de Seguro – Estudos,* 18, Coimbra Editora, Coimbra, 2009.

[1437] Ao arrepio do princípio geral "pacta sunt servanda", o regime da lei desagua neste curioso resultado: se o tomador do seguro não quiser continuar vinculado ao contrato de seguro, não precisa de invocar os meios comuns da cessação (v.g., denunciando-o), bastando-lhe não cumprir com a única coisa a que se obrigou (pagar o prémio ao segurador). Este pragmatismo do legislador português (que não foi seguido noutras leis estrangeiras, v.g., o art. 15.º da "Ley de Contrato de Seguro" espanhola ou o art. 1901.º do "Codice Civile" italiano) significa que se acabou por consagrar em favor do

Contrato de Seguro

prémios adicionais, ou partes de prémios de montante variável na data do respectivo vencimento (art. 53.º, n.ᵒˢ 2 e 3 da LCS) determina igualmente a resolução automática do contrato desde tal data (art. 61.º, n.º 3 da LCS); e, nos contratos de renovação automática (art. 41.º da LCS), a falta de pagamento do prémio de anuidades subsequentes ou suas fracções iniciais na data do respectivo vencimento (art. 53.º, n.º 2 da LCS) impede a prorrogação do contrato (art. 61.º, n.º 2 da LCS), sem prejuízo da manutenção do dever de pagamento do tomador relativamente os montantes em dívida pelo período que o contrato haja vigorado (art. 57.º, n.º 3 da LCS).

4. Sinistro

I. Designa-se por sinistro ("loss", "Versicherungsfall", "sinistre", "siniestro") *a verificação, total ou parcial, do evento ou eventos compreendidos no risco coberto pelo contrato de seguro.*[1438]

II. O conceito jussegurador de sinistro reporta-se assim genericamente à ocorrência daquele facto ou conjunto de factos que, desencadeando a garantia contratual de cobertura do risco, origina para o segurador *o dever fundamental de realizar a prestação convencionada* ("duty to cover the loss", "Leistungspflicht", "devoir de régler le sinistre", "deber de pago"), sem prejuízo das múltiplas tonalidades próprias que este pode assumir nos diferentes

---

tomador uma espécie de "direito de arrependimento" ou de desistência de carácter permanente, que absorve (e à luz do qual perde até utilidade prática) o direito de livre resolução "stricto sensu" previsto no art. 118.º da LCS.

[1438] Sobre a figura, vide FONTAINE, Marcel, *La Notion de Sinistre dans les Assurances de Responsabilité,* in: "Mélanges en l'Honneur de Yvonne Lambert-Faivre", 199-208, Dalloz, Paris, 2002; HANNEMANN, Brita, *Neubegründung der Lehre vom gedehnten Versicherungsfall und ihre Bedeutung für moderne versicherungsrechtliche Probleme,* espec. 4 e segs., V. Versicherungswirtschaft, Karlsruhe, 1996; STIGLITZ, Ruben, *El Siniestro*, Astrea, Buenos Aires, 1980.

Dos Contratos Comerciais em Especial

tipos de seguro em especial (v.g., no seguro marítimo, as chamadas avarias grossas ou comuns dos arts. 634.º e 635.º do CCom). [1439]

III. O *regime jurídico* do sinistro abrange diversos aspectos, com destaque para a disciplina da sua participação e do seu pagamento.

Por um lado, temos a questão da *participação do sinistro*. Verificado o sinistro, incumbe ao tomador, segurado ou beneficiário comunicar a respectiva ocorrência ao segurador no prazo de oito dias imediatos ao conhecimento do mesmo, salvo prazo convencional mais dilatado (arts. 100.º, n.º 1 e 13.º da LCS), sob pena de o contrato poder prever a redução da prestação do segurador ou a perda total da cobertura consoante o incumprimento tempestivo do dever de comunicação for negligente ou doloso (art. 101.º, n.os 1 e 2 da LCS)[1440]. Recebida a participação do

---

[1439] Considerando que o contrato de seguro tem por objecto precípuo a cobertura do risco pelo segurador (art. 1.º da LCS), é duvidoso se não se deveria entender que o segurador se vincula perante o tomador, não a um, mas verdadeiramente dois tipos diferentes de prestações: uma prestação principal, de natureza creditória (pagamento de soma monetária), que satisfaz uma necessidade eventual e futura (pagamento do capital ou perdas em caso de sinistro); e uma prestação secundária, de natureza garantística, que satisfaz uma necessidade certa e actual (manutenção da garantia de segurança durante a vigência do contrato, independentemente de sinistro). Desta perspectiva, ao tomador do seguro sempre seria possível exigir algo mais do que a mera prestação indemnizatória ou convencionada do segurador em caso de sinistro: mesmo antes do sinistro, e independentemente deste, àquele sempre seria lícito exigir do segurador, dentro do quadro contratual, uma conduta apta a garantir a existência permanente dos meios técnicos e financeiros necessários a essa garantia de segurança (v.g., celebração de contratos de resseguro, constituição de provisões técnicas adequadas, etc.). Sobre tal doutrina – que não nos repugna admitir, ao menos em casos egrégios de inacção das autoridades públicas de supervisão –, vide, entre nós, VASQUES, José, *Contrato de Seguro*, 255, Coimbra Editora, Coimbra, 1999; lá fora, CALERO, F. Sánchez (dir.), *Ley de Contrato de Seguro*, 35, Aranzadi, Pamplona, 1999; MÖLLER, Hans, *Versicherungsvertragsrecht*, 153, 3. Aufl., Gabler, Wiesbaden, 1977; em sentido oposto, todavia, REGO, M. Lima, *Contrato de Seguro e Terceiros,* 268 e segs., Diss., Lisboa, 2008.

[1440] Recorde-se que, outrossim que comunicar, o tomador ou o segurado devem actuar por forma a minorar as consequências do sinistro (art. 126.º da LCS). Sobre o ponto, vide GARGALLO, M. Maroño, *El Deber de Salvamento en el Contrato de Seguro*, Comares, Valencia, 2006.

Contrato de Seguro

sinistro, o segurador procederá usualmente à abertura do processo de sinistro, destinado a verificar se os factos participados se enquadram nas coberturas de risco garantidas na apólice – verificação essa feita com base nos elementos probatórios fornecidos pelo tomador, segurado ou beneficiário do seguro (art. 100.º, n.º 2 da LCS, art. 342.º, n.º 1 do CCivil) ou outros (v.g., relatórios de peritagens) –, findo o qual o segurador assumirá ou declinará a prestação convencionada no contrato.[1441]

Participado o sinistro pelo tomador, segurado ou beneficiário, e apurada a obrigação do segurador (art. 102.º da LCS), tem lugar a *liquidação do sinistro*. Tal liquidação pode assumir duas modalidades fundamentais: ao passo que, no seguro de danos, o segurador realiza uma prestação consistente no pagamento de um "quantum" indemnizatório correspondente aos danos sofridos pelo segurado ("prestação indemnizatória"), no seguro de pessoas, "rectius" de capitais, tal prestação consiste no pagamento de um determinado capital ou renda previamente fixados na apólice ("prestação convencionada"). Outros aspectos relevantes dizem respeito à fixação do montante da prestação – onde naturalmente assume relevo especial o chamado princípio indemnizatório no seguro de danos (arts. 128.º e segs. da LCS) –[1442], à forma da sua realização – que pode consistir numa prestação única ou em várias

---

[1441] Aspecto relevante é o da proibição de imposição ao tomador de seguro, por parte do segurador, da apresentação de documentação que não possa ser razoavelmente tida como relevante para apreciar a procedência do pedido de indemnização daquele, mormente com o fito de dissuadir o tomador de exercer os seus direitos contratuais (arts. 4.º e 12.º, d) do Decreto-Lei n.º 57/2008, de 26 de Março): tal imposição constituirá sempre prática comercial agressiva, proibida nos termos gerais do citado diploma (art. 4.º), que poderá ser fonte de responsabilidade civil e contra-ordenacional para o segurador (arts. 15.º e 21.º). Cf. *supra* Parte II, Cap. III, §3, 3.3.

[1442] Sobre o princípio indemnizatório, vide, entre nós, Rego, M. Lima, *Contrato de Seguro e Terceiros,* 206 e segs., Diss., Lisboa, 2008; Vasques, José, *Contrato de Seguro,* 145 e segs., Coimbra Editora, Coimbra, 1999; para maiores desenvolvimentos, Perandones, P. Girgado, *El Principio Indemnizatorio en el Seguro de Danos: Una Aproximación a su Significado,* Comares, Granada, 2005.

Dos Contratos Comerciais em Especial

fraccionadas, em dinheiro ou espécie, nos termos do próprio contrato (art. 102.°, n.° 3 da LCS) –, ao momento da sua realização – vencendo-se a obrigação do segurador no prazo de 30 dias após a data do apuramento do sinistro (art. 104.° da LCS), sob pena da sua constituição em mora (nos termos gerais dos arts. 799.°, n.° 1, 804.°, n.° 2, e 805.° do CCivil)[1443] –, aos efeitos da sua realização – nomeadamente, a sub-rogação do segurador nos direitos do segurado em face do terceiro causador do sinistro (art. 136.° da LCS) ou, inversamente, a falta de eficácia liberatória do pagamento efectuado em prejuízo de direitos de terceiros conhecidos (art. 103.° da LCS) –, além de várias outras vicissitudes – por exemplo, as franquias (art. 49.°, n.° 3 da LCS)[1444], os salvados (art. 129.° da LCS)[1445], os pagamentos "ex gratia", etc.

§5 *Execução e Extinção*

1. Vicissitudes Contratuais

I. Constituindo caracteristicamente o contrato de seguro um negócio duradouro, cuja execução se prolonga no tempo, é natural

---

[1443] Sobre a questão de saber se os juros de mora, em caso de atraso no pagamento da prestação devida, estão sujeitos a retenção na fonte em sede de IRS, vide o Acórdão do STJ de 9-I-1996 (CÉSAR MARQUES), in: IV CJ/STJ (1996), I, 40-43.

[1444] Dá-se o nome de *franquia* à parcela do sinistro que fica a cargo do segurado, correspondendo a uma determinada quantia, de natureza fixa ou variável (v.g., percentagem) previamente estabelecida na apólice do seguro, que deverá ser deduzida no montante da liquidação a efectuar pelo segurador. Cf. Acórdão da RP de 21-I-1999 (PINTO DE ALMEIDA), in: XXIV CJ (1999), I, 193-195.

[1445] Dá-se o nome de *salvados* aos bens seguros que sobreviveram ao sinistro, que podem ser abandonados a favor do segurador caso a apólice o preveja e cujo valor, em certos tipos de seguros, o segurador tem o direito de deduzir ou abater ao valor total da indemnização a pagar (v.g., no seguro obrigatório de responsabilidade civil automóvel, em caso de perda total do veículo: cf. art. 41.° do Decreto-Lei n.° 291/2007, de 21 de Agosto). Cf. o Acórdão do STJ de 20-V-2004 (FERREIRA DE ALMEIDA), in: XII CJ/STJ (2004), II, 67-71.

e até frequente a emergência de *vicissitudes contratuais* de ordem vária ao longo do período da respectiva vigência: entre estas, merecem destaque as alterações relativas ao risco (agravamento e diminuição do risco), ao segurador (resseguro, transferências de carteiras, reorganizações empresariais) e ao tomador do seguro (morte, insolvência, transmissão do bem seguro, transmissão da empresa).

II. Os contratos de seguro são frequentemente afectados pelas *alterações supervenientes do risco coberto*. Sendo destinados a vigorar durante períodos de tempo mais ou menos longos, compreende-se que o risco coberto por tais contratos possa agravar-se ou atenuar-se, mercê da superveniência de circunstâncias que aumentem ou diminuam a probabilidade ou intensidade do sinistro.

As situações de *agravamento do risco* e de *diminuição do risco* constituem, pois, vicissitudes que podem ser fonte de alterações ao contrato de seguro: nesse sentido, sempre que tenham chegado ao seu conhecimento novas circunstâncias que agravem ou exacerbem o risco coberto pelo seguro, a lei atribuiu ao segurador o direito de propor tempestivamente ao tomador a correspondente alteração do contrato ou, nalguns casos, a resolução do contrato (art. 93.º da LCS)[1446] ou, no caso inverso de circunstâncias que diminuam ou atenuem o risco, o dever de reduzir o montante do prémio, podendo o tomador, no caso de discordar do novo valor, resolver o contrato (art. 92.º da LCS)[1447]. Sublinhe-se

---

[1446] Tenha-se presente que, caso o sinistro ocorrer antes da alteração ou cessação do contrato na sequência de agravamento do risco, o segurador, em princípio, apenas pode recusar (parcialmente) a respectiva liquidação caso o tomador ou o segurado não tiverem cumprido correcta e tempestivamente os seus deveres de comunicação sobre as novas circunstâncias agravantes ou (totalmente) em caso de comportamento doloso e fraudulento daqueles (art. 94.º da LCS).

[1447] Cf. Acórdãos do STJ de 8-VII-2003 (SILVA SALAZAR), in: XI CJ/STJ (2003), II, 129-131, e de 12-I-2006 (MARIA LAURA LEONARDO), in: XIV CJ/STJ (2006), I, 235-238. Sobre a temática, vide em geral CHINER, N. Latorre, *La Agravación del Riesgo en el Derecho de Seguros*, Comares, Granada, 2000; WERBER, Manfred, *Die Gefahrerhöhung*

Dos Contratos Comerciais em Especial

ainda que a lei portuguesa prevê expressamente deveres de informação recíproca das partes do contrato de seguro relativamente a todo o tipo de alteração das condições fixadas na apólice, aí incluídas naturalmente as relativas ao risco (art. 91.º, n.º 1 da LCS).

III. São também importantes as alterações ao contrato de seguro associadas ou decorrentes da própria *empresa seguradora*.

Tal o caso do *resseguro*: figura prevista expressamente nos arts. 72.º e segs. da LCS, ela configura um contrato autónomo celebrado entre empresas seguradoras através do qual uma delas transfere para a outra ou outras empresas (denominadas resseguradoras) uma parte ou a totalidade das responsabilidades económicas assumidas no âmbito de um ou vários contratos de seguro, vinculando-se esta ou estas a reembolsar aquela dos montantes pagos na liquidação dos sinistros.[1448]

Tal ainda o caso da *transferência de carteiras*: figura prevista nos arts. 148.º a 155.º do RGAS, estamos diante de uma operação de transmissão de um conjunto de contratos de seguro, caracterizados pela homogeneidade dos riscos cobertos por parte da respectiva empresa seguradora, que carece de autorização prévia do Instituto de Seguros de Portugal e é oponível aos tomadores,

---

im deutschen, schweizerischen, französischen, italienischen, schwedischen und englischen Versicherungsvertragsrecht, VVW, Karlsruhe, 1976; VIRET, Bernard, *L'Aggravation et la Diminution du Risque dans le Contrat d'Assurance en Droit Suisse et Français*, in: "Mélanges Offertes à Guy Flattet", 399-415, Payot, Lausanne, 1985.

[1448] Sobre esta importante figura, que não representa naturalmente uma alteração do contrato de seguro em sentido próprio, vide DÍEZ, P. Portellano, *El Reaseguro – Nuevos Pactos*, Civitas, Madrid, 2007; PROSPERETTI, Marco/ APICELLA, Ennio, *La Riassicurazione*, Giuffrè, Milano, 1994. Figura afim embora distinta, é o chamado *co-seguro*, previsto nos arts. 62.º e segs. da LCS, a que já se fez referência (cf. *supra* Parte III, Cap. VI, §3, 1): muito embora se trate ambas de técnicas de diluição dos riscos assumidos pelas empresas seguradoras, com vista a salvaguardar a sua estabilidade e solvabilidade financeiras em face de sinistros de grande dimensão, o co-seguro representa, na realidade, um único contrato de seguro no qual o risco é assumido conjuntamente por duas ou mais empresas seguradoras, que dividem entre si proporcionalmente os valores dos prémios e do capital seguro.

Contrato de Seguro

segurados e demais terceiros titulares de direitos ou deveres jusnegociais (art. 154.º, "ab initio", do RGAS), sem prejuízo de os primeiros poderem resolver os contratos de seguro dentro de um certo prazo (art. 154.º, "in fine", do RGAS) e até impedir a própria transferência mediante oposição superior a 20% dos segurados nos seguros do ramo "vida" (art. 155.º, n.º 1 do RGAS).[1449]

Tal pode ser, enfim, o caso de diversas operações de *reorganização empresarial*, tais como a fusão e a cisão (art. 238.º do RGAS, arts. 94.º e segs., 118.º e segs. do CSC, art. 39.º do Decreto de 21 de Outubro de 1907), a dissolução e a liquidação (art. 239.º do RGAS, arts. 141.º e segs. do CSC, arts. 4.º e segs. do Decreto-Lei n.º 90/2003, de 30 de Abril, arts. 41.º e segs. do Decreto de 21 de Outubro de 1907), e a própria insolvência da empresa seguradora (art. 2.º, n.º 2, b) do CIRE).[1450]

IV. Por último, mas não menos relevantes, temos as alterações relativas ao próprio *tomador do seguro* e outros terceiros (segurados, beneficiários, ou demais titulares de direitos contratuais).

Relativamente ao *tomador do seguro*, merecem destaque os eventos de *morte* – em que se admite a transmissão "mortis causa" do contrato de seguro para o segurado ou terceiro interessado no caso de aquela se encontrar expressamente convencionada, ressalvados os seguros "intuitus personae" (art. 96.º da LCS) –, de *insolvência* – em que se impõe mesmo a subsistência do contrato sujeito ao regime do agravamento do risco, salvo convenção

---

[1449] Sobre a figura, em especial a sua distinção das meras cessões de posições contratuais avulsas, vide SCALFI, Gianguido, *Il Trasferimento del Portafoglio di una Impresa di Assicurazione*, in: Galgano, Francesco (dir.), "I Contratti del Commercio, dell'Industria e del Mercato Finanziario", vol. III, 2677-2709, Utet, Torino, 1995.

[1450] Cf. OLIVEIRA, A. Costa, *A Protecção dos Credores de Seguros na Liquidação de Seguradoras*, espec. 175 e segs., Almedina, Coimbra, 2002; noutros quadrantes, por último, MÄNNLE, Claus, *Die Richtlinie 2001/17/EG über die Sanierung und Liquidation von Versicherungsunternehmen und ihre Umsetzung ins deutsche Recht*, VVW, Karlruhe, 2007.

em contrário (art. 98.º da LCS) –, de *cessão da posição contratual* – que pode ser realizada pelo tomador sem necessidade do consentimento do segurado (art. 95.º, n.º 1 da LCS), ressalvados determinados regimes especiais (v.g., nos seguros de vida, o art. 197.º da LCS) –, de *transmissão do bem seguro* – que determina a transferência do contrato de seguro para o novo titular do bem, sem prejuízo do direito de cessação contratual que assiste a este e ao segurador (arts. 95.º, n.ºs 2 e 4, 97.º, n.º 2 da LCS)[1451] – e de *transmissão da empresa* – caso em que os seguros exploracionais se transmitem automaticamente para o novo titular da empresa (art. 95.º, n.º 5 da LCS).[1452]

Outros eventos podem respeitar ao *segurado* (designadamente, no caso particular dos seguros celebrados por conta de outrem, em que inexiste uma coincidência entre tomador e segurado: cf. art. 48.º da LCS) e ao próprio *beneficiário* (v.g., que, nos seguros de vida, pode ser alterado nos termos do art. 199.º da LCS).

[1451] Assim, por exemplo, a venda de uma habitação coberta por um seguro de incêndio acarreta a transmissão do contrato de seguro do vendedor para o comprador, ingressando este na posição de tomador. Todavia, esta regra pode sofrer excepções, seja de natureza legal (v.g., em matéria de seguro automóvel, a venda do veículo pelo tomador não implica a transmissão do contrato de seguro para o adquirente: cf. art. 21.º do Decreto-Lei n.º 291/2007, de 21 de Agosto), seja de natureza convencional (já que, ao abrigo da natureza supletiva da norma do art. 95.º, n.º 2 da LCS, é admissível e não infrequente que as apólices de seguro prevejam um direito de resolução a favor do segurador no caso de transferência da propriedade do bem segurado). Sobre o tema em geral, vide, entre nós, ALMEIDA, J. Moitinho, *A Alienação das Coisas Seguras*, in: "I Congresso Nacional de Seguros", 331-340, Grémio dos Seguradores, Lisboa, 1971; para outros desenvolvimentos, GENOVESE, Antonio, *Alienazione delle Cose Assicurate*, Cedam, Padova, 1962; LENSKI, Wolfgang, *Zur Veräusserung der versicherten Sache*, VVW, Hamburg, 1965; PEDREÑO, A. Brel, *La Cesión del Objeto Asegurado*, Civitas, Madrid, 1996.

[1452] Sobre o regime da transmissão dos contratos exploracionais em caso de transmissão da empresa, vide *supra* Parte II, Cap. V, §2, 2.

Contrato de Seguro

2. Cessação Contratual

I. Os contratos de seguro estão naturalmente sujeitos às *causas gerais de extinção* dos negócios jurídico-comerciais: num sentido muito lato, tal significa dizer que eles podem cessar por força de eventos contemporâneos à sua formação (nulidade ou anulabilidade) ou de eventos posteriores à sua celebração (caducidade, revogação, denúncia e resolução).[1453]

II. Assim, e desde logo, o eclipse do contrato de seguro pode ter a sua origem em causas de *invalidade* resultantes de vícios genéticos ou contemporâneos à sua formação, trate-se de invalidade absoluta (nulidade) ou relativa (anulabilidade), total ou parcial: entre tais causas, refiram-se a celebração do seguro por entidades não autorizadas (art. 16.º, n.º 2 da LCS), o incumprimento doloso do dever de declaração inicial do risco (art. 25.º, n.º 1 da LCS), a inexistência ou cessação prévia do risco (art. 44.º, n.º 1 da LCS) e a falta de um interesse legítimo no seguro (art. 43.º, n.º 1 da LCS), além de outras causas especiais (v.g., erro sobre a idade da pessoa segura nos seguros de vida: cf. art. 189.º da LCS).[1454]

III. A extinção "hoc sensu" do contrato de seguro pode resultar, por outra banda, de um conjunto de causas de *cessação* ocorridas no decurso da respectiva vigência. Entre tais causas, podem referir-se a *caducidade* – que inclui, para além do decurso do tempo nos contratos com duração determinada (art. 109.º da LCS), a perda superveniente do interesse seguro, o desaparecimento do risco coberto, ou o pagamento total do capital seguro (art. 110.º da LCS) –, a *revogação* – mediante acordo das partes contratuais, com a particularidade de se exigir o consentimento do

---

[1453] Sobre esta acepção ampla (e imprópria) da extinção contratual, cf. *supra* Parte II, Cap. V, §4, 2.

[1454] Sobre alguns destes eventos, vide já *supra* Parte III, Cap. VI, §3, 1. e 2., §4, 1. e 2.

Dos Contratos Comerciais em Especial

segurado (art. 111.º da LCS) –, a *denúncia* – consagrando-se a regra geral da denúncia "ad libitum" nos contratos de seguro celebrados por tempo indeterminado (que podem ser denunciados por qualquer das partes a qualquer momento: cf. art. 112.º, n.º 2 da LCS) e nos contratos prorrogáveis celebrados por prazo certo (que podem ser denunciados a fim de impedir a sua renovação: cf. art. 112.º, n.º 1 da LCS), sem prejuízo da previsão de limites legais à liberdade de denúncia (art. 114.º da LCS), de requisitos da forma da sua realização (art. 115.º da LCS) e até de regras especiais (v.g., arts. 48.º, n.º 4, 82.º e 84.º da LCS) –, e ainda a *resolução* – fundada em justa causa (art. 116.º da LCS), independentemente de justa causa, reunidas certas condições, no caso de sucessão de sinistros (art. 117.º da LCS), bem como perante determinados comportamentos ou circunstancialismos das partes contratuais, v.g., incumprimento por parte do segurador dos seus deveres de informação pré-contratual (art. 23.º, n.º 2 da LCS), de entrega da apólice (art. 34.º, n.º 6 da LCS), de redução do prémio em caso de diminuição do risco (art. 92.º, n.º 2 da LCS) ou por parte do tomador do seu dever de pagar o prémio (art. 61.º, n.ºs 1 e 3 da LCS)[1455]. Particular destaque merece ainda, por fim, o chamado "direito de livre resolução" ou *desistência* do contrato de seguro: em determinadas modalidades de seguros (v.g., vida, acidentes pessoais, instrumentos de captação de aforro estruturados) ou de celebração (seguros celebrados à distância), o tomador do seguro dispõe de um determinado prazo após a recepção da apólice de seguro para desistir da sua celebração, resolvendo-o "ad nutum".[1456]

[1455] Sobre algumas destas figuras, na literatura comparada, vide GARRIGA, A. Pons, *La Rescisión del Contrato de Seguro*, Dykinson, Madrid, 1998; PUPP, Roger, *Résilier un Contrat d'Assurance. Pièges et Difficultés*, L'Argus, Paris, 1994; WERBER, Manfred, *Betrachtungen zur Dauer der Versicherungsverträgen*, VVW, Karlsruhe, 1990.

[1456] Cf. CLAUSSEN, Lorenz, *Widerrufsrecht bei Versicherungsverträgen*, in: JR (1991), 360-364. Sobre o "direito à desistência" ("Widerrufsrecht", "withdrawal right", "droit de repentir") como traço distintivo dos contratos jurídico-comerciais em massa, vide *supra* Parte II, Cap. V, §4, 3.

CAPÍTULO VII
Contrato de Transporte[*]

§1 Generalidades

1. Noção Geral

I. Designa-se por contrato de transporte ("carriage contract", "Transportvertrag", "contrat de transport", "contratto di trasporto") *o contrato pelo qual uma das partes (transportador) se obriga perante a outra (passageiro ou carregador), mediante retribuição, a deslocar determinadas pessoas ou coisas e a colocar aquelas ou entregar estas pontualmente, ao próprio ou a terceiro (destinatário), no local de destino.*

II. Sem prejuízo de posterior explicitação, pode assim afirmar-se sucintamente que o contrato de transporte é caracterizado

---

[*] **Bibliografia Portuguesa:** ANTUNES, J. Engrácia, *O Contrato de Transporte,* in: 141 RevOD (2009), III, 539-566; CORDEIRO, A. Menezes, *Introdução ao Direito dos Transportes,* in: 68 ROA (2008), 139-172; BASTOS, N. Castello-Branco, *Da Disciplina do Contrato de Transporte Internacional de Mercadorias por Mar,* Almedina, Coimbra, 2004; ROCHA, F. Costeira, *O Contrato de Transporte de Mercadorias – Contributo para o Estudo da Posição Jurídica do Destinatário no Contrato de Transporte de Mercadorias,* Almedina, Coimbra, 2000. **Bibliografia Estrangeira:** AAVV, *Contracts for the Carriage of Goods by Land, See and Air,* LLP, London, 2000; BASEDOW, Jürgen, *Der Transportvertrag,* Mohr, Tübingen, 1987; RÉMOND-GOUILLOUD, Martine, *Le Contrat de Transport,* Dalloz, Paris, 1993; RODRIGUEZ, J. Concepción, *El Contrato de Transporte,* Ed. Dykinson, Madrid, 2003; SILINGARDI, Gabriele, *Il Contratto di Trasporto,* Giuffrè, Milano, 1997.

por três *elementos fundamentais*: por um lado, o transportador obriga-se a realizar a deslocação de uma pessoa ou coisa entre dois pontos geográficos; por outro lado, o passageiro ou carregador obriga-se a pagar o preço ou contrapartida respectivos; finalmente, as pessoas ou coisas devem ser colocadas ou entregues incólumes e nas condições acordadas no local de destino, ao próprio ou a um terceiro destinatário.

2. Função e Enquadramento Sistemático

I. O transporte – embora não decerto desconhecido em épocas mais remotas[1457] – constitui uma actividade empresarial de primeira grandeza dos nossos tempos. Com efeito, o desenvolvimento das sociedades e economias modernas não seria pensável sem a exploração profissional e em larga escala da actividade transportadora: ontem por estrada, caminho-de-ferro, rio ou mar, hoje pelo ar, amanhã através do espaço sideral, a vida das pessoas e das empresas continua intimamente dependente dos transportes – é graças a eles que os indivíduos se podem deslocar, que as matérias-primas chegam às fábricas, ou que os produtos chegam aos consumidores.[1458]

II. Não surpreende assim que, nos sistemas jurídico-comerciais contemporâneos, se tenha vindo progressivamente a autonomizar um sector de normas jurídicas relativas ao transporte – o *"Direito dos Transportes"* ("Transport Law", "Transportrecht", "Diritto dei Trasporti", "Droit des Transports"). De modo algo similar ao que vimos acontecer com outros sectores normativos congéneres,

---

[1457] Especialmente o transporte marítimo: cf. Justo, A. Santos, *Contrato de Transporte Marítimo (Direito Romano)*, in: AAVV, "Nos 20 Anos do Código das Sociedades Comerciais", vol. II, 11-42, Coimbra Editora, Coimbra, 2007.

[1458] Bauchet, Pierre, *Le Transport Internationale dans l'Économie Mondiale*, Economica, Paris, 1991.

Contrato de Transporte

o objecto deste ramo jurídico pode ser descrito à luz de dois núcleos fundamentais: por um lado, a disciplina jurídica do acesso, exercício e organização da actividade de transporte por parte das empresas de transporte ("direito institucional dos transportes"), e, por outro, a disciplina jurídica dos negócios jurídicos celebrados por tais empresas, com destaque para o contrato de transporte ("direito material dos transportes")[1459]. O Direito (material) dos Transportes tem sido considerado tradicionalmente como uma das matérias ou até "disciplinas-filhas" do Direito Comercial: divergindo embora relativamente ao grau de autonomia a conceder-lhe, a doutrina nacional e estrangeira reconhece maioritariamente que este sector normativo possui a sua filiação genética e a sua actual inserção sistemática no universo jusmercantil geral.[1460]

3. Características, Tipos e Natureza

I. O contrato de transporte apresenta determinadas *características* ou notas distintivas fundamentais. Ele é, desde logo, um

---

[1459] A dimensão "institucional" do Direito dos Transportes – também presente, como vimos, noutras disciplinas-filhas do Direito Comercial (v.g., Direito Bancário, Direito do Mercado de Capitais, Direito dos Seguros) – é tão acentuada que alguns autores vão ao ponto de falar aqui mesmo de um "direito económico" (BASEDOW, Jürgen, *Transportrecht*, 485, Beck, München, 1997), constituindo semelhante intervencionismo económico-administrativo, de resto, objecto de acesa crítica (OPPERMANN, Stefan, *Staatliches Ordnungssystem im Güterkraftverkehr contra Liberalisierung?*, Decker & Müller, Heidelberg, 1990).

[1460] Entre nós, vide A. Menezes CORDEIRO, que o qualifica como "um capítulo do Direito Comercial" (*Introdução ao Direito dos Transportes*, 170, in: 68 ROA (2008), 139-172). Noutros ordenamentos jurídicos estrangeiros, incluindo também o seu tratamento no universo juscomercialista, vide BUONOCORE, Vincenzo, *Istituzioni di Diritto Commerciale*, 602 e seg., 3.ª edizione, Giappichelli, Torino, 2003; CANARIS, Claus-Wilhelm, *Handelsrecht*, 484 e segs., 24. Aufl., Beck, München, 2006; CALERO, F. Sánchez, *Instituciones de Derecho Mercantil*, vol. II, 431 e segs., 29.ª edición, Thomson/Aranzadi, Navarra, 2006; RIPERT, Georges/ ROBLOT, René, *Traité de Droit Commercial*, tomo II, 749 e segs., 14ème édition, LGDJ, Paris, 1994.

Dos Contratos Comerciais em Especial

contrato típico e nominado, dotado de "nomen iuris" e disciplina legal próprios (mormente, os arts. 366.º a 393.º do CCom)[1461]. Ele é, depois, um contrato *oneroso,* no sentido em que à prestação de uma das partes corresponde uma contraprestação da outra: ou seja, a prestação do transportador (deslocação de pessoas ou bens) tem como contrapartida uma prestação do interessado (o pagamento do preço ou "frete")[1462]. Ele é, também, um contrato *consensual,* no sentido em que a respectiva celebração não está sujeita a uma exigência geral de forma: deve, todavia, salientar-se que, na "praxis" contratual, a regra do consensualismo se transformou visivelmente numa excepção, considerando a habitual emissão de documentos de transporte (v.g., guia de transporte, conhecimento de embarque), a típica natureza padronizada dos contratos de transporte, e até a progressiva consagração de exigências de forma para certos tipos contratuais especiais (v.g., contrato de transporte marítimo de mercadorias: cf. art. 3.º, n.º 1 do Decreto-Lei n.º 352/86, de 21 de Outubro)[1463]. Ele é, enfim, um

---

[1461] Para efeitos da sua concreta qualificação, todavia, não é absolutamente decisivo o "nomen iuris" que as partes lhe atribuam: cf. o Acórdão da RC de 19-V-1998 (GIL ROQUE), in: XXIII CJ (1998), II, 23-25.

[1462] Sublinhe-se, contudo, que o contrato de transporte *gratuito* pode ser equiparado, em certas circunstâncias, ao transporte oneroso para efeitos da aplicação do respectivo regime jurídico (cf. art. 18.º do Decreto-Lei n.º 349/86, de 17 de Outubro, art. 2.º, b) do Decreto-Lei n.º 58/2008, de 26 de Março). Sobre a questão em geral, vide BASEDOW, Jürgen, *Der Transportvertrag,* 36, Mohr, Tübingen, 1987; GRIGOLI, Michele, *Il Trasporto,* 746 e segs., in: Rescigno, Pietro (dir.), "Trattato di Diritto Privato", vol. 11, Utet, Torino, 1984; RÉMOND-GOUILLOUD, Martine, *Le Contrat de Transport,* 13, Dalloz, Paris, 1993). Excluída está já, em qualquer caso, a relevância do chamado "transporte de cortesia", v.g., boleia a um transeunte (cf. FLAMINI, Antonio, *Il Trasporto Amichevole,* Jovene, Napoli, 1977).

[1463] Com razão afirma F. Costeira da ROCHA que "o contrato de transporte caracteriza-se por uma paradoxal consensualidade, pois embora se afirme que é em geral um contrato consensual e que vale neste âmbito o princípio da liberdade de forma (art. 219.º CC), é também verdade que a ele surge quase sempre ligado um documento de transporte, seja no transporte de coisas, seja no de pessoas" (*O Contrato de Transporte de Mercadorias,* 34, Almedina, Coimbra, 2000); em sentido semelhante, URÍA, Rodrigo/ MENÉNDEZ, Aurelio/ SOTO, R. Alonso, *El Contrato de Transporte,* 328, in: AAVV,

Contrato de Transporte

contrato de adesão, no sentido em que a sua celebração assenta em modelos contratuais estandardizados prévia e unilateralmente predispostos pelo transportador, frequentemente constantes do verso dos próprios documentos ou títulos de transporte (v.g., art. 3.º, n.º 3 do Decreto-Lei n.º 58/2008, de 26 de Março).[1464]

II. O contrato de transporte pode revestir diferentes *modalidades*. Assim, de acordo com o critério dos sujeitos, pode distinguir-se entre o contrato de *transporte simples* (quando efectuado por um único transportador) e *complexo* (em que intervêm simultaneamente diversos transportadores sucessivos, incluindo-se o subtransporte, o transporte com reexpedição, e o transporte cumulativo). De acordo com o critério do seu objecto material – o qual, de resto, corresponde à "summa divisio" tradicional neste domínio –, tornou-se usual distinguir entre o contrato de *transporte de pessoas* (relativo ao transporte de passageiros, incluindo bagagens) e *de coisas* (cujo cerne fundamental é o transporte de mercadorias, incluindo também secundariamente o transporte de bens perigosos, resíduos e cadáveres). De acordo com o critério das vias ou meios utilizados, é também frequente falar-se em contratos de transporte *terrestres* (incluindo rodoviários e ferroviários), *fluviais, marítimos, aéreos* e *espaciais* (devendo ainda salientar-se o crescente relevo do chamado transporte *multimodal*, caracterizado pela utilização combinada de diversos meios de transporte no âmbito de um único contrato). Finalmente, de acordo com o critério do seu âmbito geográfico, fala-se ainda de transportes *nacionais* e *internacionais*, consoante a deslocação implica ou não a travessia de fronteiras entre os locais de partida e destino.

"Curso de Derecho Mercantil", vol. II, 323-348, 2.ª edición, Thomson/ Civitas, Madrid, 2007. Sobre os documentos de transporte, vide *infra* Parte III, Cap. VII, §2, 2.

[1464] Esta característica é de tal modo marcante que existem países onde são adoptados modelos contratuais comuns elaborados pelas organizações do sector: cf. WIDMANN, Hubert, *AGNB – Allgemeine Beförderungsbedingungen für den gewerblichen Güternahverkehr*, 4. Aufl., Luchterhand, Neuwied, 1993.

Dos Contratos Comerciais em Especial

III. Finalmente, é geralmente aceite que o contrato de transporte reveste a natureza jurídica de um *contrato comercial*. Não apenas tal contrato integra desde sempre o elenco legal dos "contratos especiais de comércio" previstos no Livro Segundo do CCom de 1888 (Título X, arts. 366.º a 393.º) – constituindo assim matéria objectiva e subjectivamente mercantil (art. 2.º do CCom) –[1465], como ele corresponderá ao moderno conceito de contrato comercial enquanto "contrato de empresa", já que é tipicamente celebrado por "empresas transportadoras" regularmente constituídas para o transporte rodoviário, ferroviário, marítimo ou aéreo (art. 366.º, n.º 1 do CCom, art. 3.º, n.º 2 do Decreto-Lei n.º 354/86, de 23 de Outubro, art. 2.º, n.º 2 do Decreto-Lei n.º 239/93, de 4 de Outubro, art. 2.º, h) e 3.º, n.º 1 do Decreto-Lei n.º 257/2007, de 16 de Julho, art. 2.º, f) do Decreto-Lei n.º 58/2008, de 26 de Março, art. 3.º do Decreto-Lei n.º 3/2001, de 10 de Janeiro, art. 8.º, n.º 1 do Decreto-Lei n.º 66/92, de 23 de Abril, art. 1.º, n.º 2 do Decreto-Lei n.º 111/91, de 18 de Março, art. 2.º do Decreto-Lei n.º 18/82, de 28 de Janeiro, art. 2.º, b) do Regulamento CE/ 2407/92, de 23 de Julho).[1466]

[1465] Recorde-se que o Código Civil português não lhe dedicou qualquer tratamento específico. Como explicava I. Galvão Telles ainda no período dos trabalhos preparatórios, "o contrato de transporte, como contrato específico, deve ter a sua sede exclusiva no Código Comercial" (*Aspectos Comuns aos Vários Contratos*, 83, in: 23 BMJ (1951), 18-91); e como asseveram ainda hoje F. Pires de Lima e J. Antunes Varela, "fora do campo comercial, o contrato não tem relevo" (*Código Civil Anotado*, vol. II, 784, 4.ª edição, Coimbra Editora, Coimbra, 1997).

[1466] Sobre este conceito, vide *supra* Parte I, Cap. II, §2 e Cap. III, §1; sobre o relevo e sentido do conceito de "empresa transportadora" na construção do moderno Direito dos Transportes, vide Fulciniti, Pietro, *Contributo allo Studio Unitario dei Trasporti*, 769 e segs., in: "Diritto dei Trasporti" (2007), 759-781. No quadro das classificações legais e doutrinais, alguma doutrina e jurisprudência vem ainda reconduzindo o contrato de transporte à figura da empreitada (art. 1207.º do CCivil), enquanto modalidade especial de prestação de serviços (arts. 1154.º e 1555.º do CCivil) pelo qual uma das partes se obriga a realizar um determinado resultado ("locatio conduction operis faciendo") (na doutrina estrangeira, cf. Basedow, Jürgen, *Transportrecht*, 501, Beck, München, 1997; na jurisprudência nacional, o Acórdão do STJ de 27-VI-2006 (Sebastião Póvoas), in: XIV CJ/STJ (2006), II, 130-133).

4. Figuras Afins

I. A actividade transportadora constitui uma actividade multifacetada e complexa, que envolve frequentemente numerosos protagonistas e negócios, sendo assim importante distinguir o contrato de transporte de determinadas *figuras afins* com as quais não se pode confundir.

II. O *contrato de expedição ou de trânsito* ("Speditionsgeschäft", "commission de transport", "contratto di spedizione"), referido genericamente no Decreto-Lei n.º 255/99, de 7 de Julho, constitui aquele pelo qual uma das partes (transitário) se obriga perante a outra (expedidor) a prestar um conjunto de serviços de natureza logística relativos à circulação de coisas e mercadorias, incluindo a celebração, em nome próprio e por conta da outra parte, de contratos de transporte[1467]. Em termos gerais e abstractos, pois, afigura-se clara a distinção entre os dois contratos: ao passo que o contrato de transporte tem por sujeito um transportador e por objecto a prestação de um serviço de deslocação remunerado de pessoas ou bens, o contrato de trânsito tem por sujeito um intermediário e por objecto o mandato conferido, quer para a celebração de um ou mais contratos de transporte, quer para a realização de um conjunto muito variado de operações materiais ou jurídicas associadas (v.g., grupagem de mercadorias, formalidades alfandegárias, seguros, recepção, verificação, armazenagem, e entrega ao destinatário, etc.) – numa palavra, o transportador

---

[1467] Sobre a figura, vide a nótula de MARQUES, J. Garcia, *O Agente Transitário*, in: 360 BMJ (1986), 5-10; na jurisprudência, os Acórdãos do STJ de 2-VII-1991 (MIGUEL MONTENEGRO), in: 409 BMJ (1991), 828-831, e de 6-III-2003 (MOITINHO DE ALMEIDA), in: XI CJ/STJ (2003), I, 114-116 (apelidando-a de "comissão de transporte"), bem assim como o Acórdão da RL de 5-IV-2001 (PROENÇA FOUTO), in: XXVI CJ (2001), II, 101-103. No estrangeiro, vide ASQUINI, Alberto, *Contratto di Spedizione*, in: XVII NssDI (1970), 1098-1132; GASS, Wolfram, *Der Speditionsvertrag im internationalen Handelsrecht*, D. Brenner, Tübingen, 1991; RODIÈRE, René, *Études sur la Commission de Transport*, in: X RTDC (1957), 1-44.

Dos Contratos Comerciais em Especial

transporta e o transitário faz transportar[1468]. Deve sublinhar-se, todavia, que, tendo-se o agente transitário transformado hoje no protagonista central da actividade transportadora – "empresário geral dos transportes", assim lhe chama Jürgen Basedow[1469] –, as fronteiras entre as duas figuras encontram-se cada vez mais esbatidas, sobretudo quando, como sucede amiúde, uma mesma empresa desempenha simultaneamente as funções de intermediário e de transportador.

III. Outra figura vizinha é o *contrato de reboque*, que pode ser definido em sentido lato como aquele através do qual uma parte (rebocador) se obriga a proporcionar à outra (rebocado) uma determinada força motriz com vista a deslocar ou ajudar a deslocar um determinado objecto. Esta figura tem a sua principal consagração no contrato de reboque marítimo ("Schleppvertrag", "remorquage", "rimorchio"), previsto e regulado no Decreto-Lei n.º 431/86, de 30 de Dezembro[1470], mas pode assumir outras configurações negociais, tais como o reboque fluvial, o reboque terrestre (rodoviário e ferroviário), ou o reboque aéreo[1471]. Também

---

[1468] Sobre a distinção, na doutrina, Rocha, F. Costeira, *O Contrato de Transporte de Mercadorias*, 70 e segs., Almedina, Coimbra, 2000; na jurisprudência, entre muitos, o Acórdão do STJ de 10-XI-1993 (Costa Raposo), in: I CJ/STJ (1993), III, 118-122. Noutras latitudes, Koller, Ingo, *Die Abgrenzung zwischen Speditions- und Frachtsverträgen*, in: 41 NJW (1988), 1756-1761.

[1469] *Der Transportrecht,* Band 7a, 3, Beck, München, 2000.

[1470] Sobre a figura, vide, na doutrina, Esteves, J. Vasconcelos, *Direito Marítimo – Contratos de Exploração de Navio*, 207 e segs., Petrony, Lisboa, 1988; na jurisprudência, o Acórdão do STJ de 5-VI-2003 (Araújo de Barros), in: XI CJ/STJ (2003), II, 97-100. Para mais desenvolvimentos, vide Begines, J. Pulido, *Los Contratos de Remolque Marítimo*, Bosch, Barcelona, 1996; Dor, Léopold/ Villeneau, Jacques, *Le Remorquage en Droit Maritime*, LGDJ, Paris, 1959; Kath, Walter, *Der Schleppvertrag nach Binnenschiffahrtsrecht*, Liebheit & Thiesen, Berlin, 1919.

[1471] Outras figuras atípicas, reconduzíveis à figura em sentido lato, são os chamados *"contratos de tracção"* ("traction routière", "Trucking-Verträge"), que configuram uma modalidade especial de reboque terrestre rodoviário, e os *"contratos de impulso"* ("contrat de poussage", "pushing contracts"), característicos do reboque fluvial. Cf. Rodière, René, *La Nature Juridique du Contrat de Poussage*, in: 17 BTL (1971), 474-488.

Contrato de Transporte

aqui a distinção de princípio entre ambas as figuras é clara: ao passo que o contrato de reboque se reconduz a uma prestação de serviços, criando para o rebocador uma simples obrigação de meios (proporcionar força motriz para uma deslocação física), o contrato de transporte configura uma verdadeira empreitada, investindo o transportador numa obrigação de resultado (colocação pontual de pessoa ou bem no local de destino).

IV. Figura afim do transporte é ainda o *contrato de fretamento* ("charterparty", "Chartervertrag", "affrètement", "noleggio"): previsto e regulado no Decreto-Lei n.º 191/87, de 29 de Abril, estamos perante um contrato pelo qual uma das partes (fretador) se obriga a colocar à disposição de outra (afretador) um navio ou parte dele para fins de navegação marítima, mediante retribuição[1472]. A diferença fundamental entre o transporte marítimo e o fretamento é também, em regra, evidente: ao passo que o transportador assume uma obrigação de transportar por navio determinadas pessoas ou coisas, responsabilizando-se por as fazer chegar incólumes ao local de destino, o fretador limita-se a colocar à disposição o próprio navio, correndo o risco do transporte por conta do afretador[1473]. Assinale-se, todavia, a tendência actual para uma regulação unitária de ambas as figuras no âmbito do

---

[1472] Sobre a figura, vide, na doutrina, CARLOS, A. Palma, *O Contrato de Fretamento no Código Comercial Português*, Livraria Moraes, Lisboa, 1931; na jurisprudência, o Acórdão da RL de 19-III-1998 (MARCOS RODRIGUES), in: XXIII CJ (1998), II, 96-98. Noutros quadrantes, vide CHALARON, Yves, *L'Affrètement Maritime: Essai de Définition Théorique*, Librairies Techniques, Paris, 1967; GANSFORT, Guy, *Der Chartervertrag im Pauschalflugreisevertrag und dessen Rechtswirkungen für den Reisenden*, Shaker, Aachen, 1996; ROMANELLI, Gustavo, *Profilo del Noleggio*, Giuffrè, Milano, 1979; RUBIO, Jesús, *El Fletamento en el Derecho Español*, Ed. RDP, Madrid, 1953.

[1473] Sobre a distinção, vide RAPOSO, Mário, *Fretamento e Transporte Marítimo: Algumas Questões*, in: 340 BMJ (1984), 17-52; Acórdão da RL de 28-V-1991 (JOAQUIM DIAS), in: XVI CJ (1991), III, 151-156. Sublinhe-se que tal distinção pode exibir zonas cinzentas em determinadas modalidades, particularmente no âmbito do fretamento por viagem (arts. 5.º e segs. do Decreto-Lei n.º 191/87, de 29 de Abril): cf. NOGUERO, E. Sierra, *El Contrato de Fletamento por Viaje*, Publicaciones RCE, Bolonia, 2002.

Dos Contratos Comerciais em Especial

transporte marítimo de mercadorias, seja na "Common Law" ("contract of affreightment"), seja mesmo nalguns países da "Civil Law" ("Seefrachtvertrag").[1474]

V. Outra figura com relevo crescente, que deve ser distinguida do transporte, é o *contrato de viagem organizada* ("Reisevertrag", "viaggio organizatto", "viaje combinado"): previsto e regulado nos arts. 20.º e segs. do Decreto-Lei n.º 209/97, de 13 de Agosto, trata-se de um contrato, integrado no âmbito mais vasto dos contratos turísticos, pelo qual uma das partes (agência de viagem e turismo) assume perante a outra (turista) a obrigação de planificar e realizar uma viagem organizada na qual esta última participará, mediante retribuição[1475]. De modo paralelo ao que sucede com o agente transitário (por vezes apelidado de "arquitecto dos transportes"), o agente de viagens é um "arquitecto de viagens turísticas" cuja actividade negocial abrange o planeamento, a organização e a prestação de um conjunto de serviços muito diversos – que incluem o transporte, mas vão na realidade muito para além dele (v.g., alojamento, restauração, lazer, diversões, etc.) – com a finalidade precípua e unitária de realizar uma viagem turística.

VI. Finalmente, não se confundem com o contrato de transporte diversas outras figuras, típicas ou atípicas, tais como o *contrato de salvação marítima* (Decreto-Lei n.º 203/93, de 10 de

---

[1474] GORTON, Lars, *A Practical Guide to Contracts of Affreightment and Hybrid Contracts*, LLP, London, 1986; HERBER, Rolf, *Seefrachtvertrag und Multimodalvertrag*, RWS, Heidelberg, 2000.

[1475] Sobre a figura, vide, na doutrina, MIRANDA, Miguel, *O Contrato de Viagem Organizada*, Almedina, Coimbra, 2000; RIBEIRO, J. Sousa, *O Contrato de Viagem Organizada na Lei Vigente e no Anteprojecto do Código do Consumidor*, in: 8 EDC (2006/07), 127-164; na jurisprudência, o Acórdão da RL de 24-VI-2008 (MARIA ROSÁRIO MORGADO), in: XXXIII CJ (2008), III, 108-113. Noutros quadrantes, vide TASSONI, Giorgia, *Il Contratto di Viaggio*, Giuffrè, Milano, 1998; TONNER, Klaus/ SCHULZ, Daniela, *Der Reisevertrag*, 5. Aufl., Luchterhand, Neuwied, 2007; VALDÉS-BANGO, A. Soler, *El Contrato de Viaje Combinado*, Aranzadi, Cizur Menor, 2005.

Julho)[1476], o *contrato de gestão de navios* (Decreto-Lei n.º 198/98, de 10 de Junho), o *contrato de aluguer de veículos*[1477], ou o *contrato de mudanças.*[1478]

5. Fontes

I. As fontes do regime jurídico do contrato de transporte são caracterizadas por uma significativa *variedade* e *dispersão*, mormente no plano das suas origens (fontes nacionais e internacionais) e modalidades negociais (transportes terrestres, marítimos, aéreos).[1479]

II. No que toca às fontes nacionais, o regime do contrato de transporte encontra-se nuclearmente contido no *Título X do Livro Segundo do Código Comercial* (arts. 366.º a 393.º)[1480]. Em torno deste núcleo, prolifera uma miríade de *leis especiais* relevantes:

[1476] Cf., na doutrina, Aureliano, Nuno, *A Salvação Marítima*, Almedina, Coimbra, 2006; na jurisprudência, o Acórdão da RL de 13-V-2008 (Ribeiro Coelho), in: XXXIII CJ (2008), III, 80-84. Sobre a sua distinção em face de outras figuras, vide Gomes, M. Januário, *Entre a Salvação Marítima e o Reboque: A Propósito do Acórdão de STJ de 5 de Junho de 2003*, in: "Estudos em Memória do Prof. Doutor A. Marques dos Santos", 1053-1082, Almedina, Coimbra, 2005; Raposo, Mário, *Assistência Marítima – Evolução e Problemas*, in: "Estudos sobre o Novo Direito Marítimo", 75-107, Coimbra Editora, Coimbra, 1999.

[1477] Seja de automóveis ligeiros de passageiros (vulgo "taxis": cf. Decreto-Lei n.º 251/98, de 11 de Agosto) ou de automóveis sem condutor (vulgo "rent-a-car": cf. Decreto-Lei n.º 354/86, de 23 de Outubro, alterado pelo Decreto-Lei n.º 77/2009, de 1 de Abril). Cf. Saller, Rudolf, *Die Rechtsnatur des Autokran-Vertrages*, in: 18 TransR (1995), 142-157.

[1478] Peyrefitte, Léopold, *Le Contrat de Déménagement*, in: JCP-EE (1986), 105-109.

[1479] Este fenómeno de dispersão das fontes ("Zersplitterung der Rechtsquellen") é universal, sendo objecto de crítica cerrada na doutrina e de progressivo esbatimento nalgumas legislações estrangeiras: cf. Basedow, Jürgen, *Transportrecht*, Band 7a, 4 e seg., Beck, München, 2000.

[1480] Recorde-se que este regime geral, todavia, não é aplicável, quer ao transporte marítimo (art. 366.º, §4 do CCom), quer ao transporte rodoviário de mercadorias (por força da revogação operada pelo art. 26.º do Decreto-Lei n.º 239/2003, de 4 de Outubro).

Dos Contratos Comerciais em Especial

entre outras, refiram-se os Decretos-Lei n.º 96/81, de 24 de Julho (transporte aéreo internacional), n.º 349/86, de 17 de Outubro (transporte de passageiros por mar), n.º 352/86, de 21 de Outubro (transporte de mercadorias por mar), n.º 321/89, de 25 de Novembro (responsabilidade do transportador aéreo), n.º 19/92, de 28 de Janeiro (transporte aéreo não regular), n.º 239/2003, de 4 de Outubro (contrato de transporte rodoviário nacional de mercadorias), n.º 257/2007, de 16 de Julho (actividade de transporte rodoviário de mercadorias) e n.º 58/2008, de 26 de Março (transporte ferroviário de passageiros).

III. De enorme importância são ainda as fontes internacionais[1481]. Desde logo, são numerosas as *convenções internacionais* existentes na matéria. Entre elas, mencionem-se, em sede dos transportes rodoviários, a "Convenção Relativa ao Transporte Internacional de Mercadorias por Estrada" de 1956 (vulgarmente conhecida como CMR) e a "Convenção Aduaneira Relativa ao Transporte de Mercadorias Realizado ao Abrigo de Cadernetas TIR" de 1974 (vulgarmente denominada TIR); em sede de transportes ferroviários, a "Convenção de Berna" de 1890 e a "Convenção Relativa aos Transportes Internacionais Ferroviários" de 1980 (vulgarmente conhecida por COTIF), a qual abrange regras uniformes relativas ao contrato de transporte internacional ferroviário de passageiros e bagagens (RU-CIV) e de mercadorias (RU-CIM); em sede de transportes marítimos, a "Convenção Internacional para a Unificação de Certas Regras em Matéria de Conhecimentos de Carga" de 1924 (vulgo Convenção de Bruxelas ou CB) e a "Convenção das Nações Unidas sobre o Transporte de Mercadorias por Mar" de 1978 (vulgo Convenção de Hamburgo ou CH); finalmente, em sede de transportes aéreos, a "Convenção para

---

[1481] Para uma visão de conjunto do Direito dos Transportes internacional, bem como dos princípios unitários dele crescentemente emergentes, vide BADDACK, Frank, *Allgemeine Grundsätze im internationalen Einheitstransportrecht*, Peter Lang, Frankfurt am Main, 2008.

Contrato de Transporte

Unificação de Certas Regras Relativas ao Transporte Aéreo Internacional" de 1929 (vulgo Convenção de Varsóvia ou CV) e a Convenção homónima de 1999 (vulgo Convenção de Montreal ou CM)[1482]. Igualmente relevantes são os diversos *regulamentos* e *directivas comunitários* existentes na matéria: vejam-se assim, apenas a título de exemplo, os Regulamentos CE/4056/86, de 22 de Dezembro (aplicação das regras da concorrência aos transportes marítimos) e CE/2407/92, de 9 de Outubro (licenças de transportadores aéreos), ou as Directivas 91/224/CE, de 27 de Março (transportes rodoviários de mercadorias) e 91/440/CE, de 29 de Julho (transportes ferroviários).[1483]

IV. Para além destas fontes nacionais e internacionais nucleares, o regime jurídico do contrato de transporte é também altamente tributário dos *usos e costumes mercantis internacionais*[1484]. Tal o caso dos famosos "Incoterms" ("International Commercial Terms"), siglas internacionais de interpretação uniforme da terminologia comercial para os quais os contratos de transporte internacionais e até internos frequentemente remetem: pense-se, por exemplo, nas siglas FOB ("free on board"), CFR ("cost and freight"), CIF ("cost, insurance and freight"), and FCA ("free carrier").[1485]

[1482] Sobre o relevo das Convenções neste domínio, vide IVALDI, Paola, *Diritto Uniforme dei Trasporti e Diritto Internazionale Privato*, Giuffrè, Milano, 1990; PARRA, A. Madrid, *Derecho Uniforme del Transporte Internacional*, McGraw-Hill, Madrid, 1998.

[1483] Sobre o direito europeu dos transportes, BIEBER, Roland/ MAIANI, Francesco/ KNELLER, Marie, *Droit Européen des Transports*, Helbing & Lichtenhahn, München, 2006; GREAVES, Rosa, *Transport Law of the European Community*, Athlone, London, 1991; ZUNARELLI, Stefano, *Il Diritto del Mercato del Trasporto*, Cedam, Padova, 2008.

[1484] Para uma ilustração jurisprudencial do relevo dos usos do comércio internacional no domínio do contrato de transporte, vide o Acórdão da RL de 20-V-2004 (SALAZAR CASANOVA), in: XXIX CJ (2004), III, 81-86.

[1485] *Incoterms 2000 – ICC Official Rules for the Interpretation of Trade Terms*, ICC, Paris, 1999. Sobre o ponto, vide em geral *supra* Parte I, Cap. IV, §2, 2; em particular no domínio transportador, FAVARO, Maurizio, *Assicurazione, Trasporti e Incoterms 2000*, Ipsoa, Milano, 2001.

§2 Formação

1. Sujeitos

I. Como vimos, o contrato de transporte designa aquele pelo qual uma das partes (transportador) se obriga perante a outra (passageiro ou carregador) a deslocar espacialmente determinadas pessoas ou coisas de um local para outro, colocando aquelas ou entregando estas ao próprio ou terceiro (destinatário) no local de destino, mediante retribuição: assim sendo, *são sujeitos contratuais o transportador, o expedidor e o destinatário.*[1486]

II. O *transportador* ("carrier", "Frachtführer", "transporteur", "vettore", "porteador") é a parte contratual que se obriga a realizar a deslocação das coisas ou pessoas, colocando ou entregando estas pontualmente no local do destino[1487]. Justamente porque a qualificação deste sujeito decorre da titularidade de semelhante obrigação jurídica, é indiferente para estes efeitos se o transportador executa ele próprio materialmente o transporte ou se este é realizado por um terceiro subtransportador (art. 367.º do CCom).[1488]

[1486] Utilizamos aqui a expressão sujeito contratual em sentido lato, sem querer tomar partido na questão de saber se, no contrato de transporte de coisas, estamos ou não perante um contrato a favor de terceiro (isto é, se o destinatário é ou não parte no contrato): sobre tal questão, entre nós, Rocha, F. Costeira, *O Contrato de Transporte de Mercadorias*, 209 e segs., Almedina, Coimbra, 2000; noutros quadrantes, Delebecque, Philippe, *Le Destinataire de la Marchandise: Tiers ou Partie au Contrat de Transport?*, in: 12 DA (1995), 189-192; Gröhe, Christian, *Der Transportvertrag als Vertrag zugunsten Dritter*, in: I ZEP (1993), 141-149.

[1487] Arnade, Rolf, *Der Frachtführerbegriff der CMR als Problem der internationalen Zuständigkeit*, in: 15 TransR (1992), 341-345; Sobejano, A. Emparanza, *El Concepto de Porteador en el Transporte de Mercancías*, Comares, Granada, 2003.

[1488] Por outras palavras, o transportador contratual (ou de direito) pode ou não coincidir com o transportador efectivo (ou de facto): neste sentido, na doutrina, Rocha, F. Costeira, *O Contrato de Transporte de Mercadorias*, 146, Almedina, Coimbra, 2000;

Contrato de Transporte

III. O expedidor – "rectius", o *carregador* ("sender", "Absender", "chargeur", "mitente", "cargador") no transporte de coisas, e o *passageiro* ("passenger", "voyageur", viaggatore", "viajero") no de pessoas – é a contraparte contratual que se obriga a pagar do preço do transporte ou "frete". Também aqui deve ser considerado indiferente (no transporte de coisas) se o expedidor é ou não titular de um direito de propriedade sobre os bens ou mercadorias objecto do transporte, bem como se efectuou ele próprio a respectiva entrega ou subcontratou um terceiro para tal efeito (v.g., embarque, estiva).[1489]

IV. O *destinatário* ("consignee", "Empfänger", "destinataire", "ricevatore", "consignatario") é a pessoa singular ou colectiva a quem devem ser entregues as coisas transportadas. Interveniente juscontratual específico do transporte de coisas, ele tem adquirido uma relevância crescente na economia deste instituto contratual graças à progressiva evolução do seu centro de gravidade do tradicional elemento da deslocação física dos bens (cujo protagonista é o transportador) para o da entrega dos mesmos (cujo protagonista é o destinatário). Como veremos melhor adiante, o destinatário – que tanto pode ser um terceiro como o próprio carregador (art. 371.º do CCom) – é titular de importantes direitos e obrigações emergentes no quadro da relação jurídica de transporte, devendo

---

na jurisprudência, Acórdão da RP de 18-IV-1996 (OLIVEIRA BARROS), in: XXI CJ (1996), II, 220-225 (ainda que não de forma explícita). Sobre a figura do subtransporte, vide ainda *infra* Parte III, Cap. VII, §2, 4(II).

[1489] Daqui resulta também que o contrato de transporte não é um contrato real, já que ele se torna válido e perfeito com a mera assunção das obrigações recíprocas de deslocação e pagamento do frete, pelo que os actos materiais de entrega da coisa transportada ou a entrada do passageiro serão já actos de execução do contrato. Uma excepção a esta regra pode ser encontrada no domínio do transporte ferroviário internacional de mercadorias (arts. 1.º, § 1, e 8.º das RU-CIM): cf. HAENNI, Joseph, *Carriage by Rail*, 68 e segs., in: "International Encyclopedia of Comparative Law", vol. XII ("Law of Transport"), Chapter 2, Mohr, Tübingen, 2000.

Dos Contratos Comerciais em Especial

constar expressamente dos documentos de transporte (art. 370.º, 1.º do CCom, art. 6.º, n.º 1, e) da CMR, art. 15.º, n.º 1 da CH).[1490]

2. Forma. O Documento de Transporte

I. Teoricamente, o contrato de transporte é um contrato consensual: não estipulando os arts. 366.º e segs. do CCom qualquer exigência especial de forma para as declarações de vontade das partes contratantes, vale o princípio geral da *liberdade de forma* (art. 219.º do CCivil).[1491]

II. Esta regra, todavia, constitui hoje claramente uma excepção na "praxis" contratual transportadora. A relevância económica do contrato de transporte (mercê do valor das coisas transportadas, dos riscos envolvidos e da complexidade das operações) explica que, desde há séculos a esta parte, tal contrato, seja, por norma, formalizado através de um *documento de transporte*: trata-se, no essencial, de um documento emitido pelo transportador e entregue ao carregador ou passageiro, cuja designação, conteúdo e efeitos variam consoante a concreta modalidade transportadora em causa.

Por um lado, este documento recebe diferentes designações, incluindo a *guia de transporte* para os transportes terrestres nacionais de mercadorias (art. 369.º do CCom e art. 3.º do Decreto-Lei

---

[1490] Cf. *infra* Parte III, Cap. VII, §3, 1(IV).

[1491] Ressalva-se o caso do contrato de transporte marítimo de mercadorias, que se encontra expressamente sujeito a forma escrita (art. 3.º, n.º 1 do Decreto-Lei n.º 352/86, de 21 de Outubro): cf. os Acórdãos do STJ de 17-II-2005 (CUSTÓDIO MONTES), in: XIII CJ/STJ (2005), I, 79-83, e de 18-XII-2007 (SEBASTIÃO PÓVOAS), in: XV CJ/STJ (2007), III, 173-175. Sobre a forma do contrato de transporte, vide em geral BASEDOW, Jürgen, *Der Transportvertrag,* 221 e segs., Mohr, Tübingen, 1987; IANNUZZI, Mario, *Del Trasporto,* 11 e segs., in: "Commentario del Codice Civile" (a cura de A. Scialoja e G. Branca), Libro Quarto, Bologna, Zanichelli, 1970; RÉMOND-GOUILLOUD, Martine, *Le Contrat de Transport,* 13 e segs., Dalloz, Paris, 1993.

Contrato de Transporte

n.º 239/2003, de 4 de Outubro)[1492], a *declaração de expedição* ("consignment note", "Frachtbrief", "lettre de voiture", "lettera di vettura") nos transportes rodoviários e ferroviários internacionais de mercadorias (art. 4.º da CMR e arts. 11.º a 13.º das RU-CIM), o *conhecimento de carga* ("bill of lading", "Konossement", "connaissement", "polizza di carico") no transporte marítimo de mercadorias (art. 8.º do Decreto-Lei n.º 352/86, de 21 de Outubro, art. 7.º, n.º 1 da CH), e a *carta de porte aéreo* ("air waybill", "passenger ticket", "Luftfrachtbrief", "lettre de transport aérien", "lettera di trasporto aereo") no transporte aéreo de pessoas e mercadorias (art. 5.º da CV).[1493]

Por outro lado, os referidos documentos contêm um conjunto de *menções obrigatórias* diversas, tais como a identificação dos principais intervenientes (transportador, carregador, passageiro, destinatário), a identificação das coisas ou pessoas transportadas (denominação corrente, número, quantidade, peso bruto, estado aparente), a data e o local de carregamento e de entrega (coisas) ou lugar de embarque e desembarque (pessoas), a data e o lugar da emissão do documento, etc. (art. 370.º do CCom, art. 4.º do Decreto-Lei n.º 239/2003, de 4 de Outubro, art. 6.º da CMR, arts.

[1492] Cf. ainda o Despacho da Direcção-Geral de Transportes Terrestres n.º 21994/99, de 19 de Outubro (in: DR, II série, n.º 267, de 16 de Novembro), que previu um modelo normalizado e definiu o conteúdo da guia de transporte nos transportes rodoviários de mercadorias.

[1493] Ao lado destas formas tradicionais, importa ainda ter em atenção o aparecimento de novos meios de documentação do transporte na senda do "e-commerce", mormente o chamado "bilhete electrónico" ("electronic ticket") no transporte aéreo. Sobre este importante vector evolutivo, vide BUSTI, Silvio, *Nuovi Documenti del Contratto di Trasporto di Cose*, Cedam, Padova, 1983; FERNÁNDEZ, M. Alba, *Documentos de Transporte y Negociabilidad en un Entorno Electrónico*, in: 263/265 RDM (2007), 69-114 e 489-532; GEHRKE, Florian, *Das elektronische Transportdokument*, LIT, Münster, 2005; YIANNOPOULOS, Athanassios, *Ocean Bills of Lading: Traditional Forms, Substitutes, and EDI Systems*, Kluwer, Dordrecht/ Boston, 1995.

Dos Contratos Comerciais em Especial

5.º e 8.º do Decreto-Lei n.º 352/86, de 21 de Outubro, art. 3.º, n.º 3 da CB, art. 8.º da CV, arts. 5.º e 7.º da CM).[1494]

Finalmente, consoante os casos, os documentos de transporte podem desempenhar a tríplice função de *meio de prova do contrato* – atestando a celebração e conteúdo do contrato (cf. art. 373.º do CCom, art. 3.º, n.º 1 do Decreto-Lei n.º 239/2003, de 4 de Outubro, arts. 2.º, c) e 3.º, n.º 1 do Decreto-Lei n.º 58/2008, de 26 de Março, art. 9.º, n.º 1 da CMR, art. 1.º, n.º 7 da CH, art. 11.º, n.º 3 das RU-CIM) –[1495], de *recibo da recepção* das coisas pelo transportador – atestando o tipo e estado dos bens recebidos por este, que aquele se obriga a entregar pontualmente ao destinatário (exclusiva do transporte de coisas: cf. art. 9.º, n.º 2 da CMR, art. 3.º, n.º 4 da CB, art. 11.º, n.º 2 da CV) –[1496], e ainda de *título representativo* das coisas transportadas – ou seja, de título de crédito, nominativo, à ordem ou ao portador, transmissível nos termos gerais (praticamente exclusiva do transporte marítimo de mercadorias: cf. art. 11.º do Decreto-Lei n.º 352/86, de 21 de Outubro).[1497]

[1494] Sobre o conteúdo destes diversos documentos, a literatura é naturalmente vasta: apenas a título de exemplo, vide DE FOSCOLETE, Guillemette, *Les Documents de Transport par Route*, in: BTL (1987), 161-164; MITCHELLHIL, Alan, *Bill of Lading: Law and Practice*, Chapman & Hall, London, 1982; PELZ, Dietmar, *Frachtbrief und Übergabe des Frachtgutes in ihrer Bedeutung für den Frachtvertrag*, Brockmeyer, Bochum, 1980; STOLFI, Mario, *La Lettera di Vettura*, in: XXIII BBTC (1960), 511-522.

[1495] Sobre a função probatória, vide RAPOSO, Mário, *Valor Probatório do Conhecimento de Carga*, in: 32 JF (1968), 145-200; Acórdão da RP de 11-IV-2000 (AFONSO CORREIA), in: XXV CJ (2000), II, 222-225. Para mais desenvolvimentos, GIERMANN, Heiko, *The Evidentiary Value of Bills of Lading and Estoppel*, LIT, Münster, 2004.

[1496] Sobre a função receptícia, vide GONÇALVES, L. Cunha, *Comentário ao Código Comercial Português*, vol. II, 419, Ed. José Bastos, Lisboa, 1916; Acórdão da RP de 22-V-2003 (SOUSA LEITE), in: XXVIII CJ (2003), III, 173-175.

[1497] Sobre a função representativa, vide ANTUNES, J. Engrácia, *Os Títulos de Crédito*, 137 e segs., Coimbra Editora, Coimbra, 2009; MENDES, Evaristo/ COSTA, M. Júlio, *Transporte Marítimo – Conhecimento de Carga*, in: IX DJ (1995), 171-207; Acórdão do STJ de 27-VII-1984 (SANTOS SILVEIRA), in: 339 BMJ (1984), 424-430, e Acórdão da RL de 24-VI-1998 (ABRANTES GERALDES), in: XXXII CJ (2008), III, 113-117. Para mais desenvolvimentos, BOLLS, Michel, *The Bill of Lading: A Document of Title to Goods*,

3. Outros Documentos

I. A celebração do contrato de transporte envolve ainda amiúde vários *outros tipos de documentos*, que não se confundem com o documento de transporte "stricto sensu" e que cumprem finalidades várias no âmbito do processo formativo ou executivo contratual: sirvam de exemplo as cartas de garantia ("letters of guarantee", "Revers", "lettres de garantie", "lettere di garanzia"), as declarações de carga ("written cargo declaration", "déclaration de chargement", "dichiarazione d'imbarco"), e os pertences ("delivery order", "laissez-suivre", "ordine di consegna").[1498]

II. A *carta de garantia* é um documento emitido pelo carregador pelo qual este se obriga a indemnizar o transportador pelos prejuízos eventualmente decorrentes da emissão de conhecimentos sem reservas (art. 26.º do Decreto-Lei n.º 352/86, de 21 de Outubro, art. 17.º da CH)[1499]. A *declaração de carga* é um documento emitido pelo carregador e entregue ao transportador antes do embarque, contendo uma descrição das mercadorias e outros elementos, v.g., portos de carga e descarga (art. 3.º, n.º 3, a) da

---

LLP, London, 1998; CASTELLS, A. Recalde, *Conocimiento de Embarque y otros Documentos del Transporte. Función Representativa*, Civitas, Madrid, 1992. A referida representatividade deste documento de transporte torna-o ainda particularmente relevante no domínio do comércio internacional, mormente para efeitos de crédito documentário: cf. SILVA, J. Calvão, *Crédito Documentário e Conhecimento de Embarque*, in: "Estudos de Direito Comercial", 49-77, Almedina, Coimbra, 1996.

[1498] Gravitando em torno do contrato de transporte, existem ainda muitos outros documentos: é o caso do "through bill of lading", o "mate's receipt", a "sea way bill", o "forwarding agent certificate of receipt" (FCR), etc. Cf. MASI, Pietro, *I Documenti del Trasporto Marittimo e Aero di Cose*, in: LV "Studi Economico-Giuridici" (1993-1994), 337-350.

[1499] Sobre a figura, que funciona assim como uma espécie de "contra-letra" em face dos conhecimentos limpos ou sem reservas, vide RAPOSO, Mário, *As Cartas de Garantia e o Seguro Marítimo*, in: XX SI (1971), 504-513; noutros quadrantes, desenvolvidamente, QUERCI, Francesco, *Polizza di Carico e Lettere di Garanzia*, Jovene, Napoli, 1971.

Dos Contratos Comerciais em Especial

CB, art. 4.º do Decreto-Lei n.º 352/86, de 21 de Outubro)[1500]. O *pertence* é um documento emitido pelo transportador a pedido do titular do conhecimento de carga e entregue ao comandante do navio transportador, com vista a permitir a negociação fraccionada das mercadorias transportadas.[1501]

4. Pluralidade de Transportadores

I. Nem sempre um transportador está em condições de assegurar sozinho a organização e execução de uma operação de transporte de coisas ou pessoas, desde o local de partida até ao local de destino – sendo por isso frequente a colaboração de vários transportadores, a qual pode revestir *diferentes modalidades jurídicas*: entre elas, destacam-se o subtransporte, o transporte com reexpedição, o transporte cumulativo, e o transporte multimodal.

II. A figura do *subtransporte* designa a situação na qual o primeiro transportador se responsabiliza directamente perante o carregador ou passageiro por toda a operação de transporte, celebrando paralelamente em nome e por conta própria um ou vários contratos de transporte com outros (sub)transportadores que executarão materialmente parte ou a totalidade da referida operação aos quais o carregador ou passageiro se mantém alheio[1502]. O *transporte com reexpedição*, exclusivo do transporte de coisas, dá-se

---

[1500] Cf. Branch, Alan, *Elements of Shipping*, 104 e seg., 8th edition, Taylor & Francis, London, 2007.

[1501] Cf. Mancuso, Riccardo, *Natura Giuridica dell'Ordine di Consegna*, in: XXVII BBTC (1974), 272-302.

[1502] Sobre a figura, vide Alonso, L. Piloñeta, *El Subtransporte. Análisis Crítico y Teórico de un Concepto Práctico*, in: 262 RDM (2006), 1401-1438; Endrigkeit, Kurt, *Unterfrachtführer und Teilfrachtführer in der CMR*, in: 20 VersR (1969), 587-589; Tincani, Chiara, *Il Subtrasporto e l'Azione di Responsabilità del Subvettore nel Trasporto Stradale*, in: XI DTras (1998), 19-45.

744

Contrato de Transporte

quando o transportador celebra com o carregador um contrato de transporte relativo a determinado segmento de um percurso complexo, obrigando-se ainda a celebrar, em nome próprio mas por conta do carregador, um ou mais contratos de transporte para os demais segmentos. O *transporte cumulativo* retrata a situação na qual dois ou mais transportadores celebram um único contrato de transporte com um carregador pelo qual cada um daqueles se obriga a realizar determinado segmento de uma operação complexa de transporte de coisas ou pessoas, prevendo-se, por vezes, um regime de responsabilidade solidária em caso de incumprimento de qualquer deles (v.g., art. 22.º do Decreto-Lei n.º 239/2003, de 4 de Outubro, art. 34.º da CMR)[1503]. Finalmente, o *transporte multimodal*, outrossim que envolver a cooperação de diversos transportadores, implica também o recurso a diferentes meios de transporte e vias de comunicação (pense-se, por exemplo, no transporte de mercadorias em contentores, que implica amiúde a intervenção, entre os locais de partida e de destino, de um transportador marítimo, um ferroviário e outro rodoviário).[1504]

[1503] Sobre a figura, vide Busti, Silvio, *Il Trasporto Cumulativo nella CMR*, in: 21 Trasp (1980), 136-150; Heuer, Klaus, *Aufeinanderflogende Frachtführer nach art. 34 CMR*, in: 7 TransR (1984), 169-172; Messent, Andrew, *Successive Carriage*, in: AAVV, "International Carriage of Goods by Road (CMR)", 166-188, LLP, London, 1987; Marchand, Sylvain, *La Pluralité des Transporteurs Routiers selon la CMR*, in: XXX ETL (1995), 577-598.

[1504] Sobre o transporte multimodal ou combinado – que dispõe de regras uniformes relativas aos documentos de transporte multimodal (cf. "UNCITRAL/ICC Rules for Multimodal Transport Documents", aprovadas em 1995) –, vide Castro, M. Martín, *Il Transporte Multimodal: Concepto y Sujetos,* Edicip, Cádiz, 2001; Dohse, Philip, *Der multimodale Gütertransportvertrag,* Diss., Hamburg, 1994; Kiantou-Papouki, Alike, *Multimodal Transport*, Bruylant, Bruxelles, 2000.

Dos Contratos Comerciais em Especial

§3 Conteúdo

1. Conspecto Geral

I. O contrato de transporte é fonte de uma pluralidade de direitos e obrigações para todos os intervenientes na relação jurídica de transporte, incluindo transportador, passageiro ou carregador, e destinatário.[1505]

II. Desde logo, no que toca ao *transportador*, podem mencionar-se, entre os seus principais *direitos*, o direito ao pagamento do frete (art. 1.º do Decreto-Lei n.º 352/86, de 21 de Outubro, art. 1.º do Decreto-Lei n.º 349/86, de 17 de Outubro, art. 1.º da CH, art. 6.º, n.º 1, i) da CMR), ao recebimento das coisas a ser transportadas (art. 3.º, n.º 3 da CB, art. 5.º do Decreto-Lei n.º 352/86, de 21 de Outubro, art. 8.º, n.º 1 da CMR), à emissão de reservas sobre o estado das coisas transportadas (art. 376.º do CCom, art. 9.º do Decreto-Lei n.º 239/2003, de 4 de Outubro, art. 8.º da CMR, art. 3.º, n.º 6 da CB), e à retenção das coisas transportadas por créditos resultantes do transporte (art. 390.º do CCom, art. 14.º do Decreto-Lei n.º 239/2003, de 4 de Outubro, art. 8.º do Decreto--Lei n.º 352/86, de 21 de Outubro, art. 13.º, n.º 2 da CMR). Por seu turno, entre os seus *deveres*, contam-se a obrigação de deslocação das coisas ou pessoas e sua entrega pontual no local de destino (arts. 383.º e 385.º, §3 do CCom, art. 17.º da CMR, art. 4.º, n.º 1 da CB, arts. 17.º e 19.º da CV), de emissão de um documento de transporte nos termos legais ou convencionados

---

[1505] Sobre o conteúdo contratual, em diferentes latitudes, vide desenvolvidamente BASEDOW, Jürgen, *Transportrecht*, Band 7, 510 e segs., Beck, München, 1997; MERCADAL, Barthélémy, *Droit des Transports Terrestres et Aériens*, 97 e segs., Dalloz, Paris, 1996; SILINGARDI, Gabriele, *Il Contratto di Trasporto,* 371 e segs., 575 e segs., Giuffrè, Milano, 1997; URÍA, Rodrigo/ MENÉNDEZ, Aurelio/ SOTO, R. Alonso, *El Contrato de Transporte,* 335 e segs., in: AAVV, "Curso de Derecho Mercantil", vol. II, 323-348, 2.ª edición, Thomson/ Civitas, Madrid, 2007.

Contrato de Transporte

(art. 369.º do CCom, art. 8.º do Decreto-Lei n.º 352/86, de 21 de Outubro, art. 5.º da CMR, art. 3.º, n.º 3 da CB, arts. 3.º e 5.º da CV), e de responsabilização pelas perdas, avarias e atrasos no transporte (arts. 377.º, 383.º e 384.º do CCom, arts. 17.º a 23.º do Decreto-Lei n.º 239/2003, de 4 de Outubro, arts. 17.º a 29.º da CMR, arts. 17.º a 30.º da CV).[1506]

III. No que concerne ao *passageiro ou carregador*, mencionem-se, além da óbvia prerrogativa de exigir a deslocação e colocação pontual das pessoas ou coisas transportadas no local de destino, os *direitos* de dispor das coisas durante o transporte, suspendendo este ou alterando o seu destino (art. 380.º do CCom, art. 5.º, n.º 2 do Decreto-Lei n.º 239/2003, de 4 de Outubro, art. 12.º da CMR, art. 12.º da CV) e de se designar a si próprio como destinatário (art. 371.º do CCom). Já entre os seus *deveres*, para além das referidas obrigações de pagamento do frete e de entrega das coisas ao transportador, incluem-se os de proceder à correcta declaração de carga e ao acondicionamento adequado das coisas a transportar (art. 4.º do Decreto-Lei n.º 352/86, de 21 de Outubro, art. 7.º da CMR, art. 3.º, n.º 5 da CB, art. 10.º da CV) e de disponibilizar os documentos necessários ao cumprimento das formalidades aduaneiras ou outras (art. 372.º do CCom, art. 11.º da CMR, arts. 2.º, c) e 7.º, n.º 1 do Decreto-Lei n.º 58/2008, de 26 de Março).[1507]

[1506] Outros direitos incluem a subcontratação (art. 367.º do CCom) e o depósito judicial das coisas em caso de recusa do destinatário em as receber (art. 388.º do CCom), ao passo que as obrigações abrangem também a realização diligente das operações que antecedem ou sucedem a deslocação das coisas transportadas (v.g., carregamento, carga, estiva, descarga, armazenagem: cf. arts. 2.º e 3.º, n.º 2 da CB, arts. 6.º e 23.º do Decreto-Lei n.º 352/86, de 21 de Outubro) e a adopção de escrituração mercantil especial (art. 368.º do CCom). Sobre a posição jurídico-activa e passiva do transportador, vide em geral SOBEJANO, A. Emparanza, *El Concepto de Porteador en el Transporte de Mercancías*, Comares, Granada, 2003.

[1507] O carregador pode ainda ser titular de direitos ou obrigações acessórios, resultantes de convenção expressa: é o caso das cláusulas COD ("cash on delivery") ou

Dos Contratos Comerciais em Especial

IV. Finalmente, é também relevante a posição jurídico-activa e passiva do *destinatário*. Entre os *direitos*, contam-se o de dispor das coisas transportadas (art. 380.º, §2 do CCom, art. 12.º, n.º 3 da CMR, art. 12.º, n.º 4 da CV), de emitir eventuais reservas no documento de transporte aquando do reconhecimento físico das coisas transportadas (art. 385.º do CCom, art. 12.º, n.º 2 do Decreto-Lei n.º 239/2003, de 4 de Outubro), de reclamar a sua imediata entrega do transportador logo que estas estejam no local de destino (art. 387.º do CCom, art. 13.º da CMR, art. 13.º da CV) e de accionar o transportador (art. 389.º do CCom). Entre os seus *deveres*, incluem-se a obrigação de receber a mercadoria (art. 388.º do CCom, art. 15.º, n.º 2 da CRM) e de pagar o frete e demais despesas de transporte se estes forem da sua responsabilidade (v.g., art. 13.º, n.º 2 da CMR).[1508]

V. Pela sua relevância nuclear na economia do contrato, merecem aqui referência autónoma a obrigação de *deslocação* das coisas ou pessoas transportadas, a obrigação de *pagamento do frete*, e o direito à *entrega ou colocação pontual* daquelas coisas ou pessoas.

---

das cláusulas CAD ("cash against documents"), constitutivas do direito do carregador exigir ao transportador que este, antes de entregar a mercadoria ao destinatário, lhe cobre o respectivo preço ou faça comprovar tal pagamento mediante apresentação dos documentos respectivos. Sobre o transporte com cobrança de reembolso (v.g., art. 8.º do Decreto-Lei n.º 239/2003, de 4 de Outubro, art. 6.º, n.º 2, c) da CMR), vide o Acórdão do STJ de 8-VII-2003 (ARAÚJO DE BARROS), in: XI CJ/STJ (2003), II, 147-151, e o Acórdão da RP de 15-I-2002 (MÁRIO CRUZ), in: XXVII CJ (2002), I, 184-186. Para outros desenvolvimentos, vide TILCHE, Marie, *Livraison contre Paiement*, in: BTL (1994), 684-685.

[1508] Para maiores desenvolvimentos, vide BRUNAT, Léon, *Droits et Devoirs du Destinataire dans le Contrat de Transport*, in: BTL (1983), 18-22; SILINGARDI, Gabriele, *Contratto di Trasporto e Diritti del Destinatario*, Giuffrè, Milano, 1980.

2. Obrigação de Deslocação

I. A *obrigação de deslocação* ("carriage", "Beförderung", "déplacement", "transferencia") das pessoas e coisas transportadas constitui a obrigação nuclear ou típica do contrato de transporte: como refere Martine RÉMOND-GOUILLOUD, "transportar é deslocar".[1509]

II. A mera deslocação física ou material de pessoas ou coisas[1510] não é, por si só, suficiente para que logo se possa falar de contrato de transporte – necessário se torna ainda que ela revista natureza principal e autónoma. Por um lado, é imperioso que tal deslocação constitua o *objecto nuclear* ou característico do contrato: ficam assim de fora todos os negócios em que a operação material de deslocação é uma decorrência acessória de outra prestação contratual principal (v.g., contratos de aprendizagem de condução rodoviária, de pilotagem aérea, de fretamento de navios, de mudanças, etc.). Por outro lado, requer-se ainda que tal deslocação seja executada materialmente com *autonomia* e sob a direcção exclusiva do transportador: de fora ficam agora os negócios

---

[1509] *Le Contrat de Transport*, 13, Dalloz, Paris, 1993. Sobre esta obrigação, vide mais desenvolvidamente BASEDOW, Jürgen, *Transportrecht*, Band 7a, 18, Beck, München, 2000; MERCADAL, Barthélémy, *Droit des Transports Terrestres et Aériens*, 104 e segs., Dalloz, Paris, 1996; SILINGARDI, Gabriele, *Il Contratto di Trasporto,* 372 e segs., Giuffrè, Milano, 1997; URÍA, Rodrigo/ MENÉNDEZ, Aurelio/ SOTO, R. Alonso, *El Contrato de Transporte,* 336 e segs., in: AAVV, "Curso de Derecho Mercantil", vol. II, 323-348, 2.ª edición, Thomson/ Civitas, Madrid, 2007.

[1510] Em termos gerais, o objecto do transporte envolve, no transporte de pessoas, os *passageiros* e as suas *bagagens*, e no transporte de coisas, essencialmente as *mercadorias* (no sentido genérico de qualquer bem material ou imaterial susceptível de circulação no tráfego, v.g., produtos, equipamento, veículos, correio e encomendas postais, animais, plantas, electricidade, petróleo, etc.), além de bens perigosos, resíduos e cadáveres. Sobre o conceito de objecto transportado, cujo concreto conteúdo juspositivo depende da modalidade de transporte (v.g., art. 1.º, n.º 4 da CMR, art. 1.º, c) da CB, art. 1.º, n.º 1 do Decreto-Lei n.º 321/89, de 25 de Setembro), vide FISCHER, Franz, *Der "Güter"-Begriff der CMR*, in: 18 TransR (1995), 326-337.

Dos Contratos Comerciais em Especial

em que a direcção das operações de deslocação se encontra sob o controlo da contraparte contratual ou terceiros (v.g., contratos de reboque, aluguer de "taxi", etc.).[1511]

III. Além disso, a obrigação de deslocação não se confina ou esgota num mero acto material de transferência física e espacial. O transportador, mais do que simplesmente se obrigar a transferir pessoas e coisas entre pontos geográficos, obriga-se sim a fazê-las chegar incólumes ao local de destino: é neste sentido que a obrigação do transportador é tradicionalmente qualificada na doutrina e jurisprudência como sendo uma *obrigação de resultado*, e não meramente de meios[1512]. Esta característica da prestação debitória do transportador explica ainda que nela se incluam igualmente deveres de *segurança ou protecção* ("Schutzpflicht", "obbligation de securité", "obbligo di protezzione"), cabendo àquele velar pela segurança dos passageiros e respectivas bagagens (no transporte de pessoas) e das mercadorias ou outros bens (no transporte de coisas): por essa razão, como veremos adiante, existe incumprimento contratual, não apenas quando o transportador não chega a colocar o passageiro no local de destino ou extravia a totalidade das coisas transportadas, como também quando faz chegar o passageiro com atraso ou sem as suas bagagens ou entrega ao destinatário as mercadorias deterioradas (avarias) ou apenas uma parte delas (perda parcial).[1513]

[1511] Em contrapartida, é em princípio indiferente o meio de transporte utilizado: desde tempos imemoriais (em que o próprio corpo humano e os animais eram os principais, senão únicos, meios de transporte), a evolução económica conduziu a uma enorme variedade de veículos transportadores, incluindo automóveis, autocarros, velocípedes, navios, aeronaves, helicópteros, "hovercrafts", elevadores, teleféricos, e assim por diante.

[1512] Neste sentido, entre nós, Costa, M. Almeida, *Direito das Obrigações*, 961, 8.ª edição, Almedina, Coimbra, 2000; Acórdão da RP de 8-VI-2006 (Ataíde das Neves), in: XXXI CJ (2006), III, 188-192. Com idêntica qualificação, vide Basedow, Jürgen, *Transportrecht*, 501 e 1609, Beck, München, 1997; Mercadal, Barthélémy, *Droit des Transports Terrestres et Aériens*, 125, Dalloz, Paris, 1996.

[1513] Sobre os deveres de protecção do transportador (cuja natureza principal ou acessória é controversa), vide Mastrandrea, Gerardo, *L'Obbligo di Protezzione nel*

Contrato de Transporte

3. Obrigação de Pagamento do Frete

I. A obrigação de pagamento do preço do transporte – comummente conhecida como *obrigação de pagamento do frete* ("freight", "Fracht", "prix", "prezzo") – constitui o reverso da medalha negocial, integrando assim, conjuntamente com a obrigação de deslocação, o núcleo típico ou central do sinalagma contratual.[1514]

II. A *fixação do preço* é livremente acordada entre as partes, no âmbito da sua autonomia privada. No entanto, essa fixação pode ser objecto de balizas legais – assim sucede, por exemplo, no caso do transporte rodoviário de mercadorias (cf. art. 4.º-A do Decreto-Lei n.º 239/2003, de 4 de Outubro) – ou de condições estandardizadas – como é o caso do transporte marítimo, onde merece referência a "Worldscale Tanker Nominal Freight", tarifa meramente nominal que serve de referencial principal à fixação do valor dos fretes transportadores, sob a forma de percentuais sobre aquela (v.g., "Worldscale 130" significará um frete cujo valor é igual a 130 por cento daquela tarifa)[1515]. Para efeitos do preço, existem duas modalidades fundamentais de contratos: os contratos de *transporte pago* e os contratos de *transporte a pagar*. Ao passo que a primeira modalidade não coloca dúvidas

---

Trasporto Aereo di Persone, Cedam, Padova, 1994. Sobre o incumprimento por perda parcial e avaria, cf. *infra* Parte III, Cap. VII, §4, 1.

[1514] Excepcionalmente, o contrato de transporte pode ser gratuito, como sucede com o transporte ferroviário de passageiros sem custo para o utilizador (cf. art. 8.º do Decreto-Lei n.º 58/2008, de 26 de Março). Sobre a obrigação de pagamento do frete, vide, mais desenvolvidamente, Basedow, Jürgen, *Transportrecht*, Band 7a, 44 e segs., Beck, München, 2000; Mercadal, Barthélémy, *Droit des Transports Terrestres et Aériens*, 116 e segs., Dalloz, Paris, 1996; Silingardi, Gabriele, *Il Contratto di Trasporto*, 591 e segs., Giuffrè, Milano, 1997; Uría, Rodrigo/ Menéndez, Aurelio/ / Soto, R. Alonso, *El Contrato de Transporte*, 335, in: AAVV, "Curso de Derecho Mercantil", vol. II, 323-348, 2.ª edición, Thomson/ Civitas, Madrid, 2007.

[1515] Sobre os contratos derivados sobre tarifas de fretes ("freight derivatives"), enquanto mecanismos de cobertura do risco de variação das tarifas transportadoras (art. 2.º, n.º 1, e), ii) do CVM), vide *supra* Parte III, Cap. V, §3, 9(II).

especiais – sendo o pagamento do preço efectuado à cabeça pelo carregador ou passageiro –, na segunda modalidade, exclusiva do transporte de coisas, coloca-se a questão de saber qual o regime da obrigação de pagamento, "maxime", qual o sujeito devedor. Em linha com a posição de alguma doutrina e jurisprudência, portuguesa e estrangeira, propendemos a considerar que, no silêncio do contrato, o carregador e o destinatário são solidariamente responsáveis pelo pagamento do frete ao transportador: o transportador poderá solicitar a totalidade do preço em dívida de qualquer dos co-devedores, sendo ainda que, em caso de incumprimento do mesmo por parte do destinatário, assistirá ao transportador o direito de retenção das coisas transportadas (art. 390.º do CCom).[1516]

4. Direito à Entrega das Coisas

I. No âmbito do contrato de transporte de coisas, ao lado dos deveres nucleares de deslocação e de pagamento do frete, vem assumindo crescente importância um terceiro elemento fundamental: o direito do destinatário *à entrega das coisas* ("delivery", "Ablieferung", "livraison", "riconsegna").[1517]

[1516] No sentido da responsabilidade simultânea de carregador e destinatário, vide entre nós, na doutrina, ROCHA, F. Costeira, *O Contrato de Transporte de Mercadorias*, 175, Almedina, Coimbra, 2000; na jurisprudência, aliás minoritária, os Acórdãos da RL de 27-VI-1980 (BRAGA THEMIDO), in: V CJ (1980), III, 204-207, e de 15-X-1992 (ARMANDO CRUZ), in: XVII CJ (1992), IV, 177-179. Essa é também a posição dominante no direito estrangeiro: cf. BASEDOW, Jürgen, *Der Transportvertrag*, 325 e segs., Mohr, Tübingen, 1987; COTTINO, Gastone, *Il Trasporto e la Spedizione*, 788 e segs., in: Galgano, Francesco (dir.), "Trattato di Diritto Commerciale e di Diritto Pubblico dell'Economia", vol. XVI, 726-831, Cedam, Padova, 1991.

[1517] Sobre esta obrigação, vide mais desenvolvidamente BASEDOW, Jürgen, *Transportrecht*, Band 7a, 45 e segs., Beck, München, 2000; MERCADAL, Barthélémy, *Droit des Transports Terrestres et Aériens*, 109 e segs., Dalloz, Paris, 1996; SILINGARDI, Gabriele, *Il Contratto di Trasporto,* 575 e segs., Giuffrè, Milano, 1997; URÍA, Rodrigo/ MENÉNDEZ, Aurelio/ SOTO, R. Alonso, *El Contrato de Transporte,* 338 e seg., in: AAVV, "Curso de Derecho Mercantil", vol. II, 323-348, Thomson/ Civitas, Madrid, 2007.

Contrato de Transporte

II. Tradicionalmente, os protagonistas subjectivos e objectivos do contrato de transporte têm sido reconduzidos à figura do transportador e à prestação de deslocação. Todavia, bem vistas as coisas, a obrigação do transportador transferir fisicamente determinados bens ou mercadorias de um lado para outro não representa, na economia do contrato, senão um meio para alcançar um fim último – a entrega dessas coisas ao destinatário[1518]. Este direito à entrega das coisas transportadas encontra-se, de resto, expressamente consagrado, quer para o transporte em geral (arts. 387.º e 389.º do CCom), quer a propósito das diferentes modalidades especiais de transporte, sejam internacionais (art. 13.º da CMR, art. 13.º da CV) ou internas (art. 12.º do Decreto-Lei n.º 239/2003, de 4 de Outubro, art. 18.º do Decreto-Lei n.º 352/86, de 21 de Outubro).

§4 *Efeitos*

1. **Incumprimento. A Responsabilidade do Transportador**

I. Aspecto absolutamente central no quadro dos efeitos ou vicissitudes de um contrato de transporte é o relativo ao seu *incumprimento*: isto é especialmente verdade para o caso do transportador que, tendo-se obrigado através de tal contrato a deslocar e colocar pontualmente determinadas pessoas ou coisas no lugar de destino convencionado, poderá incorrer em *responsabilidade civil* por incumprimento contratual sempre que tal não suceda.[1519]

[1518] Esta alteração do centro de gravidade negocial e funcional do contrato de transporte tem levado a doutrina portuguesa mais recente a conceder ao destinatário e a este direito um lugar de destaque: vide, por todos, ROCHA, F. Costeira, *O Contrato de Transporte de Mercadorias*, 55 e segs., Almedina, Coimbra, 2000.

[1519] Sobre o tema, vide, entre nós, ALVES, H. Ramos, *Da Limitação da Responsabilidade do Transportador na Convenção de Bruxelas de 1924*, Almedina, Coimbra, 2008;

Dos Contratos Comerciais em Especial

II. São *fundamentos gerais* de incumprimento do transportador a perda, a avaria, e o atraso (no transporte de coisas), e os eventos (no transporte aéreo de pessoas) (art. 383.º do CCom, arts. 17.º e 19.º do Decreto-Lei n.º 239/2003, de 4 de Outubro, art. 17.º, n.º 1 da CMR, art. 17.º da CV). Tal significa dizer, no essencial, que estaremos diante de uma situação de incumprimento contratual sempre que se verifique a *perda* total ou parcial das coisas transportadas (v.g., incêndio, queda, furto, derrame, extravio, etc.), a *avaria* das coisas transportadas (deterioração da respectiva forma, substância ou qualidade susceptível de afectar o seu valor ou utilidade: v.g., ferrugem, amolgadelas, fermentação), o *atraso* na entrega das coisas transportadas (colocação dos bens à disposição do destinatário fora dos prazos convencionados), ou um *evento* causador de danos às pessoas transportadas (v.g., acidente aéreo que provoca morte ou lesões aos passageiros).[1520]

III. Ocorrendo uma situação de incumprimento contratual por parte do transportador, este apenas responderia, nos termos

---

Covas, Leandro, *A Responsabilidade do Transportador na Convenção de Genebra Relativa ao Contrato Internacional de Mercadorias por Estrada (CMR)*, in: AAVV, "Prémio Dr. João Lopes Cardoso", 71-172, Almedina, Coimbra, 2002; Trigo, M. Graça, *Responsabilidade Civil do Transportador Aéreo*, in: XII DJ (1998), 71-94. Para maiores desenvolvimentos, vide Haak, Krinj, *The Liability of the Carrier under the CMR*, Stichting Vervoeradres, Hague, 1986; Hinz, Robert, *Frachtvertrag und Frachtführerhaftung*, Kovac, Hamburg, 2005; Lebrón, M. Guerrero, *La Responsabilidad Contractual del Porteador Aéreo en el Transporte de Pasajeros*, Tirant lo Blanch, Valencia, 2005.

[1520] O transportador, outrossim que por acto próprio, responde ainda pela actuação dos seus agentes, mandatários e subtransportadores (arts. 367.º e 377.º do CCom): vide, na doutrina, Gonçalves, L. Cunha, *Comentário ao Código Comercial Português*, vol. II, 444, Ed. José Bastos, Lisboa, 1916; na jurisprudência, os Acórdãos do STJ de 27-VI-2006 (Sebastião Póvoas), in: XIV CJ/STJ (2006), II, 130-133, de 8-VII-2003 (Araújo de Barros), in: XI CJ/STJ (2003), II, 147-151, e de 11-III-1999 (Machado Soares), in: VIII CJ/STJ (1999), I, 141-146, bem assim como o Acórdão da RP de 18-IV-1996 (Oliveira Barros), in: XXI CJ (1996), II, 220-225. Sobre o ponto, monograficamente, Knöfel, Susanne, *Die Haftung des Güterbeförderers für Hilfspersonen*, Luchterhand, Neuwied, 1995.

Contrato de Transporte

gerais, no caso de ter actuado com culpa (art. 799.º do CCivil). Todavia, cumpre destacar dois aspectos da maior relevância neste ponto. Por um lado, no âmbito do transporte de coisas, a consagração de uma *presunção de culpa* do transportador: entre o momento da recepção e da entrega das coisas transportadas, o transportador responde pela respectiva perda, avaria ou atraso, salvo quando prove que estes resultaram de caso fortuito, força maior, vício do objecto ou culpa do expedidor ou destinatário (art. 383.º do CCom, art. 18.º, n.º 1 da CMR, art. 18.º, n.º 1 da CV)[1521]. Por outro lado, no âmbito do transporte aéreo de pessoas, a consagração de uma *responsabilidade objectiva*: o transportador aéreo é responsável, independentemente de culpa, pelo ressarcimento da morte, ferimentos ou quaisquer outras lesões corporais sofridas pelos passageiros em virtude de acidente ocorrido no decurso do transporte aéreo ou durante as operações de embarque ou desembarque (art. 3.º, a) do Decreto-Lei n.º 321/89, de 21 de Setembro, art. 17.º, n.º 1 da CV).[1522]

IV. Outros aspectos relevantes, que aqui não é possível desenvolver, respeitam à determinação e ao cômputo dos *danos indemnizáveis* (art. 384.º do CCom), aos *limites indemnizatórios* (art. 31.º do Decreto-Lei n.º 352/86, de 21 de Outubro, arts. 4.º, n.º 5 e 9.º da CB, arts. 23.º e 25.º da CMR, arts. 21.º e 22.º da CV), às causas especiais de *exclusão e exoneração da responsabilidade* (v.g., art. 4.º, n.os 1 e 2 da CB, arts. 17.º, n.º 4 e 18.º da CMR, art. 20.º da CV), às regras de *caducidade* dos direitos de

---

[1521] Cf. Acórdão do STJ de 7-XI-2006 (SALRETA PEREIRA), in: XIV CJ/STJ (2006), III, 160-161. Sobre as presunções legais e o ónus probatório, vide BÄSTLEIN, H. Günter/ BÄSTLEIN, Andrea, *Beweisfragen gegen den HGB-Frachtführer wegen Güterschäden*, in: 26 TransR (2003), 413-419; RUITINGA, Pieter, *Onus of Proof and Liability – Some Notes as to Articles 8, 9 and 10 of the CMR Convention*, in: AAVV, "International Carriage of Goods by Road (CMR)", 43-71, LLP, London, 1987.

[1522] Sobre o ponto, vide TRIGO, M. Graça, *Responsabilidade Civil do Transportador Aéreo*, 78, in: XII DJ (1998), 71-94; noutros quadrantes, KEAN, Arnold, *Strict Liability: Unbreakable Limits and the Warsaw Convention*, in: 19 ICLQ (1970), 124-127.

Dos Contratos Comerciais em Especial

indemnização (v.g., art. 3.º, n.º 6 da CB, art. 27.º, n.º 2 do Decreto-
-Lei n.º 352/86, de 21 de Outubro)[1523], à *responsabilidade
extracontratual* (v.g., art. 28.º da CMR) e ao *seguro* de transporte
(arts. 155.º e segs. da LCS).[1524]

2. Reservas

I. Designam-se *reservas* as observações apostas pelo transportador no documento de transporte que contestam as menções
realizadas pelo carregador relativas à identificação, descrição e
estado das coisas transportadas (volumes, marcas especiais,
número, peso bruto, estado aparente, embalagem, etc.).[1525]

II. Como acima foi visto, os documentos de transporte fazem
presumir que o conteúdo do contrato (art. 373.º do CCom) e o tipo
e estado das coisas transportadas (art. 9.º, n.º 2 da CMR, art. 3.º,
n.º 4 da CB, art. 11.º, n.º 2 da CV) correspondem às declarações
deles constantes[1526]: compreende-se assim a norma do art. 376.º
do CCom, segundo a qual "se o transportador aceitar sem reserva
os objectos a transportar, presumir-se-á não terem vícios aparentes". Ora, as reservas têm justamente como finalidade precípua a
protecção do transportador em face das consequências decorrentes deste valor probatório especial dos documentos de transporte:
mediante a formulação de reservas relativas ao bom estado,
à quantidade de volumes, ou a qualquer outro "item" relativo à

[1523] Cf. Acórdão do STJ de 17-II-2005 (CUSTÓDIO MONTES), in: XIII CJ/STJ
(2005), I, 79-83, e Acórdão da RP de 16-I-2001 (EMÉRICO SOARES), in: XXVI CJ
(2001), I, 179-183.

[1524] Sobre este último aspecto, vide AAVV, *Lei do Contrato de Seguro Anotada*,
43 e segs., Almedina, Coimbra, 2009. Para mais desenvolvimentos, vide ENGE, H.
Joachim, *Transportversicherung*, 3. Aufl., Gabler, Wiesbaden, 1996.

[1525] Sobre a figura, vide RAPOSO, Mário, *As Reservas ao Conhecimento em Direito
Marítimo*, in: "Estudos sobre o Novo Direito Marítimo", 173-188, Almedina, Coimbra, 1999.

[1526] Cf. *supra* Parte III, Cap. VII, §2, 2.

mercadoria transportada – as quais, em princípio, devem ser fundamentadas e concretas, salvo em determinadas circunstâncias particulares (v.g., a cláusula "said to contain" nos casos de impossibilidade de verificação[1527]) –, o transportador afasta assim o resultado das presunções legais.[1528]

3. Contencioso. Reclamações e Acções

I. O destinatário, que deve realizar conjuntamente com o transportador a verificação contraditória do estado das coisas transportadas no acto da respectiva entrega, tem o direito de formular *reclamações* nos casos de perda parcial, avarias aparentes e não aparentes, e atrasos: quando tal direito não tiver sido exercido ou o for intempestivamente, o destinatário perde o direito a qualquer posterior reclamação ou acção (art. 385.º do CCom, art. 30.º da CMR, art. 31.º da CV).[1529]

II. As acções judiciais relativas ao contrato de transporte estão sujeitas a prazos especiais de *prescrição* (art. 24.º do Decreto-Lei n.º 239/2003, de 4 de Outubro, art. 9.º do Decreto-Lei n.º 321/89, de 21 de Setembro, art. 32.º da CMR, art. 35.º da CV)[1530],

---

[1527] Cf. Acórdão do STJ de 15-III-2001 (BARATA FIGUEIRA), in: IX CJ/STJ (2001), I, 172-174.

[1528] Mas não necessariamente a sua presunção de culpa no caso de ocorrer um evento de incumprimento contratual (art. 383.º do CCom): sobrevindo perda, avaria ou atraso das coisas transportadas, o transportador será presumido responsável pelos danos daí decorrentes para com o carregador e destinatário, pelo que as eventuais reservas por aquele formuladas apenas poderão relevar para efeitos da prova de uma das causas legais ou contratuais de exclusão da sua responsabilidade (v.g., "vício do objecto" nos termos do art. 383.º, §1 do CCom ou "defeito de embalagem" nos termos do art. 17.º, n.º 4, b) da CMR).

[1529] LOEWE, Roland, *Die Bestimmungen der CMR über Reklamationen und Klagen (Art. 30-33 CMR)*, in: 11 TransR (1988), 309-320.

[1530] Cf. Acórdãos do STJ de 11-III-1999 (MACHADO SOARES), in: VIII CJ/STJ (1999), I, 141-146, e de 20-VI-2006 (URBANO DIAS), in: XIV CJ/STJ (2006), II, 128-130, e Acórdão da RC de 30-III-2004 (ANTÓNIO PIÇARRA), in: XXIX CJ (2004), II, 24-26.

cumprindo ainda destacar a existência de certas regras particulares em matéria de *litispendência* (v.g., arts. 21.º e 22.º da CB) e de *jurisdição* (v.g., art. 30.º do Decreto-Lei n.º 352/86, de 21 de Outubro, art. 30.º da CMR, art. 33.º da CV).[1531]

[1531] Destaque especial merece ainda a admissibilidade de submissão dos litígios à *arbitragem* (art. 25.º do Decreto-Lei n.º 239/2003, de 4 de Outubro, art. 31.º do Decreto-Lei n.º 58/2008, de 26 de Março, art. 33.º da CMR, art. 34.º da CV): sobre o ponto, vide HERBER, Rolf, *Schiedsgerichtsbarkeit im Transportrecht*, in: 23 TransR (2000), 435-441; JAMBU-MERLIN, Roger, *L'Arbitrage Maritime*, in: "Études Offertes à René Rodière", 401-408, Dalloz, Paris, 1981; SÁNCHEZ, S. Rodríguez, *Las Juntas Arbitrales del Transporte: Constitución y Funciones*, Tirant lo Blanch, Valencia, 2006.

BIBLIOGRAFIA

AAVV, *Bancassurfinance*. Bruylant, Bruxelles, 2005.

AAVV, *Commercial Agency, Franchise and Distribution Contracts*. Oxford University Press, Oxford/ New York, 2006.

AAVV, *Contracts for the Carriage of Goods by Land, See and Air*. LLP, London, 2000.

AAVV, *Contratos Mercantiles*. Civitas, Pamplona, 2008.

AAVV, *Contratti d'Impresa*. 2 volumes, Giuffrè, Milano, 1993.

AAVV, *Empresa y Prueba Informatica*. Bosch, Barcelona, 2007.

AAVV, *Futuros e Opções*. McGraw-Hill, Lisboa, 1995.

AAVV, *I Rapporti Giuridici Preparatori*. Giuffrè, Milano, 1996.

AAVV, *Il Diritto Europeo dei Contratti d'Impresa*. Giuffrè, Milano, 2006.

AAVV, *Kreditderivate – Handbuch für die Bank- und Anlagepraxis*. 2. Aufl., Schäffer-Poeschel, Stuttgart, 2005.

AAVV, *La Sous-Traitance de Marchés de Travaux et de Services*. Economica, Paris, 1978.

AAVV, *Las Operaciones Swap como Instrumento para Mejorar la Financiación de la Empresa*. Editorial Instituto de Empresa, Madrid, 1985.

AAVV, *Le Garanzie Reali e Personali nei Contratti Bancari*. Giuffrè, Milano, 1976.

AAVV, *Lei do Contrato de Seguro Anotada*. Almedina, Coimbra, 2009.

AAVV, *Leis do Comércio Electrónico*. Centro Atlântico, Lisboa, 2000.

AAVV, *Les Effets du Contrat dans les Pays du Marché Commun*, Institut de Droit Comparé, Paris, 1985.

AAVV, *Titularização de Créditos*. Instituto de Direito Bancário, Lisboa, 2000.

ABDELGAWAD, Walid, *Arbitrage et Droit de la Concurrence*. LGDJ, Paris, 2001.

ABGAYISSAH, Sena/ LEPAGE, M.-A., *Les "Caps", "Floors" et "Collars" à l'Épreuve d'une Qualification en Opération d'Assurance*. In: 58 "Revue de Droit Bancaire et Financier" (1996), 224-239.

ABRAHAMCZIK, Jürgen, *Handelsvertretervertrag*. 3. Aufl., Beck, München, 2007.

ABREU, C. Vasconcelos, *Algumas Considerações sobre os Preâmbulos dos Contratos*. In: AAVV, "Estudos Jurídicos e Económicos em Homenagem ao Prof. Doutor A. Sousa Franco", vol. III, 919-926, Coimbra Editora, Coimbra, 2006.

ABREU, J. Coutinho, *Curso de Direito Comercial*, vol. I (6.ª edição) e vol. II (3.ª edição). Almedina, Coimbra, 2006-2009.

Direito dos Contratos Comerciais

ABREU, M. Teixeira, *Futuros e Opções: Que Tratamento Fiscal?*. In: 70/71 "Revista «O Fisco»" (1995), 55-72.

ABRIANI, Niccolò, *Gli Amministratori di Fatto delle Società di Capitali*. Giuffrè, Milano, 1998.

ABUDO, J. Ibraim, *Do Contrato de Depósito Bancário*. Almedina, Coimbra, 2004.

ACKER, Georg, *Die Wertpapierleihe. Grundlagen, Abwicklung und Risiken*. Gabler, Wiesbaden, 1995.

ADELANTADO, C. Salinas, *La Prenda de Saldos*. In: AAVV, "Instituciones del Mercado Financiero", vol. IV, 2117-1255, La Ley, Madrid, 1999.

AFONSO, A. Isabel, *A Obrigação de Juros Comerciais Depois das Alterações Introduzidas pelo Decreto-Lei n.º 32/2003, de 17 de Fevereiro*. In: 12 "Revista de Ciências Empresariais e Jurídicas" (2007), 173-210.

AFONSO, A. Isabel, *O Contrato de Gestão de Carteiras: Deveres e Responsabilidades do Intermediário Financeiro*. In: AAVV, "Jornadas – Sociedades Abertas, Valores Mobiliários e Intermediação Financeira", 55-86, Almedina, Coimbra, 2007.

AGUIAR, A. Lopes, *O Dinheiro de Plástico. Cartões de Crédito e de Débito. Novos Meios de Pagamento*. Rei dos Livros, Lisboa, 1990.

ÁGUILA-REAL, J. Alfaro, *Función Económica y Naturaleza Jurídica de las Condiciones Generales de la Contratación*. In: AAVV, "Comentarios a la Ley sobre Condiciones Generales de la Contratación", 75-93, Civitas, Madrid, 2002.

ALBRECHT, Peter, *Zur Risikotransformationstheorie der Versicherung: Grundlage und ökonomische Konsequenzen*. Verlag Versicherungswirtschaft, Karlsruhe, 1992.

ALBY, Eugenio/ MAIORCA, Sergio, *GEIE – Gruppo Europeo di Interesse Economico*. Giuffrè, Milano, 1998.

ALESSI, Ricardo, *Contrato e Mercato*. In: "Scintillae Iuris. Studi in Memoria di Gino Gorla", tomo III, 2339-2354, Giuffrè, Milano, 1994.

ALFES, André, *Central Counterparty – Zentraler Kontrahent – Zentrale Gegenpartei*. Duncker & Humblot, Berlin, 2005.

ALIBRANTI, A. Sciarrone, *L'Opzione*. In: AAVV, "I Rapporti Giuridici Preparatori", 53-161, Giuffrè, Milano, 1996.

ALLEGRI, Vicenzo, *Credito di Scopo e Finanziamento Bancario delle Imprese*. Giuffrè, Milano, 1984.

ALLEN, Franklyn/ SANTOMERO, Anthony, *The Theory of Financial Intermediation*. In: 21 "Journal of Banking and Finance" (1997), 1461-1485.

ALLMENDINGER, Stefan/ TILP, Andreas, *Börsentermin- und Differenzgeschäfte: Unverbindlichkeit, Aufklärungspflichten*. RWS, Köln, 1998.

ALMEIDA, A. Pereira, *Direito Comercial*. AAFDL, Lisboa, 1976/77.

ALMEIDA, C. Alberto Ferreira, *A Execução Coactiva do Artigo 474.º do Código Comercial*. In: 22 "Jornal do Fôro" (1958), 177-180.

ALMEIDA, C. Ferreira, *As Transacções de Conta Alheia no Âmbito da Intermediação no Mercado de Valores Mobiliários*. In: AAVV, "Direito dos Valores Mobiliários", 291-309, Lex, Lisboa, 1997.

ALMEIDA, C. Ferreira, *Contratos Diferenciais*. In: AAVV, "Estudos Comemorativos dos 10 Anos da Faculdade de Direito da Universidade Nova de Lisboa", vol. II, 81-116, Almedina, Coimbra, 2008.

Bibliografia

ALMEIDA, C. Ferreira, *Contratos,* vol. I ("Conceito – Fontes – Formação"), 4.ª edição, e vol. II ("Conteúdo"). Almedina, Coimbra, 2007-2008.

ALMEIDA, C. Ferreira, *Direito do Consumo.* Almedina, Coimbra, 2005.

ALMEIDA, C. Ferreira, *Registo de Valores Mobiliários.* In: AAVV, "Direito dos Valores Mobiliários", vol. VI, 51-138, Almedina, Coimbra, 2006.

ALMEIDA, C. Ferreira, *Relação de Clientela na Intermediação de Valores Mobiliários.* In: AAVV, "Direito dos Valores Mobiliários", vol. III, 121-136, Coimbra Editora, Coimbra, 2001.

ALMEIDA, C. Ferreira, *Relevância Contratual das Mensagens Publicitárias.* In: 6 "Revista Portuguesa do Direito do Consumo" (1996), 9-25.

ALMEIDA, C. Ferreira, *Texto e Enunciado na Teoria do Negócio Jurídico,* 2 volumes. Almedina, Coimbra, 1992.

ALMEIDA, J. Moitinho, *A Alienação das Coisas Seguras.* In: "I Congresso Nacional de Seguros", 331-340, Grémio dos Seguradores, Lisboa, 1971.

ALMEIDA, J. Moitinho, *A Publicidade Enganosa.* Arcádia, Lisboa, 1974.

ALMEIDA, J. Moitinho, *O Contrato de Seguro no Direito Português e Comparado.* Livraria Sá da Costa Editora, Lisboa, 1971.

ALMEIDA, J. Moitinho, *O Contrato de Seguro – Estudos.* Coimbra Editora, Coimbra, 2009.

ALMEIDA, J. Queirós, *Contratos de Intermediação Financeira enquanto Categoria Jurídica.* In: 24 "Cadernos do Mercado de Valores Mobiliários" (2006), 291-303.

ALONSO, L. Piloñeta, *El Subtransporte. Análisis Critico y Teórico de un Concepto Prático.* In: 262 "Revista de Derecho Mercantil" (2006), 1401-1438.

ALPA, Guido, *"Commercial Contracts": Freedom, Practice and Rules in Italian Law.* In: XXVI "European Business Law Review" (2005), 1555-1574.

ALPA, Guido, *I Contratti d'Impresa, I Regolamenti e Gli Usi Normativi.* In: AAVV, "Il Diritto Europeo dei Contratti d'Impresa", 37-65, Giuffrè, Milano, 2006.

ALSHEIMER, Constantin, *Die Rechtsnatur derivativer Finanzinstrumente und ihre Darstellung im Jahresabschluß.* Peter Lang, Frankfurt am Main, 2000.

ALTMEPPEN, Holger, *Zur Rechtsnatur der handelsrechtlichen Pfandrechte.* In: 157 "Zeitschrift für das gesamte Handelsrecht und Wirtschaftsrecht" (1993), 541-558.

ÁLVAREZ-MANZANEDA, C. Rojo, *El Contrato de Colocación Bancario en el Mercado de Valores.* Comares, Granada, 2005.

ALVES, E. Sá, *Do Contrato de Reporte.* In: 26 "O Direito" (1894), 65-68.

ALVES, H. Ramos, *Da Limitação da Responsabilidade do Transportador na Convenção de Bruxelas de 1924.* Almedina, Coimbra, 2008.

ALVES, H. Ramos, *Mandato de Crédito.* Almedina, Coimbra, 2007.

ALVES, P. Ribeiro, *Intermediação de Seguros e Seguro de Grupo – Estudos de Direito dos Seguros.* Almedina, Coimbra, 2007.

AMADIO, Giuseppe, *Diffeto di Conformità e Tutele Sinallagmatiche.* In: Fabrizio, Marco, "Il Nuovo Diritto dei Contratti", 295-350, Giuffrè, Milano, 2004.

AMARAL, D. Freitas, *Curso de Direito Administrativo.* Vol. II, 6.ª edição, Almedina, Coimbra, 2006.

AMATO, Astolfo, *Impresa e Nuovi Contratti – Materiali per un Moderno Diritto Commerciale.* Ed. Scientifiche Italiane, Napoli, 1991.

761

Direito dos Contratos Comerciais

AMOROSINO, Sandro/ BEDOGNI, Carla (dir.), *Manuale di Diritto dei Mercati Finanziari*. Giuffrè, Milano, 2004.

ANASTÁCIO, C. Gentil, *A Transferência Bancária*. Almedina, Coimbra, 2004.

ANCEL, Pascal, *Manuel du Droit du Crédit*. Litec, Paris, 1997.

ANDERLE, Stefan/ KAUFMANN, Karl-Wilhelm, *Grundlagen derivatives Zinsprodukte*. 3. Aufl., Deutscher Sparkassen Verlag, Stuttgart, 2000.

ANDERSON, Margaret, *European Economic Interest Groupings*. Butterworths, London, 1990.

ANDERSON, Mark/ WARNER, Victor, *Drafting and Negotiating Commercial Contracts*. 2nd edition, Tottel Publishing, West Sussex, 2008.

ANDRADE, M. Costa, *A Locação Financeira de Acções e o Direito Português*. Coimbra Editora, Coimbra, 2007.

ANDRADE, M. Gouveia, *Da Autorização para Movimentação de Contas de Depósito à Ordem*. Elcla, Porto, 1991.

ANDRÉ, Marie-Elisabeth, *Les Contrats de la Grande Distribution*. Litec, Paris, 1995.

ANGELICI, Carlo, *La Contrattazione d'Impresa*. In: AAVV, "L'Impresa", 183-201, Giuffrè, Milano, 1985.

ANGELIS, C. Nicola, *I Contratti Commerciale nel Periodo Medioevale Italiano*. Jovene, Napoli, 1940.

ANNUNZIATA, Filippo, *La Disciplina del Mercato Mobiliare*. 4.ª edizione, Giappichelli, Torino, 2008.

ANNUNZIATA, Filippo, *Verso una Disciplina Comune delle Garanzie Finanziarie*. In: LVI "Banca, Borsa e Titoli di Credito" (2003), 177-223.

ANTHERO, Adriano, *Comentario ao Código Commercial Portuguez*. 2 volumes, Typographia Artes & Lettras, Porto, 1916.

ANTL, Boris, *The Role of a Bank in Structuring Currency Swap Transactions*. In: AAVV, "Las Operaciones Swap como Instrumento para Mejorar la Financiación de la Empresa", 103-115, Ed. Instituto de Empresa, Madrid, 1985.

ANTUNES, A. Morais, *O Contrato de Locação Financeira Restitutiva*. UC Editora, Lisboa, 2008.

ANTUNES, J. Engrácia, *A "Consuetudo Mercatorum" como Fonte do Direito Comercial*. In: 146 "Revista de Direito Mercantil, Industrial, Econômico e Financeiro" (2007), 7-22.

ANTUNES, J. Engrácia, *A Aquisição Tendente ao Domínio Total*. Coimbra Editora, Coimbra, 2001.

ANTUNES, J. Engrácia, *A Empresa como Objecto de Negócios – "Asset Deals" versus "Share Deals"*. In: 68 "Revista da Ordem dos Advogados" (2008), 715-793.

ANTUNES, J. Engrácia, *A Supervisão Consolidada dos Grupos Financeiros*. UCP Editora, Porto, 2000.

ANTUNES, J. Engrácia, *As Sociedades em Formação: Sombras e Luzes*. In: 14 "Cadernos de Direito Privado" (2006), 25-42.

ANTUNES, J. Engrácia, *Direito das Sociedades Comerciais – Perspectivas do seu Ensino*. Almedina, Coimbra, 2002.

ANTUNES, J. Engrácia, *Estrutura e Responsabilidade da Empresa*. In: AAVV, "O Direito da Empresa e das Obrigações e o Novo Código Civil Brasileiro", 18-64, Quartier Latin, São Paulo, 2006.

762

Bibliografia

Antunes, J. Engrácia, *Fondos de Invérsion Libre y Derecho de Sociedades*. In: 113 "Revista de Derecho Bancario y Bursátil" (2009), 7-54.

Antunes, J. Engrácia, *Inovação Financeira e Produtos Derivativos*. In: 45 "Revista de Direito Bancário e do Mercado de Capitais" (2009), em curso de publicação.

Antunes, J. Engrácia, *O Contrato de Seguro na LCS de 2008*. In: "Revista da Ordem dos Advogados" (2009), em curso de publicação.

Antunes, J. Engrácia, *O Contrato de Transporte*. In: 141 "O Direito" (2009), III, 539-566.

Antunes, J. Engrácia, *O Direito Português dos Valores Mobiliários*. In: 25 "Revista de Direito Público da Economia" (2009), 149-195.

Antunes, J. Engrácia, *O Estabelecimento Individual de Responsabilidade Limitada: Crónica de uma Morte Anunciada*. In: III "Revista da Faculdade de Direito da Universidade do Porto" (2006), 401-442.

Antunes, J. Engrácia, *O Estatuto Jurídico de Comerciante – Alguns Problemas de Qualificação*. In: "Direito e Justiça" (2009), em curso de publicação.

Antunes, J. Engrácia, *O Regime Jurídico dos Actos de Comércio*. In: "Themis – Revista da Faculdade de Direito da Universidade Nova de Lisboa" (2009), em curso de publicação.

Antunes, J. Engrácia, *Os Contratos Comerciais – Noções Fundamentais*. Direito e Justiça, número especial, Lisboa, 2007.

Antunes, J. Engrácia, *Os Contratos de Cooperação Empresarial*. In: LVIII "Scientia Ivridica" (2009), n.º 318, 249-279.

Antunes, J. Engrácia, *Os Contratos de Distribuição Comercial*. In: "Revista de Ciências Empresariais e Jurídicas" (2009), em curso de publicação.

Antunes, J. Engrácia, *Os Contratos no Código Comercial Português*. In: AAVV, "Estudos em Homenagem ao Prof. Doutor Luís Carvalho Fernandes", em curso de publicação.

Antunes, J. Engrácia, *Os Derivados*. In: 30 "Cadernos do Mercado de Valores Mobiliários" (2008), 91-136.

Antunes, J. Engrácia, *Os Grupos de Sociedades – Estrutura e Organização Jurídica da Empresa Plurissocietária*. 2.ª edição, Almedina, Coimbra, 2002.

Antunes, J. Engrácia, *Os Instrumentos Financeiros*. Almedina, Coimbra, 2009.

Antunes, J. Engrácia, *Os Títulos de Crédito – Uma Introdução*. Coimbra Editora, Coimbra, 2009.

Antunes, J. Engrácia, *Os Usos e o Costume no Direito Comercial*. In: "Estudos Comemorativos dos 10 Anos da Faculdade de Direito da Universidade Nova de Lisboa", vol. II, 215-239, Almedina, Coimbra, 2008.

Antunes, J. Morais, *Do Contrato de Depósito "Escrow"*. Almedina, Coimbra, 2007.

Aparício, A. Arroyo, *Los Contratos a Distancia en la Ley de Ordenación del Comercio Minorista*. Aranzadi, Navarra, 2003.

Apfelbaum, Sebastian, *Die Verpfändung der Mitgliedschaft in der Aktiengesellschaft*. Duncker & Humblot, Berlin, 2005.

Apolinário, J. Marques, *Subcontratação: Uma Oportunidade para as PME*. Iapmei, Lisboa, 1986.

Arnade, Rolf, *Der Frachtführerbegriff der CMR als Problem der internationalen Zuständigkeit*. In: 15 "Transportrecht" (1992), 341-345.

763

Direito dos Contratos Comerciais

Aróstegui, J. Endemaño, *Las Operaciones Bursátiles a Credito en las Bolsas Españolas*. Marcial Pons, Madrid, 1993.

Arrillaga, J. Ignacio, *El Cheque Turístico: Travellers Cheque*. In: XIV "Anuario de Derecho Civil" (1961), 59-119.

Artizzu, Cristiano, *Cassete di Sicurezza e Responsabilità della Banca – L'Analisi di un Contratto Bancario alla Luce della Disciplina dell'Inadempimento*. Giuffrè, Milano, 2006.

Ascensão, J. Oliveira, *A Celebração de Negócios em Bolsa*. In: AAVV, "Direito dos Valores Mobiliários", vol. I, 177-199, Coimbra Editora, Coimbra, 1999.

Ascensão, J. Oliveira, *Cláusulas Contratuais Gerais, Cláusulas Abusivas e Boa-Fé*. In: 60 "Revista da Ordem dos Advogados" (2000), 573-595.

Ascensão, J. Oliveira, *Derivados*. In: AAVV, "Direito dos Valores Mobiliários", vol. IV, 41-68, Coimbra Editora, Coimbra, 2003.

Ascensão, J. Oliveira, *Direito Civil – Direitos do Autor e Direitos Conexos* (reimpressão). Coimbra Editora, Coimbra, 2008.

Ascensão, J. Oliveira, *Direito Civil – Teoria Geral*. 2 volumes, Coimbra Editora, Coimbra, 1998-1999.

Ascensão, J. Oliveira, *Direito Comercial*, vol. I ("Institutos Gerais") e IV ("Direito Industrial"). Lisboa, 1994 e 1998/99.

Ascensão, J. Oliveira, *Insolvência: Efeitos sobre os Negócios em Curso*. In: "Themis – Revista da Faculdade de Direito da Universidade Nova de Lisboa" (2005), edição especial, 105-130.

Ascensão, J. Oliveira, *Integração Empresarial e Centros Comerciais*. In: XXXII "Revista da Faculdade de Direito da Universidade de Lisboa" (1991), 29-70.

Asensio, P. Miguel, *Armonización Normativa y Régimen Jurídico de los Contratos Mercantiles Internacionales*. In: 12 "Il Diritto del Commercio Internazionale" (1998), 859-883.

Asquini, Alberto, *Contratto di Spedizione*. In: XVII "Nuovissimo Digesto Italiano" (1970), 1098-1132.

Assmann, Heinz-Dieter/ Schneider, Uwe (Hrsg.), *Wertpapierhandelsgesetz – Kommentar*. 4. Aufl., Verlag Otto Schmidt, Köln, 2006.

Assmann, Heinz-Dieter/ Schütze, Rolf, *Handbuch des Kapitalanlagerechts*. Beck, München, 1997.

Auletta, Giuseppe, *Consorzi Commerciali*. In: III "Nuovo Digesto Italiano" (1938), 956-966.

Aureliano, Nuno, *A Salvação Marítima*. Almedina, Coimbra, 2006.

Aureliano, Nuno, *O Risco nos Contratos de Alienação*. Almedina, Coimbra, 2009.

Auwers, W. Gottfried, *Das Rechtsschutz der automatischen Wage nach gemeinen Recht*. Kästner, Göttingen, 1891.

Azevedo, M. Luísa, *DMFI – Desafios*. In: AAVV, "Jornadas – Sociedades Abertas, Valores Mobiliários e Intermediação Financeira", 31-53, Almedina, Coimbra, 2007.

Baccarini, Claudio (ed.), *Imprese Commerciali e Sistema di Distribuzione*. Giappichelli, Torino, 1997.

Bachi, Aldo, *Il Contratto Differenziale di Borsa nella Pratica e nella Legge*. Soc. Grafica Ed. Politecnica, Torino, 1907.

Bibliografia

BACHMANN, Gregor, *Kontrahierungspflichten im privaten Bankrecht*. In: 18 "Zeitschrift für Bankrecht und Bankwirtschaft" (2006), 257-269.

BADDACK, Frank, *Allgemeine Grundsätze im internationalen Einheitstransportrecht*. Peter Lang, Frankfurt am Main, 2008.

BADIA, S. Garcigoy, *Prenda sin Desplazamiento en Garantía de Préstamo Bancario*. In: 26 "Cronica Tributaria" (1978), 281-286.

BAIR, Sheila, *Regulatory Issues Presented by the Growth of OTC Derivatives*. In: AAVV, "The Handbook of Derivatives & Synthetics", 699-713, Probus Publishing, Chicago/ Cambridge, 1994.

BAIRRADAS, G. Dinis, *O Cheque sem Provisão – Regime Jurídico Civil e Penal*. Almedina, Coimbra, 2003.

BALZER, Peter, *Vermögensverwaltung*. In: AAVV, "Handbuch zum deutschen und europäischen Bankrecht", 1139-1164, Springer, Berlin, 2004.

BANDEIRA, Luís/ FERREIRA, J. Manuel, *Contabilidade e Fiscalidade de Futuros e Opções*. Instituto do Mercado de Capitais, Porto, 1997.

BANDINI, Mario, *Consorzi Agrari*. In: IV "Nuovissimo Digesto Italiano" (1959), 247-250.

BAPTISTA, Luiz/ DURAND-BARTHEZ, Pascal, *Les Associations d'Entreprises ("Joint Ventures") dans le Commerce International*. Feduci/LGDJ, Paris, 1991.

BARATA, C. Lacerda, *Anotações ao novo Regime do Contrato de Agência*. Lex, Lisboa, 1994.

BARATA, C. Lacerda, *Contrato de Depósito Bancário*. In: "Estudos em Homenagem ao Prof. Doutor I. Galvão Telles", vol. II, 7-66, Almedina, Coimbra, 2002.

BARATA, C. Lacerda, *O Contrato de Mediação*. In: "Estudos do Instituto de Direito do Consumo", vol. I, 185-231, Almedina, Coimbra, 2002.

BARATA, C. Lacerda, *Sobre o Contrato de Agência*. Almedina, Coimbra, 1991.

BARBIERI, Pablo, *Contratos de Empresa*. Editorial Universidad, Buenos Aires, 1998.

BARCELÓ, R. Juliá, *Comercio Electrónico entre Empresários – La Formación y la Prueba del Contrato Electrónico*. Tirant lo Blanch, Valencia, 2000.

BARNETT, Randy, *The Sound of Silence: Default Rules and Contractual Consent*. In: 78 "Vanderbilt Law Review" (1992), 821-882.

BARROS, J. Joaquim, *Regime Geral dos Actos de Comércio*. In: AAVV, "As Operações Comerciais", 11-92, Almedina, Coimbra, 1988.

BARROSO, H. Tapp, *Subscrição de Acções através de Intermediários Financeiros – O Caso Especial da Tomada Firme*. Dissertação UCP, Lisboa, 1994.

BARSI, Guy, *Les "Permis d'Émission Négociables" – De Nouveaux Produits Financiers?*. In: "Actes Pratiques et Ingénierie Sociétaire" (2003), 3-9.

BASCUÑANA, L. Salazar, *Condiciones Generales y Cláusulas Abusivas en los Contratos Bancarios*. Ecidip, Cádiz, 2002.

BASEDOW, Jürgen, *Der Transportvertrag*. Mohr Siebeck, Tübingen, 1987.

BASEDOW, Jürgen, *Transportrecht*. In: "Münchener Handbuch zum Handelsgesetzbuch", Band 7, Beck, München, 1997, e Band 7a ("Aktualisierungsband zum Transportrecht"), Beck, München, 2000.

BASEDOW, Jürgen/ FOCK, Till/ JANZEN, Dorothee, *Europäische Versicherungsvertragsrecht*. Mohr Siebeck, Tübingen, 2002.

BASEDOW, Jürgen/ JUNG, Christian, *Strategische Allianzen*. Beck, München, 1993.

765

Direito dos Contratos Comerciais

BASSO, Maristela, *A Autonomia da Vontade nos Contratos Internacionais do Comércio*. In: AAVV, "Direito e Comércio Internacional: Tendências e Perspectivas", 42-66, São Paulo, LTr Editora, 1994.

BÄSTLEIN, H. Günter/ BÄSTLEIN, Andrea, *Beweisfragen gegen den HGB-Frachtführer wegen Güterschäden*. In: 26 "Transportrecht" (2003), 413-419.

BASTOS, N. Castello-Branco, *Da Disciplina do Contrato de Transporte Internacional de Mercadorias por Mar*. Almedina, Coimbra, 2004.

BATIFFOL, Henri, *La "Crise du Contrat" et sa Portée*. In: XIII "Archives de Philosophie du Droit" (1968), 13-30.

BATTEN, George, *Third Party Insurance*. 4th edition, Stone & Cox, London, 1960.

BAUCHET, Pierre, *Le Transport Internationale dans l'Économie Mondiale*. Economica, Paris, 1991.

BAULI, C., *Buyer's Credit*. In: Cendon, Paolo (a cura), "I Nuovi Contratti nella Prassi Civile e Commerciale", vol. XII, 342-377, Utet, Torino, 2005.

BAUMBACH, Adolf/ HOPT, Klaus (Hrsg.), *Handelsgesetzbuch*. 30. Aufl., Beck, München, 2000.

BAYER, Wilhelm, *Horizontal Groups and Joint Ventures in Europe*. In: Hopt, Klaus (ed.), "Groups of Companies in European Laws", 3-17, Walter de Gruyter, Berlin, 1982.

BECKER, Brandon, *Regulation of Exchange-Traded Options*. In: AAVV, "The Handbook of Derivatives & Synthetics", 679-697, Probus Publishing, Chicago/ Cambridge, 1994.

BECKMANN, Roland/ MATUSCHE-BECKMANN, Annemarie, *Versicherungsrechts-Handbuch*. 2. Aufl., Beck, München, 2008.

BEGINES, J. Pulido, *Los Contratos de Remolque Marítimo*. Bosch, Barcelona, 1996.

BEHAR-TOUCHAIS, Martine/ VIRASSAMY, Georges, *Les Contrats de la Distribution*. LGDJ, Paris, 1999.

BEIDLEMAN, Carl, *Cross Currency Swaps*. Irwin Professional Publishers, Chicago, 1991.

BEIKE, Rolf/ BARCKOW, Andreas, *Risk-Management mit Finanzderivaten*. 3. Aufl., Oldenburg, München, 2002.

BELKE, Rolf, *Die Geschäftsverweigerung im Recht der Wettbewerbsbeschränkungen*. Mohr Siebeck, Tübingen, 1966.

BENACCHIO, Gianantonio, *Diritto Privato della Comunità Europea*. Padova, Cedam, 1998.

BENARDINI, Mauro, *Proposte e Preliminare di Contratto nei Modelli dei Mediatori*. In: Galgano, Francesco (dir.), "I Contratti del Commercio, dell'Industria e del Mercato Finanziario", vol. I, 103-129, Utet, Torino, 1995.

BENAVIDES, José, *Contratos Commerciaes (Actos Commerciais, Troca, Compra e Venda, Aluguer, Reporte, Transporte Terrestre)*. Derin e C.ª Editores, Lisboa, 1892.

BENICKE, Christoph, *Wertpapiervermögensverwaltung*. Mohr Siebeck, Tübingen, 2006.

BENITO, J. Barrón, *Condiciones Generales de Contratación y Contrato de Seguro*. Editorial Dykinson, Madrid, 1999.

BENZLER, Marc, *Nettingvereinbarungen im ausserbörsliche Derivatehandel*. Nomos Verlag, Baden-Baden, 1999.

BERENSMANN, Wolfgang, *Bürgschaft und Garantievertrag im englischen und deutschen Recht*. Duncker & Humblot, Berlin, 1988.

Bibliografia

BERGER, K. Peter, *The Lex Mercatoria Doctrine and the UNIDROIT Principles of International Commercial Contracts*. In: 28 "Georgetown Journal of International Law" (1997), 943-990.

BERGER, Klaus-Peter, *Renegotiation and Adaptation of International Investment Contracts: The Role of Contract Drafters and Arbitrators*. In: 36 "Vanderbilt Journal of Transnational Law" (2003), 1347-1380.

BERGER, Klaus-Peter, *The Creeping Codification of the Lex Mercatoria*. Springer, Berlin, 1998.

BERHGE, Louis/ VERWEIRE, Kurt, *Creating the Future with All Finance and Financial Conglomerates*. Kluwer, Boston, 1998.

BERNARDEAU, Ludovic, *La Directive Communautaire 97/7 en Matière de Contrats à Distance*. In: 36 "Cahiers de Droit Européen" (2000), 117-140.

BERNARDINI, Piero, *Hardship e Force Majeure*. In: Bonell, M. Joachim/ Bonelli, Franco (eds.), "Contratti Commerciali Internazionali e Principi Unidroit", 193-214, Giuffrè, Milano, 1997.

BERNT, Isabella, *Der Überweisungsvertrag im deutschen und im französischen Recht – Eine Untersuchung zur Stellung des Kunden gegenüber der überweisenden Bank nach Umsetzung der Richtlinie 97/5/EG*. Peter Lang, Frankfurt am Main, 2007.

BERTL, Andreas, *Verbriefung von Forderung*. Deutscher Universitätsverlag, Wiesbaden, 2004.

BERTREL, Jean-Pierre/ JEANTIN, Michel, *Droit de l'Ingénierie Financière*. Litec, Paris, 1990.

BESSONE, Mario, *Pubblicità Commerciale, Diritto all'Informazione e Statuto dei Diritto del Consumatore*. In: XXXIV "Rivista Trimestrale di Diritto e Procedura Civile" (1980), 1455-1464.

BIANCO, Massimo, *La Vendita Commerciale e la Permuta*. 2.ª edizione, Utet, Torino, 1993.

BIAVATI, Paolo/ CARPI, Federico/ GALLI, Zucconi/ FONSECA, Elena, *Arbitrato Societario*. Zanichelli, Bologna, 2004.

BIEBER, Roland/ MAIANI, Francesco/ KNELLER, Marie, *Droit Européen des Transports*. Helbing & Lichtenhahn, München, 2006.

BIRDS, John, *Modern Insurance Law*. 7th edition, Thomson/ Sweet & Maxwell, London, 2007.

BITTERICH, Anna, *Das bankmässige Lombardgeschäft*. Böcker, Wittenberge, 1932.

BLANC, J. Maria/ SÁNCHEZ, E. Caballero, *El Elemento Empresa en un Concepto Unitario del Contrato de Seguro*. In: AAVV, "Atti del I Congresso Internazionale di Diritto delle Assicurazioni", tomo II, 413-466, Giuffrè, Milano, 1963.

BLANCO, J. Cáchon, *Derecho del Mercado de Valores*. 2 volumes, Editorial Dykinson, Madrid, 1993.

BLANCO, J. Cáchon, *El Contrato de Préstamo de Valores Negociables*. In: "Estudios Jurídicos en Homenaje al Prof. Aurelio Menéndez", vol. III, 3163-3201, Civitas, Madrid, 1996.

BLANCO, J. Cáchon, *Las Relaciones Jurídicas y Contrapartida del Mercado de Valores y, en Particular, el Contrato Bursátil de Liquidez*. In: AAVV, "Instituciones del Mercado Financiero", vol. VIII, 5213-5241, La Ley, Madrid, 1999.

Direito dos Contratos Comerciais

BLANCO, J. Cachón, *Los Contratos de Dirección, Colocación y Asesoramiento de Emisiones y Ofertas Públicas de Valores*. Editorial Dykinson, Madrid, 1996.

BOCK, David, *Fixed-to-Fixed Currency Swap: The Origins of the World Bank Swap Programm*. In: AAVV, "Swap Finance", vol. II, 218-233, Euromoney, London, 1986.

BÖCKSTIEGEL, Karl-Heinz, *Schiedsgerichtbarkeit in gesellschaftsrechtlichen und erbrechtlichen Angelegenheiten*. Köln, Carl Heymanns, 1996.

BOLAÑOS. J. Hevia, *Curia Philippica. Laberyntho del Comercio Terrestre y Naval*. Lima, 1603.

BOLLS, Michel, *The Bill of Lading: A Document of Title to Goods*. LLP, London, 1998.

BONDAVALLI, Danilo, *L'Associazione in Partecipazione*. Giuffrè, Milano, 2004.

BONELL, M. Joachim, *Le Regole Oggetttive del Commercio Internazionale*. Giuffrè, Milano, 1976.

BONELL, M. Joachim, *Un «Codice» Internazionale del Diritto dei Contratti: I Principi Unidroit dei Contratti Commerciali Internazionali*. Giuffrè, Milano, 1995.

BONELL, M. Joachim/ BONELLI, Franco, *Contratti Commerciali Internazionali e Principi Unidroit*. Giuffrè, Milano, 1997.

BONFILS, Sébastien/ FRISON-ROCHE, Anne-Marie, *Le Droit des Obligations dans l'Intermédiation Financière*. LGDJ, Paris, 2005.

BONNEAU, Thierry/ DRUMMOND, France, *Droit des Marchés Financiers*. 2ème édition, Economica, Paris, 2005.

BONVICINI, Daniele, *Les "Joint Ventures": Tecnica Giuridica e Prassi Societaria*. Giuffrè, Milano, 1977.

BORDE, Dominique/ LAPRADE, Frank, *L'Equity Line à la Française*. In: 4 "Revue de Droit Bancaire et Financier" (2001), 267-267.

BORGES, J. Marques, *Cheques, Travellers's Cheques e Cartões de Crédito*. Rei dos Livros, Lisboa, 1981.

BORGES, S. Leite, *A Transposição em Portugal da Directiva dos Acordos de Garantia Financeira*. In: 13 "Actualidad Jurídica Uría-Menéndez" (2006), 83-86.

BORGES, S. Leite/ MAGALHÃES, S. Torres, *Derivados de Crédito – Algumas Notas Sobre o Regime dos Valores Mobiliários Condicionados por Eventos de Crédito*. In: 15 "Cadernos do Mercado de Valores Mobiliários" (2002), 115-146.

BORGIA, R. Cavallo, *Le Operazioni su Rischio di Cambio*. In: Galgano, Francesco (dir.), "I Contratti del Commercio, dell'Industria e del Mercato Finanziario", vol. III, 2395-2439, Utet, Torino, 1995.

BORGIOLI, Alessandro, *Consorzi e Società Consortili*. Giuffrè, Milano, 1985.

BORTOLOTTI, Fabio, *Manuale di Diritto Commerciale Internazionale*. Vol. I ("Diritto dei Contratti Internazionali"), 3.ª edizione, Cedam, Padova, 2009.

BORTOLOTTI, Fabio, *I Sistemi di Distribuzione Selettiva nel Diritto Antitrust Comunitario*. In: I "Contratto e Impresa/ Europa" (1996), 127-153.

BORTOLOTTI, Fabio, *Le Tecniche di Redazione di un Contratto Internazionale*. In: AAVV, "Nuovi Tipi Contrattuali e Tecniche di Redazione nella Pratica Commerciale", 381-395, Giuffrè, Milano, 1978.

BORTOLOTTI, Fabio, *The ICC Model Contracts: A New Approach to the Drafting of Model Forms for International Trade*. In: 8 "International Business Law Journal" (2001), 969-988.

Bibliografia

Bosch, C. Tortras, *La Propiedad Industrial como Objeto de Arbitraje*. In: 11 "Bulletín del Tribunal Arbitral de Barcelona" (2002), 53-77.

Bosch, Ulrich, *Differenz- und Finanztermingeschäfte nach der Insolvenzordnung*. In: Karlhans, Fuchs (Hrsg.), "Kölner Schrift zur Insolvenzordnung: Das neue Insolvenzrecht in der Praxis", 2. Aufl., 1009-1042, ZAP Verlag, Berlin, 2000.

Bosch, Ulrich/ Gross, Wolfgang, *Die Emissionsgeschäft*. Bank Verlag, Köln, 2006.

Botía, A. Cámara, *Contrato de Trabajo y Agencia Mercantil*. In: 77 "Revista Española de Derecho de Trabajo" (1996), 449-490.

Boulat, Pierre-Antoine/ Chabert, Pierre-Yves, *Les Swaps – Technique Contractuelle et Régime Juridique*. Masson, Paris, 1992.

Boy, Laurence, *Le Cadre Civil des Affaires*. Economica, Paris, 1989.

Bradgate, Robert, *Commercial Law*. 3rd edition, Butterworths, London, 2000.

Brancadoro, Gianluca, *Strumenti Finanziari e Mercato Mobiliari*. Giuffrè, Milano, 2005.

Branch, Alan, *Elements of Shipping*. 8th edition, Taylor & Francis, London, 2007.

Branco, L. Baptista, *Conta Corrente Bancária: Da Sua Estrutura, Natureza e Regime Jurídico*. In: 39 "Revista da Banca" (1996), 35-85.

Bridge, Michael, *The International Sale of Goods – Law and Practice*. 2nd edition, Oxford University Press, London, 2007.

Brindle, Michael/ Cox, Raymond, *Law of Bank Payments*. 3rd edition, Sweet & Maxwell, London, 2004.

Brito, J. Miguel, *Contrato de Seguro por Conta de Outrem. O Seguro por Conta de Outrem nos Seguros de Danos*. Dissertação, Lisboa, 2005.

Brito, M. Helena, *O Contrato de Agência*. In: AAVV, "Novas Perspectivas do Direito Comercial", 105-135, Almedina, Coimbra, 1988.

Brito, M. Helena, *O Contrato de Concessão Comercial*. Almedina, Coimbra, 1990.

Brito, M. Helena, *O Factoring Internacional e a Convenção do Unidroit*. Cosmos, Lisboa, 1998.

Briys, Éric/ Varenne, François, *Assurance et Marchés Financiers: Concurrence ou Complementarité*. In: Ewald, François/ Lorenzi, Jean-Hervé (dir.), "Encyclopédie de l'Assurance", 1664-1681, Economica, Paris, 1988.

Brockmeier, Susanne, *Die Haftung bei Geschäftsübernahme mit Firmenfortführung*. Dissertação, Münster, 1990.

Brown, Keith/ Smith, Donald, *Interest Rate and Currency Swaps*. J. Wiley & Sons, New York, 2005.

Brozolo, L. Radicati, *Il Contratto Modello di Swap dell'International Swap Dealers Association*. In: "Il Diritto del Commercio Internazionale" (1988), 539-559.

Brunat, Léon, *Droits et Devoirs du Destinataire dans le Contrat de Transport*. In: "Bulletin des Transports et de la Logistique" (1983), 18-22.

Brunelli, John, *Security Agreement and Financing Statements*. MCLE, Boston, 1992.

Bücher, Eugen, *Der Trödelvertrag*. In: "Festgabe für Walter Schluep", 95-113, Schulthess Polygraphischer Verlag, Zurich, 1988.

Buchta, Jens, *Unternehmenskauf in Krise und Insolvenz*. In: Hölters, Wolfgang (Hrsg.), "Handbuch des Unternehmens- und Beteiligungskauf", 1131-1175, 6. Aufl., V. Otto Schmidt, Köln, 2005.

Direito dos Contratos Comerciais

BUETOW, Gerald/ FABOZZI, Frank, *Valuation of Interest Rate Swaps and Swaptions*. J. Wiley & Sons, New York, 2000.

BÜHRER, Marc, *AGB-Kollisionen, "The Battle of the Forms" und weitere Probleme beim Verweis auf allgemeine Geschäftsbedingungen*. Schulthess Polygraphischer Verlag, Zürich, 1987.

BUIS, Eric, *Die Banküberweisung und der Bereicherungsausgleich bei fehlgeschlagenen Banküberweisungen*. Schulthess Polygraphischer Verlag, Zürich, 2001.

BULGARELLI, Waldirio, *Contratos Mercantis*. 13.ª edição, Atlas, São Paulo, 2000.

BÜLOW, Peter, *Grundprobleme des Euro-Schecks und der Scheckkarte*. In: 6 "Juristische Ausbildung" (1984), 340-357.

BUONOCORE, Vincenzo, *Contrattazione d'Impresa e Nuove Categorie Contrattuali*. Giuffrè, Milano, 2000.

BUONOCORE, Vincenzo, *Contratti del Consumatore e Contratti d'Impresa*. In: XLI "Rivista di Diritto Civile" (1995), 1-41.

BUONOCORE, Vincenzo, *I Contratti d'Impresa*. In: AAVV, "Contratti d'Impresa", vol. I, 3-83, Giuffrè, Milano, 1993.

BUONOCORE, Vincenzo, *Istituzioni di Diritto Commerciale*. 3.ª edizione, Giappichelli, Torino, 2003.

BUONOCORE, Vincenzo, *La Locazione Finanziaria*. Giuffrè, Milano, 2008.

BURATTELLI, Silvano, *Ordini e Contratti di Borsa*. Ed. Il Sole, Milano, 1999.

BURGHARD, Peter, *Einsatz und Risiken derivativer Finanzinstrumente in Versicherungsunternehmen*. Verlag Versicherungswirtschaft, Karlsruhe, 1995.

BURGHOF, Hans-Peter/ HENKE, Sabine/ RUDOLPH, Bernd, *Kreditderivate als Instrumente eines aktiven Kreditrisikomanagements*. In: 10 "Zeitschrift für Bankrecht und Bankwirtschaft" (1998), 277-286.

BURST, Jean-Jacques, *Droits de Propriété Industrielle et Franchise*. In: "Mélanges Offerts à Albert Chavanne", 203-211, Litec, Paris, 1990.

BUSTI, Silvio, *Il Trasporto Cumulativo nella CMR*. In: 21 "Trasporti: Diritto, Economia, Politica" (1980), 136-150.

BUSTI, Silvio, *Nuovi Documenti del Contratto di Trasporto di Cose*. Cedam, Padova, 1983.

BUTTARO, Luca, *L'Interesse nell'Assicurazione*. Giuffrè, Milano, 1954.

BYDLINSKI, Franz, *Handels- oder Unternehmensrecht als Sonderprivatrecht. Eine Modellbeispiel für die systematische und metodologische Grundlagendiskussion*. Walter de Gruyter, Berlin/ New York, 1990.

BYDLINSKY, Peter, *Die Bürgerschaft im österreichischen und deutschen Handels-, Gesellschafts- und Wertpapierrecht*. Springer Verlag, Berlin, 1998.

BYRNE, James, *The Comparison Between UCP500 and UCP600*. Institute of Banking Law and Practice, Montgomery, 2007.

CABALLERO, J. Sanz, *Derivados Financieros*. Marcial Pons, Madrid, 2000.

CABRILLAC, Henri, *La Responsabilité Civile des Banques dans le Placement et l'Émission des Titres*. In: X "Revue Trimestrielle de Droit Commercial et de Droit Économique" (1931), 313-332.

CABRILLAC, Henry, *Le Cheque et le Virement*. 5ème édition, Litec, Paris, 1980.

Bibliografia

CABRILLAC, Michel, *Remarques sur la Théorie Générale du Contrat et les Créations Récentes de la Pratique Commerciale*. In: "Mélanges Dédiées à Gabriel Marty", 235-254, Université des Sciences Sociales, Toulouse, 1978.

CADILHE, Carla/ PINTO, Mário, *O Regime Jurídico do Pagamento dos Prémios de Seguros*. Dislivro, Lisboa, 2007.

CAETANO, Marcelo, *Valor da Minuta do Contrato de Seguro*. In: 64 "O Direito" (1932), 34-41.

CAGNASSO, Oreste, *La Concessione di Vendita*. Giuffrè, Milano, 1983.

CAGNASSO, Oreste/ COTTINO, Gastone, *Contratti Commerciali*. Cedam, Padova, 2000.

CAGNASSO, Oreste/ COTTINO, Gastone/ IRRERA, Maurizio, *L'Assicurazione: L'Impresa e il Contratto*, Cedam, Padova, 2001.

CALAIS-AULOY, Jean, *Une Nouvelle Garantie de l'Acheteur: La Garantie de Conformité*. In: "Revue Trimestrielle de Droit Civil" (2005), 701-712.

CALAMANTI, Andrea, *Il Mercato dei Cambi*. Edibank, Milano, 1994.

CALAMARI, John/ PERILLO, Joseph, *The Law of Contracts*. 4th edition, West Group, St. Paul, Minnesota, 1998.

CALDAS, L. Filipe, *Direitos e Deveres de Informação: Sanção das Declarações Inexactas do Tomador*. In: "III Congresso Nacional de Direito dos Seguros", 279--289, Almedina, Coimbra, 2003.

CALERO, F. Sánchez (dir.), *Ley de Contrato de Seguro*. Aranzadi, Pamplona, 1999.

CALERO, F. Sánchez, *El Código de Comercio y los Contratos Mercantiles*. In: AAVV, "Centenario del Código de Comercio", vol. I, 211-260, Ministério de Justicia, Madrid, 1986.

CALERO, F. Sánchez/ GUILARTE, J. Sánchez-Calero, *Instituciones de Derecho Mercantil*. 2 volumes, 28.ª e 29.ª edición, Thomson/ Aranzadi, Navarra, 2005/2006.

CALERO, J. Gómez, *El Contrato Mercantil: Nociones Generales*. In: AAVV, "Derecho Mercantil", tomo II, 224-245, 10.ª edición, Ariel, Barcelona, 2005.

CALERO, J. Gómez, *Las Obligaciones Mercantiles*. In: AAVV, "Derecho Mercantil", tomo II, 211-223, 10.ª edición, Ariel, Barcelona, 2005.

CALHEIROS, M. Clara, *O Contrato de Swap*. Coimbra Editora, Coimbra, 2000.

CAMANHO, P. Ponces, *Contrato de Depósito – Descoberto em Conta – Direito do Banco que Paga o Cheque não Provisionado*. In: "Estudos em Homenagem ao Prof. Doutor I. Galvão Telles", vol. II, 103-130, Almedina, Coimbra, 2002.

CAMANHO, P. Ponces, *Do Contrato de Depósito Bancário* (reimpressão). Almedina, Coimbra, 2005.

CÂMARA, Paulo, *A Operação de Titularização*. In: AAVV, "Titularização de Créditos", 63-94, Instituto de Direito Bancário, Lisboa, 2000.

CÂMARA, Paulo, *Manual de Direito dos Valores Mobiliários*. Almedina, Coimbra, 2009.

CAMELBEKE, Micheline van, *L'Adaptation du Contrat International aux Circonstances Nouvelles*. In: Rodière, René (ed.), "Les Modifications du Contrat au Cours de son Exécution en Raison des Circonstances Nouvelles", 169-184, A. Pedone, Paris, 1986.

CAMMILETTI, Francesco, *Il Contratto di Commissione*. In: AAVV, "Contratti d'Impresa e Restrizioni Verticali", 311-347, Giuffrè, Milano, 2004.

Direito dos Contratos Comerciais

Campobasso, G. Franco, *I Depositi Bancario*. In: LI "Banca, Borsa e Titoli di Credito" (1988), 163-184.

Campobasso, G. Franco, *Il Bancogiro – Profili Strutturali*. In: AAVV, "Le Operazioni Bancarie", vol. II, 631-694, Giuffrè, Milano, 1978.

Campos, António, *Capitalização de Juros (Anatocismo) nas Operações de Concessão de Crédito por Instituições de Crédito*. In: 8 "Revista da Banca" (1988), 148-150.

Campos, D. Leite, *A Locação Financeira*. Lex, Lisboa, 1994.

Campos, D. Leite, *Anatocismo. Regras e Usos Particulares de Comércio*. In: 48 "Revista da Ordem dos Advogados" (1988), 37-62.

Campos, D. Leite, *Notas sobre a Admissibilidade da Locação Financeira Restitutiva ("Lease-Back") no Direito Português*. In: 42 "Revista da Ordem dos Advogados" (1982), 775-793.

Campos, D. Leite/ Monteiro, Manuel, *Titularização de Créditos – Anotações ao Decreto-Lei n.º 453/99, de 5 de Novembro*. Almedina, Coimbra, 2001.

Campos, D. Leite/ Pinto, C. Saavedra, *Créditos Futuros, Titularização e Regime Fiscal*. Almedina, Coimbra, 2007.

Campos, R. Leite, *A Jurisprudência Portuguesa e o Cheque, o Extracto de Factura, a Letra e a Livrança*. Ática, Lisboa, 1965.

Canaris, Claus-Wilhelm, *Bankvertragsrecht*. Walter de Gruyter, Berlin, 1975.

Canaris, Claus-Wilhelm, *Funktionen und Rechtsnatur des Kontokorrents*. In: "Festschrift für Hermann Hämmerle", 55-78, Leikam, Graz, 1972.

Canaris, Claus-Wilhelm, *Handelsrecht*. 24. Aufl., Beck, München, 2006.

Candian, A. Donato, *Forma e Assicurazione – Un Contributo in Tema di Contratti a Prova Formale*. Giuffrè, Milano, 1988.

Caneto, M. Pacheco, *El Contrato de "Lease-Back"*. Marcial Pons, Madrid, 2004.

Cano, A. Rodriguez, *El Contrato de Suministro*. In: AAVV, "Contratos Mercantiles", 95-107, 2.ª edición, Thomson/ Aranzadi, Madrid, 2004.

Capelo, M. José, *A Lei de Arbitragem Voluntária e os Centros de Arbitragem de Conflitos de Consumo*. In: 1 "Estudos de Direito do Consumidor" (1999), 101-116.

Caperochipi, J. Álvarez, *El Mandato y la Comisión Mercantil*. Comares, Granada, 1997.

Capo, Giovanni, *Attività d'Impresa e Formazione del Contratto*. Giuffrè, Milano, 2001.

Capo, Giovanni, *Il Contratto d'Agenzia*. In: AAVV, "Contratti d'Impresa", vol. I, 919-1051, Giuffrè, Milano, 1993.

Capriglione, Francesco, *Essenzialità del Termine ed Usi di Borsa nelle "European Call Options"*. In: LVII "Banca, Borsa e Titoli di Credito" (1994), 498-504.

Caratozzolo, Roberto, *La Responsabilità delle Banche per la Violazione degli Obblighi Contrattuali*. Giuffrè, Milano, 2007.

Carbonetti, Francesco, *I Contratti di Intermediazione Mobiliare*. Giuffrè, Milano, 1992.

Cardoso, Fernando, *Reflexões sobre o Estabelecimento Comercial ou Industrial e Respectivo Contrato de Aluguer*. Ed. Portugalmundo, Lisboa, 1991.

Cardoso, J. Nunes, *Extracto de Factura: Legislação e Jurisprudência*. Minerva, Famalicão, 1936.

Carlos, A. Palma, *O Contrato de Fretamento no Código Comercial Português*. Livraria Moraes, Lisboa, 1931.

Bibliografia

CARLSSON, Otto, *Kaufabschluß im Selbstbedienungsladen*. In: "Juristische Rundschau" (1954), 253-254.

CARLSSON-SWEENY, Alarna, *Multilateral Trading Facilities: Risking More Regulation?*. In: 19 "Practical Law Company" (2008), 11-12.

CARNELUTTI, Francesco, *Note sulla Funzione del Conto Corrente*. In: "Studi di Diritto Commerciale", 215-234, Atheneum, Roma, 1917.

CARO, E. Seco, *El Contrato Mercantil de Compraventa*. In: "Tratado de Derecho Mercantil", tomo XXIII, Marcial Pons, Madrid, 2009.

CAROL, U. Nieto, *El Contrato di Comisión Bursátil*. In: "Instituciones del Mercado Financiero", vol. VIII, 4979-5021, La Ley, Madrid, 1999.

CARRAPIÇO, Joaquim (org.), *Arbitragem de Conflitos de Consumo*. Instituto do Consumidor, Lisboa, 1997.

CARVALHO, F. Martins, *A Conta em Participação não é Sociedade*. In: XVIII "Scientia Ivridica" (1969), 79-106.

CARVALHO, J. Morais, *Prestação de Informações nos Contratos Celebrados à Distância*. In: AAVV, "Direito Privado e Direito Comunitário – Alguns Ensaios", 13-144, Âncora Editora, Lisboa, 2007.

CARVALHO, M. Morais, *O Conceito de Publicidade Enganosa*. In: AAVV, "Nos 20 Anos do Código das Sociedades Comerciais", vol. III, 675-706, Coimbra Editora, Coimbra, 2007.

CARVALHO, Orlando, *Critério e Estrutura do Estabelecimento Comercial – O Problema da Empresa como Objecto de Negócios*. Atlântida, Coimbra, 1967.

CARVALHO, S. Mota, *O Contrato de Factoring*. UCP Editora, Lisboa, 2007.

CASAL, Nuno, *"Best Execution" – Execução nas Melhores Condições*. In: 27 "Cadernos do Mercado de Valores Mobiliários" (2007), 130-148.

CASANOVA, Manuel, *Classificações de Seguros*. In: 28/29 "Revista da Justiça" (1943), 305-309, 17-20, 49-50, 113-115.

CASSANO, Giuseppe (ed.), *I Contratti di Distribuzione*. Giuffrè, Milano, 2006.

CASTELLS, A. Recalde, *Conocimiento de Embarque y otros Documentos del Transporte. Función Representativa*. Civitas, Madrid, 1992.

CASTRO, C. Osório/ TORRES, N. Pinheiro, *Leis dos Mercados de Valores Mobiliários*. Editora UCP, Porto, 2000.

CASTRO, G. Andrade, *O Crédito Documentário Irrevogável*. Editora UCP, Porto, 1999.

CASTRO, M. Martín, *Il Transporte Multimodal: Concepto y Sujetos*. Edicip, Cádiz, 2001.

CASTRONOVO, Carlo, *Inadempimento ed Esato Adempimento nei Principi Unidroit*. In: Bonell, M. Joachim/ Bonelli, Franco, "Contratti Commerciali Internazionali e Principi Unidroit", 271-294, Giuffrè, Milano, 1997.

CAVANNA, Henri (ed.), *Financial Innovation*. I. Thomson Business, Routledge, London, 1992.

CAZET, L. Delfino, *Algunos Aspectos de los Contratos de Empresa*. In: 23 "Revista de Derecho Comercial y de las Obligaciones" (1978), 153-177.

CEBRIÁ, L. Hernando, *El Contrato de Compraventa de Empresa*. Tirant lo Blanch, Valencia, 2005.

CERVERA, M. Munõz, *Garantías en la Contratación Bancaria – Garantías Reales Mobiliarias*. In: Carol, U. Nieto (dir.), "Contratos Bancarios y Parabancarios", 1258-1313, Lex Nova, Valladolid, 1998.

Direito dos Contratos Comerciais

CERVONE, Elisabeta, *EU Conduct of Business Rules and the Liberalization Ethos: The Challenging Case of Investment Research*. In: 16 "European Business Law Review" (2005), 421-456.

CHALARON, Yves, *L'Affrètement Maritime: Essai de Définition Théorique*. Librairies Techniques, Paris, 1967.

CHAMPAUD, Claude/ PAILLUSSEAU, Jean, *L'Entreprise et le Droit Commercial*. Armand Colin, Paris, 1970.

CHAPLIN, Geof, *Credit Derivatives: Risk Management, Trading and Investing*. J. Wiley & Sons, New York, 2005.

CHAPOUTOT, Maurice, *Les Dépôts de Fonds en Banque*. Sirey, Paris, 1928.

CHARDIN, Nicole, *Le Contrat de Consommation de Crédit et l'Autonomie de la Volonté*. LGDJ, Paris, 1988.

CHINER, N. Latorre, *La Agravación del Riesgo en el Derecho de Seguros*. Comares, Granada, 2000.

CHIOMENTI, Filippo, *I Contratti Cap, Floor e Collar: Contratti di Somministrazione di Denaro*. In: LXXXVII "Rivista del Diritto Commerciale e del Diritto Generale delle Obbligazioni" (1987), 37-58.

CHOUDHRY, Moorad, *The Repo Handbook*. Butterworths-Heinemann, London, 2002.

CHRISTOFARO, Giovanni (dir.), *Le «Pratiche Commerciali Sleali» tra Imprese e Consumatori. La Direttiva 2005/29/CE e il Diritto Italiano*. Giappichelli, Torino, 2007.

CHRISTOU, Richard, *Drafting Commercial Agreements*. 3rd edition, Thomson/ Sweet & Maxwell, London, 2008.

CHULIÁ, F. Vicent, *Introdución al Derecho Mercantil*. Tirant lo Blanch, Valencia, 2004.

CINTIOLI, Fabio/ OLIVIERI, Gustavo, *I Nuovi Strumenti di Tutela Antitrust*. Giuffrè, Milano, 2007.

CIRIELLI, S. Enrico, *Claosola di Hardship e Adattamento nel Contratto Commerciale Internazionale*. In: III "Contrato e Impresa/ Europa" (1998), 733-789.

CLARIZIA, Renato, *Le Opzioni tra Disciplina Codicistica e Regolamentazione Pattizia*. In: AAVV, "I Derivati Finanziari", 119-144, Edibank, Milano, 1993.

CLARKE, Malcom, *The Law of Insurance Contracts*. 4th edition, LLP, London/ Hong Kong, 2002.

CLAUSSEN, Hans-Peter, *Bank- und Börsenrecht – Handbuch für Lehre und Praxis*. Beck, München, 1996.

CLAUSSEN, Lorenz, *Widerrufsrecht bei Versicherungsverträgen*. In: "Juristische Rundschau" (1991), 360-364.

CLOUTH, Peter, *Rechtsfragen der ausserbörslichen Finanz-Derivate*. Beck, München, 2001.

COELHO, A. Ribeiro, *Extracto de Factura*. In: 19 "Revista de Justiça" (1934), 4-6.

COELHO, J. Pinto, *A Escrituração Comercial como Meio de Prova*. In: VIII "Revista da Faculdade de Direito da Universidade de Lisboa" (1951), 26-70.

COELHO, J. Pinto, *Lições de Direito Comercial: Obrigações Mercantis*. 2 volumes, Ed. Martins Souto, Lisboa, 1946.

COELHO, J. Pinto, *Operações de Banco – Depósito – Abertura de Crédito*. 2.ª edição, Lisboa, 1962.

Bibliografia

COLOMBO, Giovanni, *Il Trasferimento dell'Azienda e il Passagio dei Crediti e dei Debiti*. Cedam, Padova, 1972.

COMISSÃO EUROPEIA, *Guia para os Negócios – A Luta Contra o Atraso de Pagamento nas Transacções Comerciais*. Luxemburgo, 2000.

COMMANDEUR, Gert, *Betriebs, Firmen- und Vermögensübernahme*. Beck, München, 1990.

COMPORTI, Carlo, *L'Offerta Fuori Sede di Strumenti Finanziari nel Diritto Comunitario: Situazione Attuale e Prospettive di Riforma*. In: XVII "Rivista della Banca e del Mercato Finanziario" (2003), 52-93.

CONSTANZA, Maria, *Claosole di Rinegoziazione e Determinazione Unilaterale del Prezzo*. In: AAVV, "Inadempimento, Adattamento, Arbitrato. Patalogie dei Contratti e Rimedi", 311-321, Giuffrè, Milano, 1992.

CONSUELO, Carlevale, *I Produtti Finanziari Assicurativi*. In: LXXIV "Assicurazione" (2006), 651-675.

CONTRACTOR, Farok/ LORANGE, Peter (eds.), *Cooperative Strategies in International Business*. Pergamon, Oxford, 2002.

CONTRACTOR, Farok/ LORANGE, Peter (eds.), *Cooperative Strategies and Alliances*. Pergamon, New York, 2002.

CONTRERAS, P. Sierra, *El Contrato de Depósito Mercantil*. Marcial Pons, Madrid, 2003.

COOPERS & LYBRAND, *Equity Swaps*. McGraw-Hill, London, 1994.

COPO, A. Veiga, *La Prenda de Acciones*. Civitas, Madrid, 2002.

COQUEREAU, Georges/ GUYON, Yves, *Le Groupement d'Intérêt Économique: Régime Juridique et Fiscal*. 2ème édition, Dalloz, Paris, 1973.

CORAPI, Diego, *La Direttiva 99/44/CE e la Convenzione di Vienna sulla Vendita Internazionale: Verso un Nuovo Diritto Comune nella Vendita?*. In 5 "Europa e Diritto Privato" (2002), 655-670.

CORAPI, Diego, *Sulla Partecipazione dell'Associato alle Perdite nella Associazione in Partecipazione*. In: LXIII "Rivista del Diritto Commerciale e del Diritto Generale delle Obbligazioni" (1965), II, 267-283.

CORDEIRO, A. Menezes, *Da Cessão Financeira (Factoring)*. Lex, Lisboa, 1994.

CORDEIRO, A. Menezes, *Da Compensação no Direito Civil e no Direito Bancário*. Almedina, Coimbra, 2003.

CORDEIRO, A. Menezes, *Das Cartas de Conforto no Direito Bancário*. Lex, Lisboa, 1993.

CORDEIRO, A. Menezes, *Direito dos Seguros: Perspectivas de Reforma*. In: "I Congresso Nacional do Direito dos Seguros", 19-29, Almedina, Coimbra, 2000.

CORDEIRO, A. Menezes, *Do Reporte: Subsídios para o Regime Jurídico do Mercado de Capitais e da Concessão de Crédito*. In: "Banca, Bolsa e Crédito", 167-183, Almedina, Coimbra, 1990.

CORDEIRO, A. Menezes, *Introdução ao Direito dos Transportes*. In: 68 "Revista da Ordem dos Advogados" (2008), 139-172.

CORDEIRO, A. Menezes, *Manual de Direito Bancário*. 3.ª edição, Almedina, Coimbra, 2006.

CORDEIRO, A. Menezes, *Manual de Direito Comercial*. 2.ª edição, Almedina, Coimbra, 2007.

Direito dos Contratos Comerciais

CORDEIRO, A. Menezes, *O «Contrato Bancário Geral»*. In: AAVV, "Estudos de Direito Bancário", 11-19, Coimbra Editora, Coimbra, 1999.

CORDEIRO, A. Menezes, *Transmissão em Bolsa de Acções Depositadas*. In: "Banca, Bolsa e Crédito", Almedina, Coimbra, 1990.

CORDEIRO, A. Menezes, *Tratado de Direito Civil Português*. Vol. I ("Parte Geral"), tomo I, Almedina, Coimbra, 1999.

CORDEIRO, A. Robalo, *As Coligações de Empresas e os Direitos Português e Comunitário da Concorrência*. In: XXIX "Revista de Direito e de Estudos Sociais" (1987), 81-113.

CORDIER, Jean, *Les Marchés à Terme*. PUF, Paris, 1992.

CORONA, E, Galan, *Acuerdos Restrictivos de la Competencia*. Ed. Montecorvo, Madrid, 1977.

CORREIA, A. Ferrer, *Juros Moratórios*. In: XI "Colectânea de Jurisprudência" (1986), II, 7-13.

CORREIA, A. Ferrer, *Lições de Direito Comercial*. Lex, Lisboa, 1994.

CORREIA, A. Ferrer, *Notas para o Estudo do Contrato de Garantia Bancária*. In: VII "Revista de Direito e de Economia" (1982), 247-258.

CORREIA, A. Ferrer, *Sobre a Projectada Reforma da Legislação Comercial*. In: 44 "Revista da Ordem dos Advogados" (1984), 5-43.

CORREIA, L. Brito, *Direito Comercial*. 3 volumes, AAFDL, Lisboa, 1986-1992.

CORREIA, L. Brito, *Os Administradores de Sociedades Anónimas*. Almedina, Coimbra, 1988.

CORREIA, M. Anacoreta, *A Contabilização de Ganhos e Perdas Gerados com Contratos de Futuros – Implicações Fiscais*. In: XIX "Jornal de Contabilidade" (1995), 129-145.

CORREIA, M. Anacoreta, *Instrumentos Financeiros Derivados – Enquadramento Contabilístico e Fiscal*. UCP Editora, Lisboa, 2000.

CORREIA, M. Pupo, *Comércio Electrónico: Forma e Segurança*. In: "As Telecomunicações e o Direito na Sociedade da Informação", 223-258, IJC, Coimbra, 1999.

CORREIA, M. Pupo, *Direito Comercial*. 9.ª edição, Ediforum, Lisboa, 2005.

CORSO, Elena, *Il Contratto Preliminare di Società*. In: LIX "Contrato e Impresa" (1998), 363-397.

CORTI, C. Lorenzo, *Esperienze in Tema di Opzioni*. In: AAVV, "I Derivati Finanziari", 125-132, Edibank, Milano, 1993).

COSSU, Monica, *La "Gestione di Portafogli di Investimento" tra Diritto dei Contratti e Diritto dei Mercati Finanziari*. Giuffrè, Milano, 2002.

COSTA, Adalberto, *Práticas Individuais Restritivas do Comércio*. Ed.Vislis, Lisboa, 2000.

COSTA, J. Fontoura/ NUSDEO, A. Oliveira, *As Cláusulas de Força Maior e de "Hardship" nos Contratos Internacionais*. In: 97 "Revista de Direito Mercantil, Industrial, Econômico e Financeiro" (1995), 76-103.

COSTA, L. Maura, *Le Crédit Documentaire: Étude Comparative*. LGDJ, Paris, 1999.

COSTA, M. Almeida, *Direito das Obrigações*. 8.ª edição, Almedina, Coimbra, 2000.

COSTA, M. Almeida, *Responsabilidade Civil pela Ruptura das Negociações Preparatórias de um Contrato*. Coimbra Editora, Coimbra, 1984.

Bibliografia

Costa, M. Almeida, *Síntese do Regime Jurídico Vigente das Cláusulas Contratuais Gerais*. 2.ª edição, UCP Editora, Lisboa, 1999.

Costa, M. Almeida/ Cordeiro, A. Menezes, *Cláusulas Contratuais Gerais: Anotação ao Decreto-Lei n.º 446/85, de 25 de Julho*. Almedina, Coimbra, 1986.

Costa, Ricardo, *O Novo Regime do Arrendamento Urbano e os Negócios sobre a Empresa*. In: AAVV, "Nos 20 Anos do Código das Sociedades Comerciais", vol. I, 479-523, Coimbra Editora, Coimbra, 2007.

Costa, Salvador, *A Injunção e as Conexas Acção e Execução*. 5.ª edição, Almedina, Coimbra, 2005.

Costi, Renzo, *Mercato Finanziario e Attività Bancaria*. In: LII "Banca, Borsa e Titoli di Credito" (1989), 321-347.

Costi, Renzo/ Enriques, Luca, *Il Mercato Mobiliare*. Cedam, Padova, 2004.

Cotret, Laurent, *La Négociabilité des Instruments Financiers*. Dissertação, Reims, 2004.

Cottino, Gastone, *Il Trasporto e la Spedizione*. In: Galgano, Francesco (dir.), "Trattato di Diritto Commerciale e di Diritto Pubblico dell'Economia", vol. XVI, 726-831, Cedam, Padova, 1991.

Couret, Alain, *Innovation Financière et Règle de Droit*. Institut d'Administration d'Entreprises (IAE), Paris, 1990.

Covas, Leandro, *A Responsabilidade do Transportador na Convenção de Genebra Relativa ao Contrato Internacional de Mercadorias por Estrada (CMR)*. In: AAVV, "Prémio Dr. João Lopes Cardoso", 71-172, Almedina, Coimbra, 2002.

Coyle, Brian, *Foreign Exchange Markets*. Glen Lake Publishing, Chicago, 2000.

Coyle, Brian/ Graham, Alastair, *Currency Futures*. Amacom, Boston, 2000.

Cristrofaro, Giovanni, *Difetto di Conformità al Contratto e Diritto del Consumatore – L'Ordinamento Italiano e la Direttiva 99/44/CE sulla Vendita e le Garanzie dei Beni di Consumo*. Cedam, Padova, 2000.

Crucelaequi, J. Juan, *Los Contratos para la Financiación y Garantías en el Comercio Internacional*. Civitas, Madrid, 2008.

Cruz, Ricardo, *O Desenvolvimento do Mercado de Operações de Reporte sobre Valores Mobiliários em Portugal*. In: 30 "Revista da Banca" (1994), 25-74.

Cubillas, M. Castilla, *La Tarjeta de Crédito*. Marcial Pons, Madrid, 2007.

Cueto, J. Vasquez, *La Obligación de Pago de la Prima en la Ley de Contrato de Seguro*. Tirant lo Blanch, Valencia, 2007.

Cuevas, G. Cabanellas/ Kelly, J. Alberto, *Contratos de Colaboración Empresaria*. Ed. Heliasta, Buenos Aires, 1987.

Cuffaro, Vicenzo (dir.), *La Disciplina dei Pagamenti Commerciali*. Giuffrè, Milano, 2004.

Cunha, Carolina, *A Indemnização de Clientela do Agente Comercial*. Coimbra Editora, Coimbra, 2003.

Cunha, Carolina, *Métodos de Venda a Retalho Fora do Estabelecimento: Regulamentação Jurídica e Protecção do Consumidor*. In: AAVV, "Direito Industrial", vol. IV, 255-330, Almedina, Coimbra, 2005.

Cunha, M. Gorjão-Henriques, *Da Restrição da Concorrência na Comunidade Europeia: A Franquia de Distribuição*. Almedina, Coimbra, 1998.

Direito dos Contratos Comerciais

CUNHA, Miguel, *Os Futuros de Bolsa: Características Contratuais e de Mercado*. In: AAVV, "Direito dos Valores Mobiliários", vol. I, 63-132, Coimbra Editora, Coimbra, 1999.

CUNHA, P. Olavo, *Cheque e Convenção de Cheque*. Dissertação, Lisboa, 2008.

CUNHA, P. Olavo, *Venda de Bens Alheios*. In: 47 "Revista da Ordem dos Advogados" (1987), 419-772.

D'AMATO, Tomaso, *Il Contratto di Deposito*. In: AAVV, "Contratti d'Impresa", vol. II, 1169-1315, Giuffrè, Milano, 1993.

D'AMELIO, Mario, *Di Alcuni Caratteri del Pegno Commerciale*. In: X "Rivista del Diritto Commerciale e del Diritto Generale delle Obbligazioni" (1912), 672-681.

D'ARRIGO, Rosario, *La Responsabilità del Produttore*. Giuffrè, Milano, 2006.

DAIGRE, Jean-Jacques, *Les ATS (Alternative Trading Systems)*. In: AAVV, "Droit Bancaire et Financier", vol. I, 425-445, Éd. Banque, Paris, 2001.

DAINO, Giuseppe, *Tecniche di Soluzione del "Deadlock": La Disciplina Contrattuale del Disaccordo tra Soci nelle Joint Ventures Paritarie*. In: 2 "Il Diritto del Commercio Internazionale" (1988), 151-168.

DALMARTELLO, Arturo, *I Contratti delle Imprese Commerciali*. Cedam, Padova, 1962.

DAMMACO, Salvatore, *I Consorzi e Società Consortili*. Buffetti Editore, Roma, 1985.

DAS, Satyajit, *Credit Derivatives*. John Wiley & Sons, Singapore, 1998.

DAVIES, Lars, *Contract Formation on the Internet: Shattering a Few Myths*. In: AAVV, "Law and the Internet – Regulating Cyberspace", 97-120, Hart, Oxford, 1997.

DE BES, X. Trias, *Las Operaciones Bancarias de Activo*. In: AAVV, "Tratado de Derecho Mercantil", tomo 39 ("Las Entidades de Crédito y sus Operaciones"), vol. II, Marcial Pons, Madrid, 2007.

DE BIASI, Pierluigi, *Il Netting nei Contratti Derivati*. In: XIII "Diritto della Banca e del Mercato Finanziario" (1999), 232-256.

DE FABIANI, Carlos, *Il Remisier di Borsa*. In: VII "Quadrimestre – Rivista di Diritto Privato" (1991), 569-578.

DE FOSCOLETE, Guillemette, *Les Documents de Transport par Route*. In: "Bulletin des Transports et de la Logistique" (1987), 161-164.

DE IULIIS, Carmelo, *Lo Swap d'Interessi o di Divise nell'Ordinamento Italiano*. In: LVII "Banca, Borsa e Titoli di Credito" (2004), 391-410.

DE LA MORANDIÈRE, B. Porteau, *Ajustement de Prix et Transmission de Droits Sociaux: Les Pratiques Américaines des Clauses d'Earn Out et des Clauses de Ratchet*. Themis, Paris, 2003.

DE LAURENTIS, Giacomo, *Il Rischio di Credito*. Egea, Milano, 1994.

DE MARCO, Massimo/ SPARANO, Ernesto, *La Fideiussione Bancaria*. Giuffrè, Milano, 1995.

DE MARTINI, Angelo, *Profili della Vendita Commerciale e del Contratto Estimatorio*. Giuffrè, Milano, 1950.

DE SURY, Paul/ MICALI, Mario, *Il Project Finance*. Egea, Milano, 1995.

DEAKIN, Simon/ MICHIE, Jonathan (eds.), *Contracts, Co-operation and Competition*. Oxford University Press, Oxford, 1997.

DECKER, Ernst, *Zinssatz und Währungsswaps unter rechtliche Aspekten*. In: 44 "Wertpapier-Mitteilungen – Zeitschrift für Wirtschafts- und Bankrecht" (1990), 1001-1015.

Bibliografia

DECKER, Ernst/ KÜMPEL, Siegfried (Hrgs.), *Der Depotgeschäft.* 2. Aufl., Bank-Verlag, Köln, 2007.

DELEBECQUE, Philippe, *Le Destinataire de la Marchandise: Tiers ou Partie au Contrat de Transport?.* In: 12 "Dalloz Affaires" (1995), 189-192.

DELEBECQUE, Philippe, *Nantissement et Saisie des Actions.* In: 117 "Revue des Sociétés" (1999), 599-605.

DELGRANGE, Oliver/ CORRADINO, Glani/ CIRONE, Romeo, *Formulaire Commenté de Contrats Commerciaux.* Litec, Paris, 1998.

DELIERNEUX, Martine/ HAMBENNE, Jacques, *La Place de l'Escrow Account dans le Cadre des Sûretés Issues de la Pratique.* In: AAVV, "Le Juriste dans l'Entreprise", 153-196, Bruylant, Bruxelles, 1989.

DELMON, Jeffrey, *Project Finance, BOT and Risk.* Aspen Publishers, New York, 2005.

DERLEDER, Peter, *Darlehensvertrag.* In: Derleder, Peter/ Knops, Kai-Oliver/ Bamberg, H. Georg, "Handbuch zum deutschen und europäischen Bankrecht", 191-227, Springer, Berlin, 2004.

DERRIDA, Fernand, *De la Solidarité Commerciale.* In: VI "Revue Trimestrielle de Droit Commercial et Droit Économique" (1953), 329-372.

DESBARAT, Isabelle, *Codes de Conduite et Chartes Éthiques des Entreprises Privées.* In: 9 "Jurisclasseur Périodique – Édition Générale" (2003), I, 337-343.

DESCHANEL, Jean-Pierre, *Le Contrat de Coffre-Fort.* In: 317 "Revue Banque" (1973), 344-360.

DETZER, Klaus, *Verträge mit ausländischen Handelsvertretern und Vertragshändlern.* Luchterhand, Stuttgart, 1995.

DEUBER, Andreas, *Rechtliche Aspekte der Forfaitierung.* Paul Haupt, Bern, 1993.

DEVESA, Philippe, *L'Opération de Courtage.* Litec, Paris, 1993.

DEVLIN, Patrick, *The Relation Between Commercial Law and Commercial Practice.* In: 14 "Modern Law Review" (1951), 249-266.

DEVOS, Diego, *Les Virements Transfrontaliers: Analyse de la Directive Européenne 97/ 5 du 27 janvier 1997.* In: 1 "Revue Banque" (1998), 43-48.

DI AMATO, Astolfo, *Impresa e Nuovi Contratti.* Ed. Scientiche Italiane, Napoli, 1991.

DIAS, G. Figueiredo, *A Assistência Técnica nos Contratos de Know-How.* Coimbra Editora, Coimbra, 1995.

DIAS, G. Figueiredo, *Desconto Bancário e Responsabilidade do Descontário pelo Extravio do Título de Desconto.* In: 57 "Revista da Banca" (2004), 31-54.

DIAS, G. Figueiredo, *Project Finance (Primeiras Notas).* In: "Miscelâneas do IDET", 113-160, Almedina, Coimbra, 2004.

DIAS, J. Figueiredo (dir.), *Comentário Conimbricense do Código Penal*, "Parte Especial". 2 volumes, Coimbra Editora, Coimbra, 1999.

DIAS, J. Pereira, *Contributo para o Estudo dos Actuais Paradigmas das Cláusulas de Garantia e/ou Segurança.* In: AAVV, "Estudos em Homenagem ao Professor Doutor I. Galvão Telles", vol. IV, 879-1029, Almedina, Coimbra, 2003.

DIETRICH, Gerhard, *Der Kauf im Selbstbedienungsladen.* In: 25 "Der Betrieb" (1972), 957-959.

DÍEZ, P. Portellano, *El Reaseguro – Nuevos Pactos.* Civitas, Madrid, 2007.

Direito dos Contratos Comerciais

DILOY, Christel, *Le Contrat d'Agence Commerciale en Droit International de la Distribution*. LGDJ, Paris, 2000.

DINAUER, Joseph, *Allfinanz – Grundzüge des Finanzdienstleistungsmarkts*. Oldenbourg Verlag, München, 2001.

DOHMEN, Michael, *Informations- und Beratungspflichten vor Abschluss des Versicherungsvertrags*. Peter Lang, Frankfurt am Main, 2007.

DOHSE, Philip, *Der multimodale Gütertransportvertrag*. Dissertação, Hamburg, 1994.

DOM, Jean-Philippe, *Les Montages en Droit des Sociétés*. Joly, Paris, 1998.

DONADIO, Giuseppe, *Il Riporto*. Canfora, Bari, 1980.

DOR, Léopold/ VILLENEAU, Jacques, *Le Remorquage en Droit Maritime*. LGDJ, Paris, 1959.

DRAETTA, Ugo, *Ancora in Tema di Documenti Precontrattuali: Gli "Standstill Agreements"*. In: 2 "Il Diritto del Commercio Internazionale" (1988), 531-537.

DRAETTA, Ugo, *Criteri per la Redazione di un Subcontratto Internazionale*. In: Galgano, Francesco (dir.), "I Contratti del Commercio, dell'Industria e del Mercato Finanziario", vol. II, 1419-1436, Utet, Torino, 1995.

DRAETTA, Ugo, *Documenti Pre-Contrattuali ad Acquisti di Società: Confidentiality Agreements e Protezione Contro Hostile Takeovers*. In: 2 "Il Diritto del Commercio Internazionale" (1988), 181-188.

DRAETTA, Ugo, *Gli Usi del Commercio Internazionale nella Formazione di Contratti Internazionali*. In: Draetta, Ugo/ Vaccà, Cesare (dir.), "Fonti e Tipi del Contratto Internazionale", 49-72, EGEA, Milano, 1991.

DRAETTA, Ugo, *La Battle of the Forms nella Prassi del Commercio Internazionale*. In: 22 "Rivista di Diritto Internazionale Privato e Processuale" (1986), 319-340.

DRAETTA, Ugo, *Les Clauses de Force Majeure et de Hardship dans les Contrats Internationaux*. In: 3 "Revue de Droit des Affaires Internationales" (2002), 347-358.

DRUMMOND, France, *Le Contrat comme Instrument Financier*. In: "Mélanges en Hommage à François Terré", 661-675, Puf, Paris, 1999.

DRURY, Susan, *Bankassurance in the 21th Century: Global Opportunities*. VRL Publishing/ Lafferty Group, London, 2005.

DU BUISSON, Joachim, *Die Reichweite der Erlaubnistatbestände Emissionsgeschäft und Eigenhandel für andere in §1 Kreditwesengesetz (KWG)*. In: 57 "Wertpapier--Mitteilungen – Zeitschrift für Wirtschafts- und Bankrecht" (2003), 1401-1412.

DUARTE, Paulo, *A Posição Jurídica do Consumidor na Compra e Venda Financiada: Confronto entre o Regime em Vigor (RJCC) e o Anteprojecto do Código do Consumidor*. In: 7 "Estudos de Direito do Consumidor" (2005), 379-408.

DUARTE, R. Pinto, *A Convenção Unidroit Sobre a Locação Financeira Internacional – Tradução e Notas*. In: "Escritos sobre «Leasing» e «Factoring»", 111-136, Principia, Cascais, 2001.

DUARTE, R. Pinto, *A Penhora e a Venda Executiva do Estabelecimento Comercial*. In: 9 "Themis – Revista da Faculdade de Direito da Universidade Nova de Lisboa" (2004), 123-135.

DUARTE, R. Pinto, *Contratos de Intermediação no Código dos Valores Mobiliários*. In: 7 "Cadernos do Mercado de Valores Mobiliários" (2000), 351-372.

Bibliografia

DUARTE, R. Pinto, *Curso de Direitos Reais*. Principia, Lisboa, 2007.

DUARTE, R. Pinto, *Escritos sobre "Leasing" e "Factoring"*. Principia, Cascais, 2001.

DUARTE, R. Pinto, *O Direito de Regresso do Vendedor Final na Venda para Consumo*. In: II "Themis – Revista da Faculdade de Direito da Universidade Nova de Lisboa" (2001), 173-194.

DUARTE, R. Pinto, *O Penhor de Estabelecimento Comercial*. In: AAVV, "Comemorações dos 35 Anos do Código Civil", vol. III, 63-77, Coimbra Editora, Coimbra, 2007.

DUARTE, R. Pinto, *Tipicidade e Atipicidade dos Contratos*. Almedina, Coimbra, 2000.

DUBISSON, Michel, *Caractéres Juridiques du Contrat de Coopération en Matière Industrielle et Commerciale*. In: X "Droit et Pratique du Commerce Internationale" (1984), 297-311.

DUBISSON, Michel, *Les Accords de Coopération dans le Commerce International*. Lamy, Paris, 1989.

DUBOUT, Hubert, *La Distinction des Clauses d'Ajustement de Prix et des Clauses de Garantie dans les Contrats d'Acquisition d'Entreprise*. In: "Bulletin Joly Sociétés" (2004), n.° 6, 891-903.

DUBOUT, Hubert, *Les Engagements de Confidentialité dans les Opérations d'Acquisition d'Entreprises*. In: 235 "Bulletin Joly Sociétés" (1992), 722-728.

DUPICHOT, Jacques/ GUÉVEL, Didier, *Effets de Commerce et Chéque*. 5ème édition, Montchrestien, Paris, 1996.

DURÁ, R. Marimón, *La Nueva Edición de las Reglas de la CCI para los Créditos Documentarios*. In: 263 "Revista de Derecho Mercantil" (2007), 7-68.

DURAND, Patrick, *Le G.I.E. en Droit International et Comparé*. In: 96 "Revue des Sociétés" (1978), 53-71.

DURAND-BARTHEZ, Pascal, *Le Troc dans le Commerce International et les Opérations de Switch*. In: VIII "Droit et Pratique du Commerce International" (1982), 195-208.

DUTILLEUL, F. Collart/ DELEBECQUE, Philippe, *Contrats Civils et Commerciaux*. 7ème édition, Dalloz, Paris, 2004.

DVORAK, Jenny, *Der Lizenzvertrag im Franchising*. Peter Lang, Frankfurt am Main, 2006.

EACON, Mark/ DERRY, Andrew/ MIRFENDERESKI, Daniush, *Inflation-Indexed Securities – Bonds, Swaps and Other Derivatives*. John Wiley & Sons, West Sussex, 2004.

EASTERBROOK, Frank, *Derivative Securities and Corporate Governance*. In: 69 "University of Chicago Law Review" (2002), 733-747.

EBERTH, Rolf, *Zur Rechtnatur der Einheitlichen Richtlinien und Gebräuche für Dokumenten-Akkreditive*. In: "Festschrift für Karl-H. Neumayer", 199-216, Nomos Verlag, Baden-Baden, 1986.

EBKE, Werner, *Internationales Devisenrecht*. RuW Verlag, Heidelberg, 1991.

ECHEGARAY, J. Díaz, *El Administrador de Hecho de las Sociedades*. Aranzadi, Navarra, 2002.

EDO, V. Cuñat, *La Función de la Proposición de Seguro en Nuestro Derecho*. In: 6 "Revista Española de Seguros" (1976), 101-136.

EDWARDS, Steven, *Legal Principles of Derivatives*. In: "Journal of Business Law" (2002), 1-32.

Direito dos Contratos Comerciais

EFFROS, Robert, *Payment Systems of the World*. 2 volumes, Oceana Publications, New York/ London/ Rome, 1994.

EGGERS, Peter/ PICKEN, Simon/ FOSS, Patrick, *Good Faith and Insurance Contracts*. 2nd edition, LLP, London, 2004.

EGUIDAZU, J. Alemany, *Auditoría Legal – "Due Diligence" y Opiniones Legales en los Negocios Mercantiles*. Civitas, Madrid, 2008.

EHLERS, Harald, *Unternehmenssanierung nach der Insolvenzordnung*. 2. Aufl., Beck, München, 2000.

EILENBERGER, Guido, *Währungsrisiken, Währungsmanagement und Devisenkurssicherung*. 2. Aufl., F. Knapp, Frankfurt am Main, 1986.

EISEN, Mathias, *Haftung und Regulierung internationaler Rating-Agenturen*. Peter Lang, Frankfurt am Main, 2007.

EKKENGA, Jens, *Effektengeschäft*. In: "Münchener Kommentar zum Handelsgesetzbuch", Band 5, 1197-1438, Beck, München, 2001.

EKKENGA, Jens, *Grundfragen der AGB-Kontrolle von Franchise-Verträge*. In: 34 "Die Aktiengesellschaft" (1989), 301-316.

ELLER, Roland (Hrgs.), *Handbuch Derivativer Instrumente*. Schäffer-Poeschel, Stuttgart, 1996.

EMMERICH, Volker, *Kartellrecht*. 11. Aufl., Beck, München, 2008.

ENDRIGKEIT, Kurt, *Unterfrachtführer und Teilfrachtführer in der CMR*. In: 20 "Versicherungsrecht – Juristische Rundschau für die Individualversicherung" (1969), 587-589.

ENGE, H. Joachim, *Transportversicherung*. 3. Aufl., Gabler, Wiesbaden, 1996.

ENNA, Giovanni, *Attività Finanziaria e Copertura dei Rischi sui Tassi di Interesse. Contratti a Termine Futures, Profili Civili, Contabili e Fiscali*. In: "Impresa Commerciale Industriale" (1999), 1520-1527.

ENRIQUES, Luca, *Dalle Attività di Intermediazione Mobiliare ai Servizi di Investimento*. In: 43 "Rivista delle Società" (1998), 1013-1038.

EPIFÂNIO, M. Rosário, *Garantias Bancárias Autónomas*. In: AAVV, "Iure et de Iure – Nos Vinte Anos da Faculdade de Direito da UCP", 319-365, UCP Editora, Porto, 1998.

EPIFÂNIO, M. Rosário, *Os Efeitos Substantivos da Falência*. UCP Editora, Porto, 2000.

EPP, Wolfgang, *Franchising und Kartellrecht*. Carl Heymanns, Köln, 1994.

ERNE, Roland, *Die Swapgeschäfte der Banken: eine rechtliche Betrachtung der Finanzswaps unter besonderer Berücksichtigung des deutschen Zivil-, Börsen-, Konkurs- und Aufsichtsrechts*. Duncker & Humblot, Berlin, 1992.

ERNE, Roland, *Modernes Zinsmanagement durch Einsatz von Zinssatzswaps – viele Chancen kaum Risiken*. In: 36 "Der Betrieb" (1994), 1809-1812.

EROLI, Massimo, *I Consorzi di Collocamento di Valori Mobiliari*. Ed. Scientifiche Italiane, Milano, 1989.

ESSOMBE-MOUSSIO, Jean-Jacques, *La Gestion de Portefeuille*. In: AAVV, "La Modernisation des Activités Financières", 141-154, Joly, Paris, 1996.

ESTEVES, J. Vasconcelos (coord.), *Direito Marítimo*, vol. IV ("Seguro Marítimo – Sua Problemática Actual"). Petrony, Lisboa, 1988.

Bibliografia

ESTEVES, J. Vasconcelos, *Direito Marítimo – Contratos de Exploração de Navio.* Petrony, Lisboa, 1988.

ETCHEVERRY, R. Aníbal, *La Solidaridad en Materia Mercantil.* In: 103 "El Derecho" (1981), 644-658.

ETCHEVERRY, R. Aníbal, *Obligaciones y Contratos Comerciales.* Astrea, Buenos Aires, 1994.

ETTER, Laurent, *Le Contrat de Compte Courant.* Schulthess Polygraphischer Verlag, Zürich, 1994.

EVANS-V.KRBEK, Franziska, *Die analoge Anwendung der Vorschriften des Handelsvertreterrechts auf der Vertragshändler.* Gieseking Verlag, Saarbrücken, 1973.

FABOZZI, Frank, *Securities Lending and Repurchase Agreements.* John Wiley & Sons, New York, 1996.

FABRE, Régis, *Le Prêt à Usage en Matière Commerciale.* In: XXX "Revue Trimestrielle de Droit Commercial et Économique" (1977), 193-239.

FABRE, Régis, *Les Clauses d'Adaptation dans les Contrats.* In: LXXXII "Revue Trimestrielle de Droit Civil" (1983), 1-30.

FABRIZIO, Stefano, *Gli "Studi" Prodotti dagli Analisti Finanziari. Conflitti di Interessi, Prime Evidenze Empiriche.* In: XIX "Banca, Imprese e Società" (2000), 187-212.

FAMA, Eugene, *Banking and the Theory of Finance.* In: 10 "Journal of Monetary Economics" (1980), 10-19.

FANAN, Lavinia, *Lease-Back.* In: Galgano, Francesco (dir.), "I Contratti del Commercio, dell'Industria e del Mercato Finanziario", vol. I, 779-817, Utet, Torino, 1995.

FARIA, J. Manuel, *Regulando a Actividade Financeira: As Actividades de Intermediação Financeira.* In: 15 "Cadernos do Mercado de Valores Mobiliários" (2002), 263-286.

FARNSWORTH, E. Allan, *Contract Formation: Two Models Compared.* In: Bonell, M. Joachim/ Bonelli, Franco (eds.), "Contratti Commerciali Internazionali e Principi Unidroit", 171-181, Giuffrè, Milano, 1997.

FAVARO, Maurizio, *Assicurazione, Trasporti e Incoterms 2000.* Ipsoa, Milano, 2001.

FERNANDES, L. Carvalho, *Teoria Geral do Direito Civil,* volumes I (5.ª edição) e II (4.ª edição). UCP Editora, Lisboa, 2007-2009.

FERNANDES, L. Carvalho/ LABAREDA, João, *Código da Insolvência e da Recuperação de Empresas Anotado.* Quid Juris, Lisboa, 2008.

FERNÁNDEZ, M. Alba, *Documentos de Transporte y Negociabilidad en un Entorno Electrónico.* In: 263/265 "Revista de Derecho Mercantil" (2007), 69-114 e 489-532.

FERRARI, Franco, *La Vendita Internazionale.* Cedam, Padova, 2007.

FERRARI, Franco, *Le Convenzioni di Diritto del Commercio Internazionale.* Giuffrè, Milano, 2002.

FERRARINI, Guido, *I Derivati Finanziari tra Vendita a Termine e Contratto Differenziale.* In: AAVV, "Derivati Finanziari", 24-44, Edibank, Milano, 1993.

FERRARINI, Guido/ RECINE, Fabio, *The MiFID and Internalisation.* In: Ferrarini, Guido/ Wymeersch, Eddy (dir.), "Investor Protection in Europe: Corporate Law Making, the MiFID and Beyond", 235-267, Oxford University Press, Oxford, 2006.

FERREIRA, A. José, *Direito dos Valores Mobiliários.* AAFDL, Lisboa, 1997.

FERREIRA, A. José, *Operações de Futuros e Opções.* In: AAVV, "Direito dos Valores Mobiliários", 121-188, Lex, Lisboa, 1997.

783

Direito dos Contratos Comerciais

FERREIRA, A. José, *Ordem de Bolsa*. In: 52 "Revista da Ordem dos Advogados" (1992), 467-511.

FERREIRA, A. Pedro, *Direito Bancário*. Quid Juris, Lisboa, 2005.

FERREIRA, A. Pedro, *A Relação Negocial Bancária – Conceito e Estrutura*. Quid Juris, Lisboa, 2005.

FERREIRA, A. Pedro, *Um Caso Especial de Cessão de Créditos sem Garantia – O Denominado "Forfaiting"*. In: AAVV, "Nos 20 Anos do Código das Sociedades Comerciais", vol. II, 337-378, Coimbra Editora, Coimbra, 2007.

FERREIRA, D. Fonseca, *Do Mandato Civil e Comercial*. Ed. de Autor, Lisboa, 1968.

FERREIRA, D. Veloso, *Aceite Bancário – Garantia Bancária Autónoma*. Rei dos Livros, Lisboa, 1988.

FERREIRA, Elsa, *A Directiva Relativa a Mercados de Instrumentos Financeiros: Um Marco Regulatório e seus Desafios para os Agentes de Mercado*. In: 25 "Cadernos do Mercado de Valores Mobiliários" (2006), 28-42.

FERRERO, Emma, *Contratto Differenziale*. In: VIII "Contratto e Impresa" (1992), 475-489.

FERRI, Giuseppe, *L'Impresa nella Struttura del Contratto di Assicurazione*. In: AAVV, "Studi sulle Assicurazioni", 111-130, Giuffrè, Milano, 1963.

FERRO, Mário, *Da Exigibilidade do Saldo da Conta Corrente*. In: 36 "Gazeta da Relação de Lisboa" (1922), 193-195.

FERRY, Jean-Marc, *Le Fondement Juridique de l'Effet Comptable de la "Défaisance Économique"*. In: 92 "Jurisclasseur Périodique (Édition Entreprise)" (1991), 471-473.

FEUERRIEGEL, Stefan, *Die vorvertragliche Phase im Franchising*. Lit Verlag, Berlin--Hamburg-Münster, 2004.

FIGLEWSKY, Stephen/ SILBER, William/ SUBRAHMANYAM, Marti, *Financial Options: From Theory to Practice*. McGraw-Hill, New York, 1992.

FIGUEIREDO, Mário, *Contrato de Conta Corrente*. Coimbra Editora, Coimbra, 1923.

FINOCCHIARO, Giusella, *Documento Elettronico*. In: X "Contratto e Impresa" (1994), 433-450.

FIORENTINO, Adriano, *Il Conto Corrente*. In: Vassali, Filippo (dir.), "Tratatto di Diritto Civile Italiano", vol. 8, Utet, Torino, 1952.

FISCHER, David/ GREEN, Michael/ POWERS, William/ SANDERS, Joseph, *Product Liability: Cases and Materials*. 4th edition, West, St. Paul, Minnesota, 2006.

FISCHER, Franz, *Der "Güter"-Begriff der CMR*. In: 18 "Transportrecht" (1995), 326-337.

FLACH, Uwe/ SOMMER, Daniel, *Caps*. In: AAVV, "Handbuch Corporate Finance", Deutscher Wirtschaftsdienst, Köln, 1997.

FLAMINI, Antonio, *Il Trasporto Amichevole*. Jovene, Napoli, 1977.

FLECKNER, Andreas, *Finanztermingeschäfte in Devisen*. In: 16 "Zeitschrift für Bankrecht und Bankwirtschaft" (2005), 96-111.

FLORÈS, D. Velardocchio, *Les Accords Extra-Statutaires entre Associés*. Presses Universitaires, Aix-en-Marseille, 1993.

FONSECA, T. Soares, *Do Contrato de Opção – Esboço de uma Teoria Geral*. Lex, Lisboa, 2001.

FONSECA, T. Soares, *Penhor de Acções*. 2.ª edição, Almedina, Coimbra, 2007.

FONTAINE, Marcel, *Droit des Contrats Internationaux. Analyse et Rédaction de Clauses*. Feduci, Paris, 1989.

Bibliografia

FONTAINE, Marcel, *L'Adaptation des Contrats Internationaux au Changement de Circonstances*. In: AAVV, "Nuove Tendenze del Commercio Internazionale", vol. I, 450-458, Ed. Tirrenia-Stampatori, Torino, 1980.

FONTAINE, Marcel, *La Notion de Sinistre dans les Assurances de Responsabilité*. In: "Mélanges en l'Honneur de Yvonne Lambert-Faivre", 199-208, Dalloz, Paris, 2002.

FONTAINE, Marcel, *Les Dispositions Relatives au Hardship et à la Force Majeure*. In: Bonell, M. Joachim/ Bonelli, Franco (eds.), "Contratti Commerciali Internazionali e Principi Unidroit", 183-191, Giuffrè, Milano, 1997.

FONTAINE, Patrice, *La Gestion du Risque de Change*. Economica, Paris, 1996.

FORNI, Simone, *Assicurazione e Impresa*. Giuffrè, Milano, 2009.

FRANCO, A. Sousa, *Nota sobre o Princípio da Liberdade Económica*. In: 355 "Boletim do Ministério da Justiça" (1986), 11-40.

FRANKEN, Kai, *Das Recht des Terminhandels – OTC-Optionen als Grenzfälle des Börsentermingeschäfts*. Duncker & Humblot, Berlin, 1997.

FRANZEN, Dietmar, *Design of Master Agreements for OTC Derivatives*. Springer Verlag, Berlin, 2000.

FRASE, Dick/ PERRY, Helen (eds.), *Exchanges and Alternative Trading Systems*. Sweet & Maxwell, London, 2002.

FRATERNALE, Antonio, *I Contratti a Distanza*. Giuffrè, Milano, 2002.

FREITAS, J. Lebre, *Introdução ao Processo Civil – Conceito e Princípios*. Coimbra Editora, Coimbra, 1996.

FRIDMAN, Gerald, *The Law of Agency*. 7th edition, Butterworths, London, 1996.

FRIED, Jörg, *Die weiche Patronatserklärungen*. Duncker & Humblot, Berlin, 1998.

FRIEDEMAN, Lawrence/ MACAULAY, Stewart/ REHBINDER, Manfred, *The Impact of Large Scale Business Enterprise upon Contract*. In: "International Encyclopedia of Comparative Law", vol. VII, Chapter 3, Mohr Siebeck, Tübingen, 1997.

FRIEDMANN, Wolfgang/ KALMANOFF, George (eds.), *Joint International Business Ventures*. Cambrige University Press, New York, 1961.

FRIGNANI, Aldo, *Hardship Clause*. In: "Factoring, Leasing, Franchising, Venture Capital, Leveraged Buy-Out, Hardship Clause, Countertrade, Cash-and-Carry, Merchandising", 391-437, 4.ª edizione, Giappichelli, Torino, 1991.

FUCHS, Andreas, *Zur Disponibilität gesetzlicher Widerrufsrechte im Privatrecht*. In: 196 "Archiv für die civilistische Praxis" (1996), 313-361.

FUCHS, Tobias, *Kaufmännische Bestätigungsschreiben im englischen und französischen Recht im Vergleich zum deutschen Bestätigungsschreiben*. VVF Verlag, München, 1998.

FUGLSANG, Eric, *The Arbitrability of Domestic Antitrust Disputes: Where Does the Law Stands?*. In: XLVI "DePaul Law Review" (1997), 779-822.

FÜLBIER, Andreas, *Zivilrechtliche Einordnung von Zins- und Währungsswaps*. In: 11 "Zeitschrift für Wirtschaftsrecht und Insolvenzpraxis" (1990), 544-547.

FULCINITI, Pietro, *Contributo allo Studio Unitario dei Trasporti*. In: "Diritto dei Trasporti" (2007), 759-781.

FURMSTON, Michael, *Cheshire, Fifoot & Furmston's Law of Contracts*. 12th edition, Butterworths, London, 1991.

785

Direito dos Contratos Comerciais

FURMSTON, Michael/ POOLE, Jill, *Contract Formation – Law and Practice*. Oxford University Press, New York, 2007.

FURTADO, J. Pinto, *Curso de Direito das Sociedades*. 3.ª edição, Almedina, Coimbra, 2000.

FURTADO, J. Pinto, *Disposições Gerais do Código Comercial*. Almedina, Coimbra, 1984.

FURTADO, J. Pinto, *Obrigação Cartular e Desconto Bancário*. In: AAVV, "Temas de Direito Comercial", 89-175, Almedina, Coimbra, 1986.

FUSI, Maurizio/ TESTA, Paolina/ COTTAFAVI, Pierluigi, *La Pubblicità Ingannevole*. Giuffrè, Milano, 1993.

GALÁN, J. Font, *La Integración Publicitaria del Contrato: Un Instrumento de Derecho Privado contra la Publicidad Engañosa*. In: IV "Cuadernos de Derecho y Comercio" (1988), 7-48.

GALGANO, Francesco (ed.), *I Contratti del Commercio, dell'Industria e del Mercato Finanziario*. 4 volumes, Utet, Torino, 1995-1997.

GALGANO, Francesco, *Diritto Commerciale – L'Imprenditore*. 9.ª edizione, Zanichelli, Bologna, 2003.

GALGANO, Francesco, *I Contratti di Impresa. I Titoli di Credito. Il Fallimento*. Zanichelli, Bologna, 1980.

GALGANO, Francesco, *I Contratti di Investimento e Gli Ordini dell'Investitore all'Intermediario*. In: XXI "Contratto e Impresa" (2005), 889-895.

GALGANO, Francesco, *Il "Prodotto Misto" Assicurativo-Finanziario*. In: LI "Banca, Borsa e Titoli di Credito" (1988), 91-99.

GALGANO, Francesco, *Il Contratto di Intermediazione Finanziaria Davanti alle Sezioni Unite della Cassazione*. In: XXIV "Contratto e Impresa" (2008), 1-10.

GALLEGO, E. Martínez, *La Formación del Contrato a Través de la Oferta y Aceptación*. Marcial Pons, Madrid, 2000.

GALVÃO, Sofia, *Contrato de Cheque: Um Estudo Breve*. Lex, Lisboa, 1992.

GAMBELLA, Piergiacomo, *Le Dichiarazioni Inesatte e Reticenti Rese all'Assicuratore*. Dissertação, Cagliari, 2006.

GAMBINO, A. Maria, *L'Accordo Telematico*. Giuffrè, Milano, 1997.

GAMBINO, Agostino, *L'Assicurazione nella Teoria dei Contratti Aleatori*. Giuffrè, Milano, 1964.

GÁNDARA, L. Fernandez, *Las Cuentas en Participación: Un Ensayo de Caracterización Dogmática y Funcional*. In: AAVV, "Estudios en Homenaje al Profesor Justino Duque", vol. I, 259-313, Univ. Valladolid/ Caja Duero, Valladolid, 1998.

GANDINI, Carla, *La Nozione di Intermediazione Mobiliare*. In: VII "Contratto e Impresa" (1992), 131-197.

GANSFORT, Guy, *Der Chartervertrag im Pauschalflugreisevertrag und dessen Rechtswirkungen für den Reisenden*. Shaker, Aachen, 1996.

GANSTER, Bastian, *Die Prämienzahlung in Versicherungsrecht*. Verlag Versicherungswirtschaft, Karlsruhe, 2008.

GARAU, A. Alcover, *La Transmisión del Riesgo en la Compraventa Mercantil*. Civitas, Madrid, 1991.

GARCIA, A. Teixeira, *OPA – Da Oferta Pública de Aquisição e seu Regime Jurídico*. Coimbra Editora, Coimbra, 1995.

Bibliografía

GARCÍA, Enrique de la Santa, *Prenda de Valores en Garantía de Operaciones Crediticias*. Marcial Pons, Madrid, 2002.

GARCÍA, G. Botana, *Los Contratos Realizados Fuera de los Establecimientos Mercantiles y la Protección de los Consumidores*. Bosch, Barcelona, 1994.

GARCÍA, J. Lorquera, *Los Préstamos en Divisas*. In: Carol, U. Nieto (dir.), "Contratos Bancarios y Parabancarios", 501-536, Lex Nova, Valladolid, 1998.

GARCÍA, M. Domínguez, *Aproximación al Régimen Jurídico de los Contratos de Distribución. Especial Referencia a la Tutela del Distribuidor*. In: 177 "Revista de Derecho Mercantil" (1985), 419-488.

GARCÍA, M. Grimaldos, *La Gestión de Tesorería Empresarial: Aproximación al Significado Jurídico del Contrato de «Confirming»*. In: 267 "Revista de Derecho Mercantil" (2008), 61-117.

GARCIA, M. Olinda, *Arrendamentos para Comércio e Fins Equiparados*. Coimbra Editora, Coimbra, 2006.

GARCÍA, P. Pérez, *La Información en la Contratación Privada. En Torno al Deber de Informar en la Ley de Defensa de los Consumidores y Usuarios*. Ministério de Sanidad y Consumo, Madrid, 1990.

GARCÍA, R. Vásquez, *El Contrato de Franquicia, Propiedad Industrial y Competencia Economica*. In: AAVV, "Derecho de Propiedad Industrial", 219-260, C. Corredores de Comercio, Madrid, 1993.

GARCIA-CRUCES, José A., *El Contrato de Factoring*. Editorial Tecnos, Madrid, 1990.

GARGALLO, M. Maroño, *El Deber de Salvamento en el Contrato de Seguro*. Comares, Valencia, 2006.

GARRIDO, Eric, *Le Crédit-Bail: Outil et Financement Structurel et d'Ingénierie Commerciale*. Éd. Revue Banque, Paris, 2002.

GARRIDO, J. Ballesteres, *Cláusulas Lesivas, Limitativas y Delimitadoras del Riesgo en el Contrato de Seguro*. In: 256 "Revista de Derecho Mercantil" (2005), 501-596.

GARRIGA, A. Pons, *La Rescisión del Contrato de Seguro*. Editorial Dykinson, Madrid, 1998

GARRIGUES, Joaquín, *Contrato de Seguro Terrestre*. 2.ª edición, Madrid, 1983.

GARRIGUES, Joaquín, *Contratos Bancarios*. 2.ª edición, Aguirre, Madrid, 1975.

GARRIGUES, Joaquín, *Curso de Derecho Mercantil*. Tomo II, 8.ª ediçâo, Aguirre, Madrid, 1983.

GARRIGUES, Joaquín, *Valor Probatorio de los Libros de Comercio*. In: 13 "Revista de Derecho Mercantil" (1948), 45-77.

GASPERONI, Nicola, *Il Pagamento del Premio di Assicurazione*. In: XXVI "Assicurazioni" (1959), 188-218.

GASS, Wolfram, *Der Speditionsvertrag im internationalen Handelsrecht*. D. Brenner, Tübingen, 1991.

GASSET, J. Rigol, *La Franquicia: Una Estrategia de Expansión*. Einia, Barcelona, 1992.

GASTAMINZA, E. Valpuesta, *Las Operaciones "Forward Rate Agreement" (FRA)*. In: AAVV, "Contratos Internacionales", 1079-1102, Ed. Tecnos, Madrid, 1997.

GASTAMINZA, E. Valpuesta, *Marco General de la Contratación Mercantil*. In: Gastaminza, E. Valpuesta/ Rute, J. Cuesta, "Contratos Mercantiles", tomo I, 25-109, Bosch, Barcelona, 2001.

Direito dos Contratos Comerciais

GASTAMINZA, E. Valpuesta/ RUTE, J. Cuesta (dir.), *Contratos Mercantiles*. 3 volumes, Bosch, Barcelona, 2007.

GAUDIO, Vicenzo, *I Future su Indice Azionari*. In: 7 "Amministrazione & Finanza" (1991), 365-371.

GAUVAIN, Alain, *Droit des Dérivés de Crédit*. Éd. Revue Banque, Paris, 2003.

GAVALDA, Christian, *Les Cartes de Paiement et de Crédit*. Dalloz, Paris, 1994.

GAYÁN, E. Rodríguez, *El Arbitraje Internacional en la Pólizas de Fletamento y en los Conocimientos de Embarque*. In: XIII "Revista de la Corte Española de Arbitraje" (1996), 10-28.

GEHRKE, Florian, *Das elektronische Transportdokument*. LIT Verlag, Münster, 2005.

GENOVESE, Antonio, *Alienazione delle Cose Assicurate*. Cedam, Padova, 1962.

GERBIER, Jean, *Le Factoring*. Éd. Dunod, Paris, 1970.

GERSTER, Stefan, *Das Escrow Agreement als obligationenrechtlicher Vertrag*. Schulthess Polygraphischer Verlag, Zurich, 1991.

GEVA, Benjamin, *The Law of Electronic Funds Transfers*. Matthew Bender, New York, 1992.

GHESTIN, Jacques, *Conformité et Garanties dans la Vente*. LGDJ, Paris, 1983.

GHESTIN, Jacques, *La Formation du Contrat*. 3ème édition, LGDJ, Paris, 1993.

GHIA, Lucio, *I Contratti di Finanziamento dell'Impresa*. 2 volumes, Giuffrè, Milano, 1997-2005.

GHIA, Lucio, *Il Pegno Bancario*. In: LXVII "Il Diritto Fallimentare e delle Società Commerciali" (1992), 180-184.

GHIROTTI, Enrico, *Il Patto di non Concorrenza nei Contratti Commerciali*. Giuffrè, Milano, 2008.

GHOSCH, Dili/ CLARCK, Ephraim, *Arbitrage, Hedging, and Speculation: The Foreign Exchange Market*. Praeger, New York, 2004.

GIERMANN, Heiko, *The Evidentiary Value of Bills of Lading and Estoppel*. LIT Verlag, Münster, 2004.

GIL-DELGADO, M. Corripio, *Los Contratos Informáticos. El Deber de Información Precontratual*. Comillas, Madrid, 1991.

GILMORE, Grant, *The Death of Contract*. Ohio State University Press, Columbus, 1974.

GIMALAC, Laurent, *Le Contrat d'Intégration Révélé par les Actions en Comblement et en Extension du Passif*. In: LII "Revue Trimestrielle de Droit Commercial et de Droit Économique" (1999), 601-628.

GIORGIANNI, Francesco/ TARDIVO, Carlo-Maria, *Manuale di Diritto Bancario*. Giuffrè, Milano, 2005.

GIOVANOLI, Laurent, *Rechtsprobleme von Repurchase Agreements (Repos)*. Schulthess Juristische Medien, Zürich, 2003.

GIRINO, Emilio, *Break Forward Contract*. In: 1 "Amministrazione & Finanza" (1994), 53-55.

GIRINO, Emilio, *Collar Swaps*. In: 19 "Amministrazione & Finanza" (1993), 1210-1215.

GIRINO, Emilio, *Forward Rate Agreement*. In: 5 "Amministrazione & Finanza" (1993), 317-323.

GIRINO, Emilio, *I Contratti Derivati*. Giuffrè, Milano, 2001.

Bibliografia

Girino, Emilio, *Stock Index Financial Future*. In: 5 "Amministrazione & Finanza" (1989), 1413-1417.

Glais, Michel, *L'Exploitation Abusive d'un État de Dépendance Économique*. In: 97 "Revue d'Économie Industrielle" (1994), 81-98.

Gleichmann, Karl, *Europäische Wirtschaftliche Interessenvereinigung*. In: 149 "Zeitschrift für das gesamte Handelsrecht und Wirtschaftsrecht" (1985), 633-650.

Glover, Stephen/ Craig, Wasserman, *Partnership, Joint Venture, Strategic Alliances*. Law Journal Press, New York, 2004.

Goff, Robert, *Commercial Contracts and the Commercial Court*. In: X "Lloyds Maritime and Commercial Law Quarterly" (1984), 382-393.

Goldman, Berthold, *Le Rôle de la Pratique dans la Formation du Droit Commerciale et Économique (Rapport Général)*. In: XXXIV "Travaux de l'Association Henri Capitant" (1983), 163-178.

Gomber, Peter/ Roland, Wittner, *Systematic Internalisers – The New Trading Animals in Europe*. In: 1 "Journal of Trading" (2006), n.º 4, 104-110.

Gomes, F. Correia, *A Responsabilidade Civil dos Bancos pelo Pagamento de Cheques Falsos ou Falsificados*. Ed. Vislis, Porto, 2004.

Gomes, Júlio, *O Dever de Informação do Tomador de Seguro na Fase Pré-Contratual*. In: AAVV, "II Congresso de Direito dos Seguros", 73-114, Almedina, Coimbra, 2001.

Gomes, Júlio/ Monteiro, A. Pinto, *A "Hardship Clause" e o Problema da Alteração das Circunstâncias (Breve Apontamento)*. In: AAVV, "Iuris et de Iure", 17-40, UCP Editora, Porto, 1998.

Gomes, M. Fátima, *Contratos de Intermediação Financeira*. In: "Estudos Dedicados ao Prof. Doutor M. J. Almeida Costa", 565-599, UCP Editora, Lisboa, 2000.

Gomes, M. Fátima, *Garantia Bancária à Primeira Solicitação*. In: VIII "Direito e Justiça" (1995), 119-210.

Gomes, M. Fátima, *Subscrição Incompleta e Tomada Firme*. In: VIII "Direito e Justiça" (1994), 201-292.

Gomes, M. Januário, *Assunção Fidejussória de Dívida: Sobre o Sentido e o Âmbito da Vinculação do Fiador*. Almedina, Coimbra, 2000.

Gomes, M. Januário, *Contrato de Mandato Comercial – Questões de Tipologia e Regime*. In: AAVV, "Operações Comerciais", 465-565, Almedina, Coimbra, 1988.

Gomes, M. Januário, *Entre a Salvação Marítima e o Reboque: A Propósito do Acórdão de STJ de 5 de Junho de 2003*. In: "Estudos em Memória do Prof. Doutor António Marques dos Santos", 1053-1082, Almedina, Coimbra, 2005.

Gomes, M. Januário, *O Mandamento da Determinabilidade na Fiança Omnibus e o AUJ n.º 4/2001*. In: "Estudos de Direito das Garantias", vol. I, 109-137, Almedina, Coimbra, 2004.

Gomes, M. Januário, *Ser ou não ser Conforme, Eis a Questão – Em Tema de Garantia Legal de Conformidade na Venda de Bens de Consumo*. In: 21 "Cadernos de Direito Privado" (2008), 3-20.

Gomes, M. Maia, *O Contrato de Seguro. Condições Gerais da Apólice*. Dissertação, Coimbra, 1990.

Direito dos Contratos Comerciais

GOMEZ, A. Almoguera, *La Titulación Crediticia. Un Estudio Interdisciplinario.* Civitas, Madrid, 1995.

GÓMEZ-JORDANA, Iñigo, *Contratos Mercantiles Atípicos. Floors, Caps, Collars.* In: XLV "Revista de Derecho Bancario y Bursátil" (1992), 187-240.

GONÇALVES, L. Cunha, *Comentário ao Código Comercial Português.* 3 volumes, Ed. José Bastos, Lisboa, 1914 a 1918.

GONÇALVES, L. Cunha, *Da Compra e Venda no Direito Comercial Portuguez.* Imprensa da Universidade, Coimbra, 1909.

GONÇALVES, L. Cunha, *Da Conta em Participação.* Coimbra Editora, Coimbra, 1923.

GONÇALVES, Renato, *Nótolas Comparatísticas sobre os Conceitos de Valor Mobiliário, Instrumento do Mercado Monetário e Instrumento Financeiro na DMIF e no Código de Valores Mobiliários.* In: 19 "Cadernos do Mercado de Valores Mobiliários" (2004), 94-103.

GONZÁLEZ, J. Pérez-Serrabona, *La Póliza y la Documentación del Contrato de Seguro.* Comares, Granada, 2003.

GONZÁLEZ, J. Prada, *Algunos Aspectos de los Préstamos Bancarios.* In: IV "Revista de Derecho Bancario y Bursátil" (1984), 309-344.

GONZALEZ, P. Boullosa, *Gestão de Carteiras – Deveres de Informação.* In: 30 "Cadernos do Mercado de Valores Mobiliários" (2008), 147-166.

GONZÁLEZ, R. Lara, *Las Causas de Extinción del Contrato de Agencia.* Civitas, Madrid, 1998.

GOOCH, Anthony/ KLEIN, Linda, *Documentation for Derivatives.* Euromoney, London, 1993.

GOODE, Roy, *Commercial Law in Next Millenium.* Sweet & Maxwell, London, 1998.

GOODE, Roy, *Commercial Law.* 3rd edition, Butterworths, London, 2004.

GOODE, Roy, *Legal Problems of Credit and Security.* 3rd edition, Sweet & Maxwell, London, 2003.

GOOVAERTS, Marc/ VIJDLER, F. Etienne/ HAEZENDONCK, Jan, *Insurance Premiums. Theory and Applications.* North-Holland, Amsterdam, 1984.

GORGONI, Marinela, *Il Credito al Consumo.* Giuffrè, Milano, 1994.

GORIS, Paul, *The Legal Aspects of Swaps: An Analysis Based on Economic Substance.* Graham & Trotman/ Martinus Nijhoff, London, 1994.

GORTON, Gary/ KAHN, James, *The Design of Bank Loan Contracts.* In: 13 "Review of Financial Studies" (2000), 331-364.

GORTON, Lars, *A Practical Guide to Contracts of Affreightment and Hybrid Contracts.* LLP, London, 1986.

GOTTSFIELD, Robert/ LOPEZ, Michael/ HICKS, William, *Derivatives: What They Are, What They Cause, What's The Law.* In: 32 "Arizona Attorney" (1996), 33-47.

GOTTWALD, Peter (Hrsg.), *Internationales Schiedsgerichtsbarkeit: Generalbericht und Nationalberichte.* Gieseking Verlag, Bielefeld, 1997.

GRALHEIRO, João, *Da Usucapibilidade das Quotas Sociais.* In: 59 "Revista da Ordem dos Advogados" (1999), 1137-1152.

GRANIER, Thierry, *La Titrisation: Aspects Juridique et Financier.* Economica, Paris, 2004.

GRAZIADEI, Gianfranco, *La Convenzione d'Assegno.* Morano, Napoli, 1970.

Bibliografia

GRAZIOSI, Andrea, *Premesse ad una Teoria Probatoria del Documento Informatico*. In: L "Rivista Trimestrale di Diritto e Procedura Civile" (1998), 481-529.

GREAVES, Rosa, *Transport Law of the European Community*. Athlone, London, 1991.

GREEBAUM, Stuart/ THAKOR, Anjan, *Contemporary Financial Intermediation*. 2nd edition, Elsevier, Amsterdam, 2007.

GREENE, Mark/ TRIESCHMANN, James/ GUSTAVSON, Sandra, *Risk and Insurance*. 8th edition, Thomson South-Western, Mason, 1991.

GREINER, Hans-Peter, *Kontrahierungszwang als Folge des kartellrechtlichen Diskriminierungsverbots*. Dissertação, Regensburg, 1975.

GRIGOLI, Michele, *Il Trasporto*. In: Rescigno, Pietro (dir.), "Trattato di Diritto Privato", vol. 11, Utet, Torino, 1984.

GRÖHE, Christian, *Der Transportvertrag als Vertrag zugunsten Dritter*. In: I "Zeitschrift für Europäisches Privatrecht" (1993), 141-149.

GRONSTEDT, Sebastian, *Vertragshändlervertrag*. 3. Aufl., RuW Verlag, Heidelberg, 1997.

GROSSI, Alessandra, *La Direttiva 2002/47/CE sui Contratti di Garanzia Finanziaria*. In: 1 "Europa e Diritto Privato" (2004), 249-272.

GROUP OF THIRTY, *Derivatives: Practices and Principles*. Washington, 1993.

GRUA, François, *Contrats Bancaires*. Economica, Paris, 1990.

GRUA, François, *Les Contrats de Base de la Pratique Bancaire*. Litec, Paris, 2000.

GRUBER, Michael, *Handelsgeschäfte*. 6. Aufl., Orac Rechtsskripten, Wien, 2000.

GRUSON, Michael (ed.), *International Commercial Agreements*. Practising Law Institute, New York, 1994.

GRUSON, Michael/ HUTTER, Stephan/ KUTSCHERA, Michael, *Legal Opinions in International Transactions*. 4th edition, Kluwer, London, 2003.

GRYSE, Bernard, *Le Monde Changeant des Assurances*. Larcier, Paris, 2007.

GUCCIONE, A. Valerio, *I Contratti di Garanzia Finanziaria*. Giuffrè, Milano, 2008.

GUGLIELMETTI, *Consorzi Industriali*. In: IV "Nuovissimo Digesto Italiano" (1959), 269-285.

GUILARTE, J. Sánchez-Calero, *El Contrato Autónomo de Garantía. Las Garantías a Primera Demanda*. CDBB, Madrid, 1995.

GUILD, Ian/ HARRIS, Rhodri, *Forfaiting – An Alternative Approach to Export Finance Trade*. Universe, New York, 1986.

GUIMARÃES, M. Raquel, *Algumas Considerações sobre o Aviso n.º 11/2001 do Banco de Portugal, de 20 de Novembro, Relativo aos Cartões de Crédito e de Débito*. In: I "Revista da Faculdade de Direito da Universidade do Porto" (2004), 247-276.

GUIMARÃES, M. Raquel, *As Transferências Electrónicas de Fundos e os Cartões de Débito*. Almedina, Coimbra, 1999.

GUIMARÃES, M. Raquel, *Os Cartões Bancários e as Cláusulas Contratuais Gerais na Jurisprudência Portuguesa e Espanhola*. In: XLIII "Revista de Direito e de Estudos Sociais" (2002), 55-91.

GUIMARÃES, M. Raquel/ REDINHA, M. Regina, *A Força Normativa dos Avisos do Banco de Portugal – Reflexão a Partir do Aviso n.º 11/2001, de 20 de Novembro*. In: AAVV, "Nos 20 Anos do Código das Sociedades Comerciais", vol. III, 707-723, Coimbra Editora, Coimbra, 2007.

GUIZZI, Giuseppe, *Mercato Concorrenziale e Teoria del Contratto*. In: 97 "Rivista del Diritto Commerciale e del Diritto Generale delle Obbligazioni" (1999), 67-131.

791

Direito dos Contratos Comerciais

GUTTERMAN, Alan, *The Law of Domestic and International Strategic Alliances*. Quorum Books, Westport, 1995.

GUTZWILLER, Christoph, *Der Vermögensverwaltungsvertrag*. Schulthess Polygraphischer Verlag, Zürich, 1989.

GUYÉNOT, Jean, *Dix Ans de Pratique des Groupements d'Intérêt Économique*. In: AAVV, "Dix Ans de Droit de l'Entreprise", 335-372, Librairies Techniques, Paris, 1978.

GUYÉNOT, Jean, *Les Contrats de Concession Commerciale*. Sirey, Paris, 1968.

HAAK, Krinj, *The Liability of the Carrier under the CMR*. Stichting Vervoeradres, Hague, 1986.

HABERKORN, Lutz, *Schweigen auf kaufmännisches Bestätigungsschreiben*. In: 22 "Monatsschrifft für Deutsches Recht" (1968), 108-110.

HACKL, Karls, *Vertragsfreiheit und Kontrahierungszwang – Eine rechtsvergleichende Studie zum Privat- und Wirtschaftsrecht*. Duncker & Humblot, Berlin, 1980.

HAENNI, Joseph, *Carriage by Rail*. In: "International Encyclopedia of Comparative Law", vol. XII ("Law of Transport"), Chapter 2, Mohr Siebeck, Tübingen, 2000.

HAERYNCK, Wouter den, *Drafting Hardship Clauses in International Contracts*. In: AAVV, "Structuring International Contracts", 231-245, Kluwer, London, 1996.

HAGOPIAN, Mikaël, *De l'Arbitrage en Matière de Réassurance. À Propos de la Nouvelle Clause Compromissoire Anglaise*. In: LXIX "Revue Générale des Assurances Terrestres" (1992), 771-775.

HAMEL, Joseph (dir.), *La Vente Commerciale de Marchandises*. Dalloz, Paris, 1951.

HAMEL, Louis, *Le Contrat de Commission*. Dalloz, Paris, 1949.

HAMEL, Louis, *Le Gage Commercial*, Dalloz, Paris, 1953.

HANNEMANN, Brita, *Neubegründung der Lehre vom gedehnten Versicherungsfall und ihre Bedeutung für moderne versicherungsrechtliche Probleme*. Verlag Versicherungswirtschaft, Karlsruhe, 1996.

HÄNSEL, Fritz, *Privatkundenschutz beim Dispositionskredit*. Nomos Verlag, Baden-Baden, 1995.

HARDING, Paul, *A Practical Guide to the 2003 ISDA Credit Derivatives Definitions*. Euromoney Publishing, London, 2004.

HARDING, Paul, *Mastering the ISDA Master Agreements (1992 and 2002): A Practical Guide for Negotiation*. 2nd edition, FT Prentice Hall, London, 2003.

HARTEN, Carlos, *El Deber de Declaración del Riesgo en el Contrato de Seguro*. Ed. Ratio Legis, Salamanca, 2007.

HARTUNG, Klaus-Joachim, *Das Wertpapieroptionsgeschäft in der Bundesrepublik Deutschland*. Duncker & Humblot, Berlin, 1989.

HASE, Karl von, *Vertragsbindung durch Vorvertrag*. Verlag Wissenchaft und Forschung, Berlin, 1999.

HÄUSER, Franz, *Ausserbörslicher Optionsgeschäfte (OTC-Optionen) aus der Sicht des novellierten Börsengesetzes*. In: 4 "Zeitschrift für Bankrecht und Bankwirtschaft" (1992), 249-263.

HAUSER, Heinz, *Pricing und Risk-Management von Caps, Floors, Swap-Optionen*. In: AAVV, "Handbuch Derivativer Instrumente", 187-222, Schäffer-Poeschel, Stuttgart, 1996.

Bibliografia

HAYMANN, Franz, *Leistung und Gegenleistung im Versicherungsvertrag.* De Gruyter, Berlin/Leipzig, 1933.

HECK, Phillip, *Weshalb besteht ein von dem bürgerlichen Recht gesonderter Handelsprivatrecht?,* In: 92 "Archiv für die civilistiche Praxis" (1902), 434-466.

HEE, Christian/ HOFMANN, Lutz, *Wetterderivate Grundlagen, Exposure, Anwendung und Bewertung.* Gabler, Wien, 2006.

HEERMANN, Peter, *Drittfinanzierte Erwerbsgeschäfte: Entwicklung der Rechtsfigur der Trilateralen Synallagmas auf der Grundlage deutscher und U.S.-amerikanische Rechtsentwicklung.* Mohr Siebeck, Tübingen, 1998.

HEIDEL, Thomas, *Aktienrecht und Kapitalmarktrecht.* 2. Aufl., Nomos Verlag, Baden--Baden, 2007.

HEINICHEN, Otto-Raban, *Die Rechtsgrundlagen des Reisescheckverkehers.* Duncker & Humblot, Berlin, 1964.

HEINRICH, Dieter, *Vorvertrag, Optionsvertrag, Vorrechtsvertrag.* Walter de Gruyter, Berlin, 1965.

HENSCHEL, R. Franz, *The Conformity of Goods in International Sales – An Analysis of Article 35 in the United Nations Convention on the International Sale of Goods (CISG).* Forlaget Thomson, Copenhagen, 2005.

HENSCHEL, R. Ranz, *Conformity of the Goods: Interpreting or Supplementing Article 35 CISG by using the UNIDROIT Principles of International Commercial Contracts and the Principles of European Contract Law.* In: Felemegas, John (ed.), "An International Approach to the Interpretation of the United Nations Convention on Contracts for the International Sale of Goods (1980) as Uniform Sales Law", 166-174, Cambridge University Press, New York, 2006.

HENSSLER, Martin, *Risiko als Vertragsgegenstand.* Mohr Siebeck, Tübingen, 1994.

HERBER, Rolf, *Schiedsgerichtsbarkeit im Transportrecht.* In: 23 "Transportrecht" (2000), 435-441.

HERBER, Rolf, *Seefrachtvertrag und Multimodalvertrag.* RWS Verlag, Heidelberg, 2000.

HERBER, Rolf, *The Rules of Convention Relating to Buyer's Remedies in Cases of Breach of Contract.* In: AAVV, "Problems of Unification of International Sales Law", 104-129, Oceana, New York/ London/ Rome, 1980.

HERMIDA, A. Tapia, *El Contrato de Gestión de Carteras de Inversión.* CDB – Centro de Documentación Bancaria e Bursátil, Madrid, 1995.

HERMIDA, A. Tapia, *Los Contratos Bancarios de Depósito, Administración, Llevanza del Registro Contable y Gestión de Valores.* In: Carol, U. Nieto (dir.), "Contratos Bancarios y Parabancarios", 1003-1059, Lex Nova, Valladolid, 1998.

HERMIDA, A. Tapia, *Manual de Derecho de Seguros y Fondos de Pensiones.* Thomson/ Civitas, Navarra, 2006.

HERMOSILLA, Angel/ SOLÁ, Joaquín, *Cooperación entre Empresas.* IMPI, Madrid, 1989.

HERRMANN, Gerold, *The Contribution of UNCITRAL to the Development of Interational Trade Law.* In: Horn, Nobert/ Schmitthoff, Clive (eds.), "The Transnational Law of International Commercial Transactions", vol. II, 35-53, Kluwer, Antwerp, 1982.

HEUER, Klaus, *Aufeinanderflogende Frachtführer nach art. 34 CMR.* In: 7 "Transportrecht" (1984), 169-172.

HEWITT, Ian, *Joint Venture.* 4th edition, Thomson/ Sweet & Maxwell, London, 2008.

Direito dos Contratos Comerciais

HILDERBRAND, Georg, *Scheckvertrag – Guthaben und Widerruf.* Schauberg, Strasbourg, 1910.

HILL, Charles, *Competing in the Global Marketplace.* 4th edition, McGraw-Hill, Boston, 2003.

HIMMER, Richard, *Energiezertifikate in den Mitgliedstaaten der Europäischen Union.* Nomos Verlag, Baden-Baden, 2005.

HINSCH, L. Christian/ HORN, Norbert, *Der Vertragsrecht der internationale Konsortialkredite.* Walter de Guyter, Berlin/ New York, 1985.

HINZ, Robert, *Frachtvertrag und Frachtführerhaftung.* Verlag Dr. Kovac, Hamburg, 2005.

HIRTE, Heribert/ MÖLLERS, Thomas (Hrsg.), *Kölner Kommentar zum WpHG.* Carl Heymanns, Köln, 2007.

HOFFMANN, Scott, *The Law and Business of International Project Finance.* Kluwer, The Hague, 2001.

HOFMANN, Edgar, *Privatversicherungsrecht.* 4. Aufl., Beck, München, 1998.

HOHENSEE, Wolfgang, *Die unternehmenstragende Erbengemeinschaft.* Nomos Verlag, Baden-Baden, 1994.

HONDIUS, Ewoud, *Unfair Contract Terms: Towards a European Law Introduction.* In: 2 "European Review of Private Law" (1997), 121-134.

HOPT, Klaus, *Die Verantwortlichkeit der Banken bei Emissionen – Recht und Praxis in der EG, in Deutschland und in der Schweiz.* Beck, München, 1991.

HOPT, Klaus, *Emissionsgeschäft und Emissionskonsortium.* In: "Festschrift für Alfred Kellermann", 181-199, Walter de Gruyter, Berlin, 1991.

HORN, Norbert (Hrsg.), *Handelsgesetzbuch – Kommentar.* Band 4 ("Handelsgeschäfte"), 2. Aufl., De Gruyter Recht, Berlin, 2005.

HÖRSTER, H. Ewald, *Sobre a Formação do Contrato Segundo os Arts. 217.º e 218.º, 224.º a 226.º, e 228.º a 235.º do Código Civil.* In: IX "Revista de Direito e de Economia" (1983), 121-157.

HOWELLS, Geraint, *The Right of Withdrawal in European Consumer Law.* In: Schulte-Nölke, Hans/ Schulze, Reiner (Hrsg.), "Europäisches Vertragsrecht im Gemeinschaftsrecht", 229-238, Bundesanzeiger, Köln, 2002.

HU, Henry, *Hedging Expectations: "Derivative Reality" and the Law and Finance of the Corporate Objective.* In: 21 "The Journal of Corporation Law", (1995), 3-51.

HUBERT, Jacquet, *Porte Monnaie Électronique: Des Avancées.* In: VIII "ECU-Euro" (1995), 55-63.

HUDSON, Alastair, *The Law on Financial Derivatives.* 3rd edition, Sweet & Maxwell, London, 2002.

HÜFFER, Uwe/ LOOK, Frank, *Rechtsfragen zum Bankkonto.* 4. Aufl., RWS, Köln, 2000.

HULL, John, *Fundamentals on Futures and Options Markets.* 6th edition, Prentice Hall, London, 2007.

HULL, John, *Options, Futures and Other Derivatives.* 6th edition, Prentice Hall, Englewood Cliffs, 2005.

HULL, John/ WHITE, Alan, *The Valuation of Credit Default Swap Options.* In: 10 "The Journal of Derivatives" (2003), 40-50.

Bibliografia

HYLAND, Richard, *Conformity of Goods under the United Nations Sales Convention and the Uniform Commercial Code*. In: Schlechtriem, Peter (Hrsg.), "Einheitliches Kaufrecht und national Obligationenrecht", 305-341, Nomos Verlag, Baden-Baden, 1987.

HYLAND, Richard/ PATTERSON, Dennis, *An Introduction to Commercial Law*, West Group, St. Paul, Minnesota, 1999.

IANNUZZI, Mario, *Del Trasporto*. In: "Commentario del Codice Civile" (a cura de A. Scialoja e G. Branca), Libro Quarto, Bologna, Zanichelli, 1970.

IBÁÑEZ, Fernando, *Sobre el Depósito Mercantil Irregular*. In: LVIII "Revista Jurídica de Cataluña" (1959), 7-25.

IBÁÑEZ, I. Escuin, *Las Adquisiciones Financiadas nel Crédito al Consumo*. Comares, Granada, 2002.

IHLE, Jörg, *Der Informationsschutz des Versicherungsnehmers*. V. Kovac, Hamburg, 2006.

INTERNATIONAL CHAMBER OF COMMERCE, *ICC Force Majeure Clause 2003 and ICC Hardship Clause 2003: Make Sure That Contract Protects You If Disaster Strikes*. ICC, Paris, 2003.

INTERNATIONAL CHAMBER OF COMMERCE, *Incoterms 2000: ICC Official Rules for the Interpretation of Trade Terms*. ICC, Paris, 2000.

INZITARI, Bruno, *L'Impresa nei Rapporti Contrattuali*. In: Galgano, Francesco, "Trattato di Diritto Commerciale e di Diritto Pubblico dell'Economia", vol. II ("L'Impresa"), 309-425, Cedam, Padova, 1978.

IORIO, Giovanni, *Strutture e Funzione delle Clausole di Garanzia nella Vendita di Partecipazioni Sociali*. Giuffrè, Milano, 2006.

IRTI, Natalino, *L'Ordine Giuridico del Mercato*. Laterza, Roma, 2003.

IRTI, Natalino, *Scambi Senza Accordo*. In: LII "Rivista Trimestrale di Diritto e Procedura Civile" (1998), 347-364.

IRUJO, J. Embid, *Contrato Bancario y Cuenta Corriente Bancaria*. In: AAVV, "Contratos Bancarios", 91-114, Civitas, Madrid, 1992.

ITZEL, Peter, *Verwahrungsgeschäfte*. In: AAVV, "Handbuch zum deutschen und europäischen Bankrecht", 1335-1356, Springer, Berlin, 2004.

IVALDI, Paola, *Diritto Uniforme dei Trasporti e Diritto Internazionale Privato*. Giuffrè, Milano, 1990.

JABORNEGG, Peter, *Die vorläufige Deckung. Studien zum provisorischen Versicherungsvertrag*. V. Österreich, Wien, 1992.

JACOB, John/ LYS, Thomas/ NEALE, Margareth, *Expertise in Forecasting Performance of Security Analysts*. In: 28 "Journal of Accounting and Economics" (2000), 51-82.

JAEGER, P. Giusto, *Impegni Relativi all'Amministrazione Interinale della Società Fino al Closing*. In: AAVV, "Acquisizione di Società e di Pachetti Azionari di Riferimento", 117-128, Giuffrè, Milano, 1990.

JAMBU-MERLIN, Roger, *L'Arbitrage Maritime*. In: "Études Offertes à René Rodière", 401-408, Dalloz, Paris, 1981.

JAMES, Simon, *The Law of Derivatives*. LLP, London, 1999.

JAMIN, Christoph, *L'Incertaine Qualification de l'Ouverture de Crédit*. In: 16 "Dalloz – Cahiers Droit des Affaires" (2004), 1149-1152.

Direito dos Contratos Comerciais

JARDIM, Alexandre, *Acordos de Garantia Financeira: O Respectivo Regime Jurídico face ao Decreto-Lei 105/2004, de 8 de Maio (Algumas Questões)*. In: 62 "Revista da Banca" (2006), 141-169.

JARDIM, Mónica, *A Garantia Autónoma*. Almedina, Coimbra, 2002.

JARRONSSON, Charles, *Les Modes Alternatifs de Règlement des Conflits*. In: XLIX "Revue Internationale de Droit Comparé" (1997), 325-357.

JEANTIN, Michel, *Les Prêts de Titres*. In: 110 "Revue des Sociétés" (1992), 465-483.

JENSSEN, Hans, *Die europäische Mitversicherung: Ein Beitrag zur Dienstleistungsfreiheit in Europa*. Verl. Versicherungswirtschafts, Karlsruhe, 1990.

JEWSON, Stephen/ BRIX, Anders/ ZIEHMANN, Christine, *Weather Derivative Valuation*. CUP, Cambridge, 2005.

JÍMENEZ, J. Íbañez, *La Contratación en el Mercado de Valores*. In: "Tratado de Derecho Mercantil", tomo XXXIV, Marcial Pons, Madrid, 2001.

JONES, Sally, *The Law Relating to Credit Cards*. BSP, Oxford, 1989.

JORGE, F. Pessoa, *O Mandato sem Representação*. Reimpressão, Almedina, Coimbra, 2001.

JÚNIOR, E. Santos, *Acordos Intermédios: Entre o Início e o Termo das Negociações para a Celebração de um Contrato*. In: 57 "Revista da Ordem dos Advogados" (1997), 565-604.

JUSTO, A. Santos, *Contrato de Transporte Marítimo (Direito Romano)*. In: AAVV, "Nos 20 Anos do Código das Sociedades Comerciais", vol. II, 11-42, Coimbra Editora, Coimbra, 2007.

KAISER, Dirk, *Finanzintermediation durch Banken und Versicherung*. Gabler, Wiesbaden, 2006.

KÄSTLE, Florian/ OBERBRACHT, Dirk, *Unternehmenskauf – Share Purchase Agreement*. Beck, München, 2005.

KATH, Walter, *Der Schleppvertrag nach Binnenschiffahrtsrecht*. Liebheit & Thiesen, Berlin, 1919.

KAVUSSANOS, Manolis/ VISVIKIS, Ilias, *Derivatives and Risk Management in Shipping*. Whiterbys, London, 2006.

KAZEMZADEH, Kamrad, *Der Kapitalmarktswap*. V. Österreich, Wien, 1998.

KEAN, Arnold, *Strict Liability: Unbreakable Limits and the Warsaw Convention*. In: 19 "International and Comparative Law Quarterly" (1970), 124-127.

KEIJSER, Thomas, *Financial Collateral Arrangements*. Kluwer Law International, Deventer, 2006.

KELLY, David/ HOLMES, Ann/ HAYWORT, Ruth, *Business Law*. 5th edition, R. Cavendish, London, 2005.

KERORGUEN, J. Bouetiez, *La Pluralité des Comptes Ouvertes à un Même Client*. In: "Revue Banque" (1955), 689-694.

KIANTOU-PAPOUKI, Alike, *Multimodal Transport*. Bruylant, Bruxelles, 2000.

KISCH, Wilhelm, *Der Versicherungsschein*. V. Akademie u. Wiss., Berlin, 1953.

KLEIN, Linda, *Interest Rate Caps, Floors, and Collars*. In: "Journal of Bank Taxation" (1988), 57-63.

KLEINER, Beat, *Bankgarantie – Die Garantie unter besonderer Berücksichtigung des Bankgarantiegeschäftes*. 4. Aufl., Schulthess Polygraphischer Verlag, Zürich, 1990.

Bibliografia

KLINGNER-SCHMIDT, Ulrike, *Ausserbörsliche Finanztermingeschäfte (OTC-Derivative)*. In: AAVV, "Handbuch zum deutschen und europäischen Bankrecht", 1213-1233, Springer, Berlin, 2004.

KNIEHASE, Christoph, *Standstill Agreements in Deutschland und den USA*. Peter Lang, Frankfurt, 2003.

KNÖFEL, Susanne, *Die Haftung des Güterbeförderers für Hilfspersonen*. Luchterhand, Neuwied, 1995.

KNÖFLER, Kathrin, *Rechtliche Auswirkungen der Due Diligence bei Unternehmensakquisitionen*. Peter Lang, Frankfurt, 2001.

KOCH, Eberhard, *Die Richtlinie gegen unlautere Geschäftspraktiken – Aggressives Geschäftsgebaren in Deutschland und England und die Auswirkungen der Richtlinie*. Kovac, Hamburg, 2006.

KOCH, Jens, *Das Girokonto für jedermann – ein altes Problem im neuen Licht*. In: 60 "Wertpapier-Mitteilungen" (2006), 2242-2249.

KOCH, Jens, *Die Patronatserklärung*. Mohr Siebeck, Tübingen, 2005.

KÖHLER, Helmut, *Nachfragewettbewerb und Marktbeherrschung*. Mohr Siebeck, Tübingen, 1986.

KOLB, Robert, *Interest Rate Futures: Concepts and Issues*. Richmond, Virginia, 1982.

KOLLER, Ingo, *Das Lagergeschäft*. Walter de Gruyter, Berlin, 1980.

KOLLER, Ingo, *Die Abgrenzung zwischen Speditions- und Frachtsverträgen*. In: 41 "Neue Juristische Wochenschrift" (1988), 1756-1761.

KOLLER, Ingo, *Die Klagbarkeit von Prämienforderungen aus Aktienoptionen*. In: 39 "Wertpapier-Mitteilungen – Zeitschrift für Wirtschafts- und Bankrecht" (1985), 593-596.

KÖNDGEN, Johannes, *Preis- und Vergütungsgestaltung im Wertpapierhandel – Zur Obsoleszenz des Kommissionsrechts*. In: "Festschrift für Claus-Wilhelm Canaris", 183-207, Beck, München, 2007.

KOPP, Thomas, *Der Zinsswap: ein deutsch-US-amerikanischer Rechtsvergleich*. Nomos Verlag, Baden-Baden, 1995.

KOTHARI, Vinod, *Securitization: The Financial Instrument of the Future*. John Wiley & Sons, New York, 2006.

KÖTZ, Hein, *Der Einfluss des Common Law auf die internationale Vertragspraxis*. In: "Festschrift für Andreas Heldrich", 771-780, Beck, München, 2005.

KÖTZ, Hein, *Europäisches Vertragsrecht*. 2 volumes, Mohr Siebeck, Tübingen, 1996.

KOZOLCHYK, Boris, *La Contratación Comercial en el Derecho Comparado*. Editorial Dykinson, Madrid, 2006.

KRÄHENMANN, Thomas, *Das Repo-Geschäft*. P. Haupt Verlag, Bern, 1998.

KRAPF, Georg, *Der Kontokorrentvertrag*. Bleichrode, Nieft, 1936.

KRAUSE, Haiko, *Die Besteuerung hybrider Finanzinstrumente*. Peter Lang, Frankfurt am Main, 2006.

KRAUSE, M. Nobert, *Der Begriff des versicherten Interesses und seine Auswirkungen auf die Versicherung*. Verlag Versicherungswirtschaft, Karlsruhe, 1997.

KRAUSE, Nils, *Alternative Wertpapierhandelssysteme unter besonderer Berücksichtigung von Regulierungs- und Aufsichtsproblemen in Internet*. Peter Lang, Frankfurt am Main, 2005.

Direito dos Contratos Comerciais

KRAWIECK, Kimberly, *More Than Just "New Financial Bingo": A Risk-Based Approach to Understanding Derivatives*. In: 23 "Journal of Corporation Law" (1997), 1-62.

KREJCI, Heinz, *Betriebsübergang und Arbeitsvertrag*. Manz Verlag, Wien, 1972.

KRITZINER, Konrad, *Principles of the Law of Mortgage, Pledge & Lien (Principles of Commercial Law)*. Juta & Co., Kenwyn, 1999.

KRONKE, Herbert, *Entwicklungen des internationalen Kapitalmarktrechts und Schiedsgerichtsbarkeit*. In: "Liber Amicorum Karl-Heinz Böckstiegel", 431-442, Carl Heymanns, Köln, 2001.

KRONMAN, Anthony/ POSNER, Richard, *The Economics of Contract Law*. Little, Brown & Co., Boston, 1979.

KRUISINGA, Sonja, *(Non-)Conformity in the 1980 UN Convention on Contracts for the International Sale of Goods: a Uniform Concept?*. Intersentia, Antwerp/ New York, 2004.

KRUISINGA, Sonja, *What do Consumer and Commercial Sales Law Have in Common? A Comparison of EC Directive on Consumer Sales Law and the UN Convention on Contracts of International Sale of Goods*. In: 9 "European Review of Private Law" (2001), 177-188.

KRUSE, Julia, *Die vorvertragliche Anzeigepflicht in der Reform des Versicherungsvertragsgesetz*. Verlag Dr. Kovac, Berlin, 2008.

KULLMANN, Jérôme, *Y-a-t-il un Risque Juridique en Assurance?*. In: 80 "Revue d'Économie Financière" (2005), 297-316.

KÜMPEL, Siegfried, *Bank- und Kapitalmarktrecht*. 3. Aufl., Verlag Otto Schmidt, Köln, 2004.

KÜMPEL, Siegfried, *Rechtliche Aspekte der neuen Geldkarte als elektronische Geldbörse*. In: 51 "Wertpapier-Mitteilungen – Zeitschrift für Wirtschafts- und Bankrecht" (1997), 1037-1045.

KÜMPEL, Siegfried, *Zur Neugestaltung des Termin-, Differenz- und Spieleinwandes für den Bereich der Derivate*. In: 51 "Wertpapier-Mitteilungen – Zeitschrift für Wirtschafts- und Bankrecht" (1997), 49-55.

LA CORTE, Nicola, *Die harte Patronatserklärungen – Zugleich ein Plädoyer für eine geänderte Anlaßrechtsprechung*. Duncker & Humblot, Berlin, 2006.

LA TORRE, Antonio, *La Copertura Provvisoria nell'Assicurazione*. In: XXIV "Rivista Trimestrale di Diritto e Procedura Civile" (1970), 829-865.

LA TORRE, Antonio, *Le Assicurazioni*. Giuffrè, Milano, 2007.

LAKE, Ralph, *Letters of Intent and other Precontractual Documents*. Butterworths, London, 1991.

LAMANDINI, Marco/ MOTTI, Cinzia, *Scambi di Merci e Derivati su Commodities*. Giuffrè, Milano, 2006.

LAMBERT-FAIVRE, Yvonne, *Droit des Assurances*. 10ème édition, Dalloz, Paris, 1998.

LAMM, R. MacFall, *A Pan-European Stock Index Futures Contract*. In: AAVV, "The Handbook of Derivatives & Synthetics", 589-601, Probus Publishing, Chicago/ Cambridge, 1994.

LAMONTAGNE-DEFRIEZ, Jean-Marc, *The Use of Derivative Contracts (In Particular, Contracts for Differences) as Impacted by Changes to the Takeover Code and the*

Code of Market Conduct. In: 21 "Journal of International Banking Law and Regulation" (2006), 24-28.

LANDEL, James, *Fausses Déclarations et Reticences*. Argus, Paris, 1982.

LANDO, Ole/ BEALE, Hugh, *The Principles of European Contract Law. Parts I and II. Combined and Revised*. Hague, 2000.

LANDWEHR, Torsten, *Das Kommissionsgeschäft in Rechtswissenschaft, Gesetzgebung und Rechtspraxis vom 16. bis zum Ende des 18. Jahrhunderts*. Peter Lang, Frankfurt am Main, 2003.

LANGE, K. Werner, *Das Rechts der Netzwerke. Moderne Fragen der Zusammenarbeit in Produktion und Vertrieb*. RuW Verlag, Heidelberg, 1998.

LANGENBERG, Hans, *Versicherungspolice. Eine rechtsvergleichende Darstellung*. Verlag Versicherungswirtschaft, Karlsruhe, 1972.

LANGOHR, Herwig/ LANGOHR, Patricia, *The Rating Agencies and Their Credit Ratings*. John Wiley & Sons, New York, 2009.

LARENZ, Karl, *Allgemeiner Teil des deutschen Bürgerlichen Rechts*. Beck, München, 1989.

LARROUMET, Christian, *Droit Civil*, tome 3 ("Le Contrat"). 4ème édition, Economica, Paris, 1998.

LASKY, Harold, *The Cashless Society – Reality and Myth*. In: 58 "Law Institute Journal" (1984), 1206-1210.

LASSAK, Günter, *Zins- und Währungsswaps*. Fritz Knapp Verlag, Frankfurt, 1998.

LASTRES, J. García-Pita, *Compraventa Mercantil y Derecho de los Consumidores*. In: 31 "Cuadernos de Derecho y Comercio" (1994), 14-104.

LASTRES, J. García-Pita, *Derecho Mercantil de las Obligaciones*. Marcial Pons, Madrid/ Barcelona, 2003.

LASTRES, J. García-Pita, *El Contrato Bancario de Descuento*. CDBB, Madrid, 1991.

LASTRES, J. Otero, *Reflexiones sobre la Solidaridad Cambiaria*. In: XXIX "Anales de la Academica Matritense del Notariado" (1990), 30-52.

LAUDISA, Luciana, *Garanzia Autonoma e Tutela Giurisdizionale*. Giuffrè, Milano, 1993.

LAUER, Jurgen, *Vorvertragliche Informationspflichten nach schweizerischem, deutschem und franzosischem Recht*. Stämpfli Verlag, Bern, 1983.

LEAL, J. Madrazo, *El Depósito Bancario a la Vista*. Civitas, Madrid, 2001.

LEBRÓN, M. Guerrero, *La Responsabilidad Contractual del Porteador Aéreo en el Transporte de Pasajeros*. Tirant lo Blanch, Valencia, 2005.

LECLERC, Xavier, *Les Contrats Commerciaux*. Chiron Éditeurs, Paris, 2001.

LEDERMANN, Jess, *Handbook of Asset-Backed Securities*. Institute of Finance, New York, 1990.

LEDOUBLE, Dominique, *L'Entreprise et le Contrat*. Litec, Paris, 1980.

LEHMANN, Michael (Hrsg.), *Rechtsgeschäfte im Netz – Electronic Commerce*. Schäffer--Poeschel, Stuttgart, 1999.

LEHMANN, Michael, *Informationsverantwortung und Gewährleistung für Werbeangaben beim Verbrauchsgüterkauf*. In: 55 "Juristenzeitung" (2000), 280-293.

LEITÃO, L. Menezes, *A Indemnização de Clientela no Contrato de Agência*. Almedina, Coimbra, 2006.

Direito dos Contratos Comerciais

LEITÃO, L. Menezes, *A Protecção do Consumidor contra as Práticas Comerciais Desleais e Agressivas*. In: 5 "Estudos de Direito do Consumidor" (2003), 163-181.

LEITÃO, L. Menezes, *Actividades de Intermediação e Responsabilidade dos Intermediários Financeiros*. In: AAVV, "Direito dos Valores Mobiliários", vol. II, 129-156, Coimbra Editora, Coimbra, 2000.

LEITÃO, L. Menezes, *Caveat Venditor? A Directiva 1999/44/CE do Conselho e do Parlamento Europeu sobre a Venda de Bens de Consumo e Garantias Associadas e Suas Implicações no Regime Jurídico do Contrato de Compra e Venda*. In: AAVV, "Estudos em Homenagem ao Prof. Doutor I. Galvão Telles", vol. I, 263-303, Almedina, Coimbra, 2002.

LEITÃO, L. Menezes, *Código da Insolvência e da Recuperação de Empresas Anotado*. 2.ª edição, Almedina, Coimbra, 2005.

LEITÃO, L. Menezes, *Direito da Insolvência*. Almedina, Coimbra, 2009.

LEITÃO, L. Menezes, *Direito das Obrigações*, vol. I (2.ª edição), II, e III (4.ª edição). Almedina, Coimbra, 2002/2006.

LEITÃO, L. Menezes, *Garantia das Obrigações*. Almedina, Coimbra, 2006.

LEITÃO, L. Menezes, *Negociações e Responsabilidade Pré-Contratual nos Contratos Comerciais Internacionais*. In: 60 "Revista da Ordem dos Advogados" (2000), 49-71.

LEITÃO, L. Menezes, *O Novo Regime da Venda de Bens de Consumo*. In: "Estudos do Instituto de Direito do Consumo", vol. II, 37-73, Almedina, Coimbra, 2005.

LEITÃO, L. Menezes, *Os Efeitos da Declaração de Insolvência sobre os Negócios em Curso*. In: Ministério da Justiça, "Código da Insolvência e da Recuperação de Empresas", 61-68, Coimbra Editora, Coimbra, 2004.

LEITE, L. Ferreira, *Novos Agrupamentos de Empresas*. Athena, Porto, 1982.

LELOUP, Jean-Marie, *La Franchise: Droit et Pratique*. 4ème édition, Éd. Delmas, Paris, 2004.

LELOUP, Jean-Marie, *La Création de Contrats par la Pratique Commerciale*. In: AAVV, "L'Évolution Contemporaine du Droit des Contrats", 167-189, PUF, Paris, 1986.

LELOUP, Jean-Marie, *Le Règlement Communautaire Relatif à Certaines Catégories d'Accords de Franchise*. In: 13 "Jurisclasseur Périodique (Édition Entreprise)" (1989), 205-217.

LELOUP, Jean-Marie, *Les Agents Commerciaux*. 5ème édition, Delmas, Paris, 2001.

LENCART, Sofia, *A Celebração de Contratos de Reporte por Sociedades Gestoras de Fundos de Investimento*. Almedina, Coimbra, 2000.

LENER, Raffaele, *Dalla Formazione alla Forma dei Contratti sui Valori Mobiliari (Prime Note sul "Neoformalismo Negoziale")*. In: LIII "Banca, Borsa e Titoli di Credito" (1990), 777-804.

LENER, Raffaele, *Forma Contrattuale e Tutela del Contraente "Non" Qualificato nel Mercato Finanziario*. Giuffrè, Milano, 1996.

LENSKI, Wolfgang, *Zur Veräusserung der versicherten Sache*. Verlag Versicherungswirtschaft, Hamburg, 1965.

LESCHER, Rupert, *Negotiating Confidentiality Agreements and Letters of Intent*. In: AAVV, "International Joint Ventures, Mergers, and Acquisitions", 53-61, Transnational Publications, New York, 2000.

Bibliografia

LEVERENZ, Kent/ LORENZ, Egon, *Rechtliche Aspekte zum Versicherungsgeschäft im Internet*. Verlag Versicherungswirtschaft, Kalsruhe, 2001.

LIBCHACHER, Remy, *Le Dépot d'Instruments Financiers*. In: 82 "Droit et Patrimoine" (2000), 89-95.

LICHTENFELS, R. Dalwigk, *Das Effektenkommissionsgeschäft*. Carl Heymanns, Köln, 1975.

LIEB, Manfred, *Die Haftung für Verbindlichkeiten aus Dauerschuldverhältnissen bei Unternehmensübergang*. C.F. Müller Verlag, Heidelberg, 1992.

LIÉBANA, M. Carazo, *El Arbitraje Societario*. Marcial Pons, Madrid, 2005.

LIESEGANG, Helmut, *Die Bedeutung des AGB-Gesetzes für Franchiseverträge*. In: 46 "Betriebs-Berater" (1991), 2381-2385.

LIMA, F. Pires/ VARELA, J. Antunes, *Código Civil Anotado*. 6 volumes, Coimbra Editora, Coimbra, 1987-1997.

LIPARI, Nicolò, *Il Mercato: Attività Privata e Regole Giuridiche*. In: "Scritti in Onore de E. Romagnoli", 37-64, Giuffrè, Milano, 2000.

LLANOS, L. Suárez, *Bases para una Ordenación del Derecho de la Contratación Mercantil*. In: AAVV, "Jornadas sobre la Reforma de la Legislación Mercantil", 283-305, Civitas, Madrid, 1979.

LOBO, C. Baptista, *Concorrência Bancária?*. Almedina, Coimbra, 2001.

LOBUONO, Michele, *La Responsabilità degli Intermediari Finanziari*. Ed. Scientifiche Italiane, Milano, 1999.

LOBUONO, Michele, *Le Garanzie nel Project Finance*. In: 51 "Rivista di Diritto Civile" (2006), 127-157.

LOCHER, Horst, *Das Recht der Allgemeinen Geschäftsbedingungen*. Beck, München, 1997.

LOEWE, Roland, *Die Bestimmungen der CMR über Reklamationen und Klagen (Art. 30-33 CMR)*. In: 11 "Transportrecht" (1988), 309-320.

LOMBART, Odile/ MARTEAU, Didier, *Les Options de Change*. Éditions Eska, Paris, 1988.

LOOSIGIAN, Alan, *Foreign Exchange Futures*. Homewood Publ., Illinois, 1980.

LOPES, A. Baptista, *Do Contrato de Compra e Venda no Direito Civil, Comercial e Fiscal*. Almedina, Coimbra, 1971.

LÓPEZ, J. Pagador, *Condiciones Generales y Clausulas Precontratuales Predispuestas*. Marcial Pons, Madrid/ Barcelona, 1999.

LÓPEZ, M. Ferrer/ SUSO, M. Barrenechea/ IRIATE, Ainoa, *Los Contratos más Utilizados en la Empresa – Modelos con Comentarios*. Deusto Edición, Barcelona, 2008.

LÓPEZ, M. Marín, *El Carácter Vinculante de las Declaraciones Públicas en la Venta de Bienes de Consumo*. In: 7 "Estudos de Direito do Consumidor" (2005), 211-243.

LÓPEZ, M. Marín, *La Compraventa Financiada de Bienes de Consumo*. Aranzadi, Navarra, 2000.

LÓPEZ, M. Roca, *Arbitraje Marítimo en Londres*. Aranzadi/ Thomson, Pamplona, 2007.

LOSHIN, Jacob, *Insurance Law's Hapless Busybody: A Case Against the Insurable Interest Requirement*. In: 117 "Yale Law Journal" (2007), 474-509.

LOUBÉRE, Michel/ PERROTIN, Roger, *Stratégies d'Achat: Sous-Traitance, Partenariat, Délocalisation*. 5ème édition, Éd. Organisation, Paris, 2005.

LOURENÇO, A. Príncipe, *O Impacto da Lei nos Custos de Transacção – Aplicação ao Agrupamento Complementar de Empresas*. UCP Editora, Porto, 2004.

Direito dos Contratos Comerciais

LUBBEN, Stephen, *Credit Derivatives and the Future of Chapter 11*. In: 81 "American Journal of Bankruptcy Law" (2007), 405-430.

LUDWIG, Mary, *Understanding Interest Rate Swaps*. McGraw-Hill, New York, 1993.

LUÍS, Alberto, *O Anatocismo Bancário*. In: 61 "Revista da Ordem dos Advogados" (2001), 1349-1366.

LUKEMANN, Joseph, *The Market Maker's Edge*. McGraw-Hill, New York, 2003.

LUMINOSO, Angelo, *La Contrattazione d'Impresa*. In: AAVV, "Istituzione di Diritto Commerciale", 527-626, Giappichelli, Torino, 2003.

LUMINOSO, Angelo, *La Mediazione*. 2.ª edizione, Giuffrè, Milano, 2006.

LUMMEN, Arnaud, *Contribution à l'Étude des Dérivés de Crédit*. In: 75 "Banque et Droit" (2001), 12-19.

LUTTER, Marcus, *Der Letter of Intent – Zur rechtlichen Bedeutungen von Absichtserklärungen*. 3. Aufl., Carl Heymanns, Köln, 1998.

LWOWSKI, Hans-Jürgen/ WEBER, Ahrend, *Pfändung von Ansprüchen auf Kreditgewährung*. In: I "Zeitschrift für Wirtschaftsrecht" (1980), 609-617.

MACARIO, Francesco, *L'Abuso dell'Autonomia Negoziale nei Contratti tra Imprenditori*. In: AAVV, "Il Diritto Europeo dei Contratti d'Impresa", 277-319, Giuffrè, Milano, 2006.

MACHADO, J. Baptista, *Denúncia-Modificação de um Contrato de Agência*. In: 120 "Revista de Legislação e de Jurisprudência" (1987/88), 183-192.

MACHADO, J. Baptista, *Introdução ao Direito e ao Discurso Legitimador*. Almedina, Coimbra, 1989.

MACHADO, J. Baptista, *Parecer Sobre "Reserva de Opção" Emergente de Pacto Social*. In: "Obra Dispersa", 215-256, Scientia Ivridica, Braga, 1991.

MACHADO, S. Santos, *Close-Out Netting e Set-Off – Da Validade e Eficácia das Cláusulas de Close-Out Netting e Set-Off nos Contratos sobre Instrumentos Financeiros*. In: 17 "Cadernos do Mercado de Valores Mobiliários" (2003), 9-17.

MACKIE, Karl/ MILES, David/ MARSCH, William/ ALLEN, Tony, *The ADR Practice Guide – Commercial Dispute Resolution*. 3rd edition, Tottel Publishing, West Sussex, 2007.

MACNEIL, Ian, *The New Social Contract: An Inquiry into Modern Contractual Relations*. Yale University Press, New Haven/London, 1980.

MACRI, Carmine, *I Contratti Negoziati Fuori dai Locali Commerciali*. Giappichelli, Torino, 1998.

MADEIRA, J. Luís, *Mútuo Bancário*. In: AAVV, "Temas de Direito Bancário", 505-552, Ed. Autor, Maputo, 1999.

MAGALHÃES, J. Barbosa, *Conta em Participação*. In: 42 "Gazeta da Relação de Lisboa" (1928), 241-243 (com continuação).

MAGALHÃES, J. Barbosa, *Da Conta Corrente*. In: 20 "Gazeta da Relação de Lisboa" (1907), 489-490.

MAGALHÃES, L. Teixeira, *Do Penhor Mercantil*. In: 9 "Forum" (1932), 133-144.

MAGGIORE, G. Ragusa, *Il Contratto di Franchising e le Procedure Concorsuali*. In: 44 "Rivista Trimestrale di Diritto e Procedura Civile" (1990), 15-32.

MAGNI, Francesco, *Il Mandato di Credito*. In: AAVV, "Le Garanzie Rafforzate del Credito", 636-542, Utet, Torino, 2000.

Bibliografia

Magnin, François, *Know-How et Propriété Industrielle*. Litec, Strasbourg, 1974.

Magnus, Ulrich, *Der Stand der internationalen Überlegungen: Der Verbrauchsgüterkauf-Richtlinie und das UN-Kaufrecht*. In: AAVV, "Europäisches Kaufgewährleistungsrecht: Reform und Internationalisierung des deutschen Schuldrechts", 79-91, Carl Heymanns, Köln, 2000.

Magnus, Ulrich, *Die Vertragsmässigkeit der Leistung*. In: Schulte-Nölke, Hans/ Schulze, Reiner (Hrsg.), "Europäisches Vertragsrecht im Gemeinschaftsrecht", 113-125, Bundesanzeiger, Köln, 2002.

Maino, Renato, *Il Contributo del Project Financing al Finanziamento degli Interventi Infrastrutturali*. In: AAVV, "Il Finanziamento degli Enti Locali nella Unione Economica Europea", 75-104, Giuffrè, Milano, 1993.

Malaurie-Vignal, Marie, *"Intuitus Personae" et Liberté de Concurrence dans les Contrats de Distribution*. In: "Jurisclasseur Périodique (Édition Entreprise)" (1998), 260-263.

Manaresi, Angelo/ Marcati, Alberto, *Controllo delle Attività e dell'Immagine nel Franchising*. In: AAVV, "I Contratti di Franchising", 263-274, Egea, Milano, 1990.

Mancuso, Riccardo, *Natura Giuridica dell'Ordine di Consegna*. In: XXVII "Banca, Borsa e Titoli di Credito" (1974), 272-302.

Manin, Frédéric, *Les Investisseurs Institutionnels*. Dissertação, Paris, 1996.

Mann, F. A., *The Legal Aspects of Money*. 5th edition, Clarendon Press, Oxford, 1992.

Männle, Claus, *Die Richtlinie 2001/17/EG über die Sanierung und Liquidation von Versicherungsunternehmen und ihre Umsetzung ins deutsche Recht*. Verlag Versicherungswirtschaft, Karlruhe, 2007.

Manz, Gerhard/ Selbherr, Paul, *Kommentar zum Europäischen wirtschaftliche Interessenvereinigung (EWIV)*. Nomos Verlag, Baden-Baden, 1995.

Marasciulo, Domenico, *La Fideiussione Omnibus nella Giurisprudenza*. Giuffrè, Milano, 1999.

Marchand, Sylvain, *La Pluralité des Transporteurs Routiers selon la CMR*. In: XXX "European Transport Law" (1995), 577-598.

Mariano, J. Cura, *O Direito de Exoneração dos Sócios na Sociedades por Quotas*. Almedina, Coimbra, 2005.

Marmo, L. Giaccardi, *I Contratti di Cooperazione tra Imprese*. In: "AAVV, "I Contratti in Generale", tomo II ("Contratti Atipici"), 19-74, Utet, Torino, 1992.

Marques, J. Garcia, *Das Condições Contratuais Gerais para a Emissão e Utilização de Cartões de Débito*. In: "Estudos em Homenagem a J. Cunha Rodrigues", vol. II, 259-290, Coimbra Editora, Coimbra, 2001.

Marques, J. Garcia, *O Agente Transitário*. In: 360 "Boletim do Ministério da Justiça" (1986), 5-10.

Marques, M. Leitão, *Subcontratação e Autonomia Empresarial – Um Estudo sobre o Caso Português*. Edições Afrontamento, Porto, 1992.

Martin, Claude/ Delierneux, Martine, *Les Garanties Bancaires Autonomes*. Bruylant, Bruxelles, 1991.

Martinek, Michael, *Moderne Vertragstypen*. 3 volumes, Beck, München, 1991-1993.

Martinek, Michael/ Semler, Franz-Jörg/ Habermeier, Stefan, *Handbuch des Vertriebsrechts*. 2. Aufl., Beck, München, 2003.

Direito dos Contratos Comerciais

MARTÍNEZ, I. Rodriguez, *El Contrato Bancario de Administración de Valores Anotados en Cuenta.* Marcial Pons, Madrid, 2004.

MARTINEZ, P. Romano, *A Cessação do Contrato.* 2.ª edição, Almedina, Coimbra, 2006.

MARTINEZ, P. Romano, *Contratos Comerciais.* Principia, Lisboa, 2001

MARTINEZ, P. Romano, *Direito dos Seguros.* Principia, Lisboa, 2006.

MARTINEZ, P. Romano, *Garantias Bancárias.* Almedina, Coimbra, 2002.

MARTINEZ, P. Romano, *Novo Regime do Contrato de Seguro.* In: 140 "O Direito" (2008), 23-117.

MARTINEZ, P. Romano, *O Subcontrato.* Almedina, Coimbra, 1989.

MARTINS, Fran, *Contratos e Obrigações Comerciais.* 12.ª edição, Forense, Rio de Janeiro, 1993.

MARTINS, J. Augusto, *Empréstimo Mercantil. Sua Prova.* In: 47 "Gazeta da Relação de Lisboa" (1933), 65-66.

MARTINS, J. Fazenda, *Deveres dos Intermediários Financeiros.* In: 7 "Cadernos do Mercado de Valores Mobiliários" (2000), 330-349.

MARTINS, J. Fazenda, *Direitos Reais de Gozo e Garantia sobre Valores Mobiliários.* In: AAVV, "Direito dos Valores Mobiliários", 99-119, Lex, Lisboa, 1997.

MARTINS, J. Manuel, *O Agrupamento Europeu de Interesse Económico.* In: 19 "O Fisco" (1990), 20-26.

MARTINS, J. Valente, *Contrato de Seguro – Notas Práticas.* Quid Juris, Lisboa, 2006.

MARTINS, M. Costa, *Contributo para a Delimitação da Boa-Fé no Contrato de Seguro.* In: "III Congresso Nacional do Direito dos Seguros", 169-198, Almedina, Coimbra, 2003.

MARTINS, M. Costa, *Regime Jurídico do Pagamento dos Prémios de Seguro.* In: "III Congresso Nacional de Direito dos Seguros", 295-307, Almedina, Coimbra, 2003.

MARTORANO, Federico, *Condizioni Generali di Contratto e Rapporti Bancari.* In: XLVII "Banca, Borsa e Titoli di Credito" (1994), 125-136.

MARTOS, J. Peláez, *La Factura Electrónica y Otras Obligaciones Telemáticas de Empresarios y Profesionales.* CISS Praxis, Valencia, 2008.

MARZO, Giuseppe, *I Contratti a Distanza.* Giuffrè, Milano, 1999.

MASCARENHAS, M. Vaz, *O Contrato de Gestão de Carteiras: Natureza, Conteúdo e Deveres.* In: 13 "Cadernos do Mercado de Valores Mobiliários" (2002), 109-128.

MASCARENHAS, N. Luís, *A Boa Fé no Direito Comercial – Natureza e Algumas Incidências da "Cláusula Geral".* In: AAVV, "Temas de Direito Comercial", 177- -205, Almedina, Coimbra, 1986.

MASI, Pietro, *I Documenti del Trasporto Marittimo e Aero di Cose.* In: LV "Studi Economico-Giuridici" (1993-1994), 337-350.

MASKOW, Dietrich, *Hardship and Force Majeure.* In: 3 "The American Journal of Comparative Law" (1992), 657-669.

MASTRANDREA, Gerardo, *L'Obbligo di Protezzione nel Trasporto Aereo di Persone.* Cedam, Padova, 1994.

MASTROPAOLO, Eugenio, *La Nuova Normativa Europea sui Contratti di Garanzia Finanziaria.* In: 101 "Rivista del Diritto Commerciale e del Diritto Generale delle Obbligazioni" (2003), 519-536.

MATA, João, *Seguro Marítimo.* 3.ª edição, Rei dos Livros, Lisboa, 1990.

Bibliografia

MATHIEU, Pierre/ D'HÉROUVILLE, Patrick, *Les Dérivés de Crédit – Une Nouvelle Gestion du Risque de Crédit*. Economica, Paris, 1998.

MATIAS, A. Saraiva, *Direito Bancário*. Coimbra Editora, Coimbra, 1998.

MATIAS, A. Saraiva, *Garantias Bancárias Activas e Passivas*. Edições Scripto, Lisboa, 1999.

MATTA, J. Caeiro, *Direito Commercial Português*. Imprensa da Universidade, Coimbra, 1910.

MATTOUT, Jean-Pierre, *Droit Bancaire International*. 2ème édition, Éd. Revue Banque, Paris, 1996.

MATTOUT, Jean-Pierre, *Opérations d'Échange de Taux d'Intérêt et de Devises: Qualification et Régime Juridique en Droit Français*. In: 468/ 469 "Revue Banque" (1987), 24-34 e 128-136.

MAULSHAGEN, Almut/ MAULSHAGEN, Olaf, *Rechtliche und bilanzielle Behandlung von Swapgeschäften*. In: 55 "Betriebs-Berater" (2000), 243-249.

MAY, Gregory, *Taxing Derivative Contracts*. In: 12 "The Journal of Taxation of Investments" (1995), 115-129.

MAYER, Colin/ VIVES, Xavier, *Capital Markets and Financial Intermediation*. Cambrige University Press, New York, 1995.

MAYER, Huguette, *Jeux et Exception de Jeu*. In: "Jurisclasseur Périodique" (1984), doc., 3141.

MAZZALOVO, Giuseppe/ PAPA, Franco, *Forward Rate Agreement*. In: 20 "Amministrazione & Finanza" (1988), 1153-1159.

MAZZONI, Alberto, *Le Lettere di Patronage*. Giuffrè, Milano, 1986.

MCGUINESS, John, *The Law and Management of Building Subcontracts*. 2nd edition, Blackwell, London, 2007.

MCKENDRICK, Ewan (dir.), *Sale of Goods*. LLP, London, 2000.

MCLAUGHLIN, Robert, *Over-The-Counter Derivatives*. McGraw-Hill, New York, 1998.

MEDICUS, Dieter, *Schuldrecht*. Band II, 10. Aufl., Beck, München, 2000.

MEDJAOUI, Khadija, *Les Marchés à Terme Derivés et Organisés d'Instruments Financiers – Étude Juridique*. LGDJ, Paris, 1996.

MEIER-SCHATZ, Christian, *Der selektive Vertrieb im EWG-Kartellrecht*. Ruegger Verlag, Diessenhofen, 1979.

MELO, J. Silva, *Contratos Internacionais e Cláusula de Hardship*. Editora Aduaneiras, São Paulo, 2000.

MELZER, Philipp, *Zum Begriff des Finanztermingeschäfts*. In: 3 "Zeitschrift für Bank- und Kapitalmarktrecht" (2003), 366-372.

MENDES, A. Ribeiro, *Os Vícios de Consentimento na Formação do Contrato (Comparação da Regulamentação Constante dos "Princípios dos Contratos Comerciais Internacionais" do UNIDROIT com a Acolhida no Código Civil Português)*. In: I "Themis – Revista da Faculdade de Direito da Universidade Nova de Lisboa" (2000), 205-233.

MENDES, A. Ribeiro, *Valor Probatório dos Documentos Emitidos por Computador*. In: 47/48 "Documentação e Direito Comparado" (1991), 487-527.

MENDES, A. Ribeiro/ VELOZO, J. António, *Consórcios Internacionais*. In: XXX "Scientia Ivridica" (1982), 138-218.

Direito dos Contratos Comerciais

MENDES, Evaristo, *Fiança Geral*. In: 37 "Revista de Direito e de Estudos Sociais" (1995), 126-158.

MENDES, Evaristo/ COSTA, M. Júlio, *Transporte Marítimo – Conhecimento de Carga*. In: IX "Direito e Justiça" (1995), 171-207.

MENDIZÁBAL, C. Amesti, *Consideraciones sobre el Concepto de Contrato de Apertura de Crédito*. In: 21 "Revista de Derecho Bancario y Bursátil" (1985), 169-190.

MENDIZÁBAL, E. Leiñena, *Conflicto de Intereses y Comisión Mercantil*. Ed. Reus, Madrid, 2009.

MENÉNDEZ, I. Morlejo, *El Contrato Mercantil de Concesión*. Aranzadi, Pamplona, 2007.

MENKHAUS, Heinrich, *Kreditsicherung beim Dokumenteninkasso: Die Stellung der kreditgebenden Bank im Konkurs des Dokumenteneinreichers*. Dissertação, Wien, 1984.

MENNINGER, Jutta, *Börsen- und Zivilrechtlicher Charakter von Financial Futures*. In: 46 "Wertpapier-Mitteilungen – Zeitschrift für Wirtschafts- und Bankrecht" (1994), 970-974.

MEO, Giorgio, *Impresa e Contratto nella Valutazione dell'Atipicità Negoziale*. Giuffrè, Milano, 1991.

MERCADAL, Barthélémy, *Droit des Transports Terrestres et Aériens*. Dalloz, Paris, 1996.

MERCADAL, Barthélémy/ JANIN, Philippe, *Les Contrats de Coopération Inter--Entreprises*. Éd. Lefebvre, Paris, 1974.

MERCIER, Paul, *Le Forward Rate Agreement*. In: "Revue Banque" (1990), 35-38.

MERUZZI, Giovanni, *Back to Back Loans*. In: XI "Contratto e Impresa" (1995), 841-864.

MESSENT, Andrew, *Successive Carriage*. In: AAVV, "International Carriage of Goods by Road (CMR)", 166-188, LLP, London, 1987.

MICALI, Mario, *Il Project Financing*. In: Galgano, Francesco (dir.), "I Contratti del Commercio, dell'Industria e del Mercato Finanziario", vol. II, 729-761, Utet, Torino, 1995.

MICHEL, Allen/ SHAKED, Israel, *The Complete Guide to Leveraged Buyout*. McGraw--Hill, Illinois, 1988.

MICHIE, Ranald, *The Global Securities Market – A History*. Oxford University Press, New York/ Oxford, 2006.

MICHY, Henri, *L'Assurance pour Compte d'Autrui et l'Assurance Complementaire de Responsabilité contre les Risques d'Incendie: Étude Théorique et Pratique*. LGDJ, Paris, 1911.

MIGUEL, S. Moll, *El Contrato de Cuenta Curriente – Una Concepción Unitária de Diferentes Tipos*. Faculdad de Ciencias Economicas y Empresariales, Bilbao, 1977.

MILDE, Thomas, *Der Gleichordnungskonzern im Gesellschaftsrecht*. Duncker & Humblot, Berlin, 1996.

MILIELLO, Cesare, *Contratti di Intermediazione Finanziaria: Forma, Nullità e Dintorni*. In: XXII "Contrato e Impresa" (2006), 1635-1645.

MILLET, Peter, *Contract: The Heart of Commercial Law*. In: Lowry, John/ Mistelis, Loukas (eds.), "Commercial Law: Perspectives and Practice", 1-14, Lexis Nexis/ Butterworths, London, 2006.

Bibliografia

MILLIELO, Cesare, *Contratti di Intermediazione Finanziaria: Forma, Nullità Virtuale e Dintorni*. In: XXII "Contratto e Impresa" (2006), 1635-1645.

MINERVINI, Enrico/ CARLEO, Liliana, *Le Pratiche Commerciali Sleali – Direttiva Comunitaria ed Ordinamento Italiano*. Giuffrè, Milano, 2007.

MINERVINI, Gustavo, *Lo Sconto Bancario*. Jovene, Napoli, 1949.

MIRANDA, A. Souto, *A Autonomia do Direito Comercial*. In: AAVV, "As Operações Comerciais", 291-348, Almedina, Coimbra, 1988.

MIRANDA, Miguel, *O Contrato de Viagem Organizada*. Almedina, Coimbra, 2000.

MITCHELLHIL, Alan, *Bill of Lading: Law and Practice*. Chapman & Hall, London, 1982.

MOENS, Gabriël/ GILLIES, Peter, *International Trade and Business: Law, Policy and Ethics*. Routledge Cavendish, New York, 1998.

MÖHRING, Phillip, *Kontrahierungszwang nach neuem Kartellrecht*. In: 27 "Der Betrieb" (1974), 223-227.

MOLINA, P. Piedrabuena, *El Aval en la Letra de Cambio como Garantía*. In: AAVV, "Instituciones del Mercado Financiero", vol. IV, 2011-2079, La Ley, Madrid, 1999.

MOLLE, Giacomo, *Contratti Bancari*. 2 volumes, 4.ª edizione, Giuffrè, Milano, 1981.

MOLLE, Giacomo, *I Depositi a Custodia*. In: "I Contratti Bancari", 751-786, 4.ª edizione, Giuffrè, Milano, 1981.

MÖLLER, Hans, *Versicherungsvertragsrecht*. 3. Aufl., Gabler, Wiesbaden, 1977.

MONATERI, P. Giuseppe, *I Contratti d'Impresa e il Diritto Comunitario*. In: AAVV, "Il Diritto Europeo dei Contratti d'Impresa", 73-94, Giuffrè, Milano, 2006.

MONTALENTI, Paolo, *Il Leveraged Buyout*. Giuffrè, Milano, 1991.

MONTEIRO, A. Mafalda, *O Contrato de Futuros no Direito Português*. Dissertação, UCP, Lisboa, 1997.

MONTEIRO, A. Pinto, *Contrato de Agência – Anotação ao Decreto-Lei n.º 178/86, de 3 de Julho*. 4.ª edição. Almedina, Coimbra, 2000.

MONTEIRO, A. Pinto, *Contratos de Adesão – Cláusulas Contratuais Gerais*. In: 3 "Estudos de Direito do Consumidor" (2001), 131-163.

MONTEIRO, A. Pinto, *Contratos de Agência, de Concessão e de Franquia (Franchising)*. In: "Estudos em Homenagem ao Prof. Doutor Eduardo Correia", vol. III, 303-327, Separata do Boletim da Faculdade de Direito, Coimbra, 1984.

MONTEIRO, A. Pinto, *Contratos de Distribuição Comercial*. Almedina, Coimbra, 2004.

MONTEIRO, A. Pinto, *Denúncia de um Contrato de Concessão Comercial*. Coimbra Editora, Coimbra, 1998.

MONTEIRO, A. Pinto, *Negócio Jurídico e Contrato de Sociedade Comercial*. In: AAVV, "Nos 20 Anos do Código das Sociedades Comerciais", vol. I, 91-144, Coimbra Editora, Coimbra, 2007.

MONTEIRO, A. Pinto, *Regime Jurídico dos Contratos de Distribuição Comercial*. In: "Estudos em Homenagem ao Prof. Doutor I. Galvão Telles", vol. I, 565-577, Almedina, Coimbra, 2002.

MONTEIRO, L. Miguel, *A Operação de Levantamento Automático de Numerário*. In: 52 "Revista da Ordem dos Advogados" (1992), 123-168.

MONTEIRO, M. Alves, *Análise Financeira: Ética e Performance Exigem-se, Formação e Certificação Recomendam-se*. In: 14 "Cadernos do Mercado de Valores Mobiliários" (2002), 39-48.

Direito dos Contratos Comerciais

MONTEIRO, M. Alves, *O Mercado Português dos Derivados*. In: 12 "O Economista" (1999), 119-127.

MONTEIRO, Manuel, *O Recente Regime Português da Titularização de Créditos*. In: AAVV, "Titularização de Créditos", 191-233, Instituto de Direito Bancário, Lisboa, 2000.

MONTI, Alberto, *Buona Fede e Assicurazione*. Giuffrè, Milano, 2002.

MONTI, Ernesto, *Manuale di Finanza per l'Impresa*. Utet, Torino, 2000.

MORAIS, F. Gravato, *A Tutela do Credor Perante o Atraso no Pagamento de Transacções Comerciais*. In: LIV "Scientia Iuridica" (2005), 271-295.

MORAIS, F. Gravato, *Contratos de Crédito de Consumo*. Almedina, Coimbra, 2007.

MORAIS, F. Gravato, *Locação Financeira de Estabelecimento Comercial*. In: AAVV, "Nos 20 Anos do Código das Sociedades Comerciais", vol. II, 619-635, Coimbra Editora, Coimbra, 2007.

MORAIS, F. Gravato, *Manual da Locação Financeira*. Almedina, Coimbra, 2006.

MORAIS, F. Gravato, *Novo Regime do Arrendamento Comercial*. Almedina, Coimbra, 2006.

MORAIS, F. Gravato, *O Direito de Revogação nos Contratos de Crédito ao Consumo: Confronto entre os Regimes Jurídicos Português e Alemão*. In: 307 "Scientia Ivridica" (2006), 457-491.

MORAIS, F. Gravato, *União de Contratos de Crédito e de Venda para Consumo. Efeitos para o Financiador do Incumprimento do Devedor*. Almedina, Coimbra, 2004.

MORAIS, L. Branco, *Uma Nova Figura no Direito da Concorrência: O Abuso de Dependência Económica*. AAFDL, Lisboa, 2000.

MORAIS, L. Silva, *Empresas Comuns (Joint-Ventures) no Direito Comunitário da Concorrência*. Almedina, Coimbra, 2006.

MORANDI, J. Félix, *El Riesgo en el Contrato de Seguro*. Ed. Astrea, Buenos Aires, 1974.

MORENO, Á. Guisado, *Formación y Perfección del Contrato en Internet*. Marcial Pons, Madrid, 2004.

MORENO, M. Álvarez, *El Desistimiento Unilateral en los Contratos con Condiciones Generales*. Edersa, Madrid, 2000.

MORGADO, A. Almeida, *Regime Jurídico-Tributário do Consórcio, da Associação em Participação e da Associação à Quota*. In: 385 "Ciência e Técnica Fiscal" (1997), 7-75.

MORI, Margherita, *Swap – Una Tecnica Finanziaria per l'Impresa*. Cedam, Padova, 1990.

MORRINSON, Alan, *Investment Banking – Institutions, Politics, and Law*. Oxford University Press, Oxford, 2007.

MOSCARINI, Lucio, *Formalismo Negoziale e Documento Informatico*. In: "Studi in Onore a Pietro Rescigno", vol. V, 1045-1070, Giuffrè, Milano, 1998.

MOSCO, Domenico, *I Consorzi tra Imprenditori*. Giuffrè, Milano, 1988.

MOSKIN, Morton (ed.), *Commercial Contracts*. Aspen Law & Business, New York, 2001.

MOSKRIC, Elisabeth, *Der Lombardkredit*. Schulthess Polygraphischer Verlag, Zürich, 2003.

808

Bibliografia

Mossa, Lorenzo, *Il Contratto di Somministrazione*. Athenaeum, Roma, 1915.

Mugasha, Agasha, *The Law of Multi-Bank Financing*. Oxford University Press, New York/ Oxford, 2007.

Mukwiri, Jonathan, *Commercial Contract Law*. Abramis Academic Publications, London, 2006.

Mülbert, Peter, *Der Kontovertrag aks bankgeschäftlicher Vertragstyp*. In: "Festschrift für Siegfried Kümpel", 395-416, E. Schmidt, Berlin, 2003.

Müller-Deku, Tobias, *Day Trading zwischen Termin- und Differenzeiwand*. In: 54 "Wertpapier-Mitteilungen – Zeitschrift für Wirtschafts- und Bankrecht" (2000), 1029-1039.

Müller-Feldhammer, Ralf, *Die Erwerberhaftung bei rechtgeschäftlicher Unternehmensübertragung – Eine rechtsvergleichende Untersuchung zu Grundfragen des zivil- und handelsrechtlichen Gläubigerschutzes beim Wechsel des Unternehmensträgers*. Roderer Verlag, Regensburg, 2001.

Müller-Graff, Peter-Christian, *Rechtliche Auswirkungen einer laufenden Geschäftsverbindung im amerikanischen und deutschen Recht*. Verlag Versicherungswirtschaft, Karlsruhe, 1974.

Muñoz, F. Jiménez, *Sobre la Naturaleza de los Intereses*. In: 113 "Revista de Derecho Bancario y Bursátil" (2009), 171- 201.

Musio, Ivana, *Obblighi di Informazione nel Commercio Elettronico*. In: Sica, Salvatore/ Stanzione, Pasquale (eds.), *Commercio Elletronico e Categorie Civilistiche*, 117--136, Giuffrè, Milano, 2002.

Mwenda, Kenneth, *Legal Aspects of Financial Services Regulation and the Concept of a Unified Regulator*. World Bank, New York, 2006.

Nabben, Stefan, *Financial Swaps. Instrument des Bilanzstrukturmanagements in Banken*. Gabler, Wiesbaden, 1991.

Naharro, M. Fuentes, *Cartas de Patrocinio: Algunas Reflexiones sobre la Construcción Jurisprudencial del Fenómeno*. In: 110 "Revista de Derecho Bancario y Bursátil" (2008), 49-86.

Nascimento, L. Noronha, *As Claúsulas Contratuais Gerais na Jurisprudência do Supremo Tribunal de Justiça*. In: 5 "Estudos de Direito do Consumidor" (2003), 99-122.

Nassetti, F. Caputo, *I Contratti Derivati di Credito – Il Credit Default Swap*. In: "Diritto del Commercio Internazionale" (1997), 103-136.

Nassetti, F. Caputo, *I Contratti Derivati Finanziari*. Giuffrè, Milano, 2007.

Nassetti, F. Caputo, *Profili Civilistiche dei Contratti Derivati Finanziari*. Giuffrè, Milano, 1997.

Nassetti, F. Caputo, *Profili Legali degli "Interest Rate Swap" e "Interest Rate and Currency Swap"*. In: "Diritto del Commercio Internazionale" (1992), 69-93.

Nassetti, F. Caputo/ Fabbri, Andrea, *Trattato sui Contratti Derivati di Credito*. Egea, Milano, 2000.

Navarretta, Emanuela, *I Contratti d'Impresa e il Principio di Buona Fede*. In: AAVV, "Il Diritto Europeo dei Contratti d'Impresa", 507-545, Giuffrè, Milano, 2006.

Nejman, Gilles, *Les Contrats de Produits Dérivés: Aspects Juridiques*. Larcier, Bruxelles, 1999.

Direito dos Contratos Comerciais

NELKEN, Israel, *Implementing Credit Derivatives*. McGraw-Hill, New York, 1999.

NETO, A. Gonçalves, *Direito da Empresa – Comentário aos Artigos 966 a 1195 do Código Civil*. Ed. Revista dos Tribunais, São Paulo, 2007.

NETO, Abílio, *Código Comercial e Contratos Comerciais*. Ediforum, Lisboa, 2008.

NETO, Abílio, *Contratos Comerciais (Legislação, Doutrina e Jurisprudência)*. 2.ª edição, Lisboa, Ediforum, 2004.

NETO, Abílio, *Operações Bancárias (Legislação – Doutrina – Jurisprudência)*. Ediforum, Lisboa, 2008.

NEUMAYER, Karl, *Vertragsschluss durch Kreuzofferten?*. In: "Festschrift für Otto Riese", 309-328, C.F. Müller, Karlsruhe, 1964.

NEVES, A. Costa, *Dos Contratos de Contrapartidas no Comércio Internacional ("Countertrade")*. Almedina, Coimbra, 2003.

NEVES, F. Correia, *Manual dos Juros – Estudo Jurídico de Utilidade Prática*. Almedina, Coimbra, 1989.

NICKLISCH, Fritz, *Nationale und internationale private finanzierter Projekte*. Beck, München, 2003.

NICOLAS, Véronique, *Essai d'une Nouvelle Analyse du Contrat d'Assurance*, LGDJ, Paris, 1998.

NIESSEN, Nicole, *Die Rechtswirkungen der Versicherung für fremde Rechnung unter besonderer des Innenverhältnisses zwischen Versichertem und Versicherungsnehmer*. Verlag Versicherungswirtschaft, Karlsruhe, 2004.

NIGRO, Alessandro, *L'Integrazione fra l'Attività Bancaria e l'Attività Assicurativa: Profili Giuridici*. In: 2 "Diritto della Banca e del Mercato Finanziario" (1997), 187-199.

NIVARRA, Luca, *L'Obbligo a Contrattare e il Mercato*. Cedam, Padova, 1989.

NOACK, Ulrich, *Gesellschaftervereinbarungen bei Kapitalgesellschaften*. Mohr Siebeck, Tübingen, 1994.

NOGUERO, E. Sierra, *El Contrato de Fletamento por Viaje*. Publicaciones RCE, Bolonia, 2002.

NOLAN-HALEY, Jacqueline/ ABRAMSON, Harold/ CHEW, Pat, *International Dispute Resolution: Consensual ADR Processes*. West Group, St. Paul, Minnesota, 2005.

NORA, J. Costa, *Do Contrato de Conta em Participação*. In: VI "Revista da Ordem dos Advogados" (1946), 104-179.

NORONHA, A. Navarro, *As Cartas de Conforto*. Coimbra Editora, Coimbra, 2005.

NUNES, F. Conceição, *Depósito e Conta*. In: "Estudos em Homenagem ao Prof. Doutor I. Galvão Telles", vol. II, 67-88, Almedina, Coimbra, 2002.

NUNES, F. Conceição, *Direito Bancário*. Vol. I, AAFDL, Lisboa, 1994.

NUNES, F. Conceição, *O Porta-Moedas Electrónico*. In: AAVV, "Estudos de Direito Bancário", 213-240, Almedina, Coimbra, 1999.

NUNES, F. Conceição, *Os Intermediários Financeiros*. In: AAVV, "Direito dos Valores Mobiliários", vol. II, 91-128, Coimbra Editora, Coimbra, 2000.

NUNES, F. Conceição, *Recepção de Depósitos e/ou Outros Fundos Reembolsáveis*. In: AAVV, "Direito Bancário", 43-65, Suplemento da RFDUL, Coimbra Editora, Lisboa, 1997.

OGANDO, J. Avillez, *Os Deveres de Informação Permanente no Mercado de Capitais*. In: 64 "Revista da Ordem dos Advogados" (2004), 201-256.

Bibliografia

Olavo, Carlos, *Contrato de Licença de Exploração de Marca*. In: AAVV, "Direito Industrial", vol. I, 349-383, Almedina, Coimbra, 2001.

Olavo, Carlos, *Depósito Mercantil de Mercadorias e Arresto*. In: 48 "Gazeta da Relação de Lisboa" (1935), 257-258.

Olavo, Carlos, *O Contrato de Desconto Bancário*. In: "Estudos em Homenagem ao Prof. Doutor I. Galvão Telles", vol. II, 427-486, Almedina, Coimbra, 2002.

Olavo, Fernando, *A Abertura do Crédito Documentário*. Livraria Moraes, Lisboa, 1952.

Olavo, Fernando, *Desconto Bancário – Introdução, Descrição, Estrutura e Natureza Jurídica*. Lisboa, 1955.

Olavo, Fernando, *Direito Comercial*. Vol. I, Coimbra Editora, Coimbra, 1978.

Olavo, Fernando, *Privilégios Creditórios sobre o Navio*. In: IX "Colectânea de Jurisprudência" (1984), V, 13-17.

Oliveira, A. Costa, *A Protecção dos Credores de Seguros na Liquidação de Seguradoras*. Almedina, Coimbra, 2002.

Oliveira, A. Costa, *Contratos de Seguro face ao Regime das Cláusulas Contratuais Gerais*. In: 448 "Boletim do Ministério da Justiça" (1995), 69-85.

Oliveira, A. Costa, *Contratos Negociados à Distância*. In: 7 "Revista Portuguesa de Direito do Consumo" (1996), 52-96.

Oliveira, E. Dias, *A Protecção dos Consumidores nos Contratos Celebrados através da Internet*. Almedina, Coimbra, 2002.

Ommeslaghe, Pierre, *Les Clauses de Force Majeure et d'Imprévision (Hardship) dans les Contrats Internationaux*. In: LVII "Revue de Droit International et de Droit Comparé" (1980), 7-59.

Ontiroli, Luciano, *Il Credito Documentario*. Giuffrè, Milano, 2000.

Oppermann, Stefan, *Staatliches Ordnungssystem im Güterkraftverkehr contra Liberalisierung?*. Decker & Müller, Heidelberg, 1990.

Oppetit, Bruno, *L'Arbitrage em Matière de Brevets d'Invention*. In: XXIV "Revue de l'Arbitrage" (1979), 83-94.

Oppo, Giorgio, *I Contratti d'Impresa tra Codice Civile e Legislazione Speciale*. In: AAVV, "Il Diritto Europeo dei Contratti d'Impresa", 15-25, Giuffrè, Milano, 2006.

Oppo, Giorgio, *Note sulla Contrattazione d'Impresa*. In: XLI "Rivista di Diritto Civile" (1995), 629-640.

Ortiz, R. Illescas, *Derecho de la Contratación Electrónica*. Civitas, Madrid, 2000.

Ortiz, R. Illescas, *El Comercio Electrónico y su Proyección en el Seguro y Reaseguro: Visión Internacional*. In: 111 "Revista Española de Seguros" (2002), 385-410.

Ortiz, R. Illescas, *El Seguro Colectivo o de Grupo*. Cámara Oficial de Comercio, Sevilla, 1975.

Osman, Filali, *Les Principes Généraux de la «Lex Mercatoria». Contribution à l'Étude d'un Ordre Juridique Anationale*. LGDJ, Paris, 1998.

Ossola, Giovanni, *Derivati Meteorologici (Weather Derivatives)*. Giuffrè, Milano, 2003.

Otis-Rodner, James, *El Dinero – Obligaciones de Dinero y de Valor*. Editorial Anauco, Caracas, 2005.

Pacces, Alessio, *Financial Intermediation in the Securities Market*. In: XX "International Review of Law & Economics" (2000), 479-510.

811

Direito dos Contratos Comerciais

PAETZOLD, Veronika, *Ausgleichsanspruch des Vertragshändlers nach deutschem und schweizerischem Recht*. 2. Aufl., Handelskammer DS, Berlin, 2006.

PAGET, John/ HAPGOOD, Mark, *Paget's Law of Banking*. 13th edition, Butterworths, London/ Edinburg, 2007.

PALADINI, Mauto, *Il Contratto Preliminare*. Giuffrè, Milano, 1992.

PALAU, J. Cadarso, *La Lista Negra de Cláusulas Abusivas*. In: XX "La Ley" (2000), 1690-1694.

PARDO, J. Gato, *Las Páginas «Web» como Soporte de Condiciones Generales Contratuales*. Aranzadi, Cizur Menor, 2003.

PARDOLESI, Roberto, *I Contratti di Distribuzione*. Jovene, Napoli, 1979.

PARDOLESI, Roberto, *Tipologie Prevalenti dei Contratti di Franchising: Aspetti Giuridici e Economiche*. In: AAVV, "I Contratti di Franchising", 99-114, Egea, Milano, 1990.

PAREDES, J. Muñoz, *El Coaseguro*. Civitas, Madrid, 1996.

PARK, Semin, *The Duty of Disclosure in Insurance Contract Law*. Arshgate Dartmouth Publishing Co., Aldershot, 1996.

PARK, William, *Arbitration of International Business Disputes – Studies in Law and Practice*. Oxford University Press, New York, 2006.

PARKER, Edmund, *Credit Derivatives – Documenting and Understanding Credit Derivative Products*. Globe Business Publishing, London, 2007.

PARRA, A. Madrid, *Contratos y Mercados de Futuros y Opciones*. Editorial Tecnos, Madrid, 1994.

PARRA, A. Madrid, *Derecho Uniforme del Transporte Internacional*. McGraw-Hill, Madrid, 1998.

PARRA, M. Torres, *El Mandato de Crédito como Garantía Personal*. Editorial Dykinson, Madrid, 1998.

PARRELA, Filippo, *L'Intermediazione Finanziaria e Strumenti Finanziari*. In: Amorosino, Sandro/ Bedogni, Carla (dir.), "Manuale di Diritto dei Mercati Finanziari", 29-53, Giuffrè, Milano, 2004.

PASCUAL, J. López, *El Rating y las Agencias de Calificación*. Editorial Dickynson, Madrid, 1996.

PATRÍCIO, J. Simões, *A Operação Bancária de Depósito*. Elcla Editora, Porto, 1994.

PATRÍCIO, J. Simões, *Direito do Crédito – Introdução*. Lex, Lisboa, 1994.

PATRÍCIO, J. Simões, *Serviços Mínimos Bancários*. In: AAVV, "Direito dos Valores Mobiliários", vol. IV, 219-249, Coimbra Editora, Coimbra, 2003.

PAZ-ARES, Cándido, *La Mercantilidad de la Compraventa para Uso o Consumo Empresarial*. In: 175 "Revista de Derecho Mercantil" (1985), 245-264.

PECKERT, Joachim, *Das Girokonto und der Kontokorrentvertrag*. WiRe Verlagsbuchhandlung, Göttingen, 1985.

PÉDAMON, Michel, *Droit Commercial*. Dalloz, Paris, 1994.

PEDREÑO, A. Brel, *La Cesión del Objeto Asegurado*. Civitas, Madrid, 1996.

PEGO, J. Mariano, *A Posição Dominante Relativa no Direito da Concorrência*. Almedina, Coimbra, 2001.

PEIXOTO, J. Paulo, *Funcionamento da Bolsa de Derivados*. McGraw-Hill, Lisboa, 2000.

PELTIER, Frédéric, *Marchés Financiers et Droit Commun*. Banque Éditeur, Paris, 1997.

Bibliografia

PELZ, Dietmar, *Frachtbrief und Übergabe des Frachtgutes in ihrer Bedeutung für den Frachtvertrag*. Studienverlag Brockmeyer, Bochum, 1980.

PENA, M. Vázquez, *La Transferencia Bancaria de Crédito*. Marcial Pons, Madrid, 1998.

PERANDONES, P. Girgado, *El Principio Indemnizatorio en el Seguro de Danos: Una Aproximación a su Significado*. Comares, Granada, 2005.

PERASSI, Marino, *Il Deposito di Titoli in Amministrazione*. In: AAVV, "La Banca: L'Impresa e I Contratti ", VI, 582-601, Cedam, Padova, 2001.

PEREA, A. Viguri, *Los Tratos Preliminares: las Cartas de Intenciones y otros Documentos Legales Precontractuales*. Editorial PPU, Barcelona, 1994.

PEREIRA, A. Dias, *Comércio Electrónico na Sociedade da Informação*. Almedina, Coimbra, 1999.

PEREIRA, A. Dias, *Da Franquia de Empresa ("Franchising")*. In: LXXIII "Boletim da Faculdade de Direito da Universidade de Coimbra" (1997), 251-278.

PEREIRA, A. Dias, *Programas de Computador, Sistemas Informáticos, e Comunicações Electrónicas: Alguns Aspectos Jurídico-Contratuais*. In: 59 "Revista da Ordem dos Advogados" (1999), 915-1000.

PEREIRA, Amorim, *O Contrato de "Joint-Venture"*. ICEP, Lisboa, 1988.

PEREIRA, C. Dias, *Internalização Sistemática – Subsídios para o Estudo de uma Nova Forma Organizada de Negociação*. In: 27 "Cadernos do Mercado de Valores Mobiliários" (2007), 150-160.

PEREIRA, C. Gonçalves, *Cartões de Crédito*. In: 52 "Revista da Ordem dos Advogados" (1992), 355-416.

PEREIRA, M. Rebelo, *Contratos de Registo e Depósito de Valores Mobiliários – Conceito e Regime*. In: 15 "Cadernos do Mercado de Valores Mobiliários" (2002), 317-332.

PEREIRA, S. Gouveia, *O Contrato de Abertura de Crédito Bancário*. Principia, Lisboa, 2000.

PERERA, A. Carrasco, *Las Cartas de Intenciones*. In: AAVV, "Régimen Jurídico de las Adquisiciones de Empresas", 84-133, Aranzadi, Pamplona, 2001.

PERFETTI, Ubaldo, *La Tipicità del Contratto di Franchising*. In: I "Rivista di Diritto Privato" (1991), 29-59.

PERILLO, Joseph, *Force Majeure and Hardship under the Unidroit Principles of International Commercial Contracts*. In: AAVV, "Contratación Internacional: Comentarios a los Principios sobre los Contratos Comerciales Internacionales del Unidroit", 111-133, Universidade Autónoma, México, 1998.

PERILLO, Joseph, *Hardship and its Impact on Contractual Obligations: A Comparative Analysis*. CSR – Centro de Studi e Ricerche di Diritto Comparato e Strainero, Roma, 1996.

PERIS, J. Ruiz, *Los Tratos Preliminares en el Contrato de Franquicia*. Aranzadi, Navarra, 2000.

PERRONE, Andrea, *Gli Accordi di Close-Out Netting*. In: 51 "Banca, Borsa e Titoli di Credito" (1998), 51-76.

PERRONE, Andrea, *La Riduzione del Rischio di Credito degli Strumenti Finanziari Derivati*. Giuffrè, Milano, 1999.

Direito dos Contratos Comerciais

PESSANHA, Alexandra, *Cessão de Créditos do Estado e da Segurança Social para Efeitos de Titularização.* In: 4 "Revista do Tribunal de Contas" (2004), 25-63.

PETEL, Phillipe, *Le Contrat de Mandat.* Dalloz, Paris, 1994.

PÉTELAUD, Annick, *La Construction de la Communauté Européenne et le Groupement Européen d'Intérêt Économique (G.E.I.E.).* In: 104 "Revue des Sociétés" (1986), 191-218.

PEYREFITTE, Léopold, *Le Contrat de Déménagement.* In: 14655 "Jurisclasseur Périodique (Édition Entreprise)" (1986), 105-109.

PFEIFFER, Thomas, *Handbuch der Handelsgeschäfte.* RWS Verlag, Köln, 1999.

PFEIFFER, Thomas, *Vom kaufmännischen Verkeher zum Unternehmensverkeher – Die Änderung des AGB-Gesetz durch das Handelsrechtsreformgesetz.* In: 50 "Neue Juristische Wochenschrift" (1999), 169-174.

PHILIPP, Fabbio, *L'Abuso della Dependenza Economica.* Giuffrè, Milano, 2006.

PIERCE, Anthony, *Demand Guarantees in International Trade.* Sweet & Maxwell, London, 1993.

PIGASSOU, Paul, *La Distribution Intégrée.* In: XXXIII "Revue Trimestrielle de Droit Commercial et de Droit Économique" (1980), 473-544.

PILLOTI, Luciano/ POZZANA, Roberto, *Sistemi di Incentivo nei Contratti di Franchising.* In: AAVV, "I Contratti di Franchising", 197-248, Egea, Milano, 1990.

PINA, C. Costa, *Conceito, Estrutura e Natureza dos Créditos Documentários.* In: "Estudos Jurídicos e Económicos em Homenagem ao Prof. Doutor João Lumbrales", 95-117, Coimbra Editora, Coimbra, 2000.

PINA, C. Costa, *Créditos Documentários – As Regras e Usos Uniformes da Câmara de Comércio Internacional e a Prática Bancária.* Coimbra Editora, Coimbra, 1998.

PINA, C. Costa, *Dever de Informação e Responsabilidade pelo Prospecto no Mercado Primário de Valores Mobiliários.* Coimbra Editora, Coimbra, 1999.

PINHAL, A. Jorge, *Da Conta em Participação.* Petrony, Lisboa, 1981.

PINHEIRO, L. Lima, *A Cláusula de Reserva de Propriedade – Algumas Reflexões sobre a sua Função, Regime e Natureza Jurídica.* Almedina, Coimbra, 1988.

PINHEIRO, L. Lima, *Arbitragem Transnacional – A Determinação do Estatuto da Arbitragem.* Almedina, Coimbra, 2005.

PINHEIRO, L. Lima, *Breves Considerações sobre a Responsabilidade dos Consorciados Perante Terceiros.* In: "Estudos de Direito Civil, Direito Comercial e Direito Comercial Internacional", 299-313, Almedina, Coimbra, 2006.

PINHEIRO, L. Lima, *Contrato de Empreendimento Comum ("Joint Venture") em Direito Internacional Privado.* Cosmos, Lisboa, 1998.

PINHEIRO, L. Lima, *Direito Aplicável às Operações Bancárias Internacionais.* In: 67 "Revista da Ordem dos Advogados" (2007), 573-62.

PINHEIRO, L. Lima, *Direito Comercial Internacional.* Almedina, Coimbra, 2005.

PINHEIRO, L. Lima, *Incoterms – Introdução e Traços Fundamentais.* In: "Estudos de Direito Civil, Direito Comercial e Direito Comercial Internacional", 315-333, Almedina, Coimbra, 2006.

PINHEIRO, L. Lima, *O Novo Regulamento Comunitário sobre a Lei Aplicável às Obrigações Contratuais – Uma Introdução.* In: 68 "Revista da Ordem dos Advogados" (2008), 575-650.

Bibliografia

PINTO, A. Mota, *Do Contrato de Suprimento – O Financiamento da Sociedade entre Capital Próprio e Capital Alheio*. Almedina, Coimbra, 2002.

PINTO, C. Mota, *Cessão da Posição Contratual*. Almedina, Coimbra, 1982.

PINTO, C. Mota, *Contratos de Adesão – Uma Manifestação Jurídica da Moderna Vida Económica*. In: XXX "Revista de Direito e de Estudos Sociais" (1973), 119-148.

PINTO, C. Mota, *Teoria Geral do Direito Civil*. 3.ª edição, Coimbra Editora, Coimbra, 1985.

PINTO, J. Varela, *Transmissão do Estabelecimento Comercial – Reflexões sobre Créditos e Débitos*. In: 45 "Revista da Ordem dos Advogados" (1985), 535-565.

PINTO, P. Mota, *Aparência de Poderes de Representação e Tutela de Terceiros. Reflexão a Propósito do Artigo 23.º do Decreto-Lei n.º 178/86, de 3 de Julho*. In: LXIX "Boletim da Faculdade de Direito da Universidade de Coimbra" (1993), 587-645.

PINTO, P. Mota, *Conformidade e Garantias na Venda de Bens de Consumo. A Directiva 1999/44/CE e o Direito Português*. In: 2 "Estudos de Direito do Consumidor" (2000), 197-331.

PINTO, P. Mota, *Cumprimento Defeituoso do Contrato de Compra e Venda. Anteprojecto de Diploma de Transposição da Directiva 1999/44/CE para o Direito Português – Exposição de Motivos e Articulado*. Instituto do Consumidor, Lisboa, 2002.

PINTO, P. Mota, *Declaração Tácita e Comportamento Concludente no Negócio Jurídico*. Almedina, Coimbra, 1995.

PINTO, P. Mota, *Interesse Contratual Negativo e Interesse Contratual Positivo*. 2 volumes, Coimbra Editora, Coimbra, 2009.

PINTO, P. Mota, *O Anteprojecto de Código do Consumidor e a Venda de Bens de Consumo*. In: 7 "Estudos de Direito do Consumidor" (2005), 263-278.

PINTO, P. Mota, *O Direito de Regresso do Vendedor Final de Bens de Consumo*. In: "Estudos Dedicados ao Prof. Doutor M. J. Almeida Costa", 1177-1225, UCP Editora, Lisboa, 2002.

PINTO, P. Mota, *Princípios Relativos aos Deveres de Informação no Comércio à Distância*. In: 5 "Estudos de Direito do Consumidor" (2003), 183-206.

PIRES, Florbela, *Moeda Electrónica e Cartões de Pagamento Restrito*. In: 15 "Cadernos do Mercado de Valores Mobiliários" (2002), 353-362.

PIRES, J. Maria, *Direito Bancário*. 2 volumes, Rei dos Livros, Lisboa, 1995.

PIRES, J. Maria, *Elucidário de Direito Bancário*. Coimbra Editora, Coimbra, 2002.

PIRES, Manuel, *Direito Fiscal*. 3.ª edição, Almedina, Coimbra, 2008.

PITA, M. António, *Agrupamento Europeu de Interesse Económico (Um Meio de Integração das Empresas na CEE)*. In: 15 "O Fisco" (1989), 6-8.

PITA, M. António, *Contrato de Consórcio – Notas e Comentários*. In: XXX "Revista de Direito e de Estudos Sociais" (1988), 189-235.

PITTALLIS, Margherita, *Credito all'Esportazione e Forfaiting*. Cedam, Padova, 1994.

PITTALIS, Margherita, *Forfaiting*. In: Galgano, Francesco (dir.), "I Contratti del Commercio, dell'Industria e del Mercato Finanziario", vol. I, 555-604, Utet, Torino, 1995.

PIZARRO, S. Nóbrega, *Comércio Electrónico – Contratos Electrónicos e Informáticos*. Almedina, Coimbra, 2005.

Direito dos Contratos Comerciais

Pizarro, S. Nóbrega, *O Contrato de Locação Financeira*. Almedina, Coimbra, 2004.

Planas, J. Muñoz, *Cuentas Bancarias con Varios Titulares*. Civitas, Madrid, 2003.

Planas, J. Muñoz, *El Contrato Estimatório*. Ed. RDP, Madrid, 1963.

Poças, Luís, *Antecipação Bancária e Empréstimo Sobre Penhor no Âmbito das Operações Bancárias*. Almeida & Leitão, Porto, 2008.

Poças, Luís, *Estudos de Direito dos Seguros*. Almeida & Leitão, Porto, 2008.

Poitrinal, François-Denis/ Parot, Jean-Claude/ Reig, Phillipe, *Cessions d'Entreprise: Les Conventions d'Earn Out*. In: "Droit des Sociétés – Actes Pratiques" (1998), 5-22.

Ponton-Grillet, Dominique, *La Spéculation en Droit Privé*. In: "Recueil Dalloz" (1990), Chr., 157-162.

Porzio, Mario, *L'Anticipazione Bancaria*. Jovene, Napoli, 1964.

Porzio, Mario, *Le Imprese Bancarie*. Giappichelli, Torino, 2007.

Poser, Norman/ Fanto, James, *Broker-Dealer Law and Regulation*. 4th edition, Aspen Publishers, New York, 2007.

Poullet, Yves/ Amory, Bernard, *Le Droit de la Preuve face à l'Informatique et à la Télématique*. In: 37 "Revue Internationale de Droit Comparé" (1985), 331-352.

Prado, Maurício, *La Théorie du Hardship dans les Principes de L'Unidroit Relatifs aux Contrats du Commerce International: Une Approche Comparative des Principes et des Solutions Adoptées par le Droit Français et le Droit Américain*. In: AAVV, "Diritto del Commercio Internazionale", 323-373, Milano, Giuffrè, 1997.

Prata, Ana, *Notas Sobre a Responsabilidade Pré-Contratual*. Separata da Revista da Banca, Lisboa, 1991.

Präve, Peter, *Versicherungsbedingungen und AGB-Gesetz*. Beck, München, 1998.

Preite, Disiano, *Recenti Sviluppi in Tema di Contratti Differenziali Semplici (in Particolare Caps, Floors, Swaps, Index Futures)*. In: VI "Diritto del Commercio Internazionale" (1992), 171-194.

Principe, Angela, *L'Impresa Finanziaria*. Giuffrè, Milano, 1998.

Prissert, Pierre, *Le Marché des Changes*. Sirey, Paris, 1977.

Prosperetti, Marco/ Apicella, Ennio, *La Riassicurazione*. Giuffrè, Milano, 1994.

Provaggi, Gabriella, *Agency Escrow*. In: AAVV, "Fiducia, Trust, Mandato ed Agency", 291-308, Giuffrè, Milano, 1991.

Puderbach, Frank/ Zenke, Ines, *Der Handel mit Warenderivaten in Europa und Deutschland*. In: 3 "Zeitschrift für Bank- und Kapitalmarktrecht" (2003), 360-366.

Pupp, Roger, *Résilier un Contrat d'Assurance. Pièges et Difficultés*. L'Argus, Paris, 1994.

Pütthoff, Heinz-Helmer, *Die Kreditkarte im rechtsvergleichender Sicht Deutschland- -USA*. Dissertação, Münster, 1974.

Quelhas, J. Manuel, *Sobre a Evolução Recente do Sistema Financeiro (Novos «Produtos Financeiros»)*. Separata do Boletim de Ciências Económicas, Coimbra, 1996.

Querci, Francesco, *Polizza di Carico e Lettere di Garanzia*. Jovene, Napoli, 1971.

Rabel, Ernst, *Das Recht des Warenkaufs*. 2 volumes, Walter de Gruyter/ Mohr Siebeck, Berlin/ Tübingen, 1957.

Radicioni, Chiara, *Le Lettere di Intenti*. In: Galgano, Francesco (dir.), "I Contratti del Commercio, dell'Industria e del Mercato Finanziario", vol. I, 67-101, Utet, Torino, 1995.

Bibliografia

RAIMBOURG, Philippe, *Les Agences de Rating*. Economica, Paris, 1990.

RAISER, Ludwig, *Das Recht der allgemeinen Geschäftsbedingungen*. Hanseatische Verlag, Hamburg, 1935.

RAMOS, R. Moura/ SOARES, M. Bento, *Contratos Internacionais*. Almedina, Coimbra, 1980.

RANDHANIE, Karen, *Derivatives Contracts of Insolvent Companies*. In: 18 "New York Law Journal of International & Comparative Law" (1999), 269-302.

RANDOW, Philipp von, *Derivate und Corporate Governance*. In: 25 "Zeitschrift für Unternehmens- und Gesellschaftsrecht" (1996), 594-641.

RAPOSO, Mário, *As Cartas de Garantia e o Seguro Marítimo*. In: XX "Scientia Ivrídica" (1971), 504-513.

RAPOSO, Mário, *As Reservas ao Conhecimento em Direito Marítimo*. In: "Estudos sobre o Novo Direito Marítimo – Realidades Internacionais e Situação Portuguesa", 173-188, Almedina, Coimbra, 1999.

RAPOSO, Mário, *Assistência Marítima – Evolução e Problemas*. In: "Estudos sobre o Novo Direito Marítimo – Realidades Internacionais e Situação Portuguesa", 75-107, Coimbra Editora, Coimbra, 1999.

RAPOSO, Mário, *Fretamento e Transporte Marítimo: Algumas Questões*. In: 340 "Boletim do Ministério da Justiça" (1984), 17-52.

RAPOSO, Mário, *Valor Probatório do Conhecimento de Carga*. In: 32 "Jornal do Fôro" (1968), 145-200.

RAYMOND, Jack/ MALEK, Ali/ QUEST, David, *Documentary Credit*. 4th edition, Tottel Publishing, West Sussex, 2007.

REBELO, F. Neves, *O Direito de Livre Resolução no Quadro Geral do Regime Jurídico de Protecção do Consumidor*. In: AAVV, "Nos 20 Anos do Código das Sociedades Comerciais", vol. II, 572-617, Coimbra Editora, Coimbra, 2007.

REBOUL, Nadège, *Les Contrats de Conseil*. Dissertação, Paris, 1996.

REED, Chris/ DAVIES, Louis, *Digital Cash – The Legal Implications*. CCLS, London, 1995.

REGO, M. Lima, *Contrato de Seguro e Terceiros – Estudo de Direito Civil*. Dissertação, Lisboa, 2008.

REICH, Norbert, *Die Umsetzung der Richtlinie 1999/44/EG in das deutsche Recht*. In: 33 "Neue Juristische Wochenschrift" (1999), 2397-2403.

REICH, Norbert, *Markt und Recht – Theorie und Praxis des Wirtschaftsrechts in der Bundesrepublik Deutschland*. Luchterhand Verlag, Neuwied/ Darmstadt, 1977.

REIFNER, Udo, *Handuch der Verbraucherkredit*. 2. Aufl., Beck, München, 2003.

REINER, Günter, *Der verbraucherschützende Widerruf im Recht der Willenserklärung*. In: 203 "Archiv für die civilistische Praxis" (2003), 1-45.

REINER, Günter, *Derivative Finanzinstrumente im Recht*. Nomos Verlag, Baden-Baden, 2002.

REIS, Célia/ SOUSA, Rita/ VIDAL, Isabel/ WILTON, Pedro, *Operações de Short Selling*. In: 12 "Cadernos do Mercado de Valores Mobiliários" (2001), 159-185.

REIS, João, *O Regime da Transmissão da Empresa no Código do Trabalho*. In: AAVV, "Nos 20 Anos do Código das Sociedades Comerciais", vol. I, 305-359, Coimbra Editora, Coimbra, 2007.

817

Direito dos Contratos Comerciais

RÉMOND-GOUILLOUD, Martine, *Le Contrat de Transport*. Dalloz, Paris, 1993.

REMORIQUET, Jack, *Le Savoir-Faire dans le Contrat de Franchise*. LIO, Université Haute-Alsace, 1998.

REQUIÃO, Rubens, *Curso de Direito Comercial*. 2 volumes, Ed. Saraiva, São Paulo, 2003.

RESCIGNO, Pietro, *I Contratti d'Impresa e la Costituzione*. In: AAVV, "Il Diritto Europeo dei Contratti d'Impresa", 27-35, Giuffrè, Milano, 2006.

RESTUCCIA, Giuseppe, *Le Carta di Credito nell'Ordinamento Giuridico Italiano e Comunitario*. Giuffrè, Milano, 1999.

RIBEIRO, A. Paula, *O Contrato de Franquia (Franchising) – No Direito Interno e Internacional*. Tempus Editora, Lisboa, 1994.

RIBEIRO, A. Sequeira, *Garantia Bancária Autónoma à Primeira Solicitação*. In: "Estudos em Homenagem ao Prof. Doutor I. Galvão Telles", vol. II, 289-426, Almedina, Coimbra, 2002.

RIBEIRO, J. Pinto/ DUARTE, R. Pinto, *Dos Agrupamentos Complementares de Empresas*. In: 250/252 "Ciência e Técnica Fiscal" (1980), 7-202.

RIBEIRO, J. Sousa, *O Contrato de Viagem Organizada na Lei Vigente e no Anteprojecto do Código do Consumidor*. In: 8 "Estudos de Direito do Consumidor" (2006/07), 127-164.

RIBEIRO, J. Sousa, *O Princípio da Transparência no Direito Europeu dos Contratos*. In: "Direito dos Contratos – Estudos", 75-100, Coimbra Editora, Coimbra, 2007.

RIBEIRO, J. Sousa, *O Problema do Contrato – As Cláusulas Contratuais Gerais e o Princípio da Liberdade Contratual*. Almedina, Coimbra, 1999.

RIBEIRO, J. Sousa, *Prescrições Presuntivas: Sua Compatibilidade com a Não Impugnação dos Factos Articulados pelo Autor*. In: V "Revista de Direito e de Economia" (1979), n.º 2, 385-411.

RIBEIRO, J. Sousa, *Responsabilidade e Garantia em Cláusulas Contratuais Gerais (Decreto-Lei n.º 446/85, de 25 de Julho)*. Separata do Boletim da Faculdade de Direito, Coimbra, 1992.

RIBEIRO, M. Fátima, *O Contrato de Franquia*. Almedina, Coimbra, 2001.

RICCA, Lucio, *Sui Cosiddetti Rapporti Contrattuali di Fatto*. Giuffrè, Milano, 1965.

RICCI, Marco, *L'Attività di Intermediazione Finanziaria Svolta delle Banche*. Dissertação, Roma, 2003.

RICCIO, Angelo, *L'Anatocismo*. Cedam, Padova, 2002.

RICO, J. Cano/ MALLOL, A. Serra, *Manual Práctico de Contratación Mercantil*. 2 tomos, 2.ª edición, Tecnos, Madrid, 1987.

RING, Peter, *The Role of Contract in Strategic Alliances*, in: Contractor, Farok/ Lorange, Peter (eds.), "Cooperative Strategies and Alliances", 145-161, Pergamon, New York, 2002.

RIOS, J. Camacho, *El Seguro de Caución. Estudio Crítico*. Ed. Mapfre, Madrid, 1994.

RIPERT, Georges/ ROBLOT, René, *Traité de Droit Commercial*. 3 tomos, LGDJ, Paris, 1994-1998.

RIUTORT, J. Flaquer, *El Contrato de Crédito Subasta*. Bosch, Barcelona, 1992.

RIVELLINI, Flavio, *La Disciplina Giuridica dei Contratti Swap*. Dissertação, Napoli, 2002.

818

Bibliografia

Rives-Lange, Jean-Louis/ Contamine-Raynaud, Monique, *Droit Bancaire.* 6ème édition, Dalloz, Paris, 1995.

Rives-Lange, Jean-Louis, *Les Problèmes Juridiques Posés par l'Opération d'Escompte.* LGDJ, Paris, 1962.

Rives-Lange, M. Thérèse, *Le Compte Courant en Droit Français.* Sirey, Paris, 1969.

Rivkin, David, *Lex Mercatoria and Force Majeure.* In: AAVV, "Transnational Rules in International Commercial Arbitration", 161-208, ICC, Paris, 1993.

Rivolta, Giancarlo, *Proposte e Accettazioni Contrattuali nell'Esercizio dell'Impresa.* In: XXXVII "Rivista di Diritto Civile" (1991), 1-19.

Rizzardo, Arnaldo, *Contratos de Crédito Bancário.* Ed. Revista dos Tribunais, São Paulo, 2003.

Rocha, A. Catarina, *A Cláusula de Reserva de Propriedade na Directiva 2000/35/CE do Parlamento Europeu e do Conselho sobre as Medidas de Luta Contra os Atrasos de Pagamento.* In: II "Revista da Faculdade de Direito da Universidade do Porto" (2005), 9-78.

Rocha, F. Costeira, *O Contrato de Transporte de Mercadorias – Contributo para o Estudo da Posição Jurídica do Destinatário no Contrato de Transporte de Mercadorias.* Almedina, Coimbra, 2000.

Rocha, M. Lopes, *A Factura Electrónica: Uma Reforma Ainda Necessária?.* In: AAVV, "As Telecomunicações e a Sociedade de Informação", 275-293, IJC, Coimbra, 1999.

Rocha, Rafaela, *Categorização de Investidores no Âmbito da Intermediação Financeira.* In: 27 "Cadernos do Mercado de Valores Mobiliários" (2007), 97-106.

Rodière, René, *Études sur la Commission de Transport.* In: X "Revue Trimestrielle de Droit Commercial et de Droit Économique" (1957), 1-44.

Rodière, René, *La Nature Juridique du Contrat de Poussage.* In: 17 "Bulletin des Transports et de la Logistique" (1971), 474-488.

Rodrigues, A. Lopes, *FRA – Um Mercado em Evolução.* In: 13 "Revista da Banca" (1990), 13-18.

Rodrigues, S. Nascimento, *A Protecção dos Investidores nos Contratos sobre Valores Mobiliários.* In: AAVV, "Jornadas – Sociedades Abertas, Valores Mobiliários e Intermediação Financeira", 145-162, Almedina, Coimbra, 2007.

Rodrigues, S. Nascimento, *Aspectos Jurídicos da Actividade e dos Relatórios de Análise Financeira.* In: 14 "Cadernos do Mercado de Valores Mobiliários" (2002), 100-104.

Rodrigues, S. Nascimento, *Cabimento da Figura dos "Mercados não Regulamentados" no Âmbito da DMIF e na Consequente Revisão do CVM.* In: AAVV, "Direito dos Valores Mobiliários", vol. VIII, 319-335, Coimbra Editora, Coimbra, 2008.

Rodrigues, S. Nascimento, *O Direito de Resolução do Investidor na Contratação dos Serviços Financeiros à Distância.* In: AAVV, "Direito dos Valores Mobiliários", vol. VII, 233-273, Coimbra Editora, Coimbra, 2007.

Rodrigues, S. Nascimento, *Os Contratos de Reporte e de Empréstimo no Código dos Valores Mobiliários.* In: VII "Cadernos do Mercado de Valores Mobiliários" (2000), 289-327.

Direito dos Contratos Comerciais

RODRIGUEZ, J. Concepción, *El Contrato de Transporte*. Editorial Dykinson, Madrid, 2003.

RODRÍGUEZ-CANO, A, Bercovitz/ CONDE, M. Calzada (dir.), *Contratos Mercantiles*. 3 volumes, Aranzadi, Pamplona, 2009.

ROESLE, Max, *Der Schrankfachvertrag der Banken*. Schulthess Polygraphischer Verlag, Zürich, 1982.

ROFFLER, Sylvie, *Quelques Aspects des Nouveaux Instruments Financiers*. In : "Comptabilité et Fiscalité Pratiques" (1996), 31-48.

ROIANO, Onofrio (a cura de), *Verso una Disciplina Europea del Contratto di Assicurazione?*. Giuffrè, Milano, 2006.

ROLDÁN, S. Zamorano, *El Contrato de Swap como Instrumento Financiero Derivado*. V. Tuells, Zaragoza, 2003.

ROMAGNOLI, Gianluca, *Clausole Vessatorie e Contratti d'Impresa*. Cedam, Padova, 1977.

ROMANELLI, Gustavo, *Profilo del Noleggio*. Giuffrè, Milano, 1979.

ROMANO, Roberta, *A Thumbnail Sketch of Derivative Securities and Their Regulation*. In: "Maryland Law Review" (1996), 1-83.

ROOT, Franklin, *Some Taxinomies of International Cooperative Arrangements*. In: Contractor, Farok/ Lorange, Peter (eds.), "Cooperative Strategies in International Business", 69-80, Pergamon, Oxford, 2002.

ROPPO, Enzo, *Contratti Standard – Autonomia e Controlli nella Disciplina della Attività Negoziali di Impresa*. Milano, Giuffrè, 1989.

ROTONDI, Mario, *Marchés Différentiels et Marchés à Terme dans les Bourses de Valeurs*. In: 12 "Revue Trimestrielle de Droit Commercial et de Droit Économique" (1959), 19-39.

ROZIJN, Michael, *Der Unternehmensmaklervertrag: Zur Anwendung des allgemeinen Maklervertragsrechts auf Mergers-&-Acquisitions-Dienstleistungen*. Peter Lang, Frankfurt am Main, 2001.

RUBIO, E. Langle, *El Contrato de Compraventa Mercantil*. Bosch, Barcelona, 1958.

RUBIO, J. Álvarez, *El Contrato Bancario de Cajas de Seguridad*. Thomson/ Civitas, Madrid, 2007.

RUBIO, Jesús, *El Fletamento en el Derecho Español*. Ed. RDP, Madrid, 1953.

RUDOLPH, Bernd, *Derivative Finanzinstrumente: Entwicklung, Risikomanagement und bankaufsichtrechtliche Regelung*. In: AAVV, "Derivative Finanzinstrumente", 3-41, Schäffer-Poeschel, Stuttgart, 1995.

RUGGERI, Luca, *I "Credit Derivatives" Quali Strumenti Finanziari Derivati*. In: 11 "I Contratti – Rivista di Dottrina e Giurisprudenza" (2003), 839-844.

RUHL, Alexander, *Das Einlagengeschäft nach dem Kreditwesengesetz*. Nomos Verlag, Baden-Baden, 2005.

RUHLE, Ian, *Why Banks? Microeconomics Foundations of Financial Intermediaries*. In: 3 "Development and Finance" (1997), 10-99.

RUITINGA, Pieter, *Onus of Proof and Liability – Some Notes as to Articles 8, 9 and 10 of the CMR Convention*. In: AAVV, "International Carriage of Goods by Road (CMR)", 43-71, LLP, London, 1987.

RUIZ, E. Díaz, *Contratos sobre Tipos de Interés a Plazo (FRAs) y Futuros Financieros sobre Intereses*. Civitas, Madrid, 1993.

Bibliografia

Ruiz, E. Díaz, *Los Mercados de Opciones y Futuros Financieros*. In: AAVV, "Instituciones del Mercado Financiero", vol. VII, 4521-4570, La Ley, Madrid, 1999.

Ruiz, E. Díaz/ Abadin, E. Abril/ Larraga, Pablo, *Productos Financieros Derivados y Mercados Organizados*. Civitas, Madrid, 1997.

Ruozi, Renato/ Rossignoli, Bruno, *Manuale del Factoring*. Giuffrè, Milano, 1985.

Ruttiens, Alain, *Manuel des Produits Dérivés*. Éditions Eska, Paris, 1997.

Ryn, Jean van/ Heenen, Jacques, *Principes de Droit Commercial*. Tome I, 2ème édition, Bruylant, Bruxelles, 1976.

Sá, Almeno, *Cláusulas Contratuais Gerais e Directiva sobre Cláusulas Abusivas*. 2.ª edição, Almedina, Coimbra, 2001.

Sá, Almeno, *Direito Bancário*. Coimbra Editora, Coimbra, 2008.

Sacarrera, E. Guardiola, *Contratos de Colaboración en el Comercio Internacional*. Bosch, Barcelona, 1998.

Sacristàn, L. Marcos, *El Grupo de Estrutura Paritaria: Caracterización y Problemas*. In: 165 "Revista de Derecho Mercantil" (1982), 375-398.

Saller, Rudolf, *Die Rechtsnatur des Autokran-Vertrages*. In: 18 "Transportrecht" (1995), 142-157.

Salvador, M. Gonçalves, *Seguro-Caução*. In: 100 "O Direito" (1968), 305-331.

Salvador, Manuel, *Contrato de Mediação*. Petrony, Lisboa, 1964.

Salvatore, Erika, *I Consorzi di Collocamento*. In: XXIII "Contratto e Impresa" (1997), 719-764.

Sambucci, Leopoldo, *Il Contratto dell'Impresa*. Giuffrè, Milano, 2002.

Sánchez, E. Caballero, *El Consumidor de Seguros: Protección y Defensa*. Ed. Mapfre, Madrid, 1997.

Sánchez, J. Bonet, *El Contrato Bancario*. In: Carol, U. Nieto (dir.), "Contratos Bancarios y Parabancarios", 79-103, Lex Nova, Valladolid, 1998.

Sánchez, L. Ragel, *A Formação dos Contratos*. In: AAVV, "Direito da Sociedade de Informação", vol. III, 69-94, Almedina, Coimbra, 2002.

Sánchez, M. Vérgez, *Concepto y Particularidades de la «Venta sobre Muestras»*. In: "Estudios Jurídicos en Homenaje a Joaquín Garrigues", vol. III, 455-480, Tecnos, Madrid, 1971.

Sánchez, S. Rodríguez, *Las Juntas Arbitrales del Transporte: Constitución y Funciones*. Tirant lo Blanch, Valencia, 2006.

Santana, J. Caboz, *O Contrato de Factoring*. Cosmos, Lisboa, 1995.

Santoro, Vittorio, *Il Diritto dei Sistema di Pagamenti*. Giuffrè, Milano, 2007.

Santos, F. Cassiano, *Direito Comercial Português*. Vol. I, Coimbra Editora, Coimbra, 2007.

Santos, F. Cassiano, *Transmissão e Cessação de Contratos Comerciais*. In: AAVV, "Nos 20 Anos do Código das Sociedades Comerciais", vol. I, 283-303, Coimbra Editora, Coimbra, 2007.

Santos, G. Castilho, *A Responsabilidade Civil do Intermediário Financeiro perante o Cliente*. Almedina, Coimbra, 2008.

Santos, J. Correia, *Agrupamentos Complementares de Empresas*. Coimbra Editora, Coimbra, 1991.

Direito dos Contratos Comerciais

SANTOS, M. Leite, *Contratos Parassociais e Acordos de Voto nas Sociedades Anónimas*. Cosmos, Lisboa, 1996.

SANTOS, R. Martins, *Estabilização de Preços e Manipulação de Mercado – O Síndroma da Ilha*. In: AAVV, "Direito dos Valores Mobiliários", vol. IV, 395--435, Coimbra Editora, Coimbra, 2003.

SARALE, Marcella, *Il Contratto Estimatorio – Tra Vendita e Atipicità*. Giuffrè, Milano, 1991.

SARGOS, Pierre, *L'Obligation de Loyauté de l'Assureur et de l'Assuré*. In: "Revue Générale du Droit des Assurances" (1997), 988-994.

SASSOON, David/ HONEY, Damian, *CIF and FOB Contracts*. 5th edition, Sweet & Maxwell, London, 2007.

SATORI, Filippo, *Le Regole di Condotta degli Intermediari Finanziari. Disciplina e Forme di Tutela*. Giuffrè, Milano, 2004.

SAVATIER, René, *Droit des Obligations en Droit Privé Économique*. 4ème édition, Dalloz, Paris, 1979.

SCACCIA, Sigismondo, *Tractatus de Commerciis et Cambio*. Genova, 1618.

SCALFI, Gianguido, *Il Trasferimento del Portafoglio di una Impresa di Assicurazione*. In: Galgano, Francesco (dir.), "I Contratti del Commercio, dell'Industria e del Mercato Finanziario", vol. III, 2677-2709, Utet, Torino, 1995.

SCALONE, Giuseppe, *La Polizza di Assicurazione all'Ordine o al Portatore*. Giuffrè, Milano, 1953.

SCHAEFFER, Marcus, *Der Handelskauf nach der Schuldrechtsreform*. Peter Lang, Frankfurt am Main, 2006.

SCHÄFER, Frank/ MÜLLER, Jorg, *Haftung für fehlerhafte Wertpapierdienstleistungen. Anlageberatung, Vermögensverwaltung, Börsentermingeschäfte*. 2. Aufl., RWS Verlag, Köln, 2007.

SCHÄFER, Klaus, *Einsatz und Bewertung von Optionen und Futures*. In: AAVV, "Derivative Finanzinstrumente", 45-130, Schäffer-Poeschel, Stuttgart, 1995.

SCHEPERS, Georg, *Die Spielarten des Factoring*. In: AAVV, "Factoring-Handbuch", 63-69, 3. Aufl., Fritz Knapp Verlag, Frankfurt a. M., 1997.

SCHIAVO, Carlos, *Contrato de Seguro – Reticencia y Agravación del Riesgo*. Ed. Hamurabi, Buenos Aires, 2006.

SCHLAEGEL, Marco, *Die Finanzsicherheiten-Richtlinie (2002/47/EG) und ihre Umsetzung in das deutsche Recht*. Peter Lang, Frankfurt am Main, 2008.

SCHLESINGER, Piero, *I Contratti d'Impresa e la Classificazione degli Atti Giuridici*. In: AAVV, "Il Diritto Europeo dei Contratti d'Impresa", 383-392, Giuffrè, Milano, 2006.

SCHLESINGER, Rudolf, *Formation of Contracts: A Study of the Common Core of Legal Systems*. 2 volumes, Oceana/ Steven & Sons, New York/ London, 1968.

SCHLEWING, Ulrich, *Das paritätische Gemeinschaftsunternehmen im Konzern- und Kartellrecht*. Carl Heymanns, Köln, 1993.

SCHMIDT, Joanna, *Négotiation et Conclusion de Contrats*. Dalloz, Paris, 1982.

SCHMIDT, Jörg, *La Conclusion du Contrat de Vente à Distance*. In: AAVV, "La Protection des Consommateurs Acheteurs à Distance", 187-211, Bruylant, Bruxelles, 1999.

Bibliografia

SCHMIDT, Jörg, *Vertragsfreiheit und EG-Handelsvertreterrichtlinie*. In: 156 "Zeitschrift für das gesamte Handelsrecht und Wirtschaftsrecht" (1992), 512-520.

SCHMIDT, Karsten (Hrsg.), *Münchener Kommentar zum Handelsgesetzbuch*. Band 5 ("Handelsgeschäfte"), Beck/ Vahlen, München, 2001.

SCHMIDT, Karsten, *BGB-Verbraucherrecht und Handelsrecht. Eine Skizze*. In: Schulte- -Nölke, Hans/ Schulze, Reiner (Hrsg.), "Die Schuldrechtsreform vor dem Hintergrund des Gemeinschaftsrechts", 143-153, Mohr Siebeck, Tübingen, 2001.

SCHMIDT, Karsten, *Gleichordnung im Konzern: "Terra Incognita"? – Vorstudien und Thesen zu einem Recht der Konzernschwestern*, In: 155 "Zeitschrift für das gesamte Handelsrecht und Wirtschaftsrecht" (1991), 417-446.

SCHMIDT, Karsten, *Haftungskontinuität als unternehmensrechtliches Prinzip*. In: 145 "Zeitschrift für das gesamte Handelsrecht und Wirtschaftsrecht" (1981), 2-28.

SCHMIDT, Karsten, *Handelsrecht*. 5. Aufl., Carl Heymanns, Köln, 1999.

SCHMIDT, Karsten, *Übergang von Vertragsverhältnissen nach §§25, 28 HGB?*. In: "Festschrift für Dieter Medicus", 555-574, Carl Heymanns, Köln, 1999.

SCHMIDT-KESSEL, Martin, *Der Rückgriff des Leztzverkäufers*. In: 18 "Österreichische Juristenzeitung" (2000), 668-674.

SCHMIDT-SALZER, Joachim/ HERMANN, Hollmann, *Kommentar EG-Produkthaftung*. 2 volumes, RuW Verlag, Heidelberg, 2002.

SCHMITTHOFF, Clive, *Hardship and Intervener Clauses*. In: "The Journal of Business Law" (1980), 82-91.

SCHMITZ, Winifried, *Due Diligence for Corporate Acquisitions*. Kluwer, London, 1996.

SCHNEEBERGER, Ernst, *Kommerzielles Vertragsrecht*. Schulthess Polygraphischer Verlag, Zürich, 1976.

SCHNEYDER, Anton, *Europäisches Banken- und Versicherungsrecht*. C.F. Müller, Heidelberg, 2005.

SCHOFIELD, Neil, *Commodity Derivatives: Markets and Applications*. John Wiley & Sons, New York, 2008.

SCHOLTENS, Bert/ WENSVEEN, Dick, *The Theory of Financial Intermediation*. Suerf, Vienna, 2003.

SCHRIERENBECK, Henner/ HÖLSCHER, Reinhold, *Bankassurance – Institutionelle Grundlagen der Banks- und Versicherungsbetriebslehre*. 4. Aufl., Schäffer- -Poeschel, Stuttgart, 1998.

SCHULTE, Kurt/ SCHWINDT, Karl-Heinz, *Joint Ventures*. Beck, München, 2007.

SCHULTE-BRAUCKS, Reinhard, *Zahlungsverzug in der Europäischen Union*. In: 54 "Neue Juristische Wochenschrift" (2001), 103-108.

SCHULTE-BRAUCKS, Reinhard/ ONGENA, Steven, *The Late Payment Directive – A Step Towards an Emerging European Private Law?*. In: XI "European Review of Private Law" (2003), 519-544.

SCHÜTZE, Rolf, *Dokumentenakkreditiv im internationalen Handelsverkeher*. 5. Aufl., RuW Verlag, Heidelberg, 1999.

SCHWARCZ, Steven, *The Alchemy of Asset Securitization*. In: 1 "Stanford Journal of Law, Business and Finance" (1994), 133-154.

SCHWERDTNER, Peter/ HAMM, Christoph, *Maklerrecht*. 5. Aufl., Beck, München, 2008.

SCHWINTOWSKY, Hans-Peter/ SCHÄFER, Frank, *Bankrecht*. Carl Heymanns, Köln, 1997.

Direito dos Contratos Comerciais

SCIALOJA, Antonio, *L'Offerta a Persona Indeterminata ed il Contratto Concluso mediante Automatico*. Lapi, Citta di Castello, 1902.

SCOTT-QUINN, Brian/ WALMSLEY, Julian, *The Impact of Credit Derivatives on Securities Markets*. ISMA, Zurich, 1998.

SEALY, L. S./ HOOLEY, R. A., *Commercial Law*. 4th edition, Oxford University Press, Oxford, 2009.

SENDIM, P. Melero, *Usura. Letra de Câmbio e Direito Comercial*. In: AAVV, "Nos 20 Anos do Código das Sociedades Comerciais", vol. III, 851-914, Coimbra Editora, Coimbra, 2007.

SEQUEIRA, Adolfo/ GADEA, Enrique/ BERGIA, F. Sacristán, *La Contratación Bancaria*. Editorial Dykinson, Madrid, 2007.

SEQUEIRA, E. Vaz, *Contrato de Franquia e Indemnização de Clientela*. In: "Estudos Dedicados ao Prof. Doutor M. J. Almeida Costa", 439-485, UCP, Lisboa, 2002.

SERENS, M. Nogueira, *A Proibição da Publicidade Enganosa: Defesa dos Consumidores ou Protecção (de Alguns) Concorrentes?*. In: AAVV, "Comunicação e Defesa do Consumidor", 229-256, Instituto Jurídico da Comunicação, Coimbra, 1996.

SERENS, M. Nogueira, *Direito da Concorrência e Acordos de Compra Exclusiva (Práticas Nacionais e Comunitárias)*. Coimbra Editora, Coimbra, 1993.

SERENS, M. Nogueira, *Penhor de Quota*. In: XXI "Colectânea de Jurisprudência" (1996), I, 6-17.

SERNETZ, Julia, *Derivate und Corporate Governance – Kompetenzen und Pflichten des Vorstands von Aktiengesellschaften beim Einsatz von Derivaten*. Peter Lang, Frankfurt am Main, 2006.

SERRA, A. Vaz, *Anotação ao Acórdão do STJ de 19 de Setembro de 1975*. In: 110 "Revista de Legislação e de Jurisprudência" (1977-78), 13-22.

SERRA, A. Vaz, *Contrato para Pessoa a Nomear*. In: 79 "Boletim do Ministério da Justiça" (1958), 163-199.

SERRA, A. Vaz, *Efeitos dos Contratos (Princípios Gerais)*. In: 74 "Boletim do Ministério da Justiça" (1958), 333-369.

SERRA, A. Vaz, *Obrigações Pecuniárias*. In: 52 "Boletim do Ministério da Justiça" (1956), 5-341.

SERRA, A. Vaz, *Prescrições Presuntivas (Algumas Questões)*. In: 98 "Revista de Legislação e de Jurisprudência" (1966-67), 241-242.

SERRANO, L. Gásquez, *El Contrato de Mediación o Corretaje*. La Ley, Madrid, 2007.

SERRANO, L. María, *Los Contratos Celebrados Fuera de los Establecimientos Mercantiles*. Marcial Pons, Madrid, 2001.

SILINGARDI, Gabriele, *Il Contratto di Trasporto*. Giuffrè, Milano, 1997.

SILINGARDI, Gabriele, *Contratto di Trasporto e Diritti del Destinatario*. Giuffrè, Milano, 1980.

SILVA, C. Martins, *Cláusulas de Venda de Valores Mobiliários no Âmbito de Contratos de Registo e Depósito de Valores Mobiliários e de Recepção e Execução de Ordens por Conta de Outrem*. In: 12 "Cadernos do Mercado de Valores Mobiliários" (2001), 255-258.

Bibliografia

Silva, E. Moreira, *Da Responsabilidade Pré-Contratual por Violação dos Deveres de Informação*. Almedina, Coimbra, 2007.

Silva, Eugénio, *Letras, Livranças, Cheques e Extractos de Factura*. 2.ª edição, Petrony, Lisboa, 1953.

Silva, F. Nicolau, *Dos Contratos Negociados à Distância*. In: 5 "Revista Portuguesa de Direito do Consumo" (1996), 45-58.

Silva, J. Andrade, *Código dos Contratos Públicos Comentado e Anotado*. 2.ª edição, Almedina, Coimbra, 2009.

Silva, J. Calvão, *Aplicação da Lei n.º 23/96 ao Serviço Móvel de Telefone e Natureza Extintiva da Prescrição Referida no seu Art. 10.º*. In: 132 "Revista de Legislação e de Jurisprudência" (1999-2000), 135-160.

Silva, J. Calvão, *Banca, Bolsa e Seguros*. Tomo I ("Parte Geral"), Almedina, Coimbra, 2005.

Silva, J. Calvão, *Cartas de Conforto*. In: "Estudos de Direito Comercial", 363-394, Almedina, Coimbra, 1996.

Silva, J. Calvão, *Compra e Venda de Coisas Defeituosas – Conformidade e Segurança*. Almedina, Coimbra, 2001.

Silva, J. Calvão, *Concessão Comercial e Direito da Concorrência*. In: "Estudos Jurídicos (Pareceres)", 185-231, Almedina, Coimbra, 2001.

Silva, J. Calvão, *Crédito Documentário e Conhecimento de Embarque*. In: "Estudos de Direito Comercial", 49-77, Almedina, Coimbra, 1996.

Silva, J. Calvão, *Direito Bancário*. Almedina, Coimbra, 2001.

Silva, J. Calvão, *Mandato de Crédito e Carta de Conforto*. In: "Estudos em Homenagem ao Prof. Doutor I. Galvão Telles", vol. II, 245-264, Almedina, Coimbra, 2002.

Silva, J. Calvão, *Negociação e Formação de Contratos*. In: "Estudos de Direito Civil e Processo Civil (Pareceres)", 29-75, Almedina, Coimbra, 1999.

Silva, J. Calvão, *Responsabilidade Bancária por Transferências de Créditos*. In: "Estudos em Homenagem à Prof. Doutora Isabel Magalhães Collaço", vol. II, 3-24, Almedina, Coimbra, 2002.

Silva, J. Calvão, *Responsabilidade Civil do Produtor*. Almedina, Coimbra, 1990.

Silva, J. Calvão, *Titul(ari)zação de Créditos: Securitization*. 2.ª edição, Almedina, Coimbra, 2005.

Silva, J. Calvão, *Venda de Bens de Consumo – Decreto-Lei n.º 67/2003, de 8 de Abril – Directiva n.º 1999/44/CE – Comentário*. Almedina, Coimbra, 2003.

Silva, P. Costa, *A Contratação Automatizada*. In: AAVV, "Direito da Sociedade da Informação", vol. IV, 289-305, Coimbra Editora, Coimbra, 2003.

Silva, P. Costa, *Compra, Venda e Troca de Valores Mobiliários*. In: AAVV, "Direito dos Valores Mobiliários", 243-266, Lex, Lisboa, 1997.

Silva, P. Costa, *Direito dos Valores Mobiliários – Relatório*. Coimbra Editora, Lisboa, 2005.

Simitis, Spiros, *Die faktischen Vertragsverhältnisse als Ausdruck der gewandelten sozialen Funktion der Rechtsinstitute des Privatrechts*. Vittorio Klostermann Verlag, Frankfurt, 1957.

Simler, Philippe, *Cautionnement et Garanties Autonomes*. Litec, Paris, 2000.

Direito dos Contratos Comerciais

SIMÕES, J. Patrício, *Direito Bancário Privado*. Quid Juris, Lisboa, 2004.

SIMONETTO, Ernesto, *I Contratti di Credito*. Cedam, Padova, 1953.

SIMPSON, Andrew/ KINSELLA, Stephan, *Online Contract Formation*. Oceana Publications, New York, 2004.

SINGLETON, Susan/ LAWSON, Richard, *Commercial Contracts: A Practical Guide to Standard Terms*. 2nd edition, Tottel Publishing, West Sussex, 2006.

SIRONI, Andrea (dir.), *I Derivati per la Gestione del Rischio di Credito*. Giuffrè, Milano, 1999.

SKAUPY, Walter, *Franchising – Handbuch für die Betriebs und Rechtspraxis*. 2. Aufl., Vahlen, München, 1995.

SKINNER, Chris, *The Future of Investing in Europe's Markets after MiFID*. John Wiley & Sons, London, 2007.

SLOT, Piet/ JOHNSTON, Angus, *An Introduction to Competition Law*. Hart, Oxford/ Portland, 2006.

SMITH, Julia/ MCCALLA, Sandra, *Consumer Credit Act 2006: A Guide to the New Law*. The Law Society, London, 2007.

SMITH, L. Young/ ROBERSON, G. Gale/ MANN, Richard/ ROBERTS, Barry, *Business Law – Uniform Commercial Code*. 5th edition, West Publishing, St. Paul, 1982.

SOARES, António, *Mercados Regulamentados e Não Regulamentados*. In: 7 "Cadernos do Mercado de Valores Mobiliários" (2000), 271-287.

SOARES, M. Ângela, *Algumas Notas sobre o Agrupamento Europeu de Interesse Económico (AEIE)*. In: X "Revista de Direito e de Economia" (1984/85), 389-400.

SOARES, M. Ângela/ RAMOS, R. Moura, *Do Contrato de Compra e Venda Internacional – Análise da Convenção de Viena de 1980 e das Disposições Pertinentes do Direito Português*. Gabinete de Documentação e Direito Comparado, Coimbra, 1981.

SOARES, A. Quirino, *Contratos Bancários*. In: 295 "Scientia Ivridica" (2003), 109-128.

SOBEJANO, A. Emparanza, *El Concepto de Porteador en el Transporte de Mercancías*. Comares, Granada, 2003.

SONH, Rike, *Das Schweigen im Rechtsverkehr*. Dissertação, Bremen, 2005.

SOURANI, Patrick, *Le Portage d'Actions*. LGDJ, Paris, 1996.

SOUSA, A. Frada, *Conflitos de Clausulados e Consenso nos Contratos Internacionais*. UCP Editora, Porto, 1999.

SOUSA, Rita/ VIDAL, Isabel/ RODRIGUES, S. Nascimento, *Aspectos Jurídicos dos Sistemas Alternativos de Negociação*. In: 12 "Cadernos do Mercado de Valores Mobiliários" (2001), 187-214.

SOUSI-ROUBI, Blanche, *Le Contrat d'Échange*. In: LXXVI "Revue Trimestrielle de Droit Civil" (1978), 257-274.

SPECIALE, Renato, *Contratti Preliminari e Intese Precontrattuali*. Giuffrè, Milano, 1990.

SPINELLI, Michele, *Contributo allo Studio della Anticipazione Bancaria*. In: XII "Banca, Borsa e Titoli di Credito" (1949), 205-242.

SPREMANN, Klaus/ GATENBEIN, Pascal, *Zinsen, Anleihen, Kredit*. 3. Aufl., Oldenburg Verlag, München, 2005.

STAFFLAGE, Axel, *Die Anlageberatung der Banken*. Erich Schmidt Verlag, Berlin, 1999.

STALEY, Kathryn, *The Art of Short Selling*. John Wiley & Sons, New York, 1997.

Bibliografia

STALLONE, Francesco, *La Forma dell'Atto Giuridico Elettronico*. In: VI "Contratto e Impresa" (1990), 756-778.

STANCANNELI, Giuseppe, *Consorzi Stradale*. In: IV "Nuovissimo Digesto Italiano" (1959), 247-250.

STANNARD, John, *Delay in the Performance of Contractual Obligations*. Oxford University Press, Oxford, 2007.

STAUDER, Bernd, *Der bankgeschäftliche Krediteröffnungsvertrag*. Gieseking Verlag, Bielefeld, 1968.

STEDMAN, Graham/ JONES, Janet, *Shareholders' Agreements*. FT Law & Tax, London, 1998.

STIEBER, Rainer, *Versicherungsvermittlerrecht*. Beck, München, 2008.

STIGLITZ, Ruben, *El Siniestro*. Editorial Astrea, Buenos Aires, 1980.

STÖCKER, Christoph, *The «Lex Mercatoria»: To What Extent Does It Exists?*. In: VII "The Journal of International Arbitration" (1990), 101-125.

STOLFI, Mario, *La Lettera di Vettura*. In: XXIII "Banca, Borsa e Titoli di Credito" (1960), 511-522.

STOUFFLET, Jean/ GAVALDA, Christian, *Instruments de Paiement et de Crédit*. 6ème édition, Litec, Paris, 2006.

STRAATMANN, Kuno/ ULMER, Peter, *Handelsrechtliche Schiedsgerichtsbarkeit*. Verlag Otto Schmidt, Köln, 1982.

STROHBACH, Heinz, *Force Majeure and Hardship Clauses in International Commercial Contracts and Arbitration*. In: 1 "Journal of International Arbitration" (1984), 39-51.

SUGRAÑES, M. Franquet, *La Mercantilidad de las Vendas a Plazos de Bienes Muebles*. In: 30 "Cuadernos de Derecho y Comercio" (2000), 121-166.

SUPINO, D., *La Questione Ultrasecolare dei Contratti Differenziali*. In: XIX "Il Diritto Commerciale e la Parte Generale delle Obbligazioni" (1927), 212-215.

SWAN, Edward, *Building the Global Market – A 4000 Year History of Derivatives*. Kluwer, The Hague, 2000.

SZTAJN, Rachel, *Sobre a Natureza Jurídica das Opções Negociadas em Bolsa*. In: 105 "Revista de Direito Mercantil, Industrial, Econômico e Financeiro" (1997), 53-69.

TAGLINO, Daniela, *Il Valore Giuridico del Documento Elettronico*. Dissertação, Roma, 1996.

TAKAVOLI, Janet, *Credit Derivatives. A Guide to Instruments and Applications*. John Wiley & Sons, Toronto, 1998.

TARTRE, Marcel, *Les Facilités de Caisse*. Dissertação, Lille, 1975.

TARZIA, Giorgio, *Il Contratto di Conto Corrente Bancario*. Ipsoa, Milano, 2001.

TASSONI, Giorgia, *Il Contratto di Viaggio*. Giuffrè, Milano, 1998.

TAVARES, José, *A Fiança no Direito Commercial*. F. Amado, Coimbra, 1896.

TAVARES, M. Athaíde, *O Agrupamento Europeu de Interesse Económico*. In: 8 "Revista da Banca" (1988), 151-168.

TCHERNOFF, Jacques, *Syndicats Financiers*. Sirey, Paris, 1930.

TEIXEIRA, Glória/ PEDRO, Rute, *Sociedades de Consultoria para Investimento: Breves Notas Interpretativas*. In: "Estudos em Honra do Prof. Doutor José de Oliveira Ascensão", vol. II, 1265-1274, Almedina, Coimbra, 2008.

Direito dos Contratos Comerciais

TELLES, I. Galvão, *Aspectos Comuns aos Vários Contratos*. In: 23 "Boletim do Ministério da Justiça" (1951), 18-91.

TELLES, I. Galvão, *Conta em Participação (Algumas Notas)*. In: IV "O Direito" (1957), 3-9.

TELLES, I. Galvão, *Das Condições Gerais dos Contratos e da Directiva Europeia sobre Cláusulas Abusivas*. In: 127 "O Direito" (1995), 297-314.

TELLES, I. Galvão, *Empréstimo Cristal (Uma Nova Realidade Bancária)*. In: 125 "O Direito" (1993), 177-192.

TELLES, I. Galvão, *Formação do Contrato*. In: VI "Colectânea de Jurisprudência" (1981), III, 5-14.

TELLES, I. Galvão, *Manual dos Contratos em Geral*. 4.ª edição, Coimbra Editora, Coimbra, 2002.

TERSILLA, Silvio, *La Lettera di Intenti nella Trattativa per l'Acquisizione di un Pacchetto Azionario di Riferimento*. In: 17 "Il Diritto del Commercio Internazionale" (2003), 507-536.

TETI, Raffaele, *Dell'Apertura di Credito Bancario*. Giuffrè, Milano, 2005.

TEUBNER, Gunther, *Der Factoring-Vertrag*. In: 12 "Juristische Schulung" (1972), 261-264.

TEYSSIERE, J. Sola, *La Venta a Distancia en el Comercio Minorista*. Tirant lo Blanch, Valencia, 2002.

TILCHE, Marie, *Livraison contre Paiement*. In: "Bulletin des Transports et de la Logistique" (1994), 684-685.

TINCANI, Chiara, *Il Subtrasporto e l'Azione di Responsabilità del Subvettore nel Trasporto Stradale*. In: XI "Diritto dei Trasporti" (1998), 19-45.

TOFFOLETTO, Franco, *Il Contratto d'Agenzia*. Giuffrè, Milano, 2008.

TOLEDANO, M. Mayorga, *El Contrato Mercantil de Franquicia*. Comares, Granada, 2007.

TOMÉ, M. Vaz, *Sobre o Contrato de Mandato sem Representação e o Trust*. In: 67 "Revista da Ordem dos Advogados" (2007), 1091-1161.

TONNER, Klaus/ SCHULZ, Daniela, *Der Reisevertrag*. 5. Aufl., Luchterhand, Neuwied, 2007.

TORINO, Raffaele, *I Contratti Parasociali*. Giuffrè, Milano, 2000.

TREUBERG, Hubert/ SCHARPF, Paul, *Pensionsgeschäfte und deren Behandlung im Jahresabschluss von Kapitalgesellschaften nach § 340b HGB*. In: 44 "Der Betrieb" (1991), 1233-1238.

TRIGO, M. Graça, *Os Acordos Parassociais sobre o Exercício do Direito de Voto*. UCP Editora, Lisboa, 1998.

TRIGO, M. Graça, *Responsabilidade Civil do Transportador Aéreo*. In: XII "Direito e Justiça" (1998), 71-94.

TRIMARCHI, Pietro, *Strumenti per Assicurare l'Adempimento dei Sindicati di Voto*. In: AAVV, "Sindicati di Voto e Sindicati di Blocco", 113-124, Giuffrè, Milano, 1993.

TROIANO, Vincenzo, *Le Operazioni di Cartolarizzazione: Profili Generali*. Cedam, Padova, 2003.

TRON, Flavio, *Il Mercato dei Credit Derivatives*. Dissertação, Bergamo, 2000.

TUPAN, S. Christoffoli, *Alguns Aspectos Jurídicos do Comércio Electrónico entre Empresas*. Dissertação, Porto, 2004.

TURNER, Catrin/ BRENNAN, Sean, *Commercial Lawyers Guide to the Internet*. In: VIII "International Company and Commercial Law Review" (1997), 120-123 e 382-386.

Bibliografia

UGOLINI, Sonia, *I Gentlemen's Agreements sono Giuridicamente Vincolanti?*. In: XVII "Contratto e Impresa" (2001), 1050-1078.

ULLMANN, Harold, *Droit et Pratique des Clauses de Hardship dans le Système Juridique Américain*. In: 7 "Revue de Droit des Affaires Internationales" (1988), 889-904.

ULMER, Peter, *Der Vertragshändler*. Beck, München, 1969.

ULRICH, R. Ennes, *Da Bolsa e suas Operações*. Imprensa da Universidade, Coimbra, 1906.

ULRICH, R. Ennes, *Do Contrato de Reporte no Direito Comercial Portuguez*. Imprensa da Universidade, Coimbra, 1906.

UNIDROIT, *Principles of International Commercial Contracts*. Rome, 1994.

UREBA, A. Alonso, *Contrato Mercantil*. In: "Enciclopedia Jurídica Básica", vol. I, 1646--1652, Civitas, Madrid, 1995.

UREBA, A. Alonso, *Naturaleza y Régimen del Crédito Documentario*. In: AAVV, "Contratos Bancarios", 437-490, Civitas, Madrid, 1992.

URÍA, Rodrigo, *Contribución al Estudio de la Factura de Compraventa Mercantil*. In: AAVV, "Estudios de Derecho Mercantil en Homenaje al Profesor Antonio Polo", 1153-1180, Edersa, Madrid, 1981.

URÍA, Rodrigo, *Derecho Mercantil*. 28.ª edición, Marcial Pons, Madrid/ Barcelona, 2002.

URÍA, Rodrigo, *Reflexiones sobre la Contratación Mercantil en Série*. In: XXII "Revista de Derecho Mercantil" (1956), 221-242.

URÍA, Rodrigo/ MENÉNDEZ, Aurelio/ SOTO, R. Alonso, *El Contrato de Transporte*. In AAVV, "Curso de Derecho Mercantil", vol. II, 323-348, 2.ª edición, Thomson/ / Civitas, Madrid, 2007.

URÍA, Rodrigo/ MENÉNDEZ, Aurelio/ VÉRGEZ, Mercedes, *Compraventas Especiales y Contratos Afines a la Compraventa*. In: AAVV, "Curso de Derecho Mercantil", vol. II, 125-162, 2.ª edición, Thomson/ Civitas, Madrid, 2007.

URÍA, Rodrigo/ MENÉNDEZ, Aurelio/ VERGÉZ, Mercedes, *El Contrato Mercantil*. In: AAVV, "Curso de Derecho Mercantil", tomo II, 31-53, 2.ª edición, Thomson/ Civitas, Madrid, 2007.

URÍA, Rodrigo/ MENÉNDEZ, Aurelio/ VÉRGEZ, Mercedes, *Especialidades de la Contratación Mercantil*. In: AAVV, "Curso de Derecho Mercantil", tomo II, 55-92, 2.ª edición, Thomson/ Civitas, Madrid, 2007.

URQUIZA, C. Pellisé, *Los Contratos de Distribución Comercial – Problemas de Derecho Internacional Privado en la Comunidad Europea*. Bosch, Barcelona, 1999.

VALDÉS-BANGO, A. Soler, *El Contrato de Viaje Combinado*. Aranzadi, Cizur Menor, 2005.

VALE, A. Lucena, *Consultoria para Investimento em Valores Mobiliários*. In: AAVV, "Direito dos Valores Mobiliários", vol. V, 343-403, Coimbra Editora, Coimbra, 2004.

VALE, A. Lucena, *O Decreto-Lei n.º 453/99, de 5 de Novembro: Trabalho Preparatório e Notas sobre o Regime Jurídico da Titularização de Créditos*. In: 50 "Revista da Banca" (2000), 37-143.

VALENZANO, Giuseppe, *I Contratti Differenziali di Borsa su Divisa Estera*. Roma, 1929.

VALETTE, Didier, *Les Marchés d'Options Négociables – Aspects Juridiques*. Dissertação, Clermont-Ferrant, 1991.

829

Direito dos Contratos Comerciais

VALLANSAN, Jocelyne, *Société en Participation et Société Crée de Fait: Aspects Juridiques et Fiscaux*. Joly, Paris, 1988.

VALLE, Laura, *Contratti Futures*. In: XII "Contratto e Impresa" (1996), 307-357.

VALLE, Laura, *Il Contratto «Future»*. Cedam, Padova, 1996.

VALLEJO, A. Orti, *Los Defectos de la Cosa en la Compraventa Civil y Mercantil – El Nuevo Régimen Jurídico de las Faltas de Conformidad según la Directiva 1999/44/CE*. Comares, Granada, 2002.

VALLES, Edgar, *Consórcio, ACE e outras Figuras*. Almedina, Coimbra, 2007.

VANÓ, M. Vanó, *El Contrato de "Project Finance"*. Tirant lo Blanch, Valencia, 2002.

VANZETTI, Adriano, *Osservazione sulla Successione nei Contratti Relativi all'Azienda Ceduta*. In: X "Rivista delle Società" (1965), 512-556.

VARELA, J. Antunes, *Das Obrigações em Geral*, vol. I (10.ª edição) e vol. II (7.ª edição). Almedina, Coimbra, 1997 e 2000.

VARELA, J. Antunes, *Depósito Bancário – Depósito a Prazo em Regime de Solidariedade*. In: 21 "Revista da Banca" (1992), 41-75.

VARELA, J. Antunes/ BEZERRA, J. Miguel/ NORA, Sampaio, *Manual de Processo Civil*. 2.ª edição, Coimbra Editora, Coimbra, 1985.

VASCONCELOS, Joana, *Cartões de Crédito*. In: XXXIV "Revista de Direito e de Estudos Sociais" (1992), 305-347.

VASCONCELOS, Joana, *Cessação do Contrato de Agência e Indemnização de Clientela – Algumas Questões Suscitadas pela Jurisprudência Relativa ao DL n.º 178/86*. In: XVI "Direito e Justiça" (2002), 243-263.

VASCONCELOS, Joana, *Emissão de Cartões de Crédito*. In: AAVV, "Estudos de Direito do Consumidor", vol. I, 165-183, Almedina, Coimbra, 2002.

VASCONCELOS, Joana, *O Contrato de Emissão de Cartão de Crédito*. In: "Estudos Dedicados ao Prof. Doutor M. J. Almeida Costa", 723-752, UCP Editora, Lisboa, 2002.

VASCONCELOS, L. Miguel, *Os Contratos de Garantia Financeira – O Dealbar do Direito Europeu das Garantias*. In: "Estudos em Honra do Prof. Doutor José de Oliveira Ascensão", vol. II, 1275-1305, Almedina, Coimbra, 2008.

VASCONCELOS, L. Pestana, *A Venda a Retro como Instrumento de Concessão de Crédito Garantido*. In: IV "Revista da Faculdade de Direito da Universidade do Porto" (2007), 223-264.

VASCONCELOS, L. Pestana, *Do Reporte com Função de Crédito e Garantia*. In: AAVV, "Nos 20 Anos do Código das Sociedades Comerciais", vol. III, 9-59, Coimbra Editora, Coimbra, 2007.

VASCONCELOS, L. Pestana, *Dos Contratos de Cessão Financeira (Factoring)*. Coimbra Editora, Coimbra, 1999.

VASCONCELOS, L. Pestana, *O Contrato de Forfaiting (ou de Forfaitização)*. In: "Estudos em Memória do Prof. Doutor J. Dias Marques", 537-570, Almedina, Coimbra, 2007.

VASCONCELOS, L. Pestana, *O Contrato de Franquia (Franchising)*. Almedina, Coimbra, 2000.

VASCONCELOS, L. Pestana, *O Novo Regime Insolvencial da Compra e Venda*. In: III "Revista da Faculdade de Direito da Universidade do Porto" (2005), 521-559.

Bibliografia

VASCONCELOS, P. Pais, *As Obrigações no Financiamento da Empresa*. In: AAVV, "Problemas do Direito das Sociedades", 321-329, Almedina, Coimbra, 2002.

VASCONCELOS, P. Pais, *Garantias Extracambiárias do Cheque e Negócios Unilaterais: O Cheque Visado e o Eurocheque*. In: AAVV, "Estudos de Direito Bancário", 277-300, Almedina, Coimbra, 1999.

VASCONCELOS, P. Pais, *Mandato Bancário*. In: "Estudos em Homenagem ao Prof. Doutor I. Galvão Telles", vol. II, 131-155, Almedina, Coimbra, 2003.

VASCONCELOS, P. Pais, *Os Contratos Atípicos*. 2.ª edição, Almedina, Coimbra, 2009.

VASCONCELOS, P. Pais, *Teoria Geral do Direito Civil*. 5.ª edição, Almedina, Coimbra, 2008.

VASCONCELOS, P. Sousa, *O Contrato de Consórcio no Âmbito dos Contratos de Cooperação entre Empresas*. Coimbra Editora, Coimbra, 1999.

VASQUES, José, *Contrato de Seguro – Notas para Uma Teoria Geral*. Coimbra Editora, Coimbra, 1999.

VASQUES, José, *Direito dos Seguros*. Coimbra Editora, Coimbra, 2005.

VAUPLANE, Hubert/ BORNET, Jean-Pierre, *Droit des Marchés Financiers*. Litec, Paris, 1998.

VAZ, T. Anselmo, *Alguns Aspectos do Contrato de Compra e Venda a Prestações e Contratos Análogos*. Almedina, Coimbra, 1995.

VÁZQUEZ, J. González, *Contrato de Préstamo Mercantil*. In: Gastaminza, E./ RUTE, J. Cuesta (dir.), "Contratos Mercantiles", vol. II, 18-44, Bosch, Barcelona, 2007.

VEIGA, A. Brandão, *Sistemas de Controlo de Valores no Novo Código dos Valores Mobiliários*. In: 7 "Cadernos do Mercado de Valores Mobiliários" (2000), 105-128.

VEIGA, V. Soares, *Direito Bancário*. Almedina, Coimbra, 1997.

VELHA, R. António, *Juros Moratórios de que são Titulares Empresas Comerciais*. In: 15 "Tribuna da Justiça" (1986), 7-8.

VELOSO, J. António, *Electronic Banking: Uma Introdução ao EFTS*. In: XXXVI "Scientia Ivridica" (1987), 77-155.

VELOSO, J. António, *Risco, Transferência de Risco, Transferência de Responsabilidade na Linguagem dos Contratos e da Supervisão de Seguros*. In: "Estudos em Homenagem ao Prof. Doutor José Dias Marques", 277-354, Almedina, Coimbra, 2007.

VENTURA, Raúl, *Associação em Participação (Anteprojecto)*. In: 189 "Boletim do Ministério da Justiça" (1969), 15-136 e 190 "Boletim do Ministério da Justiça" (1969), 5-106.

VENTURA, Raúl, *Contrato de Compra e Venda no Código Civil*. In: 43 "Revista da Ordem dos Advogados" (1983), 259-318 e 587-643.

VENTURA, Raúl, *Novos Estudos sobre Sociedades Anónimas e Sociedades em Nome Colectivo*. Almedina, Coimbra, 1994.

VENTURA, Raúl, *Primeiras Notas sobre o Contrato de Consórcio*. In: 41 "Revista da Ordem dos Advogados" (1981), 609-690.

VENTURA, Raúl, *Sociedades Complementares*. In: XXIV "Revista da Faculdade de Direito da Universidade de Lisboa" (1972), 13-21.

VÉRGEZ, M. Sánchez, *Compraventa Mercantil y Contrato de Permuta*. In: Cano, A. Rodriguez (ed.), "Contratos Mercantiles", 87-94, 2.ª edición, Thomson/ Aranzadi, Madrid, 2004.

VETTER, Eberhard, *Subunternehmerverträge im internationalen Industrieanlagengeschäft*. In: 32 "Recht der internationalen Wirtschaft" (1986), 81-92.

831

Direito dos Contratos Comerciais

VIALE, Mirella, *Le Garanzie Bancarie*. Cedam, Padova, 1994.

VICENTE, D. Moura, *Da Arbitragem Comercial Internacional – Direito Aplicável ao Mérito da Causa*. Coimbra Editora, Coimbra, 1990.

VICENTE, D. Moura, *Desconformidade e Garantias na Venda de Bens de Consumo: A Directiva 1999/44/CE e a Convenção de Viena de 1980*. In: II "Themis – Revista da Faculdade de Direito da Universidade Nova de Lisboa" (2001), n.º 4, 121-144.

VICENTE, J. García, *Ley de Contratos Celebrados Fuera de los Establecimientos Mercantiles: El Derecho de Revocación*. Aranzadi, Pamplona, 1997.

VIDAL, F. Mercadal, *El Contrato de Agencia Mercantil*. Real Colegio de España, Zaragoza, 1998.

VIDAL, Isabel, *Do Prospector ao Agente Vinculado*. In: 27 "Cadernos do Mercado de Valores Mobiliários" (2007), 107-119.

VIEIRA, J. Coelho, *O Contrato de Concessão Comercial*. AAFDL, Lisboa, 1991.

VIENNOIS, Jean-Pierre, *La Distribution Sélective*. Litec, Paris, 1999.

VIGORITA, L. Spagnuolo, *Lavoro Subordinato e Associazione in Partecipazione*. In: XI "Rivista di Diritto Civile" (1965), 369-425.

VIGUERA, M. Gutiérrez, *El "Leasing" como Institución Financiera*. APD - Asociación para el Progreso de la Dirección, Madrid, 1977.

VILAR, S. Barona, *Solución Extrajurisdiccional de Conflictos – "Alternative Dispute Resolution" (ADR) y Derecho Procesal*. Tirant lo Blanch, Valencia, 1999.

VILCHES, A. Contreras, *El Contrato de Futuros Financieros*. Marcial Pons, Madrid, 2006.

VILLA, Marco, *L'Anatocismo Bancario*. Dissertação, Milano, 2003.

VINTER, Graham, *Project Finance*. Sweet & Maxwell, London, 2006.

VIRET, Bernard, *L'Aggravation et la Diminution du Risque dans le Contrat d'Assurance en Droit Suisse et Français*. In: "Mélanges Offertes à Guy Flattet", 399-415, Librarie Payot, Lausanne, 1985.

VISCASILLAS, M. Perales, *La Morosidad en las Operaciones Comerciales entre Empresas*. Civitas/ Thomson, Madrid, 2006.

VISCASILLAS, P. Perales, *La Formación del Contrato en la Compraventa Internacional de Mercadorias*. Tirant lo Balanch, Valencia, 1996.

VISENTINI, Gustavo, *Argomenti di Diritto Commerciale*. Giuffrè, Milano, 1997.

VITALE, Antonino, *Consorzi Portuale*. In: III "Nuovo Digesto Italiano" (1938), 978-993.

VIVANTE, Cesare, *Istituzioni di Diritto Commerciale*. Ulrico Hoepli, Milano, 1891.

VOGENAUER, Stefan/ KLEINHEISTERKAMP, Jan (eds.), *Commentary on the UNIDROIT Principles of International Commercial Contracts*. Oxford University Press, New York, 2008.

VOIT, Wolfgang, *Handelsgeschäfte – Allgemeine Bestimmungen*. Carl Heymanns, Köln, 1988.

VOIT, Wolfgang, *Handelskauf und Kommission*. Carl Heymanns, Köln, 1988.

VÖLKER, Gregor, *Vorvertragliche Pflichten und Gefahrtragung beim Unternehmenskauf*. WF Verlag, München, 2003.

VOLLRATH, Heinz, *Der Kommissionsagent*. Adler Verlag, Greifswal, 1992.

VOSSHENRICH, Burkhard, *Devisentermingeschäft: Kurssicherungsinstrument und Spekulationsvehikel*. In: 27 "Die Bank – Zeitschrift für Bankpolitik und Bankpraxis" (1987), 447-452.

Bibliografia

WAHL, Eduard, *Das Handelsverkeher als Schrittmacher des Zivilrechts.* In: "Festschrift für Wolfgang Hefermehl", 1-23, Beck, München, 1976.

WALMSLEY, Julian, *New Financial Instruments.* 2nd edition, John Wiley & Sons, New York, 1998.

WALTER, Karl, *Die Rechtsnatur des Börsenoptionsgeschäfts.* Peter Lang, Frankfurt am Main, 1990.

WARD, Thomas, *Letters of Credit and Documentary Collections – An Import and Export Guide.* Ex Libris, Philadelphia, 2009.

WEBER, Hansjörg, *Franchising – Ein Neuer Vertragstyp im Handelrecht.* In: 15 "Juristische Arbeitsblätter" (1983), 347-353.

WEIGL, Gerald, *Stille Gesellschaft und Unterbeteiligung.* Beck, München, 2004.

WEIMAR, Robert, *Der Subunternehmervertrag – Outsourcingvertrag.* 3. Aufl., RuW Verlag, Heidelberg, 2007.

WELMMAN, Manfred, *Der Kreditauftrag nach BGB unter Berücksichtigung seiner geschichtlichen Entwicklung.* Dissertação, Greifswald, 1919.

WERBER, Manfred, *Betrachtungen zur Dauer der Versicherungsverträgen.* Verlag Versicherungswirtschaft, Karlsruhe, 1990.

WERBER, Manfred, *Die Gefahrerhöhung im deutschen, schweizerischen, französischen, italienischen, schwedischen und englischen Versicherungsvertragsrecht.* Verlag Versicherungswirtschaft, Karlsruhe, 1976.

WERHAHN, Jürgen/ SCHEBESTA, Michael, *AGB und Sonderbedingungen der Banken.* Gabler, Wiesbaden, 1993.

WESTPHALEN, F. Graf (Hrsg.), *Handbuch des Handelsvertreterrechts in EU-Staaten und der Schweiz.* Verlag Otto Schmidt, Köln, 1995.

WESTPHALEN, F. Graf, *Der Leasing-Vertrag.* 5. Aufl., Verlag Otto Schmidt, Köln, 1998.

WHITE, James/ SUMMERS, Robert, *Uniform Commercial Code.* 5th edition, West Publishing, St. Paul, Minnesota, 2000.

WIDMANN, Hubert, *AGNB – Allgemeine Beförderungsbedingungen für den gewerblichen Güternahverkehr.* 4. Aufl., Luchterhand Verlag, Neuwied, 1993.

WIELAND, Aglaia, *Finanzinnovationen – Analyse von Erfolgsfaktoren für die Etablierung neuer Finanzinstrumente.* Diplomica Verlag, Hamburg, 2001.

WIENER, Heinrich, *Das Differenzgeschäft vom Standpunkt der jetzigen Rechtsprechung.* Carl Heymanns, Berlin, 1893.

WIJCKMANS, Frank/ TUYTSCHAEVER, Filip/ VANDERELST, Alain, *Vertical Agreements in EC Competition Law.* Oxford University Press, Oxford, 2006.

WILLBURGER, Andreas, *Asset-Backed Securities im Zivil- und Steuerrecht.* Verlag Otto Schmidt, Köln, 1997.

WILLET, Chris, *Fairness in European Contracts – The Case of Unfair Terms.* Ashgate Publishing, Hampshire, 2007.

WILLIAMS, Jeffrey, *The Economic Function of Futures Market.* Cambdrige University Press, Cambridge, 1986.

WINTER, Oliver, *Der wirtschaftliche und rechtliche Charakter von Zinsbegrenzungsverträgen.* In: 49 "Wertpapier-Mitteilungen – Zeitschrift für Wirtschafts- und Bankrecht" (1995), 1169-1176.

Direito dos Contratos Comerciais

WOODFORD, Michael, *Interest Prices: Foundations of a Theory of Monetary Policy*, University Press, Princeton, 2003.

WÖRLEN, Rainer/ METZLER-MÜLLER, Karin, *Handelsklauseln im nationalen und internationalen Warensverkeher*. R. Boorberg Verlag, Stuttgart, 2002.

WUNNICKE, Brooke, *Standby and Commercial Letters of Credit*. 3rd edition, Aspen Publishers, New York, 2000.

XAVIER, François, *Les Transferts Temporaires de Valeurs Mobilières*. LGDJ, Paris, 1997.

YATES, John/ HAWKINS, David, *Standard Business Contracts*. Sweet & Maxwell, London, 1996.

YAWAGA, Spéner, *Les Obligations Précontractuelles de l'Assureur*. In: 1 "Revue Générale du Droit des Assurances" (1997), 83-98.

YI, Zhao, *Características Jurídicas do Penhor Mercantil*. In: 2 "Perspectivas do Direito" (2001), 95-110.

YIANNOPOULOS, Athanassios, *Ocean Bills of Lading: Traditional Forms, Substitutes, and EDI Systems*. Kluwer, Dordrecht/ Boston, 1995.

YOLDI, J. Miranda/ VILLANUEVA, M. Taberna/ GARCÍA, F. Martinez (dir.), *Contratos Mercantiles*. 3 volumes, Thomson/ Aranzadi, Madrid, 2008.

ZAHRADNIK, Andreas/ KRUMHUBER, Thomas, *Finanzsicherheiten-Gesetz: Kurzkommentar*. Verlag Österreich, Wien, 2004.

ZANDER, Erich, *Die rechtliche Stellung des Schiffsmaklers*. Dissertação, Tübingen, 1932.

ZEIGER, Carsten, *Die Verbrauchsgüterkaufrichtlinie 1999/44/EG: Vergleich der Umsetzung der Gewährleistungsvorschriften in deutsches und englisches Recht*. Grin Verlag, München, 2002.

ZENO-ZENZCOVICH, Vincenzo, *Il Diritto Europeo dei Contratti (Verso la Distinzione fra "Contratti Commerciali" e "Contratti dei Consumatori")*. In: 147 "Giurisprudenza Italiana" (1993), IV, 57-73.

ZIMMERMANN, Jean-Pierre, *Les Analystes Financiers*. In: 121 "Revue des Sociétés" (2003), 741-764.

ZIMMERMANN, Reinhard, *The Law of Obligations – Roman Foundations of the Civilian Tradition*. Juta/ Beck, Cape Town/ München, 1992.

ZOBL, Dieter/ WERLEN, Thomas/ GIOVANOLI, Mario/ HARTIG, Gérard, *1992 ISDA-Master Agreement: Unter besonderer Berücksichtigung der Swapgeschäfte*. Schulthess Polygraphischer Verlag, Zürich, 1995.

ZUDDAS, Goffredo, *Il Contratto di Factoring*. Jovene, Napoli, 1983.

ZUNARELLI, Stefano, *Il Diritto del Mercato del Trasporto*. Cedam, Padova, 2008.

ZUNARELLI, Stefano/ TELLARINI, Greta, *La Vendita a Condizione FOB*. Cedam, Padova, 1999.

ZUNZUNEGUI, Fernando, *Derecho del Mercado Financiero*. Marcial Pons, Madrid, 2005.

*ÍNDICE DE JURISPRUDÊNCIA**

Tribunal Constitucional

Acórdão n.º 573/95, de 18-X-1995 (Bravo Serra) (penhor bancário) 1063

Supremo Tribunal Administrativo

Acórdão 23-VI-1971 (Ruben de Carvalho) (escrituração mercantil) 248

Supremo Tribunal de Justiça (Pleno)

Assento de 2-II-1984 (Menéres Pimentel) (associação em participação) 757
Assento de 11-X-1994 (Figueiredo de Sousa) (desconto bancário) 968
Acórdão de Uniformização n.º 4/2001 (Torres Paulo) (fiança "omnibus") 1039
Acórdão de Uniformização n.º 3/2008 (Rodrigues dos Santos) (contrato de agência) 806
Acórdão de Uniformização n.º 7/2009 (Cardoso de Albuquerque) (contrato de
mútuo bancário) 377, 954

Supremo Tribunal de Justiça

Acórdão de 21-IV-1953 (Rocha Ferreira) (mandato mercantil) 622
Acórdão de 26-VI-1953 (Jaime Tomé) (penhor mercantil) 658
Acórdão de 26-XI-1954 (Baltazar Pereira) (compra e venda comercial) 615
Acórdão de 25-I-1955 (Jaime Tomé) (penhor mercantil) 658
Acórdão de 22-III-1960 (Campos de Miranda) (anatocismo) 389
Acórdão de 22-VII-1960 (Morais Cabral) (conta-corrente mercantil) 704
Acórdão de 12-VI-1964 (Simões de Carvalho) (contrato de mediação) 867
Acórdão de 7-VI-1966 (Albuquerque Rocha) (compra e venda comercial) 601
Acórdão de 15-III-1968 (Oliveira Carvalho) (contrato de comissão) 881
Acórdão de 7-III-1969 (Torres Paulo) (contrato de agência) 49
Acórdão de 16-VI-1970 (Rui Guimarães) (contrato de crédito documentário) ... 995
Acórdão de 11-XII-1970 (Campos de Carvalho) (venda comercial sobre amostra) 597

---

* As remissões são feitas para o número das notas de rodapé.

Direito dos Contratos Comerciais

Acórdão de 18-XII-1970 (Ludovico da Costa) (venda comercial de bens futuros) 594

Acórdão de 20-VI-1972 (Correia Guedes) (contrato de sociedade) 348

Acórdão de 19-VI-1973 (Campos de Carvalho) (compra e venda comercial) 601

Acórdão de 3-V-1974 (Rodrigues Bastos) (contrato de crédito documentário) 998

Acórdão de 1-VII-1975 (Acácio Carvalho) (prescrição cambiária) 396

Acórdão de 19-XII-1975 (Arala Chaves) (contrato de suprimento) 641, 647

Acórdão de 7-X-1976 (Miguel Caeiro) (transmissão de empresa) 479

Acórdão de 10-III-1977 (João Moura) (contrato de seguro) 1412

Acórdão de 7-VII-1977 (Rodrigues Bastos) (contrato de cessão de quota) 586

Acórdão de 6-XII-1978 (Costa Soares) (contrato de empréstimo bancário) 951

Acórdão de 19-VI-1979 (Hernâni Lencastre) (prescrição presuntiva) 396

Acórdão de 4-III-1980 (Aquilino Ribeiro) (contrato de mediação) 875

Acórdão de 15-V-1980 (Costa Soares) (crédito bancário) 348

Acórdão de 11-VI-1980 (Azevedo Ferreira) (compra e venda comercial) 620

Acórdão de 4-VII-1980 (Furtado dos Santos) (promessa de venda mercantil) 348

Acórdão de 16-XII-1980 (Aquilino Ribeiro) (contrato de seguro) 1383

Acórdão de 15-X-1980 (Santos Victor) (contrato de agência e de trabalho) 820

Acórdão de 22-X-1981 (Mário de Brito) (empréstimo bancário) 951

Acórdão de 30-III-1982 (Henriques Simões) (compra e venda comercial) 620

Acórdão de 15-XI-1983 (Joaquim Figueiredo) (juros convencionais) 386

Acórdão de 12-I-1984 (Octávio Garcia) (compra e venda comercial) 583

Acórdão de 24-I-1984 (Santos Carvalho) (contrato de desconto bancário) 970

Acórdão de 15-III-1984 (Santos Silveira) (empréstimo mercantil) 386

Acórdão de 14-VI-1984 (Licurgo dos Santos) (contrato de depósito bancário) 937

Acórdão de 27-VII-1984 (Santos Silveira) (contrato de transporte) 1497

Acórdão de 23-I-1986 (Tinoco de Almeida) (venda para pessoa a nomear) 592

Acórdão de 12-VI-1986 (Solano Viana) (conta-corrente mercantil) 700

Acórdão de 5-III-1987 (Almeida Ribeiro) (contrato de depósito bancário) 918

Acórdão de 18-III-1987 (Machado Soares) (contrato de mediação) 869

Acórdão de 31-V-1990 (Alberto Baltazar) (venda comercial sobre amostra) 597

Acórdão de 6-XII-1990 (Joaquim de Carvalho) (prescrição presuntiva) 396

Acórdão de 23-V-1991 (Pereira da Silva) (contrato de consórcio) 738

Acórdão de 11-VI-1991 (Menéres Pimentel) (associação em participação) 749

Acórdão de 12-VI-1991 (Tato Marinho) (venda comercial sobre amostra) 597

Acórdão de 2-VII-1991 (Miguel Montenegro) (contrato de expedição) 1467

Acórdão de 23-IV-1992 (Ricardo da Velha) (penhor mercantil) 658

Acórdão de 23-IV-1992 (Figueiredo de Sousa) (compra e venda comercial) 615

Acórdão de 17-IX-1992 (Ricardo da Velha) (empréstimo mercantil) 260

Acórdão de 6-I-1993 (Sá Nogueira) (conta bancária solidária) 928

Acórdão de 12-I-1993 (Cura Mariano) (empréstimo mercantil) 647

Acórdão de 2-II-1993 (Ramiro Vidigal) (contrato de descoberto bancário) 974

Acórdão de 9-III-1993 (Cura Mariano) (contrato de locação financeira) 1007

Acórdão de 9-III-1993 (Carlos Caldas) (contrato de agência) 816

Índice de Jurisprudência

Acórdão de 15-IV-1993 (Sousa Macedo) (associação em participação) 750
Acórdão de 6-V-1993 (Figueiredo de Sousa) (cláusulas contratuais gerais) 323, 328
Acórdão de 8-VI-1993 (Cardona Ferreira) (contrato de abertura de crédito) 962
Acórdão de 21-IX-1993 (Machado Soares) (fiança bancária) 1038
Acórdão de 19-X-1993 (Cardona Ferreira) (convenção de cheque) 1073
Acórdão de 10-XI-1993 (Costa Raposo) (contrato de expedição) 1468
Acórdão de 9-XII-1993 (José Magalhães) (contrato de mediação) 863, 865, 875
Acórdão de 12-I-1994 (Figueiredo de Sousa) (contrato de desconto bancário) 969
Acórdão de 2-III-1994 (Costa Raposo) (cláusulas contratuais gerais) 324
Acórdão de 27-X-1994 (Sousa Macedo) (indemnização de clientela) 825
Acórdão de 14-XII-1994 (Machado Soares) (factura) 254, 256
Acórdão de 17-I-1995 (Martins da Costa) (contrato de mediação) 863, 868
Acórdão de 9-II-1995 (Costa Soares) (contrato de depósito bancário) 943
Acórdão de 14-II-1995 (Cardona Ferreira) (contrato de desconto bancário) 971
Acórdão de 9-III-1995 (Roger Lopes) (contrato de seguro) 1383
Acórdão de 23-III-1995 (Miranda Gusmão) (garantia bancária autónoma) 1046
Acórdão de 4-IV-1995 (Martins da Costa) (seguro de grupo) 1393
Acórdão de 3-X-1995 (Herculano Lima) (contrato de depósito bancário) 937
Acórdão de 26-X-1995 (Nascimento Costa) (responsabilidade civil do produtor) 460
Acórdão de 31-X-1995 (Cardona Ferreira) (arrolamento de conta bancária) 922
Acórdão de 15-XI-1995 (Sá Couto) (contrato de descoberto bancário) 975
Acórdão de 22-XI-1995 (Mário Cancela) (contrato de concessão comercial) ... 833
Acórdão de 9-I-1996 (César Marques) (anatocismo e juros moratórios) 1443
Acórdão de 29-II-1996 (Miranda Gusmão) (factura) 254
Acórdão de 12-III-1996 (Sousa Inês) (garantia bancária autónoma) 1053
Acórdão de 30-IV-1996 (Aragão Seia) (trespasse) 479
Acórdão de 21-V-1996 (Miguel Montenegro) (depósito bancário) 943, 1076
Acórdão de 22-V-1996 (Almeida Devesa) (contrato de consórcio) 741
Acórdão de 12-VI-1996 (Nascimento Costa) (contrato de desconto bancário) 909
Acórdão de 8-IV-1997 (Martins da Costa) (penhora de conta bancária) 923
Acórdão de 10-IV-1997 (Sampaio da Nóvoa) (venda por conta, peso e medida) 605
Acórdão de 17-IV-1997 (Sousa Inês) (contrato de crédito documentário) 992
Acórdão de 16-IV-1997 (Pires Salpico) (penhor bancário) 1062
Acórdão de 8-VII-1997 (Machado Soares) (penhor mercantil) 657
Acórdão de 23-X-1997 (Miranda Gusmão) (contrato de consórcio) 727
Acórdão de 20-I-1998 (Lopes Pinto) (contrato de lojista em centro comercial) ... 497
Acórdão de 27-I-1998 (Martins da Costa) (conta bancária solidária) 928
Acórdão de 3-III-1998 (Silva Paixão) (contrato de seguro) 1405
Acórdão de 19-III-1998 (Lúcio Teixeira) (empréstimo mercantil) 647
Acórdão de 31-III-1998 (Ribeiro Coelho) (contrato de agência) 821, 865, 873
Acórdão de 23-IV-1998 (Aragão Seia) (contrato de concessão comercial) 836
Acórdão de 21-V-1998 (Garcia Marques) (contrato de locação financeira) 1007
Acórdão de 29-VIII-1998 (Garcia Marques) (extracto de factura) 256

Direito dos Contratos Comerciais

Acórdão de 6-X-1998 (FERNANDES DE MAGALHÃES) (locação financeira) 1015
Acórdão de 6-X-1998 (LEMOS TRIUNFANTE) (cláusulas contratuais gerais) 324
Acórdão de 3-XII-1998 (ARMANDO LOURENÇO) (cláusulas contratuais gerais) 327
Acórdão de 3-II-1999 (QUIRINO SOARES) (contrato de agência) 820
Acórdão de 24-II-1999 (SILVA PAIXÃO) (contrato de consórcio) 736, 737, 741
Acórdão de 11-III-1999 (MACHADO SOARES) (contrato de transporte) 1520, 1530
Acórdão de 11-III-1999 (MIRANDA GUSMÃO) (compensação e depósito bancário) 941
Acórdão de 25-V-1999 (TORRES PAULO) (contrato de locação financeira) 1015
Acórdão de 17-VI-1999 (ABÍLIO DE VASCONCELOS) (cláusulas contratuais gerais) 327
Acórdão de 17-VI-1999 (FERREIRA DE ALMEIDA) (conta bancária solidária) 928
Acórdão de 9-XI-1999 (SILVA PAIXÃO) (indemnização de clientela) 825
Acórdão de 18-XI-1999 (NORONHA DO NASCIMENTO) (concessão comercial) 836
Acórdão de 23-XI-1999 (GARCIA MARQUES) (cláusulas contratuais gerais) 328
Acórdão de 16-III-2000 (MIRANDA GUSMÃO) (contrato de descoberto bancário) 975
Acórdão de 11-IV-2000 (MACHADO SOARES) (venda comercial de bens alheios) 595
Acórdão de 3-V-2000 (SILVA PAIXÃO) (concessão comercial) 713, 815, 832, 838
Acórdão de 1-VI-2000 (SIMÕES FREIRE) (contrato de cessão financeira) 1011, 1015
Acórdão de 9-XI-2000 (FERREIRA DE ALMEIDA) (convenção de cheque) 1076
Acórdão de 23-XI-2000 (SOUSA INÊS) (cláusulas contratuais gerais) 324
Acórdão de 13-XII-2000 (SOUSA DINIS) (contrato de abertura de crédito) 959, 961
Acórdão de 8-II-2001 (CUNHA LOPES) (empréstimo "cristal") 952
Acórdão de 8-II-2001 (SILVA SALAZAR) (convenção de cheque) 1079
Acórdão de 15-III-2001 (BARATA FIGUEIRA) (contrato de transporte) 1527
Acórdão de 19-IV-2001 (DIONÍSIO CORREIA) (compensação e depósito bancário) 941
Acórdão de 10-V-2001 (ARAÚJO DE BARROS) (concessão comercial) 834, 883
Acórdão de 31-V-2001 (ABEL FREIRE) (contrato de mediação) 863
Acórdão de 26-VI-2001 (PINTO MONTEIRO) (compra e venda comercial) 583, 600, 601
Acórdão de 8-XI-2001 (QUIRINO SOARES) (cativo bancário) 925
Acórdão de 29-XI-2001 (OLIVEIRA BARROS) (penhor bancário) 1062
Acórdão de 6-XII-2001 (PEREIRA MADEIRA) (penhor bancário) 1063
Acórdão de 19-XII-2001 (FERREIRA RAMOS) (cartas de conforto) 1041
Acórdão de 14-II-2002 (FERREIRA ALMEIDA) (cláusulas contratuais gerais) ... 323, 324
Acórdão de 28-II-2002 (ÓSCAR CATROLA) (mandato mercantil) 636
Acórdão de 2-V-2002 (SOUSA INÊS) (contrato de locação financeira) 323, 1007
Acórdão de 4-VII-2002 (GARCIA MARQUES) (cláusulas contratuais gerais) 323
Acórdão de 1-X-2002 (GARCIA MARQUES) (ordens de bolsa) 1146
Acórdão de 19-XI-2002 (AZEVEDO RAMOS) (cláusulas contratuais gerais) 327
Acórdão de 21-XI-2002 (AZEVEDO RAMOS) (garantia bancária autónoma) 1049
Acórdão de 6-III-2003 (MOITINHO DE ALMEIDA) (contrato de expedição) 878, 1467
Acórdão de 18-III-2003 (REIS FIGUEIRA) (cartas de conforto) 1041, 1043
Acórdão de 29-IV-2003 (LOPES PINTO) (contrato de franquia) 856
Acórdão de 5-VI-2003 (ARAÚJO DE BARROS) (contrato de reboque) 1470
Acórdão de 8-VII-2003 (ARAÚJO DE BARROS) (contrato de transporte) 1507, 1520

Índice de Jurisprudência

Acórdão de 8-VII-2003 (Silva Salazar) (alteração do risco seguro) 1447
Acórdão de 28-X-2003 (Nuno Cameira) (contrato de locação financeira) 1004
Acórdão de 19-I-2004 (Moreira Camilo) (contrato de mediação) 873
Acórdão de 4-III-2004 (Santos Bernardino) (contrato de seguro) 1404
Acórdão de 15-IV-2004 (Salvador da Costa) (concessão comercial) 827, 832, 836
Acórdão de 27-IV-2004 (Azevedo Ramos) (contrato de cessão financeira) 1011
Acórdão de 20-V-2004 (Ferreira de Almeida) (salvados) 1445
Acórdão de 14-X-2004 (Araújo Barros) (garantia bancária autónoma) 1050
Acórdão de 10-II-2005 (Lucas Coelho) (prémio de seguro) 1431
Acórdão de 17-II-2005 (Noronha do Nascimento) (contrato de seguro) 1407
Acórdão de 17-II-2005 (Custódio Montes) (transporte marítimo) 1491, 1523
Acórdão de 7-IV-2005 (Lopes Pinto) (contrato de concessão comercial) 829
Acórdão de 21-IV-2005 (Oliveira de Barros) (contrato de agência) 815
Acórdão de 21-IV-2005 (Neves Ribeiro) (distribuição comercial) 840, 851
Acórdão de 22-VI-2005 (Oliveira Barros) (contrato de crédito ao consumo) ... 987
Acórdão de 17-XI-2005 (Salvador da Costa) (contrato de seguro) 1404
Acórdão de 12-I-2006 (Maria Laura Leonardo) (alteração do risco seguro) 1447
Acórdão de 7-III-2006 (Alves Velho) (indemnização de clientela) 825
Acórdão de 14-II-2006 (Alves Velho) (conta bancária solidária) 928
Acórdão de 21-II-2006 (Urbano Dias) (convenção de cheque) 1079
Acórdão de 21-III-2006 (Alves Velho) (cláusulas contratuais gerais) 321
Acórdão de 30-V-2006 (Lopes Dias) (penhor mercantil e privilégios creditórios) 660
Acórdão de 11-VI-2006 (Afonso Correia) (contrato de seguro) 1403
Acórdão de 20-VI-2006 (Urbano Dias) (contrato de transporte) 1530
Acórdão de 27-VI-2006 (Sebastião Póvoas) (contrato de transporte) 1466, 1520
Acórdão de 19-IX-2006 (Moreira Camilo) (cláusulas contratuais gerais) ... 327, 328
Acórdão de 12-X-2006 (Salvador da Costa) (contrato de concessão comercial) 835
Acórdão de 7-XI-2006 (Salreta Pereira) (contrato de transporte) 1521
Acórdão de 23-XI-2006 (Rodrigues dos Santos) (compra e venda comercial) ... 601
Acórdão de 5-XII-2006 (Sousa Leite) (contrato de crédito ao consumo) 466
Acórdão de 19-XII-2006 (Paulo Sá) (contrato de abertura de conta) 915
Acórdão de 17-V-2007 (Oliveira Rocha) (cláusulas contratuais gerais) 324, 328
Acórdão de 12-VI-2007 (Moreira Camilo) (cláusulas contratuais gerais) 323
Acórdão de 10-VII-2007 (Pinto Montes) (penhor mercantil) 660
Acórdão de 6-XI-2007 (Sousa Cruz) (contrato de mútuo bancário) 956
Acórdão de 15-XI-2007 (Santos Bernardino) (ordens de bolsa) 1145
Acórdão de 18-XII-2007 (Sebastião Póvoas) (contrato de transporte marítimo) ... 1491
Acórdão de 10-I-2008 (Salvador da Costa) (contrato de seguro) 1407, 1422
Acórdão de 15-I-2008 (Azevedo Ramos) (contrato de seguro) 1422
Acórdão de 7-II-2008 (Oliveira Rocha) (contrato de franquia) 856
Acórdão de 3-IV-2008 (Santos Bernardino) (contrato de mediação) 868
Acórdão de 3-VII-2008 (Oliveira Rocha) (convenção de cheque) 1076
Acórdão de 23-X-2008 (Custódio Montes) (contrato de antecipação bancária) 979

Direito dos Contratos Comerciais

Relação de Lisboa

Acórdão de 3-VI-1980 (Santos Silveira) (contrato de descoberto bancário) 976
Acórdão de 27-VI-1980 (Braga Themido) (contrato de transporte) 1516
Acórdão de 23-II-1984 (Moreira Mateus) (prescrições presuntivas) 396
Acórdão de 12-XI-1985 (Ricardo Velha) (juros comerciais moratórios) 370
Acórdão de 26-V-1987 (Santos Monteiro) (seguro de riscos putativos) 1419
Acórdão de 23-VI-1987 (Barbieri Cardoso) (contrato de comissão) 622, 881
Acórdão de 16-XI-1989 (Lopes Pinto) (contrato de mediação) 869
Acórdão de 8-V-1990 (Sousa Inês) (contrato de consórcio) 738
Acórdão de 7-VI-1990 (Silva Paixão) (associação em participação) 749
Acórdão de 10-VII-1990 (Joaquim Dias) (contrato de cofre-forte) 1108
Acórdão de 28-II-1991 (Silva Salazar) (contrato de seguro) 1405
Acórdão de 28-V-1991 (Joaquim Dias) (contrato de fretamento) 1473
Acórdão de 10-X-1991 (Pires Salpico) (penhor bancário) 1062
Acórdão de 26-III-1992 (Rodrigues Codeço) (juros comerciais moratórios) 371
Acórdão de 22-V-1992 (Silva Salazar) (associação em participação) 756
Acórdão de 15-X-1992 (Armando Cruz) (contrato de transporte) 1516
Acórdão de 27-X-1992 (Afonso Melo) (desconto bancário) 386
Acórdão de 7-X-1993 (Silva Pereira) (ordens de bolsa) 1140
Acórdão de 24-II-1994 (Cardona Ferreira) (contrato de locação financeira) 387
Acórdão de 17-III-1994 (Silva Paixão) (taxa de juros) 386
Acórdão de 14-IV-1994 (Freitas Carvalho) (contrato de conta-corrente bancária) 933
Acórdão de 21-IV-1994 (Henrique Carvalho) (factura) 254
Acórdão de 26-V-1994 (Sousa Dinis) (conta bancária solidária) 928
Acórdão de 9-VI-1994 (Flores Ribeiro) (cláusulas contratuais gerais) 327
Acórdão de 23-V-1995 (Azadinho Loureiro) (responsabilidade civil do produtor) 459
Acórdão de 27-VI-1995 (Dinis Nunes) (cláusulas contratuais gerais) 323
Acórdão de 28-IX-1995 (Almeida e Sousa) (ordens de bolsa) 1140
Acórdão de 16-IV-1996 (Joaquim Dias) (contrato de consórcio) 736
Acórdão de 31-X-1996 (Silva Salazar) (juros bancários) 391
Acórdão de 19-VI-1997 (Pessoa dos Santos) (contrato de conta-corrente bancária) 917
Acórdão de 3-VII-1997 (Dário Rainho) (ordens de bolsa) 1140
Acórdão de 30-X-1997 (Salvador da Costa) (concessão comercial) 712, 829
Acórdão de 19-III-1998 (Marcos Rodrigues) (contrato de fretamento) 1472
Acórdão de 12-V-1998 (Pereira da Silva) (contrato de depósito bancário) 928, 941
Acórdão de 24-VI-1998 (Abrantes Geraldes) (contrato de transporte) 1497
Acórdão de 15-IV-1999 (Nunes da Costa) (conta-corrente mercantil) 700
Acórdão de 8-VII-1999 (Proença Fouto) (ACE) 768
Acórdão de 2-XII-1999 (Silva Pereira) (contrato atípico de distribuição) ... 803, 804
Acórdão de 19-X-2000 (Salazar Casanova) (cláusulas contratuais gerais) 324
Acórdão de 15-II-2001 (Lino Pinto) (contrato de abertura de crédito) 964
Acórdão de 5-IV-2001 (Proença Fouto) (contrato de expedição) 1467

Índice de Jurisprudência

Acórdão de 27-V-2001 (Salvador da Costa) (contrato de cessão financeira) ...   1010
Acórdão de 6-XI-2001 (Ponce Leão) (ordens de bolsa)   1146
Acórdão de 18-XII-2001 (Pais do Amaral) (contrato de mediação)   873
Acórdão de 9-IV-2002 (Tomé Gomes) (distribuição selectiva)   882
Acórdão de 23-V-2002 (Gonçalves Rodrigues) (ordens de bolsa)   1146
Acórdão de 11-VII-2002 (Tomé Gomes) (contrato de concessão comercial)   837
Acórdão de 1-X-2002 (Azadinho Loureiro) (contrato de cofre-forte)   1108
Acórdão de 5-XI-2002 (Pimentel Marcos) (contrato de crédito documentário)   998
Acórdão de 12-XI-2002 (Pimentel Marcos) (associação em participação)   755
Acórdão de 27-II-2003 (Rosa Ribeiro Coelho) (cláusulas contratuais gerais)   328
Acórdão de 15-V-2003 (Lúcia Sousa) (cláusulas contratuais gerais)   324
Acórdão de 3-VI-2003 (Pimentel Marcos) (depósito bancário)   56
Acórdão de 23-IX-2003 (Tomé Gomes) (contrato de concessão comercial)   833
Acórdão de 27-I-2004 (Pimentel Marcos) (contrato de mediação)   873
Acórdão de 20-V-2004 (Salazar Casanova) (contrato de transporte)   1484
Acórdão de 8-VI-2004 (Abrantes Geraldes) (concessão comercial) ... 803, 826, 829, 837
Acórdão de 11-XI-2004 (Salazar Casanova) (contrato de mediação) 873, 874
Acórdão de 7-IV-2005 (Salazar Casanova) (cláusulas contratuais gerais)   324
Acórdão de 21-IV-2005 (Urbano Dias) (contrato de concessão comercial)   829
Acórdão de 7-VI-2005 (Maria Amélia Ribeiro) (cartas de conforto)   1042
Acórdão de 30-X-2005 (Azadinho Loureiro) (transferência bancária)   1082
Acórdão de 3-XI-2005 (Graça Amaral) (contrato de franquia)   851
Acórdão de 14-II-2006 (Pimentel Marcos) (concessão comercial) 803, 826, 838
Acórdão de 22-V-2007 (Isabel Salgado) (mediação de seguros)   1396
Acórdão de 30-X-2007 (Ana Resende) (contrato de descoberto bancário)   976
Acórdão de 8-XI-2007 (Carla Mendes) (cláusulas contratuais gerais)   327
Acórdão de 29-I-2008 (Arnaldo Silva) (contrato de crédito ao consumo)   985
Acórdão de 1-IV-2008 (Maria Rosário Barbosa) (cartas de conforto)   1042
Acórdão de 22-IV-2008 (Espírito Santo) (contrato de seguro) 1406, 1415
Acórdão de 13-V-2008 (Ribeiro Coelho) (contrato de salvação marítima)   1476
Acórdão de 24-VI-2008 (Maria Rosário Morgado) (viagem organizada)   1475
Acórdão de 18-IX-2008 (António Valente) (associação em participação)   750

Relação do Porto

Acórdão de 5-I-1978 (Pinto Gomes) (empréstimo mercantil)   643
Acórdão de 9-XI-1978 (Pinto Gomes) (mandato mercantil)   622
Acórdão de 23-V-1979 (Lopes Neves) (prescrição de obrigações comerciais)   395
Acórdão de 9-XI-1992 (Alves Correia) (contrato de abertura de crédito)   961
Acórdão de 10-XII-1992 (Silva Pereira) (contrato de depósito mercantil)   668
Acórdão de 21-X-1993 (Carlos Matias) ("eurocheck") 312, 1096
Acórdão de 21-X-1993 (Sousa Leite) (contrato de depósito bancário)   943
Acórdão de 24-V-1994 (Paz Dias) (contrato de seguro)   1415

Direito dos Contratos Comerciais

Acórdão de 18-X-1994 (Araújo Barros) (contrato de agência) 712
Acórdão de 18-IV-1996 (Oliveira Barros) (contrato de transporte) 1488, 1520
Acórdão de 14-I-1997 (Araújo Barros) (contrato de seguro) 1403
Acórdão de 14-I-1998 (Saleiro de Abreu) (compensação e depósito bancário) 941
Acórdão de 16-III-1998 (Gonçalves Ferreira) (contrato de descoberto bancário) ... 977
Acórdão de 21-I-1999 (Pinto de Almeida) (franquia de seguro) 1444
Acórdão de 11-II-1999 (Alves Velho) (contrato de seguro) 1422
Acórdão de 2-VI-1999 (Sousa Leite) (contrato de comissão) 881
Acórdão de 4-XI-1999 (João Bernardo) (responsabilidade civil do produtor) 457
Acórdão de 11-IV-2000 (Afonso Correia) (contrato de transporte) 1495
Acórdão de 12-X-2000 (Coelho da Rocha) (contrato de crédito ao consumo) 986
Acórdão de 13-X-2000 (Emérico Soares) (garantia bancária autónoma) 1047
Acórdão de 2-XI-2000 (Leonel Serôdio) (garantia bancária autónoma) 1048
Acórdão de 16-I-2001 (Emérico Soares) (contrato de transporte) 1523
Acórdão de 22-III-2001 (Alves Velho) (contrato de depósito bancário) 56
Acórdão de 15-I-2002 (Mário Cruz) (contrato de transporte) 1507
Acórdão de 4-III-2002 (Silva Gonçalves) (troca) 679
Acórdão de 22-V-2003 (Sousa Leite) (contrato de transporte) 1496
Acórdão de 29-V-2003 (Pinto de Almeida) (contrato de mediação) 871
Acórdão de 23-VI-2003 (Fonseca Ramos) (contrato de crédito documentário) ... 992
Acórdão de 13-XI-2003 (Pinto de Almeida) (contrato de franquia) 848
Acórdão de 9-III-2004 (Alberto Sobrinho) (contrato de concessão comercial) 835
Acórdão de 21-XI-2005 (Fonseca Ramos) (contrato de depósito bancário) 940
Acórdão de 21-XI-2005 (Sousa Lameira) (contrato de seguro) 1407
Acórdão de 26-IX-2005 (Sousa Lameira) (injunção) 427
Acórdão de 8-VI-2006 (Ataíde das Neves) (contrato de transporte) 1512
Acórdão de 31-I-2007 (Amaral Ferreira) (seguro de grupo) 1393
Acórdão de 6-XI-2007 (Guerra Banha) (contrato de seguro) 1405
Acórdão de 15-I-2008 (Maria Dores Eiró) (compra e venda comercial) 601
Acórdão de 22-IV-2008 (Espírito Santo) (contrato de seguro) 1415

Relação de Coimbra

Acórdão de 19-III-1991 (Silva Graça) (contrato de ACE) 764, 766
Acórdão de 10-V-1994 (Cunha Gil) (compra e venda mercantil) 601
Acórdão de 13-X-1994 (Campos Oliveira) (cláusulas contratuais gerais) 324
Acórdão de 15-XI-1994 (Eduardo Antunes) (venda comercial a contento) 604
Acórdão de 21-V-1996 (Nuno Cameira) (contrato de cofre-forte) 1108
Acórdão de 3-XII-1996 (Eduardo Antunes) (compensação e depósito bancário) ... 941
Acórdão de 19-V-1998 (Gil Roque) (contrato de transporte) 1461
Acórdão de 26-V-1998 (Nuno Cameira) (contrato de mediação) 865
Acórdão de 16-III-1999 (Nuno Cameira) (contrato de depósito bancário) 56, 1077
Acórdão de 4-V-1999 (Coelho de Matos) (contrato de depósito bancário) 937

Índice de Jurisprudência

Acórdão de 22-VI-1999 (Araújo Ferreira) (penhor bancário) 1062
Acórdão de 30-IV-2002 (Távora Vitor) (venda comercial a contento) 602
Acórdão de 26-XI-2002 (Távora Victor) (contrato de abertura de crédito) 963
Acórdão de 27-I-2004 (Távora Victor) (garantia bancária autónoma) 1050
Acórdão de 30-III-2004 (António Piçarra) (contrato de transporte) 1530
Acórdão de 20-IV-2004 (Ferreira Barros) (contrato de seguro) 1402
Acórdão de 8-VI-2004 (Custódio Costa) (contrato de mediação) 869, 874
Acórdão de 2-XI-2004 (Custódio Costa) (contrato de franquia) 857
Acórdão de 25-I-2005 (Helder Roque) (contrato de concessão comercial) 838
Acórdão de 3-V-2005 (Távora Victor) (contrato de seguro) 1405
Acórdão de 14-VI-2005 (Jorge Arcanjo) (transferência bancária) 1082
Acórdão de 27-II-2007 (Serra Baptista) (mediação de seguros) 1396
Acórdão de 20-III-2007 (Cardoso de Albuquerque) (contrato de seguro) 1407
Acórdão de 25-IX-2007 (Virgílo Mateus) (venda comercial a contento) 602
Acórdão de 16-X-2007 (Jorge Arcanjo) (contrato de mediação) 871
Acórdão de 19-II-2008 (Hélder Roque) (venda comercial de bens futuros) 594
Acórdão de 13-V-2008 (Hélder Roque) (proposta de seguro) 1406
Acórdão de 1-VII-2008 (Dias Martins) (comissões do agente comercial) 822

Relação de Évora

Acórdão de 26-III-1987 (Pereira Cardigos) (prescrição de obrigações comerciais) 394
Acórdão de 4-IV-1989 (Matos Canas) (contrato de depósito bancário) 937
Acórdão de 24-III-1994 (Ribeiro Luís) (contrato de mediação) 873
Acórdão de 30-III-1995 (Ribeiro Luís) (compra e venda por conta, peso e medida) 606
Acórdão de 14-III-1996 (Pita Vasconcelos) (conta-corrente mercantil) 700
Acórdão de 25-VI-1998 (Fonseca Ramos) (contrato de consórcio) 725
Acórdão de 13-XII-2001 (Maria Laura Leonardo) (contrato de franquia) 852, 857
Acórdão de 13-II-2003 (Conceição Bento) (contrato de seguro) 1403
Acórdão de 17-VI-2004 (Fernando Bento) (proposta de seguro) 1406

Relação de Guimarães

Acórdão de 19-I-2005 (António Gonçalves) (contrato de crédito documentário) 997
Acórdão de 9-II-2005 (Manso Rainho) (encerramento de conta bancária) 924
Acórdão de 15-XI-2007 (Maria Rosa Tching) (contrato de agência) 817
Acórdão de 2-X-2008 (Maria Rosa Tching) (compra e venda comercial) 601

ÍNDICE DE ASSUNTOS*

A

Abertura de Conta, *v. Conta Bancária*
Abertura de Crédito (Contrato de)
    e antecipação bancária, 509
    e contratos comerciais, 43, 50
    e mandato de crédito, 545
    modalidades, 502
    noção, 501
    regime, 502-3
Abuso de Dependência Económica, 83, 208-11
Abuso de Direito, 177
Acção Inibitória, 268
Acção, *v. Valores Mobiliários*
Aceitação Modificada, 139-40
Aceite Bancário, 505, 532-4
Acessoriedade, 344-5
Acordos de Empresas, 432
Acordos de Parceria Industrial, 433-4
Acordos Parassociais, 45, 105, 107-8, 337, 398
Actos de Comércio, 28, 30, 32, 344-5, 370, 373, 376
Administrador de Facto, 226
Agência (Contrato de)
    características, 440-3
    denúncia, 324
    Directiva sobre, 63
    e contratos comerciais, 24, 35, 45, 50
    e cooperação empresarial, 392
    e empresa, 35

    indemnização de clientela, 445
    noção, 439
    obrigação de não concorrência, 330, 444
    regime jurídico, 444-5
    silêncio, 153
    vencimento, 272
Agências de Câmbio, 559
Agências de Notação de Risco, 613
Agente Comissionista, 464
Agente Vinculado, 575
Agrupamento Complementar de Empresas
    e contratos comerciais, 45, 50
    e solidariedade passiva, 229
    forma, 162
    insolvência, 332, 420
    natureza, 413
    noção, 412
    regime legal, 414-21
Agrupamento Europeu de Interesse Económico
    Directiva, 62
    e contratos comerciais, 45, 50
    forma, 162
    insolvência, 332, 429
    natureza, 423
    noção, 422
    regime legal, 424-9
Aliança Estratégica, 50, 431
Alienação de Empresa Insolvente, 307
Alienação Fiduciária em Garantia, 541
Allfinance, 474
Alteração das Circunstâncias, 309

---

* As remissões são feitas para o número das páginas.

Direito dos Contratos Comerciais

Aluguer (Contrato de)
de cofre-forte, *v. Cofre-Forte*
de longa duração, 285, 511, 518
de veículo, 735
mercantil, 29, 50, 273, 380, v. *Locação Mercantil*
Alternative Dispute Resolution, 321, 334
Análise Financeira (Contrato de)
e contratos comerciais, 50
noção, 610
notação de risco, 613
recomendações de investimento, 612
regime, 611-2
Analogia, 32, 89, 238, 273, 302, 438, 450, 457
Anatocismo, 59, 243-4
Antecipação Bancária (Contrato de)
e contratos comerciais, 43
e reporte, 383
natureza, 509
noção, 508
regime, 502-3
Arbitragem Comercial, 333-7
acordo compromissório, 108
internacional, 65, 335
Arbitragem Financeira, 618
Apólice de Seguro
conceito, 701-3
e arbitragem, 336
e cobrança documentária, 558
e formalismo, 159
e língua, 178
pré-assinada, 698
uniforme, 57, 222
"unit linked", 473
Arrendamento Comercial (Contrato de), 78, 299, 333, 381
Arrependimento, v. *Desistência*
Assistência Financeira (Contrato de)
e banca, 472
e contratos comerciais, 43, 50
e contratos de colocação, 597
noção, 600
regime, 601

Assistência Técnica (Contrato de), 94
v. *Know-How*
Associação em Participação (Contrato de)
denúncia, 324
e contratos comerciais, 29, 45, 50
insolvência, 332
modalidades, 407
natureza, 408
noção, 406
regime legal, 408-12
Atrasos de Pagamento nas Transacções Comerciais, 63, 170, 237, 258-71
Auto-entrada, 367
Autonomia Privada, 42, 54-5, 102, 125, 221, 438, 479
v. *Liberdade Contratual*
Auxiliares de Comércio, 366, 436, 442, 479
Aval Bancário, 532-4

B

Back-to-Back Loan, 670
Bancassurance, 473, 680
Banco Central Europeu, 239
Banco de Portugal, 57, 152, 474, 506
Banco v. *Instituição de Crédito*
Base do Negócio, 309
Battle of the Forms, 80, 134-6
Bilhetes do Tesouro, 576, 608
Bill of Lading, 741
Break Forward Agreement, 670
Broker, 582, 595
Buyer's Credit Agreement, 528

C

Caixeiros, 366, 442
Call Option, 25
Câmara de Comércio Internacional, 59, 65, 312, 315, 360, 439, 514, 537, 558, 745
Cap, 25, 50, 671-4
Capitalização (Operações de), 472, 681, 713

Índice de Assuntos

Cartas de Confirmação, 140, 155
Cartas de Conforto, 98, 534-6
Cartas de Crédito "Standby", 514, 538
Cartas de Intenção, 97-9, 102, 515
Cartões Bancários, 50, 57, 552-6
  de crédito, 553
  de débito, 554
  de garantia de cheque, 554
  e cartões pré-pagos, 556
  e "eurocheck", 557
  universais, 554-5
Cash and Carry, 150-1
Cativo Bancário, 488
Caveat Emptor, 93-4, 96, 119, 256
Certificados de Aforro, 621
Certificados de Depósito, 494
Cessão da Posição Contratual
  e cláusulas contratuais gerais, 201
  e contratos comerciais, 296-304
  e contratos de seguro, 722
  e contratos de "swap", 649
  e contratos de derivados, 632
Cessão Financeira (Contrato de)
  contrato-quadro, 109
  e contratos comerciais, 24-5, 32, 50
  e "confirming", 521
  e "forfaiting", 528
  fontes, 62
  modalidades, 522
  noção, 520
  regime, 521-3
Cheque, v. *Convenção de Cheque, Títulos de Crédito*
CIF, 360
Cisão, 45, 94, 162, 329, 390, 721
Cláusulas
  CAD, 748
  CFR, 737
  CIF, 360, 737
  COD, 747
  compromissórias, 108, 336
  "cross-default", 546
  de adaptação, 310-9
  de boa cobrança, 60, 387, 505-6, 549
  de comunhão nos lucros, 107, 329, 608

  de confidencialidade, 106, 329
  de destino de "stocks", 329
  de devolução, 329
  de estabilização, 318, 546
  de exclusividade, 106-7, 441, 450
  de "force majeure", 311-3
  de indexação, 318
  de não-concorrência, 330, 444, 456
  de primeira recusa, 320
  de revisão automática, 317-8
  de revisão concorrente, 319
  de revisão de preço, 318
  de vencimento antecipado, 546
  FAS, 360
  FCA, 737
  FOB, 360, 737
  "hardship", 313-7
  "negative pledge", 546
  "pari passu", 546
  penais, 546
  "rating trigger", 613
  "self-liquidating", 546
Cláusulas Contratuais Gerais
  acção inibitória, 268
  cláusulas proibidas, 63, 193-208
  e atrasos de pagamento, 267-9
  e contratos bancários, 480, 484, 486, 494, 520, 555, 604
  e contratos de seguro, 686, 697-8
  e contratos de transporte, 729
  e contratos financeiros, 579, 608
  e empresa, 182-7
  em geral, 182-208
CNUDCI, 62, 65-6, 335, 537
Cobrança Documentária, 558
Código Comercial, 22, 28-32, 50, 55, 68, 81, 252, 341-88
Código de Conduta, 66, 335, 555
Cofre-Forte (Contrato de)
  e contratos comerciais, 50
  e contratos financeiros, 614
  e depósito, 493
  noção, 563-4
Collar, 50, 671-4

847

Direito dos Contratos Comerciais

Colocação Financeira (Contrato de)
  e banca, 472
  e consórcios de colocação, 587
  e contrato comercial, 43, 50
  e contrato de assistência, 587, 601
  modalidades, 585-6
  noção, 584
Commenda, 463
Comerciante, 30, 32, 38, 196, 246, 345, 370, 373, 409, 423, 444, 447, 461, 464
Comércio Electrónico
  Directivas, 63
  documento electrónico, 164, 173-6
  e contratação mercantil, 51, 84, 116-7, 144-8
  e contratos de consumo, 63, 84, 116-7
  e contratos de seguro, 693, 698
  e contratos de transporte, 741
  e contratos financeiros, 176-7, 582
  e Direito Comercial, 145
  factura electrónica, 176-7
  moeda electrónica, 556
  transferências bancárias, 487, 551
Comércio Internacional, 51, 59, 61, 62, 137, 251, 308, 315, 335, 360, 464, 527, 529, 558, 743
Comissão (Contrato de)
  agente comissionista, 464
  "del credere", 367, 465
  e contratos comerciais, 45, 50
  e gestão de carteira, 589
  e mandato mercantil, 366, 464
  e ordens de bolsa, 581
  insolvência, 333
  noção, 463
  regime, 464-5
Comissão do Mercado de Valores Mobiliários (CMVM), 57, 152, 474
Compra e Venda de Empresa
  acordos pré-contratuais, 98
  acordos satélites, 106-107
  formação contratual, 133
  informação pré-contratual, 118
  obrigação de não concorrência, 330

Compra e Venda de Participações Sociais
  e compra e venda mercantil, 348
  e depósito "escrow", 565
  e preço, 359
  eficácia pós-contratual, 329
  obrigação de não concorrência, 330
  opção, 105
  v. Compra e Venda de Empresa
Compra e Venda Internacional, 62, 137, 140, 252-3, 349, 360
Compra e Venda Mercantil
  a contento, 355
  à distância, 114-5, 142-4, 167-9, 357
  a prazo, 332
  a retro, 383
  à vista, 273
  agressiva, 219-20, 357
  ao domicílio, 115, 357
  automática, 149, 357
  com prejuízo, 357
  conformidade, 252-5
  cumprimento, 361-2
  de bens alheios, 351-2
  de bens de consumo, 84, 120, 254-5, 282-4, 288-91, 326, 359
  de bens futuros, 351-2
  discriminatória, 213
  e contratos comerciais, 29, 40, 50
  e empresa, 36
  e lucro, 347
  e troca, 379
  efeitos sobre terceiros, 362-3
  em consignação, 358
  em pirâmide, 216, 219
  em saldo, 357
  esporádica, 348, 357
  factura, 169-70, 173, 176
  forçada, 357
  insolvência, 333
  "isco-troca", 219
  mista, 230, 359
  noção, 345-8
  opção, 105
  para pessoa a nomear, 350-1
  por catálogo, 143

Índice de Assuntos

por conta, peso e medida, 81, 356
prazo de entrega, 360-1
preço, 359-60
prescrição, 246-8
recusa de celebração, 213
reserva de propriedade, 270-1
sobre amostra, 81, 153, 252, 353-4
vencimento, 273
Comunhão nos Lucros (Pacto de), 107, 329, 608
Concentração de Empresas, 390
Concessão Comercial (Contrato de)
alteração, 319
características, 448-9
contrato-quadro, 109, 447
destino de "stocks", 329, 451
e contratos comerciais, 24, 32, 36, 45
e cooperação empresarial, 392
e distribuição autorizada, 466
noção, 446
regime jurídico, 450-1
Conciliação, 334, 335
Concorrência
acordos de empresas, 432
acordos verticais, 438
arbitragem, 337
defesa, 83, 438, 450, 457-8
e comerciante, 33
e contratos comerciais, 83
e dever de contratar, 128, 479
liberdade, 83, 216
obrigação de não –, 330, 444, 456
práticas restritivas, 212-6
Conditio Si Voluerit, 328
Confidencialidade (Pacto de), 106, 329
Confirming (Contrato de), 79, 521
Conformidade Contratual, 251-8
Conglomerado Financeiro, 474, 680
Conhecimento de Carga
como título de crédito, 742
e cobrança documentaria, 558
e contrato de transporte, 741
e prova, 173
Conhecimento de Depósito, 172
Consignação (Contrato de), 358

Consórcio (Contrato de)
denúncia, 323
e contratação conjunta, 133
e contrato de colocação, 587
e contratos comerciais, 29, 35, 45
e formalismo, 162
modalidades, 403-5
noção, 398-9
regime legal, 400-5
Consultoria Empresarial (Contrato de)
e contratos comerciais, 36
noção, 609
reestruturação do passivo, 609-10
Consultoria para Investimento (Contrato de)
e banca, 472
e contrato comercial, 50
e "dicas" de investimento, 594
figuras afins, 593
noção, 592
sociedades de –, 593-4
Consumidor
e comércio electrónico, 144
e contratos comerciais, 21, 47, 72-4, 83-4
e investidor qualificado, 579
e LCCG, 47, 80, 190-1
e práticas comerciais desleais, 216-20
e produtor, 282-4
e financiador, 285-7
e tomador de seguro, 693-4
em geral, 72-4
protecção, 83-4
v. Cláusulas Contratuais Gerais, Contratos de Adesão, Contratos de Consumo
Conta Bancária (Contrato de)
abertura, 486-7
cativo bancário, 488
confidencial, 487
conjunta, 489-90
"conta a zero", 488
"conta-ordenado", 494
convenções acessórias, 485, 490-6
"direito à conta", 128, 479
e contrato comercial, 43, 50

849

Direito dos Contratos Comerciais

e garantia financeira, 541
extinção, 488
modalidades, 489-90
movimentação, 487
NIB, 487
noção, 483
penhor, 372, 544
regime jurídico, 486-8
solidária, 489
v. Contratos Bancários, Depósito Bancário, Conta-Corrente Bancária
Conta-Corrente (Contrato de)
   e conta-corrente bancária, 492
   e contratos comerciais, 29, 50
   insolvência, 333
   noção, 385
   onerosidade, 231, 234
   regime, 386-8
   vencimento, 274
Conta-Corrente Bancária, 386, 491-2
Contratação Mercantil
   à distância, 63, 111, 114-5, 142-4, 167-9, 326, 357
   ao domicílio, 115, 357
   automática, 148-50, 357
   conjunta, 132-3
   cruzada, 134-6
   "de facto", 136-8
   electrónica, 117, 144-8, 163-4, 173-7, 326
   em auto-serviço, 150-1
   em massa, 79-81, 89, 118, 141-51, 325
   flexível, 138-40
   formalismo, 156-64
   por inércia, 142
   por leilão, 142
Contrato Celebrado Fora do Estabelecimento Comercial, 63, 84, 114-5, 326, 579
Contrato Celebrado à Distância, 63, 111, 114-5, 142-4, 167-9, 326, 357, 693, 724
Contrato Comercial
   absoluto, 47
   acessório, 31, 47, 344
   Civil Law, 22, 375

classificações, 41-51
coligado, 286-7
Common Law, 23, 38-9
como categoria, 84-6
conformidade, 251-8
conteúdo, 179-222
contrato-quadro, 108-9, 358, 447, 466, 453, 522, 631
cumprimento defeituoso, 274-91
cumprimento, 249-58
denúncia, 323-4
deveres pré-contratuais, 74, 110-22
direito de desistência, 325-8
"ditado", 80, 211-22
e Código Comercial, 341-88
e empresa, 19-21, 42-6, 74-5, 88, 330, 345, 482
efeitos pós-contratuais, 328-30
efeitos, 223-91
electrónico, 51, 57, 63, 84, 116-7, 144-8, 155, 163-4, 173-7, 326, 357, 582, 693, 698, 741
em geral, 19-21
em massa, *v. Contratos em Massa*
extinção, 320-37
fase pré-contratual, 93-122
forma, 156-64
formação, 123-78
incumprimento, 249-50, 258-91
informação pré-contratual, 74, 110-8
"intuitus personae", 77, 298, 304, 394, 403, 448, 453, 721
invalidade, 322
língua, 177-78
misto, 46-7, 203-8, 230, 262, 359
modificação, 308-19
negociação, 97-102
objectivização, 77-8
objectivo, 28, 31
obrigação de não concorrência, 330, 444, 456
"obrigatório", 80, 126-8
padronização, 79-82
preâmbulos, 101
pré-contrato, 103-9

Índice de Assuntos

promessa, 104
prova, 165-77
publicidade, 118-22
puro, 46, 195-203, 230, 262
relativo, 47
satélite, 106
subjectivo, 28
subordinado, 82, 211, 213
sub-rogação "ex lege", 305-6
transmissão, 295-308
vícios, 155
Contrato-Quadro, 108-9, 358, 447, 453, 466, 522, 631
Contrato Relacional, 391
Contratos Bancários
  categorias, 483
  conta bancária, *v. Conta Bancária*
  "contrato bancário geral", 484
  contrato de adesão, 183-5, 480, 486, 520, 555
  de câmbio, 50, 57, 559-62
  de crédito, 496-515
  de financiamento, 515-31
  de garantia, 531-46
  de pagamento, 546-58
  de serviços acessórios, 562-5
  deveres informativos, 111
  "direito à conta", 128, 479
  e autonomia privada, 479
  e contratos comerciais, 33, 43, 50
  e opção, 105
  e operação bancária, 476-8
  forma, 160, 481
  garantias, 545-6
  "intuitus personae", 77
  juros, 240-1, 244-5
  noção, 478-83
  onerosidade, 231
  relação bancária, 484
  usos bancários, 60, 481, 486, 495, 502
  v. Empresa Bancária, Instituições de Crédito
Contratos Cambiais, 50, 57, 559-62, 614
Contratos Condicionais, 100, 104, 654

Contratos de Adesão, 80, 161, 182-7, 438, 480, 520, 579, 604, 608, 686, 697, 729
  v. Cláusulas Contratuais Gerais, Contratos em Massa
Contratos de Bolsa, 34, 56, 472
  v. Contratos Financeiros, Contratos de Intermediação Financeira
Contratos de Consumo
  à distância, 63, 111, 114-5, 326
  arbitragem, 336
  ao domicílio, 115
  atraso de pagamento, 262
  conformidade, 254-5
  deveres publicitários, 118-22
  direito de desistência, 325-28
  direito de regresso, 287-91
  electrónicos, 51, 57, 63, 84, 116-7
  e contratos comerciais, 49, 72-4
  e silêncio, 154
  informação pré-contratual, 110-8
  língua, 178
  vícios, 155
  v. Consumidor, Contrato de Crédito ao Consumo
Contratos de Cooperação Empresarial
  classificações, 390-2
  como contratos comerciais, 45, 50
  desistência, 326, 579
  e formalismo, 162
  espécies, 393-434
  noção, 389
Contratos de Distribuição Comercial
  cessação, 323
  classificações, 437
  como contratos comerciais, 45, 50
  desistência, 326, 579
  eficácia pós-contratual, 329
  e formalismo, 162
  espécies, 439-67
  noção, 435
Contratos de Intermediação Financeira
  atípicos, 598-600, 614
  características, 574-7
  como contratos comerciais, 43, 50

851

Direito dos Contratos Comerciais

desistência, 326, 579
electrónicos, 176-7, 582
e empresa, 43, 111-2, 151-2
espécies, 577
noção, 573
regime, 578-9
Contratos Diferenciais
características, 665-7
e contratação mercantil, 50
e jogo e aposta, 661
e mercado a contado, 665
modalidades, 663-5, 666-7
noção, 660
Contratos em Massa, 79-81, 141-51, 325
Contratos Financeiros
à distância, 326
acessórios, 573
arbitragem, 337
auxiliares, 600-15
complexos, 113
contrato de adesão, 183-5, 579
de investimento, 580-600
deveres informativos, 111-2
e contratos comerciais, 43, 50
e empresa, 43, 111-2, 151-2
e pré-contratos, 105
espécies, 572
forma, 160
noção, 572
v. *Contratos de Intermediação Financeira, Derivados*
Contratos no Comércio Electrónico, 51, 57, 63, 84, 116-7, 144-8, 155, 163-4, 173-7, 326, 357, 582, 693, 698, 741
Contratos no Comércio Internacional, 50, 59, 89, 252-4, 308-19, 335, 360, 431, 464, 527, 529, 558, 743
Contratos sobre Bens Imateriais, 51
Convenção
CMR, 337, 736
de Berna, 62, 736
de Bruxelas, 62, 736
de Haia, 62, 252
de Hamburgo, 736
de Montreal, 737

de Otawa, 62, 518
de Roma, 62, 439, 629
de Varsóvia, 62, 337, 736-7
de Viena, 62, 140, 252-3, 257, 311, 349
TIR, 736
Convenção de Cheque
cláusula de boa cobrança, 549
e cartão de garantia de cheque, 554
e contratos comerciais, 43, 50
natureza, 548
noção, 548
rescisão, 550
v. *Títulos de Crédito*
Convenção de Juros, 241
Convite a Contratar, 144, 146
Cooperação Empresarial, 389-92
Cooperativa, 162, 226, 236, 401
Corridor, 50, 673-4
Costume Mercantil, 60 v. *Usos Mercantis*
Countertrade, 25, 32, 70, 343, 379
Crédito, 228, 259, 271, 285, 470, 476, 496, 655
Crédito à Habitação (Contrato de), 241
Crédito ao Consumo (Contrato de)
contrato coligado, 286-7
desistência, 326
deveres informativos, 111
Directiva, 63
e empréstimo mercantil, 369
e protecção do consumidor, 84
juros, 241
modalidades, 511
noção, 510
prova, 171, 176
regime, 511-2
responsabilidade, 285-7
Crédito de Tesouraria, 507
Crédito Documentário (Contrato de)
e cobrança documentaria, 558
e contratos comerciais, 36, 43, 50
e crédito "standby", 514
e "lex mercatoria", 65
e mandato de crédito, 545
e mandato mercantil, 364
modalidades, 513-4

Índice de Assuntos

noção, 513
regime, 514
Crédito por Assinatura, 511
Culpa in Contrahendo, 101

D

Dealer, 595
Depósito Bancário (Contrato de)
    certificado de depósito, 494
    cláusula de boa cobrança, 60
    e cartões bancários, 554
    e contratos comerciais, 43, 50
    e depósito mercantil, 376
    fontes, 57
    modalidades, 494
    natureza, 496
    noção, 492-3
    penhor, 544
    regime, 494-5
Depósito "Escrow", 376, 564-5
Depósito Financeiro (Contrato de)
    de administração, 605
    de simples custódia, 604
    e contrato comercial, 43, 50
    e contrato de adesão, 604
    e depósito bancário, 493, 603
    e gestão de carteira, 605
    e guarda de valores, 563
    e mandato mercantil, 364
    modalidades, 604-5
    noção, 602-3
    regime 604-5
Depósito Mercantil (Contrato de)
    de géneros e mercadorias, 231, 376
    e contratos comerciais, 29, 31, 50
    modalidades, 376
    noção, 375
    onerosidade, 231
    prova, 173
    regime, 376-7
Derivados (Contratos de)
    activo subjacente, 621-2
    atípicos, 674

características, 619-24
e Direito do Mercado de Capitais, 568
e reporte, 383
espécies, 624-27
insolvência, 333
"mark-to-market", 637, 668
"master agreements", 623, 631, 658, 669
noção, 615
regime jurídico, 627-33
Derivados de Crédito (Contratos de)
    características, 654-8
    e contratação mercantil, 50
    e risco de crédito, 655
    modalidades, 658-60
    natureza, 654
    noção, 653-4
Descoberto Bancário (Contrato de)
    e contratos comerciais, 43
    e mandato de crédito, 545
    modalidades, 506-7
    noção, 506
    regime, 507-8
Desconto Bancário (Contrato de)
    cláusula de boa cobrança, 505
    e contratos comerciais, 43, 50
    e "forfaiting", 528
    juros, 240
    modalidades, 504
    noção, 503-4
Desistência (Direito de)
    e contratos à distância, 143
    e contratos de intermediação, 579
    e contratos de seguro, 714-5
    e crédito ao consumo, 512
    e protecção do consumidor, 84
    noção geral, 325-8
Directivas Comunitárias, 63, 71
Direito Bancário
    e Direito Comercial, 481-2
    e mercado de crédito, 470-1
    formalismo, 161
    noção, 475-6
    v. *Contratos Bancários*

Direito dos Contratos Comerciais

Direito Comercial
  carácter pioneiro, 177
  e actos em massa, 79, 141
  e comércio electrónico, 145
  e contrato, 24
  e crédito, 228, 259, 271, 496
  e empresa, 20
  em geral, 20
  história, 333
Direito Comercial Internacional, 61-3, 195, 335, 439
  v. Comércio Internacional, Contratos no Comércio Internacional, "Lex Mercatoria"
Direito do Mercado de Capitais
  e Direito Comercial, 574
  e mercado de capitais, 567-71
  e mercado de crédito, 471, 472
  formalismo, 162
  noção, 567-8
  v. Contratos Financeiros, Contratos de Intermediação Financeira, Derivados, Instrumentos Financeiros, Valores Mobiliários
Direito dos Seguros
  e Direito Comercial, 472, 681
  e mercado de risco, 471-2, 678-9
  e mercados financeiros, 472-3, 679
  noção, 677
  v. Contrato de Seguro
Direito dos Transportes
  e Direito Comercial, 727
  noção, 726-7
  v. Contrato de Transporte
Direito dos Valores Mobiliários
  v. Direito do Mercado de Capitais
Distribuição Autorizada, 46, 466-7
Distribuição Comercial, 435-6
Distribuição Exclusiva, 46, 62
Distribuição Selectiva, 50, 465-6
Dívidas de Valor, 260-1
Divisas, 559, 621
Documento Electrónico, 164, 173-6
Due Diligence, 98

E

E-Commerce, v. Comércio Electrónico
Edição (Contrato de), 299
EIRL, 163, 236, 415
Empreendimento Comum (Contrato de), 94, 133, 137, 323
  v. Joint Venture
Empreitada, 35, 730
Empresa
  acordos, 432
  bancária, 33, 43, 128, 152, 470, 482
  compra e venda, *v. Compra e Venda de Empresa*
  comum, v. *Joint Venture*
  concentração, 390
  concessionária, 127-8
  conjugal, 236
  cooperação, 389-92
  de agenciamento de negócios, 35
  de crédito, v. *Empresa Bancária*
  de intermediação financeira, 34, 43, 128, 152, 471, 473, 571
  de investimento, v. *Empresa de Intermediação Financeira*
  de seguros, 34, 44, 128, 152, 471, 656, 680, 690, 720-1
  de transporte, 34, 43, 730
  de viagem e turismo, 113
  e contratação mercantil, 33-6, 141
  e contrato, 19-21, 42-6, 74-5, 330
  e contratos de adesão, 182-7
  e Direito Comercial, 20, 196, 260
  e mercados regulamentados, 34
  hereditária, 236, 306
  insolvente, 307, 330-3
  licenciamento, 152
  locação, 35, 45, 162, 333, 381
  penhora, 307
  pública, 162, 236, 395, 401
  risco, 279
  transmissão, 77-8, 296-304, 722
  virtual, 145, 150
Empresário, 32, 38, 72-4, 196, 246, 331, 345, 387, 395, 437, 443, 447

Índice de Assuntos

Empréstimo Bancário (Contrato de)
  e antecipação bancária, 509
  e contratos comerciais, 43, 50
  e empréstimo de divisas, 560
  e empréstimo mercantil, 369, 499
  juros, 500
  liquidável em prestações, 500
  noção, 497-8
  prova, 171
  regime, 498-501
Empréstimo "Cristal", 499-500
Empréstimo Cruzado, 670
Empréstimo Financeiro (Contrato de)
  e banca, 472
  e cláusulas contratuais gerais, 608
  e contratos comerciais, 50
  e empréstimo mercantil, 369
  e ordem de bolsa, 582
  noção, 606-7
  regime jurídico, 607-8
  "short selling", 606
Empréstimo Mercantil (Contrato de)
  e contratos comerciais, 29, 31, 50
  forma, 159, 370-1
  juros, 370
  natureza, 371
  noção, 368
  onerosidade, 231, 234
  prova, 171
  regime, 369-71
Empréstimo Obrigacionista, 369
Empréstimo Paralelo, 670
Emptio Rei, 654
Emptio Spei, 352
Engineering, 25, 70, 343
Enriquecimento sem Causa, 226
Equity Line (Contrato de), 586
Erro, 155, 250
Escrituração Mercantil, 166-7, 465, 747
Escrow Account, v. Depósito Escrow
Estabilização de Preços (Contrato de), 598
Eurocheck, 557
Exclusão de OPA Hostil (Pacto de), 106-7
Exclusividade (Pacto de), 106-7, 441

Expedição (Contrato de), *v. Contrato de Trânsito*
Extracto de Factura, 169, 173, 240, 500, 504

F

Facilidade de Caixa, 507
Factoring, v. Cessão Financeira
Factura, 169-70, 264, 558
Factura Electrónica, 176-7
FAS, 360
Favor Creditorii, v. Solidariedade
Favor Societatis, 322
Fiança
  bancária, 532-4
  e derivados de crédito, 654
  mercantil, 31, 229-30, 533, 536
  "omnibus", 534
Filial Comum, 396
Floor, 25, 50, 671-4
FOB, 360
Fomento de Mercado (Contrato de), 43, 576, 597
  v. Negócios por Conta Própria
Fontes, 53-66
Force Majeure (Cláusula de), 311-3
Forfaiting, v. Monetarização de Créditos
Fornecimento (Contrato de), 109, 115, 254, 323, 357-8
Forwarder Certificate of Receipt, 65
Forwarder Certificate of Transport, 65
Forwards
  e contratação mercantil, 25, 343
  e futuros, 668
  e reporte, 383
  FRA, 669
  FXA, 670
  insolvência, 333
  modalidades, 669-71
  noção, 667
Franchising, v. Franquia
Franquia (Contrato de)
  características, 453-6

855

Direito dos Contratos Comerciais

contrato-quadro, 109
destino de "stocks", 329
e contratos comerciais, 25, 36, 45
"encroachment", 456
fontes, 63
informação pré-contratual, 118
modalidades, 452-3
noção, 451-2
obrigação de não concorrência, 456
pré-contrato, 94, 106
regime jurídico, 457-8
restituição de sinais distintivos, 329
subfranquia, 454
Fretamento (Contrato de), 337, 380, 733-4
Fundos de Investimento, 57, 364, 473, 540, 573, 581, 656
Fundos de Pensões, 473, 525
Fusão, 45, 94, 106, 162, 329, 390, 721
Futuros (Contrato de)
cambiais, 561
características, 633-38
e contratação mercantil, 25, 36, 50
e "forwards", 668
e mercado de capitais, 471
e opções, 641-3
e reporte, 383
insolvência, 333
modalidades, 639
natureza, 635
noção, 633

G

Garantia Bancária Autónoma
e contratos comerciais, 50
e crédito "standby", 538
e seguro-caução, 538
modalidades, 538
noção, 536
regime, 537-9
usos internacionais, 65
Garantia Financeira (Contrato de)
e contratos comerciais, 36, 50
e penhor mercantil, 373

e reporte, 382
fontes, 63
noção, 539
prova, 176
regime, 540-1
Gentlemen's Agreement, 102, 432
Gerentes de Comércio, 366, 436, 442
Gestão de Carteira (Contrato de)
características, 588-9
e contratos comerciais, 43, 50
e depósito de administração, 605
e mandato mercantil, 364, 589
insolvência, 333
noção, 587-8
regime, 589-91
Gestão de Navios (Contrato de), 735
Gestão de Negócios, 226
Gestão Empresarial (Contrato de), 25, 35
Gestão Transitória (Pacto de), 107
Greenshoe Option, 598
Guarda de Valores (Contrato de)
e depósito bancário, 493, 563
modalidades, 563
noção, 562-3
Guia de Transporte, 172
Grupo Paritário (Contrato de), 50, 162, 429-30

H

Handelsgesetzbuch, 22, 58, 68, 300, 302, 341
Hardship (Cláusula de), 313-7
Heads of Agreement, 99-100
Hedge Funds, 609, 656
Hedging, 617

I

Incoterms, 59, 64, 80, 360, 737
Indemnização Suplementar, 266-7
Influência Indevida, 155, 220
Informação Pré-Contratual, 96, 110-8
Injunção, 269-70

Índice de Assuntos

Inovação Financeira, 616
Insolvência
 e ACE, 420
 e AEIE, 429
 e associação em participação, 412
 e compra e venda mercantil, 361-2
 e conta bancária, 488
 e contratos comerciais, 330-3
 e contratos de seguro, 721
 e contratos diferenciais, 665
 e derivados, 628
 e empresário, 33
 e franquia, 458
 e garantia financeira, 541
 e transmissão da empresa, 307
Instituições de Crédito, 33, 43, 60, 275,
 470, 482, 559, 571
 v. Empresa Bancária
Instituto de Seguros de Portugal, 57, 152,
 474, 720
Instrumentos de Captação de Aforro Estruturado, 472, 680, 724
Instrumentos do Mercado Monetário,
 473, 540, 568, 576, 585
Instrumentos Financeiros
 arbitragem, 337
 carteira, 590
 depósito, 376, 602-5
 Directivas, 63, 615
 e contratos comerciais, 43, 48, 112
 e Direito do Mercado de Capitais, 567-8
 e empresa, 43, 111-2, 151-2
 e garantia financeira, 540
 e intermediação, 471, 570-1, 576
 e pré-contratos, 105
 empréstimo, 369, 605-8
 obrigação de contratar, 128
 ordens sobre –, 580-4
 registo, 602-5
 reporte, 384
 sistemas de negociação, 598-9
 v. Derivados, Valores Mobiliários
Interesse, 708
Intermediários Financeiros, 471, 570-1,
 578, 601

"brokers", 582, 595
"dealers", 595, 624, 657
"market maker", 597
"scalpers", 596
"traders", 595
Internalização Sistemática, 597, 599
Investidor
 categorias, 575-6, 590
 não qualificado, 160, 578, 604, 608, 636
 qualificado, 590, 596, 674
*Invitatito ad Offerendum, v. Convite a
 Contratar*

J

Jogo e Aposta, 44, 661
Joint Venture
 e adaptação contratual, 308
 e contratação de facto, 137
 e contratos comerciais, 45, 50
 e empresa, 45
 modalidades, 396-8
 negociação, 94, 99
 noção geral, 393-6
Juros
 anatocismo, 243-4
 bancários, 111, 240-1, 370, 500, 503,
 508
 cambiários, 241
 comerciais, 68, 232-44
 convenção de –, 241
 e abertura de crédito, 503
 e atrasos de pagamento, 262, 265-6
 e "caps", 672
 e "collars", 673
 e depósito bancário, 495
 e derivados, 621
 e descoberto bancário, 508
 e empréstimo, 370, 500, 608
 e "floors", 672
 e "forwards", 669
 e obrigações comerciais, 231
 e "participating rate agreements", 674
 noção, 232

Direito dos Contratos Comerciais

taxa de –, 239, 621
tipos, 233-234
usurários, 243

L

Last Shot Rule, 135
Lease-Back, 519
Leasing, v. Locação Financeira
Lei-Modelo, 65
Letras de Câmbio, *v. Títulos de Crédito*
Letters of Intent, v. Cartas de Intenção
Lex Mercatoria, 64-6, 514
Liberdade Contratual
    de celebração, 126-29
    de estatuição, 129, 179-82
    e contrato de agência, 438
    e contrato de franquia, 457
    e contrato de mediação, 462
    e contrato de seguro, 699
    e contrato de transporte, 751
    e contratos bancários, 479
    e contratos comerciais, 42, 54, 125-32
Liberdade de Concorrência, 83, 216
Liberdade de Forma, 156
Licença (Contrato de)
    de marca, 59, 454, 457
    de patente, 59
Língua, 177-8
Locação de Empresa, 35, 45, 162, 333, 381
Locação Financeira (Contrato de)
    e ALD, 518
    e contratos comerciais, 25, 36, 43, 50
    e locação operacional, 518
    e transmissão de empresa, 78, 299
    "lease-back", 519
    modalidades, 518-9
    noção, 516-7
    opção de compra, 105
    regime, 519-20
Locação Mercantil, 29, 50, 273, 380-1
Lojista (Contrato de), 303-4

K

Knock-Out Rule, 136
Know Your Costumer, 112, 696
Know-How, 25, 32, 94, 329, 343, 455

M

Management Buy-In, 108
Management Buy-Out, 45, 94, 108
Mandato Bancário, 364
Mandato de Crédito, 544-5
Mandato Mercantil (Contrato de)
    características, 365-6
    cessação, 368
    e comissão, 366
    e contratos comerciais, 29, 77, 81
    e gestão de carteira, 589
    e ordem de bolsa, 582
    gerentes, auxiliares, caixeiros, 366
    insolvência, 333
    modalidades, 366
    noção, 365-6
    onerosidade, 231, 234
    regime, 367-8
    silêncio, 153
    usos, 58
Market Maker, 597
Mediação, 334, 335
Mediação (Contrato de)
    características, 460-2
    de seguros, 112, 459, 473, 690
    e contratos comerciais, 35, 46, 50
    financeira, 459, 582
    imobiliária, 152
    imprópria, 461
    marítima, 459
    noção, 458
    regime jurídico, 462-3
Memorandum of Understanding, 97
Mercado, 82
Mercado de Balcão, 631
Mercado de Capitais, 471, 568-71
Mercado de Crédito, 470-1, 476
Mercado de Risco, 472-3

Índice de Assuntos

Mercados Financeiros
interpenetração, 113, 472-4
noção, 469-70
segmentos, 470-2
Mercados Organizados, 629-30
Mercados Regulamentados, 588-9, 630
Merchandising, 25, 32, 70
Moeda
câmbio, 559
electrónica, 556
escritural, 547
Monetarização de Créditos (Contrato de)
e "buyer's credit", 528
e contratos comerciais, 25, 32, 70
natureza, 528
noção, 527
Mora, 199, 233, 234, 235, 238, 243, 265-7, 428, 500, 539, 718
Mudanças (Contrato de), 735
Mútuo (Contrato de), *v. Empréstimo*

N

Negócios Mercantis Unilaterais, 48, 162-3, 226
Negócios por Conta Própria, 595-8
Non-Deliverable Forward, 665, 671
Notação de Risco, 613

O

Obrigação "del Credere", 367, 465, 583
Obrigação Comercial, 225-48
Obrigação de não Concorrência, 330, 403, 444, 456
Obrigações Genéricas, 81, 356
Obrigações Pecuniárias, 234, 260
Ofertas Públicas
de Aquisição, 128, 222
de Distribuição, 584-5, 598, 600, 602
de Troca, 377
Ombudsmen, 334
Opção (Contrato de), 100, 104-5, 598

Opções (Derivados)
"call options", 25, 105
características, 641-45
e contratação mercantil, 25, 36, 50, 105
e derivados de crédito, 659
e futuros, 641-3
e mercado de capitais, 471
e "swaps", 653
insolvência, 333
modalidades, 646
noção, 640
OTC, 642
prémio, 644
"put options", 25, 105
retroactividade, 645
Operações Cambiais, 559
Ordens sobre Instrumentos Financeiros, 50, 176-7, 364, 580-4
Organização Mundial do Comércio, 62
Over-the-Counter, 629, 631

P

Pacta Sunt Servanda, 249, 256, 293, 314, 326-7, 714
Pacto de Preferência, 104, 320
Papel Comercial, 576, 585, 601, 608, 621
Parallel Loan, 670
Parceria Industrial (Contrato de), 433-4
Parceria Público-Privada, 395, 530
Participações Sociais
compra e venda, 45, 109, 330, 348
penhor, 372, 374
v. Compra e Venda, Sociedade, Valores Mobiliários
Participating Rate Agreements, 674
Patrocínio (Contrato de), 25, 48, 70
Penhor Bancário (Contrato de)
e antecipação bancária, 509
e contratos comerciais, 50
e garantia financeira, 373, 541
e penhor mercantil, 372, 542
especiais, 542-3
noção, 542

Direito dos Contratos Comerciais

prova, 172
regime, 542
Penhor Cambiário, 372, 374
Penhor de Conta Bancária, 373
Penhor Mercantil (Contrato de)
   de coisas, 373
   de direitos, 374
   e contratos comerciais, 29, 31, 50
   efeitos, 374-5
   formalismo, 159
   modalidades, 372-3
   noção, 371
   prova, 172
   usos, 58
Penhora de Empresa, 307
Pessoas Colectivas Internacionais, 424
Pilotage (Contrato de), 106
Poder e Responsabilidade, 279
Portage (Contrato de), 516, 586
Porta-Moedas Electrónico, 556
Práticas Comerciais Agressivas, 219-20, 717
Práticas Comerciais Desleais, 63, 84, 216-20
Práticas Concertadas, 214-6
Práticas Comerciais Enganosas, 218-9
Práticas Restritivas da Concorrência, 83, 212-6
Pré-Contrato Comercial
   de sociedade, 105-6
   de franquia, 106
   noção geral, 103-9
Prescrição, 245-8, 443, 478, 579, 757
Prestação de Serviços, 254, 442, 463, 576, 730
Princípios do Direito Europeu dos Contratos, 195, 253-4, 258, 311-12, 313, 315, 317
Princípios Relativos aos Contratos Comerciais Internacionais, 65, 137, 139-40, 195, 253, 258, 311, 313, 315, 317
Privilégios Creditórios, 367-8, 374
Produtor, 278-80, 284, 437
   v. Responsabilidade do Produtor

Produtos Financeiros Complexos, 113
Profissionais Liberais, 197, 425
Profissional, 72, 88, 197, 255, 289-90, 425
Project Finance, 25, 94, 429-31
Proposta ao Público, 144, 146-7, 149
Propriedade Industrial, 33, 59, 226, 329, 336, 398, 438, 453, 457
Prova, 165-77
Publicidade
   contrato de –, 47
   integração publicitária contratual, 119-21
   publicidade enganosa, 63, 121-2, 218-9
Put Option, 25

R

Rating, 613
Reboque (Contrato de), 732
Recolha de Intenções de Investimento (Contrato de), 602, *v. Assistência*
Recomendações de Investimento, 612
Redução do Negócio Jurídico, 269
Registo Comercial, 33
Registo e Depósito, *v. Depósito Financeiro*
Regresso (Direito de), 287-91
Regulamentos,
   como fonte de direito, 57-8
   comunitários, 62-3, 71
Relações Contratuais de Facto, 136, 148
Renting, 25, 70
Reporte (Contrato de)
   e contratos comerciais, 29, 50
   e empréstimo financeiro, 608
   e garantia financeira, 541
   fontes, 57
   modalidades, 382-3
   noção, 381
   regime, 384-5
Reserva de Propriedade, 270-1
Responsabilidade de Regresso, 287-91
Responsabilidade do Financiador, 285-7
Responsabilidade do Produtor, 63, 227, 278-82, 282-4

Índice de Assuntos

Revisão Automática (Cláusula de), 317-8
Revisão Concorrente (Cláusula de), 319

S

Saber-Fazer, 36, 455
  v. Know-How
Salvação Marítima (Contrato de), 734-5
Saneamento por Transmissão, 307-8
Scalper, 596
Securitization, 25, 70
  v. Titularização de Créditos
Seguro (Contrato de)
  à distância, 693, 724
  acta adicional, 703
  alterações, 719-20
  apólice, 57, 159, 178, 222, 698, 701-3
  arbitragem, 336
  atípicos, 706
  automóvel, 683, 696, 713, 722
  caducidade, 723
  características, 685-87
  cessão de posição contratual, 722
  classificações, 689
  como contrato comercial, 682
  contrato de adesão, 184, 686, 697
  co-seguro, 691, 708, 720
  de colheitas, 57, 714
  de crédito, 683
  de danos e pessoas, 687-8, 708
  de grandes riscos, 689, 698, 714
  de grupo, 691, 694
  de riscos de massa, 689, 698, 700
  de riscos putativos, 705
  de transporte, 756
  de vida, 58, 696, 705, 710, 724
  declaração inicial de risco, 695-6
  denúncia, 724
  dever especial de esclarecimento, 694
  deveres informativos, 112, 693-7
  direito de desistência, 724
  duração, 700
  e contratos comerciais, 34, 43-4, 50
  e derivados de crédito, 654

  e ICAE, 472, 680, 724
  e insolvência, 721
  e jogo e aposta, 709-10
  e operações de capitalização, 472, 681, 713
  e transmissão da empresa, 78, 299, 722
  electrónico, 693, 698
  extinção, 723-4
  fontes, 682-3
  forma, 160, 685-6, 699, 700-1
  franquia, 718
  fraudulentos, 710
  interesse, 708-11
  invalidade, 723
  licenciamento, 152, 690
  ligado a fundos de investimento, 57
  marítimo, 153, 683, 690, 713, 716
  mediadores, 112, 459, 473, 692, 713
  noção, 683-5
  nota de cobertura, 703
  obrigatórios, 689, 698, 699
  prémio, 272, 712-5
  princípio indemnizatório, 711, 717
  proibidos, 706
  proposta, 697-9
  prorrogação, 700
  ramos vida e não vida, 688
  resolução, 724
  resseguro, 691, 708, 720
  retroactivos, 705
  revogação, 723-4
  risco, 704-8, 719-20
  salvados, 718
  seguro-caução, 538, 683
  sinistro, 710, 715-8
  sobresseguro, 711
  subseguro, 711
  sujeitos, 690-2
  transferência de carteiras, 720-1
  "unit linked", 473
  vigência, 700
  v. Direito dos Seguros, Empresa de Seguros
Short Selling, 606

Direito dos Contratos Comerciais

Silêncio, 153-5, 365, 698
Sinais Distintivos do Comércio, 329, 454
Sistemas de Negociação Multilateral, 599, 630
Sleeping Partner, 407
Sociedade (Contrato de)
  acordos parassociais, 45, 105, 107-8, 337, 398
  arbitragem, 337
  e contratos comerciais, 45, 56
  e derivados, 628
  exoneração de sócio, 324
  forma, 158, 162, 165
  "imortalidade", 324
  invalidade, 322
  objecto, 178
  pré-contrato, 105-6
  relação de administração, 364
  responsabilidade dos sócios, 229
  suprimentos, 171, 369
  unipessoais, 163, 226
Sociedades Financeiras, 33, 43, 470, 482, 511, 656
  v. Empresa Bancária
Solidariedade, 227-30
Split-Off, 390
Sponsoring, 70
  v. Patrocínio (Contrato de)
Subcontrato, 432-3
Subordinação (Contrato de), 45, 154, 162, 229
Suprimento (Contrato de), 171, 369
Swap (Contrato de)
  cambial, 561-2
  características, 647-8
  e contratação mercantil, 25, 50
  e derivados de crédito, 658
  e troca mercantil, 379
  insolvência, 333
  modalidades, 650-3
  natureza, 648
  noção, 647
  regime, 649-52
  "swaption", 653
Swicht, 379

T

Taxa Anual Efectiva (TAE), 240, 500, 512
  v. Juros
Titularização de Créditos
  e banca, 473
  e contratos comerciais, 25, 50, 70
  e derivados de crédito, 655
  e "forfaiting", 528
  noção, 524
  regime, 525-6
Títulos de Crédito
  apólice de seguro, 703
  cautela de penhor, 172-3
  cheque, 43, 50, 60, 162, 183, 232, 241, 262, 377, 487, 503, 506, 534, 540, 547, 548-50, 552, 554, 557
  conhecimento de carga, 742
  depósito, 376
  e "forfaiting", 527
  e antecipação bancária, 509
  e cobrança documentária, 558
  e comissão, 465
  e contratos comerciais, 342
  e convenção de cheque, 548
  e desconto bancário, 504-5
  e penhor bancário, 543
  extracto de factura, 169
  formalismo, 159
  juros, 231, 241
  letra de câmbio, 48, 162, 232, 234, 240, 241, 261, 372, 374, 377, 387, 478, 504-5, 527, 533-4, 540, 543, 558
  livrança, 162, 241, 503, 527, 534, 558
  negócios sobre –, 158, 162, 226
  penhor, 58, 372
  reporte, 381
  responsabilidade solidária, 229
Tomada Firme (Contrato de), 43, 586
Trabalho (Contrato de)
  e agência, 442
  e contratos de empresa, 40
  e transmissão da empresa, 299, 307

Índice de Assuntos

Tracção (Contrato de), 732
Trader, 595
Transferência Bancária (Contrato de)
  e cartões bancários, 554
  e contratos comerciais, 50
  electrónica, 487, 551
  modalidades, 551
  noção, 550
  regime, 555
  sistema de débitos directos, 552
Transferência de Tecnologia (Contrato de), 95, 308, 319, 329, 398, 431
Trânsito (Contrato de), 364, 464, 731-2
Transmissão de Empresa, 77-8, 296-304
Transparência Negocial, 110
Transporte (Contrato de)
  arbitragem, 337, 758
  características, 727-9
  carta de garantia, 743
  carta de porte aéreo, 741
  cláusula "cash on delivery", 747
  cláusula "said to contain", 757
  com cobrança de reembolso, 748
  com reexpedição, 744-5
  conhecimento de carga, 173, 176, 741
  conteúdo, 746-8
  contrato de adesão, 729
  convenções internacionais, 737-8
  cumulativo, 745
  de coisas, 729, 744-5
  de pessoas, 729
  declaração de carga, 743
  declaração de expedição, 741
  destinatário, 739-40, 748, 752-3
  deveres informativos, 113
  documento de transporte, 740-2, 745
  e aluguer de veículo, 735, 750
  e contrato de fretamento, 733-4, 749
  e contrato de gestão de navios, 735
  e contrato de mudanças, 735, 749
  e contrato de reboque, 732, 750
  e contrato de salvação marítima, 734-5
  e contrato de tracção, 732
  e contrato de trânsito, 731-2
  e contrato de viagem organizada, 734

  e contratos comerciais, 31, 34, 43, 50, 730
  e derivados, 621, 675, 751
  escrituração mercantil, 747
  fontes, 62, 63, 735-7
  forma, 160, 740
  frete, 621, 675, 751-2
  gratuito, 728, 751
  guia de transporte, 172, 740
  incumprimento, 753-6
  meio de transporte, 750
  modalidades, 729
  multimodal, 729, 745
  noção, 725-6
  obrigação de deslocação, 749-50
  pertence, 744
  prescrição, 757
  reclamações, 757
  reservas, 756-7
  responsabilidade, 753-6
  seguro, 756
  subtransporte, 744, 754
  sujeitos, 738-40
  usos, 737
Traveller's Check, 557
Trespasse, 35, 45, 162, 305, 330, 390
Troca Mercantil, 50, 273, 378-9
Trust, 364

U

Ubi Commoda Ibi Incommoda, 279
UNIDROIT, 59, 62, 65, 137, 139-40, 195, 253, 258, 311, 313, 315, 317, 745
Uniform Commercial Code, 73, 126, 136, 137-8, 140, 252
Usos Mercantis, 58-60, 154, 244, 377
  v. Costume Mercantil, Usos Mercantis Internacionais
Usos Mercantis Internacionais, 64-6, 80, 737
  v. "Incoterms"
Usura, 243

Direito dos Contratos Comerciais

V

Valores Mobiliários
  acções, 374, 377, 384, 471, 576, 608
  assistência e colocação, 43, 50, 472
  conta de registo, 386
  e derivados de crédito, 656
  e derivados, 621
  e futuros, 639
  e garantia financeira, 540
  e instrumento financeiro, 567-8
  e titularização de créditos, 526
  emissão, 585
  obrigações, 369, 377, 384, 471, 493, 526, 576
  ofertas particulares, 601
  ofertas públicas, 128, 222, 377, 584-5, 598, 600
  penhor, 372
  reporte, 381-4

sistemas de controlo, 603
troca, 379
unidades de participação, 377, 384, 526, 576
"warrant", 605, 608
Venda a Retro, 383, 608
Viagem Organizada (Contrato de)
  desistência, 326
  e contratos comerciais, 35
  e empresa, 35, 152
  fontes, 63
  informação pós-contratual, 110
  informação pré-contratual, 113
  noção, 734
Venda de Empresa Insolvente, 307

W

Warrants, 234, 240, 500, 504, 605, 608

ÍNDICE GERAL

Abreviaturas 9

PARTE I
INTRODUÇÃO

CAPÍTULO I – **Aspectos Gerais** 19

§1 O Contrato Comercial Hoje 19

§2 Seu Relevo 21

CAPÍTULO II – **O Problema da Qualificação** 27

§1 A Posição Tradicional 27
   1. Os Critérios Clássicos da Comercialidade 27
   2. Contratos Comerciais Objectivos e Subjectivos 28

§2 Posição Adoptada. Os Contratos Comerciais como Contratos de Empresa ... 30
   1. O Ocaso dos Critérios Mercantis Clássicos 30
   2. O Protagonismo da Empresa na Contratação Mercantil Moderna 33
   3. O Problema na "Civil Law" e na "Common Law" 37
   4. Conclusão 39

CAPÍTULO III – **Tipologias** 41

§1 Contratos Normativamente e Naturalmente Empresariais 42
   1. Contratos Normativamente Empresariais 43
   2. Contratos Naturalmente Empresariais 44

§2 Outras Tipologias 46
   1. Contratos Comerciais Puros e Mistos 46
   2. Contratos Comerciais Absolutos e Relativos 47
   3. Outras Classificações 48

Direito dos Contratos Comerciais

CAPÍTULO IV – **Fontes** 53

§1 *Fontes Internas* 54
1. Autonomia Privada 54
2. Leis e Regulamentos 55
3. Usos Mercantis 58

§2 *Fontes Internacionais* 61
1. Direito Comercial Internacional e Europeu 61
2. "Lex Mercatoria" 64

CAPÍTULO V – **A Contratação Mercantil em Perspectiva** 67

§1 *Seus Fundamentos* 68
1. A Explosão da Contratação Mercantil Hodierna 69
2. A Uniformização Europeia e Internacional 71
3. A Emergência da Problemática do Consumidor 72
4. A Empresa e a Evolução do Instituto Contratual 74

§2 *Suas Características* 76
1. Objectivização 77
2. Massificação e Padronização 79
3. "Mercadorização" 82

§3 *Seu Alcance* 84
1. Os Contratos Comerciais como Categoria Autónoma 84
2. Um Regime Jurídico da Contratação Mercantil? 86

PARTE II
DOS CONTRATOS COMERCIAIS EM GERAL

CAPÍTULO I – **Fase Pré-Contratual** 93

§1 *Generalidades* 93

§2 *Os Acordos Pré-Contratuais* 97
1. Acordos Não Contratuais 97
  1.1. Noção 97
  1.2. Modalidades Fundamentais 97
  1.3. Regime Jurídico 101
2. Acordos Contratuais 103
  2.1. Noção 103
  2.2. Modalidades Fundamentais 103
  2.3. Regime Jurídico 109

Índice Geral

§3 Os Deveres Pré-Contratuais	110
1. Deveres de Informação Pré-Contratual	110
1.1. Contratos Normativamente Comerciais	111
1.2. Outros Contratos Comerciais	113
2. Deveres Publicitários	118
2.1. Integração Publicitária do Contrato	119
2.2. Proibição da Publicidade Enganosa	121
CAPÍTULO II – Formação	123
§1 Generalidades	123
§2 A Liberdade Contratual	125
1. A Liberdade de Celebração e Suas Excepções: A Obrigação de Contratar ...	126
2. A Liberdade de Estatuição e Suas Excepções. Remissão	129
§3 Os Modelos de Formação	129
1. A Crise do Modelo Legal Clássico	129
2. Modelos Alternativos de Contratação	132
2.1. Contratação Conjunta	132
2.2. Contratação Cruzada ("Battle of the Forms")	134
2.3. Contratação de Facto	136
2.4. Contratação Flexível	138
3. Modelos Especiais de Contratação: A Contratação em Massa	141
3.1. Contratação à Distância	142
3.2. Contratação Electrónica	144
3.3. Contratação Automática	148
3.4. Contratação em Auto-Serviço	150
4. Outras Vicissitudes Formativas	151
§4 A Forma e a Prova	156
1. Forma dos Contratos Comerciais	156
1.1. Aspectos Gerais	156
1.2. Contratos Comerciais Formais	159
1.3. Forma Electrónica	163
2. Prova dos Contratos Comerciais	165
2.1. Aspectos Gerais	165
2.2. Regimes Probatórios de Aplicação Geral	165
2.3. Regimes Probatórios Aplicáveis a Certos Contratos Comerciais	170
2.4. Prova Electrónica	173
§5 A Língua	177

Direito dos Contratos Comerciais

CAPÍTULO III – Conteúdo 179

§1 *Generalidades* 179

§2 *Os Limites Gerais: As Cláusulas Contratuais Gerais* 182
  1. Noções Gerais 182
    1.1. Os Contratos de Adesão e a Empresa 182
    1.2. O Regime Legal: Conspecto Geral 187
    1.3. O Cerne do Regime Legal: As Cláusulas Contratuais Proibidas 193
  2. Os Contratos Comerciais Puros 195
    2.1. Sentido e Alcance 195
    2.2. Cláusulas Absolutamente Proibidas 199
    2.3. Cláusulas Relativamente Proibidas 201
  3. Os Contratos Comerciais Mistos 203
    3.1. Sentido e Alcance 203
    3.2. Cláusulas Absolutamente Proibidas 204
    3.3. Cláusulas Relativamente Proibidas 206

§3 *Os Limites Especiais* 208
  1. O Abuso de Dependência Económica 208
    1.1. Noção e Sentido Geral 208
    1.2. Regime Legal 209
  2. As Práticas Restritivas da Concorrência 212
    2.1. Noção e Sentido Geral 212
    2.2. Práticas Individuais 212
    2.3. Práticas Concertadas 214
  3. As Práticas Comerciais Desleais 216
    3.1. Noção e Sentido Geral 216
    3.2. Práticas Enganosas 218
    3.3. Práticas Agressivas 219
  4. Os Contratos Comerciais Ditados 221
    4.1. Noção e Sentido Geral 221
    4.2. Modalidades e Regime 222

CAPÍTULO IV – Efeitos 223

§1 *Generalidades* 223

§2 *As Obrigações Comerciais* 225
  1. A Solidariedade nas Obrigações Comerciais 227
    1.1. Noção Geral: O "Favor Creditorii" 227
    1.2. Sentido e Alcance 228
  2. A Onerosidade das Obrigações Comerciais 230
    2.1. Noção Geral 230
    2.2. Juros Comerciais 232
    2.3. Juros Comerciais Legais 234
    2.4. Juros Comerciais Convencionais 241

Índice Geral

3. A Prescrição das Obrigações Comerciais 245
   3.1. Noção Geral 245
   3.2. Obrigações na Compra e Venda Mercantil............................ 246
   3.3. Outras Obrigações Mercantis.. 248

§3 Cumprimento e Incumprimento dos Contratos Comerciais 249
1. O Cumprimento: A Conformidade com o Contrato 250
   1.1. A Visão Tradicional 250
   1.2. A Concepção Ampla Dominante: Sentido e Alcance 251
2. O Incumprimento Temporário: Os Atrasos de Pagamento
   nas Transacções Comerciais 258
   2.1. Noção Geral 258
   2.2. Prazos de Vencimento, Mora, Cláusulas Abusivas e Injunção 263
   2.3. Outros Prazos Legais de Vencimento 271
3. O (In)cumprimento Defeituoso: A Responsabilidade Objectiva
   dos Participantes no Circuito Económico 274
   3.1. Noção Geral 274
   3.2. Responsabilidade Civil do Produtor...................................... 278
   3.3. Responsabilidade Directa do Produtor 282
   3.4. Responsabilidade do Financiador.. 285
   3.5. Responsabilidade dos Participantes na Cadeia Contratual 287

CAPÍTULO V – **Transmissão, Modificação e Extinção** 293

§1 Generalidades 293

§2 Transmissão dos Contratos Comerciais 295
1. Aspectos Gerais 295
2. A Transmissão da Empresa e dos Respectivos Contratos 296
3. Outras Modalidades Transmissivas 305
   3.1. Transmissão Legal 305
   3.2. Transmissão Judicial 307

§3 Modificação dos Contratos Comerciais 308
1. Aspectos Gerais 308
2. Cláusulas de "Force Majeure" 311
3. Cláusulas de "Hardship" 313
4. Cláusulas de Revisão Automática 317
5. Cláusulas de Revisão Concorrente 319

§4 Extinção dos Contratos Comerciais 320
1. Aspectos Gerais 320
2. Cessação Contratual 321
3. Direito de Desistência 325
4. Eficácia Pós-Contratual 328
5. Contratos Comerciais na Insolvência 330
6. Resolução de Conflitos: A Arbitragem 333

Direito dos Contratos Comerciais

PARTE III

DOS CONTRATOS COMERCIAIS EM ESPECIAL

CAPÍTULO I – **Os Contratos no Código Comercial** 341

§1 O Elenco Legal 341
    1. Noção, Sentido e Relevo Actual 341
    2. Ordem de Sequência 344

§2 A Compra e Venda Mercantil 345
    1. Generalidades 345
        1.1. Noção 345
        1.2. Requisitos 346
        1.3. Relevância 349
    2. Modalidades 350
        2.1. Compra e Venda para Pessoa a Nomear 350
        2.2. Compra e Venda de Bens Futuros, Alheios, e Incertos 350
        2.3. Compra e Venda sobre Amostra 353
        2.4. Compra e Venda a Contento 355
        2.5. Compra e Venda por Conta, Peso e Medida 356
        2.6. Outras 357
    3. Regime Jurídico 358
        3.1. Preço 359
        3.2. Entrega 360
        3.3. Cumprimento 361
        3.4 Efeitos sobre Terceiros 362

§3 Os Outros Contratos 363
    1. Mandato Mercantil 363
    2. Empréstimo Mercantil 368
    3. Penhor Mercantil 371
    4. Depósito Mercantil 375
    5. Troca Mercantil 378
    6. Locação Mercantil 380
    7. Reporte 381
    8. Conta-Corrente 385

CAPÍTULO II – **Contratos de Cooperação** 389

§1 Generalidades 389

§2 "Joint Venture" 393
    1. Noção 393
    2. Elementos Constitutivos 394
    3. Modalidades e Estrutura Jurídico-Contratual 396

Índice Geral

§3 Consórcio 398
   1. Noção 398
   2. Sujeitos e Objecto 400
   3. Modalidades 403
   4. Estrutura Patrimonial 405

§4 Associação em Participação 406
   1. Noção 406
   2. Sujeitos 408
   3. Objecto 410
   4. Direitos e Deveres Acessórios 411

§5 Agrupamento Complementar de Empresas 412
   1. Noção 412
   2. Sujeitos e Objecto 414
   3. Organização 417
   4. Património e Responsabilidade 419
   5. Dissolução, Liquidação e Extinção 421

§6 Agrupamento Europeu de Interesse Económico ... 422
   1. Noção 422
   2. Sujeitos e Objecto 424
   3. Organização e Património 426
   4. Dissolução, Liquidação e Extinção 428

§7 Outros 429
   1. Contrato de Grupo Paritário 429
   2. Aliança Estratégica 431
   3. Acordo de Empresa 432
   4. Subcontrato 432

CAPÍTULO III – **Contratos de Distribuição** 435

§1 Generalidades 435

§2 Agência 439
   1. Noção 439
   2. Características 440
   3. Regime Jurídico 444

§3 Concessão Comercial 446
   1. Noção 446
   2. Características 447
   3. Regime Jurídico 450

Direito dos Contratos Comerciais

§4 *Franquia* 451
  1. Noção 451
  2. Características 453
  3. Regime Jurídico 457

§5 *Mediação* 458
  1. Noção 458
  2. Características 460
  3. Regime Jurídico 462

§6 *Outros* 463
  1. Comissão 463
  2. Distribuição Selectiva 465
  3. Distribuição Autorizada 466

CAPÍTULO IV – **Contratos Bancários** 469

§1 *Generalidades* 469
  1. Os Mercados Financeiros e seus Intermediários 469
  2. Direito Bancário e Mercado de Crédito 475
  3. Os Contratos Bancários 478

§2 *Contrato de Conta Bancária* 483
  1. Noção Geral 483
  2. Regime Jurídico 486
  3. Modalidades 489
  4. Negócios Associados 490
    4.1. Conta-Corrente Bancária 491
    4.2. Depósito Bancário 492

§3 *Contratos de Crédito* 496
  1. Empréstimo Bancário 497
  2. Abertura de Crédito 501
  3. Desconto Bancário 503
  4. Descoberto Bancário 506
  5. Antecipação Bancária 508
  6. Crédito ao Consumo 510
  7. Crédito Documentário 513

§4 *Contratos de Financiamento* 515
  1. Locação Financeira ("Leasing") 516
  2. Cessão Financeira ("Factoring") 520
  3. Titularização de Créditos ("Securitization") 524
  4. Monetarização de Créditos ("Forfaiting") 527
  5. "Project Finance" 529

Índice Geral

§5 *Contratos de Garantia*	531
1. Fiança, Aceite e Aval Bancários	532
2. Cartas de Conforto	534
3. Garantia Bancária Autónoma	536
4. Garantia Financeira	539
5. Penhor Bancário	542
6. Mandato de Crédito	544
7. Garantias das Operações Bancárias	545
§6 *Contratos de Pagamento*	546
1. Convenção de Cheque	548
2. Transferência Bancária	550
3. Emissão de Cartões Bancários	552
4. Porta-Moedas Electrónico	556
5. "Traveller's Checks" e "Eurochecks"	557
6. Cobrança Documentária	558
§7 *Outros Contratos*	559
1. Contratos Cambiais	559
1.1. Contratos à Vista e a Prazo	560
1.2. Futuros, Opções e "Swaps" Cambiais	561
2. Serviços Acessórios	562
2.1. Guarda de Valores	562
2.2. Cofre-Forte	563
2.3. Depósito "Escrow"	564

CAPÍTULO V – **Contratos Financeiros** 567

§1 *Generalidades*	567
1. Direito dos Valores Mobiliários e Mercado de Capitais	567
2. Os Contratos Financeiros	572
§2 *Contratos de Intermediação Financeira*	573
1. Aspectos Gerais	573
1.1. Noção	573
1.2. Características	574
1.3. Espécies	577
1.4. Regime Jurídico	578
2. Contratos de Investimento	580
2.1. Ordens sobre Instrumentos Financeiros	580
2.2. Colocação	584
2.3. Gestão de Carteira	587
2.4. Consultoria para Investimento	592
2.5. Negócios por Conta Própria	595
2.6. Outros	598

Direito dos Contratos Comerciais

3. Contratos Auxiliares	600
3.1. Assistência	600
3.2. Registo e Depósito	602
3.3. Empréstimo	605
3.4. Consultoria Empresarial	609
3.5. Análise Financeira	610
3.6. Outros	614
§3 Contratos Derivados	615
1. Aspectos Gerais	615
1.1. Noção	615
1.2. Características	619
1.3. Espécies	624
1.4. Regime Jurídico	627
2. Futuros	633
3. Opções	640
4. "Swaps"	647
5. Derivados de Crédito	653
6. Contratos Diferenciais	660
7. "Forwards"	667
8. "Caps", "Floors", "Collars"	671
9. Outros	674
CAPÍTULO VI – **Contrato de Seguro**	677
§1 Generalidades	677
1. Direito dos Seguros e Mercado de Risco	677
2. O Contrato de Seguro em Geral	681
§2 Noção e Caracterização	683
1. Noção Geral. Elementos Fundamentais	683
2. Características	685
3. Tipos e Ramos	687
§3 Formação	690
1. Sujeitos	690
2. Fase Pré-Contratual: Os Deveres de Informação	693
3. Formação Contratual: A Proposta de Seguro	697
4. Celebração Contratual. Forma e Vigência	699
5. Apólice de Seguro	701
§4 Pressupostos e Conteúdo	704
1. Risco	704
2. Interesse	708
3. Prémio	712
4. Sinistro	715

Índice Geral

§5 *Execução e Extinção*	718
1. Vicissitudes Contratuais	718
2. Cessação Contratual	723

CAPÍTULO VII – Contrato de Transporte 725

§1 *Generalidades*	725
1. Noção Geral	725
2. Função e Enquadramento Sistemático	726
3. Características, Tipos e Natureza	727
4. Figuras Afins	731
5. Fontes	735
§2 *Formação*	738
1. Sujeitos	738
2. Forma. O Documento de Transporte	740
3. Outros Documentos	743
4. Pluralidade de Transportadores	744
§3 *Conteúdo*	746
1. Conspecto Geral	746
2. Obrigação de Deslocação	749
3. Obrigação de Pagamento do Frete	751
4. Direito à Entrega das Coisas	752
§4 *Efeitos*	753
1. Incumprimento. A Responsabilidade do Transportador	753
2. Reservas	756
3. Contencioso. Reclamações e Acções	757

Bibliografia 759

Índice de Jurisprudência 835

Índice de Assuntos 845

Índice Geral 865